上海东海职业技术学院 30年志

(1993—2023)

曹助我　总主编

上海东海职业技术学院　编

复旦大学出版社

校志编委会

主　　任	曹助我
副主任	王　刚　曹蓉蓉
委　　员	陶　钧　李重华　项家祥　赵佩琪　王　玉　郁　萍　卓丽环　黄　樑
	严玉康　周孟华　顾文业　张居阳　杨　瑾　许　岚　彭晓丽　孟昭上

编　　辑	项家祥　邱建国　王　丹　韩瑞芳
资　　料	蒋久泉　杨　静　陈晓雯　韩　强　唐　顺　孔国峰　钟晓滢　任　洁
	邱　云　王　改　杨超英　蔡建平　张　春　刘　悦　周雨晴　王彦枭
	赵思健　刘会娟　覃家宁　朱新华　蔡婧妮　陈海冬

人物介绍

夏征农（1904—2008）

江西丰城人。曾参加南昌起义，自1928年起任复旦大学青年团支部书记，江苏省团委宣传部秘书，《海上青年》杂志主编，1933年加入中国左翼作家联盟。历任新四军政治部统战部副部长兼民运部长，苏中军区军政委员会秘书长；山东省军区政治部副主任，中共山东省委常委、宣传部部长、书记；中共华东局宣传部部长，复旦大学党委书记，中共上海市委书记处书记，中央顾问委员会委员。1993任上海东海学院名誉院长，1996—2008年任上海东海职业技术学院院长。

胡立教（1914—2006）

江西吉安人。1928年6月加入中国共产主义青年团，1930年10月转为中国共产党党员。自1930年起历任红三军二连副政治委员、中央军委二局副局长、新四军后方政治部副主任等职；新中国成立后，历任中共中央华东局组织部副部长兼华东军政委员会人事部部长、人民监察委员会副主任，华东局委员兼组织部部长，纪检委副书记、书记，黑龙江省牡丹江地委第一书记，中共河南省委书记，上海市人大常委会主任。1996—2002年任上海东海职业技术学院名誉院长。

罗竹风（1911－1996）

山东平度人，1929年考入北京大学。1937年抗日战争爆发后组建一支抗日游击队，开辟大泽山抗日根据地。1938年加入中国共产党，担任抗日民主政府平度县第一任县长；1951年任华东抗美援朝总分会秘书长，华东军政委员会宗教事务处处长，上海市宗教事务处处长，上海市出版局局长。1958年起长期担任《辞海》常务副主编、《汉语大词典》主编。1993—1996年任上海东海职业技术学院院长。

曹助我（1936—）

安徽绩溪人，中共党员，教授。1960年毕业于上海师范学院数学系，在上海海运学院高等数学教研室任教，曾担任上海海事大学高等数学教研室主任。曾获上海普通高校优秀教学成果奖，国家教育委员会科技进步二等奖、国家教育委员会普通高校优秀教学成果国家级一等奖。其传略被载入《中国高等教育专家名典》《中外名人辞典》《科学中国人·中国专家人才库》和《中华优秀人物大典》。

1993年创办上海东海职业技术学院，是上海东海职业技术学院的出资人、举办人之一。曾任常务副院长、党总支书记、董事长。现任上海东海职业技术学院董事会董事长、法定代表人。

姜至本（1934—2005）

中共党员，副教授。上海市书法家协会会员、上海市工科数学协作组副组长。1960年代在一机部汽轮机锅炉研究所工作时期，为发电设备制造业的计算机软件技术的发展作出了特殊的业绩。

1993年与曹助我、陶钧、李重华3位同仁共同创办上海东海职业技术学院，曾担任党总支书记、副院长等职务，是上海东海职业技术学院的出资人和举办人之一。

陶 钧（1944—）

　　中共党员，副教授。1965年毕业于上海师范大学，1978年起在上海海运学院任教。曾任上海海运学院高等数学教研室副主任、人才交流中心主任。是上海东海职业技术学院的出资人和举办人之一。曾任上海东海职业技术学院副院长，现任上海东海职业技术学院董事会董事、秘书长。

李重华（1936—）

　　江西上饶人，中共党员，教授。1959年毕业于上海交通大学，并留校任教。曾担任上海交通大学高等数学教研室主任，从教期间曾获全国优秀教学成果一等奖、国家教委科技成果二等奖、上海普通高校优秀教学成果二等奖。主要著作有《高等数学》《高等数学解析大全》《线性代数应用》《高等数学证明题解题方法与技巧》等。是上海东海职业技术学院的出资人和举办人之一。曾任上海东海职业技术学院副院长，现任上海东海职业技术学院董事会董事、《上海东海职业技术学院学报》主编。

项家祥（1948—）

中共党员，1948年3月生于上海南汇。1985年毕业于上海师范大学数学系计算数学专业，获硕士学位；1998年晋升教授、计算数学硕士生导师。1993年被授予全国优秀教师称号。1994年任上海师范大学数学系主任；1996年任上海师范大学副校长；2008—2020年任上海东海职业技术学院校长、党委副书记。现任上海东海职业技术学院董事会副董事长。

赵佩琪（1943—）

中共党员，1943年生于江苏吴县。1967年毕业于上海第二医学院医疗系心内科专业，教授。1988年起历任第九人民医院人事处处长、副院长、常务副院长；1997年任原上海第二医科大学党委副书记；2000年10月任原上海第二医科大学党委书记；2005年7月任上海交通大学党委副书记兼医学院党委书记；2008—2020年任上海东海职业技术学院党委书记、副校长。现任上海东海职业技术学院董事会副董事长。

王 刚（1958—）

中共党员，教授，1958年8月生于上海崇明。1987年毕业于上海应用数学与力学研究所，获硕士学位。2000年晋升教授、桥梁工程硕士生导师。2000年任同济大学实验室与设备管理处处长；2002年任上海第二工业大学教务处处长；2008年任上海第二工业大学副校长；2014年任上海市教育考试院院长；2016年任上海市教育科学研究院党委书记、常务副院长；2019—2020年任上海东海职业技术学院常务副校长。2020年起任上海东海职业技术学院校长、党委副书记、董事会副董事长。

曹蓉蓉（1956—）

中共党员，1956年生于浙江绍兴。1985年毕业于上海大学文学院历史系政治学专业，中央党校硕士研究生，高级政工师。1985年起任上海市卫生局组织部主任科员；1990年起历任上海市胸科医院党委副书记兼纪委书记、工会主席、党委书记；2002年任上海市第一妇婴保健院党委书记；2005年任上海申康医院发展中心组织人事部主任；2008年任上海职工医学院党委书记；2010年任上海健康职业技术学院党委书记；2015年任上海健康医学院副院长；2020年起任上海东海职业技术学院党委书记、副校长、董事会副董事长。

历届董事会

第一届董事会成员合影

左起：陶钧、曹助我、姜至本、李重华

第二届董事会成员合影

上排左起：李重华、陶钧、姜至本；中：曹助我；

下排左起：杜鉴坤、李小钢、邱来国

第三届董事会成员合影
左起：李小钢、赵佩琪、项家祥、李重华、
　　　曹助我、陶钧、杜鉴坤、白芸

第四届董事会成员合影
前排左起：陶钧、曹助我、李重华；
后排左起：周孟华、项家祥、杜鉴坤、
　　　　　赵佩琪、严玉康

第五届董事会成员合影
前排左起：陶钧、曹助我、李重华；
后排左起：周孟华、王刚、项家祥、
　　　　　赵佩琪、曹蓉蓉、严玉康

领导题字 题词 贺信

院长夏征农题字

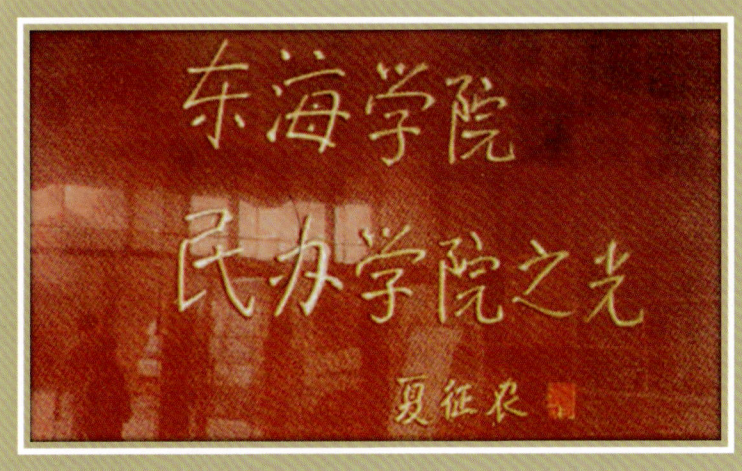

院长夏征农题词

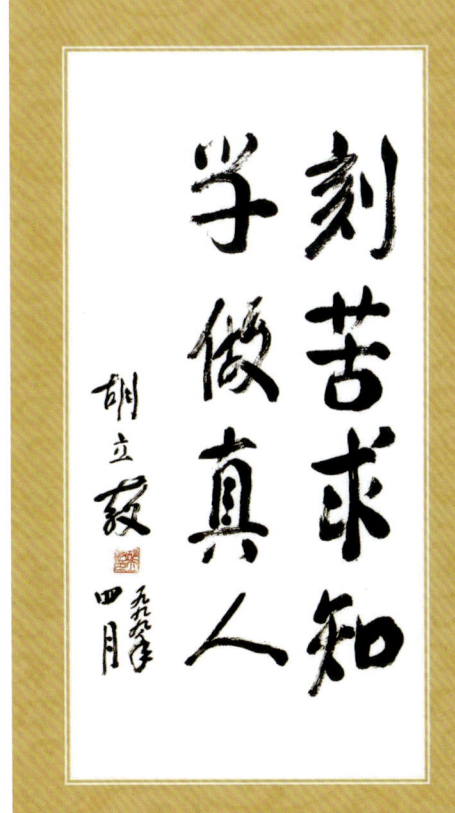

名誉院长胡立教题词

中华人民共和国教育部
MINISTRY OF EDUCATION OF THE PEOPLE'S REPUBLIC OF CHINA

上海东海学院（筹）：

值此民办东海学院筹建五周年之际，谨向你们表示热烈祝贺，并向全校师生员工致以亲切问候。

创办民办高校是对探索与社会主义市场经济相适应的多渠道、多形式办学模式的一种尝试。民办东海学院筹建以来，做出了一定成绩。

希望你们认真贯彻《教育法》和《中国教育改革和发展纲要》，在党的十五大精神指引下，继续做好筹建工作，充实办学条件，努力办出特色，为探索民办高校路子作出新贡献！

陈至立

一九九八年六月十六日

时任教育部部长陈至立致贺信

中华人民共和国教育部

民办东海学院（筹）：

欣闻你院新校园落成，我们表示热烈祝贺！

你院建院五周年来，坚持社会主义办学方向，认真贯彻党的教育方针，不断改善办学条件，提高教育质量，为社会培养了一批合格人才。

希望你院再接再厉，在教育事业的改革和发展中积极探索并积累经验，以取得更大的成绩。

教育部社会力量办学管理办公室（代章）

一九九八年六月十五日

教育部社会力量办学管理办公室贺信

贺　信

民办东海学院（筹）：

欣闻学院筹建五周年，暨新校园落成，我谨向你们表示热烈的祝贺。

五年来，你们坚持为上海的经济建设和社会发展服务，坚持面向社会办学，培养和造就了一批适应社会需求的人才，为满足市民接受高层次的教育作出了成绩，学院也得到了较快的发展。新校园的落成，大大改善了学校的办学条件，希望你们再接再励，全面贯彻国家的教育方针，坚持学院办学特色，不断探索，为"两个文明"建设作出应有的贡献。

周慕尧

一九九八年六月十七日

时任上海市副市长周慕尧致贺信

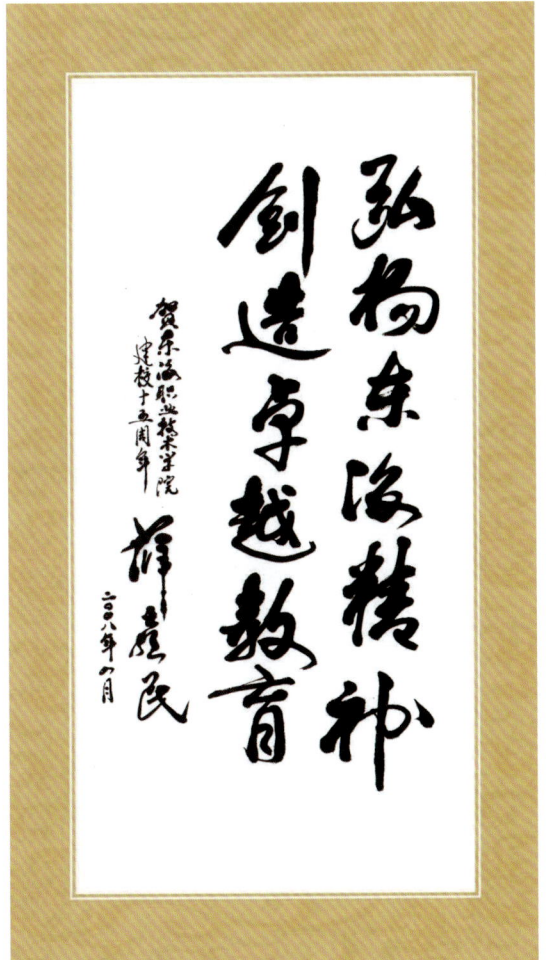

弘扬东海精神　创造卓越教育

贺东海职业技术学院建校十五周年

薛喜民　二○八年六月

上海市教委原副主任薛喜民题词

校训 校徽 校标 校歌

校 训

校 徽（教师）

校 徽（学生）

校 标

校标设计说明：

  该标志可以分为上下两部分。

  上半部分由"D""H"两个字母组成，分别表示东海的汉语拼音首字母，两个字母的组合又形成了东海学院图文信息中心大楼的外轮廓，其为东海学院的标志性建筑。该图形也可以理解为桥，大学是培养学生成为社会有用之才的必不可少的桥梁。

  下半部分由两只手组成，似一片汪洋大海，寓意着学海无涯；两只手又相辅相成，寓意广大师生团结一致、共同努力，一起携手培养技能型、应用型人才，为社会输送栋梁。

  整个标志以圆形为主，似一轮明月，寓意东海学院蒸蒸日上和自尊自强、认真求真的办学理念。

校　歌

校 歌

活动掠影

○ 艰苦创业

1993年10月5日，第一届新生（部分）

1997年2月，时任院长夏征农（右二）带队与时任闵行区委书记黄富荣（右三）商议学校发展

1999年10月，校领导合影；左起：时任副院长陶钧、常务副院长曹助我、名誉院长胡立教、院长夏征农、副院长姜至本、副院长李重华

1998年6月18日，举行新校园落成典礼暨建校5周年庆祝大会

夏征农(左一)与时任常务副院长曹助我观看学生演出

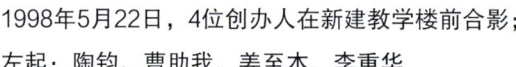

1998年5月22日,4位创办人在新建教学楼前合影;左起:陶钧、曹助我、姜至本、李重华

1999年9月,时任院长夏征农(前左四)、名誉院长胡立教(前左一)与常务副院长曹助我(前左二)在上海交大"菁菁堂"交谈

2013年,东海学院与杉达学院等5所学校共同发起成立非营利性民办高校基金会

○ 领导关怀

1997年，时任上海市委副书记龚学平（左二）与名誉院长胡立教（左一）为东海学院新校园揭牌

2002年7月8日，时任上海市副市长周慕尧（左一）视察东海学院

2008年7月，上海市原副市长、我校专家咨询委员会成员刘振元赠送墨宝

2010年，时任上海市副市长沈晓明（左三）莅校视察

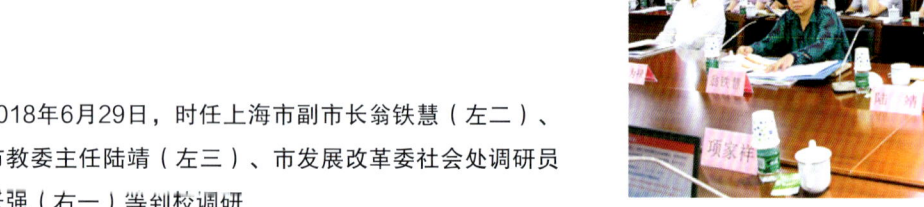

2018年6月29日，时任上海市副市长翁铁慧（左二）、市教委主任陆靖（左三）、市发展改革委社会处调研员张强（右一）等到校调研

1998年4月，时任中国成人教育协会民办高教委员会主任刘培植（右二）视察东海学院

1999年9月16日，时任全国高校设置审议委员会主任张孝文教授（左四）视察东海学院

1998年4月,时任教育部成教司副司长瞿延东视察东海学院

1998年10月,时任上海市教委主任张伟江(左二)到校视察

2011年,时任闵行区区长莫负春(左一)视察学校

2011年6月,上海市教委原副主任薛喜民(左一)视察东海学院

2012年,时任上海市教卫党委副书记、市教委副主任高德毅(右三)来校调研

2018年4月,时任上海市教委副主任、调研小组组长郭为禄(中)一行莅校进行专题调研

2007年9月,时任共青团上海市委书记马春雷到校祝贺东海学院第三次团代会召开

○ 成果与奖励

曹助我董事长荣获"民办教育突出贡献奖"

荣获2009—2010年上海市文明单位称号

获上海市首届黄炎培职业教育奖"优秀学校奖"

我校"面向小微企业,聚焦'三会能力',探索与实践高职会计专业新型育人模式"荣获2018年国家教学成果一等奖

朱珂同学获全国第一届职业技能大赛（国际货运代理赛项）金奖

马梓轩同学获全国第一届职业技能大赛（时装技术赛项）优胜奖

2014年全国职业院校技能大赛高职组报关技能竞赛获团体第一

2015年获全国职业院校技能大赛上海赛区高职组"会计"赛项一等奖

2016年获上海市高职高专院校中高职贯通专业建设教学设计比武（决赛）一等奖

2017年"星光计划"职业院校技能大赛，传媒学院动漫制作团队荣获团体一等奖

2019年全国职业院校技能大赛，获关务技能赛项一等奖

党的建设

学校党总支委员会委员集体学习

第一届党委委员

王国昌、王玉、赵佩琪、曹助我、项家祥、程龙根、郁萍

第二届党委委员

前排左起：曹蓉蓉、王刚、曹助我、王玉；

后排左起：顾文业、许岚、郁萍、卓丽环、黄樑

时任党委书记赵佩琪在上党课

参观陈云故居

机关支部党员前往中共四大纪念馆参观学习

重温入党誓词

2014年1月8日,学校召开党的群众路线教育实践活动学习教育

2021年庆祝中国共产党成立100周年大会,大会为获"在党50年"奖章的校董事、学校创办人陶钧敬献鲜花

2021年5月28日,中国共产党上海东海职业技术学院第二次党员大会召开,党委书记曹蓉蓉代表中共上海东海职业技术学院第一届委员会作工作报告

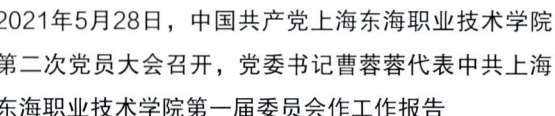

第三届第三次教代会暨第四届第三次工代会

学校召开党建工作会

疫情防控期间，校长王刚、党委书记曹蓉蓉、副校长郁萍慰问坚守岗位的教职员工

为教工举行集体生日会

志愿者在抗疫一线（一）

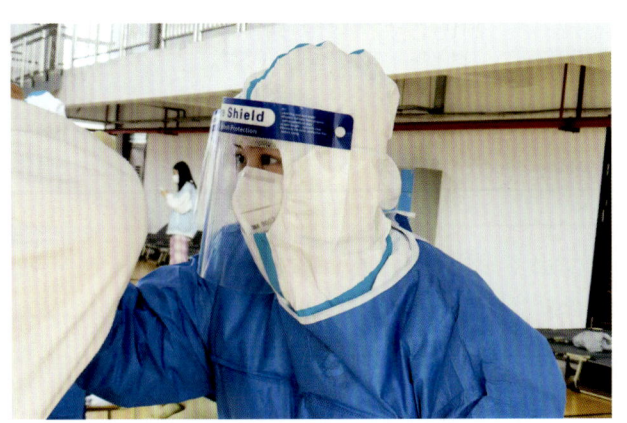

志愿者在抗疫一线（二）

○ 教学建设

2006年11月，上海市教委人才培养工作水平评估专家组与校班子成员合影

学院专家咨询委员会成立
中科院、工程院院士等聘为学院专家

2007年7月13日，学校聘请中国科学院院士徐祖耀、何积丰，中国工程院院士阮雪榆，上海市原副市长刘振元，上海交通大学原副校长朱雅轩等13人为东海学院专家咨询委员会成员

著名电影艺术家秦怡、孙道临指导影视表演专业学生毕业大戏

2012年12月3日，召开"东海学院建设市级特色高职院校启动大会"

2014年5月19日，召开创建特色校工作例会

2015年5月26日，举行第二批"双百工程"校级精品课程及优质课程颁奖大会

2017年11月8日，以马树超为组长的市教委专家组莅校指导工作

2019年3月20日，教育学院揭牌仪式

2021年6月28日,校领导在东旭智能制造产业学院调研

2021年10月27日,东海-红亚大数据产业学院签约暨揭牌仪式在"匠兴苑"举行

2022年11月18日,学校与鹰泰传媒公司举行东海智慧商贸产业学院成立暨揭牌仪式

2022年8月7日,校领导看望正在全力备战2022年全国职业院校技能大赛的指导教师和参赛学生

签约帮扶喀什职业技术学院，建设服装设计与工艺专业

○ 专业实训

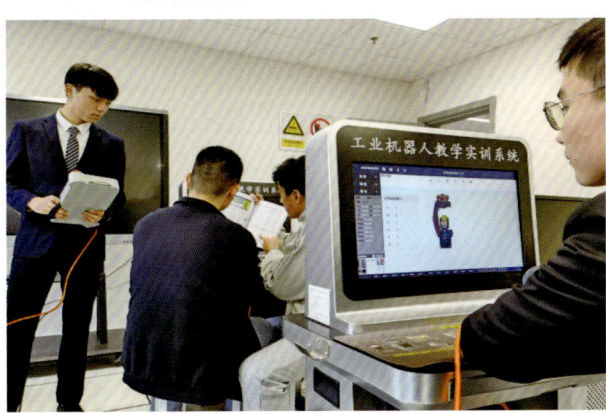

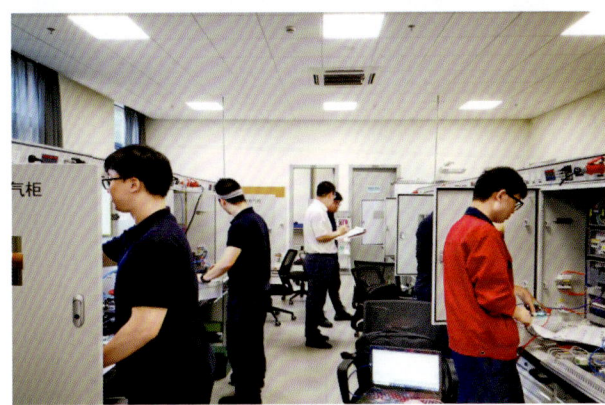

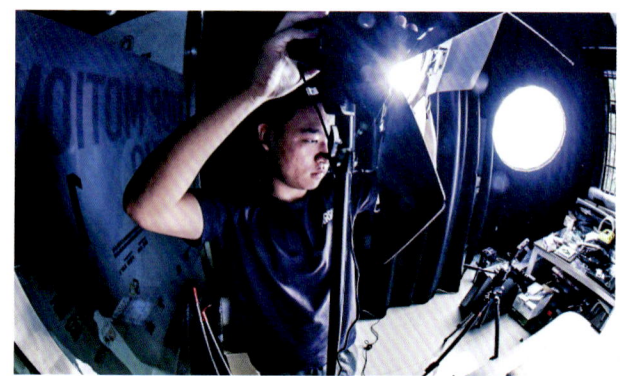
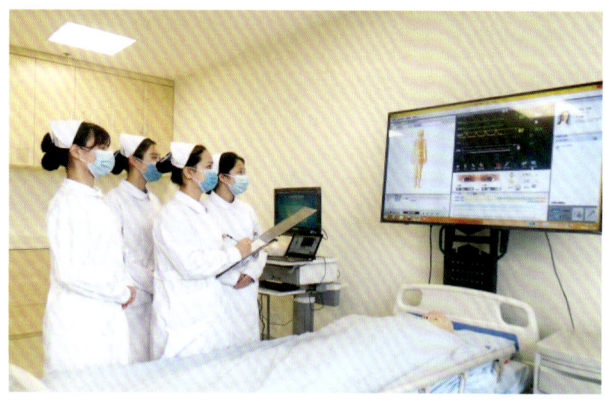

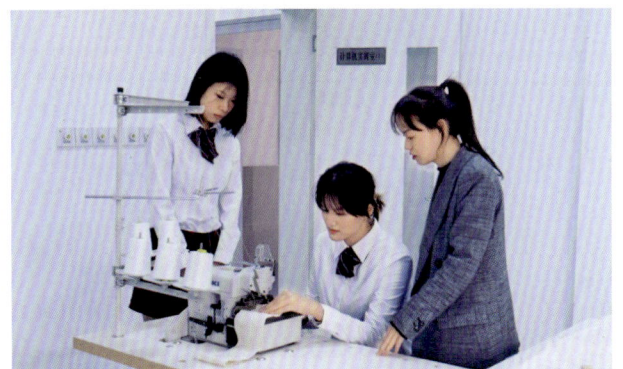

○ 学生活动

○ 校园建设

1998年，董事会曹助我、姜至本、陶钧、李重华规划校园建设

2003年，董事长曹助我代表东海学院与吴泾镇政府举行征地签字仪式

2003年7月，曹助我、姜至本、陶钧、李重华在建设工地

2003年，在东海学院二期校园建设现场打下与华东师范大学的界桩

2005年,学校图文信息中心大楼落成

2017年12月29日,学校举行综合实训大楼"匠兴苑"开工奠基仪式

2019年10月18日,学校举行综合实训大楼"匠兴苑"落成仪式

2019年12月31日,第11栋学生公寓建设项目启动

○ 国际交流

1994年3月,日本东京理科大学野中保雄教授(右二)访问东海学院

1994年3月11日,董事长曹助我,董事姜至本、陶钧、李重华会见日本东京理科大学叶维英女士(左四)

东海学院参访团访问英国南威尔士大学

东海学院参访团访问澳大利亚职业技术教育学院

时任校长项家祥一行访问德国手工业协会

复旦大学附属第五人民医院与芬兰图尔库科技应用大学师生来校访问交流

劳瑞德教育集团泰国中心CEO、泰国斯坦佛国际大学校长吉勒·马埃来校访问

美国督优维尔学院校长一行来校访问

东海学院参访团访问美国纽约州立大学

美国西伊利诺伊州立大学国际交流办主任埃伦·库泽科夫女士来校访问

欧星检验认证（上海）有限公司董事长罗曼德教授、总经理黄存章一行来校考察

东海学院参访团访问日本东海大学

时任校长项家祥访问日本多摩大学

日本沟部学园的里中玉佳老师带领小手川友里和新川有希来东海学院短期访学

时任校长项家祥一行访问日本京都情报大学院大学

与纽约州立大学奥斯威戈分校举行合作签约仪式

中德职业教育合作项目签约仪式,时任校长项家祥与德方代表在协议上签字

2019年8月,航空学院学生在澳大利亚职业技术教育学院课堂学习

2017年暑假,学生赴德国短期学习与实践

2018年9月14日,时任副校长尹雷方(前排左二)一行到日本京都情报大学院大学出席首届国际合作硕士生毕业典礼

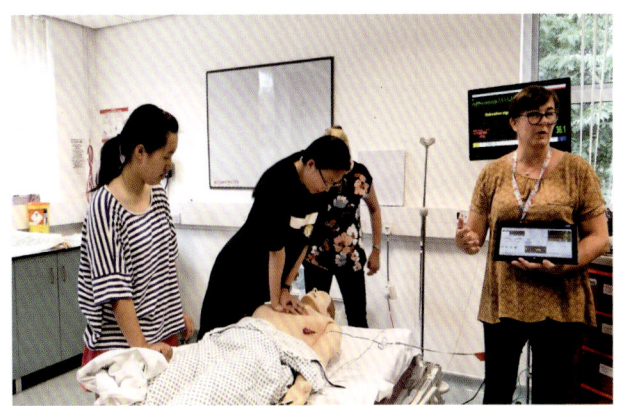

东海学子赴国外开展暑期学习实践活动

○ 校企合作

2003年11月28日，银校合作协议签字仪式举办

2011年11月，时任党委书记赵佩琪与港沿镇党委书记沈永平一同为社会实践基地揭牌

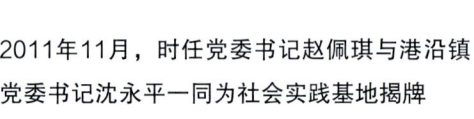

2012年6月1日，学校与上海天地软件园签订合作协议

2012年10月22日，"上海东海职业技术学院护理综合实践基地"揭牌

2012年11月8日，上海东竞财务咨询有限公司举行揭牌仪式

2014年5月14日，学校数字传媒系举行校企合作签约揭牌暨兼职教师受聘仪式

2015年5月12日，学校与上海市代理记账行业协会举行校协合作签约仪式

2015年5月21日，学校与新东苑国际投资集团有限公司举行校企合作揭牌仪式

2015年9月5日，学校与上海电器（集团）有限公司在嘉定工业园区举行校外实训基地挂牌仪式

2015年12月25日，学校与上海欣海报关有限公司举行校企合作签字仪式

2016年7月7日，学校与上海艾特海浦网络科技有限公司共建的网络集群云渲染服务中心揭牌运营

2017年3月24日，学校举行教师践习工作站揭牌仪式，校企双方为工作站揭牌

2017年11月23日，学校与上海教育电视台举行共建影视专业产教合作基地签约揭牌仪式

2018年4月12日，东海学院-上海新兰德证券投资咨询顾问有限公司"教师践习工作站"挂牌

2019年10月22日，学校与上海吉祥航空股份有限公司正式签订校企合作协议书

2020年6月1日，教育学院与吴泾馨辰托育园签订合作协议

2020年11月6日，学校与上海新徐汇教育管理有限公司举行校企合作签约仪式

2021年11月9日，学校与上海天佑医院举行校企合作签约仪式

2021年12月27日，学校与上海吉祥航空股份有限公司举行校企合作签约仪式

2022年9月2日，教育学院与托育机构举行合作签约仪式

前　言

20世纪70年代末,两件大事震撼了华夏大地,中国翻开了向世界强国迈进的新篇章:一是1977年恢复高考;二是1978年开始改革开放。

1992年,中国的GDP由1979年的4062亿元增加到26923亿元,增加了5.63倍;而进入大学的人数从1977年的27万增加到75万,增幅仅1.78倍!

当时在上海高校工科高等数学协作组的我和姜至本、陶钧、李重华坐不住了。

改革开放需要人才,祖国富强需要人才,但高校的座位不够! 1992年,303万名考生中只有75万人有机会进入大学。我们4位教师齐声说:"我们来办大学,让多一位考生进大学,让多一个家庭得安宁,让多一个企业找到好员工。"

我们四处奔波,上下求索,感动了上海市高教局的领导,感动了同行。1993年,东海学院挂牌了。我们在淮海路上挂出第一条横幅:"东海学院招生报名处";在光明中学门前摆开第一张桌子:东海学院开始招生了!

开天辟地,上海最早的一批民办大学诞生了,东海学院位于其中。办学的艰辛,难不倒立志教育的人;条件的困难,吓不退献身教育的人!

三易校名,七迁校址,在泥泞中摸爬滚打了5年,我们终于在闵行区吴泾镇友爱村落下了脚,买了地,造了校舍,挂上了东海学院的校牌。从此,东海学院结束了颠沛流离的闯荡,成为上海市第一所有自己独立校园的民办大学。

老一辈革命家夏征农、胡立教,著名学者罗竹风、谈家桢等担任东海学院最早一批校领导。2005年,学校进一步扩大,巍峨的教学大楼拔地而起,成排的学生宿舍鳞次栉比。从1993年第一批2个专业91名学生,到2005年已经具有23个专业4000多名学生。

2006年,东海学院以较为满意的评价通过了教育部委托上海市教委进行的首批民办高校人才培养工作水平评估,从此,东海学院向着一流民办学校的目标奋勇前进。

如果说我们4位教师创办的东海学院是开天辟地的壮举,那么从2010年到2020年,10年间东海学院发生了翻天覆地的变化。

举办人高风亮节,庄严地宣布东海学院是公益性非营利性民办大学。上海市文明办考察了东海学院,把上海市文明单位的牌子挂到学校的墙上,这是上海民办高职院校第一家。

2002年,《中华人民共和国民办教育促进法》颁布实施,东海学院等5所民办高校发起成立非营利性民办高校联盟,继而在上海市政府的支持下,经过3年建设,东海学院成为上海市5所非营利示范性民办高校之一。

《中华人民共和国职业教育法》的颁布、实施、修订,带来了职业教育的春天,上海市教委不失时机地建设了一批高质量职业技术学院,经过3年建设,东海学院成为上海市第一批特色高职院校。

教育部颁布优质高职院校建设规划,全国计划建设200所,东海学院奋勇参加,承接了优质院校建设中的41个项目103个子项目的任务,经过3年建设,东海学院把学校的办学水平提高到新的高度。

10年翻天覆地，我们在市级文明单位、上海市示范性民办高校、上海市特色高职院校、国家优质高职院校建设校的基础上，在教学成果质量和数量上跑到了上海高职院校的最前列：在全市民办高职院校中唯一获得上海市高职院校重点专业教学比武一等奖、市级教学成果特等奖、国家级教学成果一等奖的院校，创造了上海民办高职院校的多个唯一、第一；学生教学技能竞赛多次获得国家一等奖、二等奖，并揽获上海市的诸多奖项，技能竞赛国赛、市赛获奖共500余项，成绩多年位居上海高职院校的前列；荣获上海市首届黄炎培职业教育奖"优秀学校奖"，成为上海市唯一获此殊荣的民办高校。

10年翻天覆地，东海学院得到市政府近5亿元的专项资助，使学校文化更加底蕴深厚，学校校园更加充实丰满。

10年翻天覆地，东海学院在校学生人数接近7000名，学校年办学经费突破2亿元。在中国高教学会网、中国高考热线上，东海学院的地位不断攀升；在上海乃至全国，东海学院的声誉不断提高。

2021年，东海学院迎来了改天换地的机遇，在新制定的"十四五"规划中，东海人把学校的目标定位于上海一流、全国知名的高等学校。改天换地的东海学院，将以全新的面貌展现在东海之滨："十四五"规划所缔造的是规范东海、强师东海、质量东海、文明东海、美丽东海、智慧东海……

30年来，东海学院为国家培养了3万多名大学毕业生，其中不少人成为企业骨干、行业专家、技术能手，他们为国家的繁荣昌盛作出了很大贡献，有的人还因此在人民大会堂受到国家最高领导人的接见。

东海学院不竭的动力源泉，来自对教育事业的忠诚，来自对人才培养的渴望，来自对创新事业的追求。东海人的初心始终不改：为了每一个学生，为了每一个家庭，为了每一个企业！

谨以此文，献给东海学院30年志。

2022年12月10日

目　　录

第一部分　大事记 001

　　第一阶段　开天辟地（1993—2008 年） 003

　　第二阶段　翻天覆地（2009—2019 年） 054

　　第三阶段　改天换地（2020—2023 年） 138

第二部分　机构设置 167

　　董事会 169

　　行政领导 170

　　院系设置 171

　　部处设置 175

　　党组织（工青妇） 179

　　非常设机构 182

　　校友会 211

第三部分　专业及方向 213

　　专业设置一览表 215

　　专业建设立项一览表 236

　　高本贯通专业、中高职贯通专业一览表 237

第四部分　荣誉、成果和奖励 239

　　学校荣誉及获奖 241

教学成果 245

科研成果 248

教师获奖 284

学生获奖 290

校内奖励 319

党委条线奖励 333

第五部分　校园建设　339

基本办学条件(占地及建筑面积) 341

校内实训基地建设 344

校园修缮 363

技防工程 366

1993—2022年固定资产总值一览表 367

财务收支情况 368

第六部分　章程与规划　381

章程 383

学校规划 411

第七部分　教师名录　431

1993年 433

1994年 434

1995年 435

1996年 436

1997年 437

1998年 438

1999年 439

2000年 440

2001—2002年 441

2003—2004 年	443
2005—2006 年	445
2007 年	446
2008 年	447
2009 年	448
2010 年	449
2011 年	450
2012 年	451
2013 年	452
2014 年	453
2015 年	454
2016 年	455
2017 年	456
2018 年	457
2019 年	458
2020 年	459
2021 年	460
2022 年	461

第八部分　历年优秀学生、奖学金获得者等　　463

2001 年	465
2002 年	466
2003 年	467
2004 年	468
2005 年	469
2006 年	470
2007 年	471
2008 年	473
2009 年	475
2010 年	477
2011 年	479

2012 年	481
2013 年	483
2014 年	485
2015 年	487
2016 年	489
2017 年	492
2018 年	495
2019 年	497
2020 年	500
2021 年	503
2022 年	505

附录：历届毕业生名单 507

后记 610

上海东海职业技术学院
30年志

第一部分

大事记

第一阶段 开天辟地(1993—2008年)

1992年年初,中国的改革开放进入了快速发展时期,但人才培养和社会需求之间的矛盾显得越来越突出。

曹助我、姜至本、陶钧、李重华4位教师同为上海高校工科高等数学协作组成员,曹助我是协作组常务副组长。学术研讨之余,他们开始酝酿举办一所民办大学,以满足发展中的社会对大学毕业生的渴求。一个设想逐渐变成了现实。

是年,他们向当时的上海市高教局递交了举办民办大学的请示报告,得到了时任常务副局长伍贻康、计划处处长沈本良的支持。

1993年7月22日,市高教局正式发文,批准筹备民办东海学院。

一边筹备,一边招生。学院在紧锣密鼓中横空出世了。老一辈革命家夏征农、胡立教,著名学者罗竹风、谈家桢先后被聘请到学校担任最早一批院长、名誉院长;91名学生成为东海学院的第一批学生。

建院初期,学院没有资金、没有校园、没有校舍、没有师资、没有设备,一切从零开始。4位创办人出资20万元启动了学院的开创工作;先后向河运学校、农机学校、金联中学等兄弟学校租借教室、办公室,于是有了七迁校址的艰苦创业佳话;从上海交通大学、上海海运学院、东华大学、上海师范大学等高校过来的一批又一批教师站在了新生的东海学院讲台上,学院有了雏形。

1997年,学院在闵行区塘湾镇(现吴泾镇)友爱村租下了46亩土地(每亩租金8000元,一年租金368000元),建设了一幢教学楼、一幢学生宿舍、食堂和一些体育设施,东海学院成了上海市第一所拥有自己独立校园的民办大学。

2003年,学院规模不断发展,46亩的校园已经无法承受日益增加的学生,学院4位创办人咬紧牙关,向银行贷款买下了与此毗邻的共225亩土地(每亩20万元,总计4500万元),并规划造起教学大楼、学生宿舍、体育馆、食堂、田径场等。2005年,校区建设第一期工程基本完成,此时,学院拥有225亩土地(产权证189亩),近10万平方米的校舍,学生3000余人。

2006年,学院接受了市教委高职高专人才培养工作水平评估,并于2008年接受了回访,至此,东海学院逐步走上了正轨,开创了自力更生办大学、艰苦奋斗创事业的征程。2006年,学院被授予全国先进办学单位;2008年,学院被评为上海市教卫系统文明单位。到2008年,东海学院初步形成规模,学生达4000人,有教职工500余人,共开设专业32个,走在了上海市民办高职院校的前列。

1992—1993年

年度概述

1992年6月，曹助我、姜至本、陶钧、李重华开始酝酿举办一所民办大学，是年，他们向当时的上海市高教局递交了举办民办大学的请示报告，得到了时任常务副局长伍贻康、计划处处长沈本良的支持。

1993年7月，东海学院经上海市高教局批准，正式筹办为一所民办全日制普通高等院校。学校筹办人为曹助我、姜至本、陶钧、李重华4位教授，分别来自上海海运学院、中国纺织大学、上海交通大学。中顾委委员、上海市文联名誉主席、《辞海》主编、著名学者夏征农任名誉院长，上海市社联名誉主席、《汉语大辞典》主编、《辞海》常务副主编、著名学者罗竹风教授任院长，著名科学家、教育家、中国科学院院士谈家桢教授等任顾问。

学院位于浦东沈家弄路的上海河运学校内，设有国际贸易和涉外会计两个专业。1993年秋季招收91名学生，其中，国际贸易专业56名，涉外会计专业35名。学院有教务员1名，学生管理人员3名，行政人员4名。学院倡导"自尊、自强、认真、求真"的校训，实行"宽进严出、重视特长"的办学方针。

1992—1993年 大事记

1992年

7月

7月31日 上海市高校数学协作组在淀山湖畔石化疗养院召开第五届年会。协作组组长曹助我作主题讲话，提出要认真学习邓小平"南方谈话"的精神，进一步解放思想，胆子要大一些，步子要快一点，在为社会服务、为经济建设服务方面走出新路子。

市高教局计划处处长沈本良从成都开完全国招生工作会议后到达石化疗养院，向曹助我、陶钧告知可以办民办大学的消息。

10月

10月22日 市高教局召开创办民办大学座谈会。会上，曹助我提出创办东海大学，并就办学指导思想、创办条件、董事会与校领导、专业设置等问题进行了具体陈述。市高教局常务副局长伍贻康强调，欢迎社会力量办学，不花国家一分钱，对个人、社会团体集资办学给予支持和方便，民办高校可以在空白纸上画出美丽的图画。

1993年

6月

6月19日 曹助我参加由国家教委主任朱开轩主持召开的六校代表座谈会。朱开轩在讲话中提出，民办大学是社会主义市场经济发展在教育领域的反映，是必然的产物。上海办少一点，办好一点，办像样一点，起好步，在全国带个好头。

6月28日 曹助我参加市高教局会议。伍贻康常务副局长提出，民办是潮流。要坚持十六字方针："少一些，好一些，像样一些，审批从严掌握。"

7月

7月5日 学院筹备组成员在黄浦区中心小学开会，部署5项工作：研讨非学历教育；尽快召开董事会；编写并印发东海学院简介；确定挂牌仪式举行时间和筹办民办大学研讨会。

7月6日 李重华副院长到上海交大汽车维修检测中心、交大附属工厂、三菱分厂等联系筹建汽车检测与维修专业。

7月8日 学院领导在上海交大法华路校区开会，研究借助社会力量（长航、开能、远洋、外轮代理）筹措办学注册资金。

7月13日 学院领导召开会议，研究汽车维修班学习年限、毕业时要达到的标准、上课地点、收费等。

7月15日 学院领导到高教研究所取材料，研究所的夏天阳交代明年的评审条件，包括资金到位情况、领导班子的团结稳定情况、办学情况和校舍情况等。

7月16日 学院领导到济光学院考察，济光学院领导曹善华、叶佐豪和姚开先热情接待了考察小组。

7月22日 市高教局发布《关于同意筹办民办东海学院的批复》(沪高教办〔93〕第603号),同意筹办东海学院,要求在筹办过程中继续创造和充实办学条件,强调特别要注意解决并落实与学院今后专业教学相适应的师资队伍,并办出特色。

7月26日 曹助我前往市高教局开会并取回成立东海学院的正式批文。

学院领导联系浦东新区社会发展局,争取纳入他们的规划,并与东方文化学院(后更名为震旦学院)联系,商谈成立民办大学联谊会事宜;紧接着,东海学院筹备组讨论了公章、法人章、财务专用章、支票专用章、发票专用章、办公室、校标等具体事宜;中侨学院也于当天主动和学院联系,表示希望合作办学。

7月份 学院创办人商讨确定校领导班子人员构成:罗竹风担任院长;夏征农担任名誉院长;曹助我任常务副院长;姜至本、陶钧、李重华任副院长。

8月

8月11日 经集体磋商,确定东海学院的校训为:自尊、自强、认真、求真,并酝酿罗竹风任院长、夏征农任名誉院长;确定东海学院第一届学生报名时间为8月22日—9月5日,报名地点为光明中学,报名费为10元。当天,高教研究所忻福良表示:与自考办联系,自学考试试卷作为学校试卷,通过自学考试途径解决学历问题。

8月12日 市考试院召开区县招办主任会议,曹助我会前与考试院院长取得联系,破例增加一项议程,由曹助我在会上介绍东海学院情况,作招生宣传。同日,东海学院(筹)决定委派副院长陶钧到金华落实招生计划。

8月13日 上海海运学院朱幼文老师与学院联系,希望东海学院与南开大学合作办学,南开大学发文凭,专业为会计学。

8月16日 筹办组在市高教局开会,了解到杉达学院的招生情况,认为与本科一起招生的时间太早,东海学院推迟到招大专生时招生。

8月25日 学院确定报名分数线,上海卷的理工科为350分,文科为360分;全国卷的理工科为370分,文科为350分。

8月29日 学院确定学生住宿地点,男生为河运学校,女生为医药卫生学校,并准备为学生买医疗保险;刻招生办公室公章及落实师资和教材,确定收费和上课时间;招生专业确定为会计和对外贸易,共两个班。

8月31日 学院领导班子研究河运学校宿舍安排。

9月

9月4日 学院领导在河运学校开会,本次会议主要落实以下工作:(1)确定金华地区大专(文科)的录取分数线为375分,并决定设法与还未报名的学生取得联系;(2)要求在招生简章中注明"对筹办期间的在校学生,也可参加国家组织的高等教育自学考试,合格者发给毕业文凭"(国家教委〔1993〕129号)文件的精神;(3)报到时间和报到注意事项;(4)基础课教师:英语(2人)、经济数学(2人)、会计原理(2人)、统计原理(1人)、政治经济学(2人)及法律基础、应用中文和体育共8门课的教师;(5)落实教材;(6)筹备成立党团组织并招聘工作人员,确定周根梅为教务负责人、陆伟香为学生工作办公室负责人;(7)落实学生证、校徽、课程表、学生成绩登记表等教学相关工作;(8)规定会计专业开设课程12门,73学分;对外贸易专业开设课程12门,73学分。

9月5日 确定学生注册时间为9月13日(星期一)、9月14日(星期二)两天,并做好学生注册登记、住宿、交通月票和办理学生住宿证等准备工作。

9月10日 东海学院、济光学院等沪上几所民办院校领导相聚在高教研究所,研讨转制问题,与会人员就成人高校与民办大学转制的必要性和重点、难点及转制的形式,政府将出台什么政策、法规等热点问题进行了讨论。

9月25日 学院召开教师座谈会,部署日常教学管理工作。

10月

10月4日 学院组织迎新工作。

10月5日 东海学院(筹)国际贸易和涉外会计两个专业共招收91名学生,其中,国际贸易专业56名,涉外会计专业35名。进行第一届新生入学教育;在上海河运学校开启东海学院第一堂课。

10月6日 新生体检。

1994 年

年度概述

1994年,学院在国际贸易、涉外会计两个专业的基础上,增设计算机应用专业。当年秋季招收新生144名,学院在校生245名。学院分为两个校区,分布于杨高南路上的浦东公交公司和浦西龙吴路上的上海耐火材料厂内。

为了加强教学管理,学院制定《学籍管理规定》《课堂文明建设规定》《考试纪律规定》《学生考勤规定》《奖学金评定条例》《学生违纪处罚条例》等教学管理文件。同时建立班主任、校领导二级听课制,以及学生、教师座谈会信息反馈制,进一步加大教学质量监控力度。11月27日,团市委批复东海学院成立团委;同时成立东海学院学生会,总会设在浦东校区。12月19日,浦西校区成立团总支,下设4个团支部,并成立学生会分会。

1994 年 大事记

3月

3月3日 曹助我向市高教局伍贻康常务副局长汇报东海学院办学情况,对有关课程教学实施、教师安排、学生工作以及修订教学计划等工作进行了具体汇报。

3月11日 日本东京理科大学叶维英女士到校访问,曹助我等接待并与之商谈合作办学事项。

3月12日 曹助我等与香港永和实业公司董事长林亮洽谈有关合作办学事项。

3月24日 学院召开颁发奖学金大会。东海学院名誉院长夏征农出席并颁奖。常务副院长曹助我讲话,勉励学生要倍加珍惜大学时光,勤奋学习,加强品德修养,使自己成为一个高尚的人。

4月

4月4日 学院领导与英语教师商定大学英语四级考试名单。

4月9日 由上海交大老师钱芝蓁的先生吴志成陪同,姜至本、李重华到龙吴路上海耐火材料厂,与该厂技工学校校长陆瑞良、周校长、张书记(支部)及毛厂长达成初步口头租赁协议,筹备成立东海学院浦西校区。

4月10日 起草协议书并设计新生报名表。

4月11日 落实自学考试和大学英语四级考试事宜,并前往上海耐火材料厂进一步考察、商谈。

4月14日 金华招收的15名新生来校报到注册。

4月17日 签订与上海耐火材料厂的借校协议书,确立浦西校区。

4月18日 学院召开全校学生大会,副院长李重华讲话,向学生阐明参加统考的意义,鼓励学生抓住复习重点、难点,在理解的基础上进行记忆,并注意劳逸结合。

4月20日 大学英语四级考试集体报名,国贸931班13人、国贸932班6人、会计931班13人,共计32人参加。

5月

5月14日 学院领导前往上海耐火材料厂查看和准备教学及生活设施。

5月22日 学院领导商讨国贸两个班搬到浦西校区(上海耐火材料厂)的具体时间。

6月

6月11日 学院开会安排下学期课程。国贸专业开设英语、外经贸英语函电、国际贸易、销售学、国际金融、进出口贸易实务、对外贸易概论、国际贸易法等课程;会计专业开设工业会计、工业财务管理、审计学、国际贸易、市场学、管理会计、工业会计、珠算等课程。

6月15日 原上海海运学院朱幼文老师介绍位于宝山的上海市建筑工程学校情况,该校党政工团联席会议确定,支持东海学院与该校联合办学。上海市建筑工程学校是上海市18所重点技校之一。

7月

7月4日 学院领导在市高教局开会,通报自学考试情况,会计29人,国贸54人,共计83人,总通过率为25%。

学院1994年自学考试课程及格率统计表

课程	专业		
	国贸	会计	全校
哲学	24%	48%	32.5%
政治经济学	24%	21%	23%
大学语文	13%	31%	19%
国际经济	24%	—	—

7月21日　市高教局召开4所民办大学会议。市政府出席会议的领导有胡启迪、忻建国、瞿凯诚、何白荣、徐宝源。会上强调目前民办大学只能走自考道路，带"筹"字，成立主考单位，学校按自学考试组织教学与考试。

7月30日　学院召开院长办公会议，确定招生规模不超过200人，要求相关部门做好老生、新生开学前的准备工作；商讨与上海市建筑工程学校联合办学事宜；研究浦西校区开学后的具体操作，聘请上海交大黄保康老师负责教务工作，并确定二年级授课教师的名单。

8月

8月1日　副院长姜至本、李重华前往市自考办开会，主要商讨自学考试和全日制大学的考试问题。会议指出，自学考试的难度大，专业课考试要与主考学校挂钩。

8月5日　在浦西校区（上海耐火材料厂）落实校舍准备工作，确定学校校牌挂在北门口，并前往市郊工业学校联系校舍。

8月9日　学院领导在上海交大法华路校区曹助我家研究招生事宜，并商讨浦西校区要落实的具体事宜。

8月18日　编制招生老师值班表。

8月24日　收取1994级新生的学费。

8月25日　东海学院成立浦东、浦西两个校区。学院实行六个统一：统一领导，统一对外，统一教学要求，统一规章制度，统一人事调动，统一经费财务管理。

9月

9月15日　据统计，实际报考东海学院人数249人。其中，会计专业93人（交费34人）、金贸专业72人（交费39人）、计算机专业27人（交费7人）、医贸专业19人（交费8人）、法律专业12人（交费4人）、宾馆专业18人（交费2人）、工业与民用建筑专业6人（交费2人）。至9月22日，已到学生160人，交费140人。

9月28日　学院领导班子决定，鉴于浦西校区设在市郊工业学校（百色路），金融与贸易专业一部分学生暂时不肯搬到浦西，学院要求相关部门做好安排，保证浦东学生和浦西学生的课程进度拉平，并确定一年级新生在市郊工业学校上课，二年级学生在上海耐火材料厂上课。

9月29日　浦东学生搬到浦西，并决定老生10月5日上课。

10月

10月3日　学院组织开展外地来上海的新生（主要是浙江永康地区）接待工作。

10月5日　学院举行开学典礼并进行新生入学教育。曹助我讲话，介绍国内外民办大学概况、东海学院创办过程及东海学院现状。

10月8日　学院领导前往市高教局开会，商讨专业建设、校舍租借、档案管理、合作办学、国家学历文凭考试及土地信息等事宜。

10月15日　学院与上海耐火材料厂会谈，双方互通信息，希望他们对东海学院迁校给予理解，准备于24日搬到市郊工业学校。

10月24日　与华东政法学院培训部商讨联合办学。

10月25日　整修校舍。

10月31日　浦西校区从上海耐火材料厂搬到市郊工业学校，一、二年级联合搬迁，有序进行。

11月

11月2日　学院建立《学籍管理制度》《课堂文明建设规定》《宿舍管理规定》《考试纪律规定》《学生考勤规定》和《违纪处罚条例》6项规章制度，加强校风建设，稳定教学秩序，从严治校。

11月3日　学院召开学生大会，重申学院规章制度。

11月9日　曹助我、姜至本、陶钧、李重华在浦西校区开会，就加强教学管理和学风建设、档案与物资管理、学费与财务管理、筹建工业与民用建筑和房地产班、修订教学计划与教学大纲等问题进行商议并作出相应安排。

11月10日　学院召开会议，研讨教学管理相关工作，强调要进一步加强学风建设，做好档案物资的管理和奖学金的发放工作,并对一年级10位学生作出处分决定。

11月12日　曹助我、姜至本、陶钧、李重华在上海交大分部开会,研究商讨浦东、浦西两学区办学问题,并决定分别召开教师和学生座谈会。

11月26日　浦东校区召开教师座谈会。董事长曹助我讲话,强调民办大学要以质量取胜,质量就是生命,关键在教师。希望任课教师共同努力,力争早日建校。

11月27日　浦东校区召开会议,成立外语教研室,由张德生任组长,周雷云任副组长。

团市委批复东海学院成立团委,吴志雄(上海海运学院老师)任筹备组组长。

11月29日　曹助我、姜至本、陶钧、李重华商议参加国家学历认定考试事宜,并作出具体安排。

12月

12月10日　浦东校区召开教师座谈会,副院长姜至本、李重华,以及金颖、俞美君、甘露光、王贤光、魏宏鹄、邹兴根、顾圣益、陈玛璠、苏同华、钱芝蓁、佴怀清等教师和班主任参加了座谈会。座谈会以东海学院成立的背景、建校一年多来的情况介绍、学生的情况及学院颁布的6项规章制度和老师反馈的学生情况等方面为内容,以期加强教师相互联系,共同研讨民办大学的教学特点,做好日常教学工作。

12月11日　学院召开家长会。会议通报了东海学院办学一年多来的有关情况和学生情况,与家长共同商议如何加强学院和家长的联系,进一步办好东海学院。

12月12日　学院召开浦西校区会议。研讨学生晚自修和夜间熄灯问题,以及元旦前组织文化艺术节、出黑板报等相关事宜,并要求教师采取具体措施,加强学生管理,严格要求学生,抓好课堂纪律,坚持正面教育和违纪处分相结合。

12月17日　董事长曹助我,董事姜至本、李重华、陶钧一行4人,借上海交大数学系会议室开会,共同商讨办学事宜。

12月19日　东海学院浦西校区成立团总支1个、团支部4个,并成立东海学院学生会分会。

12月23日　学院召开全院师生大会,颁发1993年第二学期奖学金,院长夏征农出席会议并为获奖学生颁奖。会上,学院领导作了复习迎考总动员讲话,要求做好元旦辞旧迎新活动组织工作,加强精神文明建设。

12月26日　学院进行安全大检查并举行元旦联欢会。

1995年

年度概述

1995年,学院所有专业通过专家评估,获得参加国家学历文凭考试的资格,并经市教委推荐、国家教委批准,学院被确定为上海市唯一一所国家教委实施国家学历文凭考试的参照点院校。1995年,学院招收新生262名,在校生406名。1993级国际贸易和涉外会计两个专业86名学生毕业。西校区已搬迁到市郊工业学校内。12月15日,学院由市郊工业学校搬迁至上海交大上中路校区。

11月18日,学院假座上海市岳阳路1号教育会堂召开首届共青团东海学院代表大会、东海学院学生代表大会和1994年度第二学期奖学金颁奖大会。上海市教委副主任张伟江和团市委学校工作部部长马春雷出席大会并讲话。

1995年 大事记

1月

1月3日　学院在复兴中路上海机械高等专科学校召开董事会会议,商讨在东海学院考场举行的大学英语四、六级考试相关准备工作,同时研究下学期的排课和教师聘任事项及学生实习工作的具体布置。

1月7日　学院召开英语教研室会议,进行四、六级考试复习工作部署,提出大部分学生通过英语四级考试、少部分学生通过英语六级考试的目标。

1月17日　学院召开教学研讨会,研讨排课、学生自学考试、毕业生应聘、实习准备工作、追缴学费等事项。

1月22日　学院在浦东校区召开学期总结大会,对学院办学以来的工作进行全面总结,并商议出简报。当天下午召开部分学生家长会,主要分3个方面的内容:一是共商东海学院的发展大计;二是简单介绍学院的基本情况;三是介绍一些困难,主要是资金困难,同时通报学院的发展动向。

1月27日　学院召开部门总结交流会,各部门作工作小结。会议对毕业生的实习、就业工作作具体安排,并就加强教学管理和稳定教师队伍作相应研讨。

2月

2月11日　学院领导与杉达学院院长袁济会谈,听取杉达学院成功办学的经验和目前的发展动态。

2月15日　学院领导在市高教局开会,听取市教委领导的报告。

2月16日　召开学院干部会议,强调抓学风、抓管理,并对办公室工作人员的职责进行明确细致的划分,要求各部门及工作人员制定出工作计划。

2月17日　创建东海学院院报,制定出详细的组稿内容。

2月19日　学生报到注册。当天召开教学工作会议,要求教务办公室协助院领导抓好教学管理工作,充分调动教师和学生的积极性,全校师生同心协力建立良好的课堂秩序,从教师与学生两方面保证良好学风的形成和维护。

2月21日　召开团委和学生会干部会议,强调要完善教学与管理,进一步加强校风、学风建设,提高教学质量,并要求做好宣传阵地建设,近期出一期院报。

2月25日　组织毕业班学生前往襄阳公园参加人才招聘会,这是办学以来东海学院学生第一次参加求职应聘。

3月

3月9日　召开部分学生座谈会,听取学生的意见和建议,并针对学生存在的缺乏自信心的情况,对他们给予适当的鼓励。

3月20日　学院领导在市教委开会,听取教委领导对民办大学办学工作的总结意见。

3月25日　召开8位负责自学考试教师座谈会,总结自学考试的特点与规律,督促各负责老师群策群力,想办法提高自学考试的合格率。

3月31日　学院董事在副院长姜至本家开会,作自学考试迎考准备、学生实习、整顿学风校纪、学生团委、学生会组织、招生等工作研讨。

4月

4月18日　举行院长办公会议,研讨实习安排,奖学金估算,加强精神文明建设,英语四、六级考试,教学计划制定等工作。

4月21日　召开学生实习工作会议,作实习工作安排并听取负责老师的意见和建议。

4月25日　浦西校区召开教学工作会议,通报自考情况和排课安排,督促做好学生实习安排工作。

4月29日　在上海交大印务中心召开教学工作会议,研讨日常教学管理工作,并部署一系列工作要求。

5月

5月18日　市教委专家组来校检查人才培养水平评估工作准备情况,董事长曹助我作工作汇报。

5月23日　召开院长办公会议,了解实习工作的进展情况,督促负责教师回收实习报告,并商议奖励优秀实习生事项。

5月30日　浦西校区召开校务工作会议,部署一、二年级学生的大考日程。

5月31日　召开实习总结工作准备会议,对即将开展的实习总结交流工作进行商讨。

6月

6月1日　学院董事在上海交大教师活动中心召开碰头会,对毕业生应聘、奖学金颁发、毕业典礼等工作进行商讨和布置。

6月6日　召开浦西校区毕业生实习总结交流会,共12名学生参加会议。曹春荣(班主任)通报44名学生已有30人落实了工作单位。与会学生积极发言,总结交流实习过程中遇到的种种问题,对即将走入社会充满了信心。

6月16日　学院领导在上海交大印务中心召开碰头会议,研讨联合办学问题并商议考察东海学院校址问题。

6月25日　1994级学生注册。

7月

7月4日 举行毕业班茶话会,由副院长李重华主持,与会学生积极发言。

7月15日 院领导在上海交通大学召开会议,讨论关于3所民办大学联合办学问题。

7月25日 民办学院领导交流工作情况。

8月

8月10日 学院领导在东湖宾馆设宴招待公交公司总经理,洽谈租借公司培训中心作校舍,名誉院长夏征农出席宴会。

8月14日 学院领导在上海交通大学印务中心开会,商讨民办高校自主权及讨论设立创办人委员会相关事项。

9月

9月4日 学院组织学生参加上海电视台组织的名模访谈节目,学生与名模交流相关情况,并在节目中介绍学院信息。

9月8日 学院领导在上海交通大学教师活动中心开会,商讨与知名企业合作和征地等问题。

10月

10月3日 开展迎新工作,由顾圣益、陈玙璠、钱芝蓁、张福康等教师和部分学生分工负责。

10月17日 召开教学工作会议,研讨自学考试和英语四、六级考试相关事项,并听取部分学生的意见和建议。

10月28日 召开教师座谈会,听取教师工作情况汇报,并共同商议学生教育管理工作事宜。参加会议的教师有钱芝蓁、张福康、林贻俊、李啸虎、尤立喜、黄良德、阮瑾、赵铁牛、陈先元等。

11月

11月11日 学院领导在浦西校区召开碰头会,通报非中共人士在上海视察的情况。同济大学已退休校长江景波主持非中共人士视察会议,表明国家将改革高校办学体制,加强对民办大学的扶持。会议还讨论了"两代会"(团代会、学代会)的筹备工作事项。

11月15日 民办东海学院(筹)与上海银洲投资咨询有限公司签订协议,联合筹办上海东海大学,后因该公司资金不到位,打了10场官司。1997年1月5日,双方解除合作。这是东海学院建校历史上的一次惨痛教训。

11月18日 学院在上海教育会堂召开"两代会"暨1994年度第二学期获奖学生颁奖大会。团市委副书记韦源,上海市学联秘书长、学校部部长马春雷等出席了大会并讲话。名誉院长夏征农到会为获奖同学颁发了奖学金。

11月21日 学院领导在上海考试院开会,听取考试院领导报告。

11月22日 学院召开团学工作会议,成立学生会分会,确定团委、学生会、团总支、学生会分会干部名单。

11月28日 学院召开班主任工作会议,总结学生思想政治工作的经验。

11月29日 学院领导在上海交通大学召开碰头会,商讨联合办学、元旦联欢、文明寝室评比以及搬迁等问题。

12月

12月9日 学院举办浦西校区运动会,全院学生积极参加。

12月12日 学院召开会议,商讨由市郊工业学校搬迁至上海交通大学上中路校区的准备工作。

12月15日 学院由市郊工业学校搬迁至上海交通大学上中路校区。

12月20日 院领导在曹助我家开会,商讨联合办学事宜。

12月28日 团市委五次全委(扩大)会议在上海商务中心召开,学院领导前往参加会议,听取团市委领导的报告。

12月30日 学院召开教学工作会议,副院长姜至本传达国家学历文凭考试会议精神。

1996年

年度概述

学院设有国际贸易、涉外会计、计算机及其应用3个专业。1996年秋,学院招收278名新生,在校学生503名。暑假前夕,浦西校区搬迁至上海交通大学上中路校区。学院1993级、1994级共有230名学生毕业。

4月12—13日,市教委专家组分别对涉外会计专业和国际贸易专业进行国家学历文凭考试试点专业资格认定评估。10月14日,计算机应用专业通过国家学历文凭考试资格认定评估。

12月30日,学院召开会议,鉴于罗竹风院长去世,聘任老一辈无产阶级革命家、著名学者、教育家、东海学院名誉院长夏征农出任东海学院院长。

1996年 大事记

1月

1月2日 召开浦西校区例会,确定学生期末考试的时间及命题事宜,并对国家学历文凭考试和实习准备工作进行研讨。

1月5日 学院领导在上海交通大学印务中心举行会议,商讨编写和修订教学大纲事宜,并对浦东校区管理现状进行了研究。

1月6日 学院领导在同济大学开会,参加东海、济光两所学院与泰国泰美学校联合办学研讨事宜,联合办学定名为出国进修预备班,会议商洽了办学课程、教材、授课教师、办学收费标准、出国签证办理等具体事项。

1月13日 学院召开一年级学生家长会,副院长李重华向与会家长通报了学院的重要活动,并对学校制定颁发《学生手册》的意义和内容进行了讲解,督促家长配合学校做好学生的教育工作。

1月16日 学院召开班主任工作汇报交流会,学院全体班主任汇报了工作中取得的成绩和存在的各种问题。

1月20日 学院召开浦东校区教学工作会议,常务副院长曹助我介绍了国家学历文凭考试的资格审查及认定情况,并详细介绍了一家日资企业的具体项目,希望学院能和该企业交流合作,强化校企合作办学工作。

1月29日 学院领导在白玉兰宾馆开会,研讨东海和济光合并建立东方大学(暂定名)的具体事宜。会议对合作建校的可操作性进行了论证,并商议拟定向市教委递交建校申请的具体内容和董事会成员名单,初步讨论了董事会章程和建校方案。会议对建校的投资组合和管理模式也进行了初步商洽。

2月

2月10日 学院举行教学工作会议,常务副院长曹助我传达了日资企业与学院合作的初步意向。

2月23日 学院领导召开会议,商讨大学英语四级考试选拔测试和确定第一批学历文凭考试名单事宜。会议强调,要做好学历文凭考试思想动员工作,学院、教师和学生三方面积极配合,力争在第一次学历文凭考试中考出好成绩,促进优良学风的建设和维护。

2月28日 学院领导在上海交通大学教师活动中心召开会议,常务副院长曹助我指出,学院已进入发展的关键时刻,要全面冷静地思考,加强学院的整改和对外交流合作,各部门要职责分明并密切配合,搞好学院的建设和发展工作。会议确定的工作重点是:以国家学历文凭考试为契机,狠抓教学质量;加强思想教育,继续进行校风、学风建设;扩大与企业、人才市场联系,做好毕业生实习及就业推荐工作;做好1996级招生宣传与组织工作;落实联合办学协议,力争硬件有所突破。

3月

3月12日 学院召开浦西校区工作例会,安排学历文凭考试动员和布置英语四级考试报名前测试工作。

3月13日 学院领导第二次前往傅玄杰律师事务所,为与银洲公司合作一事进行咨询。

3月14日 学院召开一年级全体学生大会。大会主要内容为国家学历文凭考试动员,同时对大学英语四、六级考试及补考等问题进行了讨论和部署。

3月18日 学院召开一年级教师座谈会,副院长李重华向与会教师介绍了学院"两代会"的情况,以及关于学历文凭考试动员大会的情况,希望各任课教师负起重任,辅导学生,争取在第一次学历文凭考试中考出好成绩。李重华副院长强调教学管理要严格、有序,东海学院是办学,不是办班,各任课老师要配合学院实施规范化管理,让学生、家长及社会知道民办大学在教学管理上是很正规的。与会任课教师积极发言,各抒己见,为学院教学管理的强化出谋献策。

3月27日　学院领导在浦东校区召开会议，通报市教委专家组即将进行学历文凭考试评审，要特别注意学生动态，保持学院安全稳定。

3月29日　浦西校区举行1995年度第一学期奖学金颁奖大会，副院长李重华介绍了综合测评奖学金评定条例、单科奖分数计算办法等相关规定。李重华副院长还向学生通报了学历文凭考试相关信息，鼓励学生强化复习，取得好成绩。

4月

4月1日　学院领导参加市高教局会议，听取高等教育评估事务所的领导报告。评估所金同康、赵人骅等领导讲话，指出学历文凭考试是高校重大举措之一，宽进严出是民办大学的重要出路，若做得不好，便会面临被取消试点的资格，希望各高校珍惜来之不易的学历文凭考试试点机会，提高积极性，互相配合，做好学历文凭考试工作。高等教育评估事务所将秉着客观、公正、科学的原则，对各试点高校进行学历文凭考试试点评估，各高校要高度重视，做好准备工作。

4月7日　副院长姜至本传达了民办大学负责人例会情况，并建议市教委审计银洲公司。

4月12日　在浦东校区进行国家学历文凭考试试点专业资格认定评估，本次评估主要针对国际会计专业，由市教委许宝元、赵人骅，评估所邵廷忠，上海立信会计专科学校校长李海波，上海财经大学会计系主任石成岳组成评估小组。经过一天的评估检查，评估组最后向学校通报和反馈了评估检查意见：第一，东海学院培养目标基本上符合国家学历文凭考试资格要求；第二，学院的课程设置基本合理，教学大纲也比较齐全；第三，学院的师资力量能适应专业要求，具备较完善的管理制度；第四，学院有促进教学质量的监控措施。

4月13日　学院进行国家学历文凭考试试点专业资格认定评估，本次评估主要针对国际贸易专业。参加评估的领导有：市教委的赵振华、邵廷忠、赵人骅；专家组成员有：上海对外贸易学院经济系何忠妹、复旦大学金融系主任胡庆康、上海金融专科学校贺瑛、上海大学商学院吴建藩，组长为胡庆康。

学院领导曹助我、姜至本、陶钧、李重华参加评估工作。

4月16日　学院召开浦西校区工作例会，简要介绍高等教育评估事务所对学院专业评估的情况，确定国家学历文凭考试的12门主干课程为：哲学、政治经济学、语文、基础英语、高等数学、中国对外贸易、国际贸易、国际金融、国际贸易实务、基础会计学、统计学概论、财政与金融。希望各任课老师紧抓复习工作，争取学历文凭考试考出好成绩。

4月18日　学院领导召开会议，就招生原则和具体操作进行研讨和部署。

4月19日　学院召开教学工作会议。会议要求两周内修订好教学计划，12门课程的学历文凭考试已经确定，要制定统一的教学大纲格式并修订教学大纲，强化实践教学环节，反映出东海学院培养复合型人才的特色。

学院邀请区（县）高招办33位负责人参加1996年度招生研讨会。

4月24日　学院领导参加市高教局会议，济光学院院长曹善华传达国家学历文凭考试试点座谈会情况。会议决定：学历文凭考试试点层次为大学专科教育，学制为3年，要符合当地经济建设需要，学校应具备开设相关专业的条件。全日制试点不宜扩大规模，并实行动态试点，试点学校不搞终身制。考试主干课程为12门，证书以自学考试证书为主，加盖自考委员会和学校两个公章。7月以前制定考试大纲并注明重点、难点。会议还形成如下意见：东海学院与济光学院专业方面的关系应该是济光涉外会计专业向东海学院靠拢，东海学院计算机专业的考试大纲和命题向济光学院靠拢。

4月28日　学历文凭考试试点学校举行誓师大会，参加学校有：东海学院、上海市第二轻工业学校、华东师范大学、杉达学院、华东工业大学、上海师范大学、华东政法学院、上海商学院、财大南德理学院、幼专、铁道医学院、育才中学。

4月30日　学院领导在上海交通大学教师活动中心召开会议，研讨学历文凭考试专业资格评估后的专业教学计划和教学大纲修订的规范化问题。

5月

5月6日　学院领导在济光学院开会，与济光学院负责人一起讨论教学计划、教学大纲的格式，并进行了学历文凭考试研讨。

5月7日　浦西校区召开工作例会，通报二年级班、团干部改选结果，并讨论了补考安排问题。

5月9日　市教委高教办、考试院召开学历文凭考试付诸实施会议。市教委赵人骅、评估所邵廷忠、自考办赵振华等作重要讲话,对学历文凭考试实施的具体细则和规范化问题进行了研讨。

5月14日　学院召开浦西校区干部例会。副院长李重华传达市教委高教办、考试院关于学历文凭考试付诸实施会议精神,要求学院针对民办大学"小学的管理、中学的教法、大学的考法"的现实状况,摸清情况、针对思想、做好工作、考出水平。在具体实施时要切实做好教学计划、教学大纲的修订工作,认真做好学历文凭考试考生资格的认定和学历文凭考试工作。

5月15日　学院领导与济光学院领导曹善华、叶佐豪、姚开先在浦东校区开会,商讨与银洲公司合作办学事宜。

5月18日　左飚教授为东海学院教师作报告。左教授论述了坚持奉献、树立实干的工作作风、面对大潮的冲击、培养适度的思想方法、发扬勤学求索精神等方面的教书育人新观点。

5月21日　学院召开浦西校区工作例会。副院长李重华讲话,要求全体干部认真学习江泽民同志关于教育改革与发展的重要指示,坚持把十四届六中全会关于加强精神文明建设的主题付诸行动,做好学生的思想政治工作,避免消极情绪,要研究民办大学学生思想政治工作的特点,尊重学生、爱护学生,给予他们帮助和指导,调动学习的积极性,树立学生的自信心,互相配合,做好学院的教学和学生管理工作。

5月23日　学院领导在浦东校区召开会议。会议通报了学历文凭考试试点扩大情况,并传达了全国人大教科文卫委员会副主任杨海波关于民办教育如何走可持续发展道路的讲话精神和李岚清副总理关于高等院校教学规范化的讲话精神。

5月28日　学院召开浦西校区工作例会。副院长姜至本传达了北京民办高校第二次会议精神,要求学生管理人员组织各班级学生交流近来学习、生活和思想状况,并准备召开主题班会,做好学生思想工作。

6月

6月6日　学院领导在浦东校区召开会议,对学生教材预订、毕业生离校工作等事项进行了研讨。

6月7日　浦西校区召开教学工作会议,通报学历文凭考试时间及浦西校区学历文凭考试学生名单,并要求落实好市郊工业学校课桌椅,准备7月2日搬迁到上海交通大学上中路校区。

7月

7月2日　学院召开浦西校区工作例会,安排学生搬迁的具体操作工作。

7月11日　学院召开教学工作会议,研讨学历文凭考试准备工作、招生、选校址、与申通公司合办东海学院培训中心等事宜。

7月12日　学院与申通教学部讨论联合办学协议书。

7月15日　学院领导召开会议,要求各班班主任集中学生开会,宣传学历文凭考试考场规则。

7月21日　学院召开浦东校区工作会议,学院领导传达了市教委许宝元的讲话要点。许宝元指出,市教委对东海学院的印象不错,已经同意了学院国际贸易、涉外会计专业的招生广告。学院筹备期已过,要做好管理、师资等班子的准备工作。

9月

9月7日　学院领导在上海交通大学教师活动中心召开会议。会议通报了办学条件评估的相关要求,时间为10月4日一天,由4~5位专家组成评估小组,学院要做的具体准备工作是:三年回顾工作由副院长姜至本负责;财务审计工作由常务副院长曹助我负责;评估准备工作由副院长李重华负责,包括社会需求认定报告、教学计划、第一学期教学大纲、教学日历、教材等材料。

9月9日　学院召开工作会议,研讨迎接新生的准备工作。

9月16日　浦西校区举行新生开学典礼,副院长李重华致欢迎辞,副院长姜至本在开学典礼上讲话。

9月20日　学院召开工作会议,研讨办学成本问题,并制定学院工作计划。

9月23日　学院召开浦西校区工作例会,布置浦西校区教务工作、学生思想政治工作、班主任工作等具体实施细则。

9月25日　学院领导前往同济大学参加由市教委组织的上海学校共青团推进优秀大学生培养工作会议。

10月

10月3日 学院召开工作例会。会议通报了开学以来的有关情况,并传达团市委副书记陈靖的讲话要点。陈靖在上海学校共青团推进优秀大学生培养工作会议上指出,要加强优秀大学生思想政治教育工作,强化实践环节,争取实践育人,建立和完善培养大学生实体,挂职锻炼,积极争取学校党政领导支持,正确处理民心与群众的关系,在政策倾斜的同时,对培养优秀大学生工作要进行经常性的研究。

10月5日 学院领导在浦东校区召开会议,通报了李重华和姜至本两位副院长与申通公司张勇、孔繁菁的协商内容。

10月11日 全国民办高等教育委员会主任刘培植约见董事长曹助我,介绍了全国民办高校概况并了解东海学院情况,对学院办学给予了肯定和鼓励。

学院召开全体教师座谈会,副院长李重华通报了学历文凭考试和英语四级考试合格情况,并宣读了奖教金评定原则,希望任课教师配合学院,维护良好的课堂纪律,建立稳定的教学秩序,并希望任课教师能尽职尽责,成为学生的良师益友,当好学生健康成长的指导者和引路人。

10月12日 学院召开计算机应用专业学历文凭考试资格认定申报专门会议,要求准备好该专业的相关材料,包括校历、教学计划、各门课程教学大纲、计算机应用专业学生名单、学生干部名单、毕业生去向及学生手册等。

10月14日 计算机应用专业参加国家学历文凭考试资格认定评估,由市教委赵人骅、邵廷忠、胡亚君、夏天阳等组成评估小组,学院领导曹助我、姜至本、陶钧、李重华和上海师范大学的边善玉参加评估会议。评估专家组认为:东海学院资料准备充分,计算机应用专业培养目标比较明确;教学计划和课程设置比较合理,教学设施比较齐全,教学管理到位,办学师资力量较强;实验室能满足学生实习,具备办学基本条件,符合国家学历文凭考试资格。

10月21日 学院召开浦西校区工作例会,副院长李重华通报了奖学金获得者名单和教师座谈会反映的一些具体情况,督促全体工作人员高度重视。

10月25日 学院领导前往浦东上南中学查看校址。

11月

11月5日 浦西校区举行奖学金颁奖大会,由朱梅芳老师主持会议。副院长姜至本、李重华出席并讲话,勉励获奖学生要戒骄戒躁,努力学习;学生代表胡皓伟、戴洁莹在颁奖大会上发言。

11月6日 学院领导参加市教委相关会议。会议的主要内容为有关国家学历文凭考试情况变化信息传达,国家教委确定哲学、政治经济学、大学语文、计算机基础、高等数学、会计学基础、中国革命史、基础英语8门课程为国家统考,其他4门课程由上海市组织考试。

11月7日 浦西校区召开工作例会,会议传达了11月6日市教委会议精神,要求采取具体措施,做好学历文凭考试的准备工作,确保学历文凭考试的严肃性。会议还要求浦西校区增补学生分会、团总支委员会,并成立党章学习小组。

11月8日 学院领导在上海工程技术学校召开宝山工民建班级学生家长会。出席会议的有市教委赵人骅,学院领导曹助我、姜至本、李重华以及13位学生家长。

11月10日 学院领导在上海交通大学教师活动中心开会,会议通报了工民建班级情况,对建立完整的教学管理文件和学籍档案及学历文凭考试计划调整等问题进行了商讨。

11月11日 浦西校区召开工作例会,会议重申了学历文凭考试资格审查条件,并要求调整学历文凭考试计划。会议决定在浦西校区成立8个党章学习小组,公布了学生代表和团代表名单。

11月14日 学院确定学生会干部的条件及学生会和团总支候选人名单。

11月19日 学院领导前往市教委开会,出席会议的有市教委赵振华、赵人骅,以及东海学院、济光学院、中侨学院、光启学院、华夏学院的领导。

11月20日 学院召开浦西校区班主任会议。会议传达了国家学历文凭考试安排,并讨论学生分会、团总支委员情况。

11月27日 在浦西校区召开院长办公会议,商讨工民建专业与东海培训中心的具体情况。

12月

12月3日 学院召开浦西校区工作例会,通报召开学生家长会的准备工作和期末工作安排,要求各部门做好元旦联欢筹备工作。

12月5日　在浦西校区召开院长办公会议,传达了全国人大常委杨海波等人的讲话要点。杨海波等强调:民办学校应懂法、知法、依法、护法,侵权行为大部分是由财务工作引起的,1996年,32位人大代表提议,力争民办大学与公办大学共存、共荣,这给民办学校提供了更有利的发展空间。

12月6日　浦西校区举行第二届运动会,副院长李重华致开幕词。

12月17日　浦西校区召开工作例会,主要内容为对有关国家学历文凭考试、教师座谈会和元旦联欢会筹备工作及期末考试等事项进行部署安排。

12月19日　学院召开东海培训中心例会,研讨培训中心的学生管理具体问题。

12月22日　在上海交通大学教师活动中心召开部分教师座谈会,学院领导姜至本、李重华、朱梅芳,教师林贻俊、付学良、尤立喜、毛定祥、赵铁牛、周石鹏、苏同华、肖柳青、陈先元等出席座谈会。

12月24日　学院召开浦西校区工作例会。会议传达了教师座谈会情况,认为全体教师都有信心把学历文凭考试迎考工作做好,并且深感责任重大。

12月25日　经上级主管部门批准,老一辈无产阶级革命家、著名学者、老教育家、名誉院长夏征农同志出任东海学院院长。

12月30日　学院在上海交通大学教师活动中心召开院长办公会议,研讨计算机应用专业是否参加国家统考,并对新校址的选择进行了商议。会议达成共识:在校址的选择上尽量避免校中校。会议经过讨论,决定将学制改为3年。

1997年

年度概述

学院在原有的国际贸易、涉外会计、计算机应用、商务英语4个专业的基础上,新增设法律专业。1997年秋,学院招收新生451名,在校生为991名。5月13日,市教委专家组来学院对法律专业进行评估。

1月24—26日,学院学生参加国家学历文凭考试的平均通过率为85.02%,比国家教委要求的70%通过率高出15个百分点。夏征农院长题词:"东海学院　民办学校之光"。

暑假前夕,学院浦东校区和浦西校区合并搬迁至浦东金台路96号金联中学,租借了22个教室、8个办公室、微机房、大操场以及100间寝室。同时,学院决定向闵行区塘湾镇友爱村租借土地46亩,并向闵行区建委出示市教委批准东海学院成立的证明文件,申报自建校园。学院已在上海市虹梅南路6001号选定校址并开工建造校舍。

1997年 大事记

1月

1月10日　副院长李重华在浦西校区接待乐城装潢公司,双方商讨银洲公司冒东海学院之名将乐城装潢公司垫资款300万元中的40万元打进银洲公司账号的解决办法。乐城装潢公司认为银洲公司的收据加盖了东海学院公章,故向法院起诉东海学院,法院判决乐城装潢公司败诉。

1月13日　学院召开院长办公会议。会议研讨了浦东、浦西校区考场安排及兼课费等事宜。

1月17日　学院领导在自考办开会,会议传达了市教委关于调整和修改教学计划的文件精神,要求参加学历文凭考试的学校及时调整和修改教学计划,报教委备案,做到学生满意、行政领导满意。

1月19日　学院领导在浦西校区召开院长办公会议,会议强调在处理与银洲公司的关系上一定要统一口径,并重点讨论校舍选址问题,为向市教委全面汇报打下了良好的基础。

1月20日　学院领导曹助我、姜至本、陶钧、李重华4人在市教委与张持刚、庄俭、沈本良会谈,主要讨论了与申通公司的联合办学问题、处理与银洲公司的关系问题及东海学院走社会力量办学的道路问题等事宜。在与申通公司联合办学方面,要多层次、不同规格办学,考虑规模效应;在处理与银洲公司关系方面,要通过法律途径寻求保护;在走社会力量办学问题上,东海学院已筹建4年,不能无限期地拖延下去,应尽快"转正"。

1月30日 学院筹划建造校舍,对征地、材料、交通运输、工程造价等进行了具体的估算。

2月

2月2日 学院领导在浦西校区召开院长办公会议,会议论述了校址选择、生源、集资建校偿还能力等问题,决定对建校问题进行充分论证、比较,拿出书面材料,经董事会讨论后报市教委。

2月4日 学院领导对校舍问题进行了论证。可行性论证报告包括:第一,学院学历文凭考试的合格率大于等于70%,并且具有独立的校舍,才能批准正式建校,因此,自建校舍迫在眉睫;第二,资金筹措方面,可通过董事会借款、学费预收、向朋友借款、工程队带资进场分期付款等方式解决;第三,在校址的选择上要考虑工农业发展情况、学院所处的地理位置、交通情况、生源情况等因素,初步选定校址为三林塘和塘湾镇。会议还对新校舍的运作、偿债能力、风险分析、远景展望、运作费用等进行了详细的论证。

2月19日 学院在吴兴路市委办公厅会议室召开专家论证会,会议研讨了建校事宜,学院领导曹助我、姜至本、陶钧、李重华和华东设计院领导及学生家长张锦明、李道林、潘长晓、张祖明等人参加会议。

2月23日 学院组织全院师生员工收看邓小平同志追悼会。

2月26日 学院领导曹助我、姜至本、李重华到南码头路200号上海溶剂厂联系租校舍事宜,溶剂厂领导吕业民热情接待。

2月27日 学院领导参加市教委相关会议,会议传达了社会考试调查组组长、国家考委处长和四川、福建考办主任的讲话要点。会议认为,高等教育学历文凭考试试点是新生事物,是高等教育的一种形式,全国范围内正组织开展调查。上海是经济、文化发达地区,是龙头,四川则是龙尾。在这样的形势下应认清高教体制改革的意义,培养学生要适应市场需要。

3月

3月3日 学院召开浦西校区工作例会,介绍第二学期的工作要点,要求各班级做好奖学金名单,上报院部审核,并初步确定奖教金名单。

3月6日 根据团市委对1997年团的工作必须注意"三突出"(突出对全市精神文明建设的参与;突出对国家和上海市重大政治事件和建设发展的投身与参与;突出团的自身建设)的要求,浦东校区、浦西校区团总支和学生会分别制定了新学期工作计划。在团的工作计划中,将加强团的自身建设、学习雷锋、开展适合青年特点的各项工作放在重点位置。

3月8日 学院召开教师座谈会,副院长李重华向与会教师介绍了上学期的主要工作,与会教师积极发言,对学院的教学、管理等工作表示了一致的认同和支持,对学生教育、管理等方面也提出了各自的建议。

3月16日 学院召开院长办公会议,会议决定3月28日或4月4日召开各区(县)招办负责人会议,对东海学院的招生工作进行研讨。

3月19日 学院召开会议,研究自建校舍问题,决定向友爱村租借土地46亩,并向闵行区建委出示市教委批准东海学院成立的证明文件,申报自建校园。会议还对施工图纸、校园交付使用的时间等作出了具体要求。

3月21日 学院举行了奖学金颁奖大会,对全体获奖学生进行了表彰。

3月25日 学院领导姜至本、陶钧、李重华在塘湾镇爱剑公司开会商讨建造新校舍事宜。塘湾镇镇长杨广杰、塘湾镇副镇长葛云华、友爱村党支部书记孙跃士、友爱村村长沈可球、红康公司总经理潘长晓、建筑公司总经理杭中吉等出席会议。会议就价格、付款时间、手续费用等达成一致意见。

3月27日 学院召开建设校舍研讨会。会议要求抓紧盖房,并确立基建程序,对施工单位资质、项目设计和建筑形式等问题进行了研讨和论证。

4月

4月17日 由成教办、计划处、自考办组成的市教委检查团来学院检查工作。学院领导向检查团汇报了学院党章党课学习、精神文明建设、共青团工作等情况,受到检查团的好评。

4月20日 学院召开院长办公会议,对建房资金进行了预算,并制定了工作计划,要求工期务必于1997年9月完成。

5月

5月7日　本市12所民办学校领导在市教委开会,自考办副主任谢大均在会上传达了太原会议情况,自考办支持民办大学把学历文凭考试办好,并对新办的6所学校提出建议,希望这些学校师资力量要加强,发挥党团组织的作用,把学生全面管起来,争取德、智、体全面发展。

5月11日　学院领导曹助我、姜至本、陶钧、李重华在上海交通大学教师活动中心开会。会议的中心议题是校舍建造问题,4人对校舍过渡、资金运作及筹集资金的渠道和工期等亟待解决的问题进行了研讨。

5月13日　由市教委庄俭、赵振华、张琦等领导和专家组成的检查团来学院对法律专业进行评估。评估的重点是法律专业的课程设置是否合理、开设的主干课程是否适合社会发展要求、学校为开设法律专业做了哪些准备工作等。专家组的评价意见是:专业方向应该突出法律专业的特点;课程设置应增加冲突法、行政法、国际经济法,注意主干课程的合理配置。本次评估确定法律专业应根据国家教委要求开设刑法、民法、宪法等12门主干课程。专家组指出,在课程设置上应注意先修、后修课程的区别,并要注意教学大纲的规范。

5月27日　学院浦西校区召开班主任工作会议,副院长李重华在会上传达了12所参加学历文凭考试院校会议精神,并通报了市教委向国家教委申报东海学院为学历文凭考试参照点的相关情况。在当天的会议上,学院还组织全体班主任学习了《加强考务、考风、考纪管理,提高考试质量》的文件精神,要求班主任及时向学生传达,重申考风、考纪的重要性。

5月28日　学院召开建校协调会。闵行区计划委员会杨一方、孙晓鲜,环保局唐钧、杜雨祥,监理赵俊卫、赵影倩,防疫站沈燕忠,劳动局田志平,友爱村孙建良、孙跃士、沈可球,三益设计院施国桢、杨振华、施福海、吴巍,工业总公司蒋秋国,消防处徐士宏、陈林芳等人参加会议。与会人员对建校项目表示支持,并提出可行性建议。

6月

6月18日　学院召开贷款评估会,金穗公司总经理原国生主持会议。会议从4个方面进行分析论证:第一,东海学院办学4年,建造自己新校园的必要性;第二,建设项目、手续、条件;第三,项目资金来源、价格;第四,经济效益分析。区计委、金穗公司、农行等单位领导在会上对学院建校事宜进行了充分的讨论。市教委庄俭在发言中说,东海学院建立自己的校园有4个有利条件:第一,领导对民办大学支持,现在有好的外部环境;第二,上海需要人才,东海学院的生源有保证;第三,东海学院的办学质量好,办学指导思想正确,办学结余用于投资办学;第四,学校校舍建造起来后,在学校形象、教育质量及吸引资金等方面都十分有利。本次评估会是金融机构与科教事业合作的开端,有利于社会各界用发展的眼光看待教育事业。

6月19日　学院领导曹助我、姜至本、陶钧、李重华在一平律师事务所与银洲公司林辉、姚亦南、陈伟民、程旭宇会谈,双方就学院与银洲公司的关系进行协商。

7月

7月3日　学院领导与闵行区劳动局孙玉泉会谈,经过详细参考之后,宣布东海学院教学楼建设工程指挥部成立。

7月21日　学院领导参加市招生工作预备会议。会上,市教委赵振华、谢大均等领导强调,有学历文凭考试资格的学校都要参加将于8月2日和8月3日举行的招生咨询大型会议。通过招生咨询,有助于加强舆论攻势,做好对社会的宣传。会议还分析了高等教育三足鼎立的形式,高教自考作为其中一种形式,需要宣传足、宣传透。

7月22日　学院进行搬迁工作,办公室、家具等全部搬往塘湾爱剑公司。

7月23日　学院领导在上海交通大学教师活动中心开会,研讨浦东校区和浦西校区合并后的工作安排。学院领导强调,两个校区合并后要相互理解、磨合、适应,团结一致,协调工作。会议对人员的分工作出了相应决定。会议决定,常务副院长曹助我为学院总负责;副院长姜至本分管班主任工作;副院长李重华分管教务工作;副院长陶钧分管总务工作。

7月26日　学院在金联中学召开学生工作会议。学院领导传达了《国家社会力量办学条例》要点,说明国家对民办大学的大力支持,对学历文凭考试从严掌握,希望全体学生工作者要同心协力,全面规范办学行为,全面提高教学质量。会议对招生工作作了具体分工:副院长陶钧负责经费;副院长姜至本负责掌握招生对象;副院长李重华负责招生咨询工作。

7月27日 学院开始招生工作,共设两个招生点:沪闵中学和淮海中路社科院招生点。其中,社科院招生点由朱梅芳负责,沪闵中学招生点由朱景章负责。

8月

8月6日 新校舍开始建设。原定8月2日正式开工挖土,由于遇到金吴管线,推迟至8月6日。8月10日地基处理完成。8月13日完成宿舍钢筋基础。

9月

9月5日 学院出台《东海学院奖教金评定条例》。规定奖教金每学期评定一次;任课教师所教课程的学生高等教育学历文凭考试成绩合格率达到70%的奖教金为300元。

9月10日 学院为加强和规范学生住宿管理,制订出台《东海学院学生宿舍管理条例》。

10月

10月6日 学院根据市教委的党组织挂靠"属地化"的解决办法,向中共上海市闵行区委办、组织部递交《中共东海学院党组织挂靠问题的报告》(东字〔97〕第26号),提出解决学院党组织挂靠问题的申请。

1998年

年度概述

学院在设有国际贸易、会计(涉外)、计算机及其应用和法律(经贸财税方向)4个专业的基础上,拟新增物业管理、商务英语、工艺美术3个专业,招生专业数将达到7个。本年度秋季,学院共招收600名新生,在校学生达718人。

1998年3月6日以前,东海学院的校址在浦东金台路96号。1998年3月6日,东海学院正式迁入自己的新建校园,新校园坐落在闵行区虹梅南路6001号,学校占地46亩。1998年5月,学院正式向上海市教委和国家教委申请"转正",取消"筹"字身份。

6月18日,东海学院举行新校舍落成典礼和建院5周年纪念大会。中共上海市委副书记龚学平,革命老前辈、院长夏征农,市委老领导、东海学院名誉院长胡立教,市委委员、闵行区委书记黄富荣,上海市政府副秘书长殷一璀,市教委副主任魏润伯,上海交大副校长白同朔,著名专家、教授林克、胡瑞文等莅校参会。龚学平与胡立教为新校园揭牌。

10月1日,经上海市教育党委批准,学院成立党支部,由姜至本同志担任党支部书记。

1998年 大事记

1月

经上级部门批准,老一辈无产阶级革命家、原上海市委第二书记、原中顾委委员胡立教任东海学院名誉院长。

3月

3月6日 学院正式迁入新建的校园,新校园坐落在上海市闵行区虹梅南路6001号,处于上海市规划中的高科技园区中。校园占地46亩,综合教学楼中有标准教室33间,一号宿舍楼中有寝室113间,餐厅可供1800人用餐,还有浴室,这些设施的总建筑面积为8163平方米,教学楼中有大型微机房,其中配备586微机62台。学院拥有较完备的文印系统,配有一体机一台,复印机两台,电脑与打印机各两台,图书约0.5万册。新校园续建工程为教学北楼和宿舍2号楼,其中有阶梯教室、资料室等,建筑面积为6135平方米,续建工程预计8月初竣工,田径场的施工准备已经开始,为250米6跑道的标准田径体育场。两个标准篮球场已投入使用,配有6副GR100篮球架,为同学们进行体育锻炼提供了良好条件。

4月

4月11日 以全国民办高等教育委员会主任刘培植为首的代表团来东海学院考察,刘主任和代表团参观了新校园,观摩了微机房的实验课,并与4名副院长座谈。副院长李重华回答了刘主任提出的有关新校园的建设问题。

4月23日　教育部成教司副司长瞿延东等领导来东海学院考察。瞿延东副司长等领导参加了在我院召开的上海市民办教育工作研讨会。会议主要研讨民办大学中存在的问题。常务副院长曹助我向代表们介绍了东海学院的办学特点、校园建设及远景规划,回答了代表们提出的问题。代表们参观了新校园、餐厅、学生宿舍,并与学生们亲切交谈。最后,瞿副司长题词留念:"积极探索,为国育才,办出民办东海特色"。

4月24日　河北省民办院校赴南京、上海考察团,由上海市自学考试办公室蔡森康同志带领前往我院进行考察。代表团成员有:河北省教育考试院、河北省教委、河北职工专业学院、河北冀联医科专修学院、石家庄白求恩医学专修学院、石家庄中医专修学院、石家庄华医医学专修学院。代表们询问了我院自建校园方面的经验与遇到的困难和问题,陶钧副院长作了详细的回答。

4月27日　北京市教委民办高校赴沪考察团来东海学院考察。考察团由北京市教委组团,其中有:北京教育考试院、北京京城学院、中国科技经营管理大学、北京中新企业管理学院、北京华侨大学、北京黄浦大学、北京求知学院、联华高等职业技术学院、京师科技学院、中国管理软件学院、东方财经日语大学、北京培黎职业大学、中华社会大学、北京建设大学、北京人文大学、北京应用技术大学、北京会计专修学院、北京经贸学院。副院长姜至本向代表们介绍了东海学院的办学情况、新校园的建设及远景规划,并回答了代表们提出的问题。代表们参观了微机房和校园。

5月

5月2日　以汪家镠和陶西平为首的全国人大教科文卫委员会、《民办教育》调研组来东海学院调研、考察。常务副院长曹助我向代表们介绍了东海学院的办学基本情况,包括校园建设、专业设置等,并回答了代表们提出的问题。汪家镠、陶西平两位领导题名留念。

5月3日　由中共北京市委、北京市教委组成的上海高教和中教考察代表团来学院考察。副院长姜至本向北京市委的领导介绍了东海学院的校史、办学特点、校园建设及远景规划,并解答了代表们提出的有关民办大学管理方面问题。代表们参观了学院教学大楼、微机房、餐厅、学生宿舍等。

5月5日　为了更好地迎接招生工作的到来,成立了东海学院秋季招生办公室。

5月11日　学院新闻社记者团召开成立大会,会上对记者的职责、任务及今后的发展方向作了详尽规划。大会还确定了在本学期出院报和杂志的工作计划。

5月13日　学院"焦点"艺术团观摩演出如期举行,曾获得1998年上海国际艺术节"五四"汇演三等奖的相声《我的明星梦》深受观众好评。艺术团负责人希望有更多的同学加入"焦点"的行列之中,并对"焦点"的未来充满信心和期望。

5月25日　在1998年上海国际艺术节中,学院组织报送的"五四"文艺汇演节目——相声《我的明星梦》和话剧《一碗阳春面》荣获三等奖,学院团委荣获组织奖。

5月26日　以"跨世纪的我们"为主题的演讲比赛顺利进行,国贸963班马骏以一分的优势夺得冠军,法律972班王春晖、会计972班庄燕分获二、三名。

6月

6月18日　东海学院举办了新校园落成暨建院5周年庆典。上海市委副书记龚学平,原上海市委第二书记、东海学院名誉院长胡立教为东海学院揭牌庆祝。庆祝大会上,龚学平说:"东海学院办成这样非常不容易,你们做了一件大好事。"夏征农院长说:"1993年,为了发展教育,4位老教授发起筹建了东海学院,他们不花国家一分钱,坚持克服各种困难,得到了可喜的成绩,从今天开始,我希望东海学院积极进行教育改革,提高教学质量,把东海学院办成国内第一流民办大学。"

教育部部长陈至立、上海市副市长周慕尧、全国民办高等教育委员会主任刘培植以及教育部社会力量教学管理办公室纷纷来电祝贺东海学院5年来的成长。国贸951班、952班的同学毕业后仍心系母校,他们在来电中祝愿"东海学院像东海上的一轮朝阳,喷薄欲出,蒸蒸日上"。

6月24日　上海市第三届民办高等学校设置审议委员会在上海交通大学闵行校区召开第二次

全体会议,常务副院长曹助我在审议会上作正式建校报告,审议委员会对民办东海学院(筹)提出要求正式建校的报告进行审议。

8月

8月5日 东海学院招生工作圆满结束,历时5天的招生,初步录取了1015名学生,超出教委原计划7个专业720名的41.0%。学院现有学生1550名,教授、副教授共计118名。学院聘请了具有丰富教学经验与管理经验的教授担任专业主任,负责专业教学计划的制定和执行。

9月

9月20—25日 团学联提出了"省一天生活费,捐一片爱心"的口号,学院在各班级组织了抗洪赈灾捐款活动,历时5天的活动,共捐款17 000余元,为灾区人民奉献了一片赤诚之爱。

9月26日 全体教师在新落成的教学楼里召开了以"严谨治学、敬业爱生"为主题的座谈会。会上,常务副院长曹助我与全体教职员工回顾了东海学院的建院历程,他说:"东海学院成功地从昨天走到今天,也一定会从成功的今天走向明天",并鼓励与会的所有教师再接再厉,让东海学院更上一层楼。在总结了过去的经验教训之后,副院长李重华就教学上的问题向与会老师提出建议和要求。专业主任、任课教师和班主任就如何教好学生、带好学生作了深入交流。

10月

10月1日 经上海市教育党委批准,学院成立了党支部,由姜至本同志担任党支部书记。

10月9日 市教委主任张伟江教授来我院视察,在曹助我、姜至本、陶钧、李重华4位副院长的陪同下参观了教室、微机房、宿舍、食堂。当看到新造的田径运动场中铺了草坪,校园已部分绿化时,张主任感慨地说:"东海学院办得像模像样了,相信东海再过20年会变成一所很大的学校。"

10月21日 学院召开普法教育广播大会。大会特别邀请了闵行区公安分局社防办谭祖君主任就法制、安全、纪律等方面做了系统的讲述,使学生深受教育。

10月24日 以教育部规划司副司长郑富芝为首的代表团来东海学院视察。在参观了校园、教室、微机房、宿舍、食堂和操场后,郑富芝副司长感叹地说:"东海学院在这么短的时间内建成这样,确实不容易、不简单。"

11月

11月25日 东海学院第二届运动会暨首届文化艺术节开幕式在雄壮的国歌声中拉开帷幕。院长夏征农发表热情洋溢的讲话,他说:"东海学院是一所新型的民办大学,其办学目的是为下一个世纪培养德育、智育、体育、美育全面发展的现代化建设的社会主义人才。这次运动会和艺术节是对东海学院学生体育、美育的一次检验。我相信这次运动会和艺术节在上海市教委、闵行区教委的关心支持下,通过全院师生员工的共同努力,一定会取得很大的成功。东海学院是一个活泼的集体,一个奋进的集体,一个热情和严谨并存、理想与求实并重的集体,希望我们再接再厉,永远保持这个良好的团体校风。"副院长曹助我在开幕式上致辞,他说:"去年11月17日,我们举行东海学院首届运动会,那时是借金联中学的田径场。今天,1998年11月25日,我们在自己的田径场上举行东海学院第二届运动会暨首届校园文化艺术节,这是一件值得庆贺的非常有意义的大事。"本次运动会共有28项个人和团体比赛项目。

12月

12月28日 东海学院一年一度的校园文化艺术节在上海交通大学闵行校区菁菁堂举行了闭幕式,院长夏征农和他的夫人(著名诗人)方尼,上海交通大学宣传部和团委领导及兄弟院校的团委领导观看了演出。

1999年

年度概述

学校增设和调整专业布局,设有11个专业,分别为国际贸易、会计(涉外)、计算机及应用、法律(经贸财税方向)、商务英语、物业管理、房屋建筑工程、装潢美术、国际货运与报关、影视表演、机械电子技术。7月,被教育部批准为具有颁发国家承认学历文凭资格的民办学院,更名为东海职业技术学院,纳入国家统一招生计划,招生规模比上年计划招生扩大11%,现有在校生2 247名。

9—11月,教育部部长陈至立、教育部高校设置评审委员会主任张孝文等先后视察学校。

1999年 大事记

1月

1月31日　院长夏征农95岁生日。夏院长撰文《九十自况》,他自谦地说,今年1月31日是我95岁生日,回顾我的一生,在漫长的革命生涯中,一无战功,二无专长,对党的事业很少建树,自觉汗颜。可以自慰的是,我入党以来,不管是处于顺境还是逆境,总是按照党章来要求自己,尽一个党员应尽的责任,从不计较个人的地位、得失,作为一个党员,我是无愧的。在这本世纪我的最后一个生日到来前,回顾过去,兴之所至,特作对联一副以自况,也可以说是我对党、对人民的一个交代:

革命七十年,一身正气,
毋谄毋骄,未负党员称号;
求知无止境,数卷诗文,
有风有骨,可供后人品评。

2月

2月14日　学院在吴兴路78号召开了第三次专业主任会议,出席会议的有常务副院长曹助我,副院长陶钧、李重华,院办主任严名山,教务办主任刘步山,学生办代主任张文访及各专业主任共12人。会议的主要内容是:由院领导传达去年年底召开的全教会、市教会等一系列教育工作会议精神,落实以德育为核心的全面推进素质教育工作,修订12个专业教学计划是本次专业主任会议的首要任务。

2月1—28日　学院有13门课程参加了全国、全市高等教育学历文凭考试,平均通过率为85.3%,比上海市平均通过率高出2个百分点。根据我院奖教金评定条例规定,本次有11门课程的26位教师获得奖教金,其中有5门课程的通过率为100%,这5门课程的授课教师每人获得1 000元奖教金。

2月26日　学院在教学北楼阶梯教室召开了以德育为核心,全面推进素质教育的全院教师大会,会议由副院长陶钧主持,常务副院长曹助我、副院长李重华、各部门负责人、班导师出席了会议。

3月

3月2日　闵行区加强社会力量办学的党建工作现场会在我院召开,共有61所社会力量办学学校负责人与会。闵行区教育局党委书记张炳华,东海学院常务副院长曹助我、副院长李重华及闵行区委组织部代表出席了会议。会议由闵行区教育局党委黄科长主持,黄科长明确提出了对社会力量办学的党建工作"消除空白点,加大覆盖面"的要求,并高度赞扬了我院在党建工作方面取得的成绩。

3月3日　学院特邀电视剧《田教授家的二十八个保姆》的导演吴培民来校与东海学院首届影视表演班的同学座谈,讨论如何走上艺术这条路。

3月4—5日　学院艺术类专业招生计划确定:装潢艺术设计专业招收新生90名;影视表演专业招收新生37名,该专业还将赴郑州市招生。两个专业在上海师范大学设立招生咨询报名点。

3月15日　学院团委组织1997、1998级学生前往上海交通大学菁菁堂观看大型史诗话剧《小平,您好》,从而推动了新一轮的邓小平理论的学习高潮。

3月22日　为了提高学生的实际工作能力,培养德、智、体全面发展的专业人才,作为学院教育计划的重要组成部分,学院与闵行区人民法院达成书面协议,1998级法律专业学生将在2001年的春季学期深入莘庄、闵行、吴泾、七宝、颛桥等6个基本法庭实习。

3月28日　学院第二届卡拉OK大赛决赛于当晚在阶梯教室拉开帷幕。

4月

4月15日　在友谊汽车公司党委和东海学院党团组织的领导和关心下,学院"焦点"艺术团赴大别山区希望小学义演。

4月18日　学院第一期入党积极分子培训班开学,包括部分团学干部在内的38人参加了此次学习。据悉,今后此类培训班将陆续举办。

5月

5月10日　学院全体师生举行隆重集会,强烈抗议以美国为首的北约悍然轰炸我驻南联盟大使馆。

5月14日　学院在小会议室召开了专业主任

座谈会,各专业主任、院办正副主任、班主任代表与教务办3位同志共15人参加了会议,会议由副院长姜至本主持。

5月12—26日　副院长曹助我、李重华两位同志到北京国家高级教育行政学院参加由教育部举办的首届全国民办高等教育管理培训班的培训学习。

5月28日　全院师生共庆东海学院建院6周年。当天下午,学院在团委的组织下,举行了"世纪回眸——99东海学院五月歌会"。同日,学院请来教育界专家举办东海学院可持续发展研讨会,并作了5场学术报告会。

学院第一届校友会成立。在成立大会上讨论并通过了《东海学院校友会章程》,选举产生了第一届校友会理事会,会长由名誉院长胡立教担任,副会长兼秘书长由1995届国际贸易专业毕业生、现任校团委书记郁萍担任。会上,副院长姜至本致辞祝贺。

5月29日　学院"焦点"艺术团赴吴泾街道举行大型文艺汇演,为我院校园文化进社区拉开帷幕。团市委学校部部长周斌、共青团闵行区委以及吴泾街道的有关领导观看了演出。同日,学院团委与吴泾街道团工委签订了共建协议书。

6月

6月18日　1999届国际贸易专业毕业生论文答辩会在小礼堂拉开序幕。参加答辩会议的有副院长李重华教授,以及评审老师张南保、朱崇贤等6位专家、教授。论文答辩结束后,副院长李重华讲话,他说,国家兴衰系于教育,教育振兴我们有责,东海学院要全面提高教学素质,还需努力开拓。以后论文撰写要在二年级开始,质量还需提高。

7月

7月14—15日　学院在浦东名人苑召开了专业教学计划研讨会。参加研讨会的有:副院长曹助我、姜至本、陶钧、李重华,教务主任刘步山,专业主任张南保、叶自源、甘露光、边善裕、郦渭荣、邱正光、林芸芸等十几位专家。

7月18—20日　学院参加高等学历文凭考试的有2 897人次,平均合格率为85.24%。其中,有11门课程的平均合格率在96.2%以上,有6门课程的合格率在80%以上。2 897人次考试,没有一次违纪。

7月26日　学院被教育部正式批准为具有颁发国家学历文凭资格的普通高等院校,更名为民办东海职业技术学院(见教发〔1999〕91号文)。

8月

8月24日　市高教办李进教授来学院传达市教委决定和指示:东海学院设置国际贸易、会计(涉外)、计算机技术、商务英语、物业管理、艺术设计、计算机信息管理、机械电子技术、房屋建筑工程、国际货运与报关、法律、影视表演等12个高职专业,学制均为3年。自1999年起正式招生。

9月

9月1日　教育部发展规划司司长暨直属高校工作办公室主任纪宝成教授,在上海市教委高教办主任李进和计划处处长沈本良的陪同下,前来东海学院对学校办学情况进行调研。常务副院长曹助我,党支部书记、副院长姜至本,副院长陶钧、李重华作了接待。座谈会上,常务副院长曹助我介绍了东海学院的建院历史、办学现状以及发展愿景。纪宝成教授说:"教育部委托我考察东海学院,这也就意味着教育部对东海学院工作的肯定和支持,希望东海学院再接再厉,有更大的发展。"

9月5日　学院在校生1999—2000学年第一学期注册报到,1 288名在校生注册报到了1 266名,仅22名学生因病和路远未到,按时注册率达98%。

9月16日　教育部原副部长、清华大学原校长、现高校评审委员会主任张孝文教授,在上海市教委副主任薛喜民和高教办主任李进、计划处处长沈本良的陪同下,莅临东海学院视察。座谈会上,常务副院长曹助我从东海学院艰苦创业、教师队伍、专业设置、人员体制、教学管理等6个方面作了汇报。

张孝文教授充分肯定了东海学院的办学成就,并提出3点建议:(1)变师资为己有;(2)把退休的教师请过来;(3)请一些社会名人参与专业建设,对专业方向、课程设置、教学管理等一定要大力加强。并说"东海不错,有潜力可挖,希望你们把民办高校的这面旗帜永远树下去"。

9月19日　1999级新生为东海学院被教育部正式批准为具有颁发国家学历文凭资格的普通高等院校、更名为民办东海职业技术学院后的第一批国家计划招生学生。当日,新生交费、报到、注册的有922名。另外,学院为参加国家学历文凭考试的学生开设两个班级:国际贸易994班、计算机信息管理994班各30人。在校新生总计982人。

9月22日 东海职业技术学院正式建院暨1999级新生开学典礼在上海交通大学菁菁堂拉开了帷幕。大会由党支部书记、副院长姜至本主持。姜院长在大会上宣读了中华人民共和国教育部7月26日教发〔1999〕91号关于同意建立民办东海职业技术学院的通知批文。

院长夏征农在讲话中指出:"东海学院从无到有,经过几年艰苦创业到今天这样的规模是来之不易的。目前我们虽然有了一定的规模,但距一流还有相当大的距离,我们要继续发扬艰苦奋斗、锐意改革的精神。"常务副院长曹助我在对学院办学情况进行全面分析后指出:"'规模适中,独具特色,质量上乘,精雕细刻,创立品牌'是我们的办学方针。东海学院已成功地从昨天走向今天,也一定会成功地从今天走向明天。"名誉院长胡立教宣读了学校聘任的名誉教授名单。

9月23日 学院对1999级新生分专业并进行入学教育,组织新生学习《学生手册》,各专业主任分别对新生进行专业介绍及专业思想教育。

9月25日 学院召开了以"敬业、爱生"为主题的全体教职员工大会,会议由党支部书记、副院长姜至本主持。常务副院长曹助我介绍了学院发展情况和今后发展规划,并在传达了上海教育工作会议的精神后说:"东海学院要借百年不遇的教育发展之东风,进一步加快学院第4期工程的建设进度,使学院的规模和教学质量上一个新台阶,使东海学院能在全国同行中名列前茅。"副院长李重华就提高教学质量、做好教书育人工作提出要求。

10月

10月15日 召开院长办公会议,研究设计占地150亩的学院远景规划图,规划图含有学生公寓、教工宿舍、大礼堂、图书馆、室内体育馆、学术活动中心、科技开发中心、文化艺术中心、信息中心、计算机中心、卫生院等。

10月26日 上海市政协港澳地区委员一行12人,在市教委领导的陪同下视察了东海学院。在听取常务副院长曹助我就教师队伍建设、专业与教学、后勤服务社会化、未来发展规划等情况介绍后,委员们参观了学校校园、田径场、机房、阅览大厅、影视表演形体房等。委员们对东海学院在不花国家一分钱的情况下,6年来发展到如此规模给予充分肯定和赞赏,表示要将东海学院的创业精神带向海内外,呼吁更多的人士为东海学院的建设和发展添砖加瓦。

11月

11月4日 东海学院与中侨学院学生交流座谈会在团委办公室召开。出席会议的有两所院校的有关领导及团委、学生会干部,双方围绕如何更好地开展学生工作以及各自的远景规划进行了长时间探讨。

11月5日 教育部部长陈至立在上海市教育党委书记王荣华等的陪同下视察我校。她对学校的评价是:"办学很到位,成绩很突出。"座谈会上,常务副院长曹助我向陈至立部长转达了夏征农院长的欢迎和致意。在听取曹副院长介绍东海学院办学情况时,陈至立部长详细询问了有关办学启动资金、地块租期、银行贷款、利息等方面的情况。她对学校借力上海交通大学资源办学表示肯定和赞赏,认为"这是一个好办法,这叫资源共享",并希望学院在课程建设、教学改革等方面为民办大学的创办探出一条道路来,希望东海学院越办越好。

11月13日 学院在会议室召开了专业主任研讨会,并就如何修订1999级教学计划提出了几点共识:(1)贯彻全教会精神,全面推进素质教育,加强实践环节;(2)调整教学计划,要本着课堂教学与实践教学并重的原则调整;(3)修订各专业的教学大纲,各专业主任抽出时间多听课;(4)期末考试执行教考分离原则,公共基础课统一命题、统一评分标准。

12月

12月6日 在上海大剧院举行了由共青团上海市委、上海市学生联合会主办的"为祖国而歌——上海市大中学生诗歌朗诵音乐会"。我院影视表演专业的金佳(朗诵《囚歌》)、严婧(朗诵《情愿》)和周蕾(朗诵《天安门畅想曲》)参加了此次活动。

12月28日 学院全体师生相聚在上海交通大学菁菁礼堂,观看了由学院团委、学生会举办的"相约2000年迎新世纪"文艺汇演。

2000年

年度概述

学院设置有国际贸易、涉外会计、计算机应用技术、法律、外贸英语、计算机与信息管理、报关与国际货运、装潢艺术设计、影视表演等14个专业。本年度招收新生420名,在校生总数为2844名。2000届毕业生为306名。3月12日,东海学院第4期建设工程正式破土动工;9月14日,西部综合楼正式启用。

6月7日,全国人大科教文卫委员会教育室副主任卢干奇一行5人在上海市教委领导的陪同下来我院考察,随行的有香港大学中国教育研究中心王国豪教授。

12月9日,学院召开第二届共青团代表大会暨学生代表大会。

2000年 大事记

2月

2月14日 在吴兴路78号召开学院专业主任会议。会议传达了全国高等职业技术教育会议的精神,常务副院长曹助我提出了学院今后的工作方向,他指出,制定教育计划要突出针对性、应用性,理论知识以够用为度。要使学生具有形成技术应用的能力、较强的综合应用能力、良好的职业道德和爱岗敬业的精神,以及健全的心理品质和健康体质。

2月26日 学院召开"以德育为核心,全面推进素质教育"全院大会。常务副院长曹助我、副院长李重华及各部门负责人出席,会议由副院长陶钧主持。会议传达了中共上海市委〔2000〕2号文件和上海市教育系统党政负责干部会议精神,并就如何贯彻市教委精神、加强教师队伍建设、建立班导师岗位责任制、落实德育教育行动计划等问题进行研讨。

3月

3月5日 由学院团委代理书记崔英带领,我院学生赴吴泾街道进行"学雷锋进社区"活动。此次活动分法律咨询、房产咨询、书画摄影三大块,受到社区的好评。

3月12日 东海学院第4期建设工程正式破土动工。这幢西部综合楼占地面积为6974.9平方米,共分五层。一至二层为教室,三至五层为学生宿舍。预计这幢可容纳800名学生上课、住宿的西部综合楼将于8月竣工并投入使用。

4月

4月1日 1999级班团干部和学生代表共75人在年级组长章万龄的带领下前往龙华烈士陵园进行祭扫活动,并举行新团员宣誓仪式。

4月14日 学院举行1999级团总支成立暨誓师大会。会议介绍了1999级团总支支委名单,并宣读了关于"从我做起,建设学校良好校风校貌"倡议书。常务副院长曹助我到会表示祝贺,希望大家将提出的"倡议书"和"响应书"的内容付诸行动,持之以恒。

4月18日 学院成立网上远程招生组,就网上招生做先期准备工作。在全国教育网申请了C类IP地址8个。

5月

5月19日 东海职业技术学院第三届运动会举行。本次运动会借用吴泾体育场进行。1800名学生在院领导的带领下,从学院出发步行前往吴泾体育场,浩浩荡荡的行军队伍形成了一道亮丽的风景线。本次运动会参加人数是学院历次运动会之最。副院长李重华宣布运动会开始;常务副院长曹助我致开幕辞,他盛赞了运动员的饱满精神并预祝运动会圆满成功。

6月

6月7日 全国人大科教文卫委员会教育室副主任卢干奇一行5人在上海市教委领导的陪同下来我院考察,随行的有香港大学中国教育研究中心王国豪教授。

在听取了常务副院长曹助我就办学特色、教学质量、教学管理、党组工作等方面的情况汇报后,卢干奇副主任一行参观了学校的办公楼、教室、院史成果展,以及即将完工的东海学院第4期建设工程。卢干奇副主任说:"我到过很多民办大学,你们东海学院非常不错,很正规,比公办的气氛更浓,是纯粹的民办学院。你们把公办学校好的传统积累下来带到东海学院,并且在传统办学上有新的突破和改革,非常不简单。"他称赞学院4位创办者一心为教育,办学动机更纯,是教育家办学。

6月17日　学院召开1994、1995、1996、1997级部分优秀毕业生座谈会。参加会议的近20名毕业生都是所在单位的业务骨干。常务副院长曹助我、副院长陶钧介绍了学院的发展情况,并就未来学院发展规划征询了大家的意见。与会毕业生表示,一定努力奋斗,不辜负东海学院的培养和院领导的期望。

8月

8月23日　学院正式开始进行网上招生工作并获得成功。我院是上海市民办高校中首家实行网上招生的学校。

9月

9月14日　东海学院西部综合楼正式启用。该楼一层、二层为2000级新生教室,三层、四层、五层为2000级女生宿舍。

9月22日　东海学院2000—2001年开学典礼在上海交通大学菁菁堂隆重举行。出席开学典礼的有：院长夏征农,常务副院长曹助我,党支部书记、副院长姜至本,副院长陶钧、李重华;各专业主任也出席了开学典礼。开学典礼由副院长姜至本主持,常务副院长曹助我致开幕辞。

院长夏征农在开学典礼上讲话,他说:"东海学院近年来在社会上取得了广泛的影响,是4位副院长共同辛勤工作的结果,也是全体教师共同努力的结果,我们要继续发扬民主、团结、进取的校风,向着正规大学的方向发展。希望新生努力学习,积极向上,担负起祖国未来建设的重任。"名誉院长胡立教从北京发来贺电。

9月23日　学院召开以"严谨治学、敬业爱生"为主题的全院教师大会。会议由党支部书记姜至本主持,常务副院长曹助我、副院长李重华出席了会议。

会上,曹助我介绍了今年的招生情况和学院的建设规模,宣读了2000—2001年的工作计划和要点,并对东海学院扩展土地、增加专业设置作了具体说明。副院长李重华在会上作了加强学生素质教育的重要报告,提出全体教师要以江泽民同志关于教育问题的谈话精神为指导,认真贯彻落实全教会议上教委的指示精神,全面推进素质教育,努力使东海学院成为知识库、人才库、思想库。

10月

10月17日　新建100吨水箱投入使用,该项目的投入使用彻底解决了原先学生用水难的问题。

11月

11月2日　在上海交通大学菁菁堂召开东海学院校风建设大会,会议由常务副院长曹助我主持,闵行区公安分局治安支队队长谭祖君同志应邀出席大会并作了报告。此次大会体现了院领导加强法制安全教育、狠抓校纪校风的决心,这一举措对树立学院良好形象、保证学生健康成长具有现实意义。

12月

12月9日　在食堂二楼召开东海学院第二届共青团代表大会暨学生代表大会,出席代表大会的有团市委学校部部长韩建新,东海学院党支部书记姜至本、副院长李重华,以及学院中层干部、班导师、学生代表共200余人。韩建新部长向大会致辞,肯定并称赞东海学院团建工作对探讨民办高校团建工作起到了积极推动作用。大会通过了"两会"的工作报告,并选举产生了新一届"两会"领导班子。

12月12日　东海学院首届设计/摄影展开幕。副院长李重华为展会剪彩,常务副院长曹助我,副院长姜至本、陶钧出席了开幕式。该展览至12月27日闭幕。其间共接待本院师生1 500多名,接待外校、广告公司及相关专业人士百余名。

12月27日　东海学院2001年迎新世纪、庆元旦文艺演出在阶梯教室拉开序幕。节目内容丰富多彩,主要以影视专业大一新生为主,有歌曲、舞蹈、配乐诗朗诵、小品、乐器演奏等。

2001年

年度概述

学院占地46亩,建筑面积4万平方米,校舍建筑面积19980平方米;学院图书馆图书累计70万册(不含电子图书册数);2001年,学院固定资产总值7332万元。

学院设置国际贸易、涉外会计、计算机应用技术等15个专业。本年度学院共招收新生1333名,新生报到率为98%。现有学生3312多名。截至2001年年底,全院有教职工350人(其中,专任教师91人,兼职教师169人)。

5月23日,市教委高职高专教学检查调研组一行8人抵达东海学院,对学院的教学情况进行全面检查和调研。

2001年 大事记

2月

2月11日 学院召开英语教学研讨会,就如何提高英语教学水平,提高英语四、六级考试通过率,英语教学目标、教学要求、教材使用、教学进度掌控等进行研讨。副院长姜至本、李重华,教务办主任刘步山,外语专业主任甘露光和部分外语教师参加研讨。

2月14日 学院召开会议,就进一步明确专业主任职责、审定各专业教学计划、如何做好教学质量监控工作、教师聘任的原则要求等方面作了深入系统的探讨。

5月

5月上旬 学院组织全体师生员工学习江泽民总书记2001年4月29日在庆祝清华大学建校九十周年大会上的讲话。全院师生员工充分认识到:科学教育事业的发展,全民族科学文化水平的提高,是实现社会主义现代化、实现中华民族的伟大复兴的根本。学生们围绕"国家富强和人民幸福为己任,成为热爱科学、勇于创新、德才兼备、全面发展的人才"主题进行讨论。

5月23日 市教委高职高专教学检查调研组一行8人抵达东海学院,对学院的教学情况进行全面检查和调研。会上,机电系教师孙家匡、美术系教师胡宗孝、计算机系教师金敏渝、思政课教师曾方墉等先后发言。他们认为学院十分重视依法治校,注重教学质量,严格教学管理,并且敢于创新、大胆探索。

5月24日 学院第四届运动会在本院田径场隆重举行。本届运动会分田赛、径赛和群赛3类24个项目,有1000多人参加了比赛。常务副院长曹助我致开幕辞。他向参赛运动员们表示热烈的祝贺,并阐述了举办校园运动会的目的和深远的意义。随后,他宣布运动会正式开始。

6月

6月12日 学院在小剧场举行庆祝建党80周年革命歌曲比赛(决赛)。本次演唱比赛分为初赛和决赛两场,5月21—28日分别进行了4场初赛,经过评委的评选,有20个班级脱颖而出,入围本日的决赛。

6月26日 学院召开纪念中国共产党80周年华诞座谈会。座谈会由党支部书记、副院长姜至本主持。支委、常务副院长曹助我,支委、副院长李重华及5位教工党员先后发言,他们回顾了自己入党前后的变化,以及党领导中国人民前赴后继、浴血奋战,成立新中国的光辉历程。

9月

9月3日 东海学院在上海万体馆设摊进行招生咨询报名活动。从上午8点到下午4点30分,千余名学生在东海学院招生咨询点进行了咨询,有近2000名学生填写了招生报名表。

9月23日 2001—2002学年第一学期新生进行报到注册。本年度共招收新生1333名,当日报到注册1330名,新生报到率为99.8%。

9月24日 学院在上海交通大学菁菁堂举行2001—2002学年新生开学典礼。在主席台就座的有:名誉院长胡立教,常务副院长曹助我,副院长陶钧、李重华及各系主任。常务副院长曹助我代表学院欢迎2001级新生成为东海学院新的一员。

10月

10月18日　学院召开2001—2002学年第一学期专业主任、课程组长研讨会。常务副院长曹助我,党支部书记、副院长姜至本,副院长李重华,以及各专业主任、课程组组长、教务处全体人员出席会议。会议由常务副院长曹助我主持,3位副院长及多位专业主任、课程组组长在会上作了发言。常务副院长曹助我回顾了学院近几年的发展情况,他说:"东海学院已经成为一所能自主招生、自主发毕业文凭的全日制民办院校;课程设置要符合时代要求,对所有的教学计划进行大刀阔斧的调整,要修枝强干。"副院长李重华强调各教学计划既要体现专业的发展方向,也要有相对的稳定性。党支部书记、副院长姜至本宣读了新任命的专业主任、课题组组长名单。

10月26日　学院召开新学年第一学期全体教师大会。"提高教学质量,承担教师天职"是这次教师大会的主题。会上,常务副院长曹助我首先介绍了招生工作情况,并对教师教学工作提出3点希望:一要发扬主人翁精神,为国家培养人才尽职尽责;二要提高责任心,认真教学,做到身教重于言教;三要教书育人,管教管导。副院长李重华就提高教学质量、深化教学改革提出建议,他强调,提高教学质量是永恒主题,要加强对教学质量的检查,开展教学评优工作。时启亮教授代表全体教师进行发言。党支部书记、副院长姜至本总结发言,他说:"只要大家把东海学院当作自己的家,发扬主人翁精神,教学质量就能够上一个新台阶。"

11月5—6日　由上海市包装技术协会主办的2001年上海包装技术创新成果展示会在上海科学会堂思南楼举行。东海学院艺术设计专业1999级学生共有29件作品参展,其中,席嘉璐的《鲁迅文集》书籍装帧设计获二等奖,诸文佳的《梵高》书籍装帧设计获三等奖,其余27件作品均获优秀设计奖。

2002年

年度概述

学院设有国际商务、会计学、报关与国际货运、国际贸易等16个专业、19个方向。2002年,共招收新生1333人,全院在校生3685人。截至2002年年底,全院有教职工372人(其中,专任教师92人,兼职教师185人)。

根据沪教工组〔2002〕第26号《关于同意成立东海职业技术学院第一次工会会员大会筹备组的复函》,学院成立第一届工会会员大会筹建组。6月26日,学院召开首届工会会员大会,选举产生第一届工会委员会委员和经费审查委员会委员。

7月8日上午,上海市副市长周慕尧在市教委主任张伟江,副主任薛喜民、王奇等的陪同下,一行10人莅临我院视察、指导工作。

2002年 大事记

1月

1月25日　学院召开"以德育为核心,全面推进素质教育"研讨会。会议就大学新生的心理困扰与教育疏导、弱势群体的心理特征与教育策略、大学生违纪现象的心理行为分析及预防策略等方面的问题进行研讨。

3月

3月　1998级法律专业毕业生中有4人考取国家司法员,通过率为40%,远高于全国司法员考试6.7%的通过率。

3月16日　学院召开由各专业主任、课程组长、教学督导人员出席的"提高东海职业技术学院教育质量"研讨会。会议由常务副院长曹助我主持,党支部书记、副院长姜至本,副院长陶钧、李重华,以及教务处全体人员参加。副院长姜至本宣布成立以朱崇贤教授为组长,陈益康教授、程祖德教授、时启亮副教授为组员的教学督导组,并对督导组的宗旨、任务和职责等作了阐述。

研讨会围绕教学工作是学院的中心工作、教学

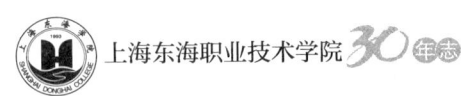

政策是各项改革的核心、提高教学质量、搞好实习、实训基地建设、加强学生动手能力等问题展开讨论。

5月

5月15—19日　影视表演专业2002届毕业生表演的大型爱国主义话剧《生死场》以及法国莫里哀五幕喜剧《伪君子》在学校实验剧场连续演出6场,场场爆满。著名电影表演艺术家孙道临、秦怡观看话剧并给予很高评价。

5月28日　根据沪教工组〔2002〕第26号《关于同意成立东海职业技术学院第一次工会会员大会筹备组的复函》,我院正式启动第一届工会会员大会的筹备工作。经党支部支委会研究决定,成立第一届工会会员大会筹建组。筹建组由陶钧、林潮泳、郁萍3位同志组成,陶钧同志为筹建组负责人。

5月29日　学院第五届运动会闭幕。运动会分田径、群众体育两大类,共21个项目。比赛结果,计信002班获本届运动会团体总分第一名,法律011班、新闻011班分别获得入场式、广播操第一名。

6月

6月1日　市教委专家组一行7人莅临我校进行教学工作检查和指导。在教师座谈会上,部分教师作了发言。教学督导组副组长时启亮指出,一是东海学院的教学管理监控机制非常灵活、及时、畅通;二是东海学院的教师责任心强。

6月26日　学院召开首届工会会员大会。经大会投票选举产生了工会委员会委员和经费审查委员会委员。其中,陶钧同志任工会主席;林潮泳同志任工会常务副主席;郁萍同志任女工委员;叶福绥同志任经费审查委员会委员。

7月

7月8日　上海市副市长周慕尧在市教委主任张伟江、副主任薛喜明等的陪同下视察东海学院。在听取常务副院长曹助我有关学院概况、师资队伍建设、办学特色、学生就业等方面的情况汇报后,周慕尧副市长感慨地说:"东海学院办成今天这样的规模实属不易。特别是在这些生源学习基础不太好的情况下,东海学院能够把他们造就成人才,确实不容易。东海学院在这方面帮助了国家,帮助了社会,有很大的功劳。我相信民办大学经过几代人的努力,很可能跟公办学校平齐。"

周慕尧副市长在常务副院长曹助我等陪同下,参观了学校成果展览室。

7月17—18日　学院在松江佘山召开"三风"教育研讨会。参加会议的有:常务副院长曹助我,党支部书记、副院长姜至本,副院长陶钧、李重华,执行院长叶尚川,院长助理阎顺福。出席会议的还有教务处、教学督导组、学生处、校团委、总务处、毕招办等部门的负责人。研讨会就如何加强"三风"建设、修订学生管理条例和实施办法进行了讨论。

9月

9月1日　新学期开学后,学院开展整顿校风、学风活动。建立健全干部和班导师的值班制度,对学生的早晚自习、上课出勤率、着装、仪表按照规范化、统一化的管理要求进行检查。团委、学生会组织学生成立了自律检查委员会。经过努力,全校3 685名学生、85个班级的早自习无故缺席者大为减少,晚自习和上课出勤率达98%以上。

9月15日　2002—2003学年新生开学典礼在上海交通大学菁菁堂隆重举行。名誉院长胡立教,常务副院长曹助我,党支部书记、副院长姜至本,副院长陶钧、李重华,执行院长叶尚川,院长助理阎顺福,督导组组长朱崇贤等出席开学典礼。

名誉院长胡立教致开幕辞,他说:"没有知识,一切都无从说起。国家日益强大,各方面的建设都需要人才。所以,我们一定要好好学习,努力成为国家建设的人才,成为21世纪的新领头人。"常务副院长曹助我向新生介绍了学院10年办学历史、现状和发展前景。他说:"东海学院是民办高校的一面旗帜,有良好的学习环境,雄厚的师资力量,严格规范的教学管理,在民办高校中一直处于领先地位。"执行院长叶尚川希望新生加强自我修养,成为"四有"应用型人才。

9月中旬　建筑面积10 000多平方米的学生公寓投入使用,1 000多名学生搬进了公寓。

9月10—20日　2001—2002学年奖学金评定工作结束,共计585名学生获得奖学金。其中,综合一等奖36名,二等奖148名,三等奖253名;英语单科一等奖57名,二等奖91名。2001—2002学年校优秀三好学生、优秀学生干部评定工作结束。945名学生获院"优秀三好学生"称号;46名学生干部获院"优秀学生干部"称号。

9月22日　学院召开专业主任会议。常务副院长曹助我、执行院长叶尚川、院长助理阎顺福出席会议并讲话。院长助理阎顺福先就本学期开展的"三风"建设情况作了系统汇报。常务副院长曹助我就修订教学大纲，完善学生实习基地，提升外语、计算机教学质量等作出指示，他说："我们要聘请最好的老师，今后东海学院的教育质量如何提升，督导、教务、专业主任还要花大力气。只有大家齐心协力了，学校才能办好。"执行院长叶尚川对加强教学质量监控等方面提出具体要求。院办公室主任韩雪根、督导组成员、各专业主任、教务处成员出席会议。

9月25日　2002年迎新生文艺演出晚会在学校小剧场举行。

10月

10月11日　为隆重、热烈迎接2003年东海学院建院10周年庆典，学院召开院庆筹备会议。学院董事、常务副院长曹助我主持会议并就10周年院庆筹备工作事宜作出部署：(1)院庆筹备工作由董事会直接领导；(2)成立院庆筹备小组，执行院长叶尚川任顾问，院长助理阎顺福任组长，方铭岳、林潮泳、韩雪根、王玉、董天蓉、郎昆、孙思为组员。筹备小组主要负责10周年院庆的方案策划、具体事务的落实和工作安排。

10月20日　东海学院青年教师方怡在第九届"全国推新人大赛"美声组总决赛上荣获"艺术新星"第一名。"全国推新人大赛"由国家广电总局批准，中国文化促进会、首都老艺术家协会主办。今年5月，方怡老师获上海赛区选拔赛美声组一等奖；8月，选送北京参加半决赛，获全国十佳；10月参加总决赛。

11月

11月8—14日　作为党的十六大特邀代表的"九九老人"，东海学院院长夏征农在北京参会期间赋诗一首，庆贺党的十六大胜利召开。江泽民总书记参加上海代表团讨论，在获知这一消息后，走到夏老面前拿出笔记本，请夏老把诗抄在本子上。诗如下：

献给党的十六大
六入京都为党谋，反对霸权成众志；
敢因衰老不分忧，清除腐败解民愁；
欢呼祖国愈强盛，相期后浪超前浪；
高唱和平是主流，高举红旗万万秋。

夏征农院长在党的八大时成为正式代表，十二大为列席代表，十三、十四、十五、十六大均为特邀代表。

11月8日　党的十六大胜利召开，学院全体教职员工收看了电视实况转播。会后，学院组织了教工座谈会，院团委号召各团支部围绕党的十六大精神开展主题活动。

11月13日　学院全体党员在党支部书记姜至本的主持下，进一步深入学习江泽民同志作的党的十六大报告和参加上海代表团讨论时提出的"发展要有新思路，改革要有新突破，开放要有新局面，各项工作要有新举措"的"四新"要求。

12月

12月2日、25日　学院两次组织150名入党积极分子开展学习党章和党的十六大报告活动，副院长叶尚川出席活动并讲话。

12月4日　学院召开专业主任会议。会议由执行副院长叶尚川主持。教务处处长吴宏文通报了本学期期中教学检查情况，指出本学期来教学秩序稳定，经过"三风"教育，学生的学习积极性进一步提高，但要防止上课迟到等现象一定程度的回潮。会上，学院对外聘教师的课时酬金作了相应调整，不仅继续保留外聘教师的奖教金，还对计算机和英语两个专业新设教书育人累计奖。

12月26日　为进一步学习贯彻党的十六大报告精神，市教委宣讲团成员、上海财经大学何玉长教授到校，为全校师生作了"全面建设小康社会与经济体制保障"的党的十六大文件精神的辅导报告。

2003年

年度概述

2003年4月，经上海市人民政府沪府〔2003〕27号文件批准，民办东海职业技术学院更名为上海东海职业技术学院。2003年,全院固定资产总值16 046万元。学院设有房地产经营管理、会计、商务英语、服装艺术设计等19个专业、23个方向。2003年秋季,学院录取新生1 156名,在校学生为3 772名。2003届毕业生1 037名,就业率为99%。

学院校园扩建工程正式动工。总建筑面积53 500平方米。8月,3栋新学生公寓楼正式竣工并投入使用。

11月6日,学院召开党总支成立大会。原党支部书记、副院长姜至本任中共东海学院党总支书记。

12月11日,市教育评估专家来院对机电一体化、报关与国际货运、影视表演、环境艺术设计、计算机与信息管理、网络技术与信息管理、新闻学与大众传播7个专业的办学情况进行检查评估。

2003年 大事记

2月

2月18日 为配合市教委号召的开展"创建园林城市,共筑绿化家园"活动,学院团委发出"义务植树,为建设育才林捐款"的倡议书,得到全院师生的积极响应。本次活动共收到师生捐款10 964元。

为增强学生的法制意识,学院邀请闵行区公安分局塘湾派出所警官对全校学生作法制教育报告,同时对学生宿舍等场所的防火安全加大防范措施。

3月

3月5日 为纪念毛泽东等老一辈革命家提出的"向雷锋同志学习"号召40周年,坚持从身边小事做起,以实际行动树立当代大学生的良好形象,学院各团支部在3月5日前后开展了形式多样的学雷锋系列活动。

3月6日 闵行区第108选区(东海学院)第三届人大代表选举工作圆满结束。我校常务副院长曹助我当选为闵行区第三届人大代表。

3月13日 遵照市教委关于对独立设置高等学校开展教学质量评估的总体部署要求,经学院董事会及院长办公会研究,学院向市教委递交《关于申请"高职高专人才培养工作水平评估"的请示》(东字〔2003〕第03号)。考虑到学院改善办学条件的扩建工程尚需两年时间才能全面完成的实际,学院申请在2006年上半年邀请专家组来院进行高职高专人才培养工作水平评估。

东海学院国家奖学金颁发大会在阶梯教室隆重召开。颁奖大会由学生处处长卢瑞良主持,副院长陶钧、执行院长叶尚川、院长助理阎顺福出席会议并为获得奖学金的学生颁奖。本次共有9名学生获得国家奖学金,其中,装潢艺术001班刘泉海、会计001班顾许柠同学获得一等奖学金6 000元。

3月19日 上海市教育党委组织处来我院调研党建工作。调研期间分别召开领导层、党员层、群众层3个层面的座谈会。在座谈会上,与会者分别就党支部在民办高校中的作用、贡献等作了发言。大家认为,学院党支部在学院的建设发展中,在督促引导教师做好学生思想工作、规范学生行为准则、提高学生综合素质等方面做了大量工作。与会者充分肯定了学院党支部在民办高校中的监督保证作用。

3月22日 东海学院校园扩建工程正式动工。本次扩建工程共分三期进行,第一期主要完成学生公寓、食堂及图文信息中心建设,总建筑面积为53 500平方米。

即将兴建的学生公寓共有3栋,每栋6层;图文中心高8层,将设有阅览室、语音室、微机房、多媒体教室等。整个扩建工程计划用一年时间完成,其中,学生公寓和食堂将分别于8月底和10月底竣工。

4月

4月22日 为做好非典型肺炎防治工作,坚持阻断"非典"在学院的传播,学院制定《防治非典型肺炎工作方案》。

成立"非典"防治工作领导小组:常务副院长曹助我任组长,党支部书记、副院长姜至本,执行副院长叶尚川,院长助理、党办主任阎顺福任副组长,副院长陶钧、李重华为组员。

成立"非典"防治工作小组:院长助理、党办主任阎顺福任组长,院办主任周莲、学生处处长陆瑞良任副组长,成员有团委书记王玉,总务处处长沈发,保卫处处长庄举华,工会副主席林潮泳,医务室医生葛政荣、孙顺芳。下设办公室,由院办主任周莲负责全面协调、沟通信息、落实措施、组织实施。

6月

6月30日 经共青团上海市委员会沪团委发

〔2003〕201号文批准，共青团民办东海职业技术学院委员会更名为共青团上海东海职业技术学院委员会。

7月

7月10日　民办高校党委和市教育党委组织处来校，对即将组建成立的中共东海学院总支部的书记、副书记候选人姜至本、曹助我、叶尚川3位同志进行考察。

8月

学院的校园扩建工程从3月动工兴建直至今年暑假，3栋崭新的学生公寓楼正式竣工并投入使用。这3栋新公寓仍沿袭原有的建筑传统，采用砖混结构，总建筑面积为15 600平方米。在加紧完成图文信息中心、第二食堂、田径运动场等工程施工外，学院同时规划和筹建包括3 400平方米室内体育馆在内的下一期扩建工程。

8月31日　2001级、2002级学生缴费注册。

9月

9月1日　2001级、2002级学生开学上课。

9月4日　学院召开院长办公会，出席者包括曹助我、姜至本、陶钧、李重华、张桂兴、曹新舟、阎顺福。

会议讨论决定，成立中国共产党东海学院党校，由姜至本同志任党校校长，阎顺福同志任党校常务副校长，马抗美同志任党校办公室主任。

经市民办高校党委批准，郁萍、施艳妍、周继蕙、赵樀、刘宇峰、孙以韦、倪骅、杨以一、姜玲玲、杨勇、徐铮11位同志加入中国共产党。

9月15日　截至本日，我院2003届毕业生就业率达90.67%。其中，国贸专业为94.9%，报关专业为97.8%，会计专业为94.5%，商务英语专业为95.4%，计算机信息管理专业为84.5%，计算机应用专业为87.5%，艺术设计专业为92.3%，影视表演专业为100%，法律专业为50.8%。

9月18日　东海学院信访办公室成立，办公地点设在院长办公室。

9月21日　东海学院2003级新生开学典礼在上海交通大学菁菁堂隆重举行。院长夏征农，名誉院长胡立教，我院顾问、著名诗人方尼，常务副院长曹助我，副院长姜至本、陶钧、李重华，"两办"主任阎顺福，教育长曹新舟，教务长张桂兴及部分专业主任出席。

开学典礼由党支部书记、副院长姜至本主持。名誉院长胡立教致开幕词，他祝贺2003级新生通过努力，考入东海学院。常务副院长曹助我介绍了学院概况和办学特色。院长夏征农在讲话中指出，东海学院11年来的辉煌是全体教职员工共同努力的结果，希望大家在以后更长的时间里继续发扬艰苦奋斗的精神，争取早日把东海学院办成一所优质名牌大学，为国家培养更多的人才。

9月22日　2003级新生上课，此次共录取新生1 156名。

9月26日　学院召开2003年全院教师大会，大会由副院长姜至本主持。常务副院长曹助我通报了学院在上半年的教学成果和建设情况。他结合上海教育形势说："9月1日正式施行的《民办教育促进法》，给了我们更大的办学自主权，要抓住机遇，提高教学质量，更好地突出东海学院特色。"教务长张桂兴就如何抓住机遇、提高特色、应对挑战作了主题发言。

院党支部书记、副院长姜至本在总结性讲话中指出，新的形势对教师提出了新的要求，但是"教什么？怎么教？"却是教育的永恒主题。他鼓励广大教师大胆进行教学改革，在实践中探索新的教学方法。

9月27日　东海学院党校开学典礼暨第一期入党积极分子培训班开班仪式在阶梯教室举行。学院党支部书记、党校校长姜至本，教育长曹新舟，团委书记王玉出席。开学典礼由党校常务副校长、"两办"主任阎顺福主持。党校校长姜至本在开幕致辞中指出，由学院自主办学、创建党校，这在东海学院历史上是第一次。他告诫同学们，对党的认识不是一朝一夕的事，而把对党的理论认识应用到实践中更是一生的事。他希望在座的同学把握好基层党校的学习机会，提高觉悟，在方方面面做出表率。

开学典礼结束后，市教育党校党建办公室主任王蔚莲老师作了题为"学习新党章，实践新党章"的第一堂党课辅导讲座。

10月

10月9日　学院召开院长办公会，出席者包括曹助我、姜至本、陶钧、李重华、张桂兴、曹新舟、阎顺福。

会议传达董事会决定：方铭岳同志任党办主

任,免去其人事处处长职务;马抗美同志任党办副主任;梁雁冰同志由人事处副处长改任人事处处长;阎顺福同志不再兼任党办主任。

会议决定,由党办和院办着手进行规章制度的修订和建立工作,特别是部门职责和人员岗位责任制。

10月16日 学院召开院长办公会,出席者为曹助我、姜至本、陶钧、李重华、张桂兴、曹新舟、阎顺福。

会议传达董事会决定:要按照沪教委高〔2003〕34号文件精神,制定学校三大规划。分工如下:阎顺福负责制定学院战略发展规划,张桂兴负责制定学科与队伍建设规划,曹新舟、李重华负责制定校园建设规划。学院定位:三年制高职;办学规模:5 000～6 000人。

10月23日 学院召开院长办公会,出席者为曹助我、姜至本、陶钧、李重华、张桂兴、曹新舟、阎顺福。

会议讨论决定,成立红十字会上海东海学院理事会。组织机构人员安排如下:理事会理事长:陶钧;副理事长:阎顺福;秘书长:阎顺福(兼);副秘书长:曹新舟;理事会成员:陶钧、阎顺福、曹新舟、周莲、杨开太、许岚、邢美芳、胡婷、虞晨力。下设理事会办公室,主任:周莲;副主任:邢美芳;办公室工作人员:陈勤华、孙顺芳。

10月27日 学院向上海市红十字会申请成立上海东海职业技术学院红十字会。

11月

11月6日 学院召开党总支成立大会。姜至本同志任中共东海学院党总支书记。

11月8—9日 学院在奉贤召开东海学院教学质量和专业特色研讨会。市教委高教处副处长许涛应邀出席,院领导、各专业主任和课程组长、督导组全体成员以及院办和教务处负责人共30余人出席会议。

许涛副处长着重就上海高职高专的现实状况、形势和任务、高职教育应具有的教育理念和价值评判体系,以及在竞争中保持可持续发展应该开展的工作和采取的措施作了阐述。副院长李重华传达了上海市高校党政负责干部会议精神;教务长张桂兴就学院当前专业建设的重点工作提出意见。

11月12日 学院开展优秀青年教师后备人才推荐工作。本日召开35周岁以下的青年教师会议,按照公正、公平、公开的原则,采取推荐与自荐相结合的办法,由评审组对经推荐和自荐的青年教师逐个进行评审,最后推选艺术系教师郎昆作为市优秀青年教师后备人才。

11月13日 学院召开院长办公会,出席者包括曹助我、姜至本、陶钧、李重华、张桂兴、曹新舟、阎顺福。

会议传达董事会关于建立系级机构的设想,全院设5个系:

（1）艺术系(包括:装潢、环艺、服装、动漫画、影视表演专业),由胡宗孝任系主任。

（2）信息技术系(包括:计算机应用技术、计算机与信息管理、网络技术与信息处理、机电一体化技术专业),由周敬贤任系主任。

（3）商贸系(包括:国际贸易、商务英语、电子商务、会计专业),由朱水林任系主任。

（4）物流工程系(包括:物流管理、报关与国际货运、报关与国际货运(航运管理方向)专业),由严玉康任系主任。

（5）文化管理系(包括:法律、新闻与大众传播、物业管理、房地产经营管理专业),由郦渭荣任系主任。

会议决定,成立体制改革领导小组,由姜至本任组长;组员有阎顺福、张桂兴、曹新舟、朱崇贤。

11月21日 经上海市红十字会批准,上海东海职业技术学院红十字会正式成立。全院有青少年会员1126名,教职工会员52名。上海东海职业技术学院红十字会理事会成立,会长为陶钧。

11月27日 学院举行上海东海职业技术学院、中国农业银行上海市闵行支行银校合作签约仪式。在进一步推进"校园一卡通"工程的同时,也将更多的金融服务和理财新观念引入校园。合作范围涵盖网络结算、资金融通、代收代付、银行卡及个人理财等方面。

11月28日 学院召开2004年东海学院招生工作动员大会。会上,常务副院长曹助我对民办教育的发展和招生形势作了介绍,指出招生工作是民办学院的生命线,是立足之本。副院长姜至本号召全院教职工献计献策,把招生工作当作一场硬仗来打。

12月

12月4日 学院与全美测评软件系统(北京)有限公司(ATA)及微软(中国)有限公司协商筹建ATA软件学院,并举行签字仪式,合作培养具有国际水平的网络工程师。副院长李重华教授与ATA公司总经理罗晓中先生分别代表双方在协议书上签字。

12月6日 学院召开东海学院2003年学生思想政治工作研讨会,参加会议的有全体班导师、全体宿管员和团委、学生会负责人等。会议由教育长曹新舟主持,党总支书记、副院长姜至本出席,并邀请上海商业职业技术学院陈敏老师参会。

研讨会上,陈敏老师根据自己多年的辅导员工作经验,针对如何做好民办大学学生辅导员、如何以人为本地服务学生、抓好党建、促进学生思想工作等几个方面在研讨会上作了交流。

12月6—25日 学院第二期党训班开学。在开学典礼上,党总支书记、党校校长姜至本总结了第一期党训班情况,参加培训的192位入党积极分子均已通过考核并拿到了结业证书。他希望培训班学员端正入党动机,以实际行动争取早日加入党组织。

第二期党训班培训人数154人,有149人取得党训班结业证书。市教育党校党建研究室主任王蔚莲以及学院秘书长阎顺福、学生处副处长杨开太老师等先后作辅导报告。

12月8日 学院完成与市教委在"上海教育"网站上开通"上海教育办公网络信息平台"的链接工作,并进入正常信息传输和接收阶段,加强了与教育系统各单位的信息联系和沟通。

12月11日 学院与闵行区教育局召开"区校合作,共建中教—高教桥梁研讨会"。闵行区副区长张辰、区教育局局长陈效民以及区23所中学负责人参加会议。

会议由副院长姜至本主持。常务副院长曹助我致辞并就东海学院10年建院史、专业设置情况、办学业绩、远景目标等方面介绍了东海学院创业和发展的历程。张辰副区长指出,东海学院是上海A类高职高专院校之一,她希望打开中教—高教之间的大门,由政府搭建平台,实施校与校之间的联合,使闵行区的教育有一个更高的层面。

12月11日 市教育评估专家来院对机电一体化、报关与国际货运、影视表演、环境艺术设计、计算机与信息管理、网络技术与信息管理、新闻学与大众传播7个专业的办学情况进行检查评估。

专家们经过评议,对东海学院办学成果以及7个专业的教学工作给予了充分肯定,并提出改进建议。

12月15日 中共上海市民办高校工作委员会批准姜至本、曹助我、陶钧、李重华、曹新舟、林潮泳、王玉7位同志组成中共上海东海职业技术学院总支部委员会,姜至本任党总支书记,曹助我任副书记。

12月18日 学院召开由市各区(县)招办人员参加的东海学院2004年招生工作研讨会。

12月26日 学院召开院长办公会,出席者包括曹助我、姜至本、陶钧、李重华、张桂兴、曹新舟、阎顺福、林潮泳、王玉。

会议讨论决定,学院党总支下设4个支部,戴晓红任第一党支部书记;何颖任第二党支部书记;陆小敏任第三党支部书记;周莲任第四党支部书记。

2004年

年度概述

学院设有国际商务、会计(税务方向)、报关与国际货运、机电一体化(数控技术)等19个专业、23个方向。2004年招收新生1858名,全院在校生4354人;毕业生1285名。

学院成立精神文明建设委员会,并决定申报市民办高校系统级文明单位。11月18日,市民办高校党工委副书记王恩田率市民办高校文明单位检查评估组来我院检查评估文明单位创建工作。

3月18日上午,市教育党委副书记翁铁慧率市教育党委宣传处处长忻平、副处长张伯安、汤涛同志和市民办高校党工委卓保彤同志等一行来东海学院调研。

2004年 大事记

1月

1月7日　学院召开招生工作培训会议,全体教职员工参加了培训。会议由阎顺福秘书长主持,副院长李重华介绍学院发展历程及概况。招办主任王镇祥作"礼仪、礼节"宣讲。

1月9日　学院召开中层以上干部会议,常务副院长曹助我,副院长姜至本、李重华、陶钧参加会议。会上,各处室作2003—2004学年第一学期工作总结及下学期的工作打算。常务副院长曹助我作了总结发言。

1月11日　学院新建学生餐厅竣工验收。餐厅高3层,总面积为7 411平方米。此工程由上海核工业设计院设计,安徽工程勘察院上海分院勘察,安徽岩土工程公司承建桩基工程,上海浦新集团公司承建,上海同建工程建设监理咨询有限责任公司监理。

1月14日　学院新建有400米标准彩色塑胶跑道的大型田径场经中国田径协会验收合格,达到国家标准。田径场的中间为足球场,铺设10毫米厚透气型塑胶,此项工程的基础部分由浙江中富建筑股份有限公司承建。塑胶跑道、足球场面层塑胶由福清联昌化工有限公司(台湾联亚)承建。

1月15日　学院新建浴室、锅炉房生活配套设施验收交付使用,此工程由上海浦新集团公司承建。

学院举行全体教职员工会议,常务副院长曹助我主持会议,秘书长阎顺福、教务长张桂兴、教育长曹新舟汇报了下学期各自分管条块的工作计划。

1月16日　闵行区人大代表、常务副院长曹助我召开学院部分选民会议,征集对闵行区政府工作的意见和建议。参会选民提出建议,希望闵行区政府加强对无证照摊点及饮食店的督查;建议闵行区的建设规划应综合考虑民用建筑、商业、金融、证券、教育、文化娱乐、医疗设施、公路等的统一合理布局,要给人以大气、现代的感觉。

2月

2月12日　学院举行全体教职员工会议。副院长姜至本主持会议,常务副院长曹助我将董事会研究决定的2003—2004学年第二学期工作重点作了部署,共有17项。

2月25日　学院举行国家奖学金颁奖大会。副院长李重华为周晓莉、李黎、薛念慈、钱欣怡等10位获奖同学颁发了荣誉证书及奖金。各班同学代表、班导师和获奖同学及部分同学家长参加了大会。此次国家奖学金我院共有一等奖2名、二等奖8名,获奖同学分别获得奖金6 000元和4 000元并减免一年的学费。

3月

3月5日　学院团委开展了以"学习雷锋精神,参与志愿服务"为主题的纪念活动。各年级、各团支部积极参加,不仅在校园内参加义务劳动,而且还参加社区劳动和服务。

3月6日　学院召开专业主任会议,各专业主任和教务处负责人参加。副院长李重华传达了市教委3月2日"贯彻全国高等职业教育第三次产学研结合经验交流会精神"的工作会议内容,并传达了教育部部长周济关于高等职业技术教育的重要讲话。会议对上学期工作进行了总结,提出本学期的工作重点是培养计划的修订。

3月10日　市教委安全检查组来学院检查学生宿舍管理工作,对学院宿管工作给予了高度评价。

3月18日　市教育党委副书记翁铁慧率市教育党委宣传处处长忻平、副处长张伯安、民办高校党工委卓保彤同志等一行莅临东海学院进行调研。在副院长李重华的陪同下,翁铁慧副书记一行先后参观了学院教学陈列室、实习实训场所、新建的学生公寓、食堂、有400米彩色塑胶标准跑道的田径运动场和正在建造的体育馆、图文信息大楼等,翁铁慧副书记热情赞扬了学院在无国家投入情况下自力更生、艰苦创业的精神,建成今天这样的规模,非常了不起。在听取了有关学院简况、学生思想政治工作、党建工作和精神文明建设的汇报后,翁铁慧副书记对学院在上述工作中取得的成绩给予了充分肯定。

学院组织"ATA国际著名IT厂商认证课程校园行"主题演讲活动。ATA公司总裁助理王杰给计算机、艺术类专业200余名学生作了题为"把握今天,成就未来,认证与就业"的主题演讲。演讲以职业生涯规划、社会就业形势、个人能力培养、IT产业发展、IT认证、IT行业人才结构、市场人才需求变化等为主要话题。

4月

4月1日　学院召开中层以上干部会。会议由副院长陶钧主持,副院长李重华出席。陶钧副院长代表董事会宣布相关工作事项:(1)在曹助我副院长、姜至本副院长身体康复期间,原由曹助我分管的工作暂由陶钧分担;原由姜至本分管的工作暂由李重华分担。(2)恢复院长办公会议和中层干部会议例会制。(3)成立学院就业指导委员会。学院就业指导委员会主任为曹助我;副主任阎顺福;委员包括曹新舟、张桂兴、吴伟英、陆瑞良、吴宏文、郁萍。下设招生办公室,林潮泳为招生办公室主任。

会上宣布党总支职务分工。党总支书记为姜至本;副书记为曹助我;宣传委员为李重华;纪检委员为陶钧;组织委员为曹新舟;群工委员为林潮泳;团学委员为王玉。

4月4日　学院2002级影视表演专业吴雪佳同学参加中国电视艺术家协会电视剧艺术专业委员会组办的第四届全国电视希望之星大赛影视表演组的比赛,荣获全国总决赛金奖。此次比赛全国有4 000多名选手参加,决赛在北京首艺歌舞团举行。

4月6日　夏威夷华文作家协会主席、《珍珠港》报主编、著名诗人黄河浪先生应学院邀请,为新闻系学生作了以"中国文化(文学)在国外的市场与影响"为主题的讲座。讲座首先从郑和下西洋谈起,内容涵盖文学、美术、音乐、戏曲、影视在内的各个方面,详细剖析、高度概括了各个历史时期中国文化(文学)在亚洲、欧美各国的传播与发展。

4月12日　学院举行了闵行区第108选区人大代表信箱开设仪式。副院长、工会主席陶钧和副院长李重华出席了开设仪式,各部门主要负责人及师生代表参加了本次活动。

4月16日　学院党总支组织全体共产党员到龙华烈士陵园举行新党员入党宣誓仪式和参观瞻仰活动。在入党宣誓仪式上,预备党员在党旗下庄严地向党立下誓言,今后永远牢记入党誓词,不断地加强学习,开拓创新,提高自身的政治敏锐性和鉴别力,坚定正确的理想信念,努力使自己成为一名知识型、创新型的新时期合格共产党员。

4月1—30日　学院组织首届"善言杯"辩论赛,辩题为"挫折是否有利于成功"。一年级的法律及物流管理联队和二年级的国际贸易及影视表演联队分别获得大一、大二组冠军。法律031班的张玲雯同学与国贸021班的石磊同学分别荣获"最佳辩手"称号。

4月上旬—下旬　学院继续教育培训部开办的现代物流岗位认证培训班,共有57人报名参加上海市现代物流初级考试,56人通过考试获物流初级证书,合格率为98.2%,高出上海市平均合格率33个百分点,名列全市前茅,受到上海市紧缺人才培训中心的表扬。

5月

5月16日　4月19日—5月16日,学院进行2003—2004学年第二学期教学检查。具体内容为:(1)查教学秩序;(2)查教学进度;(3)查课外作业;(4)查教学质量;(5)查各专业、课程组、教研室活动。具体措施有:(1)组织全面听课;(2)组织全院教学巡视;(3)组织专家审核,提出审核意见;(4)抽查一部分任课教师的作业布置及批改情况;(5)召开学生座谈会,了解教学工作中存在的问题,研究解决措施;(6)对所有任课教师进行教学质量评估。

5月18日　我院学生积极参加闵行区江川地区校园文化节,展示了我院校园文化艺术和素质教育的成果,培养学生了解社区、参与社区文化建设的责任感。

5月18—21日　上海"科技与艺术展"在国际新闻中心举办,学院有15幅作品参展。市人大常委会主任龚学平、副主任周慕尧等到现场观看展出。

5月20日　学院红五月歌唱比赛圆满落下帷幕。这是学院自成立后举行的第五次红五月歌会,所有参赛班级热情高涨,精神饱满,体现了新一代大学生对祖国、对人民的深厚感情。

5月25日　学院举行第六届运动会暨新体育场落成剪彩典礼。本次校运会以"健身迎奥运,东海谱新篇"为主题,共有1 387名学生报名参赛。副院长李重华主持了开幕式,副院长陶钧致开幕辞,常务副院长曹助我、副院长姜至本为新体育场落成剪彩。

新修建的体育场由一条400米彩色塑胶标准跑道、8个篮球场和2个排球场组成,总占地面积约为2万平方米,是我院第4期扩建工程的重要项目之一。

5月26日　学院参加上海市"阳光、大地、绿叶"教师文艺汇演的3个节目分别获得1个铜奖和2个表演奖,学院工会获得优秀组织奖。

学院环艺专业学生参加上海国际服装节服装广告大赛硕果累累。环艺033班刘亚庆、朱淑娟,环艺022班周叔佳同学均获三等奖;环艺033班焦宇梅、沈碧君,环艺032班沈文瑛,环艺031班陈燕嵘,环艺011班谢安东均获优秀设计奖。

6月

6月1日　学院中级党校2004年第一期入党积极分子培训班开学,共有学员156名,均经过初级党校培训和各团支部推荐。

6月3日　为深入贯彻《中共中央国务院关于进一步加强和改进未成年人思想道德建设若干意见》和市禁毒委《关于进一步加强上海禁毒工作的意见》《2004年上海禁毒工作的要点》,学院召开"开展禁毒教育和禁毒斗争"的宣传动员大会。秘书长阎顺福作了"全员开展禁毒教育和禁毒斗争"的宣传动员和工作部署。副院长陶钧号召全院教工必须高度重视,决不能等闲视之,让大学生珍爱生命,拒绝毒品。

学院召开全体教职员工会议,由副院长陶钧主持。会议的中心内容是:(1)布置2003—2004学年教职工的年度考评工作;(2)关于推荐首届市民办高校系统师德标兵、市教委育才奖人选工作;(3)本学期期末工作安排。

6月13日　欢送2004届毕业生离校,本届共有1 285名毕业生。

6月20日　学院党总支向市民办高校党工委递交《关于申报市民办高校系统文明单位的申请》(东党字〔2004〕第39号)。

学院已于今年年初成立了精神文明建设委员会和下设的办公室,决定申报市民办高校系统级文明单位。学院将在上级党委的领导下,扎实开展本院精神文明单位的创建活动,争取成为市民办高校系统级文明单位。

6月29日　学院青年教师周孟华荣获"首届市民办高校系统师德标兵"光荣称号。

7月

7月1日　为纪念中国共产党成立83周年,学院党总支组织全体党员参观、访问"南北湖",增强党员之间的交流,凝聚人心。

8月

8月7日　学院董事会召开第一届第四次会议,决定接纳杜鉴坤同志为董事会董事,并兼任学院开发办主任。

8月23日　李重华董事在第一次执行班子例会上宣布学院董事会8月7日会议的决定:(1)聘请黄美珏同志任学院执行副院长,全面主持学院日常工作。(2)聘阎顺福同志任学院秘书长;聘张桂兴同志任学院教务长;聘曹新舟同志任学院教育长。(3)成立学院执行班子。

8月24日　学院召开董事会执行班子第一次联合会议,商定新学年开学事宜。

8月25日　学院召开全体教职员工会议,由副院长姜至本主持,常务副院长曹助我宣布了董事会8月7日会议的决议:(1)接纳杜鉴坤同志为董事会董事并兼任学院开发办主任。(2)聘任黄美珏同志为执行副院长,主持学院日常工作。(3)成立执行班子。(4)自本学期始调整领导体制和运作模式:①实行董事会领导下的执行副院长负责制;②执行副院长受董事会的委托全面主持日常行政工作;③执行副院长、秘书长、教务长、教育长组成常务执行班子;④2万元以下的资金由执行副院长审批;⑤董事会负责财务、人事、基建、开发、招生等工作。

8月31日　经过8个月的设备调试,学院新食堂于8月底正式交付使用。新食堂可同时供2 000名师生用餐。同时交付使用的配套设施还有位于食堂南侧的浴室和锅炉房。

建筑面积达3万平方米的第一期扩建项目重点工程、申报参加上海市建筑"白玉兰奖"的图文信息中心大楼主体竣工,至此,学院第一期扩建工程进入收尾。目前,该项目已通过区、市两级主管单位的结构验收,正处于墙面粉刷的内部装修阶段。图文信息中心包括可容纳2 000人同时阅读的双层图书馆和可容纳400人的多媒体报告厅。该中心投资6 000万元,将成为东海学院的标志性建筑。

9月

9月1日　学院2004届毕业生共有28名同学通过专升本继续深造。

9月5日　学院召开教师大会,热烈庆祝第20

个教师节,院党政领导曹助我、姜至本、执行副院长黄美珏与近300位教师一起出席庆祝大会。会议由党总支书记、副院长姜至本主持。党总支副书记、常务副院长曹助我讲话,他代表董事会宣布:聘任黄美珏同志为执行副院长,由黄美珏等8位同志组成执行班子。曹助我副院长详细通报了今年的招生工作,以及基本设施建设取得的新进展,提出当前的任务是加快内涵提升,提高教学质量,创出东海学院的品牌,同时强调教育一定要在"育好魂,植好根"上下功夫,树立以学生为本的理念。

9月11日　2004级新生注册,本学年实际注册新生1858名。

9月12日　学院举行2004级新生开学典礼,名誉院长胡立教出席典礼并作了重要讲话。胡立教向新生们提出3点要求:一要积极学习,领会党的方针、路线,树立正确的政治方向,努力钻研科学技术,提高自己的文化素质,为建设伟大的社会主义祖国打下扎实的基础;二要珍惜今天来之不易的学习机会,珍惜学院为自己营造的良好学习环境,珍惜自己的青春年华,为日后能在社会上站稳脚跟打下基础;三要继承中华民族的优良传统,发扬互助、文明、礼貌的道德风尚,把自己历练成有才更有德的优秀人才。

常务副院长曹助我希望广大学生在3年的大学生活中历练自己,学会学习,在东海学院这个大家庭中成长、成才。

9月13日　学院成立第一次经济普查工作领导小组。

9月22日　学院成立东海学院及周边治安综合治理领导小组。

9月26日　学院召开上海东海职业技术学院航空乘务专业申报论证会。会议听取了学院关于增设专业的工作汇报,并经专家论证认为:上海东海职业技术学院航空乘务专业的筹建已符合申请增设专业的要求,建议向市教委进行增设本专业的备案。

9月30日　在9月举行的上海市现代物流中级考试中,学院有47名学生报考,30名学生通过考试,获得物流中级证书,合格率为64%,高出上海市平均合格率近40个百分点。

10月

10月6日　学院内10/0.4变压站建设竣工,二路进线供电,基本能够保证学院不因校外检修等原因停电,此工程由闵行供电局设计、施工承建。

10月13日　由日本尼桑汽车公司经理助理中尾赖人带队的公司高层代表团来学院参观、访问,并就CAD、CAE和CAM项目与学院合作交换了意见。

10月26日　学院召开中层干部会议,阎顺福教育长主持会议。会议公布了学院精神文明建设委员会人员调整名单。文明委主任为姜至本;副主任为黄美珏、曹新舟、阎顺福、王玉;委员为林潮泳、周莲、方铭岳、马抗美、陆瑞良、杨开太、戴晓红、沈发、林声远、陆颖、许晓菁;文明办主任为阎顺福;副主任为方铭岳、马抗美;成员为许岚、许晓菁、陆颖、倪妙章。

学院影视表演专业学生参加"上海市学生戏剧节诗歌朗诵专场"比赛,集体朗诵《民族脊梁》获一等奖。

11月

11月3日　应学院之邀,上海市社联十六届四中全会演讲团成员、上海第二医科大学党校校长陈挥教授来院为400余名教职工和参加中、高级党校学习的积极分子作十六届四中全会文件学习辅导报告。报告以"学习十六届四中全会精神,加强党的执政能力建设"为题,围绕加强党的执政能力的重要性和紧迫性、加强党的执政能力建设是提高党的执政能力的迫切要求等主题作了内容翔实、声情并茂的演讲。

11月9日　学院邀请《成才与就业》杂志主编项秉健教授作就业指导专题讲座。项教授就职业进化论这一概念作了深入的分析。

11月18日　市民办高校党工委副书记王恩田率市民办高校文明单位检查评估组来学院检查评估文明单位创建工作。检查评估组由市教委、市民办高校党工委、有关职能部门领导以及8所民办高校检查人员组成。

检查评估组听取学院文明委副主任兼文明办主任阎顺福关于文明单位创建情况的汇报,并查看了相关佐证材料。检查评估组认为,东海学院4位举办者从创办时倾其所有筹集资金,通过10多年的艰苦办学建设成初具规模的民办高校,实属不易。学院对党的工作历来十分重视,也有较好的效果;对教师的师德、教书育人的要求是高的;在"两课"建设上的工作做得不错;学院在文明单位创建工作上机构齐全,并十分重视"三风"建设;注重学生自我教育、自我管理,学生自律委员会与学生公寓管理委员会的工作很有特色;团委与团委调研部的工作很有成绩;学院在民主管理、实行院务公开方面在民办高校中特色显著。检查评估组希望东海学院形成显著的办学特色并建设好特色专业。

学院推荐周孟华副教授为"市优秀青年教师后备人选"。

11月30日　学院中级党校2004年第二期入党积极分子培训班开学,共有学员100余名。

12月

12月26日　学院董事会完成《上海东海职业技术学院章程》修改。

学院航空乘务专业学生参加由市教委、市教育工会、市艺术教育中心联合举办的以"树魂立根"为主题的上海师生歌咏大会。

12月30日　学院装潢、环艺专业学生参加"进念杯"首届上海大学生家具设计大赛,参赛作品54幅,占整个协会参赛作品的1/6。装潢022班学生梅晓倩同学获三等奖,环艺021班学生胡唐蓉获优秀奖,学院获得优秀组织奖。

2005年

年度概述

学院设有国际商务、国际航运业务管理、会计(税务方向)、报关与国际货运等23个专业。学院新申报的数控技术应用、汽车运用技术、人物形象设计、航空乘务4个专业经市教委文件批准,同意备案。4个新专业纳入当年的招生计划。本年度全日制在校生4518人。

学院设立经济管理一系、经济管理二系、人文科学系、信息工程系、应用艺术系、影视与传媒系、基础教学部的六系一部教学格局。面积为32000平方米的图文信息大楼正式投入使用,新建的图文信息大楼共9层,分为地下1层和地上8层。

为迎接2006年高职高专院校人才培养工作水平评估工作,学院成立人才培养工作水平评估领导小组。12月27—29日,学院进行了为期3天的校内自评工作。

7—11月,学院开展"保持共产党员先进性教育活动"取得积极成果,得到了市科教党委督导组领导的高度评价。

学院被评为上海市教育系统达标文明单位。

学院制定出台"十一五"发展规划(2006—2010),提出:到2010年,成为以三年制高职教育为主项,依据市场需求设置调整专业,以品牌专业教育为特色,三年学制、自学考试、各类职业培训等多种办学模式并存的新型高等职业技术学校。

2005年 大事记

1月

1月5日　学院党、政、工、团以"无灾无情,人有情,伸出你的手,献上你的爱心"为主题,展开了"向受灾的外国友人献上一片爱心"的捐款活动,得到了全院4000多名教职员工和学生的热烈响应。执行院长黄美珏到场讲话并第一个走向捐款箱捐款。

1月15日　2002级影视表演专业排演的日本大戏《望乡》得到了著名表演艺术家孙道临以及上影厂导演、儿童艺术剧院领导的好评。

1月22日　在国际贸易单证考试中,我院首期国际贸易单证培训班学生取得了优异成绩,合格率达到86.5%,比上海市平均合格率高出36.5个百分点。

1月31日　学院青年教师季剑锋在《中国图书商报》创刊10周年之际被评为"最佳书评人"。

2月

2月8日　学院新申报的数控技术应用、汽车运用技术、人物形象设计、航空乘务4个专业经市教委文件批准,同意备案。4个新专业纳入今年的招生计划。

3月

3月5日 学院航空乘务专业报名面试分别于5日、16日在新体育馆举行,报名人数近400人,其中,有150人将于3月28日进行体检。

3月30日 闵行区城市管理局对于学院常务副院长曹助我教授提出的"关于申闵线部分改道的建议"予以答复。

3月31日 学院第四党支部在三楼会议室组织党员和入党积极分子认真学习了"教育部关于进一步加强和改进师德建设的意见",以及2005年2月号《党政论坛》上的《积极准备 精心组织 搞好保持党员先进性教育》《以积极的态度投身保持党员先进性教育》《承上启下 继往开来》等文章。

4月

4月8日 学院第三、第四党支部全体教工党员参观中国共产党的重要领导人、杰出的共产主义战士、无产阶级革命家、理论家张闻天同志故居,缅怀他的光荣一生,学习和弘扬他的革命精神和崇高品质。

4月下旬 学院2004级学生徐煜、王丹、吴芝文参加2005年上海国际服装文化节的时装画比赛,获得了"东华科技杯服饰绘画广告艺术展"二等奖。

5月

5月11日 学院召开高职高专院校人才培养工作水平评估领导小组会议。会议由执行副院长黄美珏主持,出席会议的有常务副院长曹助我,院长助理杨新芳、丁家华以及上海市评估顾问邵廷中等。会议主要落实了2006年学院申报高职高专院校人才培养工作水平评估事宜。

常务副院长曹助我教授代表董事会表示:要把评估工作作为学校的头等大事来抓,成立专门机构,制定切实可行的工作计划,按照"以评促建、以评促改、以评促管、评建结合、重在建设"的原则,认真做好每一项工作。通过评估,进一步强化教学管理,加强教学基础建设,全面提高教育质量和办学效益,将学院办出水平、办出特色,力争达到评估优秀标准。

5月下旬至6月初 学院对2004年版《学生手册》进行修订。依照《教育法》《高等教育法》和教育部2005年第21号令《普通高等学校学生管理规定》、教育部教学〔2005〕5号文《高等学校学生行为准则》,并结合学院实际情况全面修订了《学生手册》。

5月26日 市教委组织专家组来学院对毕业设计(论文)工作进行专项检查。经过学院自查汇报、专家与教师学生座谈、干部个别访谈、毕业作品展示,以及审阅毕业论文、管理制度、经费使用情况之后,专家组向我院领导作出了反馈意见。

5月27日 首届"校园友好寝室擂台赛"在历时2周的评比后,顺利地落下帷幕。

6月

6月13日 学院召开第二次评估组会议。会议由执行副院长黄美珏主持,与会人员有评估顾问邵廷中、常务副院长曹助我、院长助理杨新芳以及院办主任周莲等。

会议落实评估工作的相关事宜:(1)确定评估指标体系分解内容;(2)做好迎评促建宣传工作;(3)成立工作领导小组;(4)制定评建工作计划。

6月22日 学院毕业生党员"永葆共产党员先进性"教育活动拉开序幕。会议由党校办公室主任马抗美主持,党总支委员、团委书记王玉作动员报告。

6月24日 学院召开高职高专评估动员大会。学院董事曹助我、陶钧、李重华、杜鉴坤,执行副院长黄美珏,院长助理丁家华、杨新芳,各专业主任,以及全体中层干部和教职员工参加了会议。会议由执行副院长黄美珏主持,学院评估顾问、资深评估专家邵廷中在会上作了评估动员报告,常务副院长曹助我作了"以评促改 准确定位 提升内涵"的主题讲话。

6月27日 为将评估工作落到实处,使各职能部门及全体评估小组成员更加明确评估内容和任务,学院在大会议室召开了由全体评估工作人员参加的会议。会议由执行副院长黄美珏主持,常务副院长曹助我代表董事会讲话。

6月30日 学院党总支书记姜至本在贵宾厅接待了市科教党委"保持共产党员先进性教育活动"督导组。

7月

7月7日 学院"保持共产党员先进性教育活动"动员大会在大会议室隆重举行。市科教党委"保持共产党员先进性教育活动"督导组组长李道恒和蒋化南莅临学院指导工作。学院党总支委员、董事、全体共产党员以及各部门的非党员骨干教师参加了此次大会。

会上，党总支书记姜至本就开展"保持党员先进性教育活动"的意义、以开展"保持党员先进性教育活动"为动力推动学院工作、"保持共产党员先进性教育活动"的指导思想和目标要求这三方面问题作了阐述。

7月11日　学院组织全体党员观看影片《任长霞》。

7月16日　学院组织全体党员参观老一辈无产阶级革命家陈云同志故居。

7月17日　华东师范大学唐莲英教授来学院为全体党员作了"保持共产党员先进性是党的建设的永恒主题"的专题报告。

8月

8月25日　学院于5月11日启动人才培养工作水平评估工作，以期达到以评促改、准确定位、提升内涵，全面提高教育质量和办学效益的目的。本月相继制定和出台了《教学计划管理暂行办法》《教师课堂教学责任规范》《教学质量保障措施（试行）》《教学督导工作实施规则》等文件。

8月31日　学院召开院长办公会，出席人员有曹助我、姜至本、陶钧、杨新芳、周莲。会议讨论并通过了董事会提出的《关于学院实行二级管理框架方案》，拟设立经济管理一系、经济管理二系、人文科学系、信息工程系、应用艺术系和基础部。学院二级管理体制从10月1日起运行。

会议讨论决定，调整教学督导组人员。调整后的教学督导组组长为程祖德；成员有程祖德、时启亮、陈益康。

面积为32 000平方米的图文信息大楼正式投入使用；2004年建成的3 417平方米的体育馆、7 741平方米的新食堂继续发挥更大的作用。

新建的图文信息大楼共9层，分为地下1层和地上8层。地下1层为大型汽车停车场和汽车运用与维修专业的实训工场；1楼为图书馆与阅览室；2楼为电子阅览室；3楼为教学用房与学生锻炼身体的形体房；4楼为教室、画室及服装设计研究场所；5楼为多媒体教室和语音室；6楼为微机房；7楼、8楼为行政与教师办公室。体育馆分3层：1楼由乒乓房、形体房、健身房组成；2楼为能够容纳1 000多名观众的标准室内篮球场和排球场；3楼为环形观众看台。

9月

9月1日　航空乘务专业128名学生参加军训。他们是学院建校13年来参加军训的首批学生。

9月5日　学院召开"保持共产党员先进性教育活动"分析评议阶段动员大会，市教委督导组组长李道恒和蒋化南莅临我校指导工作。学院总支委员、董事、全体党员参加了此次大会，会议由总支委员王玉主持，学院总支书记姜至本作动员报告。

9月上旬　学院根据市教委转发《教育部、卫生部、共青团中央关于进一步加强和改进大学生心理健康教育的意见》的通知要求，提出：一是加强心理素质教育，在"两课"教育中增加心理素质教育的课时量；二是开通心理咨询热线，对患有心理障碍的大学生进行沟通；三是设立心理健康保健室，对大学生进行心理治疗。

9月12日　学院航空乘务专业3个班128名同学完成了军训。

9月14日　学院召开院长办公会。出席人员包括曹助我、姜至本、陶钧、李重华、杜鉴坤、杨新芳、周莲。会议由常务副院长曹助我主持。会上，曹助我宣布董事会的决定，成立董事会领导下的监察室。监察室主任为方铭岳；副主任为程祖德；成员为方铭岳、程祖德、林声远。会议讨论决定，成立预算工资领导小组，成员为曹助我、杜鉴坤、杨新芳、邱来国。

9月15日　2005级所有新生步行前往上海交通大学菁菁堂参加开学典礼，典礼由党总支书记、副院长姜至本主持。上海市老领导胡立教出席典礼并讲话，他勉励同学们要尽快适应大学生活，珍惜大学时光，还以自己80天通读3册《资本论》为例，希望大学生发扬顽强拼搏精神。

常务副院长曹助我向新生提出3点要求：（1）坚持一个信念，坚信知识可以改变人生；（2）苦练"三功"，即读功、写功和说功；（3）具备"五种能力"：政治鉴别能力、自我学习能力、实践动手能力、合作协调能力和身心承受能力。

9月25日　学院在图文信息大楼多功能报告厅召开全院教师大会，董事会部分成员，常务副院长曹助我，党总支书记、副院长姜至本出席会议。

会上,常务副院长曹助我通报学院领导体制变动和本年度招生情况,传达市教委教育工作会议精神,提出要正确定位,提高教学质量,强化管理,创立东海学院的品牌。党总支书记、副院长姜至本就师德建设提出要求,期望全体教师加强自身修养,使东海学院的师资水平更上一层楼。

10月

10月13日　学院召开院长办公会。出席人员有曹助我、姜至本、陶钧、李重华、杜鉴坤、杨新芳、周莲,会议由曹助我主持。会议讨论决定,成立征兵工作领导小组。组长为李重华;副组长为杨开太;成员有李重华、杨开太、林声远。

10月19日　学院召开"保持党员先进性教育活动"整改提高阶段动员大会,党总支书记、副院长姜至本作了动员报告。

10月26日　市政协提案委员会副主任、民盟市委副主任冯德康,市政协提案委员会副主任、市工商联副会长唐蒙等一行10人,在市教委副主任张民选的陪同下,莅临学院视察指导,并召开了市政协《关于切实保障民办学校享有同等社会地位》提案办理情况"回头看"座谈会。

常务副院长曹助我,副院长陶钧、李重华和董事杜鉴坤等出席座谈会。常务副院长曹助我以"成功伴随昨天、今天、明天"为题,对东海学院建院历史、师资力量、招生情况作了介绍。市教委副主任张民选建议上海民办高校协会建立领导干部人才库,以协调解决民办高校师资问题。

11月

11月2日　上海市书法家协会会员、上海市工科数学协作组副组长、原东华大学副教授、东海职业技术学院党总支书记、副院长、学院创办人之一姜至本同志,11月2日零时18分,于中山医院病逝,享年71岁。

11月7日　学院召开党政联席会议。出席人员有曹助我、陶钧、杜鉴坤、杨新芳、林潮泳、王玉、周莲,会议由曹助我主持。会议讨论有关补选党总支书记的事宜。会议讨论决定,林潮泳同志为党总支书记候选人,由党办向市民办高校党工委呈报。会议根据学院组织机构布局调整情况,重新划分党支部,拟建立7个党支部。

会议决定,成立工资调整领导小组。组长为陶钧;成员包括杜鉴坤、邱来国、梁雁冰、周莲。

11月14日　学院"保持共产党员先进性教育活动"落下帷幕。历时4个月零7天,"保持共产党员先进性教育活动"得到了市科教党委督导组领导的高度评价。学院党总支委员、工会常务副主席林潮泳同志被市科教党委授予民办高校党员先进性教育宣传典型。

11月16日　学院召开党政联席会议。出席人员有曹助我、陶钧、杜鉴坤、杨新芳、林潮泳、王玉、周莲,会议由曹助我主持。会议听取院长助理杨新芳汇报11月15日召开的五系一部协调会情况;讨论并通过副院长陶钧草拟的《关于上海东海职业技术学院领导体制的若干决定》。

11月18日　学院制定出台了《东海学院"十一五"师资队伍建设规划(2006—2010)》,提出总体目标:努力建设一支在上海经济建设和社会发展过程中,在高等职业教育方面能作出积极贡献、在社会上有较好声誉、在整体素质上居国内同类学校前列的师资队伍,并在若干带头学科内逐步拥有一批有较高知名度、在该领域有较高学术地位的学科带头人。

11月23日　学院召开党政联席会议。出席人员有曹助我、陶钧、杜鉴坤、杨新芳、林潮泳、王玉、周莲,会议由曹助我主持。会上宣布董事会的决议:聘任周莲同志为院长助理;聘任张迪修同志为院办主任兼党办主任。会议还调整了学院人事工作小组成员。调整后人事工作小组成员有杨新芳、林潮泳、王玉、梁雁冰、周莲。

12月

12月2日　学院《"十一五"校园基本建设规划(2006—2010年)》提出具体目标任务:在扩建一期工程的基础上,到2010年在校学生要达到9000人,扩建一期在学校现有52亩的预留空地上扩建学生公寓两幢,教师公寓一幢,计10000平方米,实习实训大楼一幢8000平方米,总建筑面积达14万平方米。

12月7日　学院召开党政联席会议。出席人员有曹助我、陶钧、李重华、杜鉴坤、杨新芳、王玉、周莲、张迪修,会议由曹助我主持。会议审议并通过了《关于上海东海职业技术学院人事聘用权限的规定》。

学院党政联席会议通过了《东海学院"十一五"发展规划(2006—2010)》。到2010年将实现如下总体目标:办学条件明显改善,专业建设、教学质量、科研能力、管理水平、办学效益和学院的综合实力与整体水平显著提高,成为以三年制高职教育为主项,以品牌专业教育为特色,三年学制、自学考试、各类职业培训等多种办学模式并存的新型高等职业技术学院。

12月16日　学院在新大楼举行了欢送入伍同学大会。党总支委员、副院长陶钧,董事杜鉴坤,院长助理杨新芳、周莲,以及闵行区武装部骆政委等出席了会议。全体班导师、学生入党积极分子参加。大会由党总支副书记、团委书记王玉主持。

学院召开"保持共产党员先进性教育活动"总结大会,党总支书记、常务副院长曹助我作了总结报告。他在报告中说:"我院先进性教育活动从7月7日正式启动,历时5个多月,较好地完成了各项任务,取得了较明显的成效,达到了预定要求。"督导组组长李道恒同志讲话,他指出:"集中学习教育基本结束以后,要再用两到三个月的时间,做好巩固和扩大整改成果的工作。"曹助我副院长提出3点希望:希望坚持不懈,继续扎扎实实地做好巩固和扩大整改成果的工作;希望建立保持共产党员先进性的长效机制;希望借先进性教育这股东风,调动方方面面的积极性,推动各项事业的全面发展。

12月23日　学院举行"学习林潮泳同志事迹演讲报告会"。市民办高校党工委〔2005〕49号文向全市民办高校发出向优秀共产党员林潮泳同志学习的通知。林潮泳为东海学院一位具有45年党龄的老共产党员。他1964年起在上海交通大学任教;1978年至1979年响应号召赴西藏支教两年;1998年受聘于我院,先后任班主任、学生处处长、招办主任、工会副主席、院党总支委员。曾荣获宝钢教育基金第一届优秀教师奖、上海教工系统优秀共产党员称号。两次荣获全国教学成果一等奖,完成多项国家、上海市重点科技项目。2005年被推荐为市科教党委系统先进性教育活动的先进典型。

12月27—29日　学院进行为期3天的校内自评工作。曹助我、陶钧、邵廷忠为本次自评工作顾问,自评专家组由刁德霖、严玉康、周敬贤、时启亮、胡宗孝、杨新芳组成。同时聘请一位校外资深评估专家作为自评专家组组长,对自评全过程进行指导。

本次自评工作严格按照正式的评估程序进行,专家们分工协作,对13项考察环节无一遗漏地进行详细考察评估。29日下午,召开自评情况通报会,会议由副院长陶钧主持。首先由专家组组长向院方通报自评工作情况,肯定了对照评估指标体系我院取得的成绩。常务副院长曹助我强调要趁热打铁,找差距、定措施,突破现存的薄弱环节,做好整改工作。

12月28日　学院召开党政联席会议。会议审议并通过了《上海东海职业技术学院工资结构调整框架方案(草案)》。会上,党总支副书记林潮泳传达第十四次全国高等学校党的建设工作会议和市科教党委会议精神。会议审议并通过2006年党总支工作计划。

2006年

年度概述

学院设立经济管理一系、经济管理二系、航空运输系、人文科学系、信息工程系、应用艺术系、影视与传媒系、基础教学部七系一部8个教学单位。设置有国际商务、报关与国际货运、会计、机电一体化技术、建筑工程技术、环境艺术设计、影视动画等26个专业。全日制在校生4 873人。

11月,东海学院接受市教委人才培养工作水平评估。

中国教育研究会授予东海学院"全国先进办学单位";上海市闵行区人民武装部授予东海学院"2005年度国防教育先进单位"。

经上海市民办高校党工委批准,中共上海东海职业技术学院党总支书记为曹助我,副书记为林潮泳、王玉。

2006年 大事记

1月

1月4日 学院召开党政联席会议。出席人员有曹助我、陶钧、李重华、杜鉴坤、林潮泳、王玉、周莲、张迪修。曹助我主持会议。

会议讨论并通过五系一部办公室干部调整方案;对迎评工作作进一步安排。会议讨论决定,学院党总支委员会成员分工如下:

党总支书记为曹助我;副书记兼组织委员为林潮泳(并负责工会工作);副书记为王玉(并负责共青团工作);纪检委员为陶钧;宣传委员为李重华。

1月13日 学院召开优秀教师座谈会。会议由教务处副处长郁萍主持,副院长陶钧、院长助理杨新芳、人事处处长梁雁冰及五系一部共计13位教师出席座谈会。与会教师就如何因材施教、改革教学方法、管教管导等问题进行了讨论和交流。

1月18日 学院举行青年教师拜师会。学院董事会成员、6位校外指导教师、学院青年教师共40余人参加会议。会上,院长助理周莲宣读了此次拜师会的指导教师和拜师的青年教师名单;各青年教师纷纷向自己的老师献花。随后,副院长陶钧、指导教师、青年教师三方签订了拜师协议书。党总支书记、常务副院长曹助我说:"此次拜师会表明了我院在青年教师培养、师资力量的提高和教学质量的保证等方面迈上了一个新的台阶,是具有历史性意义的,它将载入我院史册。"

2月

2月13日 学院召开全院教职工大会。会上,副院长陶钧强调要以评估为中心,安排部署学院2006年的重点工作。评估顾问邵廷忠教授从认识评估的重要意义,当前评估的几项重点工作,从严治教、强化管理和准备工作4个方面进行了阐述。王状珍教师从教职工如何迎接评估的角度作了题为"树东海形象,创东海品牌"的发言。

2月14日 学院召开全体中层干部会议。会议使各部门领导进一步明确以优秀为目标的评估工作的重要意义,布置了自评后的整改工作,人事处、图书馆等部门作了迎评工作的情况汇报。大家表示一定会竭尽全力争取优秀的评估结果。

2月15日 学院召开系部领导评估工作培训会。评估顾问邵廷忠教授对各系部材料准备及注意事项等方面做了针对性很强的详细指导。同时召开第二次学院特色研讨会。经商议,初定从教师的多元化学缘结构及教学效果、学生思想政治工作特色、以市场为导向的专业设置特色三方面来酝酿学院特色。

2月17日 评估办组织全院教职员工对《学院评估宣传手册》的掌握情况进行考核,从试卷的批改、分析中看出,各部门对评估工作高度重视,对评估宣传手册上的内容基本掌握,试卷分数普遍较高,成绩为90分以上的占全院教职工的93.3%。

2月27日 学院召开党政联席会议。出席人员有曹助我、陶钧、李重华、杜鉴坤、林潮泳、王玉、周莲、张迪修。曹助我主持会议。

为迎接评估,会议审议并同意印发由院长办公室、教务处、学生工作部联合制定的《关于加强学风建设的通知》;审议并通过《中共上海东海学院总支委员会关于党内组织生活与民主评议党员制度》《上海东海学院党总支工作例会条例》《上海东海学院党总支理论学习计划(2005—2006学年第二学期)》。

3月

3月6日 学院参加由市教委评估院组织的高职高专人才培养工作水平评估校长联席会。会后,院领导根据会议精神,结合我院评估工作的情况,决定把今年评优目标调整为保良争优,这是从学院实际出发作出的正确决策。

3月15日 学院召开党政联席会议。出席人员有曹助我、陶钧、李重华、杜鉴坤、林潮泳、王玉、周莲。曹助我主持会议。

会议由院长助理杨新芳传达上海市高职高专院校人才培养工作水平评估校长联席会议精神,并布置下一阶段迎评工作。根据沪教委学〔2006〕15号文精神,会议讨论并决定,成立上海东海学院学生申诉处理委员会。主任为陶钧;副主任为杨新芳;委员为方铭岳、马抗美、林潮泳、许岚、陈飞、顾晓艺、石艳瑾。办公室设在监察室;申诉委员会专职联络员由方铭岳担任。

3月21日 学院院长助理、评估办主任杨新芳老师带领相关部处人员前往上海大学巴士汽车学院参观、交流与学习。

3月31日 学院召开可持续发展研讨会,各系、部、处、室和专业负责人出席，市教委高教处副处长许涛应邀参加。会议分上午和下午举行，常务副院长曹助我就学院未来发展的机遇和挑战等问题作了发言，并提出了争取跻身于全国同类高校的第一方阵，力争建设示范性职业院校的发展目标。副院长陶钧就学院"十一五"发展规划作了阐述。许涛副处长介绍了上海最近召开的职业教育会议的情况，还强调上海高等职业教育应走集团化发展的道路，着力打造自身的职教品牌，并加强与企业、外地、境外的合作。下午的会议由董事杜鉴坤主持，各系、部和专业负责人就可持续发展议题进行讨论。常务副院长曹助我、副院长李重华分别作了总结性发言。

4月

4月19日　学院召开党政联席会议。出席人员有曹助我、陶钧、李重华、杜鉴坤、林潮泳、王玉、周莲。曹助我主持会议。

曹助我常务副院长传达市教委副主任瞿钧在市职业教育工作会议上的讲话精神。

会议讨论并决定，成立教学管理工作委员会。主任为曹助我；副主任为陶钧；委员为刁德霖、朱崇贤、乔世民、徐梦杰、李重华、杜鉴坤、严玉康、杨新芳、时启亮、宋崇、沈伟荣、陈益康、张迪修、林迅、周敬贤、胡宗孝、赵三宝、曹士鑫、程祖德；秘书长为郁萍。

4月中旬　学院党总支号召全员开展树立社会主义荣辱观活动，要求各党支部、团委把社会主义荣辱观教育：（1）列为思政教育的重要内容；（2）引入课堂，发挥课堂教学的主渠道作用；（3）与社会实践相结合，在全院开展以"知荣辱、树新风"为主题的道德实践活动；（4）与校园文化建设相结合。同时修订完善《职工公约》《学生守则》等。

5月

5月8日、15日　学院召开评估工作汇报会。会议由副院长陶钧主持，评估顾问邵廷忠、常务副院长曹助我、副院长李重华、院董事兼院长助理杜鉴坤、院长助理兼评估办主任杨新芳等出席。会上，各系（部）主任、各职能部门负责人分别针对系（部）自评准备与本部门的相关评估工作作了汇报。副院长陶钧从做小结、找问题、明目标、树信心4个方面对前阶段自评工作作了总结。

5月12日　学院举行第七届校运会。上海市工商联民办教育协会秘书长忻福良、闵行区体育局副局长何红卫、吴泾镇党委书记李坤华、吴泾镇人大主席潘黎明、吴泾镇镇长陈振华及杉达学院常务副院长侯文永应邀出席开幕式。上午8点半，副院长李重华宣布第七届校运会开幕，副院长陶钧致开幕辞并预祝运动会圆满成功。本次运动会以"健身、参与、育人、奋进"为主题，共设24个竞技项目，1880名师生报名参赛。

5月22日　学院举行"大学生科技活动周"开幕仪式。闵行区政协副主席王胜扬、闵行区科委副主任宋运堂等到会并致贺辞。常务副院长曹助我、副院长陶钧、李重华，董事杜鉴坤，院长助理杨新芳等出席，副院长李重华致开幕辞。常务副院长曹助我以"教研相长双飞翼，协调发展育英才"为题，就学院"十一五"规划以及加快科技创新和人才培养作了阐述。副院长陶钧介绍了学院在科技创新成果、专业建设和实习实训基地建设等方面所取得的成绩。

5月31日　学院召开党政联席会议。出席人员有曹助我、陶钧、李重华、杜鉴坤、林潮泳、王玉、周莲。曹助我主持会议。会议讨论决定，撤销学工部，恢复学生处、团委组织机构。会议通过上海东海学院第二届校友会理事会成员名单。理事长为胡立教（名誉院长）；副理事长为王腘、翁育峰、黄国琦、王春霞；秘书长为王腘（兼）；理事为胡立教、王珏（影表01级）、王腘（影表00级）、王春霞（会计97级）、刘宇峰（报关00级）、刘泉海（装潢00级）、朱正一（报关01级）、陈栋（网络01级）、吴海瑛（装潢99级）、高翔（法律97级）、徐雯（商英98级）、顾磊（计信02级）、倪海斌（国贸99级）、翁育峰（国贸96级）、黄国琦（国贸97级）。

6月

6月3日　学院举行第二届校友大会，800余名老师和校友参加了会议。大会由副院长陶钧主持，常务副院长曹助我、副院长李重华、董事杜鉴坤等院领导出席了会议。

会上，常务副院长曹助我简要地介绍了学院建院以来的发展历程和取得的成就。建院14年来，学院累计培养毕业生7 000余名，就业率达95%。不少毕业生已成为国内外著名企业的业务骨干。1996级国际贸易专业的黄国琦代表校友在会上发了言，他认为校友们取得的成绩就是对母校最好的回报。他代表校友们由衷地向母校领导和老师们表示感谢。副院长陶钧宣布东海学院第二届校友理事会成立,并宣布了校友会理事名单。

6月6日 学院召开班导师工作促进会,副院长李重华、院长助理杨新芳和全院班导师出席会议。副院长李重华在讲话中指出,要把学生的德育工作摆在前所未有的政治高度,树根立魂,树立社会主义荣辱观。思想政治工作要与执行校纪校规结合起来,用制度管人。

6月12日 学院党总支举行会议,对毕业生党员进行"永葆共产党员先进性"教育活动。党总支书记曹助我,副书记林潮泳、王玉,以及毕业生党员所在支部的书记、入党介绍人出席会议。党总支书记曹助我就牢固树立爱国主义精神,先锋模范作用,无私奉献精神,慎独、修身、学会做人4个方面做了阐述。会上,全体毕业生党员在党总支副书记王玉的带领下,举行新党员入党宣誓仪式。

6月14日 学院召开党政联席会议。出席人员有曹助我、陶钧、李重华、杜鉴坤、林潮泳、王玉、周莲、张迪修。曹助我主持会议。会议讨论并通过了《上海东海学院党政联席会议议事规则》。

6月27日 民办高校党工委举行纪念中国共产党成立85周年暨表彰先进大会,学院第五党支部荣获先进基层党组织称号。第五党支部现有党员17名,主要在总务后勤岗位工作,承担着全院的保卫、宿管、保洁、维修、车队等任务。

6月28日 学院召开党政联席会议。出席人员有曹助我、陶钧、李重华、杜鉴坤、林潮泳、王玉、周莲、张迪修。曹助我主持会议。会议传达"上海市高校治理商业贿赂工作会议"精神。讨论并决定,成立上海东海学院治理商业贿赂工作领导小组,成员为曹助我、陶钧、张迪修、邱来国、方铭岳;下设办公室,主任为方铭岳(兼)。

7月

7月5日 学院召开党政联席会议。出席人员有曹助我、陶钧、李重华、杜鉴坤、林潮泳、王玉、周莲、张迪修。曹助我主持会议。

会议讨论并决定,成立上海东海学院职称聘任委员会。主任为曹助我;副主任为陶钧、李重华;委员为杨新芳、周莲、梁雁冰、刁德霖、严玉康、时启亮、周敬贤、王国经、林迅、程祖德。

会议决定,成立上海东海学院教职工代表大会,定于8月下旬成立并召开第一次全体会议。

7月14日 学院召开教育思想观念讨论会,中国职教协会副会长薛喜民参会并讲话。他说,民办高校发展可分为4个阶段:第一阶段以十一届三中全会开始算起,主要是以非学历教育为主;第二阶段为邓小平同志"南方谈话"以后;第三阶段为1996年《社会力量办学条例》颁布以后,民办教育有了飞速发展;第四阶段为2003年以《民办教育促进法》后,民办教育有了一个健康发展。东海学院这4个过程都经历了,东海学院的发展让人感到很有气魄。关于人才培养,薛喜民副会长指出,要转变办学观念,创新体制。高职必须走校企合作的路子,要以企业为主培养人,这不只是实践问题,而是一个理论问题。

8月

8月22日 学院召开全院教职工大会。会上,院领导宣布学院评估工作正式进入倒计时,并对下一阶段的评估工作作了全面动员和部署。要求全体教职工立即行动起来,冲刺两个月,确保争优保良目标的实现;对各部门及责任人明确工作要求,并对专家进校后的各项准备工作作了安排。会后,学院领导分别召开各专题会作具体布置,以确保评估工作的责任到位、工作到位。

8月25日 学院召开党政联席会议,决定成立上海东海职业技术学院实习实训管理中心。该实习实训管理中心下设国际货运管理实训中心、网络中心、工程训练中心、服装综合教学实训中心、艺术教学实训中心、影视传媒艺术教学实训中心。

9月

9月6日 学院召开党政联席会议。出席人员有曹助我、陶钧、李重华、杜鉴坤、林潮泳、王玉、周莲、张迪修。曹助我主持会议。

会议听取有关教代会、工代会筹备情况,定于9月22日上午8点在多功能报告厅举行。依法按照规定程序选出教代会代表75人,工代会代表76人。教代会、工代会主席团成员候选人为曹助我、陶钧、李重华、杜鉴坤、曹士鑫、郦渭荣、刁德霖、侯文平、王小瑜、程祖德、宋崇。

9月9日 学院以"迎评冲刺、再做贡献"为主题,召开了第22届教师节庆祝表彰大会,常务副院长曹助我、副院长陶钧、李重华出席。会议宣布了学院2005—2006学年优秀教师名单,朱崇贤等11

位教师获"优秀教师"光荣称号。

常务副院长曹助我以"借东风以评促建、重内涵推进发展"为主题，对全院教职员工作了评估攻坚的战前总动员。他向获得表彰的优秀教师表示祝贺，并向全体辛勤耕耘在东海学院的教育工作者们致以节日的问候。他说："学院11月将迎来高职高专院校人才培养工作水平评估，全院教师要进一步深刻认识评估工作的重要意义，积极配合各系部检查完善评估资料，一鼓作气顽强拼搏，力争评估工作取得优异成绩。"

9月12日　学院举行2006级新生开学典礼暨军训开营仪式。典礼由副院长陶钧主持，常务副院长曹助我、董事杜鉴坤出席，副院长李重华作军训动员报告。常务副院长曹助我在讲话中向学生提出3点希望：一要树立远大目标，脚踏实地，诚实好学，诚信做人；二要加强学习，学会学习，善于学习；三要尽快适应新环境。

副院长李重华在军训动员报告中强调了大学生军训的目的、军训的要求、自治措施等问题，勉励同学们刻苦训练，磨炼自己的意志。

9月22日　东海学院首届一次教职工代表大会暨二届一次工会会员代表大会隆重举行。会议分上、下午两部分进行。上午8点半，学院召开教代会预备会，选举通过大会主席团成员11人。10点整，教职工代表大会一次会议正式开幕。会上，常务副院长曹助我作了关于东海学院"十一五"发展规划的工作报告，院长助理杨新芳受学院提案工作委员会委托，作了关于代表提案的处理报告。会议表决通过学院"十一五"规划和提案处理报告。

下午1点，第二届工会会员代表大会一次会议正式开幕，工会主席、副院长陶钧作了上届工会工作报告；大会通过选举成立本届工会工作委员会。

10月

10月16日　学院召开党政联席会议。出席人员有曹助我、陶钧、李重华、杜鉴坤、林潮泳、王玉、周莲、张迪修。曹助我主持会议。

会议集体学习《中国共产党第十六届中央委员会第六次全体会议公报》。会议讨论并通过闵行区吴泾镇新一届人大代表换届选举东海学院选区领导小组和工作人员名单。组长为曹助我；副组长为林潮泳、张迪修、周莲、王玉；组员为马抗美、许岚、王琦；办公室主任为张迪修；工作人员为马抗美、许岚、王琦、陈勤华；联络员为许岚、王琦。

10月19—21日　学院进行了为期3天的高职高专人才培养工作水平预评估。聘请许宝元、夏寅荪、张达明、陈二君、马德垾、甘露光6位校内外专家组成预评专家组，由评估专家许宝元任组长。各位专家各自分工，主要针对学院评估工作中存在的问题提出改进意见和建议。针对专家的意见和存在的问题，学院召开各层次的评估整改工作会议，要求各部门进一步明确工作目标和措施，抓紧最后的时机，全力以赴地认真整改，狠抓落实，做好各项准备工作，以良好的状态迎接正式评估。

11月

11月14日　学院举行高职高专院校人才培养工作水平评估的开幕式和自评报告汇报会。市教委副主任王奇、高教处处长丁晓东，以及评估专家组、秘书组成员莅临学院，进行人才培养工作水平现场评估。评估专家组由市民办高校党工委王恩田教授、山东水利职业学院院长白玉慧教授等7人组成，教育部高职高专人才培养工作水平评估委员会主任杨应崧教授任组长。

常务副院长曹助我作自评报告。

11月17日　经过14日至17日4天的专家评估，于17日下午举行高职高专人才培养工作水平评估的闭幕式。市教委副主任王奇、高教处处长丁晓东、市教育评估院常务副院长江彦桥、专家组成员参加闭幕式。常务副院长曹助我，副院长陶钧、李重华，董事杜鉴坤出席会议。

评估专家组组长杨应崧通报了对东海学院的考察评估反馈意见，对学院捐资办学、艰苦创业历程给予充分肯定，认为东海学院的办学思路清晰、定位准确、办学机制灵活，按需适时调整专业，注重"三风"建设，在人才培养上取得诸多成果，并希望学院建立健全一套行之有效的教学质量保障机制。

常务副院长曹助我作表态发言，表示将借此次评估之东风，进一步动员和发动全院师生，认真落实各项整改措施，在管理、机构、体制等方面全方位深化改革，走内涵建设发展的路子，为高职教育发展和培养更多高技能应用型人才作出新的贡献。

11月20日　学院召开党政联席会议。出席人员有曹助我、陶钧、李重华、杜鉴坤、林潮泳、王玉、周莲、张迪修。

会议讨论并根据11月14—17日市教委评估专家组对学院人才培养工作水平现场评估的反馈意见,提出由评估办负责制定整改初步方案交党政联席会议讨论。会议决定于12月1日召开全院教职员工迎评总结表彰大会,对在迎评工作中表现突出的集体和个人进行表彰奖励。

会议讨论决定,成立学院机构编制改革工作领导小组。成员为曹助我、陶钧、李重华、杜鉴坤、杨新芳、周莲、梁雁冰。

12月

12月6日 学院召开党政联席会议。出席人员有曹助我、陶钧、李重华、杜鉴坤、林潮泳、王玉、周莲、张迪修。

会议讨论并决定,成立评估整改工作领导小组。组长为陶钧;副组长为杨新芳;成员为郁萍、梁雁冰、周莲、郑雪培、曹炳荣、徐梦杰、方铭岳、刁德霖、严玉康、乔世民、周敬贤、时启亮、胡宗孝、林迅、程祖德;秘书长为张云鹭。

2007年

年度概述

2007年,学院设有28个专业,当年录取新生1 763人。全日制在校学生4 704人;应届毕业生1 778人,当年就业率为96.03%。全院教职工573人,其中,任课教师405人,专兼职师资队伍中拥有教授29人、副教授150人。校内建有6个实训中心、68间实验实训室。图书馆有纸质藏书26.95万册,电子图书15.1万册。

学院确定"以财经管理类为主,艺术、工科类协调发展"的专业布局。申报并获批准成立国际金融、投资理财、国际经济与贸易、电气自动化技术4个新专业。

学院商务英语051班获上海市高等学校先进集体称号;会计051班获上海市新长征突击队称号。

为筹办东海学院校庆15周年,学院成立校庆办公室。

2007年 大事记

1月

1月25日 学院召开经贸管理专业指导委员会成立大会。由经管一系、经管二系主办成立的经贸管理专业指导委员会,聘请上海欣海报关公司总经理葛基中博士担任主任,上海海事大学真虹教授、顾丽雅副教授,海关总署驻上海特派员办事处执法监督处处长宋希锟,中海集装箱运输股份有限公司董事、副总经理赵宏舟等专家担任首届专业指导委员会委员。

3月

3月14日 学院召开党政联席扩大会议。出席人员有程龙根、杨新芳、周莲、梁雁冰、朱为英、曹炳荣、王玉。程龙根主持会议。

会议讨论并决定,因人事变动,对原有突发事件应急工作小组、防汛防台领导小组、治安综合治理领导小组、安全防火委员会等成员进行调整。会议对学校语言文字工作委员会成员进行调整。主任为程龙根;副主任为杨新芳、王玉;秘书为黄君;委员为梁雁冰、朱为英、周莲、邱来国、曹炳荣、戎引萍、张雪芬、戴晓红、王国昌、陆小敏、章国英、朱幼华、马抗美。

3月26日 2007年度上海高校辅导员专题培训班在复旦大学逸夫楼报告厅拉开帷幕,计有2 000余名高校辅导员参加培训。我院王含茵、张芸芸、施晓玮3位教师参加本届培训班。3月28日培训班闭幕典礼,我院与上海交通大学、东华大学等高校获得"优秀项目设计"成果奖。

4月

4月6日 学院召开首届青年教师导师制培养工作总结交流会。学院各级领导、青年教师和导师共50余人出席会议。交流会上,青年教师代表、导师代表和人事处就导师制工作情况分别作了汇报。

2006年1月,学院首次推行青年教师导师制培养工作,聘请9位导师与21位青年教师结成对子。经过一年多的指导,培养对象的思想素质、业务能力、行为规范等方面达到了高职高专教师的执教要求。

4月11日　学院召开院长办公会。出席人员有程龙根、杨新芳、周莲、梁雁冰、朱为英、曹炳荣、郁萍、王玉。程龙根主持会议。

会上，副院长程龙根宣读董事会《关于成立十五周年校庆筹备组的决定》。会议审议《关于任课教师考勤及酬金的若干规定》《任课教师聘任协议书》《教师考核评估标准》《关于课程免修的补充意见》等文件。

上海市民办高校和高职高专图书馆工作会议在东海学院召开。来自兄弟院校的图书馆馆长（负责人）40余人出席本次会议。本次会议的主题：一是交流图书馆在迎评促建中如何加强建设；二是由上海高校图书馆情报工作委员会秘书长庄琦布置通告相关工作；三是由高职高专图书馆协作组负责人介绍本年度下半年工作打算。我院董事、副院长陶钧参加会议。

4月19日　信息与工程系召开数控技能大赛动员大会。院长助理杨新芳、教务处处长朱为英、信息与工程系主任周敬贤，以及2005级数控技术应用专业部分学生参会。信息与工程系杨萍老师对技能大赛情况做介绍。本次数控技能大赛将于5月27日举行，分为"应会"（操作部分）和"应知"（理论部分）两项，考核合格者可获得数控专业中级资格证书。

4月27日　学院召开信息与工程系专业指导委员会成立大会。信息与工程系聘请上海界龙集团总经理、中国印工协会包装分会理事长、高级经济师沈伟荣，上海交通大学教授、博士生导师白英彩、程先华，上海重型机械厂总工程师王磊，上海第七建筑有限公司总工程师王美华，上海工程技术大学高职学院副院长、教授胡宁，3M公司IT区域经理李昂等专家教授担任首届专业指导委员会委员。

5月

5月18日　学院举办第八届校运会。上海市民办高校党工委领导赵关忠、卓保彤，吴泾镇党委书记朱国兰，吴泾镇镇长陈振华，上海交通大学体育系主任、博士生导师孙麒麟，上海交通大学体育系党总支书记、中国大学生游泳协会秘书长徐宝庆，华东师范大学体育与健康学院副院长李群，民办高校体育协作组副主任韩玉璋教授到校参加开幕式。

上午8点半，常务副院长曹助我宣布运动会开幕，主持工作的副院长程龙根致开幕辞并祝运动员取得好成绩。

5月25日　学院首次举办青年教师课堂教学擂台赛。郎昆、吴江华、金玲慧3位青年教师在竞赛中各展风采，赢得评委专家的好评。吴江华获得本届擂台赛的第一名，金玲慧和郎昆获得了优胜奖。

5月30日　由市教委、市语委组成的上海市高校语言文字达标专家检查组莅临学院，对学院的语言文字工作进行检查。专家组听取副院长李重华所作的自评报告，审阅了相关材料，对学院的语言文字工作给予肯定，认为学院语言文字工作领导重视、目标明确，机构健全、管理有序、成效明显。专家组宣布学院语言文字工作达标。

5月31日　副院长陶钧、院长助理杨新芳率人事、教务、学生三大处负责人和教育高地委员会成员一行23人，赴湖州职业技术学院、浙江金融职业学院进行了为期3天的学习、考察和交流。

6月

6月2日　共青团上海东海职业技术学院第三次代表大会暨上海东海职业技术学院第三次学代会开幕。团市委书记马春雷、团市委学校部部长金梅、闵行区副区长程向民、民办高校党工委领导卓保彤、闵行区团委副书记陈红铭、吴泾镇团委书记薛瑛参加开幕式。会议听取和审议学院第二届团委工作报告和第二届学代会工作报告。团市委书记马春雷向东海学院"两代"会召开表示祝贺，对学院共青团工作给予了肯定。

会议选举产生共青团上海东海职业技术学院第三届委员会和第三届学生委员会。

6月8日　学院举办以"责任心与爱心"为主题的教师职业道德修养专题讲座，邀请全国优秀教师、上海市教学名师、上海交通大学师德标兵侯文永教授主讲，全院教职员工参加报告会。侯教授以自己的经历，以"以人为本是科学发展观的本质和核心"为主线，阐述了高校怎样树立"以学生为本"，改变"以知识为本"的教育教学理念，提出要培养完整的人，教师首先应是完整的人。

6月16日　学院应用艺术系的"书籍装帧设计"课程顺利通过专家评审，成为上海市市级精品课程。

6月20日　学院召开院长办公会。出席人员有程龙根、杨新芳、梁雁冰、朱为英、曹炳荣、郁萍、王玉。程龙根主持会议。

会议商讨有关本学期教工考核办法及工作安排，决定成立人事考评领导小组。组长为程龙根；副组长为杨新芳；组员为梁雁冰、王玉、朱为英、曹炳荣、郁萍。会议决定推选周孟华为"上海市育才奖"人选，杨萍为"民办高校第二届师德标兵"人选。

6月23日　学院召开评估整改工作例会暨赴浙学习考察交流会，会议由副院长程龙根主持。学工部从加强学生党建工作、班导师队伍建设、校园文化建设等方面作整改汇报；后勤保障部汇报食堂管理、治安保卫方面的整改情况。院长助理杨新芳对重点（精品）课程建设、专职教师队伍建设、学生综合素质能力提高等方面的整改情况作了汇报。

副院长陶钧通报赴浙学习考察情况。

7月

7月2日　由市教委教学评估院组织的教学高地建设验收专家组莅临学院，对学院国际货运管理实训中心建设项目进行检查验收。常务副院长曹助我对建设项目工作情况进行汇报，并着重汇报了高地建设过程的具体做法。专家组对学院教学高地建设项目所做的工作给予肯定，宣布国际货运管理实训中心建设项目通过验收。

7月6日　由上海市科技协会、上海市包装技术协会联合主办的"东方之星"设计大奖赛结果公布。学院应用艺术系装潢04级学生有16件作品参赛，其中装潢042班王丹的作品"中国蓝印布艺包装"荣获金奖；装潢042班施丽莉的"绣女工坊包装设计"获银奖；装潢041班奚晓青的"史记（一至四）"获铜奖。

7月11日　学院党总支发文《关于表彰先进党支部、优秀共产党员、优秀党务工作者的决定》（党字〔2007〕12号），对下列先进党支部、优秀共产党员、优秀党务工作者予以表彰。

先进党支部：第三党支部、第七党支部；优秀共产党员：胡善华、华丽丽、侯丹、许双全、戴贻勇、吴江华、胡宗孝、施晓玮；优秀党务工作者：张雪芬、白芸、陆小敏、戴晓红、方铭岳、马抗美。

7月13日　学院聘请中国科学院院士徐祖耀、何积丰，中国工程院院士阮雪榆，上海市原副市长刘振元等13人为东海学院专家咨询委员会成员。学院以此次专家咨询委员会的成立为契机，通过向专家咨询委员会"借脑"，用专家的思路指导学院办学；通过向专家咨询委员会"借船"，用专家的渠道和资源帮助学院办学，促进东海学院进一步发展，早日实现创建上海市乃至长三角经济区技术应用型人才培养基地之一的发展目标。

9月

9月8日　由市教委拨款300万元，学院配套经费150万元的两期教育高地建设项目国际货运管理实训中心正式揭牌成立。该中心以计算机及其网络为硬件建设主体，软件配置主要针对报关、货代、单证等课程的实际操作项目。

9月19日　学院召开院长办公会。出席人员有曹助我、陶钧、李重华、杜鉴坤、程龙根、杨新芳、王玉。程龙根主持会议。

会议讨论有关学校维稳问题，建议成立由教工、学生组成的食堂监管机构，对食堂伙食、价格等加强监督管理。会议决定成立武装部，由保卫处处长许双全同志兼任武装部部长。

10月

10月10日　学院召开院长办公会。出席人员有曹助我、陶钧、李重华、杜鉴坤、程龙根、杨新芳、周莲。程龙根主持会议。

会上，副院长程龙根传达9月29日上海市民办高校党工委中心组学习精神，主要是各高校安定、稳定问题。关于非学历教育问题，学院已采取3项措施予以解决。

11月

11月7日　学院召开院长办公会。出席人员有曹助我、李重华、程龙根、杨新芳、周莲。程龙根主持会议。

会上，院长助理杨新芳传达上海市高校、高职高专教学工作会议精神。会议讨论并决定，学院申报第三期市民办高校教学高地建设项目：综合物流实训中心；书籍装帧课程建设；电气工程综合实训中心。申报上海市高校优秀青年教师科研项目专项资金推荐名单为张强（经管一系）、袁雪飞（经管二系）、徐思捷（艺术系）、牛晓玮、张敏。

11月28日　学院召开院长办公会。出席人员有曹助我、陶钧、李重华、程龙根、杨新芳、周莲。程龙根主持会议。

会上,副院长程龙根传达市政府关于对贫困大学生资助会议的精神,同意成立学生资助工作领导小组。组长为程龙根;副组长为郁萍;组员为许岚、邱来国、张雪芬、戎引萍、戴晓红、王国昌、陆小敏、左田田。

12月

12月24日 学院参与组建并加入上海交通物流职业教育集团,是上海市民办高校中首家也是唯一加入该集团的高校。学院作为唯一的民办高职院校成员单位,将与其他成员单位实现校企合作、校协联手和校际联合。

12月26日 学院召开院长办公会。出席人员有曹助我、李重华、杜鉴坤、程龙根、杨新芳、周莲。程龙根主持会议。

会议讨论并决定,成立上海东海职业技术学院高等职业教育研究所。所长为李重华。

12月28日 学院制定《关于建立反腐领导体制与工作机制的决定》(党字〔2007〕18号)。成立党风廉政建设和反腐败工作领导小组。组长为曹助我(总支书记);副组长为陶钧(总支纪检委员);成员为李重华(总支宣传委员)、王玉(总支副书记)、方铭岳(监察室主任)、许岚(党办副主任)、戴晓红(第一党支部书记)、曹炳荣(第二党支部书记)、张雪芬(第三党支部书记)、戎引萍(第四党支部书记)、王国昌(第五党支部书记)、陆小敏(第六党支部书记)。

2008年

年度概述

学院总建筑面积为93 404平方米,建有国际货运管理实训中心等8个校内实训中心、34个校外实习实训基地。招收全日制高职新生1 664人,新生报到率为94.38%。在校生总数为4 784人。应届毕业生数为1 477人,毕业生就业率达96.34%。

聘请项家祥为东海学院院长。经市民办高校党工委批准,组建成立中共上海东海职业技术学院委员会。党委会由曹助我、赵佩琪、项家祥、王玉、程龙根、郁萍、王国昌7位同志组成。赵佩琪任党委书记,项家祥、王玉任党委副书记。

学院召开第二届董事会第五次会议,审议第三届董事会组成人员。第三届董事会成员为曹助我、陶钧、李重华、杜鉴坤、项家祥、赵佩琪、白芸、李小钢。

3月,由市教委高教处副处长许涛、副处级调研员徐国良、评估组组长杨应崧教授等组成的高校人才培养工作水平评估专家组进行回访。评估专家组对东海学院扎实的整改措施及取得的成果给予肯定。

12月,学院领取产权证,署名上海东海职业技术学院。学院完成产权明晰工作,曹助我、陶钧、李重华3位学院创办人放弃财产权和财产继承权,所有资产归于东海学院名下。学院成为上海市第一所完善法人治理结构的民办高职院校。

2008年 大事记

1月

1月9日 学院召开院长办公会,会议由常务副院长曹助我主持,副院长陶钧、李重华,董事杜鉴坤,院长助理杨新芳、周莲出席。会议传达市教委关于批准我院设立成人教育学院的批文(沪教委发〔2007〕129号);传达院董事会的决定:由董事杜鉴坤任成人教育学院院长;成人教育学院设编制5名,与继续教育学院合署办公。

会议决定:聘江可万同志任电气自动化技术专业主任;聘杨萍同志任信息工程系代主任。

1月14日 学院召开院长办公会,会议由常务副院长曹助我主持,陶钧、杜鉴坤、程龙根、杨新芳、周莲出席。副院长程龙根传达市高教党建工作会议的精神。会议作出决定:成立人文学院,由应用艺术系、影视传媒系及人文科学系的法律事务、新闻与传播两个专业组建成立,聘韩斌生同志任人文学院院长。同时聘葛元同志任信息与工程系计算机网络技术专业负责人;聘张敏同志任人文科学系法律事务专业负责人。

2月

2月28日 学院召开院长办公会,会议由副院长程龙根主持。出席人员有曹助我、陶钧、李重华、杜鉴坤、杨新芳、韩斌生、朱为英、郁萍、周莲。常务副院长曹助我传达董事会关于本学期主要工作事项的安排,包括全力以赴迎接3月中旬市教委人才培养工作水平评估专家组回访,积极筹备学院15周年校庆活动等。会议决定:成立学院信息公开工作领导小组。组长为程龙根;副组长为杨新芳、郁萍;成员为方铭岳、朱为英、宋志英、曹炳荣、郑雪培、张雪芬、戎引萍、戴晓红、王国昌、陆小敏、左田田、田志云、朱幼华。

3月

3月6日 学院召开院长办公会,会议由副院长程龙根主持。出席人员有曹助我、陶钧、李重华、杜鉴坤、项家祥、杨新芳、王玉、朱为英、郁萍。常务副院长曹助我代表董事会宣布:聘请项家祥为东海学院院长。副院长程龙根通报市教委召开的稳定工作会议精神。

3月12日 由市教委高教处副处长许涛、副处级调研员徐国庆、评估组组长杨应崧教授等组成的高校人才培养工作水平评估专家组对学院进行回访。常务副院长曹助我就学院一年来评估整改的主要举措、成果及努力方向等作了汇报。评估专家组对东海学院扎实的整改措施及取得的成果给予肯定。

市教委高教处副处长许涛表达了两个感谢:一是感谢评估专家们兢兢业业、不辞辛苦地努力工作;二是感谢东海学院踏踏实实、认认真真地完成一整轮的高职人才培养工作水平评估。

3月27日 学院举行2006—2007学年奖学金颁奖大会。中国印刷及设备器材工业协会包装印刷分会秘书长邹煜参会。学生工作部部长郁萍主持会议;团委书记龚懿宣读了2006—2007学年国家奖学金、国家励志奖学金、上海市奖学金获奖者名单;中国印刷及设备器材工业协会包装印刷分会秘书长邹煜宣读了第一届"印工新生奖"获奖者名单。副院长程龙根向获奖学生表示热烈祝贺,并希望要以今天的荣誉为契机,把握未来,励志成才。

4月

4月3日 学院召开院长办公会,会议由副院长程龙根主持。出席人员有曹助我、陶钧、李重华、杜鉴坤、项家祥、杨新芳、王玉、朱为英、郁萍、周莲。会议决定,定岗定编工作由副院长陶钧负责,5月底制定出具体实施方案。学院承担的市教委高地建设项目——物流实训基地建设由董事杜鉴坤负责,该项目由市教委拨款200万元,学院配套资金100万元。会议讨论并初步确定15周年校庆活动方案。

4月6日 2008年第一期中级党校开班,379名入党积极分子参加本期党校学习。此次学习将持续至5月19日,学习内容主要有《党的指导思想和党员的权利义务》《解读十七大工作报告》等。

4月17日 学院召开院长办公会,会议由副院长程龙根主持。出席人员有曹助我、陶钧、李重华、杜鉴坤、项家祥、杨新芳、王玉、朱为英、郁萍、周莲。会议决定,成立毕业生就业工作领导小组。组长为程龙根;副组长为郁萍。下设毕业生就业指导服务机构,成员为卢美华、张春、蔡建平。

会议对学院精神文明委员会人员组成进行调整。主任为曹助我;副主任为杜鉴坤;委员为程龙根、杨新芳、王玉、朱为英、郁萍。下设办公室,王玉任办公室主任,副主任为朱为英、郁萍。

4月24日 学院召开院长办公会议。会议决定,成立专业调整调研小组,人员包括陶钧(组长)、李重华、项家祥、杨新芳、朱为英。调研小组在召开系主任、部分专业主任座谈会并听取意见的基础上,研讨2009年学院专业调整问题,并对学院"2+1"管理模式进行总结。

会议决定,成立教材、图书采购领导小组。组长为项家祥;组员为陶钧、李重华、杨新芳、朱为英、胡明明、孙毅。

5月

5月8日 学院召开院长办公会,会议由副院长程龙根主持。出席人员有曹助我、陶钧、李重华、杜鉴坤、项家祥、杨新芳、王玉、朱为英、郁萍、周莲。会议对5月18日校庆活作出安排。院长助理杨新芳汇报4月30日在上海师范大学召开的本市高校校长会议精神——如何以学校发展规划为引导,推进学科专业建设。会议决定,成立专业调整工作小组。项家祥任组长,陶钧、李重华任副组长。会议同意对2008年4月1日在册教职员工工资进行普调。

5月22日　学院召开院长办公会，会议由副院长程龙根主持。出席人员有曹助我、陶钧、李重华、杜鉴坤、项家祥、杨新芳、王玉、朱为英、郁萍、周莲。会议听取党政办公室汇报5月21日市民办高校党工委会议精神：一是传达落实市科教党委办12、13号文件精神，进一步部署抗震救灾工作。二是做好反恐防恐安全稳定工作，提出要站在全局和政治高度认识反恐防恐和维护高校稳定工作的重要性，要落实责任制，工作到位、责任到人；要与其他稳定工作结合，建立长效机制。

6月

6月2日　学院召开院长办公会，会议由副院长程龙根主持。出席人员有曹助我、陶钧、李重华、杜鉴坤、王玉、朱为英、郁萍、周莲。

会议根据市科教党委、市教委联合下发的《关于上海市高校辅导员考核工作的实施意见》（沪教委德〔2008〕12号）精神，审议并通过《上海东海职业技术学院辅导员工作考核办法（试行）》。

6月20日　学院发文《关于筹建中共上海东海职业技术学院委员会的工作报告》（党字〔2008〕05号），决定于2008年10月下旬召开中共上海东海职业技术学院委员会成立大会，选举产生中共上海东海职业技术学院新一届委员会和中共上海东海职业技术学院纪律检查委员会。

6月26日　学院召开院长办公会。会议决定，本年度申报两个新专业：旅游管理专业和学前教育专业。会议还对校旗制作标准进行商讨，提出按照如下标准制作。

大小：按照规定尺寸；校名：上海东海职业技术学院；字体：华文新魏；颜色：白底蓝字。

7月

7月3日　学院召开院长办公会，会议由副院长程龙根主持。出席人员有曹助我、陶钧、李重华、王玉、朱为英、郁萍、周莲。会议听取学生工作部关于辅导员考核情况和2007—2008学年学生思想政治工作研讨会情况。会议审议并确定2007—2008学年优秀（先进）教育工作者名单。

9月

9月3日　学院召开院长办公会。出席人员有项家祥、赵佩琪、程龙根、王玉。会议听取党政办公室关于教师节大会的筹备情况，拟定于9月6日上午举行，将邀请市教委领导和市民办高校党工委领导参会。

9月8日　学院党总支向中共上海市民办高校工作委员会呈交《关于成立中共上海东海职业技术学院委员会的申请》（党字〔2008〕06号），拟成立中共上海东海职业技术学院委员会和中共上海东海职业技术学院纪律检查委员会。

9月19日　学院召开院长办公会。出席人员有项家祥、赵佩琪、程龙根、王玉。会议讨论专业结构调整方案。拟撤销经济管理一系和经济管理二系建制，成立管理系、金融系和经济系。经济系含报关、会计、采购3个专业；金融系含金融、理财2个专业；管理系含航运、物流、国际商务3个专业。拟将信息工程系拆分为机电工程、计算机和电子信息3个系。拟聘刁德霖为管理系主任；严玉康为经济系主任；朱为英为金融系主任。

10月

10月13日　学院召开院长办公会。出席人员有项家祥、赵佩琪、程龙根、王玉。会议宣布董事会人员构成名单：曹助我、陶钧、李重华、杜鉴坤、项家祥、赵佩琪、李小钢、教师代表一人。会议决定，成立院务委员会、学术委员会、职务聘任委员会、教学指导委员会。

10月27日　学院召开院长办公会。出席人员有项家祥、赵佩琪、程龙根、王玉。会议审议《教工工资调整方案》《员工招聘、录用及离职管理办法》《专业技术职务聘任办法》。经研究决定，上述3个文件作进一步修改完善后颁布实施。会议审议并通过了《精神文明委员会成员调整方案》。主任为项家祥、赵佩琪；副主任为程龙根、王玉。增设宣传组，组长为喻家琪。

10月30日　学院召开第二届董事会第五次会议。会议审议学院第三届董事会组成人员名单。会议认为第三届董事会组成人员符合第二届董事会第四次会议通过的《上海东海职业技术学院章程》，同意上报上海市教育委员会、上海市民政局核准。

第三届董事会人员名单如下。

曹助我：上海东海职业技术学院举办者、第二届董事会董事

陶　钧：上海东海职业技术学院举办者、第二届董事会董事

李重华：上海东海职业技术学院举办者、第二届董事会董事

杜鉴坤：上海东海职业技术学院出资人、第二届董事会董事

项家祥：上海东海职业技术学院院长

赵佩琪：上海东海职业技术学院党组织负责人

白　芸：上海东海职业技术学院教职工代表

李小钢：上海市社会科学院研究员

上海海富通教育投资管理有限公司代表（暂缺）

11月

11月10日　学院召开院长办公会议。会议对教务处上报的2008—2009学年实验室筹建项目进行审定。会议决定，同意筹建如下实训室：管理系航运实训中心、人文科学系电脑速录实训室（设备少量购买）、机电工程系绘图实训室（绘图板和丁字尺由学生自备）、机电工程系电气控制和电工电子技术实验室、应用艺术系书籍装帧设计实训室、影视传媒系形象化妆实训室（增设相关设备）和声乐实训室。

11月24日　学院召开院长办公会。出席人员有项家祥、赵佩琪、程龙根、王玉。会议对加强校园安全防范工作作出部署；关于缴纳企业年金事项，会议决定成立企业年金工作领导小组，并根据市教委出台的文件制定相关配套规定；会议讨论关于夏征农院长铜像揭幕活动方案，决定揭幕仪式定在12月24日，根据夏老家属的意见，由党办制定夏老事迹展方案。

会议还对《纪念改革开放三十周年系列活动方案》《迎世博大学生礼仪大赛实施方案》进行了审议。

12月

12月8日　学院召开院长办公会。出席人员有项家祥、赵佩琪、程龙根、王玉。会议审议并通过人事处制定的《教工工资调整方案》（修改稿）。根据董事会意见，经院长办公会研究同意，从下学期开始撤销督导组建制，选聘合适人员担任督导工作，编制设在教务处。会议决定设置专项奖励基金，对就业工作突出的部门进行奖励，由学生工作部制定相关奖励办法递交院长办公会讨论。

12月22日　学院召开院长办公会。出席人员有项家祥、赵佩琪、程龙根、王玉。会议研究并同意人事处提交的《教职员工考评方案》，决定成立考评工作小组。赵佩琪任组长，组员为程龙根、王玉、周莲、尹雷方。

12月25日　学院领取产权证，署名上海东海职业技术学院。学院完成产权明晰工作，董事长曹助我，董事陶钧、李重华主动放弃产权。上海东海职业技术学院成为上海市第一所完善法人治理结构的民办学校。

12月26日　学院召开全体党员大会，宣布成立中国共产党上海东海职业技术学院委员会和纪律检查委员会。

党委书记为赵佩琪；副书记为项家祥、王玉；委员为曹助我、程龙根、郁萍、王国昌。

第二阶段 翻天覆地（2009—2019年）

2008年年底，学院举办者曹助我、陶钧、李重华郑重决定，把全部财产归于东海学院名下，学院成为上海第一所非营利性民办高校。同年年底，中共上海东海职业技术学院委员会组建成立，赵佩琪同志任党委书记，项家祥、王玉任党委副书记。至此，学院形成完善的法人治理结构。2010年，上海市政府发文，授予东海学院为市文明单位，学院成为上海民办高职院校的第一家文明单位。

2013年，国家修订了《民办教育促进法》，明确了对非营利性民办高校的支持。东海学院与杉达学院等5所学校共同发起成立非营利性民办高校协会。同年，市教委对上述5所非营利性高校进行政府专项支持，并授予东海学院等5所民办高校"上海市示范性民办高校"称号，进行为期3年的建设。

2014年，《职业教育条例》实施，东海学院等8所高校成为上海市特色高职院校，进行为期3年的内涵建设。学校通过强师工程、"双百"工程建设，极大地提升了办学质量和教学水平，一大批自己培养的副教授脱颖而出，百余本高职教材、百余门高职优质课程成为特色校建设的最好体现，学校实训室条件得到极大改善。从2008到2019年，学校教学设备总值增加了8倍，从生均0.2万元增加到1.5万元，学校面貌焕然一新。

2016年，教育部规划建设200所优质高职院校，东海学院勇敢地承接了优质校建设项目，呈报了48个项目中的43个，含103个子项目。通过优质校建设，学校先后取得了上海市高职院校教学比武一等奖（上海民办高校唯一）、上海市教学成果特等奖、国家教学成果一等奖（上海高职院校唯一），学生在全国技能竞赛中获得多项一等奖、二等奖。

10年中，学校累计争取到市教委内涵建设专项经费约4亿元。从2017年起，为迎合国家职业教育的发展要求，学校筹集资金，并由12名教师以自己的房产作抵押向银行贷款，建设了一幢3万平方米的实训大楼和两幢可供1300人居住的学生宿舍，使整个校园基本充实，校园发生了翻天覆地的变化，跻身上海高职院校的第一梯队。

2009年

年度概述

学院总建筑面积94 641平方米,其中,教学行政用房49 941平方米。2009年实际招生1 700人,新生报到1 588人,实际报到率91.53%。全日制在校生4 848人。应届毕业生1 512人,就业1 425人,就业率为96.61%。

经上海市教育委员会批准,学院第三届董事会正式成立。新一届董事会由曹助我、陶钧、李重华、杜鉴坤、项家祥、赵佩琪、李小钢、白芸8人组成。

3—9月,学院开展"学习实践科学发展观"活动。9月15日,学院召开学习实践活动总结大会,党委书记赵佩琪对学习实践活动进行总结。11月27日,学院二届一次教代会暨三届一次工代会召开。

学院被评为2006—2008年度上海市教卫党委系统精神文明建设文明单位。

2009年 大事记

1月

1月5日 学院召开院长办公会。出席人员有项家祥、赵佩琪、程龙根、王玉。会议对下学期部门人事作出相应安排;决定1月12日召开教学工作会议。拟定教学工作会议议题:专业布局调整方案;高职高专人才培养;进一步规范教学管理。

1月12日 学院召开教学工作会议,董事李重华、陶钧、杜鉴坤出席会议,各部门负责人、各系部主任及各专业主任参加。会议由党委书记赵佩琪主持。董事长曹助我致开幕词,院长项家祥作"抓调整,创品牌,树立东海新形象"的主题报告,强调要优化专业布局,形成富有东海特色的品牌专业。教务处处长尹雷方提出专业建设目标——建立2~3个品牌专业。赵佩琪书记作会议总结讲话,提出要真正落实教学工作为我院的中心工作,强化教学管理,增加教学投入,经过几年的努力,使东海学院的优势更明显。

2月

2月6日 学院召开院长办公会。出席人员有项家祥、赵佩琪、程龙根、王玉、周莲、尹雷方、郁萍。会议研究讨论2009年度学校机构设置和干部人事安排等相关事宜,并对教学工作提出要求:要全面推进和落实学院专业结构调整方案,重点建设一批专业,为打造学院品牌专业奠定基础。

2月17日 学院成立上海东海职业技术学院党校。赵佩琪任校长,喻家琪任副校长,党校办公室设在党政办公室。

2月18日 学院成立"学习实践科学发展观活动"领导小组并下设实施活动办公室。领导小组组长为赵佩琪、项家祥;副组长为曹助我、王玉;成员为曹助我、王玉、程龙根、郁萍、王国昌;办公室主任为王玉;副主任为喻家琪。

2月20日 由上海师范大学校长李进担任组长的市教委、市社团局联合检查组莅临学院,对东海学院进行年度工作检查。董事长曹助我,董事陶钧、李重华,党委书记赵佩琪,副院长程龙根,党委副书记王玉和部分中层干部参加年检会议。

项家祥院长就学院基本情况、依法办学、资金财产等情况作了年检汇报。反馈会上,检查组组长李进肯定东海学院在2008年取得的成绩,特别是完善了法人治理结构,这对学院的科学发展起到了举足轻重的作用。

3月

3月5日 学院召开第三届董事会第一次会议。经上海市教育委员会批准,学院第三届董事会正式成立。新一届董事会由曹助我、陶钧、李重华、杜鉴坤、项家祥、赵佩琪、李小钢、白芸8人组成。

会上听取了董事长曹助我代表第二届董事会作的工作报告;院长项家祥作了2008年学院工作总结、2009年工作计划和财务预结算报告。会议选举曹助我为第三届董事会董事长。

3月10日 学院召开院长办公会议。出席人员有项家祥、赵佩琪、程龙根、王玉。会议审议重点建设专业和重点建设课程名单,确定2009年重点建设专业为物流管理、报关与国际货运、商务英语、数控技术、装潢艺术设计、影视动画；重点课程为：基础英语、思想道德修养与法律基础、现代仓储技术与管理实务、会计综合实训、商务英语、电气工程及PLC技术、室内设计与原理、影视表演与影视拍摄、计算机订座系统、微机原理与组成。

学院召开"学习实践科学发展观活动"动员大会。市教卫党委系统学习实践活动指导检查八组组长张玉峰应邀参会。董事长曹助我，董事陶钧、李重华，院长项家祥，党委书记赵佩琪及全体党员和教师、学生代表参加会议。会议由院长项家祥主持。学院党委书记赵佩琪作动员讲话，她要求大家要从"深刻认识开展学习实践活动的重大意义和现实紧迫性""准确把握开展学习实践活动的目标要求、指导思想和主要原则"和"认真做好学习实践活动各阶段的工作"3个方面开展工作。

3月24日 市人大法制委员会委员周锦尉到校作"关于贯彻落实科学发展观几个认识问题"的专题报告，就"为什么要开展学习实践科学发展观活动""科学发展观的定位和四个内涵""实践活动与共产党员的素质提高结合"3个问题展开论述。市教卫党委系统学习实践活动指导检查八组、学院党政领导、全体党员及师生代表，以及部分民办高校的党员参加报告会。

3月27日 学院召开就业工作会议，由副院长程龙根主持。院长项家祥、党委副书记王玉、学生工作部部长郁萍、教务处处长尹雷方及各系主任、系办主任、专业主任、教务员、全体专兼职辅导员和2006、2007级部分学生代表出席会议。

3月31日 学院召开"学习实践科学发展观活动"中心组交流会。会议由活动领导小组组长、党委书记赵佩琪主持。

会上，院长助理、教务处处长尹雷方从教学教务的角度阐述了学习科学发展观的心得以及今后工作的思考；副院长、党委委员程龙根谈了对学习实践科学发展观的认识及学院面临的主要问题；院团委书记龚懿，基础教学部主任、民盟成员周孟华，后勤保障部副部长、机关总支第三支部书记曹炳荣，信息工程系办公室主任蒋久泉分别作了交流发言。

4月

4月7日 学院召开院长办公会。出席人员有项家祥、赵佩琪、程龙根、王玉、尹雷方。会议审议人事处修改后的《教职工考勤规定》和教务处递交的《2009—2010学年校历》。会议决定成立马列教研室，黄苏飞任教研室主任。会议同意《学报》由教务处划归图书馆管理，确定《学报》编委会人员为曹助我、陶钧、李重华、杜鉴坤、项家祥、赵佩琪、程龙根、王玉，喻家琪任主编，邹培庆任副主编。

4月12日 东海学院党校举行第一期入党积极分子培训班（高级班）开学典礼。党委书记、党校校长赵佩琪，党校副校长喻家琪以及首批52名学员参加仪式，党委组织员施晓玮主持开学仪式。党委书记、党校校长赵佩琪作第一堂讲座，题目为《端正入党动机 做合格的共产党员》。

4月14日 闵行区区长陈靖、副区长张辰带队，就如何加强校校合作、校企合作等方面问题莅临东海学院进行专题调研。

董事长曹助我致欢迎辞，感谢闵行区委、区政府领导长期以来对东海学院的关心支持。院长项家祥就学院概况、专业结构调整、发展瓶颈等问题作了工作汇报。陈靖区长希望东海学院能通过校校合作、校企合作的方式为闵行区的经济发展多作贡献。

4月24日 经过全院师生的共同努力，东海学院被评为2006—2008年度上海市教卫党委系统精神文明建设文明单位。学院举行了由党委书记赵佩琪主持的挂牌仪式，董事长曹助我、院长项家祥出席。

学院举行"学习实践科学发展观活动"第一阶段小结暨转段工作会议，会议由院长项家祥主持，赵佩琪书记作了转段报告。市教卫党委系统学习实践活动指导八组组长张玉峰同志、全体党员以及全程参与学习的无党派、民主人士及群众代表参加了会议。

党委书记赵佩琪从"抓住民办高校特点，落实学习实践活动""健全和完善法人治理结构是开展学习实践活动的保证""达成共识求发展"3个方面总结第一阶段的工作，并对下一阶段的工作提出要求，特别是要开好领导班子民主生活会。

4月30日 学院举行第一届第二次教代会暨第二届第二次工代会闭幕式，学院董事会成员、党政领导及全体代表出席了大会。闵行区总工会和吴泾镇政府工会领导出席会议。闭幕式由工会主席杜鉴坤主持。本次会议审议了院长项家祥作的

《工作报告》和财务处副处长孙毅作的《2008年度学院财务预算执行情况和2009年度学院财务预算编制情况的报告》。大会同意上述两个报告，并通过了大会决议。

5月

5月4日　学院为老一辈无产阶级革命家、东海学院老院长夏征农同志铜像举行揭幕仪式。1993年，东海学院创办初期，夏老不仅受邀出任院长，还在各方面给予帮助，为东海学院的创建和发展作出了重大贡献。

5月5日　学院团委举行中国2010年上海世博会志愿者招募动员会暨东海学院工作站揭牌仪式。

院长项家祥、党委书记赵佩琪、副院长程龙根以及各系部系办主任、系团委书记、辅导员等出席揭牌仪式。学院工作站将于5月6—7日在体育馆举行现场招募报名工作。

6月

6月2日　全国劳动模范、上海市特级教师、上海市特级校长、卢湾区辅读学校校长何金娣老师到校，为学院师生作师德建设主题报告。本次报告会是学校"为人、为师、为学"师德建设系列活动的一项重要内容。报告会后举行了师德规范讨论。

6月3日　学院党委作出《关于表彰2007—2009年度优秀共产党员、优秀党务工作者的决定》。经全院党员民主推选，各党支部、党总支核准，并经党委会讨论决定，航空运输系党支部乔世民等13位同志被评为2007—2009年度学院优秀共产党员；机关第一党支部李重华等5位同志被评为学院优秀党务工作者。

6月8日　学院召开院长办公会。出席人员有项家祥、赵佩琪、程龙根、尹雷方、郑雪培、周莲、许双泉。会议决定：在暑假期间新建10间多媒体教室；改造6间多媒体教室和1间语音教室；对校园网络进行改造，建设学生宿舍有线网，实施3G无线网络校园全覆盖。

6月9日　学院召开领导班子分析检查报告评议会议，由党委书记赵佩琪主持。市教卫党委学习实践活动第八指导检查组组长张玉峰，学院董事、党政领导、中层以上党员干部、各支部书记以及全程参与学习实践活动的群众代表、无党派人士共50余人参加。会上，赵佩琪书记作领导班子分析检查报告，之后进行了民主测评。

市教卫党委学习实践活动第八指导检查组组长张玉峰在评议会上讲话，他肯定学院在第二阶段所取得的成果。

6月10日　学院开展"为人、为师、为学"师德规范讨论会。参加讨论的各位教师代表分别从各自关心的角度谈了对于师德的认识和感受。经济系主任严玉康以自身经历向青年教师们诠释了教师这个职业的时代新"师说"；应用艺术系主任王小瑜强调了"用心智教书，以情感育人"和"做教师首先要学做教师"的理念。其他与会老师也分别发言谈感受。党委书记赵佩琪指出，良好的教风是先导，能够引领出优质的学风，最终才能形成东海学院的校风。

6月13日　学院举行2009届毕业典礼。出席典礼仪式的有院长项家祥、党委书记赵佩琪、副院长程龙根、党委副书记王玉，以及400余名毕业生代表及部分在校学生代表。毕业典礼由副院长程龙根主持。

党委书记赵佩琪宣读关于表彰2009届上海市高等学校优秀毕业生和上海东海职业技术学院优秀毕业生的决定及获奖学生名单。院长项家祥在致辞中对学业有成、即将告别母校踏上新征程的2009届1500多名毕业生表示热烈的祝贺，感谢他们的勤奋、努力给东海学院的历史留下了灿烂的一页。

6月22日　学院召开院长办公会。出席人员有项家祥、赵佩琪、程龙根、周莲。会议同意与闵行区群益职业技术学校合作办学，采用"3+3"中高职贯通模式，合作培养汽车运用与维修、数控技术两个专业的学生。

7月

7月2日　学院应用艺术系服装表演2007级全班19名学生参加上海市大学生职业技能鉴定考核，取得优异的成绩。共有18名学生获得国家级职业资格（高级）鉴定证书，占该班人数的94.7%。

7月12日　学院管理系、经济系20名学生在上海市高职院校"远恒杯"首届国际商务单证职业技能竞赛中取得好成绩。全市有28所高职院校的400多名学生参赛。我院学生荣获团体第二名；2名学生荣获一等奖，6名学生荣获二等奖，6名学生荣获三等奖。

9月

9月5日 学院召开第25个教师节大会。全体专兼职教师近400人参加大会。会议由副院长程龙根主持。董事长曹助我致辞,提出要凝练东海学院精神和打造具有东海学院特色的办学模式。

党委副书记王玉宣读《上海东海职业技术学院表彰优秀、先进教育工作者的决定》。学院领导向荣获上海高校优秀青年教师和优秀教育工作者荣誉称号的教师颁奖。院长项家祥讲话,他希望东海学院的全体教师崇尚师德,把三尺讲台与一代人的成长联系在一起,与国家的前途和命运联系在一起。

大会特邀原上海第二医科大学校长、现任上海交通大学校长顾问王一飞教授作了题为"从上好每一堂课谈起"的报告。

9月7日 学院召开院长办公会。出席人员有项家祥、赵佩琪、程龙根、尹雷方、王玉。会议决定成立后勤保障服务中心,曹炳荣任主任,褚红卫任副主任。

9月11日 吴泾镇人民政府与上海东海职业技术学院举行合作工作的签约仪式。吴泾镇党委书记朱国兰、镇长王书根,东海学院院长项家祥、党委书记赵佩琪等领导出席了签约仪式。会上,吴泾镇镇长王书根与院长项家祥签署了共建协议书。根据协议,吴泾镇将与东海学院开展人才、技术与产业、资源等方面的合作。

9月15日 学院召开"学习实践科学发展观活动"总结大会。市教卫党委学习实践活动第八指导检查组组长张玉峰、组员贝念畴出席大会。全体党员、全程参与学习实践活动的民主人士、中层干部、群众参加会议。

党委书记赵佩琪代表学院党委对学习实践活动进行了总结,并就今后如何巩固、深化学习实践活动的成果作了进一步部署。市教卫党委学习实践活动第八指导检查组组长张玉峰在总结大会上讲话,他充分肯定东海学院的学习实践科学发展观活动成效,并提出要巩固和扩大成果,锲而不舍地抓好整改落实工作。

9月21日 学院召开院长办公会。出席人员有项家祥、赵佩琪、程龙根、尹雷方、王玉。会议讨论并同意组建成立护理系,聘钱关祥任系主任,桑未心任副主任兼实训室主任。

9月29日 为庆祝中华人民共和国成立60周年,学院举行以"行红色之旅 承革命传统 颂祖国成就"为主题的文艺汇演。整台演出由学院师生自编、自导、自演。董事长曹助我,董事陶钧、李重华、杜鉴坤,院长项家祥,党委书记赵佩琪,副院长程龙根参加了汇演,并带领教工合唱团演唱了经典歌曲《保卫黄河》。

10月

10月14日 学院举行2009级新生军训开营式。军训团团长夏剑少校、政委陈李敏中校、综合教研室主任任浩教授,东海学院院长项家祥、党委书记赵佩琪、副院长程龙根、副书记王玉以及学工部、武装部、团委等部门领导出席了开营仪式。院长项家祥向学生代表授旗。

10月19日 学院召开院长办公会。出席人员有项家祥、赵佩琪、程龙根、尹雷方、王玉。会议商议校史馆重建事项,提出要结合校庆20周年,突出从1992—2002年建院前10年的创业过程和建院16年来的教育教学成果。会议还听取工会关于三届一次教代会暨三届一次工代会的筹备情况。成立筹备组,党委书记赵佩琪担任组长,董事杜鉴坤、党委副书记王玉、工会副主席杨和平任副组长。

10月20日 学院举行金融系实训基地——"东海银行"落成仪式。这是学院建立的一家配合专业教学、供学生实习的仿真模拟商业银行。院长项家祥在落成仪式上说,学院建设的仿真模拟商业银行突出了"仿真"。

10月29日 学院召开第三届董事会第二次会议,曹助我、陶钧、李重华、杜鉴坤、项家祥、赵佩琪、李小钢、白芸8位董事全部参加。董事长曹助我主持会议,院长项家祥作了工作报告和财务报告,陶钧代表董事会作了学院章程的修订说明。

曹董事长强调:一要切实加强专业骨干教师的培养与引进,希望在一年、最迟两年内为每个专业配备2～3名专职专业骨干教师,最好是"双师型"教师;二要围绕品质和能力培养安排所有教育与教学活动;三要加大推进中外合作办学的力度;四要解放思想,探索拓展外延建设。

10月30日 中国高等教育学会副会长、上海师范大学原校长杨德广教授来学院作"民办高职院校的办学理念和实践"讲座,杨教授从"民办高职院校在高等教育大众化中的地位""民办高职院校在科教兴国、人才强国中的作用""民办高职院校的办学理念和实践""民办高职院校如何提高教育教学有效性"等方面,对民办高职院校办学理念和实践作了探讨。学院教师、学生代表近400人参加。

11月

11月6日　学院召开2009年学生入伍欢送会。闵行区征兵办、学院领导和全体入伍学生、学生家长100余人参加欢送会。本年度有22名新兵光荣入伍,其中,有17名女兵,5名男兵。

11月16日　学院召开院长办公会。出席人员有项家祥、赵佩琪、程龙根、尹雷方、王玉。会议讨论《关于教师职务和其他专业技术职务初级职称认定办法》,并由人事处作进一步修订。会议对护理系相关人事作出安排:聘历英慧任护理系办公室主任兼教务员;聘范丽莉为护理系实训中心主任。

11月20日　上海大学社会科学学院李梁副教授为我院师生作了"毛泽东思想概论和中国特色社会主义理论体系"课程示范课。

11月27日　学院二届一次教代会暨三届一次工代会隆重召开。院长项家祥作《工作报告》及《财务工作报告》;工会主席杜鉴坤作《第二届工会工作报告》。董事长曹助我代表董事会表示祝贺,并对加强工会工作提出4点希望。

会议采用无记名投票的方式进行工会和工会经审委换届选举,产生了学院第三届工会委员会和工会经费审查委员会。

12月

12月1日　著名"抓斗大王"、全国劳模、"五一"劳动奖章获得者、有突出贡献的优秀科技专家、教授级高级工程师、上海国际港务(集团)股份有限公司副总裁包起帆莅校,为全院师生代表作"创新铸就事业,发明改变人生"的主题讲座。讲座分为"创新之路就在脚下""创新的心得体会"和"创新的不竭动力"3个部分。学院聘请"抓斗大王"包起帆为客座教授。

12月2日　由中共上海市委宣传部、上海市社会科学界联合会主办,上海市人力资源和社会保障局举办,以关注民生服务市民,促进创业带动就业为宗旨的"2009东方讲坛——开业生涯系列讲座暨现场咨询服务活动"在我院图文信息大楼报告厅举行。学院党委副书记、纪委书记王玉,各系领导、辅导员及400余名学生听取本次讲座。

12月10日　市民办高校党工委许一昌老师带队到校检查维稳工作。学院党委书记赵佩琪、副院长程龙根、党委副书记王玉以及党委相关部门负责人参加座谈会。赵佩琪书记汇报了学院近期的维稳工作情况。检查团对学生寝室、食堂等进行了实地检查,评价东海学院的维稳工作在民办高校中屈指可数,成绩显著。

12月24日　学院召开2009年人事工作会议,全院中层以上干部参会。会议由党委书记赵佩琪主持。院长项家祥作关于工资改革的讲话;人事处处长就人事工作相关文件的制定情况作了汇报;党委书记赵佩琪布置了2009年年终考核工作;副院长程龙根就人事改革的指导思想作了补充。

2010年

年度概述

学校总建筑面积94 641平方米,固定资产总值35 149万元。学校设置专业32个,实行产学合作专业5个。2010年新生实际报到1779人,实际报到率为85.12%。全日制在校生4783人。应届毕业生1570人,就业1529人,就业率为97.39%。

2010年,学校推进管理体制机制改革,完成"十二五"规划起草和修订、组建二级学院、学校基础设施改造等工作。整合成立经管、商贸、艺术3个学院,建立经济、航运、国商、艺术设计4个大专业平台。学校成为上海市民办示范性高职院校立项单位,成立建设示范性高职院校领导小组。

2010年4月,市教委副主任印杰、高教处副处长许涛一行到校进行调研。

2010年12月3日,上海市副市长沈晓明莅临我校进行视察调研。

学校荣获2009—2010年"推进民办高校健康科学发展先进党组织"荣誉称号。

2010年 大事记

3月

3月8日　学院与上海苏宁电器有限公司签订《合作办学协议书》。上海苏宁电器有限公司总经理凌国胜和学院院长项家祥出席签约仪式,苏宁电器和学院职能部门负责人出席仪式。

3月15日　学院召开院长办公会。出席人员有项家祥、赵佩琪、程龙根、尹雷方、王玉、高慧珠、孙毅、许双全。会议审议并通过《教职工考勤办法》《教师职务及其他专业技术初级职务认定办法》《院内副高职称的评聘实施办法》《教师岗位职级工资实施意见》和《管理岗位职级聘任制实施办法》,上述文件自发布之日起执行。

3月17日　学院召开第三届董事会第三次会议。董事长曹助我主持会议,全体董事参加。会议学习和讨论温家宝总理作的《政府工作报告》。院长项家祥报告本学期工作要点及重大改革的设想;党委书记赵佩琪报告党建工作、加强大学生思想政治工作和2010年工作思路。本次董事会议作出尽快制定学校"十二五"规划等多项决议。

3月19日　学院举行学习"两会"专题报告会,邀请全国政协常委、上海市政协副主席、上海交通大学副校长蔡威教授来校作报告。学院党委书记赵佩琪主持报告会。蔡威教授着重阐述了今年"两会"上代表委员所关心的收入分配、房价、转变经济增长方式、中长期教育发展规划、医疗改革、反腐和就业等热点议题。

3月30日　学院召开院长办公会。出席人员有项家祥、赵佩琪、程龙根、尹雷方、王玉、杨和平、钱关祥、董静。会议决定,启动学校"十二五"发展规划编制工作,要求立意要高、目标要远。

4月

4月1日　为加强高职高专院校专业建设,推动经济类专业学科发展,增进兄弟院校之间的交流与合作,上海市高职高专经济类专业教学指导委员会2010年工作会议在我院举行。来自本市34所高校和上海交通大学出版社、同济大学出版社等单位的43位领导、专家出席了会议。

4月8日　学院召开重点课程建设现场会。会议由教务处处长尹雷方主持,各系重点课程建设相关教师参加。市级精品课程"书籍装帧设计"课题组作了课程建设经验交流;应用艺术系主任王小瑜谈进一步完善精品课程建设规划;人文科学系系主任时启亮介绍新申请市级精品课程"商务英语"的建设情况。尹雷方处长对课程建设工作中有关调研、规划、实施、队伍、管理5个方面提出了要求。

4月12日　学院召开院长办公会。出席人员有项家祥、赵佩琪、程龙根、尹雷方、王玉、龚懿、高慧珠、许岚。会议听取团委关于我院学生参加世博会志愿者工作和世博会现场票务工作情况。学院自2009年5月成立世博会志愿者服务工作站以来,共选出世博会志愿者550名。会议同意成立建设示范性高职院校领导小组。组长为项家祥;副组长为赵佩琪;成员为程龙根、王玉、尹雷方、高慧珠、郁萍、孙毅、严玉康、杨萍、时启亮、韩斌生、周孟华;秘书为王玉。

4月14日　学院在院内体育馆举行世博会志愿者誓师大会。当日宣誓的世博服务队伍有园区志愿者、城市文明站点志愿者、平安志愿者、票务服务团队,共有500多人。

院长项家祥、党委书记赵佩琪、副院长程龙根、党委副书记王玉、院长助理尹雷方、学工部部长郁萍向"争创世博先锋队"授队旗。

4月16日　学院召开2010年度大学生思想政治工作研讨会。党委书记赵佩琪、院长项家祥出席。党委副书记、党办主任王玉主持会议。

马列教研部主任黄苏飞老师以"东海学生的心理特点和思想政治课的开展"为题作了专题发言,提出针对民办高校学生心理特点和心理问题的干预机制,并结合实际情况提出"两课"的教学措施和改革建议。党委办公室副主任喻家琪以"大学生消费"为题发言;学生工作部蔡建平、张春,马列教研部陈飞、朱佳等针对存在的问题提出改进措施。赵佩琪书记、项家祥院长分别作了总结讲话。

4月19日　经济系第五届会计专业综合技能竞赛举行。竞赛内容包括点钞、会计实务操作和会计综合知识竞答,本届比赛还特别设置了珠算表演环节。最终,会计081班获得团体第一名;会计083班龚波获点钞一等奖;会计082班费琼获会计实务操作一等奖。

4月20日　学院召开"十二五"规划征求意见会,各系部主任参加。会上,院长项家祥提出,到2015年,学院要力争大幅度改善办学条件,要在专业建设、师资队伍、教学质量、管理水平、办学效益、综合实力、提高教职工收入等方面上一新台阶,努力成为上海市示范性高职院校,力争成为国家级示范性高职院校。党委书记赵佩琪在讲话中强调,本次意见征求会议为谋划学院新一轮发展起了先导作用,会后还将全方位征求意见,最后形成学院"十二五"发展规划,经董事会批准后正式实施。

学院人文科学系校园商务中心实训基地正式对外投放使用。建立商务中心实训基地的目的在于搭建和提供实操平台,让学生切身体会真正的商务流程。商务中心从最初筹备到正式投入后的会计、盘点、日常经营、宣传工作等都由学生全程自主参与。

4月21日 全院师生向玉树灾区捐款。学院工会向全体教职工发出"情牵玉树 大爱无疆"的捐款活动倡议,得到广大教职员工的积极响应,大家慷慨解囊,奉献爱心支援灾区。此次捐款活动共捐得款项 90 829.80 元,将通过民政部门转往玉树灾区,支援抗震救灾。

4月24日 上海市高职高专外语教学专业委员会举办了上海市第三届高职高专实用英语(词汇)比赛,我院 2008 级金融专业的林玥清同学获得非英语专业组二等奖,2008 级报关专业的何梦梦、2008 级电气自动化专业的金卫涛同学获得非英语专业组三等奖。

4月25日 中共中央政治局委员、中共上海市委书记俞正声同志视察了世博会园区后滩出入口的工作情况,在票务处理亭看望了我院正在进行现场票务工作的学生。

4月27日 上海市民办高等教育协会换届大会在上海交通大学医学院召开。会议由上届会长袁济主持,副会长王恩田作了协会工作报告。市教卫党委书记李宣海、市教委副主任张民选莅会。通过选举投票,产生了新一届的会长、副会长和秘书长人选。市教卫党委书记李宣海当选会长,市民办高校党工委副书记杨月民、上海东海职业技术学院院长项家祥等 7 人当选副会长。

5月

5月5日 学院召开院长办公会。出席人员有项家祥、赵佩琪、程龙根、尹雷方、王玉。会议拟定新建学生宿舍楼一幢、实训中心大楼一幢,规划建筑面积为 6 万平方米。会议还讨论专业布局和提升教学质量问题。拟定成立 4 个学院:物流学院,商贸学院,艺术学院,机电学院。

5月11日 学院召开护理教学实训中心项目验收会。董事李重华、杜鉴坤,院党政领导赵佩琪、程龙根、王玉及相关部门负责人参加。院长助理、教务处处长尹雷方主持验收会,后勤保卫处副处长曹炳荣就实训中心的建设情况作了专题汇报。与会人员现场考察了护理教学实训中心。

5月14日 学院二届二次教代会暨三届二次工代会召开。本次会议的主要议题是:听取和审议院长工作报告;创建市级文明单位工作动员;讨论学院 2011—2015 年发展规划草案。董事会成员、党政领导、全体正式代表、列席代表和其他教职员工参加了大会开幕式。

董事长曹助我代表学院董事会向大会召开表示祝贺,并作了题为"努力扎实拼搏,迎接民办教育的春天"的讲话,强调:一要坚持民办教育的公益性,坚持依法规范办学;二要建设一支适应高职教育的师资队伍和管理干部队伍;三要坚持以育人为本,把"为了每一个学生的终身发展"作为核心理念;四要继续引资、融资,加速软硬件建设。会上,院长项家祥对学院"十二五"发展规划的编制情况作了说明。党委书记赵佩琪就创建上海市精神文明单位作动员报告。

5月31日 学院召开院长办公会。出席人员有项家祥、赵佩琪、程龙根、尹雷方、王玉、高慧珠、桑未心。会议研究二级学院设置事项,确定当前设置 3 个二级学院。

(1)经管学院。下辖物流管理、国际航运业务管理、报关与国际货运、财务会计 4 个专业,院长为严玉康。

(2)商贸学院。下辖国际商务、国际经济与贸易、商务英语、商务日语、法律事务、新闻与传播、文秘 7 个专业,院长为时启亮。

(3)艺术学院。下辖艺术设计、环境艺术设计、服装设计、影视动画、人物形象设计、表演艺术 6 个专业,院长为王小瑜,副院长为郎昆。

会议决定成立教学督导室,拟聘刁德霖任督导室主任。

6月

6月18日 学院举行护理系实训中心落成典礼。闵行区副区长阎祖强,上海交通大学医学院副院长黄钢，市教委高教处调研员徐国良，市卫生局科教处副处长徐铁峰、调研员吴天佐，市民办高校党工委书记杨月民，以及各区（县）护士学校校长、各医院护理部主任、兄弟院校护理系主任等参加落成典礼。院长助理、教务处处长尹雷方主持仪式，院长项家祥、党委书记赵佩琪为中心剪彩。

护理系实训中心拥有11个内、外、妇、儿、基础护理等实训室，3个基础医学实验室，2个多媒体教室。

6月20日　学院由市教委扶持的电气工程教育高地项目，经过专家组的考察调研、方案论证，正式进入建设阶段。本高地建设秉持"高、新、特；一室多能；工科通用"的原则，新增电力电子及电气控制、电机与电气技术等7个实训室。

6月28日　学院召开院长办公会。出席人员有项家祥、赵佩琪、程龙根、尹雷方、王玉、张才龙、高慧珠、许岚。会议讨论并原则同意人事处制定的《关于开展2009—2010学年优秀、先进教育工作者评选工作方案》和《二级学院院长岗位职责》两个方案。会议同意聘任陆爱勤任金融系主任。

会议决定将院务委员会更名为校务委员会；并根据人事变动，调整校务、学术、职务聘任、教学指导、语言文字5个委员会委员名单。

6月30日　学校举行上海广电NEC液晶显示器有限公司捐赠电视机仪式。该公司向我校赠送10台26寸液晶电视机，支持民办院校办学，实行"三区"联动，共育人才。

7月

7月1日　学校召开庆祝建党89周年座谈会，主要围绕胡锦涛总书记关于加强基层组织建设的讲话精神，就进一步加强基层党建工作，积极开展创优争先活动服务世博进行座谈讨论。会议由党委书记赵佩琪主持。座谈会上，董事长曹助我在发言时指出，学校自党委成立以来取得了显著成绩，党委对学校各项工作起到了巨大推动作用。在成立二级学院后，要合理规划好新支部的调整工作，实现平稳过渡。

校长项家祥在讲话中指出，学校处在当前良好的大环境下，需要紧紧抓住发展的契机，全体党员教师需共同努力，力争将东海学院建设成高职高专院校的一面旗帜。

7月8—9日　学校召开2010年教学工作会议。本次会议的主题是：深化内涵建设，整合资源，进一步推进教学改革。会上，校长项家祥作了"改革、创新、发展"的主题讲话。内容分为3个部分：一是中国民办高等教育的发展和展望；二是创建示范性高职院校的必备条件；三是我校改革的思路。校长助理、教务处处长尹雷方作了"关于深化我校教育、教学改革的若干意见"报告；党委书记赵佩琪进行总结发言。会上还对新成立的二级学院院长颁发了聘书。

7月16日　上海市高职院校第二届国际商务单证职业技能竞赛在上海立信会计学院举行。来自全市26所高职高专院校的400余名学生参加比赛。我校2008、2009级报关专业15名学生组队参加比赛，校长助理、教务处处长尹雷方带队参赛。经过激烈的竞逐，我校获得团体第一名的优异成绩。

8月

8月7日　我校作为理事单位，参加华东地区高等院校计算机基础教学研究会2010年年会。本届理事会进行了换届选举。上海地区共产生9个名额，东海学院作为唯一的高职高专院校入选理事单位。

9月

9月1日　学校召开中层干部会议。会上，党委书记赵佩琪传达上海高校秋季党政负责干部会议精神，指出这次高校党政干部会议的主要任务是全面贯彻落实全国教育工作会议精神和《国家中长期教育改革和发展规划纲要》。东海学院作为高职高专院校，必须认清自身的办学使命，确立自身的发展模式，把提高教育质量和办学水平放到内涵建设的重要位置。要加强党的建设，为提高教育质量和办学水平提供保障。主要做好三方面建设：一要加强领导班子思想政治建设；二要加强高校师生的社会主义核心价值观培育；三要切实加强学校的党风廉政建设。

校长项家祥安排部署学校下半年工作：一是制定"十二五"规划的实施方案；二是继续做好专业结构布局调整工作；三是加强专业特色和学风建设。

9月3日　市教委副主任印杰、高教处副处长徐涛一行到校进行调研。校长项家祥、党委书记赵佩琪、副校长程龙根、副书记王玉等出席调研会。校长项家祥介绍了学校发展的历史和近几年来的发展情况，他总结说东海学院创建18年来没依靠国家投资、财团资助，靠着艰苦奋斗、勤俭办校，积累了近4亿元的学校资产，培养了12000余名毕业生。印杰副主任称赞东海学院这些年所取得的成绩，他希望东海学院能进一步整合办学优势，用好民办体制，办出自己的特色和亮点来。

9月6日　学校召开校长办公会。出席人员有项家祥、赵佩琪、程龙根、尹雷方、王玉。党委书记赵佩琪传达市教委召开的高校校长会议精神。会议提出新学期的主要工作：进一步完善学校"十二五"发展规划；加强学科和专业建设，包括师资队伍、课程、实训室3个方面的建设；加强校园文化建设。

学校召开2010级新生开学典礼，副校长程龙根主持了典礼。董事长曹助我致辞，代表董事会欢迎新生选择东海，成为一名东海人。他向新生提出4点要求：一要正确认识自己，充满信心，自尊自强；二要勤奋学习，学会学习，认真求真；三要学会赏识别人；四要学会合作学习。他希望同学们遵循"自尊、自强、认真、求真"的校训，按照"品质＋能力"的培养模式，奋力拼搏，力争成为一个品学兼优的大学生。校长项家祥以东海学院艰苦办学的历程勉励新生，鼓励大家路就在自己脚下，走出好的路，争取新的成功。

9月10日　校长项家祥、党委书记赵佩琪、党委副书记王玉看望慰问来自甘肃省舟曲县的罗建国同学。该同学家乡于今年8月初遭受重大泥石流灾害，房屋全部被吞噬，其母亲严重受伤住院治疗。罗建国同学于今年9月考入我校金融系国际金融专业，报到入学后，学校尽力解决他生活和学习上的困难，为其置办了棉被、床单、被套、洗漱用品和其他生活必需品，并给予一定的临时生活补贴。学校资助管理中心将帮助罗建国同学申请国家助学贷款、国家助学金和安排勤工助学岗位。

9月11日　学校召开庆祝第26个教师节大会。上海市教育工会副主席、上海交通大学工会主席贾金平莅会。董事长曹助我致辞，他代表学校董事会向默默耕耘、尽职尽力、无私奉献的广大教职员工致以节日的祝贺；同时传达了全国教育工作会议精神，希望全体教职工将"教书育人、管理育人、服务育人"融会于各自的工作中，做到全员育人、全程育人。党委书记赵佩琪宣读"2009—2010学年优秀、先进教育工作者"的表彰决定。董事长曹助我与校长项家祥为校史馆揭牌；党委书记赵佩琪、副校长程龙根、党委副书记王玉为新组建的二级学院揭牌。

9月13日　学校召开校长办公会。出席人员有项家祥、赵佩琪、程龙根、尹雷方、王玉。党委书记赵佩琪传达上海市教育工作会议精神。会议同意成立学生宿舍管理委员会，程龙根为主任，郁萍、许双全、张雪芬为副主任；下设办公室，办公室主任为张雪芬。

会议研究成立评估工作领导小组。组长为项家祥；组员由教务处、人事处、学工部、资产管理处、财务处、督导室负责人，各二级学院院长、系部主任组成。下设评估办公室，主任为尹雷方。

9月28日　学校召开大学生党建工作会议，会议由党委副书记王玉主持，系部党总支书记、党支部书记、团委书记以及全体辅导员出席了会议。党校副校长喻家琪对党校工作进行总结；支部书记戴晓红、吉永明，团委书记万黎黎以及辅导员代表王莉娜、陈洁分别发言。党委书记赵佩琪讲话，她指出要创新工作机制，从加强入党的启蒙教育抓起，带着感情做好大学生党员的发展工作，努力使我校的党建工作再上新台阶。

9月29日　学校举行世博志愿者汇报演出，党委书记赵佩琪、党委副书记王玉、校长助理尹雷方参加汇报晚会。演出分为3个篇章：第一篇章为"世博之情"；第二篇章为"志愿之魂"；第三篇章为"青春之梦"。志愿者们用歌声和舞姿展现了他们的青春活力和无私奉献。

10月

10月8日　学校护理系邀请闵行区吴泾社区卫生院朱洪真主任、鲍秀华总护士长等一行5人到校考察护理系实训中心。双方将签订合作协议，在科研、进修、实习实训等方面开展合作。

10月10日　学校荣获2009—2010年"推进民办高校健康科学发展先进党组织"荣誉称号。

10月18日　2010级新生圆满完成军训任务。校长项家祥、党委书记赵佩琪、副校长程龙根、党委副书记王玉以及军训团领导检阅军训学生。本次军训为期8天，通过军训，2010级新生们完成各项教育和训练任务，充实了自己，磨练了自己，为即将开始的大学生活开好头、迈好步。

学校召开中层干部动员大会，副校长程龙根主持会议，全体中层干部出席会议。党委书记赵佩琪通报创建精神文明单位工作情况。赵佩琪书记指出，要在现有基础上进一步开展好各项工作，在预定时间内保质保量地完成分解指标的上报任务。校长项家祥作了动员，提出要人人参与，牢牢抓住"质量"和"规范"这一核心，在评估过程中逐步建立起良好的学校质量标准，提高教学质量，通过评建结合达到质量提高的效果。

为切实抓好预备党员的教育培训，提高预备党员的政治意识和政治素质，学校开展预备党员集中教育培训活动。参加培训的在校教职工党员、学生党员共计29人。本次培训系列课程总共20个课时，由党委书记赵佩琪、校长项家祥、"两办"副主任喻家琪分别为师生讲授。

10月22日 学校召开人才培养工作评估动员大会，党委书记赵佩琪主持会议。校长项家祥作动员报告，他强调了评估的意义和重要性，要求全校师生正确认识评估的推动促进作用，自觉地参与和搞好评估工作，通过新一轮评估，把学校的办学质量和水平推上一个新台阶。赵佩琪书记指出，要以常态心理迎接评估，把"要我评估"变成"我要评估"，以主人翁精神积极投入到评估工作中来。校长助理、教务处处长尹雷方对学校评估工作作了具体安排和部署。

10月28日 学校召开第三届董事会第四次会议。董事长曹助我，董事陶钧、李重华、杜鉴坤、项家祥、赵佩琪、李小钢、白芸参加会议。会议由董事长曹助我主持。

会上，校长项家祥向全体董事汇报学校工作情况。目前已完成系主任责任制、工资改革、专业结构调整和优化、"十二五"规划起草修订等工作，组建成立经管、商贸、艺术3个学院，建立了经济、航运、国商、艺术设计4个大专业平台。党委书记赵佩琪就学校创建市级精神文明单位作了汇报。董事长曹助我在讲话中指出，育人为本是东海学院办学的根本目标和根本要求，学校的一切宗旨就是为了育人，要把育人摆在第一位高度来看，要坚定东海学院的"品质+能力"这个培养理念。

董事会审议并通过项家祥校长作的《工作报告》、赵佩琪书记作的《争创市级文明单位的工作报告》和《上海东海职业技术学院"十二五"发展规划》。

11月

11月11日 由上海市教委原主任、调研评估组组长张伟江，民办教育督导专员冯惠民等专家组成的市教委检查组到校，对我校的政府扶持资金使用和申请情况进行检查。校长项家祥对第一批政府扶持资金的执行情况作了汇报，并指出学校有严格的管理体系和规范的财务制度，能够保证政府扶持资金的正确使用。

专家组组长张伟江对我校近年来各方面的工作予以肯定。在完成教委支持的项目中，能够做到有法可依、有据可证、管理到位、责任明确，项目完成质量很高。

11月17日 学校召开安全稳定工作会议。校长项家祥，副校长程龙根，党委副书记王玉，各二级学院、系（部、处）负责人和全体辅导员参加，党委书记赵佩琪主持会议。会议传达了市教卫系统召开的关于"11.15"火灾紧急会议的精神，并就我校如何加强安全稳定工作作了具体的部署。会后，各院系开展安全检查，排除各种安全隐患。

11月30日 由学生工作部部长郁萍带队，就业办、各院系办公室主任、专职辅导员等一行共25人，赴上海工商外国语学院就毕业生就业工作进行对口交流、座谈和学习。

12月

12月3日 上海市副市长沈晓明、市教委副主任张民选等莅临我校进行视察和调研。董事长曹助我，董事李重华、杜鉴坤，校长项家祥，党委书记赵佩琪，副校长程龙根，副书记王玉以及各部门负责人参加汇报会。校长项家祥作了题为"聚精会神地推动民办高等教育事业发展"的工作汇报。

沈晓明副市长认为东海学院氛围很好，三套班子一条心，这是学校持续发展的保障。学校有魄力，按照市场规律调整专业结构，突出了"品质+能力"的办学理念，教育教学改革走在全市民办高校的前列，希望学校能突出办学特色。沈副市长一行还参观了"东海医院""东海银行"等仿真实训室。

12月21日 学校召开2010年度就业工作总结表彰大会。就业指导中心主任、学工部部长郁萍作了2010年度就业工作总结汇报。截至2010年8月31日，学校总体就业率达到97.36%，取得高出上海市平均就业率2个百分点的佳绩。校党委副书记王玉宣读了关于2010年就业工作先进个人表彰奖励的决定。

会上,校长项家祥对做好2011年就业工作提出期望和要求,总体上要做到两个"全",即"全员进行就业指导""就业工作贯穿学生在校全程";两个"尽",即"尽心""尽责"。具体工作要落实到三点:一要有工作计划、进度、方案;二要有工作重点;三要有工作认识高度。

12月28日 学校召开2010年第二次教学工作会议。本次会议对教学改革、课程改革作了实质性的讨论。会上,校长项家祥围绕高职教育作了报告,指出目前的困难及发展前景,认为优胜劣汰、质量取胜将成为东海学院发展的关键。项校长提出,要稳定教师队伍,做到事业留人、感情留人;加强课程体系、实训基地建设;加强规范管理。会议明确了东海的目标是,争取获得国家性示范院校。教务处处长尹雷方提出2011级教学计划的改革设想,将课程设置分成:(1)职业素质教育模块;(2)职业基础教育模块;(3)职业能力教育模块;(4)职业实践教育模块;(5)职业拓展教育模块。

2011年

年度概述

学校占地126 589平方米,设有4个二级学院,4个教学系,2个教学部,共有33个专业。招收新生1 632人,新生实际报到率为83.44%;应届毕业生1 542人,就业1 518人,就业率达98.44%,签约率达86%。全日制高职在校学生4 805人。

5月16日,以杨应崧教授为组长的市教委人才培养工作评估专家小组一行7人莅临东海学院,对我校的人才培养工作水平进行评估。

学校荣获上海市"平安单位""文明单位"和"中国民办高等教育优秀院校""上海市'两新'组织'五好'党组织""上海市'两新'组织党建工作示范点""上海市征兵工作先进单位"等多项荣誉称号;董事长曹助我教授被评为"中国民办高等教育先进个人";校长项家祥被选为中国民办教育协会高等教育专业委员会第一届理事会副理事长。

9月,学校对口招收新疆喀什地区29名少数民族专科学生,这是上海民办高校中首所招收新疆少数民族学生的学校。11月,学校又承担了新疆喀什地区114名未就业大学毕业生来沪的培训任务。

2011年 大事记

1月

1月4日 学校召开民主测评会。会议由党委书记赵佩琪主持,全体中层干部、教职工代表55人参加了会议。校长项家祥,党委书记赵佩琪,副校长程龙根,党委副书记王玉,校长助理、教务处处长尹雷方以及人事处、学工部、后勤保障部、财务处、继续教育学院的负责人依次作了述职报告。会议采用无记名投票的方式对校领导班子进行民主测评。统计结果显示,对领导班子的总体评价认为"好"和"较好"的占98%。

1月7日 学校召开第三届董事会第五次会议。董事长曹助我,董事陶钧、李重华、杜鉴坤、项家祥、赵佩琪、李小钢、白芸参加会议,董事长曹助我主持会议。校长项家祥作工作报告,指出在董事会的领导下,学校在办学思想、学校定位、教学建设、学校管理、教学效果、社会声誉等各方面都取得了长足的进步,在同类院校中逐步走到了最前列。党委书记赵佩琪作了精神文明建设、领导班子民主生活会和干部考核情况汇报。董事会审议并通过上述两份工作报告。

1月8—10日 学校召开二届三次教代会暨三届三次工代会。开幕式上,董事长曹助我致辞,对大会召开表示祝贺。校长项家祥作工作报告,总结2010年学校工作,并从提高办学质量、专业建设、师资队伍、人才培养模式、课程设置、对外交流等方面提出2011年工作要点和目标要求。

1月10日 举行二届三次教代会暨三届三次工代会闭幕式。校长项家祥根据代表讨论意见,从进一步加强招生工作、提高教职工待遇以及增强高职特色等方面,作了工作报告的补充阐述。大会用举手表决的方式通过《校长工作报告》和《大会决议》。党委书记赵佩琪作总结发言。她对新学期学校工作提出3点要求:一要科学规范管理,从管理求效益;二要以学生为主体,加强服务意识,培养优秀人才;三要为迎接人才培养评估做好各项准备。

1月11日　学校召开党建研究会成立大会暨第一届党建工作研讨会。董事长曹助我、党委书记赵佩琪、校长项家祥、副校长程龙根出席研讨会。会议由党委书记赵佩琪主持。副校长程龙根宣布关于成立上海东海职业技术学院党建研究会的决定;董事长曹助我致贺辞。会上,赵佩琪书记作了"从民办高校特点出发,充分发挥党组织政治核心作用"的主题讲话。

2月

2月21日　学校召开校长办公会。出席人员有项家祥、赵佩琪、程龙根、王玉、尹雷方。会上,校长项家祥传达上海高校党政负责干部会议精神。本次会议指出,高校当前和今后一段时期的重点工作就是进一步加强高校党建,全面落实国家和上海中长期教育改革和发展规划纲要,加强内涵建设,培养创新人才,提升科研水平,增强服务能力,为上海实现创新驱动、转型发展作贡献。

3月

3月4日　由市教委后保处副处长张旭带队,民办高校党工委、市高校保卫工作研究会、市高校技防工程专家组成的一行8人莅校,检查验收第四期技防工程。在本期工程中,由中电23所承建了学校监控室,该监控室占地60平方米,总投入70余万元。专家组在听取汇报、实地验收、查阅相关资料后认为:我校的技防工作领导重视、经费投入充足,工程招标程序和施工规范,是民办高校中的一个标杆。今年学校还将红外线预警系统、门禁系统接入,使技防工作更上一层楼。

3月18日　学校举行"说课"比赛颁奖仪式。评委刁德霖老师宣读获奖者名单:黄蕾、王腼、刘敏、王建林、张瑾、王慧、曹洪涛、李晓红等老师获得三等奖;陈育君、王银月、高振、金玲慧、吴江华等老师获二等奖;刘伊丹和刘娜荣获一等奖。

在颁奖仪式上,教务处处长尹雷方对"说课"竞赛活动作简要总结,指出本次"说课"比赛体现了以下特点:一是精心组织、用心操作,各院系、部按照比赛方案要求认真实施;二是领导重视、全员参与;三是比赛促教学,水平有提升。通过本次比赛达到了学习交流和提高的目的。

3月20日　学校完成"东海海关"实训室建设和验收。"东海海关"是继物流实训室和集装箱码头管理实训室之后,建设完成的第三个场景模拟实训室。从海关的LOGO到货物进出口制单、审单、申报等各个操作环节,全部按照报关公司和海关部门内部设计布置安排。

3月30日　学校董事会、党政领导班子成员学习教育部印发的《全面提高高等职业教育教学质量的若干意见》。校长助理、教务处处长尹雷方作了专题发言,详细解读文件内容。

4月

4月1日　中国民办教育协会高等教育专业委员会在河南省郑州市召开理事长办公会议,经第一届第三次理事长工作会议审议通过,决定增补我校校长项家祥为第一届理事会副理事长。

4月14日　为了增强学生的安全防卫意识,普及安全自救知识,提高学生的防灾自救能力,学校保卫处举行突发事件逃生演习。近600名学生参加了这次演练。

4月15日　学校召开精神文明建设表彰大会。董事长曹助我、校长项家祥为上海市"文明单位"揭牌;党委书记赵佩琪全面总结了学校的文明创建工作。对于本年度的文明创建工作,赵书记提出,要进一步深化教学改革,推动教学建设;坚持立德树人,切实做好学生德育工作;坚持以人为本,继续落实维稳工作;强化校园文化建设,全面提升办学软实力。

校长项家祥指出,学校虽然获得了上海市"文明单位"的荣誉称号,但这不是学校的最终目标,通过文明单位的创建,要使学校在提高教学质量、提高管理水平、形成优雅校园文化等方面作出更多成绩、更多建树。

4月26日　共青团上海东海职业技术学院第四次代表大会暨第四次学生代表大会落幕。本次大会选举产生了共青团上海东海职业技术学院第四届委员会名单,并通过了关于第三届团委会工作报告的决议。

5月

5月10日　学校举行第二届文化艺术节开幕

式。本届文化艺术节的主题为"理想火炬大接力，青春东海我能行"。校董事会董事、校党政领导班子及师生代表 400 多人参加开幕式。在文化艺术节期间将开展系列活动，有五月歌会、辩论赛、技能展示、党史知识竞赛、东海讲坛、组建教工合唱团、上海歌剧院专场演出等。

5 月 16 日　学校迎来第二次人才培养工作评估。以杨应崧教授为组长的市教委人才培养工作评估专家小组一行 7 人莅临东海学院，对我校的人才培养工作水平进行评估。出席本次评估会的还有：市教委副主任印杰，高教处处长、市学位办主任田蔚风，高教处副处长许涛，高教处副处级调研员徐国良，市教育评估院副院长李耀刚，市教育评估院周理军等。我校董事长曹助我、学校党政领导及各部、处、院、系的负责人参加汇报会。

评估汇报会由市教委高教处副处长许涛主持，校党委书记赵佩琪致欢迎辞。评估组组长杨应崧教授对开展本次评估工作作具体部署；项家祥校长作自评报告，对学校的人才培养工作情况作了全面介绍。市教委副主任印杰代表市教委讲话。他充分肯定东海学院这几年来所取得的成绩，并希望东海学院能借这次评估的机会，树立自己的人才培养模式，为今后的发展打造更好的基础。

5 月 19 日　学校召开人才培养工作评估反馈会。专家组组长杨应崧代表专家组作了《上海东海职业技术学院人才培养工作评估专家组考察评估反馈意见》。他说，自 2006 年第一轮评估尤其是 2008 年以来，东海学院发生了新的、深刻的变化，在依法自主办学、规范办学方面有了质的提升，党委起到了政治核心和监督保障作用；希望东海学院探索和形成有特色的高职人才培养模式，建设有效的实训教学体系。

最后，校长项家祥以"鼓励、震惊、振奋、感谢"8 个字对评估专家组表示敬意和感谢。

6 月

6 月 1 日　学校召开第三届董事会第六次会议。会议听取校长项家祥关于评估情况的汇报。会上，董事陶钧对学校章程修改情况作了说明，本次修改主要是对 2004 年 12 月 26 日通过的章程作了较大篇幅的修改。会议讨论并通过关于章程的决议：

第三届董事会第六次会议审议了《上海东海职业技术学院章程（修正案）》。会议认为，修改东海学院章程是必要的，东海学院章程修正案真实反映了东海学院的创办与发展，以法规形式明确了办学宗旨及公益性质，章程修正案维护举办者、出资者、教育者、受教育者各方面的合法权益。会议原则同意《上海东海职业技术学院章程（修正案）》，上报上海市教委、上海市民政局。

由上海歌剧院举办的"爱我中华——红色经典音乐会"专场演出在学校学术报告厅举行。

6 月 8 日　为纪念中国共产党成立 90 周年，进一步引导广大学生、入党积极分子深入学习党的历史，学校开展"理想接力　薪火相传"——纪念建党 90 周年党史知识竞赛活动。

7 月

7 月 9 日　上海市高等职业院校第三届"美华杯"国际商务单证职业技能竞赛在上海立信会计学院举行，来自全市 28 所院校（含本科高职学院）的团队参加比赛。我校由经管学院 2009、2010 级报关专业 15 名选手组成代表队参加比赛。在本次比赛中，我校代表队以绝对优势夺得团体一等奖。8 名选手获得个人一等奖；7 名选手获得个人二等奖。

7 月 11—12 日　党委副书记王玉、副校长程龙根带队，前往云南省大理州宾川县看望慰问我校的挂职团干部蔡建平老师，并于 12 日与宾川县举行了项目共建签约仪式暨挂职团干部中期工作汇报座谈会。我校与共青团宾川县委员会签署项目共建协议，并捐赠首批共建物资约合人民币 25 000 元。上海东海职业技术学院社会实践基地在宾川县揭牌。

8 月

8 月 31 日　学校召开全体中层干部会议。会议的主要内容为传达 2011 年高校秋季党政负责干部会议精神；部署新学期的主要工作任务。校长项家祥对下半年主要工作进行部署：一是提升内涵，提高教育质量；二是大力贯彻高职理念，提高课堂教学质量；三是优化结构，办出特色，办出理念；四是增强学校教职工的凝聚力；五是进一步加强校企合作。会上，赵佩琪书记传达了有关秋季高校党政领导干部会议精神。

9 月

9 月 5 日　学校举行 2011 级新生开学典礼。

校董事会成员、党政领导及二级学院院长、系主任等出席开学典礼，会议由副校长程龙根主持。

董事长曹助我向新生表示祝贺，欢迎同学们跨过了人生的里程碑，成为一名"东海人"，要求大家做到"在不疑处设疑，在可疑处求证""敢于好高骛远，善于脚踏实地，实事求是"。校长项家祥向新生提出：要热爱自己的学校，从学校的艰苦创业史中体会成功的喜悦，寻找自己成长的道路；要学会自立，不虚度三年的青春，用实际行动成为一个成功的人，勤恳踏实地开创自己光明的前途。督导室主任刁德霖代表教师讲话。

9月7日　第27个教师节来临之际，上海市教育工会作出《关于表彰上海市教育系统2011年"校园新星"的决定》，表彰"校园新星"50名，"校园新星"提名奖62名。我校青年教师刘伊丹荣获提名奖。

9月8日　学校作出《关于表彰2010—2011学年优秀、先进教育工作者的决定》，对在2010—2011学年中为学校的教育教学改革作出突出贡献的教师予以表彰。授予严玉康等12位同志"优秀教育工作者"称号；授予戴晓红等10位同志"先进教育工作者"称号。

9月9日　学校召开庆祝第27个教师节大会。曹助我代表董事会致辞。关于学校今后的努力方向，曹董事长提出"名师、大爱、育英才"7个字。他说，我们既要高薪聘请名师，更要把自己的教授、副教授甚至讲师培养成名师；要有大爱之心和大爱精神，从心底里关心爱护学生，关注学生的前途、命运，关爱学生的生命价值，促进学生的全面可持续发展。党委书记赵佩琪宣读了《关于表彰2010—2011学年优秀、先进教育工作者的决定》，学校领导分别为获奖教职工颁发奖状。

教育部高职高专评估委员会主任杨应崧教授莅会，并作"贯彻国家'规划纲要精神'，建设教学质量保障体系"的专题讲座。

9月12日　学校举办"相聚东海　亲如家人"中秋茶话会，校党政领导与全体远道而来的新疆同学共聚一堂，载歌载舞，共庆中秋。我校为执行国家教育援疆计划，对口招收了新疆喀什地区20多名少数民族学生，我校是上海民办高校中首家招收新疆少数民族学生单位。

9月22日　我校与日本两所高校合作正式启动。校长项家祥分别与日本沟部短期大学理事长沟部仁、横滨国际教育学院理事长和泉雅人签订《友好合作协议书》。根据协议，我校和日本两所高校将在开展学生和教员间文化学术交流、学分互换及双学历认定等方面进行合作。

10月

10月8日　学校召开校长办公会。出席人员有项家祥、赵佩琪、程龙根、王玉、尹雷方。会议讨论并决定，正处级单位设置科级岗位，具体如下：党政办公室下设宣传科、行政科；学工部下设学生事务中心、就业指导中心、心理健康咨询中心；财务处下设会计科、综合科；人事处下设师资科；资产处下设供应科、综合管理科；后保部下设基建科、总务科、保健科、治安科。

10月11日　市政府召开征兵工作先进单位表彰大会。我校因出色地完成本年度征兵任务受到表彰，荣获由上海市人民政府、上海警备区颁发的2010年度征兵工作先进单位奖状。

学校召开创建示范性高职院校动员会，会议由党委书记赵佩琪主持。校长项家祥作动员报告，着重从为何创建示范性高职院校、在创建过程中要做些什么、成为示范性高职院校会给学校带来哪些影响这3个方面作了阐述。创建办公室主任周大恂作了"抓机遇、创示范，办出东海特色"的主题发言，对建设内涵进行讲解。

10月17日　学校召开校长办公会。出席人员有项家祥、赵佩琪、程龙根、王玉、尹雷方。

会议研究确定就业工作先进集体及个人表彰奖励名单。就业先进集体是机电工程系、金融系、经管学院；就业先进个人是王莉娜、刘娜、许小梅、陈洁、孙思、杨佳翌；就业优秀督察员是陆小敏。

会议研究决定，成立征兵工作领导小组和征兵办公室。领导小组组长为赵佩琪；副组长为程龙根、王玉；组员为许双全、郁萍、喻家琪、曹炳荣、杨和平、杨瑾、王莉娜、陆小敏、陈洁、蒋久泉、戴妮娜、吉永明、龚懿、林声远。征兵办公室主任为许双全。

10月17—18日　由市物价局、市纠风办、市财政局、市教委、市新闻出版局等部门组成的上海市规范教育收费联合检查小组，对我校2011年秋季教育规范收费工作进行联合检查。市检查组对我校规范教育收费工作给予肯定，并对进一步抓好规范教育收费工作提出建议。

10月18日　学校举行2011级新生军训汇报表演闭幕式。校长项家祥、党委书记赵佩琪、副校长程龙根、党委副书记王玉、校长助理尹雷方、学工部部长郁萍、武装部部长许双全,海军91150部队团长魏海岭、副团长蒋建成,以及校军训领导组成员和东海学院军训团参加闭幕式。

10月19日　上海海事大学老教授一行16人莅临我校开展调研,董事长曹助我、校长项家祥、党委书记赵佩琪、副校长程龙根、教务处处长尹雷方、党委副书记王玉及相关职能部门负责人参加座谈。校长项家祥从办学历史、师资建设、学生培养等方面介绍了学校发展情况,老教授们对我校坚持正确的办学方向,在人才培养、专业设置、学科建设等方面取得的成绩给予了肯定。座谈会后,老教授们参观了"东海银行"、"东海海关"、港务物流实训中心、数控实训中心等。

10月21日　学校召开创建示范性高职院校研讨会。会议由校长项家祥主持,各学院院长、系主任和重点专业负责人参加了会议。会上,创建办主任周大恂提出,示范性高职院校建设工作的重点,是要加强校内实训基地、师资队伍、人才培养模式改革、社会服务4个方面的建设。

校长项家祥指出,要抓住申办示范性高职院校的机遇,力争用一年时间达到预期目标。校长助理、教务处处长尹雷方要求各部门全力以赴投入到创建示范工作中来。

10月22日　上海市第二届"外教社杯"高职高专英语教师教学大赛在上海大学巴士汽车学院举行,来自全市高职高专的共28名优秀英语教师参赛。经过激烈的角逐,我校青年教师刘娜获得二等奖。

10月23日　第三届全国大学生电子商务"创新、创意及创业"挑战赛(简称"三创赛")上海赛区比赛在上海理工大学举行。经过激烈的角逐,我校商贸学院派出的4支参赛队伍最终取得一等奖1个、三等奖3个。

10月25日　学校召开2011年就业工作总结表彰大会。会上,学生工作部部长、就业指导中心主任郁萍总结本年度就业工作;副校长程龙根宣读《关于表彰2011年就业工作先进集体和先进个人的决定》;经管学院院长严玉康作了"承前启后,继往开来"的发言。

校长项家祥在总结讲话中指出,一要提升眼界看就业;二要提升内涵为就业;三要提升品位创就业。党委书记赵佩琪强调,一定要乘势而上,扎实做好就业工作,为社会稳定作出应有贡献。

10月28日　学校工会举办以"双师"型教师队伍建设为主题的教师沙龙活动。人事处处长高惠珠就我校"双师"型教师队伍建设的设想和相关政策作了解读。党委书记赵佩琪,校长助理、教务处处长尹雷方以及各院系办公室主任、专兼职教师共40余人参加本次沙龙活动。

10月30日　我校党委书记赵佩琪被选举为上海市闵行区第五届人民代表大会代表,中共党员王玉、民盟盟员周孟华、无党派人士姚瑞被推荐为政协上海市闵行区第五届委员会委员。

11月

11月1日　学校召开"两新"组织党建工作专题报告会。上海市社会工作党委基层工作处处长胡永明就"两新"组织党建工作的意义、特点、任务和实践四方面进行了专题辅导。

11月7日　学校召开校长办公会。出席人员有项家祥、赵佩琪、程龙根、尹雷方、郁萍、许双全、褚红卫、张雪芬。

会议根据与上海市对口支援新疆工作前方指挥部、上海市和闵行区人民政府合作交流办公室的协商意见,研究决定,同意接纳新疆喀什地区未就业师范毕业生131人,培训期为一年半。

新疆学生迎来伊斯兰教一年一度的古尔邦节(又名宰牲节)。这是新疆同学第一次在上海过古尔邦节,校党委书记赵佩琪等一行来到学生宿舍,向他们送上节日礼物,并祝节日快乐。新疆同学拿出家乡特产与大家分享节日的快乐。

11月13日　首届中国教育机器人竞赛决赛在深圳落下帷幕。经过激烈角逐,我校机电工程系喜获"机器人群舞"团体一等奖、"机器人搬运"两项团体二等奖。

11月15日　2011年上海市大学生暑期社会实践活动总结大会在上海交通大学医学院举行。我校"幸福留守,共同成长——赴崇明暑期社会实践"项目荣获2011年上海市大学生暑期社会实践活动优秀项目奖,"塘湾小学学业辅导活动"和"崇明县港沿镇留守儿童艺体发展活动"获"牵手行动成长计划"优秀项目奖。

11月16日　学校召开闵行区人大代表换届选举第123选区代表选举大会。经过各选民小组反复讨论、协商，确定正式代表候选人2名。

11月22日　学校举行机电学院成立揭牌仪式。仪式由副校长程龙根主持，党委书记赵佩琪宣读学校关于组建成立机电学院的决定。校长项家祥与机电学院院长杨萍共同为机电学院挂牌揭幕。经管学院院长严玉康代表兄弟院系呈致"祥云瑞兆，既寿永昌"贺词。

以上海中医药大学党委副书记王群为组长的市教委党委、市教委心理健康教育工作督查组一行9人，对我校心理健康教育"达标中心"工作进行检查评审。党委副书记王玉代表学校作自查工作汇报。督查组专家实地考察了心理健康教育中心。我校于2010年被列为市教委心理健康教育"达标中心"建设单位。

11月23日　学校召开第三届董事会第七次会议。董事长曹助我主持会议，董事会成员李重华、陶钧、杜鉴坤、白芸、李小钢、项家祥、赵佩琪参加会议。校长项家祥对学校近况作了汇报，与会董事就启动实训大楼项目和申办示范性高职院校的方案进行了讨论和论证。

11月28日　由闵行区区长莫负春和市交流办领导组成的检查组莅校，对落实新疆高校毕业生工作进行检查。检查组实地考察了新疆同学的宿舍、清真食堂、专用浴室、教室等，并听取校长项家祥作的情况介绍。检查组对我校落实新疆高校毕业生的工作给予肯定，认为我校重视少数民族工作，硬件设施条件符合要求，日常管理规范。

12月

12月1日　闵行区吴泾镇政府对第五届区人大换届选举工作的优秀组织单位和优秀工作者进行表彰，我校荣获"闵行区人大代表选举工作优秀单位"称号。

12月2日　学校举行新疆喀什地区第三批高校未就业毕业生来沪培训班（闵行部分）开学典礼。上海市政府和闵行区政府有关部门领导、新疆喀什地区随队工作人员等参加，开学典礼由副校长程龙根主持。党委书记赵佩琪致辞，向来自新疆的学员表示欢迎。培训班学员牙尔肯代表学员们发言表示：一定会珍惜机遇，勤奋学习，成为新疆发展稳定和谐的有用之才。校长项家祥勉励同学们确定合适的人生目标，珍惜来之不易的学习机会，为将来的工作奠定坚实基础，为建设新疆积蓄力量。

12月5日　学校召开校长办公会。出席人员有项家祥、赵佩琪、程龙根、尹雷方、高慧珠、刘平、周大徇。

会上，创建办主任周大徇汇报各院系申报重点专业情况。会议讨论并原则同意教务处制定的《教学工作量核算办法》、人事处制定的《2011年度教职工考评工作方案》《2012年工资调整操作细则》。会议决定，成立援疆协作办公室，吉永明同志任办公室主任。

上海高校教师产学研践习基地——上海东海职业技术学院护理综合实践基地在复旦大学附属上海市第五人民医院挂牌成立。护理综合实践基地开展的践习学科和领域主要集中在传染科护理、泌尿外科护理和血液科护理，并将建设成为上海高职护理专业教师临床专科护理技术实践基地。

12月9日　学校召开申报重点专业建设方案汇报会。校创建示范院校领导小组全体成员、各院系负责人、各职能部门负责人、汇报专业负责人参加。会上，影视动画、会计、报关与国际货运、机电一体化技术、国际金融、护理、国际商务、计算机应用技术8个专业负责人对建设专业的优势与特点、专业定位、专业建设目标及建设内容作了汇报。

12月13日　由中国大学数学课程改革与建设课题组主办、上海东海职业技术学院承办的中国大学数学课程改革与建设60年研讨会在我校召开。

会议由中国大学数学课程改革与建设课题组组长、原全国高校工科数学教学指导委员会成员、华南理工大学原数学系主任汪国强教授主持，我校董事长曹助我教授致欢迎辞，高等学校大学数学教学与发展中心主任、原全国高校工科数学教学指导委员会主任、西安交通大学原理学院院长马知恩教授作了主题发言。

12月16日　东海学院护理系第二个高校教师产学研践习基地——上海东海职业技术学院护理综合实践基地在上海交通大学附属仁济医院（东院）举行挂牌仪式。市教委人事处处长陆震、东海学院校长项家祥、仁济医院领导袁蕙芸出席挂牌仪式。

学校召开创建示范校工作座谈会，副校长程龙根主持会议。创建办主任周大恂老师作"真抓实干,努力做好创建工作"的主题发言,简要回顾自创建办成立以来所做的主要工作,并提出下一阶段工作,主要是对遴选出的《申报重点专业建设方案》进行深度修改。

12月19日　学校举行2011年冬季应征入伍同学欢送大会。校领导、新兵家长等150余人参加欢送会。会上,校武装部部长许双全宣布闵行区人民政府征兵办公室命令;校领导为入伍同学颁发入伍通知书,佩戴光荣花。我校圆满地完成了2011年冬季征兵工作,有23名同学应征入伍。

12月22日　学校举行以"爱我中华"为主题的2012迎新晚会,全校师生与新疆喀什地区大学生来沪培训学员进行联欢。党委书记赵佩琪、副校长程龙根、党委副书记王玉、新疆喀什地区来沪大学生培训学员领队以及全体培训学员共400多名师生参加晚会。闵行区政府合作交流办公室主任黄嘉宁应邀出席迎新晚会。

12月26日　第四届"上海大学生理财策划暨主持人大赛"在上海电视台举行总决赛。本次大赛全市有35所高校近4 000名大学生参与,我校经管学院组队参赛。经过初赛、复赛,我校孙健俊同学以前10名的成绩进入总决赛并获得三等奖,也是唯一获奖的高职院校学生。我校还获最佳组织奖。

学校召开资产管理工作研讨会,学校党政领导,各学院、系、部、处负责人,以及全校兼职资产管理员和资产与实训室管理处人员出席研讨会。研讨会由副校长程龙根主持。资产与实训室管理处处长刘平作主题发言,汇报2011年度资产清查工作情况,并就下一阶段资产管理提出设想。教务处尹雷方、财务处杨殿雄、人事处高慧珠、创建办周大恂等人,从规范管理、实践教学基地软硬件建设并重、提高设备利用率等方面发表意见。

2012年

年度概述

学校专业数从32个压缩至27个,专业布局得到进一步调整优化。2012年新生录取1 874人,报到1 632人,报到率为87.09%。全日制在校生4 736人。应届毕业生1 566人,就业1 549人,就业率达98.91%。

学校深化校企合作,推进产教融合,先后成立了天地软件东海创意园、上海东竞财务咨询有限公司等校中厂。探索和拓展国际合作办学,商贸学院商务日语专业6位学生9月启程前往日本别府沟部短期大学留学;12月与日本京都情报大学院大学进行"3+2"专升硕联合办学签约。

2012年,学校启动上海市市级特色高职院校创建工作,校长项家祥提出特色校建设目标:管理上乘,专业特色,创新模式。党委书记赵佩琪要求做到"三个明确":任务明确、目标明确、责任明确;确保"三个到位":组织到位、措施到位、保障到位。

我校被授予"2010—2011年度上海市安全文明校园"称号;被评为2009、2010年度上海市高校学生资助工作绩效评估优秀单位。

2012年 大事记

2月

2月20日　学校召开校长办公会。出席人员有项家祥、赵佩琪、程龙根、尹雷方、王玉、高慧珠、郁萍、刘平、孙毅、许岚、刁德霖、周大恂。

校长项家祥布置2012年学校工作。工作总体思路为:以申报特色院校为契机,以质量工程为抓手,努力开创东海学院新局面,迎接建校20周年。

党委书记赵佩琪布置2012年党委工作:以创先争优推动科学发展,以创新机制提升育人水平,以创建文明确保和谐稳定,以增强服务提高履职能力,为创建示范性高职院校而充分发挥党委的作用。

2月24日　市教卫党委副书记、市教委副主任高德毅,市教卫党委副秘书长曹荣瑞,市民办高校党工委书记杨月民,市教委民办教育管理处副处长何鹏程、市教委督导专员许一昌等到校开展调研。调研会由党委书记赵佩琪主持。董事长曹助我致辞,对教委领导来校调研表示感谢。校长项家祥从学校历史沿革、现状和发展远景等方面作了汇报。高德毅副书记指出,学校要依托闵行区的经济优势,正确定位,保持学校的可持续发展。

2月28日　学校召开人才培养工作数据采集培训会,邀请评估专家何锡涛教授来校进行人才培养工作数据采集培训,目的是为申报市级特色高职院校提供数据保障打下基础。

3月

3月1—3日　学校在上海师范大学奉贤校区召开"申报上海市特色高职院校建设方案"研讨会。学校党政领导及重点建设专业负责人,党政办、创建办、教务处、人事处、网络中心等部门负责人集聚一堂,为建设方案献计献策。与会人员就学校办学形态特色、专业形态特色和院校形态特色等方面进行专题探讨。

3月21日　学校召开第三届董事会第八次会议。会议讨论并形成如下决议:

(1) 全力以赴,力争成为上海市市级特色高职院校,学校要从人力、物力、财力上予以支持,所需经费列入预算。

(2) 坚决启动实训大楼建设工作,前期准备(立项、规划、审批、扩初)可立即开始,同时筹措资金,先后顺序为:民办教育基金会投入;紫竹科技园投入;银行贷款。实质性的土建开工要到资金落实方可进行。

(3) 对校园进行整体规划,建设绿化和文化长廊,要求整个校园土不见天、花不间断、绿树成荫、四季飘香,成为花园单位。

(4) 协调各方做好校庆筹备工作,庆祝典礼在体育馆二楼举行,校庆时间在2013年5月,具体日期另行决定,提前物色校友会领导人选,充分发挥校友会的积极作用。

由市教委组织的"景格杯"高职高专汽车职业技能竞赛落下帷幕,我校2009级学生高俊峰、史井雨、奚飞翔、张伟铭、高天翔、钱银俊获得团体三等奖的好成绩,高俊峰、史井雨分别获得个人三等奖。

3月26日　学校召开校长办公会。出席人员有项家祥、赵佩琪、程龙根、尹雷方、王玉、高慧珠、周大恂。

会上,创建办主任周大恂对申报上海市市级特色高职院校报告内容作说明;会议讨论并对建设思路、专业结构表述等提出相应的修改意见。

3月29日　学校举行"易班"建设启动仪式暨专题培训会。上海市教育系统网络文化发展研究中心副主任朱明伦、"易班"建设部部长冯俊峰莅会。学生工作部部长、"易班"发展中心主任郁萍介绍了我校"易班"建设工作开展现状。校长项家祥为上海东海职业技术学院易班发展中心揭牌。冯俊峰部长为与会人员作了"易班"建设与使用专题培训。

学校金融系、机电学院与中国人民财产保险股份有限公司上海市分公司签订合作协议,联合开办汽车理赔定向培养班。

3月31日　学校召开安全责任书签约会,各部、处、室和二级院、系负责人参加签约。副校长程龙根对做好2012年安稳工作进行部署,提出要做好以下工作:一是加强教育;二是加强管理;三是加强工作和信息上的沟通;四是加强技防和人防的结合;五是加强落实,做到责任到人、认真考核、奖罚分明。

4月

4月6日　学校召开第二届五次教代会暨第三届五次工代会。董事长曹助我致辞并宣布董事会决议:全力以赴建成上海市市级特色高职院校;启动实训大楼前期准备建设工作;对学校进行整体规划,建成花园式单位;做好20周年校庆筹备工作。

校长项家祥作《工作报告》,对2011年工作进行总结回顾。关于2012年工作的总体思路,项校长提出,要以申办市级特色校为契机,以质量工程为抓手,努力开创东海学院的新局面,迎接东海学院建校20周年。

党委副书记、工会主席王玉作《工会工作报告》,总结2011年工会工作和工会财务工作,提出2012年工会工作要点。

4月13日　经过学校自评、区(县)综治委学校及周边治安综合治理工作领导小组检查、推荐,市综治委学校及周边治安综合治理工作小组验收、公示、审查等程序,我校被授予"2010—2011年度上海市安全文明校园"荣誉称号。

4月13—15日　2012年上海职业院校技能大

赛暨全国职业院校技能大赛上海赛区选拔赛分别在东海学院、立信会计学院、交通职业技术学院举办。4月13日,我校获得报关实务项目团体第一;4月14日再传捷报,会计代表队获得团体第二,双双入围全国大赛。

4月24日　学校举行2011学年颁奖大会。颁奖大会由学生工作部部长郁萍主持。党委书记赵佩琪宣读《关于颁发2010—2011学年国家奖学金、国家励志奖学金、上海市奖学金及2011—2012学年第一学期校奖学金的决定》,校领导为获奖学生颁发荣誉证书。

本次共评选出国家奖学金获得者4人,上海市奖学金获得者4人,国家励志奖学金获得者148人。根据学校新疆少数民族学生奖学金评定办法,共评选出7名新疆同学为奖学金获得者,这也是我校第一届新疆少数民族学生奖学金。

4月27日　市教委检查组莅校进行年度检查。检查组由市教委、市社团局11位成员组成,市教科院副院长、高职教育发展研究中心主任马树超任检查组组长。校长项家祥作年检自查汇报,介绍学校基本情况、依法办学情况、资金财产情况等。

检查组分为5个专题组,以查阅资料、访谈、问卷和实地检查的形式,对学校的党建工作、学校管理、教育教学、师资队伍建设、财务等方面工作进行检查。在反馈会上,马树超组长肯定我校政府专项资金管理到位,各项配套工作有成绩。

5月

5月3日　学校召开校长办公会。出席人员有项家祥、赵佩琪、程龙根、尹雷方、王玉、刘平、郁萍。

会议讨论并同意,上报市民办高校党工委"师德标兵"人选为袁雪飞,"优秀辅导员"人选为林丽敏。

5月4日　共青团上海市委员会举行中国共产主义青年团成立90周年纪念大会。会上,团市委、市人力资源和社会保障局分别表彰了先进集体与先进个人,我校国商091班徐志强同学荣获2011年度"上海市优秀共青团员"荣誉称号。

5月9日　学校举行教工社团常青社成立仪式,这是一个以老年教职工为主体的社团。校董事会和党政领导曹助我、赵佩琪、程龙根等到会祝贺。曹董事长说,东海学院建校近20年来,来自各高校及各条战线的一大批退休干部、老师们,为东海学院的发展作出很大的贡献,在管理、教学岗位上发挥着重要作用,东海学院的过去和现在,都离不开他们的积极奉献,他希望老年教师们工作、生活愉快,夕阳无限好。常青社社长薛万奉、副社长刁德霖发表就职讲话。

5月11日　以"五四精神永青春　今日风采耀东海"为主题的第三届文化艺术节拉开帷幕。学校董事会、党政领导班子和师生代表400多人观看了演出。本届校园艺术节为期两周,将安排上海民族乐团、新疆歌舞、黄梅戏、红五月歌会决赛、上海交通大学交响乐团等多项演出活动。

5月15日　华东师范大学心理与认知科学学院李国瑞教授到校,作"心理健康维护与良好心态调节"专题讲座。各院系办公室主任、全体辅导员和2011级心理委员参加。李国瑞教授采用讲演法、案例分析、情景模拟等方法,用身边的鲜活事例和家喻户晓的寓言故事进行阐述。

5月24日　上海交通大学学生交响乐团带着"饮水思源、爱国荣校"的交大精神,走进东海校园,为师生演奏了小提琴协奏曲《梁祝》、海顿《第四十五号交响曲》等经典曲目。

5月25日　上海市高职高专经济教指委会计分指委2012年度工作会议在我校举行。上海市经济教指委领导及本市13所高职院校会计专业负责人和老师出席。会议由经济教指委会计分指委主任、我校经管学院院长严玉康主持,校长项家祥出席了会议。与会代表就各院校会计专业建设情况进行了交流讨论。

5月29日　学校召开校长办公会。出席人员有项家祥、赵佩琪、程龙根、王小瑜、周大恂、陆爱勤、王平、严玉康、杨萍、高慧珠、杨殿雄。

会议讨论创建市级特色高职院校有关事项,对修改建设方案和呈报时间节点等作出安排。

6月

6月1日　学校与上海天地软件园进行校企合作签约仪式,联手成立天地软件东海创意园。天地软件东海创意园将成为影视传媒系的校内专业实训实习基地。

6月5日　日本别府沟部学园短期大学国际交流处主任沟部伦、沟部短大寺本老师、中意进修学院朱正琪老师来我校为商务日语专业学生授课。

6月6日　上海市民办高校第五次党建工作会议在上海交通大学医学院会议中心举行。我校党委书记赵佩琪在会上作题为"提升高度　培养干部"的交流发言,围绕民办高校中青年干部的培养和使用,提出培养"四个环节"和选拔"三个坚持"的观点,受到与会者的肯定。

我校袁雪飞老师获得"上海市民办高校系统师德标兵"光荣称号,林丽敏老师获得"上海市民办高校系统优秀辅导员提名奖"。

6月9日　学校举行2012届学生毕业典礼。会议由副校长程龙根主持。校党委书记赵佩琪宣读学校《关于表彰2012届优秀毕业生的决定》。与会领导为获奖学生颁奖,并为毕业生代表颁发毕业证书。校长项家祥致辞,代表董事会和党政领导及全校师生员工对即将告别母校、踏上新征程的2012届全体毕业生表示祝贺。机电学院和商贸学院毕业生代表向学校献礼,分别赠送"领航舵"和两棵金桂树,答谢母校的培养。

6月25日　学校召开校长办公会。出席人员有项家祥、赵佩琪、程龙根、尹雷方、王玉、许岚、喻家琪。

会议讨论并决定,申报市级精品课程和优秀教学团队名单。市级精品课程为保险原理与实务(负责人为陆爱勤)、国际贸易综合实训(负责人为时启亮)、会计综合实训(负责人为严玉康);优秀教学团队为报关与国际货运专业教学团队;教学名师为严玉康。

申报新专业名单为金融管理与实务、市场开发与营销、人力资源管理。

6月26日　学校举行纪念中国共产党成立91周年大会,由校长项家祥主持。

会上,党委委员、董事长曹助我宣读学校《关于表彰2011—2012年"优秀共产党员"和"师德标兵""优秀辅导员"的决定》,学校董事和党政领导为他们颁发荣誉证书。党委书记赵佩琪作"融入中心抓党建　积极作为促发展"的主题报告,希望每一个党员能以"责任、忠诚、法制、学习"为准绳,办好学校,办出成绩,迎接党的十八大的胜利召开。

会上,党委副书记王玉带领新党员进行入党宣誓。

7月

7月2日　学校召开2012—2013学年教学工作会议。校长项家祥从"我们学校在哪里""我们学校走向哪里""我们学校怎么走"等方面,对如何创建市级特色院校作了阐述。会上,会计、报关等5个重点专业建设项目负责人作了介绍;教务处副处长张菊芳对本学期的考试和总评情况进行了通报。校长助理、教务处处长尹雷方对新学年教务处十大工作要点进行部署。

7月9日　由学校经管学院、商贸学院10名学生组成的代表队参加由市教委组织的国际商务单证比赛。我校代表队荣获团体一等奖,6人获个人一等奖、4人获个人二等奖。

8月

8月31日　学生工作部召开学生工作会议。会议通报学生报到准备工作情况,并布置新学年的工作。提出加强队伍建设,开展培训;以基础道德教育为重点,扎实开展学生思政教育;强化学生资助体系建设;加强学生心理健康教育和职业生涯规划教育等工作和要求。

9月

9月3日　学校召开校长办公会。出席人员有项家祥、赵佩琪、程龙根、尹雷方、王玉、高慧珠、郁萍、许岚、孙毅、孙梅、陈晓雯。

会议研究决定,本年度下半年和2013年的重点工作任务是:通过建设,夯实以特色专业建设为抓手的市级特色校建设工作,开创以优质管理和学校整体建设为目标的上海示范性民办高校建设,继续实施以社会主义精神风貌和校园氛围为主的第二期上海市文明单位的建设工作。

9月4日　学校召开本学年中层干部会议。党委书记赵佩琪主持会议,校长项家祥作题为"凝聚人心、认清目标、共同努力"的报告,指出现阶段的主要任务是"三校"一建:建市级特色高职院校、建示范性民办高职院校、建上海市文明单位。"三校"一建是一项重大工程,也是学校发展的里程碑。会上,赵佩琪书记传达秋季高校党政领导干部会议精神。

9月6日　上海市民办高校就业工作会议在我校举行,市教卫党委民办高校党工委书记杨月民、市学生事务中心副主任田磊、市教卫党委民办高校党工委副调研员卓保彤等莅会。会议由市民办高校就业工作协作组组长朱莉莉主持,党委书记赵佩琪代表学校党政领导致欢迎辞。校长项家祥介绍我校近年来取得的发展成果；学工部部长、就业办主任郁萍汇报我校2012年就业工作情况。

市教卫党委民办高校党工委书记杨月民作大会总结发言，他要求经常分析、把握就业形势，关心学生的就业动态，提高服务质量和就业帮困力度。

9月8日　学校举行庆祝第28个教师节大会。董事长曹助我向全校老师表达节日祝福，并以"忠诚党的教育事业，争当教书育人模范"为题作主题讲话，提出了5点建议与大家共勉，勉励大家在教育事业的道路上不断前进。

党委书记赵佩琪宣读学校《关于表彰2011—2012学年优秀、先进教育工作者、民族工作优秀者的决定》。学校领导为获奖教职工颁发奖状。

王慧等13位教师被评为校优秀教育工作者，王建林等10位教师评为校先进教育工作者，赵三宝、吉永明被评为校民族工作优秀者。

9月12日　市教委领导和专家来东海学院开展毕业生就业工作创新基地建设中期检查实地调研工作。校长项家祥代表学校作"为了让每一名学生都体面就业"的主题汇报。专家组对我校毕业生就业佐证材料进行随机抽查，对我校创新基地建设情况和阶段成果进行检查，并召开应届毕业生和在读学生座谈会。

专家们认为，我校的就业指导工作能结合专业、结合学生和家长的需求是一大亮点，值得推广借鉴。

9月21日　闵行区副区长杨德妹一行莅临我校进行工作指导。考察组实地考察了汽车实训室、机床实训室和护理实训中心等，与校领导、院（系）负责人进行了全面深入的交流，全面了解专业基本情况和发展方向，对我校的建设方向和理念给予了充分的肯定。

学校商贸学院商务日语专业6位学生启程前往日本别府沟部学园短期大学留学。根据我校与日本沟部学园签订的《友好合作协议书》，我校学生在二年级结束、各科目成绩合格的基础上，由学校推荐赴日留学。我校与日本沟部学园实行学分互换。日方接收我校"双学历"留学生，达到毕业要求及学位条件，由沟部学园短期大学授予毕业证书和学位证书，同时我校也将授予毕业证书。

10月

10月8日　数字传媒系组织2012级学生赴江西婺源摄影教学实践活动。本次采风教学围绕"自然与和谐"主题开展。

10月22日　江苏省苏州市第四中学校长张剑华、浙江省金华市女子中学校长徐炳华、山东省泰安市外国语学校校长陈建华、安徽省马鞍山市外国语学校校长孙宏辉、吉林省吉林市第二中学办公室主任徐光等一行5人，来我校进行招生就业合作交流座谈会。双方就共同关心的招生工作议题深入地交换了意见，并达成初步共识，双方会在专业对口和其他院（系）生源对接上进行进一步的交流与合作。

10月30日　由教育部、公安部、国家安监总局组成的安全工作检查组莅校检查指导工作，党委书记赵佩琪主持汇报会。校长项家祥从"充分认识学校安全是可持续发展有力保证""扎实推进技防建设""消防工作常抓不懈""定期开展安全教育""做好新疆学员的培训工作"5个方面作总结汇报。

检查组到学校监控中心等处进行实地检查，了解有关安全防范工作实施情况，并对进一步加强安全工作提出了意见和建议。

11月

11月7日　学校第三届董事会第九次会议召开。董事长曹助我主持会议，董事李重华、陶钧、杜鉴坤、李小钢，校领导项家祥、赵佩琪参加。校长项家祥对学校发展现状向董事会作汇报。会上，董事会就与闵行区合作的建议方案和校庆20周年方案进行商议。

11月8日　学校党政领导和部分师生收看党的十八大开幕式现场直播，听取胡锦涛总书记的报告。

11月9日　学校首个"校中厂"——"上海东竞财务咨询有限公司"在信息楼大厅举行揭牌仪式。揭牌仪式由校长助理、教务处处长尹雷方主持。"上海东竞财务咨询有限公司"的成立，实现与企业"零距离"接触，为学生从自由人向职业人过渡提供了一个有利平台。

校长项家祥和副校长程龙根为"上海东竞财务咨询有限公司"揭开"红盖头"。

12月

12月3日　学校召开建设市级特色高职院校启动大会。董事会成员、校领导以及全体教职工参加，大会由校党委书记赵佩琪主持。

董事长曹助我致辞,对学校成功申报特色高职院校表示祝贺,并对今后3年的特色校建设提出希望:工作上要精益求精;培育打造一支高素质的教师队伍;走出一条具有特色的人才培养道路。创建办主任周大恂老师简要地回顾申办工作。报关与国际货运、会计、国际金融、机电一体化技术、影视动画5个重点建设专业所在院(系)负责人介绍建设思路、目标和举措。

校长项家祥作题为"团结一致,再创辉煌"的讲话,阐述创建特色校的意义、目标以及怎么实现目标。党委书记赵佩琪要求做到任务明确、目标明确、责任明确。

12月5日　为加快市级特色校建设步伐,学校召开"强师工程"建设工作会议,出台"强师工程"新举措。人事处制定《关于聘任兼职院长、系主任的若干规定》《关于聘用兼职专业负责人的有关规定》《关于教师践习工作站的有关规定》3个"强师工程"实施细则。

12月10日　党委书记赵佩琪在上海市民办高校党工委中心组学习(扩大)会议上,作了题为"认真学习贯彻落实党的十八大精神　积极推进市级特色高职院校和示范性民办高校建设"的专题发言,重点介绍学校以党的十八大精神为指引开好局,起好步,以一抓、二推、三发展的举措,推进市级特色校建设和示范性民办高校建设。

12月17日　学校召开校长办公会。出席人员有项家祥、赵佩琪、程龙根、尹雷方、高慧珠。

会议讨论并通过二级学院聘任兼职院长和兼职系主任名单:机电学院聘富志强为兼职院长;经管学院聘李敏为兼职院长;金融系聘金多利为兼职系主任;护理系聘赵爱平为兼职系主任。

12月23日　校长项家祥与日本京都情报大学院大学签署联合办学协议,采用"3+2"专升硕模式培养计算机应用技术专业和动漫专业人才。

2013年

年度概述

学院占地126 589平方米,建有12个教学实训中心和75个实训室。设立4个二级学院、4个教学系、2个教学部及继续教育学院。学校有教职工404人,其中,专任教师146人。2013年录取新生1 614人,新生报到1 379人,报到率为85.44%。应届毕业生1 549人,就业1 510人,就业率为97.48%。全日制高职在校学生4 523人。

3月28日,上海市副市长翁铁慧、市政府副秘书长宗明一行前来我校调研指导工作。翁铁慧副市长从5个方面对学校的工作给予了充分肯定:一是学校产权明晰,法人治理结构完善;二是学校根据社会和产业结构需求优化专业;三是学校人才培养模式正确、定位正确;四是学校管理科学规范,符合教育规律;五是学校师资队伍建设很有特色。

5月17日,学校隆重召开建校20周年庆祝大会,上海市教卫党委副书记、市教委副主任高德毅,上海市原副市长刘振元,闵行区教育局、吴泾镇人民政府等领导参加大会。

我校连续4年(两届)荣获"上海市文明单位"荣誉称号。

2013年 大事记

1月

1月11日　学校召开教学工作会议。项家祥校长作"空谈误事、实干兴校"的主题讲话,指出本年度教学工作要以党的十八大精神为指引,牢牢抓住建设和发展两大环节,彰显特色,突出重点,顺应社会需求,提升办学实力,更加落实"三建一提升"。校长助理、教务处处长尹雷方作题为"坚定学生本位,努力把东海学院办成一所'好大学'"的专题报告。

2月

2月25日　学校召开校长办公会。校长项家祥传达上海市高校党政负责干部会议精神,明确学校2013年的工作思路是:以党的十八大精神为指引,以创建特色校和示范校为契机,以内涵建设和学风建设为抓手,探索育人模式,提高育人水平,提升学校内涵。确定本年度的3项重点工作为:"三建一提升";20周年校庆;优良学风建设。

3月

3月1日 学校召开新学期中层干部会,副校长程龙根主持会议。项家祥校长作"改革引领、建设为重、努力办高水平大学"的主题讲话,对新学期工作进行部署。提出3个工作重点:(1)加强"三建一提升"工作。建设示范校,探索现代民办高校的管理体制;建设特色校,以5个特色专业建设为龙头,大力促进专业建设;建设文明单位。(2)做好校庆20周年工作,以简单、朴实为前提举行系列校园文化活动。(3)做好校风建设工作,强调以教学比武和教学竞赛为抓手,提高教学质量;以实践改革为抓手,提高学生从业能力;以素质养成为抓手,提高学生综合素质。

3月15日 由校长项家祥带队,我校参观学习组前往深圳职业技术学院和广东商学院进行参观交流和学习取经。

3月18日 经学校党委讨论,同意将马列教研部更名为社会科学教学部。

3月21日 为加强大学生的职业生涯规划教育,做好大学生就业指导工作,学校决定成立上海东海职业技术学院学生职业生涯发展咨询中心。此咨询中心隶属于社会科学教学部,由思政课教师及部分学生工作辅导员担任咨询工作。

3月22日 受闵行区政府委托,2013年新疆喀什地区泽普县三级干部培训班在我校开班。党委书记赵佩琪主持开学典礼并致欢迎辞,校长项家祥介绍本期培训班教学安排。41位来自新疆喀什地区泽普县的三级基层干部将参加为期12天的培训。

3月23日 上海教育人才交流协会2012年年会暨教育人事人才工作论坛在上海师范大学召开。会议对2010—2012年度人事人才工作先进单位和先进个人进行表彰。我校人事处获得"2010—2012年度人事人才工作先进集体"称号,是民办高职院校中唯一获此荣誉的单位。

3月24日 学校举行兼职院长、系主任受聘仪式。受聘人士均为资深企业领导、行业专家和资深教师,他们将分别担任经管学院、机电学院、商贸学院兼职院长和金融系、护理系兼职主任。校领导为各兼职院长、兼职主任颁发了聘任证书。

3月26日 学校邀请市科教党校杨元华教授来校作学习党的十八大报告专题辅导。报告会由党委书记赵佩琪主持。杨元华教授从党的十八大报告主题、报告内容主线、"五位一体、五项建设"等方面对报告进行了深入阐述和解读。

3月28日 上海市副市长翁铁慧、市政府副秘书长宗明一行,在市教卫党委副书记、市教委副主任高德毅,市教委高教处副处长许涛等的陪同下,莅临我校进行调研指导工作。

在董事长曹助我、校长项家祥、党委书记赵佩琪的陪同下,翁副市长一行参观了"东海医院"、数控及汽车实训中心。调研会上,董事长曹助我欢迎市政府、市教委领导到校指导工作。校长项家祥介绍了学校基本情况;党委书记赵佩琪汇报学校更新办学理念、创新办学模式、走校企合作办学之路的实践体会。

翁铁慧副市长从5个方面对学校的工作给予了充分肯定:一是学校产权明晰,法人治理结构完善;二是学校根据社会和产业结构需求优化专业,专业体系逐步完善;三是学校人才培养模式正确、定位正确;四是学校管理科学规范,符合教育规律;五是学校师资队伍建设很有特色。她表示政府将严格按照分类管理的原则,对民办高校加大投入,支持民办高校发展。

4月

4月2日 学校召开优良学风创建动员大会,党委书记赵佩琪主持会议。校长项家祥作动员讲话,指出要充分认识开展学风建设的重要性和必要性;要采取措施把学风建设落到实处;要精心组织,稳步推进,确保学风建设取得实效。赵佩琪书记希望从治本入手,学风建设要持之以恒,常抓不懈。

4月7日 学校召开第二届第六次教代会暨第三届第六次工代会。校长项家祥作学校工作报告,总结2012年工作并提出2013年的重点工作是抓好3件大事,即"三建一提升"工作、庆祝建校20周年以及抓好校风建设工作。党委副书记、工会主席王玉作工会工作报告。

4月10日 复旦大学图书馆馆长葛剑雄教授到校作"读书与人生"的专题讲座。葛剑雄教授以自身的经历展开,阐释了以求知、研究、人生乐趣为目的的读书境界,解释了为什么读书的问题,讲了机遇与个人能力的关系。

4月12日 学校第二届第六次教代会暨第三届第六次工代会举行闭幕式,代表们审议通过学校工作报告和工会工作报告。党委书记赵佩琪讲话,她提出两点要求:一是实干兴校,扎实推进内涵建设;二是精神文明建设要有新起点、新举措。

学校组织开展国学系列讲座。为提高学生对中国传统文化的认识,更好地体会国学内涵,特邀上海师范大学天华学院国学院老师进行宣讲。本次国学系列教育课程为期3个月,将开设10次专题讲座。

4月18日 学校召开2013年度资产清查工作会。资产处处长刘平布置此次清查工作的主要任务、工作进度安排和清查结果上报等事宜。副校长程龙根对本年度资产清查提出要求:各部门要提高资产管理的责任意识;加强队伍建设,完成资产清查任务;贯彻科学管理的理念。2013年度资产清查工作将借助网上资产二级管理系统进行。

4月19日 学校邀请德瑞姆心理健康教育机构资深讲师为全校辅导员作"心理健康与异常鉴别"的专题讲座,并与德瑞姆心理健康教育机构签订心理健康服务的合作意向书,即学校为每一位在校生购买一张24小时心理咨询电话卡,由专业机构提供心理援助。

5月

5月6日 上海应用技术学院高职学院院长杨益群教授一行4人莅临我校进行参观交流,与我校经管学院院长严玉康、航空系主任周孟华就物流类专业和航空机电设备维修专业的课程设置、培养计划、实践教学、师资队伍建设等方面进行切磋和交流,并参观了"东海海关"、物流综合实训、"东海集装箱港"等实训中心。

5月8日 2013年上海高职高专院校会计专业"用友新道杯"会计信息化技能竞赛进入决赛阶段。我校会计专业学生在本次比赛中包揽团体一、二等奖;所有参赛选手分别荣获个人一、二等奖。本次会计技能竞赛由市教委主办,市高职高专经济类专业教学指导委员会、上海立信会计学院、用友新道科技有限公司共同承办。

5月10日 我校的校园美化项目——知韵长廊、东博园、月海园等工程竣工,校园景观再添一道美丽的风景线。学校举行揭幕仪式,董事长曹助我,董事李重华、杜鉴坤,校长项家祥,党委书记赵佩琪以及500余名师生代表参加,揭幕式由副校长程龙根主持。

5月15日 学校"东海技能之星"颁奖典礼暨第四届校园文化艺术节拉开帷幕。校长项家祥致开幕辞并宣读学校表彰决定。校长助理、教务处长尹雷方介绍"东海技能之星"获奖者的情况。董事李重华、党委书记赵佩琪、副校长程龙根、党委副书记王玉等依次为获奖同学颁发奖杯和荣誉证书。随后,各院系师生献上精彩纷呈的节目。

5月17日 学校举行建校20周年庆祝大会,党委书记赵佩琪主持会议。市教卫党委副书记、市教委副主任高德毅,上海市原副市长刘振元,市高等教育学会会长张伟江,市职教协会会长薛喜民,市教委民办教育管理处副处长何鹏程,市民办教育协会副会长杨月民,市工商联民办教育协会秘书长忻福良,闵行区教育局局长王浩,闵行区吴泾镇党委书记张国荣,闵行区吴泾镇镇长吴志华等,各有关兄弟院校领导、社会各界知名人士、知名企业家代表、校友代表以及我校师生代表,共计400余人参加庆祝大会。会上宣读了上海市民办教育协会会长李宣海的贺信。贺信高度肯定我校20年来的办学成就。

董事长曹助我致欢迎辞,并回忆学校自强不息、艰苦创业的20年发展历程,表示要把过去的20年作为一种鼓励、一种精神,在传承中创新,在发展中超越,向着东海学院的下一个20年昂首迈进。校长项家祥在讲话中用"感谢"二字从8个方面表达了对老一辈领导、学校创办者、高教同仁、教职员工、校友和在校同学的感激之情。

市教卫党委副书记、市教委副主任高德毅代表市教卫党委、市教委向上海东海职业技术学院建校20周年表示热烈的祝贺。希望东海学院能与上海的其他民办高校携手并进,为社会培养越来越多的合格的优秀人才而不辱使命。

中国民办教育协会、上海交通大学、河南科技大学、日本京都情报大学院大学等20余家单位和院校发来贺信、贺电。

5月20日 2013年上海市精神文明建设工作会议在市委党校大礼堂召开,对2011—2012年度上海市文明单位进行表彰。上海东海职业技术学院榜上有名,这是我校连续4年蝉联上海市文明单位称号。

5月23日 "中国梦·青春梦·东海梦"第10届红五月歌会决赛在报告厅举行,共有14个班级进入决赛。最终护理124班获得本次决赛冠军;计技121班、航维121班获得亚军;季军分别由投资121班、空乘122班、国贸121班、财务121班获得。

5月24日 学校举行第十一届运动会。校长助理、教务处处长尹雷方主持开幕式,党委书记赵佩琪宣布第十一届运动会正式开幕。副校长程龙根致开幕辞,祝运动员们赛出水平、赛出风格。

5月29日 "人民科学家钱学森"2013上海高校巡回展在我校拉开帷幕。校长项家祥,党委书记赵佩琪,上海交通大学钱学森图书馆党总支书记、副馆长张凯,以及全校200余名师生代表出席,副校长程龙根主持开幕式。本次展览共展出400多件图片、实物及一些珍贵的文献史料。

6月

6月4日 2013年全国职业院校报关技能大赛在江苏淮安信息职业技术学院落下帷幕。本次技能大赛由中国报关协会主办,全国共有56所高职院校参赛。由我校经管学院报关专业学生刁璐、许晓嫣、石榴组成的参赛队获得团体一等奖。

6月7日 上海航天"921"团队先进事迹报告会在我校举行。400余名师生代表聆听了报告,报告会由党委书记赵佩琪主持。作为我国载人航天工程主要研制单位——上海航天"921"团队,承担神舟飞船、空间实验室关键系统等研制工作。

6月21日 学校举行新疆喀什地区特岗教师培训班结业典礼。闵行区副区长蔡小庆、市合作交流办对口支援一处副处长曾勇、闵行区合作交流办主任黄嘉宁、闵行区教育局人保科科长赵振新等出席,党委书记赵佩琪主持结业典礼。副校长程龙根宣读《优秀学员、学习积极分子的表彰决定》;培训班学员代表阿依夏木·阿布都热依木发言,对政府、学校、老师们表示感谢,将铭记这份真情,回到新疆后认真教书,不辜负家乡人民的重托和老师们的期望。

6月22日 学校举行2013届学生毕业典礼,会议由副校长程龙根主持。党委书记赵佩琪宣读《关于表彰2013届优秀毕业生的决定》。与会领导为获奖学生颁奖,并为毕业生代表颁发毕业证书。校长项家祥致辞,寄语全体毕业生,希望所有人能用热情和精致编织美好的未来之梦。在毕业典礼上,护理系毕业生代表向学校献礼,赠送给学校水晶书,表达全体毕业生对母校的诚挚谢意。

6月24日 学校召开校长办公会。会议决定,机电学院根据我校现有的设备开展"校中厂"建设。

6月29日 学校召开第三届董事会第十一次会议,同意任命尹雷方为上海东海职业技术学院副校长。

7月

7月2日 学校被上海市人民政府、中国人民解放军上海警备区评为2012年度征兵工作先进单位;武装保卫部部长许双全被评为征兵工作先进个人。

7月5日 学校召开2012—2013学年学生工作总结表彰大会。学生工作部部长郁萍总结了2012—2013学年学生工作;党委书记赵佩琪讲话,希望全体学生工作人员要增强责任感,坚定信心,做好大学生的思想引领;要加强学习,不断提高自身素质,增强大学生教育管理和服务引导工作的能力;要不断总结工作经验,加强交流,进一步提升育人水平,开创学校学生工作的新局面。

7月6日 学校召开2013年教学工作会议。本次会议的主要议题是:改革人才培养模式,加强学风建设,实现"三建一提升"目标。校长项家祥作"创新办学机制,改革教育模式"的主题讲话,分析上海民办教育的现状,提出学校的办学思路。强调当前要提高办学质量,办学质量的保证在于规范管理,质量的提高在于持续建设,质量的稳定在于精于教学。

8月

8月28日 学校召开校长办公会,听取党委书记赵佩琪关于我校开展党的群众路线教育实践活动的安排。鉴于我校已圆满完成新疆喀什地区未就业大学生来沪培训任务,经研究,撤销援疆协作办公室建制。会议传达董事会决定,聘任尹雷方为副校长。

9月

9月2日 学校完成2013年夏秋季征兵任务。经闵行区征兵办公室批准,陈玉明等32名学生(其中,女生4名)被批准光荣入伍。学校为入伍学生举行欢送会。

9月6日 学校召开深入开展党的群众路线教育实践活动动员大会。董事长曹助我、党委书记赵佩琪、校长项家祥和市教卫党委第三督导组组长尤丽芬,以及全校党员教职工和学生代表出席。会议由校长项家祥主持。

赵佩琪书记作动员报告,提出要正确把握教育实践活动的总要求、目标任务、基本原则,要求领导干部以高度自觉性投入这项活动。党员要受教育,学校要办实事,群众要得实惠,真正使党的群众路线教育实践活动取得实实在在的成效。董事长曹助我讲话,他提出董事会成员要做到"四个"带头:带头参加活动,带头改进作风,带头自我剖析,带头解决问题。

9月8日 学校召开第29个教师节庆祝大会,会议由党委副书记王玉主持。会上,董事长曹助我致辞,要求广大教师围绕"立德树人 同筑东海梦"的主题,坚持"全员育人、全程育人、全方位育人",把每位学生铸造成社会的有用之才。

校长项家祥以"抓住机遇,突破关键,再创辉煌"为题,指出学校未来的发展要靠内涵建设,内涵发展就是要稳定规模、优化结构、强化特色、注重创新,希望全校老师共同努力完成"示范校、特色校、文明校"创建任务,促进学校不断发展。党委书记赵佩琪宣读《2012—2013年度优秀教育工作者和先进教育工作者表彰决定》。金融系主任陆爱勤等10人被评为优秀教育工作者,数字传媒系教师蔡艳等11人被评为先进教育工作者。

9月10日 学校召开2013年市级特色高职院校建设工作推进会。会上,6个重点专业建设项目负责人和创建办主任周大恂分别汇报一年来的建设情况以及2013—2014学年将要完成的建设任务。校长项家祥要求本学期的创建工作主要体现在以下几个方面:要在凸显特色上下功夫;拿出新思路、新亮点,办出成效;加快师资队伍建设速度;经费使用需按照任务书规范使用,更好地完成预期任务。

闵行区吴泾镇党委书记张国荣、镇长吴志华一行到校,向全体教师表达节日慰问。校长项家祥介绍学校的现状及未来发展愿景。吴泾镇镇长吴志华高度评价学校办学20多年来取得的成就,希望学校能够越办越好。

9月12日 学校召开深入开展党的群众路线教育实践活动校领导班子征求意见座谈会,会议由党委书记赵佩琪主持。本校的区政协委员、各民主党派成员,学校部分职能部门领导、支部书记、院(系)主任、职工等共20余人出席座谈会。与会人员就为青年教师发展争取更大上升空间、改善公共设施等问题提出建议。

学校举行2013级新生开学典礼暨军训开营仪式。校党政领导及中国人民解放军73171部队军训团团长张云峰等出席,副校长程龙根主持仪式。校长项家祥致辞,希望新生们通过3年的磨砺实现自己的人生梦想,在军训中严格要求、勇于吃苦,服从命令、听从指挥,为大学生活开个好头。军训团团长张云峰希望同学们严格要求自己,遵守部队纪律,做好表率作用。

党委书记赵佩琪向军训团团长张云峰授予上海东海职业技术学院军训团团旗。

9月18日 学校举行2013级新生军训成果汇报总结大会。会上,党委书记赵佩琪赞扬了新生吃苦耐劳的精神,并对教官们表示了衷心感谢。她希望全体新生能把从军训中学到的精神发扬在今后的学习生活中,为东海学院带来新的荣誉。党委副书记王玉宣读表彰决定,对在军训中表现优异的新生进行表彰。项家祥校长与张云峰团长签署《共同创办文明单位协议书》。

9月29日 机电学院、航空运输系、护理系3个院系的党支部联合举行微型党课活动。机电学院辅导员祁志波以"辅导员党员的职责与使命"为题作党课辅导。

10月

10月8日 一场特大暴风雨袭击上海,学校启动防汛抗台应急预案,有条不紊地开展排涝抢险工作。学校党政领导到教室、学生宿舍看望学生,了解排水情况。后勤保障部员工全力以赴奋战在抢险第一线,全力排水、加强巡查,确保用电和教学设施的安全。

10月12日 学校举行"东海创意园"开园仪式。到场嘉宾有教育部全国职业教育委员会副主任刘延申、市教委民办教育管理处副处长何鹏程、上海易知信息科技有限公司董事长吴辉、上海天橙传媒总经理陈嵩等。校长项家祥与企业领导为我校数字传媒系的首个"校中厂"——"东海创意园"揭幕。天橙传媒和易知科技两大企业正式入驻该园,与数字传媒系合作,联手培养应用技能型专业人才。

10月14日　学校召开校长办公会。出席人员有项家祥、赵佩琪、程龙根、尹雷方、王玉、高慧珠、郁萍、许双全。

会议讨论并决定,本年度就业工作先进集体是机电学院、经管学院、金融系;就业工作先进个人是陈晓雯、林丽敏、邹雨枫、王丹、尹菊萍;就业督察员是杨瑾、戴妮娜。

10月16—17日　由校长项家祥挂帅的3个专家小组,分别由党委书记赵佩琪、副校长程龙根和尹雷方担任组长,对特色校建设工作开展阶段性自查。专家组采用现场听取汇报、审阅项目自查表、查阅佐证资料、实地考察等方式,对6个重点建设项目进行检查,质询项目建设进度和资金使用情况,并提出整改意见。

10月16日　上海市西南片区高校工会在上海交通大学徐汇校区举办"劳动光荣,圆梦未来"文艺汇演。有15所高校参加演出。我校学生舞蹈队表演舞蹈《流光溢彩》,是15所高校中唯一的民办高职院校。我校荣获优秀组织奖。

10月25日　学校举行第一批"双百工程"校级精品课程及优质课程颁奖大会,会议由党委副书记王玉主持。课程建设"双百工程"是我校"十二五"规划中的一个重要教学建设项目,指用5年时间建设100门优质课程,编写100种校本教材。

副校长尹雷方对优质课程的建设情况进行总结。第一批30门课程的建设,参加验收的课程有25门,参加课程建设的教师达218人次。经专家评审、教务处审核,10门课程被确定为校级精品课程,13门课程被确定为优质课程。党委书记赵佩琪宣读校级精品课程、优质课程的名单,校领导向相关院系颁发"校级精品课程""优质课程"奖牌。

10月29日　学校与上海优通国际物流有限公司举行定向培养班签约仪式。公司代表和校长项家祥、经管学院院长严玉康出席,签约仪式由尹雷方副校长主持。这是我校经管学院第二个签约的定向培养班。

10月30日　我校召开党的群众路线教育实践活动第一环节学习交流会,出席本次会议的有校党政领导和上海市民办高校党工委党的群众路线教育实践活动第三督导组组长尤丽芬及全校中层干部、群众代表。会议由党委书记赵佩琪主持。

10月31日　上海东海职业技术学院上海电机厂实习基地在上海电机厂职业培训中心正式挂牌成立。校长项家祥、党委书记赵佩琪、副校长尹雷方以及上海电机厂副总经理陶敏强、人力资源部部长沈林华等出席挂牌仪式。副校长尹雷方代表校方讲话,校长项家祥和上海电机厂副总经理陶敏强分别致辞。

11月

11月1日　学校召开2013年人事工作会,副校长程龙根主持会议。校长项家祥作"抓住机遇,趁势而上,切实推进强师工程,迎接东海新一轮发展"的主题讲话;人事处处长高惠珠对《关于教师岗位职级工资实施方案的补充意见》等文件进行解读。副校长尹雷方指出,师资队伍建设是办学的主题,要和专业建设发展、专业设置相匹配,按需出击。

赵佩琪书记作总结发言,强调以创建示范校和特色校为契机,以"强师工程"为抓手,加强师资队伍建设。

11月6日　校中心组召开学习党的群众路线交流会,校董事、党政领导、党委委员交流学习体会。与会人员遵照"照镜子、正衣冠、洗洗澡、治治病"的要求,联系思想和工作实际谈学习体会。

11月13日　党的十八届三中全会的公报公布后,学校机关第一党支部利用党的群众路线教育实践活动党员专题组织生活会,学习公报精神,领会实践党的群众路线的重要性,交流学习体会感受。

11月16日　2013年上海市高等教育学会校园网络专业委员会学术年会暨会员代表大会在浙江宾馆召开,我校的"特色校信息化建设"项目获得2013优秀实践案例奖。该项目的实施进一步提升了学校的网络基础设施和信息化应用建设水平。

学校承办上海市第三届高职高专英语教师教学大赛。我校青年教师何思源凭借扎实的专业功底和精心准备,获得本次大赛一等奖的好成绩。在本次大赛过程中,我校的大赛承办工作认真仔细,接待热情周到,受到大赛组委会专家、评委和参赛教师的好评。

11月20日 党的群众路线教育实践活动进入第二环节，学校召开领导班子对照检查材料通报会和专题民主生活会。党委书记赵佩琪代表领导班子，在全校中层以上干部、区政协委员、民主党派成员和工会小组长会议上进行了通报。

学校严格执行中央的"八项规定"，经党政联席会议决定，制定出台《关于改进工作作风、密切联系群众的规定》，提出精简会议、实行"首问责任制"、设立师生接待日等多项举措。

11月21日 学校召开2013年赴校外学习考察汇报会。创建办主任周大恂老师主持会议。会上，赴校外学习考察的袁雪飞等青年教师分别汇报收获和体会。

11月23日 在上海立信会计学院举行的第七届"用友新道杯"全国大学生会计信息化技能大赛上海赛区总决赛中，我校参赛选手会计115班马佳丽、会计122班汪秋萍分获上海赛区二、三等奖。马佳丽同学代表上海参加全国精英赛，并在全国总决赛中位列高职高专组第11名，荣获全国优秀奖。

11月24日 我校辅导员在第二届上海市高校辅导员团队拓展活动中荣获团体三等奖。

11月25日 校长项家祥、党委书记赵佩琪接待日本沟部学园理事长沟部仁一行，双方回顾前期交流合作情况，并就进一步展开深度交流与合作进行商谈。副校长尹雷方、商贸学院和数字传媒系负责人出席会议。沟部仁理事长赞扬我校学生在学习和生活中表现出来的拼搏精神，他期待在不久的将来会有日本沟部学园的留学生来东海学院学习，实现留学生互派的合作目标。

学校会计专业教学团队被批准为"2013年度上海高校市级教学团队"。经管学院会计专业教学团队成员近年来承担市级科研课题10余项，发表科研论文30余篇，编写教材10余本，指导学生在职业技能大赛中屡屡获奖。

11月28日 由商贸学院院长时启亮和指导教师李福刚率领的我校商贸学院学生竞赛团队"花young队"，赴北京参加第六届全国大学生网络商务创新应用大赛全国总决赛，荣获主题赛一等奖。

12月

12月3—5日 为进一步推进学校辅导员队伍建设，提升辅导员职业技能，校学生工作部与北森生涯教育技术有限公司合作举办GCT生涯团体辅导认证培训。有36名教师参加此次培训。培训以学员参与团体辅导活动的方式进行，在讲师的引导下，大家在团体中互相讨论、交换意见、解决问题，体验团体活动的魅力。

12月6日 学校召开全体党员大会，通报校领导班子专题民主生活情况。市民办高校党工委党的群众路线教育实践活动第六督导组组长尤丽芬出席并讲话。党委书记赵佩琪对专题民主生活会以及会后的工作推进情况进行了通报。督导组组长尤丽芬肯定了学校前一阶段的工作，希望通过党的群众路线教育实践活动，让师生员工得到真正的实惠。

12月7日 学校举行资产管理工作总结会，会议由副校长程龙根主持。资产与实训室管理处处长刘平通报2013年度资产清查情况。校长项家祥在讲话中指出，资产管理就是要做好当家人，管好学校的固定资产。赵佩琪书记指出，学校的资产来之不易，要坚持勤俭办学。会上对兼职资产管理员进行了业务培训。

12月20日 在"21世纪报杯"上海市第二届高职高专英语读报大赛非专业组比赛中，我校7名参赛学生中有6名获奖。会计114班施能能获一等奖；报关121班毛亦精获二等奖；会计111班冯圣婷、125会计班秦妮、物流112班袁家欢、会计122班赵婷婷获三等奖。

12月31日 学校召开特色专业建设年终工作会，项目建设领导小组、工作组成员以及项目建设办公室人员参加。会议由创建办主任周大恂主持。会上，5个重点建设专业负责人分别从特色和举措的角度，简要汇报了本专业的建设成果和下一阶段的建设思路。副校长程龙根通报本年度在技术服务和社会服务方面的成果。

副校长尹雷方就人才培养模式创新问题作总结发言；创建领导小组组长、校长项家祥，副组长、党委书记赵佩琪作总结讲话。关于下一步创建工作，校长项家祥提出，一是师资队伍要上层次；二是科研成果要上档次；三是实训要出效益；四是国际交流要成为动力。

2014年

年度概述

学校设有4个二级学院、4个教学系、2个教学部及继续教育学院；招生专业30个。学校有教职工420人，其中，专任教师153人，占比49.35%。专任教师中拥有副高级以上职称64人；"双师素质"教师72人，占比47.06%。

2014年招收新生1 938人，报到1 650人，新生报到率为85.14%。应届毕业生1 546人，就业1 518人，就业率为98.19%。截至2014年年底，学校全日制高职在校学生4 545人。

学校推进特色校建设取得新成果：荣获2014年上海市高校教学成果二等奖两个；获两门市级精品课程，两个优秀教学团队；在2014年上海职业院校技能大赛暨全国职业院校技能大赛上海赛区选拔赛中，分别获得"报关实务"团体第一名与"会计技能"团体第一名；报关、会计专业学生代表上海参加全国大赛，获全国一等奖；荣获上海市高校青年教师教学竞赛一等奖；全国思想政治理论课、微课现场教学比赛二等奖。

党的群众路线教育实践活动取得明显成效。2月25日，学校召开总结大会，党委书记赵佩琪作总结讲话。

学校顺利完成本年度为新疆喀什地区未就业普通高校毕业生上岗培训的任务，5月28日，校长项家祥一行专程到新疆喀什为毕业生举行毕业典礼。10月，作为上海唯一的高职院校，学校领导随翁铁慧副市长赴新疆喀什，参与成立上海和喀什的职业教育联盟。

学校被评为"2012—2013年度上海市安全文明校园"。

2014年 大事记

1月

1月1日 由闵行区政府主办的第三届"森马杯"迎春万人健康行活动在紫竹高新科技园隆重举行。我校140多名师生参加此项活动。

1月3日 工会召开2012—2013年度创建巾帼文明集体交流展示评比专题会。教师代表等50余人参加专题会，会议由工会副主席杨和平主持。校长项家祥、党委书记赵佩琪、副校长程龙根、党委副书记王玉等校领导及有关部门领导担任评委，13个申报创建的学院、科室依次作了交流展示。

1月7日 为贯彻落实《中共中央关于全面深化改革若干重大问题的决定》，总结2013年教学工作的经验和成绩，确定新学期的教学工作，学校召开教学工作会议。副校长程龙根主持会议，中层以上干部出席。

校长项家祥作"深化培养模式改革"的主题讲话，解读十八届三中全会通过的《决定》第42条，分析当前高职教育发展现状和趋势，提出要深化人才培养模式改革，确立以岗位培养为中心，培养高素质、技能型、应用型的人才，突出表现在培养的学生必须以工作过程为引导，与企业零距离对接，与生产岗位零距离对接。会上，副校长尹雷芳对新出台的《关于积极推进"课证融合"的若干意见》《关于制定2014级人才培养方案的几点意见》《关于教学大平台建设》3个文件进行解读；教务处副处长张菊芳就中期教学检查情况作了通报。

党委书记赵佩琪作总结讲话。赵书记强调人才培养要遵循3个原则：一是突出特色，准确定位；二是以就业为导向，体现人才培养的职业性和高等职业院校的高等性；三是工学结合，突出实践。

1月8日 学校召开党的群众路线教育实践活动"回头看"情况通报会，全校中层以上干部、区政协委员、民主党派成员、教工代表70余人出席。会上，党委书记赵佩琪作"回头看"情况通报，她从6个方面进行通报：一看学习教育是否扎实；二看查摆问题是否聚焦；三看自我剖析是否深刻；四看谈心交心是否充分；五看开展批评是否认真；六看边查边改是否有成效。赵佩琪书记要求全校干部、教师、职工积极行动起来，落实好每一项整改措施，使师生员工得到真正的实惠。

1月10日 由陆春阳副主任率领的全国电子商务职业教育教学指导委员会专家一行4人，莅临我校进行考察指导。交流研讨会上，副校长尹雷方介绍了我校专业设置、教学模式等情况，商贸学院院长时启亮介绍了与电子商务企业进行校企合作的情况。陆春阳副主任认为学校即将申报的电子商务专业要体现高起点、高标准要求，要办出特色。交流研讨会后，专家组参观了我校校史馆。

2月

2月24日 学校召开校长办公会。出席人员有项家祥、赵佩琪、程龙根、尹雷方、王玉、高慧珠。

会上，党委书记赵佩琪传达2014年春季高校党政负责干部会议精神。今年，市教委将紧紧围绕立德树人根本任务，重点推进三方面工作：一是加强高校宣传思想和意识形态工作；二是加强高校青年教师队伍建设；三是加强高校党风廉政建设。校长项家祥布置2014年学校工作，提出以特色校、示范校建设为契机，深化教学改革，在改变观念、提升内涵、提高水平上下功夫；努力推动与紫竹高新区的合作；进一步推进和谐校园、平安校园建设，申请第三次市级文明单位；抓好学风建设。

2月25日 学校召开党的群众路线教育实践活动总结大会。市民办高校党工委党的群众路线教育实践活动第六督导组组长尤丽芬，校董事会、党政领导，全体教职工参加大会，会议由副校长程龙根主持。

党委书记赵佩琪作总结讲话，她说，我校作为市教卫系统第一批党的群众路线教育实践活动单位，按照上海市委统一部署，在市民办高校党工委第六督导组的指导下，扎实完成了每个阶段的目标任务。校党政班子进行认真总结：一是认真贯彻落实文件精神，聚焦突出问题开展批评与自我批评；二是正确处理好规定动作与自选动作；三是实现领导干部正作风，党员受教育，师生得实惠，建章立制达到的目的。会上，董事长曹助我讲话，指出学校党政班子自觉把这次活动与学校的"三建一提升"工程密切结合，推动了学校的各项建设进程。

市民办高校党工委第六督导组组长尤丽芬同志作了总结讲话，认为学校领导班子抓活动严格程序、严格标准，确保活动不虚、不偏，规定动作不走样，自选动作有创新，做到党的群众路线教育实践活动全覆盖。

3月

3月7日 学校工会召开庆祝三八妇女节104周年暨巾帼文明集体表彰会。校党政领导项家祥、赵佩琪、程龙根、尹雷方、王玉等出席。工会女工委主任杨和平代表工会向全校女教职工致以节日的问候，并对一直以来关心支持工会工作、关心女教职工的学校党政领导表示感谢。党委副书记王玉宣读《2012—2013年度校巾帼文明集体创建活动表彰决定》。党政办和基础教学部获创建优胜奖；人事处、学工部、金融系获创建奖。

3月11日 学校召开2014年安全责任书签约会。各院、系办公室主任和职能部门负责人参加了签约会议。后勤保障部部长许双全对安全责任书签约及考核工作作了说明。副校长程龙根就做好2014年安全稳定工作提出3点要求：一是保障校园安全这根弦千万不能放松，要常抓不懈；二是加强对学生的宣传工作，强化责任，做到责任落实；三是树立全校一盘棋的思想，敢于担当。通过全校各部门的努力，使安全稳定工作跃上一个新的台阶。会上，副校长程龙根代表学校与各部门安全责任人进行签约。

3月24日 闵行区教育局副局长何美龙一行到校，就我校提交的"关于加强吴泾地区青少年综合素质教育的提案"进行回复和专访调查。何副局长表示，区教育局对提案内容一定落到实处。他说，区教育局将依托吴泾中学建立"城市学校少年宫"，充分利用学校现有资源，开放活动场所，形成学校和社区互动的教育合力，致力于提高青少年的综合素质。

3月25日 学校举行高级党校第十一期学员结业典礼。党委书记赵佩琪向全体学员提出4点要求：一要时刻牢记自己是一名入党积极分子，充分发挥入党积极分子的先锋模范作用；二要不断加强党性修养，自觉改进世界观、人生观和价值观；三要保持蓬勃朝气、昂扬锐气和浩然正气；四要自觉接受党组织的教育、管理和监督。赵佩琪书记向学员颁发结业证书。优秀学员代表黄圣杰、滕梦媛发言，总结在党校学习的收获和体会。

3月28日 学校举行第二届第七次教代会暨第三届第七次工代会开幕式。学校董事会和党政领导出席。开幕式由大会执行主席、工会常务副主席杨和平主持。董事长曹助我在致辞中说,东海学院从建校第一个20年正昂首迈向新的又一个10年,形势喜人、值得自豪,但也必须清醒地看到挑战和压力,在当前形势下要敢干事、能干事、干成事,要敢创新、能创新、常创新。

校长项家祥作学校工作报告,对2013年工作作总结回顾,提出2014年要努力完成四大任务:第一,以特色校、示范校建设为契机,深化教学改革,要在改变观念、提升内涵、提高水平上下功夫;第二,努力推动与紫竹高新区的合作,争取今年有实质性启动,翻开东海学院新的一页;第三,进一步构建和谐校园,创建文明单位,以东海学院全新的精神面貌申请第三次市级文明单位;第四,不遗余力地抓学风建设,从人才培养的高度推动学风建设。

党委副书记、工会主席王玉作工会工作报告,她总结回顾了2013年工会工作,并提出2014年工会工作要点。4月4日,举行了二届七次教代会暨三届七次工代会闭幕式。大会一致通过了两个工作报告。

3月29日　学校举行京都情报大学院大学硕士预科班揭牌仪式。校长项家祥教授、日本京都情报大学院大学内藤昭三教授等专家莅临,副校长尹雷方主持揭牌仪式。校长项家祥在致辞中说,要用国际化的视野、全球化的思路来办职业教育,京都情报大学院大学硕士预科班的揭牌,标志着学校国际教育交流合作事业的发展即将步入一个新的时期,也标志着学校在多元化的发展道路上迈出了新的步伐。内藤昭三教授和李美慧部长对第一期硕士班学员给予了肯定。

4月

4月2日　上海市教师人文修养培训专家、上海戏剧学院党委宣传部部长张生泉教授到校,为学校师生作题为"大学生成长中的角色文化"的专题讲座。张生泉教授阐述了角色文化的分类,解读了角色文化的发展变化历程,并从肯定—否定—否定之否定的思考周期、量变—质变—质量互变的体验特征、自我—他人—社会结合的评价要求3个方面,论述了角色归宿的反思、体验和评论。

4月3日　机关党总支举行祭扫夏征农铜像活动,祭扫仪式由机关总支书记杨和平主持。校长项家祥,党委书记赵佩琪,副校长程龙根、尹雷方,以及机关的党员干部、教职员工70余人参加了祭扫仪式。

4月8日　上海歌剧院的原创音乐剧《国之当歌》走进校园演出,拉开我校第五届校园文化艺术节的序幕。《国之当歌》鲜活地再现了中华民族历史上可歌可泣的时刻,使艺术成为振奋民族精神的巨大正能量,自2012年首演以来反响强烈,档期满满。本场演出结束后,全体师生起立,高唱国歌,掌声雷动,向敬业的演员们致敬。

4月11日　由中共上海市民办高校工作委员会主办的上海民办高校学工部长沙龙在我校举办,市内各民办高校学生工作部负责人出席活动。上海建桥学院、上海杉达学院和我校学生工作部分别在沙龙活动中介绍"民办高校心理情景剧大赛""名师进易班"主题活动和"中国梦·校园美"系列活动情况。上海电影艺术职业学院学生工作部介绍"转角遇到爱——'易'起牵手吧"活动策划案。本次沙龙活动还就辅导员队伍建设、心理健康教育工作、团学工作和"易班"建设工作等进行研讨。

4月14日　全国报关员水平测试调研工作会议在我校举行。中国报关协会副会长高泷涌、中国报关行业职业教育工作委员会秘书长郑俊田参加会议。会议由上海报关协会会长闻学祥主持,8家业内知名报关公司代表及12所职业院校领导出席。

副校长尹雷方教授代表学校致欢迎辞,经管学院院长严玉康教授介绍报关专业建设与发展历程及取得的成绩。

4月23日　学校邀请上海师范大学天华学院祝亚平教授为师生作题为"国学概论"的专题讲座,这是我校"东海讲坛"本学期的第三次讲座。祝亚平教授围绕"什么是国学""为什么学国学""怎么学国学"等方面进行讲解。

5月

5月6日　我校党校举行第十二期入党积极分子培训班(高级)开学典礼。党委书记赵佩琪为本期培训班作首场报告。报告题目为"端正入党动机,做合格的共产党员"。报告的主要内容是:一、入党动机的剖析;二、入党动机的本质;三、思想上入党是重点;四、对照党员标准,争取做一名合格的共产党员;五、社会主义核心价值观和中国梦的内涵、实现路径。赵书记希望入党积极分子以实际行动严格要求自己。

5月7日　中国茶道专业委员会常务理事、中国高级评茶师刘秋萍女士为学校师生作"茶道与传统文化"的专题讲座，这是我校"东海讲坛"本学期的第四次讲座。刘秋萍女士用中庸之道阐述茶道文化的内涵，用一句"一片绿叶，五千年文化"总结了茶道与传统文化的归一和共存。

5月12日　2014年上海职业院校技能大赛暨全国职业院校技能大赛上海赛区选拔赛，于5月6日、9日分别在上海立信会计学院和我校成功举办。在两天的比赛中，我校会计代表队和报关代表队分别获得团体第一，双双入围全国大赛。

5月14日　学校召开专题会议，安排部署我校安全稳定工作，会议由党委书记赵佩琪主持。副校长程龙根传达5月13日市教委、市教育工作党委关于"亚信峰会"期间高校维稳工作会议的精神。

赵佩琪书记就学校安全稳定工作提出要求：落实"一把手"责任制，全校的维稳工作由党委书记和校长为第一责任人，各院（系）、部门的一把手承担本单位维稳责任，谁出问题谁负责；加强各部门信息沟通机制；做好网上舆论引导工作，保证学校师生政治思想稳定；摸排学校安全稳定中的隐患，做到心中有数。校长项家祥希望各院（系）、部门主要负责人思想上高度重视，相互协作，共同努力做好我校"亚信峰会"期间的安全稳定工作。

5月15日　学校第二届"东海技能之星"颁奖仪式暨第五届文化艺术节拉开帷幕。颁奖仪式上，副校长尹雷方宣读《关于授予俞佳等38名同学"东海技能之星"荣誉称号的决定》。校长项家祥讲话，他说，"东海技能之星"颁奖是对学生的动手能力上新水平、新台阶的充分肯定。校园文化艺术节是使广大师生综合素质得以体现的大舞台，校园是青年增长才干、提高素质的广阔天地，愿东海学院因大家的青春而美丽，大家的青春因东海学院而骄傲。

5月18日　由校长项家祥、副校长尹雷方带队，学校在新疆喀什市第二人民医院为2014届新疆籍学生举行毕业典礼。上海援疆指挥部人才民生工作组李明、喀什市第二人民医院护理部主任吴文、《文汇报》驻新疆喀什记者王星出席。毕业典礼仪式由副校长尹雷方主持。

项家祥校长致辞，提出4点希望：希望同学们走上工作岗位后要承担起家庭和社会责任，为家庭和睦、社会和谐发挥个人应有的作用；希望同学们成为自食其力的劳动者，热爱自己的岗位，努力工作，早日成为行业的专家；希望同学们不断学习，不断充实自己，努力为国家多作贡献；希望同学们永远把母校记在心头，把东海学院的感情、东海学院的希望记在心头。

5月21日　学校团委举行纪念五四运动95周年表彰大会暨第32批入团仪式。会上表彰了荣获青年先锋、优秀团干部和优秀团员称号的学生；14位新团员进行入团宣誓仪式。

5月30日　马鞍山师范高等专科学校副校长张勇军一行5人莅临我校进行参观交流。双方就专业建设、教学质量监控、对外合作办学等方面进行座谈交流。副校长尹雷方介绍了我校办学历史和专业建设现状；商贸学院院长、教务处负责人分别介绍了开展对外合作办学情况和教学质量监控情况。会上，张勇军副校长对本校的建校历史沿革和开展产教融合的情况作了介绍。

6月

6月2日　商贸学院2013级第二批赴日短期实习队伍离沪。校领导和院系领导到机场送行，希望同学们在海外实习期间努力学习、开阔视野、武装自己、艰苦奋斗、珍惜机会，学成回国后回报母校和社会，祝愿同学们能取得预期成果。

6月3日　学校召开校长办公会。出席人员有项家祥、赵佩琪、程龙根、尹雷方、王玉、高慧珠、覃家宁。

会议讨论并同意推荐周孟华老师为2014年教书育人楷模。

6月7日　学校举行2014届学生毕业典礼，典礼由副校长兼教务处处长尹雷方主持。董事长曹助我致辞，向全体毕业生表示祝贺；党委书记赵佩琪宣读《上海东海职业技术学院关于颁发2012—2013学年国家奖学金、国家励志奖学金和上海市奖学金的决定》及《上海东海职业技术学院关于表彰2014届优秀毕业生的决定》，与会领导为获奖学生颁奖，并为毕业生代表颁发毕业证书。

校长项家祥以"理想"和"志气"为话题，给全体毕业生加油鼓劲。航空运输系毕业生代表向学校献礼，赠送一架水晶飞机，表达全体毕业生对母校的诚挚谢意，共同见证临别深情。毕业生代表王剑锐、在校生代表陈家贤、毕业生家长代表和教师代表分别发言。

6月16日　学校召开校长办公会。出席人员有项家祥、赵佩琪、程龙根、尹雷方、王玉、高慧珠、张永春。

会议讨论并决定，2014年学校申报市级精品课程为国际商务单证实训、外贸英语口语、电气控制与PLC技术、影视编辑艺术、国际金融理论与实务；市级优秀教学团队为报关专业教学团队、国际商务专业教学团队；教学名师为严玉康。

6月25日　2014年全国职业院校技能大赛（高职组）"报关技能"赛项在天津商务职业学院圆满落下帷幕。

来自全国26个省、自治区、直辖市的58所职业院校、174名选手参加比赛。我校代表队荣获2014年全国职业院校技能大赛（高职组）"报关技能"赛项团体一等奖；在优秀选手职业素养展示赛中，以总分522的成绩荣获第一名。

6月27日、29日　首届上海高校青年教师教学竞赛决赛举行。此次比赛分预赛和决赛两个赛程，共有来自本市各大院校的118名选手参加角逐。竞赛分人文社会科学、自然科学应用学科和自然科学基础学科3组。我校社科部龙燕老师获人文社会科学组一等奖；机电学院汤珺获自然科学基础学科组三等奖；数字传媒系蔡艳老师获自然科学应用学科组三等奖；

6月30日　学校举行全国"报关技能"赛项汇报表彰大会。在2014年全国高职院校报关技能竞赛中，我校荣获团体一等奖，这是建校以来学生参加技能大赛所获的最高荣誉。参赛领队、副校长尹雷方描述了此次比赛过程；获奖学生代表陈成发表获奖感言。经管学院院长严玉康发言说，能取得如此好的成绩，是团队协作、指导教师兢兢业业、学生坚持不懈努力、基础教学常抓不懈的结果。

校长项家祥对我校参赛团队在全国技能竞赛中获一等奖给予高度评价，用"不容易、不简单、了不起"来形容这次奖项的含金量。东海学院能在全国58所参赛院校中脱颖而出，获得这么高的荣誉，这在上海市民办高校中也可拔得头筹。会上，党委书记赵佩琪代表学校对参赛团队颁发了奖励。

7月

7月1日　学校召开庆祝建党93周年座谈会。校党政领导和部分院系党员领导代表参加了此次会议。会议由校长项家祥主持。项校长指出，近些年来我校在上级党委的领导下，党建工作不断创新，党组织作用充分发挥，形成了"一个地位、三个作用"的党建工作思路，体现了党组织在推动学校发展、服务群众、凝聚人心、促进和谐方面的重要作用。

赵佩琪书记对学校党的建设提出3点要求：一是巩固和发展党的群众路线教育实践活动成果；二是努力创建学习型党组织；三是努力创建服务型党组织。希望全体党员干部扎扎实实地做好本职工作，为实现学校的改革目标而努力学习和工作。

7月2日　学校召开2013—2014学年学生工作研讨暨表彰大会。学生工作部部长郁萍作学生工作总结。大会对2013年度优秀辅导员博文、微博征集活动获奖人员，2013—2014学年"易班"建设工作先进集体和个人，第四届辅导员工作案例征集活动获奖个人及2013—2014学年优秀、先进辅导员进行了表彰。

党委书记赵佩琪代表学校党政领导班子作总结讲话。希望全体学生工作人员在将来的工作中，要强化服务育人理念，增强责任感、使命感和归属感；要提高防范意识，多措并举，切实维护校园和谐稳定。

8月

8月29日　学校举行2014级新生开学典礼暨军训开营仪式。校党委书记赵佩琪，副校长尹雷方，党委副书记王玉，中国人民解放军73171部队、东海军训团团长邵凯和各部院系领导出席典礼。副校长程龙根主持开学典礼暨军训开营仪式。

开营仪式上，党委书记赵佩琪作军训动员，她号召同学们以军人标准严格要求自己，服从命令听指挥。副校长尹雷方致辞，向同学们提出3点希望：希望同学们珍惜时间，努力学习；希望同学们树立正确的人生观、价值观，学会做人；希望同学们尽快融入大学校园生活，严于律己，宽以待人，丰富自我，完善自我，立志成才。军训团教官代表田武昌表示，要用良好的军人形象和过硬的军事本领引导示范，让同学们通过军训提高政治思想觉悟，增强集体主义精神、组织纪律观念和国防观念。

最后，党委副书记、军训团政委王玉向东海学院军训团授团旗。

9月

9月1日　学校召开校长办公会。出席人员

有项家祥、赵佩琪、程龙根、尹雷方、王玉、高慧珠。

会议研究决定，成立招生就业处，由校长助理郁萍兼任处长。下设招生办公室和就业办公室，分别由黄琦和张春担任主任。

9月2日 学校召开中层干部工作会议。校长项家祥传达市教委召开的全市高校党政领导工作会议精神，对市教委的高等职业教育改革的三大规划、三个理念和三项工作作了解读，提出要紧紧抓住国家大力发展现代职业教育的历史机遇。学校的战略决策是：继续加强教学建设，提高育人能力；继续加强产学合作、校企合作，建立战略伙伴关系，互利互惠，共存共赢；继续探索职教人才培养模式改革创新，包括招生、教学、实习、就业等方面；继续创立品牌，把特色显现出来，把质量显现出来。

副校长程龙根和尹雷方分别提出下半年的人事、后勤保障与教学工作要点。

9月10日 学校召开庆祝第30个教师节大会，由校党委副书记王玉主持。董事长曹助我致辞，他肯定过去一年学校取得的成就，并围绕今年教师节的主题——带头践行社会主义核心价值观——提出教师要立德树人、心存大爱、不断创新等要求。希望老师们在传播文化知识的同时，用爱心把社会主义核心价值观融入课堂教学中。党委书记赵佩琪通报学校2013—2014年获得的重大奖项，并向优秀教育工作者、优秀职工、校长提名奖获得者颁发荣誉证书。

会上，校长项家祥讲话回顾了我校实施"双百工程"和"强师工程"以来获得的新成果。副校长尹雷方部署本学年的教学工作要点，提出要推进"双百工程"、促进教学管理信息化、推进"课证融合"、落实实践教学和推进选修课改革等。

9月11日 学校召开新疆民族学生座谈会，来自商贸学院、护理系和数字传媒系的6名新疆籍学生参加座谈。会上，校领导对往届民族学生的培养情况作了介绍，希望同学们以此为榜样，认真学习，顺利完成大学学业。与会学生表示会努力学习，让学校放心，让关心自己的家人和社会放心。座谈会上，校领导为学生赠送生活用品。

9月12日 为进一步推进校企合作，我校商贸学院与奥鹏远程教育中心举行"奥鹏教育实战型电子商务运营师"开班仪式，共同建立电子商务就业孵化基地。商贸学院院长时启亮强调，实现产学研的紧密结合是共建应用型人才的重要举措，建立电子商务孵化基地势在必行。奥鹏远程教育中心负责人王芳就合作的具体形式、授课安排以及注意事项等作了阐述，希望参加培训的同学们能取得好成绩，为未来在电子商务领域施展才华准备条件。本期开班学习时间为3～4个月，将分别从电商大势——思维普及、电商平台内运营、电商平台外的营销推广以及电商升级课程等模块进行学习。

9月14日 日本沟部学园里中玉佳老师带领小手川友里和新川有希乃两位同学来我校进行短期访学。访学期间，沟部学园师生旁听了商务日语专业课堂教学，与商贸学院的教师和学生进行座谈并参观多个校内实训基地。9月16日下午，校长项家祥和副校长尹雷方会见了日本师生，项校长为两位日本学生颁发短期访学证书。

9月16日 学校党委召开党务工作者座谈会，学习习近平总书记9月9日在北京师范大学的讲话精神。会上，党委书记赵佩琪对习近平总书记关于好教师要具有理想信念、道德情操、扎实学识和仁爱之心4个特质的重要论述作了解读。参加座谈会的教师分别谈了自己的学习心得。赵佩琪书记要求全校教师认真学习习近平总书记提出的作为一名合格教师的"四有"标准，争做党和人民满意的好老师。

9月19日 学校召开第三届董事会第十四次会议。会议讨论并决定，调整第四届董事会人员组成。成员由现在的8人改为7人，李小钢和白芸退出第四届董事会。会议建议第四届董事会成员中的教工代表由周孟华老师担任。

第三届董事会第十四次会议决定，推荐曹助我、陶钧、李重华、杜鉴坤、项家祥、赵佩琪、周孟华组成上海东海职业技术学院第四届董事会。

9月28日 为迎接和庆贺维吾尔族的古尔邦节，学校为2014级来自新疆喀什地区的7名维吾尔族学生赠送自行车，作为他们的节日礼物。校领导在赠车仪式上预祝全体民族同学节日快乐，积极上进，尽快适应全新的大学生活。

10月

10月10日 我校经管学院与上海欣海报关有限公司举办校企合作洽谈会，商议校企合作方案。上海欣海报关有限公司人事部经理朱莉、负责人朱瑾瑜作为企业代表出席洽谈会。双方达成合作意向及合作方式：设立报关专业预归类定向培养班；双方共同承担报关类师资培训班；报关专业专职教师与欣海报关公司共同参与开发报关实务操作软件。

由我校承办的2014年上海市民办高校"强师工程"机电技术类骨干教师培训班正式开班。市民办高校教师专业发展中心常务副主任徐雄伟以及来自上海民办高校的15名机电技术类骨干教师参加开班仪式，开班仪式由副校长程龙根主持。举办培训班旨在进一步提高高职机电类教师的教学水平和教学质量，为培养高端技能型人才提供优质师资保障。

10月12日　在由上海市教育委员会主办，上海市艺术教育中心与上海戏剧学院承办的全国第四届大学生艺术展演上海市戏剧专场演出中，我校选送的舞台剧《勇敢》在众多节目中脱颖而出，成为本次大学生艺术展演节目之一。

10月15日　日本共立财团一行4人来我校访问。校长项家祥对本田一男理事长等来校表示热烈欢迎。座谈中，本田一男理事长介绍了共立国际交流奖学财团的专业护士课程；副校长尹雷方、市民办教育协会代表王唯、日本乐商株式会社中国代表张弘就学生赴日学习护士课程、日本护士国家资格考试、日本医院就业等问题进行交流。

副校长尹雷方、护理系主任钱关祥接待以蒂娜·努梅拉博士为代表的芬兰图尔库科技应用大学师生访问团。座谈会上，副校长尹雷方介绍了学校的办学过程和特色。上海市第五人民医院护理教研室主任杨青敏介绍了与芬兰图尔库科技应用大学的合作项目。蒂娜·努梅拉博士介绍了芬兰国家、图尔库科技应用大学和护理学院的情况。

10月18日　由市教委主办的2014年第七届全国大学生网络商务创新应用大赛上海赛区决赛落幕。决赛中，我校参赛团队摘取专科组一等奖，并以上海赛区第一名的身份代表上海市参加11月底在北京举行的全国总决赛。时启亮、杜作阳、易中林、李福刚4位老师获得优秀指导教师奖。

10月20日　在全国高职高专院校思想政治理论课建设联盟第二届年会暨首届全国高职高专思想政治理论课微课教学比赛中，我校马列教研室龙燕老师荣获全国高职高专院校微课教学比赛二等奖。此次比赛有来自全国130多所高职高专院校的思政课教师参与角逐。

10月22日　由闵行区政协教育委员会副主任、区教育局副局长朱越带队，闵行区政协委员一行20余人来我校视察交流。赵佩琪书记致辞，她对多年来闵行区政协对我校的建设和发展，特别在学校周边环境治理、教工子女教育、创建"校中厂"等方面给予的支持表示感谢。

闵行区政协教育委员会副主任、区教育局副局长朱越说，东海学院依托闵行教育学院、紫竹高科园区的优势，一定能对闵行教育有大的推动作用。

10月28日　"感恩成才·资助圆梦"动感地带杯上海市高校学生演讲比赛（复赛）在我校举办。本次活动由上海市教育委员会主办、上海市学生资助管理中心承办，我校和上海市语言文字水平测试中心共同协办。来自全市22所高职高专院校的选手参加复赛。

上海视觉艺术学院副教授、上海电视艺术家协会理事田奇蕊，上海师范大学谢晋影视艺术学院主持专业教师刘阳等担任本次大赛评委。党委书记赵佩琪致欢迎辞。

10月30日　美国西伊利诺伊大学校董卡特一行对我校进行访问交流。项家祥校长和卡特校董分别介绍各自学校的历史沿革和办学理念。卡特说，西伊利诺伊大学已与东海学院形成了友好合作关系，此次来访，希望双方能进一步加强合作交流，欢迎更多的东海学子赴美留学访问。自2013年5月双方签署短期学习交流和留学深造合作协议后，我校与西伊利诺伊大学合作交流不断加强。

10月31日　教务处召开学校"双百工程"（二期）课程建设第二次中期检查反馈会。各院（部）院长、副院长、督导室负责人、二期课程建设项目负责人及教务处有关人员参加了此次反馈会，副校长尹雷方主持会议。专家组组长刁德霖通报各门课程项目的打分结果，分析存在的问题。副校长尹雷方希望在建单位根据专家组提出的意见，认真整改完善。本次中期检查于10月13日开始，学校组织专家对46门校内优质课程的在建情况进行检查。检查内容分为5个模块，实行量化打分制。检查结果显示，第二期优质课程建设进展顺利，整体情况良好。

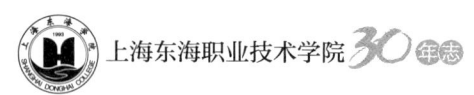

11月

11月5日 上海话剧艺术中心到校为师生演出肢体剧《人模狗样》。与传统话剧不同,肢体剧是表演者以大量的肢体动作形体语言替代台词,用肢体表演的一种演出形式,演出从开始到结束台词很少,演员们充分利用自己的肢体动作、表情神态这种更直接的方式去表达细节。

11月8日 在2014年上海国际护理技能大赛中,我校护理系2013级学生刘苗兰、沈郑琪获得护生组三等奖。本届赛事是由上海现代护理职业教育集团主办,多个国家参与的国际性护理应用技能大赛。除对护理操作技术有较高要求外,也是一次对参赛选手专业外语水平的考验。

11月14日 上海大学党委副书记忻平教授到校进行讲学,讲座题目是"留学生与强国梦"。忻平教授论述了近现代中国留学生出国求学的时代背景,在不同国家留学所呈现的不同特点,及其对我国当代社会主义建设事业的深远影响。

11月19日 上海大学生社会实践30周年成果展示会暨2014年上海市大学生暑期社会实践总结大会在上海交通大学举行。我校"助圆阅读梦,秉承先烈志——关爱江西留守儿童"项目获"2014年上海市大学生暑期社会实践活动优秀项目奖";学生徐炜、朱瑶获"先进个人"称号;胡忱荣获"优秀指导教师"称号。

12月

12月2日 学校举办"知韵杯"第二届汉字听写大赛。本场比赛为积分赛,各代表队按照积分高低排出名次与奖级。必答题共8组32道题目,每题10分,满分320分。各队选手按抽签顺序上场答题,每次每组上1名选手,同时书写同一组(4道)题目。比赛全部采用电子手写板,使用电子屏幕直接显示书写结果。最终护理系获得一等奖;经管学院、商贸学院获得二等奖;继教学院、机电学院、金融系获得三等奖。

12月3日 学校组织开展冬季送温暖系列活动。学生工作部召开维吾尔族学生座谈会。党委书记赵佩琪代表学校党政领导问候全体维吾尔族学生,学生资助中心为全体维吾尔族学生准备御寒毛毯和文具用品及生活补贴,鼓励他们安心学业。

上海歌剧院进校演出经典歌剧《江姐》。这是我校今年高雅艺术进校园活动的又一精彩呈现。创作于1960年代的歌剧《江姐》,对于"90后"的青年大学生来说可能很陌生,但演员的精彩演出让同学们深深地为江姐身上的英雄气概所折服,被革命先烈们为共产主义而英勇牺牲的精神所感动。

12月5日 2014年上海市高职高专重点专业建设教学设计比武决赛在上海交通大学医学院懿德楼举行。会议由上海职业教育科学院副院长马树超主持。近40所高职院校的500余名教师观摩学习此次比武。我校校长项家祥以"创建品牌专业,凸显职教特色"为题介绍了东海学院的顶层设计;会计专业兼职主任李敏阐述重点专业建设规划;秦岚老师介绍会计基础课程设计。我校荣获上海市高职高专重点专业建设教学设计比武二等奖。

12月16日 学校召开2014年就业工作总结表彰会。校领导,相关职能部门负责人,各院院长、各系系主任,各院系办公室主任,毕业班辅导员等参加会议,表彰会由校党委书记赵佩琪主持。副校长程龙根宣读《关于表彰2014年就业工作先进集体和先进个人的决定》。

校长项家祥提出今后就业工作发展的新方向与目标,指出要适应本专业相应行业职业潮流的变化。赵佩琪书记强调,做好毕业生就业工作事关全局,全校上下要继续以高度的责任感和紧迫感做好就业工作。

12月23日 学校召开2014年治安保卫工作总结会。校领导、各院系部处负责人参加会议。会上,副校长程龙根肯定本年度治安保卫工作取得的成果,对明年工作提出3点要求:一是继续做好2015年治安保卫工作;二是加强对治安保卫工作的宣传力度;三是提升为学生服务的空间,努力为东海学院的健康发展提供良好的校园环境。

12月25日 学校参加2013—2014年度上海市教育系统市级文明单位(和谐校园)终期考评集中展示汇报。校长项家祥、党委书记赵佩琪出席会议。项校长以"立德凝心、创建特色"为主题,以岗位意识的顶层设计理念和办学特色为切入点,回顾我校近两年来创建"校中厂、厂中校"实现学生学以致用,课证融通实现教学和企业实践"零过渡","双百工程"实现人才培养模式改革,以赛促学、以赛促教实现学生屡获佳绩,开展中外合作办学实现学生学历层次提升等方面取得的成果。赵佩琪书记以"德育为先、立德凝心"为主题,总结学校在倡导和践行社会主义核心价值观精神的过程中,形成的"一个立足点、两个层面、两支队伍、一院一系一品"的东海特色;以服务社会为亮点,总结我校为西部地区建设培养干部的育人特色。

我校与上海欣海报关有限公司举行校企合作签约仪式。上海欣海报关有限公司副董事长吴艳芬、人力资源部总监朱莉、招聘经理朱瑾瑜作为企业代表出席,我校校长项家祥、教务处处长张菊芹等出席签约仪式。签约仪式由副校长尹雷方主持,报关专业部分师生列席会议。

12月30日 学校召开"星光计划"技能大赛启动会。各二级学院院长、系主任以及各赛项负责人出席会议。教务处处长张菊芳介绍上海市"星光计划"职业技能大赛举办的背景,宣布正式启动"星光计划"技能大赛工作;教务处副处长王勤安排部署竞赛的具体工作计划。副校长尹雷方作总结发言,提出6条指导性意见。

12月31日 学校召开第四届董事会第一次会议。经过无记名投票选举,曹助我同志再次当选为第四届董事会董事长。

2015年

年度概述

2015年,学校设立5个二级学院、2个教学系、2个教学部及继续教育学院,共设置招生专业25个。全校教职工共计439人,其中,专任教师198人。2015年招收新生2386人,报到2010人,新生报到率为84.24%。应届毕业生1322人,就业1301人,就业率为98.41%。截至2015年年底,共有全日制高职在校学生4965人。

9月12日,以"聚焦、励志、鼓劲"为主题的庆祝第31个教师节暨祝贺曹助我、李重华教授从教60年大会隆重举行。市教卫党委副书记、市教委副主任高德毅,市教委原主任张伟江莅校参会。会上举行了曹助我教授的《一生追寻大学梦——从教60年》、李重华教授的《耕耘不辍 创业无悔——从教60年》新书首发式。

学校被授予"2014—2015年度上海市安全文明校园"称号,并连续6年3届蝉联"上海市文明单位"光荣称号。

2015年 大事记

1月

1月6日 由市教卫党委文明办、市教委有关处室及部分高校文明办领导组成的上海高校文明单位检查组一行15人对我校进行实地检查,分别进行校领导访谈、师生座谈、问卷调查和现场巡查。在访谈中,检查组询问了学校的精神文明建设情况,查看了工作记录和相关数据,并到学生宿舍、校园应急指挥中心、校医院等场所进行实地检查。检查组对我校环境建设和安全卫生工作给予肯定。

1月9—10日 学校召开本学年教学工作会议,学校领导,各院院长、各系主任和相关部门负责人出席会议,会议由副校长程龙根主持。

校长项家祥作"潮流 趋势 方向——谈职业技术教育的发展"的主题讲话,指出科技发展的趋势必然要求职业技术教育朝职业化、技术化的方向发展,要求职业技术教育培养出素质高、能力强、看得懂、看得清、跟得上的应用技能型人才,指导教学内容与课程体系的优化,使东海学院真正成为特色院校,真正起到示范引领作用。

副校长尹雷方传达教育部"全面提高职业教育人才培养质量"视频会议的精神,强调必须深化教育教学改革,做到"三明确、两构建、一融通";组织实施"星光计划",让每一个学生都参加比赛,人人都有出彩的机会。会上,校领导为获得市级精品课程、教学团队、教学名师荣誉的院系和个人颁发了奖金。

1月23日 学校圆满完成上海市民办高校"强师工程"机电技术类骨干教师培训项目并举行结业典礼。结业典礼由副校长程龙根主持,机电学院院长杨萍作培训工作汇报。校长项家祥讲话,肯定了培训工作的成绩,希望参训的学员能发挥引领和示范作用,为今后的教学打下更好的基础。本期培训历时4个多月,经过"教、学、做一体化"教学,让学员们受益匪浅。结业班学员谈了学习心得和体会。

2月

2月28日 学校召开校长办公会。会议研究决定,同意经管学院组建会计系和国际物流系,并成立经管学院实训中心。袁雪飞任会计系主任;侯丹任国际物流系主任;牟爱春任实训中心主任。会议还决定启动学校"十三五"规划起草工作。

3月

3月3日 学校召开中层干部工作会,会议由党委书记赵佩琪主持。校长项家祥对2015年度工作进行安排部署,重点是4个方面的工作:完成特色校建设、验收工作,全面提高内涵建设质量;进一步深化教学改革、人才培养模式改革;扎实做好师资队伍建设、实训室建设、校园建设;做好"十三五"规划起草工作。

项校长强调,要以改革的精神促进学校办学质量和水平的全面提高,继续发扬敢为人先、敢于碰硬的精神,努力营造"敢干事、能干事、干好事"的良好工作氛围,确保2015年各项工作任务圆满完成。党委书记赵佩琪对2015年党建工作提出要求:夯实基层党建,提升学校党建水平;坚决守住意识形态工作底线、党风廉政建设底线和校园安全底线。

3月5日 上海市教育工会、市教育系统妇工委在上海远程教育集团国际会议中心举行上海市教育系统纪念三八国际劳动妇女节105周年暨先进表彰大会。我校周孟华同志获"2013—2014年度上海市教育系统三八红旗手"称号,王玉同志获"心系女职工好领导"称号,杨和平同志获"优秀妇女工作者"称号。

3月6日 学校召开"星光大赛"动员会,会议由教务处处长张菊芳主持。副校长尹雷方作动员讲话,他从高职技能比赛的意义谈起,鼓励大家克服困难,树立信心,要求抓紧利用一切时间,提升训练效果。13位赛项负责人汇报各自备赛情况。

3月9日 2015年全国职业院校报关技能大赛赛事专家组工作会议在我校举行。中国报关协会报关职业教育工作委员会秘书长郑俊田等参会。欢迎仪式由副校长尹雷方主持,校长项家祥致欢迎辞并介绍学校的发展历程。郑俊田秘书长对学校承办此次会议表示感谢,并对报关专业建设发展给予肯定。

3月10日 学校召开2015年度治安、消防、安全生产责任书签约会。各职能部门负责人和院、系办公室主任参加。副校长程龙根就做好2015年学校安全稳定工作提出3点要求:一是全校各部门必须在思想上高度重视安全稳定工作;二是各院系要加强对学生的安全宣传教育,让学生牢固树立安全意识;三是深化安全文明校园的创建工作,为争创全国文明单位夯实基础。程副校长代表学校与各部门安全责任人进行了二级责任书的签约。

3月17日 学校召开"十三五"规划工作研讨会,会议由党委书记赵佩琪主持。校长项家祥用翔实的数据总结回顾了"十二五"规划建设期间,学校在总体规划、师资建设、课程设计、教学改革、科研工作、校园文化建设等方面的成果,并对"十三五"规划的制定和实施提出总体要求,即突出以人为本、突出战略思维、突出国际视野、突出改革创新、突出公众参与、突出科学规范。

参会人员对专业建设、师资建设、实训室建设、人才培养方案制定等方面提出意见和建议。

3月20日 学校人事处召开教师国内外学习成果汇报会。2014年,我校教师、辅导员共有20人次参加国外10个项目的培训,142人次参加国内27个项目的培训。会上,6位教师代表汇报交流参与培训的心得体会。校长项家祥提出,要苦练基本功,不断进取,不断进修,做到师技精湛、师能扎实。学术研究无境界,课堂教学有底线,当一名好老师,不仅需要加强科研与教学能力,还需要提升人格魅力。

3月27日 2015年,我校招录新疆内职班学生72名,是落实教育援疆计划以来最多的一次。为了更好地做实新疆内职班学生的招录管理工作,由我校牵头召开依法自主招收新疆内职班学生工作研讨会。市教委职成教处、规划处、学生处领导,上海市承担新疆内地中职班培养任务的3所中职校——群益职校、工程技术学校、奉贤中专的校领导参加会议,交流探讨内职班学生的升学管理、教育服务等情况。

"上器集团产学研基地"揭牌仪式暨上器集团励志助学金发放仪式在我校举行。上器集团公司代表、我校领导、机电学院师生等参加揭牌仪式。

机电学院院长杨萍介绍机电一体化技术专业在人才培养、校企合作等方面的情况；上器集团副总裁陆炳生介绍上器集团的发展情况，表示希望通过设立助学金、提供毕业实习机会等形式，帮助东海学院学子成长成才。会上，双方领导为学生们颁发助学金和证书。

4月

4月2日 学校召开2015年信息员工作会议，由党委副书记王玉主持。会上，信息员进行了工作交流。党委书记赵佩琪肯定信息员工作取得的成绩，指出要牢牢守住意识形态领域底线，进一步提升学校新闻稿的质量，加强校园宣传信息规范化建设。

4月3日 由世界著名精神运动康复师芙兰索斯教授带队，法国宜世学校精神运动康复与护理管理学院教师到校，为我校护理系师生及各实训医院带教老师作专题讲座并进行体验活动。索菲亚·李默新老师介绍帕金森病人的康复护理，并演示全身放松的护理技能；芙兰索斯教授介绍新兴的精神运动康复专业。

4月10日 在上海市精神文明建设工作表彰暨学雷锋志愿服务大会上，我校荣获第十七届（2013—2014年度）"上海市文明单位"称号。2009年至今，我校已6年3届蝉联"上海市文明单位"称号。

4月13日 学校召开校长办公会。会议听取学生工作部关于辅导员队伍建设自查情况的汇报。研究护理系撤系成立护理学院的事宜。为更好地服务区域经济，加快卫生事业发展，顺应社会需求，护理系迅速发展，在校学生人数、师资水平不断提升。会议根据护理专业发展的趋势，同意成立护理学院。护理学院专业设置是在原有临床护理方向和儿科护理方向的基础上，新增助产护理方向和社区护理方向（老年护理、康复护理等）。

4月15日 学校召开第四届董事会第二次全体会议。董事会重点探讨和确定学校"十三五"规划目标：积极申报全国文明单位；以国家级示范高职院校的标准提升东海学院的内涵；实现高职本科贯通的立交桥；组成上海东海职业技术学院与日本东海大学、台湾东海大学校际联盟。本次会议决定，校长项家祥为本届董事会副董事长。

4月18日 上海市第六届职业院校技能大赛报关技能项目在我校拉开序幕。本市共有12所高职高专院校参加，比赛分两场：上半场为报关技能理论知识竞赛；下半场为报关技能操作技能竞赛。

4月22日 学校举行第十三期党校高级培训班结业典礼暨颁证仪式。共有67名入党积极分子参加本期培训班。会上，校党委书记、党校校长赵佩琪鼓励学员们要不断努力，强化理论功底，懂得做人道理，树立正确的人生观、世界观，争取早日成为一名合格的共产党员，并为学员颁发结业证书。学员代表护理131班朱瑶、空乘131班王恒两位同学发言，交流学习心得。

4月24日 学校第二届第八次教代会暨第三届第八次工代会开幕。开幕式由大会执行主席、工会常务副主席杨和平主持。董事长曹助我致辞，用"珍惜、奋进、创新"六字提出新的目标要求：争创全国文明单位；以国家级示范高职院校的标准提升东海学院的内涵；以国家级示范标准打造具有东海学院特色的品牌专业。

校长项家祥作学校工作报告，对2014年度工作从7个方面作了总结回顾，并提出2015年工作计划要求，要体现"六个突出"，即以人为本、战略思维、国际视野、改革创新、公众参与、科学规范。党委副书记、工会主席王玉作工会工作报告，总结2014年工会工作，并提出2015年将进一步围绕中心服务大局，发挥好桥梁纽带作用。4月30日举行第二届第八次教代会暨第三届第八次工代会闭幕式。

4月27日 学校召开2014—2015学年奖学金颁奖大会，会议由学生工作部部长杨瑾主持。党委书记赵佩琪宣读《关于颁发2013—2014学年国家奖学金、国家励志奖学金、上海市奖学金及2014—2015学年第一学期校奖学金的决定》，校领导为获奖学生颁发荣誉证书。校长项家祥结合当下科技创新、行业变革、生活方式变化带来的机遇和挑战，鼓励同学们抓住机遇，勇于筑梦，敢于圆梦。

本次共评选出国家奖学金获得者3人，国家励志奖学金获得者105人，上海市奖学金获得者4人。

学校召开"双百工程"二期建设课程验收汇报会。校评审委员会专家对经济学基础等48门在建课程项目进行验收，在此基础上评选校级精品课程和校级优质课程，为我校申报市级精品课程作准备。

4月29日　学校举行中高职贯通校际管委联席会议。参加会议的有上海群益职业技术学校、上海市西南工程学校、上海市商业会计学校等。我校校长项家祥致辞并作主题发言，他感谢与我校合作的3所中职学校，并强调要很好地建立中高职贯通的专业平台，适应社会发展和产业结构调整；要积极探索人才培养新模式；四校要共同研究、精诚合作、选择突破点、展现亮点。会上，参会者商讨中高职贯通管委会章程、机构设置及近期工作等事项。

5月

5月6日　学校举行护理学院成立仪式。校领导和各院（系）、部门负责人，护理学院全体师生及各实习医院护理部主任出席成立仪式。护理系成立于2010年，成立护理学院后，除保留基础护理专业外，还将增设母婴护理、社区护理、儿科护理等临床方向的专业，由单一专业的护理系升级为多专业的护理学院。

5月8日　上海市"星光计划"第六届职业院校技能大赛高职组成绩揭晓。本次大赛高职组共设9个专业大类28个赛项，全市共有28所高职院校参加。我校参加13个赛项，在10个赛项中共获6个一等奖、4个二等奖、5个三等奖，其中，报关技能赛囊括4个一等奖。

上海社科院副研究员、著名学者陆震做客东海讲坛，作"当代社会热点问题和经济态势"的专题讲座。陆震从党的发展历史入手，解读我党三代领导人面对复杂多变的国内外局势所采用的不同治国方略。他重点阐释"一带一路""新常态""简政放权"等内涵，揭示国家在实现民族复兴中的重大战略。

5月10日　2015年全国职业院校技能大赛上海赛区高职组"会计技能"选拔赛在我校举行。市教委高教处处长赵坚、市教委赛场督考专员、上海市高职高专教指委、用友新道科技有限公司，以及本市7所高职高专院校领队、指导老师、参赛选手参加了开幕式。本次赛事由市教育委员会、市人力资源和社会保障局、市高职高专经济类专业教学指导委员会主办，东海学院承办，用友新道科技有限公司上海分公司协办。

上海商学院和上海东海学院代表队分获团体第一、二名，将代表上海市高职院校参加全国比赛。

5月12日　学校与上海市代理记账行业协会举行校协合作签约仪式。上海市代理记账行业协会会长王友军，副会长顾艳萍、徐杰，常务秘书长朱耿泉，闵行区财政局会计科科长秦宝发，我校校长项家祥、经管学院院长严玉康等出席签约仪式。签约仪式由副校长尹雷方主持。

签约仪式上，上海市代理记账行业协会常务秘书长朱耿泉介绍校协合作的背景；经管学院院长严玉康和协会会长王友军分别介绍相关情况。校长项家祥表示，将本着"合作办学、合作育人、合作就业、优势互补、平等互利、合作共赢"的原则，校协协同育人，使现代职业教育培养更符合社会实际需求。

5月14日　学校举行第三届"东海技能之星"颁奖仪式暨第六届校园文化艺术节开幕式。开幕式上，校领导为获得"东海技能之星"称号的学生颁奖。校长项家祥鼓励同学们勤学苦练，抓住机会，展现才华，创造辉煌。艺术节开幕式后进行了文艺表演。

5月15日　"民办高职院校师资队伍建设的瓶颈及对策研究"研讨会暨"强师工程"东海学院分中心揭牌仪式在我校举行。上海市民办高校教师专业发展中心常务副主任徐雄伟、民办教育管理处副处长苏铁、16所上海市民办高职院校的人事处处长以及我校校长项家祥、党委书记赵佩琪等参加会议。会议由副校长程龙根主持。与会者围绕"民办高职院校师资队伍建设的瓶颈及对策研究"议题进行了研讨。我校人事处处长高惠珠作了主题发言。

5月19日　学校召开特色校创建工作例会，会议由创建办主任周大恂主持。会议内容主要有两项：一是6位教师谈课改体会；二是由6个主项目负责人汇报项目完成情况。我校的市级特色校创建，经过近两年半的努力，已经完成95%以上的项目建设任务，目前进入了收尾阶段。

关于下一步工作安排，创建办主任周大恂提出，各项目建设单位要在6月写出总结初稿；6月下旬学校组织自查；9月将聘请专家到校指导，为年底市教委检查验收做好准备。

项家祥校长和赵佩琪书记强调，目前创建工作已进入冲刺阶段，要有始有终地搞好创建工作，把特色和亮点展示出来，迎接市教委的验收。

日本别府沟部学园短期大学代表到校进行访问交流。副校长尹雷方、教务处处长张菊芳接见来访的江川千寻老师。副校长尹雷方感谢日本沟部学园对国际交流项目的重视,对双方合作取得的成绩给予肯定。

5月21日　学校与新东苑国际投资集团有限公司举行校企合作签约授牌仪式。新东苑国际投资集团有限公司副总裁、养老事业部总经理陈超和各级管理部门主管及我校校领导和相关院系部门负责人出席。

5月25日　学校召开校长办公会。为进一步加强毕业实习工作,会议研究决定,成立毕业实习工作领导小组。组长为尹雷方;副组长为张菊芳;成员为各院系负责人和督导。从制度层面规范完善落实毕业实习各项工作。

5月26日　学校举行第二批"双百工程"校级精品课程及优质课程颁奖大会,副校长尹雷方主持。会上,教务处处长张菊芳作"双百工程"第二批课程建设总结讲话;校领导颁发校级精品课程和优质课程奖牌。我校"双百工程"一期课程建设自2012年3月启动至今,在一期30门优质课程建设的基础上,2013年11月又启动第二期48门优质课程建设,建设期为2013年11月—2015年5月。经专家评审,16门课程被评为校级精品课程,25门课程被评为优质课程。

6月

6月9日　学校与上海上汽(集团)有限公司在嘉定工业园区举行校外实训基地挂牌仪式。上汽(集团)总裁感谢学校的支持,东海学院在为企业输送优秀毕业生的同时,还为部分职工进行培训,实现了校企双赢。副校长尹雷方介绍了学校内涵建设及校企合作的情况;校长项家祥希望双方不断完善"联合订单人才培养"管理机制,实现"人才共育,资源共享,过程共管,成果共享"的深层次合作局面。

6月13日　学校举行2015届学生毕业典礼。副校长尹雷方主持典礼。董事长曹助我致辞,鼓励同学们戒骄戒躁,直面成功与挫折,做一个受人尊敬、有尊严、对社会和国家有担当的人。党委书记赵佩琪宣读《上海东海职业技术学院关于表彰2015届优秀毕业生的决定》;与会领导为获奖学生颁奖,并为毕业生代表颁发毕业证书。

校长项家祥以"明天的你,一定会更聪明"为题,希望全体毕业生在母校和老师的注视下,在家长们殷切的期盼中,能前程似锦,人生更加辉煌!

6月26日　2015年全国职业院校报关技能大赛决赛在北京劳动保障职业技术学院举行,来自全国各省市的56支代表队参加决赛。由报关与国际货运专业学生沈哲浩、周敬、李传贵组成的东海学院代表队荣获"团体一等奖"。

6月29日　在第二届吴泾区域党建论坛上,我校获得了吴泾区域党建联建先进奖的荣誉。区域党建是吴泾镇开展的一项特色党建项目,以区域化党建引领社会治理、公共服务与基层党建工作。在2015年吴泾区域党建联建项目中,我校申报参与党的工作联建、精神文明联创、社区治理联动、人力资源联育、公共服务联帮五大类共12个项目的创建。

学校召开庆祝中国共产党成立94周年大会。大会由校长项家祥主持。董事长、校党委委员曹助我宣读《关于表彰2014—2015年度先进基层党组织和优秀共产党员的决定》,并为获表彰者颁发荣誉证书。

党委书记赵佩琪向为学校科学发展作出努力和贡献的全体党员表示慰问和感谢,并对党建工作提出要求:全校党员干部要做到"三严三实",提升道德境界;以学生为本,提高教书育人的层次;凝心聚力创建全国文明单位。校长项家祥在讲话中号召全校教职工向受表彰的对象学习,学习他们牢记宗旨、全心全意为师生服务的高尚情操;学习他们严于律己、宽以待人的优秀品质;学习他们爱岗敬业、创先争优的进取精神,为学校的发展作出新的更大的贡献。

先进基层党组织代表王莉娜和优秀共产党员代表龙燕作交流发言。会上还举行了新党员宣誓仪式。

7月

7月7日　学校召开2014—2015学年学生工作研讨暨表彰大会。党委副书记王玉宣读《第五届辅导员工作案例征集活动表彰决定》;校长项家祥宣读《2014—2015学年优秀、先进辅导员表彰决定》。学生工作部部长杨瑾作2014—2015学年学生工作总结。党委书记赵佩琪对学生思想政治教育工作给予肯定并提出新要求,希望全体辅导员增

强工作责任感,防范不良思潮的侵袭。

会上,航空运输系党支部书记、学生工作办公室主任陈晓雯,优秀辅导员获奖代表、机电学院王改,优秀案例获奖代表、护理学院辅导员贾晓蕾作交流发言。

7月8—9日 学校召开2015年暑期教学工作会议,由副校长程龙根主持。

校长项家祥作"职业教育的趋势和我们的任务"的主题讲话,分析当前高职教育的发展动态,部署下一阶段的工作重点。提出要兵马未到,粮草先行,迎接又一次高等教育发展。积极准备扩充生源,打好基础;扩大办学场地,筹建学生宿舍两栋,建造新实训楼一栋。副校长尹雷方作"遵循职业教育质量评价,积极推进课证赛一体化"的讲话,对职业教育的特征、质量及评价作了阐述。提出要积极推行和实施"课证赛一体化"的教学模式。经管学院院长严玉康、护理学院副院长桑未心、教务处处长张菊芳作交流发言。

党委书记赵佩琪作总结讲话,对下学期工作提出要求:要更新教学理念,走高职教育产学研结合的发展新路;改革课堂教学,突破教和学的"围墙";加强教学管理,切实负起教学管理责任。会上颁发市级精品课程、教学团队、教学名师证书,以及各二级学院院长、系主任聘书。

7月下旬 学校校长助理郁萍带队,赴日对商贸学院2015级参加暑期海外实践项目的学生进行考察,受到别府沟部学园短期大学理事长沟部仁先生的热情接待。考察期间安排了校领导会谈、学生座谈、实训课参观走访等活动。校长助理郁萍表示,愿与沟部学园短期大学的合作向更广专业、更深交流、更大发展上作出更多努力。商贸学院院长时启亮希望校际互访能成为增进校际感情和合作深度化的有益桥梁。

8月

8月上旬 学校举办云南香格里拉市干部能力素质培训班。培训班由云南省香格里拉市委书记余胜祥和市长肖徐带队。此次培训分两期进行,共129人。香格里拉市党委、政府、人大、政协领导和全市下属部门及乡镇的一把手参加培训。培训内容涵盖法治思维和法治社会、"一带一路"等内容。闵行区合作办的领导对我校成功举办这次干部培训深表感谢,并愿意与我校进行闵行对口支援地区干部培训的长期合作。

9月

9月1日 学校举行新生开学典礼暨军训开营仪式,副校长程龙根主持大会。校长项家祥致辞,鼓励同学们把上大学作为转折点,总结过去,展望未来,规划人生,艰苦奋斗,祝愿同学们在勤奋努力的田园里摘取成功的丰硕果实。教师代表、艺术学院院长顾惠忠老师,新生代表王梦雅同学,在校生代表赵航分别发言。

在军训开营仪式上,军训团团长邵凯提出"把形象留给学校,把成绩带给学生,让学校放心,让师生满意"的目标;军训团教官代表朱佳俊表示,一定要树立优秀的军人形象,引导示范、科学训练、精心组织、耐心指导。党委书记赵佩琪向东海学院军训团授团旗。

学校召开中层干部会议,全面部署新学期工作。校长项家祥提出新学期的工作重点是:特色校验收、教学建设与改革、师资队伍建设和实训室建设、"十三五"规划四大任务。党委书记赵佩琪传达市教委维稳工作会议精神,强调学校要守好意识形态阵地,加强对困难学生、民族学生的教育管理工作,加强校园安全后勤保障,做到"六不",确保校园安全稳定。副校长程龙根对新学期人事和基建工作作出安排。

9月6日 学校召开2015年语言文字工作会议,由副校长尹雷方主持。会议内容主要包含3个方面:一是在总结近3年语言文字工作的基础上,规划"十三五"语言文字工作,并确定2016年为学校语言文字工作的宣传活动年;二是对第十八届全国推普宣传周活动进行布置;三是强调语言文字工作要与日常工作相结合。

9月12日 学校隆重举行以"聚焦、励志、鼓劲"为主题的庆祝第31个教师节暨祝贺曹助我、李重华教授从教60年大会。市教卫党委副书记、市教委副主任高德毅,市教委原主任张伟江和市教委相关处室领导莅校参会,大会由校长项家祥主持。

会上,项校长介绍曹助我教授、李重华教授两本书的创作背景,讲述两位教授艰苦创业的历史,高度评价两位教授一生追寻大学梦的精神,以及耕耘不辍、创业无悔的情怀。

为祝贺曹助我、李重华教授从教60年,学校决定总结两位创办人60年来的成长、教育、创业的成功历程,支持他们著书立说。经过3个月的伏案疾书,曹助我教授的《一生追寻大学梦——从教60年》、李重华教授的《耕耘不辍 创业无悔——从教60年》终于面世。教师节大会上举行了新书首发式。

市教卫党委副书记、市教委副主任高德毅,市教委原主任张伟江与曹助我、李重华教授一起为新书首发式剪彩,并向教工师生代表赠送新书。

9月22日 学校召开学生工作例会。各院系办公室主任汇报本学期开学以来学生工作主要措施、取得的成绩和存在的问题。党委副书记王玉要求各院系创新工作思路,广开门路,适应形势的变化,全方位做好学生工作。在工作中要选树典型,创建一批优良学风班级,并对优秀集体和个人给予表彰,形成良好的宣传氛围。

9月23日 经典音乐剧《国之当歌》再次走进东海校园,展现作曲家聂耳在民族危亡的时刻创作《国歌》的过程。

9月25日 学校召开2014—2015年度实训室建设项目会,会议由副校长程龙根主持。资产与实训室管理处处长刘平通报建设项目的基本情况,对项目论证、撰写实施报告、采购程序流程等作了说明。财务处处长杨殿雄、副处长孙毅对项目经费列支要求、项目预算调整的尺度等作了说明。校长项家祥指出,对于建设项目要科学规划、严格执行、规范管理、按章验收,提高实训室建设质量。

9月28日 学校召开校长办公会。会议审议教务处制定的《学生毕业实习管理规定》和《关于设立技能比赛"东海金牌指导"荣誉称号的意见》,经研究决定,同意上述两个文件发文执行。会议提出,支持各院系开展中高职贯通项目。经研究决定,同意上报机电一体化专业与上海工商外国语学校、国际金融专业与上海逸夫职校开展中高职贯通项目。

9月29日 学校举行"东湖励志奖学金"发放仪式。上海东湖机械厂党委书记徐澍、厂长助理兼人事企管处处长潘泳敏参加,仪式由副校长尹雷方主持。党委书记赵佩琪代表学校对东湖机械厂给予的长期支持表示感谢;机电学院院长杨萍介绍校企合作"联合订单"模式;东湖机械厂党委书记徐澍希望通过设立奖学金,鼓励学生立志成才,提供更多毕业生顶岗实习机会,帮助机电学子顺利走向工作岗位。

10月

10月9日 学校举行新建学生公寓、浴室项目开工典礼。校长项家祥、党委书记赵佩琪、副校长程龙根、施工单位领导、设计院、智通施工监理公司以及学校相关部门负责人参加典礼。新建项目包含学生公寓1幢6层、浴室1幢2层,总建筑面积6 636.36平方米。项目建成后,将解决近1 000名学生的住宿和生活问题。

10月13日 学校召开特色校创建工作例会。会议的主要内容是讨论修改特色校建设项目的总结材料。创建办主任周大恂对特色校建设项目总结材料修改情况作通报,表示将吸收大家的意见,对总结稿作深度修改,力争提交一份能充分体现我校建设成果和显现特色的总结,为迎接市教委专家组验收做好充分准备。

校长项家祥对如何修改总结稿提出要求:要统一认识,提升高度;在教学模式上,要突出职业教育模式,即践行"品质+能力"培养理念,推进产教深度融合,打造"课证赛"一体化培养模式;在实践环节上,要突出任务引领、生产性实践;在师资队伍建设上,要打造"双师型"队伍。赵佩琪书记强调总结材料要重点突出、亮点突出,特色校建设的最终成果一定要落实到人才培养的成效上来。

10月26日 学校召开校长办公会。会议的主要内容是讨论学校"十三五"规划。

11月

11月6日 2013级汽车运用与维修专业的学生在学校完成2学年学习任务后,赴德国巴伐利亚州上法兰肯区手工业协会(简称HWK)进行为期一年的学习和技师考证。

11月8日 学校召开第四届董事会第三次会议,审议通过实训大楼建设项目。根据董事会的决议,启动实训大楼建设筹备各项工作。建设要求:总建筑面积为4万平方米。地下1层,地上9层,总造价1.5亿元人民币,采用贷款、自筹和政府支持三方面解决经费。

11月10日 由上海电力学院党委副书记顾春华任组长,上海杉达学院党委副书记王馥明、上海中侨职业技术学院党委书记陈俊傲任副组长的上海高校第八督查组到校,对我校辅导员队伍建设工作进行实地检查。

党委书记赵佩琪作"夯实基础显特色"的自查情况汇报,指出我校在辅导员队伍建设上,一是加强顶层设计,以政策导向为先,打造符合民办学校特点的辅导员队伍;二是制度保障,搭建多渠道发展的平台,使辅导员"进得来、稳得住、留得长";三是实行"重视使用、促进流动、相对稳定"的培养方式。副校长程龙根、校长助理郁萍就学生工作专职化、辅导员队伍科研等方面问题作说明。

顾春华代表督查组作意见反馈,他指出:东海学院重视辅导员队伍建设,并已形成富有成效的辅导员队伍建设品牌。

11月12日 市教卫工作党委副巡视员、教育工会常务副主席王向群等一行来校进行调研。本次调研主要走访本市民办高校,了解基层情况,探讨如何推进集体合同等工作。校长项家祥,党委书记赵佩琪,副校长程龙根,党委副书记、工会主席王玉及有关部门负责人出席了调研会。会上,项家祥校长介绍了学校发展情况;王玉主席汇报了工会工作。调研组对我校工会工作予以肯定,希望进一步领会条例精神,先行先试。

11月13日 学校召开2015年度招生工作总结表彰会,会议由副校长程龙根主持。校长助理、招生就业处处长郁萍作工作回顾,并对2016年的招生工作提出设想。会议对2015年度招生工作先进集体和先进个人进行了表彰奖励。

11月18日 学校召开第四届董事会第三次全体会议,由董事长曹助我主持。校长项家祥作2015年工作汇报和"十三五"规划(草案)内容的说明。经过3年特色校建设,我校在专业建设、课程建设、教学改革、校园文化、招生就业等方面取得了成果。

关于学校"十三五"规划,校长项家祥对发展战略、发展目标、主要任务等作了阐述,提出到"十三五"规划期末,学校成为上海市"融职业教育和高层次职业培训于一体、在国内具有一定影响力"的高端职业教育品牌院校,成为上海民办高校的一面旗帜,上海高职教育的一个样板。董事会肯定校长项家祥的工作汇报;通过学校"十三五"规划(草案)。

11月23日 学校召开校长办公会。会议传达第四届董事会第三次会议决议,启动实训大楼建设筹备各项工作。实训大楼的主楼含机电、护理、经管、商贸、金融和航空的综合实训中心。总建筑面积为4万平方米。地下1层,地上9层,总造价1.5亿元人民币,采用贷款、自筹和政府支持三方面解决经费。

11月25日 学校召开中层干部会议,对学校"十三五"规划(草案)进行进一步的研讨和工作部署。校长项家祥对规划的各项指标进行说明,强调学校"十三五"期间的目标是要成为上海民办高等学校的"一面旗帜"和上海高等职业教育的"一个样板",学校各项工作应紧紧围绕这个目标展开。党委书记赵佩琪要求中层干部统一思想,围绕学校总目标制定落实各条线的目标任务。

11月27—28日 经教育部批准,全国报关行业职业教育教学指导委员会成立大会在中国海关苏州培训基地举行。在成立大会上,我校副校长尹雷方被聘为全国报关行指委委员,经管学院院长严玉康被聘为行指委师资建设专门委员会副主任委员,陈磊老师被聘为全国行指委秘书。

11月30日 学校召开校长办公会。会议决定:商贸学院与金融系合并成立商学院,拟聘吴静芳担任院长,时启亮担任顾问,金玲慧担任副院长。

12月

12月2日 学校与美国瓦尔帕莱索大学举行合作签约仪式。校长项家祥、副校长尹雷方、金融系主任陆爱勤教授,以及美国瓦尔帕莱索大学校长助理拉曼博士、商学院院长布罗津斯基博士参加签约仪式。

副校长尹雷方致欢迎辞,期盼两校的合作能结出丰硕成果。校长项家祥介绍学校的办学发展历程、专业特长和教学成果,希望通过国际合作交流,引进课程、改变教育模式、提高教师教学水平和促进学生成长。拉曼博士介绍瓦尔帕莱索大学的办学历史、学科专业和国际合作情况。签字仪式后,双方就"2+2"项目实施细节交换意见。

12月3日 工会在教工之家举办教工沙龙暨工资调整听证会。人事处处长高慧珠就2016年教职工工资调整方案作具体解读。本次工资底薪调整,行政系列向下倾斜,普通科员增资额高于部门领导;教师系列首次考虑职称因素,鼓励教师做好职业规划,提高职称,加强师资力量。对于老师们提出的问题,人事处当场作了解答和解释。

12月4日 学校举办"学航空礼仪,展青春风采"第二届上海市航空服务礼仪大赛。此次大赛由上海市航空学会主办,上海东海学院承办。上海交通大学、上海工程技术大学、上海应用技术学院、上海建桥学院、中华职业学校和东海学院共6所院校参赛。通过角逐,我校代表队获得团体一等奖,以及"智慧之星"和"全能之星"两个单项奖。上海教育电视台、上海电视台新闻综合频道、新民晚报、青年报、劳动报、东方网等多家媒体前来采访和报道。

12月8日 学校举办"知韵杯"第三届汉字听写大赛(团体赛)。比赛沿用上届赛制,为积分制。继教学院获一等奖;商贸学院、经管学院获二等奖;航空学院、艺术学院、护理学院获三等奖。

12月11日 四川中华职业教育社一行80余人来我校进行学习交流。座谈会上,校长项家祥介绍学校建校22年来的发展情况,以及在办学特色、校企合作、师资建设等方面的经验。座谈会后,来宾们参观了校史馆以及"东海银行"、"东海海关"、航空模拟仓、东海创意园等校内实训基地。

12月20日 2015年第五届上海市高职高专院校中高职贯通专业教学设计比武复赛结果公布,我校荣获2015年第五届上海市高职高专院校重点专业(中高职贯通专业)建设教学设计比武三等奖。

12月22日 学校召开2015年创建特色校工作会。创建办公室主任周大恂主持并作"创建特色校,凸显闪光点"的主题讲话,对特色校建设情况进行总结和回顾。

从2012年7月市教委将东海学院正式列为"上海市市级特色高职院校项目建设单位"起,至今已经历了3年建设周期。项目建设单位认真贯彻落实市教委《关于实施"上海市特色高等职业院校建设计划"的通知》精神,按照学校的总体建设部署和"突出重点,凝聚特色,凸显亮点"的总体要求进行建设。目前已经圆满完成6个主项99个子项目的建设任务,特色校创建取得丰硕成果,成效明显。下一步工作主要是做好各项目收尾工作,迎接市教委的检查验收。

校长项家祥在总结讲话中说,东海学院特色校建设所取得的成绩令人振奋,目前正期待市教委的验收。总结报告要在特色凝练、成果描述、语言文字、逻辑文采等上下功夫,做到精益求精。赵佩琪书记指出,建设经历很辛苦,但成绩令人振奋。学校特色的表述要进一步地提炼和凝练,使它成为东海学院的品牌。

12月25日 学校举行新疆泽普县基层干部来沪培训示范班开班仪式。在新疆泽普县基层一线工作的村党支部书记一行48人来我校参加培训。校长项家祥、党委书记赵佩琪、闵行区委组织部副部长王清、闵行区合作交流办主任黄嘉宁参加开班仪式。

2016年

年度概述

本年度学校招生专业为25个,招收新生1928人,全日制高职在校生5525人。全校教工总数为361人,其中,专任教师176人,占比48.76%。具有高级职务教师占专任教师的比例为34.09%;具有研究生学位教师占专任教师的比例为59.66%。

市级特色校建设项目进入验收阶段。7月4日,以杉达学院校长李进教授为组长的市教委专家组到校,对特色校建设工作进行实地检查验收。专家组对我校的特色校创建作出评价:"目标全达成,经费有规范;形态善比较,绩效有数据;理念贯过程,建设有特色;队伍再加强,成效精提炼。"历时3年的特色校创建工作画上了一个圆满的句号。

国际交流和合作办学的形式和渠道进一步拓展,学校与纽约州立大学奥斯威戈分校、日本多摩大学签约合作办学;德国巴伐利亚州上法兰肯区手工业协会副总裁贝克、美国西伊利诺伊大学国际交流办主任埃伦·库泽科夫等先后来校访问交流。

学校被授予"2014—2015年度上海市安全文明校园"称号;学校工会获2012—2014年度上海市教育系统"先进教工之家"称号。

2016年 大事记

1月

1月4日 学校召开2015年度学生工作总结表彰大会，党委副书记王玉、校长助理郁萍出席，学生工作部部长杨瑾作工作总结。会上对2015年度辅导员技能大赛获奖集体和个人进行表彰。经管学院、机电学院等8个院（系）获优秀集体奖，刘静等12名辅导员获优秀个人奖。

1月6日 学校召开领导干部2015年度考核民主测评会。中层以上干部以及教工代表参会，党委书记赵佩琪主持。校党政领导、主要职能部门负责人上台进行述职。述职后，与会者对述职领导进行民主测评投票。投票结果显示，对学校党政班子的整体满意度继续保持100%。

2月

2月16日 学校被授予"2014—2015年度上海市安全文明校园"称号。

2月25日 学校召开校长办公会。赵佩琪书记传达市教委《上海市民办高校党建工作若干意见》、市教卫党委书记陈克宏在高校党政负责干部会议上的讲话精神。会议根据市教委的有关要求，讨论部署学校党建工作和加大力度推进干部队伍建设与培养。

3月

3月1日 随着2016年全国职业院校技能大赛上海选拔赛赛期临近，我校各参赛团队的训练进入冲刺阶段。学校召开2016年全国职业院校技能大赛上海选拔赛参赛动员大会。副校长尹雷方、党委副书记王玉、学工部部长杨瑾以及全体参赛师生出席，教务处处长张菊芳主持会议。会上，参赛师生汇报近期训练进度。寒假期间，选手们克服严寒抓训练。副校长尹雷方鼓励选手全心备赛，用最优的专业知识、最好的心理素质、最佳的比赛状态迎接大赛。

3月3日 上海市教育工会、教育系统妇工委在黄浦区青少年科技活动中心举行"上海市教育系统纪念三八国际劳动妇女节106周年暨先进表彰大会"。我校基础教学部荣获"2015年度上海市教育系统巾帼文明岗"称号。

3月4日 学校召开干部工作会，会议由党委书记赵佩琪主持。校长项家祥作题为"过好年 开好局 描绘东海学院新面貌"的主题讲话，对课程建设、教师队伍建设、基建维修、特色校验收与一流专业、产教研基地中期检查等方面进行工作部署。

党委书记赵佩琪从党风廉政建设、基层党建、学生思想工作、干部队伍建设、精神文明建设和班子建设等方面提出2016年党委的重点工作，强调要理直气壮地落实党委主体责任，体现党组织的政治核心作用。副校长尹雷方、程龙根，校长助理郁萍就分管条线工作作安排。

3月8日 吴泾镇党委书记杨其景、镇长吴志华等一行7人到访东海学院。校长项家祥、党委书记赵佩琪、副校长程龙根、党委副书记王玉和校长助理郁萍与吴泾镇领导进行座谈。双方就学校发展、服务社会、环境建设等方面进行商谈交流。杨其景书记向项家祥校长颁发"2015年度闵行区吴泾区域经济发展特别合作单位"的荣誉证书。

3月10日 学校校长项家祥、党委书记赵佩琪一行4人赴安徽徽州学校进行考察交流。座谈会上，项家祥校长和徽州学校校长王威麟分别介绍各自学校的办学模式、特色专业、师资力量、社会培训和办学投入等情况，认为两所学校可在成人教育、师资培训、学生实训等方面进行合作，并签订长期合作协议，建立对口帮扶的长效机制。

3月15日 学校举行2016年安全保卫工作会。副校长程龙根对学校2016年安全保卫工作提出要求：一是思想上高度重视；二是工作细致深入；三是沟通及时准确。会上，副校长程龙根代表学校与有关部（处）、院（系）负责人在责任书上签字。

3月18—19日 2016年全国职业院校技能大赛上海选拔赛拉开序幕，我校参赛代表队喜报频传：

"报关技能"赛项代表队获国赛上海选拔赛团体第一名；"会计技能"赛项代表队获国赛上海选拔赛团体第二名；"护理技能"赛项代表队获国赛上海选拔赛团体第三名；在"服装设计与工艺"赛项的"服装制版与工艺"分项目个人赛中，阿依仙古丽同学荣获第一名；在"非英语专业口语技能"赛项中，两位参赛同学分获二等奖和三等奖；在"动漫制作技能"赛项中，顾顺顺、顾尚飞同学分获第三名和第六名。

3月22日 学校与纽约州立大学奥斯威戈分校举行合作签约仪式。校长项家祥、党委书记赵佩琪、纽约州立大学奥斯威戈分校国际教育与合作部主任约书亚·麦基翁、奥斯威戈分校商学院教授董琼等出席。

纽约州立大学奥斯威戈分校是我校继西伊利诺伊大学、瓦尔帕来索大学之后合作的第三所美国大学。

3月24日 学校举行"心理咨询师工作坊"揭牌仪式。学工部部长杨瑾介绍心理健康工作情况；社科部主任黄苏飞老师谈"心理咨询师工作坊"工作设想。会上，校领导为"心理咨询师工作坊"揭牌，并为第一批成员（取得心理咨询二级资格证书的老师）颁发聘书。

3月25日 上海市教育人才交流协会2015年年会暨教育人事人才工作论坛在上海师范大学举行，我校人事处获"上海市教育人才交流协会人事人才工作先进集体奖"。

3月30日 学校举行第四届董事会第四次会议，董事长曹助我主持会议。校长项家祥汇报2015—2016年学校的主要工作；对2016年工作计划，明确提出在加强学习、教学建设与教学改革、教学竞赛、教师队伍建设、基建维修、特色校验收、精神文明建设、建立自我评价制度、研究探索学校可持续发展长效机制等方面的八大目标。董事会审议通过了《学校工作报告》以及学校"十三五"规划。

4月

4月5日 学校召开校长办公会，对学校专项资金管理领导小组成员进行调整。

领导小组组长为项家祥；副组长为赵佩琪、程龙根、王玉、尹雷方、郁萍；组员为李希萌、杨殿雄、高惠珠、刘平、杨瑾、孙毅。

专项资金管理工作小组组长为尹雷方；副组长为李希萌、杨殿雄、高惠珠、刘平、张菊芳、张金德、杨瑾；组员为孙毅、王勤、许岚、杨静、蒋久泉、蔡建平、邱云。

4月12日 学校工会获2012—2014年度上海市教育系统"先进教工之家"称号。

4月13日 《新民晚报》整版报道东海学院深化教学改革情况，对我校创新撰写企业分析报告的做法表示高度认可。近年来，我校创新应用型高职人才培养模式，采用毕业生实习报告、设计作品等形式，取代单纯撰写毕业论文的旧模式，培养了学生分析问题和解决问题的能力。

4月15日 学校举行第二届第九次教代会暨第三届第九次工代会开幕式。董事长曹助我致辞，并作题为"梦想成真在东海 爱校兴校有新人"的报告。他指出，今年是"十三五"规划的开局之年，这不仅是东海学院的新一轮发展规划，也关系到全校每一位教职员工的事业与利益。

校长项家祥作《学校工作报告》，用"项目多、奖励多、出版多、成果多"概括和形容2015年学校在教学工作、师资队伍建设、学生工作、招生就业工作、实训室建设和后勤保障、财务等方面取得的成绩，并提出学校"十三五"规划的主要目标和2016年主要工作任务。

4月24—29日 日本沟部学园渊上裕贤老师来校进行为期一周的短期讲学与访问。商学院院长吴静芳教授与渊上裕贤老师就进一步开展合作进行探讨。

4月26日 广西经贸职业技术学院会计系主任温鉴等一行到校进行学习交流。副校长尹雷方、经管学院院长严玉康及相关专业负责人出席会议。副校长尹雷方向来宾介绍学校发展的基本情况；经管学院院长严玉康对会计专业设置、人才培养模式、国际合作办学等情况作介绍，并就两校在专业建设、教学管理和学生实习实训等方面开展合作进行商讨，共谋发展。

4月27日 董事长曹助我，董事陶钧、李重华、杜鉴坤，校党政领导班子全体成员等参加校党委中心组（扩大）学习，重点学习习近平同志关于"创新的事业呼唤创新的人才"讲话，以及《上海市教育综合改革方案（2014—2020年）》《上海高等教育布局结构与发展规划（2015—2030年）》《上海市深化民办教育综合改革指导意见》《上海市人民政府关于加快发展职业教育的决定》等文件精神。

5月

5月6日 学校举行第四届"东海技能之星"颁奖仪式暨第七届校园文化艺术节开幕式。颁奖仪式上，施佳炜等44名同学获"东海技能之星"称号；陈磊、袁雪飞两位教师获"东海金牌指导"称号。校领导向获奖学生和教师颁发荣誉证书。会上还表彰了"2014—2015年度读书活动"的4个先进集体与10名先进个人。校长项家祥讲话，充分肯定获奖师生体现的东海精神：弘志励学、明德至善，让全校师生为之骄傲，为之振奋。

5月11日 历经3年多的特色校建设项目即

将进入验收阶段。学校召开做好验收汇报工作专题会议。创建办主任周大恂通报迎接特色校验收工作方案,强调要实事求是,用数据来体现创建效果。为做好各项验收工作,学校成立领导小组和工作小组。领导小组由校长项家祥任组长,党委书记赵佩琪任副组长;工作小组由创建办主任周大恂任组长。

会上进行了工作总体布置和分工。校长项家祥、党委书记赵佩琪分别对做好迎接验收工作提出要求。

5月12日 党委书记赵佩琪、副校长尹雷方带队走访慰问报关、会计、影视动画、服装设计与服饰4个代表上海市参加全国职业技能大赛的备赛团队,希望选手们再接再厉,实现"零"的突破。

5月14日 学校举办以"弘扬工匠精神 打造技能强国"为主题的职业体验日活动,来自沪上多所中小学的学生、老师、家长近200名特殊的客人到校参加。体验项目分为"初识奇妙的汽车世界""黄金4分钟——挽救生命""空中乘务服务体验"。

在护理体验项目中,学生们在护理志愿者的讲解演示下,体验心肺复苏术操作;在汽车实训中心,实训老师讲解汽车构造与工作原理;在航空系,小客人们以旅客的身份体验空客服务。航空系还赠送每个孩子一架A320飞机模型。

5月17日 学校举行"追忆革命岁月 传承红色文化"——第十三届五月红歌会。最终,空乘154班《莫斯科郊外的晚上》获一等奖;计技151班《团结就是力量》获二等奖;会计151班《长江之歌》获三等奖;电商152班《乡间小路》以及护理153班《茉莉花》分别获得人气奖与组织奖。

5月24日 学校党校第十六期入党积极分子培训班(高级)开学,共69名学员参加培训。党政办主任、党校副校长李希萌以"铭记使命,遵守誓言"为题为学员们作开学动员。党委书记、党校校长赵佩琪为学员们上了第一堂党课,报告主题是"端正入党动机,做合格的共产党员",勉励学员以实际行动严格要求自己,争取早日成为一名真正的共产党员。

5月31日 由上海电机学院学工部部长李明担任组长的市教委核查工作组莅校,对我校2013—2015年国家助学金政策执行情况进行实地核查。我校资助工作领导小组组长、校长项家祥作工作汇报,从我校国家助学金工作基本情况、特色与成效、展望与探索3个方面进行阐述。核查组还进行现场问卷调查;对国家助学金财务情况进行凭证抽样,并现场抽查受助学生的申请认定材料。

工作组对我校在国家助学金评审中秉持公平、公开、公正原则,并规范各项操作流程予以肯定。

6月 ▶

6月8日 学校为参加2016年全国职业技能大赛荣归的师生举行庆功大会。市教委高教处副处长赵坚出席,副校长尹雷方主持庆功大会。党委书记赵佩琪宣读获奖名单,由教委领导和校领导向获奖选手颁奖。

获奖学生代表阿依仙古丽发言感谢学校和指导老师对她无微不至的关怀,让她取得不敢想象的成绩。市教委高教处副处长赵坚认为,东海学院能够代表上海参加全国职业技能大赛,又取得如此优异的成绩,根本原因在于东海人有一股精气神,全体师生、领导团结一心、脚踏实地做实事的精神。

在本年度全国职业技能大赛中,我校在报关、会计、服装制版与工艺和动漫制作4个赛项中取得优异成绩。

6月12日 学校举行2016届学生毕业典礼,副校长尹雷方主持。董事长曹助我致辞,以"五个学会"作为临别赠言,鼓励同学们勤勉奋进做事,踏实包容做人,感恩之心常在,修身养性并举,成为一个高尚的、高品位的人。党委书记赵佩琪宣读《上海东海职业技术学院关于表彰2016届优秀毕业生的决定》,与会领导为获奖学生颁奖,并为毕业生代表颁发毕业证书。

校长项家祥希望同学们走出东海学院的校门后,在母校和老师的注视下,在家长们殷切的期盼中,能够取得成功!

6月17日 我校与吴泾健康促进协会举行合作共建社区健康教育示范基地签约仪式。出席仪式的有校长项家祥,党委书记赵佩琪,护理学院院长钱关祥,世界卫生组织上海健康教育与健康促进合作中心主任胡锦华,上海健康教育协会企业分会副会长、吴泾地区健康促进协会会长杨凤高等。双方在《社区健康教育示范基地方案》上签字。

6月24日 学校召开纪念中国共产党成立95周年大会,由校长项家祥主持。会上举行新党员宣誓仪式，42名新党员面对党旗进行庄严宣誓。董事长、校党委委员曹助我宣读校党委表彰决定，校领导为获奖代表颁发荣誉证书。陈晓雯等15位同志被评为"优秀共产党员"；戴晓红等8位同志被评为"优秀党务工作者"；经管学院党支部等3个基层党组织被评为"先进基层党组织"。

会上，党委书记赵佩琪提出，要继续深化"两学一做"学习教育，提高党员党性修养，进一步夯实基层党组织建设。优秀党员代表李亚威、优秀党务工作者代表许小梅、先进基层党组织代表陈晓雯分别作交流发言。

6月27日　学校召开校长办公会。会议审议校"优秀教育工作者"推荐名单和"校长特别奖"名单。会议决定：陈亚莉、蒋久泉、蔡建平、倪仁芳、蒋德余、李杰、谢咏梅、崔红军、刘宁宁、张芸芸、董静、袁冬琴、杨萍、张敏、刘珂菡、夏凡林、朱佳、倪盈盈18人为2014—2015学年"优秀教育工作者"；"校长特别奖"获得者为杨萍、王平。会议还根据"两学一做"工作要求，对班子成员负责联系基层单位作出安排。

7月

7月4日　以杉达学院校长李进教授为组长的市教委专家组一行7人莅临我校，对特色校建设工作进行实地检查验收。

校长项家祥从5个方面作总结汇报，重点介绍我校以特色建设为核心，打造专业品牌；以模式创新为关键，建立校企合作；以岗位能力为突破，确立育人模式；以实践教育为纽带，改造课程体系的建设成果。检查验收期间，专家兵分两路。一组进行校领导访谈、专业主任和骨干教师及学生代表座谈；一组到实训中心实地走访检查。

最后，专家组对我校的特色校创建作出评价："目标全达成，经费有规范；形态善比较，绩效有数据；理念贯过程，建设有特色；队伍再加强，成效精提炼。"我校历时3年的特色校创建工作画上了一个圆满的句号。

7月7日　上海艾特海浦网络科技有限公司与东海学院共建的网络集群云渲染服务中心正式揭牌运营。党委书记赵佩琪，副校长程龙根、尹雷方等出席揭牌仪式。我校传媒学院影视动画专业借助产教研协同基地建设，与企业共建校内生产性实训场所，形成校企间的良性互动，实现产教研全方位深度合作。校企双方拟共同投资400万元，建设一个由200多台服务器组成的超大规模集群渲染机房，由企业出技术和市场运营，学校出场地和人力资源，协同完成影视动画、电视节目制作和计算机专业课程的部分教学和实训任务，校企联手培养集群渲染人才。

8月

8月19日　上海市第二批高校创业指导站授牌活动在上海戏剧学院附属中学举行，我校与复旦大学、华东理工大学、上海戏剧学院等16所学校被评为"上海市高校创业指导站"，并接受现场授牌。我校是其中唯一的民办高职院校。此前，由上海市就业促进中心、闵行区开业指导中心相关负责人及第三方社会机构评估公司组成的专家组，对我校申报的创业指导站建设工作进行了评估与实地考察。

8月22日　2016年"上海市育才奖"评选活动名单揭晓，我校杨萍、万黎黎、龙燕3位老师获得"上海市育才奖"。

8月25日　学校召开校长办公会。根据闵行区人大换届选举工作要求，经讨论决定，成立校选举工作领导小组和选举工作小组。

领导小组组长为赵佩琪；成员为王玉、李希萌、高惠珠、杨瑾。

工作小组组长为李希萌；副组长为高惠珠、杨瑾；秘书为刘珊珊；成员为杨和平、各院办公室主任。

9月

9月2日　学校举行新生开学典礼暨军训开营仪式，副校长程龙根主持仪式。校长项家祥讲话，向2016级新生提出要求：努力上好军训第一课，展现东海人的精神面貌；明确自己大学的行动目标，合理安排好时间；养成自强自立的习惯，把握方向，把握时间，把握机会；学会做人，学会遵纪守法，成为一个有道德、有素质、有气质的人。军训团教官代表曹萌萌表示，一定要树立优秀军人的形象，引导示范，科学训练，精心组织，耐心指导。党委书记赵佩琪向东海学院军训团授团旗。

学校召开2016年语言文字工作部署会，学校语言文字工作委员会副主任尹雷方传达《上海市语言文字工作委员会、上海市教育委员会关于开展第19届推广普通话宣传周活动的通知》精神，总结上半年活动开展情况，对下半年语言文字工作以及9

月8日至14日的第19届全国推广普通话宣传周活动作了安排。

9月6日　学校印发《关于新建实训大楼项目的请示》(东字〔2016〕50号)。

9月8日　学校举行2016级新生军训汇报总结大会，校党政领导、军训团领导、全体新生辅导员及2016级全体学生出席。校长项家祥在军训团团长陪同下检阅参训队伍。分列式上，27个军训连方队踏着整齐的步伐，依次通过主席台接受检阅。本次军训评选出"军事训练标兵""遵守纪律标兵""内务卫生标兵"共234人，党委副书记、军训团政委王玉宣读表彰名单。

9月9日　学校印发《关于成立航空学院和传媒学院的决定》(东字〔2016〕51号)。

9月10日　学校召开庆祝第32个教师节大会。董事长曹助我代表董事会致辞，他用"树品牌""创名师""育英才"表达对全校教师的期望，希望大家充实自我，增强本领，成为更好的自己，教出更好的学生，建设更好的东海。校长项家祥作题为"争取更好　永不停步"的工作报告，用"6个多了"(项目多了、经费多了、生源多了、获奖多了、出版多了、教师多了)与"4个大为"(教学水平大为提高、教学条件大为改善、社会声誉大为传播、学校面貌大为振奋)，总结回顾特色校建设取得的成果。

大会对获得2016年"上海市育才奖"的杨萍、万黎黎、龙燕老师，以及第二届上海高校青年教师教学竞赛获奖教师朱佳、秦岚、唐双龄进行表彰并颁奖。大会还授予朱佳等18位同志"2014—2015学年优秀教育工作者""先进工作者"称号，授予王平、杨萍两位同志"校长特别奖"。会上还举行了传媒学院、航空学院成立仪式。

9月23日　学校举行以"新征程　新跨越"为主题的教学工作会。会议由副校长程龙根主持。校长项家祥以"目前学校的形势和任务"为题讲话，解读国家《高等职业教育创新发展行动计划》和《上海高等教育布局结构与发展规划》的精神，提出3个"建好"的任务：建好一批优势专业，要有特色、有水平、有竞争力；建好一支能胜任的教师队伍，强调数量、层次、"双师"结构；建好我们的校园，既要有面积，也要讲利用率。

副校长尹雷方从骨干专业建设工程、实施流程、建设经费、考核目标以及激励措施5个方面，对《骨干专业建设工程实施方案》作了讲解。党委书记赵佩琪作总结发言，强调要巩固特色校建设成果，进一步发挥特色专业的引领和辐射效应。

9月25日　由我校机电学院承办的上海市民办高校教师教育发展中心"强师工程"星光计划工业控制赛项指导教师培训班开班。上海市民办高校教师专业发展中心常务副主任徐雄伟、办公室主任唐卫东，上海地铁第四运营公司总工程师牟振英，上海交通大学南洋机电科技有限公司总工程师阎德志等出席开班仪式。副校长程龙根主持会议，校长项家祥致辞，上海市民办高校教师专业发展中心常务副主任徐雄伟讲话。

培训班学员来自上海师范大学天华学院、上海建桥学院等民办高校，培训将历时3个月。

9月27日　学校召开"星光计划"第七届技能大赛启动会。会议由教务处处长张菊芳主持，她介绍了上海市"星光计划"职业技能大赛举办的背景及其他同类高职院校参赛情况，宣布东海学院正式启动"星光计划"第七届技能大赛工作。副校长尹雷方解答各院系在准备初赛、决赛过程中遇到的疑问，要求组织方做好宣传工作，鼓励大家努力拼搏，争取创造佳绩。

9月28日　学校召开2015—2016年度文明单位创建工作会议。党政办主任李希萌通报有关精神文明建设工作情况，传达学校《关于开展2015—2016年度文明集体、文明服务岗申报和评比的通知》。

党委书记赵佩琪强调学校文明创建是"人人工程、天天工程"，要全校努力，上下齐动，将文明单位创建工作落实落细。

10月

10月6日　学校发布《学风建设之禁烟工作实施方案(试行)》，在教学区域及生活区域全面开展禁烟活动，创建无烟校园。活动分为两个阶段：10月8—16日为宣传告知阶段，通过校园电子屏幕、各类展板等形式宣传禁烟；10月17日进入全面禁烟阶段。本次禁烟活动采用属地管理的办法，由校团委牵头，联动各二级学院成立禁烟工作督查小组，统一着装并佩戴工作证，在负责区域不定期地展开巡查。

10月9日　校长项家祥被上海市教育评估协会聘为专业建设与咨询服务研究中心专家。上海市教育评估协会于2004年4月25日正式成立,是国内最早成立的教育评估专业组织,主要负责组织学术交流、人员培训、认证认可等活动。

10月12日 与我校合作多年的德国巴伐利亚州上法兰肯区手工业协会(HWK)一行,在副总裁贝克的带领下到我校访问交流。在座谈交流中,双方都希望进一步加强合作,在更多的领域作出努力。机电学院院长杨萍介绍合作项目的情况。我校机电学院与德国HWK和东巴工程技术大学于2013年正式签订合作协议,开展的学生联合培养项目包含"2+1"技师考证项目、学历教育项目、短期学习与实践项目等。第一批学生已完成学业并取得技师证书。第二批赴德学生将于10月16日启程。

10月18日 美国西伊利诺伊大学国际交流办主任埃伦·库泽科夫女士来校访问。校长项家祥介绍学校的基本情况,希望双方能够寻求更加专业化的合作模式,除了开展暑期短期学习项目之外,能够在考取有国际影响力的各类技能型证书上有进一步的合作,提升学生的竞争力。库泽科夫女士表示赞同,待回国后制定项目开展计划。会谈结束后,库泽科夫女士与今年申请西伊利诺伊继续深造的3位学生见面。

11月

11月5日 由中国金融工会上海工作委员会主办的"2016年上海金融系统银行证券保险综合业务技能大赛"在我校举行。来自上海金融系统的464名选手参加竞赛。我校作为承办方,比赛精心准备、认真筹划、组织有序,获得主办方的认可和赞赏。

11月8日 学校召开2016技能节开幕式暨上海市"星光计划"第七届职业院校技能大赛参赛动员会。会上,副校长尹雷方总结回顾2016年学校在各级各类技能比赛中所取得的成绩,强调技能节已经成为全校师生展示职业技能和职业素养、弘扬工匠精神的精彩舞台,希望全体师生能在这一舞台上展示和提升技能水平,凝聚奋斗拼搏、团结合作的精神。

党委书记赵佩琪宣布获奖名单,授予陈勇等45名学生"东海技能之星"称号。校党政领导为他们颁发奖杯和荣誉证书。会上,校领导还分别为13支队伍授旗,他们将出征2017年上海市"星光计划"第七届职业院校技能大赛13个赛项的角逐。

11月9日 由闵行区委、区政府组织的新疆泽普三级干部培训在我校结束。本期培训采取课堂教学与现场教学相结合方式,旨在提高基层干部的科学发展能力,围绕村公共服务设施日常运行与功能拓展进行的村社区管理基本做法、管理特色工作等解决问题的能力及新时期群众工作能力。

11月15日 学校成立集体合同工作领导小组。领导小组组长为赵佩琪、项家祥;副组长为程龙根、王玉;组员为高惠珠、杨殿雄、杨和平、施晓玮、朱佳。下设工作小组,组长为王玉;副组长为高惠珠、杨和平;组员为马忠秀、曹赛磊、朱建平、傅彬英。

11月16日 上海民族乐团专场音乐会在我校举办。本场音乐会名为"东南西北风"——"东南西北"是指祖国的大地四方,"风"则是中国古代音乐类别名称"风、雅、颂"之一,泛指民间音乐。本场音乐会主要演出我国各地具有代表性的经典民歌和民间乐曲。

11月17日 学校团委举办"以青春之名 忆长征精神"主题演讲比赛。党委副书记王玉、社科部主任黄苏飞、教务处副处长王勤、团委副书记邵引印、团委易潇萍老师担任本次比赛评委。参赛选手用饱满的情感和铿锵的语言,生动形象地解读各自对长征精神的理解和感悟。最终,董青、胡诗遥获一等奖;金华伟、毛向磊、唐泽豪获二等奖;郭瑶、姚敏晓、董乐乐获三等奖;邓美君、张雯分获台风奖和潜力奖;护理学院荣获最佳组织奖。

11月23日 学校召开第四届董事会第五次会议。会议推选党委书记赵佩琪为本届董事会副董事长;增补经管学院院长严玉康为董事成员。

11月25日 学校召开2015—2016年度精神文明表彰总结暨动员大会,校长项家祥主持大会。会上,党委副书记王玉宣读学校《2015—2016年度精神文明集体和文明岗位名单》,授予党政办公室等16个单位"文明集体"称号,授予文印室等23个部门"文明岗位"称号。校党政领导为获奖代表颁发荣誉证书。

党委书记赵佩琪作总结动员,她充分肯定了2015—2016年创建工作取得的成效,要求在巩固发展特色高职校、示范性民办院校创建成果的基础上,做到3个"改变":一是改变作风,提高服务意识,让教师满意;二是改变校风,本着认真负责的原则,让学生共情;三是改变文风,力求务实创新。校长项家祥提出,凝练东海学院的精、气、神,铸造东海学院的辉煌。

11月28日　学校与日本多摩大学举行合作协议签字仪式。多摩大学国际交流处负责人巴特尔和学生处处长松浦岗志,以及我校校长项家祥,副校长尹雷方,国际交流办、培训中心和商学院等院(部)负责人参加签字仪式。根据两校协议,我校商学院将与多摩大学开展学生短期交流、交换生交流、专本硕学历教育联合培养和教师交流等项目。

12月

12月5日　学校召开校长办公会。副校长尹雷方通报有关"三年行动计划"申报情况。市教委对学校《三年行动计划方案》予以肯定,并提出要在立德树人、产教融合等方面给予体现。下周将走访各项目申报单位,对方案进行修订。计划明年开学启动"三年行动计划"。

12月9日　学校召开2016年就业工作总结表彰会。会议由校长助理、招生就业处处长郁萍主持。大会总结2016年毕业生就业工作,表彰2016年就业工作先进集体和先进个人。会上,党委书记赵佩琪宣读《关于表彰2016年就业工作先进集体和先进个人的决定》,机电学院、商学院、经管学院获"就业工作先进集体奖";胡阿佳、王改、孔国锋、曹赛磊、邹雨枫等辅导员获"就业工作先进个人奖"。校领导分别为获奖代表颁发荣誉证书。

12月12日　黔东南民族职业技术学院领导一行来校访问,与我校签署合作共建会计专业协议。两校将在办学理念、专业建设、教学改革、人才培养等方面进行深入交流与合作,并逐步建立稳定的合作工作会商机制、保障机制和评价机制。副校长尹雷方主持签约仪式,校长项家祥与黔东南民族职业技术学院副校长曹庆旭分别介绍双方学校情况。

12月14日　我校与贵州盛华职业学院举行合作共建会计专业协议签约仪式。市教委高教处副处长赵坚,闵行区合作交流办副主任李东,盛华职业学院常务副校长、党委副书记杨绍先,上海华泽科技文化发展有限公司总经理程晋斌等出席签约仪式。副校长尹雷方主持仪式。校长项家祥与盛华职业学院常务副校长、党委副书记杨绍先分别在合作协议书上签字。新民晚报、解放日报、上海教育电视台、光明网等多家媒体莅临现场进行采访报道。

12月28日　市教委民办教育管理处处长赵扬一行莅临我校进行调研指导,校党政领导参加调研会。会上,校长项家祥汇报学校工作情况。赵扬处长对我校的办学成就给予肯定,并对我校"十三五"发展战略等提出建设性建议。

12月30日　学校召开"东海之星"庆功表彰大会,全面总结2016年学校职业技能竞赛工作,并表彰下半年在市级及以上各类竞赛中获得三等奖以上的师生和团体。会议由党委书记赵佩琪主持。

会上,校长助理、招生就业处处长郁萍宣读表彰决定,校领导为获奖团体和个人颁发奖金。经管学院报关专业团队在上海市高职高专院校中高职贯通教学设计比武大赛中喜获一等奖,也是唯一获得一等奖的民办院校,学校特颁发特等奖,以资鼓励。

2017年

年度概述

当年录取新生2275人,报到2038人,报到率为89.58%。应届毕业生1908人,就业1866人,就业率为97.75%。全日制在校生5952人。

2016年年底,市教委将我校列为教育部"创新发展三年行动计划"立项建设单位(A类)。学校召开"创新发展行动计划"实施工作推进会,并成立"创新发展行动计划"实施工作领导小组。学校举行"双百工程"建设总结表彰大会,表彰"双百工程"第三期的校精品课程12门、优质课程18门;"双百工程"建设中的优秀团队7个、优秀个人10名。

学校成立实训大楼工作领导小组,12月29日,举行综合实训大楼开工奠基仪式。

董事长曹助我荣获"民办教育突出贡献奖";在上海市纪念中华职业教育社成立100周年大会上,我校获上海市首届黄炎培职业教育奖"优秀学校",是上海市唯一获此殊荣的民办高校;学校连续8年4届蝉联上海市"文明单位"称号。

2017年 大事记

1月

1月4日　学校党政领导班子召开专题民主生活会,会议由党委书记赵佩琪主持。校领导班子成员参加会议,党政办主任李希萌列席会议。与会者围绕"两学一做"学习教育要求,重点对照《关于新形势下党内政治生活的若干准则》《中国共产党党内监督条例》,联系学校工作实际,进行自我检查、党性分析,开展批评和自我批评,进一步明确努力方向和整改措施。市民办高校党工委尹福会出席会议。

1月5日　市教卫工作党委精神文明建设委员会举行2015—2016年度上海高校市级精神文明单位(文明校园)终期考评集中展示。校长项家祥作工作汇报,从创建东海品牌、凝练东海精神、培育东海气质和破解招生难题4个方面充分展示我校2015—2016年的精神文明建设成果。

学校召开2017年寒假教学工作会议,教育部专家陈解放教授受邀参加。会议重点研究实施教育部"创新发展行动计划"。会上,陈解放教授作题为"新形势下高职专业内涵建设深化"的讲座,解读《高等职业教育创新发展行动计划(2015—2018年)》等政策的出台背景与指标要点。

董事长曹助我指出,实施教育部"创新发展行动计划",关系到东海学院未来的发展,大家要抓住机遇,设计好东海学院未来发展的蓝图。校长项家祥对照国家级优质院校标准,提出六个"转变"、一个"完善"和一个"建立"的发展思路。

党委书记赵佩琪作总结讲话,希望全校教师能够高度重视思想政治工作,把立德树人贯穿教学的全过程。

1月6日　学校召开2016年度民主测评会,党委书记赵佩琪主持会议。学校党政领导班子与各部、处主要负责人依次进行述职。述职后,与会者对党政领导班子成员与各部、处主要负责人进行了民主测评。投票结果显示,教工对学校党政班子的整体满意度保持在100%。

2016上海民办高校"强师工程"培训——星光计划工业控制赛项指导教师培训班举行结业典礼。上海市民办高校教师发展中心项目主管张国平、上海市职业技能鉴定中心技师培训专家仲葆文应邀出席,副校长程龙根主持典礼。我校机电学院作为承办单位,设计4个模块、含14个项目的培训方案,采用项目教学、案例教学、专题讲座、交流研讨、技能训练等形式开展培训。

1月16日　校长项家祥一行代表学校赴日本京都情报大学院大学,看望正在那里就读的22名东海学院学子,并向他们颁发奖学金和助学金,鼓励他们励志勤学。京都情报大学院大学理事长长谷川先生及该校有关部门负责人李美慧女士、内藤先生、蒋丹先生、任兵女士出席颁奖活动。

2月

2月23日　学校被授予2016年度"吴泾区域经济发展特别合作单位"荣誉称号,这是我校连续两年获评此项荣誉。

2月28日　学校召开新学期干部大会,全面部署学期工作。会议由党委书记赵佩琪主持。会上,校长项家祥提出2017年度学校工作要点:启动"三年创新发展行动计划",建设国家级优质院校;争创全国文明单位;启动实训大楼的建设工程。

党委书记赵佩琪强调:2017年党委工作的重点是认真落实党委主体责任,学习贯彻全国高校大学生思想政治工作会议精神,以立德树人为中心环节,把思想政治工作贯穿于教育教学的全过程,实现全员育人、全程育人、全方位育人。副校长程龙根、尹雷方分别就学校安全管控机制、教学质量提升、加强内涵建设等工作作出安排。

3月

3月1日　2017年第七届"星光计划"技能大赛即将拉开战幕,各项备赛工作进入冲刺阶段。学校召开第七届星光杯赛事动员大会,由校质量管理办公室主任张菊芳主持。尹雷方副校长强调,要把技能大赛作为学校教育教学质量的综合体现和人才培养的重要手段,希望参赛选手不松懈、不放弃,取得最后的胜利。

上海市教育科学研究院民办教育研究所所长

董圣足一行5人来校走访调研。校长项家祥介绍学校情况和发展目标及方向,并希望能够在政策咨询、质量评估和舆情分析等方面得到民办教育研究所的大力支持。董圣足所长表示,将推动民办教育各项决策咨询研究的"落地"工作,为民办教育发展当好参谋和助手。

贵州盛华职业学院师生一行10人来校,与我校会计专业师生交流学习。经管学院院长严玉康介绍学校的发展历程和会计专业的建设情况。盛华职业学院师生将在我校进行3周的全国职业技能大赛会计项目的培训。我校与贵州盛华职业学院于2016年12月12日签订《合作共建会计专业协议书》,此次交流学习拉开了两校合作共建的序幕。

3月3日 由校团委主办、各学院团委协办的"利用专业技能展开志愿服务"的雷锋月主题系列活动正式启动。各学院学生利用本专业知识和技能开展志愿服务活动。护理专业学生义务测量血压和血糖;航空专业学生演示化妆和修眉技能;商贸专业学生帮助识别真假币;会计专业学生讲解如何识破诈骗等。举办主题活动的目的:一是弘扬和践行雷锋精神;二是搭建一个平台,让学生施展自己的职业技能,增强对所学专业的归属感。

3月8日 学校工会举办为期一周的"与爱同行,美丽女性"东海学院女教师风采展示活动。展示版面分为两部分,第一部分展示2016年荣获市级荣誉的优秀女性,弘扬先进典型;第二部分为"爱在东海,欢乐女教工",选登部分女教职工学习和活动的照片,展示"巾帼不让须眉"的精神,营造和谐温馨的校园氛围。

3月9日 副校长尹雷方一行抵达德国巴伐利亚州上法兰肯区手工业行会技术与创新管理学院。会谈中,副校长尹雷方对于德方对我校学生在德学习期间给予的帮助表示感谢。双方就已经取得技师证书的学生在德国续读本科和硕士学业、专业教师赴德进修学习等事宜进行洽谈。2015年,我校机电学院和德国HWK合作开展"2+1"技师合作培养取得成果,目前已有两届共12名学生在德学习和实践,取得汽车、机电技师证书。

3月10日 学校召开2016年党建创新项目结题汇报会暨党建工作研讨会,党委副书记王玉主持会议。

党委书记赵佩琪介绍我校承接的市教委党建研究重点课题"民办高校治理能力现代化与党建工作机制创新研究"成果。会上,各党支部书记结合工作实际,分别从思想政治理论课建设、党建工作创新和党员发展等方面作交流发言。

3月9—10日 为了学习和借鉴兄弟院校在互联网教学及校企合作方面的经验,商学院院长吴静芳与金融系教师一行5人赴浙江财经大学东方学院金融与经贸分院、浙江金融职业学院、浙江核新同花顺网络信息股份有限公司进行调研。调研围绕互联网金融、高职院校互联网金融教学、实训室建设以及校企合作等内容展开。

3月14日 以郦鸣阳为组长的市教委专家组来校进行2016年度民办高校年检实地检查。专家组成员分别对我校的基本办学条件、依法治校、资产与财务管理、师资队伍建设、教育教学与科研、党团与学生工作以及其他法定事项进行现场访谈和查阅资料。郦鸣阳组长充分肯定我校的工作成效,并提出相应的整改意见和建议。校领导表示,学校一定将专家组的整改意见落地落实,推进学校的发展。

3月15日 学校党委召开中心组(扩大)会议,校董事、党政领导班子成员参加,党委书记赵佩琪主持会议。会议重点学习《中华人民共和国民办教育促进法》、教育部31号文件等,并对2017年学校和党委工作要点进行研讨。

党委书记赵佩琪解读教育部31号文件的学习背景,认为习近平总书记在全国高校思想政治工作会议讲话中明确提出高校培养什么样的人、如何培养人以及为谁培养人的问题,并对思想政治工作提出更高要求。校长项家祥解读新的《中华人民共和国民办教育促进法》,认为本次修改对于构建公办民办教育共同发展的办学格局具有重要而深远的意义。与会者还对2017年学校发展计划建言献策。

3月17日 为加强对学校教育教学质量的管理,切实落实我校创新发展三年行动计划中教学质量诊断与改进工作的试点工作,促进教学质量和办学水平的提高,经校长办公会议研究决定,成立校质量管理办公室。张菊芳担任主任。质量管理办公室的主要职能是:充分利用校园大数据管理平台,对教育教学实现过程的各环节实施监控,保障教育教学过程的规范性和有序性。该部门的建立，将全方位促进我校教育教学管理水平的提升和教学质量的提高。

3月21日 美国纽约州立大学奥斯威戈分校教务副校长、国际教育事务部负责人麦考文博士对我校进行友好访问。校长项家祥、副校长尹雷方、校办主任李希萌、外事办主任杨静、商学院院长吴静芳等参加会谈。双方就"2+2"中美合作项目交换意见。

学校召开校长办公会，决定成立"创新发展三年行动计划"实施工作领导小组。

3月22日 学校召开"创新发展三年行动计划"实施工作推进会。创建办主任刘宝裕主持会议。会上，特邀顾问胡颂恩教授谈了如何推进学校创新发展三年行动计划；尹雷方副校长对实施行动计划的近期工作作出安排，提出要明确目标任务，进一步细化实施内容。

校长项家祥着重从背景、前景、过程3个角度谈建设优质高职院校，强调：一要理清思路，立足创新，追求发展，完成既定目标；二要充实内涵，专业建设是核心，质量提升是抓手，每个专业应显现不同特点；三是明确目标，要与标杆相比，从追寻标杆到学习标杆再到建设成为标杆；四是扎实推进，各项任务和项目要扎实、仔细地做。会上，党委书记赵佩琪宣读学校"创新发展三年行动计划"实施工作领导小组名单。

3月24日 学校举行教师企业践习工作站揭牌仪式，由副校长程龙根主持。校长项家祥、党委书记赵佩琪、副校长尹雷方分别与相关企业负责人共同揭牌。

为打造"双师型"师资队伍，目前学校已在9个企业建立教师践习工作站，为教师赴企业践习提供平台。分别为：上海诚丰财务服务有限公司、上海欣海报关有限公司、上海盛视天橙传媒有限公司、上海东湖机械厂、浙江亚龙教育装备股份有限公司、上海交通大学医学院附属仁济医院南院、上海嘉才智能科技有限公司、东方财富信息股份有限公司、上海景泰建设股份有限公司。

为把思想政治工作贯穿于教育教学的全过程，打造"三全"育人环境，学校召开德育微课堂推进会。会上，经管学院学工办主任许小梅从开展背景、活动目标、实施过程、取得成果等方面介绍开展"以德载道，师语润心"德育微课堂活动的情况。党委书记赵佩琪充分肯定了经管学院开展德育微课堂的做法，要求其他学院学习经管学院好的经验，并在学习的基础上能够有所创新。

3月25日 上海市第七届"星光计划"职业技能大赛全面开赛。学校受上海市教委、市人力资源和社会保障局、市教育发展基金会、市民办教育发展基金委托承办的报关技能赛项也于当日开赛。市教委高教处副处长到校对赛事进行督察指导。

3月27日 学校召开2017年度语言文字工作会议。副校长尹雷方对2016年度语言文字工作总结。2016年，我校学生参加普通话水平测试达标率为67.64%。会议对《上海普通高等学校语言文字工作评估标准》进行解读，并宣布我校2018年将接受上海普通高等学校语言文字工作评估。

3月28日 学生工作部组织开展第一期"一餐一席谈"——"校领导午餐会"活动。学校党政班子成员与来自7个学院的15位学生共进午餐，倾听同学们的关心事和烦心事。学生工作部首次用"午餐会"的形式，开展学生与校领导面对面谈话交流。

3月30日 机电学院举行2017届学生德国技师考证颁奖典礼，副校长尹雷方、党委副书记王玉、机电学院院长杨萍、机电学院副院长江可万以及机电学院的教师应邀出席颁奖典礼。杨萍院长介绍中德合作培养技师项目情况；党委副书记王玉宣读获奖学生名单；校领导为获奖学生颁奖。副校长尹雷方希望已考取证书的同学们再接再厉，做到学以致用，发挥专长；希望准备赴德学习的同学认真学习德语，为今后的学习奠定基础；希望机电学院继续努力，推进此项目更上一层楼。

3月31日 学校举行"双百工程"建设总结表彰大会，会议由副校长尹雷方主持。教务处副处长王勤通报"双百工程"优质课程建设情况和取得的成果。会议表彰"双百工程"第三期的校精品课程12门、优质课程18门；"双百工程"建设中的优秀团队7个、优秀个人10名。校领导向获表彰者颁发荣誉证书。会上，教务处处长何民乐就微课第一期建设作相关工作通报，同时表彰微课一期建设个人一等奖3人，二等奖7人。

"双百工程"历时5年时间，分成三期建设，最终建成104门优质课程，编写104种校本教材，公开出版41种教材,参与教师达400多人次,有7门课程建成市级精品课程。

4月

4月5日 2017年托业桥考试(职业英语水平等级考试)研讨会暨2016年下半年托业桥奖励基金颁奖仪式在上海市工商外国语学校举行。我校考生在2016年12月托业桥考试中成绩喜人,共有26名同学分获一、二、三等奖,获得托业桥奖励基金。

4月6日 学校召开校长办公会。会议决定:调整学校精神文明领导小组、工作小组的人员构成,原则上按照部门岗位情况调整,工作小组增加继续教育学院、资产与实训室管理处、基础教学部、培训中心的主要负责人。增补郝雁玲为工作小组秘书。

会议决定成立东海学院25周年校庆领导小组。组长为项家祥、赵佩琪;副组长为程龙根、尹雷方、王玉、郁萍。成立校庆筹备工作小组。组长为李希萌。

航空学院院长周孟华带领教师团队前往上海工程技术大学航空运输学院开展专业建设调研,为"三年行动计划"的骨干专业建设开拓新思路。航空学院兼职院长、原上海航空副总经理韩瑛女士参与协调。双方就人才培养方案、课程设置、学生实习实训、校企合作、实训室建设、学生日常管理等方面展开研讨交流。

4月7日 商学院举办专题研讨会,来自银行、证券、投资、互联网企业和高校金融学领域的专家齐聚东海学院,共议高职金融人才培养。中国金融工会上海市工作委员会副调研员曹莹、中国银行上海市徐汇支行副行长曹杰和交通大学支行副行长唐怡玲等10位来自金融行业和高校的专家应邀出席研讨会。会上,副校长尹雷方介绍学校的办学情况。研讨会就金融人才的培养目标、金融行业岗位需求、互联网金融时代下高职金融人才知识和能力发展等方面进行了探讨。

德国HWK技术与创新管理学院负责人一行来我校洽谈合作事宜,并举行中德合作项目商务会谈。副校长尹雷方、机电学院院长杨萍、机电学院副院长江可万、外事办主任杨静等参加会谈。双方围绕中德合作办学申报工作、暑期赴德短期实践学习、11月德国HWK专家来校进行两周教学活动等问题进行商讨。来宾还参观了机电技术实训中心、数控技术实训中心、汽车技术实训中心,并与机电学院领导、教师代表以及学生进行座谈。

4月12日 上海轻音乐团走进我校,举办奥斯卡经典电影音乐演奏会,此次演出是我校2017年高雅艺术进校园的首场活动。本次音乐会上,近40位演奏家和歌唱家采用器乐合奏、女声独唱、男声独唱和男女声对唱等形式,表演电影《泰坦尼克号》的主题曲《我心永恒》、音乐剧《阿根廷别为我哭泣》和《玫瑰人生》等世界经典电影主题曲和音乐剧的插曲。

4月13日 上海市商贸旅游学校校长李小华组队到校,就开展中高职贯通进行洽谈,校长项家祥、副校长尹雷方、航空学院院长周孟华等参加。双方就项目实施、领导成员安排、《空中乘务专业中高职贯通实施方案》制定等事项进行商讨。

4月15日 上海市"星光计划"第七届职业院校技能大赛"动漫制作"赛项在我校举行,来自全市11所高职院校共计44名选手参加比赛。比赛分为动画基础、动画创作两个模块,以现场竞赛的形式实现。我校传媒学院学生石岩松、李开发、顾顺顺、沈健楠参加本次比赛。

4月16日 2017年全国职业院校技能大赛(高职组)"服装设计与工艺"赛项在上海工艺美术学院举行。我校参赛团队从容应战,喜获佳绩:工艺组项目阿依仙古丽荣获第一名,马云龙荣获第二名,朱花蕤获得第四名;设计组项目何玲荣获第三名,巴哈提别克获得第五名。

4月17日 学校召开校长办公会。根据市教委对推进课程思政教学改革工作的要求,会议决定成立课程思政教学改革领导小组暨课程思政教学改革指导委员会。组长为赵佩琪、项家祥;副组长为尹雷方、王玉;成员为程龙根、郁萍、黄苏飞、钱关祥、严玉康、周孟华、杨萍、吴静芳、顾惠忠、王平。

下设课程思政改革办公室。主任为何民乐;秘书为王勤;成员为何民乐、黄苏飞、李希萌、高惠珠、张菊芳、杨瑾、李杰、桑未心、袁冬琴、金玲慧、张敏、孙俐、左田田、牛晓伟、王勤。

4月18日 上海市精神文明建设工作会议公布2015—2016年度(第18届)上海市文明单位名单,我校榜上有名。党委书记赵佩琪出席并上台受领荣誉证书。这是我校连续8年4届蝉联"上海市文明单位"称号。

学校召开创新发展行动计划实施工作推进会，副校长尹雷方主持会议。校长项家祥从建设背景的角度谈加快推进创新发展行动计划的落实，提出一定要落实好"三年行动计划"，创建国家级优质校，确立自身品牌。副校长尹雷方对2017年度建设经费的分配使用，以及如何撰写项目实施方案作了具体说明。指出要凝心聚力，用创新方法引领常规工作，按照轻重缓急，有序推进创新发展行动计划的落实和实施。

4月19日 学校召开第四届董事会第六次会议。会议审议校长项家祥作的《民办教育促进法》解读报告和对学校性质问题的考虑报告，会议一致认为：

（1）东海学院申报为非营利性民办大学，现在就开始做申报准备工作。

（2）成立学校章程修改工作小组，由董事长曹助我担任组长，主持章程修改工作。副组长为项家祥、赵佩琪；组员为李希萌、岳宝华、邱建国、张祖明；秘书为韩瑞芳。

（3）修改学校章程，把东海学院的非营利性质、办学模式、管理模式依法列入章程。

会议还听取校长项家祥关于25周年校庆筹备情况汇报。校庆要准备5件事：(1)编撰一本书《东海的100个故事》；(2)出一本画册，选取东海学院的100个精彩片段；(3)拍一部纪录片《100个回眸》；(4)举办一次庆典活动，搞一次学校校园环境的整治；(5)改组校友会。

学校第二届"开卷有益 书香东海"读书节活动开幕，特邀中国红楼梦学会副会长、上海师范大学孙逊教授出席。党委副书记王玉主持开幕式。党委书记赵佩琪致辞并强调：举办第二届读书节是我校"以文化人，以文育人"校园文化建设工作的重要内容，要倡导全体师生积极参与到读书节的系列活动中来，让读书成为陪伴大家成长的每个脚步。

4月21日 学校举行第二届第十次教代会暨第三届第十次工代会。董事长曹助我致辞，希望各位代表和全体教职工以高度的责任感和主人翁精神，以及对东海学院的热爱之情，群策群力，凝聚共识，齐心协力，真抓实干，将东海学院的事业不断向前推进。

校长项家祥作学校工作报告，回顾总结2016年以来学校各方面所取得的主要成绩，提出2017年学校要完成的4项主要工作：认真落实全国高校思想政治工作会议的精神和工作部署；全面启动高职教育"创新发展三年行动计划"；启动争创全国文明单位的工作；启动学校实训大楼建设工程。工会主席王玉作工会工作报告，并提出2017年工会工作任务。

4月25日 劳瑞德教育集团泰国中心CEO、泰国斯坦佛国际大学校长吉勒·马埃来我校访问并进行合作洽谈。我校副校长尹雷方和航空学院院长周孟华出席洽谈会。双方就开展"2+2"专升本培养模式和中英双语课程教学事项进行商谈。

4月26日 学校举行2016—2017学年奖学金颁奖大会。会上，副校长尹雷方宣读《关于颁发2015—2016学年国家奖学金、国家励志奖学金、上海市奖学金及2016—2017学年第一学期校奖学金、内职班奖学金的决定》。校长项家祥围绕"励志"这一主题，从"人为什么要励志""怎么来励志""怎样才算励志"3个方面进行阐述。希望同学们能立长志，成长为一个有理想、有道德的人；能脚踏实地，严格要求自我，成长为一个有朝气、有梦想的人；能干一行爱一行，成长为一个有文化、有干劲的人。

本次颁奖大会共表彰奖励1310名获得各级各类奖学金的优秀学子。

经管学院报关专业首批"现代学徒制"班结业典礼在上海欣海报关总部举行。经管学院院长严玉康、副院长李杰，上海欣海报关有限公司领导及带教师傅等参加结业典礼。首批20名2014级报关与国际货运专业学生入选"现代学徒制"班。

5月

5月2日 学校召开校长办公会。会议讨论决定，调整招生工作领导小组和监察小组。领导小组组长为项家祥；成员为赵佩琪、尹雷方、程龙根、王玉、郁萍、蔡建平。监察小组组长为王玉；成员为李希萌、杨和平。

2017年全国职业院校技能大赛（高职组）"服装设计与工艺"赛项上海选拔赛已落下帷幕，6月初，全国大学生职业技能大赛即将拉开序幕。我校参赛选手将代表上海队参加2017年全国大赛，我校承担2017国赛服装设计与工艺赛项上海队集训任务。我校4名参赛选手将与上海工艺美术学院

4名参赛选手一起，在集训基地进行封闭式训练，积极备赛。

5月3日　上海科学技术职业学院董事长朱建新一行来我校调研交流。座谈会上，双方就学校专业建设、师资队伍建设和课程改革等问题进行探讨。上海科学技术职业学院来宾参观了校史馆和传媒学院，对我校的建设方向和理念给予肯定，并期待双方能有更深入的交流合作。

5月4日　由共青团上海市委员会主办的"青春喜迎十九大、不忘初心跟党走"上海青少年纪念五四运动98周年、建团95周年主题集会活动在上海展览中心友谊会堂举行。我校艺术学院服装152班阿依仙古丽同学作为上海市优秀学生代表之一，受到上海市委书记韩正的亲切接见。

5月5日　"产教研——东海诚丰财务中心"在我校揭牌。揭牌仪式由副校长尹雷方主持。会上，经管学院院长严玉康介绍"产教研——东海诚丰财务中心"的基本情况：诚丰财务公司是行业知名企业，主要从事代理财务咨询、审计和税务筹划。基于对会计人才培养的责任，双方达成协议，通过产教深度融合，共育会计人才。校长项家祥、党委书记赵佩琪与诚丰董事长彭利强共同为"东海诚丰财务中心"揭牌。

5月10日　我校以"文化与青春同舞，艺术与心灵共鸣"为主题的第八届校园文化艺术节开幕。校长项家祥在开幕式上致辞，相信校园文化艺术节会让东海人心灵更加纯洁，气质更加高雅，情趣更加细腻。让东海学院的校园文化艺术节成为东海学院创建精神文明的一朵奇葩，让东海学院的艺术传播成为东海学院莘莘学子赖以自豪的文化传承。

5月11日　由校长项家祥、党委书记赵佩琪组团，赴上海中医药大学考察学习课程思政教学改革。考察团一行首先参观了上海中医药大学的上海中医药博物馆。座谈会上，上海中医药大学党委副书记朱惠蓉从学校的发展历程、发展现状、发展特色及发展愿景4个方面介绍了上海中医药大学的整体情况及建校以来所取得的成绩。该校教务处、学工部、社科部、宣传部和一线教师就本部门有关课程思政教学改革工作的主要做法、成效和体会作了发言。

5月12—14日　我校学生参加由闵行区科委、紫竹高新技术开发区主办的第一期"创业无忧计划"国际创新创业能力训练营暨紫竹国际创新创业大赛。此次训练营活动为期两天半，通过Marketplace Live创业模拟实训平台，结合组织理论、实践、价值观、实用技能等方面的立体教学模式，从市场调查、SWOT分析、创业方向、中短期规划、现金流管理、投入/产出效率分析等方面对学员进行辅导训练。在紫竹国际创新创业大赛中，我校获优秀组织奖。

5月13日　上海市第八届教工运动会开幕式在上海交通大学霍英东体育中心举行，我校40余名教师组队参加。上海市教工运动会每5年举办一届，本次运动会共设13个比赛项目，以团队项目为主。

5月15日　以市教委学校后勤保卫处处长张旭为组长的上海高校技防建设"十二五"规划完成情况检查验收专家组到校，对我校"十二五"技防建设进行检查验收。副校长程龙根对市教委多年来给予我校技防建设的大力支持表示感谢；保卫处蒋久泉对我校"十二五"以来的技防建设情况作汇报。专家组对我校的技防功能、实战应用等方面给予较高评价。我校的"十二五"技防建设通过检查验收。

5月19日　在上海市纪念中华职业教育社成立100周年大会上，我校获"黄炎培职业教育奖"之"优秀学校奖"，是上海市唯一获此殊荣的民办高校。"黄炎培职业教育奖"是我国职业教育界的最高奖项。近年来，学校秉承和践行"品质＋能力"的培养理念，加强校企合作，推行工学结合、产教融合的人才培养模式和"课证赛一体化"的教学模式，人才培养质量和办学实力明显提升。

学校举行第十三届运动会开幕式。副校长尹雷方致开幕辞，希望全体运动员积极发扬"更高、更快、更强"的奥林匹克精神，服从裁判、尊重对手，赛出风格、赛出水平、赛出成绩。运动员代表、裁判员代表分别在主席台上进行宣誓。

经学校党委研究决定，设立党委所辖的教师工作部，加强党对教师思想政治教育、师德师风建设和人才队伍建设的领导。教师工作部与人事处合署办公，人事处处长同时担任教工部部长，负责教师思想政治工作、师德师风建设和考核，配合相关部门做好教师党员教育管理和服务等相关工作。

5月21日　学校与云南省保山市政府合作举

办"全面从严治党"专题培训班。本次专题培训班为期7天,学员们为来自保山市的各级政府党员干部共32人。培训采用专题讲座、现场观摩、案例情景等教学方式,结合"一带一路"实践中的新形势、新特性、新特点、新要求、新标准,进行有针对性的专题培训。

5月23日 学校与百丽鞋业(上海)有限公司举行大学生就业实践基地校企合作协议签署及挂牌仪式。百丽鞋业(上海)有限公司华东区人力资源经理姜丽红、上海区人力资源负责人田佳娜、上海区人力资源招聘部长陈颐佳,我校校长助理兼招生就业处处长郁萍,就业办、商学院、经管学院、艺术学院、学工办负责人及2017届实习生代表参加挂牌仪式。

5月25日 日本别府沟部学园短期大学教师水户贵久来我校进行为期两天的交流与授课活动。翌日上午,副校长尹雷方、外事办负责人杨静和商学院院长吴静芳会见日本客人。副校长尹雷方表示,东海学院十分重视与沟部学园的合作,期待在互利共赢的基础上,两校共享教育资源,进一步加强两校之间的交流与合作。

5月26日 上海师范大学教授、博士生导师翁敏华到校,作"元曲欣赏"专题讲座。翁敏华教授从"中国诗词大会"说起,指出汉语具有语言音乐性,汉字"看似一幅画",语音"听像一首歌",有声有色,倚声填词是中华诗词文化的一大发明、一大贡献,并现场吟唱陆游的《卜算子·咏梅》。翁教授建议恢复传统诗词曲的歌唱传统。

5月31日 上海话剧艺术中心进校演出话剧《生存法则》。上海话剧艺术中心是上海市唯一的国家级专业话剧团体,也是中国最优秀的话剧团体之一。《生存法则》是一部揭示人性的话剧,该剧围绕世界排名第二的Dekia公司销售总监的终极面试展开。

6月

6月2日 学校召开思想政治工作会议。会上,党委书记赵佩琪宣讲习近平总书记在全国思想政治工作会议上的讲话精神,强调全校教师要统一思想,提高认识,以立德树人为根本,以理想信念为核心,以社会主义核心价值观为引领,牢固树立政治意识、大局意识、核心意识和看齐意识。要从细从实做好以下工作:一是用好课堂教学的主渠道;二是推进课程思政教育教学改革;三是注重文化和实践育人;四是着力加强教师思想政治工作。社科部主任黄苏飞、教务处处长何民乐、经管学院学工办主任许小梅作经验交流。

6月6日 学校党校第十八期入党积极分子培训班(高级)开学,共62名学员参加培训。党政办主任、党校副校长李希萌为学员们作开学动员,介绍此次高级党校培训班的教学内容。党委书记赵佩琪讲授第一堂课,主题为"端正入党动机,做合格的共产党员"。

6月9日 第八届"外教社杯"全国高校外语教学大赛上海赛区比赛在我校圆满落幕。校长项家祥、副校长尹雷方、上海市外文学会高职高专外语教学专业委员会主任陈明娟、上海外语教育出版社社长庄智象等专家出席颁奖典礼。我校基础部老师苏小青荣获上海赛区一等奖。本次上海赛区比赛由上海市外文学会高职高专外语教学专业委员会主办,上海东海职业技术学院承办。

6月10日 学校举行2017届学生毕业典礼,由副校长尹雷方主持。董事长曹助我在毕业典礼上致辞,希望毕业生们能秉承"弘志励学,明德至善"的东海精神,成就不凡的事业,活出精彩的人生。

校长项家祥以"不断学习,永无止境"为题讲话,希望毕业生们在走出东海校门以后也能不停学习,不断进步。

6月14日 学校召开"两学一做"学习教育常态化制度化座谈会暨党务工作例会,党委书记赵佩琪传达习近平总书记关于"两学一做"学习教育的重要指示精神和中央推进"两学一做"学习教育常态化制度化工作座谈会精神提纲,并对学校推进"两学一做"学习教育提出要求,要把"两学一做"作为"三会一课"的基本内容,切实推进"两学一做"学习教育常态化制度化任务落实落地。党委副书记王玉介绍近期迎接市高校思想政治督查工作的准备情况,对市委督查的形式、重点和要求作了说明。

学校召开教师工作部第一次例会,会议由副校长程龙根主持。会上,人事处处长高惠珠宣读《关于推进师资队伍思政建设工作的十项措施》,并对学校规章制度中涉及教师思政建设的条文作出说明。

党委书记赵佩琪作总结发言,强调当前学校正在全面推进课程思政,所有专业课、综合素质课等和思政课都需要同向同行,形成协同效应。希望教师工作部积极推进教师的思政教育工作,提高师资队伍的思想政治水平。为贯彻落实全国和上海高校思想政治工作会议精神,学校成立教师队伍思想政治建设职能部门——教师工作部。

6月21日　市教委副主任郭为禄、上海高校思想政治工作第五督查组组长张智强一行莅校,对我校贯彻落实全国和上海高校思想政治工作会议精神情况和意识形态责任情况开展专项督查。党委书记赵佩琪作了"加强责任感　提高自觉性——努力办好一所优秀的社会主义大学"的工作汇报,展示我校党的建设和思想政治工作。

督查组专家与校领导、中层干部、教师代表、学生代表进行个别访谈,查阅相关资料。督查组对我校思政和意识形态工作予以充分肯定。

6月22日　上海市"星光计划"第七届职业院校技能大赛高职组成绩已全部揭晓,目前进入公示阶段。我校在本届"星光计划"技能大赛中斩获个人一等奖12个,二等奖11个,三等奖17个;"金牌"总数第一,个人获奖总数第二。另获团体奖项7个,包含团体一等奖3个(报关技能、会计技能、动漫制作);二等奖2个[网站设计、物流管理(国际货代)];三等奖2个(电子商务、国际商务)。

6月26日　学校召开"创新发展行动计划"实施工作推进会,创建办主任刘宝裕主持会议。本次会议的议题有两个:一是开展项目建设阶段性自我诊断工作;二是布置2018年度政府项目的申报工作。副校长尹雷方对《项目建设阶段性自我诊断报告》各栏目内容的填写提出说明和要求。

关于阶段性自我诊断,副校长尹雷方强调:用"三年行动计划"引领学校日常工作,这是创建的指导思想。"三年行动计划"的主线要清晰,自我诊断要对照实施方案的进度,检查目标任务的达成度。学校将在9月下旬进行中期检查。2018年度"创新发展行动计划"的项目建设,各项目负责人需按照要求,认真做好申报工作。

6月27日　学校召开"星光计划"技能比赛和2017年国赛赛事庆功会,表彰在上海市"星光计划"第七届职业院校技能大赛和2017年全国职业院校技能大赛中取得优异成绩的选手、作出贡献的单位和个人。会议由副校长尹雷方主持。教务处处长何民乐通报获奖情况。在上海市"星光计划"第七届职业院校技能大赛中,我校今年荣获一等奖12个,二等奖11个,三等奖17个,位列奖牌榜"金牌"第一,奖牌总数第二。

7月

7月3日　学校召开2016—2017学年学生工作研讨暨总结表彰会。学生工作部部长杨瑾以"成为一个不惑不忧不惧的学工人"为题,总结回顾本学年学生工作情况;杨钱娟等4位辅导员作了交流发言。本次会议还对2016—2017学年优秀辅导员、先进辅导员进行表彰。

7月5日　东海学院联合武汉市江夏区教育总支组织举办教师教育教学暑期培训班,来自上海教学科学研究所、上海师范大学、上海七宝中学、华东师大附属紫竹小学等7位从事教育教学研究的教授、校长、特级教师,围绕"新课程改革与教师专业发展""教育信息技术助推课堂教学改革""怎样做好学校教育教学管理""基础教育改革的热点透视"等课题分别为学员授课。

教育教学暑期培训班为期7天,武汉市江夏区教育总支区属中小学领导、科任教师共计53人参加培训。

8月

8月14日　学校收到上海市教育考试院发来的感谢信,对我校大力支持考试院并出色完成本次上海市高校招生各项工作任务表示高度肯定和感谢。信中对我校招生办公室兢兢业业的工作精神、认真负责的工作态度、高效专业的工作能力和严谨踏实的工作作风给予了高度评价。我校高度重视招生工作,充分调动各方力量,各职能部门、各二级学院密切配合,落实招生工作相关政策,热情服务考生和家长,确保本年度招生工作圆满结束。

8月29日　学校召开2017年暑期教学工作会议。本次会议的主题为"夯实质量基础、提高育人质量"。校长项家祥作"东海学院怎么走"的专题讲话,分析生源情况对招生的影响,要求东海人靠自己、练好内功、积累力量,迎接新一轮大发展。副校长尹雷方讲话,提出要抓住教学质量这个核心,各条线、各部门要夯实质量基础目标,并提出新学期提升教学质量的主要举措。教务处处长何民乐对如何规范课堂教学和毕业综合实践管理提出具体要求。

党委书记赵佩琪作总结讲话，重申学校狠抓教学质量的重要性，并对课程思政建设提出工作目标和要求。会议还表彰了教学成果获奖单位和职业体验日优秀项目。

9月

9月1日 2017年上海市民办高校会计类专业教师培训班开学典礼在我校举行，出席典礼的有市教委高教处副处长赵坚、上海市民办高校教师专业发展中心主任徐雄伟等。典礼由副校长程龙根主持。校长项家祥致欢迎辞，徐雄伟主任说明此次培训的目的，并对学员提出要求。培训首席专家、经管学院院长严玉康介绍培训实施方案。市教委高教处副处长赵坚作"高职发展形势与人才培养若干思考"的专题讲话，介绍高职教育面临的挑战及人才培养的关键突破。

本次培训班为市民办高校"强师工程"培训项目，由市民办高校教师发展中心主办，上海东海职业技术学院分中心承办。

9月4日 学校召开校长办公会。鉴于综合实训大楼进入施工阶段，会议决定成立实训大楼工作领导小组。组长为程龙根；副组长为张礼道；秘书为傅彬英；成员为李希萌、张金德、蒋久泉、黄福良、刘平、杨殿雄、孙毅、康春、赵三宝、杨萍、周孟华、桑未心、周肇光。

9月7日 学校召开"美丽中国"集体备课会，社科部主任黄苏飞就课程设计方案作了说明，党委书记赵佩琪指出，"美丽中国"课程的开设紧扣时代发展，引领学生了解历史、把握现在、展望未来，坚定"四个自信"，希望全体领导认真备课，讲好"美丽中国"的故事。根据市教委德〔2017〕15号文件精神，经校党政领导班子研究决定，我校将从2017年秋季学期开始，全面推进"美丽中国"系列课程教学。

本课程教学由学校党政领导和二级学院院长主讲。

9月8日 学校举行2017级新生开学典礼，由副校长尹雷方主持。校长项家祥讲话，送给新生8个字："不忘初心，只争朝夕"。鼓励新生主动了解学校情况，尽早确立自己的行动目标，谨记校训"自尊、自强、认真、求真"，将东海学院当成储蓄能量的殿堂，职业养成的福地，把东海学院当作自己的家，在东海学院校园里发光发热，为东海学院增添光辉的一笔。

9月9日 学校举行庆祝第33个教师节大会，由党委书记赵佩琪主持。董事长曹助我致辞，勉励全体教师做"三爱"好老师：一要讲操守，爱岗如己；二要讲责任，爱校如家；三要讲爱心，爱生如子。校长项家祥为大会献上一篇自己创作的长篇诗词《东海东海再续华章》，这是对东海学院建校历程与成就的回望，表达了对全体东海人的由衷敬意。

学校特邀高等教育专家杨德广作"高等教育的发展与展望"专题讲座。

9月11日 市教卫党委系统党建研究会下发通知，公布2017年度市教卫党委系统党建课题成果评选结果，我校党委书记赵佩琪牵头完成的"民办高校治理现代化与党建工作机制创新研究"课题荣获优秀成果三等奖。

9月11—14日 日本多摩大学师生一行17人来我校进行短期访问交流。校长项家祥致欢迎辞说，东海学院建校20多年来，和美国、日本、澳大利亚、德国等国的十几所大学建立了合作关系，本次多摩大学17人来访，是学校创办以来第一次有这么多师生前来访问交流，谱写了国际交流的新篇章。希望日本学生常来中国、来上海访问，对中国、对上海有更多的了解和认识。

水盛凉一教授认为，自2016年两校建立校际合作关系以来，双方均取得了显著成果，他感谢东海学院领导的支持。

9月12日 学校召开干部大会，部署新学期工作，会议由党委书记赵佩琪主持。校长项家祥作"抓质量　创品牌　谋求新一轮发展"的主题讲话，提出新学期工作的六大重点：质量工程四大项目；质量监控三大关键；提升质量三大举措；做好就业及招生工作；推进实训大楼建设进程；强化校园管理。赵佩琪书记结合党建工作现状，提出认真对待督查"回头看"、抓好意识形态工作、抓好课程思政改革、做好校园稳定等要求。

副校长程龙根就今年中级职称申报、中层干部考核、后勤管理等作出安排；副校长尹雷方指出，要抓住"教学质量"这一核心，在新学年要继续抓质量、立品牌，继续坚持完善教学管理各项规章制度，继续紧抓教风、学风建设。

9月14日 教育部第二批现代学徒制试点遴

选结果公布,东海学院榜上有名,与上海城建职业学院、上海邦德职业技术学院一起成为上海地区入选的3所高职院校。我校经管学院成为教育部现代学徒制试点单位,与上海欣海报关有限公司联手举办现代学徒制,培养报关与国际货运专业人才。

9月18日　学校举行2017年应征入伍学生欢送会,会议由武装部部长蒋久泉主持。党委副书记王玉宣读闵行区人民政府征兵命令,我校安泽等53名学生(其中,男兵50名、女兵3名)被批准光荣入伍。校领导为入伍学生佩戴大红花。

9月20日　学校召开第四届董事会第七次会议。会议讨论并决定,根据市教委的指示精神和本届行政班子的工作业绩,继续聘任项家祥为校长,聘任赵佩琪、程龙根、尹雷方为副校长,任期5年。任期自2017年7月至2022年7月。报备上海市教育委员会。

会议听取并通过校长项家祥向董事会提交的工作报告。会议还就新实训大楼建设与下阶段基建规划等议题进行商讨。

9月21日　上海歌剧院的演员们走进东海校园,再次为师生们带来经典歌剧《江姐》。全剧以优美跌宕的旋律唱段、饱含深情的歌声、气势恢宏的交响乐、生动逼真的舞美道具,为东海学院师生们呈献了一场视听盛宴。

9月26日　学校召开党务工作例会,研究部署以思政督查整改为主要内容的新学期党务工作。党委书记赵佩琪主持会议。会上,党委副书记王玉通报校园文明专项检查情况。党委书记赵佩琪传达学校《高校思政工作专项督查整改方案》,针对思政督查组专家提出的整改意见,制定相应的整改措施,落实到相关责任部门,要求在整改期限内完成整改任务。强调各责任部门要根据思政整改方案严格落实,以昂扬的精神和奋进的姿态迎接党的十九大召开。

10月

10月9日　学校召开校长办公会。根据党的十九大期间校园安全稳定工作的需要,决定成立校网络安全领导小组,下设办公室。领导小组组长为项家祥、赵佩琪;副组长为王玉、尹雷方;办公室主任为李希萌,副主任为康春;成员为高惠珠、何民乐、杨瑾、蒋久泉、刘平、施晓玮;秘书为郝雁玲。

10月11日　学校召开2017年度资产清查工作会议。各学院、部、处兼职资产管理员和资产与实训室管理处相关人员参加会议。会议由副校长程龙根主持。资产与实验室管理处处长刘平对上年度资产清查工作进行小结,并布置2017年度资产清查的工作任务。副校长程龙根充分肯定资产管理员工作,要求提高资产管理的主人翁意识,使资产管理在学校持续发展中发挥更大的作用。

10月13日　在上海市民办高校"强师工程"教师培训项目实施五周年回顾暨第三届民办高校教师教学技能大赛颁奖大会上,我校获优秀组织奖,王银月、高静两位老师获骨干组三等奖,这是我校连续3年在该赛事中获奖。校长项家祥、党委书记赵佩琪出席颁奖大会。

由上海市教育卫生工作党委、上海市教育委员会、上海市卫生和计划生育委员会联合主办的上海市家庭医生先进事迹报告团"高校行"活动走进东海学院,为我校师生带来一场精彩感人的报告。上海市卫生和计划生育委员会宣传处处长王彤、上海市教育卫生工作党委系统文明办副调研员俞真等出席。

10月17日　河南省艺术培训联盟的12所学校校长到校进行考察交流。座谈交流会上,校长项家祥从河南的地域特点、文化历史谈起,表达愿意加入校校合作,实现双赢。河南省艺术培训联盟主席、安阳星之路文化艺术学校校长张玲介绍河南省艺术培训情况以及出席会议的各校情况。校长助理郁萍对我校创建历史和发展现状作了介绍。双方还就未来招生合作、专业共建等方面进行了商讨交流。

10月18日　中国共产党第十九次全国代表大会在北京隆重开幕。我校党委组织全校党员、部分师生代表千余人在校同时观看党的十九大开幕式。学校图文信息大楼彩屏、大厅、报告厅、各学院会议室等多地开放直播,服务师生收看学习。

10月20日　学校召开院、部领导述职会,会议由党委书记赵佩琪主持。会上,7位二级学院院长分别汇报本院(系)年度教育教学工作情况。校长项家祥作总结讲话,指出述职不仅是成果的展示,也是经验的交流。每位学院院长都有各自的亮点,可谓齐头并进。项家祥引用"贤者在位,能者在职"激励大家,希望他们要做能者,更要做创新者。

10月23日　英国谢菲尔德哈勒姆大学来我校开展海外访学宣讲，主讲人是该校艺术设计系工业和产品设计高级讲师戈登。他介绍了谢菲尔德哈勒姆大学学院构成、专业分类和课程概览等。这是继去年哈德斯菲尔德大学之后，又一所来我校进行海外访学宣讲的英国大学。

10月26日　学校召开"强师工程"培训项目总结交流会。民办高校教师专业发展中心常务副秘书长徐雄伟应邀出席，会议由副校长程龙根主持。

人事处处长高惠珠通报5年来"强师工程"培训项目的执行情况；机电学院院长杨萍、经管学院院长严玉康分别介绍培训经验和成果；艺术学院副院长孙俐、机电学院教师李学荣谈培训体会。市民办高校教师专业发展中心常务副秘书长徐雄伟对我校"强师工程"培训工作给予肯定。

10月31日　"美丽中国"系列思政课程开讲。首堂课的内容是校长项家祥"最美中国——中国科技的今天"、党委书记赵佩琪"雪域情怀　青春无悔"两场主题讲座。项家祥校长用翔实的数据展示中国从羸弱逐渐走向强大的历程。赵佩琪书记从美丽的青藏高原说起，介绍西藏的历史、地理和人文。她动情地说："我有幸曾经在西藏高原工作，西藏是我的第二个故乡。"并向师生讲述自己青年时代在西藏工作的那段难忘岁月。

11月

11月7日　学校举行2017年度东海技能节开幕式。开幕式上，副校长尹雷方总结通报2016—2017年度全国技能大赛和上海市"星光计划"技能比赛的获奖情况。党委书记赵佩琪宣布《关于授予张如意等63位学生"东海技能之星"的决定》《关于授予吕薇、秦丹两位教师"东海金牌指导"荣誉的决定》《关于表彰2017年度技能比赛组织奖的决定》。党政领导为荣誉称号获得者颁发奖状、奖杯与奖金。校长项家祥鼓励学生为了自己的前途，为了东海的前途，为了国家的前途而努力拼搏。

上海市就业促进中心、上海市学生事务中心、闵行区就业促进中心相关领导和专家莅校，对我校创业指导站进行实地评估和考察。学校创业指导站负责人分别从创业教育、创业孵化、创业服务等方面，汇报创业指导站2016—2017学年工作开展情况，专家组对创业指导站活动场地进行实地考察。专家组对我校创业指导站工作和取得的成效给予肯定。我校完成2017上海市高校创业指导站年度服务评估。

11月8日　以马树超为组长的市教委专家组莅校，开展2017年度上海高职院校重点专项工作现场调研，对我校"创新发展三年行动计划"项目建设、会计一流专业建设、影视创作产教研协同基地建设3个重点专项进行现场调研。

副校长尹雷方作题为"稳步实施行动计划，全面提升办学水平"的工作汇报，从5个方面回顾总结我校一年来优质校建设过程。专家组对每个建设项目逐一互动，详细了解各项目立项目标与建设过程，对存在的问题提出整改建议，并希望东海学院不仅要做上海民办高职的领头羊，更要做举旗者。

11月9日　香港职业训练局主管到校洽谈合作事宜。会上，校长项家祥介绍学校创办历史、办学理念、专业设置、人才培养方式等。香港职业训练局主管介绍合作项目情况，表达合作的意愿。香港职业训练局成立于1982年，能够提供一套全面和具成本效益的职业教育培训制度，并负责制定、发展及推行训练计划，训练操作工、技工、技术员及技师。

11月10日　学校召开2017年招生工作总结表彰大会，会议由校长助理、招生就业处处长郁萍主持。招生办公室主任蔡建平作2017年招生工作总结与数据分析；党委书记赵佩琪宣读《关于表彰2017年招生工作先进集体的决定》，希望各学院以先进为榜样，继续以高度的使命感和责任感推进招生工作。校领导向获得"招生工作先进集体"称号的学院颁奖。

11月21日　学校召开党的十九大精神专题学习会，全校教职员工和部分学生入党积极分子参会，大会由党委副书记王玉主持。党委书记赵佩琪作"不忘初心，牢记使命"的专题辅导讲座，解读党的十九大报告的核心内涵和意义、党章修正案的主要内容以及学习贯彻党的十九大精神的要求。社科部主任黄苏飞、校团委副书记李寒萌分别作交流发言。

11月22日　德国威斯特曼教育出版集团总经理一行来我校考察交流。双方就合作编写高职系列教材、引进职业教育的教学资源等问题进行洽谈。校长项家祥、国际交流办主任杨静、机电学院院长杨萍、机电学院副院长江可万等参加会议。会议由国际交流办主任杨静主持。双方就高职系列教材的合作编写等达成初步共识。

11月23日 学校与上海教育电视台共建影视专业产教合作基地签约揭牌仪式在上海教育电视台举行。上海教育电视台常务副台长陆生,我校副校长尹雷方、校长助理郁萍、传媒学院院长王平等参加此次签约揭牌仪式。副校长尹雷方致辞说,影视专业产教合作基地的建立,为双方搭建了规范而有效的沟通平台,这符合我校专业建设目标,即实现学校人才培养与市场需求、行业需求及企业需求的对接。随后,副校长尹雷方和常务副台长陆生为基地揭牌。

12月

12月6日 为推动非遗传承,弘扬工匠精神,提高会计专业学生的专业素养,学校邀请上海市珠算心算协会副会长、上海市非遗珠算项目代表性传承人陆萍老师,到校作"弘扬珠算文化,发挥珠算的多重文化功能"的专题讲座。陆萍老师讲述珠算文化的历史发展过程,珠算在中国原子弹制造和国际贸易中起到的重要作用,以及珠算法对世界文化的发展产生的重要影响,使学生对珠算有新的认识。

学校印发《关于开展计算机应用技术(大数据应用)专业中高职教育贯通培养模式试点工作的请示(东海学院与工商外国语学校)》《关于开展电子商务(品类策划与管理)专业中高职教育贯通培养模式试点工作的请示(东海学院与市现代流通学校)》《关于开展国际金融专业中高职教育贯通培养模式试点工作的请示(东海学院与商业会计学校)》《关于开展艺术设计(多媒体广告设计)专业中高职教育贯通培养模式试点工作的请示(东海学院与经济管理学校)》《关于物流管理专业开展中高职教育贯通培养模式试点工作的请示(东海学院与经济管理学校)》。

12月7日 山东省淄博市招生就业办公室、山东华航教育等单位负责人到校进行调研和交流。校长助理、招生就业处处长郁萍对学校教学及实训设施建设等情况作了介绍;航空学院院长周孟华介绍航空学院发展现状及各专业招生就业情况。

淄博市招生就业办公室负责人初殿春、招生与就业指导协会秘书长刘红雷、山东华航教育负责人等就艺术类专业考试、空中乘务专业面试等征询学校意见。

12月8日 2017年东海学院技能节暨艺术学院服装与服饰设计专业学生作品秀拉开帷幕。中高文化艺术类联合教研组、群益职校领导老师等前来观看。艺术学院技能节以"弘扬工匠精神 创造精彩人生"为主题,结合专业特点举办技能活动。本次毕业作品秀展示67件服装与服饰作品,每一件作品都是由学生亲手设计并制作。

12月13日 "学习宣传贯彻党的十九大精神——千名高校优秀辅导员校园巡讲和网络巡礼活动"东海学院专场报告会举行。本次巡讲活动以"牢记时代使命,书写人生华章"为主题,来自复旦大学、同济大学等高校的上海市"双巡"巡讲团第四组的6名优秀辅导员,结合自身工作实际和新时期大学生的成长需求进行宣讲。

12月15日 上海交通大学马克思主义学院院长王岩教授到校,为师生宣讲党的十九大精神。王岩教授用丰富的数据和案例讲解党的十九大精神,用"八个新"(新成就、新乐章、新矛盾、新时代、新使命、新思想、新征程、新架构)概括党的十九大主要成果及重大意义。党委书记赵佩琪提出,要把学习宣传贯彻党的十九大精神进一步引向深入,继续在学懂、弄通、做实上下功夫,坚持学以致用、用以促学。

12月22日 学校举行2017年上海市民办高校"强师工程"会计类教师培训班结业仪式。市民办高校教师专业发展中心常务副主任徐雄伟博士应邀出席,会议由副校长程龙根主持。会上,经管学院院长严玉康总结培训项目执行情况;上海经隆会计师事务所董事长李敏讲述会计行业发展的最新方向。徐雄伟博士对我校承担的会计类"强师工程"项目给予高度评价。

12月26日 上海市第三次民办教育工作会议在浦东干部学院举行,上海市副市长翁铁慧、教育部发展规划司司长刘昌亚、上海市政府副秘书长宗明等领导出席会议。我校董事长曹助我荣获"民办教育突出贡献奖"。上海市"民办教育突出贡献奖"由上海市民办教育协会、上海市民办教育发展基金会评选,表彰为上海市民办教育事业发展作出突出贡献的教学人员、科研人员、管理人员和举办者。

12月27日　学校举行2017年集体合同签订仪式。校长项家祥、校工会主席郁萍分别代表学校和工会签订新一轮的集体合同。集体合同的签订旨在维护教职工的合法权益,建立和谐稳定的劳动关系。

12月29日　学校举行新的综合实训大楼开工奠基仪式。学校董事会成员、领导班子成员及教职工到场庆祝这一具有里程碑意义的时刻。奠基仪式由副校长程龙根主持。

董事长曹助我致辞,他表达了对实训大楼开工的激动和欣喜,对所有关心与支持实训大楼建设的同志们表示深深感谢,并对监理与施工单位提出"一丝不苟抓质量,万无一失保安全,争取把实训大楼建设成一个形象工程、样板工程、精品工程"的要求。

校长项家祥说,多少年的等待,多少年的梦想,今天这个梦想终于要实现了。东海学院实训大楼见证了东海人高瞻远瞩的眼界,见证了东海人艰苦创业的决心,见证了东海人建设国家优质院校的决心。东海学院实训大楼的建成,将是东海学院发展史上一个重要里程碑。综合实训大楼总建筑面积近28 884平方米,计划于2019年6月建成。

学校举行2017年上海市民办高校"强师工程"机电技术类骨干教师班结业典礼。市民办高校教师专业发展中心常务副主任徐雄伟、办公室主任唐卫东等应邀出席。会议由副校长程龙根主持。

机电学院副院长江可万作了培训工作汇报;上海中侨职业技术学院王玉荣代表全体学员作交流发言。徐雄伟副主任希望学员们紧紧把握民办高校为教师提供的良好发展平台,始终保持自身专业发展的动力。校长项家祥勉励学员们要不断地学习,站在时代的前沿,希望通过培训,能够架起友谊的桥梁,相互加强学习交流,共同探索实践,进一步提升教学能力和科研能力。

2018年

本年度概述

2018年招生专业数21个,录取新生2 235人,报到率为88.81%。全日制高职在校生5 954名。

上海市职业教育教学成果奖揭晓。我校共有4个项目获奖,其中,"面向小微企业,聚焦'三会'能力,探索与实践高职会计专业新型育人模式"获上海市教学成果特等奖;我校机电学院"电气控制及PLC技术"课程被评为市级精品课程;艺术学院环境艺术设计专业教学团队被评为市级优秀教学团队。

学校召开建校25周年庆祝大会,董事长曹助我致辞,勉励东海学子做有理想、有本领、有担当的有志青年,翱翔东海,放飞梦想,书写华章。

学校通过市语委、市教委专家组对我校语言文字工作的达标评估;通过市教育评估院专家实地评估检查,成为上海市高校依法治校标准校;被评为"2016—2017年度上海市安全文明校园""2017年度上海市平安示范单位"。

学校筹集资金,并由12名教师以自己的房产作抵押向银行贷款,建设起一幢3万平方米的实训大楼和2幢可供1 300人居住的学生宿舍。东方网等多家媒体作了报道。8月,新实训大楼封顶,工地现场举行简短的封顶仪式。

2018年 大事记

1月

1月8日　学校举行2017年度民主测评会,党委书记赵佩琪主持会议。党政领导班子成员及各部、处主要负责人进行述职。校长项家祥用"各显其能、五彩缤纷、各司其职、胜似名校"对述职情况进行总结;党委书记赵佩琪代表党政班子对一年来为学校发展辛勤付出的同志们表示感谢。述职后,与会者进行民主评议投票。

全国高职院校会计师资培训开班典礼在我校举行。程龙根副校长主持开班典礼,党委书记赵佩琪致欢迎辞。市教委高教处副处长赵坚、市民办高校教师专业发展中心常务副主任徐雄伟应邀出席。

1月11日　由上海对外经贸大学党委副书记、副校长祁明为组长的市教委就业创业工作专项督查第六专家组莅校,实地调研督查就业创业工作。校长项家祥作题为"提升就业质量,创立东海品牌"的工作汇报。督导组专家分别通过召开座谈会、查阅资料,对我校就业创业工作进展情况进行督查。

2月

2月26日　学校召开党政领导班子专题民主生活会,市民办高校党工委副书记王瑞杰和副调研员尹福会出席。领导班子成员结合工作实际开展批评与自我批评。王瑞杰副书记指出,我校领导班子民主生活会有两个特点：一是"严"——程序"严",准备"严",完全按照市教委党委和民办党工委要求认真准备材料；二是"实"——班子成员能围绕自身工作和学校工作开展批评与自我批评。

3月

3月4日　《中国职业技术教育》（全国中文核心期刊）2018年第一期刊登《上海东海职业技术学院"双主体育人深化产教融合"》,作为典型案例,介绍我校在现代学徒制建设中的经验与创新点。2017年9月,我校报关与国际货运专业入选教育部第二批现代学徒制试点名单。

我校报关与国际货运专业是上海市重点专业,教学团队为"上海市优秀教学团队"；建有2门市级精品课程,获市级教学成果二等奖；先后获得上海市"星光计划"和全国大学生技能大赛团体一、二等奖,上海市高职高专院校中高职贯通专业建设教学设计比武一等奖。

3月6日　上海市综治委校园及周边治安综合治理专项组公布"2016—2017年度上海市安全文明校园"名单,我校榜上有名。在过去的一年里,我校深入开展安全文明校园创建,推进校园文化建设,优化校园及周边环境,取得新成效。

3月7日　湖南省教育厅副厅长应若平、民办教育处处长幸勇等一行来我校考察交流,上海市教委民办教育管理处副处长苏铁陪同考察。校长项家祥介绍学校的发展历程及取得的办学成果；考察组详细询问有关完善治理结构、招生就业及申办非营利性民办大学等情况。双方就民办教育在新法颁布后如何发展进行探讨交流。

3月9日　市教委公布2017年度上海高职高专院校市级精品课程、教学团队名单,我校机电学院的电气控制及PLC技术被评为市级精品课程,艺术学院环境艺术设计专业教学团队被评为市级优秀教学团队。

3月20日　市水务局、计划用水办公室及市教委专家组一行5人莅校,对我校节水型校园创建工作进行考核验收。副校长程龙根汇报创建节水型校园工作情况,学校在资金紧缺的情况下投资150万元,对校园的用水设施进行更新换代。验收专家组肯定我校节水型校园创建工作。经专家组评审验收,我校获得"上海市节水型校园"称号。

3月21日　学校召开新学期首次教务工作例会。教务处处长何民乐对新学期教学工作作出安排；质量管理办公室主任张菊芳重点通报上学期期末试卷及毕业实习报告批阅抽查情况；创建办主任刘宝裕对专业主任考核问题作了相关解释。副校长尹雷方强调,各二级学院教学副院长对专业建设要承担起相应的责任。关于技能大赛,有参赛项目的单位要把主要精力投入到技能大赛上来。

3月26日　法国奥德省HWK代表团来我校考察交流。会上,副校长尹雷方介绍我校的发展历史、办学宗旨、教学环境、师资力量、教学成果等情况。法国奥德省HWK副主席吉伯特·康帕纳先生介绍法国HWK基本情况以及合作意愿。双方对开展合作进行探讨,并初步达成共识。其间,法国HWK代表团参观了机电技术、数控技术和汽车技术等实训中心。

3月28日　学校党委委员、总支书记前往龙华烈士陵园开展祭扫活动,缅怀革命先烈,重温入党誓词,并参观了龙华烈士纪念馆。

3月30日　学校召开中层干部大会,传达市教委要求,部署学期工作。党委书记赵佩琪主持会议。校长项家祥分析发展面临的机遇与挑战,提出2018年学校工作重点：圆满完成"三年创新发展行动计划"；进一步理顺育人环节中知识传授和立德树人关系；开拓思路,拓展途径,开创招生就业工作新局面；高质量完成实训大楼的主体结构、新学生宿舍建设等。

党委书记赵佩琪传达市教育卫生工作党委书记虞丽娟"加强党的领导,深化综合改革,加快实现高等教育内涵式发展"的讲话精神,强调2018年校党委的工作重点是全面贯彻党的十九大精神,严格履行党委三大主体责任,向基层党组织延伸。副校长程龙根、尹雷方分别就教师队伍建设、校园安全稳定及节能工作、专业建设等方面进行工作安排。

4月

4月4日 四年一届的上海市职业教育教学成果奖揭晓。我校共有4个项目获奖,其中,"面向小微企业,聚焦'三会'能力,探索与实践高职会计专业新型育人模式"获上海市教学成果特等奖。我校经管学院会计专业面向小微企业,聚焦"会算、会管、会写"专业技能,应用"T型结构、两线并行"教学模式,培养"一人多能、多岗兼顾"的会计专业人才,取得丰硕成果。

4月7日 学校工会、教务处、人事处联合举办第三届上海市高校青年教师教学竞赛校内选拔赛。来自基础教学部、社科部、传媒学院、护理学院、航空学院的8名选手,分别参加自然科学应用学科和高职高专综合学科两个组别的比赛。经评委们打分评议,航空学院赵珊珊、护理学院黄慧敏、基础教学部苏小青获得参加第三届上海市高校青年教师教学竞赛的资格。

4月11日 德国巴伐利亚州手工业行会(HWK)副总裁莱纳·贝克先生一行到访我校。座谈会上,校长项家祥介绍学校情况,希望在实现德国"双元制"教学模式本土化方面进一步加强合作交流。

副校长尹雷方介绍我校与德国HWK合作培养技师方面的情况;德国HWK副总裁莱纳·贝克先生希望保持良好的合作关系。双方就学生赴德学习考核计划、专业教师赴德学习交流等进行沟通商讨。

4月12日 上海东海职业技术学院-上海新兰德证券投资咨询顾问有限公司"教师践习工作站"挂牌仪式在新兰德证券举行。新兰德证券总经理张会超、丰辉集团运营总监刘静等,我校副校长程龙根、人事处副处长许岚、商学院院长吴静芳和商学院金融系主任崔红军出席挂牌仪式。

4月17日 校工会组织常青社社员前往上海历史博物馆参观学习,开展"喜迎校庆,十里书香,一览芳华"之"忆城市芳华,育东海工匠"活动。董事长曹助我、董事陶钧参加参观活动。在各类珍贵史料前,大家驻足观看,多角度、全方位地了解上海发展的历史。

4月18日 学校召开"三年创新发展行动计划"推进会,创建办主任刘宝裕主持会议。教务处长何民乐传达市教委4月10日高职教学工作会议精神。副校长尹雷方结合会议精神,对学校本年度教学工作进行部署。本年度的工作重点是:对标"创新发展行动计划"项目书,不忘初心,为验收做好准备;狠抓专业建设,加强专业内涵建设;加强双证融通、现代学徒制试点工作;积极申报市级精品课程;推进教学质量的诊改工作。

创建办刘宝裕主任强调,"三年行动计划"和专业建设是重中之重,一定要按照学校的部署和要求,高质量地完成各项建设任务。

4月19日 学校第三届校园读书节开幕,本届读书节的主题是"感受经典魅力 品味高雅文化"。党委书记赵佩琪在开幕式致辞中鼓励全校师生自觉读书、坚持读书、多读好书。开幕式还特邀上海作家协会副主席赵丽宏教授作"阅读的境界"专题讲座。

4月20日 学校机电学院举行新疆内职班学生家长赠送锦旗仪式。2015级数控技术专业应届毕业生朱帼丹娃的年迈父母,专程从新疆昌吉来上海赠送锦旗,感谢学校对女儿的培养和关心爱护。朱帼丹娃在学期间曾4次获校级奖学金、2次获国家励志奖学金,同时取得2张职业技能证书,并即将取得本科学历。这些成绩的取得,都离不开学校领导和老师的关爱和资助。

党委书记赵佩琪表示,为新疆地区培养人才是学校的社会责任,也是援助新疆建设的一份担当。

4月27日 学校工会、人事处、教务处组织开展第三届上海高校青年教师教学竞赛培训,特邀请上海师范大学教授谢利民来校作"怎样上好一堂课"专题讲座。谢利民教授从高校专业的内涵发展、人才培养质量教学支撑、教师上好课的基础与基本功、教学参赛的主题选择、参赛备课与教案设计、参赛的教学阶段实施、参赛教学中需要注意的问题、教学反思8个方面,阐述如何上好一堂课。

根据市委统一部署和要求,市教卫工作党委、市教委开展以"不忘初心,牢记使命,勇当新时代排头兵、先行者"为主题的大调研活动。市教委副主任、调研小组组长郭为禄一行莅校进行专题调研。

校长项家祥结合调研主题,从东海学院经历的过程、取得的成绩、受到的恩泽(政府和教委)、面临的困惑、渴求的愿望、淳朴的要求6个方面向调研组作了汇报,反映东海学院师生"最盼、最急、最忧、最怨"的事情。郭为禄副主任表示尽快予以沟通、协商解决。

5月

5月4日 学校举行第三届教代会暨第四届工代会开幕式。上海市教育工会副主席吉启华到校参会。学校工会副主席龚懿主持会议。

曹助我董事长致辞,指出"双代会"是学校民主管理、民主参与、民主监督的重要平台,董事会始终支持"双代会"积极发挥作用,共同促进内部治理结构的完善,推动现代大学制度的建立。上海市教育工会副主席吉启华对学校"双代会"的召开表示祝贺。

校长项家祥作工作报告,总结回顾一年来学校在教学、师资队伍建设、学生工作等各条线工作取得的成绩,并提出2018年工作设想。工会主席郁萍作工会工作报告,总结第三届校工会在履行"参与、引领、维护、服务"等方面的工作成绩,并提出工作展望。工会经费审查委员会主任严玉康作工会经费审查报告。

商学院金融系2016级第一届"东海-大智慧数据处理"联合培养定向班开班。首届联合培养定向班有29位学生。上海大智慧财汇数据科技有限公司副总经理兼营销总监沈飞、华东区营销总监钱晨、部门主管陈巍、客户经理李炎和东海学院商学院崔红军参加开班仪式。

学校召开校长办公会。会议讨论有关学前教育专业申报工作,决定成立筹备工作小组,由吴静芳任负责人。为鼓励教师重视和加强课堂教学质量,会议研究决定设立课堂教学奖项,评选课堂教学优秀团队,对评上的团队增加课时费。

5月18日 学校召开建校25周年庆祝大会,校党委书记赵佩琪主持大会。董事长曹助我致辞,他回顾了东海办校25年的办学历程,勉励全校教职工以德为表率,把每一位青年学子都培养成为对社会有用的人;勉励东海学子做有理想、有本领、有担当的有志青年,翱翔东海,放飞梦想,书写华章。

校长项家祥以采访形式在会上发言,回顾在东海学院的10年工作,表示是董事会对东海学院未来的判断、党政班子对东海学院发展的把握、骨干教师对东海学院事业的忠诚等关键因素的和谐合成,造就了东海学院今天的骄傲。经管学院院长严玉康、"东海人"代表陈晓雯、学生代表阿依仙古丽接受大会采访并发言。

华东师范大学、上海立信会计金融学院、上海正硅新能源科技有限公司等兄弟院校及合作单位发来贺信贺电,上海现代流通学校、上海中侨职业技术学院等院校领导专程到校参加庆典大会。

5月22日 为大力弘扬中华优秀传统文化,努力提升文化素养,校图书馆、学工部、团委联合举办"品读文化经典、增强文化自信"第六届大学生读书交流会。会议由党委副书记王玉主持,并以"喜爱读书吧,你的气质里藏着你读过的书"为题作专题辅导。

党委书记赵佩琪在讲话中指出,文化对个体的成长和社会的进步都具有决定性的作用。大家一定要不断奋斗,只有激情奋斗和为人民奉献的青春,才会留下充实、温暖、无悔的青春回忆。大会还为获奖学生颁奖。

5月24日 学校举行第十五届"红歌会"决赛。"红歌会"在一段青春靓丽的开场视频中拉开序幕。经过激烈角逐,传媒学院摘得桂冠;航空学院、机电学院获得二等奖;护理学院、经管学院、艺术学院获得三等奖。

6月

6月4日 上海话剧艺术中心到校进行《雾都孤儿》专场演出。在短短的两个小时演出中,演员们生动地演绎了近20个角色,并在剧情设计上加上与观众互动环节,演出既充满生机又潇洒自如。

6月5日 学校语委召开2018年语言文字工作评估推进会。会上,语委办公室主任王勤对前一阶段迎评工作的情况进行通报,并提出下一阶段工作任务,重点是撰写自评报告和自查自纠报告。副校长尹雷方要求大家认真学习指标体系,结合单位实际,理清思路,突出重点,定期交流,务实高效地完成工作;要确保迎评各项准备工作有条不紊地展开,力争在2018年语言文字工作评估中获得优秀成绩。

6月6日 学校第九届校园文化艺术节、"感受经典魅力·品味高雅文化"第三届读书节落下帷幕。闭幕式上,党委副书记王玉作总结讲话。她说,本届校园文化艺术节、读书节与建校25周年校庆相遇,喜上加喜。校园文化艺术节和读书节活动提升了校园文明建设的内涵,丰富了校园文化。

6月7日 上海高校后勤食品安全督查组专家一行到校指导工作。总务处处长张金德汇报学校食堂的基本情况。专家组到食堂、超市等地进行实地检查指导,对我校食堂管理工作给予肯定,同时提出要继续以保障食品安全和饮食卫生为重点,推进食堂"六T"管理工作。学校食堂自2014年被评为"六T"达标单位以来,对食品卫生、食品安全常抓不懈,严格执行"六T"管理要求,确保饮食安全。

6月8日 学校航空VR虚拟仿真实训室建设项目验收工作圆满完成。沉浸式3D交互空乘实训建设项目可让师生在一个虚拟环境中,实现空乘服务配套虚拟仿真训练。实训室配备可以支持沉浸式3D交互课程的学习硬件设备、网络环境,可以满足不同专业的沉浸式3D交互课程的教学需要。

6月13日 德国"AHK机电一体化工"合作项目签约仪式在我校举行。苏州健雄职业技术学院院长魏晓锋、上海旭拓科技有限公司总经理等参加签约仪式。副校长程龙根对健雄学院在合作项目上给予的帮助和指导表示感谢。健雄学院"双元制"培训学院院长刘红月对德国"AHK机电一体化工"合作项目作具体介绍。

我校副校长尹雷方讲话,希望全体学员要有明确的学习目标,把自己培养成为高素质的技能人才。

6月16日 学校举行2018届学生毕业典礼,由副校长尹雷方主持。董事长曹助我在毕业典礼上致辞,希望同学们用自己的青春和热情、智慧和汗水,谱写出一曲奉献祖国、服务社会、成就自我的无悔人生之歌。项家祥校长讲话,以"理想、责任和希望"为题,祝愿同学们要有理想,这是事业成功的基石;要有良心,这是人性优良的核心;要有责任,这是国家强大的保障。会上,毕业生代表向恩师们献花,感谢老师们多年的教导和栽培。党委书记赵佩琪宣读《关于表彰2018届优秀毕业生的决定》。与会领导为获奖学生颁奖,并为毕业生代表颁发毕业证书。

6月20日 上海高校"学习新思想,千万师生同上一堂课活动"上海东海·贵州盛华专场在我校启动,并通过网络同步直播,远隔千里的贵州盛华职业技术学院数千名师生与我校学生同听一堂课。光明日报和中国教育新闻网分别以"上海贵州一线牵,东海盛华同一课""上海贵州两所高校同上一堂思政课"为题,报道我校举办的上海东海·贵州盛华专场授课情况。

闵行区召开庆祝建党97周年暨区域化党建工作10周年大会,大会公布并表彰闵行区区域化党建工作突出贡献单位,我校名列其中。学校党委积极参与闵行区、吴泾镇的区域化党建工作,对接社区需求,服务社区人群,通过形式多样、丰富多彩的活动,推进区校、社校党建联建工作。

6月26日 学校召开"创新发展三年行动计划"实施工作推进会。会上,创建办主任刘宝裕传达市教委高教处《关于做好上海高职教育创新发展三年行动计划验收准备工作的通知》精神;副校长尹雷方就"三年行动计划"验收准备工作进行部署。项家祥校长强调各项目一要严格对表;二要体现实效;三要注重创新;四要确保投入。

6月27日 学校党委开展2017年度基层党总支(支部)书记述职评议考核工作会。会议由党委书记赵佩琪主持。各党总支(支部)书记围绕意识形态工作、基层党建工作、党风廉政建设和党内监督工作三大主体责任的贯彻落实情况分别进行述职。述职后现场填写考核评议表。

6月29日 上海市副市长翁铁慧一行莅临东海学院进行现场调研,随同前来的有市教委主任陆靖,副主任郭为禄,市发展改革委社会处调研员张强,以及市政府、市教委相关部处负责人。

调研座谈会上,翁铁慧副市长听取项家祥校长汇报学校的发展情况,对东海人艰苦奋斗创业、无私奉献教育的精神给予了高度赞扬;并对东海人寄予厚望:一是积极探索高职教育、民办高职办学新模式;二是努力实践人才培养为地区经济发展服务新途径;三是着力加强师资队伍建设。

市教委副主任郭为禄专门听取关于申报学前教育专业的筹建工作,强调专业建设一定要以教学质量为标杆,着力打造高质量的新专业。

学校召开中国共产党成立97周年纪念大会,校长项家祥主持纪念大会。董事长、校党委委员曹助我宣读表彰决定,授予机关一支部等5个基层党组织为先进党支部，王莉娜等14位同志为优秀共产党员。校领导为获奖代表颁发荣誉证书。

会上举行新党员宣誓仪式，20名新党员面对党旗进行庄严宣誓。党委书记赵佩琪作主题讲话，提出要进一步夯实基层党组织建设，以立德树人为根本任务，加强师德师风建设，形成高水平人才培养体系；要凝心聚力，做好迎接新一轮上海市文明单位检查的工作。

7月

7月5日 以马树超为组长的市教委教育技术装备中心专家组一行到我校进行高职院校实训室建设现状调研。校长项家祥从办学基本情况、实训室建设、特色与创新、问题与思考4个方面汇报专业实训室建设情况。专家组分别与校分管领导、实训基地负责人、专业教师和在校学生进行座谈；实地走访航空静态模拟客舱、汽车技术实训中心和机器人基地等实训室。

专家组组长马树超指出，东海学院近年来能得到政府的扶持，与自身重视实训室建设、善于抓住历史机遇是分不开的。

8月

8月10日 拔地而起的学校新实训大楼封顶，工地现场举行简短而热烈的封顶仪式。校领导班子成员及在校职工到场，与工程负责人员、施工人员共同见证和庆祝这个值得纪念的时刻。实训大楼将于2019年6月建成，总面积近28884平方米。

8月16日 校长项家祥一行3人受邀访问英国南威尔士大学，双方就建立两校合作关系、师生交流、"2+1+1"专本硕连读留学等项目进行商谈交流。

8月28日 学校召开2018年暑期教学工作会议，上海电子信息职业技术学院校长杨秀英受邀出席。校长项家祥作"再加一把劲、更上一层楼"的主题讲话，对我校与兄弟院校的软硬实力进行量化评价和比较，客观分析差距，确定学校下一步教育教学改革的努力方向：提升内涵，保证质量是主题；扩大规模，创立品牌是途径；扎实苦干，埋头拉车是要领；树立雄心，力争一流是目标，并对未来工作提出了具体要求和展望。

会上，副校长尹雷方在"关于专业建设和课程考核的思考"讲话中，提出"开拓新专业，改造老专业，服务地方经济"的专业建设改革指导思路，以及"强化过程考核、改进考核方式"的对策。上海电子信息职业技术学院校长杨秀英作"领会产教融合，深化校企合作，实践工学结合，服务区域产业"的主题辅导，介绍上海电子信息职业技术学院教育教学改革经验和体会。

校长项家祥用"三个多研究、两个多实践"来概括2018年学校教育教学改革工作的重点，强调要"再加一把劲、更上一层楼"。

9月

9月4日 学校召开校长办公会。会议商议课堂优秀教学奖获奖人选名单，决定马丽、谢咏梅、张晓宇、陆亨京为课堂教学优秀教师；社科部思政教研室为课堂教学优秀团队。

9月6日 学校举行2018级新生开学典礼暨军训开营仪式，由副校长尹雷方主持。校长项家祥向新生们提出，要认真体会军训精神，提前确定奋斗目标，提高自觉性，学会做人。

9月7日 学校召开新学期干部大会。校长项家祥要求全体干部思考对策，筹划方案，努力做好新学年的各项工作，争取最好的结果。党委书记赵佩琪传达市高校党政干部会议精神，并强调2018年下半年要做好3个方面工作：一是贯彻落实全国和上海组织工作会议精神，加快"两支队伍"建设，重点加强中青年干部的培养力度；二是落实"三大主体"责任向基层延伸，整改落实、强化责任担当；三是继续做好精神文明创建工作，全面迎接年底的精神文明创建实地检查。

9月8日 学校举行教师节大会，庆祝第34个教师节。党委书记赵佩琪主持大会。大会对荣获课堂教学优秀教师奖的个人和团队进行表彰，马丽、谢咏梅、张晓宇、陆亨京（外聘）获课堂教学优秀教师奖；社科部教学团队获优秀团队奖。大会同时对获上海市高校教学竞赛奖的教师进行表彰。

董事长曹助我致辞，勉励全体教师以做一名有理想信念、有道德情操、有扎实学识、有仁爱之心的好老师严格要求自己，播种新希望，传播正能量。

9月14日 副校长尹雷方一行来到日本京都情报大学院大学，和学生家长一起出席东海学院首届国际合作硕士生毕业典礼。我校12名学子修满规定学分，获得京都情报大学院大学硕士学位证书。

9月26日　学校被上海市社会治安综合治理委员会命名为"2017年度上海市平安示范单位"。

9月27日　以市教委纪工委书记、市教卫机关党委书记黄也放为组长的市教育评估院语言文字评估专家莅校调研,并对我校语言文字工作进行预评估。党委书记赵佩琪在致欢迎辞中说,学校非常珍惜这次难得的机会,将以预评估为契机,把我校语言文字工作推向一个新台阶。

校长项家祥以"贯彻'三纳入一渗透',承担责任,扎实推进学校语言文字工作"为题,汇报学校语言文字工作开展情况及发展历程。他指出,东海学院的语言文字工作已经形成了3个特色:一是纳入教育教学、师生共同提高;二是渗透校园文化,形成东海品牌;三是助力思政教学、创新文化育人。

9月29日　市教委关于2017—2018年上海高校毕业生就业创业工作专项督查结果揭晓,我校榜上有名,是本市唯一一所获此殊荣的民办高职院校。

10月

10月8日　机电学院第一批"AHK机电一体化工"(中德班)27名学子乘坐大巴前往苏州健雄职业技术学院中德培训中心,进行第一轮为期3周的培训学习。副校长尹雷方、教务处处长何民乐、机电学院院长杨萍带队前往参加开班仪式。

苏州健雄职业技术学院"双元制"培训学院院长刘红月介绍德国"双元制"在健雄学院的实施情况。我校副校长尹雷方对学员们提出要求,珍惜机会,抓紧时间努力学习;严格遵守规章制度,服从管理。

10月9日　学校召开2018年度资产清查工作会议,正式启动本年度资产清查工作。副校长程龙根主持会议。资产处处长刘平对清查工作提出具体要求。副校长程龙根指出,学校取得的成绩离不开全体东海人的踏实工作,其中包含各位兼职资产管理员默默无闻的付出。大家思想上要重视,行动上要努力,资产管理工作水平要迈上新的台阶。

10月12日　上海高校创业指导站年度服务工作专项评估会在我校召开,市就业促进中心、区就业促进中心相关负责人及专家一行莅临我校,检查评估2017—2018年度创业指导站服务情况及成效。党委书记赵佩琪、就业办主任张春分别就学校支持及创业指导站2017—2018年度工作开展情况、"双创"工作成果等方面进行工作汇报。

10月16日　学校举行云南省保山市干部教育工作者专题培训班开班仪式。本次培训班共有来自保山市党校、杨善洲精神教育基地、腾冲干部教育培训学院、市委组织部等部门的培训学员32人。

10月18日　学校举行2019年内涵建设项目校内评审会。各项目负责人分别从项目计划、实施内容、经费预算及绩效目标等方面进行陈述,校内评审专家组对各部门、各学院申报的项目进行逐一评审。

10月19日　学校召开2017—2018学年院长述职考评会。会上,各院(部)主要负责人汇报教育教学工作情况。校长项家祥对各学院(部)工作给予肯定,他说,古人曰:"贤者在位,能者在职",东海有一片海,亏了大家有这么一片水。东海学院有今天的发展,是大家努力奋斗的结果。希望在未来的工作中,大家紧跟时代节拍,瞄准世界前沿发展,培养符合市场需求的高职人才。

10月26日　受市语委、市教委委托,由市委宣传部机关党委专职副书记王福美任组长的上海市教育评估院评估组莅校,对我校语言文字工作进行达标评估。市教委语管处处长凌晓凤讲话,强调高校应培养学生具有"一种能力、两种意识":一种能力是语言文字应用能力;两种意识是要有自觉规范使用国家通用语言文字的意识、自觉传承和弘扬中华优秀传统文化的意识。

校长项家祥以"深入贯彻'三纳入一渗透',自觉承担高校语言文字规范责任"为题,汇报学校语言文字工作开展情况。

11月

11月13日　2018年"东海技能节"开幕。会上,教务处处长何民乐总结2017—2018年度各项技能比赛和获奖情况,并作工作部署。党委书记赵佩琪宣读"东海技能之星"和"东海金牌指导奖"表彰名单,并为获奖学生和指导教师颁发荣誉证书和奖杯。

校长项家祥作"责任　理想　希望"主题讲话,希望学生们认识到自己肩负的光荣历史使命,能够把个人的理想、前途和国家的理想、前途联系在一起,提高专业自信,坚定不移地走技术发展的道路,为把自己培养、锻炼成现代工匠而继续努力。

11月19日　市教委领导、市教育评估院专家到我校实地评估检查2018年上海市依法治校创建工作情况。会议由评估专家组组长、上海市教委原主任薛明扬主持，他首先介绍了评估背景、目的及评估专家。

项家祥校长作"依法治校　民主管理"主题汇报，从学校简介与办学经历、依法治校与科学管理、民主管理与凝聚人心、改进不足与追求完美4个方面，汇报我校依法治校创建工作情况。会后，评估专家组通过校长访谈、教师代表问卷调查与座谈会、学生代表问卷调查与座谈会、查阅相关材料等形式，对我校依法治校创建工作情况进行检查评估，并到教务处、人事处、航空学院等进行座谈交流，现场了解依法治校工作开展情况。

11月26日　以上海市民办高校党工委副调研员尹福会为组长的检查组一行莅临我校，开展发展党员违规违纪问题专项检查。赵佩琪书记在致辞中表示，学校党委高度重视党组织的建设，发展党员时把政治标准放在首位，根据高职教育特点把培养发展关口前移，经过初级党校、中级党校和高级党校的层层培养和选拔。会上，党政办主任、党委委员李希萌汇报学校发展党员违规违纪自查工作。随后，专家组分别进行发展党员工作业务知识测试和党员材料抽查。

11月30日　上海师范大学博士生导师王正平教授到校作"师德与社会发展"专题讲座。王正平教授从立德树人是教育工作的根本价值追求、教育和教师工作要以立德树人为本、调动和发挥教师的主体积极性是推进高校师德师风建设的关键3个方面展开论述，阐述新时代立德树人的内涵、要求及新师德的基本要义、价值引导和社会支撑机制。

12月

12月12日　经管学院举行报关与国际货运专业第二届拜师仪式。上海欣海报关有限公司领导、带教导师及学徒制班全体师徒出席拜师仪式。会议由经管学院院长严玉康主持。

校长项家祥祝贺师徒结对，希望同学们强能善技，尊师重道，在实践中将中国的传统文化和现代学徒制完美结合，将课堂学习的知识技能应用于实践，与企业共同成长。党委书记赵佩琪宣读企业带教导师名单，学校和公司领导为10名企业导师颁发聘书，30名学徒向师傅们行拜师礼并签订师徒协议。欣海报关公司副总经理朱莉代表企业对现代学徒制班同学的表现给予高度评价，鼓励同学们在公司充分利用资源，积极向师傅们学习技能。

12月16日　由国家体育总局体操运动管理中心主办的2018—2019年全国啦啦操联赛（上海闵行站）在华东师范大学闵行校区举行，来自全国各地的200多支队伍共4500余名运动员参赛。我校3支队伍参赛，分别取得花球规定示范套路第一名、街舞自选套路第二名和花球自选套路第三名。

12月18日　学校举行庄飞柳奖助学基金启动仪式。董事长曹助我代表学校董事会对庄飞柳女士为教育事业的关爱和善心表示由衷感谢。他说："学校的发展与社会的关注相辅相成。助学扶贫既是一个概念，也是一种信念；既是一份善举，也是一种传承。"

校长项家祥介绍庄飞柳奖助学专项基金的来源及使用方案，希望这项奖助学基金资助项目能够鼓舞学风、提升内涵，使东海学院越办越好。庄飞柳女士衷心祝愿每一名学生都能踏实学习、茁壮成长，希望自己能为祖国的花朵保驾护航，为社会发展贡献一份力量。庄飞柳女士捐资100万元建立东海学院奖助学基金。

12月19日　学校召开2018年治安保卫工作总结会，武装保卫处处长蒋久泉对年度治安保卫工作进行总结。副校长程龙根对在治安保卫中付出辛勤工作的教职工表示感谢，强调全校各部门一要牢固树立"一盘棋"思想，共同维护好校园安全稳定；二要常备不懈，重点关注好学生宿舍安全管理；三要严格落实防火安全责任制，确保冬季校园防火安全。

12月21日　由上海市高职高专经济类专业教学指导委员会主办，我校承办的2018年"新道杯"上海市高等职业院校教师"管理会计"技能大赛决赛在我校举行，开幕式由市高职高专经济专业教指委会计分指委主任严玉康教授主持。上海市高教处副处长赵坚参加开幕式。本次大赛共有11所院校的26位教师参加决赛。

12月28日　上海市人社局、财政局、教委、经信委、国资委、总工会、团市委七部门联合发文，表彰2018年中国技能大赛——第45届世界技能大赛（上海市选拔赛）获奖选手和为参赛工作作出突出贡献的个人及单位。我校经管学院学生姜宇珺荣获"货运代理"赛项二等奖,指导教师张瑾荣获"优秀教练奖";机电学院学生盛钱杰荣获"工业控制"赛项三等奖,指导教师江可万荣获"优秀教练奖"。

2019年

年度概述

学校总建筑面积3万平方米的新建实训大楼——匠兴苑正式投入使用,实训场地面积新增约2万平方米。校内总建筑面积达129 989.77平方米,年末净资产总值为50 756.3万元。全校教职工总数为378人,其中,专任教师210人,占比为59.84%。

2019年录取新生2 703人,报到2 420人,报到率为89.53%。2019届毕业生2 097人,就业2 042人,就业率为97.38%。全日制高职在校生6 009人。

学校召开第五届董事会第一次会议,曹助我当选第五届董事会董事长,项家祥、赵佩琪当选副董事长;11月22日,学校召开全体教工大会,董事长曹助我宣布董事会关于聘任校新领导班子的决定,任命项家祥为校长,王刚为常务副校长,赵佩琪(兼)、严玉康、郁萍为副校长,黄樑为校长助理。

我校"面向小微企业,聚焦'三会'能力,探索与实践高职会计专业新型育人模式"荣获国家教育成果奖一等奖,实现上海民办高职院校国家级教育成果一等奖零的突破。

学校圆满完成"创新发展三年行动计划"的建设任务。被列为教育部"高等职业教育创新发展行动计划(2015—2018年)":骨干专业、生产型实训基地;"双师型"教师培养培训基地;协同创新中心项目认定单位。会计、报关等5个专业被认定为国家高职院校骨干专业。

10月18日,学校举行新实训大楼落成仪式;12月31日,学校举行第11学生宿舍楼开工典礼。

学校通过上海市社会组织评估院专家关于社会组织规范化等级评估及现场评审;被评为上海市第一批"依法治校标准校"、2018年度上海市"平安示范单位"。

2019年 大事记

1月

1月2日 教育部发布《关于批准2018年国家级教学成果奖获奖项目的决定》,我校"面向小微企业,聚焦'三会'能力,探索与实践高职会计专业新型育人模式"荣获一等奖。我校作为上海唯一的高职院校入选,实现了上海民办高职院校国家级教育成果一等奖零的突破。

1月3日 闵行区统战部副部长、区民族宗教办主任张苏华,副主任袁佩琴一行到校调研,与我校新疆工作协调小组成员进行座谈交流。我校新疆工作协调小组组长杨瑾汇报学校少数民族学生管理工作情况。张苏华主任对我校少数民族工作给予肯定,表示将与有关部门沟通协商,助力我校持续做好民族学生工作。

我校从2011年开始承担教育援疆任务,7年来已有3批来自新疆的学子顺利毕业。目前在校2016、2017、2018级新疆内职班和高考录取新疆学生有300余名。

1月7日 上海教育电视台以"为小微企业输送'算写管'多面手 沪上高职院校探索会计人才培养新路"为题,对我校"面向小微企业,聚焦'三会'能力,探索与实践高职会计专业新型育人模式"项目获得国家级教学成果一等奖进行报道。

学校举行2018年度民主测评会,党委书记赵佩琪主持会议。会上,学校党政领导班子成员与各部、处主要负责人进行述职。赵佩琪书记代表党政班子对一年来为学校发展辛勤付出的同志们表示感谢。项家祥校长指出:"2018年,学校各部门尽心尽责,通力合作,为学校争荣誉、争地位,为社会创品牌,为国家育人才。这是我们的初心,也是我们追求的目标。"述职结束后,参会人员进行民主评议投票。

1月9—10日 学校召开2019年寒假教学工作会。教务处处长何民乐主持会议,北京劳动保障职业学院教授王建民作为特邀嘉宾参会。校长项家祥讲话强调，2019年要理解发展、适应发展、预判发展、超越发展，在工作规划和开展中应更注重前瞻意识。

副校长尹雷方以"扎实推进专业结构优化，全面深化专业内涵建设"为题，对目前专业设置和建设中存在的问题进行剖析，从学校、学院、专业层次对专业结构优化和内涵建设提出要求。王建民教授应邀作"高职教育如何应对产业变化"专题辅导，就加强内涵建设和打造专业品牌途径提出建议。

党委书记赵佩琪要求密切关注国际、国内技术发展的需求和行情，以积极的姿态探索专业前瞻性发展方向，做到教学改革常抓不懈，永不止步。会上还举行了颁奖仪式，副校长程龙根代表学校向获得市教学成果奖的团队代表颁发奖状。

2月

2月10日 市教委近日公布依法治校创建检查评估结果，我校被评为第一批上海市依法治校标准校，成为第一家获评的高职院校。

2月25日 学校召开校长办公会。会议商议有关教育学院成立的事项，决定吴静芳任教育学院院长（兼）；院长助理为王勤；专业主任为王杰；"两办"主任为姜迎春（兼）。商学院有关专业与经管学院合并。

会议决定成立实训大楼搬迁工作领导小组。组长为项家祥；副组长为程龙根；成员为李希萌、刘平、黄樑、何民乐、孙毅。

2月27日 市语委、市教委公布语言文字工作评估结论通知，我校通过语言文字工作评估。2018年10月26日，上海市教育评估院组织专家对我校语言文字工作进行实地考察评估。

3月

3月1日 学校召开新学期干部大会。项家祥校长从保证学校稳定发展、调整专业布局、实训大楼的启用和搬迁、做好招生就业工作及校园的整体规划5个方面部署2019年工作；党委书记赵佩琪提出党委工作计划，强调全体干部要着眼大局，服从整体，齐心协力，共建学校教育新局面；副校长程龙根就人事工作提出要求；党委副书记王玉传达上海高校安全稳定工作会议精神和全国学校安全工作电视电话会议精神。

3月5日 由上海农林职业技术学院院长魏华为组长的专家组莅临东海学院，对我校2018年民办高校专项资金项目建设情况进行工作检查。校长项家祥汇报学校2018年专项资金项目的整体实施情况，各项目负责人分别就各子项目实施情况进行汇报。

专家组对项目对标度、目标达成度、使用情况等进行审核，对我校在专项资金项目建设中取得的成效予以肯定，并就项目后续建设提出建议。其间，专家组参观了正在建设中的新实训大楼。

3月13日 学校党委中心组专题传达、学习第十三届全国人大二次会议和全国政协十三届二次会议的精神。校董事会成员和党委中心组成员参加学习，党委书记赵佩琪主持学习会。

会上，赵佩琪书记解读《政府工作报告》的主要内容，强调要以"两会"精神为指导，抓住各种机遇和挑战，凝心聚力，再创辉煌。

3月19日 学校召开新学期党务工作例会。党委书记赵佩琪传达教育部部长陈宝生在2019年教育系统全面从严治党工作视频会议上的讲话精神，宣读学校《关于新时代基层党建质量提升工程的实施方案》，2019年学校将实施基层党组织"攀登"计划、党员"先锋"计划、党务工作者"红领"计划，扎实推进学校基层党的建设各项工作。

3月20日 学校举行成立教育学院揭牌暨重组经管学院仪式，由副校长尹雷方主持。校长项家祥宣布关于成立教育学院的决定；党委书记赵佩琪宣布教育学院领导班子成员任命决定，吴静芳任教育学院院长。随后，校长项家祥和教育学院院长吴静芳为教育学院揭牌。

吉祥航空公司负责人到校进行员工招聘，并为"订单班"选拔学员。吉祥航空公司的负责人对我校空乘专业学生的形象素质和职业技能感到满意。2019年，吉祥航空公司与我校航空运输学院合作开展定向培养工作。

3月21日 学校印发《关于新建11#学生公寓项目的请示》。

3月23日 受市教委、市人保局、市教育发展基金会、市民办教育发展基金会的委托，我校举办2019年上海市第八届"星光计划"高职"报关技能赛项"和"动漫制作"赛项。

3月26日 学校召开实训大楼搬迁、重组资产管理工作会议，重点部署设备搬迁和资产清查工作。副校长程龙根主持会议。资产与实训室管理处处长刘平布置相关搬迁和资产清查工作。副校长程龙根强调，要保质保量地完成此项工作，确保搬迁、重组过程中各项资产设备账物相符，为新学期开学后学校教学活动的正常开展打好基础。

3月28日　学校召开2017—2018年度优秀外聘教师表彰大会，由教务处处长何民乐主持。经过教师个人申请、所属部门推荐、校督导核查、评选领导小组评议4个环节，最终评选出陈玉冬、张伟龙、刘锜等10位优秀外聘教师。副校长尹雷方为获得"优秀外聘教师"荣誉的教师颁奖；校长助理刘民钢致辞，对外聘教师的辛勤付出和对东海学院教育事业的支持表示感谢。

3月29日　上海市教育人才协会2018年年会暨教育人事人才表彰大会在上海师范大学举行。会议表彰了2018年度先进单位和个人，我校人事处荣获上海市人事人才工作先进集体称号。

4月

4月1日　江西省南昌市第二十三中学校长邹虹、书记刘乐平一行莅临我校考察交流。座谈会上，校长项家祥向客人介绍了学校情况，希望双方加强校际交流合作，共享优质教育教学资源。邹虹校长介绍本校人才培养模式和办学成果，希望借助上海丰富的育人资源，在共享中进步，在合作中共赢，打造特色办学品牌。航空学院院长周孟华向来宾介绍空中乘务和民航运输专业的发展现状及前景。其间，客人们参观了静态模拟舱实训中心等实训设施。

4月3日　全国青少年人工智能教育普及示范基地揭牌仪式在我校举行。中国国际科技促进会青少年人工智能教育普及工作委员会相关领导、校领导和相关职能部门领导以及机电学院教师代表出席。

4月10日　学校召开第四届董事会第十二次会议。会议选举第五届董事会成员。经过无记名投票选举，曹助我、陶钧、李重华、项家祥、赵佩琪、周孟华、严玉康全票当选为第五届董事会成员。

学校教育学院学前教育专业实训实践基地揭牌暨兼职专业主任授聘仪式，在闵行第四幼儿园千代总园举行。副校长程龙根、人事处副处长许岚、教育学院院长吴静芳和专业教师等，闵行第四幼儿园千代总园园长殷蓓琳及分园园长参加仪式。程龙根与殷蓓琳共同为"学前教育专业实训实习基地"揭牌，标志着校园合作关系正式建立。副校长程龙根代表我校，向殷蓓琳园长授予学前教育兼职专业主任聘书。

4月15日　日前，市人保局、市财政局、市教委、市经信委、市国资委、市总工会、团市委七部门联合下发《关于表彰2018年中国技能大赛——第45届世界技能大赛上海市选拔赛获奖选手和为参赛工作作出突出贡献的个人及单位的决定》，我校榜上有名，荣获优秀组织奖。

全国劳动模范吴尔愉到校，以"做更好的自己"为题，为航空学院师生作专题讲座。她结合自己的工作经历，讲述如何做更好的自己，让职业更有尊严感。讲座让学生领会到"微笑是一种习惯，要将它融入血液中去"的生活态度。

4月22日　学校召开2018—2019学年奖学金颁奖大会。党委书记赵佩琪宣读《关于颁发2017—2018学年国家奖学金、国家励志奖学金、上海市奖学金及2018—2019学年第一学期校奖学金、内职班奖学金的决定》，共有1313名学生获得各级各类奖学金。

校长项家祥向获奖学生表示祝贺，也向躬耕于教学一线的教师们表示感谢。他要求同学们把学习作为一种生活习惯，用学习来充实自己的头脑，丰富自身的阅历。

4月23日　学校举行第三届教代会第二次会议暨第四届工代会第二次会议，校长助理、工会主席郁萍主持开幕式。董事长曹助我致辞说，2018年以来东海学院捷报频传，国家大力发展职业教育的重大政策和崭新举措将为东海学院的发展创造前所未有的机遇。并提出要将工会组织建设纳入党建总体格局，健全"党建带工建"的领导机制和工作制度，不断加强教职代会、工会自身建设。

校长项家祥作工作报告，对2018—2019年工作进行总结回顾；工会主席郁萍受四届工会委员会委托作工会工作报告。

4月25日　学校召开2018年征兵工作总结表彰暨2019征兵工作动员大会，党委副书记王玉主持会议。会上，武装部部长蒋久泉总结2018年征兵工作情况，并对2019年征兵工作的要求及注意事项作了说明。我校2018年超额完成征兵任务，连续7年被上海市评为征兵工作先进单位。党委书记、征兵工作领导小组组长赵佩琪宣读表彰征兵工作先进集体和先进个人的决定。

经管学院、传媒学院荣获2018年征兵工作先进集体称号；辅导员刘静、刘宁宁、纪文静、周立艳荣获2018年征兵工作先进个人称号；武装部张晨昕获上海市征兵工作先进个人称号。校党政领导分别为获奖集体和个人颁奖。

4月26日　校长助理刘民钢教授与教育学院院长吴静芳等一行6人赴华东师范大学附属紫竹幼儿园学习考察。徐臻园长介绍了紫竹幼儿园的创办和发展历程。紫竹幼儿园为公办一级幼儿园，创办于2011年，由闵行区人民政府、华东师范大学和上海紫竹国家高新区三方合作共建。徐园长对校园合作表示支持。校长助理刘民钢教授强调产教融合对职业教育的重要性，认为校园合作、产教融合是培养技术技能型人才的根本途径。

5月

5月6日　市教委组织教育系统专家组莅临我校进行安全工作检查。校园服务中心主任黄樱以"坚持管理精细化，坚持预防常态化"为题，对学校安全管理工作进行汇报。其间，专家组查阅有关安全管理制度、应急预案、操作规范等制度章程，并到校监控中心、消防设施、高压用电房、施工基地、学生宿舍、食堂等进行实地走访。专家组对我校安全管理工作的规范化、制度化给予好评。

5月7日　2019年全国职业院校技能大赛高职组"报关技能"赛项在天津商务职业学院圆满落下帷幕。来自全国28个省、自治区、直辖市的70所职业院校、280名选手参加比赛。我校代表队荣获2019年全国职业院校技能大赛高职组"报关技能"赛项团体一等奖。

5月10日　学校"青春心向党　建功新时代"第四届校园读书节暨第十届校园文化艺术节拉开帷幕。校文明办副主任杨静主持开幕式。校长项家祥宣布第四届校园读书节暨第十届校园文化艺术节开幕。

党委副书记王玉作"书香东海，从'阅读'到'悦读'"的主题讲话，总结2018年读书节活动，并对2019年读书节活动作安排部署。她希望全体师生以书为友，以阅读为荣，熔古铸今，品读传诵经典文化，在"书香东海"的氛围中滋养更多具有书香气质的东海人。

全国政协委员、诵读艺术家王苏以"文化自信——从中国的文字和语言开始"为主题，作有关朗诵知识的专题辅导。

我校举行与静安区幼儿园合作签约仪式暨学前人才培养研讨会。上海市致立学前教育职业技能培训中心校长桑佩军、静安区南阳实验幼儿园园长李文静、威海路幼儿园园长符芳、小棋圣幼儿园园长徐瑞婷、余姚路幼儿园园长谭妍文、华山美术幼儿园园长陆薇、静安区延安中路幼儿园园长徐争春、静安区常德书法幼儿园园长林莉等园方代表出席。

副校长尹雷方向来宾介绍学校创办历史以及学前教育专业的发展情况。园方代表、威海路幼儿园园长符芳希望校企双方充分利用资源，合作培养人才，共同打造"综合素质+科学保教"的复合型新教师。随后，校长项家祥分别与6位园长签订合作协议。

5月14日　学校护理学院举办庆祝第108个国际护士节"初心不改　薪火相传"主题系列活动，并为即将走上临床实习的护生举行授帽仪式。护理学院副院长林晓云和张可卿老师为学生授帽，并带领学生进行职业宣誓，许下庄严的承诺。

5月15日　高雅艺术进校园之上海卢湾青年越剧团《梁山伯与祝英台》经典越剧折子戏在校演出。

5月17日　学校第十四届运动会拉开帷幕。副校长尹雷方主持运动会开幕式，党委书记赵佩琪宣布上海东海职业技术学院第十四届运动会开幕。校长项家祥致开幕辞说，我们在运动赛场上宣扬奥林匹克精神，就是追求东海学院永远的进步，就是鼓舞东海学院永远的拼搏，就是推动东海学院永远的发展，为国家培养更多、更好的人才，为社会主义建设事业作出更多、更好的贡献。

5月20日　2019年全国职业院校技能大赛高职组"现代电气控制系统安装与调试"赛项举行，来自全国104所高职院校的104支代表队参加角逐。经过12小时的鏖战，我校代表队获团体三等奖，是上海市唯一获奖的高职院校。

5月23日　上海市"五一"劳动奖章获得者、荣获2016年"上海工匠"称号、"亨生奉帮"裁缝技艺第四代传承人肖文浩大师，应邀为我校服装与服饰设计专业学生作专题讲座。亨生是上海西服业著名的中华老字号企业，肖文浩大师从业46年，专研男士西服工艺,将传统工艺与创新相结合,继承和发扬奉帮技艺,获得行业的认可。

5月27日 学校召开文明校园创建总结暨动员大会,校文明办主任李希萌主持会议。党委书记赵佩琪作主题讲话,总结我校精神文明建设工作成果,并部署下一阶段工作重点:2019年我校精神文明建设的主旋律是:弘扬工匠精神,把精雕细琢、追求完美的精神理念融入工作和学习中去,积极营造"人人弘扬工匠精神,人人争当工匠"的校园文化氛围,取得新成果。

校长项家祥作总结发言,指出精神文明建设也是学校均衡发展的催化剂、润滑剂、助力剂。东海学院这几年最大的成果,是形成了从董事长到每一位教职工团结和谐、实干奋进的精神,这种精神是一种文明的精神,也是一种奋进的精神。

5月28日 上海东海职业技术学院2019年中高职贯通校院长联席会议在上海工商外国语学校召开。各贯通专业中职校长、我校领导及相关学院院长参加会议。东道主上海工商外国语学校校长高国兴致辞,表示要提供多元成才平台,德技融合,向东海学院输送更加优秀的人才。我校副校长尹雷方主持会议并讲话,回顾2018年在贯通工作中取得的进展。目前,已有10个中高职贯通专业,12个贯通点,6家合作中职院校。

5月31日 上海市教育系统先进表彰大会在上海科技大学召开。大会对获奖集体和个人进行表彰。学校工会主席、校长助理郁萍获2014—2018年度"心系教职工的好领导"称号;档案馆费英和基础部覃家宁获"优秀工会积极分子"称号;招生就业处和社会科学部获"教育先锋号"称号。

6月

6月3日 由上海东海职业技术学院举办的三期云南省保山市、香格里拉市干部培训班结业。5月15日、26日,学校分两批举办云南省保山市脱贫攻坚乡村振兴专题培训班,培训对象为保山市扶贫办、工业和信息化局等农业系统的各级领导干部,共计80人;5月20日,学校举办云南省香格里拉市党政干部执政能力培训班,来自云南省香格里拉市委组织部、综合行政执法局、市属各乡镇等部门的领导与干部25人参与培训。

6月12日 学校学工部邀请党的十八大代表、上海中医药大学少数民族学生辅导员、上海市辅导员工作室"洪汉英工作室"主持人洪汉英副教授,到校作"民族学生教育管理的技巧与方法"专题讲座。洪汉英副教授十年如一日,在少数民族学生管理工作中倾注大量心血和真挚情感,总结出一套行之有效的管理经验与方法,将"严细爱"的管理理念真正落细、落小、落实。

6月18日 学校第四届校园读书节暨第十届校园文化艺术节落下帷幕。党委书记赵佩琪积极肯定本次活动的成果,并对精彩瞬间进行点评。在艺术节闭幕式上,由学工部及团委主办策划、各学院师生自行组织和编排的节目精彩上演。

学校艺术学院与索菲亚家居集团举办校企合作项目"销售型设计师"培训班结业典礼。培训期间,企业专家来校为学生进行全屋家具定制和VR软件的培训,主要包括定制家具、软件导入、产品知识、空间布局、橱柜知识、木作知识、家品及窗帘、服务礼仪、沟通技巧、结业考核等模块。结业典礼上,校企负责人为优秀学生颁发荣誉证书。

6月19日 学校召开第五届董事会第一次会议。会议的主要议题是:(1)选举产生董事长、副董事长;(2)关于成立上海东海职业技术学院监事会。会议以无记名投票的方式,选举产生董事长1人、副董事长2人。曹助我全票当选第五届董事会董事长,项家祥、赵佩琪全票当选第五届董事会副董事长。会议同意成立监事会。

学校召开干部大会,党委书记赵佩琪主持会议。会上,副校长程龙根部署和安排搬迁工作。新实训大楼已竣工投入使用,搬迁工作将于20日启动,要求各单位按照预定目标,统筹安排,相互协作支持,确保搬迁工作顺利完成。校长项家祥在发言中指出,当前东海学院的发展机遇与挑战并存,要具备大局意识和前瞻意识,希望大家继续携手,脚踏实地,共同开创东海学院教育事业发展新局面。赵佩琪书记通报学校第五届董事会第一次会议的内容,勉励全体干部立足当下,努力工作,取得新成效。

6月20日 新实训大楼搬迁工作启动第一天,校长项家祥、党委书记赵佩琪等学校党政班子成员来到实训大楼前,庆贺搬迁工作启动,见证第一批图书资料搬入图书馆新家。

6月22日 学校举行2019届学生毕业典礼,由副校长尹雷方主持。董事长曹助我希望毕业生脚踏实地,永远保持一颗进取之心,继续学习、勤奋工作、学会做人,感恩社会、感恩父母、热爱生活、勇于担当。党委书记赵佩琪宣读《关于表彰2019届优秀毕业生的决定》,与会领导为获奖学生颁奖,并为毕业生代表颁发毕业证书。

6月24日　中德职业教育合作项目签约仪式在我校举行。欧星检验认证(上海)有限公司总经理黄存章、德国萨尔TUV中国负责人沃尔夫冈·瓦格纳、同济大学德国留学中心主任于宁、苏州健雄职业技术学院领导等到校参会。签约仪式由副校长尹雷方主持并致辞,介绍我校的发展历史、办学宗旨、教学环境、教学成果等情况。机电学院院长杨萍对中德职业教育合作项目作详细介绍。

6月26日　继续教育学院物流171班学生仇嘉鑫怀着感恩的心情冒雨来校,将一面绣有"关爱弱体学生、创办一流成教"的锦旗赠送给学校;将另一面绣有"师生情无价、相聚也有缘"的锦旗赠送给辅导员和全体任课教师,代表她妈妈向学校表示真诚的感谢。校长项家祥和继续教育学院常务副院长张才龙接受锦旗。

6月27日　学校党委召开2018—2019学年基层党总支(支部)书记述职评议考核工作会,党委书记赵佩琪主持会议。各党总支(支部)书记围绕贯彻落实意识形态工作、基层党建、党风廉政建设和党内监督三大主体责任的履职情况,逐一述职。校长、党委副书记项家祥对述职情况进行点评,并就进一步加强党建工作提出要求:基层党组织要做到坚持原则,坚持方向,坚持导向;不断推进基础建设,坚持职业教育,坚持教学改革,坚持建设发展。

6月28日　学校召开庆祝中国共产党成立98周年暨"不忘初心、牢记使命"主题教育活动动员大会。董事长曹助我宣读表彰决定,对获"2014—2018年度上海市教育系统心系教职工的好领导"称号的郁萍,获"优秀工会积极分子"称号的覃家宁老师、费英老师,被评为"2014—2018年度上海市'教育先锋号'"的社科部、招生就业处等个人、集体进行表彰。大会还表彰了2018—2019学年党总支、支部书记考核优秀的个人。

党委书记赵佩琪作"不忘初心、牢记使命"主题教育活动动员,部署教育活动方案。校长项家祥鼓励全体教职工不忘初心、牢记使命,全力推动高职教育改革与教育创新,培养出更多的合格人才。会上还举行了新党员入党宣誓仪式。

第二次中日养老护理校企合作会议在我校举行,日本援救协会董事长千代隆明,日方可爱组合人才培训派遣公司理事长王英、员工代表靳昕,北京威马捷国际旅行援助有限责任公司国际医疗事业部主任黄河,吉阳红敬老院总经理要红天等到校参会。副校长尹雷方主持会议。

7月

7月3日　学校董事长曹助我,董事陶钧、李重华走访搬迁中的实训大楼,参观新图书馆,走访教育学院、护理学院、航空学院和机电学院,对实训大楼的建造及总体规划设计、环境布置、功能布局等方面给予称赞和肯定。

董事长曹助我表示,实训大楼的建造进一步改善了学习条件和环境,对提升办学质量具有十分重要的意义和作用。他对实训大楼建设工作者及进行搬迁工作的教职员工表示感谢。

8月

暑假期间,为确保实训大楼内各类教学实训设备能够在9月1日开学后顺利投入使用,资产与实训管理处全体员工在刘平处长的带领下,克服连续高温天气等不利因素,积极组织实训大楼新建实训室设备有序进场安装。前期,资产与实训管理处牵头召开多次搬迁工作协调会,开展涉迁单位的资产清查工作,同时指派专人对口相关学院和部门以统筹协调搬迁事宜。目前正紧锣密鼓地进行实训大楼后续设备安装调试任务。

8月26—27日　学校召开2019年暑期教学工作会议,本次会议的主题为"争创一流专业,共谋创新发展"。教务处处长何民乐主持会议。校长项家祥作"紧扣三'Z',紧跟形势"主题讲话,提出"三'Z'"概念(职教理念、专业布局、质量规范),要求未来教育教学工作必须时刻把握职业教育发展的机遇,争取职业教育的政策,创造职业教育的环境。

副校长尹雷方从专业建设、技能比赛、质量考核三方面对特色校建设和"三年行动计划"取得的成绩进行总结回顾;校长助理刘民钢传达教育部《关于职业院校专业人才培养方案制订与实施工作的指导意见》文件精神。会上,党委书记赵佩琪主持二级学院正职授聘仪式。

9月

9月5日　学校举行2019级新生开学典礼暨

军训开营仪式,副校长尹雷方主持典礼仪式。校长项家祥鼓励大家要上好军训第一课,尽早确立行动目标,自觉主动学习,铸就强大气场,希望大家珍惜美好时光,脚踏实地,努力成就自己,取得成功。航空学院院长周孟华代表全体教师表达认真执教的决心,建议大家珍惜当下,带着梦想和期待奋勇前行。党委书记赵佩琪向东海学院军训团授旗。

9月6日　学校荣获上海市委政法委员会授予的"2018年度上海市平安示范单位"称号。此项荣誉的获得,是对我校多年来校园安全工作成效的肯定,也是进一步激发广大师生自觉做好校园安全工作的推动力量。

9月7日　学校举行第35个教师节庆祝大会,校长项家祥主持大会。董事长曹助我以"做个新时代的好老师"为主题致辞。上海市职业教育协会会长、上海教科院高职研究中心主任马树超教授作专题讲座。

大会宣读上海市育才奖获得者及2018—2019学年专职教师教学比武获奖名单,并表彰课堂教学优秀教师奖和优秀团队奖的获得者及2017—2018学年涌现出的一批优秀教育工作者。

9月9日　学校召开新学期干部大会,校长项家祥主持大会并讲话。他指出,在国家大力发展职业教育的大背景下,要审时度势,充分抓住时机,提升教学质量。

会上,党委书记赵佩琪传达2019年秋季高校党政负责干部会议精神,并部署下半年学校党委的主要工作。副校长程龙根、尹雷方分别就师资培养、一流专业培育计划、提升教职工待遇等工作进行安排。

9月10日　在京召开的庆祝2019年教师节暨全国教育系统先进集体和先进个人表彰大会上,我校经管学院院长严玉康作为国家级职业教育教学成果一等奖获得者,受到中共中央总书记、国家主席、中央军委主席习近平,中共中央政治局常委、国务院总理李克强,中央书记处书记王沪宁等党和国家领导人的亲切接见。

9月18日　学校召开2019年应征入伍学生欢送会,武装部部长蒋久泉主持会议。副校长程龙根宣读闵行区人民政府征兵命令,我校白泽鹏等47名学生被批准光荣入伍。校领导为入伍学生佩戴大红花。

党委书记、征兵工作领导小组组长赵佩琪讲话,要求入伍学生牢记使命,努力学习,严守纪律,刻苦训练,努力掌握军事技能,期待学生们早日传来喜讯,争取立功受奖,为母校争光。校长项家祥鼓励学生们到部队后要牢记军队优良传统,牢记母校的厚望,牢记入伍誓言,不畏艰难、刻苦训练,争取在部队立功、在部队入党、在部队提干,为国防建设、人民军队建设发挥当代大学生的应有贡献。

9月20日　学校举行专题报告会,经管学院院长严玉康教授作"牢记初心使命　投身崇高事业——北京之行所见所感"主题报告,党委副书记王玉主持报告会。严玉康教授作为国家教学成果一等奖获得者赴京参加全国教师节大会,受到中共中央总书记、国家主席、中央军委主席习近平等党和国家领导人的亲切接见。他说,责任心是成功的基础,作为一名教师,一定要珍惜平台与舞台,干一行,爱一行,持之以恒,付出总会有收获。

9月23日　学校召开校长办公会。会议决定,调整学校原职务聘任委员会成员。调整后的学术与职务聘任委员会名单如下。

主任:项家祥、赵佩琪;副主任:尹雷方、程龙根;委员:刘民钢、何民乐、严玉康、吴静芳、顾惠忠、杨萍、桑未心、周孟华、王平;秘书:许岚。

第七届全国高校数字艺术设计大赛公布获奖名单,我校选送的7件作品全部获奖,其中,一等奖1件,二等奖3件,三等奖3件。该项赛事由工业和信息化部人才交流中心、联合国训练研究所上海中心主办,NACG数字艺术人才培养工程办公室、中国美术学院上海设计学院、西北大学、四川师范大学、上海工艺美术职业学院承办。

"迎新中国成立70周年,唱响振奋中华的歌"——高雅艺术进校园之上海歌剧院原创音乐剧《国之当歌》在我校上演。音乐剧《国之当歌》讲述了人民音乐家聂耳与左翼戏剧家田汉从相识到相知直至共同创作《义勇军进行曲》的故事。本剧以"谱写民众苦难之声"和"吹响民族救亡号角"为主题,融汇上海的都市风情和抗战历史烟云,努力探求历史与现实、经典与大众的贯通。

9月30日　学校举行庆祝新中国成立70周年升国旗仪式,校党政领导及2019级全体师生出席。国旗班学员正步铿锵,护卫五星红旗入场。伴随着激昂雄壮的国歌声,鲜艳的国旗冉冉升起,全体师生肃立注目,奏唱国歌。

校长项家祥讲话,鼓励2019级新生努力从3个方面要求自己:一是不畏艰辛,刻苦学习,不负青春;二是有知识,有担当,强化安全意识,做文明学生;三是树立雄心壮志,用自己的实际行动展现青春风采,响应党的号召,为绘就宏伟蓝图努力奋进。

10月

10月9日 学校召开党委中心组专题学习会,研讨《习近平关于"不忘初心、牢记使命"论述摘编》并交流学习体会。党委书记赵佩琪指出,"不忘初心、牢记使命"就是为中国人民谋幸福,为中华民族谋复兴。这个初心和使命展现了中国共产党人对人民群众的深厚情怀,对中华民族的责任担当。党委中心组成员分别作交流发言。

10月12日 美国督优维尔学院校长一行到访我校。校长项家祥、副校长尹雷方、校长助理刘民钢及相关职能部门和学院领导参加洽谈会。会上,双方就合作交流的具体事项进行了洽谈。

10月15日 学校"青春心向党,真情颂祖国"庆祝中华人民共和国成立70周年歌会暨第十六届校园歌咏比赛拉开帷幕。最终,航空学院以97.6分荣获最佳演唱奖,传媒学院、航空学院获得最佳凝聚力奖。

10月18日 历时1年6个月建设的新实训大楼——匠兴苑正式落成,学校举行匠兴苑落成仪式。闵行区教育局副局长马秀明、吴泾镇镇长张文琦,上海市发展改革委社会处李文涛,绿地集团副总经理黄文浩,中国建设银行闵行支行行长徐海洲、吴泾支行行长李光军等应邀出席,校长项家祥主持仪式。

党委书记赵佩琪在致辞中指出,大楼的建成和使用离不开方方面面的支持和帮助。她对学校教职工奉献小家、建设大家的精神给予充分肯定,表示要用工匠精神培育学生成才,期待一代工匠在这里诞生。校长项家祥说,匠兴苑的落成,是东海学院发展历史上的重要里程碑——工匠精神将在这里发扬,高职事业将从这里兴旺。

董事长曹助我深情回顾26年来东海人牢记使命,坚持"品质+能力"的办学特色,坚持教学改革,创新发展,造就了民办高校、上海高职的诸多"第一"。曹助我说:"立志教育,是我们的初心;致力高职教育,是我们的使命。我们要努力把东海学院办成一所人民满意的大学,为教育事业和民族复兴作出贡献。"

与会领导们为实训大楼落成剪彩,并为实训大楼铭牌"匠兴苑"揭牌。

10月22日 上海吉祥航空股份有限公司人力资源部副总经理孙丽及客舱部分部经理周琳一行到校,与我校签订校企合作协议书,并与定向班学生签订三方协议。

签约仪式上,校长项家祥期待双方未来合作越来越密切,也希望东海学院的空乘专业毕业生们能为吉祥航空的发展作出更大的贡献。吉祥航空人力资源部副总经理孙丽表示,本次签约进一步明确了双方共存共赢、深入合作的良好意愿,期待有更多的学生有机会加入吉祥航空,开启梦的旅程。

10月25日 学校邀请中共一大纪念馆的张玉菡老师到校作"不忘初心,牢记使命——中国共产党的创建与中国共产党人的初心"主题讲座,讲述早期中国共产党人探索救国救民道路及中国共产党创立的故事,着重介绍了中国共产党一大召开的时间、地点、参会代表、大会议程及会议成果。在近两个小时的讲座中,张玉菡老师用真挚的情感和朴实的语言为大家上了一堂生动的党史课。

10月30日 按照"试点总结、省级验收、结果复核"的工作程序,教育部组织专家对现代学徒制第二批试点单位进行验收,此次共有232家单位通过验收,我校名列其中。据教育部2019年97号文件通知,经教育部组织专家评审验收,我校报关专业第二批国家现代学徒制试点工作达到国家标准,顺利通过验收。

学校召开主题教育专题调研成果交流会,市教卫工作党委主题教育第三指导组副组长刘伟出席交流会,校长助理刘民钢列席会议。党委书记赵佩琪介绍学校主题教育前一阶段的开展情况;校党政领导班子成员分别围绕学校改革发展的瓶颈性问题、基层党建和思政、教师队伍建设、专业结构发展、招生工作和服务师生交流调研成果,查找问题短板,提出改进工作的思路和措施。

市教卫工作党委主题教育第三指导组副组长刘伟认为我校领导班子的专题调研题目明确,态度认真,调研方式、方法多样,调研内容数据、案例翔实,真正把主题教育专题调研落到实处。

11月

11月1日 市教卫党委副书记李昕、市教委民办管理处处长赵扬、市民办高校党工委副书记王庆一行,专程来我校调研指导。

调研座谈会上,董事长曹助我介绍东海学院的创办过程;校长项家祥从办学经历、取得成绩、受到恩泽、面临困难、渴求愿望、淳朴要求6个方面作了主题汇报。调研组对学校教学改革取得的成绩给予肯定。市教卫党委副书记李昕希望以"职教20条"为指导,做好产教融合、校企合作、师资队伍建设等各方面工作;抓住机遇,完善民办高校管理体系,提升管理水平。

11月7日 学校召开大学生平安志愿者行动支队成立大会。根据市教委关于组建高校大学生平安志愿者行动支队的通知要求,我校成立大学生平安志愿者行动支队。会上,保卫处处长蒋久泉介绍平安志愿者行动支队的成立背景,明确平安志愿者行动支队的10项工作职责,要求每一位志愿者认真开展平安志愿服务工作。

党委副书记王玉要求大学生志愿者强化维护校园安全的责任感和使命感,提高参与校园安全管理事务的积极性和主动性,确保校园内的安全稳定、秩序良好。

11月8日 2019年沪喀职教联盟工作推进会暨"一校为主,多校对一"对口帮扶喀什职业技术学院签约仪式在新疆维吾尔自治区喀什市举行。上海7所高校与喀什职业技术学院签订对口帮扶工作协议,东海学院是参与此项工作的唯一民办高职院校。

我校校长助理刘民钢和艺术学院院长顾惠忠参会,刘民钢教授代表东海学院签约帮扶喀什职业技术学院建设服装设计与工艺专业。签约会后,双方召开对接会,就落实服装设计与工艺专业建设定位、人才培养方案、课程标准、师资队伍建设等事项进行规划和对接。

11月12日 学校举行"2019东海技能节"开幕式。校长项家祥宣布技能节开幕,并鼓励全体学生要不断提高学习水平、技能水平,敢于成为一个能手、高手、强手乃至国手。党委书记赵佩琪宣读"东海技能之星""专业技术能手"和"东海优秀指导奖""东海金牌指导奖"表彰名单,并为获奖学生和指导教师颁发荣誉证书和奖杯。

校长助理刘民钢总结我校2018—2019年度各项技能比赛、获奖情况及主要收获,并对"2019东海技能节"作部署。

11月15日 市委主题教育第十三指导组沈仕芳、薄纯洁到我校参加指导主题教育检视问题和专项整治推进会。市教卫工作党委主题教育第三指导组组长朱南勤、组员尤丽芬,市民办高校党工委副书记王庆一同前来,校长项家祥主持会议。会上,党委书记赵佩琪作专题汇报。校长项家祥,副校长程龙根、尹雷方,党委副书记王玉分别围绕主题教育梳理出的问题清单作检视和整改交流。

市教卫工作党委主题教育第三指导组组长朱南勤充分肯定我校在主题教育中扎实的做法;市委主题教育第十三指导组沈仕芳对我校落实主题教育给予"务实、严谨,思路清晰、责任心强,材料丰富"的评价。

11月16日 "2019百校青年创新创业领袖峰会暨长三角院校创新创业发展论坛"在上海国际时尚中心举行。我校获"上海青创大学生创业服务基金会专家工作室"称号;学生戴忻怡、张一、曹清淦、吴泖冰等获"长三角优秀创新创业社团领袖人物"称号。

11月19日 为帮助学校"一流专业"申报单位进一步理解"一流专业"的内涵和更好地开展专业建设,副校长尹雷方教授为相关专业主任进行专题培训。尹副校长介绍"校一流专业建设计划"的概况和工作思路,并以市一流专业申报书填报为主线,解析一流专业建设的各项核心指标。

我校于10月启动"校一流专业建设计划",本轮计划执行周期为两年(2019—2021年)。11月14日,学校正式发文,公布校一流专业建设立项和培育专业名单,旨在推进各专业内涵建设,为下一轮申报上海市一流专业建设打下基础。

11月20日 学校召开第五届董事会第二次会议。会议讨论关于学校党政领导班子换届事项。陶钧宣读《举办人关于校领导班子换届的建议》。会议讨论并通过新一届领导班子任职名单。

校长:项家祥,主持学校工作,分管校办、对外联络、财务、网络、继续教育;常务副校长:王刚,协助校长工作,分管教学、人事、档案;副校长:赵佩琪(兼),分管教师思想政治工作;副校长:严玉康(兼经管学院院长),分管科研、图书馆,协助财务工作;

副校长：郁萍（兼招生就业处处长），分管后勤、工会、招生就业、设备等；校长助理：黄樑（兼校园服务中心主任），分管后勤、保卫、消防、基建、维修等。

建议免去程龙根、尹雷方的副校长职务，聘为顾问，协助新班子成员工作。

11月22日 学校召开全体教工大会，党委书记赵佩琪主持会议。会上，董事长曹助我宣布董事会关于聘任校新领导班子的决定，任命项家祥为校长，王刚为常务副校长，赵佩琪（兼）、严玉康、郁萍为副校长，黄樑为校长助理。聘任两位离任副校长程龙根、尹雷方为学校顾问。

党委书记赵佩琪对两位离任校领导10多年的工作给予高度评价，感谢他们为东海学院教育事业的发展的呕心沥血和无私奉献。

校长项家祥从教学工作、实训室建设、师资队伍建设、学校财政收入四方面总结本届领导班子12年来的工作，并明确下一届班子的任务和目标。新任常务副校长王刚表示将尽快熟悉并融入学校各方面工作，不辱使命，为东海学院的改革发展作贡献。

11月23日 "梦想 美丽中国"上海市学生艺术设计大赛获奖名单揭晓，我校学生朱倍荣获高校组银奖，冯道、张晶凤、刘晗、邵怡青、孙延捷、张雯荣获高校组铜奖。本届大赛，全市近百家学校参与公共空间美术创意征集，大赛共收到近1500件艺术设计作品，我校7位学生的作品脱颖而出。

11月25日 上海市高职重大专项现场检查专家组及工作组一行莅校，检查我校"高职创新发展行动计划"及"高本贯通"试点项目。会上，原副校长尹雷方就"上海市高职创新发展行动计划"承接各项任务和项目完成情况、建设成效和经费执行情况作具体陈述。他指出，"三年行动计划"已全部完成18个项目、38项任务，完成率为97.3%。

专家组对我校"创新行动计划""高本贯通"和市一流专业建设工作给予肯定，并希望我校以更高的要求开展工作。

11月28日 学校召开校长办公会。会议商讨决定新班子（行政）成员工作分工事宜。

上海东海职业技术学院中高职贯通校院长联席会议在上海现代流通学校行政楼会议室召开，我校和6所贯通中职校领导出席。中高职贯通联席会议秘书、我校教务处处长何民乐主持会议。

2019年上海市职业技能大赛闭幕式在徐汇区西岸艺术中心A馆举行。我校2019年中国技能大赛暨第46届世界技能大赛上海选拔赛"时装技术"项目一等奖获得者、服装与服饰设计专业183班马梓轩同学出席并领取奖牌和荣誉证书。

11月29日 学校举行"法治在我心中"主题演讲比赛决赛，共有10位选手入围。通过激烈的角逐，决出一等奖1名，二等奖2名，三等奖3名，优秀奖3名。机电学院191班学生梅景豪获一等奖。

12月

12月3日 2020年上海市普通高校专科层次依法自主招生工作会议和2020年上海市普通本科高校招收"专升本"新生工作会议在我校匠兴苑会议中心召开。市教委学生处、职教处，市教育考试院相关负责人，以及40余所高校招办主任等参加会议。校长项家祥、常务副校长王刚分别在专科层次依法自主招生工作会议和"专升本"招生工作会议上致辞，并简要介绍学校的发展情况。

"不忘初心、牢记使命"主题教育之高雅艺术进校园——上海民族乐团《风雅颂》音乐晚会在我校演出。演出内容包括《渔舟唱晚》《赛马》《百鸟朝凤》等经典曲目。

12月4日 市教委教材语管处副处长金莉莉、姜冠成，上海外国语大学教授梅德明一行到校，就学校教材工作开展调研座谈。常务副校长王刚、校办主任李希萌、教务处处长何民乐等参加座谈。

金莉莉副处长对此次调研座谈的背景及计划作简要介绍。常务副校长王刚对教委领导及专家的莅校指导表示欢迎；教务处处长何民乐从组织架构、管理制度、订购流程（选择确认供货商，审核选用教材，编制采购单直到补、退、换教材）及学校近年来的教材建设等方面对我校教材管理作汇报。

12月6日 我校啦啦操代表队参加2020年全国啦啦操联赛（上海闵行站），并分别获得花球示范套路第一名、第三名，爵士示范套路第一名和街舞自选第一名的好成绩。此次联赛由国家体育总局体操运动管理中心主办，上海市闵行区教育局、上海市闵行区体育局、全国啦啦操委员会承办，上海市健美操协会、上海市大学生健美操啦啦操分会协办。

12月8日 第十三届"新道杯"全国高职会计技能大赛在上海商业会计学校举行，共有25支队伍参加。我校由经管学院学生许伟健、张莹颖、曹雯雯、王成、刘超、叶涵菲、苏友梅、苏雅组成的专业代表队获上海市团体第一名、全国三等奖的好成绩，也是上海唯一在全国高职排名中获得名次的高职院校。

12月9日 学校召开校长办公会。会议讨论调整学校职称评审委员会事项，经研究决定，将原学术委员会与原职称聘任委员会合二为一，成立"学术与职称聘任委员会"。主任：项家祥、赵佩琪；副主任：王刚；成员：严玉康、周孟华、杨萍、吴静芳、顾惠忠、桑未心、王平、黄苏飞、吴江华、何民乐；秘书：许岚。

学校举行"恢宏壮丽七十载，传承经典忆初心"——纪念一二九运动84周年诵读比赛，各参赛选手依次上场朗诵作品。经过角逐，传媒、航空、机电3个学院分获冠、亚、季军；教育学院获最佳组织奖；经管学院获最佳人气奖；优胜奖由护理、经管、继续教育、艺术等学院获得。

12月12日 闵行区教育局副局长王维刚一行4人到校，就如何推进学前教育专业建设与助力学生成长成才进行研讨和交流。研讨会由常务副校长王刚主持。校长项家祥介绍学校的发展史，对历年来闵行区政府和教育部门对学校发展给予的实质性帮助和支持表示感谢。

双方就学前教育的人才培养重点、地区和行业对该专业人才的需求、高职层次学前教育专业学生的实习就业前景进行了充分的交流。

12月18日 以市社会组织评估院副院长王正敏为组长的上海市社会组织评估院专家一行莅校，开展社会组织规范化等级评估及现场评审。校长项家祥从艰苦创业取得辉煌成果、辛勤耕耘创新民办机制、努力探索追求卓越目标、迎接评估实践现代管理4个部分作学校自评汇报。其间，专家们逐一详细地审核资料，并就相关问题进行询问。

王正敏副院长代表专家组对我校评估情况进行反馈。他充分肯定我校以下9个方面的工作：一是基础条件扎实，日常运营规范；二是组织机构健全，内部治理完善；三是学校业务工作成效显著；四是师资队伍强大；五是专业设置有特点，符合社会需求；六是学校践行社会责任，勇于担当；七是学校社会评价比较高；八是财务管理比较规范，学校执行民间非营利组织会计制度，经费来源合理合法，资金使用符合规定；九是学校高度重视此次迎评工作，态度端正，党政班子全员参与，材料准备齐全。同时希望学校能够补足短板，越做越好。

12月25日 上海市高等教育学会保卫工作专业委员会民办分会2019年工作总结会在我校匠兴苑会议中心召开。市教委高校后勤保卫处、市高等教育学会保卫工作专业委员会负责人等出席。我校副校长郁萍、校长助理黄樑参加会议。

市高等教育学会保卫工作专业委员会理事长、秘书长分别讲话，肯定民办分会2019年的工作。会上，参会学校就2019年各学校的安全工作进行交流。最后，市教委高校后勤保卫处处长张旭对做好下一步工作提出要求。

12月28日 学校圆满完成"创新发展三年行动计划"的各项建设任务。东海学院被列为教育部"高等职业教育创新发展行动计划（2015—2018年）"：骨干专业、生产型实训基地；"双师型"教师培养培训基地；协同创新中心项目认定单位。会计、报关等5个专业被认定为国家高职院校骨干专业。

12月31日 学校举行第11学生宿舍楼开工典礼。董事长曹助我、党政领导班子成员、中层干部及教师代表出席，上海绿地建设集团有限公司等单位领导应邀参加，共同见证东海学院发展的新阶段。校长助理黄樑主持仪式。

董事长曹助我在致辞中指出，建设第11学生宿舍楼是学校在发展新阶段作出的又一重要决定，建成之后可以有效地缓解学生住宿紧张的现状。校长项家祥指出，"拆旧建新"是东海学院基础建设的新起点，在这辞旧迎新的日子里，学校将通过一步一个脚印的努力，把东海学院建设得更加美好。董事长曹助我宣布工程开工。

第三阶段　改天换地(2020—2023年)

在学校财政收入基本稳定,学校内涵建设、校园建设初见成效的时候,东海学院不失时机地提出更加宏伟的建设目标——在"十四五"期间,把东海学院建成国内知名、上海一流的高职院校。

学校组织精兵强将,争取了两项市级一流专业建设群项目,并再次获得了市级教学成果特等奖。

2020年,在新冠疫情肆虐的困难时期,学校把战胜疫情、稳定教学作为首要任务,两年时间内,学校未出现任何重大疫情,各项教学工作有序开展,受到了上级的好评。

为了实现一流高职建设目标,学校推出了十大工程,强化队伍建设、强化规范管理、强化提升内涵、强化美化校园,更不失时机地提出了以科研带动学校发展的明确要求,学校正在向更高、更远的目标奋进!

到2022年年底,学生规模已有7 000余人,会计、报关、机电一体化等专业成为上海市的重点专业,传媒、航空服务等专业成为特色专业,学校的知名度进一步提高,影响进一步扩大,学校将以优异的成绩向建校30周年献礼。

2020 年

年度概述

学校设有学前教育、会计、机电一体化、护理、空中乘务、影视动画、环境艺术设计等24个专业。2020年录取新生2912人,报到2612人,报到率为89.7%;2020届毕业生共1983人,就业率为97.38%。全日制高职在校生6 301人。

学校第五届董事会第三次会议同意增补王刚为董事会董事;推荐王刚为上海东海职业技术学院校长。经市教卫党委、民办高校党工委批准,曹蓉蓉同志任中共上海东海职业技术学院委员会委员、书记。第五届董事会第五次会议增补曹蓉蓉为董事会董事;10月,董事会聘任卓丽环为副校长。

2020年,学校成立疫情防控领导小组和工作小组。在疫情防控期间,学校依照"平行班合班直播"的原则,开展异位同步的在线课堂教学。

在我国第一届职业技能大赛上,朱珂同学夺得"货运代理"赛项金牌,马梓轩同学荣获"时装技术"赛项优胜奖,双双进入世界技能大赛中国集训队。

学校荣获"2017—2018学年上海市安全文明校园"称号。

2020年 大事记

1月

1月2日 首届上海东海职业技术学院创新创业训练营开营仪式在匠兴苑报告厅举行。上海市人力资源和社会保障局就业促进中心创业指导处处长陈哲炜、闵行区就业促进中心创业指导科科长赵舒翼等莅会。副校长郁萍致辞,并简要介绍学校的办学特点及创新创业工作开展情况。党委副书记王玉将此次训练营专属旗帜授予学生代表。

本次开营仪式同时进行了第五届中国"互联网+"大学生创新创业大赛颁奖仪式以及创业导师聘任仪式。

1月3日 学校召开2019年度干部考核述职测评会,党委书记赵佩琪主持会议。会上,参与述职的各位干部分别总结一年来工作中取得的成绩与收获,剖析问题与不足,提出工作改革思路和办法。

党委书记赵佩琪强调,学校有一批想干事、能干事、干好事的干部队伍,是学校平稳快速发展的有力保证。希望全体干部在新的一年继续团结努力,取得更辉煌的成绩。校长项家祥指出,2020年学校工作的重点是:完成人事制度改革,大力扶持一流专业建设,提升学校内涵建设,力争在学校内涵建设上实现新的突破。述职结束后进行了干部民主测评投票。

1月6日 上海市民办高校工会主席会议在我校举行。市教育工会常务副主席李蔚、副主席吉启华,以及市各民办高校工会主席参加会议。会议由市民办高校片区组长,上海建桥学院党委副书记、工会主席夏雨主持。

党委书记赵佩琪致欢迎辞并介绍学校工会概况,愿工会同仁只争朝夕、不负韶华,共同把学校工会工作推上新的台阶。会上,各校工会主席分别介绍工会情况并作交流。

市教育工会常务副主席李蔚在总结讲话中对2020年民办高校工会工作作出3点希望:一是健全组织,提高站位;二是把规定动作做到位;三是创新动作要上水平。与会人员参观了我校航空学院实训室。

1月7日 欧星检验认证(上海)有限公司董事长罗曼德教授、总经理黄存章一行来我校考察,洽谈中德合作项目事宜。尹雷方教授、机电学院院长杨萍等参加会谈。

尹雷方教授介绍我校近年来中德项目合作情况;杨萍院长介绍专业办学特色和2019级中德班教学实施情况。罗曼德教授对我院中德合作办学取得的成绩予以高度赞扬。双方就"IHK机电一体化师"合作项目,从学生德语学习、技能训练、考核管理等方面进行具体洽谈。会后,罗曼德教授等参观了机电学院工程实训中心,并与2019级中德

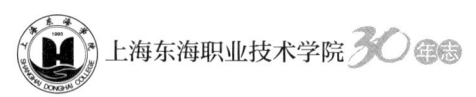

班学生进行座谈。

1月10日　学校召开"不忘初心、牢记使命"主题教育总结大会，大会由校长、党委副书记项家祥主持。市教卫工作党委主题教育第三指导组联络员沈伟参会。

党委书记赵佩琪在主题教育总结报告中指出，学校认真贯彻落实习近平总书记关于"不忘初心、牢记使命"的重要论述和中央决策部署，从2019年9月开始，统筹推进学习教育、调查研究、检视问题、整改落实4个环节，确保主题教育达到理论学习有收获、思想政治受洗礼、干事创业敢担当、为民服务解难题、清正廉洁作表率的目标。

1月24日　学校党政班子召开紧急会议，专题研讨公共卫生防控工作。党委副书记王玉传达市教委专题会议精神，并就学校的排摸情况进行介绍。

上海市政府向医护人员发出驰援武汉的动员令，来自上海市28家市级医院和5个区近30家医院的136名医护人员，在上海虹桥机场T2航站楼集结奔赴武汉。在136名医护人员中有东海学院2010级护理专业学生沈伟鸿。沈伟鸿同学在校期间学习努力，毕业后被上海市第七人民医院录用，成为重症监护室的一名护士。

学校召开校长办公会。会议决定成立学校防疫工作领导小组、工作小组。

领导小组组长：项家祥、赵佩琪；组员：王刚、严玉康、王玉、郁萍、黄樑。

工作小组组长：王玉；副组长：黄樑、李希萌；组员：何民乐、杨瑾、许岚、蒋久泉、周孟华、吴静芳、顾惠忠、王平、杨萍、桑未心、吕薇、张才龙、赵三宝、康春、职绚、殷国光、杨静。

1月26日　学校根据市教委"新冠疫情防控工作提示"紧急通知，校长助理黄樑即刻召集校园服务中心相关负责人到校召开第一次新冠肺炎防治工作部门紧急会议，传达市教委紧急通知精神，并进一步讨论明确后勤防控工作的任务和责任人。

在市场疫情防控物资紧缺的情况下，校园服务中心想方设法购买、筹集红外线体温计、水银体温计、口罩、84消毒液、消毒喷雾器、硫磺皂等疫情防控物资，并将学校小北楼一、二层(原机电学院实训室)作为第一批疫区回校人员的医疗观察区域。1月28、29日，校园服务中心员工克服困难，清理布置房间，安装床位。

1月31日　校长项家祥、党委书记赵佩琪等校领导到校，看望慰问疫情时期坚守学校岗位的教职工和保安人员。他们依次走访总值班室、男女生宿管岗位、监控室和部分后勤服务岗位，并询问各个岗位的情况，包括他们的用餐、消毒洗手水的配方等。

学校党委向全校各级党组织和全体党员发出号召，要求在防控新型冠状病毒感染肺炎疫情的严峻形势下，不忘初心、牢记使命，挺身而出、英勇奋斗、扎实工作，团结带领广大人民群众，坚定不移地把党中央决策部署落到实处，坚决打赢疫情防控阻击战。

号召指出，越是形势严峻，越是需要各级党组织和党员担当作为。在这个关键时刻，全校各级党组织和广大党员都要坚决贯彻、全面落实习近平总书记重要讲话和重要指示精神，按照中央以及教育部、上海市的统一部署，以"战时"工作要求和战斗的工作状态，全力以赴做好疫情防控工作，为打赢疫情防控阻击战积极主动履职，发挥作用。

2月

2月2日　学校工会向全体教职工发出《让我们共同迎接拨云见日、春暖花开的那一天——致上海东海职业技术学院全体教职工的慰问信》，表达对广大教职工及家人身体健康和生命安全的牵挂与关心。希望全体东海人保持清醒认识，充分认识防控工作的极端重要性，持续振奋精神，全力以赴，再接再厉，打好疫情防控战。

东海易班平台向东海学子发出《同仇敌忾抗疫情　满怀信心盼开学——致东海学子的一封信》，传达延迟开学的规定，介绍奔赴防疫一线的东海学子及毕业生事迹，要求严格做好自我防护。东海学院就业指导中心公众号发出《致广大用人单位及2020届毕业生的一封信》，对用人单位及毕业生表达关切，建议用人单位及毕业生通过电话、电子邮件、即时通信工具(微信、QQ)等线上方式进行沟通联系。

2月3日　为确保疫情防控期间在线教学工作，学校成立在线教学筹备组。筹备组采用网络协作方式开展工作，成员包括校公共卫生防控工作领导小组、校信息化教育教学改革小组、教务处、网络中心和学工部教学相关人员。

2月11日　2017—2018学年上海市安全文明校园名单公布，东海学院榜上有名。在过去的两年中，学校深入开展安全文明校园创建活动，校园文化建设取得新成果，校园及周边环境不断优化。

学校在线教学筹备组召开第一次全体会议，会议采用钉钉直播的方式进行，由教务处副处长张居阳主播，介绍在线教学工作的筹备情况。校长项家祥传达2月10日市教委会议精神，要求从思想、物资、在线教学3个方面做好充分准备，并以此为契机，推动信息化教育教学改革，将线上线下教学充分整合起来。常务副校长王刚作总结讲话，指出必须提高政治站位，统一思想，把开学准备方案、网上教学方案、线上教学保障措施等落实落细。

2月12日　教务处通过钉钉直播平台召开在线教学教务工作会议。疫情当前，学校线上开课准备工作正式启动。教务处处长何民乐对于3月2日开始的在线教学，要求教务员做好与任课教师、辅导员、学生的沟通，确保教学秩序井然有序。教务处副处长张居阳解读《上海东海职业技术学院疫情防控期间教务员工作规范（试行）》，要求所有线上教学的准备工作在2月19日前结束。

2月26日　学校党委组织全校师生党员开展自愿捐款支持疫情防控工作，号召大家以仁爱之心和守望相助的温暖情怀，奉献一份爱心，用实际行动践行东海人的社会责任和使命担当。

校董事、党政领导干部带头捐款，广大师生党员积极响应、踊跃参与。全校捐款金额共计28 162元。此次捐款将由学校党委统一汇缴至市教卫工作党委专用账户，主要用于慰问战斗在疫情防控斗争第一线的医务人员、公安民警和社区工作者等。

3月

3月1日　学校举行线上教学开学典礼，由党委书记赵佩琪主持。6 000多名师生在钉钉网络平台观看线上开学典礼直播，标志着学校线上教学正式拉开帷幕。

会上，党委副书记王玉汇报近阶段疫情防控工作；校长助理黄樑介绍下一步疫情防控以及开学后的后勤保障工作。副校长王刚针对上好网课提出相关要求，希望所有教师提高政治站位，严格把住意识形态关，严格执行授课纪律。

校长项家祥作题为"再大的困难阻挡不了奋进的东海人"动员讲话。要求广大师生一切行动听指挥，认真实行线上教学，老师认真教，学生认真学；坚持正确思维，坚持传递正能量。党委书记赵佩琪希望广大师生员工在这个众志成城的非常时期，携手共同应对困难，一起迎接抗击疫情的最后胜利。

3月6日　市教委副主任贾炜、基教处副处长陆黎英、体卫处狄霜梅、督导室唐金良到校，实地调研检查我校疫情防控工作情况。

调研会上，校长项家祥简要汇报学校疫情防控的主要措施，重点介绍线上教学情况。目前，已全部完成159间钉钉直播教室的搭建工作，授课准备和教学监管等准备工作也已同步就绪。3月2日起，200余门本校教师自己制作的在线课程、50余门教委推荐的在线课程已经陆续开出，约4 000名学生在线学习。

贾炜副主任对学校开展的各项疫情防控工作，尤其是线上教学的开展情况给予充分肯定。强调要进一步强化学校防疫物资的储备，为学校的正式开学做好准备；要严格线上教学的管理，把好意识形态关；要加强对留校学生的安全管理和关怀指导，守护学生健康，维护校园安定。

4月

4月15日　上海红港实业发展有限公司向我校捐赠10台废弃口罩消毒回收柜，支持学校疫情防控工作。校长助理黄樑代表学校接受该企业提供的防疫设备，并对企业主动上门的爱心之举表示衷心感谢。废弃口罩消毒回收柜具备紫外线消毒功能，可24小时运行，对废弃口罩进行消杀。

4月20日　学校党政领导班子成员看望疫情期间留校学生，向他们在疫情期间对学校工作的支持与配合表示感谢，并询问了饮食起居、疫情防护、网课学习、实习就业等方面的情况。嘱咐同学们不能有半点放松，要从生活和心理上进行自我调节，也要与家人保持密切联系，如果存在困难，要及时与学校沟通。留校学生大部分是来自新疆地区的毕业班学生，校领导表示学校会扩大线上招聘面试渠道，保障学生顺利就业。

4月23日　学校召开分批返校开学工作会议。根据市教委关于高校分批返校开学工作的要求，校长项家祥提出分批返校开学工作方案。常务副校长王刚强调，分批返校开学应当坚持3个原则：一是坚持严格防控原则，学生返校后要按照疫情防控要求控制好上课班级规模、住宿规模及用餐秩序;二是坚持"必须"原则,各二级学院做好线上、线下教学和本学期、下学期课程的统筹安排;三是坚持分批原则,结合实际情况,做好教学及相关工作支持,确保师生安全。

4月29日 由市教委学生处、体卫处和市教育考试院组成的防疫安全检查组到校,检查指导依法自主招生考试防疫安全和考试考务保障等工作。

检查组一行实地察看校门口热成像测温仪通道、车辆进出测温通道、标准化考场和相关公共区域防疫安全建设及防疫物资储配等,听取我校防疫工作领导小组关于考试隔离观察点建设和防疫工作预案等相关情况。检查组对我校防疫安全保障和考试考务工作给予肯定,希望进一步加强排查,细化措施,科学防控,组织安排好依法自主招生考试各项工作,严防死守,确保考试招生工作安全稳定。

市教卫工作党委"四史"学习教育工作任务部署会暨基层党建工作重点任务推进视频会召开。会议传达市教卫工作党委《关于开展党史、新中国史、改革开放史、社会主义发展史学习教育的实施方案》,市教卫工作党委书记沈炜对开展好"四史"学习教育工作提出具体要求;市教卫工作党委副书记滕建勇对抓好基层党建工作重点任务进行了专题部署。

党委书记赵佩琪对学校开展"四史"学习教育工作以及抓基层党建工作重点任务进行了专题工作部署。

4月30日 学校开展新冠肺炎疫情防控实战演练,校长助理、校园服务中心主任黄樑现场部署、指导,后勤工作人员按职责要求落实分工,共同提高应对新冠肺炎疫情的综合能力和团队协作精神,加强整体联动和协作配合的能力。学校保健站对整个演练过程进行专业指导,全程模拟发现疑似病例后患者初检、疫情报告、患者转运等环节。参演人员依照实战准备参与其中,完成演练。

5月

5月6日 学校召开校长办公会。会议对机电学院提交的《关于成立中德东旭产业学院的报告》和《校企合作协议》进行审议,对《校企合作协议》提出修改意见。会议要求,按会议审议意见适当修改《校企合作协议》。会议同意签署修改后的《校企合作协议》,成立中德东旭产业学院。

5月11日 学校举行第46届世界技能大赛全国选拔赛东海集训队开营仪式。常务副校长王刚讲话,他对服装与服饰设计专业李茂枝、吴雨菁、马梓轩3名同学入选全国选拔赛表示祝贺,鼓励他们珍惜这次机会,不负青春,不负韶华。既要随时应对赛场"风云",又要在疫情防控期注意安全,做好防护。服装与服饰设计专业主任徐雅琴、主教练张伟龙就集训阶段工作的细则和要求分别作出安排。

在第46届世界技能大赛上海选拔赛上,我校3位参赛选手均赢得全国选拔赛"入场券",其中,马梓轩同学荣获一等奖。

5月15日 上海市志愿服务联合会公布"上海市志愿者服务先进集体"名单,我校榜上有名,再次荣获"上海市志愿者服务先进集体"称号。

5月16日 由全国高校就业协会、金蝶软件(中国)有限公司共同主办的第四届金蝶云创新杯管理会计技能大赛全国总决赛在线上举行。我校会计团队(朱丹萍、刘舒叶任指导老师,张莹颖、苏友梅、何夏蓉同学作为参赛选手)荣获全国一等奖;指导教师朱丹萍、刘舒叶获杰出指导教师奖。

5月20日 学校召开党委理论学习中心组(扩大)学习会,专题研讨"四史"学习教育工作。学校"四史"学习教育领导小组组长、党委书记赵佩琪传达市教卫工作党委对开展"四史"学习教育的要求;党委副书记王玉解读学校"四史"学习教育实施方案。与会人员对学校的"四史"学习教育实施方案进行专题讨论。

6月

6月1日 在闵行区吴泾镇政府的积极推进下,我校教育学院与吴泾馨辰托育园签订合作协议,建立学前教育专业第一个校外托育实习基地。托育行业是一个新兴的朝阳行业,为学前教育专业学生就业提供了新路径。馨辰托育园表示要与我校加强合作,指导学生在园见习实习,实现"校园"共育托育人才。

6月2日 学校被评为"上海市2019年度征兵工作先进单位",这是我校连续8年获此项荣誉。在全校师生的共同努力下,我校顺利完成2019年的征兵工作任务,47名大学生被闵行区征兵办批准入伍,超额完成上海市征兵办下达的征兵计划。

6月3日 学校召开校长办公会。会议听取

教务处关于 2020 年学校教学成果奖评选情况汇报。截至 5 月 18 日,共收到 11 个申报项目。教务处组织校内专家组成评审小组开展评选工作,至 6 月 1 日完成评选。会议审议并同意 2020 年学校教学成果奖评选结果:经管学院"基于现代学徒制,对接 AEO 标准,培养'四通一达'国际关务人才的创新实践"、机电学院"'1+X'国际实践"为特等奖;教务处"东海学院智慧教育改革创新与实践"等 3 个项目为一等奖;基础部"计算机应用基础课程'三合'教学模式创新与实践"等 6 个项目为二等奖。

6 月 6 日 学校党校举办 2020 届毕业生党员离校教育暨"四史"学习教育线上培训班,全校毕业生党员 70 余人通过钉钉网络平台线上参加培训。学校特邀海南师范大学海上丝绸之路研究院副教授马超作题为"靖海澄疆:新中国成立以来中国共产党的海洋战略"专题讲座。

6 月 10 日 学校召开第五届董事会第三次会议。会议经过表决,同意增补王刚为董事会董事;董事会推荐王刚为上海东海职业技术学院校长,任职从 2020 年 9 月 1 日起。

会议听取常务副校长王刚关于学校"十四五"发展和建设规划制定情况的汇报。

由上海外国语大学党委副书记王静任组长的市教卫工作党委意识形态工作调研第四组来我校开展调研。校长项家祥主持会议,他希望在调研组的指导帮助下,把学校意识形态工作做得更好,推动学校各项工作更上新台阶。

党委书记赵佩琪汇报学校意识形态工作开展情况。调研组就学校意识形态工作典型案例、少数民族学生教育管理、学生社团管理等事项进行互动交流。

6 月 14 日 民办高校大学生幸福生涯规划大赛决赛举行。来自上海杉达学院、上海视觉艺术学院、上海外国语大学贤达经济人文学院、上海东海职业技术学院等 9 所民办高校的 28 名选手在线上进行角逐。最终,我校航空学院周佳、传媒学院郝梦雨、教育学院周怡获一等奖。

6 月 17 日 上海市后勤协会 2019 年总结表彰大会在上海师范大学举行,我校校园服务中心任文娟和宿管员圣兰云分别获得 2019 年度上海高校保供稳价先进个人、"感动物业"人物称号。

6 月 20 日 学校举行 2020 届学生毕业典礼,并在钉钉全程线上直播。毕业典礼由常务副校长王刚主持。董事长曹助我致辞,指出在这场全民疫情防控战役中,我校有 200 名青年师生志愿者在祖国的四面八方为抗击疫情作贡献。我校学生在最需要他们的地方,用优秀的表现为青春添彩,为母校争光。他希望今后同学们也能勇挑重担,迎难而上,在工作岗位上散发出自己的光和热。

党委书记赵佩琪宣读了《上海东海职业技术学院关于表彰 2020 届优秀毕业生的决定》,与会领导为获奖学生颁奖,并为毕业生代表颁发毕业证书。

6 月 22 日 市征兵办李毅处长带队来校进行 2020 年兵役执法情况检查。区征兵办及上海电机学院武装部等相关领导参加会议。会上,党委副书记王玉介绍学校兵役执法情况;我校武装部部长蒋久泉就 2020 年学校兵役登记、大学生征兵宣传、报名、体检等情况作汇报。

6 月 24 日 学校机电学院 2017 级 27 名学生历经 3 年,经过 4 轮培训,顺利通过考核,获得德国"AHK 机电一体化工"职业资格证书。目前,他们已分别被上海飞机制造有限公司、中国航天科技集团有限公司第 803 研究所、上汽通用汽车有限公司、东芝电梯(中国)有限公司、联合电子汽车有限公司等知名国企和外企录用。

近年来,我校机电学院深化专业内涵建设,创新人才培养模式,对接国际职业标准,先后与德国手工业行会(HWK)和德国工商联合会(DIHK)、德国工商联合会上海办事处(AHK)合作开展中德"1+X"(国内学历证书+国际职业技能证书)项目合作。

7月

7 月 1 日 学校举行庆祝中国共产党成立 99 周年大会暨"四史"学习教育培训班开班仪式,校长项家祥主持开班式。董事长曹助我宣读表彰决定,对在 2019 年开展"不忘初心、牢记使命"主题教育活动中被评为先进的组织和个人,以及参与新冠肺炎疫情防控工作的优秀教职工志愿者进行表彰。

党委书记赵佩琪总结校党委一年来的工作,并作"四史"学习动员。上海市委讲师团"四史"宣讲团专家组成员、华东理工大学马克思主义学院副院长徐国民教授作开班第一讲,题目为"让历史告诉未来:中国共产党为什么能"。

7 月 2 日 华东师范大学马克思主义学院党

委书记、上海市高校优秀思想政治理论课教师孙健副教授到校,为"四史"学习班学员讲授"中国特色社会主义的发展历程与启示"。孙健副教授介绍和分析了我国五代领导人及中国特色社会主义道路发展的历史进程。

7月3日 华东师范大学经管书院党委书记兼常务副院长高向东教授到校,为"四史"学习教育培训班作"我国人口政策调整完善及未来展望"主题讲座。高向东教授从新中国成立以来人口政策的调整、人口政策调整的原因及机制、人口政策的展望3个方面讲解了我国不同时期的人口政策及相应的社会背景。

7月6日 学校召开干部大会,校长项家祥主持会议。会上,常务副校长王刚代表新一届党政领导班子向为东海学院发展作出重大贡献的上一任党政领导集体致以崇高的敬意。王刚副校长表示,为东海学院建设和发展作出重大贡献的上一任党政领导集体把接力棒交给了新一届党政领导班子。有校董事会的支持,有上一任老领导们的全力辅佐,有全体干部、员工的大力支持,新班子一定会努力工作,带领全体东海人搏击高职发展的大海,不断走向成功的彼岸。

随后,王刚副校长总结2020年上半年工作,并对暑假期间的校园安全、征兵政审、招生、新生入学、人才培养与专业发展、教学科研等工作提出具体要求。党委书记赵佩琪提出:一要积极推进"四史"学习教育;二要始终绷紧疫情防控的弦,做好学校的封闭式管理;三要旗帜鲜明、大张旗鼓地抓好学生就业工作;四要做好校园维稳工作。校长项家祥要求全校上下认清高职教育形势,顺势而为,团结拼搏,再创辉煌。

7月11日 在2020年上海市高等职业院校教师教学能力竞赛中,我校传媒学院李亚威团队喜获二等奖,参赛课程为"综合职业能力实践"。

7月13日 学校召开校长办公会。会议传达"全市专项清查处置冒名顶替上大学工作会议"精神。会议决定,成立上海东海职业技术学院冒名顶替上大学问题专项清查处置工作领导小组和工作小组。

领导小组组长:赵佩琪、项家祥;组员:王刚、王玉、严玉康、郁萍、黄樑。

工作小组组长:王玉;副组长:顾文业;组员:何民乐、蒋久泉、张才龙、王莉娜、蔡建平、王丹、杨超英、杨静、施晓玮。

会议研究制定《上海东海职业技术学院冒名顶替上大学问题专项清查处置工作方案》,明确专项清查工作范围和工作重点,细化专项清查工作步骤,要求切实做好有关冒名顶替上大学问题专项清查处置工作。

8月

8月13日 上海高校2020年上半年度生活垃圾分类实效综合考评结果公布,我校被考评为优秀。在吴泾镇综治办和网格化综合管理中心的支持下,我校先后邀请专业环保公司工程师进校园,开展垃圾分类宣传教育讲座,讲解《上海市生活垃圾管理条例》,提高广大师生科学环保意识,养成绿色好习惯,创造清新好环境。

8月17日 学校召开校长办公会。根据市教卫工作党委和市教育系统关工委的工作要求,会议决定,成立上海东海职业技术学院关心下一代工作委员会。主任为王玉;成员为黄樑、顾文业、许岚、杨瑾、任洁;承担工作部门为党委办公室;关工委办公室主任为顾文业;关工委联络员为朱新华。

8月19日 常务副校长王刚、学校党政办主任顾文业、武装部部长蒋久泉一行,前往我校军民共建单位——31609部队55分队走访慰问。

王刚副校长对31609部队多年来为学校军训工作和人才培养作出的贡献表示衷心感谢。31609部队55分队领导对学校支持国防建设、关心部队官兵表示诚挚谢意。军地双方商讨了2020级学生军训相关事项,期待继续加强共建合作,为学校提升人才培养质量发挥部队的优势。

8月26日 东海学院建校史上体量最大的大型实训设备——六自由度动态模拟航空实训舱全面完成设备安装调试。经过有关参建人员暑假期间夜以继日的安装施工,这座六自由度动态模拟舱可模拟民航客机在起飞、着陆以及多种飞行姿态下的客舱环境。不仅能满足我校专业教学实训需求,还为深化校企合作提供一个开放的实训平台。

8月27日 学校召开2020年中层干部会议暨暑期教学工作会议。会上,党委书记赵佩琪宣读董事会决定:自2020年9月1日起,因年龄原因,项家祥不再担任校长职务;王刚任上海东海职业技术学院校长。常务副校长王刚宣读2020—2021学年《上海东海职业技术学院关于各院长、部主任的聘任决定》《上海东海职业技术学院关于各院、部副职和助理的聘任决定》。校长项家祥为新学年各学院(部)院长(主任)颁发聘书。

常务副校长王刚以"挑战和机遇并存,改革与发展共进"为题发表讲话,强调要抓住高职教育发展的机遇,拓展东海学院的品牌。党委副书记王玉、副校长郁萍、校长助理黄樑分别就各自分管工作条线部署了新学期的各项工作任务,提出了工作要求。赵佩琪书记作总结发言,强调要以国家示范性院校为目标,坚持突出重点,与时俱进,推动东海学院各项工作更上新台阶。

9月

9月1日 学校召开校长办公会。会议听取教务处关于学校2020年在线教学优秀教师评审情况汇报。会议审议了在线教学优秀教师评审过程和评审结果。经会议审议决定,授予高静、朱耿泉(兼职)、李学荣、王小雨、黄慧敏、黄芝英、李亚威、侯延华、张瑞杰、李晓红、马体林(兼职)等11位教师为东海学院2020年"在线教学优秀教师"称号。

会议还研究有关教材排查工作事宜并决定,成立学校教材排查工作领导小组。组长为王刚、曹蓉蓉,副组长为王玉;成员为教务处、各教学单位(各学院、社会科学部、基础教学部、继续教育学院)、图书馆、党政办主要负责人。领导小组下设办公室,办公室主任由教务处处长担任。

9月2日 学校召开工会新学期工作例会。此次会议总结了疫情影响下的上半年工会工作,研究部署了新学期的工作任务。副校长、工会主席郁萍感谢各工会小组长的辛勤工作,在疫情局势下保障了教职员工的身心安全和合法权益,发挥了工会的桥梁纽带作用。工会常务副主席杨超英提出新学期工会工作的主要任务。

9月5日 学校举行庆祝第36个教师节大会。董事长曹助我致辞,强调在今后的教育教学中,应该坚决贯彻落实中共中央、国务院《关于全面加强新时代大中小学劳动教育的意见》精神,全体教师群策群力,在如何做好"劳"的教育命题上下功夫。校长王刚阐述学校《"十四五"发展规划(2020—2025)》的主要内容,希望全体教师积极提升自我,勇当教学能手、教学专家。

在教师节庆祝大会上,党政领导班子为获得"上海高职高专院校市级教师教学创新团队"、世界技能大赛优秀教练团队、第一届长三角民办高校教师教学技能大赛、第四届上海市青年教师教学竞赛(高职组)、2019年度上海市教育系统巾帼文明岗、上海市教育系统巾帼建功标兵、第四届绿叶奖"上海高校后勤标兵"等各级各类奖项的团队和个人举行颁奖仪式。

学校召开全体教师大会,由党委副书记王玉主持会议,市民办高校党工委副书记王庆、调研员尹福会出席。尹福会代表市教卫党委、市民办高校党工委宣读《关于曹蓉蓉等同志职务任免的通知》,曹蓉蓉同志任中共上海东海职业技术学院委员会委员、书记,兼任市教委驻派民办高校督导专员;赵佩琪同志不再担任中共上海东海职业技术学院党委书记职务。

王庆副书记受李昕书记委托,代表市民办高校党工委讲话。他高度评价赵佩琪书记在东海学院的工作。董事长曹助我宣布校长任免决定:聘任王刚为上海东海职业技术学院校长,项家祥不再担任校长职务。曹助我董事长代表董事会表彰项家祥校长12年来为学校作出的贡献,希望新的党政领导班子带领全校师生员工,坚持社会主义办学方向,实现东海学院新的跨越。

最后,董事长曹助我宣读董事会决定,成立教学改革研究和咨询委员会,聘项家祥同志为主任委员;成立人才开发与后勤保障委员会,聘赵佩琪同志为主任委员;并为项家祥和赵佩琪颁发聘书。

9月11日 学校举行2020年学生应征入伍欢送仪式。党委书记曹蓉蓉代表校党政领导、全校师生,为入伍学生送上殷切希望。她对光荣入伍的学生表示热烈祝贺,要求他们牢记使命,努力学习,严守纪律,刻苦训练,努力掌握军事技能;期待学生们早日传来喜讯,争取立功受奖,为母校争光,为国防建设、人民军队建设发挥当代大学生应有的贡献。学校领导为新兵们佩戴入伍光荣花,送上祝福的大红包。

9月17日 学校召开第五届董事会第五次会议。经讨论,会议决定:同意增补曹蓉蓉为董事会董事;按照党政交叉任职原则,会议决定聘任党委书记曹蓉蓉为副校长,分管人事处、教师工作部。

9月21日 学校召开校长办公会。会议研究决定,成立上海东海职业技术学院教学工作委员会。主任为王刚;副主任为何民乐;委员为严玉康、杨萍、顾惠忠、周孟华、王平、桑未心、吴静芳、吴江华、黄苏飞、刘宝裕、杨瑾;秘书为张居阳。

会议对学校学术与职务聘任委员会成员作适当调整。学校学术与职务聘任委员会主任为王刚、曹蓉蓉;委员为严玉康、杨萍、顾惠忠、周孟华、王平、桑未心、吴静芳、吴江华、黄苏飞、何民乐、刘宝裕;秘书为许岚。

9月22日 学校召开安全专项检查工作部署会。会上,武装保卫部部长蒋久泉传达市教委相关文件精神,对《本市教育系统安全专项整治三年行动实施方案》进行解读,并提出下一步要做好3个方面的工作:一是新生入学后的消防安全、防骗防窃等方面的教育;二是常态化疫情防控期间学生的安全管理工作;三是国庆假期学生的安全管理。

校长助理黄樑就做好"落实安全专项整治三年行动方案,迎大庆护进博"安全专项整治工作,提出要提高安全意识,健全制度,狠抓落实,压实安全工作责任,确保国庆和"进博会"期间校内平安。

9月25日 由市教委规划处、财务处、高教处、民办处组成的专家组莅校,对我校综合实训大楼的实验实训中心教学功能开展认定工作。

会上,校长王刚汇报综合实训大楼实验实训中心建设、教学功能情况。综合实训中心的建成,为学校改善专业实训条件奠定了坚实的基础,且已基本实现集"教学、科研、生产、培训"4项功能为一体的建设目标。

市教委专家组肯定学校专注高职教育、为高职教育事业发展作出的努力,希望学校能够进一步完善实训中心信息化建设,在设备购置上考虑学校的产出和投入,在同类院校中树立校企合作标杆。专家们还实地走访了综合实训大楼,了解各实验实训中心建设及教学功能开展情况。

9月29日 学校组织师生在线收看"上海抗击新冠肺炎疫情先进事迹报告会"。报告会上,第一批上海援鄂医疗队队长、上海市第一人民医院副院长郑军华,上海市新冠肺炎医疗救治专家组组长、复旦大学附属华山医院感染科主任张文宏等8位抗击新冠肺炎疫情先进个人分别作专题报告。

10月▶

10月9—10日 这两天是2020级新生报到的日子。为保障迎新工作安全顺利地开展,学校在校园各处设置指引牌,并采取必要的疫情防控措施;还邀请交警在学校附近主要路口维护交通秩序,同时安排工作人员和志愿者做好车流引导工作。

10月12日 校长王刚以"了解过去 珍惜今朝 奔向明天"为题,为2020级新同学上开学第一课。讲课主要分为"东海学院史:创建与发展""东海现在:成绩与荣誉""新生大学篇:知识学习、健康防疫、环境保护"3个部分,介绍创建东海学院的老一辈知识分子对教育事业的执着和追求,勉励同学们热爱学校,专注专业,在东海学院扬起理想的风帆。

10月8—13日 为进一步贯彻落实《上海院校对口帮扶喀什职业技术学院建设行动框架(2019—2020年)》的精神,完成2020年对口支援喀什职业技术学院相关项目建设任务,学校艺术学院院长顾惠忠率服装与服饰设计专业主任徐雅琴、实训指导员阿依仙古丽赴新疆喀什,就服装设计与工艺专业建设的帮扶具体事项与喀什职业技术学院领导和教师进行对接。双方对专业人才培养方案、课程标准和师资队伍建设等进行研讨和认证。

其间,徐雅琴、阿依仙古丽还对喀什职业技术学院服装设计与工艺专业的国赛集训队师生进行强化训练和指导。

10月13日 学校召开校长办公会。会议商议设立学校科技发展处事宜,提议设立科技发展处。设立科技发展处事项提请学校董事会研究决定。

会议研究成立学校教育对口帮扶工作领导小组事宜。会议决定,成立上海东海职业技术学院教育对口帮扶工作领导小组。组长为王刚、曹蓉蓉;副组长为王玉;成员为顾文业、何民乐、杨瑾、许岚、孙毅、蔡建平、张春、杨超英、严玉康、杨萍、顾惠忠、桑未心、周孟华、王平、吴静芳、黄苏飞、吴江华、张才龙;秘书:杨静。

会议研究调整学校信息公开工作领导小组组成人员事宜。会议决定,对学校信息公开工作领导小组组成人员进行调整。调整后,组长为王刚、曹蓉蓉;副组长为王玉、郁萍、黄樑;成员为顾文业、何民乐、杨瑾、许岚、孙毅、邱云、蒋久泉、蔡建平、张春、杨静、杨超英。信息公开工作领导小组下设信息公开办公室和监督检查办公室。信息公开办公室设在校长办公室，监督检查办公室设在监察室。

10月15—17日　学校经管学院党支部、机电学院党支部、机关总支第二支部等，组织开展主题党日活动，交流学习《习近平谈治国理政》第三卷，分享各自的所学、所思、所得。党员们认为，《习近平谈治国理政》第三卷集中展示了马克思主义中国化的最新成果，充分体现了我党为推动构建人类命运共同体贡献的智慧方案。通过学习，有助于深入理解习近平新时代中国特色社会主义思想的精髓。

10月21日　学校召开干部大会，校长王刚主持会议。会上，董事长曹助我宣布学校董事会关于聘任卓丽环同志为学校副校长的决定并讲话。希望新领导班子秉承"明德至善，弘志励学"的东海精神，进一步深化内涵建设，不断提升办学水平和办学特色，再创东海教育事业新辉煌。

新任副校长卓丽环表示，东海学院是一所具有独特办学风格、独到办学理念的高职院校，她将尽快熟悉东海校园，熟知东海教育理念，努力把分管的各项工作做好。

10月23日　纪念中国人民志愿军抗美援朝出国作战70周年大会在北京人民大会堂隆重举行，中共中央总书记、国家主席、中央军委主席习近平出席大会并发表讲话。学校党委组织各党支部党员观看现场直播。

学校召开二级学院院长（部主任）述职考评会，会议由党委书记曹蓉蓉主持。会上，8位院（部）主要负责人分别陈述汇报年度各院（部）教育教学工作情况。党委书记曹蓉蓉指出，东海学院的干部队伍政治素养强，想干事、能干事、能干成事，具有为党育人、为国育才的使命担当，是东海学院发展改革的一支重要力量。

校长王刚提出3点工作要求：一是明确任务方向，把握工作重点，不断加强内涵建设；二是深化课程改革，关注专业建设；三是紧跟时代节拍，瞄准世界前沿发展，培养出具有社会责任感、符合市场需求的高职人才。

10月26日　学校召开校长办公会。会议传达市教委关于开展学前教育（幼教）专业本科办学探索的有关精神和要求，研究东海学院与华东师范大学联合办学工作专班成立事宜。会议决定，成立东海学院与华东师范大学联合办学工作专班，由副校长卓丽环牵头负责，成员为何民乐、吴静芳、杨静。会议要求，工作专班按市教委有关部署和要求，就与华东师范大学联合办学事项开展相关工作。

11月

11月4日　学校召开2019—2020年度高校上海市文明校园创建推进会，党委副书记王玉主持会议。会上，党政办副主任杨静传达2019—2020年度高校上海市文明校园创建相关会议精神，并通报学校文明校园创建工作开展情况。

党委副书记王玉指出，文明校园评估工作既是一次全校上下凝心聚力的评比，又是一次办学成绩、立德树人的展示，更是一次内涵建设整体提升、师生面貌焕然一新的创建工作。要增强创建工作的责任感和紧迫感，以积极的态度、扎实的工作投身创建，凝练特色，总结成果，为文明校园创建贡献力量。

11月5日　市教委后保处副处长南少华带领安全工作专家组到校，对我校进行安全工作实地检查。武装保卫处处长蒋久泉汇报学校安全管理工作情况。专家组查阅相关安全管理制度、应急预案等，并到实训中心、学生食堂、教育超市、学生宿舍、监控中心等地进行实地走访，重点检查安全制度落实、安全风险、值班记录、消防安全、食品安全等问题。

专家组对我校在安全方面的亮点和成果给予肯定和表扬，同时对存在的安全隐患提出整改意见。

11月6日　我校教育学院与上海新徐汇教育管理有限公司举行校企合作签约仪式。新徐汇教育支部书记、总经理梅俊伟，徐汇区杜鹃园幼稚园园长薛乐，徐汇区民办滨江幼儿园园长徐臻妮等出席。

会上，副校长卓丽环向来宾介绍学校办学理念和学前教育专业建设概况，希望依托校企合作，精准对接产业需求，培养高素质技术技能型人才。新徐汇教育副总经理王珂介绍新徐汇教育的发展沿革。双方就民办幼儿园学前人才需求、幼师职业技能培养、教育教学能力提升等进行研讨交流，并签署《东海学院-新徐汇教育校企合作协议》。

11月11日　为促进民办高校毕业生就业创业工作，搭建服务平台和联动机制，由沪上16所民办高校共同发起的上海市民办高校就业工作联盟在我校举行揭牌仪式。市教委学生处副处长吴能武、联盟各理事高校分管领导出席。

校长王刚在致辞中说，联盟旨在加强民办高校就业工作建设，加快民办高校就业工作发展，提升各民办高校就业工作的整体竞争力和辐射带动能力，以平等互利、优势互补、资源共享、市场共建、品牌共创为原则，搭建合作平台，建立交流机制。市教委学生处副处长吴能武希望联盟的成立能够进一步提升各民办高校就业工作的整体竞争力，促进民办高校毕业生实现更高水平、更高质量的就业。

11月12日 学校召开2019年民创计划结题汇报暨2020年民创计划项目推进会。会上，2019年民创计划各项目负责人分别汇报项目进展情况、资金使用情况及项目绩效。2020年民创计划各项目负责人陈述项目建设思路、实施计划及预期目标。

党委书记曹蓉蓉肯定2019年民创计划项目完成情况，希望在此基础上继续推进特色项目建设，将之纳入常规工作中，长期坚持，做好、做实、做细；2020年民创计划项目建设应坚持问题导向、需求导向、政策导向，做到定性与定量相结合，努力破解学校发展难题，把项目建设成为可复制的品牌，提供可借鉴的经验。

11月13日 华东师范大学公共管理学院教授郝宇青到校作"推动全面深化改革实现新突破——《习近平谈治国理政》第三卷第六专题"讲座。郝宇青教授从"基本内容""深刻认识改革在中华民族伟大复兴进程中的关键作用""始终在党中央坚强领导下推进改革""坚持问题导向，推动改革更好服务经济社会发展大局""增强人民群众获得感、幸福感、安全感作为全面深化改革的价值取向"5部分，分析介绍《习近平谈治国理政》第三卷第六专题内容。

上海东海职业技术学院第五次学生代表大会召开，市学联主席团成员团体代表林聪泳出席大会。林聪泳代表市学联致辞，对我校学代会的召开表示热烈祝贺。第四届学生会主席团成员张亦扬以"焕发青春激情 勇担时代使命"为题作学生会工作报告。

党委副书记王玉讲话，肯定学校学生会工作取得的成果，希望学生会成员坚定信念，找准人生航向，提升技能，关心学生，提升服务能力，坚持高标准、严要求，把好政治关、学业关、作风关、能力关，努力做让党放心、让青年满意的干部。

第五次学生代表大会第二次全体会议选举产生第五次学生代表大会常任代表委员会及新一届校学生会主席团成员。

11月20日 学校召开2020年招生工作总结表彰大会，总结2020年招生工作，安排部署2021年招生工作。会议由副校长郁萍主持。招生办公室主任蔡建平汇报今年招生工作总体情况。今年我校继续深化招生制度改革，积极应对新冠肺炎疫情给招生工作带来的不利影响，多措并举，圆满完成招生任务。

党委书记曹蓉蓉宣读《关于表彰2020年招生工作先进集体的决定》，校领导为获得"先进集体"荣誉称号的单位颁奖。校长王刚作总结发言，提出"三变六不变"的招生工作思路，强调作为民办高职院校，生源始终是学校发展的生命线，在保证生源数量的基础上，要适当提升生源质量。

11月25日 由同济大学党委副书记吴广明任组长的上海高校思想政治理论课改革创新实地督查第四专家组，莅临东海学院开展督查。

党委书记曹蓉蓉以"围绕价值引领，思政理论课教学改革效果显著"为题，汇报学校思政理论课教育改革情况。她说，经过持续10年的教学改革，学校思政课基本形成自己的特色，主要体现在"以体验式教学激发学生参与度，提高课堂教学的吸引力""以学生为主体调动学生积极性，让学生亲近思政课、喜欢思政课""以价值认同使命担当为目标，实践教学覆盖全体学生"。

会后，专家分3组通过座谈、听课、查看资料进行现场督查，并对我校思想政治理论课改革创新情况给予充分肯定。

11月26日 学校召开第五届董事会第六次会议。为加强东海学院决策集体的力量，经与会董事集体讨论，会议一致同意王刚、曹蓉蓉担任东海学院董事会副董事长。会议还审议增补监事会监事人选，经与会董事集体讨论，同意张敏、顾文业担任东海学院第一届监事会监事。

11月27日 学校召开2020年征兵工作总结表彰暨2021年征兵工作动员大会，会议由党委副书记王玉主持。武装部部长蒋久泉作2020年征兵工作总结;副校长郁萍宣读学校《表彰征兵工作先进集体和先进个人的决定》。党委书记曹蓉蓉希望继续做好2021年的征兵工作,严格落实国家及上海市征兵工作要求,扎实推进我校征兵工作。

2020年度我校有44名学生被批准入伍,超额完成上海市征兵办为我校下达的征兵计划,已连续9年被上海市评为"征兵工作先进单位"。

12月

12月3日 为迎接国家第7个"宪法日"的到来,学校举行"法治在我心中"演讲比赛。本次比赛由社科部主办,法律服务中心承办,社科部副主任龙燕、学工部部长杨瑾、教务处副处长张居阳担任评委。最终,学前203班张晓萱同学获得一等奖。

12月4日 学校举行第三届三次教代会暨第四届三次工代会,由工会副主席杨超英主持。董事长曹助我代表董事会致辞说,2020年是攻坚克难、迎来收获的一年,在新领导班子的带领下,学校各项工作顺利开展,教育教学取得新的成果。希望校工会把学习宣传贯彻落实党的十九届五中全会精神作为当前的重要任务来抓;要加强教职代会、工会自身建设,发挥好、引导好工会力量。

校长王刚作工作报告,汇报学校2020年工作及取得的成绩,并部署2021年学校主要工作任务。他指出,经过近30年的发展,学校已来到内涵发展建设的新时期,将更加重视人才培养的质量,更加重视科学研究的数量和质量,更加重视发挥学校服务社会的作用,更加重视东海学院的核心价值观——东海文化的形成。工会主席郁萍作工会工作报告,总结2019年度工会工作情况,并提出2020年度工作安排。

党委书记曹蓉蓉作"齐心协力,砥砺前行,为实现学校奋斗目标而不懈努力"的主题讲话,就如何奋力为"十四五"开好局提出要求:认清形势,把握机遇,乘势而上;抓住职业教育发展机遇,以思想解放引领促进学校的发展。

12月10—13日 在以"新时代新技能新梦想"为主题的第一届中国技能大赛中,我校朱珂同学夺得"货运代理"赛项金牌,马梓轩同学荣获"时装技术"赛项优胜奖,双双进入世界技能大赛中国集训队。

12月11日 市教委高等职业教育重大专项推进落实情况调研工作组及专家组到校开展现场调研。

校长王刚对学校各重大专项推进情况进行汇报。他指出,学校重大专项的建设与推进一直坚持需求导向,秉承改革精神,遵循客观规律,强化制度建设。通过重大专项的建设,我校在人才培养、科学研究、社会服务等方面的建设取得长足的进步。在未来的建设改革工作中,我校将更加强化内涵和制度建设,关注项目发展的不平衡问题以及项目间的关联性。

专家组对我校重大专项推进落实成效予以肯定,认为无论在人才培养模式、"三教"改革方面,还是在产教融合方面,都颇具特色,彰显了学校优势专业的品牌影响力。

12月17日 由烟台市教育局副局长许箕展带队的山东省烟台市职业院校校长高级研修班人员,莅临学校进行参观交流。座谈交流会上,许箕展副局长和王刚校长分别介绍了烟台市职业教育发展情况和我校发展情况。双方希望增进互动,搭建起兄弟院校沟通交流的平台。

12月21日 学校召开校长办公会。会议决定,对在全国首届职业技能大赛中摘得"货运代理"赛项金牌(入选国家集训队)的经管学院报关与国际货运专业学生朱珂、荣获"时装技术"赛项优胜奖(进入前10名,成为国家集训队队员)的艺术学院服装与服饰设计专业学生马梓轩,采用"校长奖"的方式对两位获奖学生和指导教师给予奖励。

会议讨论学校抗击新冠肺炎疫情防控工作先进集体、先进个人和优秀学生志愿者表彰名单。会议决定:

(1)授予党政办公室、东海教务管理团队、学生工作部、招生就业处、人事处、校园服务中心、网络与计算中心、护理学院、艺术设计学院、教育学院学工办10个单位(部门)为上海东海职业技术学院新冠肺炎疫情防控工作先进集体称号;

(2)授予杨静、张居阳、孔国锋、钱英俊、张玲玲、倪仁芳、尤逸萍、刘程程、朱建平、贾慧10人为上海东海职业技术学院新冠肺炎疫情防控工作先进个人称号;

(3)授予朱婷、金璐懿、俞俊、李诺言、张娴菁、朱晓天、胡建军、宗守业、管月晖、张婧雯10人为上海东海职业技术学院新冠肺炎疫情防控工作优秀学生志愿者称号。

12月25日　上海市高职扩招专项考试招生工作总结研讨会在我校召开。市教委学生处处长丁良、市教育考试院高招办主任刘学岚，以及参与高职扩招的高校招办主任和相关人员参加会议。副校长郁萍简要地介绍近几年我校的发展情况，表示愿和各兄弟院校共同努力，深入贯彻领悟各项招生相关会议和文件精神，推动招生工作走上新台阶。

研讨会上，上海电机学院招办主任张帆和上海城建职业学院招办主任龚爱忠分别作2019年和2020年高职扩招工作总结汇报。市教育考试院高招办主任刘学岚指出，对于高职扩招，各高校要吃透相关政策，做好宣传，善于发现工作中存在的问题并探索解决办法；市教委学生处处长丁良要求各高校应认识到高职扩招的重要性，认真地将高职扩招这项工作做细、做好。

12月29日　学校召开新冠肺炎疫情防控工作表彰大会。校长王刚主持大会并致辞。他说，在疫情防控阻击战中，我校师生舍身忘我地投入其中，在祖国的四面八方，通过不同的方式伸出援手，共同为抗击疫情作贡献，用实际行动书写东海教育事业发展的崭新篇章。

党委副书记王玉宣读《关于新冠肺炎疫情防控工作先进个人和先进集体的表彰决定》，决定授予校园服务中心等10个团队"新冠肺炎疫情防控工作先进集体"称号；授予张居阳、张玲玲等10位同志"新冠肺炎疫情防控工作先进个人"称号；授予朱婷、金璐懿等10名学生"新冠肺炎疫情防控工作优秀学生志愿者"称号。

党委书记曹蓉蓉以"弘扬伟大抗疫精神，推动东海教育事业再上新台阶"为题作总结发言，她指出，坚守抗疫一线的东海教职员工用无怨无悔的付出和无私奉献的坚守换来了师生平安，换来了东海无恙，充分展现了责任意识、大爱意识和全局意识，极大地丰富了东海精神的时代内涵，为东海人树立了榜样，是东海"最可爱的人"。先进集体代表、后勤服务中心职绚绚，先进个人代表、教务处张居阳作交流发言。

12月30日　学校举行2020年集体合同签订仪式。校长王刚、校工会主席郁萍分别代表学校和工会签订新一轮的集体合同。

学校党委召开中心组（扩大）学习会，学习习近平总书记《思政课是落实立德树人根本任务的关键课程》的讲话精神和市教卫工作党委下发的《关于深入推进上海高校课程思政建设的实施意见》。

与会人员结合工作实际进行研讨交流并发言。

2021年

年度概述

学校紧紧围绕改革和发展大局，坚持抗击新冠肺炎不放松，以改革促发展，在稳定中求变化、求发展，总体发展状态良好。2021年度新生录取2 671人，录取率为74.19%；报到2 359人，报到率为88.32%。2021届毕业生1 986人，其中，就业1 931人，就业率为97.2%。全日制在校生6 788人。

召开中国共产党上海东海职业技术学院第二次党员大会。党委书记曹蓉蓉同志代表中共上海东海职业技术学院第一届委员会作工作报告。大会选举产生中国共产党上海东海职业技术学院第二届委员会和纪律检查委员会。

学校强化立德树人的根本任务，以"三圈三全十育人"为核心宗旨，以项目引领为手段，在"五育融合"上下功夫。以开展"树魂立根"的党史学习为抓手，加强新时代大学生思想政治教育。稳步推进以"三定"（定编、定岗、定责）和岗位聘任、薪酬改革为核心的人事制度改革。

在上海市"星光计划"第九届职业院校技能大赛中，共获得学生个人一等奖8项、二等奖11项、三等奖15项，团体三等奖一项（8人）；教师组获得个人全能二等奖2项、三等奖1项，团体二等奖1项，金牌总数在民办高校中排第二。

学校被市教委评为"智慧安防先进集体"；被闵行区评为"治安保卫先进集体""消防工作先进集体"。

2021年 大事记

1月

1月6日 学校举行2020年"东海技能节"总结大会暨2021年上海市"星光计划"第九届职业院校技能大赛动员大会,教务处处长何民乐主持。

副校长卓丽环总结了2020年"东海技能节"的开展情况,并对2021年上海市"星光计划"第九届职业院校技能大赛进行动员。强调技能大赛工作任重道远,只有认准方向、不忘初心,才能走得更好、更远。

校党委书记曹蓉蓉宣读《关于授予朱珂等18位学生"东海技能之星"的决定》《关于授予苏友梅等26位学生"专业技术能手"的决定》及《关于授予张戈等4位老师"东海优秀指导教师"荣誉的决定》。党委副书记王玉、副校长郁萍分别为获奖师生代表颁奖。

1月8日 为了让学生进一步认识养老护理专业,对职业生涯有更好的规划,护理学院邀请本市各大养老机构的14位专家莅校,与护理专业2019级学生座谈,进行养老护理知识的普及,为学生答疑解惑。

1月11日 校党委书记曹蓉蓉及工会主席、副校长郁萍等领导赴各二级学院、部处走访,对困难教职工进行慰问。党委书记曹蓉蓉表示,每一位教职员工都是东海大家庭的重要成员,希望大家保重身体、平安健康,在新的一年里重新开始,再攀高峰。为困难职工送温暖是我校工会的一项传统,是切实做好困难教工帮扶工作的重要一环。礼轻情意重,工会用最朴实、贴心的方式开启了新年的新征程。

1月12日 学校召开民主党派人士座谈会。各民主党派人士结合自身工作实际,围绕学校内涵建设、人事制度改革、师资队伍建设、教育教学管理、学风建设、校园建设等方面积极地建言献策。大家充分肯定东海学院是一个温暖的大家庭,自成立以来发展突飞猛进,学校面貌焕然一新。同时希望在此基础之上,进一步实现规范发展和特色发展,加强师资队伍建设,提升教育教学管理水平和制度执行力,推动学风、教风、校风建设融合发展。

1月14日 市教委专家组一行10人莅临东海学院,开展2020年度民办高校年检实地检查。会议由专家组组长许涛主持。

校长王刚简要汇报东海学院概况、依法治校情况及2019年年检问题整改落实情况。党委书记曹蓉蓉就学校党建、思政教师配备、思政教学改革与创新、实训大楼建设等方面的情况作补充汇报说明。

检查期间,专家组成员分组对我校的基本办学条件、依法治校情况、师资队伍建设情况、教育教学情况、党建思政工作情况以及其他法定事项进行详细的资料查看和现场访谈。专家组充分肯定我校的工作成效,同时就教材选用、思政教师配备、教育教学管理等提出整改建议。

1月18日 由人事处、工会组织的职称评审工作教工沙龙在工会活动室举行,由工会副主席杨超英主持。

沙龙分为两场,由人事处对申报高级职称和中级职称的老师进行指导及问题解答。人事处苗苗老师分别对2021年度高级、中级职称申报的要求及注意事项作了解释,并对大家在职称申报过程中遇到的问题进行答疑解惑。人事处副处长许岚就新一轮的职称评审工作作了总结梳理,并提出了要求。

1月22日 学校召开2020年度民主测评会,党委书记曹蓉蓉主持测评会。会上,学校党政领导班子与各部处主要负责人分别作了述职报告,对我校疫情防控、党风廉政建设、招生与就业、工会工作、校园服务、教育教学、人事管理、学生工作、武装保卫等进行全面的总结与反思,展示学校2020年方方面面的办学成效,并展望未来工作,制定工作计划。

述职活动结束后进行了民主评议投票。

2月

2月5日 由市教委副主任贾炜带队的寒假疫情防控检查督导组一行5人来校,实地督导检查我校疫情防控落实和留校师生关心关爱工作。督导组一行查看了"一人一档"信息台账,询问了"全闭环"发热管理及寒假留校师生生活学习部署情况,检查了防疫物资储备情况,了解学校应急演练开展、值班值守和联防联控机制落实等情况,并就校门、学生宿舍、医学观察隔离室等校园重点区域管控情况进行了实地察看。

党委书记曹蓉蓉汇报了学校疫情防控的主要措施及寒假留校师生生活学习安排等情况,贾炜副主任肯定我校的各项疫情防控工作,代表市教委对学校给予寒假留校师生的关爱表示感谢。他强调,要关心寒假留校实习学生的防疫工作,保障师生健康,维护校园安定。

2月10—11日　学校主要党政领导到学生宿舍走访慰问寒假、春节留校学生。校领导详细了解大家留校原因和学习生活安排以及家乡疫情情况,向同学们及家人致以新春的问候和祝福,同时提醒同学们要充分认识到疫情防控的重要性,注意日常防护,坚持健康的生活习惯。叮嘱大家春节期间多与家人和亲友联系,随时报告自己在校情况,注意假期安全,度过一个平安、欢乐、充实的寒假和春节,并给留校学生送上新春大礼包。学校还安排了做中国结、贴窗花、吃饺子等传统民俗活动。

3月

3月3日　闵行区就业促进中心主任陈铁民、闵行区就业促进办公室及吴泾镇社区事务受理服务中心相关领导莅临我校指导工作。

座谈会上,校长王刚介绍了我校的基本情况,并就如何与闵行区就业促进办公室及吴泾社区开展全方位、多层次合作同各位领导展开商讨。副校长郁萍介绍我校部分重点专业的建设、就业等现状以及创业指导站的发展历程。校领导感谢闵行区就业促进办公室和吴泾社区对我校的支持,也对进一步开展深度交流提出了建议。

来访者还参观了我校创业指导站新近落成的众创空间以及部分学院实训基地。

3月4日　上海农林职业技术学院来校开展国际交流与合作洽谈。我校副校长卓丽环、国际交流办负责人杨静以及传媒学院院长王平参加洽谈会。会上,两校就传媒学院"3+2"专升硕项目进行了深入交流,相互借鉴。副校长卓丽环表示,校际相互学习交流、国际交流与合作,可以为学生谋划更多通往成功的路径。

3月9日　学校召开党委换届筹备工作动员部署会,会议由党委副书记王玉主持。会上,党政办主任顾文业对本次大会指导思想和任务、主要议程、"两委"委员候选人名额以及应当具备的基本条件、提名的基本原则和产生程序等作了介绍。党委书记曹蓉蓉作了工作动员部署,并对进行党委换届的意义作了阐述。动员会上,赵佩琪提出,要以认真的态度完成选举工作,要把党委换届大会的意义学习好、宣传好,把班子组成建设好。

学校召开开学后第一次安全保卫工作例会暨2021年安全保卫工作签约大会,各部处、二级学院相关负责人参加,同时还邀请了属地塘湾派出所专管民警参加,校长助理黄樑主持会议。

会上,保卫处处长蒋久泉通报了2020年12月至今的校园治安情况。校长助理黄樑对安全保卫工作提出具体要求,并代表学校与有关院系、部处负责人签约。

3月10日　贵州盛华职业学院会计学院给我校经管学院发来感谢信。来信中说,受益于东海之帮扶,贵州盛华职业学院会计学院学生共享高质量教学资源、财会教师共享高质量教学方法,学院教育教学工作实现了跨越发展。展望"十四五",希望能与上海东海职业技术学院会计学院再续前缘,再谱新篇,构建起"共建、共治、共管、共研、共享"下的"五共"合作新机制。

上海马桥人工智能创新试验区建设发展有限公司及福洛德(上海)传动技术有限公司领导一行到我校机电学院洽谈校企合作事宜。

会上,机电学院院长杨萍介绍了办学、毕业生就业、专业设置、专业内涵建设等方面的情况。马桥人工智能创新试验区建设发展有限公司投资促进和产业发展部部长夏吟女士介绍了试验区的发展概况和未来的发展规划。

3月11日　学校机电学院收到来自德国DAKKS(德国认可委员会)批准的认证机构欧星检测认证有限公司颁发的ISO 29990高等职业技术教育教学认证证书。

2021年1月上旬,德国欧星检测认证有限公司委托欧星检测认证(上海)有限公司对我院进行为期两天的第三方现场审核。

3月15日　学校召开春季干部会议。党委书记曹蓉蓉传达上海市高校党政干部会议精神和上海民办高校干部会议精神,并在讲话中部署了2021年党委工作6个方面14项具体工作。各条线分管校领导对所辖工作提出具体工作要求。

3月18日　上海市高校安全稳定工作会议在复旦大学召开。会上,我校被评为"上海高校'十三五'智慧安防先进集体"。我校认真执行市教委的《上海高校校园安全技术防范工作"十三五"发展规划》,加强学校技防设施建设。2020年年底,我校监控中心被上海市公安局文保分局评为"高校治安安全示范点"。

3月19日　学校举办"抵御'三股势力'渗透，做合格大学生"的专题讲座。本次讲座得到闵行区反恐支队的大力支持，特邀新疆驻沪教育工作组马文华主讲。200余名少数民族学生参加听讲。

3月25日　东海学院"讲好东海故事，以实际行动献礼建党百年"2021年宣传工作培训班开班仪式在匠兴苑学术报告厅举行，由党委副书记王玉主持。

党委书记曹蓉蓉宣布培训班开班并致辞。她对全体学员提出3点要求：一是珍惜培训机会，做到学习入心入脑；二是学以致用，做到学习内容消化吸收，成为自己的本领；三是增强宣传工作的使命感和责任感，讲好东海故事。

3月29日　根据市委的统一部署，按照上海市新冠肺炎疫苗接种"应种尽种、能种尽种"的原则，我校启动在校师生新一轮新冠肺炎疫苗接种工作。各学院、部处提前开展师生排摸登记以及预约接种，辅导员们积极做好学生宣传动员及咨询解答工作，学校保卫处全力做好此次疫苗接种的后勤保障工作。本轮共计3 223名师生参与接种。

王刚校长、曹蓉蓉书记带队赴上海师范大学天华学院考察调研。

在座谈交流会上，叶才福校长介绍了天华学院的办学定位、专业建设、内涵发展、人才培养的思路和做法等；龚春蕾副校长从10个方面总结了天华学院的办学理念，介绍了天华学院的通识养成教育、国际化管理理念、严格管理的治校方针、校企联办联合培训等诸多教育成果。王刚校长认为，天华学院的教育教学改革经验值得东海学院学习借鉴。

座谈交流会后，双方就思政师资培育、辅导员队伍建设、教师与行政岗位结合等行政人事问题进行了分组对口交流。

3月30日　在上海市教育系统关工委民办高校分会成立暨民办高校关心下一代工作推进会上，我校"民族一家亲，关爱育新人"项目被评为上海民办高校关心下一代工作特色品牌，党委书记曹蓉蓉出席大会并接受了特色品牌授牌。

4月

4月2日　学校举行夏征农同志铜像祭扫仪式。社科部教师龙燕以"百年志不移，实事求是为人民"为题，上了一堂微党课，生动地再现夏征农同志"半是战士半书生，一行政治一行诗"的一生。

董事长曹助我在仪式上致辞，讲述夏老关怀和帮助创办、发展东海学院的故事，指出夏老革命的一生，就是一部生动的优秀党史教材，值此建党100周年，希望大家认真学习党史，学习夏老的光辉事迹，继承夏老的遗志，努力工作，以主人翁的姿态和勇气去开创东海学院的新局面，创造新的辉煌。

校董事代表与党政领导代表、全体教职工向夏老铜像敬献花篮。

学校召开党史学习教育动员会，党委副书记王玉主持会议。党委书记曹蓉蓉传达习近平总书记在党史学习教育动员大会上的讲话精神，并对开展党史学习教育进行安排部署，要求把开展党史学习教育与各项工作结合起来，更好地将学习成效转化为干事创业的精气神、硬本领，以优异的成绩献礼建党百年。

会上，华东师范大学政治学系教授齐卫平作"建党百年学党史，激励全党守初心担使命"的主题讲座。

4月14日　由朱南勤任组长的上海民办高校党建工作重点任务落实情况督查调研第三组一行8人，到我校开展督查调研。

调研会上，朱南勤组长首先介绍此次督察调研的目标任务及工作流程。我校党委书记曹蓉蓉从强化党组织政治功能、充分发挥政治引领作用、健全党委参与决策和监督制度等8个方面汇报了学校党建工作重点任务的落实情况。

工作组采用校领导访谈、教职工座谈、学生座谈、查阅资料的形式开展现场督查。专家们对我校党建工作重点任务落实情况予以肯定，并就制度建设、队伍建设等方面提出改进建议。

在上海展览中心友谊会堂召开的首届全国技能大赛上海参赛总结表彰会上，我校"货运代理"项目金牌选手朱珂和"时装技术"项目第五名选手马梓轩接受市领导接见，并代表获奖选手上台领奖。

会议宣读了首届全国技能大赛上海奖励决定，"货运代理"项目金牌选手朱珂获授"上海市技术能手"称号，直接晋升技师职业资格，并获奖金奖励；"时装技术"项目第五名马梓轩获授"上海市技术能手"称号，直接晋升技师职业资格，并获奖金奖励。

同时,人社部公布了第46届世界技能大赛中国集训队名单,朱珂、马梓轩成功入选。

4月15日 学校举办"初心筑梦,礼赞百年"——2021年"东海之春"专场音乐会,特邀上海师范大学天华学院交响管乐团来校演出。

4月19日 学校举办2021年大学生创业训练营暨第七届中国国际"互联网+"大学生创新创业大赛校内启动仪式。

出席启动仪式的有上海市学生事务中心"双创"服务部部长姚栋华、闵行区就业促进中心副主任朱俊杰、吴泾镇社区事务受理服务中心副主任钱梅珍、上海市大学生科技创业基金会主任戚永康、南科创实训基地副总经理邹群、上海大树下创意服务有限公司董事长潘祥胜等。

4月20日 上海市禁毒志愿者协会召开第四届第一次理事会换届暨禁毒志愿者表彰大会。我校志愿者协会荣获2019—2020年度"优秀禁毒志愿者组织";唐顺老师获得2019—2020年度"最美志愿者"称号;徐嘉麟、许诺同学获得2019—2020年"优秀禁毒志愿者"称号。

4月22日 上海市"星光计划"第九届职业院校职业技能大赛成绩陆续揭晓,由我校经管学院会计专业曹雯雯、蔡佳爱、蒋俊彦、柳雪婷、王成、陈佳杰、汪如意、沈安然8位学生组成的东海学院会计参赛团队,在全市16所院校128名选手的激烈角逐中脱颖而出,荣获会计技能赛项团体第一名。

学校召开2020—2021学年奖学金颁奖大会。会上,党委书记曹蓉蓉宣读《关于颁发2019—2020学年国家奖学金、国家励志奖学金、上海市奖学金及本学年第一学期校奖学金、内职班奖学金的决定》《关于授予陈霏鑫等十位同学2020年度"智慧学习之星"荣誉称号的决定》,校领导为受表彰学生颁发荣誉证书。

此次奖学金颁奖大会共表彰国家奖学金获得者8人,国家励志奖学金获得者166人,上海市奖学金获得者4人,校奖学金获得者1335人,内职班奖学金获得者18人,"智慧学习之星"荣誉称号获得者10人。

4月23日 学校召开关心下一代工作推进会暨关工委成立大会。会议宣读了校党委《关于成立上海东海职业技术学院关心下一代工作委员会的决定》,并为上海东海职业技术学院关心下一代委员会"五老"成员颁发聘书。

党委书记、校关工委主任曹蓉蓉以"深耕工匠精神,培育时代新人"为题作专题汇报;与会领导为我校关心下一代工作特色项目"民族一家亲,关爱育新人"揭牌。

4月24—27日 我校东旭智能制造产业学院成功举办首届"双元制"师资培训。来自苏州工业技术学校、上海工商外国语学校、上海奉贤中等职业技术学校、上海信息技术学校等职业院校的20多名骨干教师参加培训。

培训采取"理论学习、案例分析、分组讨论"相结合的形式,内容包括德国"双元制"职业教育中国本土化实践路径等9大模块。

4月28日 市文明办公布沪文明城区、文明行业、文明单位、文明校园名单,我校获评2019—2020年度(第二届)上海市文明校园,已12年蝉联6届"上海市文明单位"荣誉称号。

上海高校2020年度生活垃圾分类实效综合考评结果公布,上海东海职业技术学院被考评为优秀。自2019年7月上海市垃圾分类立法施行以来,学校严格按照要求做好垃圾分类工作,全体师生员工积极行动,共同营造绿色环保校园,自觉做到"分类在指尖,文明在心间"。

4月29日 2021年全国职业院校技能大赛(高职组)上海选拔赛开幕式在我校举行,市教委领导、教指委领导、东海学院领导、各参赛队领队和师生出席开幕式。副校长卓丽环主持开幕式,并介绍出席本次大赛的嘉宾、赛项及参赛学校。

受市教委委托,我校承办了2021年全国职业院校技能大赛(高职组)上海赛区选拔赛"关务技能""电子商务技能""服装设计与工艺"3个赛项。

5月

5月1日 学校特邀全国"五一"劳动奖章获得者、上海市劳动模范、中国电信上海公司首席技师吴文巍,来校作题为"建党百年,奋斗铺就复兴路;不忘初心,青春筑梦新时代"的主题讲座。吴文巍师傅以亲身经历讲述了大数据时代信息技术的飞速发展给人们学习、就业、生活所带来的影响。

5月7日 华东理工大学教授杨苏应邀为我校党史学习教育培训班学员上党课,他通过"建党百年:跨越三个时代的接力与传承——从《党史》重大事件中认清中国共产党的使命与担当"主题讲座,详细阐述了中国共产党建党百年来的奋斗与发展,启发全体学员从党史学习中汲取智慧与力量,认清责任与担当。

5月11日 由上海工商职业技术学院原党委副书记、副院长朱莉莉任组长的上海市退(离)休高级专家协会文教委上外组一行24人到校考察交流。

党委书记曹蓉蓉代表校董事会和党政领导,对专家们莅临东海学院指导工作表示欢迎。校长王刚介绍了学校情况,并着重讲述了东海学院七迁校舍的艰苦创校历程,以及12位东海教师集资贷款建造实训大楼的过程。

朱莉莉及文教委副主任、上海市老年大学常务副校长、上海市教育考试院原院长马宪国代表专家们作交流发言。

学校举行"奋进百年路,颂歌献给党"庆祝中国共产党成立100周年暨第十七届东海红歌会比赛。传媒学院摘得桂冠,继教学院荣获亚军,教育学院荣获季军;航空学院、经管学院、护理学院、艺术设计学院和机电学院获得优胜奖。

5月12日 学校召开教学工作委员会第二次全体会议,由副校长卓丽环主持。会上,教务处处长何民乐介绍我校关于上海市教学成果奖的推荐申报情况;教务处副处长刘宝裕就我校在上海市"星光计划"第九届技能大赛中的参赛情况向委员们进行汇报;副校长卓丽环对我校教改课题申报、立项工作进行通报。

校长王刚作总结讲话,希望进一步发挥校教学工作委员会在学校重大教育教学方针、政策、制度制定中的"指挥棒"作用,实现学校教育教学水平的进一步提升。

5月14日 2021年服装全国大赛将于6月举行,上海代表队集训工作正式启动。我校艺术设计学院作为此次出征代表启动集训动员会。会上,校长王刚希望队员们珍惜参赛机会,在国赛赛场上赛出风格、赛出水平、赛出友谊。集训组总负责和指导教师分别介绍了此次国赛的要求和集训的安排。

5月18日 法制宣传校园行——由上海滑稽剧团排演的《防范最有戏》在东海源报告厅上演。此次活动由市公安局文化保卫分局携手市教委、市文广局、上海滑稽剧团共同打造,以公安工作为基础,以实践案例为蓝本,以安全防范为主题,旨在进一步推进平安校园建设,努力构建和谐、互信的警民关系,创建有文化、有活力的校园安全宣传。

5月19日 学校举行党史学习教育专题培训班结业典礼。党政办主任顾文业作学习班总结。党委书记曹蓉蓉宣读表彰优秀学员的决定,并为优秀学员颁奖。社科部副主任龙燕、机关第五党支部书记尤逸萍、航空学院行政办主任陈晓雯作为优秀学员代表进行交流发言。

5月21日 东海学院第十五届运动会拉开帷幕。本届运动会为期一天,设有38个学生项目、5个教工项目以及2个消防项目,1 582名教工及学生报名参赛。副校长卓丽环主持开幕式,并宣布上海东海职业技术学院第十五届运动会开幕。

5月27日 新疆驻沪工作组党委副书记、教育协调小组组长谢昌蓉,副组长王文虹,协调小组联络员张明雪一行,专程来我校就新疆籍学生的教育管理工作进行调研。学工部部长杨瑾感谢协调组对我校新疆籍学生教育服务管理工作的关心和支持;学工部新疆办主任孔国锋介绍了我校新疆籍学生教育服务管理的基本情况。谢昌蓉组长对我校新疆籍学生教育服务管理工作给予充分肯定。

5月28日 中国共产党上海东海职业技术学院第二次党员大会在东海源报告厅召开,市民办高校党工委副书记王庆、调研员尹福会出席大会。大会由党委副书记、校长王刚主持。

党委书记曹蓉蓉代表学校第一届党委会作工作报告。她以"凝心聚力,真抓实干,改革创新——为建设上海一流、全国知名民办高职院校而努力奋斗"为主题,回顾了学校本届党委和纪委过去5年的工作,并明确了未来5年的主要任务。

5月31日 "百年征程谱华章,'泾'彩童心启新航"——吴泾镇2021年"六一"儿童节主题庆祝活动在闵行区教育学院附属友爱实验中学举行。我校教育学院领导和教师代表出席,学前教育专业8名学生志愿者担任大会礼仪。

会议发布《吴泾镇科技时尚研学基地手册》,我校教育学院学前实训中心被列为吴泾镇科技时尚研学基地之一——"教育学院学前实训中心——走进幼儿的世界",成为吴泾镇中小学学生学科学、学礼仪、学传承,丰富成长经历的第二课堂。

6月

6月6日 在由市教委主办、上海海事大学承办、新道科技股份有限公司协办的2021年上海市大学生企业经营模拟沙盘大赛上，我校参赛团队荣获特等奖。

参加本次竞赛的8位学生在指导教师何东瑾和金锟的指导下，克服了备赛时间短、没有竞赛软件等诸多困难，通过网络平台同不同省市院校结对竞技，挑战不同类型的对抗打法，提升团队的电子沙盘竞技水平。

6月9日　市教委公布《2021年上海市高等职业院校示范性虚拟仿真实训基地立项名单》，我校机电学院"产教融合智能制造虚拟仿真实训基地"建设项目获批立项。建成后的"产教融合智能制造虚拟仿真实训基地"可实现虚拟仿真技术与实训教学的有机融合。

6月11日　6月7日以来，我校召开多场关于人事制度改革系列文件征求意见座谈会。校长王刚指出，学校在取得长足发展的同时，也应该清醒地看到，高等职业教育发展已经到了一个关键的阶段，不发展要落后，发展慢了也会落后。需要大家不断增强学校发展的危机感，主动改革，谋定而动，适应发展。

与会代表围绕编制管理办法、岗位设置与岗位聘任管理办法等方面，提出了相应的意见和建议。

6月15日　由朱南勤任组长的上海民办高校党建督查调研（党史学习教育巡回指导）第三组一行9人到我校开展工作督查调研。党委书记曹蓉蓉汇报学校党建工作重点任务的落实情况，以及督查调研反馈问题整改落实进展情况，并以"在党史学习教育中强化使命担当"为主题，详细介绍了学校党史学习教育的主要做法及收获。

会后，工作组通过查阅资料、个别访谈、师生座谈开展现场督查。

6月20日　学校举行2021届学生毕业典礼，由副校长卓丽环主持。

董事长曹助我致辞，他希望学生们扎根中国大地，坚守报效家国的赤子情怀，在不同的工作岗位上发光发热，将回报家国、服务社会作为立德之源、立功之本，在大变局中明确奋斗方位，实现人生目标。

党委书记曹蓉蓉宣读上海市优秀毕业生、校优秀毕业生表彰决定，校领导分别为优秀毕业生代表颁发荣誉证书，并为各学院毕业生代表颁发毕业证书。

6月22日　2021年全国职业院校技能大赛高职组"关务技能"赛项在厦门城市职业学院举行。面对众多强手和关务技能国赛规则的重大变化，我校关务与外贸服务专业代表队选手伍依依、潘雅洁、刘畅3位同学沉着思考，冷静发挥，最终夺得二等奖。

6月25日　学校召开"信仰力量，使命担当"——庆祝中国共产党成立100周年大会。

党委书记曹蓉蓉以"百年风华正青春，不负时代创辉煌"为题发表讲话。校长王刚宣读表彰决定，表彰学校在"两优一先"评选中获得优秀共产党员、优秀党务工作者和先进基层党组织荣誉称号的个人和组织。大会还为校董事、创办人之一陶钧同志颁发"光荣在党50年"纪念章；为学校关工委"五老"团成员献上鲜花。

6月28日　学校举行东旭智能制造产业学院揭牌仪式。上海旭拓电子通讯设备有限公司领导、西门子（中国）上海分公司等30多家企业代表参加。揭牌仪式由副校长卓丽环主持。校长王刚简要介绍了东海学院的发展历程。党委书记曹蓉蓉和上海旭拓电子通讯设备有限公司总经理、产业学院院长王文琦共同为产业学院揭牌。

6月30日　学校举行2021年度东海集体生日庆祝会。党委书记曹蓉蓉在致辞中表示，过生日不仅意味着人又年长了一岁，更意味着每个人为东海学院的发展又贡献了一年的力量。

7月

7月1日　上午8时，庆祝中国共产党成立100周年大会在北京天安门广场隆重举行，中共中央总书记、国家主席、中央军委主席习近平发表重要讲话。东海学院党员师生代表分别在匠兴苑学术报告厅、各支部会议室收听、收看庆祝大会，聆听和学习习近平总书记"七一"讲话精神。庆祝大会结束后，大家畅谈学习心得。

7月2日　上海市高校工程训练教育协会会议在我校东旭智能制造产业学院召开，会议由协会副理事长胡大超主持。来自上海交通大学、同济大学、东华大学、上海师范大学天华学院、上海工程技术大学高职学院、上海电子信息职业技术学院、上海思博职业技术学院、上海工商职业技术学院等20余所院校的领导和工程训练中心负责人以及企业代表近40人参加会议。

协会秘书长姚伟春汇报了2020年疫情防控期间工作情况及2021年工作计划；上海电机学院工业技术中心主任付晓刚汇报了第46届世界技能大赛上海选手培养基地（CAD机械设计项目）建设情况；我校机电学院院长、协会副理事长杨萍介绍机电学院办学情况。与会者就工训中心建设、师资队伍建设、实践教学项目建设等展开交流研讨。

学校召开教学工作委员会第三次全体扩大会议暨我校第二批"智慧教学课程"验收会和第一批校级精品在线开放课程认定会，会议由教务处副处长张居阳主持。

张居阳首先简要介绍了召开本次会议的背景和本学期"东海云课堂"的运行情况。随后，9位第二批立项建设"智慧教学课程"的负责人进行了课程建设情况汇报；2位第一批校级精品在线开放课程的申报人作申报汇报。委员和专家们进行现场打分。教务处处长何民乐现场公布各门课程最终得分和评审结果，参加验收的"电机拖动自动控制系统""报关原理与实务"等9门"智慧教学课程"全部通过验收。"电工电子技术"和"AEO制度概论"2门课程被认定为我校第一批校级精品在线开放课程。

7月12日 为深入学习宣传贯彻习近平总书记"七一"重要讲话精神，我校社科部邀请华东师范大学马克思主义学院教授们来校推进"协同发展结对"项目建设。两校教师开展了"四史教育"融入思政课暨"习近平新时代中国特色社会主义思想概论"集体备课会，备课会由社科部副主任龙燕主持。

7月15日 东海学院党委中心组开展习近平总书记"七一"重要讲话精神学习交流会。会议由党委书记曹蓉蓉主持，全体中心组成员参加交流与讨论。

董事长曹助我结合自己一生投身教育的经历，提出要立足岗位，为国家职业教育继续努力奋斗，并对东海学院今后的发展提出希望和要求。党委书记曹蓉蓉提出，东海学院的教育事业也要立足新时代，"五育"融合，实现更大发展。校长王刚表示，要从百年历史中汲取前行力量，东海学院要创造性地贯彻落实上级新要求，身在民办，心中有党。

7月16日 校长王刚、党委书记曹蓉蓉带领学校党政办、武装部相关人员，前往我校军民共建单位——31609部队55分队走访慰问，并与分队领导亲切座谈。曹蓉蓉书记与部队领导商议了2020级、2021级两届学生的军训相关事项。王刚校长对31609部队多年来为学校军训工作和人才培养作出的贡献表示感谢。

8月

8月24日 学校组织开展疫情防控应急处置演练，学校领导、相关职能部门负责人、学生辅导员、校园服务中心工作人员等参与此次演练。本次活动分为防护技能培训与疫情防控演练两大部分。此次疫情防控应急处置演练，旨在进一步做好疫情期间的各项开学准备工作，加强落实2021年秋季开学的疫情防控应急处理工作，切实维护师生员工的生命安全和身体健康。

8月26日 学校迎来第一批返校开学报到的学生。在校门入口处，佩戴口罩的学生们按照进校流程，依次进入热成像测温区检测体温并出示绿色"健康码""行程码"后进入校园。校园服务中心安排专人将消毒后的行李由专车送入学生宿舍。

8月27日 学校第三届教代会暨第四届工代会人事专题会议在匠兴苑学术报告厅召开，教工代表80余人参加，副校长郁萍主持会议。校长王刚从学校人事现状、改革思路和未来发展三方面作人事改革专题汇报。他强调，此次改革的总体思路是：科学定编，按需设岗；优化结构，择优聘任；职事相符，责酬一致；严格考核，合理流动。顺利实施后的改革方案，将为东海的持续、健康发展奠定良好的基础。

9月

学校召开党的教育方针专项行动自查会议。会议传达《中共上海市委教育工作领导小组办公室关于在我市各级各类学校开展党的教育方针贯彻落实专项行动的通知》，要求对照文件要求进行整改，形成整改情况报告，做到文件精神入心、入脑、入行。会议还布置了新学期宣传工作的重点任务。

9月8日 学校举行2021级新生开学典礼，由党委副书记王玉主持。

艺术设计学院院长顾惠忠在典礼上发言。他代表全体教师向新生们表示热烈欢迎和衷心祝贺，并从师长的角度提出殷切希望。新生代表、教育学院学生陈偲，学长代表、护理学院学生郑思琪分别在典礼上发言。

同日，党委书记曹蓉蓉以"自尊自强，成为最优秀的自己"为主题，为2021级新同学上了一堂励志课，引导学生们正确认识自己，确立奋斗目标，开启人生成功之路。

9月10日　学校举行庆祝第37个教师节大会，董事长曹助我致辞并提出4点希望：一是认真学习贯彻习近平总书记关于构建现代化职业教育体系等系列指示精神；二是积极探索高校与产业集群联动发展机制；三是建立一支"双师型"教师队伍；四是以立德树人为宗旨，创建特色校园文化，争创全国文明校园。

校长王刚在讲话中希望全体教师继续以做一名"四有"好老师为标准，严格要求，勠力同心，与东海学院同发展、共成长。大会表彰了一年中在教育教学、征兵、后勤等工作中涌现出的优秀团队和个人。

9月13日　学校召开闵行区人大代表换届选举动员会。党委书记曹蓉蓉主持会议并作动员讲话，要求依法有序地按照时间节点做好此次区人大代表换届选举工作。党政办主任顾文业布置了换届选举相关工作。

9月14日　市教委副主任毛丽娟一行莅临学校，监督指导我校秋季开学疫情防控准备工作和高校党史学习教育开展情况。市教委职教处处长马建超、高教处四级研究员孔莹莹、后保处一级主任科员施丽君、纪检组一级主任科员丁磊、体卫艺科处陈剑昌协同参加检查。

会上，校长王刚以"抓实抓细疫情防控工作，齐心协力确保秋季顺利开学"为主题，汇报了学校秋季开学疫情防控工作。

9月19日　学校召开"迎中秋"新学期少数民族学生座谈会。党委副书记王玉代表学校向全体少数民族同学致以节日的问候，她表示，学校将进一步做好对少数民族学生的关心、帮助、服务、引导，帮助少数民族学生成长成才。校长王刚在讲话中指出，少数民族学生是学校大家庭的重要组成部分，要像石榴籽一样紧紧地抱在一起，相互理解、相互尊重、相互帮助、共同成长。

9月24日　东海学院师生"同上一堂课——谈初心　话使命　讲担当"，邀请"七一勋章"获得者黄宝妹、"最美奋斗者"杨怀远两位全国劳动模范讲述平凡人的"不平凡事"。

10月

10月19日　由上海市民办高校就业工作联盟主办、我校承办的上海市民办高校就业工作师资队伍专题培训圆满落幕。此次培训特聘全国知名的生涯规划与就业创业培训师吴沙主讲，来自上海市民办高校就业工作联盟单位的50余名就业指导教师和一线辅导员参加。本次培训为期两天，主题是"基于'慢就业'的生涯实践指导"。

10月22日　学校召开第六次学生代表大会。学工部副部长王莉娜作大会发言，她肯定了校学生会在过去一年中取得的工作成果，并提出希望要求；第五届学生会执行主席傅越昊作题为"不忘初心、深化服务理念，砥砺前行、展现时代担当——在新时代东海建设进程中书写青春华章"的学生工作报告。

10月26日　"强化党组织的政治功能，探索民办高校现代大学管理体制"党建研讨会在东海学院举行。上海民办高校党建重点任务第三督查调研组组长朱南勤、上海建桥学院党委书记江彦桥、上海中侨职业技术大学党委书记平杰、上海震旦职业学院党委书记黄晞建、上海济光职业技术学院党委书记姜富明、上海工商职业技术学院党委书记金伟国应邀出席会议，东海学院原党委书记赵佩琪、校党委副书记王玉、党政办主任顾文业、关工委"五老"成员喻家琪等参加会议。我校校长、党委副书记王刚致欢迎辞。党委书记曹蓉蓉主持会议并作主题汇报。

10月27日　东海红亚大数据产业学院签约暨揭牌仪式在匠兴苑举行。市教委职教处处长马建超、华东师范大学职成教研究所所长徐国庆教授、上海师范大学影视传媒学院院长赵炳翔教授、红亚教育科技（上海）有限公司总经理赵晨伊女士、相关兄弟院校领导、红亚教育科技（上海）有限公司部门主管和传媒学院全体教师参加揭牌仪式。揭牌仪式由东海学院副校长卓丽环教授主持。

10月29日　学校召开2021年招生工作总结表彰大会，会议由副校长郁萍主持。会上，招生办公室主任蔡建平汇报了2021年招生工作总体情况，通过各项数据的分析与对比，直观、具体地向大家展示了2021年招生工作形势、相关举措以及取得的成绩。会议表彰了一批在今年招生工作中表现突出的先进集体和先进个人。党委书记曹蓉蓉宣读表彰决定,校领导为获奖的集体和个人颁奖。

11月

11月4日　学校召开教学工作委员会第四次全体会议,会议由教务处处长张居阳主持。

教务处处长张居阳简要介绍了本学期开学以来的重大教学工作事项;副校长卓丽环通报了2021年上海市高校分类评价结果,对本学期期末教学工作进行了布置安排。校长王刚希望在学校"十四五"规划引领下,校教学工作委员会要做好学校教学工作的顶层规划和布局,教务处要做好服务管理工作,各教学部门群策群力,最终实现学校教育教学水平的进一步提升。

11月9日　上海东海职业技术学院-上海天佑医院校企合作签约仪式暨"上海东海职业技术学院护理学院实训基地""上海天佑医院护理人才实训基地"揭牌仪式在我校南807会议室举行。

上海蓝生脑科医院投资股份有限公司副总裁叶文琴,上海天佑医院院长蔡剑飞、执行院长王强,上海蓝生脑科医院投资股份有限公司医疗管理部培训主任唐秀花,上海天佑医院副院长兼护理部主任刘玮琳、护理部主任助理张颖,东海学院校长王刚、党委书记曹蓉蓉、副校长卓丽环、护理学院院长桑未心等参加此次签约暨揭牌仪式。王刚和叶文琴代表双方揭牌;卓丽环和王强代表双方签署校企合作协议书。

11月11日　教育部体育卫生与艺术教育司委托上海体育学院专家组对上海高校开展《国家体质健康标准(2014年修订)》测试抽查复核工作,我校作为唯一的高职学院被选中复核。专家组利用一天时间共抽查测试我校3个年级180余名学生的体质健康、心理健康和皮肤健康,每名学生测试项目在9个以上。在学校各职能部门的支持下,测试抽查工作得以顺利、高效地完成,得到了专家组的一致好评。

11月12日　连续5次获得全国劳动模范,2次获得全国"五一"劳动奖章,多次获全国优秀共产党员、全国道德模范、全国优秀科技工作者等荣誉称号,华东师范大学国际航运物流研究院院长包起帆应邀来校作"明天你也会是劳模"的主题讲座。包起帆与大家分享了40多年来从一名普通的码头装卸工人,成长为上港集团副总裁、上海市政府参事的历程。

11月17日　以"心系母校传承梦想　志存高远拥抱明天"为主题的东海学院校友会新一届理事会筹备会举行,董事长曹助我,董事、校友会会长李重华,校长王刚,党委书记曹蓉蓉,副校长、校友会副会长郁萍,党政办副主任、校友会秘书长杨静及21名校友代表参加会议,共话东海发展,齐诉东海情。董事长曹助我希望大家继续怀着对母校的爱和感恩之情,开展好校友会的相关工作,迎接即将到来的30周年校庆。

11月25日　由上海体育学院党委副书记潘勤任组长的市教卫党委系统《中国共产党统一战线工作条例》学习宣传贯彻情况专题调研会第三组莅临东海学院开展调研。会上,校长王刚介绍了东海学院的创校历程、取得的荣誉及教育教学成果;党委书记曹蓉蓉作汇报发言,她详细介绍了上海东海职业技术学院学习宣传贯彻《中国共产党统一战线工作条例》的情况、贯彻落实的具体举措、存在问题及下一步工作考虑。

12月

12月10日　我校与韩国白石大学签署专升本联合培养协议。中韩国际教育合作签约仪式结束后,双方对学分互认等进行了协商交流。校长王刚表示,与白石大学的合作项目有前景,期待从学生联合培养到教师短期访学等多方面深入合作。

12月19日　教育部中德先进职业教育项目评审专家何朝晖、张飞、卢欣等一行莅校,对我校申报的"中德先进职业教育合作项目"(简称SGAVE项目)进行实地考察评估。

机电学院院长杨萍进行主题汇报,阐述未来3年专业建设规划、SGAVE项目——智能制造项目建设内容、实施方案和保障措施等。专家组一行对机电技术实训中心、中德IHK/AHK机电考培中心、东旭智能制造产业学院等进行了实地考察。

12月24日　市教卫工作党委副书记、市教委副主任闵辉一行4人莅临东海学院开展调研。

学校党委书记曹蓉蓉以"强化党组织的政治功能,推动学校健康发展"为主题汇报了学校基层党建工作。校长王刚从东海学院概况、"十四五"规划、存在问题及诉求等方面汇报工作。市教委领导分别从学校党建工作、专业设置、师资队伍建设、校

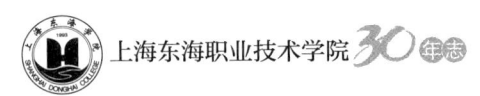

企合作等方面给出意见和要求。

12月27日　上海东海职业技术学院-上海吉祥航空股份有限公司校企合作签约仪式暨2020级空勤定向养成学员班成立仪式在我校举行，上海吉祥航空股份有限公司副总裁夏海兵、人力资源部副总经理孙丽、人力资源部招聘经理周晓芬，我校校长王刚，副校长卓丽环、郁萍，航空学院院长周孟华等领导出席仪式。吉祥航空公司副总裁夏海兵与校长王刚续签校企合作协议。

12月28日　学校召开关心下一代工作委员会2021年工作总结交流会。会上，校关工委特色项目组组长赵佩琪教授、青年教师教学指导组组长尹雷方教授对2021年度的工作进行总结，交流经验成果。党委书记曹蓉蓉作2021年学校关工委工作总结报告。会上研讨了2022年关工委工作要点。

2022年

年度概述

2022年全校教工总数680人，其中，专任教师389人，占比57.2%。2022年年底，学校净资产总值为71 103.11万元。

2022年录取新生3 084人，录取新生人数再创新高；报到2 668人，录取报到率为86.50%，计划完成率为78.41%。2022届毕业生2 339人，毕业去向落实2 261人，去向落实率为94.25%。全日制高职在校生7 368人。

在校园实行封闭管理期间，全体师生同舟共济，形成抗疫强大合力，坚决打赢校园疫情防控阻击战。为确保和促进疫情防控形势下的毕业生就业工作，学校举行校长、书记访企拓岗促就业专项行动启动仪式暨2022届和2023届毕业生就业实习网络双选会，并同步开展企业直播带岗，为毕业生提供近1 140个就业岗位。

虽然受到疫情防控的冲击和影响，教学等各项工作仍取得一批新成果。学校荣获市级教学成果特等奖两项，一等奖一项，二等奖两项。在全国职业院校技能大赛上，我校荣获"会计技能"赛项团体三等奖，"服装设计与工艺"赛项团体三等奖，"货运代理"赛项个人三等奖。

学校第三届四次教代会暨第四届四次工代会在线上召开。校长王刚作工作报告，回顾2021年学校的主要工作，并提出2022年学校将重点做好全力推进"十四五"规划落地实施等14个方面的工作。

学校以创建依法治校示范校为目标，以法治工作测评为契机，以评促改，以评促建，进一步推进各项管理工作上新台阶。同时推进社会服务机构等级评估工作，以此次评估为抓手促培育、强监管、助发展，助力学校各项工作规范化管理和建设。

为更好发挥学校在服务上海经济社会发展中的作用，经校长办公会研究，董事会批准，成立上海东海职业技术学院技师学院。

2022年 大事记

1月

1月4日　学校举行2021年度民主测评会，由党委书记曹蓉蓉主持。会上，学校党政领导班子成员、各部处主要负责人、二级学院院长分别就常规工作、重点工作完成情况、特色工作等方面，汇报了本年度的工作绩效成果、存在不足和努力方向。

党委书记曹蓉蓉代表学校党政领导班子对一年来为学校发展辛勤付出的同志们表示感谢。述职结束后，全体参会人员将民主评议表投进了投票箱。

1月13日　学校召开党史学习教育总结会。上海民办高校党建工作重点任务落实情况督查调研暨党史学习教育巡回指导第三组副组长范文毅列席会议，全体党员通过在线方式参会。

会上，党委书记曹蓉蓉从"推动党史学习教育

'走心走实'""用党的理论创新成果武装头脑"等5个方面作党史学习教育工作总结报告。教务处处长、机关二支部原书记张居阳，经管学院党支部副书记吕薇，校大学生理论宣讲团陈卓作交流发言。

1月27日　市教委公布了"2021年度上海市教育评价改革优秀案例"名单，我校名列其中，"上海东海职业技术学院'内培外引、协同培养'建设高质量'双师型'队伍"入选教师评价改革优秀案例。

1月30日　校长王刚、党委书记曹蓉蓉、党委副书记王玉、校长助理黄櫺带队看望慰问寒假、春节期间留校师生和坚守岗位的宿管、监控、物业、安保等保障岗位以及总值班工作人员。校领导向留校师生和辛勤工作的教职工致以亲切的慰问和诚挚的谢意，并送上了美好的新春祝福。

3月

3月4日　学校召开2022年春季干部会议。党委书记曹蓉蓉传达市委副书记于绍良、市教卫工作党委书记沈炜的讲话精神，并从"加强理论武装和思想引领，用习近平新时代中国特色社会主义思想铸魂育人"等7个方面作学校党委工作部署。

校长王刚传达副市长陈群、市教委主任王平的讲话精神，并以"凝心聚力，稳中求进，推动学校高质量发展"为主题，简要回顾上海东海职业技术学院2021年工作成效，并部署2022年重点工作；副书记王玉通报了学校疫情防控现状，并对学校新冠疫情防控突发情况应急处置预案作详细说明。

3月11日　学校实施疫情管控措施以来，相关部门迅速落实疫情防控相关物资的采购供应工作。资产处多方联系供应商、多渠道调配货源，紧急发运预订物资，及时保障该批物资转运到学校。当日晚，资产处负责人带领采购人员连夜在现场协调发放。

3月21日　学校收到崇明区港沿镇同溇村村民委员会发来的感谢信，感谢我校师生为同溇村第二轮核酸检测快速高效完成提供支持与助力。3月20日，学校接到崇明区港沿镇同溇村打来的求助电话后，迅速召集28名大学生志愿者，历经5个半小时，在线协助完成2710名村民核酸登记码的登记与整理。

3月26日　护理学院响应学校号召，组成一支有临床护理经验教师为主体的"抗疫突击队"，承担校园全体师生员工的核酸检测任务。

3月29日　上海堃鑫医疗器械有限公司为我校送来5万余只防疫口罩，以实际善举助力我校疫情防控工作，为在校师生提供健康保障。全校师生员工对上海堃鑫医疗器械有限公司的善举表示感谢。企业表示，希望通过物资支援，践行企业社会责任，为学校防疫提供坚强后盾。

4月

4月5日　学校召开线上全校党员大会，传达上级最新疫情防控精神和要求，并就东海学院党组织做好当前形势下的防疫工作进行再部署、再动员。

党委书记曹蓉蓉传达3月30日市委书记李强在全市领导干部大会上的讲话精神和4月1日市委副书记诸葛宇杰、副市长陈群在上海市高校干部会议上的讲话精神。

5月

5月8日　学校召开全体中层干部线上会议，校长王刚总结3月以来学校的疫情防控、教育教学等工作情况，并作下阶段工作部署。要求坚持以学生为中心的理念，把工作落到实处，落到细处。

党委书记曹蓉蓉传达5月5日中共中央政治局常委会会议精神、上海市委学习贯彻中共中央政治局常委会会议精神的主要内容及市教卫工作党委、市教委5月7日的会议精神，要求充分发扬斗争精神，坚决筑牢疫情防控屏障。

副校长郁萍、卓丽环分别就招生就业、教育教学相关工作作了总结，并提出工作要求。

5月17日　学校护理学院院长桑未心、实训员张桐桐为校内首批核酸采样志愿者进行严格的实操培训及考核。经过培训，第一批12名志愿者均掌握了防护服穿脱、鼻拭子采样、咽拭子采样等实操要点，全员通过了核酸采集实操考核，成为东海"抗疫天团"的一员。全校68名核酸采样志愿者实操培训及考核将分两个批次进行。

5月28日　上海东海职业技术学院校长、书记访企拓岗促就业专项行动启动仪式暨2022届和2023届毕业生就业实习网络双选会在腾讯会议直播间圆满落幕。

在网络双选会启动的同时，学校同步开展企业直播带岗。此次直播带岗涵盖交通、制造、贸易、会计、行政管理、金融等专业领域61个职位，为毕业生提供近1140个就业岗位。

6月

6月2日 学校举行2022年政府专项资金建设项目线上评审会,由校学术委员会成员担任评委。各项目负责人从立项依据与基础、建设目标、实施方案、预期效果、资金预算等要点,简要介绍了项目的建设思路和计划方案,学术委员会专家们对各项目提出修改意见和建议。

校长王刚强调,学校将从实际发展的需求出发,对各申报项目进行梳理和细化整合,进一步优化资金投入方向,夯实项目实施效果,促进学校内涵建设发展。

6月8日 为期一周的东海学院2022年中华经典诵写讲大赛暨第四届中华经典诵写讲大赛落下帷幕。本次大赛的主题为"经典筑梦向未来",大赛共设4个赛项:"诵读中国"经典诵读、"诗教中国"诗词讲解、"笔墨中国"汉字书写、"印记中国"师生篆刻。比赛形式分为现场线上和非现场线上两种。校内选拔赛共收集到师生参赛作品96组。其中,"诵读中国"经典诵读评比出25组获奖作品,"诗教中国"诗词讲解评比出11组获奖作品

6月10日 学校第三届四次教代会暨第四届四次工代会在线上召开,工会常务副主席杨超英主持会议。会上,校长王刚作2021年校长工作报告,回顾2021年学校的主要工作并提出2022年学校将重点做好全力推进"十四五"规划落地实施等14个方面工作。副校长、工会主席郁萍作工会工作报告;财务处处长彭晓丽作财务工作报告。

代表们审议并表决通过了《上海东海职业技术学院校长工作报告》等相关决议。

6月11日 经中国报关协会五届一次理事会审议,同意组建中国关务行业人才建设领导小组(2022—2026年)。我校经管学院院长严玉康教授入选领导小组,成为唯一来自上海高校的小组成员。

6月20日 学校举行2022届学生毕业典礼。董事长曹助我通过视频为全体毕业生送上寄语。会上,党委副书记王玉宣读《校级优秀毕业生表彰决定》;党委书记曹蓉蓉宣读《市级优秀毕业生表彰决定》。与会领导为获奖学生颁奖,并为毕业生代表颁发毕业证书。

7月

7月7日 2022年上海市高职高专院校教师教学能力大赛决赛结果公布,我校经管学院团队(高静、封竹一、姚晋兰)荣获三等奖。

7月21日 学校召开2023年度上海市教育科学研究项目校内评审会,会议由校长王刚主持。各教育科研项目负责人就各自项目的研究背景、研究意义、研究内容、研究思路、研究方法、计划进度以及预期成果等方面进行汇报。最后,校学术委员会根据申报材料质量以及申报要求,研究确定拟报送上一级评审的项目名单。

8月

8月7日 校长王刚、党委书记曹蓉蓉看望正在全力备战2022年全国职业院校技能大赛的指导教师和参赛学生。今年,我校共有5个项目参加国赛,20名师生正在积极备赛。校领导对指导教师的辛勤付出和备赛学生的刻苦训练给予充分肯定,鼓励大家以积极的心态全力备赛,力争取得好成绩。

8月20日 上海市语言文字工作委员会公布第四届中华经典诵写讲大赛(上海赛区)获奖名单。我校参赛的10件师生作品中,有9件在"诵读中国"经典诵读大赛和"诗教中国"诗词讲解大赛中获奖,实现了零的突破;学前205班庞博今同学将携作品《渔家傲·秋思》代表上海参加全国赛,为本赛项唯一入围全国赛的上海高职院校选手。

8月23—26日 在全国职业院校技能大赛上,我校荣获"会计技能"赛项团体三等奖,"服装设计与工艺"赛项团体三等奖,"货运代理"赛项个人三等奖。

9月

9月1日 学校召开法治工作专项会议,党委副书记王玉主持会议。党政办主任顾文业介绍《上海东海职业技术学院法治工作测评实施方案》的内容及责任分工。党委书记曹蓉蓉就全面推进依法治校提出3点建议:一是提高政治站位,充分认识依法治校的重要意义;二是进一步巩固和加强学校法治工作,为学校规范发展、特色发展、创新发展提供保障;三是以本次法治工作测评为契机,以评促改,以评促建,推进学校法治工作更上新台阶。校长王刚强调要以创建依法治校示范校为目标,实现各项管理工作更上新台阶。

9月7日 学校召开社会服务机构等级评估工作推进会。校长王刚主持会议并介绍2022年市

级社会服务机构评估工作背景,要求各部门认真学习评估要求,做好相关资料的整理和收集工作,以此次评估为抓手促培育、强监管、助发展,深入推进学校各项工作规范化管理和建设。党政办主任顾文业就社会服务组织规范化等级评估工作作责任分解。

9月9日　庆祝第38个教师节大会在东海源报告厅拉开帷幕。董事长曹助我致辞,向为学校教育事业发展作出贡献的全体教师表示节日的祝贺。大会表彰一年来在教育教学、学生工作及志愿服务、工会、征兵、后勤等工作中涌现出的优秀团队和个人。

9月14日　学校召开中层干部大会。党委书记曹蓉蓉在会上传达市委副书记诸葛宇杰、市教卫工作党委书记沈炜在高校党政干部会议上的讲话精神,并作下半年党委工作部署。

校长王刚提出要从7个方面做好工作:一是继续做好新冠肺炎防控工作;二是抓紧内涵建设26个项目的推进;三是推进专业内涵建设项目库建设;四是强力推进高水平专业建设三年行动计划;五是开展校聘高级职称工作;六是推进依法治校工作;七是做好各类评估检查的准备工作。

9月19日　学校学术委员会教学工作专委会召开第六次全体扩大会议,专题讨论如何落实《推进上海职业学校优化专业布局结构的指导意见》（沪教委职〔2022〕30号）相关要求,推动学校教育事业高质量发展。

9月26日　为更好地发挥学校在服务上海经济社会发展中的作用,经校长办公会研究,董事会批准,学校决定:成立上海东海职业技术学院技师学院。

9月27日　上海市举行"人民满意公务员"、"五一"劳动奖表彰大会。大会表彰全国和上海市"五一"劳动奖状、奖章、工人先锋号先进集体和个人。我校经管学院获得"2022年上海市工人先锋号"荣誉称号。

9月30日　学校召开2022年中高职贯通培养校校长联席会议,副校长卓丽环主持会议。东海学院教务处处长张居阳简单介绍了2022年招生情况以及毕业生情况。各中职校校长聚焦教研活动开展、教学质量过程管理、课程教考分离改革等方面,交流介绍了各自贯通专业的人才培养情况。

10月

10月13日　学校召开2022年内涵建设项目中期检查工作布置会。会上,校长王刚对学校2022年内涵建设项目的基本情况作了介绍,从检查范围、检查方式、检查时间、检查内容以及检查的注意事项等方面对中期检查工作进行了布置,并对2022年学校项目库的启动工作作了部署,提出要为下年度内涵建设项目的申报及实施提前打好基础。

10月14日　校长王刚通过钉钉平台为2022级新同学上了开学第一课。讲课内容主要分为"东海印象:举办者与红色基因""东海今日:校园环境与荣誉成就""大学生活:合理规划与自我提升"3个部分。

10月16日　中国共产党第二十次全国代表大会在北京人民大会堂开幕,习近平总书记代表第十九届中央委员会向党的二十大作报告。学校全体党员、师生分别在线上和线下观看党的二十大开幕会。

10月26日　市教委、市人保局公布2022年上海市优秀教学成果获奖名单,上海东海职业技术学院共有4项教学成果荣获"2022年上海市优秀教学成果奖"。经管学院"对接国家关务改革,导入国际AEO标准,培养'四通一达'关务人才的探索与实践"项目获教学成果特等奖;机电学院"对接德国职业资格认证标准的高职机电类专业教学体系改革与实践"项目获教学成果一等奖;教务处"以数字孪生促进智慧教育创新发展的探索与实践"项目、学工部"基于'1+N'新实践"项目分获教学成果二等奖。

由艺术设计学院院长顾惠忠教授参与的上海市教育科学研究院项目"实现跨越式发展:上海精准帮扶喀什地区职业教育开展教学建设的创新与实践"获教学成果特等奖。

11月

11月1日　市教育评估院专家一行10人莅临我校开展"大数据与会计""关务与外贸服务""影视动画"专业中高职贯通培养模式跟踪检查。检查专家组分为两个小组,分别前往传媒学院和经管学院同步开展检查工作。重点对中高职贯通的文本建设与实施、过程管理与控制、培养质量与成效、示范引领与展望4个方面工作的开展情况进行检查。

专家组对各试点两校间联合教研及管理的密切度、毕业生就业率、经费使用合理性以及标志性成果等方面给予了充分的肯定,同时提出相关的诊改意见。

11月2日 市语委、市教委委托上海市教育评估院以视频会议的方式,对我校语言文字工作规范化达标建设进行检查。

副校长卓丽环从制度建设、能力建设、教育教学、宣传普及、科学发展以及自查诊改6个方面作了汇报。会后,专家组分别召开了教师代表座谈会和学生代表座谈会。座谈会结束后,专家组观看了我校制作的语言文字规范化达标建设视频,云游览我校环境并了解校园日常用语用字情况。

11月4日 学校学术委员会教学工作专委会第七次会议召开,会议由教务处处长张居阳主持。本次会议的主要议题是:对2023年拟新增专业和中高贯通专业试点进行申报论证。副校长卓丽环教授首先对《上海市教育委员会关于做好2023年上海高等职业学校拟招生专业申报工作的预通知》《关于继续开展中高职教育贯通、中等职业教育-应用本科教育贯通培养模式工作的通知》两个文件进行了要点解析,希望各二级学院根据学校"十四五"(贯通)专业布局规划,做好明年的新(贯通)专业申报工作。

11月5日 2022年度"外研社杯"职场英语挑战赛演讲大赛上海赛区复赛如期在线上举办,我校选派的护理213班王熙同学以总分第五名的成绩获得一等奖。

11月7日 学校举行2022级新生开学典礼,由校党委副书记王玉主持。

校长王刚讲话,希望全体新生以优秀的东海校友为榜样,砥砺前行,不负青春,牢记党和人民的期望,不负父母师长的重托,掌握扎实知识,练出一手绝活,养成优雅的品格,信心满满地开启大学之门,脚踏实地实现人生的远大理想。教育学院院长吴静芳代表全体教师向新生们表示热烈欢迎和新学期的祝贺;新生代表、航空学院空乘225班李建民同学,学长代表、经管学院魏之韵同学分别在典礼上发言。

11月16日 上海市托幼协会会长颜慧芬,副会长周洪飞、张佩华和秘书长胡育一行4人莅临我校教育学院指导工作。会上,校长王刚向4位专家介绍了我校发展情况及取得的成果;我校教育学院院长吴静芳就学前教育专业招生、就业、培训、考证等情况进行介绍。双方充分讨论了学前教育专业人才培养、就业方向、师资培训和社会服务等问题。

11月18日 学校举行东海智慧商贸产业学院成立暨揭牌仪式。为深化产教融合、校企合作,推进学校智慧商贸类高水平专业群建设,创建专业品牌,提升人才培养质量,校长办公会议决定,上海东海职业技术学院和上海鹰泰文化传媒有限公司合作,成立智慧商贸产业学院。

11月18日 市民办高校党工委副书记江鸿波应邀来校作"深入学习贯彻党的二十大精神,推动上海民办高校高质量发展"的报告,学校领导、全体中层干部、全体党员参加,校党委书记曹蓉蓉主持报告会。

11月28日 奥地利当地时间11月27日,2022年世界技能大赛特别赛比赛结果揭晓,东海学院2021届关务专业毕业生朱珂在货运代理项目中一举获金,创造了该项目的历史最好成绩,同时创造了"English only"试点项目中国队最好成绩!

2020年12月13日,朱珂作为东海学院经管学院2019级关务专业学生代表上海参加了第一届中国技能大赛货运代理赛项并获得金牌,由此被选入世界技能大赛中国集训队。经过两年的积淀,终于在今天走进世界技能大赛赛场,与全球顶尖选手同台竞技、再攀高峰。

11月30日 学校举行党委中心组学习会,专题学习党的二十大报告,学习会由校党委书记曹蓉蓉主持。

与会成员认真仔细研读每个章节,边研讨边交流,边交流边联系工作实际。

大家一致认为,习近平总书记所作的报告主题鲜明、思想深邃、气势恢宏、催人奋进。学校党委班子要提高政治站位,进一步增强"四个意识"、坚定"四个自信",坚决捍卫"两个确立",做到"两个维护"。团结带领全校党员干部和广大教职工把思想统一到党的二十大报告精神上来,把力量凝聚到党的教育事业发展上来。

12月4日 在2022国际潮流文化设计大赛中,由张芸芸老师指导的学生获得了4个银奖、15个铜奖及2个优秀奖的好成绩。2022国际潮流文化设计大赛是由美国艺术交流学会（AACA）主办，北美高校设计联盟（NAUD）合作举办的当代潮流艺术设计大赛。

12月5日　学校举行2022年度辅导员素质能力大赛复赛。复赛由党委副书记王玉、社科部主任龙燕、学工部部长杨瑾、学生工作部副部长王莉娜担任评委。

复赛采用案例讨论形式进行，初赛入围的10位辅导员根据赛前抽签确定组别、角色、案例题目。以"我提问，你回答"的方式开展，由A、B选手围绕案例，结合实际经验和特色方法，共同辨析案例原因、核心问题、思路目标、对策举措等。

12月9日　上海市社会组织评估院专家一行莅临东海学院开展社会组织规范化等级评估现场评审。

市社会组织评估院专家组组长主持会议。校长王刚致欢迎辞，并从东海学院概况、办学成果和特色、规范化建设迎评情况、按指标体系自查情况、努力方向5个方面作自评汇报。专家在汇报结束后详细审核评估材料。

专家组组长代表专家组对我校评估情况进行反馈。他肯定了我校以下6个方面的工作：一是基础条件扎实，日常运营规范；二是组织机构健全，内部治理完善；三是注重师资培训，考核机制完善；四是教育教学工作开展有序，学生就业率和用人单位满意度高；五是教学成果突出，获奖范围较广，获奖层次较高；六是学校高度重视迎评工作，党政班子全员参与，材料准备齐全。同时提出了进一步改进和提高的建议。

校长王刚对专家们认真严谨的审核表示感谢。表示学校将以此次评审为契机，扬长避短，加强整改落实，持续提升学校治理能力和办学水平，推动学校规范化管理更上新台阶。

12月13日　学校召开2022年信息化建设专题会议，东海学院信息化建设咨询委员会专家应邀出席。校长王刚向与会专家介绍了东海学院的办学历史和办学现状。

会上，校长王刚、校党委书记曹蓉蓉为宓咏、沈宏兴、沈富可、许华虎、陈世平等5位校外专家颁发了"上海东海职业技术学院信息化建设专家咨询委员会"聘书。

会议听取校图文信息中心副主任、信息中心主任康春所作的东海学院信息化建设工作汇报。与会专家对学校信息化建设方向、目标、实施路径、重点难点等纷纷建言献策。

12月21日　由上海市教育委员会、上海市民办教育发展基金会和上海市教育发展基金会举办的2022年上海市民办高校教师专项培育计划项目评审结果公布，我校张居阳、龙燕、陈飞、刘舒叶等4名教师成功入选。

12月30日　教育部职业教育与成人教育司公示了2022年职业教育国家在线精品课程遴选结果，我校经管学院副教授刘舒叶主持的"财务管理"课程入选。

上海东海职业技术学院
30年志

第二部分

机构设置

董 事 会

届 数	董事长	副董事长	董 事
第一届 （1993.09—2005.12）	曹助我		曹助我、姜至本、陶　钧、李重华
第二届 （2005.12—2008.10）	曹助我		曹助我、陶　钧、李重华、杜鉴坤、邱来国、李小钢
第三届 （2008.10—2014.09）	曹助我		曹助我、陶　钧、李重华、杜鉴坤、项家祥、赵佩琪、白　芸、李小钢
第四届 （2014.09—2019.04）	曹助我	项家祥（2015.04—2019.04） 赵佩琪（2016.11—2019.04）	曹助我、陶　钧、李重华、项家祥、赵佩琪、周孟华、严玉康、杜鉴坤
第五届 （2019.04—　）	曹助我	项家祥　赵佩琪 王　刚（2020.11 起） 曹蓉蓉（2020.11 起）	曹助我、陶　钧、李重华、王　刚、曹蓉蓉、项家祥、赵佩琪、周孟华、严玉康

行政领导

职　务	姓　名	备　注
名誉院长	夏征农(1993—1996) 胡立教(1996—2002)	
院长(校长)	罗竹风(1993—1996) 夏征农(1996—2008) 项家祥(2008.03—2020.08) 王　刚(2020.09—　)	
副院长(副校长)	曹助我(常务)(1993—2008) 姜至本(1993—2005) 陶　钧(1993—2008) 李重华(1993—2008) 叶尚川(2002—2003.10) 黄美珏(2004.09—2005) 程龙根(2007.03—2019.11) 赵佩琪(2008.12—2020.08) 尹雷方(2013.06—2019.11) 王　刚(常务)(2019.11—2020.08) 郁　萍(2019.11—　) 曹蓉蓉(2020.09—　) 卓丽环(2020.10—　)	姜至本于2005年11月2日去世
院长(校长)助理	阎顺福(2003.02—2003.09) 杨新芳(2005.04—2008.05) 丁家华(2005.04—2005.09) 周　莲(2005.10—2008.09) 尹雷方(2009.03—2013.06) 郁　萍(2014.09—2019.11) 刘民钢(2018.12—2019.11) 黄　樑(2019.11—　) 楚丹琪(2021.01—2022.06)	
秘书长	阎顺福(2004.09—2004.10)	
教务长	张桂兴(2004.09—2005.01)	
教育长	曹新舟(2004.09—2004.10)	

院 系 设 置

2005—2010年

系　部	主　任	副主任
经管一系 (2005年成立；2008年10月更名为管理系)	刁德霖(2006.04—2008.10 任经管一系主任；2008.10—2010.06 任管理系主任)	刁德霖(2005.03—2006.04) 乐美龙(2005—2006) 王　晓(2005—2006)
经管二系 (2005年成立；2008年10月更名为经济系)	严玉康(2005.10—2008.10 任经管二系主任；2008.10—2010.05 任经济系主任)	王淑文(2005.03—2006.09) 赵三宝(2005.05—2011.09)
人文科学系 (2005年4月成立；2010年5月撤销，成立商贸学院)	时启亮(2005.04—2010.05)	
应用艺术系 (2005年成立；2010年6月撤销，成立艺术学院)	胡宗孝(2006.04—2007.03) 王小瑜(2007.03—2010.06)	黄荣妹(2005.10—2007.03)
影视与传媒系 (2006年3月成立)	林　迅(2006.03—2007.03) 韩斌生(2009.02—2011.03)	
航空运输系 (2006年9月成立)	乔世民(2006.09—2012.09)	
信息与工程系 (2005年4月成立；2008年11月撤销，分为机电工程系和信息工程系)	周敬贤(2005.04—2008.01) 杨　萍(代理)(2008.01—2008.11)	
机电工程系 (2008年11月成立；2011年9月撤销，成立机电学院)	杨　萍(2008.11—2011.09)	
信息工程系 2008年11月成立	薛万奉(2008.11—2013.07)	
金融系 (2008年9月成立)	朱为英(2008.10—2008.11) 薛和生(2008.11—2010.06)	

续 表

系 部	主 任	副主任
护理系 （2009年11月成立）	钱关祥（2009.11—2016.09）	桑未心（2009.11—2018.05）
基础教学部 （2005年成立）	程祖德（2005.10—2007.03） 周孟华（2007.03—2015.03）	黄苏飞（2009.02—2009.03）
马列教研室 （2009年4月成立）	黄苏飞（2009.04—2021.10）	
继续教育办公室 （2002年2月成立；2005年3月撤销） 继续教育中心 （2005年3月成立；2008年10月更名为继续教育学院）	钟生泰（2002.03—2004.08） 杜鉴坤（2008.01—2009.02）	钟生泰（2002.02—2005.03） 贾同沄（2005.03—2007.12） 徐解全（2007.11—2007.12） 张才龙（2008.06—2021.02）

2010—2017年

院（系）	院长（主任）	副院长（副主任）
经管学院 （2010年6月成立）	严玉康（2010.06— ） 李 敏（兼职）（2012.12— ）	李 杰（2013.07—2019.09）
商贸学院 （2010年6月成立；2015年12月更名为商学院）	时启亮（2010.06—2015.12） 谢志翔（兼职）（2012.12—2013.12） 吴静芳（商学院院长2015.12—2021.03）	金玲慧（2010.06—2015.12）
艺术学院 （2010年6月成立；2021年10月更名为艺术设计学院）	王小瑜（2010.06—2014.07） 庄建民（兼职）（2013.09—2014.09） 顾惠忠（2014.07— ）	郎 昆（2010.06—2011.11） 王 平（2011.11—2012.09） 顾惠忠（2014.03—2014.07） 孙 俐（2015.11—2018.08）
金融系 （2015年12月与商贸学院合并，成立商学院）	陆爱勤（2010.06—2015.12）	吴静芳（2015.03—2015.12任系主任；2015.12后任院长） 金玲慧（2015.12—2019.03）
机电学院 （2011年9月机电工程系撤销，成立机电学院）	杨 萍（2008.11—2011.09任系主任；2011.09后任院长） 富志刚（兼职）（2012.12—2013.12）	江可万（2016.07— ）
信息工程系 （2008年11月成立；2013年7月撤销）	薛万奉（2008.11—2013.07）	
影视与传媒系 （2006年成立；2011年3月并入艺术学院）	韩斌生（2009.02—2011.03）	
数字传媒系 （2012年9月影视传媒系从艺术学院剥离，成立数字传媒系；2016年9月撤销，成立传媒学院）	王 平（2012.09—2016.09）	

续　表

院（系）	院长（主任）	副院长（副主任）
传媒学院 （2016年9月成立）	王　平(2016.09—　) 陈　嵩(兼职)(2016.09—　)	
航空运输系 （2006年9月成立；2016年9月撤销，成立航空学院）	乔世民(2006.09—2012.09) 李玉梅(名誉主任，2012.09—2013.03) 沈艳君(2012.09—2013.03) 周孟华(兼职)(2013.03—2015.07；2015.07—2016.09任系主任)	孙　梅(2012.09—2013.03) 张　敏(2012.09—2016.09)
护理系 （2009年11月成立；2015年5月撤销，成立护理学院）	钱关祥(2009.11—2016.09) 赵爱平(兼职)(2012.12)	桑未心(2009.11—2015.05) 刘宝裕(2013.07—2015.05)
基础教学部 （2005年成立）	周孟华(2007.03—2015.03) 吴江华(2015.03—2020.09)	吴江华(2014.07—2015.03) 牛晓伟(2015.03—　)
马列教研室 （2009年成立；2013年3月更名为社会科学部）	黄苏飞(2009.09—2021.09)	
继续教育学院 （2008年10月成立）	项家祥(2009.01—2020.08)	徐解全(2007.11—2007.12) 张才龙(2011—2020.08)

2017—2022年

学　院	院长（主任）	副院长（副主任）
经管学院	严玉康(2010—　)	李　杰(2013.07—2019.09) 吕　薇(2019.03—　)
商学院 （2015年12月成立；2019年3月并入经管学院）	吴静芳(2015.12—2019.03)	金玲慧(2015.12—2019.03)
艺术设计学院 （原名艺术学院，2020年12月更名为艺术设计学院）	顾惠忠(2014.07—　)	孙　俐(2015.11—2018.08) 葛　颂(2018.08—　)
机电学院 （2011年9月成立）	杨　萍(2011.09—　)	江可万(2016.07—　)
航空学院 （2016年9月航空运输系撤销，成立航空学院）	周孟华(2016.09—　) 韩　瑛(兼职)(2016.09—　)	张　敏(2016.09—　)
传媒学院 （2017年8月影视传媒系撤销，成立传媒学院）	王　平(2017.08—　)	左田田(2017.12—　)
护理学院 （2015年5月护理系撤销，成立护理学院）	钱关祥(2015.05—2017.08) 桑未心(2017.09—2022.08) 杨青敏(兼职)(2017.07—　)	桑未心(2015.05—2017.08) 刘宝裕(2015.05—2017.09) 林晓云(2017.09—2020.08) 张晓宇(2020.09—2021.10) 朱桂菊(2022.09—　) 张美琴(主持工作)(2022.09—　)

续 表

学　院	院长（主任）	副院长（副主任）
教育学院 （2019年3月成立）	吴静芳（2019.03—　）	
技师学院 （2022年9月成立）	平　越（2022.09—　）	
基础教学部	吴江华（2015.03—2021.09） 何民乐（2021.09—　）	吴江华（2013.07—2015.03） 牛晓伟（2015.03—　） 覃家宁（2018.08—2021.10）
社会科学教学部 （原名马列教研部，2021年9月更名为社会科学教学部）	黄苏飞（2009.09—2021.10） 龙　燕（2021.09—　）	龙　燕（2018.08—2021.08）
继续教育学院	项家祥（2009.02—2020.08） 张才龙（2020.09—　）	张才龙（2011—2020.08）

部 处 设 置

1993—1998 年

部　门	设置时间	负责人
院长办公室	1998—	严名山(1998.10—2001)　方铭岳(1998.10—2003.03)
教务办公室	1993—1999	周根梅(1993—1997)　黄保康(1994—1997) 朱梅芳(1996—1997)
学生工作办公室	1993—1998	陆伟香(1993—1997)　姜桂玉(1995—1997) 严名山(1997—1997)

1998—2022 年

处(部)	正　职	副　职
院长办公室 (1998—2005)	严名山(1998.02—2001.05) 林潮泳(2001.05—2002.03) 韩雪根(2002.03—2003.03) 周　莲(2003.06—2005.10) 张迪修(2005.10—2006.06)	方铭岳(1998.02—2003.06)(1999 年兼党办主任) 阎顺福(2002—2003.06)
党务办公室 (1999—2005)	方铭岳(1999.05—2001.05 兼)(2001.05—2003.06 主任)	
党政办公室 (2005.03—　)	周　莲(2003.06—2005.10) 张迪修(2005.10—2007.01) 王　玉(2007.01—2016.02) 李希萌(2016.02—2020.03) 顾文业(2020.03—　)	马抗美(2003.09—2006.06) 孙　思(2006.06—2007.11) 许　岚(2007.11—2009.02) 喻家琪(2009.02—2016.02) 岳宝华(2016.02—2017.06) 杨　静(2017.07—　) 朱新华(2021.10—　)

续 表

处(部)	正 职	副 职
教务办公室 (1993—1999) 教务处 (1999—)	周根梅(1993.10—1995.12) 刘步山(1999.02—2002.02) 吴宏文(2002.02—2005.04) 张迪修(2005.04—2006.04) 杨新芳(2006.04—2007.04)(兼评估办主任) 朱为英(2007.04—2008.09) 尹雷方(2008.09—2014.07) 张菊芳(2014.07—2017.02) 何民乐(2017.07—2021.08) 张居阳(2021.09—)	黄保康(1995.02—) 朱梅芳(1996.02—) 吴伟英(2002.02—2003.02) 林 蓓(2003.02—2003.10) 戴晓红(2003.10—2005.04) 郁 萍(2005.11—2007.04) 张菊芳(2008.11—2014.07) 黄 琦(2009.02—2007.10) 刘宝裕(2017.09—2021.08) 王 勤(2014.07—2017.07) 何民乐(2017.02—2017.06)(主持工作) 张居阳(2018.03—2021.08) 杨 威(2022.08—)
督导组 (2002.03—2008.12) 教学督导室 (2010.05—2019.07)	朱崇贤(2002.03—2005.10) 程祖德(2005.10—2007.03) 许梦杰(2007.03—2010.06) 刁德霖(2010.06—2016.09) 何民乐(2016.09—2017.02) 张菊芳(2017.02—2019.07)(兼督导室主任)	
学生工作办公室 (1993.09—1999.06) 学生处(学生工作部) (1996.06—)	陆伟香(1993.09—1997.09) 严名山(1997.09—1999.02) 张文访(代理)(1999.02—1999.05) 曹士鑫(1999.05—2002.02) 陆瑞良(2002.02—2003.09) 周 莲(2003.09—2005.03) 王 玉(2005.03—2007.04) 郁 萍(2007.04—2014.09)(2009.02 兼就业指导中心主任) 杨 瑾(2014.09—)	姜桂玉(1995.09—1999.05) 杨开太(2003—2004.12) 郁 萍(2004.12—2005.10) 林声远(2004.12—2005.03) 龚 懿(2009.02—2010.09) 杨 静(2010.12—2011.05) 蔡建平(2012.02—2016.04) 胡阿佳(2017.02—2018.05) 庄丽丹(2018.05—2019.12) 王莉娜(2019.12—)
招生/就业办公室 (2003.09—2014.09)	王镇祥(2003.09—2004.02) 林潮泳(2004.04—2005.03) 范显义(2006.06—2007.11) 黄 琦(2007.11—2014.09 招生办)	吴伟英(2003.09—2004.04) 李 静(2004.02—2007.11) 卢美君(2007.11—2014.09 毕业办)
就业指导中心 (2004.04—2005.04) 就业指导中心 (2009.02—)	吴伟英(2004.04—2005.04) 郁 萍(2009.02—)	
招生就业处 (2014.09—) (下设招生和就业办公室)	郁 萍(兼)(2014.09—) 黄 琦(2014.09—2014.11 招生办)	蔡建平(2016.04—) (兼招生办主任) 张 春(2014.09—) (兼就业办主任) 杨超英(2017.02—2018.09)(就业办副主任)
高等教育研究所 (2007.12—2021.06)	李重华(2007.12—2011.03)	邱建国(2011.03—2017.02)
科技发展处/高教研究室 (2020.11—)	楚丹琪(2021.01—2022.06) 邱建国(2020.11—2021.08 高教研究室) 刘福窑(2022.10—)	明秋云(2021.10—2022.03)

续表

处（部）	正　职	副　职
创建办公室 （2011.09—2021.08）	周大恂（2011.09—2017.02） 刘宝裕（2017.02—2021.07）	
质量管理办公室 （2017.02—2019.07）	张菊芳（2017.02—2019.07）	
人事处 （2003.03—　）	方铭岳（2003.03—2003.09） 梁雁冰（2003.09—2007.10） 宋志英（2007.11—2008.09） 周　莲（2008.09—2010.09） 高惠珠（2010.09—2018.03） 许　岚（2021.09—　）	梁雁冰（2003.09—2003.10） 许　岚（2009.02—2019.08） 杨　静（2016.02—2017.06）
财务处 （1999.01—　）	邱来国（1999.01—2008.02） 杨殿雄（2010.09—2019.07） 孙　毅（2019.07—2021.01） 彭晓丽（2021.01—　）	杨秀荣（2008.02—2009.09） 孙　毅（2009.02—2019.07） 刘　悦（2018.09—2021.10） 周雨晴（2021.09—　）
资产设备处 （2004.09—2010.06） 资产/实训室管理处 （2010.06—　）	杨秀荣（2004.10—2006.08） 刘　平（2010.09—2020.08） 楚丹琪（2021.09—2022.06）	邱　云（2018.09—2021.09）（主持工作2020.09—2021.10） 陈晓雯（2021.10—　）（主持工作2022.06—　）
总务办公室 （1999.09—2003.02） 总务处 （2002.02—2003.09） （2016.04—2018.03） 后勤/保障部 （2003.09—2016.04） 后勤服务中心 （2018.03—2021.09）	龚慰望（1999.09—2002.02 总务办） 沈　发（2002.02—2004.11） 曹炳荣（2003.09—2007.03 总务处；2007.03—2009.02 后勤保障部） 许双全（2009.02—2015.09） 张金德（2015.09—2018.03） 黄　樑（2018.03—2021.09）	曹炳荣（2009.02—2013.12） 张雪芬（2009.02—2015.08） 吉永明（2013.09—2016.04） 张金德（2013.12—2015.09） 职绚绚（2015.09—2021.10） 蒋久泉（2015.03—2016.04）
采购中心 （2003.09—2006.11）	沈　发（2003.09—2006.11）	
保卫处 （1998—2004） 保卫/武装部 （2004—2016.04） 武装保卫处 （2016.04—2021.09）	孟庆涛（1999.06—2002.02） 庄举华（2002.02—2005.12） 许双全（2005.12—2015.08） 蒋久泉（2015.08—2021.09）	潘　峰（2002.02—2004.02） 吉永明（2016.04—2017.09）
后勤保卫处 （2021.09—　） （设总务处、武装保卫处）	黄　樑（兼）	黄　海（兼总务处副处长） 蒋久泉（兼保卫处处长）
后勤服务中心（2009.09—　）	职绚绚（2021.10—　）	

续 表

处（部）	正 职	副 职
实训实习管理中心 （2006—2009.02）	武 梅（2002—2003） 林 蓓（2003—2004.02） 郑雪培（2006.08—2009.02）	施 伟（2003—2005） 杨秀荣（2006.08—2009.02） 亚 尔（2006.08—2009.02）
网络中心 （2002.02—2010.09） 网络与计算中心 （2010.09—2021.09）	武 梅（2002.02—2003.09） 林 蓓（2003.09—2004.02） 郑雪培（2004.02—2010.09）（2010.09—2017.09 网络与计算中心主任）	施 伟（2003.09—2004.02） 康 春（2006.08—2021.08）
图书馆 （2004.10—2021.09）	徐菊兴（2004.10—2006.05） 蒋时雨（2006.05—2007.11） 胡明明（2007.11—2013.09） 周肇光（2013.09—2021.09）	黄 琦（2014.11—2017.02） 潘健文（2017.02—2021.09）
档案室 （1999.06—2021.09）	方铭岳（兼）（1999.06—2003.03） 施水芳（2011.03—2017.02） 王 丹（2017.02—2021.10）	
图文信息中心 （图书馆、网络中心、档案室） （2021.09— ）	周肇光（2021.09—2021.10） 孟昭上（2022.01— ）	康 春（2021.10— ）（信息中心主任） 王 丹（2021.10— ）（档案室主任）
培训中心 （2011.04—2020.04）	赵三宝（2011.04—2020.04）	

党组织(工青妇)

党组织

1999—2008年

中共上海东海职业技术学院支部(总支部)委员会

名　称	书　记	副书记	支部委员
党支部委员会 1998年10月成立	姜至本		曹助我、李重华、方铭岳(2002年起)
党总支委员会 2003年12月成立	姜至本 (2003—2005) 曹助我 (2005—2008)	曹助我(1999—2006) 黄美珏(2005—2006) 林潮泳(2006—2007) 王　玉(2006—2008)	陶　钧(纪委委员)(2003.12—2008.12) 李重华(宣传委员)(2003.12—2008.12) 王　玉(2003.12—2006) 曹新舟(2003—2006) 林潮泳(2003—2006)

2008—2021年

中共上海东海职业技术学院委员会

届别	书　记	副书记	委员
第一届	赵佩琪(2008.12—2021.05)	项家祥(2008.12—2021.05) 王　玉(2008.12—2021.05)	曹助我(2008.12—2021) 郁　萍(2008.12—2021) 程龙根(2008.12—2020) 王国昌(2008.12—2014) 尹雷方(2014.07—2020) 李希萌(2017.05—2020)
第二届	曹蓉蓉(2021.05—　)	王　刚(2021.05—　) 王　玉(2021.05—　)	曹助我、郁　萍、卓丽环、黄　樑、顾文业、许　岚(2021.05—　)

中共上海东海职业技术学院纪律检查委员会

届别	书　记	副书记	委员
第一届	王　玉(2008.12—2021.05)		许双全(2008.02—2016.02) 张雪芬(2008.02—2016.02) 吉永明(2016.03—2020.08) 施晓玮(2016.03—2021.05)
第二届	王　玉 (2021.05—　)	施晓玮(2021.05—　)	张居阳、朱新华、杨超英(2021.05—　)

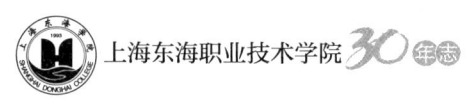

党总支委员会

党总支	书记	组织委员	宣传委员
机关党总支	杨和平(2009.02起) 吉永明(2011.03起) 龚懿(2017.11起) 许岚(2018.09起)	杨秀荣(2009.02起) 何建中(2010.05起) 施晓玮(2011.09起) 张春(2018.09起)	周莲(2009.02起) 许岚(2010.05起) 张才龙(2014.11起)
系部党总支	王国昌(2009.02起) 吉永明(2011.03起) 蒋久泉(2013.09起) 施晓玮(2015.03起)	陆小敏(2009.02起) 施晓玮(2011.09起) 王莉娜(2015.03起)	戴晓红(2009.02起) 陆小敏(2013.09起) 许小梅(2016.04起)

2019年10月31日，院部党总支划分为院部一总支和院部二总支两个党总支。

党总支	书记	组织委员	宣传委员
机关党总支	龚懿(2017.11起) 许岚(2018.09起)	张春(2018.09起)	张才龙(2014.11起)
院部一总支	施晓玮(2019.10起)	张晓宇(2019.12起)	俞云婷(2019.12起)
院部二总支	王莉娜(召集人)(2019.10起) 许小梅(2019.12起)	杨雪松(2019.12起)	尹一伊(2019.12起)

2021年11月起，中共上海东海职业技术学院委员会二级党组织设置。

党组织名称	书记	副书记	支委委员
机关党总支	许岚		张春、张才龙
经管学院直属党支部	许小梅	吕薇	严赟、袁玮、栾雪
传媒学院直属党支部	胡雪	左田田	白婷、尹一伊、刘珂菡
航空学院直属党支部	葛徐艳	周孟华	白芸、赵荣、卢桃
护理学院直属党支部	彭艳	朱桂菊	张丽、冯亚男、吴佳妮
教育学院直属党支部	马祥龙		李晓静、郝雁玲
机电学院直属党支部	沈艳		周立艳、孙菁
艺术设计学院直属党支部	万黎黎		刘明可、丁依晨
基础部直属党支部	覃家宁		鲁志芳、李晓红
社科部直属党支部	龙燕		施晓玮、陈飞

工会委员会

届次	主席	常务副主席	委员
第一届	陶钧(2002.07起)	林潮泳(2004.05起)	陶钧、林潮泳、郁萍
第二届	杜鉴坤(2006.05起)	方铭岳(2007.05—2008.10) 杨和平(2008.10—2009.10)	宋志英(2008.10止)、覃家宁、王䐃

续 表

届次	主　席	常务副主席	委员
第三届	王　玉(2009.11起)	杨和平(2008.11起)	周孟华、曹炳荣、覃家宁、郁　萍
第四届	郁　萍(2017.06起)	龚　懿(2018.05起) 杨超英(2018.09起)	许　岚、杨　瑾、何民乐、吴静芳、周孟华、覃家宁、杨超英、顾文业

中国共产主义青年团上海东海职业技术学院委员会

届次	团委书记	副书记	委员
第一届 (1995年11月成立)	吴志雄(1995.11—1998.05) 郁　萍(1998.05—1999.05) 崔　英(代)(1999.05—2000.12)	郁　萍(1995.11—1998.05) 翁育峰(1997.05—2000.12)	吴志雄、郁　萍(吴美群、孙晨牧、顾斌峰1997.05止,居　赟、王　颖、唐　捷、王春霞1997.05起)
第二届 (2000年9月成立)	王　玉(2000.12—2007.07)	李　俊(2000.12—2003.09) 孙　健(2000.12—2002.09) 许　岚(2002.02—2007.07)	丁蓓蕾、王　玉、叶俊翔、甘露、孙　健、朱　岸、刘文彦、李　俊、徐　杰
第三届 (2007年3月成立)	许　岚(2007.07—2007.10) 龚　懿(2007.10—2009.02)	万黎黎(2009.02—2011.04) (主持工作)	王莉娜、吕　薇、许　岚、宋艳萍、张　春、范　斌、施瀚天、徐　薇、魏　伟
第四届 (2011年4月成立)	杨　静(2011.04—2016.02) 胡阿佳(2018.03—2019.03)	金宇浩(2011.04起) 何　塑(2014.03起)(主持工作) 胡　忱(2014.03起) 周亚飞(2014.10起)(主持工作) 杨豆琪(2015.10起) 彭历洲(2016.01起)(主持工作) 邵引印(2016.10起)(主持工作) 易潇萍(2016.10起) 李寒萌(2017.04—2018.03)(主持工作) 任　洁(2018.03—2019.03) (2019.03起主持工作)	杨　静、何　塑、王莉娜、金宇浩、叶晓菁、冯陈晟、徐志强、唐萍萍、曹　阳

说明:2003年6月30日,经共青团上海市委员会沪团委发〔2003〕201号文批准,共青团民办东海职业技术学院委员会更名为共青团上海东海职业技术学院委员会。

非常设机构

1999年

院长会议成员

名誉院长:胡立教
院　　长:夏征农
顾　　问:李储文　谈家桢
常务副院长、法定代表人:曹助我
副 院 长:姜至本　陶　钧　李重华

院务委员会

名誉主任:胡立教
主　　任:夏征农
常务副主任:姜至本
副 主 任:曹助我　陶　钧　李重华
委　　员:伍贻康　上海世界经济研究所所长、教授
　　　　　高云升　上海汇华会计师事务所主任、教授
　　　　　张南保　上海大学教授
　　　　　邱光正　中国纺织大学教授
　　　　　林芸芸　同济大学副教授
　　　　　甘露光　上海交通大学副教授
　　　　　严名山　上海交通大学教授
　　　　　郦渭荣　华东政法学院副研究员
　　　　　戴瑞同　原上海城市建设学院院长、教授

学院发展委员会

名誉会长:夏征农
会　　长:胡立教
执行会长:李储文
委　　员:钱元龙　上海市交通委书记
　　　　　黄富荣　闵行区委书记
　　　　　王洪泉　闵行区区长
　　　　　罗云芳　闵行区委副书记
　　　　　陈文炳　上海市广播电视局副局长、上海电台台长
　　　　　范止安　香港新亚洲出版社社长
　　　　　杨振汉　杨谭(美国)有限公司董事长
　　　　　蒋衍林　上海长江轮船公司总经理、高级工程师
　　　　　蔡至梁　上海开能新技术工程公司总经理、高级工程师
　　　　　桂直阶　上海外轮代理公司财务总监
　　　　　王　鹏　中星(集团)公司董事长
　　　　　冯河清　上海信太实业公司总经理

2000—2001年

院长会议成员

名誉院长：胡立教
院　　长：夏征农
顾　　问：李储文　谈家桢
常务副院长、法定代表人：曹助我
副 院 长：姜至本　陶　钧　李重华

院务委员会

名誉主任：胡立教
主　　任：夏征农
常务副主任：姜至本
副 主 任：曹助我　陶　钧　李重华
委　　员：伍贻康　上海世界经济研究所所长、
　　　　　　　　　教授
　　　　　高云升　上海汇华会计师事务所主任、
　　　　　　　　　教授
　　　　　张南保　上海大学教授
　　　　　邱光正　中国纺织大学教授
　　　　　林芸芸　同济大学副教授
　　　　　甘露光　上海交通大学副教授
　　　　　严名山　上海交通大学教授
　　　　　郦渭荣　华东政法学院副研究员
　　　　　戴瑞同　原上海城市建设学院院长、
　　　　　　　　　教授

院发展委员会

名誉会长：夏征农
会　　长：胡立教
执行会长：李储文
委　　员：钱元龙　上海市交通委书记
　　　　　黄富荣　闵行区委书记
　　　　　王洪泉　闵行区区长
　　　　　罗云芳　闵行区委副书记
　　　　　陈文炳　上海市广播电视局副局长、上
　　　　　　　　　海电台台长
　　　　　范止安　香港新亚洲出版社社长
　　　　　杨振汉　杨谭(美国)有限公司董事长
　　　　　蒋衍林　上海长江轮船公司总经理、高
　　　　　　　　　级工程师
　　　　　蔡至梁　上海开能新技术工程公司总经
　　　　　　　　　理、高级工程师
　　　　　桂直阶　上海外轮代理公司财务总监
　　　　　王　鹏　中星(集团)公司董事长
　　　　　冯河清　上海信太实业公司总经理

2002年

爱国卫生管理委员会

东办字〔2002〕25号
主　　任：阎顺福
副主任：蒲凯元　沈　发
委　　员：韩雪根　陆瑞良　王　玉　林潮泳
　　　　　吴伟英　徐勤娟
　　　　　张蓉芳　沈慧英

各类工作小组

（2002年10月18日）
一、招生工作领导小组
组　　长：曹助我
副组长：李重华　叶尚川
成　　员：姜至本　陶　钧　阎顺福
二、招生工作监察小组
组　　长：姜至本
副组长：陶　钧

成　　员：阎顺福

三、招生工作组
组　　长：王镇祥
顾　　问：阎顺福
成　　员：林潮泳　龚慰望　陆瑞良　董天蓉
　　　　　林蓓

四、资产清理工作小组
组　　长：阎顺福
副组长：韩雪根　邱来国　沈发
成　　员：曹炳荣　林小毛　叶关炎　马抗美
　　　　　张永春　罗慧　倪顺芳

五、档案清理工作小组
组　　长：阎顺福
副组长：方铭岳　吴宏文
成　　员：汪鲁青　刘步山　戴晓红　奚香香

　　　　　曹士鑫　许岚　林潮泳、韩瑞芳

六、毕业生就业指导委员会
主　　任：阎顺福
副主任：陆瑞良　王镇祥
秘　　书：董天蓉
信息员：武梅
委　　员：龚慰望　沈兆麟　叶关炎　徐佩泰
　　　　　杨梦惠　部分专业主任

七、校庆筹备组
组　　长：阎顺福
顾　　问：叶尚川
秘　　书：韩雪根
成　　员：林潮泳　方铭岳　王玉　董天蓉
　　　　　孙思　郎昆

2003年

防治非典型肺炎工作领导小组

东字〔2003〕11号

领导小组
组　　长：曹助我　常务副院长
副组长：姜至本　党支部书记、副院长
　　　　叶尚川　执行副院长
　　　　阎顺福　院长助理、党办主任
成　　员：陶钧　副院长
　　　　　李重华　副院长

工作小组
组　　长：阎顺福　院长助理、党办主任
副组长：周莲　院办副主任
　　　　陆瑞良　学生处处长
成　　员：王玉　团委书记
　　　　　沈发　总务处处长
　　　　　庄举华　保卫处处长
　　　　　林潮泳　工会副主席
　　　　　葛政荣　医务室医生
　　　　　孙顺芳　医务室医生

食堂食品监督管理委员会

东字〔2003〕36号

主　　任：沈发
副主任：任安　肖岚（学生）
卫生专管员：孙顺芳
委　　员：沈发　林潮泳　孙朝彬（学生）
　　　　　张湜旻（学生）　沈智慧（学生）
　　　　　唐玲娜（学生）

中共东海职业技术学院党校

东党字〔2003〕01号

校　　长：姜至本
常务副校长：阎顺福
办公室主任：马抗美

食堂管理委员会

东办字〔2003〕17号

主　　任：阎顺福
副主任：罗芳　林潮泳
卫生专管员：葛政荣
委　　员：沈发　阮惠文　沈兆麟　陈永良
　　　　　陈栋（学生）

朱佳英（学生） 徐 颖（学生）

安全工作委员会

东办字〔2003〕34号

主　任：陶　钧
副主任：阎顺福　庄举华
委　员：杨开太　王　玉　沈　发　曹炳荣
　　　　董天蓉　任　安

院务公开领导小组

东字〔2003〕46号

领导小组
组　长：姜至本
副组长：曹助我　陶　钧　李重华
成　员：曹新舟　阎顺福　张桂兴　林潮泳
办公室
主　任：陶　钧（兼）
副主任：林潮泳（兼）

成　员：方铭岳　王　玉　周　莲　梁雁冰
　　　　邱来国　郁　萍

红十字会（筹）理事会

东字〔2003〕48号

会　员：陶　钧　副院长
　　　　阎顺福　院秘书长
　　　　曹新舟　院教育长
　　　　周　莲　院办主任
　　　　杨开太　学生处副处长
　　　　许　岚　团委副书记
　　　　邢美芳　主治医师
　　　　胡　婷　学生
　　　　虞晨力　学生
会　长：陶　钧
副会长：阎顺福
秘书长：阎顺福（兼）
副秘书长：曹新舟

2004年

党建工作领导小组

东党字〔2004〕4号

组　长：姜至本
成　员：曹助我　曹新舟　方铭岳　马抗美
　　　　王　玉　陆小敏　何　颖

学校及周边治安综合治理领导小组

东字〔2004〕30号

组　长：曹炳荣
副组长：庄举华

成　员：沈　发　杨开太　侯　丹
联络员：庄举华

文明建设委员会

东党字〔2004〕34号

主　任：姜至本
副主任：黄美珏　阎顺福　曹新舟　王　玉
委　员：姜至本　黄美珏　阎顺福　曹新舟
　　　　王　玉　曹炳荣　林潮泳　周　莲
　　　　方铭岳　马抗美　陆瑞良　林声远
　　　　戴晓红　沈　发　陆　颖　许晓菁

2005年

初级专业技术职务聘任委员会

东字〔2005〕3号

主　任：姜至本

副主任：黄美珏
成　员：杨新芳　朱崇贤　周孟华　梁雁冰

就业指导委员会

东字〔2005〕11号

主　　任：曹助我
副 主 任：杜鉴坤　丁家华
成　　员：杨新芳　吴伟英　郁　萍　奚香香
　　　　　顾　磊　陆　颖

爱国卫生委员会

东字〔2005〕12号

主　　任：丁家华
副 主 任：沈　发　蔡　青
成　　员：林潮泳　林声远　董天蓉　韩雪根
　　　　　吴新华　孙顺芳　沈慧英　徐勤娟
　　　　　孙朝彬　袁正凌　高佳颖

院务公开领导小组（调整）

东字〔2005〕13号

领导小组
组　　长：姜至本
副 组 长：曹助我　陶　钧　李重华　杜鉴坤
　　　　　黄美珏
成　　员：丁家华　杨新芳　林潮泳
办公室
主　　任：陶　钧（兼）
副 主 任：林潮泳
成　　员：方铭岳　王　玉　周　莲　梁雁冰
　　　　　邱来国　郁　萍　覃家宁
监督小组
组　　长：陶　钧
副 组 长：林潮泳
成　　员：沈　发　陆小敏　周孟华　张　春
　　　　　龚　懿

院务公开监督小组

东字〔2005〕14号

组　　长：陶　钧
副 组 长：林潮泳
成　　员：沈　发　陆小敏　周孟华　张　春
　　　　　龚　懿

学校及周边治安综合治理领导小组

东字〔2005〕20号

组　　长：黄美珏
副 组 长：赵正佳
成　　员：王　玉　方铭岳　曹炳荣　林声远
　　　　　戴晓红　徐菊兴　沈　发　梁彦平
　　　　　周　莲

安全生产、防火安全领导小组

东字〔2005〕21号

组　　长：黄美珏
副 组 长：丁家华　赵正佳
成　　员：曹炳荣　林声远　徐菊兴　郑雪培
　　　　　沈　发　梁彦平　杨秀荣

人才培养工作水平评估领导小组

东字〔2005〕26号

顾　　问：邵廷忠
组　　长：曹助我
副 组 长：黄美珏　杨新芳
成　　员：丁家华
办公室主任：杨新芳
工作人员：时启亮　程祖德　严玉康　乐美龙
　　　　　周敬贤　胡宗孝　刘天慈　梁雁冰
　　　　　周　莲　郁　萍　戴晓红　吴伟英
　　　　　郑雪培　马抗美　周孟华　杨　萍
　　　　　侯　丹　江仕卿　韩瑞芳

学生工作领导小组

东字〔2005〕27号

组　　长：丁家华
成　　员：杨新芳　王　玉　郁　萍　赵正佳

东海学院监察室

东字〔2005〕37号

主　　任：方铭岳
副 主 任：程祖德
委　　员：林潮泳

突发事件应急工作小组

东字〔2005〕40号

主　任：姜至本
副主任：陶　钧　李重华　杜鉴坤
成　员：曹炳荣　赵正佳　林声远　王　玉

人才培养工作水平评估领导小组（调整）

东字〔2005〕45号

顾　问：邵廷忠
组　长：曹助我
副组长：陶　钧　杨新芳
成　员：曹助我　陶　钧　杜鉴坤　杨新芳
办公室主任：杨新芳
工作人员：时启亮　程祖德　严玉康　乐美龙
　　　　　周敬贤　胡宗孝　刘天慈　梁雁冰
　　　　　周　莲　邱来国　曹炳荣　王　玉
　　　　　郁　萍　吴伟英　郑雪培　蒋时雨
　　　　　戴晓红　张雪芬　朱宝妹　蒋久泉
　　　　　黄荣妹　侯　丹　江仕卿

人才培养工作水平评估自评专家组

东字〔2005〕66号

顾　问：曹助我　陶　钧　邵廷忠
组　长：夏寅荪
成　员：刁德霖　严玉康　周敬贤　时启亮
　　　　胡宗孝　杨新芳（兼秘书）

精神文明建设委员会

东字〔2005〕70号

委员会
主　任：杜鉴坤
副主任：杨新芳　周　莲
委　员：林潮泳　王　玉　张迪修
办公室
主　任：张迪修
副主任：王国昌
工作人员：方铭岳　梁雁冰　曹炳荣　郑雪培
　　　　　沈　发　吴伟英　郁　萍　杨开太
　　　　　许　岚　蒋时雨　蒋久泉　张雪芬
　　　　　朱宝妹　戴晓红　黄荣妹　覃家宁

学生违纪处理委员会

东字〔2005〕81号

主　任：李重华
副主任：周　莲
委　员：许双全　郁　萍　曹炳荣　杨开太
　　　　林声远

学生申诉处理委员会

东字〔2005〕82号

主　任：陶　钧
副主任：杨新芳
委　员：方铭岳　马抗美　林潮泳　许　岚
　　　　陈　飞　顾晓艺　石艳瑾

专业建设指导委员会

东字〔2005〕87号

主任委员：曹助我
成　员：陶　钧　李重华　杨新芳　刁德霖
　　　　乔世民　时启亮　周敬贤　胡宗孝
　　　　林　迅　程祖德　蒋　斌　沈卫荣
　　　　宋希锟　李　敏　郭继华　任端正
　　　　黄　敏　崔　杰

教职员工劳动仲裁委员会

东字〔2005〕90号

主　任：曹助我
副主任：李重华
委　员：方铭岳　林潮泳　马抗美　白　芸
　　　　倪仁芳

语言文字工作委员会

东字〔2005〕91号

主　任：陶　钧
副主任：杨新芳
秘　书：张霄汉
委　员：戎引萍　张雪芬　戴晓红　夏有霖
　　　　黄荣妹　覃家宁

2006 年

教学工作管理委员会

东字〔2006〕1 号

主　任:曹助我
副主任:陶　钧
委　员:刁德林　朱崇贤　乔世民　许梦杰
　　　　李重华　杜鉴坤　严玉康　杨新芳
　　　　时启亮　宋　崇　沈伟荣　陈益康
　　　　张迪修　林　讯　周敬贤　胡宗孝
　　　　赵三宝　曹士鑫　程祖德
秘书长:郁　萍

精神文明建设委员会（调整）

东字〔2006〕3 号

委员会
主　任:杜鉴坤
副主任:杨新芳　周　莲
委　员:林潮泳　王　玉　张迪修
办公室
主　任:张迪修
副主任:王国昌　马抗美
工作人员:方铭岳　梁雁冰　曹炳荣　邱来国
　　　　郑雪培　沈　发　杨秀荣　吴伟英
　　　　郁　萍　杨开太　许　岚　李　静
　　　　贾同浐　许双全　蒋时雨　张雪芬
　　　　戎引萍　夏有霖　戴晓红　黄荣妹
　　　　覃家宁

红十字会理事会

东字〔2006〕4 号

理事会
会　员:陶　钧　杜鉴坤　周　莲　张迪修
　　　　曹炳荣　杨开太　许　岚　谢秀贤
　　　　来俊雄　唐　寅
会　长:陶　钧
副会长:杜鉴坤
秘书长:张迪修
副秘书长:曹炳荣

办公室
主　任:张迪修(兼)
副主任:谢秀贤
工作人员:陈勤华　蔡　青　孙顺芳

学生违纪处理委员会（调整）

东字〔2006〕16 号

主　任:李重华
副主任:周　莲
委　员:许双全　张迪修　曹炳荣　杨开太
　　　　林声远

学生军事训练领导小组

东字〔2006〕40 号

组　长:李重华
副组长:杨新芳　王　玉　张迪修　周　莲
成　员:林声远　许双全　曹炳荣　张雪芬
　　　　戎引萍　戴晓红　夏有霖　陆小敏
　　　　章国英

院务公开工作领导小组（调整）

东字〔2006〕44 号

领导小组
组　长:曹助我
副组长:陶　钧　李重华　杜鉴坤
成　员:杨新芳　林潮泳
办公室
主　任:陶　钧(兼)
副主任:林潮泳(兼)
成　员:方铭岳　王　玉　周　莲　梁雁冰
　　　　邱来国　郁　萍　覃家宁

政务公开工作领导小组

东字〔2006〕46 号

领导小组
组　长:曹助我
副组长:陶　钧　李重华　杜鉴坤
成　员:杨新芳　林潮泳

办公室
主　任:陶　钧(兼)
副主任:林潮泳(兼)
成　员:方铭岳　王　玉　周　莲　梁雁冰
　　　　邱来国　郁　萍　覃家宁

心理健康工作领导小组(调整)

东字〔2006〕52号

组　　长:李重华
副组长:杜鉴坤
成　　员:杨新芳　王　玉　周　莲　郁　萍
　　　　　戴晓红　张雪芬　戎引萍　夏有霖
　　　　　陆小敏　章国英　李永宪　蔡　青

2007年

就业指导委员会

东字〔2007〕2号

主　任:李重华
副主任:周　莲
委　员:徐佩泰　戴贻勇　朱宝妹　卢美君
　　　　蔡燕玲　顾小艺

"三风"建设领导小组

东字〔2007〕4号

组　　长:杨新芳
副组长:方铭岳　王　玉　周　莲
成　　员:许　岚　朱为英　陆小敏　朱幼华
　　　　　戴晓红　戎引萍　王国昌　张雪芬
　　　　　章国英　许双全　杨　匀

专业技术职务聘任委员会

东字〔2007〕6号

主　任:程龙根
副主任:杨新芳
委　员:朱为英　刁德霖　严玉康　时启亮
　　　　周敬贤　王小瑜　林　迅　乔世民
　　　　程祖德　梁雁冰

防汛防台领导小组(调整)

东字〔2007〕11号

领导小组
组　　长:程龙根
副组长:曹炳荣

成　　员:许双全　杨　匀　沈　发　王　玉
　　　　　方铭岳　梁彦平　赵国良　褚红卫
抢险救灾组
组　　长:顾玉贵
成　　员:查金殿　李金山　金纪明　倪仁芳
　　　　　闵顺兰　沈士良　蒋访龙　陈建青

安全、防火工作委员会

东字〔2007〕12号

主　任:程龙根
副主任:曹炳荣　许双全
委　员:王　玉　周　莲　许　岚　朱为英
　　　　沈　发　褚红卫　杨　匀　梁彦平
　　　　赵国良

语言文字工作委员会(调整)

东字〔2007〕13号

主　任:程龙根
副主任:杨新芳　王　玉
秘　书:黄　君
委　员:梁雁冰　朱为英　周　莲　邱来国
　　　　曹炳荣　郑雪培　戎引萍　张雪芬
　　　　戴晓红　王国昌　陆小敏　章国英
　　　　朱幼华　马抗美

人才培养工作水平评估整改工作领导小组

东字〔2007〕15号

组　　长:程龙根
副组长:杨新芳
成　　员:朱为英　周　莲　梁雁冰　郑雪培

曹炳荣　许梦杰　方铭岳　刁德霖
　　严玉康　乔世民　周敬贤　时启亮
　　林　迅　周孟华　王小瑜
秘　书：郁　萍

红十字会理事会（调整）

东字〔2007〕21号

会　　长：程龙根
副会长：杨新芳
秘书长：王　玉
副秘书长：曹炳荣　许　岚
成　　员：郁　萍　沈　发　殷国光　施佳丽
　　　　　陆振宇

学生医疗保障制度工作领导小组

东字〔2007〕22号

组　　长：程龙根
副组长：曹炳荣
成　　员：朱为英　梁雁冰　王　玉　郁　萍
　　　　　邱来国　方铭岳　杨　匀　殷国光

高等职业教育研究所

东字〔2007〕24号

所　　长：李重华
成　　员：程龙根　杨新芳　刁德霖　王小瑜
　　　　　乔世民　严玉康　时启亮　林　迅
　　　　　周孟华　周敬贤

《高等职业教育研究》编辑委员会

东字〔2007〕27号

主任委员：夏征农
副主任委员：曹助我　陶　钧　李重华　杜鉴坤
　　　　　　程龙根　杨新芳
编　　委：刁德霖　王小瑜　乔世民　李重华
　　　　　严玉康　时启亮　林　迅　周孟华
　　　　　周敬贤　杨新芳　蒋时雨
主　　编：李重华
副主编：杨新芳　蒋时雨

食堂食品监督管理委员会

东字〔2007〕51号

主　　任：曹炳荣
副主任：方铭岳
成　　员：沈　发　孙顺芳　康建华　施佳丽
　　　　　陈佳奇　包天益

资助工作领导小组

东字〔2007〕60号

组　　长：程龙根
副组长：郁　萍
成　　员：许　岚　邱来国　张雪芬　戎引萍
　　　　　戴晓红　王国昌　陆小敏　左田田

2008年

党委筹备工作领导小组

东党字〔2008〕7号

组　　长：赵佩琪
副组长：曹助我　项家祥
成　　员：王　玉　许　岚　王国昌　张雪芬
　　　　　陆小敏

精神文明建设委员会（调整）

东字〔2008〕16号

委员会
主　　任：曹助我
副主任：杜鉴坤
委　　员：程龙根　杨新芳　王　玉　朱为英
　　　　　郁　萍

办公室
主　　任：王　玉
副主任：朱为英　郁　萍
工作人员：方铭岳　曹炳荣　宋志英　孙　毅
　　　　　郑雪培　杨秀荣　许双全　许　岚
　　　　　龚　懿　张雪芬　戎引萍　戴晓红
　　　　　陆小敏　王国昌　田志云　左田田
　　　　　朱幼华

学报编辑委员会

东字〔2008〕37号

主任委员:项家祥
副主任委员:曹助我　陶　钧　李重华　杜鉴坤
　　　　　　程龙根
编　　委(按姓氏笔画排序):
　　　　刁德霖　王小瑜　尹雷方　乔世民
　　　　严玉康　李重华　时启亮　林　迅
　　　　杨　萍　周孟华
主　编:李重华
副主编:尹雷方

精神文明建设委员会(调整)

东字〔2008〕43号

主　任:赵佩琪　项家祥
副主任:程龙根　王　玉
委　员:周　莲　曹炳荣　尹雷方　郁　萍
　　　　孙　毅　郑雪培　沈　发　杨秀荣
　　　　许双全　胡明明　张雪芬　戎引萍
　　　　王国昌　戴晓红　陆小敏　左田田
　　　　田志云　朱幼华　周孟华　龚　懿
　　　　覃家宁

下设精神文明建设委员会办公室,办公室主任由党办主任王玉同志兼任,办公室设4个工作组。

党建工作组
组　长:王　玉
成　员:张雪芬　陆小敏　戴晓红　王国昌
　　　　戎引萍

师风学风建设组
组　长:周　莲　尹雷方　郁　萍
成　员:黄荣妹　章国英　周　曼　张云鹭
　　　　宋秀杰　沈炳贤　杨　静　左田田
　　　　田志云　朱幼华　周孟华　龚　懿
　　　　覃家宁　张才龙

环境安全治理组
组　长:曹炳荣　许双全
成　员:沈　发　杨秀荣　康建华　褚红卫
　　　　郭　赟　翁顺林

宣传工作组
组　长:喻家琪
成　员:胡明明　邹培庆　王莉娜　杨　瑾
　　　　施晓玮　蔡建平　孙　思　陈晓雯
　　　　万黎黎　张霄汉

院务委员会

东字〔2008〕49号

主　任:项家祥　赵佩琪
副主任:杜鉴坤
委　员:程龙根　王　玉　尹雷方　周　莲
　　　　孙　毅　郁　萍　曹炳荣
秘书长:王　玉

学术委员会

东字〔2008〕50号

主　任:李重华
副主任:项家祥
委　员:赵佩琪　刁德霖　时启亮　乔世民
　　　　林　迅　尹雷方　周孟华　杨　萍
秘书长:尹雷方

职务聘任委员会

东字〔2008〕51号

主　任:曹助我
副主任:赵佩琪
委　员:项家祥　程龙根　周　莲　尹雷方
　　　　时启亮
秘书长:周　莲

教学指导委员会

东字〔2008〕52号

主　任:陶　钧
副主任:项家祥
委　员:尹雷方　刁德霖　严玉康　时启亮
　　　　杨　萍　乔世民　王小瑜　林　迅
　　　　周孟华
秘书长:尹雷方

自主招生领导小组

东字〔2008〕62号

招生工作领导小组
组　长:项家祥
成　员:赵佩琪　王　玉　尹雷方　黄　琦

监察工作领导小组

组　长：王　玉

成　员：杨和平　陈勤华（信访）

安全稳定工作领导小组

东字〔2008〕67号

领导小组

组　长：赵佩琪　项家祥

副组长：王　玉　程龙根

成　员：许双全　郁　萍　喻家琪　曹炳荣
　　　　杨和平　龚　懿

办公室

主　任：王　玉

副主任：许双全

成　员：田志云　张雪芬　左田田　戴晓红

　　　　朱幼华　蒋久泉　马忠秀　王国昌
　　　　陆小敏　戎引萍

学生申诉处理委员会（调整）

东字〔2008〕68号

主　任：杨和平

委　员：郁　萍　喻家琪　张菊芳　张　敏

院务公开领导小组（调整）

东字〔2008〕70号

组　长：项家祥　赵佩琪

副组长：程龙根　王　玉

成　员：尹雷方　周　莲　郁　萍　许双全
　　　　喻家琪　杨和平　孙　毅

2009年

学习实践科学发展观活动领导小组

东党字〔2009〕7号

领导小组

组　长：赵佩琪　项家祥

副组长：曹助我　王　玉

成　员：赵佩琪　项家祥　曹助我　王　玉
　　　　程龙根　郁　萍　王国昌

办公室

主　任：王　玉

副主任：喻家琪

基建、维修、物资采购领导小组

东字〔2009〕14号

领导小组

组　长：程龙根

副组长：尹雷方

组　员：王　玉　许双全　孙　毅　杨秀荣
　　　　郑雪培

办公室

主　任：杨秀荣（兼）

成　员：曹炳荣　康建华　褚红卫　沈　发
　　　　钟　鸣

学生资助工作领导小组（调整）

东字〔2009〕31号

领导小组

组　长：项家祥

副组长：王　玉

成　员：郁　萍　张雪芬　戎引萍　戴晓红
　　　　王国昌　陆小敏　左田田　吉永明
　　　　朱幼华　蒋久泉

办公室

主　任：郁　萍

副主任：龚　懿

成　员：蔡建平　万黎黎　张　春

学生就业指导委员会（调整）

东字〔2009〕38号

主　任：项家祥

副主任：郁　萍　卢美君

委　员：张　春　王含茵　林丽敏　卢保民
　　　　邹雨枫　陈晓雯　王　丹　王仙凤
　　　　周　楠

学生申诉处理委员会（调整）

东字〔2009〕59号

主　　任：程龙根

委　　员：郁　萍　喻家琪　张菊芳　杨和平
　　　　　张　敏

秘　　书：蔡建平　包倩娴

2010年

精神文明建设委员会（调整）

东党字〔2010〕4号

主　　任：赵佩琪　项家祥

副主任：王　玉

委　　员：程龙根　尹雷方　高惠珠　郁　萍
　　　　　许双全　喻家琪　王国昌　杨和平

招生工作领导小组

东字〔2010〕7号

领导小组

组　　长：项家祥

成　　员：赵佩琪　王　玉　尹雷方　黄　琦

监察组

组　　长：王　玉

成　　员：杨和平　陈勤华

工作组

组　　长：尹雷方

副组长：张菊芳　黄　琦

成　　员：教务处2人　招生办公室2人　网络中心
　　　　　1人　保卫处1人　总务处若干人

世博安保工作领导小组

东字〔2010〕20号

组　　长：赵佩琪　项家祥

副组长：程龙根　王　玉

组　　员：许双全　郁　萍　龚　懿　喻家琪
　　　　　曹炳荣　杨和平

毕业生入伍预征工作领导小组

东字〔2010〕21号

组　　长：项家祥

成　　员：郁　萍　许双全

协调人：郁　萍

联络人：林声远

示范性高职院校领导小组

东字〔2010〕26号

组　　长：项家祥

副组长：赵佩琪

成　　员：程龙根　王　玉　尹雷方　高惠珠
　　　　　郁　萍　孙　毅　严玉康　杨　萍
　　　　　时启亮　韩斌生　王小瑜　周孟华

秘　　书：王　玉

红十字会理事会（调整）

东字〔2010〕32号

理事会

会　　长：程龙根

副会长：王　玉

秘书长：喻家琪

副秘书长：郁　萍　曹炳荣

成　　员：龚　懿　殷国光　高靖轩（学生）
　　　　　徐志强（学生）

办公室

主　　任：喻家琪

副主任：龚　懿　殷国光

工作人员：万黎黎　周淑蓉　韩瑞芳

语言文字工作委员会（调整）

东字〔2010〕34号

主　　任：项家祥

副主任：尹雷方　王　玉

秘　　书：陈海冬

委　　员：高惠珠　郁　萍　许双全　张菊芳
　　　　　喻家琪　孙　毅　郑雪培

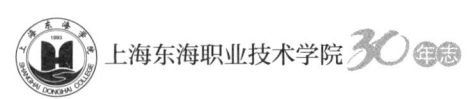

校务委员会

东字〔2010〕35号

校长办公会决定,院务委员会更名为校务委员会。

主　　任:项家祥　赵佩琪
副主任:杜鉴坤
委　　员:程龙根　王　玉　尹雷方　高惠珠
　　　　　郁　萍　许双全　孙　毅
秘书长:王　玉

学术委员会(调整)

东字〔2010〕36号

主　　任:李重华
副主任:项家祥
委　　员:赵佩琪　尹雷方　严玉康　时启亮
　　　　　王小瑜　乔世民　杨　萍　周孟华
　　　　　刁德霖　高惠珠
秘书长:尹雷方

职务聘任委员会(调整)

东字〔2010〕37号

主　　任:曹助我
副主任:赵佩琪
委　　员:项家祥　程龙根　尹雷方　高惠珠
　　　　　严玉康　时启亮
秘书长:高惠珠

教学指导委员会(调整)

东字〔2010〕38号

主　　任:陶　钧
副主任:项家祥
委　　员:尹雷方　刁德霖　严玉康　时启亮
　　　　　王小瑜　乔世民　钱关祥　杨　萍
　　　　　薛万奉　陆爱勤　周孟华　黄苏飞
秘书长:尹雷方

学生宿舍管理委员会

东字〔2010〕41号

主　　任:程龙根
副主任:郁　萍　许双全　张雪芬
委　　员:曹炳荣　杨　瑾　戴晓红　吉永明
　　　　　王国昌　蒋久泉　朱幼华　陆小敏
　　　　　龚　懿　徐佩珠
办公室主任:张雪芬
工作人员:翁顺林　褚红卫

评估工作领导小组

东字〔2010〕43号

领导小组
组　　长:项家祥　赵佩琪
成　　员:程龙根　王　玉　尹雷方　高惠珠
　　　　　郁　萍　刘　平　许双全　孙　毅
　　　　　严玉康　时启亮　王小瑜　陆爱勤
　　　　　杨　萍　薛万奉　乔世民　韩斌生
　　　　　桑未心　黄苏飞　周孟华

办公室
主　　任:尹雷方
成　　员:高惠珠　郁　萍　张菊芳　刁德霖
　　　　　刘　平　邱建国　陈勤华　韩瑞芳
　　　　　康　春

工作小组
宣传组组长:王　玉
副组长:喻家琪
成　　员:杨　瑾　邹培庆　施晓玮　张卫忠
保障组组长:许双全　刘　平
成　　员:曹炳荣　康建华　翁顺林　胡　璎

信息公开工作领导小组

东字〔2010〕50号

组　　长:项家祥　赵佩琪
副组长:程龙根　王　玉
成　　员:尹雷方　高惠珠　郁　萍　许双全
　　　　　刘　平　喻家琪　杨和平　孙　毅
　　　　　曹炳荣

劳动人事争议调解工作委员会

东字〔2010〕52号

主　　任:王　玉
副主任:杨和平
委　　员:高惠珠　许双全　陈　飞

心理健康教育工作领导小组及工作机构

东字〔2010〕67号

领导小组
组　长：王　玉
副组长：郁　萍
成　员：尹雷方　黄苏飞　杨　瑾　戴晓红
　　　　陆小敏　吉永明　王国昌　蒋久泉
　　　　朱幼华　龚　懿

心理健康教育中心
主　任：姜迎春

副主任：黄苏飞
成　员：左田田　张　春　许小梅

学生工作领导小组

东字〔2010〕68号

组　长：赵佩琪　项家祥
副组长：程龙根　王　玉
成　员：郁　萍　尹雷方　高惠珠　杨殿雄
　　　　黄苏飞　许双全　喻家琪　杨　静

2011年

建设示范性高职院校领导小组（调整）

东字〔2011〕40号

组　长：项家祥
副组长：赵佩琪
成　员：程龙根　王　玉　尹雷方　周大恂
　　　　杨殿雄　高惠珠　郁　萍　严玉康
　　　　时启亮　王小瑜　杨　萍　钱关祥
　　　　周孟华　王　平
秘　书：王　玉

红十字会理事会（调整）

东字〔2011〕62号

理事会
会　长：程龙根
副会长：王　玉
秘书长：喻家琪
副秘书长：郁　萍　曹炳荣
成　员：杨　静　殷国光
办公室
主　任：杨　静

副主任：殷国光
工作人员：何　塱　陈晓雯　施瀚天　杨佳翌
　　　　　刘　娜　程海燕　周淑蓉　何春华

党建研究会

东党字〔2011〕1号

会　长：赵佩琪
副会长：项家祥　王　玉
秘书长：喻家琪
成　员：党委委员　总支书记　支部书记

征兵工作领导小组

东党字〔2011〕17号

组　长：赵佩琪
副组长：程龙根　王　玉
成　员：许双全　郁　萍　喻家琪　曹炳荣
　　　　杨和平　杨　瑾　王莉娜　陆小敏
　　　　陈　洁　蒋久泉　戴妮娜　吉永明
　　　　龚　懿　林声远

2012年

市级特色高等职业院校建设领导小组

东字〔2012〕2号

组　　长：项家祥
副组长：赵佩琪
成　　员：程龙根　王　玉　尹雷方　周大恂
　　　　　杨殿雄　高惠珠　郁　萍　严玉康
　　　　　时启亮　王小瑜　杨　萍　钱关祥
　　　　　周孟华　王　平
秘　　书：王　玉
办公室主任：周大恂

易班建设领导小组

东字〔2012〕10号

领导小组
组　　长：赵佩琪　项家祥
副组长：程龙根　王　玉
成　　员：尹雷方　郁　萍　杨殿雄　喻家琪
　　　　　杨　静　郑雪培
易班发展中心
主　　任：郁　萍
副主任：蔡建平　杨　静
成　　员：王莉娜　杨　瑾　蒋久泉　陆小敏
　　　　　戴妮娜　陈晓雯　陈　洁　龚　懿

综合治理（安全稳定工作）领导小组（调整）

东字〔2012〕11号

组　　长：赵佩琪　项家祥

副组长：王　玉　程龙根
成　　员：许双全　郁　萍　高惠珠　喻家琪
　　　　　曹炳荣　杨和平　杨　静
办公室主任：王　玉

专项资金管理领导小组

东字〔2012〕31号

领导小组
组　　长：项家祥
副组长：赵佩琪　程龙根　王　玉　尹雷方
成　　员：杨殿雄　高惠珠　刘　平　许双全
　　　　　郁　萍　孙　毅
工作小组
组　　长：尹雷方
副组长：杨殿雄　高惠珠　刘　平　郁　萍
　　　　　许双全
成　　员：孙　毅　张菊芳　许　岚　曹炳荣
　　　　　蔡建平　邱　云　有关项目负责人

资助工作领导小组（调整）

东字〔2012〕41号

组　　长：项家祥
成　　员：郁　萍　蔡建平　丁　丽　杨　瑾
　　　　　王莉娜　陆小敏　蒋久泉　陈晓雯
　　　　　陈　洁　龚　懿　戴妮娜

2013年

精神文明建设领导小组（调整）

东字〔2013〕59号

领导小组
组　　长：赵佩琪　项家祥
成　　员：程龙根　尹雷方　王　玉　郁　萍
　　　　　许双全　杨和平　蒋久泉　高惠珠
　　　　　喻家琪
工作小组
组　　长：喻家琪
成　　员：郁　萍　高惠珠　许双全　喻家琪
　　　　　张菊芳　杨殿雄　杨和平　郑雪培

　　　　吉永明　张金德　张雪芬　蒋久泉
　　　　陆小敏　龚　懿　杨　静　杨　瑾
　　　　王莉娜　戴妮娜　陈　洁　陈晓雯
秘　书：岳宝华
办公室主任：喻家琪

校企合作工作委员会

东字〔2013〕61号

主　任：项家祥
副主任：赵佩琪　闻学祥　程龙根　尹雷方
委　员：严玉康　李　敏　李林海　时启亮
　　　　谢志翔　顾惠忠　庄建民　杨　萍
　　　　富志刚　钱关祥　赵爱平　周孟华

　　　　陆爱勤　金多利　王　平　陈　嵩
　　　　王　玉　郁　萍　张菊芳　高惠珠
秘　书：王　勤

征兵工作领导小组（调整）

东党字〔2013〕11号

组　长：赵佩琪
副组长：程龙根　王　玉
成　员：许双全　郁　萍　喻家琪　曹炳荣
　　　　杨和平　杨　瑾　王莉娜　陆小敏
　　　　陈　洁　蒋久泉　戴妮娜　陈晓雯
　　　　龚　懿　林声远

2014 年

学生资助工作领导小组（调整）

东字〔2014〕47号

组　长：项家祥

成　员：郁　萍　杨　瑾　蔡建平　丁　丽
　　　　姚佳佳　王莉娜　陆小敏　蒋久泉
　　　　陈晓雯　陈　洁　龚　懿　戴妮娜

2015 年

红十字会理事会（调整）

东字〔2015〕10号

理事会
会　长：程龙根
副会长：王　玉
秘书长：喻家琪
成　员：张金德　杨　瑾　杨　静　殷国光
办公室
主　任：杨　静
副主任：殷国光
工作人员：周亚飞　张夏霖　尹菊萍　王　改
　　　　王　丹　刘珊珊　葛徐艳　刘珂菡
　　　　刘宁宁　周淑蓉　何春华

学生申诉处理委员会（调整）

东字〔2015〕11号

主　任：程龙根
委　员：杨　瑾　喻家琪　张菊芳　杨和平
　　　　张　敏
秘　书：蔡建平　陈亚莉

心理健康教育工作领导小组及工作成员（调整）

东字〔2015〕12号

领导小组
组　长：王　玉
副组长：黄苏飞　杨　瑾
组　员：王　勤　许小梅　王莉娜　陆小敏
　　　　陈晓雯　戴妮娜　杨佳翌　胡阿佳
　　　　龚　懿

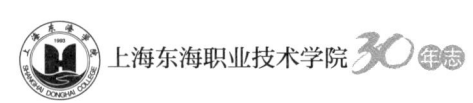

心理健康教育中心
顾　问:黄苏飞
主　任:姜迎春
副主任:岳宝华
成　员:许小梅　王莉娜　王锐　张春

综合治理（安全稳定工作）领导小组（调整）

东字〔2015〕13号

领导小组
组　长:赵佩琪　项家祥
副组长:王　玉　程龙根
成　员:许双全　郁　萍　高惠珠　喻家琪
　　　　张金德　张菊芳　杨和平　杨　瑾
　　　　杨　静

办公室
主　任:王　玉
副主任:许双全　喻家琪
成　员:吉永明　许小梅　王莉娜　陆小敏
　　　　杨佳塑　胡阿佳　戴妮娜　陈晓雯
　　　　龚　懿　马忠秀　徐佩珠

应急预案领导小组（调整）

东字〔2015〕14号

领导小组
组　长:程龙根
副组长:王　玉　许双全
组　员:郁　萍　高惠珠　杨和平　杨　瑾
　　　　张金德　喻家琪　吉永明　郑雪培
　　　　孙　毅　刘　平　覃家宁

日常工作办公室
主　任:程龙根
副主任:许双全　张金德
成　员:翁顺林　潘志雄　褚红卫　康建华
　　　　殷国光　吉永明　蒋久泉

伙食管理委员会（调整）

东字〔2015〕15号

组　长:程龙根
副组长:杨和平　郁　萍　张金德
办公室主任:张金德
成　员:康建华　杨　瑾　许小梅　王莉娜
　　　　陆小敏　杨佳塑　陈晓雯　马忠秀
　　　　胡阿佳　戴妮娜　龚　懿　杨　静
　　　　尤逸萍

学生宿舍管理委员会（调整）

东字〔2015〕16号

主　任:程龙根
副主任:杨　瑾　许双全　张雪芬
委　员:张金德　吉永明　王莉娜　陈晓雯
　　　　胡阿佳　戴妮娜　杨佳塑　陆小敏
　　　　龚　懿　许小梅　尤逸萍
办公室主任:张雪芬
工作人员:翁顺林　褚红卫

节能工作领导小组（调整）

东字〔2015〕17号

领导小组
组　长:程龙根
副组长:杨殿雄　杨　瑾　许双全
组　员:刘　平　严玉康　时启亮　顾惠忠
　　　　杨　萍　桑未心　王　平　郑雪培
　　　　张金德　吉永明　褚红卫

能源管理办公室
主　任:张金德
成　员:吉永明　张雪芬　褚红卫　康建华
　　　　傅彬英

现代高等职业教育质量提升专项资金管理领导小组

东字〔2015〕28号

领导小组
组　长:项家祥
副组长:赵佩琪　程龙根　尹雷方　王　玉
　　　　郁　萍
组　员:杨殿雄　张菊芳　高惠珠　刘　平
　　　　孙　毅　许双全　杨　瑾

工作小组
组　长:尹雷方
副组长:杨殿雄　张菊芳　高惠珠　刘　平
　　　　许双全
成　员:孙　毅　王　勤　许　岚　张金德
　　　　蔡建平　邱　云　相关项目负责人

安全生产领导小组（调整）

东字〔2015〕33号

领导小组
组　　长：项家祥　赵佩琪
副组长：程龙根　王　玉　郁　萍
成　　员：许双全　张金德　高惠珠　喻家琪
　　　　　杨和平　张菊芳　杨殿雄　刘　平
　　　　　施水芳　周肇光

办公室
主　　任：许双全
副主任：张金德　吉永明
成　　员：褚红卫　康建华　殷国光　翁顺林
　　　　　潘志雄　许小梅　王莉娜　陆小敏
　　　　　胡阿佳　戴妮娜　陈晓雯　龚　懿
　　　　　马忠秀　徐佩珠　杨佳翌　傅彬英

征兵工作领导小组（调整）

东字〔2015〕36号

领导小组
组　　长：赵佩琪　项家祥
副组长：王　玉　郁　萍
成　　员：许双全　蒋久泉　吉永明　杨　瑾
　　　　　张菊芳　蔡建平　施水芳　喻家琪
　　　　　许小梅　王莉娜　杨佳翌　陆小敏
　　　　　龚　懿　陈晓雯　胡阿佳　戴妮娜

办公室
主　　任：许双全
副主任：蒋久泉　吉永明
成　　员：翁顺林　潘志雄　康建华　傅彬英
　　　　　殷国光　周亚飞　费　英　张永春

学生工作领导小组（调整）

东字〔2015〕57号

组　　长：赵佩琪　项家祥
副组长：程龙根　王　玉
成　　员：尹雷方　郁　萍　杨　瑾　张菊芳
　　　　　黄苏飞　高惠珠　喻家琪　杨殿雄
　　　　　张金德　杨　静

学生食堂伙食价格平抑基金管理领导小组

东字〔2015〕58号

组　　长：程龙根
成　　员：杨和平　杨　瑾　孙　毅　张金德

精神文明建设领导小组（调整）

东字〔2015〕64号

领导小组
组　　长：赵佩琪　项家祥
成　　员：程龙根　尹雷方　王　玉　郁　萍
　　　　　高惠珠　张菊芳　张金德　杨　瑾
　　　　　喻家琪　杨和平　施晓玮

工作小组
组　　长：喻家琪
成　　员：杨　瑾　高惠珠　张菊芳　张金德
　　　　　杨殿雄　杨和平　黄苏飞　郑雪培
　　　　　蒋久泉　吉永明　职绚绚　杨　静
　　　　　施晓玮　许小梅　陆小敏　王　改
　　　　　王莉娜　龚　懿　刘珂菡　陈晓雯
　　　　　胡阿佳

秘　　书：岳宝华

语言文字工作委员会（调整）

东字〔2015〕71号

主　　任：项家祥
副主任：尹雷方　王　玉
委　　员：张菊芳　高惠珠　喻家琪　杨　瑾
　　　　　张金德　刁德霖　周肇光　杨和平
　　　　　郑雪培　杨　静　严玉康　时启亮
　　　　　顾惠忠　杨　萍　钱关祥　周孟华
　　　　　陆爱勤　王　平　黄苏飞　吴江华
　　　　　张才龙

办公室主任：王　勤（兼）

学术委员会（调整）

东字〔2015〕72号

主　　任：李重华
副主任：项家祥
委　　员：赵佩琪　尹雷方　严玉康　时启亮
　　　　　顾惠忠　杨　萍　钱关祥　周孟华
　　　　　陆爱勤　吴静芳　刁德霖

秘书长：尹雷方

教学指导委员会（调整）

东字〔2015〕73号

主　任：陶　钧
副主任：项家祥

委　员：尹雷方　严玉康　时启亮　顾惠忠
　　　　杨　萍　钱关祥　周孟华　陆爱勤
　　　　王　平　吴江华　黄苏飞　张菊芳
　　　　刁德霖
秘书长：尹雷方

2016年

学生资助工作领导小组（调整）

东字〔2016〕3号

组　长：项家祥
副组长：杨　瑾
成　员：蔡建平　许小梅　王莉娜　王　改
　　　　龚　懿　胡阿佳　陈晓雯　刘珂菡

精神文明建设领导小组（调整）

东字〔2016〕12号

领导小组
组　长：赵佩琪　项家祥
成　员：程龙根　尹雷方　王　玉　郁　萍
　　　　李希萌　高惠珠　张菊芳　张金德
　　　　杨　瑾　杨和平　施晓玮

工作小组
组　长：李希萌（兼办公室主任）
成　员：杨　瑾　高惠珠　张菊芳　张金德
　　　　杨殿雄　杨和平　黄苏飞　康　春
　　　　蒋久泉　吉永明　职绚绚　彭历洲
　　　　施晓玮　许小梅　王　改　王莉娜
　　　　胡阿佳　龚　懿　刘珂菡　陈晓雯
秘　书：岳宝华

学生工作领导小组（调整）

东字〔2016〕13号

组　长：赵佩琪　项家祥
副组长：程龙根　王　玉
成　员：尹雷方　郁　萍　李希萌　杨　瑾
　　　　张菊芳　黄苏飞　高惠珠　杨殿雄
　　　　张金德　彭历洲

语言文字工作委员会（调整）

东字〔2016〕14号

主　任：项家祥
副主任：尹雷方　王　玉
委　员：李希萌　张菊芳　高惠珠　杨　瑾
　　　　张金德　刁德霖　周肇光　杨和平
　　　　严玉康　顾惠忠　杨　萍　钱关祥
　　　　吴静芳　周孟华　王　平　黄苏飞
　　　　吴江华　张才龙　彭历洲　康　春

红十字会理事会（调整）

东字〔2016〕15号

理事会
会　长：程龙根
副会长：王　玉
秘书长：李希萌
成　员：张金德　杨　瑾　彭历洲　殷国光

办公室
主　任：彭历洲
副主任：殷国光
工作人员：孔国峰　王　丹　沈　艳　刘珊珊
　　　　刘宁宁　葛徐艳　何炅垠　周淑蓉
　　　　何春华

信息公开工作领导小组（调整）

东字〔2016〕16号

组　长：项家祥　赵佩琪
副组长：程龙根　王　玉
成　员：郁　萍　李希萌　张菊芳　高惠珠
　　　　杨　瑾　张金德　刘　平　杨和平
　　　　孙　毅　蒋久泉

学生申诉处理委员会（调整）

东字〔2016〕17 号

主　任：程龙根
委　员：杨　瑾　岳宝华　张菊芳　杨和平
　　　　张　敏
秘　书：蔡建平　陈亚莉

综合治理(安全稳定工作)领导小组（调整）

东字〔2016〕19 号

领导小组
组　长：赵佩琪　项家祥
副组长：王　玉　程龙根
成　员：郁　萍　李希萌　高惠珠　张金德
　　　　张菊芳　杨　瑾　蒋久泉　杨和平
　　　　彭历洲
办公室
主　任：李希萌
副主任：张金德　岳宝华
成　员：蒋久泉　职绚绚　吉永明　许小梅
　　　　王莉娜　王　改　龚　懿　胡阿佳
　　　　刘珂菡　陈晓雯　马忠秀　徐佩珠

安全生产领导小组（调整）

东字〔2016〕21 号

领导小组
组　长：项家祥　赵佩琪
副组长：程龙根　王　玉　郁　萍
成　员：李希萌　张金德　高惠珠　张菊芳
　　　　杨　瑾　杨殿雄　刘　平　周肇光
　　　　蒋久泉　杨和平　施水芳
办公室
主　任：张金德
副主任：蒋久泉　吉永明
成　员：许小梅　王莉娜　王　改　龚　懿
　　　　胡阿佳　陈晓雯　刘珂菡　马忠秀
　　　　徐佩珠　褚红卫　康建华　殷国光
　　　　王正林　翁顺林　潘志雄　傅彬英

征兵工作领导小组（调整）

东字〔2016〕22 号

领导小组
组　长：赵佩琪　项家祥
副组长：王　玉　郁　萍
成　员：李希萌　蒋久泉　杨　瑾　张菊芳
　　　　吉永明　蔡建平　施水芳　许小梅
　　　　王莉娜　王　改　龚　懿　胡阿佳
　　　　陈晓雯　刘珂菡
办公室
主　任：蒋久泉
副主任：吉永明
成　员：彭历洲　翁顺林　潘志雄　康建华
　　　　傅彬英　殷国光　费　英　张永春

专项资金管理领导小组及工作小组（调整）

东字〔2016〕35 号

领导小组
组　长：项家祥
副组长：赵佩琪　程龙根　尹雷方　王　玉
　　　　郁　萍
成　员：李希萌　杨殿雄　高惠珠　刘　平
　　　　杨　瑾　孙　毅
工作小组
组　长：尹雷方
副组长：李希萌　杨殿雄　高惠珠　刘　平
　　　　张菊芳　张金德　蒋久泉　杨　瑾
成　员：孙　毅　王　勤　许　岚　杨　静
　　　　职绚绚　吉永明　邱　云
　　　　以及有关项目负责人

精神文明建设领导小组和工作小组（调整）

东字〔2016〕59 号

领导小组
组　长：赵佩琪　项家祥
成　员：程龙根　尹雷方　王　玉　郁　萍
　　　　李希萌　高惠珠　张菊芳　张金德
　　　　杨　瑾　杨和平　施晓玮
工作小组
组　长：李希萌
成　员：杨　瑾　高惠珠　张菊芳　张金德

杨殿雄　杨和平　周肇光　黄苏飞
康　春　蒋久泉　吉永明　职绚绚
邵引印　施晓玮　许小梅　金英芝
王莉娜　胡阿佳　贾晓蕾　庄丽丹
葛徐燕　尤逸萍

秘　书：岳宝华

就业创业工作领导小组（调整）

东字〔2016〕78号

组　长：项家祥
副组长：尹雷方　程龙根　王　玉　郁　萍
成　员：严玉康　吴静芳　杨　萍　桑未心
　　　　周孟华　顾惠忠　王　平　何民乐
　　　　黄苏飞　杨　瑾　张　春　杨超英

王含茵　许小梅　姜迎春　金英芝
高文萍　葛徐艳　王莉娜　庄丽丹

集体合同工作领导小组

东党字〔2016〕24号

领导小组
组　长：赵佩琪　项家祥
副组长：程龙根　王　玉
成　员：高惠珠　杨殿雄　杨和平　施晓玮
　　　　朱　佳

工作小组
组　长：王　玉
副组长：高惠珠　杨和平
成　员：马忠秀　曹赛磊　朱建平　傅彬英

2017年

"创新发展行动计划"实施工作领导小组

东字〔2017〕6号

领导小组
组　长：项家祥　赵佩琪
副组长：程龙根　尹雷方　王　玉　郁　萍
成　员：严玉康　吴静芳　杨　萍　顾惠忠
　　　　钱关祥　王　平　周孟华　黄苏飞
　　　　吴江华　李希萌　何民乐　高惠珠
　　　　刘　平　杨殿雄　孙　毅　张金德
　　　　张菊芳　刘宝裕　邱建国　杨　瑾
　　　　周肇光　赵三宝　康　春

办公室
主　任：刘宝裕（兼）
秘　书：戴晓红

精神文明建设领导小组及工作小组（调整）

东字〔2017〕10号

领导小组
组　长：赵佩琪　项家祥
成　员：程龙根　尹雷方　王　玉　郁　萍
　　　　李希萌　高惠珠　何民乐　张金德
　　　　杨　瑾　杨和平　施晓玮

工作小组
组　长：李希萌
成　员：杨　瑾　高惠珠　张菊芳　何民乐
　　　　张金德　杨殿雄　刘　平　蒋久泉
　　　　杨和平　周肇光　黄苏飞　吴江华
　　　　赵三宝　康　春　吉永明　职绚绚
　　　　邵引印　施晓玮　许小梅　金英芝
　　　　王莉娜　姜迎春　贾晓蕾　庄丽丹
　　　　葛徐艳　尤逸萍

秘　书：岳宝华　郝雁玲

思想政治工作领导小组

东字〔2017〕19号

组　长：赵佩琪　项家祥
成　员：程龙根　尹雷方　王　玉　郁　萍
　　　　黄苏飞　李希萌　高惠珠　杨　瑾
　　　　何民乐

课程思政教学改革领导小组

东字〔2017〕20号

领导小组
组　长：赵佩琪　项家祥
副组长：尹雷方　王　玉
成　员：程龙根　郁　萍　黄苏飞　钱关祥

　　　　严玉康　周孟华　杨　萍　吴静芳
　　　　顾惠忠　王　平
办公室
　主　任：何民乐
　成　员：何民乐　黄苏飞　李希萌　高惠珠
　　　　张菊芳　杨　瑾　李　杰　桑未心
　　　　袁冬琴　金玲慧　张　敏　孙　俐
　　　　左田田　牛晓伟　王　勤
　秘　书：王　勤

招生工作领导小组和监察小组（调整）

东字〔2017〕21 号

领导小组
　组　长：项家祥
　组　员：赵佩琪　程龙根　尹雷方　王　玉
　　　　郁　萍　蔡建平
监察小组
　组　长：王　玉
　组　员：李希萌　杨和平

课程思政教学改革领导小组（调整）

东字〔2017〕28 号

领导小组
　组　长：赵佩琪　项家祥
　副组长：尹雷方　王　玉
指导委员会
　主　任：尹雷方　王　玉
　副主任：程龙根　黄苏飞
　成　员：郁　萍　钱关祥　严玉康　周孟华
　　　　杨　萍　吴静芳　顾惠忠　王　平
　　　　吴江华　李希萌　何民乐
办公室
　主　任：何民乐
　成　员：高惠珠　张菊芳　杨　瑾　李　杰
　　　　桑未心　袁冬琴　金玲慧　张　敏
　　　　孙　俐　左田田　牛晓伟　王　勤
　秘　书：王　勤

实训大楼工作领导小组

东字〔2017〕40 号

　组　长：程龙根
　副组长：张礼道
　成　员：李希萌　杨殿雄　刘　平　张金德
　　　　蒋久泉　孙　毅　黄福良　康　春
　　　　赵三宝　周肇光　杨　萍　周孟华
　　　　桑未心
　秘　书：傅彬英

网络安全领导小组

东字〔2017〕48 号

领导小组
　组　长：项家祥　赵佩琪
　副组长：王　玉　尹雷方
办公室
　主　任：李希萌
　副主任：康　春
　成　员：高惠珠　何民乐　杨　瑾　蒋久泉
　　　　刘　平　施晓玮
　秘　书：郝雁玲

意识形态工作领导小组

东党字〔2017〕36 号

领导小组
　组　长：赵佩琪　项家祥
　副组长：王　玉　程龙根
　成　员：尹雷方　郁　萍　李希萌
办公室
　主　任：王　玉
　副主任：李希萌　许　岚　施晓玮
　成　员：杨　静　戴晓红　吉永明　张　春
　　　　尤逸萍　许小梅　沈　艳　葛徐艳
　　　　王　改　高文萍　王莉娜　姜迎春
　　　　覃家宁　陈　飞　朱新华

2018年

25周年校庆筹备工作领导小组和工作小组（调整）

东字〔2018〕6号

领导小组

组　　长：项家祥　赵佩琪

副组长：程龙根　尹雷方　王　玉　郁　萍

成　　员：李希萌　陈勇龙　杨殿雄　刘　平
　　　　　何民乐　杨　瑾　黄　樑　严玉康
　　　　　周孟华

工作小组

组　　长：李希萌

成　　员：陈勇龙　杨殿雄　刘　平　何民乐
　　　　　杨　瑾　黄　樑　张金德　蒋久泉
　　　　　严玉康　周孟华　桑未心　王　平
　　　　　杨　萍　顾惠忠　吴静芳　黄苏飞
　　　　　吴江华　周肇光　龚　懿　张才龙
　　　　　赵三宝　康　春　王　丹　杨　静
　　　　　李寒萌

秘书长：杨　瑾

秘　　书：李寒萌　赵冰倩

招生工作领导小组和监察小组（调整）

东字〔2018〕11号

领导小组

组　　长：项家祥

成　　员：赵佩琪　程龙根　尹雷方　王　玉
　　　　　郁　萍　蔡建平

监察小组

组　　长：王　玉

成　　员：李希萌　龚　懿

语言文字工作委员会（调整）

东字〔2018〕14号

主　　任：项家祥

副主任：尹雷方　王　玉

委　　员：李希萌　何民乐　许　岚　杨　瑾
　　　　　杨　静　张菊芳　周肇光　黄　樑
　　　　　刘　平　严玉康　顾惠忠　杨　萍
　　　　　桑未心　吴静芳　周孟华　王　平
　　　　　黄苏飞　吴江华　张才龙　龚　懿
　　　　　胡阿佳　康　春　王　丹

顾　　问：刘民钢

语言文字工作迎评工作领导小组

东字〔2018〕16号

领导小组

组　　长：项家祥　赵佩琪

副组长：程龙根　尹雷方　王　玉　郁　萍

成　　员：李希萌　何民乐　许　岚　杨　瑾
　　　　　杨　静　张菊芳　周肇光　黄　樑
　　　　　刘　平　严玉康　顾惠忠　杨　萍
　　　　　桑未心　吴静芳　周孟华　王　平
　　　　　黄苏飞　吴江华　张才龙　龚　懿
　　　　　胡阿佳　康　春　王　丹

办公室

主　　任：尹雷方

副主任：何民乐　李希萌

成　　员：王　勤　刘会娟　胡阿佳　王　丹
　　　　　张霄汉　王　腼　周凯歌　尹菊萍
　　　　　苗　苗

疗休养工作领导小组

东字〔2018〕20号

组　　长：程龙根　郁　萍

成　　员：许　岚　龚　懿　孙　毅　吉永明

食品安全领导小组

东字〔2018〕25号

组　　长：程龙根

副组长：黄　樑

成　　员：杨　静　杨　瑾　龚　懿　张金德
　　　　　吉永明　职绚绚　何春华　任文娟

基建、维修、物资采购领导小组（调整）

东字〔2018〕26号

组　　长：程龙根
副组长：尹雷方　王　玉
成　　员：刘　平　黄　樑　孙　毅　黄福良

消防安全工作领导小组

东字〔2018〕38号

领导小组
组　　长：程龙根
副组长：黄　樑　蒋久泉
成　　员：杨　静　杨　瑾　刘　平　周肇光
　　　　　严玉康　周孟华　杨　萍　桑未心
　　　　　吴静芳　王　平　顾惠忠　张才龙
　　　　　赵三宝

办公室
主　　任：蒋久泉
成　　员：吉永明　职绚绚　黄福良　许小梅
　　　　　葛徐艳　沈　艳　姜迎春　高文萍
　　　　　王　改　王莉娜　尤逸萍　邓友君
　　　　　康建华　杨士明　邱　云　潘健文

发展党员违规违纪自查工作小组

东党字〔2018〕22号

组　　长：赵佩琪
副组长：王　玉　李希萌　许　岚
成　　员：施晓玮　戴晓红　吉永明　张　春
　　　　　尤逸萍　许小梅　王莉娜　姜迎春
　　　　　葛徐艳　沈　艳　王　改　高文萍
　　　　　覃家宁　陈　飞
秘　　书：朱新华

2019年

综合治理（安全稳定工作）领导小组（调整）

东字〔2019〕3号

领导小组
组　　长：赵佩琪　项家祥
副组长：王　玉　程龙根
成　　员：郁　萍　刘民钢　李希萌　黄　樑
　　　　　何民乐　杨　瑾　蒋久泉　许　岚
　　　　　杨超英

办公室
主　　任：李希萌
副主任：黄　樑　杨　静
成　　员：蒋久泉　职绚绚　吉永明　许小梅
　　　　　姜迎春　王莉娜　沈　艳　高文萍
　　　　　王　改　葛徐艳　马忠秀　尤逸萍
　　　　　康　春　赵三宝

学术与职务聘任委员会

东字〔2019〕47号

主　　任：项家祥　赵佩琪
副主任：尹雷方　程龙根

委　　员：刘民钢　何民乐　严玉康　吴静芳
　　　　　顾惠忠　杨　萍　桑未心　周孟华
　　　　　王　平
秘　　书：许　岚

学术与职务聘任委员会（调整）

东字〔2019〕69号

主　　任：项家祥　赵佩琪
副主任：王　刚
委　　员：严玉康　周孟华　吴静芳　顾惠忠
　　　　　杨　萍　桑未心　王　平　黄苏飞
　　　　　吴江华　何民乐
秘　　书：许　岚

人事师资工资改革工作小组

东字〔2019〕70号

组　　长：王　刚
副组长：王　玉
成　　员：严玉康　郁　萍　黄　樑　李希萌
　　　　　许　岚　何民乐　孙　毅　杨超英

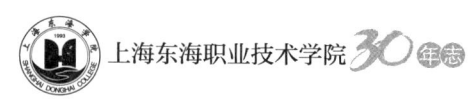

民族宗教工作领导小组

东党字〔2019〕10号

领导小组
组　长：赵佩琪　项家祥
副组长：王　玉　程龙跟
成　员：尹雷方　郁　萍　刘民钢　李希萌
　　　　杨　瑾　黄　樑　蒋久泉　何民乐
　　　　黄苏飞　许　岚　张才龙

办公室
主　任：李希萌
成　员：杨　静　吉永明　任　洁　杨超英
　　　　赵三宝　许小梅　沈　艳　葛徐艳
　　　　高文萍　王　改　王莉娜　姜迎春
　　　　尤逸萍　朱新华　陈勤华　刘会娟

2020年

新型冠状病毒肺炎疫情防控工作领导小组和工作小组

东字〔2020〕2号

领导小组
组　长：项家祥　赵佩琪
成　员：王　刚　严玉康　王　玉　郁　萍
　　　　黄　樑

工作小组
组　长：王　玉
副组长：黄　樑　李希萌
成　员：何民乐　杨　瑾　许　岚　蒋久泉
　　　　周孟华　吴静芳　顾惠忠　王　平
　　　　杨　萍　桑未心　吕　薇　张才龙
　　　　赵三宝　杨　静　康　春　职绚绚
　　　　殷国光

基建、维修、物资采购领导小组（调整）

东字〔2020〕13号

组　长：郁　萍
副组长：王　刚　王　玉
成　员：黄　樑　刘　平　孙　毅　黄福良

校友会领导成员（调整）

东字〔2020〕31号

会　长：李重华
副会长：郁　萍
秘书长：杨　静

学术与职务聘任委员会（调整）

东字〔2020〕49号

主　任：王　刚　曹蓉蓉
委　员：严玉康　周孟华　吴静芳　顾惠忠
　　　　杨　萍　桑未心　王　平　黄苏飞
　　　　吴江华　何民乐　刘宝裕
秘　书：许　岚

教学工作委员会

东字〔2020〕53号

主　任：王　刚
副主任：何民乐
委　员：严玉康　杨　萍　顾惠忠　桑未心
　　　　周孟华　王　平　吴静芳　黄苏飞
　　　　吴江华　刘宝裕　杨　瑾
秘　书：张居阳

中高贯通领导小组（调整）

东字〔2020〕55号

组　长：王　刚　曹蓉蓉
成　员：郁　萍　李　卉　陈金国　冯　梅
　　　　陈文珊　沈汉达　周　凤　顾文业
　　　　何民乐　严玉康　杨　萍　顾惠忠
　　　　王　平

信息公开工作领导小组（调整）

东字〔2020〕56号

组　长：王　刚　曹蓉蓉

副组长：王　玉　郁　萍　黄　樑
成　员：顾文业　何民乐　杨　瑾　许　岚
　　　　孙　毅　邱　云　蒋久泉　蔡建平
　　　　张　春　杨　静　杨超英

教育对口帮扶工作领导小组

东字〔2020〕57号

组　长：王　刚
副组长：王　玉
成　员：顾文业　何民乐　杨　瑾　许　岚
　　　　孙　毅　蔡建平　张　春　杨超英
　　　　严玉康　杨　萍　顾惠忠　桑未心
　　　　周孟华　王　平　吴静芳　黄苏飞
　　　　吴江华　张才龙
秘　书：杨　静

意识形态工作领导小组（调整）

东党字〔2020〕5号

领导小组
组　长：赵佩琪　项家祥
副组长：王　玉　王　刚
成　员：郁　萍　黄　樑　顾文业
办公室
主　任：王　玉
副主任：顾文业　许　岚　施晓玮　许小梅
成　员：杨　静　张居阳　吉永明　张　春
　　　　尤逸萍　沈　艳　葛徐艳　胡　雪
　　　　郭世华　钱　蒙　姜迎春　覃家宁
　　　　陈　飞　朱新华

精神文明建设领导小组和工作小组（调整）

东党字〔2020〕17号

领导小组
组　长：曹蓉蓉　王　刚
成　员：王　玉　郁　萍　卓丽环　黄　樑
　　　　顾文业　何民乐　杨　瑾　许　岚
　　　　施晓玮　许小梅
工作小组
组　长：王　玉
副组长：顾文业
成　员：杨　瑾　何民乐　蔡建平　张　春
　　　　许　岚　孙　毅　邱　云　杨超英
　　　　蒋久泉　周肇光　王　丹　康　春
　　　　黄苏飞　吴江华　杨　静　孔国锋
　　　　职绚绚　施晓玮　许小梅　张居阳
　　　　尤逸萍　马祥龙　葛徐艳　沈　艳
　　　　胡　雪　郭世华　钱　蒙　覃家宁
　　　　陈　飞
秘　书：杨　静　刘会娟

征兵工作领导小组及办公室（调整）

东党字〔2020〕28号

领导小组
组　长：曹蓉蓉　王　刚
成　员：王　玉　郁　萍　卓丽环　黄　樑
　　　　顾文业　蒋久泉　杨　瑾　何民乐
　　　　孙　毅　王　丹　各二级学院党支部书记
办公室
主　任：蒋久泉
成　员：张晨昕　职绚绚　邓友君　冯国伟
　　　　朱新华　马祥龙　金　锟　陈亚莉
　　　　殷国光　费　英

2021年

招生工作领导小组和监察小组（调整）

东字〔2021〕6号

领导小组
组　长：王　刚
组　员：曹蓉蓉　王　玉　郁　萍　卓丽环
　　　　黄　樑　楚丹琪　蔡建平
监察小组
组　长：王　玉
组　员：顾文业　杨超英

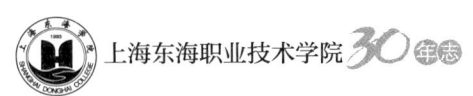

人事制度改革工作小组

东字〔2021〕11号

组　　长：王　刚
副组长：曹蓉蓉
成　　员：王　玉　郁　萍　卓丽环　黄　樑
　　　　　楚丹琪　顾文业　许　岚　何民乐
　　　　　彭晓丽　杨超英　严玉康

学术委员会（调整）

东字〔2021〕58号

主　　任：王　刚
副主任：卓丽环
成　　员：楚丹琪　严玉康　顾惠忠　吴静芳
　　　　　杨　萍　桑未心　周孟华　王　平
　　　　　龙　燕　何民乐　张居阳
秘　　书：明秋云

教材管理工作领导小组（调整）

东字〔2021〕59号

组　　长：曹蓉蓉　王　刚
副组长：卓丽环　王　玉
成　　员：张居阳　严玉康　杨　萍　顾惠忠
　　　　　桑未心　周孟华　王　平　吴静芳
　　　　　龙　燕　何民乐　杨　静　杨　瑾
　　　　　许　岚　杨超英　张才龙
秘　　书：陈海冬

劳动教育工作领导小组

东字〔2021〕97号

组　　长：王　玉　卓丽环
成　　员：黄　樑　龙　燕　张居阳　杨　瑾
　　　　　张　春

校务委员会

东董字〔2021〕3号

主　　任：王　刚
副主任：曹助我　陶　钧　李重华　曹蓉蓉
委　　员：曹助我　陶　钧　李重华　王　刚
　　　　　曹蓉蓉　郁　萍　项家祥　赵佩琪
　　　　　卓丽环　顾文业　严玉康　周孟华
　　　　　彭晓丽　杨超英　傅越昊（校学生会执行主席）
秘书长：顾文业

关心下一代工作委员会

东党字〔2021〕8号

主　　任：曹蓉蓉
副主任：王　玉　赵佩琪
委　　员：黄　樑　顾文业　许　岚　何民乐
　　　　　杨　瑾　任　洁　赵佩琪　项家祥
　　　　　尹雷方　周大侚　钱关祥　时启亮
　　　　　高惠珠　刘宝裕　许双全　喻家琪
　　　　　吉永明　刘　平
办公室主任：顾文业
秘　　书：朱新华

2022年

继续教育工作领导小组

东字〔2022〕19号

组　　长：王　刚　曹蓉蓉
成　　员：王　玉　郁　萍　卓丽环　黄　樑
办公室主任：平　越

语言文字工作委员会（调整）

东字〔2022〕26号

主　　任：王　刚
副主任：卓丽环　王　玉
委　　员：严玉康　杨　萍　顾惠忠　桑未心
　　　　　周孟华　王　平　吴静芳　龙　燕
　　　　　何民乐　顾文业　张居阳　杨　瑾

许　岚　张才龙　孟昭上　杨　静
　　任　洁　陈晓雯　黄　海　杨超英

法治工作领导小组

东字〔2022〕28 号

领导小组

组　长:王　刚　曹蓉蓉
副组长:王　玉
成　员:郁　萍　卓丽环　黄　樑　顾文业
　　　　张居阳　杨　瑾　许　岚　彭晓丽
　　　　张才龙　孟昭上　严玉康　杨　萍
　　　　顾惠忠　桑未心　周孟华　王　平
　　　　吴静芳　龙　燕　何民乐　陈晓雯
　　　　杨超英

办公室

主　任:王　玉
副主任:顾文业
成　员:各学院(部)行政办公室主任　各部门指定
　　　　一人

学校安全生产领导小组及办公室（调整）

东字〔2022〕34 号

领导小组

组　长:王　刚　曹蓉蓉
副组长:王　玉　郁　萍　卓丽环　黄　樑
成　员:顾文业　张居阳　杨　瑾　许　岚
　　　　彭晓丽　蒋久泉　张才龙　孟昭上
　　　　严玉康　杨　萍　顾惠忠　周孟华
　　　　王　平　吴静芳　龙　燕　何民乐
　　　　张美琴　陈晓雯　黄　海　杨超英

办公室

主　任:黄　樑
副主任:蒋久泉　黄　海　陈晓雯
成　员:许小梅　沈　艳　万黎黎　彭　艳
　　　　葛徐艳　胡　雪　马祥龙　龙　燕
　　　　覃家宁　王莉娜　任　洁　尤逸萍
　　　　康　春　孔国锋

综合治理(安全稳定工作)领导小组（调整）

东字〔2022〕35 号

领导小组

组　长:王　刚　曹蓉蓉
副组长:王　玉　郁　萍　卓丽环　黄　樑
成　员:顾文业　张居阳　杨　瑾　许　岚
　　　　彭晓丽　蒋久泉　张才龙　孟昭上
　　　　严玉康　杨　萍　顾惠忠　周孟华
　　　　王　平　吴静芳　龙　燕　何民乐
　　　　张美琴　陈晓雯　黄　海　杨超英

办公室

主　任:顾文业
副主任:杨　静　蒋久泉
成　员:许小梅　沈　艳　万黎黎　彭　艳
　　　　葛徐艳　胡　雪　马祥龙　龙　燕
　　　　覃家宁　王莉娜　任　洁　尤逸萍
　　　　康　春　孔国锋

食品安全工作领导小组（调整）

东字〔2022〕36 号

组　长:黄　樑
副组长:黄　海　蒋久泉
成　员:职绚绚　邓友君　任文娟　张玲玲
　　　　傅彬英

技师学院院务委员会

东字〔2022〕41 号

主　任:王　刚
常务副主任:郁　萍
副主任:平　越
成　员:严玉康　杨　萍　顾惠忠　张美琴
　　　　周孟华　王　平　吴静芳　龙　燕
　　　　何民乐　张居阳　张才龙

30周年校庆筹备工作领导小组

东字〔2022〕58 号

顾　问:曹助我　陶　钧　李重华　项家祥
　　　　赵佩琪
组　长:王　刚　曹蓉蓉
成　员:王　玉　郁　萍　卓丽环　黄　樑
成员单位:党政办公室　教务处　学生处(学工部)
　　　　团委　招生就业处　科技发展处
　　　　人事处(教工部)　财务处　资产与实训
　　　　室管理处　后勤保卫处　工会
　　　　图文信息中心　各二级学院(部)
　　　　校友会

社会服务机构评估工作领导小组

东字〔2022〕62号

领导小组

组　长：王　刚　曹蓉蓉

成　员：王　玉　郁　萍　卓丽环　黄　樑
　　　　顾文业　张居阳　杨　瑾　刘福窑
　　　　许　岚　彭晓丽　陈晓雯　杨超英
　　　　张才龙　平　越　孟昭上　严玉康
　　　　杨　萍　顾惠忠　张美琴　周孟华
　　　　王　平　吴静芳　龙　燕　何民乐

办公室

主　任：顾文业

副主任：张居阳　杨　瑾　许　岚　彭晓丽

成　员：各学院（部）行政办公室主任　各部门指定一人

爱粮节粮工作领导小组

东字〔2022〕63号

组　长：黄　樑

副组长：杨　静　杨　瑾　蒋久泉

成　员：黄　海　职绚绚　任　洁　邓友君
　　　　任文娟　张智捷　傅彬英

学术委员会（调整）

东字〔2022〕74号

主任委员：王　刚

副主任委员：卓丽环

委　员：张居阳　刘福窑　平　越　孟昭上
　　　　计春雷　严玉康　杨　萍　顾惠忠
　　　　张美琴　周孟华　王　平　吴静芳
　　　　龙　燕　何民乐

秘　书：韩　强

信息化工作委员会

东字〔2022〕80号

主　任：王　刚

副主任：郁　萍　卓丽环　黄　樑

委　员：顾文业　孟昭上　张居阳　杨　瑾
　　　　刘福窑　许　岚　彭晓丽　陈晓雯
　　　　蒋久泉

秘　书：康　春

思想政治工作领导小组（调整）

东党字〔2022〕4号

组　长：曹蓉蓉　王　刚

成　员：王　玉　郁　萍　卓丽环　黄　樑
　　　　楚丹琪　顾文业　张居阳　杨　瑾
　　　　许　岚　龙　燕

课程思政建设领导小组（调整）

东党字〔2022〕5号

组　长：曹蓉蓉　王　刚

成　员：王　玉　郁　萍　卓丽环　黄　樑
　　　　楚丹琪

网络安全和信息化领导小组

东党字〔2022〕15号

组　长：王　刚　曹蓉蓉

副组长：王　玉　郁　萍　卓丽环　黄　樑

成　员：顾文业　孟昭上　张居阳　杨　瑾
　　　　刘福窑　许　岚　彭晓丽　陈晓雯
　　　　蒋久泉

领导小组下设办公室（简称网信办）。

主　任：顾文业　孟昭上

副主任：康　春

成　员：杨　静　刘会娟　周凯歌　张林源

意识形态工作领导小组（调整）

东党字〔2022〕17号

组　长：曹蓉蓉　王　刚

副组长：王　玉　郁　萍　卓丽环　黄　樑

成　员：许　岚　许小梅　沈　艳　万黎黎
　　　　彭　艳　葛徐艳　胡　雪　马祥龙
　　　　龙　燕　覃家宁　严玉康　杨　萍
　　　　顾惠忠　张美琴　周孟华　王　平
　　　　吴静芳　何民乐　顾文业　张居阳
　　　　杨　瑾　刘福窑　彭晓丽　陈晓雯
　　　　杨超英　蒋久泉　张才龙　平　越
　　　　孟昭上　杨　静

领导小组下设办公室。

主　任：王　玉

副主任：顾文业　许　岚　杨　瑾　龙　燕
　　　　张居阳　杨　静　朱新华

秘　书：刘会娟

校 友 会

上海东海学院校友会理事会

届次	会长	副会长	常 务 理 事
第一届 (1999年5月)		郁　萍(兼秘书长)(校团委副书记)	
第二届 (2006年5月)	胡立教 (名誉院长)	王　腼(兼秘书长)(影表00级) 翁育峰(国贸96级) 黄国琦(国贸97级) 王春霞(会计97级)	王　珏(影表01级) 刘宇峰(报关00级) 刘泉海(装潢00级) 朱正一(报关01级) 陈　栋(网络01级) 吴海瑛(装潢99级) 高　翔(法律97级) 徐　雯(商英98级) 顾　磊(计信02级) 倪海斌(国贸99级)
第三届 (2021年11月)	李重华	郁　萍 (上海东海职业技术学院副校长)	(以姓氏笔画为序) 丁德峰(上海市公安局闵行分局刑侦支队技术员) 王　刚(上海东海职业技术学院校长) 王春霞(上海市外高桥国际贸易营运中心有限公司人力资源部总监) 王　腼(航空学院骨干教师) 方　萍(上海定达国际物流有限公司总经理) 石艳瑾(上海凡萱服饰有限公司法定代表人) 石　裕(宁波银行上海分行大客户三部总经理/七宝支行(筹)支行行长) 成　晨(AUTO东林新院院长) 吕　毅(中国服饰控股有限公司销售总监) 刘文彦(虹口区广中路街道办事处社区平安办公室主任) 刘　辉(空保管理部体能教员) 李　昂(3M中国有限公司总监(IT,行政,安保)) 杨　静(上海东海职业技术学院党政办副主任/校友会秘书长) 陆建军(申康房产董事长) 陈晓雯(上海东海职业技术学院资产与实训室管理处副处长) 季君伟(上海安康园艺工程有限公司总经理) 金宇浩(常熟尚湖花园酒店) 周雨晴(上海东海职业技术学院财务处副处长) 顾　杰(东方航空食品投资有限公司副总经理)

续表

届次	会长	副会长	常务理事
			徐艳蓉（对外汉语教师） 徐晓明（上海则盛文化传播有限公司总经理） 殷　倩（Wongpartnership LLP 办公室经理） 翁育峰（中国再保险集团战略客户部总经理助理兼中再上海分公司副总经理） 高靖轩（百师导企业发展（上海）有限公司联合创始人） 黄　海（上海东海职业技术学院后勤保卫处副处长） 曹　阳（上海骋驰文化传播有限公司执行董事） 曹助我（上海东海职业技术学院董事长） 曹蓉蓉（上海东海职业技术学院党委书记） 潘国尧（上海蔚来建筑装饰设计工程有限公司董事长）

第三部分

专业及方向

专业设置一览表

1993—2004 年

年度	专业名称	专业类别
1993	国际贸易	经济贸易类
	涉外会计	财务会计类
1994	国际贸易	经济贸易类
	涉外会计	财务会计类
	计算机应用技术	计算机类
1995	国际贸易	经济贸易类
	涉外会计	财务会计类
1996	国际贸易	经济贸易类
	涉外会计	财务会计类
	计算机应用技术	计算机类
1997	国际贸易	经济贸易类
	涉外会计	财务会计类
	商务英语	语言文化类
	法律	法律实务类
	计算机应用技术	计算机类
1998	国际贸易	经济贸易类
	涉外会计	财务会计类
	商务英语	语言文化类
	法律(经贸财税方向)	法律实务类
	装潢美术	艺术设计类
	计算机应用技术	计算机类
	房地产经济管理	管理类

续 表

年度	专业名称	专业类别
1999	国际货运与报关	港口运输类
	国际贸易	经济贸易类
	物业管理	房地产类
	会计	财务会计类
	商务英语	语言文化类
	法律	法律实务类
	影视表演	表演艺术类
	装潢艺术设计	艺术设计类
	机电一体化技术	自动化类
	计算机信息管理	计算机类
	计算机应用技术	计算机类
	房屋建筑	土木类
2000	商务英语	经管类
	国际贸易	经济贸易类
	报关与国际货运	港口运输类
	会计	财务会计类
	计算机与信息管理	计算机类
	计算机应用技术	计算机类
	法律	法律类
	装潢艺术设计	艺术类
	影视表演	艺术类

续表

年度	专业名称	专业类别
2001	国际货运与报关	港口运输类
	国际贸易	经济贸易类
	物业管理	房地产类
	会计	财务会计类
	商务英语	语言文化类
	新闻学与大众传播	广播影视类
	法律	法律实务类
	环境艺术设计	建筑设计类
	影视表演	表演艺术类
	装潢艺术设计	艺术设计类
	计算机应用技术	计算机类
	计算机与信息管理	计算机类
	网络技术与信息管理	计算机类
	机电一体化技术	自动化类
2002	国际货运与报关	港口运输类
	国际贸易	经济贸易类
	物流管理	工商管理类
	物业管理	房地产类
	会计	财务会计类
	电子商务	市场营销类
	商务英语	语言文化类
	新闻与传播	广播影视类
	法律	法律实务类
	环境艺术设计	建筑设计类
	影视表演	表演艺术类
	装潢艺术设计	艺术设计类
	计算机应用技术	计算机类
	计算机与信息管理	计算机类
	网络技术与信息管理	计算机类
2003	国际货运与报关	港口运输类
	国际航运业务管理	水上运输类

续表

年度	专业名称	专业类别
	物流管理	工商管理类
	国际贸易	经济贸易类
	会计	财务会计类
	商务英语	语言文化类
	新闻与传播	广播影视类
	法律事务	法律实务类
	环境艺术设计	建筑设计类
	影视表演	表演艺术类
	服装艺术设计	纺织服装类
	装潢艺术设计	艺术设计类
	机电一体化技术	自动化类
	计算机与信息管理	计算机类
	计算机技术管理	计算机类
	计算机网络技术	计算机类
2004	报关与国际货运	港口运输类
	国际航运业务管理	水上运输类
	物流管理	工商管理类
	国际商务	经济贸易类
	会计	财务会计类
	空中乘务	航空服务类
	商务英语	语言文化类
	新闻与传播	广播影视类
	法律事务	法律实务类
	环境艺术设计	建筑设计类
	表演艺术	表演艺术类
	影视动画	计算机类
	服装设计	纺织服装类
	装潢艺术设计	艺术设计类
	机电一体化技术	自动化类
	计算机信息管理	计算机类
	计算机应用技术	计算机类
	建筑工程施工管理	土木类

2005 年

序号	系(部)	专业名称	专业类别
1	经济管理一系	报关与国际货运	港口运输类
2		国际航运业务管理	水上运输类
3		物流管理	工商管理类
4		空中乘务	航空服务类
6	经济管理二系	国际商务	港口运输类
		物业管理	房地产类
		会计	财务会计类
7	人文科学系	电子商务	市场营销类
8		商务英语	语言文化类
9		新闻与传播	广播影视类
10		法律事务	法律实务类
11	信息与工程系	计算机信息管理	计算机类
12		计算机应用技术	计算机类
		计算机网络技术	计算机类
		机电一体化技术	机电类
		数控技术	数控类
		建筑工程技术	建筑工程类
		汽车应用与维修	汽车类
13	应用艺术系	环境艺术设计	建筑设计类
14		表演艺术	表演艺术类
15		影视动画	计算机类
16		室内设计	艺术设计类
17		装潢艺术设计	艺术设计类

2006 年

序号	系别	专业名称	专业类别
1	经济管理一系	国际商务	经济贸易类
2		物流管理	工商管理类
3		国际航运业务管理	水上运输类
4		空中乘务	航空服务类

续 表

序号	系别	专业名称	专业类别
5	经济管理二系	会计	财务会计类
6		报关与国际货运	港口运输类
7	人文科学系	法律事务	法律实务类
8		商务英语	语言文化类
		商务日语	语言文化类
9	信息与工程系	新闻与传播	广播影视类
10		计算机应用技术	计算机类
11		计算机信息管理	计算机类
12		计算机网络技术	计算机类
13		机电一体化技术	自动化类
14		建筑工程技术	土木类
15		数控技术	自动化类
		印刷技术	印刷类
16		汽车运用与维修	机械制造类
17		房地产经营与评估	商业服务类
18	应用艺术系	装潢艺术设计	艺术设计类
19		环境艺术设计	建筑设计类
20		服装设计	纺织服装类
	航空运输系	民航商务	航空服务类
		空中乘务	航空服务类
		航空机电设备维修	机械制造类
21	影视与传媒系	表演艺术	表演艺术类
		商业展览空间设计	艺术设计类
22		影视动画	影视制作类
23		人物形象设计	形象设计类

2007 年

序号	系别	专业名称	专业类别
1	经济管理一系	国际商务	经济贸易类
2		国际航运业务管理	水上运输类
3		物流管理	工商管理类
4	经济管理二系	会计	财务会计类
5		报关与国际货运	港口运输类

续　表

序号	系别	专业名称	专业类别
6	人文科学系	法律事务	法律实务类
7		商务英语	语言文化类
8		商务日语	语言文化类
9		新闻与传播	广播影视类
10	信息与工程系	计算机应用技术	计算机类
12		计算机网络技术	计算机类
13		建筑工程技术	土木类
14		房地产经营与估价	商业服务类
15		汽车运用与维修	机械制造类
16		数控技术	自动化类
17		机电一体化	自动化类
18		印刷技术（图文信息处理）	印刷类
19	航空运输系	民航商务	航空服务类
20		空中乘务	航空服务类
21		航空机电设备维修	机械制造类
22	应用艺术系	应用艺术设计	建筑设计类
23		环境艺术设计（室内设计）	建筑设计类
24		装潢艺术设计	艺术设计类
25		应用艺术设计（展览与商业空间设计）	艺术设计类
26		服装设计	纺织服装类
27	影视与传媒系	影视动画	影视制作类
28		人物形象设计（影视化装）	形象制作类
29		表演艺术	表演艺术类

2008 年

序号	所属系部	专业名称	专业类别
1	航空运输系	空中乘务	民航服务类
2		民航商务	民航服务类
3		航空机电设备维修	机械制造类
4	信息与工程系	建筑工程技术	土木类
		电气自动化技术	自动化类
5		房地产经营与估价	商业服务类

续 表

序号	所属系部	专业名称	专业类别
6	信息与工程系	数控技术	自动化类
7		机电一体化	自动化类
8		汽车运用与维修	机械制造类
9		计算机技术与应用	计算机类
10		计算机网络技术	计算机类
11		计算机信息管理	计算机类
12		印刷技术	印刷类
13	经济管理一系	国际航运业务管理	水上运输类
14		国际商务	经济贸易类
15		物流管理	工商管理类
16	经济管理二系	会计	财务会计类
17		报关与国际货运	港口运输类
		国际经济与贸易（国际采购管理）	经济贸易类
18	人文科学系	商务英语	语言文化类
19		商务日语	语言文化类
20		新闻传播	广播影视类
21		法律事务	法律实务类
	金融系	投资与理财	经济贸易类
		国际金融	经济贸易类
22	应用艺术系	装潢艺术设计	艺术设计类
23		环境艺术设计	建筑设计类
24		应用艺术设计（室内设计）	艺术设计类
25		服装设计	服装设计类
26		应用艺术设计（展览与商业空间设计）	艺术设计类
27	影视与传媒系	影视表演	影视制作类
		人物形象设计（展览与商业设计）	艺术设计类
28		影视动漫	影视制作类

2009 年

序号	院系	专业名称	专业领域
1	管理系	国际航运业务管理	海上运输类
2		房地产经营与估价	房地产服务类

续表

序号	院系	专业名称	专业领域
3	管理系	国际商务	经济贸易类
4		物流管理	工商管理类
5	航空运输系	空中乘务	民航服务类
6		民航商务	民航服务类
7		航空机电设备维修	机械制造类
		旅游管理	旅游类
8	机电工程系	建筑工程技术	建筑类
9		数控技术	自动化类
10		机电一体化技术	自动化类
11		电气自动化技术	自动化类
12		汽车运用与维修	机械制造类
13	经济系	国际金融	经济贸易类
14		投资理财	经济贸易类
15		报关与国际货运	港口运输类
16		会计	财务会计类
17		国际经济与贸易(国际采购管理)	经济贸易类
18	人文科学系	新闻与传播	广播影视类
19		法律事务	法律类
20		商务英语	语言文化类
21		商务日语	语言文化类
22	信息工程系	计算机应用技术	计算机类
23		计算机网络技术	计算机类
24		印刷技术(图文信息处理)	印刷类
25	应用艺术系	环境艺术设计	建筑设计类
26		服装设计	服装设计类
		应用艺术设计(展览与商业空间设计)	艺术设计类
		应用艺术设计(室内设计)	艺术设计类
		应用艺术设计(平面设计)	艺术设计类
		艺术设计	艺术设计类
29	影视与传媒系	人物形象设计	影视表演类
30		表演艺术	影视表演类
31		影视动画	影视制作类

2010年

序号	所属院系	专业名称	专业方向名称
1	经管学院	国际航运业务管理	国际航运业务管理
2		房地产运营与估价	房地产运营与估价
3		国际商务	国际商务
4		物流管理	物流管理
5		报关与国际货运	报关与国际货运
6		会计	会计
7		国际经济与贸易（国际采购管理）	国际经济与贸易（国际采购管理）
8		会计	会计(税务专门化)
9	航空运输系	空中乘务	空中乘务
10		民航商务	民航商务
11		航空机电设备维修	航空机电设备维修
12		旅游管理	旅游管理
13	机电工程系	建筑工程技术	建筑工程技术
14		数控技术	数控技术
15		机电一体化技术	机电一体化技术
16		电气自动化技术	电气自动化技术
17		汽车运用与维修	汽车运用与维修
18	金融系	国际金融	国际金融
19		投资与理财	投资与理财
20	商贸学院	新闻与传播	新闻与传播
21		法律事务	法律事务
22		商务英语	商务英语
23		商务日语	商务日语
24	信息工程系	计算机应用技术	计算机应用技术
25		计算机网络技术	计算机网络技术
26		印刷技术	图文信息处理
27	艺术学院	环境艺术设计	环境艺术设计
28		服装设计	服装设计
29		装潢艺术设计	装潢艺术设计
30		应用艺术设计	室内设计
31		应用艺术设计	展览与商业空间设计

续表

序号	所属院系	专业名称	专业方向名称
32	艺术学院	人物形象设计	人物形象设计
33		表演艺术	表演艺术
34		影视动画	影视动画
35	护理系	护理	护理

2011年

序号	所属系部	专业名称	专业方向名称
1	经管学院	报关与国际货运	报关与国际货运
2		国际航运业务管理	国际航运业务管理
3		国际经济与贸易	国际采购管理
4		会计	会计
5		会计	会计（税务专门化）
6		物流管理	物流管理
7	商贸学院	法律事务	法律事务
8		国际商务	国际商务
9		商务日语	商务日语
10		商务英语	商务英语
11		新闻与传播	新闻与传播
12	艺术学院	表演艺术	表演艺术
13		服装设计	服装设计
14		环境艺术设计	环境艺术设计
15		人物形象设计	人物形象设计
16		艺术设计	平面设计
17		艺术设计	室内设计
18		艺术设计	展览与商业空间设计
19		应用艺术设计	室内设计
20		应用艺术设计	展览与商业空间设计
21		影视动画	影视动画
22		装潢艺术设计	装潢艺术设计
24	信息工程系	计算机应用技术	计算机应用技术
25		印刷技术	图文信息处理
26	航空运输系	航空机电设备维修	航空机电设备维修
27		空中乘务	空中乘务

续 表

序号	所属系部	专业名称	专业方向名称
28	航空运输系	旅游管理	旅游管理
29		民航商务	民航商务
30	金融系	国际金融	国际金融
31		投资与理财	投资与理财
32	机电工程系	电气自动化技术	电气自动化技术
33		机电一体化技术	机电一体化技术
35		汽车运用与维修	汽车运用与维修
36		数控技术	数控技术
37	护理系	护理	护理

2012年

序号	所属院系	专业名称	专业方向名称
1	经管学院	报关与国际货运	报关与国际货运
2		国际航运业务管理	国际航运业务管理
3		国际经济与贸易	国际采购管理
4		会计	会计
5		会计（税务专门化）	会计（税务专门化）
6		物流管理	物流管理
7	商贸学院	法律事务	法律事务
8		国际商务	国际商务
9		国际商务	国际商务（国际贸易）
10		国际商务	国际商务（商务秘书）
11		商务日语	商务日语
12		商务英语	商务英语
13		新闻与传播	新闻与传播
14	艺术学院	服装设计	服装设计
15		环境艺术设计	环境艺术设计
16		环境艺术设计	室内设计
17		人物形象设计	人物形象设计
18		艺术设计	艺术设计（平面设计）
20		应用艺术设计	室内设计
21		应用艺术设计	展览与商业空间设计
22		装潢艺术设计	装潢艺术设计

续 表

序号	所属院系	专业名称	专业方向名称
23	机电学院	电气自动化技术	电气自动化技术
24		机电一体化技术	机电一体化技术
25		建筑工程技术	建筑工程技术
26		汽车运用与维修	汽车运用与维修
27		数控技术	数控技术
28	航空运输系	航空机电设备维修	航空机电设备维修
29		空中乘务	空中乘务
30		旅游管理	旅游管理
31		民航商务	民航商务
32	护理系	护理	护理
33	金融系	国际金融	国际金融
34		投资与理财	投资与理财
35	数字传媒系	计算机应用技术	计算机应用技术
36		计算机应用技术	图情档方向
37		印刷技术	图文信息处理
38		影视动画	影视动画
		表演艺术	表演艺术
		电视节目	电视节目
		人物形象	人物形象

2013年

序号	所属部系	专业名称	专业方向名称
1	航空运输系	空中乘务	空中乘务
2		民航商务	民航商务
3		航空机电设备维修	航空机电设备维修
4		旅游管理	旅游管理
5	护理系	护理	护理
6	机电学院	机电一体化技术	机电一体化技术
7		数控技术	数控技术
8		汽车运用与维修	汽车运用与维修
9		电气自动化技术	电气自动化技术
10	金融系	国际金融	国际金融
11		投资与理财	投资与理财
		金融管理与实务	金融管理与实务

续 表

序号	所属部系	专业名称	专业方向名称
12	经管学院	物流管理	物流管理
14		报关与国际货运	报关与国际货运
15		会计	会计
16		会计	会计（税务专门化）
17		会计	会计（国际会计）
18		财务管理	财务管理
19		国际经济与贸易	国际采购管理
20	商贸学院	国际经济与贸易	国际经济与贸易
21		国际商务	国际商务
22		国际商务	国际贸易方向
23		国际商务	商务秘书方向
24		商务英语	商务英语
25		商务日语	商务日语
		电子商务	电子商务
26	数字传媒系	计算机应用技术	计算机应用技术
27		计算机应用技术	图情档方向
28		电子出版技术	电子出版技术
30		表演艺术	表演艺术
31		影视动画	影视动画
33		电视节目制作	电视节目制作
34	艺术学院	环境艺术设计	环境艺术设计
35		环境艺术设计	室内设计
36		服装设计	服装设计
37		艺术设计	平面设计
38		艺术设计	展览与商业空间设计
39		艺术设计	室内设计

2014年

序号	所属系部	专业名称	专业方向名称
1	机电学院	机电一体化技术	机电一体化技术
2		数控技术	数控技术
3		汽车运用与维修	汽车运用与维修
4		电气自动化技术	电气自动化技术

续 表

序号	所属系部	专业名称	专业方向名称
5	金融系	投资与理财	投资与理财
6		国际金融	国际金融
7		金融管理与实务	金融管理与实务
8	经管学院	物流管理	物流管理
9		报关与国际货运	报关与国际货运
10		会计	会计
11		会计	会计(税务专门化)
12		会计	会计(国际会计)
13		财务管理	财务管理
14		国际经济与贸易	国际采购管理
15		人力资源管理	人力资源管理
16		国际航运业务管理	国际航运业务管理

2015 年

序号	所属院系	专业名称	专业方向名称
1	航空运输系	空中乘务	空中乘务
2		民航商务	民航商务
3		航空机电设备维修	航空机电设备维修
4	护理学院	护理	护理
5	机电学院	机电一体化技术	机电一体化技术
6		数控技术	数控技术
7		汽车运用与维修	汽车运用与维修
8		电气自动化技术	电气自动化技术
9		汽车技术服务与营销	汽车技术服务与营销
10	金融系	投资与理财	投资与理财
11		国际金融	国际金融
12		金融管理与实务	金融管理与实务
13	经管学院	物流管理	物流管理
14		报关与国际货运	报关与国际货运
15		会计	会计
16		会计	会计(税务专门化)

续表

序号	所属院系	专业名称	专业方向名称
17		会计	会计（国际会计）
18		财务管理	财务管理
19		人力资源管理	人力资源管理
20		国际经济与贸易	国际经济与贸易
21		国际商务	国际商务
22	商贸学院	商务英语	商务英语
23		商务日语	商务日语
24		市场开发与营销	市场开发与营销
25		计算机应用技术	计算机应用技术
26		影视动画	影视动画
27	数字传媒系	电视节目制作	电视节目制作
28		电子出版技术	电子出版技术
29		印刷技术	印刷技术
30		环境艺术设计	环境艺术设计
31		环境艺术设计	室内设计
32	艺术学院	服装设计	服装设计
33		艺术设计	平面设计
34		艺术设计	展览与商业空间设计

2016年

序号	所属院系	专业名称	专业方向名称
1	航空运输系	空中乘务	空中乘务
2		民航商务	民航商务
4	护理学院	护理	护理
5		机电一体化技术	机电一体化技术
6		数控技术	数控技术
7	机电学院	汽车运用与维修	汽车运用与维修
8		电气自动化技术	电气自动化技术
9		汽车技术服务与营销	汽车技术服务与营销
10		投资与理财	投资与理财
11	商学院	国际金融	国际金融
12		金融管理与实务	金融管理与实务

续 表

序号	所属院系	专业名称	专业方向名称
13		商务英语	商务英语
14		商务日语	商务日语
15		市场开发与营销	市场开发与营销
16		电子商务	电子商务
17		国际经济与贸易	国际经济与贸易
18		国际商务	国际商务
19		计算机应用技术	计算机应用技术
20	数字传媒系	影视动画	影视动画
21		广播电视节目制作	电视节目制作
23		环境艺术设计	环境艺术设计
24		环境艺术设计	室内设计
25	艺术学院	服装设计	服装设计
27		艺术设计	展览与商业空间设计
28		艺术设计	艺术设计
29		物流管理	物流管理
30	经管学院	报关与国际货运	报关与国际货运
31		会计	会计
34		人力资源管理	人力资源管理

2017 年

序号	所属院系	专业名称	专业方向名称
1	航空学院	空中乘务	空中乘务
2		民航运输	民航运输
4	护理学院	护理	护理
5		机电一体化技术	机电一体化技术
6	机电学院	数控技术	数控技术
7		汽车运用与维修技术	汽车运用与维修技术
9		汽车营销与服务	汽车营销与服务
10		投资与理财	投资与理财
11	商学院	国际金融	国际金融
12		金融管理与实务	金融管理
15		市场营销	市场营销

续表

序号	所属院系	专业名称	专业方向名称
16	商学院	电子商务	电子商务
17		国际经济与贸易	国际经济与贸易
18		国际商务	国际商务
19	传媒学院	计算机应用技术	计算机应用技术
20		影视动画	影视动画
21		广播影视节目制作	广播影视节目制作
22	艺术学院	环境艺术设计	环境艺术设计
24		服装与服饰设计	服装与服饰设计
25		艺术设计	艺术设计
28	经管学院	物流管理	物流管理
29		报关与国际货运	报关与国际货运
30		会计	会计
33		人力资源管理	人力资源管理

2018年

序号	所属院系	专业名称	专业方向名称
1	航空学院	空中乘务	空中乘务
2		民航运输	民航运输
3	护理学院	护理	护理
4	机电学院	机电一体化技术	机电一体化技术
5		数控技术	数控技术
6		汽车运用与维修技术	汽车运用与维修技术
10	商学院	国际金融	国际金融
11		金融管理	金融管理
12		商务英语	商务英语
15		电子商务	电子商务
16		国际经济与贸易	国际经济与贸易
18	传媒学院	计算机应用技术	计算机应用技术
19		影视动画	影视动画
20		广播影视节目制作	广播影视节目制作
21		影视动画	影视动画（中高职贯通）
22	艺术学院	环境艺术设计	环境艺术设计
23		环境艺术设计	室内设计

续表

序号	所属院系	专业名称	专业方向名称
24		服装与服饰设计	服装与服饰设计
25		艺术设计	艺术设计（平面设计）
28		服装与服饰设计	服装与服饰设计（中高职贯通）
29	经管学院	物流管理	物流管理
30		报关与国际货运	报关与国际货运
31		会计	会计

2019年

序号	所属院系	专业名称	专业方向名称
1	航空学院	空中乘务	空中乘务
2		民航运输	民航运输
3	护理学院	护理	护理
4		护理	护理（高本贯通培养）
5	机电学院	机电一体化技术	机电一体化技术
6		数控技术	数控技术
7		汽车运用与维修技术	汽车运用与维修技术
8		工业机器人技术	工业机器人技术
9	经管学院	国际金融	国际金融
10		金融管理	金融管理
12		电子商务	电子商务
13		国际经济与贸易	国际经济与贸易
14		物流管理	物流管理
15		报关与国际货运	报关与国际货运
16		报关与国际货运	报关与国际货运（中高职贯通）
17		会计	会计
18	传媒学院	计算机应用技术	计算机应用技术
19		影视动画	影视动画
20		影视动画	影视动画（中高职贯通）
21		广播影视节目制作	广播影视节目制作
22	艺术学院	环境艺术设计	环境艺术设计
23		服装与服饰设计	服装与服饰设计
24		服装与服饰设计	服装与服饰设计（中高职贯通）
26		艺术设计	艺术设计（多媒体广告设计）

2020年

序号	所属院系	专业名称	专业方向名称
1	航空学院	空中乘务	空中乘务
2		民航运输	民航运输
3	护理学院	护理	护理
4		护理	护理(高本贯通培养)
5	机电学院	机电一体化技术	机电一体化技术
6		机电一体化技术	机电一体化技术(中高职贯通)
7		数控技术	数控技术
8		汽车运用与维修技术	汽车运用与维修技术
9		汽车运用与维修技术	汽车运用与维修技术(高本贯通)
10		工业机器人技术	工业机器人技术
11	经管学院	国际金融	国际金融
12		金融管理	金融管理
13		电子商务	电子商务
14		国际经济与贸易	国际经济与贸易
15		物流管理	物流管理
16		报关与国际货运	报关与国际货运
17		报关与国际货运	报关与国际货运(中高贯通)
18		会计	会计
19	传媒学院	计算机应用技术	计算机应用技术
20		影视动画	影视动画
21		影视动画	影视动画(中高职贯通)
22		广播影视节目制作	广播影视节目制作
23		大数据技术与应用	大数据技术与应用
24	艺术学院	环境艺术设计	环境艺术设计
25		服装与服饰设计	服装与服饰设计
26		服装与服饰设计	服装与服饰设计(中高职贯通)
28		艺术设计	艺术设计
29		艺术设计	多媒体广告设计
30	教育学院	学前教育	学前教育

2021 年

序号	所属院系	专业名称	专业方向名称
1	传媒学院	计算机应用技术	计算机应用技术
2		大数据技术	大数据技术
3		广播影视节目制作	广播影视节目制作
4		影视动画	影视动画
5		影视动画	影视动画(中高职贯通)
6	航空学院	民航运输服务	民航运输服务
7		空中乘务	空中乘务
8	护理学院	护理	护理
9		护理	护理(高本贯通)
10	机电学院	机械制造及自动化	机械制造及自动化
11		机电一体化技术	机电一体化技术
12		机电一体化技术	机电一体化技术(中高职贯通)
13		工业机器人技术	工业机器人技术
14		新能源汽车技术	新能源汽车技术
15		汽车检测与维修技术	汽车检测与维修技术
16		汽车检测与维修技术	汽车检测与维修技术(高本贯通)
17		数控技术	数控技术
18	教育学院	学前教育	学前教育
19	艺术设计学院	艺术设计	多媒体广告设计
20		服装与服饰设计	服装与服饰设计
21		服装与服饰设计	服装与服饰设计(中高职贯通)
22		环境艺术设计	环境艺术设计
23	经管学院	金融服务与管理	金融服务与管理
24		金融服务与管理	国际金融
25		大数据与会计	大数据与会计
26		大数据与会计	大数据与会计(中高职贯通)
27		国际经济与贸易	国际经济与贸易
28		关务与外贸服务	关务与外贸服务
29		关务与外贸服务	关务与外贸服务(中高职贯通)
30		电子商务	电子商务
		电子商务	电子商务(高本贯通)
		现代物流管理	现代物流管理

2022年

序号	所属院系	专业名称	专业方向名称
1	传媒学院	计算机应用技术	计算机应用技术
2		计算机应用技术	计算机应用技术(中高职贯通)
3		大数据技术	大数据技术
4		广播影视节目制作	广播影视节目制作(高本贯通)
5		广播影视节目制作	广播影视节目制作
6		影视动画	影视动画
7		影视动画	影视动画(中高职贯通)
8		影视动画	影视动画(高本贯通)
9	航空学院	民航运输服务	民航运输服务
10		空中乘务	空中乘务
11	护理学院	护理	护理
12		护理	护理(高本贯通)
13	机电学院	机电一体化技术	机电一体化技术
14		机电一体化技术	机电一体化技术(中高职贯通)
15		工业机器人技术	工业机器人技术
16		集成电路	集成电路
17		新能源汽车技术	新能源汽车技术
18		汽车检测与维修技术	汽车检测与维修(高本贯通)
19	教育学院	学前教育	学前教育
20	艺术设计学院	艺术设计	多媒体广告设计
21		艺术设计	多媒体广告设计(中高职贯通)
22		服装与服饰设计	服装与服饰设计
23		服装与服饰设计	服装与服饰设计(中高职贯通)
24		环境艺术设计	环境艺术设计
25		室内设计	室内设计
26	经管学院	国际金融	国际金融
27		大数据与会计	大数据与会计
28		大数据与会计	大数据与会计(中高职贯通)
29		关务与外贸服务	关务与外贸服务
30		关务与外贸服务	关务与外贸服务(高本贯通)
31		关务与外贸服务	关务与外贸服务(中高职贯通)
32		电子商务	电子商务

续 表

序号	所属院系	专业名称	专业方向名称
33		电子商务	电子商务(中高职贯通)
34		电子商务	电子商务(高本贯通)
35		现代物流管理	现代物流管理
36		现代物流管理	现代物流管理(中高职贯通)

专业建设立项一览表

年度	专业	建设立项名称	备注
2015	会计	上海市高职院校一流专业建设	
2016	会计、国际金融、报关与国际货运、影视动画、机电一体化技术	上海市特色高职院校重点专业建设	
2018	会计	上海市高职院校一流专业建设（立项）	第二轮
	机电一体化技术	上海市高职院校一流专业建设（培育）	
2019	会计、报关与国际货运、国际金融、机电一体化技术、影视动画	国家创新发展三年行动计划 国家级骨干专业	
2022	智慧商贸专业群	上海市高职院校高水平建设专业群	第一批
	时尚设计专业群		
	智慧财经专业群	上海市高职院校高水平建设专业群	第二批

高本贯通专业、中高职贯通专业一览表

序号	类别	获批年份	贯通(高职)专业名称	贯通(本科)学校
1	高本贯通专业	2018	护理	上海杉达大学
2		2019	汽车服务工程	上海建桥学院
3		2020	国际商务(跨境商务运营)	上海师范大学天华学院
4		2021	国际关务管理	上海师范大学天华学院
5		2021	广播影视节目制作	上海师范大学
6		2022	影视动画	上海师范大学
1	中高职贯通专业	2014	影视动画	上海市西南工程学校
2			服装与服饰设计	上海市群益职校
3		2015	报关与国际货运	上海商业会计学校
4		2016	机电一体化技术	上海市工商外国语学校
5		2017	会计	上海市经济管理学校
6		2018	国际金融	上海商业会计学校
7			艺术设计	上海市经济管理学校
8			物流管理	上海市经济管理学校
9			大数据技术与应用	上海市工商外国语学校
10			电子商务	上海市现代流通学校
11		2019	大数据与会计	上海商业会计学校
12			艺术设计	上海市现代流通学校
13		2021	影视动画	上海振华外经贸学校
14			环境艺术设计	上海市西南工程学校
15			机电一体化技术	上海市奉贤中等专业学校
16			服装与服饰设计	上海市第二轻工业学校
17		2022	大数据与会计	上海市现代流通学校
18			环境艺术设计	上海市第二轻工业学校

第四部分

荣誉、成果和奖励

学校荣誉及获奖

年度	荣誉名称	颁发部门
2003	上海市"诚信在线企业"	
2004	2003—2004年上海市科教党委系统文明达标单位	中共上海市民办高校工作委员会
2005	2005年度上海市高校无偿献血推进奖	上海市卫生局、上海市红十字会
	上海市教育系统达标文明单位	中共上海市民办高校工作委员会
	创建志愿无偿献血达标证书	上海市卫生局、上海市红十字会
	2005年度国防教育先进单位	上海市闵行区人民武装部
2006	全国先进办学单位	中国教育研究院
	2003—2005年上海市创建"健康校园"优秀奖	上海市教育委员会、上海市综合治理委员会
	上海市民办高校先进基层党组织	中共上海市社会工作委员会
	上海市职业教育奉献奖——曹助我	上海市职业教育协会、上海市教育发展基金会
2007	上海市长征突击队称号——会计051班	上海市人事局、上海市教育委员会
	党建理论学习小组社会主义荣辱观学习活动"优秀活动项"	共青团上海市委、上海市教育委员会
	上海市学生音乐节合唱专场三等奖	上海市艺术教育委员会、上海市艺术教育中心
2008	2007—2008年度上海市教卫党委系统文明单位	上海市教卫系统精神文明建设委员会
	语言文字法律法规及规范标准知识网络竞答活动优秀组织奖	上海市语言文字工作委员会办公室
	2007—2008年度上海高校优秀社团	共青团上海市委、市学联
2009	上海民办高校文明单位	中共上海市民办高校工作委员会
	征兵工作先进单位	上海市政府、上海警备区
2010	2009—2010年度上海市文明单位	上海市政府
	推进民办高校健康科学发展先进党组织	中共上海市社会工作委员会
	2009—2010年度上海市教卫党委系统精神文明单位	上海市教卫系统精神文明建设委员会
	2009—2010年度上海市高校学生资助工作绩效评估优秀单位	上海市教育委员会
	2010年度征兵工作先进单位	上海市政府、上海警备区
	上海世博园区运行保障立功竞赛"月度冠军"	上海世博园区运行保障立功竞赛组织委员会办公室

续 表

年度	荣誉名称	颁发部门
	上海世博会志愿者工作优秀团队	上海市委宣传部
	全国工人先锋队称号(东海学院世博售票工作组)	中共上海市教育卫生工作委员会
	上海市教育人才交流协会人事人才工作先进集体	上海市教育人才交流协会、上海市教育人才交流服务中心
	2010年度上海市青年女性职业飞翔计划优秀组织奖	上海市妇女联合会妇女发展部
	中国民办高等教育优秀院校	中国民办教育协会高等教育专业委员会
	上海市"两新"组织、"五好"党组织，上海市"两新"组织党建工作示范点	中共上海市社会工作委员会
2011	2011年度上海市平安单位	上海市社会治安综合治理委员会
	2010—2011年度上海市安全文明校园	上海市社会治安综合治理委员会
	2011年度征兵工作先进单位	上海市政府、上海警备区
	上海市教育系统"服务世博 奉献世博"争创教育先锋号 先进集体称号	中国教育工会上海市委员会
	上海市教卫党委系统市级文明单位	上海市教卫党委系统精神文明建设委员会
2012	2011—2012年度上海市文明单位	上海市政府
	2012年上海市大学生暑期社会实践优秀组织奖	上海市委宣传部、上海市教育委员会
	2012—2013年度上海市安全文明校园	上海市社会治安综合治理委员会
2013	2010—2012年度上海市教育人才交流协会人事人才工作先进集体——人事处	上海市教育人才交流协会、上海市教育人才交流服务中心
	上海市2013年征兵工作先进单位	上海市政府、上海警备区
	上海市青年五四奖章集体——学校志愿者服务总队	共青团上海市委、上海市人力资源和社会保障局、上海市公务员局
2014	2013—2014年度上海市文明单位	上海市政府
	首届上海高校青年教师教学竞赛优秀组织奖	上海市总工会、中共上海市教育卫生工作委员会、上海市教育委员会
	上海市民办高校系统党的群众路线教育实践活动落实整改十佳特色案例	上海市民办高校工作委员会
	2012—2014年度上海市教育人才交流协会人事人才工作先进集体——人事处	上海市教育人才交流协会、上海市教育人才交流服务中心
	2012—2014年度上海市教育系统"先进教工之家"——工会	上海教育系统工会
	上海市教育系统妇女特色工作案例铜奖	上海市教育工会、上海教育系统妇工委
	2014年度上海市高校无偿献血推进奖	上海市教育委员会、上海市红十字会

续　表

年度	荣誉名称	颁发部门
2015	2014—2015年度上海市安全文明校园	上海市社会治安综合治理委员会
	上海市"星光计划"高职院校职业技能大赛优秀组织奖	上海市教育委员会
	上海教育系统工会爱心妈咪小屋三星级	上海市教育工会、上海教育系统妇工委
	上海市2014年征兵工作先进单位	上海市政府、上海警备区
	"星光计划"第七届职业院校技能大赛优秀组织奖	上海市教育委员会
	"星光计划"第七届职业院校技能大赛上海赛区组织贡献奖	
	上海市教育系统工会高校先进教工之家	中国教育工会上海市委员会
	"法律服务在身边"上海市高校法制教育特色项目	上海市教育委员会
	吴泾区域党建联建先进奖	中共闵行区吴泾镇委员会
2016	2015—2016年度上海市文明单位	上海市政府
	2015—2016年度市教卫工作党委系统市级文明单位	上海市教卫党委工作系统精神文明建设委员会
	上海市市级特色高职院校	上海市教育委员会
	上海市市级示范性民办高校	上海市教育委员会、中共上海市民办高校工作委员会
	上海市人才交流会人事人才工作先进集体	上海市教育人才交流协会
	2015年上海市征兵工作先进单位	上海市政府、上海警备区
	2016年度上海市教育发展基金华强教育专项基金华强奖	上海市教育发展基金会
2017	上海市黄炎培职业教育奖(优秀学校)	上海中华职业教育社
	上海市平安示范单位	上海市社会治安综合治理委员会
	2016—2017年度上海市安全文明校园	
	民办高校治理能力现代化与党建工作机制创新研究三等奖	上海市教卫党委系统党建研究会
	2017年征兵先进单位	上海市政府、上海警备区
	第三届上海市民办高校教师教学技能大赛优秀组织奖	上海市教育委员会
2018	上海市民办教育突出贡献奖——曹助我	上海市民办教育协会、上海民办教育发展基金会
	上海市节水型学校	上海市水务局、上海市教育委员会
	2017年度征兵工作先进单位	上海市政府、上海警备区
	2017—2018年度上海市教卫工作党委系统精神文明建设校	上海市教卫工作系统精神文明建设委员会
	2017—2018年上海市高校毕业生就业创业工作专项督查优秀单位	上海市教育委员会
	2018年度上海市平安示范单位	上海市委政法委员会
	2017—2018年度上海市安全文明校园	

续 表

年度	荣 誉 名 称	颁 发 部 门
2018	2017—2018年度上海市文明单位	上海市政府
	闵行区区域化党建工作突出贡献单位	中共闵行区委员会
2019	上海市高等院校依法治校标准校	上海市教育委员会
	2018年中国技能大赛——第45届世界技能大赛上海市选拔赛优秀组织奖	上海市人力资源和社会保障局、上海市财政局、上海市教育委员会、上海市经济和信息化委员会、上海市国资委、上海市总工会、共青团上海市委
	2014—2019年度上海市"教育先锋号"——社会科学部、招生就业处	上海市教卫工作党委、上海市教育工会
	上海市教育人才交流协会人事人才工作先进集体	上海市教育人才交流协会
	2019年度征兵工作先进单位	上海市政府、上海警备区
2020	上海市文明校园	上海市政府
	上海市志愿者服务先进集体——东海学院志愿者协会	上海志愿者协会
	2020年度上海生活垃圾分类实效综合考评优秀高校	上海市学校生活垃圾分类减量推进工作领导小组办公室
	第46届世界技能大赛上海市选拔赛优秀组织奖	上海市教育委员会
2021	上海高校"十三五"智慧安防先进集体	上海市教育系统社会治安综合治理委员会
	"学党史、铭历史、庆百年、弘精神"百年党史知识竞赛优秀组织奖	上海市教卫党委系统党建研究会
	上海市"星光计划"第九届职业院校技能大赛优秀组织奖	上海市教育委员会
	2021年度上海生活垃圾分类实效综合考评优秀高校	上海市学校生活垃圾分类减量推进工作领导小组办公室
	2021年上海市教育评价改革优秀案例——"内培外引,协同培养",建设高质量"双师型"队伍	中共上海市教委教育工作领导小组办公室
	2021年度社区、企事业单位献血工作考核优秀集体	上海市血液管理办公室
2022	第八届中国国际"互联网+"大学生创新创业大赛上海赛区优秀组织奖	上海市教育委员会
	2022年上海市工人先锋号——经管学院	上海市总工会、上海市人力资源和社会保障局
	第十一届上海高校心理健康教育"移动微课程"大赛决赛优秀组织奖	上海学生心理健康教育发展中心
	2021年度社区、企事业单位献血工作考核优秀集体	上海血液管理办公室
	2022年度第二批社会组织评估"5A"等级	上海市社会组织评估委员会
	上海市绿色学校	上海市教育委员会、上海市发展和改革委员会
	上海市"2022年度高校治安安全示范点"——图书馆	上海市教育系统平安学校建设工作领导小组

教 学 成 果

国家教学成果奖

年度	课程名称	获奖者	等级
2018	面向小微企业、聚焦"三会"能力，适应行业转型需求的财会人才培养创新实践	严玉康、李　杰、吕　薇、周　曼、李　敏、徐志峰、谢咏梅、张　戈	一等奖

上海市教学成果奖

年度	课程名称	获奖者	等级
2009	报关与国际货运专业人才培养新模式的探索	严玉康、袁雪飞、牟爱春、郑雪培、钟昌元	三等奖
2013	高职经管类相关专业实践性教学综合改革探索	严玉康、李　杰、李　敏、袁雪飞、牟爱春	二等奖
2013	语言技能与商务技能的有机融合实践	时启亮、金玲慧、周孟华、徐　京、顾　萍	二等奖
2017	面向小微企业、聚焦"三会"能力，适应行业转型需求的财会人才培养创新实践	严玉康、李　杰、吕　薇、周　曼、李　敏、徐志峰、谢咏梅、张　戈	特等奖
2017	构建校企双主体育人平台、探索与实践联合订单人才培养模式	杨　萍、熊少玮、李学荣、江可万、王　改	二等奖
2017	实施"双百工程"，推进"课-证-赛"一体化建设优质课程的创新实践	项家祥、尹雷方、张菊芳、何民乐、王　勤	二等奖
2017	基于产教研协同，"微特技"影视动画人才的创新实践	王　平、王翔宇、左田田、李亚威、陈　嵩	二等奖
2021	对接国家关务改革，导入国际AEO标准，培养"四通一达"关务人才的探索与实践	严玉康、郑梅青、高　静、崔红军、朱　莉、尚思瑶、朱丹萍、许小梅、吴谢玲、姚晋兰	特等奖
2021	实现跨越式发展：上海精准帮扶喀什地区职业教育开展教学建设的创新与实践	张　晨、赵　坚、叶银忠、肖鹏程、张哲民、郭文富、钟　华、樊　辛、孙天慧、顾惠忠	特等奖

续表

年度	课程名称	获奖者	等级
	对接德国职业资格认证标准的高职机电类专业教学体系改革与实践	杨　萍、熊少玮、李学荣、朱建平、江可万、高军俊、王文琦、黄存章、Rothgaenger（德）/罗曼德	一等奖
	以数字孪生促进智慧教育创新发展的探索与实践	张居阳、鲁志芳、刘舒叶、陈海冬、何民乐	二等奖
	基于"1+N"思政教育方法的少数民族学生人才培养创新实践	杨　瑾、古丽娜尔、王　玉、孔国锋、任　洁	

市级精品课程

年度	课程名称	课程负责人
2007	书籍装帧设计	侯生泉
2010	商务英语	金玲慧、时启亮
2011	进出口业务实训	陈　鼎、严玉康
2012	会计综合实训	袁雪飞、严玉康
2013	国际商务综合实训	王　慧、时启亮
2014	国际金融理论与实务	郑梅青、陆爱勤
2014	视频编辑艺术	王翔宇
2015	电子报税实训	严玉康、吕　薇
2016	设计制图	刘伊丹
2017	电气控制及PLC技术	江可万等
2018	服装结构设计基础	许雅琴
2020	财务管理	刘舒叶

市级优秀（创新）教学团队及教学名师

年度	院（系）	专业教学团队	备注
2011	商贸学院	商务英语	优秀
2013	经管学院	会计	优秀
2014	经管学院	严玉康	教学名师
2014	经管学院	报关与国际货运	优秀
	商贸学院	国际商务	优秀

续 表

年度	院（系）	专业教学团队	备注
2015	金融系	国际金融	优秀
2017	艺术学院	环境艺术设计	优秀
2018	机电学院	机电一体化技术	优秀
2019	经管学院	会计	（创新）立项
	传媒学院	影视动画	（创新）培育
2020	经管学院	报关与国际货运	（创新）立项
	艺术学院	服装与服饰设计	（创新）立项
	机电学院	机电一体化技术	（创新）培育

2019年获得教育部认定的项目一览表

类　别	认定项目	专　业
生产性实训基地	财务管理生产性实训基地	会计
	影视与动画生产性实训基地	影视动画
"双师"基地	会计专业"双师型"教师培训基地	会计
协同创新基地	移动互联网微电影产教研协同基地	影视动画

科 研 成 果

专 利

专利(软著)名称	发明者	产权	授权(登记)时间	专利(软著)号
基于单行星排的多模式混合动力系统	邹玉凤		2018.07	CN108790774A
多功能机电技术综合实训台	江可万、李学荣		2018.07	ZL 2017 2 0349092.3
影视节目制作智能综合管理系统 V1.0	左田田	所有人	2019.01	2019SR0427388
影视视频剪辑合成智能操作平台 V1.0	左田田	所有人	2019.03	2019SR0426440
无人驾驶纯电动汽车整车能量管理系统	邹玉凤		2019.12	ZL 2019 2 2157112.9
一种气动实训台	江可万		2021.01	ZL 2020 2 0927943.X
一种基于电子刹车辅助的商用车AMT防溜坡控制系统	邹玉凤		2021.04	CN112648359A
适用于乘客门感知系统的超声波雷达FOV测试台架标定系统	邹玉凤		2021.04	CN112918457A
一种基于湿式电磁离合器结构的AMT系统	邹玉凤		2021.04	CN112610626A
一种带冷却快换主轴	高军俊		2021.06	ZL 2018 1 1211835.6
一种基于计算机技术的具有辅助功能的中级智能接线板	江可万、李学荣、韩建斌、杨萍		2021.06	ZL 2020 2 2501380.0
一种初级智能接线板的检测装置	杨萍、江可万、李学荣、韩建斌		2021.06	ZL 2020 2 2500097.6
基于多控制器融合的纯电动无人驾驶汽车转矩控制系统	邹玉凤		2021.06	CN112684435A
一种机电设备运输台	杨萍、熊少玮、李学荣、江可万		2021.07	ZL 2021 2 1519407.7

续 表

专利(软著)名称	发明者	产权	授权(登记)时间	专利(软著)号
一种龙门式工业上下料机构	杨 萍、江可万、李学荣、韩建斌		2021.10	ZL 2021 2 0041548.6
一种传送分拣机构	杨 萍、江可万、李学荣、韩建斌		2021.10	ZL 2020 2 2949696.6
一种用于机电设备的安装支架	杨 萍、李学荣、熊少玮		2021.11	ZL 2021 2 1519238.7

正式出版物

部门	著作名称	作者	出版社名称	出版时间	书号(ISBN)
经管学院	邓小平区域协调发展观	刘 欣、李 杰	黑龙江人民出版社	2004.07	7207063040
	哈尔滨城市旅游形象构建	刘 欣、李 杰	哈尔滨出版社	2008.07	9787807533115
	进出口业务综合实训	严玉康、赵三宝	立信会计出版社	2010.10	9787542927477
	国际商务单证实训	牟爱春、李 琳	立信会计出版社	2011.12	7542930941
	进出口报关综合实训	邢 娟、陈 鼎	立信会计出版社	2012.07	9787542935694
	出入境报检业务实训	吴谢玲	立信会计出版社	2014.04	9787542941756
	证券交易实训	李庆华	华东理工大学出版社	2014.06	9787562839125
	国际金融理论与实务	郑梅青	华东理工大学出版社	2014.06	9787562839002
	证券学基础	崔红军	华东理工大学出版社	2015.08	9787562843221
	小企业会计基础	严玉康、秦 岚	立信会计出版社	2016.04	978754294949
	小企业财务会计	李 敏、李 杰	立信会计出版社	2016.06	978754294950
	小企业成本会计	励 丹、谢咏梅	立信会计出版社	2016.06	9787542963093
	小企业会计电算化	苏 红、吕 薇	立信会计出版社	2016.07	9787542949813
	小企业财务管理	刘振峰、周 曼	立信会计出版社	2016.10	9787542952172
	会计基础技能实训	吕 薇、刘舒叶	立信会计出版社	2017.09	9787542955333
	AEO制度概论	严玉康	立信会计出版社	2018.01	9787542956606
	小企业会计综合实训	严玉康、袁雪飞	立信会计出版社	2019.09	9787542960566
	国际服务贸易理论与政策	高 静	中国国际广播出版社	2021.11	9787507846140
	管理会计与财务会计在财务管理中的运用研究	谢咏梅、朱丹萍	吉林科学技术出版社	2021.11	9787557890322
机电学院	电气控制与PLC项目化教程	江可万	大连理工大学出版社	2014.08	9787561194478
	电工电子技术	袁冬琴、江可万	上海交通大学出版社	2015.09	9787313134806
	自动检测与转换技术	袁冬琴、江可万	上海交通大学出版社	2015.09	9787313134813
	机械工程基础(上、下)	杨 萍	上海交通大学出版社	2015.11	9787313134820
	数控编程与操作	杨 萍	上海交通大学出版社	2015.11	9787313134837

续 表

部门	著作名称	作者	出版社名称	出版时间	书号(ISBN)
	"双元制"本土化专业技术人才培养方案	杨 萍、熊少玮	上海交通大学出版社	2021.12	9787313262228
艺术设计学院	立体构成	郎 昆	东华大学出版社	2006.10	9787811110302
	摄影基础	张芸芸	北京工艺美术出版社	2009.07	9787805268125
	建筑装饰识图	刘伊丹	化学工业出版社	2012.02	9787122124548
	住宅室内设计	刘伊丹	北京工艺美术出版社	2014.08	9787514004946
	环境艺术设计概论	董 静	中国电力出版社	2014.12	9787512365322
	招贴广告设计与实践	张芸芸	北京工艺美术出版社	2016.07	9787514006858
	园林景观设计	黄 蕾	上海交通大学出版社	2017.01	9787313162038
	包装设计	孙 俐	上海交通大学出版社	2017.01	9787313162878
	构成原理	郎 昆	上海交通大学出版社	2017.02	9787313168351
	室内设计	董 静	上海交通大学出版社	2017.02	9787313167002
	企业形象设计	何 颖	上海交通大学出版社	2017.03	9787313165879
	餐饮空间设计与实训	刘伊丹	中国海洋大学出版社	2018.01	9787567016491
	服装制图与样板制作	徐雅琴等	中国纺织出版社	2018.03	9787518034475
	VI 企业品牌战略与策划	张芸芸	北京工艺美术出版社	2021.01	9787514003369
	室内设计风格图文速查(第2版)	胡晓杰	机械工业出版社	2021.06	9787111671923
	服装结构制图(第6版)	徐雅琴等	高等教育出版社	2021.06	9787040548471
	标志设计	张芸芸	北京工艺美术出版社	2021.08	9787514001785
	独立式小住宅设计	胡晓杰	中国建筑工业出版社	2021.10	9787112268771
	服装工业样板设计与应用	徐雅琴等	东华大学出版社	2022.03	9787566920423
	服装与服饰设计专业中高职贯通人才培养方案与课程标准	徐雅琴等	东华大学出版社	2022.03	9787566920423
	实用服装画技法	郭玉燕	东华大学出版社	2022.04	9787566920478
航空学院	最新大学英语4级考试测试试题集710分	周孟华	北京大学出版社	2006.05	7301095902
	高职高专英语快速阅读第2册	周孟华	上海交通大学出版社	2007.06	9787313013019
	高职高专核心英语教程第2册	周孟华	同济大学出版社	2007.08	9787560836959
	TOEFL 阅读新技巧	周孟华	上海交通大学出版社	2008.09	9787313052759
	高职高专核心英语教程(第4册)	周孟华	同济大学出版社	2008.11	9787560839363
	英语笔译综合能力(3级)	周孟华	外文出版社	2009.03	9787119037547
	快速阅读(高职高专实用英语系列)	周孟华	东南大学出版社	2011.04	9787564122010
	托业桥考试指南	周孟华	复旦大学出版社	2014.10	9787309110012
	民航英语	周孟华	北京邮电大学出版社	2019.02	9787563554324
	铁路客运英语	周孟华	航空工业出版社	2019.02	9787516518557

续表

部门	著作名称	作者	出版社名称	出版时间	书号(ISBN)
	大学英语翻译理论与实践研究	白 芸	吉林出版集团股份有限公司	2020.07	9787558190100
	学术英语翻译与写作	白 芸	延边大学出版社	2020.11	9787230001960
	商务英语翻译与教学研究	马理明	延边大学出版社	2021.03	9787230003193
	高校英语教学创新性研究	周孟华	吉林人民出版社	2021.12	9787206182327
	民航服务礼仪	周孟华	西北工业大学出版社	2021.12	9787561273555
	大学生思想政治教育	葛徐艳	电子科技大学出版社	2022.02	9787514386790
	客舱应急处置教程	周莉南	清华大学出版社	2022.08	9787302607861
传媒学院	计算机平面设计	李亚威	上海交通大学出版社	2015.01	9787313134950
	电视布光实训与案例解析	王烨飞	上海交通大学出版社	2015.01	9787313139467
	C#程序设计实训与案例解析	王建林	上海交通大学出版社	2015.09	9787313134998
	三维影视动画基础	袁佳瑞	上海交通大学出版社	2015.09	9787313134967
	二维动画制作技巧	关艳丽	上海交通大学出版社	2015.09	9787313135001
	数据库原理及应用	蔡 艳	上海交通大学出版社	2015.09	9787313140319
	影视动画视觉设计	王翔宇、刘琪	上海交通大学出版社	2015.09	9787313134974
	摄像艺术	左田田	上海交通大学出版社	2015.11	9787313134981
	基础日语情景对话	冬 梅	上海交通大学出版社	2017.07	9787313175960
	Adobe After Effects 影视特效合成快速入门12课	陈双寅、袁佳瑞、杨明骁	上海交通大学出版社	2018.01	9787313184481
	数码摄影艺术	袁佳瑞	上海交通大学出版社	2018.07	9787313199621
	现代美术教育方法论与教学实践	李晓静	吉林摄影出版社	2020.09	9787549844777
教育学院	综合素质(幼儿园)	侯延华	湖南师范大学出版社	2019.12	9787564836566
	钢琴基础教程	郑 娜	吉林大学出版社	2020.03	9787569241044
	保教知识与能力(幼儿园)	王 杰	电子科技出版社	2020.05	9787564778965
	声乐教程	侯延华	湖南师范大学出版社	2020.09	9787569241044
	学前儿童美术教育与活动指导	李晓静	首都师范大学出版社	2020.12	9787565660733
	美术基础教程	李晓静	湖南大学出版社	2021.09	9787564842925
护理学院	用药基础(临床案例版)	张晓宇	华中科技大学出版社	2016.01	9787568006989
	正常人体功能(临床案例版)	王颖、张晓宇	华中科技大学出版社	2016.03	9787568062787
	基础护理技术	吴佳妮	华中科技大学出版社	2017.08	9787568032988
	病原生物学与免疫学基础	王 颖	华中科技大学出版社	2017.08	9787568029698
	病原生物与免疫学基础(数字案例版)	王 颖	华中科技大学出版社	2020.06	9787568062787
	用药基础(数字案例版)	张晓宇	华中科技大学出版社	2021.01	9787568068826

续　表

部门	著作名称	作者	出版社名称	出版时间	书号（ISBN）
	多站式护理综合实训	吴佳妮	人民卫生出版社	2021.03	9787117313636
	正常人体功能(数字案例版)	张晓宇	华中科技大学出版社	2021.07	9787568071819
	基础护理技术(数字案例版)	唐建娟	华中科技大学出版社	2021.08	9787568074612
	病理学与病理生理学(数字案例版)	唐双龄	华中科技大学出版社	2021.08	9787568072793
社科部	大学体育理论与实践	明秋云	吉林美术出版社	2017.07	9787557522919
	高校思想政治教育的创新性研究		中国纺织出版社	2020.06	9787518069705
基础教学部	网络营销	金玲慧	中国人民大学出版社	2007.07	9787300081434
	大学体育教程	覃家宁	立信会计出版社	2007.08	9787542929976
	网络营销	金玲慧	同济大学出版社	2008.07	978756083916
	市场营销学(第八版)	金玲慧	上海人民出版社	2009.01	9787300081434
	实用商务英语导读	金玲慧	同济大学出版社	2009.05	9787560840024
	市场营销学手册(第八版)	金玲慧	格致出版社	2009.09	9787543216242
	新编大学基础英语快速阅读	王仙凤	东南大学出版社	2010.06	9787564122010
	企业与社会	顾　萍	立信会计出版社	2012.09	9787542936219
	国际商务英语	金玲慧	清华大学出版社	2012.09	9787302289005
	外贸英语口语(第三版)	金玲慧	上海交通大学出版社	2013.08	9787313058423
	现代市场营销学(第11版)	金玲慧	格致出版社	2013.09	9787543222731
	市场营销学：案例与实践(第11版)	金玲慧	格致出版社	2013.09	9787543222755
	现代健美操基础理论与实训研究	明秋云	中国时代经济出版社	2015.05	9787511923929
	国际贸易英语	金玲慧	上海交通大学出版社	2016.01	9787313140920
	高职体育健康教程	覃家宁	北京体育大学出版社	2018.08	9787564429911
	医护英语	王仙凤	华中科技大学出版社	2020.03	9787568068673
资产与实训室管理处	大学生就业能力与素质教育	陈晓雯	西北工业大学出版社	2018.01	9787561258323
	物流供应管理与智能交通运输	陈晓雯	西安地图出版社	2021.12	9787555607304
	高校思想教育工作的探索与实践	田冬梅	吉林大学出版社	2022.02	9787569293357

学 术 论 文

部门	论文题目	作者	刊物名称	发表时间
经管学院	降低国有企业资产负债率的对策研究	李 杰	学术交流	1996年11月
	加快培育和发展人才市场	李 杰	工业技术经济	1997年2月
	加强管理是国有企业最现实的选择	李 杰	工业技术经济	1997年8月
	会计信息失真治理	李 杰	商业经济	1998年7月
	职工再就业障碍分析及解决对策	李 杰	工业技术经济	1998年12月
	企业债券融资大有可为	李 杰	哈尔滨市委党校学报	1999年6月
	无形资产评估和会计处理方法研究	李 杰	工业技术经济	1999年6月
	试论名牌战略中的问题与对策	李 杰	工业技术经济	2000年4月
	国企改革的当务之急是实行管理创新	李 杰	北方经贸	2000年4月
	实施名牌战略 振兴民族工业	李 杰	哈尔滨市委党校学报	2000年6月
	知识管理：一场新的管理革命	李 杰	商业研究	2001年4月
	虚拟经济及其运作	李 杰	工业技术经济	2001年5月
	危机管理——现代企业管理的新课题	李 杰	商业研究	2002年3月
	实施危机管理的有效对策	李 杰	哈尔滨市委党校学报	2002年10月
	就业是民生之本	李 杰	哈尔滨日报	2003年1月20日
	转型时期影响就业的因素和应对措施	李 杰	商业研究	2003年9月
	当前我国就业形势的严峻性与扩大就业的对策	李 杰	哈尔滨市委党校学报	2003年12月
	下岗职工再就业途径探析	李 杰	商业研究	2004年3月
	公共危机管理机制的构建	李 杰	哈尔滨商业大学学报	2005年2月
	实施积极的就业政策 改善创业和就业环境	李 杰	商业研究	2005年10月
	直视低迷的中国证券市场	李 杰	商业研究	2006年6月
	产值的科学内涵及其政策意义	李 杰	中共中央党校学报	2006年12月
	科学发展观与绿色GDP	李 杰	理论探讨	2007年4月
	大学生就业难的原因与对策研究	李 杰	哈尔滨职业技术学院学报	2007年6月
	电子商务应用存在的问题分析与对策——以安徽为例	高 静	中外企业家	2007年7月
	国家竞争优势理论与我国外贸发展战略的调整	高 静	对外经贸	2007年12月
	加快哈尔滨市非公有制经济的对策建议	李 杰	商业研究	2008年2月
	识别应计可靠性与投资收益	严玉康	会计之友	2009年5月

续 表

部门	论文题目	作者	刊物名称	发表时间
	制约黑龙江省农村居民消费的主要因素及对策分析	李 杰	哈尔滨市委党校学报	2009年10月
	提高居民消费率是扩大内需的现实选择	李 杰	哈尔滨市委党校学报	2009年12月
	基于债务重组新准则的上市公司盈余管理实证研究	严玉康	财会通讯	2010年3月
	我国第三方物流企业作业成本管理的应用	周 曼	上海会计管理	2010年5月
	浅谈报关单填制的常见错误	牟爱春	对外经贸实务	2010年9月
	信用证下出口企业单据被拒付的常见原因及防范	牟爱春	商业会计	2010年9月
	高职会计专业课程改革的几点思考	李 杰	哈尔滨职业技术学院学报	2010年10月
	上海市服务贸易国际竞争力分析及提升对策	高 静	现代企业教育	2010年11月
	论高职会计专业理论与实训教学的协调发展	周 曼	商业会计	2011年5月
	高职商贸类实训教学实践初探	高 静	北方经贸	2011年7月
	国际贸易实务多媒体互动反馈教学模式探讨	果云霞	职业技术	2011年8月
	固定资产盘盈、盘亏会计处理探讨	周 曼	中国乡镇企业会计	2011年9月
	存货非正常损失之税务处理	周 曼	财会月刊	2011年10月
	小企业会计准则所得税会计处理探析	周 曼	财会通讯	2012年3月
	浅析启发式教学在高职金融学中的应用	郑梅青	管理学家	2012年6月
	现金折扣销售退回财税处理	周 曼	财会通讯	2012年7月
	高职院校国贸专业"实体平台+微观模块"技能应用型人才培养模式探讨	果云霞	职业技术杂志	2012年8月
	技术壁垒形成机制研究	吴谢玲	中国外资	2012年12月
	高职基于工作过程导向的基础会计课程改革设计	李 杰	哈尔滨职业技术学院学报	2012年12月
	上海民办高职会计专业教育的浅析	吕 薇	新一代	2013年2月
	民办高职"专升本"现状的研究	吕 薇	中国职工教育	2013年3月
	基于高职人才培养目标的财务管理专业主干课程教学体系研究	周 曼	经济研究导刊	2013年5月
	转型期中小企业的成长环境与政策调控关系探析	吴谢玲	商业时代	2013年8月
	高职国际货运代理实训教材研究	张 瑾	课程教育研究	2013年11月
	论参与式教学法在中央银行学课程中的应用	李庆华	现代商贸工业	2014年1月
	海峡两岸高职教育比较研究	严玉康	科学时代	2014年3月
	人民币汇率对不同贸易方式的影响差异分析	牟爱春	价格月刊	2014年5月

续 表

部门	论文题目	作者	刊物名称	发表时间
	我国企业社会责任与经营业绩相关性研究	李庆华	科教导刊	2014年10月
	交通运输业"营改增"存在的问题与对策研究	谢咏梅	东方企业文化	2014年12月
	基于易班开展班级管理的功能设计研究	何东瑾	课程教育研究	2015年1月
	任务驱动法在高职经济学基础教学中的应用研究	吴谢玲	课程教育研究	2015年2月
	基于易班开展校园文化活动的策略研究	何东瑾	时代教育	2015年3月
	广东省水上交通安全事故分析及对策研究	张 瑾	中国水运月刊	2015年3月
	民间金融风险预警与监控研究	崔红军	经济发展研究	2015年6月
	国际贸易物流成本低于国内的现象反思	张 瑾	对外经贸实务	2015年9月
	在高职经济学基础课程教学中贯彻"立德树人"	吴谢玲	教育教学论坛	2016年5月
	我国沿海港口物流发展水平的区域差异研究	姚晋兰	经济管理	2016年7月
	长三角地区物流服务业效率的时空变化及动因	张 瑾	商业经济研究	2016年7月
	会计国际化进程中的政策作用研究	严玉康	财会通讯	2017年6月
	网络环境下高职院校思想政治教育工作创新的思考	吴娟娟	新教育时代	2017年7月
	高职院校物流管理专业实践教学改革探讨	姚晋兰	产业与科技论坛	2017年11月
	论大数据时代的企业管理会计创新与应用	吕 薇	环球市场	2017年11月
	跨国公司在华供应链与绩效水平的关系研究	姚晋兰	商业经济研究	2018年2月
	基于职业素质培养的课程教学设计研究——以商品检验检疫课程教学设计为例	吴谢玲	现代职业教育	2018年5月
	中高职贯通下的课程衔接研究——以会计专业为例	周 曼	中国乡镇企业会计	2018年5月
	公司内部精益物流供应链管理研究	封竹一	智库时代	2018年9月
	会计考证融入高职会计实践教学的思考	谢咏梅	中小企业管理与科技	2018年11月
	中高职贯通培养模式管理探析	姚晋兰	知识文库	2019年2月
	电子发票时代高职会计教学改革的思考	吕 薇	教育界	2019年3月
	基于技能大赛背景下的高职院校会计专业教学改革研究	谢咏梅	课程教育研究	2019年4月
	高职金融专业产教融合共育人才模式探索	崔红军、吴静芳	中国集体经济	2019年7月
	高职国际化保险人才培养路径探究	李 箐	纳税	2019年9月
	Research on Promoting the Development of China's Cultural Products Trade Against the Background of Trade War	高 静	(EMLE2019)ISTP	2019年10月

续表

部门	论文题目	作者	刊物名称	发表时间
	"一带一路"绿色经贸合作建设的影响因素及对策分析	高 静	福建茶叶	2019年12月
	基于本体论方法的XBRL分类标准评价体系探讨	吕 薇	财会通讯	2020年1月
	基于BI的管理会计信息系统构建及应用——以九钢集团为例	谢咏梅	财会通讯	2020年3月
	科技型中小企业研发费用加计扣除税务筹划研究	谢咏梅	中外企业家	2020年5月
	高职院校经济学基础课程信息化教学改革初探	吴谢玲	科教导刊(电子版)	2020年7月
	浅析港口物流促进城市经济协同发展策略	姚晋兰	中国物流与采购	2020年7月
	Assessment of Employment Rate in the Insurance Major of Vocational and Technological College by Using a Delphi Process and the Analytic Hierarchy Process	李 箐、崔红军	IEEE CS CPS（Conference Publishing Services）	2020年10月
	智慧城市基建项目PFI融资模式风险管理探析	谢咏梅	财会通讯	2020年10月
	以"实践教学质量诊改"为基础的高职学院专业诊改的探索	高 静	上海城市管理	2020年11月
	基于XBRL会计信息量的审计费用研究	吕 薇	财会通讯	2021年1月
	上海民办高职院校贫困生心理状态对学业成绩影响调查研究	金 锟	新时代教育	2021年2月
	Research on Credit Risk Control of Commercial Banks Based on Data Mining Technology	崔红军	2021 International Conference on Computer，Blockchain and Financial Development	2021年4月
	Blockchain Technology and Its Application Research in Supply Chain Financial Risk Control	崔红军	2021 International Conference on Computer，Blockchain and Financial Development	2021年4月
	上海对"一带一路"沿线国家机电产品出口贸易潜力研究	吴谢玲	中国农业会计	2021年4月
	大数据环境下企业财务管理信息系统的应用研究	郑梅青	财会学习	2021年6月
	新时代高职会计专业新型育人模式的研究与实践	郑梅青、刘舒叶、严玉康	职业技术教育	2021年6月
	电子商务促进我国国际贸易发展的策略探讨	高 静	商业经济研究	2021年11月

续 表

部门	论文题目	作者	刊物名称	发表时间
	"一带一路"背景下我国农产品国际贸易发展策略研究——评农产品国际贸易	高 静	中国瓜菜	2021年12月
	高本贯通跨境电商英语课程PBL教学模式研究	李 箐	校园英语	2021年12月
	新形势下中国农村经济发展模式探索——评《中国农村经济——探索与思考》	吴谢玲	中国瓜菜	2021年12月
	基于高校会计模拟实训系统的设计与研究	朱丹萍	财会学习	2022年1月
	大数据在企业财务管理中的运用研究	朱丹萍	财经界	2022年1月
	民办高职生集体意识培育研究	严 赟、许小梅	科教创新与实践	2022年1月
	数字经济时代物流业高质量发展问题研究	吴谢玲	商业经济研究	2022年2月
	物流业驱动经济增长的动态约束效应与边际收益特征研究	郑梅青	商业经济研究	2022年2月
	金融信息化与网络金融相关性探析	王殷容	商业2.0	2022年6月
	A Fuzzy Comprehensive Evaluation and Random Forest Model for Financial Account Audit Early Warning	朱丹萍	Mobile Information Systems	2022年6月
	双循环发展格局下电商转型发展策略探讨	高 静	商业经济研究	2022年7月
机电学院	Research on TC + AMT Slip Control Algorithm Based on Logic Threshold	邹玉凤	2015 Inernational Conference on Energy and Mechanical Engineering(EI会议)	2015年10月
	基于排气温度优化的混合动力发动机起停控制算法	邹玉凤	客车技术与研究	2015年12月
	关于电动汽车动力转向建模优化设计	丁 玲	计算机仿真	2018年3月
	职业院校机电一体化技术人才培养课程体系的研究	王桂荣	科技视界	2018年6月
	航空铝合金搅拌摩擦修复过程裂纹愈合的物理机制	王桂荣	昆明理工大学学报(自然科学版)	2018年6月
	高职教育中校企合作模式的困境及对策	熊少玮	现代职业教育	2018年8月
	"一带一路"背景下中国西部区域高校分布的数据分析	王桂荣	现代商业	2018年11月
	TC4-DT钛合金小裂纹扩展行为研究	王桂荣	科技通报	2018年12月
	二手车价值评价影响因素分析研究	熊少玮	时代经贸	2018年12月
	solidCAM在叶轮加工中的应用	高军俊	科学大众	2019年7月

续 表

部门	论文题目	作者	刊物名称	发表时间
	基于系统效率最优的多模混合动力系统构型选择及匹配设计研究	邹玉凤	时代汽车	2019年8月
	中德职业教育特征比较与经验积淀研究	熊少玮	创新创业理论研究与实践	2019年8月
	Dilemma and Countermeasures of School-enterprise Cooperation Mode in Higher Vocational Education	熊少玮	Basic & Clinical Pharmacology & Toxicology	2020年1月
	课程思政在《电工与电子技术》专业基础课中的应用	李万艳	中华传奇	2020年5月
	工科专业的课程思政探索	李学荣	科学导报	2020年9月
	浅析混合动力技术在车辆工程领域中的应用分析	丁　玲	汽车世界	2020年10月
	上海地区高校新疆籍少数民族大学生思想政治教育现状及对策的研究	沈　艳	人文之友	2020年11月
	The Design of a Device for Purifying Air	韩建斌	Engineering Technolege	2021年3月
	车用永磁同步电机系统的仿真分析	李学荣	汽车博览	2021年4月
	浅析虚拟仿真软件在电机拖动实验教学中的应用	许玉婷	现代职业教育	2021年5月
	高本贯通人才培养模式下的课程体系一体化设计结构探究	邹玉凤	成长	2021年6月
	机电一体化在智能制造中的应用研究	朱建平	信息记录材料	2021年12月
	新能源汽车课程教学改革与探索	徐紫依	机械工程	2022年3月
	热敏纸高速涂布整饰设备	王桂荣	轻工机械	2022年4月
	新能源汽车维修中电子诊断技术的应用探讨	丁　玲	机械工程	2022年4月
	"六步法"教学模式在《自动控制原理与系统》课程教学中的应用	韩建斌	机械工程	2022年5月
艺术设计学院	秋韵（纸本水粉）	何　颖	校园神韵——高校青年教师作品汇集	2004年8月
	都市情怀（纸本水粉）	何　颖	校园神韵——高校青年教师作品汇集	2004年8月
	浅谈明、清徽州民居的类型特征	董　静	艺术与设计	2008年4月
	室内光环境设计影响因素分析	刘伊丹	低温建筑技术	2009年7月
	室内光环境氛围营造——以餐饮空间为例	刘伊丹	艺术教育	2009年12月
	书籍装帧虚拟实训系统的设计与实现	张芸芸	计算机工程	2010年12月
	吊牌——浓缩的现代包装形式	何　颖	上海包装	2010年12月

续表

部门	论文题目	作者	刊物名称	发表时间
	浅析明、清徽州民居室内空间的类型及内部陈设(一)	董 静	艺术教育	2011年2月
	中国传统水墨元素在网页设计中的运用和研究	张芸芸	大众文艺	2011年2月
	浅析明、清徽州民居室内空间的类型及内部陈设(二)	董 静	艺术教育	2011年4月
	《园林景观设计》课程的案例教学研究	黄 蕾	上海农业学报	2011年4月
	浅论20世纪初近代中国美术教育之兴起——时机、思想与人物	何 颖	大众文艺	2011年7月
	徽州传统民居家用器具及内部陈设布置	董 静	艺术教育	2012年2月
	设计作品	董 静	艺术教育	2012年6月
	现当代艺术教育公共领域之探索——上海美专的发展与公共领域的开拓	何 颖	青年文学家	2012年12月
	室内设计课程中融入传统民居设计元素的思考	董 静	中国艺术	2013年1月
	高职高专《园林景观设计》课程教学研究	黄 蕾	青年文学家	2013年1月
	略论20世纪初上海设计与设计教育之兴起	何 颖	美术教育研究	2013年1月
	住宅庭院设计——上海小住宅庭院设计浅议	黄 海	教育理论与教学研究	2013年3月
	包豪斯思想探究与高职院校艺术设计教学改革	何 颖	现代阅读	2013年3月
	多元化教学模式在高职DM设计课程中的应用研究	张芸芸	美术教育研究	2013年6月
	高职高专包装设计课程群改革思路	孙 俐	艺术教育	2013年7月
	虚拟现实技术在书籍装帧实训系统中的应用研究	张芸芸	艺术科技	2013年12月
	上海外销印花绸设计成功转型之探因(1949—1976)	孙 俐	丝绸	2014年3月
	民国期刊广告设计的视觉叙事分析	孙 俐	大舞台	2014年5月
	平面设计中红色文化符号的再设计及优化策略	张芸芸	设计	2015年7月
	平面设计中虚实关系的营造价值及策略分析	张芸芸	艺术与设计	2015年8月
	居住空间室内光环境中的人性化设计分析	刘伊丹	装饰装修天地	2015年9月
	中国传统装饰图案在现代室内设计中的应用探析	刘伊丹	建筑建材装饰	2015年11月

续 表

部门	论文题目	作者	刊物名称	发表时间
	从中国传统文化看室内设计情感的表达	刘伊丹	山东社会科学	2015年12月
	主题乐园景观设计中的行为心理学——迪士尼	胡骁杰	H+R华建筑	2016年4月
	中国传统文化艺术在室内设计中的映射	黄 海	芒种	2017年8月
	"圆"在中国园林景观设计中的应用探究	黄 蕾	中国绿色画报	2017年8月
	几种新优攀援植物的园林应用	黄 蕾	花卉	2017年8月
	将中国传统文化融入园林景观设计教学的应用研究	黄 蕾	基层建设	2017年9月
	韵（纸本水彩）	何 颖	美术观察	2017年10月
	20世纪近代中国美术教育的困境与转机——以上海美术教育群体为例	何 颖	吉首大学学报（社会科学版）	2017年12月
	基于校企合作分析高职室内设计专业人才培养模式的优化	黄 海	美术教育研究	2018年3月
	新媒体时代平面广告设计中的视觉形态研究	张芸芸	艺术品鉴	2018年5月
	哥特洛丽塔风格在服装设计中的发展及应用	王小雨	时尚设计与工程	2018年6月
	信息时代下动态图形的设计与信息传播	张芸芸	设计	2018年6月
	基于BIM技术在室内设计中的应用	黄 海	中国文艺家	2018年8月
	艺术教育中的多元化教学模式及其在高职高专艺术教学中的应用	何 颖	艺术品鉴	2018年9月
	高职院校艺术教育中具备创新素质设计人才的培养	何 颖	大众文艺	2018年9月
	哥特洛丽塔服装设计风格特征研究及应用设计	王小雨	西安工程大学学报	2018年12月
	以市场为导向的《成衣设计实践课程》教学探索	王小雨	新丝路	2019年2月
	城市生态公园设计方法浅谈	胡骁杰	现代园艺	2019年4月
	基于中高职贯通服装缝制工艺课程改革研究	陈 超	中外交流	2019年9月
	平面设计教学中的多元化模式探讨	张芸芸	东海学报	2019年11月
	基于用户体验的社交类APP图标设计分析	张芸芸	艺海	2019年12月
	碳纤维织物在室内空间中的设计与性能研究	董 静	合成材料老化与应用	2020年3月
	现代室内设计中人性化空间室内设计应用研究	董 静	中外建筑	2020年6月
	矛盾与冲突——浅谈城市景观空间设计	郎 昆	艺术教育	2020年6月
	民宿室内设计中自然形态装饰元素的应用	董 静	美术教育研究	2020年9月

续表

部门	论文题目	作者	刊物名称	发表时间
	灵活运用多媒体技术提高艺术设计类课程教学有效性分析——以上海东海职业技术学院艺术设计专业为例	葛 颂	美术教育研究	2020年9月
	服装立体裁剪课程教学模式改革案例分析	陈 超	花溪	2020年12月
	中高职贯通"服装缝制工艺"课程教学改革研究分析	陈 超	中高职贯通人才培养质量保障实践探索	2020年12月
	谈屋顶景观设计的规律	郎 昆	艺术教育	2020年12月
	基于数字化新媒体环境下艺术设计专业人才培养模式改革	张芸芸	美术教育研究	2020年12月
	关于校企合作的高职服装专业教学模式探讨	李 莎	教育科学	2021年6月
	On the Sustainable Development Direction of Modern Interior Design in China	黄 海	Lecture Notes in Arts, Literature and Linguistics	2021年8月
	Innovation Path Analysis on UI Design Course into Ideological and Political Theories Teaching in All Courses	张芸芸	2021年现代教育，管理与社会科学研究国际会议	2021年12月
	《服装款式设计》创新在线开放课程的建设与应用	王小雨	时尚设计与工程	2022年6月
	室内设计专业课程融入思政元素的教学模式探索	黄 海	中国科技期刊数据库	2022年10月
护理学院	多媒体技术在高职护理专业生物化学教学中的应用	王 颖	科教文汇	2014年6月
	"数字故事"化的高职护理专业生理学教学	张晓宇	科教文汇	2014年6月
	网络化PBL教学法在临床营养学教学中的应用	夏凡林	护理研究	2014年9月
	高职护理专业人才岗位胜任力培养模式研究	夏凡林	东方企业文化	2015年5月
	从护士执业资格考试改革分析外科护理学教学	夏凡林	科技创新导报	2015年6月
	标准化患者情景教学法在静脉输液教学中的应用	周倩情	上海护理	2015年7月
	护生实习前焦虑的研究现状及思考	周倩情	中国高等医学教育	2016年2月
	关于提升护理专科生就业竞争力的对策分析——以上海东海职业技术学院护理专业学生为例	龚 懿	科教文汇	2016年9月
	KTH整合式健康教育对社区围绝经期妇女认知水平的影响研究	夏凡林	卫生职业教育	2016年9月

续 表

部门	论文题目	作者	刊物名称	发表时间
	分节段神经系统检查法在脊柱术后护理中的应用	周倩倩	上海护理	2016年11月
	NICU早产儿母亲疾病不确定感的影响因素分析	马 兰	护理学杂志	2017年4月
	认知行为疗法对乳腺癌患者创伤后成长的影响	马 兰	护理管理杂志	2017年6月
	高职"护理学基础"课程思政教改方法初探	鞠晓红	科教文汇	2018年3月
	高职护生护患沟通能力影响因素与对策	唐建娟	中西医结合护理(中英文)	2018年5月
	高职护生沟通能力影响因素调查与分析	唐建娟	护理学	2018年6月
	护士职业认同可视化知识图谱分析	周倩倩	中华护理教育	2018年7月
	雨课堂在儿科护理学教学中的教学研究	唐双龄	现代职业教育	2018年10月
	虚拟网络案例视频软件在护生护患沟通能力培养中的应用	唐建娟	科教文汇	2019年5月
	产后抑郁的研究热点和趋势分析	周倩倩	中西医结合护理(中英文)	2019年5月
	虚拟网络案例教学软件对提高在校护生护患沟通能力的研究与实践	唐建娟	实用临床护理学(电子版)	2019年6月
	临床护士组织认同、心理资本和工作绩效的关系分析	黄慧敏	中华护理教育	2019年8月
	UMU互动课堂工具在"病理学"教学中的应用研究	唐双龄	发明与创新(职业教育)	2020年1月
	护士一般自我效能感及组织信任对知识共享的影响	黄慧敏	护士进修杂志	2021年6月
	高职护生人文关怀能力现状调查及影响因素分析	黄慧敏	卫生职业教育	2021年7月
	专题嵌入式病理学课程教学设计与评价方法探究	唐双龄	科技视界	2021年9月
航空学院	定语从句翻译技巧	白 芸	上海师范大学学报	2004年10月
	论高职学生英语学习动机与自主学习能力的培养	白 芸	西北师大学报	2006年4月
	谈高职学生英语学习动机与自主学习能力的培养	周孟华	西北师大学报	2006年4月
	高职高专英语听说技能培养	周孟华	大学生活	2006年5月
	英语交际能力培养与导入	白 芸	西北师大学报	2007年6月
	浅议英语词汇习得方法	周孟华	西北师大学报	2007年6月

续 表

部门	论文题目	作者	刊物名称	发表时间
	The Transference of Ideorealm in the Translation of Classical Chinese Poetry	周孟华	中国英语教学探索与展望	2007年8月
	过程写作法在英语教学中的应用	周孟华	中国英语教学探索与实践	2009年7月
	高职基础英语课程分级教学的利弊探讨及对策	周孟华	中国英语教学理论与实践	2012年8月
	高职酒店管理专业实训教学模式选择研究	黄芝英	科教导刊	2014年11月
	高职院校学生工作现状及对策	卢 桃	课程教育研究	2016年12月
	探析新时代下高职高专空乘就业前景	葛徐艳	现代交际	2017年9月
	高职院校公共管理中新闻报道策略研究	卢 桃	记者观察	2018年4月
	民航业发展新特点视角下《民航旅客服务心理学》课程改革研究	付 哲	山东青年	2019年1月
	航空日语教材使用现状及教学方法研究	吕 娟	发明与创新	2019年11月
	关于民航乘务英语课堂教学设计思路分析	周孟华	中外交流	2019年12月
	Research on the Application of Computer Network to Civil Aviation Business English Teaching	周孟华	Clausius Scientific Press Journals Books Proceedings	2019年12月
	基于混合式教学的高职英语跨文化教学实证研究	牛晓伟、周孟华	高教学刊	2020年10月
	Error Analysis of CET4 Translation Produced by Vocational and Technical College Students and Washback Effect of English Teaching	马理明	海外英语	2020年12月
	高职空乘专业学生实训课学习的评价探究——以客舱应急实训课程为例	王 舟	上海教育技术装备、上海职业教育	2021年2月 & 2021年3月
	航空日语融思政育文化自信	吕 娟	时代人物	2021年11月
	澳大利亚TAFE学院与上海D学院中外合作教育项目评估方案设计	王 舟	长三角区域财经商贸类职业教育师资协同创新发展联盟成立大会暨2021年职业教育高质量发展论坛论文集	2021年11月
	上海东海职业技术学院航空学院空中乘务专业创新改革研究	周孟华、陈晓雯、于 林	经济研究导刊	2022年2月
	Association Between Neck Pain, Range of Motion, and Proprioception in Elite Female International Standard Dancers	安慧璇	Medical Problems of Performing Artists	2022年2月
	"三全育人"理念下大学生政治信仰培养模式研究	赵 荣	经济研究导刊	2022年3月
	辅导员针对"00后"大学生思政教育的艺术性管理研究	赵 荣	经济研究导刊	2022年4月

续表

部门	论文题目	作者	刊物名称	发表时间
	"课程思政"视域下传统文化融入空乘心理学课程的有效途径研究	付　哲	山东青年	2022年7月
	基于民航关键岗位职业能力视角下民航运输服务专业课程体系建构研究	张　敏、周孟华、于　林	经济研究导刊	2022年9月
	新媒体时代下电视节目如何进行创新改革	刘珂菡	传播力研究	2012年2月
	水墨元素在设计教学中的应用	关艳丽	大众文艺	2012年12月
	现代水墨的市场问题探究	关艳丽	艺海	2013年4月
	上海地区高职传媒专业现状及技能型人才培养模式的探索	左田田	教育理论与教学研究	2013年8月
	浅谈舞台表演实践与课堂教学的关系——以民办高校业余大专生群文编舞课堂为例	胡　忱	科教导刊（中旬刊）	2014年1月
	浅析视觉传达与数字传媒专业的关系	李亚威	艺术品鉴	2015年4月
	基于云计算技术渲染平台的架构与实现	蔡　艳、郑志强	通讯世界	2015年12月
	多功能自动平衡智能车控制平台的设计	王健林	实验室研究与探索	2016年4月
	多功能自平衡智能车控制平台的设计	王建林	实验室研究与探索	2016年4月
	团体心理咨询对改善大学生异性交往能力的研究	庄丽丹	亚太教育	2016年5月
传媒学院	Characteristics and Trends of News Communication under the Trend of Media Convergence	左田田	ICALLH	2016年6月
	论现代汉日反问句的形式	贾丽娜	外国语言文学及教学研究	2016年8月
	基于ePub格式的电子教科书格式标准化研究	王烨飞	中国教育信息化	2016年9月
	一种基于QoS的LEACH改进算法	杨海俊	上海师范大学学报（自然科学版）	2016年11月
	浅析中职数字传媒类专业人才培养现状与改革设想	李亚威	戏剧之家	2017年1月
	基于体感的老年数字娱乐系统设计与开发研究	郑志强	艺术科技	2017年1月
	具有无线传输功能的腕戴式血氧采集系统设计	王建林	实验室研究与探索	2017年2月
	中高职贯通专业"二维动画制作"课程教学设计改革与创新	关艳丽	艺术品鉴	2017年3月
	基于虚拟现实技术的激光多普勒图像三维重建系统设计	蔡　艳	激光杂志	2017年8月

续 表

部门	论文题目	作者	刊物名称	发表时间
	基于相关滤波器组的视频目标追踪算法	蔡艳	控制工程	2017年8月
	基于就业导向的高职动画专业课程体系研究	王烨飞	中国高新区	2017年11月
	城市公益广告说服策略研究——以霍夫兰"说服模型"为框架	宁自冉	都市文化研究	2017年12月
	基于DVB系统的广播电视信号光纤传输系统的开发研究	左田田	电视指南	2018年2月
	基于计算机辅助的二维动画艺术设计研究	关艳丽	艺术品鉴	2018年3月
	新时代下创新型数字媒体专业人才培养策略分析	左田田	现代职业教育	2018年4月
	我国动画创作中传统文化艺术的表达路径	关艳丽	美术教育研究	2018年5月
	当前高职院校大学生祖国观现状及其成因分析	胡阿佳	文化创新比较研究	2018年5月
	《电视摄像》基于MOOC的翻转课堂实践教学模式构建	左田田	智库时代	2018年6月
	当前高职院校大学新生思想政治状况初探——以上海某高职院校为例	胡阿佳	现代职业教育	2018年6月
	面向高职院校移动UI设计课程的探索	杨海俊	现代职业教育	2018年11月
	关于高职教育数据库理论授课方法的深入研究	瞿斌	现代职业教育	2019年3月
	浅谈学前音乐教育中音乐与游戏交互作用的意义	胡雪	休闲	2019年4月
	高职院校日语教育的探索——以东海职业技术学院"3+2专升硕"项目为例	贾丽娜	现代职业教育	2019年4月
	大数据技术在高职教学质量评价中的应用	徐焱鑫	大众科学	2019年10月
	蓝墨云班课在高职日语活力课堂教学模式中的应用	冬梅	现代职业教育	2019年12月
	基于人工智能的课堂评价辅助系统研究	金庆	科教导刊	2020年2月
	数据挖掘技术在高职教学效果分析中的应用研究	戴妮娜	计算机产品与流通	2020年2月
	疫情背景下探析大数据分析在高职网络教学中的应用	戴妮娜	数码世界	2020年5月
	基于OMO的高职大数据专业教学模式研究	徐焱鑫	亚太教育	2020年9月
	在线开放课程建设下高职日语课程教学设计	冬梅	亚太教育	2020年9月
	非线性最小二乘法在舰船纯方位系统中的应用	戴妮娜	舰船科学技术	2020年9月
	"智慧课堂"教学方式在高职日语教学中的研究与应用	储然	中学生导报	2020年10月

续　表

部门	论文题目	作者	刊物名称	发表时间
	国产动画电影中音乐的发展探讨	胡　雪	艺术大观	2021年1月
	情景教学法在高职日语教学中的运用研究	徐士銮	文化创新比较研究	2021年2月
	高职院校计算机应用技术专业学生现状分析	杨海俊	东海学院学报	2021年6月
	大数据背景下的影视艺术教育实践新方法	谭　心	文艺生活	2021年7月
	影视摄影创作中特殊镜头的功能与运用策略	袁佳瑞	文艺生活	2021年7月
	从媒介融合到文化融合：网络文艺的发展路径	左田田	速读	2021年7月
	民办高校辅导员与专业教师合作育人机制研究	唐燕芳	人文之友	2021年8月
	戏剧导演创作中肢体语言运用探析	董佳鑫	戏剧之家	2021年8月
	动画作为传播媒介对非物质文化遗产传承保护手段的研究	杨明骁	新丝路	2021年9月
	影视摄影的运动形式分析	袁佳瑞	文学少年	2021年10月
	从文化入手探寻日语教学方式的思考	肖旭丹	人文之友	2021年11月
	移动开发课程改革可行性分析报告	杨海俊	知识文库	2022年1月
	基于特征匹配的高压断路器指示灯图像识别	刘　艳	电器与能效管理技术	2022年7月
	高职院校计算机应用技术专业移动开发能力培养的研究	杨海俊	明日	2022年7月
	基于课程衔接视角的中高职贯通人才培养设计与实践——以大数据技术专业为例	徐焱鑫	今天	2022年10月
	上海市"星光计划"职业技能大赛网站设计与应用赛项样题分析及对日常教学的启示	瞿　斌	明日	2022年10月
	移动互联网人才需求及高职院校移动开发人才培养分析	杨海俊	现代职业教育	2022年10月
教育学院	论教育功利化的泛滥及其弊端	李晓静	教育教学论坛	2016年5月
	民办高职院校辅导员在学生就业中的意义	李晓静	教育现代化	2017年1月
	记忆与互联网：记忆功能的创新应用及其对教育的影响	王艳艳	光明社教育家	2019年6月
	浅谈混合现实技术在舞蹈教学中的应用前景	侯延华	大众科学	2019年12月
	有关于幼儿教师学习的若干问题	章　欢	文渊	2019年12月
	关于国外幼儿园教师语言领域教学知识（PCK）的研究现状述评	章　欢	中华少年	2020年1月
	学前教育专业幼儿美术思政课程改革思考	李晓静	年轻人	2020年3月
	高职院校学前教育音乐专业学生艺术鉴赏能力的培养	侯延华	智慧东方	2021年1月
	高职院校学前教育专业引入绘本教学的创新实践研究	李晓静	美术文献	2021年1月

续 表

部门	论文题目	作者	刊物名称	发表时间
	学前教育专业数码钢琴课程分层教学的实施方案	郑 娜	上海东海职业技术学院学报	2021年6月
	学前教育专业钢琴集体课分层教学的实践方法探索	郑 娜	产业与科技论坛	2021年7月
	浅析幼儿教师的音乐教学技能	侯延华	现代化教育	2021年8月
	Multimedia Music Teaching System Based on Collaborative Recommendation Algorithm	郑 娜	IEEE	2021年9月
	创新型人才培养视角下职业院校音乐教育实践研究——评《高等音乐教育人才培养模式研究》	郑 娜	科技管理研究	2021年11月
	互联网背景下探索高校钢琴教学新路径——评《"互联网+"背景下钢琴教学模式创新研究》	郑 娜	中国科技论文	2021年11月
	装饰画设计在产品设计中的应用	张 宇	知识窗	2021年11月
	Study on the Art Education in Normal University Based on Visual Culture Context	李晓静	Advances in Educational Technology and Psychology	2021年11—12月
社会科学部	大学生自我认知的理论建构及测评方法	岳宝华	职业技术教育	2009年3月
	大学生自我认知发展和完善的途径探析	岳宝华	山西高等学校社会科学学报	2010年5月
	合理的不平等——《荀子》中的和谐思想	龙 燕	社科纵横	2010年6月
	大学生求职择业中的不良心态及自我调整	张瑞杰	魅力中国	2010年8月
	略论大学生民族精神的弱化与培育	张瑞杰	魅力中国	2010年10月
	结合民办高校大学生特点开展"形势与政策"课程教育的思考	施晓玮	高校形势与政策教育教学创新研究	2011年6月
	马克思主义视角下的社会性别研究	龙 燕	云南社会主义学院学报	2013年1月
	"法治"如何"社会主义"——以马克思主义法哲学为视角	龙 燕	国家治理现代化与社会主义核心价值观(上海市马克思主义研究青年论坛第四辑)	2015年1月
	高职高专学生职业道德教育有效性研究	杨瑞庆	理论前沿	2015年1月
	结合高职学生生涯教育开展个体化咨询与辅导	施晓玮	课程教育研究	2016年6月
	基于高职高专学生特点构建职业发展与就业指导教学体系	施晓玮	教育教学论坛	2016年7月
	民办高校学生思想政治教育现状及对策研究——网络思政教育视角	杨瑞庆	山西青年	2017年4月

续 表

部门	论文题目	作者	刊物名称	发表时间
	浅析职业咨询在高职高专生涯发展教育中的应用	施晓玮	经贸实践	2017年5月
	中国优秀传统文化中的德育资源研究综述	秦 媛	文学教育（下）	2017年8月
	中国优秀传统文化在高职院校学生思想政治教育中的应用研究	秦 媛	教育教学论坛	2018年1月
	高职院校创新创业课程的项目化教学研究——以上海东海职业技术学院为例	施晓玮	当代教育实践与教学研究	2018年12月
	Deepening Understanding and Rational Partriotism: On the Implementation of Rational Patriotic Education for College Students	龙 燕	WOP in Education, Social Sciences and Psychology Vol. 26 Part B	2019年5月
	高职学生法治意识现状及教学对策研究	陈 飞	法制与社会	2019年6月
	诵读经典在思政课中的应用探索	陈 飞	山西青年	2019年8月
	开展社会主义法治观教育的探索与实践	陈 飞	法制博览	2020年1月
	"雨课堂"在高职教育大学生心理健康教育课程的教学模式构建	岳宝华	新时代教育	2020年3月
	"积极奉献社会"教学设计	龙 燕	中学政治教学参考	2020年4月
	人力资本视角下高等职业教育与人才市场衔接探索	龙 燕	中国成人教育	2020年6月
	课堂情景剧在思政课教学中的案例分析——以"思想道德修养与法律基础"为例	龙 燕	科教导刊	2020年8月
	加强大学生政治观教育的战略意义和对策研究	张瑞杰	教育教学论坛	2020年11月
	利用城市博物馆资源推进课程思政的思考	张瑞杰	科教导刊（电子版）	2021年12月
	当代大学生党史学习的意义和路径	张瑞杰	研讨会论文（上海民办高校党史学习教育融入思政课教学研讨会）	2021年12月
	思政课公民共建机制解析	龙 燕	大学	2022年3月
	坚持"以学生为中心"改革创新思政课教学	龙 燕	科教导刊	2022年6月
	"学习强国"平台融入高职院校思政课教学的思考	张瑞杰	长江丛刊	2022年7月
基础教学部	关于文化移植中英语词汇文化内涵的处理策略	金玲慧	广西教育学院学报	2006年2月
	从目的论看科技导购指南的标准化和本土化翻译	金玲慧	长春师范学院学报	2006年12月
	探析高职学生英语应用文写作的误区	郭 紫	中国高校英语教学与研究	2007年5月
	从英汉语篇模式的差异看英语写作教学	郭 紫	西北师大学报	2007年6月

续表

部门	论文题目	作者	刊物名称	发表时间
	新课程背景下初中英语教师课堂角色调查	李晓红	基础教育外语教学研究	2008年1月
	对上海民办高校体育师资队伍的现状分析与对策研究	覃家宁	上海体育学院学报论文集	2008年6月
	高职学生英语应用文写作的教学策略	郭 紫	西北师大学报	2008年6月
	高职学生英语应用文写作的错误分析	郭 紫	西北师大学报	2008年10月
	汉语成语中的概念隐喻	王仙凤	西北师大学报（社会科学版）	2009年4月
	从英汉日常委婉语的应用看中西方的文化价值观	王仙凤	江西师范大学学报	2009年5月
	浅谈高职高专商务英语专业现状	顾 萍	江西师范大学学报	2009年6月
	略论"意思"	王仙凤	中国英语教学探索与展望	2009年9月
	过程写作法在英语教学中的应用	周孟华、郭 紫	中国英语教学探索与展望	2009年9月
	母语思维与高职学生英语应用文写作	倪盈盈	中国外语教学探索与研究：理论与实践	2009年9月
	试论利用听力心理语言模式提高英语听力能力	李晓红	江西师范大学学报（哲学社会科学版）	2009年第42卷
	上海市农民工子女学校体育师资现状及发展对策研究	明秋云	体育师友	2010年2月
	上海市农民工子女学校体育教学现状及发展对策研究	明秋云	体育科技文献通报	2010年10月
	影响英语阅读水平提高的因素	韩 艳	西北师大学报	2010年10月
	浅谈高职高专学生英语学习兴趣的培养	韩 艳	教育科研	2010年11月
	上海城市随迁子女学校体育教育现状与发展对策研究	明秋云	体育博览	2011年9月
	高职高专学生英语学习困惑与对策研究	王仙凤	东京文学	2011年11月
	浅谈通过写作培养高职学生英汉思维差异意识的敏感性	倪盈盈	中国科技纵横	2011年11月
	我校体育社团现状与发展对策的研究	覃家宁	上海东海职业技术学院学报	2012年1月
	高职高专英语教学过程的认知交际化	王仙凤	中国外语教学探索与研究：理论与实践	2012年1月
	上海民办高校体育教师职业倦怠现状与对策研究	明秋云	当代体育科技	2012年6月
	Hybridities of Discourses towards Globalization: Rearticulating Management Discourse in China Travel Service（全球化话语混杂：中旅管理话语重构）	金玲慧	当代中国身份重建中的语言运用	2012年10月

续表

部门	论文题目	作者	刊物名称	发表时间
	高职商务英语网络教学研究	顾 萍	徐州师范大学学报	2012年12月
	高职公共英语分层作业实施中的问题研究	李晓红	科教文汇	2013年3月
	项目导向人力资源管理国外研究综述	金玲慧、顾 萍	项目管理技术	2013年3月
	项目导向的青年教师培养模式研究	金玲慧、李元旭	项目管理技术	2013年3月
	高职高专英语口语教学的立体化与职场导入	王仙凤	科技信息	2013年4月
	建立项目导向的青年教师培养模式	金玲慧	中国高校科技	2013年5月
	上海民办高职院校开展职业实用性体育教学的对策研究	覃家宁	科技信息	2013年7月
	多媒体与网络环境下高职学生英语词汇学习策略研究	王仙凤	长沙铁道学院学报（社会科学版）	2013年9月
	民办高职院校公共英语课程改革现状分析	倪盈盈	南昌教育学院学报	2013年9月
	高职学生英语学习动机的调查与分析	郭 萦	科技信息	2013年10月
	多模态输入对听力影响的实证研究	韩 艳	科技信息	2013年10月
	基于社交网络的外语教学功能的案例研究	金玲慧	职教通讯	2013年12月
	高职英语作业任务化研究	李晓红	科学时代	2014年4月
	数字化语音教室中外语教师的课堂作用	王仙凤	现代教育信息	2014年6月
	任务型语言教学法在高职商务英语课堂中的应用	顾 萍	读写算素质教育论坛	2014年7月
	民办高校图书馆发展新契机——学生科研助手的培养与管理	曹红香	科技情报开发与经济	2015年6月
	Study on Application of Oxidized Graphene in Fireproofing of Gymnasium in Intumescent Waterbrone Fireproof Coatings	明秋云	Ce Ca	2017年5月
	以社会主义核心价值观引领高校校园体育文化建设	明秋云	体育时空	2017年6月
	传统茶文化融入民族体育文化的研究	明秋云	福建茶叶	2017年7月
	网络信息安全攻略与防范	曹红香	电脑迷	2017年9月
	马斯洛"需求层次理论"对高职英语教学中茶文化传播途径的启示	牛晓伟	福建茶叶	2019年2月
	高职英语教学中的课程思政建设实施途径研究——以高职《护理英语》为例	牛晓伟	中国多媒体与网络教学学报	2019年7月
	美国教育信息化对我国高职院校的启示	郭 萦	科技创新导报	2020年4月

续 表

部门	论文题目	作者	刊物名称	发表时间
	举重运动通过激活 PI3K/Akt 信号途径并促进肌肉卫星细胞活化来改善肌肉功能	覃家宁	基因组学与应用生物学	2020 年 5 月
	基于微助教的混合教学模式设计与应用研究——以高职计算机基础课程为例	马晓娜	教育现代化	2020 年 7 月
	基于学生测评数据的个性化学习模式的应用研究	丁 玲	亚太教育	2020 年 10 月
	新媒体背景下高校校园体育文化建设路径研究——以啦啦操项目为例	明秋云	当代体育	2021 年 1 月
	STEAM 理念下红色文化融入"课程思政"计算机课程的教学设计与实践——以高职计算机基础课为例	马晓娜	文化创新比较研究	2021 年 9 月
	信息化背景下多媒体技术对大学英语教学的影响研究——评《网络多媒体环境下的英语教学改革之研究》	牛晓伟、周孟华	中国科技论文	2021 年 9 月
	纤维增强复合材料体育器材性能仿真研究	覃家宁	合成材料老化与应用	2021 年 10 月
	信息化时代高职跨文化教学现状调查以及教学实施途径研究	牛晓伟	湖北开放职业学院学报	2021 年 10 月
	Internet-assisted English Teaching in Higher Vocational Education	Niu Xiaowei	Journal of Physics	2021 年 11 月
	思想政治教育融入学科教学的重要性探析	牛晓伟	中学政治教学参考	2021 年 12 月
	ESP 视域下基于教学平台的高职英语线上教学设计的行动研究	牛晓伟、李清花	校园英语	2021 年 12 月
	基于深度学习的图书馆文献自动检索机器人研究	丁 玲	自动化与仪器仪表	2022 年 3 月
	跨文化视角下中西饮食文化对比分析——评《中西饮食文化比较》	倪盈盈	食品安全质量检测学报	2022 年 3 月
	基于 4C/ID 模型的计算机综合应用能力提升的教学设计与实践	丁 玲	当代教育实践与教学研究	2023 年 1 月
继续教育学院	民办高职大学生心理危机的成因及干预策略	孟 倩	湖北函授大学学报	2017 年 8 月
	网络化管理系统在多媒体教室应用探究	李伟平	智库时代	2019 年 5 月
	影视剧中插入式广告存在的问题以及解决策略	田冬梅	东西南北	2020 年 5 月
党政办公室	创新民办高校党外知识分子统战工作载体及方法的研究	朱新华、岳宗凤	中共山西省直机关党校学报	2016 年 3 月
	An Exploration of Enhancing Creative Leadership of Team in Higher Education	杨 静	EI	2021 年 10 月
	基于人性化背景的高职院校教育管理探析	杨 静	品味 经典	2022 年 11 月

续表

部门	论文题目	作者	刊物名称	发表时间
教务处	以技能大赛为平台的高职院校学生计算机应用能力培养模式研究	张居阳、何民乐	现代职业教育	2018年5月
	Research on Quantitative Evaluation Method of Students' Computer Application Ability	Zhang Juyang, Qin Li	The International Conference on Education Science and Education Management (ESEM 2018)	2018年5月
	A Novel Schedulability Test Algorithm for Preemptive Real-Time Scheduling Problem in QCSP	Zhang Juyang	2016 International Conference on Information System and Artificial Intelligence (ISAI)	2017年9月
高教研究室	基于民办教育公益原则，构建非营利办学管理长效机制	项家祥、何民乐、邱建国	现代职业教育	2018年2月
招生就业处	积极开展科学研究 努力提高工作水平	蔡建平	西华大学学报（增刊）	2009年11月
	高等学校生涯心理辅导浅析	蔡建平	职业生涯发展教育	2010年3月
	浅析民办高校大学生职业生涯规划	蔡建平	生涯发展教育研究	2013年9月
	艺术类单亲家庭大学生心理问题的对策研究	刘娜	才智	2014年2月
	将中华优秀文化融入高校德育工作	蔡建平	东方教育	2016年2月
	关于律师职业道德规范问题的探讨	张春	期刊联盟（智库）	2016年6月
	大学生创业教育优化路径探究	郁萍	经贸实践	2017年5月
	关于培养大学生科技创新人才的思考	郁萍	知识文库	2018年7月
	探析教育学理论发展的道路及其动力	刘静	教育学文摘	2020年12月
	中西方教育中追求人本主义差异研究	刘静	中国教师	2020年12月
	"互联网"视域下高校创新创业理论与实践融合的探索	张春	名汇	2022年6月
资产与实训室管理处	高校辅导员和任课教师合力育人机制研究	陈晓雯	教育	2016年7月
	职业生涯规划在大学生就业指导工作中的作用解析	陈晓雯	文化创新比较研究	2019年11月
	空中乘务专业学生就业指导方向研究	陈晓雯	新一代	2020年5月
	民航运输服务专业人才培养全方位创新模式研究	陈晓雯、周孟华、于林	经济研究导刊	2021年12月

上海东海职业技术学院纵向科研项目统计表

项目名称	主持人	项目起止时间	下达或委托单位
民办高校治理能力现代化与党建工作机制创新研究（2016ZD24）	赵佩琪、王玉、喻家琪、朱新华	2016.03—2016.12	上海市教育卫生党委系统党建研究会
高校志愿者精神向社区辐射的路径研究	杨静	2012.03—2013.02	上海市教育德育中心
新时代下民办高职院校统战工作路径研究（Z201801）	朱新华	2018.02—2018.11	上海民办高校党建与思想政治工作研究中心
新时代上海民办高校党外知识分子的思想政治状况调查研究（M2019JC05）	朱新华	2019.03—2019.12	上海民办高校党建与思想政治工作研究中心
上海民办高校党务部门规范设置和有效运行机制研究——以上海东海职业技术学院为例（M2020JC03）	朱新华	2020.01—2020.11	上海民办高校党建与思想政治工作研究中心
上海民办高校党务部门规范设置和有效运行机制研究——以上海东海职业技术学院为例（M2021ZD05）	朱新华	2021.03—2021.12	上海民办高校党建与思想政治工作研究中心
党的领导贯穿民办高校办学治校全过程实践路径研究——以上海东海职业技术学院为例（M2022ZD01）	顾文业、朱新华	2022.05—2022.11	上海民办高校党建与思想政治工作研究中心
以技能大赛为平台的高职院校学生计算机应用能力培养模式研究（SMY1611）	张居阳	2016.09—2017.09	上海市民办教育协会
民办高职院校在线教学课程质量评价体系构建	张居阳	2021.01—2022.12	上海市教育委员会、上海市民办教育基金会
坚守民办教育公益原则构建确保非营利办学方向的管理长效机制	项家祥、何民乐、邱建国	2017.04—2018.05	上海市教育综合改革办公室
后危机时代的出口结构升级与技术壁垒突破重点研究	吴谢玲	2010.12—2011.12	上海市教育委员会
以社会需求为导向的高职商贸类综合实训教学初探	高静	2010.12—2013.12	上海市"优青"科研专项基金
民办高职"专升本"之路——"专升本"学生生涯跟踪	吕薇	2012.01—2012.12	上海市民办高校骨干教师科研项目
基于易班开展班级管理的功能设计研究	何东瑾	2012.12—2015.12	上海市教育委员会
经济发展方式转变背景下的食品安全建设	吴谢玲	2012.03—2013.03	上海市教育委员会
高职高专证券交易课程教学改革的研究与实践（沪教委人〔2011〕26号）	李庆华	2012.08—2014.12	上海市教育委员会
上海市民办高校骨干教师科研项目——启发式教学在高职金融学中的应用	郑梅青	2012.01—2013.01	上海市教育委员会
"校企对接、工学一体"会计专业人才培养模式研究（ZCGJ—12）	周曼	2012.03—2013.03	上海市高等教育学会

续 表

项目名称	主持人	项目起止时间	下达或委托单位
基于高职人才培养目标的财务管理专业主干课程教学体系研究	周 曼	2012.03—2013.04	上海市教育委员会
交通运输业"营改增"存在的问题与对策研究(ZZdhzy13003)	谢咏梅	2013.09—2015.09	上海市教育委员会
校企深度融合下的高职院校会计专业人才培养模式探究	谢咏梅	2014.11—2015.06	上海市高职高专教学研究会
市级精品课程——电子报税实训	吕 薇、严玉康	2014.12—2015.12	上海市教育委员会
市级精品课程——国际金融理论与实务	郑梅青	2014.12—2015.12	上海市教育委员会
信息化教学实训平台在电子报税实训课程中的应用	吕 薇	2015.01—2016.12	上海市高职教育教学改革项目
国家现代学徒制试点(第二批)(JYB-2017-136)	严玉康	2017.09—2019.08	
以"实践教学质量诊改"为基础的高职学院专业诊改探索	高 静	2018.01—2018.12	上海市高职高专教学研究会
科技型中小企业研发费用加计扣除税务筹划研究	谢咏梅	2019.09—2020.07	上海市教育委员会
报关与国际货运教学资源库 AEO 实务项目	高 静	2019.01—2019.12	2019 年第二批职业教育专业教学资源库立项建设项目(国家级)
上海民办高职院校贫困生心理状态对学业成绩影响调查研究(2020-D-170)	金 锟	2020.01—2021.03	上海市教育委员会德育发展中心
新准则下风险导向审计在小企业内部控制中的应用研究(15CGB17)	秦 岚	2016.01—2017.12	上海市教育委员会
小企业会计准则对高职院校会计教学的影响研究(Zzdhzy14002)	秦 岚	2014.04—2017.11	上海市教育委员会
高职高专统计学课程建设(Dhz05013)	侯 丹	2005.12—2008.12	上海市教育评估院
会计岗位实训——教程编写与课程教学改革(Dhz07002)	袁雪飞	2008.01—2010.05	上海市教育委员会
关于提高高职报关专业实训教学质量的研究(Dhz08005)	王 慧	2008.12—2011.06	上海市教育委员会
国际贸易实务多媒体互动反馈教学模式探讨(Dhz08004)	果云霞	2008.12—2011.06	上海市教育委员会
日语实践教学之立体教学资源的构建(Dhz09005)	郑玲玲	2009.06—2011.12	上海市教育委员会
后危机时代的出口结构升级与技术壁垒突破重点研究(Dhz10003)	吴谢玲	2010.06—2014.05	上海市教育委员会
班级凝聚力与学习成绩相关关系研究(Dhz09001)	姜迎春	2009.06—2014.03	上海市教育委员会

续　表

项目名称	主持人	项目起止时间	下达或委托单位
基于能力理论的航运物流企业国际化经营（Dhz10001）	高　振	2010.06—2014.12	上海市教育委员会
高职《会计英语》课程教学改革（Zzdh15088）	沈天欢	2015.01—2017.06	上海市教育委员会
CBE教学模式在高职人力资源管理专业中的应用研究（Zzdh15002）	刘计育	2015.06—2018.01	上海市教育委员会
大学教育中课堂教学外的爱国主义教育方法比较研究（Zzdh15025）	胡阿佳	2015.12—2018.04	上海市教育委员会
民办高职学生自我管理能力对学生创业成效的影响研究（Zzdh15023）	刘宁宁	2015.12—2018.04	上海市教育委员会
预腐蚀诱发航空铝合金疲劳裂纹萌生机理及强度退化规律	王桂荣	2016—	
水墨元素在设计教学中的应用	关艳丽	2010.9—2012.09	上海市教育委员会
机电高职人才培养模式改革研究（SHNCE-1320）	杨　萍	2012—2014	上海市教育委员会
民办高校机电专业"点餐式"技能训练综合平台研究开发（SHNGE-06NH）	杨　萍	2016—2018	上海市教育委员会
机电一体化技术专业教学资源库建设	杨　萍	2019.09—2020.09	上海市教育委员会
中德先进职业教育合作项目（SGAVE）	杨　萍	2021—2025	教育部
产教融合智能制造虚拟仿真实训基地建设	江可万	2021.09—2022.09	上海市教育委员会、上海市人力资源和社会保障局
机械产品数字化设计与制造"1+X"证书制度	李学荣	2021.10—2022.10	上海市教育委员会
基于德国HWK考证为目标的德语教学的探索与研究（ZZDH16002）	熊少玮	2017.06—2019.09	上海市教育委员会
构建校企双主体育人平台，践行联合订单培养模式	杨　萍	2014.06—2017.06	上海市教育委员会
基于C51单片机技术课程思政（ZZDH1818001）	李学荣	2018.06—2020.09	上海市教育委员会
上海市中高职教育贯通高水平专业建设项目（职教1-1-202）	顾惠忠	2019.01—2021.12	上海市教育委员会
肩部放码保形的研究（ZZDH12023）	李　莎	2012.01—2013.12	上海市教育委员会
哥特洛丽塔服装设计风格特征及应用研究（ZZDH15026）	王小雨	2015.09—2018.04	上海市教育委员会
明清时期徽州民居室内陈设研究（2008CGB25）	董　静	2008.04—2011.04	上海市教育委员会、上海市教育发展基金会
传统民居室内设计元素在现代室内设计中的运用研究（dhz09006）	董　静	2009.06—2012.07	上海市教育委员会
传统民居设计元素在室内设计课程中的运用研究	董　静	2012.01—2013.03	上海市教育委员会

续 表

项目名称	主持人	项目起止时间	下达或委托单位
2004—2005年优秀高校青年教师	郎 昆	2004.06—2006.06	上海市教育委员会
环境艺术设计专业校企合作人才培养模式研究(A-ZJ-2016-030)	刘伊丹	2016.07—2016.11	上海市高职高专教学研究会
建筑装饰制图在高职室内设计专业教学实践中的应用研究(10CGB27)	刘伊丹	2010.11—2012.12	上海市教育委员会
上海市民办高校骨干教师科研项目高职高专《园林景观设计》课程教学研究(C-2503-12-001)	黄 蕾	2012.01—2012.11	上海市教育委员会
大学学园景观规划设计理论研究(Dhz05016)	黄 蕾	2005.12—2008.12	上海市教育评估院
高职高专包装设计课程群改革思路(C-2503-12-001)	孙 俐	2012.05—2013.10	上海市教育委员会
中国传统水墨元素在网页设计中的运用和研究(2009CGB26)	张芸芸	2009.03—2010.03	上海市教育委员会
多元化教学模式在高职DM设计课程中的应用研究(C-2503-12-001)	张芸芸	2012.05—2014.04	上海市教育委员会
虚拟现实技术在书籍装帧实训系统中的应用研究(11CGB25)	张芸芸	2012.01—2014.01	上海市教育委员会
基于双证融通模式的广告设计课程与教学研究(A-ZJ-2016-001)	张芸芸	2016.04—2016.12	上海市高职高专教学研究会
广告设计之文字编排与设计应用	何 颖	2005.12—2006.12	上海市教育委员会
高职艺术教育改革研究——现当代艺术教育的公共领域之探索(C-2503-12-001)	何 颖	2012.03—2014.03	上海高等教育学会
包豪斯思想探究与高校艺术设计创新人才培养模式研究(ZZGJ55-12)	何 颖	2012.03—2013.03	上海市教育委员会
王羲之《兰亭序》字体设计研究与教学(Z2000215001)	程 璐	2015.01—2017.06	上海市教育委员会
民办高职学生文献信息检索意识技能培养的调查与对策(Dhz05020)	陆静怡	2005.12—2008.12	上海市教育评估院
校园音乐剧(Dhz05021)	方 怡	2005.12—2008.12	上海市教育评估院
基于结构健康检测的飞机蒙皮连接修补技术研究(Dhz10009)	汤 珺	2010.06—2013.06	上海市教育委员会
"数字故事"化的高职护理专业生理学教学	张晓宇	2013.03—2013.12	上海市民办高校青年教师科研项目
临床肠造口护理技术在实践教学中的应用研究	丁 超	2015.05—2018.05	上海市青年教师培养资助计划
多媒体技术在高职护理专业生物化学教学中的应用	王 颖	2012.05—2014.05	上海市青年教师培养资助计划
社区围绝经期妇女骨质疏松早期护理干预的研究	夏凡林	2014.09—2016.04	上海市青年教师培养资助计划

续表

项目名称	主持人	项目起止时间	下达或委托单位
高职《护理学基础》情景模拟教学改革与实践	周倩倩	2013.05—2015.10	上海市青年教师培养资助计划
虚拟网络案例教学在提高实习生临床人际沟通能力中的研究与实践	唐建娟	2017.09—2018.09	上海市教育委员会产学研课题
母乳喂养产妇产后抑郁相关性分析	周倩倩	2017.09—2018.09	上海市教育委员会产学研课题
思政改革背景下高职院校基础护理教学设计研究	黄慧敏	2018.09—2020.09	上海市青年教师培养资助计划
基于护理职业能力培养的3D虚拟仿真系统在助产专业教学中的应用	周倩倩	2018.04—2018.10	上海高职高专教学研究会教师教改项目
专题嵌入式病理学课程思政教学设计与评价方法探究	唐双龄	2019.09—2021.09	上海高校优秀青年教师科研专项
社区围绝经期妇女骨质疏松早期护理干预的研究(Zzdhzy14004)	夏凡林	2014.04—2017.06	上海市教育委员会
应用复合型"演员"的培养——关于高职高专类表演专业人才培养的市场定位(Dhz05015)	王 腼	2005.12—2008.12	上海市教育评估院
高职高专院校艺术类学生英语听说能力培养(dhz05001)	白 芸	2005.12—2008.05	上海市教育委员会
以应用能力培养为目标的高职英语教学模式改革	周孟华	2007.06—2008.06	上海市教育委员会
上海民办高职学生思政教育实效性研究	张 敏	2007.06—2008.06	上海市教育委员会
闵行区域内资源与素质教育资源的整合研究	周孟华	2009.05—2010.05	闵行区教育局与民盟闵行区委联合调研课题
高职基础英语分级教学的利弊探讨及对策研究	周孟华	2011.09—2012.09	上海市教育委员会
高职高专基础英语与行业英语教学衔接的有效途径研究	周孟华	2012.06—2013.06	上海市教育委员会
基础英语课程建设与教学改革	周孟华	2012.06—2013.06	上海市高职高专教学研究会
上海财政扶持民办高等教育的问题及对策研究(A-XZ-2018-005)	周孟华	2018.10—2019.10	上海市教育委员会
民办高校思想政治工作中的文化自信研究(P2018001)	卢 桃	2018.10—2019.03	上海民办高校党建与思想政治工作研究中心
航空日语融思政育文化自信(ZZDH19001)	吕 娟	2019.07—2021.07	上海市教育委员会
"课程思政"视域下中国传统文化融入空乘心理学课程的有效途径研究(ZZDH19004)	付 哲	2019.07—2021.07	上海市教育委员会
融思政教育于课,育工匠职业之德——以《民航旅客服务心理学》为例(Z30001.21.015)	曹蓉蓉	2021.07—2022.07	上海市教育委员会
高职高专酒店管理专业实训教学模式选择研究(Dhz11002)	黄芝英	2011.06—2014.11	上海市教育委员会

续 表

项目名称	主持人	项目起止时间	下达或委托单位
"全实践型"高职空乘专业实践教学体系构建研究(Zzdh15009)	马 丽	2015.01—2018.01	上海市教育委员会
"互联网+"产业背景下计算机应用技术专业人才培养模式改革的探索与研究(A-ZJ-2016-028)	蔡 艳、杨海俊	2016.06—2017.06	上海市高职高专教学研究会
上海东海职业技术学院优质课程建设(《计算机平面设计》、《插画》)	李亚威	2014.06—2016.06	中共上海市教卫工作委员会、上海市教育委员会
数字媒体跨学科人才培养模式的探索与实践	左田田	2012.03—2013.01	上海市教育委员会
一般访问学者海外研修项目	左田田	2012.08—2013.06	上海市教育委员会
民办高职院校日语教育的探索——以上海东海职业技术学院"3+2专升硕"项目为例	贾丽娜	2017.06—2018.06	上海市教育委员会
影视渲染技术的产教融合探索	袁佳瑞	2017.09—2018.09	上海市教育委员会
基于就业导向的高职动漫专业课程内容探索与研究	王烨飞	2015.05—2016.05	上海市教育委员会
面向高职院校《Android应用界面(GUI)设计》课程教学研究	杨海俊	2016.03—2017.03	上海市教育委员会
动画作为传播媒介对非物质文化遗产传承保护手段研究——以皮影动画为例	杨明骁	2017.01—2018.01	上海市教育委员会
基于三维平台动画制作流程的研究(Dhz05009)	郑志强	2005.12—2008.12	上海市教育评估院
基于web技术高职学生顶岗实习管理就业平台构建与研究	戴妮娜	2012.09—2014.09	上海市教育委员会
"视觉传达启发式教学"模式在课程中的应用研究	李亚威	2013.09—2015.09	上海市教育委员会
基于就业导向的高职动漫专业课程内容探索与研究(ZZdh15006)	王烨飞	2015.01—2017.06	上海市教育委员会
基于扎根理论的民办高校党建示范案例研究(M2021AL33)	马祥龙	2021.06—2022.01	上海民办高校党建与思想政治工作研究中心
职业教育"1+X"证书设置的设计及实施研究(A-ZH-2020-008)	江赛蓉	2020.05—2020.11	上海市高职高专教学研究会
马克思主义视角下的社会性别研究		2010.01—2013.01	上海市教育委员会
提高思政课吸引力方法研究——以上海东海职业技术学院为例	龙 燕	2020.07—2021.07	上海市思政课教指委高职高专分委、上海高职高专思政课联盟
思政课公民办高校联动建设机制研究——以上海东海职业技术学院与华师大共建为例(M2021ZT02)	龙 燕	2021.07—2022.07	中共上海市民办高校工作委员会
"公办扶民办"思政课联动建设典型案例研究(M2022AL16)	龙 燕	2022.04—2023.04	上海民办高校党建与思政工作研究中心

续 表

项目名称	主持人	项目起止时间	下达或委托单位
结合司法实务,强化民办高职院校思政课与就业指导课中法律知识教学之研究	施晓玮	2011.03—2012.03	上海市教育委员会民办教育管理处
启明星生涯发展工作室	施晓玮	2015.03—2017.03	上海市教育委员会
职业能力培养视角下的项目化课程教学改革（A-ZH-2017-006）	施晓玮	2017.05—2018.05	上海思政课教指委高职高专分指委、上海市高职高专教学研究会项目
"冰山模型"视角下高职护理专业"工匠精神"培育与实践研究（17SZZX0022）	施晓玮	2017.07—2018.07	上海思政课教指委高职高专分指委、上海市高职高专思政课建设联盟
上海红色文化资源融入高职思政课实践教学有效性研究（19SZZX0023）	施晓玮	2019.07—2020.07	上海思政课教指委高职高专分指委、上海市高职高专思政课建设联盟
民办高校思政课教学改革典型案例研究——依托上海红色资源开展思政课实践教学（M2020SJ07）	施晓玮	2020.12—2021.12	上海民办高校党建与思想政治工作研究中心
全面提高民办高校基层党组织党课质量研究（2021ZX190）	施晓玮	2021.05—2022.05	上海市教卫党委系统党建研究会
民办高校党史学习教育典型案例研究（M2021AL32）	施晓玮	2021.07—2022.07	上海民办高校党工委、上海民办高校党建与思想政治工作研究中心
十九大精神进高职课堂研究——基于传播学的"5W"传播理论（18SZZX0021）	陈 飞	2018.06—2019.06	上海市高职高专思政课建设联盟
习近平新时代中国特色社会主义思想"三进"系统研究之进课堂研究（X2018001）	陈 飞	2018.08—2019.08	上海民办高校党工委
以"三圈三全十育人"理念开展社会主义法治观教育（M2019SJ01）	陈 飞	2019.12—2020.12	上海民办高校党工委
我国家庭暴力的民事责任问题（Dhz05011）	陈 飞	2005.12—2008.12	上海市教育评估院
中国优秀传统文化对高职学生道德修养的影响及对策研究（Dhz05011）	秦 媛	2015.05—2017.05	上海市教育委员会
小组专题展示活动在《概论》课中的应用研究（M2020SJ61）	秦 媛	2020.12—2021.07	上海民办高校党建与思想政治工作研究中心
上海高职院校学生思想政治素养调查研究——基于大中小学德育一体化视角	秦 媛	2021.09—	上海市高职高专思政课建设联盟
民办高职高专思政课"雨课堂"教学模式的策略探讨（M2020JC11）	岳宝华	2020.01—2020.12	上海民办高校党建与思政工作课题
高职高专学生职业道德教育有效性研究	杨瑞庆	2012.01—2014.12	上海市教育委员会
中英离婚立法判例比较研究及其价值分析（Dhz09002）	朱 佳	2009.12—2012.07	上海市教育委员会

续 表

项目名称	主持人	项目起止时间	下达或委托单位
民办高校高职院校学生的价值取向研究（Dhz11004）	石红英	2011.06—2014.04	上海市教育委员会
上海城市随迁子女学校体育教育现状与发展对策研究（HJTY-2010-D079）	明秋云	2010.06—2011.05	上海市学校体育科研立项课题
上海民办高校体育教师职业倦怠现状与对策研究（DHZ10011）	明秋云	2010.05—2012.05	上海高校选拔培养优秀青年教师科研专项基金
上海民办高校校园体育文化建设研究（C-2503-12-001）	明秋云	2011.06—2012.06	上海市民办高校骨干教师科研项目
对民办高校体育教学现状的分析与对策	覃家宁	2005.05—2006.05	上海市教育委员会
对上海民办高职院校职业实用性体育教学的对策研究	覃家宁	2011.06—2012.06	上海市民办高校党工委
高职高专英语教学过程的认知交际化	王仙凤	2010.01—2011.12	上海市教育委员会
高职高专英语口语教学的立体化与职场导入	王仙凤	2012.10—2012.12	上海市教育委员会
基于课堂层面的高职外语课程改革	王仙凤	2013.09—2014.07	上海市教育委员会
认知法与交际法相结合在高职英语教学中的应用（Dhz09003）	王仙凤	2009.12—2012.07	上海市教育委员会
HTML5+CSS技术在我校网站设计中的应用研究	曹红香	2019.03—2019.11	上海市教育委员会
"课程思政"视域下基于STEAM教育理念的计算机基础课程混合教学模式的探索与实践（ZZDH19004）	马晓娜	2019.06—2021.06	上海市教育委员会
通过网络化教学提高高职商务英语专业学生实践能力的研究（C-2503-12-001）	顾 萍	2011.12—2013.04	上海市教育委员会
高职英语课外作业任务化研究	李晓红	2011.06—2012.06	
分层次课外作业设计行动研究——以《21世纪大学实用英语》为例	李晓红	2012.01—2012.11	上海市民办高校骨干教师科研项目
高职学生英语写作能力的培养探究	郭 紫	2006.12—2007.12	上海市教育委员会
高职院校学生英语学习动机现状分析及教学对策研究	郭 紫	2012.01—2013.01	上海市教育委员会
美国高等教育信息化对高职英语教学的启示	郭 紫	2019.09—2020.07	上海市教育委员会
与国际先进标准对接的国际商务专业教学标准研究	金玲慧	2015.06—2016.06	上海市教育科学院
基于多平台网络的外语教学体系研究（GZGZ5414-41）	金玲慧	2014.03—2016.03	全国外语教指委
项目导向的青年教师培养模式研究（B11083）	金玲慧	2011—2012	上海市教育科学院
商务英语教学中社交网络的功能研究	金玲慧	2011—2012	上海市教育委员会

续表

项目名称	主持人	项目起止时间	下达或委托单位
高等职业学校商务英语课程设置研究	金玲慧	2009—2010	全国外语教指委
商务英语专业人才培养模式研究	金玲慧	2006—2008	上海市科学技术委员会
国际商务专业标准开发	金玲慧	2011—2013	全国外语教指委
国际贸易专业"创新发展行动计划"	吴静芳、金玲慧	2017—2019	上海市教育委员会
高职国际商务工学结合模式研究	时启亮、金玲慧	2010—2011	中国国际贸易学会
基于混合式教学的高职英语跨文化教学实证研究（A-ZH-2019-008）	牛晓伟	2019.03—2019.11	上海市高职高专教学研究会
从公共英语到职业英语——上海市民办高校公共英语课程改革难点研究	倪盈盈	2012.05—2013.05	上海市教育委员会
通过写作课培养英语思维能力（Dhz09004）	倪盈盈	2009.06—2011.12	上海市教育委员会
棠棣之花（Dhz05014）	张霄汉	2005.12—2008.12	上海市教育评估院
高职英语听说技能训练（Dhz05014）	姚 瑞	2005.12—2008.12	上海市教育评估院
浅谈高职体育教师职业素质发展（Dhz05002）	陈剑昌	2005.12—2008.12	上海市教育评估院
基于maya平台mel程序对艺术设计的支持（Dhz05010）	蔡 艳	2005.12—2008.12	上海市教育评估院
第二课堂教学对提高学生英语综合能力的探索（Dhz08006）	刘 娜	2008.12—2011.06	上海市教育委员会
高职英语课外作业任务化研究（Dhz10002）	李晓红	2000.06—2014.03	上海市教育委员会
上海市民办高校阳光体育武术操开展现状与对策	秦 丹	2012.12—2015.11	上海市教育委员会
普通高校与高职院校女大学生形态、素质、机能及生活方式的比较研究（Zzdh15003）	鲁 续	2015.01—2017.06	上海市教育委员会

教材（校本）

年度	教材名称	作 者
2015	国际贸易实务	果云霞
	国际贸易实务——实习指导书	果云霞
	"晓"生说系列之教学案例选编（劳动合同法篇）	施晓玮
	大学生职业规划与就业指导——教学实训手册	黄苏飞、施晓玮
	大学生职业规划与就业指导——实训教学手册	黄苏飞、施晓玮
	劳动法60问	黄苏飞、施晓玮
	大学就业指导手册	黄苏飞、施晓玮

续 表

年度	教材名称	作 者
	大学生涯规划手册	黄苏飞、施晓玮
	会展业务实训	王 慧
	营销学基础与营销实务	李福刚
	会计电算化实训	袁雪飞
	证券学基础	崔红军
	商务沟通与商务谈判实训	高 静
	设计制图实训	刘伊丹
	统计信息技术与应用	侯 丹
	电子报税实训	吕 薇
	乘务英语实训	吴江华、韩 艳、何思源
	护理英语	牛晓伟、李清花
	自动检测与转换技术	袁冬琴
	机械工程基础（一）	杨 萍
	机械工程基础（二）	杨 萍
	包装设计	孙 俐
	包装设计——实训指导书	孙 俐
	税则归类	陈 磊、钟昌元
	管理学原理	杜作阳
	管理学原理实训学习指导	杜作阳
	货物学	张 瑾
	国际贸易理论与实务	牟爱春
	人事管理实训	陈海冬
	园林景观设计	黄 蕾
	金融学基础	胡俊霞
	护理药理学习题集	张晓宇、刘宝裕等
	实用护理药理学习题与实验练习集	张晓宇、刘宝裕等
	妇产科护理学技能实训项目	桑未心等
	移动电子商务实训	李 兰、何东瑾
	计算机平面设计	李亚威
	二维动画制作	关艳丽
	会计学基础实训手册	周 曼
	电视摄像艺术	左田田
	室内设计	董 静
	环境艺术设计专业实训指导书	董 静
	英语口语与听力	刘 娜、李晓红、郭 紫、王仙凤

续 表

年度	教材名称	作 者
2016	数据库原理及实训教程	蔡 艳
	汽车底盘构造	刘卫平
	汽车底盘构造操作实训	何志民、黄建民、袁敏敏
	C51单片机技术	王银月
	健美操	明秋云
	纳税实务	谢永梅
	构成原理	郎 昆
	环境艺术设计专业实训指导书	郎 昆
	民用航空法使用教材	张 敏
2017	数控加工设备	王银月
	机械制图实训	李学荣
	汽车综合性能检测实训	黄建民、何志民、袁敏敏
	汽车综合性能实训学生实训报告	黄建民、何志民、袁敏敏
	运输管理实务	侯 丹
	集装箱码头业务实训	张 瑾
	国际商务营销师综合实训	牟爱春
	Elementary Accounting（第一版）	沈天欢
	关税稽征	陈 磊
	网络编辑	杜作阳
	移动营销实务	何东瑾
	医学营养学知识精编及实训指导	王 颖
	民航旅客服务心理学	张 敏、岳宝华
	数码摄影艺术	袁佳瑞
	动画造型设计	王烨飞
	乘务英语听说	何思源、韩 艳、倪盈盈
	会计虚拟综合实训	袁雪飞
	综合金融实训	崔红军
	企业形象设计	何 颖
	外科护理学实训指导	夏凡林
	健康评估实训指导	鞠晓红
	插画	李亚威
	客舱服务	马 丽、周孟华、黄芝英
	客舱服务实训教材	马 丽
	毛泽东思想和中国特色社会主义理论体系概论作业册	龙 燕

教师获奖

集体及个人荣誉

年度	荣誉名称	姓名	颁奖部门
2004	首届民办高校系统师德标兵	周孟华	上海市民办高校党工委
	上海市育才奖	王 玉	上海市教育委员会、上海教育发展基金会
	2003—2004年度上海市教育系统安全生产先进个人	高明华	上海市教育工会
2005	第20届教师节上海市获奖教师和教育工作者	高明华	上海市教育工会
2007	上海市育才奖	周孟华	上海市教育委员会、上海教育发展基金会
2009	上海市育才奖	刘伊丹	上海市教育委员会、上海教育发展基金会
2011	中国民办教育先进个人	曹助我	中国民办教育协会高等教育专委会
	2010—2011年度上海市教育系统优秀教职工代表	周孟华	上海市教育工会
	上海市教卫系统"优秀党务工作者"	陆小敏	
	上海市民办高校系统"优秀共产党员"	刘 娜、龚 懿	上海市民办高校党工委
	2011年度"师德标兵"	袁雪飞	
	2011年度"优秀辅导员"(提名)	徐志强	
2012	上海市育才奖	郁 萍	上海市教育委员会、上海教育发展基金会
2014	2013—2014年度上海市教育系统三八红旗手	周孟华	上海市教育工会、教育系统妇工委
	2011年度"校园新星"提名奖	刘伊丹	
	2013—2014年度上海市教育系统"心系女职工好领导"	王 玉	上海市教育工会

续 表

年度	荣誉名称	姓名	颁奖部门
	2010—2013年度上海市教育系统优秀工会工作者	杨和平	上海市教育工会
	2010—2013年度上海市教育系统优秀工会积极分子	覃家宁	
	2013—2014年度上海市教育系统优秀妇女工作者	杨和平	上海市教育工会、教育系统妇工委
	上海市育才奖	周孟华、蔡建平、许小梅	上海教育发展基金会
2015	2015年度上海市教育系统巾帼文明岗	基础教学部	上海市教育工会、教育系统妇工委
	被上海市教育评估协会聘为专业建设与咨询服务研究中心专家	项家祥	上海市教育评估协会
	上海市育才奖	杨 萍、万黎黎、龙 燕	上海市教育委员会、上海教育发展基金会
	第五届上海高校辅导员团队拓展比赛团体一等奖	辅导员团队	中共上海市教育卫生工作委员会、上海市教育委员会
2016	第三届上海高校后勤标兵"绿叶奖"	张蓉蓉	中国教育工会上海市委员会
	第八届新月文学奖"年度致敬奖"	高惠珠	中国(台湾)回教文化教育基金会、甘肃省少数民族文化教育促进会
	2017年"全国高校思想政治理论课教学骨干"	龙 燕	教育部高校思想政治课教学指导委员会
	上海市高职高专思想政治理论课首届"教学标兵"	龙 燕	上海市高职高专思政课建设联盟
	上海市高职高专思想政治理论课首届"教学骨干"	施晓伟	
2017	国家资深注册会计师	严玉康	中国注册会计师协会
2018	2014—2018年度上海市教育系统"心系教职工的好领导"	郁 萍	中共上海市教育卫生工作委员会、上海市教育工会
	2014—2018年度上海市教育系统"优秀工会积极分子"	费 英、覃家宁	
	全国报关专业青年骨干教师	刘计育	中国报关协会、全国报关职业教育教学指导委员会
2019	高职高专思政课先进个人	黄苏飞	上海市高职高专思政课建设联盟
	高职高专思政课教学骨干	陈 飞	
	上海市育才奖	严玉康、杨 瑾	上海市教育委员会、上海教育发展基金会
	上海市教育系统"优秀工会积极分子"	费 英、覃家宁	上海市教育工会
2020	2019—2020年度上海市教育系统三八红旗手	吕 薇	上海市教育工会、教育系统妇工委

续 表

年度	荣誉名称	姓名	颁奖部门
2021	"重塑信息时代育人模式,提升人才管理效能"被列为上海市高效管理育人工作十大优秀典型经验	张居阳、陈亚莉	上海市教育委员会
	上海市育才奖	谢咏梅	上海市教育委员会、上海教育发展基金会
	首届上海高校后勤"巾帼玫瑰"	任文娟	上海市学校后勤协会
2022	2022年上海市高职高专思政课建设先进集体	社会科学部	
	上海市高职高专思政课建设联盟第六届"教学骨干"	张瑞杰	上海市高职高专思政课建设联盟

教学竞赛获奖

年度	项目名称	等级	获奖名单	颁奖部门
2010	第一届上海市高职高专英语教学大赛	二等奖	刘 娜	上海市高职外语教学专业委员会
	第一届上海市高职高专英语教学大赛	三等奖	郭 紫、倪盈盈	
2011	上海市第二届"外教社杯"高职高专英语教师教学大赛	二等奖	刘 娜	上海市外文学会高职外语教学专业委员会
	第三届全国高职高专英语课堂教学课件大赛	二等奖	李清花	教育部高等学校高职高专英语类专业教学指导委员会
2013	全国高职高专院校体育教师教学技能大赛（青年组）	二等奖	秦 丹	全国高等学校体育教学指导委员会
	上海市第三届高职高专英语教师教学大赛	一等奖	何思源	上海市外文学会高职高专外语教学专业委员会
2014	上海市高职高专重点专业建设教学设计比武大赛	二等奖	会计教学团队	上海市教育委员会
	首届全国高职思想政治理论课微课教学比赛	二等奖	龙 燕	全国高职高专院校思想政治理论课建设联盟
	上海市高职高专院校思想政治理论课微课现场教学比赛	"思修"组一等奖	龙 燕	上海高校思政理论课教学协作组
		"形策"组二等奖	施晓伟	上海市学生德育发展中心
	首届上海高校青年教师教学竞赛	一等奖	龙 燕	上海市教育委员会
	首届上海高校青年教师教学竞赛	三等奖	汤 珺	
	首届上海高校青年教师教学竞赛	三等奖	蔡 艳	

续 表

年度	项目名称	等级	获奖名单	颁奖部门
	上海高职高专院校职业生涯教育说课大赛	一等奖	龙 燕	上海市教育委员会学生处
		二等奖	施晓伟	
	第五届"外教社杯"全国高校外语教学大赛上海赛区	二等奖	牛晓伟	上海市外文学会高职外语教学专业委员会
	第二届外研社"教学之星"大赛	二等奖	牛晓伟	外文学会高职外语教学专业委员会
2015	中高职贯通专业建设教学设计比武大赛	三等奖	项家祥、王翔宇	上海市教育委员会、上海市高职高专教学研究会
	第二届民办高校教师教学技能大赛	骨干教师组二等奖	王银月	上海市教育委员会
		青年教师组三等奖	秦 岚	
	第二届民办高校教师教学技能大赛	优秀组织奖	集体	
	上海市高等职业院校经济管理类专业教师教学技能决赛	二等奖	高 静	上海市高职高专经济类专业教学指导委员会
	上海市民办高校"六校联合大学生创新创业教育课程说课竞赛"	三等奖	杨瑞庆、何东瑾	上海市民办高校六校学生生涯教育项目组
2016	上海市高职高专中高职贯通教学设计比武大赛	一等奖	报关教学团队	上海市教育委员会
	上海市高等职业院校第五届经济、管理类专业教师教学技能竞赛	一等奖	何东瑾	上海市高职高专经济类专业教学指导委员会
	上海市高职高专院校思想政治教学比赛	一等奖	朱 佳	上海高校思政理论课教学协作组
	上海市青年教师说课比赛	三等奖	杨海俊	上海市总工会、中共上海市教育卫生工作委员会、上海市教育委员会
	上海市高等职业院校教师信息化说课大赛	三等奖	关艳丽	上海高等职业院校信息化教学指导委员会
	上海市高等职业院校信息化课堂教学大赛	三等奖	袁佳瑞	
	上海市第二届高校青年教师教学竞赛（高职高专综合学科组）	二等奖	朱 佳	上海市总工会、中共上海市教育卫生工作委员会、上海市教育委员会
	上海市第二届高校青年教师教学竞赛（高职高专综合学科组）	三等奖	秦 岚	
	上海市第二届高校青年教师教学竞赛（自然科学应用学科组）	三等奖	唐双龄	
	第二届中国外语微课大赛（高职高专组）	三等奖	倪盈盈	中国高等教育学会

续表

年度	项目名称	等级	获奖名单	颁奖部门
2017	上海市高职高专院校重点专业（一流专业）教学设计比武大赛	三等奖	项家祥、严玉康、吕薇	上海市教育委员会
2017	第五届上海市"中华杯"教师职业技能竞赛（立体裁剪项目）	一等奖	张伟龙	上海中华职业教育社
2017	第五届上海市"中华杯"教师职业技能竞赛（立体裁剪项目）	三等奖	陈超	上海中华职业教育社
2017	上海高职高专院校思想政治理论课教学比赛	二等奖	陈育君	上海市教育委员会
2017	上海市高职院校汽车类专业教师"课程教学改革与创新"说课竞赛	二等奖	刘美娜	上海市教育委员会高等教育处
2017	第八届"外教社杯"全国高校外语教学大赛上海赛区	一等奖	苏小青	上海市外文学会高职高专外语教学专业委员会
2018	上海高职高专院校教案设计比赛	一等奖	施晓伟	上海市学生发展德育中心、上海市思政课高职高专教指委
2018	第三届上海高校青年教师教学竞赛	三等奖	黄慧敏、赵珊珊、苏小青	上海市总工会、中共上海市教育卫生工作委员会
2019	上海市高等职业院校教育与体育大类专业教师说课大赛暨教学能力大赛	三等奖	鲁续	上海市高职高专学前教育类专业教学指导委员会
2019	上海市高职高专跨境电商专业教师实践教学能力竞赛	第二名	何东瑾	上海市高职高专经济类专业教学指导委员会
2020	上海高校思政课教师教学大比武（高职高专组）	一等奖	龙燕	上海市思政课高职高专教指委
2020	上海市高等职业院校教师教学能力竞赛	二等奖	李亚威团队	上海市高职高专动漫类专业教学指导委员会
2020	第四届上海高校青年教师教学竞赛	二等奖	赵姗姗	上海市总工会、中共上海市教育卫生工作委员会
2020	第八届中国老年福祉产品创意设计	二等奖	王江玲	上海市民政局、上海市科学技术委员会、上海市经济和信息化委员会、上海市商务委员会
2020	第八届中国老年福祉产品创意设计	三等奖	吴佳妮、桑未心、王江玲、郁晶	上海市民政局、上海市科学技术委员会、上海市经济和信息化委员会、上海市商务委员会
2021	第三届长三角地区民办高校教师教学技能比赛	三等奖	陈飞	上海市教育委员会、浙江省教育厅、安徽省教育厅
2021	第二届"上海高校青年教师培养资助计划"课程思政教学案例展演活动	二、三等奖	唐双龄、马晓娜	上海市教育委员会

续 表

年度	项目名称	等级	获奖名单	颁奖部门
2022	上海市高职高专院校医药健康类专业教师说课(教学能力)大赛	二等奖	王娟、李文、张夏霖、马兰	上海职业教育协会高职高专教学工作专业委员会
	上海市高职高专院校职业技能大赛教学能力比赛(综合类)	三等奖	杨明骁、李亚威、王烨飞、陈华	
	上海市高职高专院校职业技能大赛教学能力比赛(教育与体育大类)	三等奖	李晓静、谭聪聪、徐蕾	
	上海市高等职业院校专业教师教学能力比赛	一等奖	高静、封竹一、姚晋兰	上海市高职高专院校交通运输类专业教学指导委员会
	2022年上海市高职高专院校教师教学能力大赛(决赛)	三等奖	高静、封竹一、姚晋兰	上海市高职高专院校交通运输类专业教学指导委员会
	2022年第十届"未来设计师"全国高校数字设计大赛(教师组)	二等奖	黄海	工业和信息化部人才交流中心
	上海市第二届民办高校辅导员素质能力大赛(决赛)	一等奖	周小娟	中共上海市民办高校工作委员会
	第十一届上海高校心理健康教育"移动微课程"大赛决赛	三等奖	韩文静	上海市学生心理健康教育发展中心
	上海市职业院校"青春心向党 奋进新时代"党的二十大精神主题宣讲展示活动决赛	二等奖	尹一伊	上海市职业教育德育工作联盟
	首届上海市课程思政教学设计展示活动	二等奖	李庆华	上海市思政课高职高专教指委
	2022年度上海高校思想政治理论课	精彩案例奖	张瑞杰	上海市教育委员会、上海市思政课高职高专教指委

学 生 获 奖

2002 年

项目名称	等级	获奖名单	主办单位
2002年上海市布谷鸟学生音乐节	小组唱三等奖；独唱二等奖；合唱三等奖		团市委、上海市学联
2002年上海市包装新产品、新设计评优活动	陕西民间布艺包装设计银奖	张 雯	上海市科学技术委员会、上海市专利局
	刺绣围巾包装设计铜奖	吴晓瑾	
	酒瓶造型设计铜奖	沈慧敏	
	酒瓶造型设计优秀奖	谢安东	
	老街木梳包装设计优秀奖	张君艳	
	沈大成特色什锦云糕包装设计优秀奖	陈 燕	
	宜兴茶具包装设计优秀奖	吴 佳	
	精品杯垫优秀奖	周亚勤	
2002年中国当代大学生平面设计优秀作品	话剧招贴《生死场》；招贴广告《鲁迅全集》《交流、友谊、和平》《反对贪污、反对腐败》等作品入选	吴晓瑾、席嘉璐、沈丹萍、陈 燕	中央美术学院设计学院
中国艺术新星大赛影视表演赛（上海赛区）	"优秀艺术表演"奖；"最佳组合"奖	张 静、俞 丽	团市委、上海市学联

2003 年

项目名称	等级	获奖名单	主办单位
上海"安亭新镇"室内设计艺术大赛	《盒子里的世界》二等奖	刘赟卿	上海国际汽车城置业有限公司

续　表

项目名称	等级	获奖名单	主办单位
第八届上海电视节"嘉禾世纪之星"影视新人选拔大赛	十佳嘉禾世纪之星	金　佳	上海市学联
上海第四届大学生电视节即兴影评	第一名	陈　曦	
上海市迎接新世纪青年歌手大赛	特等奖	倪　桦	
上海第四届大学生电视节电影片断配音	二等奖	王　政等5人	
上海市大学生小品赛	二等奖	顾　赟等3人	

2004 年

项目名称	等级	获奖名单	主办单位
首届"城投置地"杯上海市大学生中、低价商品房装潢设计大赛	三等奖	沈翊洲	上海市城市建设投资开发总公司
上海国际服装文化节服装广告设计大赛	三等奖	刘亚庆	上海国际服装文化节组委会
		朱淑娟	
		周叔佳	
	优秀设计奖	焦宇梅、沈文瑛、谢安东、陈燕嵘、沈碧君	
上海市学生戏剧小品专场——作品创作	三等奖(4个)	影表专业	团市委、上海市学联
上海市学生戏剧节	组织奖	东海学院	
上海市学生戏剧节诗歌朗诵专场比赛	一等奖	影表专业	
"进念杯"首届上海大学生家具设计大赛	组织奖	东海学院	上海市装饰装修行业协会
	三等奖	梅晓倩	
	优秀奖	胡唐蓉	
	明日设计之星银奖	晏　颖	

2005 年

项目名称	等级	获奖名单	主办单位
上海市第四届学生艺术节合唱	三等奖	东海学院	团市委、上海市学联
上海国际服装文化节"服装广告"设计赛	优秀组织奖	东海学院	上海国际服装文化节组委会
	二等奖	黄爱洋、王汉钦、王丹、徐瑾、吴芝雯	

续 表

项目名称	等级	获奖名单	主办单位
	三等奖	邢亚萍	
		周叔佳	
		沈碧君	
"东方之星"上海市大学生平面设计比赛	三等奖	祝 磊	东方之星设计大奖赛组委会
		沈 波	
全国第一届大学生艺术展演	二等奖	高佳敏	
上海市第四届学生艺术节大学生美术、书法、摄影、DV作品展	一等奖	高佳敏、陈燕嵘	上海市第四届学生艺术节组委会
	二等奖	王 辉、赵雨霏、焦宇梅、刘亚庆	

2006年

项目名称	等级	获奖名单	主办单位
2006年东方之星第二届设计大奖赛——包装设计	金奖	王 丹	东方之星设计大奖赛组委会
2006年东方之星第二届设计大奖赛——装帧设计	入围奖	王 丹	

2008年

项目名称	等级	获奖名单	主办单位
"进念设计杯"第二届上海大学生家居设计大赛	"明日设计之星"客厅设计奖	赵燕萍	上海市装饰装修行业协会
	"明日设计之星"摇篮奖和"明日设计之星"组织奖	上海东海职业技术学院	

2009年

项目名称	等级	获奖名单	主办单位
上海市高职院校"远恒杯"首届国际商务单证职业技能竞赛	一等奖	詹异麟、陈建国	上海市教育委员会
	二等奖	刘 钰、安文怡、刘新官、倪佳黎、徐晓敏、娄丹华	

续 表

项目名称	等级	获奖名单	主办单位
	三等奖	李凡芸、陈宜萍、徐心韵、张淼淼、庄汝慧、杨旭刚	
2009年第三届全国大学生广告艺术大赛	三等奖	许晓华	上海市教育委员会、全国大学生广告艺术大赛组委会
	优秀奖	陆婷婷	
	优秀奖	瞿佳凤	
首届"现代杯"大学设计大赛	三等奖	费云方	上海市装饰装修行业协会
	佳作奖	杨 文、周佳页、虞晶文	
	鼓励奖	严 伟、金佳明	
	入围奖	金 萍、张自雯	

2010年

项目名称	等级	获奖名单	主办单位
第八届"DAF"国际大学生艺术设计大赛	优秀组织奖		
上海市高等职业院校第二届国际商务单证职业技能竞赛	团体第一名		上海市教育委员会
上海市阳光体育大联赛高校组健美健身操比赛	团体二等奖		
大学生电子商务"三创"赛	二等奖		
上海市非英语专业词汇比赛	二等奖	林玥清	上海市高职高专外语教学专业指导委员会
第七届全国高职高专实用英语口语比赛上海赛区	二等奖	沈叶霞	上海市高职高专外语教学专业指导委员会
第三届全国大学生广告艺术大赛（上海赛区）	二等奖	许晓华、王薇佳、徐凤安	
2009年上海国际创意设计展示赛	二等奖	耿蓓雯、徐凤安、王晓玲	

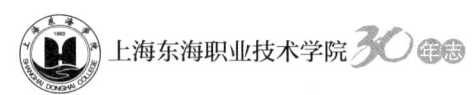

续 表

项目名称	等级	获奖名单	主办单位
第二届全国高职高专英语写作大赛(上海赛区)及第四届高职高专使用英语听力大赛	写作(专业)三等奖	肖婷	上海市高职高专外语教学专业指导委员会
	写作(公共)三等奖	於小桃、刘纪廷	
	听力(专业)三等奖	罗倩文	
	听力(公共)一等奖	徐嗣婧	
	听力(专业)二等奖	吴超	
上海市高职国际商务单证竞赛	团体第一名		上海市教育委员会
"进念设计杯"第三届上海大学生家居设计大赛	铜奖	张毅峰	上海市装饰装修行业协会
	优秀奖	黄水英	

2011年

项目名称	等级	获奖名单	主办单位
中国教育机器人大赛——"写作与舞蹈比赛"	一等奖	周杰、华捷、许涛涛、祁文豪	中国自动化学会机器人竞赛工作委员会
中国教育机器人大赛——"智能搬运"	二等奖	周杰、华捷、许涛涛、祁文豪	
上海市第四届高职高专实用英语(听力)比赛	第一名		上海市高职高专外语教学专业指导委员会
第三届"美华杯"国际商务单证职业技能竞赛	团体一等奖		教育部高职高专经济类专业教学指导委员会、工业和信息化部人才交流中心
	一等奖	8人获个人一等奖	
	二等奖	7人获个人二等奖	
全国第三届大学生电子商务"创新、创意及创业"挑战赛	一等奖		教育部高等学校电子商务教学指导委员会
	三等奖		
全国高职高专英语写作大赛	二等奖	刘嘉英	教育部高等学校高职高专英语类专业教学指导委员会
第四届上海大学生理财策划暨主持人大赛	三等奖	孙健俊	第一财经广播、上海人才培训市场

2012年

项目名称	等级	获奖名单	主办单位
全国职业院校大学生报关技能竞赛上海赛区选拔赛	团体第一名	王彦、朱倞伟、唐升杰	上海市高职院校职业技能竞赛组委会、上海市高职高专经济类专业教学指导委员会

续表

项目名称	等级	获奖名单	主办单位
全国职业院校大学生会计技能竞赛上海赛区选拔赛	团体第二名	赵思健、杨野、潘晓瑜、蒋颖颖	工业和信息化部人才交流中心
2012全国职业院校技能大赛高职组报关技能比赛技能选拔赛	二等奖	王彦	全国职业院校技能大赛组委会
"景格杯"高职高专汽车职业技能竞赛	团体三等奖	高俊峰、史井雨、奚飞翔、张伟铭、高天翔、钱银俊	上海市教育委员会
	三等奖	高俊峰、史井雨	
上海市高职高专护理技能大赛	二等奖	黄梦琦	上海市高等职业院校职业技能竞赛（护理类）竞赛办公室
第三届全国高职高专英语写作大赛上海赛区	一等奖	刘嘉英	教育部高等学校高职高专英语类专业教学指导委员会
	三等奖	陈冠君	
第八届全国高职高专实用英语口语比赛（公共组）	三等奖	杨怡菲	
上海市高校国际商务单证比赛	团体一等奖		上海市教育委员会
	一等奖	谈欣、赵慈洁、张凤玲、陈丹丹等6人	
第四届"美华杯"国际商务单证职业技能竞赛	团体一等奖	郝晓雯、谈欣、蒋丽丽、刁璐、吴婷、吴春霞、刘晶晶	教育部高职高专经济类专业教学指导委员会、工业和信息化部人才交流中心
第三届全国高职高专英语写作大赛上海赛区选拔赛	一等奖	刘嘉英	全国高职高专英语写作大赛上海赛区组委会
第三届全国高职高专英语写作大赛	三等奖	刘嘉英	全国高职高专英语写作大赛组委会
第四届"知行杯"上海市大学生社会实践大赛	二等奖	朱淡明、马海军、旷杰、孙健俊	上海市委宣传部、上海市教育卫生工作党委、上海市教育委员会、共青团上海市委员会、上海市精神文明建设委员会、上海市学生联合会
"世纪金榜杯"全国校园文化系列活动感恩书信大赛	一等奖	胡伟、郭军、田言成、潘雪娇、黄巧玲、佘松	教育部语言文字应用管理司、国家语委语言文字报刊社
	二等奖	高海文、邓琪萍、刘文文、陈方元、瞿晓旭、邓沙沙、尹密、贾佳、吴飞、郭周	
2012年"智盛杯"全国大学生商业银行技能大赛	三等奖	王秋辉	中国职业技术教育学会教学工作委员会

续表

项目名称	等级	获奖名单	主办单位
第六届"用友杯"全国大学生会计信息化技能大赛(上海赛区)	团体二等奖	赵思健、潘晓瑜、蒋颖颖、马佳丽、俞晓婧	上海市教育委员会
	团体三等奖	秦 臻、汤玮洁、汪 璐、王 阅、陈婉君	
第六届"用友杯"全国大学生会计信息化技能大赛	团体优秀奖	赵思健、潘晓瑜、蒋颖颖、马佳丽、俞晓婧	工业和信息化部人才交流中心、用友新道科技有限公司
"21世纪报杯"上海市首届高职高专英语读报大赛(公共组)	一等奖	盛晓雯、王 雅	上海市外文学会高职高专外语教学专业委员会
	二等奖	杨意琴、郭亦顿	
	三等奖	许晓嫣、倪晓燕、刘晴晴	
2012"现代杯"上海大学生创意——公共建筑室内设计大赛	最佳生态创意奖、入围优秀奖	徐靓洁	上海市装饰装修行业协会
	佳作奖	蒋冰静	
2012年首届"网中网杯"全国大学生财务决策网络大赛(高职组)	团体优胜奖	赵思健、潘晓瑜、蒋颖颖、马佳丽、张 娜	中国高等教育学会高等财经教育分会
上海市高职院校机械类专业数控技能竞赛	团体二等奖	团队	上海市高职院校机械类教学指导委员会
上海市高职院校机械类专业数控技能竞赛——车工	二等奖	张雁巍、高 磊	
上海市高职院校机械类专业数控技能竞赛——铣工	三等奖	龚 坤、郭 军	
第三届全国大学生电子商务"创新、创意及创业"挑战赛	团体一等奖	江 鹏、孙登军、徐志强、何潘畅	上海电子商务三创组委会
第一届上海市大学生电子商务大赛	团体二等奖	魏鸿杰、周生锋、戴林灵、吴青松	上海市教育委员会
	团体三等奖	顾 崴、陈 昕、戴文婷、王世卿	

2013年

项目名称	等级	获奖名单	主办单位
第九届全国高职高专实用英语口语大赛上海复赛	二等奖	许晓嫣	上海市外文学会高职高专外语教学专业委员会

续 表

项目名称	等级	获奖名单	主办单位
第七届"用友杯"全国大学生会计信息化技能大赛上海赛区总决赛	二等奖	马佳丽	工业和信息化部人才交流中心
	三等奖	汪秋萍	
第七届"用友杯"全国大学生会计信息化技能大赛	全国优秀奖	马佳丽	工业和信息化部人才交流中心
上海市大学生阳光体育大联赛足球运动项目	团体二等奖		上海市学生阳光体育组委会
第四届全国高职高专英语写作比赛(上海复赛)	二等奖	李文瑾	上海市外文学会高职高专外语教学专业委员会
全国职业院校报关技能大赛	团体一等奖	刁 璐、许晓嫣、石 榴	中国报关协会
上海高职高专院校会计专业"用友新道杯"会计信息化技能竞赛	团体一等奖	赵思健、汪 璐、马佳丽、秦 臻、汤玮洁、王 阅、俞 佳、俞晓婧	上海市教育委员会
	一等奖	马佳丽、赵思健、秦 臻、俞晓婧、汤玮洁、俞 佳	
	二等奖	王 阅、楼 赟、盛晓雯、汪 璐、陈婉君、钱怡吉、邓燕矫	
	三等奖	崔蓝月、赵 越、陈贝妮	
上海民办高校学生专业英语(护理专业)竞赛	二等奖	刘嘉英、王 雅	上海市民办高校党工委
第11届华东设计大赛		蔡 纯、崔艺琼、何伊娜、汤诗画、严方圆、曾 铭	第11届华东设计大赛组委会
2013年全国大学生商业银行技能大赛	三等奖	杨沁瑶、秦 丹	中国金融职业技术教育委员会
中国互联网协会"邮储银行杯"第六届(2013)全国网络商务创新应用大赛(上海赛区)	团体一等奖	吴青松、潘 璐、马小波、周梦玥、葛嘉文	中国互联网协会
	二等奖	吴青松、葛嘉文、周梦玥、潘 璐、马小波	上海市教育委员会
2013年上海市学生阳光体育大联赛(高校组)武术拳操比赛	团体一等奖	集体	上海市学生阳光体育组委会

续 表

项目名称	等级	获奖名单	主办单位
首届上海市大学生"创业希望之星"团队大赛	铜牌团队奖	吕政成、周新闻、邬方鸣、王薇薇	上海市学生事务中心
2013年"远恒杯"上海高职院校经济类专业(国际商务)营销师职业技能竞赛	一等奖	张凤玲、吴青松	上海市教育委员会
	二等奖	赵慈洁、周 云、李培琳、王静华、曹蕙瑜	
	三等奖	陈丹丹、汤长俊、管凌枫	
上海高职院校第三届数控技能竞赛	三等奖	黄丹春	上海市教育委员会
"21世纪报杯"上海市第二届高职高专英语读报大赛	一等奖	施能能	上海市外文学会高职高专外语教学专业委员会
	二等奖	毛亦精	
	三等奖	袁家欢、冯圣婷、秦 妮、赵婷婷	

2014年

项目名称	等级	获奖名单	主办单位
2014年全国职业院校技能大赛报关技能比赛	团体一等奖	陈 成、孔晓辉、林晓丹	全国职业院校技能大赛组织委员会
	团体一等奖	黄栩栩、仇如莹、周 敬	
	一等奖	陈 成、孔晓辉、林晓丹、黄栩栩、仇如莹、周 敬	
全国金融与证券投资模拟实训赛	二等奖	黄昌标	全国金融职业教育教学指导委员会
2014年上海高职院校"东洋科技杯"报关技能竞赛	团体一等奖	陈 成、孔晓辉、林晓丹	上海市教育委员会、上海市高职院校报关类教学指导委员会
	团体一等奖	黄栩栩、周 敬、仇如莹	
2014年上海高职院校"用友新道杯"会计信息化技能竞赛	团体一等奖	汪秋萍、颜文萍、肖 瑞、蒋 燕、庞文娟、睢文怡、唐万芬、许 悦	上海市教育委员会
	团体二等奖	陶书怡、林梦盈、陈佳灵、黄笙露	

续 表

项目名称	等级	获奖名单	主办单位
上海职业院校技能大赛暨全国职业院校技能大赛上海赛区选拔赛（会计技能项目）	团体第一名		上海市教育委员会、上海市高职院校报关类教学指导委员会
上海职业院校技能大赛暨全国职业院校技能大赛上海赛区选拔赛（报关技能项目）	团体第一名	陈 成、孔晓辉、林晓丹、黄栩栩、仇如莹、周 敬	
第十届全国高职高专英语口语大赛上海赛区（非英语专业组）	二等奖	陶渊杰	上海市外文学会高职高专外语教学专业委员会
第八届"用友新道杯"全国大学生会计信息化技能大赛	团体一等奖	汪秋萍、庞文娟、蒋 艳、唐万芬	教育部高职高专经济类专业教学指导委员会、工业和信息化部人才交流中心
	团体二等奖	李勤瑜、施佳佳、顾谭君、黄天瑞、王冰欣、柳思宇、张茹艳、金苗燕	
	团体三等奖	朱 楠、陈立豪、张力文、吴蓓蕾	
	一等奖	汪秋萍、庞文娟、蒋 燕、唐万芬	
	二等奖	黄天瑞、顾谭君、施佳佳、王冰欣、李勤瑜、柳思宇、张茹艳	
	三等奖	朱 楠、金苗燕、陈立豪、张力文、吴蓓蕾	
第七届全国美誉奖	学生组一等奖	陈少坤、陈 澄	中国高等教育协会
	学生组二等奖	何 婷、曹明翰、汪晓薇、徐佳伟、潘燕妮、李静思、严方圆、胡煜婷、樊嘉男、杨 柯	
第三届全国高职高专"21世纪读报杯"大赛上海赛区	一等奖	唐雨菁	上海市外文学会高职高专英语教学专业委员会
	二等奖	高 凡、王玙璠	
	三等奖	郭超男、阮胡斌、沈郑琪、王 燕、胡 培	
上海市高职高专院校英语戏剧表演比赛	团体三等奖	杨晨慧、朱季怡、蒋 婷、徐同彦	上海市外文学会高职高专外语教学专业委员会
2014年国际护理技能大赛	三等奖	沈郑琪、刘苗兰	上海现代护理职业教育集团

续表

项目名称	等级	获奖名单	主办单位
上海市2014年高职院校护理技能大赛	二等奖	范雯雯	上海市教育委员会
	三等奖	胡恋莲	
"邮储银行杯"中国互联网协会第七届(2014)全国大学生网络商务创新应用大赛	团体二等奖	王薇薇、李汉韬、黄燕、潘璐、杨洋	中国互联网协会
2014年上海市大学生网络商务创新应用大赛	团体一等奖	王薇薇、李汉韬、黄燕、潘璐、杨洋	上海市教育委员会
	团体二等奖	吕政成、陈世正、陈泉芳、姚远	
	团体二等奖	顾佳宇、余晶、费玉婷、朱闻、何逸豪	
上海市高职院校"远恒杯"营销师(国际商务)职业技能大赛	团体三等奖	李志航、陈秋婷、王娴、周妤、陈巍	上海市教育委员会
	团体三等奖	印佳燕、纪惠佳、江桃、潘璐、丁鑫瑜	
2014年首届航空服务礼仪大赛	团体二等奖	张聪聪，张家赢、赵鑫、宋李李、饶闽、丁雅男、张天澍、施元成	上海市航空学会
第五届"外研社杯"全国高职高专英语写作大赛上海赛区选拔赛	非英语专业组二等奖	黄虹宇	上海市外文学会高职高专外语教学专业委员会
	非英语专业组三等奖	徐媛	
"21世纪报杯"上海市第三届高职高专英语读报大赛	一等奖	唐雨菁	上海市外文学会高职高专外语教学专业委员会
	二等奖	高凡、王玙璠	
	三等奖	郭超男、沈郑琪、王燕、阮胡斌、胡培	
2014全国金融与证券投资模拟实训大赛华东赛区	团体第一名	上海东海职业技术学院代表队52人	全国金融职业教育教学指导委员会

2015年

项目名称	等级	获奖名单	主办单位
上海市第六届"星光计划"职业院校技能大赛数控铣加工比赛	二等奖	黄杰	上海市教育委员会、上海市人力资源和社会保障局
	三等奖	殷佳麒	
上海市第六届"星光计划"职业院校技能大赛工业控制比赛	团体一等奖	戴申华、吴振华、秦灏、徐嘉琪、刘波涛	
上海市第六届"星光计划"职业院校技能大赛工业控制比赛	一等奖	戴申华	
	二等奖	吴振华、秦灏获	
	三等奖	徐嘉琪、刘波涛	
2015年全国职业院校报关技能大赛(高职组)	团体一等奖	沈哲浩、李传贵、周敬	教育部、中国报关协会
上海市"星光计划"第六届职业院校技能大赛会计技能项目	团体二等奖	汪秋萍、黄天瑞、顾谭君、李勤瑜、施佳炜、张力文	上海市教育委员会、上海市人力资源和社会保障局
	一等奖	汪秋萍	
	二等奖	顾谭君、黄天瑞	
	三等奖	李勤瑜、张力文、施佳玮	
2015年全国职业院校技能大赛会计技能赛项上海选拔赛	团体二等奖	李勤瑜、黄天瑞、顾谭君、汪秋萍	
	二等奖	汪秋萍	
	三等奖	李勤瑜、黄天瑞、顾谭君	
上海市"星光计划"第六届职业院校技能大赛高职组报关技能项目	团体一等奖	沈哲浩、李传贵、张丽、林晓丹、王瑞雯、周敬	
	一等奖	沈哲浩、李传贵、张丽、林晓丹	
	二等奖	王瑞雯	
	三等奖	周敬	
上海市"星光计划"第六届职业院校技能大赛高职组物流管理(国际货代)项目	三等奖	薛赛妍、陆祎	
上海市"星光计划"第六届职业院校技能大赛国际商务项目	三等奖	陈秋婷、竹洁娜	
2015年全国职业院校技能大赛高职组会计技能比赛	团体二等奖	李勤瑜、黄天瑞、顾谭君、汪秋萍	教育部
	二等奖	汪秋萍	
	三等奖	李勤瑜、黄天瑞、顾谭君	

续表

项目名称	等级	获奖名单	主办单位
上海市"星光计划"第六届职业院校技能大赛平面设计项目	三等奖	朱宏	上海市教育委员会、上海市人力资源和社会保障局
上海市"星光计划"第六届职业院校技能大赛高职组英语口语项目	团体二等奖	姚远、李梦倩、陈晓婕	
	三等奖	姚远、李梦倩、陈晓婕	
上海市"星光计划"第六届职业院校技能大赛空乘服务项目	三等奖	张家赢、唐丽	
上海市"星光计划"第六届职业院校技能大赛非英语专业口语项目	二等奖	郭慧达	
	三等奖	蒋婷	
第九届"用友杯"全国大学生会计信息化技能大赛	团体一等奖	余庆伟、蒋璐、倪嘉慧、陆嫔燚	新道科技股份有限公司
	团体二等奖	王菲儿、陈霞、余珺娴、郑依蕾	
	二等奖	余庆伟、蒋璐、倪嘉慧	
	三等奖	王菲儿	
第二届"大智慧杯"全国大学生金融精英挑战赛"金融操盘手"	二等奖	盛悟谛	共青团中央学校部、全国学联秘书处
	三等奖	郑梓祈、陈燕宁、邹如霜、严明睿、杨洪、袁春雷	
第三届上海大学生"创业希望之星"团体大赛	优胜奖	张文炜、蔡建达、邹如霜、邱敏	上海市学生事务中心
上海市第二届航空服务礼仪大赛	团体一等奖	任怡、张琳、袁松、何健、昊小茜、杨琦、唐丽、杨夫霞	上海市航空学会
2015年上海市大学生体育联赛武术拳操、功夫扇比赛	团体一等奖	集体	上海市大学生体育联赛组委会
2015年全国大学生物联网设计竞赛华东赛区	团体二等奖	周凯、黎颖明、孙良东、姚宗志	教育部高等学校计算机专业教学指导委员会、全国大学生物联网设计竞赛组委会
全国大学生物联网大赛	二等奖	姚宗志	教育部高等学校计算机类专业教学指导委员会
第六届全国高职高专英语写作大赛上海赛区(英语组)	三等奖	李吉	上海市外文学会
首届"科技杯"上海市高校日语配音大赛	团体二等奖	范逸、秦超、张中一、仲世琦、张可一	中国日语教学研究会上海分会
第二届上海市大学生决策仿真实践大赛	团体二等奖	葛其俊、蔡诚、王新、候广超、李九霄	上海市教育委员会
	团体二等奖	时磊磊、王誉锦、裴承鑫、刘开展、郑利申	

续 表

项目名称	等级	获奖名单	主办单位
第八届全国大学生网络商务创新应用大赛上海赛区决赛	团体一等奖	柯鹏越、时磊磊、诸冰琰	上海市教育委员会
	团体二等奖	吕政成、郭艾、闫沛钰	
	团体三等奖	郭秋宇、贝圣杰、时磊磊	
第八届全国大学生网络商务创新应用大赛总决赛	特等奖	柯鹏越、时磊磊、诸冰琰	中国互联网协会
2015年全国高等职业院校"网中网杯"财务决策大赛	团体二等奖	孙雨、马佳晨、金伟鑫、金佳皓、余珺娴	全国高等财经职业教育协作委员会
第二届上海市民办高校大学生职业生涯规划大赛	三等奖	柯鹏岳	上海市民办高校职业生涯规划大赛组委会
2015年全国职业院校技能大赛市场营销赛项上海选拔赛	团体二等奖	王新、葛其俊、时磊磊、王誉锦	上海市高职高专经济类专业教学指导委员会
全国职业院校技能大赛高职组市场营销技能大赛	团体三等奖	王新、葛其俊、时磊磊、王誉锦	教育部
2015年国际护理技能大赛护生组	三等奖	杨晨慧、林严	上海健康医学院
上海市第四届高职高专英语读报大赛	一等奖	殷英、蒋婷	上海市外文学会高职高考外语教学专业委员会
	二等奖	乔智卉、王东博、许士亮、郭慧达	
	三等奖	田甜、周韵文、江婷婷、杨晨慧、孙雨	
第六届"外研社杯"全国高职高专英语写作大赛（上海赛区）	非专业组二等奖	钱静	教育部职业院校外语类专业教学指导委员会
	非专业组三等奖	郭慧达	
第五届全国大学生电子商务"创新、创意及创业"挑战赛上海赛区总决赛	团体一等奖	吕政成、何宇雪、夏思、郭艾	全国大学生电子商务"创新、创意及创业"挑战赛组委会、上海市电子商务行业协会
	团体三等奖	郭秋宇、贝圣杰、时磊磊	

2016年

项目名称	等级	获奖名单	主办单位
2016年全国职业技能大赛高职组"服装设计与工艺"赛项上海选拔赛	一等奖	阿依仙古丽	上海市教育委员会、上海市人力资源和社会保障局
2016年全国职业院校技能大赛	三等奖	阿依仙古丽	教育部
2016年全国职业技能大赛高职组上海赛区汽车营销技能	团体三等奖	杨君、张冰	上海市教育委员会、上海市人力资源和社会保障局

续　表

项目名称	等级	获奖名单	主办单位
2016年中国技能大赛——第44届世界技能大赛上海市选拔赛工业控制比赛	团体二等奖	董经纬、蔡天扬、张　凡、杨　兵、孙　涛	上海市教育委员会、上海市人力资源和社会保障局
全国职业院校技能大赛上海分赛区"动漫制作"赛项预赛	第三名	顾顺顺	上海市教育委员会、上海市人力资源和社会保障局
全国职业院校技能大赛上海赛区"报关技能"项目选拔赛	团体第一名	沈哲浩、陈　勇、项一凡	
全国职业院校技能大赛上海赛区"会计技能"项目选拔赛	团体第二名	余庆伟、蒋　璐、王菲儿、陆嫔嫈	上海市教育委员会、上海市人力资源和社会保障局
全国职业院校技能大赛上海赛区"护理"项目选拔赛	二等奖	徐晶晶、王思琪	
2016年全国职业院校技能大赛高职组报关技能竞赛	团体二等奖	沈哲浩、陈　勇、项一凡	
2016年全国职业院校技能大赛高职组会计技能竞赛	团体三等奖	蒋　璐、陆嫔嫈、王菲儿、余庆伟	全国职业院校技能大赛组委会
2016年全国职业院校技能大赛高职组动漫制作比赛	三等奖	顾顺顺	
2016全国金融与证券投资模拟实训大赛（高职组）	团体三等奖	程展超、曾君斌、高　远、王江波、陆金祎、马　科、罗　佳、蒋伟杰、徐振北、陈裕际琨	全国金融职业教育教学指导委员会
	团体三等奖	孙彦斌、王　传、严明睿、张文炜、郭建军、陈艳宁、黄思庆、张嘉穗、王兆涛、杨凤梅	
	二等奖	高　远、陈裕际琨、张嘉穗	
第四届上海高职高专大学生创业计划大赛	团体二等奖	柯鹏越、肖祥龙	上海市高等教育学会高职高专创业教育专业委员会
"奥派杯"全国移动商务技能竞赛上海赛区选拔赛	团体一等奖	郑梦瑶、周　信、朱警周	全国电子商务职业教育教学指导委员会
	团体三等奖	黄作文、胡珅豪、陈徐君	
2016"奥派杯"全国移动商务技能竞赛全国总决赛	团体三等奖	郑梦瑶、周　信、朱警周	全国电子商务职业教育教学指导委员会
"踏瑞杯"全国高职高专人力资源管理技能大赛（总决赛）	团体一等奖	陈璐诚、万鑫宇、童　莹	全国人力资源和社会保障职业教育教学指导委员会
"踏瑞杯"全国高职高专人力资源管理技能大赛中部赛区比赛	团体二等奖	陈璐诚、秦　倩、童　莹	

续 表

项目名称	等级	获奖名单	主办单位
第七届"外研社杯"全国高职高专英语写作大赛上海赛区	公共英语组特等奖	盛佳安	教育部高等学校职业院校外语类专业教学指导委员会
	公共英语组二等奖	杨晨慧	
2016年上海市学生运动会暨上海市大学生田径锦标赛	一等奖	团体	上海市大学生体育联赛组委会
上海市"全筑杯"第八届大学生创意设计大赛	佳作奖	唐瑞雪	上海市装饰装修行业协会
2016年上海大学生经营模拟沙盘大赛（高职组）	团体三等奖	金佳皓、余珺娴、段永世、倪嘉慧、张傲星	上海市教育委员会
第六届全国大学生电子商务"创新、创意及创业"挑战赛上海市赛	团体一等奖	柯鹏越、肖祥龙、王莹、马燕辉、罗乔富	教育部高等学校电子商务类专业教育指导委员会
	团体三等奖	李根、谭湛龙、徐田田、黄芙蓉	
第八届"知行杯"上海市大学生社会实践大赛	三等奖	陈子珺、刘菁、张依雯、徐思洁、陆新悦、陆漪、应承	共青团上海市委员会、上海市委宣传部、上海市文明办、上海市教育卫生工作党委、上海市教育委员会、上海市学联
上海市第三届航空服务礼仪大赛	团体三等奖		上海市航空学会
第七届"外研社杯"全国高职高专英语写作大赛总决赛	公共英语组一等奖	盛佳安	教育部职业院校外语类专业教学指导委员会
2016年全国报关行业IECC技能大赛货代单项赛	第一名	沈言兆	中国报关协会、全国报关职业教育教学指委会
	第二名	蒋宗锟	
"梦想·未来 Dream & Future"——2016上海市学生艺术设计展	未来设计师奖	杨岚、吴慧慧、汤诗画、丁珏妮、严方圆	上海市教育委员会、上海市文学艺术界联合会
第一届"汇创青春"——上海大学生文化创意作品展示	三等奖	马林雪、赵婧、严方圆	上海市教育委员会
2015—2016年全国啦啦操联赛（上海站）暨中国啦啦之星争霸赛大学甲组花球规定动作	第一名	陈欣茹等	国家体育总局体操运动管理中心、中国大学生体育协会
	第二名	邓芸	
2016年上海市高职高专非英语专业口语比赛	二等奖	刘悦	上海市教育委员会
	三等奖	杨晨慧	

2017年

项目名称	等级	获奖名单	主办单位
上海市"星光计划"第七届职业院校技能大赛"动漫制作"赛项（高职组）	团体一等奖	沈健楠、顾顺顺、石岩松、李开发	上海市教育委员会、上海市人力资源和社会保障局

续 表

项目名称	等级	获奖名单	主办单位
上海市"星光计划"第七届职业院校技能大赛平面设计项目	二等奖	郑耀达	上海市教育委员会、上海市人力资源和社会保障局
上海市"星光计划"第七届职业院校技能大赛网站设计赛项(高职组)	二等奖	梁延任	
	团体二等奖	刘开锐、杨 杰、梁延任、李素雯、邵丹芸	
2017年全国职业院校技能大赛(高职组)上海选拔赛"自动化生产线安装与调试"赛项	团体第二名	喻阳阳、俞 佳	
上海市"星光计划"第七届职业院校技能大赛"数控铣加工"赛项(高职组)	三等奖	陈佳雷、董经纬	
上海市"星光计划"第七届职业院校技能大赛"工业控制"赛项	二等奖	蔡天扬	
	三等奖	盛钱杰、杨 兵	
2017年现代电气控制系统安装与调试竞赛	一等奖	盛钱杰	
	二等奖	赵钱杰	
上海市"星光计划"第七届职业院校技能大赛"汽车检测与维修"赛项	三等奖	张 黎、杨 君	
2017年全国会计职业技能大赛	团体三等奖	张如意、俞旭雷、杨广广、顾迪静	教育部、全国职业院校技能大赛组织委员会
上海市"星光计划"第七届职业院校技能大赛"报关"赛项	团体一等奖	陈 勇、项一凡、沈言兆、赵 旻、朱晨希、马莉萍	上海市教育委员会、上海市人力资源和社会保障局
	一等奖	陈 勇、项一凡、赵 旻、马莉萍	
	二等奖	沈言兆、朱晨希	
全国职业院校关务技能大赛	团体一等奖	沈言兆、朱晨希、马丽萍	中国报关协会、全国报关职业教育教学指导委员会
上海市"星光计划"第七届职业院校技能大赛"会计"赛项	二等奖	李 赟	上海市教育委员会、上海市人力资源和社会保障局
	团体一等奖	蒋 璐、余庆伟、张如意、俞旭雷、包海奕、李 赟	
上海市"星光计划"第七届职业院校技能大赛"物流管理"赛项	团体二等奖	宋 莹、凌 涛、徐爱玲、开 月	
2017上海交通物流职教集团"物流传奇杯"竞技联赛暨全国选拔赛——高级组	团体三等奖	徐永洁、李 栋、凌 涛	上海交通物流职教集团
上海市"星光计划"第七届职业院校技能大赛"电子商务"赛项	团体第三名	周 信、黎晶鑫、宋正伟、王 敏、张文扬	上海市教育委员会、上海市人力资源和社会保障局
上海市"星光计划"第七届职业院校技能大赛"国际商务"赛项	团体三等奖	李 琳、贺小芳、吕存建、肖祥龙、邓雨晴	

续 表

项目名称	等级	获奖名单	主办单位
全国高职院校技能大赛——"银行业务综合技能"上海选拔赛	团体第二名	颜伟莹、吴紫云、蔡佳玲、周世杰	上海市教育委员会、上海市人力资源和社会保障局
全国职业院校技能大赛（高职组）"服装设计与工艺"赛项	工艺组第一名	阿依仙古丽	教育部
	工艺组第二名	马云龙	
	设计组第三名	何 玲	
	设计组第五名	巴哈提别克	
上海大学生企业经营模拟沙盘大赛高职组	团体二等奖	金佳皓、刘泽宇、段永世、冯一帆、金倩雯	上海市教育委员会、上海市人力资源和社会保障局
第十三届全国职业院校"新道杯"沙盘模拟经营大赛	团体三等奖	金佳皓、刘泽宇、段永世、冯一帆、金倩雯	中国职业技术教育学会商科专业委员会
第二届"奥派杯"全国移动商务技能竞赛上海赛区	团体二等奖	孙丽伟、张 宇、冀新芳	全国电子商务职业教育教学指导委员会
	团体三等奖	张文扬、吴志洁、王紫阳、叶迎回、祁青霞、王 敏	
2017年"旭拓杯"现代电气控制技能竞赛	团体二等奖	盛钱杰、赵钱杰	上海市高校工程训练教育协会
2017年上海市航空服务礼仪大赛	团体一等奖	于珊珊、唐晓彤、薛雨昕、张琳娜、任思雨、路梦洁、翟振跃、仇颖超	上海市航空学会
第十一届"新道杯"全国大学生会计信息化技能大赛全国总决赛上海赛区	一等奖	陆佳怡、俞旭雷、庄慧文	教育部高职高专经济类专业教学指导委员会、工业和信息化部人才交流中心
	二等奖	陈如礼、梁伟宸、谢恒嘉、张云靖	
	三等奖	陈思瑜、房辰易、潘皓洁	
	团体一等奖	张云靖、庄会文、陆佳怡、谢恒嘉	
	团体二等奖	陈思瑜、潘皓洁、梁伟宸、陈如礼	
2017年全国职业院校技能大赛（高职）服装设计组上海选拔赛	三等奖	何 玲	全国职业院校技能大赛组委会
2017年全国职业院校技能大赛高职组"如意杯"服装设计与工艺赛项服装制版与工艺分赛项比赛	二等奖	阿依仙古丽	
	三等奖	马云龙	
上海市"星光计划"第七届职业院校技能大赛"非英语专业口语"赛项	三等奖	刘 悦	上海市教育委员会、上海市人力资源和社会保障局
"傅雷杯"2017年全国民办高等职业院校大学生英语技能大赛口语比赛	团体二等奖	邢 榕、黄文婧、徐韵恺	教育部职业院校外语类专业教学指导委员会

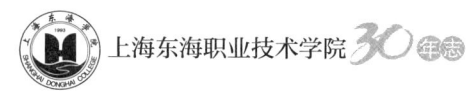

续 表

项目名称	等级	获奖名单	主办单位
第八届"外研社杯"全国高职高专英语写作大赛总决赛	公共英语一等奖	朱晓洁	教育部高等学校职业院校外语类专业教学指导委员会
	公共英语二等奖	董婧	
全国第四届报关行业IECC技能网络大赛	第一、二、三名	李恒、徐诗韵、李晓雯	中国报关协会、全国报关职业教育教学指导委员会
第二届"汇创青春"上海大学生文化创意作品	二等奖	岳媛	中共上海市教育卫生工作委员会、上海市教育委员会
	三等奖	王亚琦、刘家祺、郑耀达、徐雁理	
2017年上海市大学生武术联赛武术拳操	团体一等奖	李星宇等	上海市教育委员会、上海市大学生武术联赛组委会
	团体二等奖	钟芳等	

2018年

项目名称	等级	获奖名单	主办单位
2018年全国职业院校关务技能大赛	团体特等奖	古里扎提·巴合江、徐诗韵、李晓雯	全国职业院校技能大赛组委会
2018年第一届全国高职院校"管理会计"大赛	团体一等奖	郭婉磊、李庆婷、马泽鹏、周格	中国高等教育学会高等财经教育分会
	团体三等奖	王佳佳、盛菲、刘潘梁、顾佳婷	
2018年全国职业院校技能大赛高职组上海赛区"会计技能"选拔赛	团体二等奖	张云靖、陈思瑜、庄慧文、陆佳怡	上海市高职高专经济类专业教学指导委员会
全国职业院校技能大赛"会计技能"赛项	团体三等奖	陆佳怡、庄慧文、陈思瑜、张云靖	教育部、全国职业院校技能大赛组委会
第二届"新道杯"全国高职"管理会计"技能大赛	团体二等奖	郭婉磊、周格、顾佳婷、王佳佳	中国商业联合会、中国总会计师协会管理会计师项目管理办
	团体三等奖	马泽鹏、刘潘梁、李庆婷、盛菲	
全国职业院校技能大赛(高职组)"服装设计与工艺"赛项上海选拔赛	团体第一名	胡钰(设计)+杨冰艳(工艺),祖白达(设计)+古丽比娅(工艺)	上海市教育委员会
全国职业院校职业技能大赛"电子商务技能"赛项上海赛区选拔赛	团体三等奖	王敏、徐辽、马成龙、陈旭	上海市教育委员会、上海市高职高专经济类专业教学指导委员会
2018全国职业院校技能大赛(高职组)上海选拔赛"银行综合业务"赛项	团体二等奖	周世杰、白林梦、郑奕云、顾铮	上海市高职高专经济类专业教学指导委员会

续 表

项目名称	等级	获奖名单	主办单位
2018全国职业院校技能大赛（高职组）"银行综合业务"赛项	团体二等奖	周世杰、白林梦、郑奚云、顾铮	教育部、全国职业院校技能大赛组委会
全国职业院校技能大赛"互联网+国际贸易综合技能"大赛	团体三等奖	程琳、顾苇鸿、程方、崇国莉	
2018年全国职业院校技能大赛上海选拔赛（高职组）"互联网+国际贸易"赛项	团体二等奖	程方、程琳、崇国莉、顾苇鸿	上海市高职高专经济类专业教学指导委员会
上海市大学生企业经营模拟沙盘大赛（高职组）	团体三等奖	冯一帆、金倩雯、黄睿、陈云、刘波	上海市教育委员会
2018年全国高职院校财税技能大赛全国总决赛	团体三等奖	陆娴菲、王华丽、周祥	全国高职院校财税技能大赛组委会
2018年全国高职院校财税技能大赛（华东赛区）	团体三等奖	陆娴菲、王华丽、周祥	全国高职院校财税技能大赛组委会、中国注册税务师协会
2018年"金蝶云管理创新杯"省市赛	团体二等奖	张莹颖、刘丽媛、吴曼戈	教育部学校规划建设发展中心、上海市金蝶网络科技有限公司
	团体优秀奖	陆杰李、韩振龙、郭婉磊、花静、奚慈榕、黄思妍	
2018年中国技能大赛——第45届世界技能大赛上海选拔赛"货运代理"赛项	二等奖	姜宇珺	上海市人力资源和社会保障局、上海市财政局、上海市教育委员会、上海市经济和信息化委员会、上海市国资委、上海市总工会、共青团上海市委员会
2018年中国技能大赛——第45届世界技能大赛上海选拔赛"工业控制"赛项	三等奖	钱杰荣	
2018年全国职业院校技能大赛"现代电气控制"上海选拔赛	团体第三名	盛钱杰、陈晨	上海市教育委员会
2018年服装国赛上海选拔赛（设计组）	第一名	祖白达	上海市高职高专艺术类专业教学指导委员会
	第三名	胡钰	
2018年服装国赛上海选拔赛（工艺组）	第一名	古丽比娅	
	第二名	杨冰艳	
上海市高职高专院校"中国故事"英语视频大赛	二等奖	阳逸琪	上海高职高专院校思想政治理论课建设联盟
	三等奖	杨毅婧、刘佳欣	
第五届上海航空服务礼仪大赛	团体二等奖	陈雪儿、程继琪、康雅茹、李梓正、沈柳霖、王常宇、王思懿、殷唯宜	上海市航空学会
第九届"外研社杯"全国高职高专英语写作大赛上海市复赛	三等奖	吴汉宸、徐超	教育部高等学校职业院校外语类专业教学指导委员会

续表

项目名称	等级	获奖名单	主办单位
第五届上海航空服务礼仪大赛	风采之星	王常宇	上海市航空学会
	全能之星	陈雪儿	
2018年上海市高职高专背单词技能大赛	团体赛三等奖	沈诗忆、王馥茜、许伟健、顾书欣、张瑜	上海高等职业院校信息化教学指导委员会
第四届中国"互联网+"大学生创新创业大赛上海赛区决赛	团体三等奖	李文琪、吴诗逸、匡晓一、包东如	上海市教育委员会、上海市人力资源和社会保障局
第六届全国高校数字艺术设计大赛	一等奖	邵怡青	工业和信息化部人才交流中心、联合国训练研究所上海中心
	三等奖	王鑫、余天超	
第十届全国大学生广告艺术大赛	二等奖	王孜豪	中国高等教育学会、教育部高等学校新闻传播学类专业教学指导委员会
	三等奖	魏岱汝	
第三届"奥派杯"全国移动商务技能竞赛（浙江/上海赛区）	团体二等奖	马成龙、彭超群、徐辽、黄宾、周京华、李晓龙	全国电子商务职业教育教学指导委员会
"复旦杯"第一届上海市职业院校英语影视剧配音大赛	二等奖	阳逸琪	上海市外文学会高职外语教学专业委员会
第三届"汇创青春"大学生创意设计大赛	二等奖	张恬怿、王鑫、严佳妮、徐轶莲	中共上海市教育卫生工作委员会、上海市教育委员会
	三等奖	张雯、朱芸、阿依仙古丽、马云龙	
2019年上海市大学生田径"联盟杯"赛	男子团体总分第三名	王钟懋、方天赐等	上海市教育委员会、上海市体育局

2019年

项目名称	等级	获奖名单	主办单位
2019年全国职业院校技能大赛高职组"关务技能"赛项	团体一等奖	孙佳辉、刘金超、沈佳莹、张二曼	教育部、国家发展和改革委员会
第八届"星光杯"汽车营销技能大赛	三等奖	巴特·德尔格、王梓豪	
上海市"星光计划"第八届职业院校技能大赛"工业控制"赛项	三等奖	丁三亚	上海市教育委员会、上海市人力资源和社会保障局
上海市"星光计划"第八届职业院校技能大赛"汽车检测与维修"赛项	三等奖	哈斯特尔·阿曼太	

续 表

项目名称	等级	获奖名单	主办单位
2019年全国职业院校技能大赛现代电气控制系统安装与调试项目	三等奖	白 胜、李雪岩	教育部、全国职业院校技能大赛组委会
上海市"星光计划"第八届职业院校技能大赛"网站设计"赛项	三等奖	刘原旭	上海市教育委员会、上海市人力资源和社会保障局
上海市"星光计划"第八届职业院校技能大赛"银行业务综合技能"赛项	团体二等奖	朱 佳、郤 颖、董 雯、邱佳龙	上海市教育委员会、上海市人力资源和社会保障局
上海市"星光计划"第八届职业院校技能大赛"银行业务综合技能"赛项	团体三等奖	吴鑫磊、张仪辉、沈如北、汪 进	上海市教育委员会、上海市人力资源和社会保障局
上海市"星光计划"第八届职业院校技能大赛"物联网技术应用"赛项	团体二等奖	王迦震、管 乐、叶 峰	上海市教育委员会、上海市人力资源和社会保障局
上海市"星光计划"第八届职业院校技能大赛"电子商务技能"赛项	团体二等奖	马成龙、刘俊玲、李梦宇、李晓龙、张 娟	上海市教育委员会、上海市人力资源和社会保障局
上海市"星光计划"第八届职业院校技能大赛"国际商务"赛项	三等奖	刘 阅、石 依、沈诗忆	上海市教育委员会、上海市人力资源和社会保障局
上海市"星光计划"第八届职业院校技能大赛"会计技能"赛项	团体一等奖	庄慧文、马泽鹏、刘潘梁、王华丽、曹雯雯、奚慈榕、黄思妍、董嘉俊	上海市教育委员会、上海市人力资源和社会保障局
上海市"星光计划"第八届职业院校技能大赛"会计技能"赛项	一等奖	庄慧文、奚慈榕、黄思妍	上海市教育委员会、上海市人力资源和社会保障局
上海市"星光计划"第八届职业院校技能大赛"会计技能"赛项	二等奖	王华丽、马泽鹏、刘潘梁	上海市教育委员会、上海市人力资源和社会保障局
上海市"星光计划"第八届职业院校技能大赛"会计技能"赛项	三等奖	董嘉俊、曹雯雯	上海市教育委员会、上海市人力资源和社会保障局
上海市"星光计划"第八届职业院校技能大赛"动漫制作"赛项	一等奖	金恺颖	上海市教育委员会、上海市人力资源和社会保障局
上海市"星光计划"第八届职业院校技能大赛"动漫制作"赛项	二等奖	刘慧婷、何 乐	上海市教育委员会、上海市人力资源和社会保障局
上海市"星光计划"第八届职业院校技能大赛"动漫制作"赛项	三等奖	吴昕懿	上海市教育委员会、上海市人力资源和社会保障局
第十三届"新道杯"全国高职会计技能大赛	团体三等奖	许伟健、张莹颖、曹雯雯、王 成、刘 超、叶涵菲、苏友梅、苏 雅	工业和信息化部人才交流中心
2019年上海市大学生企业经营模拟沙盘大赛	团体一等奖	刘 波、董嘉俊、赵慈安、苏蓉倩、黄天蓉	上海市教育委员会
2019年上海市大学生企业经营模拟沙盘大赛	团体二等奖	冯一帆、陈逸雯、花 静、陆慧琳、吴 芸	上海市教育委员会
上海市"星光计划"第八届职业院校技能大赛"报关技能"赛项	团体一等奖	孙佳辉、张二曼、沈佳莹、刘金超	上海市教育委员会、上海市人力资源和社会保障局
上海市"星光计划"第八届职业院校技能大赛"报关技能"赛项	一等奖	张二曼、陈沁楠	上海市教育委员会、上海市人力资源和社会保障局
上海市"星光计划"第八届职业院校技能大赛"报关技能"赛项	二等奖	孙佳辉、张振东、徐诗韵、邱吴嵩	上海市教育委员会、上海市人力资源和社会保障局

续表

项目名称	等级	获奖名单	主办单位
上海市"星光计划"第八届职业院校技能大赛"货运代理"赛项	一等奖	姜宇珺	
	三等奖	平俊杰	
上海市"星光计划"第八届职业院校技能大赛"时装技术"赛项	一等奖	马梓轩、马珍珍、董奕纤	
	二等奖	李琦童、蓝 天	
		张 娟、刘俊玲、王弭钰	
		候 翔、孙泽成、杜靓雯	
上海市"星光计划"第八届职业院校技能大赛"平面设计"赛项	三等奖	张 雯	
上海市"星光计划"第八届职业院校技能大赛"非英语专业口语"赛项	三等奖	朱佳欢、王俊伟	
第四届"奥派杯"全国移动商务技能竞赛（安徽/上海赛区）	团体一等奖	刘 超、叶涵菲、苏友梅、苏 雅	全国电子商务职业教育教学指导委员会
	团体二等奖	许伟健、张莹颖、王 成、曹雯雯	
	二等奖	叶涵菲	
2019年第十届"外研社杯"全国高职高专英语写作大赛上海赛区	二等奖	王映绮	教育部高等学校职业院校外语类专业教学指导委员会
	三等奖	朱盈佳	
第七届全国高校数字艺术设计大赛	一等奖	顾莉婷	工业和信息化部、教育部、联合国训练研究所
	二等奖	秦梓豪、杨 晨、朱 倍	
	三等奖	夏 倩、吴诗瑶、夏浩康	
2019年中国技能大赛——第46届世界技能大赛上海市选拔赛时装技术项目	一等奖	李茂枝、吴雨菁、马梓轩	上海市教育委员会、上海市人力资源和社会保障局
2019年"高教社杯"第一届上海市职业技能大赛——"我爱背单词大赛"公共英语组	一等奖	朱家欢	上海市外文学会高职高专外语教学专业委员会
	二等奖	王映绮、石靓雯	
	三等奖	刘郝滢	
上海市高校大学生"学宪法讲宪法"演讲赛	二等奖	吕林耀	上海市教育委员会
"梦想 美丽中国"上海市学生艺术设计大赛	二等奖	朱倍荣	上海市教育委员会
	三等奖	冯 道、张晶凤、刘 晗、邵怡青、孙延捷、张雯荣	
首届上海高职高专艺术专业设计联展	金奖	吴诗瑶	上海高校实践育人创新创业基地联盟
	银奖	金 菁、张 雯	
	铜奖	顾佳蕊、顾莉婷、刘 智、史一辰	

续表

项目名称	等级	获奖名单	主办单位
第四届"汇创青春"大学生创意设计大赛	一等奖	顾莉婷、顾佳蕊	中共上海市教育卫生工作委员会、上海市教育委员会
	二等奖	刘方涵、吴诗瑶、蓝 天	
	三等奖	贾传珍、吴慧祎、孙延捷、杨 雯、李琦童	
2019年上海高职高专"中华传统故事"英文绘本大赛	一等奖	张若囡	上海市文化素养教育教学指导委员会
	二等奖	韩 玥	
	三等奖	杨 鑫、倪天娇、陈慧莹	
2019年长三角养老服务学生技能大赛	优胜奖	伊达亚提·努尔买买提	上海市教育委员会、上海市人力资源和社会保障局
第三届全国青年摄影大赛	一等奖	吴 昊	中国摄影协会
	优秀作品奖	丁 樑、王熠璇、陈 将	
全国啦啦操联赛(上海闵行站)	第一名	花球示范套路;爵士示范套路;街舞自选	国家体育总局体操运动管理中心
第46届世界技能大赛上海市选拔赛货运代理项目	三等奖	朱 珂	上海市人力资源和社会保障局等
	优胜奖	姜宇珺	

2020年

项目名称	等级	获奖名单	主办单位
第四届"金蝶云管理创新杯"全国总决赛	一等奖	张莹颖、苏友梅、何厦蓉	全国高校就业协会
2019"金蝶云管理创新杯"上海赛区区域赛	一等奖	张莹颖、苏友梅、何厦蓉	
交通运输部全国技能大赛交通运输行业选拔赛	优胜奖	朱 珂	交通运输部职业资格中心
第五届全国大学生学术英语词汇竞赛(高职高专组)	一等奖	章 婧	中国学术英语教学研究会
	二等奖	郑诗圆、谢丰百、吴诗曼、蒋 俊、褚泱阳、李国嘉、虞佳雯、陈罗忆、辛冰心、侯淙敬泽、金子雅、朱莲娜、杨 诚、陈佩缘、徐佳钰、丁芸澜	
	三等奖	吴思渔、薛雅文、张忆芸、蒋恒悦、刘 鑫、潘 琦、沈逸宁、石昕雨、吴百惠、徐陈娴、柴贝宇、王玫玫、李 雯、埃博·哈那特、李一飞、夏 悦、方盈盈、王知非、吴 珏、王轲菲、徐嘉麟、吴韵玲、李 雯、刘若涵、	

续　表

项目名称	等级	获奖名单	主办单位
		张若囡、乔博文、顾　意、徐晓栋、王　怡、吴　磊、陈　瑜、金　菁、刘　娟、郭姝涵、翟芮轩、袁传锭、姚　絮、徐佳怡、周诗雨、丁　浩、陈　婷、陈　诺、黄艳丽、孙凯靓、甘文杰、刘陶虎、虞　洋、陈思雨、归昕仪、吴　阳、迪丽热巴、孟　涵、陈诗莲、邹　馨、乔隽峰、傅越昊、吴沂珂、蔡至晶、黄已航、高祎程、陆一佳、潘梓俊、吴雨晴、庞　琪、王玉琪、韩可欣、于乐天、冯玉婷、于晓淼、李　宁、黄天娇、尚子勋、张艺伟、宋嘉俊、刘文静、朱颖佳、袁智来、潘安琪、陈　晔、方雅婷、吕艺宁、茅施玲、王迦勒、佟　鑫、潘涵婧、王倩雯、沈紫嫣、苗　芹、张稼恒、潘烁羽	
民办高校大学生幸福生涯规划大赛	一等奖	周　佳、郝梦雨、周怡齐	上海市大学生幸福生涯联盟
第八届全国高校数字艺术设计大赛（NCDA大赛）	一等奖	陈怡叶、徐　淳、李思婕、杭　顺、吴夏阳	第八届全国高校数字艺术设计大赛组委会
	二等奖	姜媚为、徐惟怡、薛　瑾、孙惟佳、谢应洪	
上海市大学生企业经营模拟沙盘大赛	特等奖	花　静、吴　芸、唐泽松、陈佳艺、刘晓龙、姚奕敏、侯淙敬泽、朱锦欣	上海市教育委员会
2020年"外研社·国才杯"全国英语大赛（上海赛区高职组）	三等奖	程　星、吕艺宁	教育部职业院校外语类专业教学指导委员会
上海市第二届"四大品牌"职业技能大赛闭幕式暨"上海服务""上海制造"竞赛货运代理（物流服务师）赛项	一等奖	朱　珂	上海市职业联盟竞赛活动组委会
	三等奖	葛雅丽	
第十届全国大学生外贸营销+跨境电商职业技能大赛	团体一等奖	葛雅丽、朱志凌、笪蕊馨	中国职业教育学会、全国外经贸行业教学指导委员会
第七届上海市航空服务礼仪大赛	团体二等奖	王志法、姜晓曼、罗荣添、李　雯、范　振、崔鑫琪、夏溢焓、王金鹏	上海市航空学会
中国技能大赛——第46届世界技能大赛上海市选拔赛健康与社会照护项目	三等奖	褚靓婧	上海市职业技能竞赛组委会
2020年长三角养老服务类专业学生技能大赛（专科组）"健康与社会照护"赛项	二等奖	邱佳瑜	上海市教育委员会高等教育处、上海高校养老类专业建设服务平台
	三等奖	程　星、伊达亚提·努尔买买提	
第五届"汇创青春"大学生创意设计大赛	一等奖	何啸成	中共上海市教育卫生工作委员会、上海市教育委员会
	二等奖	江　俊、陈怡叶、孙浩林	
	三等奖	杭　顺、俞昊天、秦梓豪	

2021年

项目名称	等级	获奖名单	主办单位
2021年全国职业院校技能大赛"关务技能"赛项	团体二等奖	伍依依、潘雅洁、刘畅	教育部
2021年全国职业院校技能大赛"电子商务技能"赛项	团体三等奖	梅双玲、周静、李俊奇、何依繁	
全国职业院校技能大赛上海选拔赛高职组"关务技能"赛项	团体一等奖	伍依依、潘雅洁、刘畅	上海市教育委员会、上海市人力资源和社会保障局
全国职业院校技能大赛上海选拔赛"服装设计与工艺"赛项	团体一等奖	李茂枝、徐佳文	
全国职业院校技能大赛上海选拔赛高职组"电子商务"赛项	团体一等奖	梅双玲、周静、李俊奇、何依繁	
全国职业院校技能大赛上海选拔赛高职组"货运代理"赛项	一等奖	朱珂	
中华人民共和国第一届职业技能大赛"货运代理"赛项	金牌	朱珂	人力资源和社会保障部、全国职业院校技能大赛组委会
上海市技能能手		朱珂	上海市人力资源和社会保障局
全国职业院校技能大赛上海选拔赛高职组"健康与社会照护"赛项	二等奖	伊达亚提·努尔买买提	上海市教育委员会、上海市人力资源和社会保障局
全国职业院校技能大赛上海选拔赛"软件测试"赛项	团体三等奖	苗晚秋、殷文龙	
全国职业院校技能大赛上海选拔赛"货运代理"赛项	一等奖	朱珂	
	三等奖	蒲文静	
上海市"星光计划"第九届职业院校技能大赛"货运代理"赛项	团体第三名	葛雅丽、蒲文静等	
	一等奖	葛雅丽	
	二等奖	蒲文静	
中国国际"互联网+"大学生创新创业大赛	金奖	谢丰百	教育部
	银奖	翟建勋、谢俊飞	
第六届中国国际"互联网+"大学生创新创业大赛上海赛区	铜奖	胡伊心、王恒宇、李骐锐、阮正杰、李茂枝	上海市教育委员会
上海市"星光计划"第九届职业院校技能大赛"护理技能"赛项	三等奖	程星	上海市教育委员会、上海市人力资源和社会保障局

续　表

项目名称	等级	获奖名单	主办单位
上海市"星光计划"第九届职业院校技能大赛会计技能赛项	团体一等奖	蔡佳爱、王　成、曹雯雯、蒋俊彦、陈佳杰、柳雪婷、汪如意、沈安然	
	一等奖	蔡佳爱、王　成、蒋俊彦、曹雯雯、陈佳杰、柳雪婷、汪如意	
	二等奖	沈安然	
上海市"星光计划"第九届职业院校技能大赛"平面设计"赛项	二等奖	纪皓媛	
	三等奖	何雅琴、陈乐洋	
上海市"星光计划"第九届院校职业技能大赛"3D数字游戏艺术"赛项	二等奖	洪伊娜	
	三等奖	王俞寒	
上海市"星光计划"第九届职业院校技能大赛"学前教育专业技能(学生组)"赛项	二等奖	周　怡	
	三等奖	顾晓悦	
2021年全国职业院校技能大赛"电子商务"赛项	团体三等奖	梅双玲、何依繁、胡艺馨、缪子霞	教育部
第六届上海"互联网＋"大学生创业大赛	优胜奖	王　攀、周　怡、何丽君、邹蒙蒙、陈贝宁	上海市教育委员会
上海市"星光计划"第九届职业院校技能大赛"互联网＋国际贸易综合技能"赛项	三等奖	方盈盈、董嘉巍、潘雅洁、刘　畅、支婷婷、徐逸凡、肖幸琪、宋雅宁	
上海市"星光计划"第九届职业院校技能大赛"网站设计与开发"赛项	三等奖	胡乘博、周智鹏、冯启成	上海市教育委员会、上海市人力资源和社会保障局
上海市"星光计划"第九届职业院校技能大赛"网络系统管理"赛项	三等奖	饶　昊	
第八届"学创杯"全国大学生创业综合模拟大赛(省市)	团体一等奖	陈博轩、李必成、杨泽盛	"学创杯"全国大学生创业综合模拟大赛组委会
	团体三等奖	李旭东、任　豪、徐　斌、苗晚秋、胡乘博、钱天泽	
上海市"星光计划"第九届职业院校技能大赛"CAD机械设计"赛项	二等奖	许文浩	
上海市"星光计划"第九届职业院校技能大赛"现代电气控制系统安装与调试"赛项	团体三等奖	宋宗宇、许智鹏	上海市教育委员会、上海市人力资源和社会保障局
上海市"星光计划"第九届职业院校技能大赛"电气装置"赛项	二等奖	李天龙	
	三等奖	闵玮皓	
上海市"星光计划"第九届职业院校技能大赛"CAD机械设计"赛项	团体第三名	张　蕾、孟广泽	
	三等奖	张　蕾、孟广泽	

续 表

项目名称	等级	获奖名单	主办单位
上海市"星光计划"第九届职业院校技能大赛"数控车"赛项	二等奖	尚万林	
上海市"星光计划"第九届职业院校技能大赛"汽车技术"赛项	二等奖	王鹏云	
	三等奖	姜一南	
"外研社国才杯"全国英语写作大赛(高职组)复赛上海赛区	特等奖	薛思恬	教育部职业院校外语类专业教学指导委员会
	二等奖	蔡惠宇	
2021年上海市大学生机器人与人工智能应用创新邀请赛	特等奖	孟广泽、陈璟明、郭增辉	中国机器人及人工智能大赛上海赛区组委会
上海市"星光计划"第九届职业院校技能大赛"非英语专业口语"赛项	二等奖	徐浩峰、史子诺	上海市教育委员会、上海市人力资源和社会保障局
	三等奖	王顺周	
第十五届"中国好创意"暨全国高校数字艺术设计大赛	三等奖	孟 月	全国高等院校计算机基础教育研究会
"学航空礼仪,展青春风采"第八届长三角航空服务礼仪大赛	团体一等奖	甄浩博、赵荣天、周靖雯等	上海市航空学会
第三届"高教社杯"上海市职业院校外语技能大赛听说大赛	团体二等奖	史子诺、亓露童、阿丽米拉阿里木	上海市外文学会高职高专外语教学专业委员会
	三等奖	苏进怡、徐浩峰、史子诺	
2021年上海师范生教学基本功大赛学前教育组	一等奖	周乐言	上海市教育委员会
	二等奖	夏菁菁	
	三等奖	王安冉、马瑛骏	
中华人民共和国第一届中国技能大赛	金牌奖	朱 珂	人力资源和社会保障部、教育部

2022年

项目名称	等级	获奖名单	主办单位
全国职业院校技能大赛"会计技能"赛项	团体三等奖	李方晴、钱泽平、林紫麦、陈紫金	
全国职业院校技能大赛"货运代理"赛项	三等奖	刘妍彤	教育部
全国职业院校技能大赛"服装设计与工艺"赛项	团体三等奖	曹浩冉、姚佳妮	

续 表

项目名称	等级	获奖名单	主办单位
第十届"未来设计师"全国高校数字艺术设计大赛	一等奖	李　晴、顾君霞、刘家祥	工业和信息化部、教育部、联合国训练研究所
	二等奖	曹莺铧、计燕利、何　雅、梁伟艺、邵戚怡、殷晨俐	
	三等奖	艾梦倩	
第十届"未来设计师"全国高校数字艺术设计大赛全国总决赛	三等奖	刘家祥	
2022第一届上海海派旗袍文化女大学生模特训练营入选赛	入选	李晓彤、余满娜	上海市妇联、上海海派旗袍文化促进会
第四届CADA日本概念艺术设计赛	三等奖	钱欣悦	东京都生活文化局、日本大阪视觉艺术协会

校 内 奖 励

2008年

优秀教师
万长云　江可万　金玲慧　王小瑜　赵轶群　李贵平　周孟华

优秀教育工作者
甘露光　王　玉

优秀辅导员
蒋久泉

先进教师
王荣生　袁雪飞　黄　蕾　方　怡　张月华

先进教育工作者
康　春　褚红卫

先进辅导员
朱宝妹

先进工作者
倪仁芳　王慧珠

2009年

优秀教育工作者
刁德霖　刘伊丹　邢　娟　严玉康　张　敏　侯　丹　董　静　覃家宁

杨　瑾　华丽丽　蔡建平

先进教育工作者

方　怡　戴惠良　王莉娜　蒋龙珠　杨　静　陈勤华　蔡婧妮　闵顺兰
董家驹

就业工作先进集体

管理系　人文科学系　应用艺术系

就业工作先进个人

杨　萍　严玉康　张雪芬　戴晓红　陆小敏　袁雪飞　徐佩珠　刘伊丹

教职工考核优秀人员

王小瑜　王莉娜　王魏强　方　怡　包倩娴　龙　燕　刘　悦　刘伊丹
刘　娜　朱健妹　朱永芳　朱永权　朱寿云　许双全　孙　思　乔　珊
张菊芳　张雪芬　张霄汉　张云鹭　张蓉芳　张宝根　李金山　李晓红
李惠华　严玉康　肖悦常　何新明　何国权　沈士良　闵顺兰　余伟丽
邹培庆　邱　云　周建准　林声远　杨　静　易钟林　周孟华　陈晓雯
陆小敏　陆明刚　胡善华　郁　萍　施晓玮　姚永昌　姜迎春　袁雪飞
殷国光　顾青春　顾玉贵　倪亚花　覃家宁　傅彬英　董　静　董家驹
蔡建平　潘振华　戴晓红

2010年

优秀教育工作者

王小瑜　江可万　严玉康　张芸芸　时启亮　李晓红　杨　萍　陈育君
侯　丹　赵　红　王　丹　杨　静　张雪芬　邹培庆　龚　懿

先进教育工作者

秦　莉　董　静　王含茵　陈　洁　陈晓雯　包倩娴　张云鹭　黄　琦
何巩权　李　忠

就业工作先进集体

机电工程系　艺术学院（原应用艺术系）　经管学院（原管理系）

就业工作先进个人

张雪芬　张　春　王莉娜　董　静　邹雨枫　王　丹

教职工考核优秀人员

严玉康　王小瑜　黄苏飞　郁　萍　许双全　范丽莉　陆小敏　吉永明

马忠秀	杨和平	许　岚	黄　琦	陈海冬	康　春	吕　薇	侯　丹
卢　桃	蔡建平	张　春	胡元勋	张云鹭	袁雪飞	牟爱春	张芸芸
陆苏勤	王莉娜	张　敏	易钟林	王　丹	黄　海	刘伊丹	胡善华
王惠珠	唐燕芳	胡　忱	邹雨枫	杨佳翌	陈　洁	沈炳贤	王建林
韩　艳	李晓红	明秋云	白　芸	翁顺林	傅彬英	顾玉贵	查金殿
董静芳	朱丽娟	肖悦常	顾青春	王伟兴	胡　缨	沈永林	郭守余
陈建青	李玉霜	曹明芳	黄利欢	蒋纪忠	潘振花	倪亚芳	闵顺兰
沈士良	朱永权						

2011年

优秀教育工作者

邱　云　张　春　王　慧　严玉康　乔　珊　陈　洁　左田田　朱　佳
韩　艳　刘　敏　桑未心　赵轶群

先进教育工作者

康　春　戴晓红　秦　莉　邹雨枫　黄　海　赵三宝　喻家琪　王　芬
顾青春　顾玉贵

就业工作先进集体

机电工程系　金融系　经管学院

就业工作先进个人

陆小敏　王莉娜　刘　娜　陈　洁　孙　思　许小梅　杨佳翌

教职工考核优秀人员

蔡建平	张　春	张仕卿	周雨晴	华丽丽	薛　娇	吕　薇	曹　颖
徐正雯	张晓旭	邱　云	李伟平	牟爱春	袁雪飞	吴谢玲	张云鹭
石红英	胡艳华	王　慧	徐美红	程黎鸿	张芸芸	周　婷	王　丹
孙　俐	王惠珠	杨佳翌	倪美芳	汤　珺	傅　玮	陈亚莉	秦　莉
覃家宁	刘　娜	李清花	王仙凤	施晓玮	林声远	傅彬英	褚红卫
严玉康	王小瑜	杨　萍	高惠珠	郁　萍	刘　平	邱建国	吉永明
施水芳	杨　瑾	陆小敏	陈　洁	马忠秀	杨和平	孙　毅	范丽莉
何新明	张宝根	顾玉贵	梁国民	倪仁芳	顾青春	董静芳	肖悦常
何国权	杨振财	王启民	杨跃忠	闵顺兰	潘振花	倪亚花	曹明芳
杨文花	何木仁						

2012 年

优秀教育工作者

王 慧　牛晓伟　何志民　陆爱勤　牟爱春　黄苏飞　黄 蕾　戴文文
马忠秀　王惠珠　郁 萍　韩瑞芳　潘健文

先进教育工作者

王建林　陈 磊　高军俊　王莉娜　杨佳翌　陈亚莉　曹 军　傅彬英
蒋纪忠　董静芳

优秀民族工作者

赵三宝　吉永明

教职工考核优秀人员

丁 丽　牛晓伟　王 丹　王启民　王建林　王莉娜　王惠珠　卢美君
关艳丽　刘 平　刘伊丹　刘秀红　刘宝裕　吕 薇　孙 毅　朱永权
汤向玲　牟爱春　祁志波　许双全　严玉康　何木仁　何东瑾　吴江华
张卫忠　张云鹭　张丽华　张连平　张菊芳　李 忠　李清花　李福刚
杨君华　杨超英　杨 瑾　轩晓芬　邱 云　邱建国　闵顺兰　陆爱勤
陈晓雯　周大恂　周建准　周雨晴　岳宝华　林晓云　郁 萍　金志良
姚玉娣　施晓玮　施瀚天　胡 珺　胡善华　胡 璎　赵三宝　赵 红
倪仁芳　倪亚花　袁冬琴　袁雪飞　钱正祥　钱关祥　钱伯明　钱明星
顾玉贵　顾青春　高军俊　高惠珠　康建华　曹 军　黄贞仙　葛徐艳
董家驹　蒋国华　覃家宁　鲁志芳　褚红卫　蔡婧妮　潘志雄　潘振花

就业工作先进集体

金融系　机电工程系　商贸学院

就业工作先进个人

陆小敏　陆苏勤　施瀚天　祁志波　戴妮娜　陈晓雯

2013 年

优秀教育工作者

顾 萍　袁冬琴　陆爱勤　沈菊慧　吴江华　朱佳琴　玲　唐燕芳
刘 娜　许双全　华丽丽

先进教育工作者

钟昌元　何　颖　蔡　艳　秦　丹　王忠华　胡艳华　祁志波　陈晓雯
卢　桃　闵顺兰　王启民

教职工考核优秀人员

万黎黎　于旗章　尤逸萍　王利华　王启民　王　胭　王　颖　程黎鸿
刘　平　刘宝裕　刘　悦　孙　俐　朱永权　朱建平　毕淑华　牟爱春
许双全　许玉婷　许　岚　严玉康　何东瑾　何思源　何春华　何　墅
张才龙　张云鹭　张永春　张连平　张晓宇　李亚威　李庆华　李金山
李　莎　李惠华　杨佳翌　杨　瑾　沈永林　肖悦常　轩晓芬　闵顺兰
陆小敏　陆明刚　陈　飞　陈建青　陈海冬　陈　磊　周亚飞　周孟华
林声远　果云霞　郁　萍　金志良　姜迎春　施水芳　胡艳华　胡　珺
胡　璎　费　英　倪仁芳　倪亚花　倪盈盈　秦　丹　袁雪飞　顾佳佳
高惠珠　曹炳荣　黄贞仙　黄栋梁　黄　海　傅彬英　喻家琪　董家驹
董静芳　蒋久泉　蒋国华　蒋德余　覃家宁　谢咏梅　鲁志芳　蔡建平
潘振花　戴妮娜

就业工作先进集体

机电学院　经管学院　金融系

就业工作先进个人

杨　瑾　戴妮娜　邹雨枫　陈晓雯　林丽敏　王　丹　尹菊萍

2014 年

校长特别奖

严玉康　周孟华

校长提名奖

龙　燕　陈　磊

优秀教育工作者

万黎黎　王　颖　王莉娜　杨佳翌　郁　萍　覃家宁　谢咏梅

优秀职工

朱永权

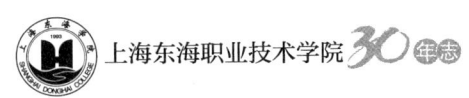

教职工考核优秀人员

丁　丽	万黎黎	马　丽	牛晓伟	龙　燕	卢　桃	吕　薇	朱健妹
华丽丽	庄丽丹	刘　平	刘珂菡	刘珊珊	严玉康	李亚威	李　杰
李国平	李　忠	李福刚	杨振财	杨　萍	杨超英	杨殿雄	轩晓芬
邱　云	邱建国	何思源	何　颖	何新明	余伟丽	邹雨枫	闵顺兰
张卫忠	张云鹭	张金德	张敏文	陆明刚	陈亚莉	陈建华	陈建青
陈晓雯	陈　磊	果云霞	明秋云	金志良	周大恂	周建准	周孟华
周　曼	赵思健	胡　璎	俞云婷	施水芳	费　英	秦　岚	袁敏敏
夏凡林	钱正祥	钱明星	倪仁芳	倪亚花	徐正雯	殷国光	高军俊
高惠珠	高　静	唐燕芳	桑未心	黄贞仙	黄利欢	黄栋梁	黄　海
黄　琦	曹赛磊	崔红军	董静芳	蒋久泉	蒋纪忠	蒋国华	蒋金月
蒋德余	覃家宁	喻家琪	鲁志芳	褚红卫	蔡建平	潘志雄	戴妮娜
鞠晓红							

就业工作先进集体

机电学院　金融系　航空运输系

就业工作特别奖

护理系

就业工作先进个人

陆小敏　陈晓雯　刘　娜　何东瑾　许小梅

2015年

校长特别奖

王　平　杨　萍

优秀教育工作者

朱　佳	刘宁宁	刘珂菡	李　杰	杨　萍	张芸芸	张　敏	陈亚莉
袁冬琴	夏凡林	倪盈盈	崔红军	董　静	蒋久泉	谢咏梅	蔡建平

先进工作者

倪仁芳　蒋德余

招生工作先进集体

航空运输系　数字传媒系　金融系

招生工作先进个人

唐燕芳　孔国锋　邹雨枫　王莉娜　龚　懿

就业工作先进集体

机电学院　数字传媒系　经管学院

就业工作先进个人

王莉娜　戴妮娜　王　改　王　锐　杨瑞庆

教职工考核优秀人员

严玉康	杨　萍	周孟华	王　平	赵三宝	周肇光	刁德霖	张　春
王　勤	郑雪培	张雪芬	许小梅	王莉娜	陆小敏	刘宝裕	孙　俐
郑梅青	牛晓伟	郝雁玲	韩瑞芳	范秀华	张冠峰	华丽丽	刘　悦
戴晓红	蔡婧妮	卢　桃	胡　爽	潘建文	曹红香	张晓旭	李伟平
陆　诣	潘志雄	周淑蓉	康建华	胡　璎	李　忠	何新明	倪仁芳
董静芳	轩晓芬	陈建华	黄贞仙	李国平	蒋金月	蒋国华	蒋德余
王金龙	金志良	朱文龙	闵顺兰	黄利欢	王小弟	金纪明	王启明
陈建青	钱正祥	姚永昌	侯　丹	吕　薇	谢咏梅	刘　静	孔国锋
朱丹萍	李　兰	高　静	陈丽丽	刘伊丹	张芸芸	董　静	王　丹
王惠珠	许玉婷	刘卫平	金英芝	李学荣	周　菁	李寒萌	崔红军
刘宁宁	李亚威	关艳丽	王烨飞	丁　超	贾晓蕾	杨钱娟	宁　宇
陈　飞	明秋云	倪盈盈	秦　丹	王仙凤			

2016 年

招生工作先进集体（绩效奖）

航空学院　护理学院　传媒学院　机电学院

招生工作先进集体（进步奖）

航空学院　护理学院　传媒学院

就业工作先进集体

机电学院　商学院　经管学院

就业工作先进个人

胡阿佳　王　改　孔国锋　曹赛磊　邹雨枫

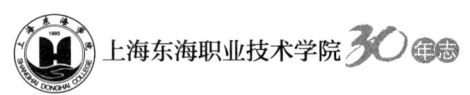

教职工考核优秀人员

刘　平	李希萌	杨殿雄	张才龙	陈勤华	朱新华	王彦枭	张　樑
李　莎	华丽丽	施水芳	费　英	邵引印	蔡建平	杨超英	王　勤
陈海冬	干桂柱	邓春燕	赵三宝	于旗章	陈俊奕	张林源	翁顺林
王正林	任文娟	邱建国	许小梅	姚佳佳	张云鹭	万小丽	孔国锋
李晓静	侯　丹	吕　薇	胡阿佳	傅　玮	陈　峻	刘宁宁	崔红军
曹晓萌	刘　娜	刘伊丹	张芸芸	陈　超	江可万	朱建平	李学荣
钱　蒙	李　锐	陈晓雯	俞云婷	白　芸	李晓红	覃家宁	明秋云
秦　丹	秦　莉	刘珂菡	李亚威	杨海俊	袁佳瑞	龙　燕	宁　宇
范丽莉	王琴玲	唐建娟	王　颖	张连平	金纪明	闵顺兰	蒋国华
姚玉娣	陈芳明	金志良	陈国琴	姚吉林	蒋纪忠	宋永才	何新明
沈永林	陈建华	罗金元	董静芳	陆婉芳			

· 2017 年 ·

招生工作先进集体（突出贡献奖）

航空学院　机电学院　传媒学院

就业工作先进集体

商学院　经管学院　机电学院

就业工作先进个人

许小梅　王　改　刘宁宁　钱　蒙　刘　静

教职工考核优秀人员

李希萌	杨　静	朱新华	周雨晴	刘　平	邱　云	张卫忠	许　岚
王　丹	胡　珺	杨　瑾	胡阿佳	李寒萌	张　春	杨超英	何民乐
陈亚莉	张才龙	孟　倩	王爱东	周建准	尹菊萍	朱健妹	傅彬英
张蓉芳	任文娟	邓友君	刘宝裕	严玉康	李　杰	许小梅	封竹一
谢咏梅	吕　薇	刘计育	李晓静	杨豆琪	姜迎春	傅　玮	陈　峻
崔红军	伊　弋	万黎黎	张芸芸	刘伊丹	刘　娜	王惠珠	杨　萍
江可万	邹玉凤	李学荣	朱建平	钱　蒙	周孟华	陈晓雯	白　芸
周　菁	殷圣峰	牛晓伟	李晓红	秦　丹	苏小青	张居阳	王　平
左田田	赵　芮	杨海俊	夏　津	施晓玮	柳春婷	郁　晶	王　颖
张连平	顾玉贵	闵顺兰	蒋德余	李　忠	何新明	朱春芳	倪仁芳
高余芳	沈龙秀	沈龙芳	黄　芳				

课程思政教学改革工作表彰名单

序号	所属院系	负责人	课程名称	奖项
1	经管学院	吕 薇	小企业会计基础	一级奖
2	经管学院	陆亨京	国际贸易	特别贡献奖
3	经管学院	刘计育	国际贸易理论与实务	鼓励奖
4	机电学院	李学荣	C51单片机技术	二等奖
5	护理学院	桑未心	基础护理学	二等奖
6	护理学院	张晓宇	实用护理药理学	二等奖
7	传媒学院	宁自冉	摄影	鼓励奖
8	航空学院	张 敏	民用航空法	鼓励奖
9	商学院	张霄汉	国际商法	鼓励奖
10	艺术学院	刘伊丹	室内家具与陈设设计	鼓励奖
11	基础部	牛晓伟	职场英语	鼓励奖

2018年

优秀教育工作者

郑梅青　万黎黎　牛晓伟　朱建平　朱春芳　朱新华　刘　平　刘珂菡　许　岚
李亚威　李学荣　杨钱娟　何新明　张居阳　陈　飞　周　菁　赵思健　柳春婷
俞云婷　姜迎春　姚佳佳　徐佩珠　黄　海　黄福良　鲁志芳　谢咏梅

教职工考核优秀人员

王　飞　王　平　王　舟　王利华　王启民　王　玲　王莉娜　王殷容
王　勤　王　腼　孔国锋　卢　桃　圣兰云　吉永明　吕　薇　朱文龙
朱建平　朱春芳　任文娟　华丽丽　刘　平　刘宁宁　刘伊丹　刘珂菡
刘　娜　刘程程　孙　毅　严玉康　严雅薇　严　赟　李亚威　李伟平
李庆华　李希萌　李　杰　李明娇　李　忠　李学荣　杨海俊　杨雪松
杨　瑾　吴　贝　吴静芳　何东瑾　何新明　邹玉凤　闵顺兰　沈龙芳
沈嘉华　张才龙　张云鹭　张芸芸　张林源　张居阳　张冠峰　张晨昕
张　敏　张敏文　张　静　陈　飞　陈　勇　金英芝　金　锟　周孟华
单　琦　赵思健　查金殿　柳春婷　费　英　姚佳佳　秦　丹　秦　莉
倪仁芳　倪亚花　倪盈盈　徐广志　徐雅琴　高军俊　高余芳　黄福良
黄慧敏　黄燕美　康建华　康　春　韩文静　覃家宁　鲁志芳　蔡建平
瞿　斌

课堂教学优秀教师奖

马丽　谢咏梅　张晓宇　陆亨京（外聘）

课堂教学优秀团队奖

思政课教学团队

招生工作先进集体（突出贡献奖）

航空学院　传媒学院

就业工作先进集体

传媒学院　机电学院　经管学院

就业工作先进个人

王改　许小梅　胡雪　刘娜　沈艳

2019 年

课堂教学优秀教师奖

崔红军　徐雅琴　李学荣　金庆

课堂教学优秀团队奖

计算机应用基础教学团队

东海金牌指导

崔红军　陈勇

教职工考核优秀人员

曹红香	曹颖	陈飞	陈俊奕	陈峻	陈晓雯	崔红军	邓春燕
邓友君	丁莉	丁玲	付哲	傅彬英	韩强	何东瑾	何巩权
何新明	侯延华	胡珺	黄栋梁	黄樑	黄燕美	黄芝英	江可万
姜迎春	蒋德余	金锟	金庆	鞠晓红	李莎	李晓红	李学荣
李忠	刘宝裕	刘程程	刘会娟	刘平	刘舒叶	刘伊丹	鲁续
陆晓岚	罗晓丹	吕薇	苗苗	闵顺兰	倪仁芳	倪盈盈	潘健文
钱蒙	乔琼	秦丹	邱建国	邱云	任文娟	沈嘉华	沈龙芳
圣兰云	施晓玮	唐建娟	万黎黎	王飞	王惠珠	王杰	王玲
王平	王思美	王彦枭	王忠华	肖旭丹	谢咏梅	熊少玮	徐雅琴
许岚	薛娇	严雅薇	严玉康	杨海俊	杨瑾	杨明骁	杨萍
杨钱娟	杨士明	杨雪松	殷国光	尤逸萍	余伟丽	俞云婷	郁晶
张才龙	张春	张晓宇	张云鹭	张芸芸	郑梅青	周凯歌	周孟华

朱丹萍　朱建平　朱俊英　左田田

招生工作先进集体（突出贡献奖）

护理学院　航空学院　教育学院

招生工作先进集体（进步奖）

传媒学院　机电学院

就业工作先进集体

（先进集体3个、就业佐证材料优质奖1个）

机电学院　经管学院　传媒学院　护理学院

就业工作先进个人

韩　强　许小梅　严　赟　韩文静　何东瑾　陈晓雯

2020年

在线教学优秀教师

高　静　朱耿泉（兼职）　李学荣　王小雨　黄慧敏　黄芝英　李亚威
侯延华　张瑞杰　李晓红　马体林（兼职）

教职工考核优秀人员

蔡建平	曹赛磊	陈　飞	陈　峻	陈勤华	陈亚莉	储　然	崔红军
丁　玲	丁依晨	费　英	傅彬英	高　静	高雅楠	高余芳	葛　颂
韩建斌	韩文静	韩　艳	侯延华	黄　芳	黄福良	黄慧敏	贾　慧
姜迎春	蒋德余	蒋燕群	金　锟	金　庆	鞠晓红	李清花	李晓红
李　忠	刘程程	刘珂菡	刘舒叶	刘小兰	刘伊丹	龙　燕	鲁　续
鲁志芳	陆威伦	吕　娟	吕　倩	闵顺兰	倪仁芳	倪盈盈	钱英俊
乔　琼	任　洁	沈浩珺	沈嘉华	沈龙芳	沈　艳	时广清	覃家宁
唐建娟	唐　顺	王汉斯	王　杰	王　玲	王　胭	王　平	王　勤
王　颖	吴佳妮	熊少玮	徐士鋆	徐雅琴	许　岚	许小梅	严雅薇
严玉康	杨　瑾	杨　静	杨明骁	杨跃忠	殷国光	俞云婷	袁　玮
张晨昕	张　静	张居阳	张林源	张　敏	张芸芸	张云鹭	张智捷
周凯歌	周孟华	周雨晴	朱超越	朱丹萍	朱建平	朱新华	

招生工作先进集体

护理学院　传媒学院　机电学院　教育学院

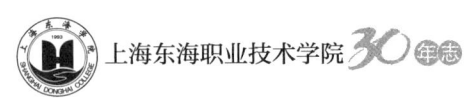

新冠肺炎疫情防控工作先进集体

党政办公室　教务管理团队　学生工作部　招生就业处　人事处
校园服务中心　网络与计算中心　护理学院　艺术设计学院　教育学院学工办

新冠肺炎疫情防控工作先进个人

杨　静　张居阳　孔国锋　钱英俊　张玲玲　倪仁芳　尤逸萍　刘程程
朱建平　贾　慧

新冠肺炎疫情防控工作优秀学生志愿者

朱　婷　金璐懿　俞　俊　李诺言　张娴菁　朱晓天　胡建军　宗守业
管月晖　张婧雯

2021 年

校长奖

经管学院集体项目"中国技能大赛经管学院突出贡献奖（经管学院/报关191朱珂）"
艺术设计学院集体项目"教学创新成果显著，高水平竞赛获佳绩（服装与服饰设计教学团队）"

优秀教育工作者

蔡建平　高雅楠　葛徐艳　韩瑞芳　韩　艳　何新明　侯延华　姜迎春
金　锟　孔国锋　刘伊丹　马　兰　倪仁芳　秦　丹　施晓玮　沈　艳
孙　菁　王　平　熊少玮　徐雅琴　许　岚　殷国光　张　静　张桐桐
朱丹萍　左田田

部门及个人考核优秀名单

优秀学院

经管学院　传媒学院　机电学院

优秀部门

招生就业处　财务处　党政办　组织部　宣传部　教务处（教学督导室）

优秀个人（按姓氏拼音首字母排序）

安慧璇　陈　飞　陈海冬　陈晓雯　崔红军　丁叶文　费　娟　冯蓓芬
高雅楠　高余芳　葛　颂　葛徐艳　顾文业　韩瑞芳　郝雁玲　何新明
侯延华　黄慧敏　黄　乐　黄燕美　蒋燕群　金　锟　金英芝　康　春
孔国锋　李晓红　李亚威　李　忠　廖晨洁　刘　静　刘舒叶　刘伊丹
刘　影　鲁志芳　吕　薇　马　兰　马晓娜　孟　倩　闵顺兰　倪仁芳
牛晓伟　彭晓丽　秦　丹　任　洁　圣兰云　盛钱杰　施晓玮　孙　菁
覃家宁　谭　心　田冬梅　万黎黎　王　丹　王　改　王　杰　王利华
王　玲　王　平　王启民　王仙凤　王艳艳　王　颖　谢咏梅　熊少玮

徐士鋆　徐雅琴　徐焱鑫　许小梅　严雅薇　严玉康　杨　静　杨　萍
杨钱娟　杨士明　姚佳佳　殷国光　尹一伊　俞家乐　郁　晶　郁　萍
张晨昕　张居阳　张　敏　张桐桐　张　悦　张云鹭　张芸芸　张智捷
赵　荣　郑梅青　周　菁　周小娟　周雨晴　朱春芳　朱建平　宗　政
邹玉凤　左田田

2022年

就业工作先进集体

传媒学院　航空学院　机电学院

就业工作贡献奖

经管学院　教育学院

就业工作先进个人

张　春　胡　雪　葛徐艳　袁　玮　黄　颖　栾　雪　张　娅　刘宁宁
董佳鑫　严　赟　赵　荣

创新创业工作先进个人

张　春　袁　玮　孙　菁　沈　艳　林青雨　何东瑾

招生工作先进集体

艺术设计学院　护理学院　机电学院

招生工作先进个人

杨钱娟　姚佳佳　卢　桃　李学荣　陈　峻　刘珂菡　万黎黎　刘　静
曹赛磊

东海金牌指导

朱丹萍　阿依仙古丽

部门及个人考核优秀名单

优秀学院

经管学院　机电学院　传媒学院

优秀部门

招生就业处　教务处(教学督导室)　财务处　人事处(教师工作部)
学生处(学生工作部)

进步奖

航空学院　教育学院　资产与实训室管理处

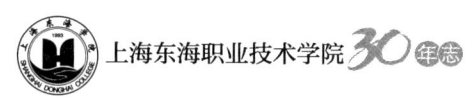

优秀个人

阿依仙古丽　白　婷　拜合提亚尔·阿不都卡哈尔　蔡婧妮　储　然
崔红军　丁备芳　丁　莉　封竹一　冯蓓芬　傅　玮　高军俊　高雅楠
高余芳　葛徐艳　耿佳雯　何新明　胡　雪　胡艳华　黄　海　刘会娟
黄周瑶　贾　慧　蒋德余　蒋燕群　金　锟　金英芝　喀迪尔·图拉克
李天使　李万艳　李晓红　李晓静　李学荣　李　忠　刘珂菡　刘宁宁
刘　强　刘舒叶　刘小兰　刘伊丹　卢　桃　陆威伦　吕　倩　罗晓丹
马　程　马　兰　马　睿　闵顺兰　倪仁芳　牛晓伟　潘健文　彭　艳
彭晓丽　邱　云　圣兰云　时广清　宋青青　苏申怡　沈佳秀　沈　艳
孙　菁　唐双龄　唐　顺　王　平　王　改　王莉娜　王烨飞　吴佳妮
谢咏梅　熊少玮　徐雅琴　许小梅　许　岚　郁　萍　严玉康　严雅薇
杨　萍　杨超英　杨　沁　杨跃忠　余伟丽　袁佳瑞　杨　瑾　岳宝华
张居阳　张　春　张冠峰　张　丽　张林源　张玲玲　张　敏　张瑞杰
张　悦　张云鹭　张芸芸　张智捷　章　欢　周雨晴　朱春芳　朱丹萍
朱建平　朱健妹　朱琼玲

党委条线奖励

2006 年

先进党支部

第三党支部　第七党支部

优秀共产党员

胡善华　华丽丽　侯　丹　许双全　戴贻勇　吴江华　胡宗孝　施晓玮

优秀党务工作者

张雪芬　白　芸　陆小敏　戴晓红　方铭岳　马抗美

2007—2009 年

优秀共产党员

王莉娜　左田田　乔世民　刘　娜　刘伊丹　朱幼华　许双全　张　春
杨秀荣　郁　萍　施晓玮　蒋龙珠　戴晓红

优秀党务工作者

卢保民　戎引萍　何建中　张雪芬　李重华

2010—2011 年

先进基层党组织

机关原二支部　机信金护支部

优秀共产党员

邹培庆　包倩娴　黄　琦　翁顺林　李金山　何建中　杨　瑾　陆苏勤
戴晓红　易钟林　左田田　唐燕芳　陈晓雯　杨佳翌　戴妮娜　施晓玮

优秀党务工作者

杨和平　尹雷方　王莉娜　朱幼华　王国昌

2008—2010 年度文明集体

教务处　两办　人事处　学工部　经管学院　商贸学院　艺术学院　机电工程系
航空运输系　信息工程系　金融系　护理系　基础部　马列部　继续教育学院

2008—2010 年度文明服务岗

监察室信访办　文印室　档案室　招生办公室　保健站　宿管科　保洁组　维修组
经管学院办公室　商贸学院办公室　机电工程系办公室　金融系办公室　航空运输系办公室
信息工程系办公室　护理系办公室　基础部办公室

2012 年

"创先争优"优秀共产党员

杨　瑾　徐美虹　胡善华　蒋久泉　葛徐艳　龚　懿　刘　娜　喻家琪
卢　桃　张　卓　杨　静

师德标兵

汤　珺　张芸芸　金玲慧　覃家宁

优秀辅导员

林丽敏　王　丹　邹雨枫

2013 年

先进基层党组织

机关第三党支部　经管学院支部　机电学院支部

先进基层党组织

邱　云　蔡婧妮　曹炳荣　蔡建平　张云鹭　何东瑾　万黎黎　杨佳翌
曹　军　陈　洁　戴文文　戴妮娜　覃家宁　施晓玮

2014 年

先进基层党组织

机关第二党支部　商贸学院党支部　航空运输系党支部

优秀共产党员

万黎黎　尹菊萍　龙　燕　刘珂菡　许　岚　许玉婷　张　春　施晓玮
康　春　姚佳佳　龚　懿　崔红军　葛徐艳　喻家琪　傅彬英

2015 年

先进基层党组织

机关第三党支部　经管学院党支部　航空运输系党支部

优秀党务工作者

戴晓红　张　春　杨和平　许小梅　胡艳华　万黎黎　刘　娜　施晓玮

优秀共产党员

郝雁玲　刁德霖　卢　桃　何春华　华丽丽　吕　薇　胡阿佳　尹菊萍
黄　海　王　改　贾晓蕾　陈晓雯　李亚威　李晓红　龙　燕

2016 年

征兵工作先进集体

商学院　机电学院

征兵工作先进个人

金英芝　曹晓萌　葛徐艳

文明集体

党政办　人事处　学生工作部　招生就业处　资产与实训管理处
网络与计算机中心　工会　档案馆　继续教育学院　武装保卫处
经管学院　商学院　机电学院　航空学院　基础教学部　社会科学部

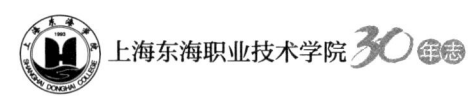

文明岗位

文印室　教务处运行岗位　教务处考务岗位　学生资助中心　招生办公室
就业办公室　财务处核算岗位　财务处出纳岗位　综合仓库管理　人事档案岗位
继续教育学院学生工作办公室　继续教育学院教务科　保健站　征兵工作站
经管学院教务办　商学院辅导员办公室　商学院金融系　艺术学院辅导员办公室
艺术服装专业教研室　机电学院办公室　护理学院辅导员办公室
传媒学院辅导员办公室　法律服务中心

2017 年

先进基层党组织

机关第一党支部　机关第五党支部　经管学院党支部　艺术学院党支部
航空学院党支部

优秀共产党员

王莉娜　庄丽丹　刘　平　刘会娟　许小梅　李希萌　张　春　张才龙
张居阳　林晓云　施晓玮　钱　蒙　康建华　葛徐艳

内职班优秀辅导员

孔国锋　纪文静　刘　娜
授予吉永明同志"内职班学生管理特别贡献奖"

2018 年

文明集体

党政办　教务处　资产与实训室管理处　网络与计算机中心　图书馆　培训中心　督导室
校园服务中心　武装保卫处　招生就业处　人事处　档案馆　学生工作部　继续教育学院
经管学院　商学院　护理学院　航空学院　传媒学院　基础教学部　社会科学部

文明岗位

党政办行政科　党政办组织科　党政办文印室　党政办宣传科　工会
学籍学历管理　设备管理　多媒体教室管理　综合仓库管理　5 号学生公寓宿管
6 号学生公寓宿管　保洁绿化组　监控中心　招生办公室　就业办公室
财务专项岗　财务出纳岗　财务核算岗　人事档案　文书档案　学生资助中心
继续教育学院学生工作办公室　继续教育学院教务科　经管学院辅导员办公室
经管报关专业教研室　商学院金融系　商学院辅导员　艺术设计专业教研室
环境艺术设计专业教研室　艺术学院辅导员办公室　艺术学院办公室

机电学院教务办公室　机电专业教研室　计算机应用技术专业教研室
传媒学院辅导员办公室　法律服务中心

征兵工作先进集体

经管学院　传媒学院

征兵工作先进个人

刘　静　刘宁宁　纪文静　周立艳

2019 年

三八红旗集体

经管学院　航空学院　社会科学部　金融系　人事处

三八红旗手

吴江华　吕　薇　郑梅青　张芸芸　陈晓雯　尤逸萍　黄慧敏　费　英
刘宁宁　闵顺兰

先进基层党组织

机关第四党支部　经管学院党支部　艺术学院党支部

优秀共产党员

王莉娜　尤逸萍　白　芸　朱新华　许小梅　杨钱娟　杨　瑾　沈　艳
陈　飞　胡　雪　姜迎春　黄　樑　覃家宁　潘健文

2020 年

先进基层党组织

机关第四党支部　经管学院党支部　航空学院党支部

优秀共产党员

马祥龙　卢　桃　白　芸　吕　薇　许小梅　李亚威　李晓红　杨　静
杨　瑾　沈　艳　张居阳　张　春　陆晓岚　陈　飞　金　庆　钱　蒙
彭　艳　蒋久泉

优秀党务工作者

万黎黎　尤逸萍　朱新华　许　岚　严　赟　胡　雪　施晓玮　葛徐艳

文明集体

党政办　教务处　资产与实训室管理处　网络与计算机中心　图书馆
学生工作部　人事处　校园服务中心　档案馆　招生就业处　教育学院
机电学院　传媒学院　艺术学院　基础教学部　社会科学部　继续教育学院

新冠肺炎疫情防控工作优秀教职工志愿者

邓春燕　卢　桃　任文娟　任　洁　宋青青　张霄汉　贾　慧　徐广志
唐　顺　谢治花

征兵工作先进集体

航空学院　经管学院　传媒学院

征兵工作先进个人

王思美　杨雪松　陆晓岚　贾　慧　黄　颖

上海东海职业技术学院
30年志

第五部分

校园建设

基本办学条件(占地及建筑面积)

1993—1997年

学院于1993年8月正式招生,4名创业者在黄浦区光明中学借了2张课桌椅、4把椅子,在马路边设摊招生。当年招收80多名学生,开设会计、国际金融两个专业,在浦东沈家弄路河运学校借校舍组织教学。

1994年8月,租借浦西龙吴路1270号上海耐火材料厂建校舍,二年级在此上课。

1994年9月,租借百色路503号上海市郊工业学校教室,一年级新生在此上课。

1994年10月,在上海耐火材料厂上课的学生搬迁至上海市郊工业学校,在浦西校区集中管理。

1996年,学院由上海市郊工业学校搬迁至上海交通大学上中路校区。

1997年,学院浦东、浦西两块校区合为一地,租借金台路96号金联中学22间教室、8间办公室集中授课教学。

1998—2002年

1998年3月,一座占地46亩(租借),建筑面积达5 000平方米的东海学院校园在闵行区的塘湾镇友爱村地块上建成。1998年3月16日,学院正式迁入自己新建的校园。

年度	学生数(个)	占地面积(平方米)	建筑总面积(平方米)	其中	
				教学实验设施(平方米)	行政生活设施(平方米)
1998	718	30 667	20 000	8 088	9 709
				11.26/人	13.52/人
1999	2 247	30 667	22 000	8 088	9 709
				3.60/人	4.32/人
2000	2 844	33 667	33 500	14 327	14 817
				5.04/人	5.21/人
2001	3 312	37 333	40 000	15 411	21 206
				4.65/人	6.40/人
2002	3 685	149 985	75 896	34 629	41 267
				9.39/人	11.20/人

2003—2006年

2003年,学院规模不断发展,46亩的校园已经无法承受日益增加的学生,学院4位创办人向银行贷款买下了与此毗邻的共225亩土地,并规划建造教学大楼、学生宿舍、体育馆、食堂、操场等。2003年2月,学院在原有校园西侧和北侧新征地10.59公顷,校园总占地达14.26公顷。2003年3月22日,校园扩建工程正式动工。2005年,校区建设第一期工程基本完成,此时,学院拥有225亩土地(产权证189亩),近10万平方米校舍,学生3000余人。

年度	学生数(个)	占地面积(平方米)	建筑总面积(平方米)	其中	
				教学实验设施(平方米)	行政生活服务设施(平方米)
2003	3 772	149 985	97 814	38 728	59 086
				10.27/人	15.66/人
2004	4 354	149 985	118 747	52 252	66 495
				12.00/人	15.26/人
2005	4 518	149 985	118 747	52 252	66 495
				11.57/人	14.71/人
2006	4 873	149 985	118 747	52 252	66 495
				10.72/人	13.85/人

2007—2016年

2007—2012年,学校校园大规模建设告一段落。

年度	学生数(个)	总面积与生均面积	占地面积(平方米)	建筑面积(平方米)	教学行政用房(平方米)	实践场所(平方米)	宿舍面积(平方米)
2007	4 708	总面积	149 985	91 850.70	50 939.60	6 522	33 731.25
		生均	31.86		10.82	1.39	7.19
2008	4 784	总面积	126 589	91 850.70	50 939.60	11 562	33 731.25
		生均	26.46		10.65	2.42	7.05
2009	4 848	总面积	126 589	91 850.70	50 939.60	11 562	33 731.25
		生均	26.11		10.51	2.38	6.96
2010	4 783	总面积	126 589	93 205.33	45 521.10	10 127	40 504.42
		生均	26.47		9.52	2.12	8.47
2011	4 805	总面积	126 589	93 205.33	45 521.10	10 127	40 504.42
		生均	26.35		9.47	2.11	8.43

续 表

年度	学生数（个）	总面积与生均面积	占地面积（平方米）	建筑面积（平方米）	教学行政用房（平方米）	实践场所（平方米）	宿舍面积（平方米）
2012	4 736	总面积	126 589	93 205.33	45 521.10	10 357	40 504.42
		生均	26.73		10.03	2.19	8.55
2013	4 523	总面积	126 589	93 205.33	45 521.10	10 357	40 504.42
		生均	27.99		10.06	2.29	8.96
2014	4 545	总面积	126 589	93 205.33	45 521.10	10 357	40 504.42
		生均	27.85		10.02	2.29	8.91
2015	4 965	总面积	126 589	93 205.33	45 521.10	11 176	40 504.42
		生均	25.50		9.17	2.25	8.16
2016	5 525	总面积	126 589	99 912.90	45 521.10	11 578	46 876.44
		生均	22.91		8.24	2.10	8.48

2017—2022 年

2017年12月29日，学校举行新的综合实训大楼开工奠基仪式，2019年5月31日竣工，同年9月，30 000平方米新实训大楼——"匠兴苑"正式投入使用。

年度	学生数（个）	总面积与生均面积	占地面积（平方米）	建筑面积（平方米）	教学行政用房（平方米）	实践场所（平方米）	宿舍面积（平方米）
2017	5 952	总面积	126 589	99 912.90	45 521.10	12 247.00	46 876.44
		生均	21.27		7.65	2.06	7.88
2018	5 954	总面积	126 589	99 912.90	45 521.10	12 008.00	46 876.44
		生均	21.26		7.65	2.02	7.87
2019	6 009	总面积	126 589	128 102.35	73 710.55	14 658.00	46 876.44
		生均	21.07		12.27	2.44	7.80
2020	6 301	总面积	126 589	128 102.35	73 710.55	20 730.00	46 876.44
		生均	20.09		11.70	3.29	7.44
2021	6 788	总面积	126 589	132 201.12	73 710.55	16 032.21	50 975.21
		生均	18.65		10.86	2.36	7.51
2022	7 368	总面积	126 589	132 201.12	73 710.55	16 032.21	50 975.21
		生均	17.18		10.00	2.18	6.92

校内实训基地建设

1993—1996 年

建校初期,学院无固定校舍,曾七迁校址,先后向河运学校、农机学校等兄弟学校租借教室、办公室开展办学,不具备进行校内实训室建设的条件。

1997—2006 年

1997 年,学院在闵行区吴泾镇友爱村租下了 40 余亩土地,建设 1 幢教学楼、3 幢学生宿舍和一些体育设施,成为上海市第一所拥有自己独立校园的民办大学。至 2006 年,学院建有计算机房 36 间、计算机 1 202 台;语音教室和多媒体教室 19 间,学生座位 1 776 个;校内各类实验室、实训室、实训基地等共计 20 个。

校内专业实训室一览表

序号	实践基地名称	建筑面积（平方米）	设备总值（万元）	主 要 项 目
1	PLC、单片机实验室	233.00	53.60	单片机实验,PLC 技术实训,PLC 实验
2	电子报关实训室	2 000.00	6.50	电子报关,商务单证操作,国际货运代理操作
3	服装综合实训室	616.00	14.70	服装款式设计,服装结构设计,服装缝制工艺,服装工业制板
4	广告摄影实训室	118.00	7.90	人物、静物摄影,广告摄影
5	国际货运管理实训中心	600.00	37.90	国际货运代理,物流,国际商务单证,外贸
6	会计模拟实训室	450.00	5.30	会计
7	技能训练实验室	117.00	13.60	电工电子实训,电工实验
8	建筑装饰材料室	130.00	8.00	装饰材料展示,建材识别,室内设计展示设计
9	模电、数电实验室	233.00	50.50	电子技术实验,电气控制实训,电气排故实训,电子技术实训
10	模拟法庭	150.00	43.70	诉讼程序模拟、观摩、辩论实践

续 表

序号	实践基地名称	建筑面积（平方米）	设备总值（万元）	主 要 项 目
11	模拟银行	150.00	10.00	商业银行综合业务,证券、期货、外汇交易业务
12	汽车实验室	120.00	9.40	汽车构造拆装实习
13	书籍装帧实训室	10.00	9.90	书籍装帧设计与实践,平面小品设计与实践,包装设计与实践
14	新闻与传播实训室	328.00	10.00	新闻编辑、传播
15	形象化妆实训基地	468.00	2.50	化妆,形象设计
16	影视表演实训基地	1910.00	6.90	表演,台词,声乐,主持人,影视表演与拍摄实践
17	影视动漫实训基地	400.00	2.30	原画设计,影视后期制作
18	语音室	329.00	24.40	零售业商务流程观摩,双语交流,商务实践
19	综合物流实训中心	850.00	176.50	仓储业务,口岸物流操作,港口业务,物流单证操作
20	国际货运管理实训中心	1559.00	300.00	国际商务,报关,国际航运

2006年完成上海市高等教育教学高地建设项目——国际货运管理实训中心（一期），上海市教育委员会资助经费200万元，学院配套经费100万元。

2007—2009年

2007年，完成上海市高等教育教学高地建设项目——国际货运管理实训中心（二期），上海市教育委员会资助经费100万元，学院配套经费50万元。

2008年，完成上海市高等教育教学高地建设项目——综合物流实训中心（一期），上海市教育委员会资助经费200万元，学院配套经费100万元。

2009年，完成上海市高等教育教学高地建设项目——综合物流实训中心（二期），上海市教育委员会资助经费130万元，学院配套经费70万元；完成电气工程综合实训中心（一期），上海市教育委员会资助经费160万元，学院配套经费80万元。

校内实训中心一览表

序号	实训中心名称	建筑面积（平方米）	设备总值（万元）	当年购置设备值（万元）	主要实训项目
1	国际货运管理实训中心	1559.00	385.00	120.00	国际商务,报关,国际航运,会计学,金融
2	综合物流实训中心	850.00	441.50	265.00	物流,国际航运业务管理,港口管理及装卸工艺,集装箱码头业务管理,远洋运输
3	机电工程实训中心	1053.00	197.00	170.00	汽车运用与维修,建筑工程技术,数控技术,机电一体化

续表

序号	实训中心名称	建筑面积（平方米）	设备总值（万元）	当年购置设备值（万元）	主要实训项目
4	信息工程实训基地	930.00	205.00	100.00	计算机,计算机相关,民航商务,计算机网络
5	服装专业综合实训中心	709.00	38.70	10.00	服装缝制工艺及生产流程,服装结构设计,服装系列样板设计,服装工业制版,服装立体造型设计及裁剪
6	应用艺术实训中心	2281.00	105.00	20.00	装潢,环艺,服装,动画及人物形象设计,广告摄影
7	影视传媒艺术实训中心	2413.00	125.00	40.00	影表,空乘,人物形象设计,动漫,声乐
8	人文科学类实训基地	1036.00	100.00	30.00	法律,新闻,新闻采访与写作,新闻编辑,广播电视学

2010—2011年

校内实训中心一览表

序号	实训中心名称	建筑面积（平方米）	设备总值（万元）	当年新增设备值（万元）	主要实训项目
1	商贸学院实训中心	807.00	75.54	0.00	诉讼程序模拟、观摩、辩论实践,新闻播报,零售业商务流程观摩,双语交流,商务实践
2	会计实训中心	450.00	39.06	0.00	会计综合实训
3	报关与货代实训中心	1861.00	122.33	16.33	国际货运代理实训,物流实训,国际商务单证实训,外贸实训平台
4	综合物流实训中心	850.00	494.99	38.99	仓储业务,口岸物流操作,港口业务,物流单证操作
5	服装专业综合实训中心	616.00	48.70	0.00	服装款式设计,服装结构设计,服装缝制工艺,服装工业制板,立体裁剪,技能考核综合实训,实训作品展示等
6	艺术设计中心	1133.00	36.72	0.00	人物、静物摄影,广告摄影,装饰材料展示,建材识别,室内设计,展示设计,室内照明,艺术创作等
7	影视动画与艺术教学实训中心	600.00	85.18	1.53	原画设计,影视后期制作
8	航空运输系综合实训中心	100.00	31.21	0.00	计算机订座

续 表

序号	实训中心名称	建筑面积（平方米）	设备总值（万元）	当年新增设备值（万元）	主要实训项目
9	工程训练中心	1 000.00	393.51	102.34	单片机实验,PLC技术实训,PLC实验,电子技术实验,电气控制实训,电气排故实训,电子技术实训,电工电子实训,电工实验,汽车构造拆装实习,机械制图测绘,机械设计基础课程设计,金属切削加工技术课程设计,液压与气压传动课程设计
10	金融专业实训中心	200.00	39.55	0.00	模拟银行实训,证券投资与分析,金融综合实训
11	护理教学实训中心	2 350.00	51.46	7.46	临床护理,急救护理,基础护理
12	计算机信息工程实训中心	160.00	86.85	26.48	计算机故障维修,排版印刷,数字编程

2012年

校内实训中心一览表

序号	实训中心名称	建筑面积（平方米）	设备总值（万元）	主要功能
1	报关与货代实训中心	615.02	122.33	国际货运代理实训,物流实训,国际商务单证实训,外贸实训平台
2	服装专业综合实训中心	494.83	48.70	服装款式设计,服装结构设计,服装缝制工艺,服装工业制板,立体裁剪,技能考核综合实训
3	工程实训中心	2 832.89	393.51	单片机实验,PLC技术实训,电子技术实验,电气控制实训,电气排故实训,电子技术实训,电工电子实训,电工实验,汽车构造拆装实习,机械制图测绘,机械设计基础课程设计,金属切削加工技术课程设计,液压与气压传动课程设计
4	航空运输系综合实训中心	338.96	31.21	空乘服务,计算机订座
5	护理教学实训中心	1 157.12	51.46	临床护理,急救护理,基础护理
6	会计实训中心	354.90	39.06	会计综合实训
7	计算机信息工程实训中心	440.48	86.85	计算机故障维修,排版印刷,数字编程
8	金融专业实训中心	179.36	39.55	模拟银行实训,证券投资与分析,金融综合实训
9	商贸学院实训中心	195.41	75.54	诉讼程序模拟、观摩、辩论实践,新闻播报,零售业商务流程观摩,双语交流,商务实践
10	艺术设计中心	1 139.31	36.72	人物、静物摄影,广告摄影,装饰材料展示,建材识别,室内设计,展示设计,室内照明,艺术创作等

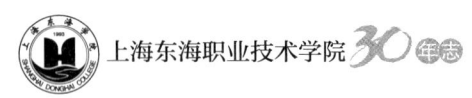

续 表

序号	实训中心名称	建筑面积（平方米）	设备总值（万元）	主要功能
11	影视动画与艺术实训中心	1 295.02	85.18	原画设计，影视后期制作
12	综合物流实训中心	1 313.70	494.99	国际货运代理实训，物流实训，国际商务单证实训，外贸实训平台
	总计		10 357.00	

2013—2014年

2014年，特色校建设有关实训室建设6个，经费646万元；2014年，上海市教委专项项目6个，经费584万元。新增实训中心2个：汽车技术实训中心、数控技术实训中心；数字传媒系与天橙传媒公司合作建立学校第一个"东海创意园"。

2014年实训室专项建设

序号	项目名称	内容	金额（万元）
1	护理系实训中心改扩建	购置实训护理床、护理模拟人等实训设施设备，扩大护理实训项目	80.00
2	汽车实训中心（三期）	购置帕萨特1.8T御尊版汽车（外金内黑）、长城风骏欧洲版皮卡；添置博世电控网络实训模块，拓展实训内容	110.00
3	客舱服务（安全）静态模拟舱	购置客服训练舱，增加（更新）值机系统、票务系统、安检系统等，拓展实训项目和内容	120.00
4	多媒体教室改造	设施设备更新换代：智能网络中控、120寸宽屏电动幕、可网管交换机，提高教学效果	56.45
5	教学机房更新	更新电脑，购置联想一体机，提高教学效果	218.00
	合计		584.45

2014年校内实训中心一览表

序号	实训中心名称	建筑面积（平方米）	设备总值（万元）	当年新增值（万元）	设备总数	主要功能
1	报关与货代实训中心	615.02	102.78	44.79	164	国际货运代理实训，物流实训，国际商务单证实训，外贸实训
2	电气技术实训中心	1 379.89	425.89	30.77	662	单片机实验，PLC技术实训，PLC实验，电子技术实验
3	服装专业综合实训中心	494.83	27.51	0.00	102	服装款式设计，服装结构设计，服装缝制工艺，服装工业制板，立体裁剪，技能考核综合实训等
4	航空运输系综合实训中心	338.96	32.68	0.00	158	计算机订座

续 表

序号	实训中心名称	建筑面积（平方米）	设备总值（万元）	当年新增值（万元）	设备总数	主 要 功 能
5	护理教学实训中心	1 256.08	300.91	80.00	532	急救、基础医学、母婴、内科、外科、妇产科、手术、老年、健康评估、儿科、传染病等护理
7	会计实训中心	354.90	115.65	37.07	291	会计基础实训，会计电算化实训
8	汽车技术实训中心	850.00	247.78	15.08	183	汽车发动机构造拆装实训，汽车底盘构造拆装实训，汽车电器实训，汽车维护与维修技术实验，汽车诊断、检测与故障实验
9	商学一体实训中心	198.41	11.63	4.81	44	诉讼程序模拟、观摩、辩论实践，新闻播报，零售业商务流程观摩，双语交流，商务实践
10	数控技术实训中心	600.00	654.07	82.75	224	电子技术实训，电工电子实训、电工实验，机械制图测绘
11	艺术设计中心	1 139.31	119.85	0.48	254	人物、静物摄影，广告摄影，装饰材料展示，建材识别，室内设计，展示设计，室内照明，艺术创作等
12	影视传媒实训中心	1 295.02	732.69	565.30	630	动画运动规律，动画造型设计，3DMAX，Maya，平面动画制作，电视摄像艺术，影视布光艺术，影视编辑艺术，数字录音技术，程序设计基础，网站设计与制作，局域网组网与硬件维护，数据库原理及应用
13	综合物流实训中心	1 313.70	328.69	3.52	428	国际货运代理实训，物流实训，国际商务单证实训，外贸实训
14	金融专业实训中心	80.40	121.17	30.85	305	金融产品实操，人力资源库数据录入培训，模拟银行实训，证券投资与分析，金融综合实训
15	东海创意园	440.48	83.60	83.60	215	平面设计，网络推广，编辑，摄像，后期特效，剪辑

2015 年

2015 年实训室专项建设

序号	项目名称	内 容	金额（万元）
1	新建多媒体教学教室	更新计算机、电子讲台、投影仪、储存阵列柜等设施设备	214.10
2	机电类专业综合技能实训室建设	添置主机实训组件（配有 FX3U 4AD 2DA 模块 SC-09 通信编程电缆）、5层电梯实物模型（三相电机变频控制系统）	106.92
3	机械系统传动装调实训室	添置机构拼装及运动仿真实训台、轮系拼装及运动仿真实训台、空间机构拼装及仿真实训台	88.56
4	影视制作技术实训室设备增补	添置电影摄像机、短焦镜头、管理服务器及后台软件等	62.10

续表

序号	项目名称	内容	金额(万元)
5	影视特效实训室增补	购置达芬奇调色系统、Sony 280p 摄像机及附件	49.68
6	航空 CBT 虚拟实训系统(二期)	购置航空 CBT 虚拟实训系统——A320 机型(单通道机型),拓展实训内容	59.83
7	舱门训练器及航空应急系统	购置舱体结构、A320 舱门模块等实训设施设备	124.20
8	护理实训中心建设	添置高级婴儿复苏模型、高级婴儿气道梗塞模型、高级智能婴儿模拟人等设备	162.76
9	营销综合实训室	购置教师台式电脑及电脑桌椅、多媒体投影机、营销调研实训系统等	98.28
10	数字化设计实训平台建设(二期)	购置佳能 2020U 扫描仪、激光彩色打印机、富士施乐 Phaser 7800DN A3 幅面等	203.08
	合计		1 169.50

2015 年校内实训中心一览表

序号	实训室名称	建筑面积(平方米)	设备总值(万元)	当年新增值(万元)	设备总数	主要实训项目	工位数(个)
1	报关与货代实训中心	615.02	178.47	77.33	293	国际货运代理实训,物流实训,国际商务单证实训,外贸实训平台	129
2	电气技术实训中心	1 379.89	572.35	143.94	759	单片机实验,PLC 技术实训,PLC 实验,电子技术实验	1 156
3	东海创意园	440.48	175.52	90.85	274	平面设计,网络推广,编辑,摄像,后期特效,剪辑	10
4	服装专业综合实训中心	494.83	31.04	4.10	101	服装款式设计,服装结构设计,服装缝制工艺,服装工业制板,立体裁剪,技能考核综合实训等	45
5	航空运输系综合实训中心	338.96	184.70	152.01	206	计算机订座系统,形体实训室	90
6	会计实训中心	354.90	193.82	78.17	426	会计基础实训室和会计电算化实训室	112
7	金融专业实训中心	80.40	188.66	64.65	335	金融产品实操,金融数据录入培训,模拟银行实训,证券交易实训,期货交易实训,外汇交易实训,金融综合实训	29
8	汽车技术实训中心	850.00	270.43	22.65	185	汽车发动机构造拆装实训,汽车底盘构造拆装实训,汽车电器实训,汽车维护与维修技术实验,汽车诊断、检测与故障实验,汽车综合性能检测实训,汽车虚拟故障诊断	812
9	商学一体实训中心	94.00	55.18	43.30	123	零售业商务,流程观摩,营销实践,店铺管理	50

续表

序号	实训室名称	建筑面积（平方米）	设备总值（万元）	当年新增值（万元）	设备总数	主要实训项目	工位数（个）
10	数控技术实训中心	788.00	1 172.19	516.66	426	电子技术实训,电工电子实训,电工实验,机械制图测绘	840
11	数字化设计实训中心	2 000.00	207.66	86.59	439	人物、静物摄影,广告摄影,装饰材料展示,建材识别,室内设计,展示设计,室内照明,艺术创作等	210
12	影视传媒实训中心	1 295.02	846.62	114.99	745	动画运动规律,动画造型设计,3DMAX,Maya,平面动画制作,电视摄像艺术,影视布光艺术,影视编辑艺术,数字录音技术,程序设计基础,网站设计与制作,局域网组网与硬件维护,数据库原理及应用	126
13	综合物流实训中心	0.00	331.93	29.90	347	综合物流实训中心	68
14	护理教学实训中心	1 256.08	297.11	96.55	647	急救护理,基础医学护理,母婴护理,内科护理,外科护理,妇产科护理,手术护理,老年护理,健康评估护理,儿科护理,传染病护理	162
15	基础部实训中心	0.00	126.95	47.11	486	听力,口语,情景模拟	168

2016 年

依托特色校建设,建成一批现代化的实训中心,投入实训和设备经费1 700余万元。校内实训室面积增加4 100平方米。特别是5个重点建设专业共新建和改扩建实训中心8个,新建专业实训室17个。全校共有实训中心15个。

2016年实训室专项建设

序号	项目名称	内容	金额(万元)
1	数字化设计实训平台建设（三期）	实训室内外装修;服装与服饰设计CAD实训室建设:CAD绘图仪、服饰纸样扫描仪等	180
2	舱门应急撤离训练器建设	购置舱门应急撤离训练器等实训设施	93
3	静态模拟客舱及进出港系统（二期）	增加候机厅系统控制终端、机场候机厅广播与显示系统软件	26
4	形象设计实训室建设	购置激光投影机、晶触控一体机(含移动支架和内置电脑等)	56.15
5	机电类综合技能实训室（二期）	购置电子产品装配与调试技术、模拟电子技术、数字电子技术实训设施	99

续 表

序号	项目名称	内　　容	金额(万元)
6	机械传动装调实训室(二期)	购置机械设计基础实验创新及分析实训台、机械传动典型结构及装配创新实训台等	101
7	护理学院实训中心建设	购置高级着装式老年行动模拟服、高级全功能老年护理设施	70
8	电子商务实训软件	购置网络营销实践软件、移动电子商务实训软件	60
9	综合物流实训中心升级改造工程	添置RF导引小车、电动堆高车、物流信息化管理实践教学系统	30
10	数字传媒系计算机房整合扩容	增设电脑工作站一套	50
11	数字传媒系动画制作实训室升级	添置高清摄像机、遥控单元等	70
	合计		835.15

2016年校内实训中心一览表

序号	实训室名称	建筑面积(平方米)	设备总值(万元)	当年新增值(万元)	设备总数	主要实训项目	工位数(个)
1	商学一体实训中心	285.10	83.05	32.97	146	商务交流、谈判,营销实践,国际贸易实践	50
2	金融专业实训中心	525.27	228.96	40.29	373	金融产品实操,金融数据录入,模拟银行,证券交易、期货交易、外汇交易、金融综合等专业实训	137
3	会计实训中心	318.88	327.56	133.74	620	会计基础实训,会计电算化实训,会计综合实训	230
4	报关与货代实训中心	442.80	218.06	41.02	306	国际货运代理实训,电子报关实训,单证操作实训	135
5	综合物流实训中心	996.48	319.52	0.27	347	综合物流实训,集装箱港口实训,进出口商品归类实训	90
6	服装专业综合实训中心	494.83	27.97	0.00	93	服装款式设计,服装结构设计,服装缝制工艺,服装工业制板,立体裁剪实训等	45
7	数字化设计实训中心	1669.72	212.97	5.52	441	人物、静物摄影,广告摄影,装饰材料展示,建材识别,室内设计展示,设计室内照明	210
8	影视传媒实训中心	424.80	1034.16	187.54	895	动画运动规律,动画造型设计,3DMAX,Maya,平面动画制作,电视摄像艺术,影视布光艺术,影视编辑艺术,数字录音技术,程序设计基础,网站设计与制作,局域网组网与硬件维护,数据库原理及应用	250
9	东海创意园	1073.00	182.54	0.00	297	平面设计,网络推广,编辑,摄像,后期特效,剪辑	280

续表

序号	实训室名称	建筑面积（平方米）	设备总值（万元）	当年新增值（万元）	设备总数	主要实训项目	工位数（个）
10	航空运输综合实训中心	391.30	240.01	55.30	219	计算机订座系统,形体实训室,客舱服务,客舱应急,服务礼仪	80
11	电气技术实训中心	1399.56	664.01	93.94	967	单片机实训,PLC 技术实训,PLC 实训,电子技术实训,电工电子实训,电工实训	282
12	汽车技术实训中心	850.00	329.37	58.94	235	汽车发动机构造拆装,汽车底盘构造拆装,汽车电器,汽车维护与维修技术,汽车诊断、检测与故障,汽车综合性能检测等	120
13	数控技术实训中心	794.80	1181.75	9.56	450	机械制图测绘,数控实训,数控故障诊断与维护实训,金工实训,数控仿真实训	135
14	护理教学实训中心	1543.12	410.89	114.92	646	健康评估、基础护理学、护理技能、妇产科护理学、儿科护理学等专业实训	264
15	语言教学实训中心	368.00	126.96	0.00	486	语音教学,情景教学	168

2017—2018 年

2017 年实训室专项建设

序号	项目名称	内容	金额(万元)
1	体育场馆改造	购置室内移动篮球架、乒乓球发球机等	50
2	多功能厅设备更新与添置	购置线阵列全频主音箱、线阵列低音音箱、数字音频媒体矩阵等	125
3	金工实习基地（一期）	购置六工位钳工台、四工位钳工台等	30
4	形象礼仪综合实训室建设（二期）	购置中央控制器(含 9.7 寸无线控制终端)、液晶触控一体机(含内置电脑)等	23
5	中心机房网络安全加固	添置安全狗、堡垒机、IPS 入侵检测等	50
	合计		278

2018 年实训大楼配套建设

序号	项目名称	内容	金额(万元)
1	消防水泵给水设备	安装消防栓给水泵、消火栓稳压泵、隔膜式气压罐等消防水泵给水设备	200
2	载客电梯设备	安装客用无障碍有机房电梯 2 台、客用有机房电梯 2 台等	100

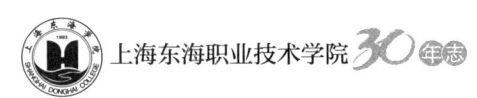

续 表

序号	项目名称	内容	金额(万元)
3	空调设备	安装天花嵌入式、天花暗装式等空调机	300
4	配套校园网建设	购置二层接入24口交换机、二层接入48口交换机、核心交换机等	100
5	实训设备配套	购置多功能厅座椅、投影仪、教师主控终端、学生终端等设施设备	300
	合 计		1 000

2017—2018年校内实训中心一览表

序号	实训室名称	建筑面积(平方米)	设备总值(万元)	当年新增值(万元)	设备总数	主要实训项目	工位数(个)
1	国际商务综合实训中心	271.60	251.57	0.53	189	商务交流、谈判,营销实践,国际贸易实践	50
2	金融专业实训中心	499.80	227.9624	4.73	375	金融产品实操,金融数据录入培训,模拟银行,证券交易、期货交易、外汇交易、金融综合实训等	137
3	会计实训中心	782.26	392.49	61.52	741	会计基础实训,会计电算化实训,会计综合实训	230
4	报关与货代实训中心	442.80	262.35	30.09	295	国际货运代理实训,电子报关实训,单证操作实训	135
5	综合物流实训中心	186.48	148.16	0.00	175	综合物流实训,集装箱港口实训,进出口商品归类实训	90
6	服装与服饰设计实训中心	418.37	75.67	0.26	162	制版与工艺,成衣设计实践,立体裁剪,服饰陈列	0
7	数字化设计实训中心	1 669.72	264.64	7.15	563	广告设计,版式设计,数字媒体设计	0
8	影视传媒实训中心	762.03	1 605.7	265.13	1 566	动画运动规律,动画造型设计,3DMAX,Maya,平面动画制作,电视摄像艺术,影视布光艺术,影视编辑艺术,数字录音技术,程序设计基础,网站设计与制作,局域网组网与硬件维护,数据库原理及应用	126
9	东海创意园	1 073.00	186.47	3.50	308	平面设计,网络推广,编辑,摄像,后期特效,剪辑	10
10	航空综合实训中心	660.66	520.76	131.02	158	客舱服务,客舱应急,舱门开启,值机服务,旅客离港实务,航班时刻表读取,职业形象设计,民航服务礼仪,客舱灭火,安全水上撤离	63
11	机电技术实训中心	1 301.80	1 080.78	71.66	1 104	电气控制与PLC技术实训,数控机床故障诊断与维护实训,零部件测绘,电工电子实训	136

续表

序号	实训室名称	建筑面积（平方米）	设备总值（万元）	当年新增值（万元）	设备总数	主要实训项目	工位数（个）
12	汽车技术实训中心	850.00	364.27	27.53	255	汽车发动机构造拆装实训,汽车底盘构造拆装实训,汽车电器实训	60
13	数控技术实训中心	1 158.00	1 556.68	360.05	508	金工实习,数控实训	184
14	护理教学实训中心	1 563.12	681.03	21.45	899	护理教学实训	120
15	语言教学实训中心	368.00	126.96	0.00	486	英语听力,英语会话,英语比赛培训	168

2018—2019 年

2019 年实训室专项建设

序号	项目名称	内 容	金额（万元）
1	大数据技术与应用专业建设（一期）	数据采集中心服务器、专业实训资源包、实训室基础改造、师资培训等	106.5
2	B737 动态模拟舱（一期）	航材驾驶舱、航材舱体结构、滑梯充气系统、完全网系统等	130
3	航空学院实训室搬迁	场地搬迁;室内装饰;设备购置:A320 真舱门模块、B737 真舱门模块、VR 操作系统等	160
4	工程实训中心设备搬迁与调试	实训室搬迁,设施设备调试与维修	140
5	会计实训室搬迁升级改造项目	实训室搬迁与装饰;设备购置:电脑、服务器、交换机;社会调研	45
6	图书馆扩容与环境改善	设备搬迁拆装;室内装饰布置;设备购置:新贴书架、24 门储存柜、门禁系统等	135
7	学前教育专业实训室建设	专业实训室建设、教学辅助方建设(智慧教室等)	220
8	护理学院实训中心建设	实训室搬迁安装;新教室设备购置:智能网络中控、电子讲台、投影仪等	63.5
	合计		1 000

2018—2019 年校内实训中心一览表

序号	实训室名称	建筑面积（平方米）	设备总值（万元）	当年新增值（万元）	设备总数	主要实训项目	工位数（个）
1	国际商务综合实训中心	271.60	257.17	0.00	175	商务交流、谈判,营销实践,国际贸易实践	50
2	金融专业实训中心	499.80	247.52	7.36	367	金融产品实操,金融数据录入培训,模拟银行,证券交易、期货交易、外汇交易、金融综合实训等	137

续 表

序号	实训室名称	建筑面积（平方米）	设备总值（万元）	当年新增值（万元）	设备总数	主要实训项目	工位数（个）
3	会计实训中心	782.26	443.42	54.15	831	会计基础实训,会计电算化实训,会计综合实训	230
4	报关与货代实训中心	442.80	271.86	17.28	266	国际货运代理实训,电子报关实训,单证操作实训	135
5	服装与服饰设计实训中心	418.37	72.98	0.00	155	制版与工艺,成衣设计实践,立体裁剪,服饰陈列	222
6	数字化设计实训中心	1669.72	279.64	17.53	587	广告设计,版式设计,数字媒体设计	84
7	影视传媒实训中心	762.03	1758.63	125.60	1712	动画运动规律,动画造型设计,3DMAX,Maya,平面动画制作,电视摄像艺术,影视布光艺术,影视编辑艺术,数字录音技术,程序设计基础,网站设计与制作,局域网组网与硬件维护,数据库原理及应用	249
8	东海创意园	1073.00	186.30	0.00	307	平面设计,网络推广,编辑,摄像,后期特效,剪辑	15
9	航空综合实训中心	660.66	608.18	5.52	166	客舱服务,客舱应急,舱门开启,值机服务,旅客离港实务,航班时刻表读取,职业形象设计,民航服务礼仪,客舱灭火,安全水上撤离	320
10	护理教学实训中心	4400.00	681.71	3.75	911	护理教学实训	120
11	语言教学实训中心	368.00	142.49	16.01	512	英语听力,英语会话,英语比赛培训	168
12	机电技术实训中心	1301.80	1062.56	17.11	955	电气控制与PLC技术实训,数控机床故障诊断与维护实训,零部件测绘,电工电子实训,电工高级培训	136
13	数控技术实训中心	1158.00	1547.48	1.10	470	金工实习,数控实训	184
14	汽车技术实训中心	850.00	401.72	40.30	264	汽车电器,汽车底盘构造拆装,汽车发动机构造拆装,汽车虚拟故障诊断,汽车虚拟故障诊断,汽车综合性能检测	60

根据2007年学校评估时的状态数据,学校原有实训室44个,面积10791平方米,设备总值1420.7万元;2019年,学校有教学实训室89个,面积34658平方米,设备总值达1.07亿元,生均1.69万元,是国家标准生均3000元的5倍多;12年来,学校利用各种资金投入实训室建设,累计投入9280万元。

2019—2020 年

2020 年实训室专项建设

序号	项目名称	内容	金额(万元)
1	Visual Studio 融媒体中心建设（一期）	大屏装饰结构,指挥导播桌,实景演播背景整体结构,蓝箱演播系统结构	50
2	大数据技术与应用专业建设（二期）	智能分析服务器,基础数据管理系统,人脸识别库采集小程序	70
3	B737 动态模拟舱（二期）	电动六自由度运动平台,航材驾驶舱门,客舱灯光系统,安全网系统等	400
4	航空数字化仿真实训室（一期）	平台数据库,教学资源模块,情景仿真模块,专业题库系统模块等	50
5	护理学院实训室建设	更换多媒体设备、心肺复苏模型、自动体外除颤器、实训室名牌等	20
6	IHK 中德双元制机电考培中心	机电一体化实训设备,PLC 实训考核器材,实训教学设备等	275
7	学前教育专业实训中心建设	电钢琴,教室课桌椅,幼儿学盒若干,墙面游戏板块,幼儿数学操作材料	120
8	税则预归类实训室建设	教室课桌椅,多媒体设备,计算机等	30
9	东海银行实训室建设	实训室桌椅,多媒体教学设备,交换机,音响,计算机等	70
10	服装与服饰专业实训室建设	硬盘架、数据线、静电地板等	20
11	信息安全建设项目	web 应用防火墙,智能网关,学生档案管理软件,站点群系统等	100
	合计		1 205

2019—2020 年校内实训中心一览表

序号	实训室名称	建筑面积（平方米）	设备总值（万元）	当年新增值（万元）	设备总数	主要实训项目	工位数（个）
1	服装与服饰设计实训中心	418.37	70.67	0.08	152	制版与工艺,成衣设计实践,立体裁剪,服饰陈列	222
2	数字化设计实训中心	1 669.72	282.23	0.07	592	广告设计,版式设计,数字媒体设计	84
3	影视传媒实训中心	762.03	1 895.93	138.87	1 853	动画运动规律,动画造型设计,3DMAX,Maya,平面动画制作,电视摄像艺术,影视布光艺术,影视编辑艺术,数字录音技术,程序设计基础,网站设计与制作,局域网组网与硬件维护,数据库原理及应用	249

续表

序号	实训室名称	建筑面积（平方米）	设备总值（万元）	当年新增值（万元）	设备总数	主要实训项目	工位数（个）
4	东海创意园	1 073.00	186.30	0.00	307	平面设计,网络推广,编辑,摄像,后期特效	15
5	航空综合实训中心	660.66	785.92	177.74	355	客舱服务,客舱应急,舱门开启,值机服务,旅客离港实务,航班时刻表读取,职业形象,民航服务礼仪,客舱灭火,安全水上撤离,茶酒礼仪	230
6	护理教学实训中心	1 475.36	763.56	1.68	1 758	基础护理,健康评估,解剖,老年实训,外科手术,婴儿沐浴,儿童保健,分娩,模拟功能,ICU实训等	120
7	语言教学实训中心	368.00	141.34	0.00	508	英语听力,英语会话,英语比赛培训	168
8	机电技术实训中心	1 301.80	1 337.54	282.13	1 407	电气控制与PLC技术实训,数控机床故障诊断与维护实训,零部件测绘,电工电子实训,金工实习	200
9	数控技术实训中心	1 614.18	1 547.48	75.93	481	金工实习,数控实训,数控机床操作与零件加工	200
10	汽车技术实训中心	850.00	401.72	40.30	264	汽车电器实训,汽车底盘构造拆装实训	55
11	学前教育实训中心	1 863.76	245.41	177.24	0	音乐,歌曲演奏,舞蹈,美术	50
12	国际商务综合实训中心	271.60	273.24	18.90	170	商务交流、谈判,营销实践,国际贸易实践	50
13	金融专业实训中心	499.80	212.38	0.00	332	金融产品实操,金融数据录入培训,模拟银行实训,证券交易实训,期货交易实训,外汇交易实训,金融综合实训	137
14	会计实训中心	782.26	489.05	41.90	902	会计基础,会计电算化,会计综合实训等	230
15	报关与货代实训中心	442.80	259.90	0.00	238	国际货运代理,电子报关实训,单证操作实训	135

2020—2021年

2021年实训室专项建设

序号	项目名称	内容	金额(万元)
1	B737动态模拟舱实训室建设（三期）	购置动态舱运行系统、配套设备:除湿设备、安全标识以及学生和教师的训练服等	380

续　表

序号	项目名称	内　　容	金额(万元)
2	空中安全保卫体能实训室	购置史密斯机、人型假人立式靶;体能训练场地建设	11.62
3	航空模拟货站	购置一体地磅、地磅 LED 显示屏等	102.29
4	蒙氏教育实训室	购置教育设施、教学用具及国赛指定技术软件	27
5	电商基础实训室	购置台式电脑、直播电脑、桌凳套装、软件资源等	62
6	国际物流实训室	添置学生用电脑一体机、报关实训软件	160
7	Visual Studio 融媒体中心建设（二期）	购置 Visual Studio 融媒体中心实训云平台系统;Visual Studio 融媒体中心云桌面无盘实训系统	70
8	护理技能实训室	购置心肺复苏比赛模拟人;教师工作电脑	20
9	服装与服饰设计实训工场配套	装修工程及购置配套设备	61.67
10	"1+X"汽车实训室	购置监控设备、汽车举升机小剪、汽车举升机 2 柱、四轮定位仪等	25
11	机电仿真机房功能提升	购置台式电脑 60 台(件)	36
12	语音室改造	购置全数字语言教学系统、教师电脑	100
	合计		1 055.58

2020—2021 校内实训中心一览表

序号	实训室名称	建筑面积（平方米）	设备总值（万元）	当年新增值（万元）	设备总数	主要实训项目	工位数（个）
1	服装与服饰设计实训中心	418.37	70.67	0.00	152	制版与工艺,成衣设计实践,立体裁剪,服饰陈列	222
2	数字化设计实训中心	1 634.84	288.02	5.79	600	广告设计,版式设计,数字媒体设计	84
3	影视传媒实训中心	1 043.23	2 001.47	114.36	1 889	动画运动规律,动画造型设计,3DMAX,Maya,平面动画制作,电视摄像艺术,影视布光艺术,影视编辑艺术,数字录音技术,程序设计基础,网站设计与制作,局域网组网与硬件维护,数据库原理及应用	249
4	东海创意园	1 073.00	185.62	0.00	303	平面设计,网络推广,编辑,摄像,后期特效,数据标注,数据筛选,大数据运维	45
5	航空综合实训中心	2 003.23	1 693.49	907.92	381	等客舱服务,客舱应急,开关舱门,进出港实训,礼仪形象综合实训,客舱灭火,茶酒礼仪,体能训练,形体训练,CBT 虚拟仿真,VR 虚拟仿真,机场贵宾室服务等	526

续表

序号	实训室名称	建筑面积（平方米）	设备总值（万元）	当年新增值（万元）	设备总数	主要实训项目	工位数（个）
6	护理教学实训中心	1 475.36	666.23	39.50	924	基础护理实训,健康评估实训,解剖实训,老年实训,外科手术实训,婴儿沐浴实训,儿童保健实训,分娩实训,模拟功能实训,ICU实训	120
7	机电技术实训中心	1 301.80	1 341.49	3.94	1 420	电气控制与PLC技术实训,数控机床故障诊断与维护实训,零部件测绘,电工电子实训,金工实习,机电	200
8	数控技术实训中心	1 184.50	1 628.21	14.77	514	金工实习,数控实训,数控机床操作与零件加工	200
9	汽车技术实训中心	771.00	410.55	9.26	284	汽车电器,汽车底盘构造拆装实训,汽车发动机电控系统实训,汽车综合性能检测实训	55
10	学前教育实训中心	1 970.46	344.72	97.07	669	音乐,歌曲演奏,舞蹈,美术	50
11	国际商务综合实训中心	236.50	270.22	0.00	164	商务交流、谈判,营销实践,国际贸易实践	60
12	金融专业实训中心	310.00	256.39	67.13	468	金融产品实操,金融数据录入培训,模拟银行实训,证券交易实训,期货交易实训,外汇交易实训,金融综合实训	58
13	会计实训中心	994.28	510.62	23.80	907	会计基础,会计电算化实训,会计综合实训	302
14	报关与国际货运实训中心	453.44	300.20	33.60	327	国际货运代理,电子报关实训,单证操作实训	45
15	语言教学实训中心	368.00	140.15	0.00	502	英语听力,英语会话,英语培训比赛	168

2021—2022 年

2022年实训室专项建设

序号	项目名称	内容	金额(万元)
1	智慧财经实训室升级改造	购置一体机电脑、触摸式电子显示屏、场地改造装修	119.00
2	新能源汽车实训室	比亚迪秦EV动力电池和管理系统实训台；比亚迪秦EV驱动传动系统(3+3)实训台	111.00
3	电子商务实训中心建设(二期)	购置计算机50台、摄像机、移动直播设备,软件配置	181.50

续表

序号	项目名称	内容	金额(万元)
4	电工电子技术实训室更新改造	购置电子技术实训台、电子技术实训箱、数字示波器等	62.40
5	护理实训中心升级改造	建设自主实训可视化管理系统、数字红外无线教学扩声系统、双投屏智慧教室	34.99
6	现代影视娱乐创作实验室	实训机房环境基础改造；云主机平台软件授权；VDI终端	90.00
7	民航服务开放共享实训基地	民航前端值机软件、民航安检验证软件、基础设施建设等	38.30
8	学前教育实训室升级改造	建立"普通话模考与学习云平台移动端App"，购置美术、幼儿园环境创设玩教具制作实训材料等	29.14
9	新建核心机房	机房装修工程，购置全方位监测微模块环境等	170.00
10	教学实训基础设施升级加固	建立网络大数据分析系统、上网行为管理(5G出口带宽)、数据库审计系统、web安全防护服务系统等	280.00
	合计		1 116.33

2022年校内实训中心一览表

序号	实训室名称	建筑面积（平方米）	设备总值（万元）	当年新增值（万元）	设备总数	主要实训项目	工位数（个）
1	服装与服饰设计实训中心	674.40	70.28	0.00	150	制版与工艺，成衣设计实践，立体裁剪，服饰陈列	190
2	数字化设计实训中心	1 214.10	287.78	0.00	599	广告设计，版式设计，数字媒体设计	414
3	影视传媒实训中心	1 121.29	2 058.20	75.02	1 910	动画运动规律，动画造型设计，3DMAX，Maya，平面动画制作，电视摄像艺术，影视布光艺术，影视编辑艺术，数字录音技术，程序设计基础，网站设计与制作，局域网组网与硬件维护，数据库原理及应用	426
4	东海创意园	1 073.00	185.62	0.00	303	平面设计，网络推广，编辑，摄像，后期特效，剪辑，数据标注，数据筛选，大数据运维	120
5	航空综合实训中心	2 747.30	1 835.60	142.11	421	等客舱服务，客舱应急，开关舱门，进出港实训，礼仪形象综合实训，客舱灭火，茶酒礼仪，体能训练，形体训练，CBT虚拟仿真，VR虚拟仿真，机场贵宾室服务等	509
6	护理教学实训中心	1 475.36	670.10	4.08	926	基础护理实训，健康评估实训，解剖实训，老年实训，外科手术实训，婴儿沐浴实训，儿童保健实训，分娩实训，模拟功能实训，ICU实训	589

续 表

序号	实训室名称	建筑面积（平方米）	设备总值（万元）	当年新增值（万元）	设备总数	主要实训项目	工位数（个）
7	机电技术实训中心	1 301.80	1 341.20	0.00	1 419	电气控制与PLC技术实训,数控机床故障诊断与维护实训,零部件测绘,电工电子实训,金工实习,机电	200
8	数控技术实训中心	1 184.50	1 656.80	29.00	611	金工实习,数控实训,数控机床操作与零件加工	200
9	汽车技术实训中心	771.00	410.55	0.00	284	汽车电器实训,汽车底盘构造拆装实训,汽车发动机电控系统实训,汽车综合性能检测实训	120
10	学前教育实训中心	1 970.46	378.43	16.18	681	音乐,歌曲演奏,舞蹈,美术	775
11	电子商务实训中心	395.95	372.45	0.00	284	直播营销,账号运营,短视频策划与制作	131
12	国际金融专业实训中心	236.70	73.90	0.00	153	金融产品实操,金融数据录入培训,模拟银行实训,证券交易实训,期货交易实训,外汇交易实训,金融综合实训	60
13	会计实训中心	994.28	510.34	10.84	895	会计基础,会计电算化实训,会计综合实训	451
14	报关与国际货运实训中心	453.44	309.29	19.16	297	国际货运代理,电子报关实训,单证操作实训	145
15	语言教学实训中心	368.00	238.29	98.53	822	英语听力,英语会话,英语培训比赛	168

校 园 修 缮

1993—1997 年

1993年8月,学院正式招生,在浦东沈家弄路河运学校借校舍组织教学;1994年8月,租借浦西龙吴路1270号上海耐火材料厂建校舍授课;1994年9月,租借百色路503号上海市郊工业学校教室,一年级新生在此上课;1994年10月,在上海耐火材料厂上课的学生搬迁至上海市郊工业学校,浦西校区集中管理;1996年,学院由上海市郊工业学校搬迁至上海交通大学上中路校区办学;1997年,学院浦东、浦西两块校区合为一地,租借金台路96号金联中学22间教室、8间办公室集中授课教学。1993—1997年,学院无基本建设和修缮项目。

1998—2022 年

1998年3月,占地46亩(租借)、建筑面积达5000平方米的东海学院自己的校园在闵行区塘湾镇友爱村地块上建成。1998年3月16日,学院正式迁入自己新建的校园。1998年8月初,续建工程教学北楼和宿舍2号楼竣工;2000年12月,征地150亩,建设建筑面积近10万平方米的新校区。

1998—2022 年校园修缮一览表

年　度	主　要　项　目	投入资金（万元）	备　注
1998—2003	零星维修详见领料三联单	财务处账目	后勤职工自己维修,材料资产处仓库领用
2004	同上	财务处账目	同上
2005	同上	财务处账目	同上
2006	同上	财务处账目	同上
2007	全校零星维修;现9号楼学生公寓楼二层;炮楼改建模拟法庭一间	200.00	财务处账目及仓库领料三联单
2008	(1)现9号楼学生公寓屋面加层,158万元;(2)原物流实训中心建筑钢结构厂房,66万元;(3)零星维修,详见领料三联单	224.00	
2009	(1)现食堂三层改建护理学院综合实训室,98万元;(2)零星修缮,115万元	213.00	

续 表

年 度	主 要 项 目	投入资金（万元）	备 注
2010	路灯系统、广播系统、监控系统、教学1号楼二层学生宿舍的改造；8号宿舍楼、报告厅、体育馆等处应急维修	221.00	
2011	食堂二楼北部改建成供维吾尔族师生使用的清真餐厅；对学校南区地下供水系统进行改造；学生第6、7宿舍大修；第3宿舍进行改建	374.54	
2012	(1)完成管道天然气的改换工程，总投入163万元；(2)完成生活用水和消防用水两路进水的工程和学校独立用水账户的升级工作，总投入35万元；(3)完成"知韵"文化科技信息长廊建设，以及东博园和月海园两个中心花园的建设等，151.3万元；(4)学生公寓1～9号智能计量设备管理系统，115.49万元；(5)食堂一层室内改建装修(72.5万元)和一至二层设备与通风系统更换(83.48万元)；(6)学生公寓4号和6号楼室内与屋面修缮，63.79万元；(7)原教学2号楼一层教室改建学生宿舍，56.6万元；(8)校区南消防管网改造和生活用水管网南北连通，49万元；(9)机电学院(原老食堂)和东海源地下室改建数控机床实训室和室外电缆线输入(73.32万元)及新建汽车实训室(40万元)等	999.72	
2013	校园修缮(内涵建设)资金投入：(1)实训室建设配套，114.26万元；(2)数控实训室扩建，26.29万元；(3)高校既有建筑节能改造工程，70万元	488.77	含高校既有建筑节能改造工程70万元
2014	信息化建设——移动校园。本项目分为移动校园软件和无线覆盖硬件两部分。移动校园软件适应手机等移动设备的应用；同时建设无线网络教学平台	539.17	移动校园软件：90万元；无线网络扩展：130万元
2015	校园修缮(内涵建设)：完成电、煤、房屋维修、装修、实训室改造等12项基建项目，总经费超过1000万元。项目包括：原教学1号楼整体修缮，407万元；学生公寓、浴室节能设备和室内修缮，593万元；高校节能监管体系建设，100万元等	1173.14	
2016	校园修缮资金投入(内涵建设)：完成体育馆一楼、二楼及体育场跑道和球场修缮，图文楼报告厅改造，2号水泵房管道交接改造，电缆沟工程，6号楼宿舍泵房改造，图文楼南北厕所改造等项维修工程	600.00	
2017	(1)大型基建(内涵建设)：实训大楼配套建设(高压配电扩容、生活给水设备)，320万元。(2)校园修缮(内涵建设)：①公共设施维修(学生公寓和教学楼供电工程、消防管道铺设和消防泵房改造、图文楼男女厕所改造等)，563.72万元；②学生宿舍装修(男厕改女厕、学生公寓楼顶维修、外墙涂料等)，248.09万元；③教学设施修缮(追加体育场基础设施、报告厅室内改建、体育场跑道二期扩建、账务处理中心改造等)，268.19万元	1400.00	大型基建(内涵建设)实训大楼水电配套建设，320万元；校园修缮完成36个维修项目，1080万元
2018	(1)大型基建(内涵建设)：实训大楼配套建设(消防水泵给水设备、载客电梯、空调、配套校园网、实训设备配套)，1000万元。(2)校园修缮(内涵建设)：①公共设施维修(7号楼控制柜、花坛、水泵房改造、宿舍楼雨污水管、食堂改造、体育场看台等)，333.28万元；②学生宿舍装修(墙面卫生间粉刷、学生宿舍围栏、学生宿舍屋顶、晾衣架等)，303.03万元；③教学设施修缮(体育场灯光和围土、学前教育实训室工程、地下室机器人实训室、账务处理中心室内装修等)，458.69万元	2095.00	大型基建(内涵建设)实训大楼配套建设，1000万元；校园修缮，1095万元

续 表

年 度	主 要 项 目	投入资金（万元）	备 注
2019	校园修缮（内涵建设）：(1)公共设施修缮（铺设排水管道、新建水泵站及仓库、新增变电站、修缮超市卫生间等），491.5万元；(2)学生宿舍装修（粉刷墙面、安装晾衣架、维修自来水管道等），356.7万元；(3)教学设施修缮（修缮教室地坪、更新教室门及电风扇），29.9万元；(4)修购设备（更新食堂餐桌椅、更新1～3号宿舍卫生间隔断等），79.9万元。新建水泵站、新增800 kVA变电站等公共设施；修缮学生宿舍（粉刷宿舍墙面，维修自来水管）；更新教学设施（修缮教室地坪、更新教室门及电扇）；修购设备（更新食堂餐桌椅、更新宿舍卫生间隔断）	958.00	
2020	大型基建（发展改革委）：新建实训大楼，3 600万元。校园修缮（内涵建设）：(1)公共设施维修（医务室、食堂、4号楼厕所、电缆、马路等），318.75万元；(2)学生宿舍装修（宿舍、走道装修等），510.7万元；(3)教学设施修缮（图文楼实训室、办公室修缮等），258.3万元；(4)修购设备（直饮净水机、宿舍连体床、监控室大屏、教室窗帘等），155.25万元	4 843.00	大型基建（发展改革委）：新建实训大楼，3 600万元；校园修缮资金，1 243万元
2021	(1)大型基建（发展改革委）：新建实训大楼，400万元。(2)校园修缮（内涵建设）：①食堂地沟修缮，23.26万元；②公寓电力扩容，80.89万元；③传媒融媒体中心修缮，50.56万元；④学生宿舍家具更新，344万元；⑤8号楼大修工程，240.29万元	1 139.00	(1)大型基建（发展改革委）：400万元；(2)校园修缮（内涵建设）：339万元
2022	校园修缮（内涵建设）：3号学生宿舍维修工程，360万元；9号学生宿舍维修工程，299万元；3号、9号学生宿舍家具更新及空调更新，216万元；食堂一楼房屋维修及部分设备更新，100万元；校园围墙及道路修缮工程，100万元；篮球场改建，144万元	1 219.00	申请费用1 219万元；实际使用1 216万元

技 防 工 程

年度(期次)	内　容	金额(万元)	备　注
2010 (一期~三期)	新建监控指挥中心,将分散的3个监控点合并,另将3个消防控制柜集中统一管理,新增摄像机58台、电子护栏300米,安装宿舍门禁系统	50	一期至三期50万元,是东海学院技防建设起步阶段
2011 (四期)	新增监控摄像机,大部分区域安装了安全监控设施	20	第四期20万元,增加摄像机点位数
2012 (五期~六期)	新增摄像机50台、监控专用硬盘16块、解码器7台、高压脉冲电子围栏设备1套、学生宿舍门禁设备9套,以及其他网线、光缆等辅材	65	第五期35万元,第六期30万元。2012年10月,教育部、公安部、国家安监总局来校参观检查,学校得到上级的高度评价
2013 (七期)	新增摄像机15台、监控专用硬盘16块,以及网线、光缆等其他辅材	20	
2014 (八期)	新增摄像机21台、交换机10台、存储服务器2台、专用硬盘20块,以及网线、光缆等其他辅材	20	
2015 (九期)	新增摄像机35台、监控专用硬盘12块、报警亭1处,以及网线、光缆等其他辅材	20	
2016 (十期)	完成消防智能化管理系统1套;更换模改数摄像机49台,新增存储服务器1台、专用硬盘24块、解码器2台,以及其他辅材	75	高校安全环境示范点建设项目,建设资金50万元;技防25万元
2017 (十一期)	更换模改数摄像机55台,新增硬盘、服务器、解码器等设备21台。共有监控摄像头354只	25	技防建设检查验收为"优秀"
2018 (十二期)	对原技防平台进行初步更新,更新原模拟摄像机170台、主控工作站1台	25	对2010年建成的平台进行初步更新
2019 (十三期)	新安装20个监控点位,其他部位增补35个监控点;新增网络高清摄像机55台、硬盘录像机3台、监控专用硬盘25块、图像解码器1台、360度高速球机2台	25	技防25万元,在2018年改造的基础上继续完善,为学校安全工作、教学等方面发挥保障作用
2020 (十四期)	新增机动车测速系统2套、人脸识别摄像机2台、重点部位入侵报警系统4套、摄像机13台	25	完成"十三五"技防建设
2021 (十五期)	完成智慧平安校园消防水监测管理系统建设,完善视频监控系统,新增监控点位36个,安装人脸识别出入口控制系统2套,在保密室增加1套入侵报警系统	61	智慧平安校园消防水监测管理系统建设资金36万元;技防25万元。市教委"十三五"技防建设验收为"优秀"
2022 (十六期)	投入技防建设26万元,完善学校门口的人脸识别通道,新建校内制高点高位智能球机,增加普通摄像机,以确保校园内监控覆盖面	26	

1993—2022 年固定资产总值一览表

年度	全校固定资产总值（万元）	其中：教学、科研仪器设备	
		资产总值（万元）	当年新增资产值（万元）
1993—1997		1.04	1.04
1998	1 333.69	6.76	5.72
1999	2 075.38	17.75	10.99
2000	3 226.47	26.97	9.22
2001	4 675.85	57.14	30.17
2002	5 125.93	70.98	13.84
2003	14 336.67	83.47	12.49
2004	16 045.77	115.29	31.82
2005	23 565.83	288.06	172.77
2006	29 079.83	457.18	169.12
2007	31 820.12	528.77	71.59
2008	34 697.04	548.78	20.01
2009	34 988.99	659.46	110.68
2010	35 511.40	1 047.18	387.72
2011	36 339.54	1 347.11	299.93
2012	36 256.25	2 327.27	980.16
2013	37 469.93	3 634.93	1 307.66
2014	38 816.19	4 713.72	1 078.79
2015	41 008.59	6 702.80	1 989.08
2016	42 509.69	7 978.25	1 275.45
2017	46 923.88	9 483.30	1 505.05
2018	47 831.24	10 385.08	901.78
2019	49 052.29	11 612.03	1 226.95
2020	69 429.72	12 603.46	991.43
2021	71 101.80	14 843.49	2 240.03
2022	72 584.90	15 670.02	1 147.52

财务收支情况

1993 年

类别：收入　　　　　　　　　　　　　　　　　　　　　　　　　　　　　　金额单位：万元

项目 金额	总收入	其中				
		学费收入	捐赠收入	利息收入	报名登记费	其他收入
	56.86	30.30	6.00	0.35	0.21	20.00

类别：支出　　　　　　　　　　　　　　　　　　　　　　　　　　　　　　金额单位：万元

项目 金额	其中						
	工资	奖学金	公务费	设备购置费	房屋租赁费	讲课金	招生经费
总支出 35.41	6.14	1.04	3.13	2.25	6.00	14.86	2.00
年终结余	21.45						

1994 年

类别：收入　　　　　　　　　　　　　　　　　　　　　　　　　　　　　　金额单位：万元

项目 金额	总收入	其中				
		学费收入	捐赠收入	利息收入	报名登记费	其他收入
	96.61	95.50	0.00	0.61	0.50	0.00

类别：支出　　　　　　　　　　　　　　　　　　　　　　　　　　　　　　金额单位：万元

项目 金额	其中						
	工资	奖学金	公务费	设备购置费	房屋租赁费	讲课金	招生经费
总支出 73.54	16.35	16.35	4.99	6.15	10.00	28.17	3.50
年终结余	23.06						

1995 年

类别:收入　　　　　　　　　　　　　　　　　　　　　　　　　　　　　　　　金额单位:万元

项目 / 金额	总收入	其中				
		学费收入	捐赠收入	利息收入	报名登记费	其他收入
	132.63	131.00	0.00	0.73	0.90	0.00

类别:支出　　　　　　　　　　　　　　　　　　　　　　　　　　　　　　　　金额单位:万元

项目 / 金额	其中						
	工资	奖学金	公务费	设备购置费	房屋租赁费	讲课金	招生经费
总支出 97.32	24.76	5.49	6.77	6.76	14.00	33.97	5.57
年终结余	35.31						

1996 年

类别:收入　　　　　　　　　　　　　　　　　　　　　　　　　　　　　　　　金额单位:万元

项目 / 金额	总收入	其中				
		学费收入	捐赠收入	利息收入	报名登记费	其他收入
	166.30	164.00	0.00	1.05	1.25	0.00

类别:支出　　　　　　　　　　　　　　　　　　　　　　　　　　　　　　　　金额单位:万元

项目 / 金额	其中						
	工资	奖学金	公务费	设备购置费	房屋租赁费	讲课金	招生经费
总支出 113.59	33.98	7.75	6.87	2.91	20.00	35.90	6.19
年终结余	52.70						

1997 年

类别:收入　　　　　　　　　　　　　　　　　　　　　　　　　　　　　　　　金额单位:万元

项目 / 金额	总收入	其中				
		学费收入	捐赠收入	利息收入	报名登记费	其他收入
	352.26	289.50	58.00	2.26	2.50	

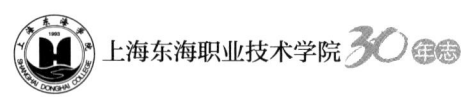

类别:支出							金额单位:万元	
金额 \ 项目		其 中						
		工资	奖学金	公务费	设备购置费	房屋租赁费	讲课金	招生经费
总支出 239.95		67.28	12.23	7.79	27.65	41.00	75.70	8.31
年终结余		112.31						

1998年

类别:收入						金额单位:万元
金额 \ 项目	总收入	其 中				
		学费收入	财政经常性补助收入	中央、地方财政专项投入	社会捐赠	其他收入
	898.64	878.99	0.00	0.00	0.00	19.65

类别:支出							金额单位:万元
金额 \ 项目	其 中						
	基础设施建设	设备采购	教学改革及研究	师资建设	图书购置费	日常教学经费	其他支出
总支出 534.05	182.03	39.65	14.11	12.37	0.00	230.24	55.64
比例	34.08%	7.42%	2.64%	2.31%	0.00%	43.11%	10.41%
年终结余	364.59						

1999年

类别:收入						金额单位:万元
金额 \ 项目	总收入	其 中				
		学费收入	财政经常性补助收入	中央、地方财政专项投入	社会捐赠	其他收入
	1769.84	1769.84	0.00	0.00	0.00	0.00

类别:支出							金额单位:万元
金额 \ 项目	其 中						
	基础设施建设	设备采购	教学改革及研究	师资建设	图书购置费	日常教学经费	其他支出
总支出 746.82	20.81	16.57	0.00	0.00	0.00	360.90	348.54
比例	2.79%	2.22%	0.00%	0.00%	0.00%	48.32%	46.67%

2000年

类别：收入　　　　　　　　　　　　　　　　　　　　　　　　　　　　　　　金额单位：万元

项目 / 金额	总收入	其中				
		学费收入	财政经常性补助收入	中央、地方财政专项投入	社会捐赠	其他收入
	2 424.93	2 384.70	0.00	0.00	0.00	40.23

类别：支出　　　　　　　　　　　　　　　　　　　　　　　　　　　　　　　金额单位：万元

项目 / 金额	其中						
	基础设施建设	设备采购	教学改革及研究	师资建设	图书购置费	日常教学经费	其他支出
总支出 1 978.91	940.65	222.92	0.00	2.49	24.49	416.38	371.98
比例	47.53%	11.26%	0.00%	0.13%	1.24%	21.04%	18.80%

2001年

类别：收入　　　　　　　　　　　　　　　　　　　　　　　　　　　　　　　金额单位：万元

项目 / 金额	总收入	其中				
		学费收入	财政经常性补助收入	中央、地方财政专项投入	社会捐赠	其他收入
	3 222.36	3 155.93	0.00	0.00	0.00	66.43

类别：支出　　　　　　　　　　　　　　　　　　　　　　　　　　　　　　　金额单位：万元

项目 / 金额	其中						
	基础设施建设	设备采购	教学改革及研究	师资建设	图书购置费	日常教学经费	其他支出
总支出 2 872.19	1 330.51	150.29	0.00	2.76	6.14	616.42	766.07
比例	46.32%	5.23%	0.00%	0.10%	0.21%	21.46%	26.67%

2002年

类别：收入　　　　　　　　　　　　　　　　　　　　　　　　　　　　　　　金额单位：万元

项目 / 金额	总收入	其中				
		学费收入	财政经常性补助收入	中央、地方财政专项投入	社会捐赠	其他收入
	3 918.44	3 815.65	0.00	0.00	0.00	102.79

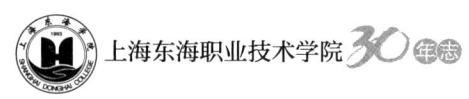

类别:支出							金额单位:万元
项目 金额	基础设施建设	设备采购	其中				
			教学改革及研究	师资建设	图书购置费	日常教学经费	其他支出
总支出 2 319.77	504.15	277.89	0.00	4.03	13.36	791.56	728.78
比例	21.73%	11.98%	0.00%	0.17%	0.58%	34.12%	31.42%

2003年

类别:收入						金额单位:万元
项目 金额	总收入	其中				
		学费收入	财政经常性补助收入	中央、地方财政专项投入	社会捐赠	其他收入
	4 278.56	4 112.22	0.00	0.00	0.00	166.34

类别:支出							金额单位:万元
项目 金额	基础设施建设	设备采购	其中				
			教学改革及研究	师资建设	图书购置费	日常教学经费	其他支出
总支出 3 288.58	1 121.25	283.84	0.00	5.46	2.06	970.87	905.1
比例	34.1%	8.63%	0.00%	0.17%	0.06%	29.52%	27.52%

2004年

类别:收入						金额单位:万元
项目 金额	总收入	其中				
		学费收入	财政经常性补助收入	中央、地方财政专项投入	社会捐赠	其他收入
	5 070.28	4 974.78	0.00	0.00	0.00	95.5

类别:支出							金额单位:万元
项目 金额	基础设施建设	设备采购	其中				
			教学改革及研究	师资建设	图书购置费	日常教学经费	其他支出
总支出 2 464.97	394.44	286.02	0.00	4.32	47.24	859.94	873.01
比例	16.00%	11.60%	0.00%	0.18%	1.92%	34.89%	35.42%

2005 年

类别:收入 金额单位:万元

金额＼项目	总收入	其　中				
		学费收入	财政经常性补助收入	中央、地方财政专项投入	社会捐赠	其他收入
	5 552.85	5 400.69	0.00	0.00	0.00	152.16

类别:支出 金额单位:万元

金额＼项目	其　中						
	基础设施建设	设备采购	教学改革及研究	师资建设	图书购置费	日常教学经费	其他支出
总支出 3 428.66	1 536.01	290.93	0.00	5.55	15.43	947.78	632.96
比例	44.80%	8.49%	0.00%	0.16%	0.45%	27.64%	18.46%

2006 年

类别:收入 金额单位:万元

金额＼项目	总收入	其　中				
		学费收入	财政经常性补助收入	中央、地方财政专项投入	社会捐赠	其他收入
	5 864.14	5 731.09	0.00	0.00	114.33	18.72

类别:支出 金额单位:万元

金额＼项目	其　中						
	基础设施建设	设备采购	教学改革及研究	师资建设	图书购置费	日常教学经费	其他支出
总支出 4 074.46	1 303.99	94.18	0.00	7.13	221.91	1 054.15	1 393.10
比例	32.00%	2.31%	0.00%	0.17%	5.45%	25.87%	34.19%

2007 年

类别:收入 金额单位:万元

金额＼项目	总收入	其　中				
		学费收入	财政经常性补助收入	中央、地方财政专项投入	社会捐赠	其他收入
	6 237.74	5 096.10	0.00	541.58	0.00	600.06

类别：支出　　　　　　　　　　　　　　　　　　　　　　　　　　　　　　　　　金额单位：万元

项目＼金额	其中						
	基础设施建设	设备采购	教学改革及研究	师资建设	图书购置费	日常教学经费	其他支出
总支出 5 209.62	2 450.85	299.59	0.00	3.23	39.57	1 131.29	1 285.09
比例	47.04%	5.75%	0.00%	0.06%	0.76%	21.72%	24.67%

2008年

类别：收入　　　　　　　　　　　　　　　　　　　　　　　　　　　　　　　　　金额单位：万元

项目＼金额	总收入	其中				
		学费收入	财政经常性补助收入	中央、地方财政专项投入	社会捐赠	其他收入
	5 851.60	5 357.06	0.00	457.49	0.00	37.05

类别：支出　　　　　　　　　　　　　　　　　　　　　　　　　　　　　　　　　金额单位：万元

项目＼金额	其中						
	基础设施建设	设备采购	教学改革及研究	师资建设	图书购置费	日常教学经费	其他支出
总支出 5 731.29	2 438.52	480.91	0.00	3.51	28.22	1 026.08	1 754.05
比例	42.55%	8.39%	0.00%	0.06%	0.49%	17.90%	30.60%

2009年

类别：收入　　　　　　　　　　　　　　　　　　　　　　　　　　　　　　　　　金额单位：万元

项目＼金额	总收入	其中				
		学费收入	财政经常性补助收入	中央、地方财政专项投入	社会捐赠	其他收入
	6 238.33	784.78	67.37	335.58	0.00	5 000.02（贷）

类别：支出　　　　　　　　　　　　　　　　　　　　　　　　　　　　　　　　　金额单位：万元

项目＼金额	其中						
	基础设施建设	设备采购	教学改革及研究	师资建设	图书购置费	日常教学经费	其他支出
总支出 3 719.15	0.00	117.90	4.463	5.07	5.95	673.91	2 917.67
比例	0.00%	3.17%	0.12%	0.14%	0.16%	18.12%	78.45%

2010年

类别：收入　　　　　　　　　　　　　　　　　　　　　　　　　　　　　　　　　　　金额单位：万元

项目 金额	总收入	其中				
		学费收入	财政经常性补助收入	中央、地方财政专项投入	社会捐赠	其他收入
	7021.25	5989.30	0.00	915.69	44.74	71.52

类别：支出　　　　　　　　　　　　　　　　　　　　　　　　　　　　　　　　　　　金额单位：万元

项目 金额	其中						
	基础设施建设	设备采购	教学改革及研究	师资建设	图书购置费	日常教学经费	其他支出
总支出 6838.56	73.27	637.09	0.00	15.86	3.29	3762.02	2347.03
比例	1.07%	9.32%	0.00%	0.23%	0.05%	55.01%	34.32%

2011年

类别：收入　　　　　　　　　　　　　　　　　　　　　　　　　　　　　　　　　　　金额单位：万元

项目 金额	总收入	其中				
		学费收入	财政经常性补助收入	中央、地方财政专项投入	社会捐赠	其他收入
	7021.25	5968.58	0.00	2106.38	44.94	71.62

类别：支出　　　　　　　　　　　　　　　　　　　　　　　　　　　　　　　　　　　金额单位：万元

项目 金额	其中						
	基础设施建设	设备采购	教学改革及研究	师资建设	图书购置费	日常教学经费	其他支出
总支出 6913.589	293.83	521.28	150.02	150.02	24.89	4286.43	1538.27
比例	4.25%	7.54%	2.17%	1.51%	0.36%	61.92%	22.25%

2012年

类别：收入　　　　　　　　　　　　　　　　　　　　　　　　　　　　　　　　　　　金额单位：万元

项目 金额	总收入	其中				
		学费收入	财政经常性补助收入	中央、地方财政专项投入	社会捐赠	其他收入
	7615.81	6041.28	136.41	1331.94	0.00	100.90

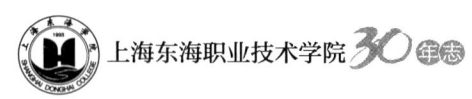

类别:支出							金额单位:万元
项目 金额	其中						
	基础设施建设	设备采购	教学改革及研究	师资建设	图书购置费	日常教学经费	其他支出
总支出 8 072.06	331.41	595.84	119.16	108.71	19.68	5 598.55	1 298.72
比例	4.11%	7.38%	1.48%	1.35%	0.24%	69.36%	16.09%

2013年

类别:收入						金额单位:万元
项目 金额	总收入	其中				
		学费收入	财政经常性补助收入	中央、地方财政专项投入	社会捐赠	其他收入
	9 479.18	5 437.78	71.75	3 827.78	3.07	138.79

类别:支出							金额单位:万元
项目 金额	其中						
	基础设施建设	设备采购	教学改革及研究	师资建设	图书购置费	日常教学经费	其他支出
总支出 9 904.84	346.97	1 145.32	28.76	138.35	24.14	4 952.64	3 268.66
比例	3.50%	11.56%	0.29%	1.40%	0.24%	50%	33%

2014年

类别:收入						金额单位:万元
项目 金额	总收入	其中				
		学费收入	财政经常性补助收入	中央、地方财政专项投入	社会捐赠	其他收入
	12 181.90	5 734.04	73.00	6 338.94	0.00	35.92

类别:支出							金额单位:万元
项目 金额	其中						
	基础设施建设	设备采购	教学改革及研究	师资建设	图书购置费	日常教学经费	其他支出
总支出 9 645	303.87	1 498.03	67.06	59.06	8.06	5 394.54	2 314.82
比例	3.15%	15.53%	0.70%	0.61%	0.08%	55.93%	24%

2015 年

类别：收入　　　　　　　　　　　　　　　　　　　　　　　　　　　　　　　　　　金额单位：万元

金额＼项目	总收入	其中				
		学费收入	财政经常性补助收入	中央、地方财政专项投入	社会捐赠	其他收入
	11 588.20	6 952.91	269.11	3 545.79	0.00	820.39

类别：支出　　　　　　　　　　　　　　　　　　　　　　　　　　　　　　　　　　金额单位：万元

金额＼项目	其中						
	基础设施建设	设备采购	教学改革及研究	师资建设	图书购置费	日常教学经费	其他支出
总支出 10 285.09	227.36	2 269.78	86.66	187.02	40.00	5 579.54	1 894.73
比例	2.21%	22.07%	0.84%	1.82%	0.39%	54.25%	18.42%

2016 年

类别：收入　　　　　　　　　　　　　　　　　　　　　　　　　　　　　　　　　　金额单位：万元

金额＼项目	总收入	其中				
		学费收入	财政经常性补助收入	中央、地方财政专项投入	社会捐赠	其他收入
	13 646.54	7 965.88	277.50	4 625.40	0.00	777.76

类别：支出　　　　　　　　　　　　　　　　　　　　　　　　　　　　　　　　　　金额单位：万元

金额＼项目	其中						
	基础设施建设	设备采购	教学改革及研究	师资建设	图书购置费	日常教学经费	其他支出
总支出 16 027.91	383.16	1 242.61	142.05	237.75	20.04	6 505.37	7 496.93
比例	2.39%	7.75%	0.89%	1.48%	0.13%	40.59%	46.77%

2017 年

类别：收入　　　　　　　　　　　　　　　　　　　　　　　　　　　　　　　　　　金额单位：万元

金额＼项目	总收入	其中				
		学费收入	财政经常性补助收入	中央、地方财政专项投入	社会捐赠	其他收入
	15 266.70	10 305.20	306.56	3 837.60	0.00	817.34

类别：支出　　　　　　　　　　　　　　　　　　　　　　　　　　　　　　　　　　　金额单位：万元

金额＼项目		其中					
		基础设施建设	设备采购	教学改革及研究	师资建设	图书购置费	日常教学经费	其他支出
总支出 14821.28		80.90	2216.54	190.64	242.97	45.67	7086.34	4958.22
比例		0.55%	14.96%	1.29%	1.64%	0.31%	47.81%	33.45%

2018年

类别：收入　　　　　　　　　　　　　　　　　　　　　　　　　　　　　　　　　　　金额单位：万元

金额＼项目	总收入	其中				
		学费收入	财政经常性补助收入	中央、地方财政专项投入	社会捐赠	其他收入
	15281.59	9143.56	453.57	4367.84	0.00	1316.62

类别：支出　　　　　　　　　　　　　　　　　　　　　　　　　　　　　　　　　　　金额单位：万元

金额＼项目	基础设施建设	设备采购	教学改革及研究	师资建设	图书购置费	日常教学经费	其他支出
总支出 15055.50	126.03	1238.30	184.19	302.15	89.47	7102.16	6013.20
比例	0.84%	8.22%	1.22%	2.01%	0.59%	47.17%	39.94%

2019年

类别：收入　　　　　　　　　　　　　　　　　　　　　　　　　　　　　　　　　　　金额单位：万元

金额＼项目	总收入	其中				
		学费收入	财政经常性补助收入	中央、地方财政专项投入	社会捐赠	其他收入
	16233.10	10154	363.27	4338.25	0.00	1377.59

类别：支出　　　　　　　　　　　　　　　　　　　　　　　　　　　　　　　　　　　金额单位：万元

金额＼项目	基础设施建设	设备采购	教学改革及研究	师资建设	图书购置费	日常教学经费	其他支出
总支出 16125.19	89.02	668.42	182.24	240.67	18.51	7710.25	7216.08
比例	0.55%	4.15%	1.13%	1.49%	0.11%	47.81%	44.75%

2020 年

类别：收入 金额单位：万元

项目 金额	总收入	其中				
		学费收入	财政经常性补助收入	中央、地方财政专项投入	社会捐赠	其他收入
	23 042.12	17 410.40	306.63	4 218.55	0.00	1 106.54

类别：支出 金额单位：万元

项目 金额	其中						
	基础设施建设	设备采购	教学改革及研究	师资建设	图书购置费	日常教学经费	其他支出
总支出 15 677.46	159.02	1 834.26	131.41	248.54	21.00	7 523.38	5 759.85
比例	1.01%	11.70%	0.84%	1.59%	0.13%	47.99%	36.74%

2021 年

类别：收入 金额单位：万元

项目 金额	总收入	其中				
		学费收入	财政经常性补助收入	中央、地方财政专项投入	社会捐赠	其他收入
	20 975.66	11 656.44	278.32	7 418.79	0.00	1 622.11

类别：支出 金额单位：万元

项目 金额	其中						
	基础设施建设	设备采购	教学改革及研究	师资建设	图书购置费	日常教学经费	其他支出
总支出 15 948.66	1 279.01	1 258.96	95.42	54.50	33.40	4 299.01	8 928.36
比例	8.02%	7.89%	0.60%	0.34%	0.21%	26.96%	55.98%

2022 年

类别：收入 金额单位：万元

项目 金额	总收入	其中				
		学费收入	财政经常性补助收入	中央、地方财政专项投入	社会捐赠	其他收入
	20 477.61	15 490.44	0.00	4 320.39	0.18	666.60

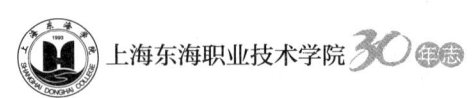

类别：支出　　　　　　　　　　　　　　　　　　　　　　　　　　　　　　　　金额单位：万元

项目 金额	其　中						
	基础设施建设	设备采购	教学改革及研究	师资建设	图书购置费	日常教学经费	其他支出
总支出 17 861.35	1 679.92	1 471.55	0.00	69.11	89.25	9 237.28	5 314.23
比例	9.40%	8.24%	0.00%	0.39%	0.50%	51.72%	29.75%

上海东海职业技术学院
30年志

第六部分

章程与规划

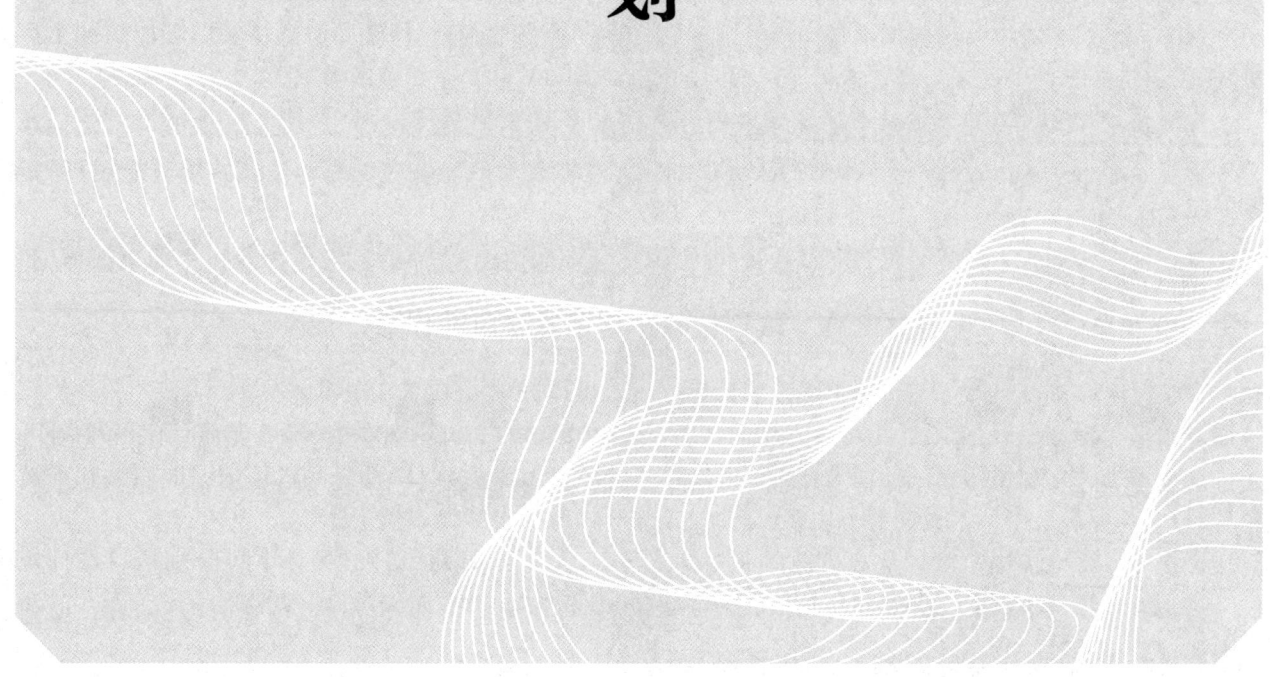

章　程

民办东海职业技术学院章程（2001年3月15日核准）

第一章　总　则

第一条　根据《中华人民共和国教育法》《社会力量办学条例》等法律、法规和规章之规定，为了依法办学，特制定本章程。

第二条　本单位的名称为民办东海职业技术学院（East Sea University），法定住所为上海市闵行区虹梅南路6001号。

第三条　本单位的性质为由曹助我、姜至本、陶钧、李重华出资合伙创办，非营利性的高等教育机构。

第四条　本单位的业务主管单位是上海市教育委员会，登记管理机关是上海市民政局。

第二章　业务范围

第五条　本单位的业务范围是：
（一）全日制高等教育、继续教育；
（二）科学研究及咨询；
（三）校办产业。

第三章　组织机构和法定代表人的产生、罢免

第六条　本单位的决策机构是校董事会，其成员由夏征农、曹助我、姜至本、陶钧、李重华组成，任期5年。其职权是：
（一）制定本单位的发展规划；
（二）审定本单位的工作计划；
（三）制定和修改本单位章程；
（四）审定本单位的机构、编制设置和基本管理制定；
（五）审议批准本单位的年度财务预算方案、决算方案；
（六）聘任、考核院长、副院长；
（七）决定其他重大事项。

第七条　本单位决策机构的议事程序和规划是董事会全体会议。

第八条　本单位的法定代表人是曹助我。
其职权是：

（一）召集院长办公会议；
（二）主持学院日常工作；
（三）财务主管；
（四）董事会授予的其他职权。

第九条　本单位的法定代表人产生和罢免的程序是：由董事会全体会议选举产生法定代表人，任期5年，可以连任，法定代表人罢免必须由董事会全体会议讨论、2/3董事通过才可生效。

第十条　本单位的法定代表人必须具备下列条件：
（一）坚持党的路线、方针、政策，政治素质好；
（二）身体健康，能坚持正常工作；
（三）未受过剥夺政治权利的刑事处罚；
（四）具有完全民事行为能力；
（五）在高校工作多年，有副高级以上职称，具有全面管理高校的经验。

第十一条　本单位的执行机构是院长办公会议。
其职权是：
（一）讨论、处理学院日常事务、教学工作；
（二）聘任、考核各部门负责人；
（三）财务开支审批；
（四）董事会授予的其他职权。

第十二条　本单位设教师代表大会，其成员由党、团、工代表及教职工代表组成。
其职权是：
（一）审议学院工作报告；
（二）审定职工福利基金使用；
（三）进行廉政建设。

第四章　资产管理、使用原则

第十三条　本单位的经费来源：
（一）学费、住宿费收入；
（二）接受捐赠；
（三）校办产业。

第十四条　本单位经费必须用于本章程规定的业务范围和事业的发展，增值部分由董事会处置，解体时财产不得私分。

第十五条　本单位建立严格的财务管理制度，保证会计资料合法、真实、准确、完整。

第十六条　本单位配备具有专业资格的会计人员。会计不得兼任出纳，会计人员必须进行会计核算，实行会计监督。会计人员调动工作或离职时，必须与接管人员办清交接手续。

第十七条　本单位的资产管理必须执行国家规定的财务管理制度，接受政府财税部门的监督和本单位监事机构的内部监督，接受法定审计机构的年度审计。

第十八条　任何单位、个人不得侵占、私分和挪用本单位的资产。

第五章　终止程序和终止后资产的处理

第十九条　本单位自行解散、分立、合并，或者由于其他原因需要注销，须经董事会讨论通过决议，并报业务主管单位审查同意。

第二十条　本单位在终止前，须在业务主管单位及其他政府有关部门的指导下成立清算小组，清理债权债务，处理善后事宜。清算期间，不得开展清算以外的活动。

第二十一条 本单位处理所有善后事宜后，向业务主管单位申请注销登记，业务主管单位同意后，到登记管理机关办理注销登记。

第二十二条 本单位终止后的剩余财产，在业务主管单位和登记管理机关的监督下，按照国家有关规定，用于发展社会公益事业。

第六章 附 则

第二十三条 本章程的修改权属董事会。修改后的章程，经业务主管单位审查同意，于30日内报登记管理机关核准后生效。

第二十四条 本章程的解释权属董事会。

第二十五条 本章程与国家法律、法规相抵触时，以国家法律、法规为准。

第二十六条 本章程自登记管理机关核准之日起生效。

上海东海职业技术学院章程（2005年1月7日核准）

第一章 总 则

第一条 根据《中华人民共和国高等教育法》《中华人民共和国民办教育促进法》《民办非企业单位登记管理暂行条例》等法规和规章，为了依法办学，特制定本章程。

第二条 本单位的名称：上海东海职业技术学院（SHANGHAI DONGHAI VOCATIONAL TECHNICAL INSTITUTE）。

第三条 本单位的法定住所为上海市闵行区虹梅南路6001号。

第四条 本单位的宗旨：提供诚信服务，接受社会监督，信守职业道德，遵守诚实信用、公平竞争原则，为社会提供优质的高等教育服务。

第五条 本单位的业务范围：高等职业技术教育。

第六条 本单位由曹助我、姜至本、陶钧、李重华出资联合创办，杜鉴坤出资投入，是不要求合理回报的民办非企业单位。

第七条 本单位按国家有关规定和核准的业务范围开展活动，实行重大活动报告制度，重视信息化建设，逐步做到通过互联网向登记管理机关报告重大事项。

第八条 本单位的业务主管单位是上海市教育委员会，登记管理机关是上海市民政局。

第二章 组织机构、议事原则和法定代表人的产生、罢免

第九条 本单位董事会由出资人和授权人共5人组成，决策机构是董事会，实行董事会领导下的院长负责制。董事会设董事长1人，由董事会选举产生或罢免，任期4年，可连选连任。董事长为法定代表人。聘请名誉董事长1名。

第十条 董事会每年召开两次会议。由董事长负责召集，董事长因故不能出席时，应指定或委托其他成员负责召开。董事会会议应有三分之二以上成员出席方能举行。

董事会的职权是：

（一）任免院长和副院长。根据院长提名，决定其他各业务部门负责人的任免。

（二）制定本单位的发展规划和工作计划。

（三）制定和修改本单位章程。

（四）决定设立和撤销工作部门。

（五）审议和批准本单位的年度财务预、决算方案。

（六）决定其他重大事项。

第十一条　本单位决策机构的议事程序和规则是通过董事会会议提出、讨论并通过，秉承公平、公正的原则，从推进教育事业发展的根本利益出发的规则。

第十二条　召开董事会会议，应提前一周通知全体成员。董事会应对所议事项的决定形成会议纪要，出席会议的成员应在会议记录上签名。

第十三条　董事会会议由成员行使表决权，根据会议讨论问题性质的重要性形成决议，必须有三分之二以上成员通过方才有效，会议决定的事项必须形成会议纪要，出席会议的成员应在纪要上签名。

第三章　院　　长

第十四条　院长由董事会会议决定聘任，报上级部门备案，任期4年。

院长的职权是：

（一）负责实施本单位的发展规划和工作计划。

（二）负责本单位日常工作。

（三）组织国内和国际的合作与交流。

（四）负责向董事会汇报教学年度总结。

（五）制订本单位内部管理设置方案。

（六）对本单位中层干部任免提名，报董事会通过；中层干部以下工作人员由院长任免。

（七）制定本单位一年经费预算，报董事会批准。

（八）章程赋予的其他权利。

第十五条　院长因故不能行使职权时，可委托副院长代理行使其职权。

第十六条　本单位执行班子是院长办公会议。本单位设立监事会，其职权是：检查单位的财务情况，对院长、副院长执行单位职务时的违规情况进行监督。

第四章　资产管理、使用原则

第十七条　本单位的经费来源：

（一）原始出资：曹助我、姜至本、陶钧、李重华于1993年3月各投资人民币伍万元，共计人民币贰拾万元。

（二）学费收入。

（三）其他投资人继续融资投入：2003年7月31日，东海学院总资产为柒仟零柒拾叁万元，其后，第二批融资者杜鉴坤于2003年8月投入人民币壹仟肆佰壹拾肆万陆仟元。曹助我、姜至本、陶钧、李重华、杜鉴坤各占投资比例20%。

（四）其他合法收入。

第十八条　本单位经费必须用于本章程规定的业务范围和事业的发展，增值部分的资产处置，按国家相关法律执行，解体时财产按国家相关法律执行。开展社会服务活动的收入按物价部门核定的标准执行。

第十九条　本单位建立严格的财务管理制度，保证会计资料合法、真实、准确、完整。

第二十条　本单位配备具有专业资格的会计人员。会计不得兼任出纳，会计人员必须进行会计核算，实行会计监督。会计人员调动工作或离职时，必须与接管人员办清交接手续。

第二十一条　本单位的资产管理必须执行国家规定的财务管理制度，接受政府财税部门的监督和本单位监事机构的内部监督，接受法定审定机构的年度审计。

第二十二条　任何单位、个人不得侵占、私分和挪用本单位的资产。

第五章　终止程序和终止后资产的处理

第二十三条　本单位自行解散、分立、合并，或者由于其他原因需要注销，须经董事会讨论通过，并报业务主管单位审查同意。

第二十四条　本单位在终止前，须在业务主管单位及其他有关部门的指导下成立清算小组，清理债权债务，处理善后事宜。清算期间，不得开展清算以外的活动。

第二十五条　清算人员一般应由本单位的法定代表人、债权人代表以及主管机关的代表组成。根据需要可聘请国内注册会计师、律师等参加。清算费用和清算组成员的酬劳应从本单位现存财产中优先支付。

第二十六条　清算期间，清算组代表本单位参与民事诉讼活动。

第二十七条　清算结束后，写出清算报告，提请原董事会审核通过后，报业务主管单位批准，向登记管理机关申请注销登记。

第二十八条　本单位终止后的剩余财产，按国家有关规定处理。

第六章　附　　则

第二十九条　本章程的修改权属董事会。修改后的章程，经业务主管单位审查同意，于30日内报登记管理机关核准后生效。

第三十条　本章程的解释权属董事会。

第三十一条　本章程与国家法律、法规相抵触时，以国家法律、法规为准。

第三十二条　本章程自登记管理机关核准之日起生效。

上海东海职业技术学院章程（2015年1月5日核准）

第一章　总　　则

第一条　根据《中华人民共和国高等教育法》《中华人民共和国民办教育促进法》《民办非企业单位登记管理暂行条例》等法律和规章，为了依法办学，维护举办者、教职工和受教育者各方面的合法权益，促进学校各项事业健康发展，特制定本章程。

第二条　本单位的名称：

中文：上海东海职业技术学院（以下简称"本单位"）

英文：Shanghai Donghai Vocational Technical College

第三条　本单位的住所和办学地址为上海市闵行区虹梅南路6001号，邮编：200241。

第四条　本单位的宗旨：遵守国家法律法规，贯彻国家的教育方针，保证教育质量，走"专业化、市场化"的办学道路，以社会需求为目标，以就业为导向，为社会培养具有创新精神和实践能力的高素质技能型人才。

第五条　本单位由曹助我、姜至本、陶钧、李重华创办。1993年7月，经上海市高教局批准筹建民办东海学院。1999年7月，经教育部批准成为具有颁发国家学历文凭资格的全日制普通高校。2003年4月，经上海市人民政府批准更名为上海东海职业技术学院。

第六条　本单位的法人性质是民办非企业单位。本单位坚持教育的公益性、坚持非营利性，举办者不要求取得合理回报。

第七条　本单位按国家有关规定和核准的业务范围开展活动,实行重大事故报告和信息公开制度。

第八条　本单位具有独立法人资格,行业主管部门是上海市教育委员会,登记管理机关是上海市社会团体管理局。

第二章　业务范围、办学层次及办学规模

第九条　本单位为全日制高等职业学校,业务范围为全日制高等职业教育。经教育行政部门批准,可开展各种高等职业技术学历和非学历教育以及配套服务,包括:

1. 举办全日制高等职业学历教育;
2. 举办成人高等职业学历教育;
3. 举办各类职业技能培训;
4. 开展中外合作办学;
5. 从事相关专业的科学研究;
6. 开发相关项目的校办产业和事业。

第十条　办学层次。经教育行政部门批准,举办三年制专科层次全日制学历教育、专科层次成人高等职业学历教育及各种形式的非学历教育。

第十一条　办学规模。本单位办学规模以行业主管部门核准的办学规模为准。

第三章　组 织 与 管 理

第十二条　本单位原举办者为曹助我、姜至本、陶钧、李重华,其中,姜至本于2005年11月去世。

第十三条　本单位的决策机构为董事会。校长依法贯彻落实董事会决策,负责本单位的教育教学和行政管理工作。

第十四条　本单位的法定代表人为董事长。

第十五条　本单位的董事会成员由举办者、校长、党组织负责人、教职工代表及社会贤达组成。本单位董事会由7～13人组成(实际人数以在行业主管部门备案的人数为准),每届任期4年,可连选连任。

董事会设董事长1名,根据需要设副董事长。由董事会选举产生或罢免,任期4年,可连选连任。

董事会成员名单须报行业主管部门备案。

第十六条　董事会一般每年召开两次会议,由董事长负责召集,董事长因故不能出席时,应由董事长指定副董事长或委托其他董事会成员负责召开。董事会会议应有二分之一以上董事出席方能举行。

第十七条　董事会的职权:

1. 选举或罢免董事长,推荐董事会成员和组织董事会,选举或罢免监事会成员,聘任、解聘校长与副校长、董事会秘书;
2. 修改本单位章程,审定本单位的重大规章制度;
3. 制定本单位的各项发展规划,批准本单位的各项年度工作计划;
4. 审议和批准本单位的各项年度预算、决算;
5. 决定本单位的分立、合并、变更和终止,通过清算报告;
6. 决定本单位的组织机构和用人原则,决定设立和撤销工作部门及主要部门(财务处、人事处)的人事安排;
7. 审定本单位的教职工编制定额和工资标准;
8. 审定本单位的对外投资、合作办学等重大事项;
9. 审定重大融资方案;
10. 研究、决定其他需要由董事会决定的重大事项。

第十八条　本单位决策机构的议事程序和规则是通过董事会会议提出,秉承公平、公正的原则,从推

进教育事业发展的根本利益出发的规则,讨论并通过。

第十九条 董事会会议由董事行使票决制。董事会议实行一人一票制和按全体董事会成员少数服从多数的原则。当赞成票和反对票数相等时,董事长有权作最后决定。会议决定的事项必须形成会议记录与决议并存档,出席会议的董事应在董事会决议上签名(不同意决议的,应在决议上签名并载明个人意见)。

第二十条 召开董事会会议,应提前一个月通知全体董事,董事会应对所议事项的决定形成会议纪录,出席会议的董事应在会议记录上签名。出席董事会的人数须为董事人数的二分之一以上,不够二分之一人数时,通过的表决无效,如经缺席的董事确认,连同确认的人数超过全体董事会成员二分之一时,其决议有效。

第二十一条 董事会讨论下列重大事项,须经全体董事会成员三分之二以上同意方可通过:
1. 决定董事会成员及其在董事会中的职务;
2. 聘任、解聘本单位的校长、副校长;
3. 修改本单位章程;
4. 制定本单位的发展规划;
5. 审核本单位的预算、决算;
6. 决定本单位的分立、合并、变更与终止;
7. 三分之一以上董事认为重大的其他事项。

第二十二条 本单位设校长1名,副校长2~3名,由董事会聘任,公开择优聘用,任期4年。
校长的职权:
1. 主持召开由校长、副校长、党组织负责人或各部门负责人参加的校长办公会议,并处理本单位的日常事务;
2. 执行本单位董事会的决定;
3. 负责实施本单位的教育发展规划和工作计划;
4. 编制财务预算,制定财务规章制度,执行经董事会批准同意的教学运行经费的财务预算;
5. 拟定本单位内部管理机构的设置方案报董事会审定;
6. 拟定本单位教职工编制定额和工资标准报董事会审定;
7. 拟聘重要部门负责人报董事会核准,聘任、解聘和奖惩本单位的中层及以下工作人员;
8. 组织实施教学、科研活动,保证教学质量,并向董事会报告;
9. 董事会赋予的其他工作。

第二十三条 本单位的管理执行机构是校长办公会议。

第二十四条 本单位设校长办公室、党委办公室、招生就业处、教务处、学生工作部、人事处、总务处、保卫处、财务处、资产与实训室管理处、图书馆、网络中心、督导室、培训部等部门;本单位根据教学要求设立学院、系、社科教学部、基础教学部和继续教育学院。根据需要,经董事会批准可以调整和增减工作部门。

第二十五条 各处、室实行行政首长问责制,各院、系、处、室负责人由校长聘任,并对校长负责。

第四章 党和团的组织

第二十六条 本单位依据《中国共产党章程》建立党的组织,依据《中国共产主义青年团章程》建立团的组织,依据《中华人民共和国工会章程》建立工会组织。本单位党组织在办学中发挥政治核心作用,保证党的教育方针的贯彻落实,负责本单位师生员工的思想政治教育、党组织建设及加强党的自身建设。董事会应在各方面支持党组织和群众组织的工作。

第二十七条 本单位设立党组织办公室以及组织、宣传和纪律检查等工作部门,配备必要的工作人员。党组织负责人应按照有关规定选举产生,并报上级党组织批准。

第二十八条 本单位党组织要发挥政治核心作用,坚持社会主义办学方向和教育公益性原则;参与本单位重大问题的决策,支持本单位董事会和校长依法行使职权,督促其依法治教、规范管理;领导本单位工会、共青团、学生会等群众组织和教职工代表大会。

第二十九条 本单位贯彻民主集中制原则,积极推进双向进入、交叉任职,党组织领导班子成员可通过法定程序进入决策机构和行政管理机构,决策机构和行政管理机构中符合条件的党员可按照党的有关规定进入党组织领导班子。党组织对本单位的发展规划、人事安排、财务预算、基本建设、招生收费等重大事项提出意见和建议,参与研究讨论。

第五章 资产管理与财务制度

第三十条 本单位开办资金为贰仟万元人民币,其中的贰拾万元由举办者于1993年现金出资,其他为历年办学积累。

第三十一条 本单位的经费来源:
1. 举办者投入;
2. 政府扶持资金;
3. 学费、住宿费收入;
4. 其他合法收入。

第三十二条 本单位的经费收入只能用于本章程规定的业务范围以及本单位未来事业的发展。开展社会服务活动的收入按物价部门核定的标准执行。

第三十三条 本单位的经费如有结余,经有关部门批准,可以按照《民办教育促进法》的有关规定对相关人员进行奖励。

第三十四条 本单位建立规范的财务管理制度,保证会计资料合法、真实、准确、完整。

第三十五条 本单位配备具有专业资格的会计人员。会计不得兼任出纳,会计人员必须进行会计核算,实行会计监督。会计人员调动工作或离职时,必须办理包括审计在内的交接手续。

第三十六条 本单位实施国家规定的财务会计制度,建立财务制度及资产管理制度,配备具有专业资格的财会人员,设置相关的会计科目,建立账簿,进行年度预算、决算和会计核算,按照有关规定编制财务会计报表。

第三十七条 本单位变更法定代表人或校长前,必须依法开展离职审计。

第三十八条 本单位对举办者投入的资产、政府扶持资金、受赠的财产、办学积累资产及其他合法资产享有法人财产权,在本单位存续期间,所有资产由本单位依法管理和使用,任何单位、个人不得侵占、私分和挪用本单位的资产。

第六章 专 业 设 置

第三十九条 新设置专业必须遵循以下原则:
1. 以社会需求为目标,以就业为导向;
2. 有相应的实验室及实训场地;
3. 有相应企业的支持,尽量实行"2+1"教育形式;
4. 力求提高经济效率,讲究教学成本。

第四十条 各院、系申报建立新专业,应作市场调查,全面论证,提出书面报告。

第四十一条 教务处于每年4月底接受各院、系申请设置新专业;5月,由校长办公会议审核;6月,报教育行政部门批准(备案)。

第七章 师资队伍

第四十二条 本单位配备与专业设置和在校生人数相适应的专职和相对稳定的兼职教师队伍。专职教师队伍构成为老、中、青三结合,以聘任思想政治素质好、创新意识强的中青年高学历教师为主。兼职教师队伍主要聘任教学水平高、教学经验丰富的教授、副教授,以及学术水平或技术水平较高的高职称专业人员。本单位强调建设"双师型"教师队伍。

第四十三条 教师实行聘任制。聘任教师采用推荐和公开招聘相结合的方式,对应聘人员进行审查和面试,被录用者由本单位校长签署聘任合同。

第四十四条 被本单位聘任连续任职工作满5年以上,教学效果好、学术水平高或工作业绩突出,为本单位作出较大贡献的高职称或高学历的教师或职工,经本单位董事会审定批准,本单位给予奖励。

第四十五条 教师应承担教书育人、培养社会主义事业合格建设者和可靠接班人、提高民族素质的使命。本单位应加强教师的思想政治教育和业务培训,改善教师的工作条件和生活条件,保障教师的合法权益,提高教师的地位。教师享有按时获取工资报酬、享受国家规定的福利待遇以及法定节假日及寒、暑假的带薪休假。

第四十六条 本单位实行教职工代表大会制度,对本单位工作进行民主监督,维护教职员工的合法权益。

第八章 变更与终止

第四十七条 本单位依法自行解散、分立、合并,或者由于其他原因需要注销,须经董事会讨论通过决议,并报行业主管部门审查同意。

第四十八条 本单位举办者的变更,须由举办者提出,在进行财务清算后经本单位董事会同意,报行业主管部门核准。

第四十九条 本单位有下列情况之一的,予以解散与清算:
1. 因不可抗拒因素迫使本单位无法继续活动;
2. 本单位因违反法律、行政法规被依法责令关闭;
3. 本单位因资不抵债无法继续办学。

第五十条 本单位在终止前,须在行业主管部门及其他政府部门的指导下由董事会组织成立清算小组,清理债权债务,妥善安置在校教职工和学生,处理善后事宜。清算期间,不得开展清算以外的活动。

第五十一条 清算人员一般应由本单位的法定代表人、举办者、债权人代表以及行业主管部门的代表组成。根据需要,可聘请国内注册会计师、律师等参加。

第五十二条 清算期间,清算小组代表本单位参与民事诉讼活动。

第五十三条 清算结束后,写出清算报告,提请原董事会审核通过后,报相关行业主管部门批准,向登记管理机关申请注销登记。

第五十四条 本单位终止后的剩余财产,继续用于社会公益性教育事业,由行业主管部门按照届时法律的规定向社会公告后依法处理。

第九章 附则

第五十五条 本章程的修改权属董事会。

第五十六条 本章程的解释权属董事会。

第五十七条 本章程与国家法律、法规相抵触时,以国家法律、法规为准。

第五十八条 本章程自登记管理机关核准之日起生效,并于核准之日起15日内报行业主管部门备案。

上海东海职业技术学院章程(2015年11月25日核准)

第一章 总 则

第一条 根据《中华人民共和国高等教育法》《中华人民共和国民办教育促进法》《民办非企业单位登记管理暂行条例》等法律和规章,为了依法办学,维护举办者、教职工和受教育者各方面的合法权益,促进学校各项事业健康发展,特制定本章程。

第二条 本单位的名称:

中文:上海东海职业技术学院(以下简称"本单位")

英文:Shanghai Donghai Vocational Technical College

第三条 本单位的住所和办学地址为上海市闵行区虹梅南路6001号,邮编:200241。

第四条 本单位的宗旨:遵守国家法律法规,贯彻国家的教育方针,保证教育质量,走"专业化、市场化"的办学道路,以社会需求为目标,以就业为导向,为社会培养具有创新精神和实践能力的高素质技能型人才。

第五条 本单位由曹助我、姜至本、陶钧、李重华创办。1993年7月,经上海市高教局批准筹建民办东海学院。1999年7月,经教育部批准成为具有颁发国家学历文凭资格的全日制普通高校。2003年4月,经上海市人民政府批准更名为上海东海职业技术学院。

第六条 本单位的法人性质是民办非企业单位。本单位坚持教育的公益性、坚持非营利性。举办者不要求取得合理回报,对投入该组织的财产不保留所有权。

第七条 本单位按国家有关规定和核准的业务范围开展活动,实行重大事故报告和信息公开制度。

第八条 本单位具有独立法人资格,行业主管部门是上海市教育委员会,登记管理机关是上海市社会团体管理局。

第二章 业务范围、办学层次及办学规模

第九条 本单位为全日制高等职业学校,业务范围为全日制高等职业教育。经教育行政部门批准可开展各种高等职业技术学历和非学历教育以及配套服务,包括:

1. 举办全日制高等职业学历教育;
2. 举办成人高等职业学历教育;
3. 举办各类职业技能培训;
4. 开展中外合作办学;
5. 从事相关专业的科学研究;
6. 开发相关项目的校办产业和事业。

第十条 办学层次。经教育行政部门批准,举办三年制专科层次全日制学历教育、专科层次成人高等职业学历教育及各种形式的非学历教育。

第十一条 办学规模。本单位办学规模以行业主管部门核准的办学规模为准。

第三章 组织与管理

第十二条 本单位原举办者为曹助我、姜至本、陶钧、李重华,其中,姜至本于2005年11月去世。

第十三条 本单位的决策机构为董事会。校长依法贯彻落实董事会的决策,负责本单位的教育教学和行政管理工作。

第十四条　本单位的法定代表人为董事长。

第十五条　本单位的董事会成员由举办者、校长、党组织负责人、教职工代表及社会贤达组成。本单位董事会由7~13人组成(实际人数以在行业主管部门备案的人数为准)，每届任期4年，可连选连任。

董事会设董事长1名，根据需要设副董事长。由董事会选举产生或罢免，任期4年，可连选连任。

董事会成员名单须报行业主管部门备案。

第十六条　董事会一般每年召开两次会议，由董事长负责召集，董事长因故不能出席时，应由董事长指定副董事长或委托其他董事会成员负责召开。董事会会议应有二分之一以上董事出席方能举行。

第十七条　董事会的职权：

1. 选举或罢免董事长，推荐董事会成员和组织董事会，选举或罢免监事会成员，聘任、解聘校长与副校长、董事会秘书；
2. 修改本单位章程，审定本单位的重大规章制度；
3. 制定本单位的各项发展规划，批准本单位的各项年度工作计划；
4. 审议和批准本单位的各项年度预算、决算；
5. 决定本单位的分立、合并、变更和终止，通过清算报告；
6. 决定本单位的组织机构和用人原则，决定设立和撤销工作部门及主要部门（财务处、人事处）的人事安排；
7. 审定本单位的教职工编制定额和工资标准；
8. 审定本单位的对外投资、合作办学等重大事项；
9. 审定重大融资方案；
10. 研究、决定其他需要由董事会决定的重大事项。

第十八条　本单位决策机构的议事程序和规则是通过董事会会议提出，秉承公平、公正的原则，从推进教育事业发展的根本利益出发的规则，讨论并通过。

第十九条　董事会会议由董事行使票决制。董事会议实行一人一票制和按全体董事会成员少数服从多数的原则。当赞成票和反对票数相等时，董事长有权作最后决定。会议决定的事项必须形成会议记录与决议并存档，出席会议的董事应在董事会决议上签名(不同意决议的，应在决议上签名并载明个人意见)。

第二十条　召开董事会会议，应提前一个月通知全体董事，董事会应对所议事项的决定形成会议纪录，出席会议的董事应在会议记录上签名。出席董事会的人数须为董事人数的二分之一以上，不够二分之一人数时，通过的表决无效，如经缺席的董事确认，连同确认的人数超过全体董事会成员二分之一时，其决议有效。

第二十一条　董事会讨论下列重大事项，须经全体董事会成员三分之二以上同意方可通过：

1. 决定董事会成员及其在董事会中的职务；
2. 聘任、解聘本单位的校长、副校长；
3. 修改本单位章程；
4. 制定本单位的发展规划；
5. 审核本单位的预算、决算；
6. 决定本单位的分立、合并、变更与终止；
7. 三分之一以上董事认为重大的其他事项。

第二十二条　本单位设校长1名，副校长2~3名，由董事会聘任，公开择优聘用，任期4年。

校长的职权：

1. 主持召开由校长、副校长、党组织负责人或各部门负责人参加的校长办公会议，并处理本单位的日常事务；

2. 执行本单位董事会的决定；
3. 负责实施本单位的教育发展规划和工作计划；
4. 编制财务预算，制定财务规章制度，执行经董事会批准同意的教学运行经费的财务预算；
5. 拟定本单位内部管理机构的设置方案报董事会审定；
6. 拟定本单位教职工编制定额和工资标准报董事会审定；
7. 拟聘重要部门负责人报董事会核准，聘任、解聘和奖惩本单位的中层及以下工作人员；
8. 组织实施教学、科研活动，保证教学质量，并向董事会报告；
9. 董事会赋予的其他工作。

第二十三条　本单位的管理执行机构是校长办公会议。

第二十四条　本单位设校长办公室、党委办公室、招生就业处、教务处、学生工作部、人事处、总务处、保卫处、财务处、资产与实训室管理处、图书馆、网络中心、督导室、培训部等部门；本单位根据教学要求设立学院、系、社科教学部、基础教学部和继续教育学院。根据需要，经董事会批准可以调整和增减工作部门。

第二十五条　各处、室实行行政首长问责制，各院、系、处、室负责人由校长聘任，并对校长负责。

第四章　党和团的组织

第二十六条　本单位依据《中国共产党章程》建立党的组织，依据《中国共产主义青年团章程》建立团的组织，依据《中华人民共和国工会章程》建立工会组织。本单位党组织在办学中发挥政治核心作用，保证党的教育方针的贯彻落实，负责本单位师生员工的思想政治教育、党组织建设及加强党的自身建设。董事会应在各方面支持党组织和群众组织的工作。

第二十七条　本单位设立党组织办公室以及组织、宣传和纪律检查等工作部门，配备必要的工作人员。党组织负责人应按照有关规定选举产生，并报上级党组织批准。

第二十八条　本单位党组织要发挥政治核心作用，坚持社会主义办学方向和教育公益性原则；参与本单位重大问题的决策，支持本单位董事会和校长依法行使职权，督促其依法治教、规范管理；领导本单位工会、共青团、学生会等群众组织和教职工代表大会。

第二十九条　本单位贯彻民主集中制原则，积极推进双向进入、交叉任职，党组织领导班子成员可通过法定程序进入决策机构和行政管理机构，决策机构和行政管理机构中符合条件的党员可按照党的有关规定进入党组织领导班子。党组织对本单位的发展规划、人事安排、财务预算、基本建设、招生收费等重大事项提出意见和建议，参与研究讨论。

第五章　资产管理与财务制度

第三十条　本单位开办资金为贰仟万元人民币，其中的贰拾万元由举办者于1993年现金出资，其他为历年办学积累。

第三十一条　本单位的经费来源：
1. 举办者投入；
2. 政府扶持资金；
3. 学费、住宿费收入；
4. 其他合法收入。

第三十二条　取得的收入除用于本单位有关的合理支出外，全部用于章程规定的公益性和非营利事业。本单位的经费收入只能用于本章程规定的业务范围以及本单位未来事业的发展。对受教育者收取费用的项目和标准由学院依法制定，向社会公开，并接受有关部门监管。

第三十三条　本单位的经费如有结余，经有关部门批准，可以按照《民办教育促进法》的有关规定对相关人员进行奖励。

第三十四条　本单位建立规范的财务管理制度,保证会计资料合法、真实、准确、完整。

第三十五条　本单位配备具有专业资格的会计人员。会计不得兼任出纳,会计人员必须进行会计核算,实行会计监督。会计人员调动工作或离职时,必须办理包括审计在内的交接手续。

第三十六条　本单位实施国家规定的财务会计制度,建立财务制度及资产管理制度,配备具有专业资格的财会人员,设置相关的会计科目,建立账簿,进行年度预算、决算和会计核算,按照有关规定编制财务会计报表。

第三十七条　本单位变更法定代表人或校长前,必须依法开展离职审计。

第三十八条　本单位对举办者投入的资产、政府扶持资金、受赠的财产、办学积累资产及其他合法资产享有法人财产权,在本单位存续期间所有资产由本单位依法管理和使用,任何单位、个人不得侵占、私分和挪用本单位的资产,财产及其孳息不用于分配。

第六章　专业设置

第三十九条　新设置专业必须遵循以下原则:

1. 以社会需求为目标,以就业为导向;
2. 有相应的实验室及实训场地;
3. 有相应企业的支持,尽量实行"2+1"教育形式;
4. 力求提高经济效率,讲究教学成本。

第四十条　各院、系申报建立新专业,应进行市场调查,全面论证,提出书面报告。

第四十一条　教务处于每年4月底接受各院、系申请设置新专业;5月,由校长办公会议审核;6月,报教育行政部门批准(备案)。

第七章　师资队伍

第四十二条　本单位配备与专业设置和在校生人数相适应的专职和相对稳定的兼职教师队伍。专职教师队伍构成为老、中、青三结合,以聘任思想政治素质好、创新意识强的中青年高学历教师为主。兼职教师队伍主要聘任教学水平高、教学经验丰富的教授、副教授,以及学术水平或技术水平较高的高职称专业人员。本单位强调建设"双师型"教师队伍。

第四十三条　教师实行聘任制。聘任教师采用推荐和公开招聘相结合的方式,对应聘人员进行审查和面试,被录用者由本单位校长签署聘任合同。

第四十四条　被本单位聘任连续任职工作满5年以上,教学效果好、学术水平高或工作业绩突出,为本单位作出较大贡献的高职称或高学历的教师或职工,经本单位董事会审定批准,本单位给予奖励。

第四十五条　教师应承担教书育人、培养社会主义事业合格建设者和可靠接班人、提高民族素质的使命。本单位应加强教师的思想政治教育和业务培训,改善教师的工作条件和生活条件,保障教师的合法权益,提高教师的地位。教师享有按时获取工资报酬、享受国家规定的福利待遇以及法定节假日及寒、暑假的带薪休假。

第四十六条　本单位实行教职工代表大会制度,对本单位的工作进行民主监督,维护教职员工的合法权益。

第八章　变更与终止

第四十七条　本单位依法自行解散、分立、合并,或者由于其他原因需要注销,须经董事会讨论通过决议,并报行业主管部门审查同意。

第四十八条　本单位有下列情况之一的,予以解散与清算:

1. 因不可抗拒因素迫使本单位无法继续活动;
2. 本单位因违反法律、行政法规被依法责令关闭;
3. 本单位因资不抵债无法继续办学。

第四十九条　本单位在终止前,须在行业主管部门及其他政府部门的指导下由董事会组织成立清算小组,清理债权债务,妥善安置在校教职工和学生,处理善后事宜。清算期间,不得开展清算以外的活动。

第五十条　清算人员一般应由本单位的法定代表人、举办者、债权人代表以及行业主管部门的代表组成。根据需要,可聘请国内注册会计师、律师等参加。

第五十一条　清算期间,清算小组代表本单位参与民事诉讼活动。

第五十二条　清算结束后,写出清算报告,提请原董事会审核通过后,报相关行业主管部门批准,向登记管理机关申请注销登记。

第五十三条　本单位终止后,按照章程规定注销后的剩余财产,继续用于社会公益性教育事业,由行业主管部门按照届时法律的规定向社会公告后依法处理。

第九章　附　则

第五十四条　本章程的修改权属董事会。

第五十五条　本章程的解释权属董事会。

第五十六条　本章程与国家法律、法规相抵触时,以国家法律、法规为准。

第五十七条　本章程自登记管理机关核准之日起生效,并于核准之日起 15 日内报行业主管部门备案。

上海东海职业技术学院章程（2020 年 1 月 15 日核准）

第一章　总　则

第一条　根据《中华人民共和国高等教育法》《中华人民共和国民办教育促进法》《民办非企业单位登记管理暂行条例》等法律和规章,为了依法办学,维护举办者、教职工和受教育者各方面的合法权益,促进学校各项事业健康发展,特制定本章程。

第二条　本单位的名称:
中文:上海东海职业技术学院(以下简称"本单位")
英文:Shanghai Donghai Vocational Technical College

第三条　本单位的住所和办学地址为上海市闵行区虹梅南路 6001 号,邮编:200241。

第四条　本单位的宗旨:遵守国家法律法规,践行社会主义核心价值观,遵守社会道德风尚,信守职业道德,提供诚信服务。贯彻国家的教育方针,保证教育质量,走"专业化、市场化"的办学道路,以社会需求为目标,以就业为导向,为社会培养具有创新精神和实践能力的高素质技能型人才。

第五条　本单位由曹助我、姜至本、陶钧、李重华创办。1993 年 7 月,经上海市高教局批准筹建民办东海学院。1999 年 7 月,经教育部批准成为具有颁发国家学历文凭资格的全日制普通高校。2003 年 4 月,经上海市人民政府批准更名为上海东海职业技术学院。

第六条　本单位的法人性质是民办非企业单位。本单位坚持教育的公益性、坚持非营利性。举办者不要求取得合理回报,对投入该组织的财产不保留所有权。

第七条　本单位按国家有关规定和核准的业务范围开展活动,实行重大事故报告和信息公开制度。

第八条　本单位具有独立法人资格,行业主管部门是上海市教育委员会,登记管理机关是上海市民政局。

第二章 业务范围、办学层次及办学规模

第九条 本单位为全日制高等职业学校,业务范围为全日制高等职业教育。经教育行政部门批准可开展各种高等职业技术学历和非学历教育以及配套服务,包括:

1. 举办全日制高等职业学历教育;
2. 举办成人高等职业学历教育;
3. 举办各类职业技能培训;
4. 开展中外合作办学;
5. 从事相关专业的科学研究;
6. 开发相关项目的校办产业和事业。

第十条 办学层次。经教育行政部门批准,举办三年制专科层次全日制学历教育、专科层次成人高等职业学历教育及各种形式的非学历教育。

第十一条 办学规模。本单位办学规模以行业主管部门核准的办学规模为准。

第三章 组 织 与 管 理

第十二条 本单位举办者为曹助我、姜至本、陶钧、李重华,其中,姜至本于2005年11月去世。

第十三条 本单位的决策机构为董事会。校长依法贯彻落实董事会的决策,负责本单位的教育教学和行政管理工作。

第十四条 本单位的法定代表人为董事长。

第十五条 本单位董事会成员由举办者、校长、党组织负责人、教职工代表组成。三分之一以上的董事应具备5年以上的教学经验。本单位董事会由7~13人组成(实际人数以在行业主管部门备案的人数为准),每届任期4年,可连选连任。

董事会设董事长1名,根据需要设副董事长1~2名。董事长和副董事长的人选由举办者合议后向董事会推荐,再由董事会选举产生或罢免,任期4年,可连选连任。

董事会成员名单须报行业主管部门备案。

第十六条 董事会一般每年召开两次会议,由董事长负责召集,董事长因故不能出席时,应由董事长指定副董事长或委托其他董事会成员负责召开。董事会会议应有二分之一以上董事出席方能举行。经三分之一以上组成人员提议,可以召开董事会临时会议。

第十七条 董事会的职权:

1. 选举或罢免董事长、副董事长,推荐董事会成员和组织董事会,聘任、解聘校长、副校长及校长助理、董事会秘书;
2. 修改本单位章程,审定本单位的重大规章制度;
3. 制定本单位的各项发展规划,批准本单位的各项年度工作计划;
4. 审议和批准本单位的各项年度预算、决算;
5. 决定本单位的分立、合并、变更和终止,通过清算报告;
6. 决定本单位的组织机构和用人原则,聘任和解聘校长办公室、人事处、教务处、学生处、财务处、资产管理处和校园服务中心等主要职能部门的负责人;
7. 审定本单位的教职工编制定额和工资标准;
8. 审定本单位的对外投资、合作办学等重大事项;
9. 审定重大融资方案;
10. 研究、决定其他需要由董事会决定的重大事项。

第十八条　本单位决策机构的议事程序和规则通过董事会会议提出,秉承公平、公正的原则,从推进教育事业发展的根本利益出发的规则,讨论并通过。

第十九条　董事会会议由董事行使票决制。董事会议实行一人一票制和按全体董事会成员少数服从多数的原则。当赞成票和反对票数相等时,董事长有权作最后决定。会议决定的事项必须形成会议记录与决议并存档,出席会议的董事应在董事会决议上签名(不同意决议的,应在决议上签名并载明个人意见)。

第二十条　召开董事会会议,应提前一个月通知全体董事,董事会应对所议事项的决定形成会议纪录,出席会议的董事应在会议记录上签名。出席董事会的人数须为董事人数的二分之一以上,不够二分之一人数时,通过的表决无效,如经缺席的董事确认,连同确认的人数超过全体董事会成员二分之一时,其决议有效。

第二十一条　董事会讨论下列重大事项,须经全体董事会成员三分之二以上同意方可通过:

1. 决定董事会成员及其在董事会中的职务;
2. 聘任、解聘本单位的校长、副校长;
3. 修改本单位章程;
4. 制定本单位的发展规划;
5. 审核本单位的预算、决算;
6. 决定本单位的分立、合并、变更与终止;
7. 三分之一以上董事认为重大的其他事项。

修改章程报审批机关备案,由审批机关向社会公告。

第二十二条　学校设立监事会,监事会中应当有党组织领导班子成员,监事由党委和工会推荐学校主要职能部门、教职工人选,由教代会代表无记名等额选举产生。监事会负责对董事会成员及其他管理人员进行监督。监事会由3~5名监事组成,并推选一名监事长。

第二十三条　本单位设校长1名,副校长2~3名,校长助理若干名,由董事会聘任,公开择优聘用,任期4年。学校校长应当具备国家规定的任职条件,具有10年以上从事高等教育管理经历,年龄不超过70岁。

校长的职权:

1. 主持召开由校长、副校长、校长助理、党组织负责人、党政办公室主任和有关部门负责人参加的校长办公会议,并处理本单位的日常事务,必要时董事长出席会议;
2. 执行本单位董事会的决定;
3. 负责实施本单位的教育发展规划和工作计划;
4. 编制财务预算,制定财务规章制度,执行经董事会批准同意的教学运行经费的财务预算;
5. 拟定本单位内部管理机构的设置方案报董事会审定;
6. 拟定本单位教职工编制定额和工资标准报董事会审定;
7. 拟聘重要部门负责人报董事会核准,聘任、解聘和奖惩本单位的中层及以下工作人员;
8. 组织实施教学、科研活动,保证教学质量,并向董事会报告;
9. 组织开展学校对外交流与合作,依法代表学校与各级政府、社会各界和境外机构签署合作协议,接受社会捐赠。
10. 负责向董事会报告重大决议执行情况、年度预决算执行情况等。
11. 董事会赋予的其他工作。

第二十四条　本单位的管理执行机构是校长办公会议。

第二十五条　本单位设校党政办公室、教务处、学生工作部、人事处、财务处、招生就业处、资产与实训室管理处、校园服务中心(含总务处、保卫处职能)、国际交流办公室、图书馆、网络中心、质量管理办公室、督导室、培训部等部门;本单位根据教学要求设立二级学院、系、社科教学部、基础教学部和继续教育学院。根据需要,经董事会批准可以调整和增减工作部门。

第二十六条　各处、室实行行政首长问责制,各院、系、处、室负责人由校长聘任,并对校长负责。

第二十七条　学校在教学、学生管理方面实行二级管理制度。学校层面制定教育教学发展规划、专业建设标准及其他有关教育教学和学生管理方面的重要制度;各二级学院按照学校的要求全面负责本学院的教学工作和学生管理。

二级学院院长行使如下职责:

1. 组织实施本学院教学活动、科研活动及学生管理,负责制定本学院专业发展规划和师资队伍发展规划,并提交学校学术委员会审定;

2. 聘任或解聘学院副院长(含企业兼职副院长)、专业负责人(含企业兼职专业负责人),并报备学校人事部门;

3. 审定本学院专业人才培养方案、市级优秀教学团队及市级精品课程申报材料;

4. 积极推进对外合作办学、技术服务和社会服务,代表本学院与合作方签订合作协议;

5. 学校赋予的其他工作。

第四章　党和群众组织

第二十八条　本单位坚持中国共产党的全面领导,依据《中国共产党章程》的规定,设立中国共产党的组织,开展党的活动,为党组织的活动提供必要条件。

第二十九条　本单位邀请党组织负责人参加或列席本单位管理层会议。党组织对本单位重要事项决策、重要业务活动、大额经费开支、接收大额捐赠、开展涉外活动等提出意见。

第三十条　本单位依据《中国共产主义青年团章程》建立团的组织,依据《中华人民共和国工会章程》建立工会组织。本单位党组织按照《中国共产党章程》的规定开展党的工作,在办学中发挥政治核心作用,保证党的教育方针的贯彻落实,负责本单位师生员工的思想政治教育,培育和践行社会主义核心价值观;加强校园文化建设,发挥文化育人的作用;负责党组织建设及加强党的自身建设,领导学校党的纪律检查工作,落实党风廉政建设主体责任。

第三十一条　学校建立教职工代表大会制度,在党组织的领导下教职工依法行使民主权利,充分发挥教代会在学校民主管理和民主监督中的重要作用。

第三十二条　教职工代表大会实行民主集中制,并行使下列职权:

1. 讨论通过校长工作报告、学校发展规划、重大改革、财务工作报告等,提出意见和建议;

2. 审议通过学校人事制度改革及其他与教职工权益有关的重要制度;审议决定有关教职工生活福利的重大事项;

3. 选举产生学校监事会;

4. 收集、审议和讨论教职工提案,提请由学校研究办理。

5. 教代会代表以教师为主体,教师代表应占代表总数的60%以上。

6. 教代会闭幕期间,由学校工会代行其职责,执行和落实教代会的各项决议和检查监督群众提案的落实情况。

第三十三条　董事会应在各方面支持党组织和群众组织的工作。

第三十四条　本单位设立党组织办公室以及组织、宣传和纪律检查等工作部门,配备必要的工作人员。党组织负责人应按照有关规定选举产生,并报上级党组织批准。

第三十五条　本单位党组织要发挥政治核心作用,坚持社会主义办学方向和教育公益性原则;把握党对学校意识形态工作的领导权、管理权、话语权,维护学校的和谐稳定;参与本单位重大问题的决策,支持本单位董事会和校长依法行使职权,督促其依法治教、规范管理;领导本单位工会、共青团、学生会等群众组织和教职工代表大会。

第三十六条 本单位贯彻民主集中制原则,积极推进双向进入、交叉任职,党组织领导班子成员可通过法定程序进入决策机构和行政管理机构,决策机构和行政管理机构中符合条件的党员可按照党的有关规定进入党组织领导班子。党组织对本单位的发展规划、人事安排、财务预算、基本建设、招生收费等重大事项提出意见和建议,参与研究讨论。

第三十七条 学校成立学术委员会。学术委员会是学校最高学术机构。学术委员会按照其章程统筹行使学术事务的决策、审议、评定和咨询的职权。学术委员会由学校不同专业的具有正高级以上专业技术职务的人员组成。学术委员会设主任委员一名,由校长提名。学术委员会委员由校长聘任。

第三十八条 校学术委员会的主要职责如下:

1. 审议学校专业发展规划及二级学院专业设置调整方案,审定各专业人才培养方案;
2. 审定学校申报市级优秀教学团队、教学名师以及市级精品课程的相关材料;
3. 审议以学校名义申报的有关教育教学(管理)科研项目或学术成果;
4. 接受学校委托对有关重要学术事项以及其他需要学术委员会决策的重大事项进行审议、评定和咨询。

第五章 资产管理与财务制度

第三十九条 本单位开办资金为贰仟万元人民币,其中的贰拾万元由举办者于1993年现金出资,其他为历年办学积累。

第四十条 本单位的经费来源:

1. 举办者投入;
2. 政府扶持资金;
3. 学费、住宿费收入;
4. 其他合法收入。

第四十一条 取得的收入除用于本单位有关的合理支出外,全部用于章程规定的公益性和非营利事业。本单位经费收入只能用于本章程规定的业务范围以及本单位未来事业的发展。开展社会服务活动的收入按物价部门核定的标准执行。对受教育者收取费用的项目和标准由学校依法制定,向社会公开,并接受有关部门监管。

第四十二条 本单位的经费如有结余,经有关部门批准,可以按照《民办教育促进法》的有关规定对相关人员进行奖励。

第四十三条 本单位建立规范的财务管理制度,保证会计资料合法、真实、准确、完整。

第四十四条 本单位配备具有专业资格的会计人员。会计不得兼任出纳,会计人员必须进行会计核算,实行会计监督。会计人员调动工作或离职时,必须办理包括审计在内的交接手续。

第四十五条 本单位实施国家规定的财务会计制度,建立财务制度及资产管理制度,配备具有专业资格的财会人员,设置相关的会计科目,建立账簿,进行年度预算、决算和会计核算,按照有关规定编制财务会计报表。

第四十六条 本单位变更法定代表人或校长前,必须依法开展离职审计。

第四十七条 本单位对举办者投入的资产、政府扶持资金、受赠的财产、办学积累资产及其他合法资产享有法人财产权,在本单位存续期间所有资产由本单位依法管理和使用,任何单位、个人不得侵占、私分和挪用本单位的资产,财产及其孳息不用于分配。

第六章 专 业 设 置

第四十八条 新设置专业必须遵循以下原则:

1. 以社会需求为目标,以就业为导向;
2. 有相应的实验室及实训场地;
3. 有相应企业的支持,实行校企合作的教育形式;
4. 力求提高经济效率,讲究教学成本。

第四十九条 各院、系申报建立新专业,应进行市场调查,全面论证,提出书面报告。

第五十条 教务处于每年4月底接受各院、系申请设置新专业;5月,由校长办公会议审核;6月,报教育行政部门批准(备案)。

第七章 师资队伍

第五十一条 本单位配备与专业设置和在校生人数相适应的专职和相对稳定的兼职教师队伍。专职教师队伍构成为老、中、青三结合,以聘任思想政治素质好、创新意识强的中青年高学历教师为主。兼职教师队伍主要聘任教学水平高、教学经验丰富的教授、副教授,以及学术水平或技术水平较高的高职称专业人员。本单位强调建设"双师型"教师队伍。

第五十二条 教师实行聘任制。聘任教师采用推荐和公开招聘相结合的方式,对应聘人员进行审查和面试,被录用者由本单位校长签署聘任合同。

第五十三条 被本单位聘任连续任职工作满5年以上,教学效果好、学术水平高或工作业绩突出,为本单位作出较大贡献的高职称或高学历的教师或职工,经本单位董事会审定批准,本单位给予奖励。

第五十四条 教师应承担教书育人、培养社会主义事业合格建设者和可靠接班人、提高民族素质的使命。本单位应加强教师的思想政治教育和业务培训,改善教师的工作条件和生活条件,保障教师的合法权益,提高教师的地位。教师享有按时获取工资报酬、享受国家规定的福利待遇以及法定节假日及寒、暑假的带薪休假。

第五十五条 本单位实行教职工代表大会制度,对本单位的工作进行民主监督,维护教职员工的合法权益。

第八章 学 生

第五十六条 学生是指被学校依法录取、取得入学资格,在学校注册的受教育者。学生是学校办学的受益权人。学生享有下列权利:
1. 公平接受学校教育,利用学校公共教育资源,公平获得各种奖励和荣誉称号。
2. 按规定条件和程序选择、调换专业,跨专业、学院选修课程;完成学业要求,具备条件后获得学历证书。
3. 参加民主管理,对学校工作提出意见和建议;依照法律和学校规定组织和参加学生自治组织和学生社团。
4. 对纪律处分和涉及自身利益的相关决定表达异议和提出申诉。
5. 法律、法规及学校规定的其他权利。

第五十七条 学生应履行下列义务:
1. 爱国守法、尊敬师长,努力学习、完成学业;遵守《学生手册》以及学校规章制度和学生行为规范;珍惜和维护学校声誉和学校利益。
2. 按规定缴纳各种费用,履行获得资助所承诺的相关义务。
3. 爱护并合理使用学校的教育教学设备和生活设施。
4. 法律法规及学校规定的其他义务。

第五十八条 学校对在学习及职业技能大赛、社会实践等各项活动中成绩突出、表现优秀的学生给予表彰和奖励;对有违法、违规、违纪行为的学生,给予批评教育或按规定给予纪律处分。

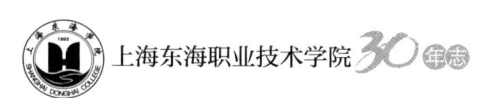

第五十九条 学校支持由学生代表大会选举产生的学生组织按照其章程开展活动,并为活动的开展提供必要条件。

第九章 变更与终止

第六十条 本单位依法自行解散、分立、合并,或者由于其他原因需要注销,须经董事会讨论通过决议,并报行业主管部门审查同意。

第六十一条 本单位有下列情况之一的,予以解散与清算:

1. 因不可抗拒因素迫使本单位无法继续活动;
2. 本单位因违反法律、行政法规被依法责令关闭;
3. 本单位因资不抵债无法继续办学。

第六十二条 本单位在终止前,须在行业主管部门及其他政府部门指导下由董事会组织成立清算小组,清理债权债务,妥善安置在校教职工和学生,处理善后事宜。清算期间,不得开展清算以外的活动。

第六十三条 清算人员一般应由本单位的法定代表人、举办者、债权人代表以及行业主管部门的代表组成。根据需要,可聘请国内注册会计师、律师等参加。

第六十四条 清算期间,清算小组代表本单位参与民事诉讼活动。

第六十五条 清算结束后,写出清算报告,提请原董事会审核通过后,报相关行业主管部门批准,向登记管理机关申请注销登记。

第六十六条 本单位终止后,按照章程规定注销后的剩余财产,继续用于社会公益性教育事业,由行业主管部门按照届时法律的规定向社会公告后依法处理。

第十章 学校标识

第六十七条 学校校训是"自尊,自强,认真,求真"。

第六十八条 学校校徽包括徽志和徽章。徽志是圆形徽标,图案为学校信息中心大楼轮廓,呈对称的风帆形状,下侧画有起伏波浪,意寓"东海学院,扬帆起航"。

第六十九条 学校徽章为题有校名的长方形证章,教职工为红底白字,学生为白底红字。

第七十条 学校校歌名称为《东海学院之歌》,方尼作词,沈亚威作曲。

第七十一条 学校校旗为蓝色或白色,上面印有学校徽志和校名。

第十一章 附 则

第七十二条 本章程的修改权属董事会。

第七十三条 本章程的解释权属董事会。

第七十四条 本章程与国家法律、法规相抵触时,以国家法律、法规为准。

第七十五条 本章程生效之后制定的学校规章制度,不得与本章程相抵触。本章程生效之前制定的学校规章制度与本章程不一致的,以本章程为准。

第七十六条 本章程自登记管理机关核准之日起生效,并于核准之日起15日内报行业主管部门备案。

上海东海职业技术学院章程(2021年12月21日核准)

第一章 总 则

第一条 为保障学校依法办学和自主管理,发展学校教育事业,根据《中华人民共和国高等教育法》

《中华人民共和国民办教育促进法》等法律法规的规定,结合学校实际,制定本章程。

第二条 本单位名称:

学校的中文全称是上海东海职业技术学院(以下简称学校),英文全称是 Shanghai Donghai Vocational Technical College。

第三条 学校的住所地是上海市闵行区虹梅南路6001号,邮编:200241。

第四条 学校坚持中国共产党的全面领导,坚持依法治校和党的领导有机统一,党委发挥政治核心作用,实施教授治学、民主管理。

第五条 学校是由教育部于1993年审批设立的民办普通高等学校,是举办者个人出资自愿举办的,主要从事非营利性高等教育活动的非营利法人(社会服务机构法人)。

第六条 学校的办学宗旨:坚持社会主义办学方向和非营利公益性;全面贯彻党和国家的教育方针,坚持立德树人根本任务,践行社会主义核心价值观;坚持为社会主义现代化建设服务、为人民服务,培养德、智、体、美、劳全面发展的社会主义建设者和接班人。遵守国家法律法规,遵守社会道德风尚,信守职业道德,提供诚信服务。

坚持"品质+能力"的教学理念,保证教育质量,走"专业化、市场化"的办学道路,以社会需求为目标,以就业为导向,为社会培养具有创新精神和实践能力的高素质技能型人才。

第七条 学校办学规模以业务主管单位核准的办学规模为准。学校的业务范围为全日制高等职业教育。经业务主管单位批准,可开展各种高等职业技术学历和非学历教育以及配套服务,包括:

(一)举办全日制高等职业学历教育;

(二)举办成人高等职业学历教育;

(三)举办各类职业技能培训;

(四)开展中外合作办学;

(五)从事相关专业的科学研究;

(六)开发相关项目的校办产业和事业。

第八条 学校具有独立法人资格,独立承担法律责任。董事长为学校的法定代表人。学校依法享有下列办学自主权:

(一)根据社会需求、办学条件和国家核定的办学规模,依法自主设置和调整学科、专业,制定招生方案,自主调节专业招生比例;

(二)根据人才培养需要,自主制定人才培养方案,开展课程建设、教材建设和教学设施建设;

(三)根据自身条件,自主开展科学研究和社会服务;

(四)依法自主开展与海内外大学、研究机构的交流和合作;

(五)根据办学定位和发展目标,自主确定教学、科学研究、行政职能部门等内部组织机构的设置和人员配备;按照国家有关规定,评聘教师和其他专业技术人员的职称、职务,制定和调整薪酬标准;

(六)对学校资金和资产依法管理和使用;

(七)依法获得的其他办学自主权。

第九条 学校的登记管理机关是上海市民政局,业务主管单位是上海市教育委员会,学校接受登记管理机关、业务主管单位和其他职能部门的监督管理。

第二章 举办者、开办资金

第十条 学校的原举办者是曹助我、姜至本、陶钧、李重华,其中,姜至本于2005年11月去世。现举办者为曹助我、陶钧、李重华。

第十一条 学校的开办资金是两千万元人民币,按照如下方式投入组成:

举办者曹助我、姜至本、陶钧、李重华出资二十万元,每人的出资额为五万元人民币,出资方式为个人

集资,出资时间为1993年;

另有一千九百八十万元开办资金由办学积累,于2001年3月1日转增。

第十二条 举办者依法享有权利、履行义务:

(一)推选学校决策机构组成人员候选人;

(二)按照法律法规和章程规定的程序,参加或者委派代表参加学校决策机构,依据法律法规和章程规定的权限行使相应的决策管理权;

(三)不抽回开办资金,不挪用办学经费,对出资的财产不保留和享有任何财产权利;不用教育教学设施抵押贷款、进行担保;

(四)法律法规规定的其他权利与义务。

第十三条 学校举办者变更,由举办者提出,进行财务清算后,由学校董事会决议通过,报业务主管单位核准备案。

第三章 党的组织建设

第十四条 学校根据《中国共产党章程》的规定,建立中国共产党上海东海职业技术学院委员会,在保证政治方向、凝聚师生员工、推动学校发展、引领校园文化、维护安全稳定、参与人事管理和服务等方面充分发挥政治核心作用;在学校明确办学方向、推动改革发展、依法办学等重大事项决策、监督、执行各环节有效发挥作用。

第十五条 坚持党组织书记上级选派与任免,按照政治素质过硬、熟悉党建工作、懂教育善管理、有奉献精神、讲政治的要求,选优配强党组织书记。

学校设立党委办公室、党的组织、宣传、纪检监察、教师工作、学生工作、保卫工作等部门,配齐配强党务工作人员、辅导员、思想政治理论课教师等专门工作力量;加大院(系)党组织组建力度,提升基层党组织建设质量,抓好党员队伍建设。

第十六条 学校加大对党建工作的支持保障力度,将党组织活动经费列入学校年度经费预算。

第十七条 学校建立相应的制度规范和运行机制,保障党组织行使以下职责:

(一)宣传和执行党的路线方针政策,执行上级党组织的决议,坚持社会主义办学方向和教育公益性原则,致力于培养社会主义建设事业的各类人才;

(二)引导和监督学校遵守法律法规,参与学校重大问题的决策,支持学校决策机构和校长依法行使职权,督促其依法治教、规范管理;

(三)支持学校改革发展,及时向上级党组织和政府职能部门反映学校的合理要求,帮助解决影响学校改革发展稳定的突出问题;

(四)全面加强学校党的政治、思想、组织、作风和制度建设,做好党员教育管理工作;

(五)讨论研究学校发展规划、重要改革、人事安排和师生员工切身利益的重大事项并提出意见,讨论研究干部遴选及聘用等重大人事制度环节并提出意见;

(六)领导学校思想政治工作和德育工作;

(七)对教师引进、课程建设、教材选用、学术活动、对外交流等教育教学重要事项的政治把关;

(八)领导学校工会、共青团、学生会等群众组织和教职工代表大会;

(九)做好统一战线工作,支持学校内民主党派的基层组织按照各自的章程开展活动;

(十)根据国家及本市党的建设要求应当行使的其他职责。

第四章 决策机构

第十八条 学校的决策机构为董事会,由7~13人组成(实际人数以业务主管单位和登记管理单位核准的人数为准)。其中,举办者或其代表3人、校长1人、党组织书记1人、教职工代表2人、社会贤达若干人。

董事会成员每届任期 4 年,任期届满时应按照本章程的规定开展换届工作,董事会成员可以连选连任。

第十九条 董事会成员的资格:
(一)坚持党的路线、方针、政策,热心教育事业,品行良好;
(二)具有政治权利和完全民事行为能力;
(三)身体健康,能坚持正常工作;
(四)非国家机关工作人员(经批准的除外)。

第二十条 董事会换届改选时,由本届董事会推选产生新一届董事。其中,教职工代表由学校教职工代表大会推选。

董事会换届或董事会成员因故调整的,在董事会作出决定后 30 天内报业务主管单位和登记管理机关备案。

第二十一条 董事会依法行使下列职权:
(一)聘任和解聘校长、副校长及校长助理、董事会秘书;
(二)修改学校章程和制定学校的规章制度;
(三)制定发展规划,批准年度工作计划;
(四)筹集办学经费,审核预算、决算;
(五)决定教职工的编制定额和工资标准;
(六)决定学校的分立、合并、终止;
(七)决定董事会成员的变更与成员在董事会中职务的变更;
(八)决定本单位的组织机构和用人原则,聘任和解聘校长办公室、人事处、财务处、资产与实训室管理处等主要职能部门的负责人;
(九)决定其他重大事项。

其中,涉及学校发展规划、重要改革、人事安排和师生员工切身利益等重大事项,由党组织参与讨论研究,重点从坚持党的领导、把牢正确办学方向、严把领导人员政治素质、维护校园和谐稳定等方面提出意见,经党组织会议研究同意后再提交董事会作出决定。

第二十二条 董事长、副董事长应当具有中华人民共和国国籍,具有政治权利和完全民事能力,在中国境内定居,信用状况良好,无犯罪记录或者教育领域不良从业记录。

第二十三条 董事会换届改选时,由本届董事会推选产生新一届董事,董事长和副董事长人选由举办者合议后向董事会推荐,经董事会选举产生;届中罢免、增补董事由董事会表决通过;董事会选举、增补和罢免董事的结果,应于 30 日内报业务主管单位和登记管理机关备案。

第二十四条 董事长行使下列职权:
(一)召集和主持董事会会议;
(二)检查董事会决议的实施情况;
(三)法律、法规、规章和本章程规定的其他职权。

副董事长协助董事长工作,董事长不能行使上述职权时,由董事长指定的副董事长或其他董事代其行使职权。

第二十五条 董事会每年至少召开两次会议。有下列情况之一的,应当召开董事会临时会议:
(一)董事长认为必要时;
(二)经三分之一以上成员联名提议时;

第二十六条 董事会会议由董事长召集并主持,董事长因故不能出席时,应以书面形式委托副董事长或其他董事召集并主持。

召开董事会会议,董事会秘书处应提前5日通知全体董事会、监事会成员。

第二十七条　董事会会议应由三分之二以上的董事出席方可举行,董事会会议实行一人一票制。除学校重大事项,其他事项应经二分之一以上董事成员同意方可通过,同意与不同意人数相同时,由董事长决定是否通过。

下列事项属学校重大事项,应经董事会全体成员的三分之二及以上同意方可通过:

（一）聘任、解聘校长;

（二）修改学校章程;

（三）制定发展规划;

（四）审核预算、决算;

（五）决定学校的分立、合并及自行终止;

（六）决定学校举办者、名称、层次、类别、办学地址的变更;

（七）决定董事会成员的变更与成员在董事会中职务的变更;

（八）决定内部机构的设置及调整;

（九）董事会全体成员的三分之一及以上认为重大的其他事项。

第二十八条　董事会会议应当制作会议记录,内容包括会议时间、地点、出席人员、讨论事项、讨论结果等。形成决定的,应当当场制作会议决议,并由出席会议的董事审阅、签名。董事会决议违反法律、法规、规章或章程规定,致使学校遭受损失的,参与决议的董事应当承担责任。但经证明在表决时反对并记载于会议记录的,该董事可免除责任。

第二十九条　董事会会议实行会议材料存档制度,存档材料包括每次会议的签到记录、会议记录、会议决议及相关支撑材料等,由董事会秘书处指定专人汇总整理、学校档案管理部门存档保管。

第五章　行政管理及内部组织机构设置

第三十条　学校聘任专职校长。校长由董事会讨论决定,任期为4年,可以连任。

学校校长应符合下列条件:

（一）具有中华人民共和国国籍,在中国境内定居;

（二）遵守国家法律,具有较高的政治素质和管理能力,品德高尚,作风正派,热心社会主义教育事业;

（三）年龄原则上不超过70岁,身体健康,能依法履行职责;

（四）熟悉教育及相关法律法规,具有10年以上从事高等教育管理的经历;

（五）办学业绩良好,个人信用状况良好;

（六）具有高等教育副高级以上专业技术职务。

第三十一条　校长负责学校的教育教学和行政管理工作,依法行使下列职权:

（一）负责学校日常管理工作,执行董事会的决定;

（二）拟订学校内部组织机构设置方案,报学校董事会批准;

（三）实施发展规划,拟订年度工作计划、财务预算和学校规章制度;

（四）聘任和解聘学校工作人员,实施奖惩;

（五）组织教育教学、科学研究、社会服务等活动,保证教育教学质量;

（六）学校董事会的其他授权。

校长主持校长办公会议,处理前款规定的有关事项。

第三十二条　学校实行校长办公会议制度。

校长办公会议是校长行使职权的基本形式,由校长召集并主持。校长办公会议的正式成员为学校行政管理班子成员,学校党委班子与行政管理班子实行"双向进入、交叉任职"。

根据需要,董事长可委派代表出席校长办公会议并参与决策,校长可邀请有关职能部门负责人及教师和学生代表列席。校长办公会议按照会议制度和议事规则作出决定,正式成员具有表决权。

第三十三条 学校根据需要,设立党政办公室、组织部、宣传部、教务处、学生处(学生工作部)、科技发展处(含职教研究室)、人事处、财务处、招生就业处、资产与实训室管理处、后勤保障部(含总务处、武装部、保卫处职能)等行政部门;根据教学要求设立二级学院、系、社科教学部、基础教学部和继续教育学院。根据需要,经董事会批准可以调整和增减工作部门。各处、室实行行政首长负责制。

学校实行校院二级管理制度。二级管理办法另行制定,董事会通过后实行。

第六章 监督机构及其他民主参与

第三十四条 学校设立监事会,依据国家有关规定和学校章程对学校办学行为进行监督。监事会由3名监事组成,分别为党委领导班子成员1人、教职工代表2人。监事会设监事长1人,由全体监事过半数选举产生。教职工代表由教职工代表大会推选。

监事会成员每届任期为4年,期满可以连任,监事会成员的变更及换届由相关各方按本条规定推选产生。

学校董事及其近亲属及财务会计人员不得担任监事。

第三十五条 监事会依法行使下列职权:

(一) 监事长或其代表列席董事会会议,对会议讨论的事项提出意见与建议;
(二) 检查或委托专业机构检查学校财务和会计资料;
(三) 监督董事会和校长等行政管理人员遵守法律、法规、规章和章程的情况;
(四) 发现问题时,有权对董事会和校长等行政管理人员提出质询和建议,并向业务主管单位反映情况;
(五) 向教职工代表大会报告履职情况;
(六) 国家法律法规和学校章程规定的其他职权。

第三十六条 监事会会议实行一人一票制。监事会决议须经全体监事过半数表决通过,方为有效。

第三十七条 学校建立教职工代表大会制度,成立以教师为主体的教职工代表大会,提高教职工的主人翁意识,为学校的科学发展建言献策,推进校内民主管理建设,维护教职员工和学生的合法权益。

教职工代表大会按照《学校教职工代表大会规定》等法律法规及《上海东海职业技术学院教职工代表大会实施细则》等校内规章制度开展工作。

第三十八条 学校根据法律法规的规定组建教职工工会,依法维护教职工的合法权益。学校工会为教职工代表大会的工作机构,行使《学校教职工代表大会规定》及《上海东海职业技术学院教职工代表大会实施细则》所规定的工作职责。

第三十九条 学校党委充分发挥中国共产主义青年团组织的作用,根据《中国共产主义青年团章程》成立中国共产主义青年团组织。在共青团上海市委员会和学校党委的领导下,按照《中国共产主义青年团章程》开展共青团工作。

第四十条 学生代表大会是学校联系学生的桥梁纽带,是学生参与学校民主管理的重要组织形式。在学校党组织的领导下和团组织的指导下,依据《中华全国学生联合会章程》和《上海东海职业技术学院学生会章程》依法依章开展工作。

第七章 校务委员会与学术委员会

第四十一条 学校设立校务委员会。校务委员会独立行使行政咨询职责,主要针对学校中长期事业发展规划、学科专业建设及师资队伍建设规划等重大事项开展调查研究,提出咨询意见和建议,校务委员会委员的主要成员应有计划不定期地深入东海学院有关处室、二级学院、系、部进行调研、巡视督导。校务委员会设主任1人,由校长兼任;副主任若干名,其中,1名副主任由党委书记兼任。校务委员会设委员

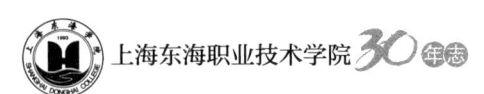

15～20名，主要由学校举办者，部分学校现职领导，近期退出校领导岗位的老领导代表，部分教学、管理部门负责人以及师生代表等组成。校务委员会设秘书长1人，由学校办公室主任兼任秘书长。校务委员会秘书处挂靠党政办公室，不再另设办事机构。

第四十二条　学校设立学术委员会。根据《上海东海学院学术委员会规程》，学术委员会是对学校学术活动进行评议，包括教师职称评定、科研项目申报等工作进行决策的机构。委员由学校领导、行政主要处室办负责人、二级学院领导和一线高级职称的老师组成。

第八章　校　　友

第四十三条　校友是指在上海东海学院学习或工作过的学生和教职员工，被学校授予各种荣誉职衔的中外各界人士。学校视校友为学校的宝贵财富。校友应当维护学校的声誉，支持学校的发展。

第四十四条　学校创造条件，鼓励校友参与学校建设与发展。对学校建设作出贡献的校友，学校授予荣誉称号并设志纪念。

第九章　权　益　保　障

第四十五条　学校根据国家规定和实际需要确定用人计划，实行聘任制度，面向海内外自主招聘教职工。学校教职工的权利和义务依照国家有关法律法规的规定，在聘用合同中确定。

第四十六条　根据《中华人民共和国教师法》，教师享有下列权利：

（一）进行教育教学活动，开展教育教学改革和实验；

（二）从事科学研究、学术交流，参加专业的学术团体，在学术活动中充分发表意见；

（三）指导学生的学习和发展，评定学生的品行和学业成绩；

（四）按时获取工资报酬，享受国家规定的福利待遇以及寒暑假期的带薪休假；

（五）对学校教育教学、管理工作和教育行政部门的工作提出意见和建议，通过教职工代表大会或者其他形式，参与学校的民主管理；

（六）参加进修或者其他方式的培训。

教师应当履行下列义务：

（一）遵守宪法、法律和职业道德，为人师表；

（二）贯彻国家的教育方针，遵守规章制度，执行学校的教学计划，履行教师聘约，完成教育教学工作任务；

（三）对学生进行宪法所确定的基本原则的教育和爱国主义、民族团结的教育，法制教育以及思想品德、文化、科学技术教育，组织、带领学生开展有益的社会活动；

（四）关心、爱护全体学生，尊重学生人格，促进学生在品德、智力、体质等方面全面发展；

（五）制止有害于学生的行为或者其他侵犯学生合法权益的行为，批评和抵制有害于学生健康成长的现象；

（六）不断提高思想政治觉悟和教育教学业务水平。

学校根据实际情况，自主确定薪金、津贴、福利标准和分配办法，依法保障教职工的工资、福利待遇并按照国家有关规定为教职工办理社会保险、补充保险。完善校内规章制度，为教师提供评聘晋升、交流培训等发展空间，稳定教师队伍。

被学校聘任连续任职工作满5年以上，教学效果好、学术水平高或工作业绩突出、为学校作出较大贡献的高职称或高学历的教师或职工，可经董事会审定批准，学校给予奖励。

第四十七条　学生是学校办学的受益权人，学生享有下列权利：

（一）公平接受学校教育，利用学校公共教育资源，公平获得各种奖励和荣誉称号。

（二）按规定条件和程序选择、调换专业，跨专业、学院选修课程；完成学业要求，具备条件后获得学历证书。

（三）参加民主管理，对学校工作提出意见和建议；依照法律和学校规定组织和参加学生自治组织和学生社团。

（四）对纪律处分和涉及自身利益的相关决定表达异议和提出申诉。

（五）法律法规及学校规定的其他权利。

学生应履行下列义务：

（一）爱国守法、尊敬师长，努力学习、完成学业；遵守《学生手册》以及学校规章制度和学生行为规范；珍惜和维护学校声誉和学校利益。

（二）按规定缴纳各种费用，履行获得资助所承诺的相关义务。

（三）爱护并合理使用学校的教育教学设备和生活设施。

（四）法律法规及学校规定的其他义务。

学校依法保障学生的合法权益。依据法律法规和教育行政部门及学校有关规定，对学生实施奖励或处分。

第四十八条　学校依法保障教师和学生的合法权益。

建立以"人事争议处理调解委员会"为教职工校内申诉的主渠道，依法妥善处理教职工提出的申诉，维护教职工的合法权益。

学校制定《学生校内申诉处理管理规定》，成立学生申诉委员会，在对学生作出处理或处分前，应当告知学生，学生有权申辩或根据有关规定提出申诉。学校进一步拓宽学生诉求渠道，推行学校党政部门接待、联系学生，听取学生意见与建议的工作制度，创建稳定、和谐的校园。

第十章　资产与财务管理

第四十九条　学校多渠道筹措办学经费，主要来源于举办者投入、依法收取的学费、在办学范围内开展社会服务的收入、社会捐赠收入、政府资助、其他合法收入等。

学校资产包括通过前述渠道形成的资产、经法律确认为学校所有的其他资产，主要表现为土地、固定资产、流动资产、在建工程、无形资产等。

学校对上述资产享有法人财产权，所有资产由学校依法管理和使用，任何组织和个人不得侵占。

第五十条　学校统筹考虑学科专业、教学质量、办学各项成本等，履行必要的校内程序，自主确定学费和住宿费标准，按照有关规定做好多种形式的公示公告工作，接受各方监督。

第五十一条　学校建立健全财务管理制度，财务部门定期向校长汇报财务计划执行情况，依法编报财务报表。

学校的资金资产主要用于教育教学活动、改善办学条件和保障教职工待遇，除符合规定的支出外，财产及其孳息不用于分配，增值部分不予分配。

第五十二条　学校执行国家及上海市规定的会计制度，依法进行独立的会计核算，建立健全内部会计监督制度，保证会计资料合法、真实、准确、完整。

学校配备具有专业资格的会计人员。会计不兼任出纳。会计人员调动工作或离职时，应与接管人员办清交接手续。

学校接受税务、会计主管部门依法实施的税务监督和会计监督。

第五十三条　学校依法接受公民、法人或者其他组织的捐赠，根据财政部《民间非营利组织会计制度》第二章第十六条的规定执行。

第五十四条　学校对举办者投入学校的资产、国有资产、受赠的资产、收取的费用、办学积累等，按照国家及上海市的相关规定分别核算、登记建账，存入相应的银行账户，并接受有关部门检查监督。

第五十五条　学校财产的使用接受有关部门的监督。学校在每一会计年度终了时制作财务会计报

告,委托会计师(审计师)事务所依法进行审计,并向有关部门报告审计结果。

第十一章 年度检查及信息公开

第五十六条 学校按照登记管理机关和业务主管单位的相关规定,自觉接受年度检查。

第五十七条 学校根据国家和上海市关于高等学校信息公开的有关规定做好信息公开工作,按照登记管理机关和业务主管单位信息公开的相关要求,履行信息公开义务。

学校成立院务公开工作领导小组,负责领导组织实施。下设办公室,负责处理协调院务公开的日常工作。依照《上海东海职业技术学院信息公开指南》做好相关信息公开工作。学校信息公开的主要形式:"东海学院门户网站——信息公开网站"和官方微信平台。

第十二章 变更与终止

第五十八条 学校分立或合并,在进行财务清算后,由学校董事会决议通过,报业务主管单位批准,并报登记管理机关办理相关变更手续。

第五十九条 学校名称、层次、类别、办学地址变更,由学校董事会决议通过,报业务主管单位和登记管理机关批准。

第六十条 学校若有下列情形之一的,应依法终止:

(一)学校经董事会讨论通过决议,决定终止办学,并经业务主管单位批准;

(二)被吊销办学许可证;

(三)因资不抵债无法继续办学。

第六十一条 学校终止时,在业务主管单位和登记管理机关等有关部门的指导下成立清算组织,清理债权债务,处理剩余财产,完成清算工作。依法妥善安置在校学生与教职工、进行财务清算、清偿债务。

第六十二条 清算组织人员一般应由学校的法定代表人或者董事会确定的相关负责人、债权人代表以及管理机关的代表组成。根据需要可聘请国内注册会计师、律师等参加。清算费用和清算组成员的酬劳应从学校的剩余财产中优先支付。

清算期间,清算组织代表学校参与民事诉讼活动。清算工作完成后,清算组织应提交清算报告提请原董事会审核通过,并报业务主管单位审查同意。

第六十三条 学校按照受教育者学杂费等费用、教职工工资与社会保险保障费用、其他债务的顺序清偿债务。

学校清偿上述债务后的剩余财产,继续用于社会公益教育事业,法律法规另有规定的情形除外。

第六十四条 学校自完成清算之日起15日内,向业务主管单位交回学校办学许可证,将学校印章上交登记管理机关,向登记管理机关办理法人登记注销手续。

学校自登记管理机关发出注销登记证明文件之日起,即为终止。

第十三章 附 则

第六十五条 本章程的修改,须经学校教职工代表大会讨论审议,经董事会表决通过后15日内,报业务主管单位审查同意,自业务主管单位审查同意之日起30日内,报登记管理机关核准。

第六十六条 本章程于2021年6月29日经学校董事会会议表决通过。

第六十七条 本章程的解释权属学校董事会。

第六十八条 本章程中的各项条款如与法律、法规、规章和政策不符的,以法律、法规、规章和政策的规定为准。

学 校 规 划

上海东海职业技术学院"十一五"发展规划(2006—2010)

2005年12月7日党政联席会议审议
2006年9月22日教工代表大会通过

一、指导思想

以马克思列宁主义、毛泽东思想、邓小平理论和"三个代表"重要思想为指导,以科学发展观作统领,深刻领会《国务院关于大力发展职业教育的决定》精神,大力发展高等职业教育,为落实科教兴国战略和人才强国战略,为把我国巨大的人口压力转化为人口资源优势,提升我国综合实力,构建和谐社会,作出应有的贡献。

坚持准确的办学定位和科学的发展规划,主动服务于地区经济和社会的发展,培养拥护党的基本路线,适应生产、建设、管理、服务第一线需要的,德、智、体、美等方面全面发展的高等技术应用性专门人才。

坚持以就业为导向,确定办学思路;以就业为导向,创新办学模式;以就业为导向,改革办学机制;以就业为导向,制订政策措施;以就业为导向,积极研究并改革人才培养方案,与时俱进地调整专业设置并修订教学计划。

以就业为导向、以服务为宗旨、以质量为根本、以办学特色求生存、以学生能力求发展的教育思想观念要成为全院师生员工的共识,教学工作的中心地位要得以切实地凸显,校企合作办学的体制机制要不断有所突破,产学研结合的路径要不断有所拓展。

二、学院定位

学院总体定位:以三年制高等职业技术教育为主项,以品牌专业建设为特色,以培养职业岗位动手能力为教学核心,多专业、多种办学模式的新型高等职业技术学院;上海市乃至长三角经济区应用性高技能职业教育人才培养基地之一。

学院发展目标定位:到2010年,学院办学条件明显改善,专业建设、教学质量、管理水平、办学效益和学院的综合实力与整体水平显著提高,学院自我发展能力和竞争实力大幅度增强,建成长三角经济社会发展中一座重要的应用性技能型紧缺人才培养基地。

学院类型定位:职业技术院校、应用性技能型教学院校。

学院办学层次定位:高等专科职业技术教育。

学院办学形式定位:积极发展"2+1"和岗位化教学模式。

学院服务面向定位:立足上海,服务行业。

三、发展方略

依据"十一五"计划,上海将率先基本实现教育现代化,建立以开放型、多样性、高标准、高质量为特点的现代国民教育体系和以学习型城市为标志的终身教育体系,形成以政府为主体,社会各界参与的多元化办学格局。到2010年,上海的高等教育在校生将达到90万人,社会适龄入学率将达到70%。上海的"十一五"教育发展目标,为东海学院的进一步持续发展提供了广阔的空间。

同时,一项前瞻性预测显示,2008年上海高中毕业生数量将呈直线下降趋势,民办高校面临着潜在的生源危机。

由此,东海学院制定"十一五"规划的战略思考是:充分重视上海教育发展所带来的新机遇,以改革创新的姿态迎接新挑战,坚持审慎理性的发展思路和人文教育理念,持续发展内涵建设,全面提升教学质量,为国家培养高质量的知识技能型人才而不懈践行。

四、主要目标任务

1. 办学质量:全面提高毕业生的综合素质,包括职业岗位适应能力、实践能力、创业能力、创新能力。毕业生的外语水平和计算机水平进入全市同类院校前列。

2. 专业建设:重点建设有较大社会需求和广阔发展前景的示范性专业。

3. 师资队伍:着力建设一支师德高尚、具有现代教育理念、具有较高专业水平和创新能力、充满生机活力、结构合理优化、能适应高等职业技术需要的师资队伍。

4. 课程设置:适应地方经济与社会发展的需要,不断优化人才培养方案,通过改革构建有利于经济建设、科技进步和学生个性发展的较为完备的三年制高职教育课程体系,推行课程设置模块化、规范化建设。

5. 科学研究:集中力量,积极探索高职教育新路,以科研带动和促进教育教学改革和师资队伍建设。努力营造良好的教科研氛围,加强产学研结合,并制订相应规章,将科研工作纳入学院考核体系,鼓励参加市级以上课题研究。

6. 综合素质教育:坚持以职业素质教育为核心,全面推进素质教育。组织实施《上海东海职业技术学院"大学生素质拓展计划"实施意见》《上海东海职业技术学院文明单位创建工作实施计划》《上海东海职业技术学院校园文化建设发展规划》《上海东海职业技术学院班导师工作职责》《上海东海职业技术学院心理健康工作领导小组工作检查及例会制度》等加强学生思想政治素质教育的文件,积极开展第二课堂活动,增加选修课,加强人文素质及科技素质教育等,整合深化有助于学生提高综合素质的各种活动和工作项目,抓住职业导航设计、素质拓展训练等环节,对大学生职业理想、职业规划、责任意识、价值取向、社交技能、管理知识、心理素养、品质意志等方面进行塑造和熏陶。

7. 校园文化建设:校园文化建设与创建文明单位相结合,与职业道德教育相结合,与素质教育相结合,与学风、教风、校风建设相结合。以艺术节、运动会、技能大赛、校园网络、学院报刊等为平台,构建内涵丰富、形式多样、充满生气又凸显东海特色的校园文化。

8. 对外交流:积极开展与相关院校的教育合作与交流,聘请外籍教师任教,聘请国内外知名学者讲学,以增强办学实力,提高学院的知名度。

五、具体项目

1. 加大学院内实习实训基地建设投入,开发52亩预留土地扩建校园,建造8 000平方米实训大楼。到"十一五"期末,建筑面积从11.7万平方米增至14万平方米。东海学院的绝大多数专业拥有校内实习实训专用教室。

2. 进一步改善办学条件,再建造2幢建筑面积达10 000平方米的学生公寓。

3. 适度扩大办学规模,到"十一五"期末,在校学生达5 500名,包括三年学制在校生、自考生、各类职业培训学生。

4. 加大东海学院在外省市的推广力度,增加外省市的招生人数。

5. 增强师资队伍建设力度,引进100名专职教师。到"十一五"期末,专任教师本科达标率为100%,硕士研究生30%以上,正高职称10%以上,副高职称40%以上,"双师型"教师70%以上。

6. 大力培养中青年教师,到"十一五"期末,学院自我培养在课堂教学、实习实训指导诸方面都过得硬叫得响的中青年教师学科带头人,要达到10名以上。

7. 进行示范专业建设,完成8个重点示范专业建设。

8. 以市场为导向,以社会需求为依据,在现有专业的基础上再建设5个培养人才紧缺、就业形势看好的专业。

9. 出色完成"报关与国际货运"教育高地建设,在"报关与国际货运"专业建成示范专业的基础上,再办成东海学院的品牌专业。

10. 优秀地完成人才培养工作水平评估,以评促建,以评促改,全面推进学院的内涵建设。

11. 探索产学研结合的发展之路,完成3个合作项目。

12. 加强对毕业生就业指导的领导和投入,总就业率稳定在95%以上。

13. 建立专升本、专本连读自学考试助考点,把培训及自考等教育教学改革与建设项目做大做好。

14. 努力引进国内外优质教育资源,完成正在谈判中的与香港城市大学及澳大利亚、新加坡相关高校的合作项目。

15. 自编适合本校学生特点,适应行业、企业发展需求的校本教材,并在条件成熟时推广使用。

16. 通过资产重组,走收购、联合、股份制道路,做大做强民办高等学校的规模。

六、实施步骤

1. 2006年2月,上海市自学考试助学组织申请工作。

2. 2006年11月,通过人才培养工作水平评估,达到A级标准。

3. 2006年12月,创建成功上海市教育系统文明单位。

4. 2006—2009年,引进100名专职教师。其中,2006年引进30名,2007年引进30名,2008年引进30名,2009年引进10名。

5. 2006—2009年,每年完成2个重点示范专业建设。

6. 2006—2010年,每年有2名由学院培养的中青年教师成为学科带头人。

7. 2007—2008年,创建成功上海市文明单位。

8. 2007—2009年,每年完成1个产学研合作项目。

9. 2007—2010年,完成5个培养人才紧缺、就业形势看好的新专业的建设。其中,前两年完成3个,后两年完成2个。

10. 2009年10月,完成52亩预留地开发,完成2.8万平方米(建筑面积)的校舍建设。

11. 2009年,完成"国际货运管理"教育高地建设的资金配套。

12. 组织力量参加市教委"十一五"规划高职高专基础英语新一轮教材编写工作。

七、保障机制

1. 进一步加强学院董事会、党政联席会议的领导。进一步完善院系二级管理体制,发挥系部功能作用,规范机关处室职能,建立健全符合民办高校实际的运行机制。

2. 建立健全学院管理和专业建设等规章制度。按照市教委三年制高职教育示范专业的建设要求和重点专业的建设标准,制定学院专业建设计划,分解目标,落实任务。并定期对专业建设进度和质量进行检查、评估、整改。

3. 定期进行人才市场调查预测,及时了解高职人才培养需求,适时调整专业建设规划,优化人才培养方案,使学院的专业建设和人才培养与社会需求同步,甚至具有前瞻性。

4. 切实加强教职工队伍建设,用先进的办学理念作先导,充分调动广大教职工的积极性、主动性、创造性。

5. 进一步推进内部管理体制改革。精简调整管理机构,改革教学、科研的管理组织方式,精兵简政,促进教育资源合理配置和有效利用,努力提高办学效益。

6. 成立校园文化建设管理网络。加强环境文化、制度文化和文明建设,构建健康和谐的校园文化。

7. 多渠道筹措资金,确保规划实施的财力支持。

八、附后文件

1. 《上海东海职业技术学院"十一五"师资队伍建设规划》;
2. 《上海东海职业技术学院"十一五"专业建设规划》;
3. 《上海东海职业技术学院"十一五"校园文化建设规划》;
4. 《上海东海职业技术学院"十一五"校园基本建设规划》。

上海东海职业技术学院
2005 年 12 月 5 日

上海东海职业技术学院"十二五"发展规划(2011—2015)

一、"十一五"规划执行情况

"十一五"期间我们已完善了法人治理结构,建立了董事会领导下的院长负责制,党委成立后发挥了政治核心作用,学校产权清晰,权责分明,已经建立起比较完善的符合民办高校特点的管理机制。

我们调整了系部,原有 11 个系部合并成 3 个二级学院、5 个系、2 个部,即基础教学部和马列教研部。我们在专业建设上有了明显的成效,共有 6 个专业和 10 门课程被确定为我校教学建设项目培育工程。首批 6 个重点建设专业是:物流管理、报关与国际货运、商务英语、数控技术、装潢艺术设计和影视动画。首批 10 门重点建设课程是:基础英语、思想道德修养与法律基础、现代仓储技术与管理实务、会计综合实训、商务英语、电气工程及 PLC 技术、C 语言程序设计、室内设计与原理、影视表演与影视拍摄实践、计算机订座系统。这项工程建设彰显了学校的办学特色,也提升了学校的整体办学水平。经管学院的"报关与国际货运"专业已列为市教育高地建设的示范性专业,成为东海学院的品牌专业。

我们重视学生动手能力的提高,加快了校内的实习、实训专用教室的建设步伐,"十一五"期间共新建成实验、实训室 80 个,基本上做到了每个专业都有实验、实训教室,极大地有利于学生职业技能的提高。

在师资队伍建设方面:具有研究生学历教师和具有高级职称教师占专任教师的比例这两项指标都大大高于教育部的规定,分别达到 27.3% 和 45.33%;"双师型"教师只有 50 人,占教师的比例为 38.76%,仅仅完成了"十一五"规划中要达到的 70% 的过半目标。

在校学生数基本达到"十一五"规划的目标,学校加大在外省市的推广力度,增加外省市的招生人数。已扩大到 19 个省市的学生,外地学生人数从一届招 200 多人扩大到近千人左右。

我们十分重视毕业生就业工作,在人、财、物上予以大力支持,尤其建立了奖励机制,这几年,我校学生就业率高于上海市大学生平均就业率,基本稳定在 95% 左右。

我校继续教育学院除招了大专自考班外,还成立专升本、专本连读自学考试助考点,对本校在校学生招生。

我校产权建筑面积已达 94641 平方米,现在学校经济状况正在逐年好转,各项工作运转正常,学校走上良性循环的发展道路。

二、制订"十二五"规划的指导思想

《国家中长期教育改革和发展规划纲要(2010—2020 年)》(公开征求意见稿)指出,民办教育是教育事业发展的重要增长点和促进教育改革的重要力量,各级政府要把发展民办教育作为重要的工作职责,支持民办学校创新体制机制和育人模式,提高质量,办出特色,办好一批高水平的民办学校。《纲要》的发表对办好民办高校起了极大的推动作用。因此,制订好"十二五"发展规划,逐步提高民办高校的办学实力是十分重要的。

制订学校"十二五"发展规划的指导思想是:高举中国特色社会主义的伟大旗帜,以邓小平理论和"三个代表"重要思想为指导,深入贯彻和落实科学发展观,实施科教兴国战略和人才强国战略,办好人民满意的教育。

全面贯彻党的教育方针,坚持教育为社会主义现代化建设服务,为人民服务,与生产劳动和社会实践相结合,培养德、智、体、美全面发展的社会主义建设者和接班人。

立足社会主义初级阶段的基本国情,把握教育发展的阶段性特征,坚持依法治校,尊重教育规律,夯实基础,优化结构,调整布局,提升内涵,促进学校全面协调、可持续发展。

三、学校定位

学校总体定位:以高等职业技术教育为主体,以品牌专业建设为特色,以培养高素质技能型人才为核心,多专业、多种办学模式协作发展的高等职业技术学院。

学校发展目标定位:到2015年,学校办学条件要有明显的改善,专业建设、师资队伍、教学质量、管理水平、办学效益、综合实力和教职工的收入有显著提高,成为上海市示范性高职院校并力争成为国家级示范性高职院校。

学校类型定位:普通高等院校。

学校办学层次定位:专科职业技术教育。

学校办学形式定位:以全日制教育为主、成教为辅的高等职业技术教育。

四、发展方略

坚持以人为本,推进职业技术教育和素质教育是学校教育改革发展的战略主题,是贯彻党的教育方针的时代要求,核心是解决好培养什么人、怎样培养人的重大问题,重点是面向全体学生、促进学生全面发展,着力提高学生的职业道德、职业技能,提高学生服务国家和人民的社会责任感、勇于探索的创新精神和善于解决问题的实践能力。

坚持德育为先,把社会主义核心价值体系融入学校教育全过程。

坚持能力为重,优化知识结构,丰富社会实践,强化能力培养,着力提高学生的学习能力、实践能力、创新能力,教育学生学会知识技能,学会动手动脑,学会生存生活,学会做人做事,促进学生主动适应社会,开创美好未来。

坚持全面发展,加强和改进德育、智育、体育、美育。促进四者有机融合,提高学生的综合素质。

五、主要目标任务

1. **办学质量**

全面提高毕业生的综合素质,包括学习能力、实践能力、创新能力及岗位适应能力,提高毕业生的就业率和就业岗位层次,毕业生的计算机应用能力和高等学校英语应用能力考试(PRETCO)进入全市同类院校的前列。

2. **专业建设**

面向市场需求,以就业为导向,在现有专业格局的基础上,进行专业结构布局调整,构建以经管类专业为主体,以机电类专业和艺术类专业为两翼的"一体两翼"专业格局。建立特色专业,形成品牌专业,提升专业整体水平,使学校的专业设置更有竞争性和发展前景。

3. **师资队伍**

着力建设一支具有现代教育理念、具有较高专业水平,在数量上和结构上合理优化,适应高等职业技术教育需要的"双师型"教师队伍。强化师资队伍建设,努力培养市级优秀专业教学团队。

4. **人才培养模式**

树立以德育为核心,以"品质+能力"为教育理念,结合就业市场,实行校企合作、工学结合的人才培

养模式。

5. 课程设置

根据市场需求,以就业为导向,优化人才培养方案,构建有利学生全面发展的较为完备的三年制高职教育课程体系,努力培植特色课程,精心打造市级乃至国家级精品课程,使课程设置更加规范化、科学化。

6. 科学研究

创造条件,以科研带动和促进教育教学改革和师资队伍建设,努力营造良好的科研氛围,将科研工作逐步纳入教师职务评聘条例,鼓励教师参加各级各类课题研究。

7. 综合素质教育

坚持以职业素质教育为核心,全面推进素质教育,培养学生具有良好的公民素质,健全人格和理想信念,切实组织实施大学生素质拓展计划,加强和改进大学生思想政治教育,开展有助于提高学生综合素质的各个工作项目,对大学生职业规划、价值取向、责任意识、社交能力、心理素养、品德意志等方面进行塑造和熏陶。

8. 校园文化建设

加强校园文化建设是创建和谐校园、文明校园的一项重要任务,也是培养学生全面发展的重要基础,要搭建各种平台,营造高雅、文明、和谐的学校环境,创建内涵丰富、形式多样、充满生机、具有学校自身特色的校园文化。

9. 对外交流

积极拓展办学渠道,有计划地推进对外合作交流办学,争取先在一、二所国外大学进行"2+1"或"1+2"办学模式试点,同时聘请外籍教师来校任教,聘请国内外知名学者来校讲学,以增强自身实力,逐步提高学校的知名度。

六、具体项目

1. 争取在5年内将学校建设成上海市示范性高职院校并力争成为国家级示范性高职院校。通过多种途径,扩大学校用地和办学规模。招生规模计划每年达2 200名左右,5年内在校生规模力争达到6 500名。

2. 完成物流管理等6个重点专业和基础英语等10门课程的建设,使学校的专业建设、课程建设更突出应用性和竞争性,形成富有特色的高职院校的专业和课程设置框架。

3. 做好学校整体发展规划,积极筹措资金,强化实习实训基地建设。对学校现有的52亩预留土地进行实地规划,改造老食堂和2号教学楼,再建造22 000平方米的实训大楼。争取每个专业在校内都拥有实习实训专用教室。进一步改善办学条件,再建造3栋建筑面积达16 500平方米的学生公寓和配套的设备及生活设施。全院建筑面积从现有的9万多平方米增加到14万平方米。

4. 加强师资队伍建设,按照国家规定的生师比例,积极引进一批专职教师,到"十二五"规划期末,专任教师中具有硕士研究生以上学位教师占专任教师的比例达60%以上,正高、副高级职称的教师占专任教师的50%。加强"双师型"教师队伍建设,完善符合职业教育特点的教师资格标准和专业技术职务(职称)评聘办法。在职和外聘的"双师型"教师(企业工作技能素质背景的教师和行业企业的能工巧匠)达90%以上。

5. 加强科研队伍的建设,提高科研水平。学校设立科研机构,确立专任负责科研工作的干部,科研部门要制定五年规划,教学与科研要相结合。教师要有年度科研计划,教师的科研成果与职称(职务)聘任挂钩,科研成果纳入对教师考核的内容。

6. 积极争取政府主管部门的支持,增加专项经费投入。拓展办学渠道,增加经费来源,同时,学校要在政府的支持下,加强校企合作和校校联合,扬长避短,提升办学能力和水平,争取在"十二五"规划内完成10个与校外合作的办学项目。

7. 做好教学系部和专业设置的大调整。根据学校的实际情况,在"十二五"期间,做好系部和专业设置的大调整,将相近的系、专业进行整合,成立二级学院,减少现有的系部设置,突出重点,体现特色。

8. 大力发展中外合作办学。进一步加快在长三角地区合作办学,创造条件开拓与国外或港澳台地区的合作办学途径,拓展"2+1"人才培养模式,争取在5年内达到与10余所境外大学联合办学的目标,使学校的发展能够符合社会的需要。

9. 进一步办好继续教育,巩固目前继续教育的成果,要扩大自考班的学生规模,夜大学教育的学生人数争取每年有所递增并能达到一定的规模,做好在校学生职业技能证书的考证培训,为提升学生就业率打好基础。

10. 以"品质+能力"的培养理念,全面实施学生综合素质教育。要以学生为主体,以教师为主导,促进每个学生主动地、活泼地发展,培养高素质技能型专门人才。让学生更具公民素质、健全人格和理想信念。

七、保障机制

1. 进一步加强学校董事会决策、校长负责、党委起政治核心和保障作用的领导体制。完善院系二级管理体制,发挥系部功能作用,规范机关处室职能,建立健全符合民办高校实际的运行机制。

2. 建立健全学校管理和专业建设等各项规章制度。按照教育主管部门的有关文件,制定学校专业建设规划,完成教育教学质量的评估。

3. 充分调动广大教职工的工作积极性、主动性,逐年提高教职工的工资收入、福利待遇,稳定教职工队伍。

4. 进一步推进内部管理体制改革。促进教育资源合理配置和有效利用,努力提高办学效益。

5. 多渠道筹措资金,确保规划实施的财力支持。

八、实施步骤

1. 2010年10月,完成学校"十二五"发展规划并报市教委。

2. 2010年10月,申报上海市文明单位,年底迎接市文明委和市教委的检查,争取达到上海市文明单位的标准。

3. 2011—2015年,每年引进20名专职教师,其中,10名为"双师型"教师,5年内,本校专职(含辅导员)专任教师比例达到任课教师的70%以上。做到每个专业拥有2~3名专职教师。逐步提高教师的学历,5年内,使专任教师中具有硕士研究生以上学位教师占专任教师的比例达60%以上,正高级和副高级职称的教师占专任教师的50%。

4. 2011—2015年,在现有重点专业的基础上,每年创建1~2个特色专业,争取5年内创建出3个品牌专业。

5. 2011—2015年,每年建1个校内专业综合实训基地。

6. 2011—2015年,加强课程建设,争取每年建设5门院级精品课程,5年内再争取2门市级以上精品课程。

7. 在已成立经管学院、商贸学院、艺术学院3个二级学院的基础上,全面完成学校二级学院的建制。争取成立6~7个二级学院,对不能维持或发展的系将予以撤销建制。

8. 2010年年底,完成对52亩预留地的发展规划,确定基建项目。2011—2015年,筹措资金建造新实训大楼,建造3栋建筑面积达16 500平方米的学生公寓和配套设施,使全校建筑面积达14万平方米。

九、附件

1. 师资队伍建设规划
2. 专业建设规划
3. 校园基础设施建设规划
4. 校园文化建设规划

上海东海职业技术学院

2010年9月16日

上海东海职业技术学院"十三五"发展规划(2016—2020)

依据国务院《关于加快发展现代职业教育的决定》、上海市《关于加快发展现代职业教育的实施意见》和《现代职业教育体系建设规划(2014—2020年)》,为全面贯彻新时期党的教育方针,实现学校的可持续发展,把东海学院办成一所国内知名、在同类院校中发挥引领和标杆作用的示范性民办高职院校战略目标,特制定本规划。

第一部分 "十二五"规划的执行情况

经过全校师生员工的辛勤工作和努力拼搏,学校"十二五"规划提出的主要项目任务已经圆满完成,达到和实现了"十二五"规划提出的预期目标,学校的固定资产总值已达40290万元,综合办学实力和办学水平上了一个新台阶。"十二五"期间,学校创建民办示范校和市级特色校,为学校提供了新的发展动力。

目前,我校的办学质量已进入本市同类型院校的前列,毕业生的就业率和就业层次逐步提高。学校建立了以经管类专业为主体、以机电类和艺术类专业为两翼的"一体两翼"专业格局。报关与国际货运、会计、国际金融、机电一体化技术、影视动画5个专业成为市级特色专业;会计专业被批准为上海市一流专业进行建设;影视动画专业被批准为上海市产教研协同基地。学校的专业设置与市场需求紧密衔接,招生和就业呈现"进出口"两旺的良好态势。"十二五"末,学校在校生规模已达6158人,其中,全日制学生5524人,夜大学学生634人。

学校以"强师工程"为抓手,加强师资队伍建设并取得明显成效。专任教师队伍的双师素质比例由原先的44.44%上升至70%左右;"双师型"教师的比例由17%提高至30%。具有副高以上职称教师的比例由36.51%提高至56%。目前,学校拥有市级教学成果奖6项;市级精品课程7门;市级优秀教学团队4支;市级教学名师1名。在2014年上海市高职高专重点专业建设教学设计比武大赛中,我校会计专业荣获二等奖。

学校坚持"品质+能力"的育人理念,深化课程改革和人才培养模式创新。依托校企合作机制,按照人才培养的基本规律,有序推行"联合培养"和"联合订单式"等新型人才培养模式,呈现出人才培养模式多元化态势。"品质+能力"的人才培养理念已经为东海全体师生所接受。报关、影视动画、服装3个专业分别与上海商业会计学校等中专职校实施中高职贯通培养模式。学生在全国和省市级各层面的大学生职业技能竞赛中成绩突出,其中,报关、会计、市场营销分获全国职业院校技能比赛一等奖和三等奖,为上海市争了光,为东海学院赢得了荣誉。

学校的人才培养理念变革还体现在三个"一"字之改:一是各专业制定人才培养方案,着眼点由"专业"改为"职业",一字之改,使实训、实践课教学时数从20%增加到60%;二是改"实验"为"实训",一字之改,使实训室的建设方向改为仿真,模拟真实生产环境;三是把"考试"改为"考核",一字之改,使考试形式由单一的期终的一次性笔试改为由平时作业、技能操作考试和笔试三部分组成的考核,突出了职业技能训练的重要性。

"十二五"规划期间,学校以创建上海市民办示范院校和上海市特色高职院校为契机,实施"双百工程",推进课程建设。目前已完成前二期建设项目,并正在实施第三期项目建设。有65门课程被评为校内优质课程,其中的25门被评为校级精品课程;在此基础上,有7门课程被评为上海市精品课程,有30余种教材正式出版。"双百工程"的实施,有效地改善和优化了课程品质,调动了教师参与课程建设的积极性,推动了教学资源库建设和网络课程教学平台建设。在课程建设上所取得的成绩,超过了"十二五"规划的预期目标。

学校加大投入,建成一批高仿真实训室,形成了具有特色的东海系列实训中心。目前已建立14个校内实训中心,实现了每个专业都有实习实训专用教室的目标。"东竞财务咨询有限公司""东海创意园"等一批"校中厂"的建立,为开展校内生产性实训实习奠定了基础。学校积极挖潜,改造了老食堂和2号教学楼,挖潜后新增实训室面积1万平方米左右。学校教学仪器设备总值由原来的1863.5万元提高至6722.13万元,增幅为2.61倍。"十二五"期间,学校通过申报专项建设的方式,从师资队伍建设、教学改革和教学建设、实训条件改善、校园基础设施修缮等方面得到市教委财政拨款共计14216万元,有力地支持了学校的发展。

为了营造良好的科研氛围,学校将科研纳入教师的评聘条例,鼓励教师参加项目研究。此项工作在人事处的策划下,组织青年教师积极申报市教委"晨光计划"等科研项目。5年内,学校获得各种类型的科研课题近100项,获得的科研项目经费累计达350多万元。

学校全面推进大学生综合素质教育,以社会主义核心价值观教育为主线,以课堂教学为主阵地,加强和改进大学生思想政治教育,取得良好效果。开展以整治课堂秩序为重点的学风建设,学风和校风明显好转。学校坚持"以人为本",把"爱"作为育人之根本,积极开展送温暖系列活动。

学校重视校园文化的建设和培育,积极营造高雅、文明、和谐的校园环境,打造内涵丰富、形式多样、充满生机的校园文化。推进校园文化"一院一系一品牌"活动,形成了校园文化建设的合力。东海学院的人文环境特别是和谐的人际氛围,为兄弟院校所称道。学校已连续3届被评为上海市文明单位。

学校有计划地探索和推进对外合作交流办学,目前已与日本、美国、德国、法国等国的8所院校建立了多种形式的合作办学。各项国际合作项目的实施进展顺利。

总体来说,学校"十二五"规划提出的目标任务,绝大部分已完成和实现。有3项任务没有如期完成:一是校内实训综合大楼和学生公寓楼的建设目标没有实现;二是办学规模距离预期目标还有一定的差距;三是没有实现学校专升本的目标。

存在的不足和问题主要有:一是对社会经济发展及高职教育发展形势分析不够,对兄弟院校的整体情况了解不够;二是专业建设和课程建设的目标偏低;三是战略思考不够大、不够远,对职业教育、国际合作、校际合作的战略思考体现不够;四是吸取优秀案例和借鉴标杆学校发展做得不够。

第二部分 "十三五"规划的基本内容

国务院出台《关于加快发展现代职业教育的决定》,上海市政府出台相关措施,扶持和加强对高职院校特别是民办高职校的建设,高职教育面临新的发展机遇。上海推动转型发展和产业结构调整升级,建设"四个中心"和自贸试验区,为学校提供了新的发展机遇和发展空间。

一、指导思想

以邓小平理论、"三个代表"重要思想和科学发展观为指导,深入贯彻落实习近平总书记的系列讲话精神,以服务为宗旨、就业为导向、职教为灵魂,以改革创新为动力;坚持新时期党的教育方针;坚持非营利性办学方向和学校教育的公益性目标。紧紧围绕和依托上海创新驱动、转型发展的总体发展战略,以专业建设为重点,以质量和特色为核心,以师资队伍建设为关键,走内涵式发展之路,实现学校的可持续发展。

二、发展方略

1. 依托上海转型发展和产业结构升级,调整和优化"一体两翼"专业格局,以专业建设引领学校全方位发展,进一步提升学校办学实力和发展能力。

2. 组建职业教育集团,拓展校企深度合作的方式和途径,建立新型的校企合作体制机制;吸引社会资金力量参与办学,实现学校办学资金筹措渠道和办学主体的多元化。

3. 进一步巩固和优化人才培养模式,强化产教深度融合,有序推行"订单式""现代学徒制"等新型培养模式;扩大中高职贯通的规模,推进上海市一流专业建设,通过实施和扩大专本贯通,实现人才培养模

式的多元化;积极拓展国际合作办学的规模和途径。

4. 加强精神文明建设和校园文化建设,培育和打造具有东海特色的校园文化,提升学校的发展软实力和社会影响力。

三、发展目标

(一)整体目标

1. 探索和践行现代职业教育的理念和改革,创新人才培养模式,创建职业教育的课程体系、教学内容,强化校企合作的纽带,引领上海高职教育的潮流。以上海市调整优化职业教育布局,建立现代职业教育体系为契机,到"十三五"规划期末,把学校建设成为上海市融职业教育和高层次职业培训于一体、在国内具有一定影响力的高端职业教育品牌院校,成为上海民办高校的一面旗帜,上海高职教育的一个样板。

2. 探索和践行现代大学制度,加强上海市示范性民办高校的体制和机制建设。进一步完善学校内部治理结构,巩固董事会决策职能、校长管理职能、党委监督职能——"三能合一"的领导体制。调整学校董事会构成,实现办学主体多元化。制定和实施《上海东海职业技术学院章程》,建立起学校依法自主办学、自我约束的管理机制,形成保障非营利办学方向和学校教育公益性目标的长效机制。力求成为现代民办高职院校的典范。

(二)学校规模

1. 每年计划招收全日制学生2 000名,到"十三五"规划期末,在校生规模达到6 000名,非全日制学生1 000名(含培训);专职教师队伍规模达到200名,兼职教师队伍规模达到200名,生师比≤18∶1。

2. 完成一幢4万平方米的实训综合大楼(其中,含图书馆1万平方米)建设任务;完成学生宿舍二期(1.5万平方米)及相应的生活配套设施的建设任务,总投入资金2亿元,进一步改善校内实训条件和学生住宿条件。使全校建筑面积从现有的9万多平方米增加到14万平方米。

3. 采取自主投入和政府专项扶持相结合的方式,加大学校基础设施建设的力度,增加固定资产(设备)值达1亿元。到"十三五"规划期末,固定资产总值达到7亿元,学校的综合办学实力上一个新台阶。

四、主要任务

(一)教学建设

1. 专业建设

(1)根据上海市优先发展现代服务业、先进制造业和文化创意产业的发展思路,进一步调整和优化学校的院系设置和"一体两翼"的专业结构,学校专业总数保持在20个左右。加大对与社会和经济发展密切相关的、具有发展前景和符合民生需求专业(如电子商务、老年护理等)的建设力度;以特色专业为主体,选择3~5个专业进行重点扶持,建成上海高职院校的品牌专业乃至一流专业。实现教学资源的信息化,推动学生的创业创新教育,规范语言文字工作。

(2)完成第三期优质课程建设任务,巩固"双百工程"课程建设成果,实现预期建设目标。在现有基础上建设13~15门校级精品课程,使校级精品课程数量增加至60门左右;培育和建设8~10门市级精品课程,使学校市级精品课程数量达到15~17门。同时,力争实现我校国家级精品课程零的突破。

(3)在现有基础上,培育和打造4~5个市级优秀教学团队和2~3位市级教学名师;争取获得市级教学成果一等奖1~2项。力争实现学校国家级教学成果奖零的突破。

2. 教学模式、教学改革

(1)依托上海创新驱动和转型发展,根据高职教育发展趋势和学校发展目标,进一步调整和优化学校的院、系布局,通过整合,使二级学院规模保持在5~6个,提高学校教学资源配置、使用的有效性。

(2)按照市教委"中职—专科高职—应用本科—专业硕士"人才贯通培养的总体思路,与10所中职校、5所本科院校合作,实现中高本全面立交贯通,进入市教委开展应用型人才一体化贯通培养试点的行列。有序推行"订单式""现代学徒制"等工学结合的新型人才培养模式。

(3)深化教育教学改革,突出学生职业素质和职业技能的培养。建立"工作过程导向"的专业核心课程体系;对接行业标准和国际标准,构建具有特色的、以校内生产性实训为主导的职业技能培养体系,使技能教育达到国内领先水平。

(4) 提高学生职业技能资格证书获证率,全校的中高级技能证书获证率达到80%以上。有条件的专业组织学生报考符合国际标准的技能证书。扩大"双证融通"专业数量,增加2~3个高职"双证融通"专业建设试点。

(5) 完成会计专业"市级一流专业"和影视动画专业"基于移动终端的影视创作产教研协同基地"项目建设任务,发挥其辐射示范作用,创新学校产教研一体化的教学格局。

(6) 校企深度合作,遴选6~10个高层次(集团)企业成为合作伙伴。学校层面建立校企合作教学指导委员会,企业全方位参与专业建设和人才培养,形成人才共育、过程共管、成果共享、责任共担的紧密型校企合作办学模式。

(7) 加强与市人力资源和社会保障局等单位协作,发挥校内实训基础优势,设立2~3个技能培训中心、技能鉴定站,确立我校在相关职业技能鉴定上的主导权,推进技能人才培养水平和社会服务能力的进一步提升。

(8) 进一步拓展国外合作办学的规模和途径,在现有基础上,与10所境外高等院校开展多种形式的合作办学。开展学历教育、考试和技能考级、短期交流和游学等合作形式,扩大学生的国际视野,提高学生的综合素质。

3. 教师队伍建设

(1) 巩固和深化"强师工程"建设成果,通过"内培外引"的途径,充实和扩大师资队伍。到"十三五"规划期末,专职教师数量达到200名,兼职教师数量达到200名,基本满足学校教育教学事业的发展需求。加强辅导员队伍建设,从政治思想上、专业业务上、工资待遇上关心、扶持,提高学生思想政治工作的水平。

(2) 优化师资职称结构,到"十三五"规划期末,师资队伍中具有高校教师资格的比例达95%,具有研究生学历的教师达90%。专职教师队伍的高级职称(专职)人数占总数的15%,其中,具有正高职称5名,并形成老、中、青梯队。兼职教师队伍的高级职称人数达到50名左右。

(3) 进一步加强"双师型"师资队伍建设,在全面提升"双师"素质的基础上,提高教师队伍的"双师型"比例。到"十三五"规划期末,"双师型"教师占专任教师总数的40%;下企业兼职和挂职践习的专业教师比例达到15%。

(4) 鼓励和支持广大青年教师积极申报项目,撰写科研论文,提高科研能力和质量。"十三五"期间,我校教师在SCI、EI、CSSCI等权威期刊上发表科研论文的数量有新的突破。

4. 实训室和实践教学建设

(1) 依托校内实训综合大楼的建设,新建会计财税一体化实训中心、报关与国际货运综合实训中心、电子商务综合实训中心、3D影像实训中心、护理实训中心(含老年、康复、助产等)、金融实训中心、航空服务实训中心等一批高仿真专业实训中心,进一步改善校内实训条件,优化实训环境布局。

(2) 努力提高专业实训室的利用率和实训功能,建设5~6个市级一流的实训中心,达到设备一流、管理一流、实训模式一流、实训效果一流,在本市同类型高职院校中发挥标杆性示范作用。

(3) 搞好校内生产性实训基地建设,充分发挥"校中厂"在学生职业岗位技能培养上的重要作用。"十三五"期间,以资源为纽带吸引企业进驻,校企共建3~4个"校中厂",使生产性实训的比例达到30%,促进校内生产环境再造和校园形态的优化。

(4) 加强实训室管理,建立一支以专职为主、专兼职相结合的实训室管理员队伍。有条件的院系,要成立相关行业专家指导队伍,用以指导学生技能训练和实训室管理工作。

(二) 校园文化建设

1. 进一步加强精神文明建设和校园文化建设。把校园文化建设作为提升学校发展软实力的战略举措,努力培育和打造以"和谐、包容、求实、创新"为内核的、具有鲜明特色的东海校园文化,提升和扩大学校的社会影响力。

2. 发展和完善"东海讲坛",通过"东海讲坛"宣传社会主义核心价值观,传播社会正能量,用社会主义核心价值观统一和凝聚全校师生的思想认识。提倡一种精神:把东海作为一份事业;鼓励一种风格:把东海作为展示自己才华的舞台;支持一种行为:不断进取,不断进修。

3. 建设一流的学生发展中心,关注和重视大学生的全面发展。学生发展中心由学习天地、健身中心、心理咨询中心等部分组成,为学生素质拓展、体质锻炼和心理咨询等创造条件。

4. 积极开展"高雅艺术进校园"活动,引进高雅文化,提升广大师生的文化素养和审美情趣。每年举办校园文化艺术节,每月有一次大型主题活动。开展校园文化教育"一院一系一品牌"活动,培育和打造一批具有东海特色的、高质量的校园文化活动品牌。

5. 组织和引导学生开展社团活动,组建8～10个质量高、有特色的学生社团;建立艺术中心,成立一支学生乐团和一支学生合唱团,为活动开展创设条件;开设多种文艺班,满足广大学生的文娱兴趣爱好。

(三)校园规划及建设

1. 完成学生公寓(第十一、十二宿舍)的建设及第二公共浴室建设,总面积约15 000平方米,造价5 000万元。可供1 200名学生和60名教师入住,使第一至四宿舍(北区)全部住女生,第五至十一宿舍(南区)全部住男生,学生宿舍床位数增至5 500个左右。

2. 完成实训大楼(40 000平方米、9层)建设,总造价1.5亿元,采用贷款、自筹和政府支持三方面解决经费。以裙楼作为图书馆,正楼安排机电、护理、经管、商贸、金融和航空的综合实训中心,教一楼、教二楼分列为数媒和艺术学院使用。

3. 有条件、有必要的时候,建设国际教育学院,引进国外优质资源,开展国际课程和校际联合培养,建设面积为15 000平方米。

4. 进行校园整体规划,完成室外操场重建,体育馆大修,教一楼、教二楼改造,校园绿化整体建设,把东海学院建成有人文气息、有艺术氛围的花园学校。

5. 建设智能型、节约型校园。完成水、电智能、节能平台;改造学校的上、下水管网,提高学校电网的容量。

第三部分 保障机制及实施步骤

一、保障机制

1. 巩固和完善董事会领导下的校长负责制,提高董事会的决策能力。进一步健全和完善学校二级管理体制机制和各项规章制度,发挥校党委的政治监督保障作用。从组织和制度上确保"十三五"规划的实施。

2. 加强思想政治教育,弘扬和践行社会主义核心价值观。引导师生以东海学院为家,使个体发展与东海发展相向而行;坚持高职教育理念和改革创新理念。为"十三五"规划实施奠定思想基础。

3. 运用激励机制,逐步提高教职工的工资水平和福利待遇,大力表彰和奖励为学校发展作出优异成绩的教师职工。鼓励全校教工立足本职,自觉为实现学校"十三五"规划而努力奋斗。建立目标责任制,进行绩效考核,对规划实施进行动态化管理。

4. 学校自主投入和争取政府资金扶持相结合,多渠道筹措建设资金,确保"十三五"规划实施的财力支持。进一步健全和完善各项财务管理制度,做到一支笔、一本账、一个系统管理。严格执行"三重一大"议事决策规则,确保资金使用流动的规范和安全。

5. 坚持和完善信息公开化,定期向学校职代会和教代会报告规划执行情况。通过校园网向师生员工、社会发布学校建设和发展等相关信息。

二、实施步骤

1. 2015年年底,完成"十三五"发展规划编制并上报市教委。

2. 2016—2018年，完成院、系调整重组工作，组建5～6个二级学院；完成专业设置调整工作，专业数量精简至25个以内，专业结构得到进一步优化。

3. 2016—2020年，在现有基础上，建设3～5个上海高职院校品牌专业和一流专业。

4. 2016—2020年，每年引进15～20名专职教师，其中，8～10名为"双师型"教师；每年聘任企业兼职教师10～15名，其中，5～7名具有高级技能职称。

5. 2016—2020年，每年建设2～3个高仿真实训室；建立一个生产性实训基地——"校中厂"或"厂中校"。

6. 2016—2020年，每年建设3～5门校级精品课程、1～2门市级精品课程；实现国家级精品课程零的突破。

7. 2016—2018年，完成一幢实训综合大楼(4万平方米)建设任务；完成两幢学生宿舍楼(共1.5万平方米)建设任务。学校建筑面积达到14万平方米。

8. 2016—2020年，依届申报上海市文明单位，在2020年申报全国级文明单位。

上海东海职业技术学院
2015年11月11日

上海东海职业技术学院"十四五"发展和建设规划（2021—2025）

高等职业教育面临着新的挑战和新的发展机遇。为进一步落实《国家职业教育改革实施方案》（"职教20条"）、《关于实施中国特色高水平高职学校和专业建设计划的意见》、《关于在院校实施"学历证书+若干职业技能等级证书"制度试点方案》、《深化新时代职业教育"双师型"教师队伍建设改革实施方案》（"职教师资12条"）、《国家产教融合建设试点实施方案》、《上海职教三年行动计划》、《上海现代职业教育体系建设规划（2015—2030）》，全面贯彻新时期党的教育方针，实现学校的科学发展、持续发展和内涵发展，把东海学院办成一所上海一流、国内知名的示范性民办高职院校战略目标，特制定本规划。

第一部分 "十三五"规划建设回顾

2015年10月，依据国务院《关于加快发展现代职业教育的决定》、上海市《关于加快发展现代职业教育的实施意见》等文件精神，学校制定并实施《上海东海职业技术学院"十三五"发展规划（2016—2020）》（以下简称《"十三五"规划》）。总体发展目标是：到"十三五"规划期末，把学校建设成为上海民办高校的一面旗帜，上海高职教育的一个样板。

《"十三五"规划》提出的具体任务涵盖专业建设、师资队伍建设、人才培养模式优化、校园文化建设、环境基础建设等方面，共计34项。自2016年1月正式启动，在全校师生的共同努力下，《"十三五"规划》得到了顺利而有效的实施，总体完成率达到99%。

一、探索实践现代大学制度，治理结构逐步完善

加强学校体制机制建设，董事会决策、校长管理、党委监督的领导体制得到巩固，两级管理体制在实践中不断得到完善。规章制度基本覆盖学校运行的各个方面并得到执行。2018年，学校通过上海市依法治校达标验收。

二、专业结构趋于合理，专业建设水平提升明显

学校密切跟踪上海经济发展特点，结合东海学院的实际情况，贯彻落实"一体两翼"战略决策，成功调整符合上海经济发展趋势的专业设置至20个，2019年招生专业（方向）23个。专业调整得到考生认可，2019年，在校生规模达到6 300人。

"十三五"期间，会计专业成为上海市高职校一流建设专业，机电一体化技术专业成为上海市高职校一流建设专业(培育),获得上海市级精品课程4门,国家级教学成果一等奖1个,上海市教学成果奖3个,实现了国家级教学成果奖零的突破。

三、师资队伍数量质量双升

"十三五"期间,学校重视师资队伍建设,专职教师数达到179名,其中,具有研究生学历的教师占比达95%;高级职称(专职)占比达18.42%;新增上海市优秀教学团队5个,在教育教学改革、教学建设中发挥重要作用。

四、人才培养模式探索取得成效

实施和推行"联合订单式培养""现代学徒制""1+X"等新型人才培养模式。报关专业被批准为教育部"现代学徒制"试点单位并顺利通过评估。已与6所中职校建立了中高职贯通项目,与上海杉达学院、上海建桥学院、上海师范大学天华学院实现3个高本贯通项目。设立机电学院AHK考培中心、传媒学院渲染技术培训中心。

五、基础建设成绩突出,为新一轮发展奠定扎实的基础

专业实训中心建设基本完成,大大改善了学校的实训条件。新建3万平方米的实训大楼正式交付使用,完成学生宿舍楼2栋(12 000平方米),完成上、下水管网及电网改造。

第二部分 "十四五"发展和建设规划

一、规划背景

中国特色社会主义进入新时代,对学校发展提出了新要求。党的十九大指出,要"完善职业教育和培训体系,深化产教融合、校企合作",这是对中国特色职业教育的新定位和新要求。

上海谋篇布局2040,建成"5个中心"、打造"4个品牌",向全球卓越城市迈进,将对各级各类人才提出旺盛的需求,对学校的创新发展和持续发展提出更高的要求。

经过"十三五"的建设,东海学院校园建设已经形成规模,办学条件得到极大改善,办学质量稳步提升。全日制学生规模达到近7 000人,为全国高职高专院校的平均水平。在内涵建设方面,专业建设、课程建设、创新团队、教师队伍、实践教学条件建设等都取得了长足的进步。教师、学生在各级各类专业技能竞赛中屡屡获奖,在全国和上海高职学校中显现出强劲的发展态势。全国教学成果奖一等奖的取得,开创了东海学院历史的新的一页,迈出了从上海走向全国的扎实一步。东海学院以过硬的人才培养质量得到用人单位的肯定,创下连年新高的就业率。毕业生在抗疫战斗中的卓越表现,体现了东海"立德树人"取得的明显成效。东海学院从外延、内涵交融发展阶段正在向内涵发展阶段转型,面临着新一轮发展的机遇和挑战。

高等学校尤其是民办高校的发展正经历着重大的发展转折。《民办教育促进法》修订完成,民办高校发展进入一个新的阶段。职业教育正式定义为类型教育,各级政府为职业教育实现类型教学定位设计了实施路径,产教融合、校企合作、"现代学徒制"、"1+X"、"双高"建设等项目接连推出,标志着以技能培养为特点的职业教育正在完成质的蜕变。

尽管东海学院发展已经取得了很大成绩,但还存在着一些阻碍内涵发展的问题和不足,主要表现在:一是学校发展定位、发展方向需要进一步明确并形成共识;二是员工个人发展和学校发展的频率尚未形成共振;三是员工数量不足、质量不高以及结构不合理问题同时存在;四是资源不足和资源浪费的情况同时存在;五是学校发展的协同水平和能力还有待提升。要适应新时代高职院校发展的新形势,东海人必须寻求新的发展理念、新的发展目标、新的发展道路。

二、指导思想

以习近平新时代中国特色社会主义理论为指引,以国务院《关于加快发展现代职业教育的决定》《国家职业教育改革实施方案》等文件精神为指导,坚持民办教育公益性原则和非营利办学方向;坚持党的教育方针,坚持立德树人;服务上海建设"五个中心"、打造"四大品牌"发展战略,坚持走内涵发展道路,以专

业建设为核心,引领和推进学校全方位发展。

三、战略目标

以"八大工程"建设为动力,推进学校"十四五"发展。至"十四五"末,把上海东海职业技术学院办成一所办学规模基本稳定,"精、特、强"办学特色基本形成,办学质量稳步提升,公共服务类专业("一体")更加壮大,艺术设计类专业、现代制造类专业("两翼")更加丰满,职业教育与职业培训并举,产教研协同发展的,上海一流、全国有影响力的民办高职院校,成为上海民办职业教育的一个样板。

四、主要任务

（一）专业发展推进工程

1. 全日制在校生总规模稳定在7000人左右;专业数稳定在25个左右,优化公共服务类专业布局,提高创意类专业特色发展水平,注重经济管理类、先进制造类专业,在提升专业水平的同时探索转型发展。

2. 人才培养工作要适应上海经济发展对人才需求的新要求,加强教育教学创新改革,形成适应发展需求、产教深度融合的应用型技能型人才培养体系。对应和服务上海建设"五个中心"、打造"四大品牌"的发展战略,在原有重点专业建设的基础上,再培育和建设2~3个职业教育特征鲜明、行业认可度高的一流品牌专业;培育和建设2~3个教师创新教学团队。

3. 提升专业建设内涵和水平。跟踪上海产业发展趋势,掌握人才需求特点和内涵,把握学校发展重点,充分考虑学生终身发展需求,参照专业人才国际化标准,结合信息化技术发展,精心制订专业人才培养目标。在培养目标指导下,科学设计专业人才培养方案,构建结构科学、逻辑合理的课程体系,配置相应的教育教学环节。

4. 形成制度化、层级化专业建设常态。校内专业建设以竞争性立项建设为主要形式。对于有一定基础的专业,学校鼓励和支持参与竞争上海市和全国性的专业建设项目。上海市及以上的专业建设项目在"十四五"期间要增加5~10个。

5. 根据《国家职业教育改革实施方案》提出"建设50所高水平高等职业学校和150个骨干专业（群）"的要求,大力推进专业群建设。转变教育思想,努力实现高职教育人本性和工具性的有机复合,为学生的终身发展打下扎实的基础。在上海市"双一流"专业建设和教育部认定的(创新发展三年行动计划)5个骨干专业的基础上,集中力量对2~3个专业（群）进行重点培育和扶持,到"十四五"末,力争有1个专业（群）进入国家"骨干专业（群）"序列。

（二）人才培养质量提升工程

1. 推进人才培养模式改革。加大专业人才培养模式改革的力度,各专业要根据专业特点,选择"产教融合""企业学院""现代学徒制""1+X"等培养模式或创新"东海"培养模式。在原有基础上再申报和建成1~2个"现代学徒制"试点;"1+X"证书制度试点再拓展至2~3个专业。

2. 积极发展中高职贯通、高本贯通等一体化人才培养试点,增加中高职贯通专业5~8个,高本贯通专业3~5个。积极参与贯通培养专业的人才培养标准的建设。争取1~2个贯通专业教学标准制订的主导权,增强东海学院在专业建设中的话语地位。

3. 加大课程建设力度。建立常态化校级课程建设制度,特别要重视思政课程和专业核心课程的建设,全面推行课程思政教学改革。"十四五"期间,各专业核心课程至少要达到校级重点课程水平。

"十四五"期间,要建成一门以上思政课市级精品在线开放课程,要开出"习近平新时代中国特色社会主义思想概论"课程,并不断提升课程质量;要落实《2020年高校课程思政纲要》,让教师队伍"主力军"、课程建设"主战场"、课堂教学"主渠道"承担好育人责任,构建全员全程全方位育人大格局,实施通识课程、专业课程的思政教学改革。校级重点课程建设中达到较高水平的可以被认定为校级精品课程,学校加大支持力度,培育上海市级共享在线精品课程。到"十四五"末,上海市级共享在线精品课程增加5~8门,并争取实现国家级精品课程的突破。

4. 探索构建基于信息技术的新型教育教学模式、教育服务提供方式及教育治理新模式。促进信息技术与教育教学的深度融合,支持各专业充分利用信息技术开展人才培养模式和课程教学方法改革,特别是打造"虚拟仿真"等网络学习空间和普遍应用。到 2023 年,全校实现信息化教与学应用全覆盖。

5. 推进特色和精品教材建设。与专业建设、课程建设、贯通专业标准制订相配合,探索编著具有特色的专业教材,倡导和推行新型活页式教材。到"十四五"末,正式出版高水平特色、"十四五"规划教材 8～10 部。争取有 1～2 部教材成为校企"双元"合作开发的国家规划教材。

6. 加强实践教学环节建设。根据校内教学和社会培训的要求,推行项目教学、案例教学、工作过程导向教学等教学模式。提升实训室服务教学和社会的能级,各专业在满足校内实训条件的基础上,为学生科技创新活动提供场地、设备和技术支持。持续优化、提升以"课-证-赛"为特点的技能提升计划,创新技能培养模式,搭建技能提升平台,提高学生专业技能,培育学生"工匠精神"。

7. 加快教育国际化步伐。理清教育国际化内涵,专业标准对接国际标准,提高标准制定的站位,实现专业教育标准的国际化。学习借鉴国外职业教育的先进办学理念、人才培养标准和成功经验,"走出去"与"请进来"相结合,扩大国际交流合作的领域和项目,到"十四五"末,国际交流合作项目再增加 1～2 个。累计 20% 以上的专职教师有海外教学、访学、进修、培训经历。累计 2% 以上的毕业生有海外学习、实习的经历,实现毕业生境外就业的突破。

8. 以专业和课程两个层面为建设重点,构建持续提升教学质量为目标的、具有东海学院特色的内部教学质量保障体系。至 2023 年,学校基本建立以质量目标、质量过程和质量反馈为主循环,各质量环节 PDCA 循环为辅循环的内部教学质量保障体系。进一步完善、制定相应的常态化机制,逐步完善质量信息系统,保证各质量循环的有效运行。

(三)教工队伍提质增效工程

1. 推进以"三定"(定编、定岗、定责)为核心的人事改革。以生师比为基础确定教职工总量,根据学校发展和提质增效的要求,科学设置管理机构、管理岗位,明确岗位职责,实行择优上岗。调整员工结构,实现专任、专职和兼职员工的合理组成。

2. 以培养"双师型"教师为主导,加大师资队伍建设力度。重点加强师德师风建设,把师德师风作为评价教师队伍素质的第一标准。优化师资队伍的职称结构,逐步形成结构合理、能力突出、忠诚担当的师资队伍。到 2023 年,师资队伍的双师素质占比达到 90%,专职教师拥有高级职称占比争取达到 30%;到"十四五"末,"双师型"教师比例达到 65%～70%。

3. 搭建员工发展平台,全面实行青年教师导师制,强化各类员工国内外进修和培训、企业挂职和践习制度,畅通能力提升、学术交流、成果发布通道,为员工成长提供助力,形成员工成长的良好环境。专业专职教师每年在企业挂职或践习时间不低于 1 个月;到 2025 年,一线专职教师完成 5 年一周期的全员轮训。

4. 主动承接"走出去"中资企业海外员工教育培训,特别是加强与共建"一带一路"国家的教学合作,力争在专任教师赴国(境)外指导和开展培训、在国(境)外专业性组织担任职务的专任教师人数等方面实现"零"的突破。

5. 建立科学、合理的考核分配和激励制度。建立绩效目标和考核、绩效和分配挂钩制度。将参与校企合作作为教师业绩考核的内容,具有相关企业和生产经营一线经历的专业教师在评聘和晋升职务(职称)、评优表彰等方面,同等条件下优先对待。建立表彰青年教师成长、岗位工作尽职创新、终身奉献学校发展、作出突出贡献等各类先进人物和团队的学校荣誉体系。

(四)科研能力提升工程

1. 发展以教育教学研究为重点的创新性研究。要重点关注高职类型特色、高职多元办学、高职内涵建设、高职制度标准、高职提质增效、民办发展规律、高职专业建设规律等领域,并取得丰硕成果。

2. 鼓励以服务企业的应用性项目开发研究。要充分利用产教融合、产业学院、企业合作、企业践习的机会,发现并解决企业生产过程中存在的技术问题,帮助企业提高生产效率、产品质量。学校支持各类专利创新和申报。鼓励和支持科技成果转化。

3. 支持教师开展特色、个性化的科学研究。要充分利用教师已有的研究背景和合作渠道,持续开展相关领域的科研工作,为个人和团队科研能力的提升积累基础。建立科研激励制度。对在科学研究、应用研究、学科研究等方面取得成果的教师和团队实施重奖。组建科研管理机构,提供科研管理服务,开拓科研服务渠道。

4. 到"十四五"末,我校师生以独立或第一作者发表在国内核心期刊上的论文数量达到100篇,申请1、2类专利或软件著作权100项,进校的科技服务和科研经费达到100万元。

（五）实训基础改善工程

1. 系统规划各专业实验实训室建设,保证各专业校内实验实训条件达到教学要求;创造条件,实现各专业实验实训室的资源共享。瞄准行业前沿,建设具有国内、市内先进水平的实验实训基地,在高技能人才培养中发挥作用。

2. 深化产教融合和校企合作,推进产业学院和产教研协同基地建设,在进一步加强"财务管理生产性实训基地""影视与动画生产性实训基地"建设的基础上,新建2～3个产业学院或产教研协同基地。发挥产业学院、产教研协同基地在学生岗位技能培养、企业文化认知、劳动素质教育方面的积极作用。把产业学院、产教研协同基地作为教师实践能力培养的重要场所,为教师科研能力、服务社会能力提升提供支持。

3. 抓住《国家职业教育改革实施方案》提出的"建设一批资源共享,集实践教学、社会培训、企业真实生产和社会技术服务于一体的高水平职业教育实训基地"这一契机,到2025年,以综合实训大楼为主体,建设成为本市开放式民办高校实训基地。

4. 做好校外实训基地建设。建好校外实训指导教师队伍,使之熟悉专业学生培养要求,掌握必要的指导方法。完善各专业校外实训教学、考核标准,明确校外实训在素质、知识、能力方面的培养要求,落实相应的实训环节。加强校外实训的管理能力建设,扎实提高校外实训的质量。

（六）"三强"校园文化创建工程

1. 健全"三全育人"体系与机制,服务学生发展。建立党政统一领导、职能部门分工负责、全员参与、齐抓共管的责任机制和协同机制,统筹共享校内外资源,形成将育人目标贯穿于教育教学管理服务全过程的评价考核激励机制。

2. 构建"大思政"的工作体系。坚持"品质＋能力"的教育理念,探索建立具有学校特色的"五育融合"、"一、二、三课堂"贯通的育人体系与机制。实施"思政课程创优行动计划""课程思政提升行动计划",切实把思政教育融入专业课程之中。实施"立德修身行动计划""暖心筑梦行动计划",促进学生身心健康全面发展。强化校内各部门、各岗位、各类工作与思政工作同向同行,形成"大思政"新格局。

3. 实施以"工匠精神"引领的"强心、强身、强技"东海校园文化建设工程。围绕立德树人的根本任务,以理想信念和社会主义核心价值观为核心,以全面提高人才培养能力为关键,以培养高质量应用技能型人才为目标,把立德树人贯穿专业人才培养的全过程和教育教学各环节。积极开展"大国工匠进校园""劳模进校园""优秀毕业生校园分享"等活动,利用多种信息媒介宣传展示"大国工匠"、能工巧匠和优秀毕业生的事迹和形象,培育和传承好"工匠精神"。培育具备"忠诚、担当、爱党、爱国"精神的东海师生员工群体。

4. 开展东海特色的"劳动意识、劳动能力"培育计划,形成三年不断线劳动教育体系;实施"强健身体"计划,构建特色体育育人体系,形成"班班有球队、月月有赛事"的丰富多彩的东海体育文化,强健学生身心;实施"品牌社团"扶持计划,依托学生发展中心,建设一批高质量、有特色的学生社团。确保党的工作在学生社区、学生社团全覆盖。

5. 全面深化文明校园创建活动,争创上海市文明校园。构建学校统筹规划、部门计划落实、师生人人参与的三级文明建设体系。完善学校、部门创建工作两级组织,营造文明创建文化,压实创建工作责任,打造文明创建品牌项目,形成上下联动、齐抓共管的文明校园创建工作格局。建立年度目标制订、创建工

作中期检查、年度创建工作绩效评价的常态化文明创建工作机制。

（七）内部治理优化工程

1. 进一步完善现代大学制度，完善学校内部治理体系，巩固董事会决策职能、校长管理职能、党委监督职能的领导和保障体制。完善学校党组织在学校法人治理结构中的地位，健全党组织参与决策机制、强化监督机制、议事沟通机制。进一步完善校、院两级管理体制。发挥教代会和职代会在学校发展、管理中的作用，探索民办高校员工参与民主管理的实现方式。

2. 邀请业内专家成立东海学院改革发展咨询专家委员会，为学校的发展战略、发展路径提供专家意见，为教职工把握高职、民办高校发展动态提供智力支持。构建校内专项工作委员会体系，发挥专项工作委员会在学校相关工作中的决策咨询作用，为学校工作专业化、科学化、规范化奠定基础。

3. 在巩固上海市高等院校依法治校（标准校）建设成果的基础上，进一步加强依法治校建设的力度。到2023年，学校依法治校水平应达到依法治校示范校的标准。

4. 提升信息化建设水平。学校信息化工作采用"整体规划、分步实施、急用先建、量力而行"的建设策略，加强校园网络、数据中心机房等信息化基础设施建设。建设公共数据平台，整合信息资源，推进数据互联互通和资源共享，解决信息"孤岛"问题。发挥信息化在学校管理、校情分析、决策支持中的作用，提升学校治理能力。加强网络技术防范，完成二级等保，确保信息安全。

5. 改善办学条件、优化资源配置，提高资源共享、资源管理、保障服务的水平，实现通用教学资源集中统一管理。加快图书馆内涵建设，提升图书资料在教学、科研中的保障能力，师生阅读及图书流通量有明显提高。

实施校园环境整体建设计划，优化导引系统，统一标识系统，完善信息发布系统，营造东海文化氛围，以花园单位为目标建设"常年见绿、四季花香"的优美校园环境。

逐步对老旧学生宿舍进行改造，进一步优化和改善学生住宿条件。

（八）社会服务能力提升工程

1. 大力开展以培训为主的社会服务。要根据专业特点和社会需求，开展以职业能力培训为主的社会服务项目。"十四五"期间，全校职业能力培训量要达到5 000人次/年。

2. 进一步加强已有"双师型"教师培养培训基地建设，再申报建设1～2个专业"双师型"教师培养培训基地。根据学生终身发展的需要，提供高层次学历教育和职业能力培训服务。以产业学院、产教研协同基地等形式，开展职业培训和产品研发。

3. 依托和利用上海-新疆喀什职业教育联盟和上海-遵义职业教育联盟，帮助中西部地区发展职业教育。开展智力援疆、智力扶贫，为欠发达地区教育教学发展提供东海方案、东海道路、东海力量，在智力扶贫中实现东海形象。

五、组织实施与保障措施

（一）加强党的建设，为规划实施提供坚强保障

认真贯彻落实《中共中央办公厅〈关于加强民办学校党的建设工作的意见（试行）〉》精神，全面加强学校基层党组织建设，引领全校党员增强"四个意识"，坚定"四个自信"，做到"两个维护"。坚持党的组织和党的工作全面覆盖原则，落实党的工作与学校发展同步谋划、同步设置、同步开展。

服务大局，全面提升党的建设科学化水平，探索民办高校党委发挥政治核心作用的有效途径。加强党的组织建设、政治建设、思想建设和党风廉政建设。实施党建质量提升计划，把党支部建设成为坚强的政治堡垒，加强党员思想教育，发挥共产党员在学校事业发展中的先锋模范作用。加强党风廉政建设，营造风清气正、干事创业的良好氛围。

（二）加强规划宣传工作，凝心聚力推动发展

通过有效途径广泛宣传"十四五"规划，帮助广大师生深刻理解规划内涵，形成广泛共识，凝聚实现规划目标的强大合力。推动规划成为全体师生共同的奋斗目标，抓好工作任务落实，实现高水平高职院校

奋斗目标。

实行学校发展和员工福利同步增长机制,强化责任和贡献在分配中的主导地位,鼓励员工立足岗位、创新发展,自觉地为实现"十四五"规划努力奋斗。

(三)制定专项规划,落实分解目标

根据总体规划目标,制定配套的专项规划(学校专项规划和学院发展规划)。把规划总目标分解成阶段性、具体化的分目标,落实好分步实施计划。学校及二级单位年度工作计划要与总体规划、学校专项规划相协调,建立可操作、可考核的工作指标体系。

(四)强化监督检查,确保规划实施

落实专门机构负责对规划实施情况进行常态化监督评价,增强督促检查工作的力度。规划年度实施情况应作为各单位、各部门年度工作绩效考核的重要内容。对规划实施过程中发现的问题,及时进行反馈、整改或调整。

(五)加强统筹协调,保障规划财力

加强规划实施的财力保障,统筹学校和财政资金,优先保障规划重点工作的财力。优化资源配置,提高资源共享水平,开源节流,拓展经费来源渠道。规范规划专项经费使用,确保经费使用科学高效、合理合规。

上海东海职业技术学院
2020年10月

第七部分

教师名录

1993 年

教　授
　　万伟勋　顾圣益
副教授
　　陈士钊　宓学敏　张德生　黄慰平
讲　师
　　金毓渝　刘路喜　周雷云　王伟民　钱芝蓁　俞美君　俞钧善　曹雅姝　徐伟康

1994 年

教　授
　　顾圣益　　张南保
副教授
　　李啸虎　何怀清　赵铁牛　陈玙璠　甘露光　黄慰平　魏宏鹄　王贤光　华怀俊　宓学敏
　　郦渭荣　张德生
讲　师
　　金　颖　邹兴根　金毓渝　朱跃斌　吕少群　俞钧善　周雷云　池振涛　徐伟康　陈海龙
　　刘路喜　赵　琴　严南南　郑吉林　张永玉　陈效伋　瞿志英　顾参林

1995 年

教　授
　　顾圣益　张南保
副教授
　　叶自源　宓学敏
讲　师
　　徐伟康　金毓渝　陈效伋　顾参林　郑吉林　张永玉　周雷云　赵　琴　陈海龙　葛　元
　　曾方镛　张雪梅　王健生
授课教师
　　蔡惠芳　徐慧娟　蒋志华　杨丽萍　林大勇　乐新妹　任京男　黄永安　张佳生　黄之清
　　孙以东　彭　娟　杨松甫　丁卫国　俞大忠　赵有增　董　宏

1996 年

教　授
　　叶自源
副教授
　　郦渭荣
讲　师
　　张永玉　金毓渝　陈海龙　张雪梅
授课教师
　　文　静　陈　刚　蒋志华　徐文琪　张　傲　徐　祥　徐　鹏　孙以东　盛志明　李　荃
　　洪晓云　王冬梅　孙晓明　朱惠国　蔡惠芳　丁玲玲　贾　峰　黄　勇　丁卫国

1997 年

教　授
　　顾玉伦　　顾圣益　　王国明　　张南保
副教授
　　魏宏鹄　　黄德良　　陈　光　　肖柳青　　刘筱冬　　唐一中　　赵铁牛　　吴旭光　　黄彭年　　毛定祥
　　付学良　　黄伟力　　蔡美琴　　邹兴根　　尤立喜　　甘露光　　陈先元　　周镛源　　张福康　　叶自源
　　华怀俊　　李啸虎　　曾方墉
讲　师
　　李根林　　陈　艺　　苏同华　　汤琳俊　　卢国杰　　何国平　　王贤光　　林贻俊　　周雷云　　金毓渝
　　徐伟康　　赵　琴　　陈海龙　　张永玉　　张雪梅　　王美琪　　王健生　　葛　元
授课教师
　　卢启兴　　瞿志英　　张建元　　杨丽萍　　汤卫忠　　高　军　　柳　欣　　冯启敏　　徐斌涛　　周　放
　　王伯熙　　孙祝岭　　蔡惠芳　　徐惠娟　　张士兴　　金丽玉　　张志良　　张　钟　　黄均妹　　瞿宗德
　　俞兆男　　施洽民　　蔡凤鸣

1998 年

教　授
顾圣益　张南保　孙国武　王国明　绳广基　管彦诚　毛定祥　周瑞庄　林吉荣　孟长富

副教授
甘露光　魏宏鹄　周镛源　周雷云　陈先元　孙晓明　傅学良　尤立喜　李啸虎　曾方墉
吴旭光　张福康　金毓渝　张建元　赵同文　林逸华　蔡美琴　苏中义　孙祝岭　赵铁牛
顾玉伦　叶自源　肖柳青　施洽民　高永芳　郦渭荣　洪秀燕　瞿志英　张志良　俞大忠
蒋志华　汤琳俊　黄伟力　王贤光　华怀俊　张永玉　陈玛璠　陈海龙　何国平　叶梅柳
褚与根　蔡东东　王玉风　陈　光　周敬贤　边善裕　林云云　林逸华　葛　元　黄彭年
陶安顺　徐玉麟　王兰芳　李　铮

讲　师
苏同华　黄均妹　张　钟　徐惠康　李根林　林贻俊　王美琪　张雪梅　张　曦　马体林
丁新民　徐惠娟　徐信虎　张国根　张丽君　王建华　朱锡钧　李　青　王健生　蔡惠芳
洪秀燕　宣荣明

任课教师
武丽梅　王　琨　鲍建强　张继民　倪秉华　何新梅　聂法良　张　琳　彭林元　曹　薇
强曼君　黄德良　裘高翔　吴中南　张兴越　沈关生　黄均妹　全　林　沈小娜　邵季英
张耀辉　沈亚莉　黄伟力　徐斌涛　姜德溥　施宝兴　赵器国　蒋志华　施洽民　陈洪亮
石羽文　徐　青　陈　健　陈俊豪　陈　然　陈伟达　陈鑫岳　范宝兴　付信铺　李　丹
刘雪飞　柳　欣　孙竹岭　汤卫中　汪仲远　王本颜　王海源　王家政　杨　静　杨丽萍
杨小霞　姚秉琪　俞兆男　钟永城　周　放　周民兴　周泽红　朱　皎

1999 年

教　授
　　林吉荣　程祖德　凌志浩　绳广基　管彦诚　唐　淑　朱崇贤　钱元凯　毛定祥　章伯虎
　　张南保　邱光正　周端庄　孟长富　顾圣益

副教授
　　李志良　邹兴根　陈海龙　陶红英　唐根金　蔡东东　梁　惠　石羽文　吕福祥　金佑铮
　　施文俊　王铁民　高尔安　周镛源　甘露光　付信镛　汪仲远　殷才方　魏宏鹄　黄彭年
　　陈先元　王文军　田　磊　冯德盖　林贻俊　张福康　徐斌涛　王健生　金毓渝　蔡惠芳
　　陆心杰　李　铮　周　放　沈关生　张佩礼　周　馥　付学良　叶梅柳　朱益初　黄德良
　　丁霞萍　何兴梅　黄伟力　王兰芳　曾方镛　张健明　陈永嘉　赵　斌　陆益军　许德因
　　胡芬兰　徐玉麟　赵立军　吴中南　陈鑫岳　苏中义　陈俊毫　周敬贤　陶安顺　边善裕
　　葛　元　王海源　吴钦藩　王品尧　施贵康　郦渭荣　钟义盛　庄木成　曹维俊　赵一飞
　　鲁　霞　谈懋雄　赵同文　叶自源　肖柳青　孙祝岭　俞兆男　徐明钧　乐新妹　应诚敏
　　赵铁牛　钟永城　褚与根　范祖基　杨小霞　沈小娜　王嘉政　强曼君　林云云　黄　忠
　　曹有成　吴善言　姜德溥　张　琳　陈　健　吴静芳　安振吉　王敦耀　叶谋莲　姚家征
　　罗世霖　孙秀英　宣荣明　蔡东东　王玉凤　陈　光　林逸华

讲　师
　　何昊中　李守真　何　艳　吴红七　赵祖明　唐洁元　张雪梅　李　侠　张　曦　诸朝辉
　　张永玉　王美琪　何国平　方国良　赵　琴　周雷云　施宝兴　刘　丹　张　频　廖春明
　　王　星　贡美芳　杨晓玲　刘雪飞　唐燕冰　郑建军　魏春莲　尤正明　王贤光　李康华
　　孙晓明　文学武　施逸丰　华怀俊　尤立喜　朱　皎　徐伟康　朱海雄　褚云茂　张士兴
　　李根林　马体林　何旻中　丁新民　章昌奕　蒋志华　席　涛　朱国进　王本颜　洪秀燕
　　肖慧青　嵇　军　谈懋雄　苏同华　冯启敏　李　青　徐惠娟　庄佳芳　徐信虎　邹　平
　　陈星铭　张国根　张丽君　王建华　朱锡钧　张　斌　徐鸿瑜　宣　宇　陆存兴

一般教师
　　王金波　王旭红　胡　艳　何　卫　武丽眉　胡俊杰　张冬梅　章华第　王　琨　叶东辉
　　刘　红　郑兴山

2000 年

教　授

张南保　章伯虎　邱光正　绳广基　程祖德　朱崇贤　顾圣益　管彦成　唐　淑　周瑞庄

副教授

安振吉　胡芬兰　罗世霖　张福康　蔡东东　魏宏鹄　曹维俊　曹有成　曾方镛　胡宗孝
毛定祥　张　琳　孟长富　黄德良　吴善言　黄彭年　陈海龙　陈　健　肖柳青　张佩礼
陈先元　章昌奕　赵　斌　施贵康　赵铁牛　徐斌涛　金佑铮　施文俊　褚与根　金毓渝
赵同文　赵一飞　乐新妹　钟永城　丁霞萍　徐玉麟　范祖基　谈懋雄　许德因　周雷云
唐根金　宣荣明　郦渭荣　付学良　甘露光　林贻俊　高尔安　田　磊　梁　惠　叶梅柳
叶谋莲　叶自源　王键生　尤立喜　庄木成　鲁　霞　王铁民　邹兴根　王贤光　吕福祥
周镛源　周敬贤　时启亮　张永玉　王玉凤　陈玛璠　林逸华　肖学远

讲　师

李守真　王美琪　步一军　何国平　马春林　张雪梅　耿业红　李根林　苏同华　尤正明
张　曦　张国根　王建华　王旭红　吴红七　葛　元　林云云　贡美芳

授课教师

郎　昆　蔡宗源　胡荷芬　胡　健　胡俊杰　虎世和　化　冰　马秀岭　马绪光　王占全
张　华　文学武　张健民　张丽君　吴洪林　沈关生　吴培良　沈小娜　莫玉翔　沈仲辉
倪　斌　吴树香　张　萍　黄伟力　倪亦泉　吴中南　张士兴　陈　弘　黄　霞　潘行庄
席　涛　陈辉斌　黄元庆　钱晓江　肖慧青　黄　铮　强曼君　张应湘　陈守百　黄　智
乔　宁　黄　忠　邱根成　谢　青　陈翔龙　稽　军　谢兆学　陈永嘉　姜德溥　邵季英
邢爱芳　章华弟　陈永庆　蒋隆邦　熊松青　赵阿瑞　蒋志华　施宝兴　徐宝莲　程晓桦
金丽玉　徐定安　施逸丰　徐惠娟　崔　英　匡静鸣　徐　民　赵祖明　戴玉城　束继兴
徐明钧　郑兴山　单　磊　宋海燕　徐　青　郑振基　单舒冰　宋妍未　徐卫康　钟义盛
邓应选　李康化　苏同华　徐信虎　孙国武　徐燕芬　周爱青　丁新民　李为民　孙渝烽
李学通　方水金　李志良　冯启敏　唐洁元　宣　宇　周祥兴　唐　群　薛茂煊　周秀珍
傅信镛　梁美训　杨伟慰　陶安顺　杨小霞　周甄发　杨一帆　朱朝晖　汪德羞　杨慧源
刘　丹　汪以青　姚家征　朱海雄　刘德骧　汪仲远　朱　皎　刘　红　王敦耀　叶鸣紫
朱楠德　刘天慈　王嘉政　朱文蔚　郭荣源　刘雪飞　朱雪冬　韩智渊　刘玉样　殷才方
朱益初　刘忠芬　王兰芳　应明幼　庄佳芳　何叔俭　卢正彬　贺善侃　邹　平　贺　哲
王　为　于早阳　洪国雄　陆益军　俞芝娥　卜爱萍　洪秀燕　张　斌　侯舜华　吕子义
张冬梅　王永杰

2001—2002 年

教　授

陈　健　　陈翔龙　　陈益康　　程祖德　　高　天　　顾圣益　　管彦成　　洪国雄　　黄元庆　　瞿兆荣
李为民　　孟长富　　邱光正　　裘泳铭　　绳广基　　项湜伍　　徐静波　　张南保　　张应湘　　周瑞庄
朱崇贤　　朱水林　　朱文蔚　　赵　刚

副教授

蔡东东　　蔡宗源　　曹维俊　　曹有成　　陈　光　　陈海宝　　陈海龙　　陈洁琦　　陈俊豪　　陈守百
陈伟达　　陈先元　　陈玛瑶　　程晓桦　　戴学毅　　范武邱　　范祖基　　方芝芬　　冯国芳　　傅信镛
傅学良　　甘露光　　高永芳　　葛　元　　顾济男　　顾　欣　　何国平　　何兴梅　　侯生泉　　胡德钧
胡芬兰　　胡宗孝　　黄　忠　　蒋开明　　蒋忠仁　　金佑铮　　金毓渝　　阚哲华　　蓝桂倩　　黎　君
李怀勇　　李学通　　李志良　　郦渭荣　　梁　惠　　林逸华　　刘天慈　　陆心杰　　陆益军　　吕福祥
吕兆康　　马秀岭　　钱昌勤　　秦建卫　　荣德芳　　邵季英　　李宏忠　　施贵康　　施精华　　时启亮
史　令　　孙克明　　孙渝峰　　唐根金　　唐　群　　滕镠民　　田　磊　　王敦耀　　王海源　　王健生
王荣生　　王　松　　王铁民　　王小瑜　　王秀文　　王玉凤　　王占全　　魏国富　　魏宏鹄　　吴承斌
吴培良　　吴善言　　吴树香　　吴增炎　　吴中南　　肖柳青　　肖学远　　辛玉梅　　徐斌涛　　徐定安
徐　民　　徐　青　　徐润生　　徐世华　　徐玉麟　　许德良　　许德因　　宣荣明　　严立东　　严玉康
杨桂成　　叶梅柳　　叶谋莲　　叶自源　　殷才方　　尤立喜　　俞　英　　曾方镛　　张福康　　张　华
张健明　　张　琳　　张佩礼　　张荣蓉　　章仁龙　　赵　斌　　赵三宝　　郑家式　　郑振基　　周　宏
周嘉陵　　周敬贤　　周雷云　　周石鹏　　朱国兴　　朱　令　　朱楠德　　朱益初　　褚与根　　褚云茂
祝春艳　　邹兴根　　夏　芸　　文学武　　韩　珏

讲师

包起霁　　卜爱萍　　步一军　　陈　鼎　　陈伟昌　　陈玉兰　　陈志毅　　程洪迪　　戴玉城　　邓应选
丁根南　　葛新民　　耿业红　　龚根美　　贡美芳　　郭鸿杰　　韩智渊　　何国平　　洪秀燕　　胡　健
黄文丽　　稽　军　　姜　海　　蒋志华　　劳智雷　　李文湘　　李根林　　李守贞　　李永昌　　梁　晨
林建华　　凌定成　　刘　静　　刘雪飞　　刘振峰　　卢正彬　　鲁　霞　　陆　蓉　　陆有兴　　吕美月
马体林　　潘国庆　　乔　宁　　沈吉利　　师　晟　　施逸丰　　束景明　　宋　健　　孙　苏　　谈懋雄
谭小芳　　汤蕴懿　　唐　潮　　滕新贤　　汪济生　　汪　凯　　汪　琴　　王崇毅　　王建华　　王锦标
王　丽　　王美琪　　王贤光　　王旭红　　王永杰　　王　勇　　王郁琴　　武　梅　　夏瑜芳　　谢　华
徐宝莲　　徐惠国　　徐　璐　　徐伟康　　杨海民　　杨伟慰　　杨政红　　姚　军　　姚荣芬　　叶建华
叶明华　　叶文君　　尹慧敬　　尤正明　　俞国荣　　俞芝娥　　张冬梅　　张国根　　张海勤　　张　晶
张丽君　　张士兴　　张雪华　　张雪梅　　章昌奕　　赵玲珍　　赵　明　　赵祖明　　郑　宇　　钟昌元
周爱青　　周灌东　　周守岗　　朱朝晖　　朱海雄　　俞　瑢　　何　琼　　崔嫣嫣

一般教师

陈剑昌　董立新　董曦丹　方　怡　郎　昆　李木杰　廖　盾　汪雨申　徐约维　袁小辉　周　恩

2003—2004 年

教　授

陈　健　　陈翔龙　　陈益康　　陈　莹　　程建新　　程祖德　　高　天　　黄禄善　　黄元庆　　瞿兆荣
李世均　　李为民　　李月莲　　刘贺余　　吕子义　　马新宇　　孟长富　　邱光正　　绳广基　　吴旭光
薛瑞福　　张启满　　张森年　　张应湘　　赵　刚　　周瑞庄　　朱崇贤　　朱文蔚

副教授

蔡东东　　曹大年　　曹维俊　　曹有成　　陈冬花　　陈　光　　陈海宝　　陈海龙　　陈洁琦　　陈伟达
陈先元　　陈玛璠　　陈玉兰　　程晓桦　　戴力农　　戴学毅　　东方月　　范勋培　　范祖基　　方芝芬
冯国芳　　符崇熙　　傅学良　　甘露光　　高鹏举　　高永芳　　葛　元　　顾　昕　　顾义生　　韩　琲
何兴梅　　侯生泉　　胡芬兰　　胡荷芬　　胡玲贵　　胡宗孝　　黄　炜　　黄雪蓓　　黄　忠　　蒋小雯
蒋　瑛　　金美娣　　金佑铮　　金毓渝　　瞿兆荣　　蓝桂倩　　黎　君　　李恩光　　李学通　　李志良
郦渭荣　　林　迅　　林逸华　　刘国瑜　　刘　静　　刘　强　　刘天慈　　卢俊明　　陆心杰　　吕福祥
吕兆康　　马秀岭　　毛志敏　　潘建华　　潘淑兰　　钱仲辛　　荣德芳　　邵季英　　沈家骅　　沈晓明
沈永鹤　　施贵康　　时启亮　　宋兴歧　　孙克明　　孙渝烽　　唐根金　　唐　群　　唐贤德　　滕缪民
田　磊　　王敦耀　　王海源　　王健生　　王荣生　　王瑞兰　　王　松　　王小瑜　　王　晓　　王秀兰
王秀文　　魏国富　　魏宏鹄　　文学武　　吴善言　　夏　耘　　肖柳青　　肖学远　　徐斌涛　　徐定安
徐　民　　徐　青　　徐润生　　徐新华　　徐玉麟　　许德因　　宣荣明　　严静康　　严玉康　　杨开太
姚剑鹏　　姚　军　　叶庶骏　　叶自源　　尤立喜　　袁平华　　张福康　　张　华　　张健明　　张　琳
张文娟　　赵三宝　　郑家式　　郑振基　　周拱熹　　周　宏　　周嘉陵　　周敬贤　　周雷云　　周孟华
周伟俊　　朱光尧　　朱宏月　　朱锡钧　　朱益初　　庄俊倩　　邹兴根

讲　师

卞庆珍　　卜爱萍　　步一军　　陈滨生　　陈　鼎　　陈惠昌　　陈平璋　　陈殷明　　陈毓凡　　陈志毅
程洪迪　　崔艳嫣　　戴玉城　　丁根南　　董竹媛　　付　炯　　高　健　　高雨佳　　葛新民　　耿业红
巩晓亮　　顾飞飞　　郭鸿杰　　郭晓霜　　何国平　　何　琼　　洪秀燕　　稽　军　　姜　海　　蒋志华
李根林　　李　凯　　李美健　　李秋香　　李守贞　　李文湘　　李永昌　　梁　晨　　林建华　　凌定成
刘雪飞　　刘振峰　　卢　琦　　鲁　霞　　陆有兴　　吕美月　　马体林　　倪　平　　潘国庆　　彭　红
邱米昉　　沈雅各　　师　晟　　施精华　　施逸丰　　束景明　　宋　健　　宋晓霞　　孙家匡　　孙　荪
谈　华　　谈懋雄　　谭小芳　　汤蕴懿　　唐海云　　唐明惠　　汪　琴　　王宏卫　　王建华　　王美琪
王　韧　　王贤光　　王永杰　　吴树香　　吴苏苏　　项　浚　　谢　华　　徐宝莲　　徐　璐　　徐伟康
徐银泉　　徐宇清　　杨海民　　杨如璧　　杨伟慰　　姚荣芬　　叶建华　　俞利君　　俞芝娥　　袁志伟
张宝明　　张冬梅　　张国根　　张海勤　　张佳旗　　张丽君　　张士兴　　张雪华　　张雪梅　　赵敬国
赵玲珍　　赵　明　　赵祖明　　赵祖荫　　郑志强　　钟昌元　　周爱青　　周　恩　　周孚岗　　周灌东
周汉幸　　朱朝晖　　朱海雄　　朱伟忠

一般教师

白 芸　陈剑昌　戴洁强　邓群慧　董曦丹　方 怡　葛建文　金玲慧　郎 昆　李 敏
李木杰　廖 盾　刘志强　孙 思　覃家宁　汪雨申　王秀文　吴增炎　武 梅　徐约维
俞晓冬　袁小辉　张 斌　张留华　张霄汉　张彦高　周 婷　祝春艳

2005—2006 年

教　授
　　朱崇贤　朱文蔚　张启满　徐银泉　耿兆丰　沈永鹤　陈益康　黄元庆　刘雁西　宋　崇
　　乔世民　范明三　刘贺余　孟长富

副教授
　　步一军　曹维俊　郦渭荣　顾　昕　王秀兰　王一力　黄　忠　刘天慈　卢俊明　陈伟南
　　陈伟南　甘露光　魏宏鹄　吕福祥　孙克明　周雷云　邹兴根　徐　民　吴均瑞　周孟华
　　朱毓华　金毓渝　陆心杰　张福康　郑家式　梁瑜生　王健生　张杏琳　朱益初　杨开太
　　韩　琲　于镇夏　周敬贤　孙家匡　王崇义　吴　敏　谢兆学　严玉康　杨际胜　杨　萍
　　叶兴华　梁美训　潘行庄　束继兴　张子洲　许德因　周敬贤　滕镠民　周孟华　程晓桦
　　孙渝烽　武珍年　徐帼莲　李士均　赵淑桂　郑伟松　胡宗孝　张　琳

2007 年

教　授
　　陈益康　　高　天　　刘贺余　　刘雁西　　孟长富　　宋　崇　　张启满　　朱崇贤　　朱文蔚　　李贵平
　　乔世民　　李传德　　程祖德

副教授
　　周孟华　　杨　萍　　张秋英　　步一军　　曹士鑫　　陈冬林　　陈守百　　褚与根　　顾义生　　韩　珒
　　侯生泉　　胡宗孝　　康垂宏　　梁美训　　陆心杰　　潘行庄　　王健生　　王淑文　　王小瑜　　魏宏鹄
　　吴金贵　　吴均瑞　　吴增炎　　武珍年　　谢兆学　　徐斌涛　　徐　民　　徐闰生　　徐锡璋　　许德因
　　叶兴华　　于镇夏　　俞汝法　　张福康　　赵淑桂　　郑家式　　郑伟松　　周敬贤　　邹兴根　　陈玉冬
　　徐经明　　储锡林　　丁连元　　殷敦荣　　戴学毅　　刁德霖　　孟　涛　　顾仁杰　　李金海　　黄长生
　　平乃彬　　杨桂成　　汪用桓　　丁纪凯　　何兴梅　　胡芬兰　　黄　炜　　浦国敏　　朱光尧　　严振祥
　　蒋瑞兰

讲　师
　　白　芸　　金玲慧　　陈　飞　　姚　瑞　　郭　萦　　吴江华　　牟爱春　　万长云　　张　敏　　孙　俐
　　陈平璋　　戴玉城　　洪秀燕　　侯咏敏　　李明江　　李志良　　王崇毅　　王荣生　　王贤光　　王状珍
　　赵玲珍　　赵祖明　　周性土　　童敏钧　　李永昌　　张守明　　周继南　　杨信生　　李家驹　　陈滨生
　　蒋六亨　　鲁　霞　　倪麟德　　王达贤　　徐英鹏　　陈小德

一般教师
　　覃家宁　　刘　强　　刘　娜　　牛晓伟　　陈　娴　　李晓红　　郎　昆　　方　怡　　何　颖　　陈剑昌
　　张霄汉　　侯　丹　　唐海云　　蔡　艳　　周　婷　　郑志强　　王　腼　　黄　蕾　　王　慧　　刘伊丹
　　张　瑾　　周　菁　　袁雪飞　　徐恩捷　　张芸芸　　赵　红　　果云霞　　张　强　　朱　佳　　董　静
　　倪盈盈　　陈育君　　王仙凤　　王建林　　彭先龙　　曹永华　　俞芝娥

2008 年

教　授
朱崇贤　朱文蔚　高　天　张启满　刘雁西　宋　崇　李贵平　李传德　陈益康　乔世民
程祖德　刘贺余　孟长富

副教授
陈冬林　褚与根　吴金贵　刁德霖　李家驹　严玉康　王淑文　周性土　步一军　顾义生
魏宏鹄　侯生泉　胡宗孝　王小瑜　徐经明　倪麟德　徐英鹏　朱光尧　黄长生　武珍年
赵淑桂　郑伟松　储锡林　殷敦荣　孟　涛　汪用桓　浦国敏　杨　萍　张秋英　曹士鑫
陈守百　梁美训　潘行庄　叶兴华　俞汝法　周敬贤　陈玉冬　丁连元　谢兆学　童敏钧
顾仁杰　李金海　丁纪凯　戴学毅　康垂宏　蒋瑞兰　李明江　徐锡璋　杨桂成　周孟华
韩　玞　陆心杰　王健生　吴均瑞　徐斌涛　徐　民　徐闰生　许德因　于镇夏　张福康
郑家式　邹兴根　平乃彬　何兴梅　胡芬兰　黄　炜　严振祥　吴增炎

讲　师
万长云　陈平璋　王状珍　陈滨生　曹永华　李永昌　蒋六亨　王崇毅　王荣生　鲁　霞
牟爱春　金玲慧　陈　飞　张　敏　王贤光　赵祖明　侯咏敏　赵玲珍　张守明　孙　俐
周继南　王达贤　李志良　姚　瑞　郭　萦　吴江华　白　芸　戴玉城　洪秀燕　俞芝娥

一般教师
张　瑾　果云霞　张　强　侯　丹　王　慧　袁雪飞　彭先龙　赵　红　朱　佳　陈育君
陈小德　郎　昆　何　颖　周　婷　黄　蕾　刘伊丹　徐恩捷　张芸芸　董　静　蔡　艳
郑志强　王　腼　王建林　杨信生　周　菁　覃家宁　刘　强　刘　娜　牛晓伟　陈　娴
李晓红　陈剑昌　张霄汉　唐海云　倪盈盈　王仙凤

2009 年

教　授
乔世民　李蓓智　薛和生　朱文蔚　时启亮　马新宇　宋　崇　李贵平　韩斌生　刘贺余

副教授
王　芬　赵家艾　魏汉卿　尤立喜　陈冬林　吴金贵　刁德霖　康垂宏　戴学毅　杨桂成
蒋瑞兰　杨　萍　梁美训　夏其彪　吴兴云　陈守百　谢兆学　陈玉冬　童敏钧　顾仁杰
李金海　朱为英　严玉康　陈海宝　王淑文　王秀兰　聂庆铁　田　磊　杨伟慰　张秋英
潘行庄　冯容莲　陈伟达　陈伟南　侯生泉　胡宗孝　王小瑜　杨艾强　张佩琴　倪麟德
王国经　吴建萍　程晓桦　武珍年　郑伟松　汪用桓　黎胜山　浦国敏　叶梅柳　韩　琲
于镇夏　何兴梅　黄　炜　吴均瑞　徐　民　徐闰生　郑家式　严振祥　周孟华　胡芬兰
舒培丽　吴增炎

讲　师
万长云　陈平璋　王状珍　陈滨生　鲁　霞　周继南　王　慧　袁雪飞　陈惠昌　彭先龙
王崇毅　王荣生　侯　丹　牟爱春　曹永华　蒋六亨　金玲慧　陈　飞　张　敏　王贤光
赵祖明　李剑冰　王达贤　郎　昆　刘伊丹　孙　俐　侯咏敏　赵玲珍　张守明　王丽民
宋　健　徐英鹏　洪　凭　方　怡　刘忠芬　俞芝娥　刘　娜　牛晓伟　陈　娴　张霄汉
姚　瑞　郭　萦　吴江华　白　芸　戴玉城　平乃彬

一般教师
张　瑾　果云霞　张　强　周佳婧　周　菁　蒋啸靖　赵　红　陈育君　朱　佳　郑玲玲
顾　萍　易钟林　陈小德　王建林　何　颖　周　婷　黄　海　黄　蕾　张芸芸　董　静
蔡　艳　郑志强　王　腼　龙　燕　韩　艳　李晓红　倪盈盈　王仙凤　李清花　秦　莉
鲁志芳　覃家宁　刘　强

2010 年

教　授
乔世民　金守郡　时启亮　陈伟南　宋　崇　李贵平　韩斌生　庄明珠　刘贺余

副教授
万长云　陈冬林　戴学毅　刁德霖　王　芬　赵家艾　万笑影　李明江　徐锡璋　康垂宏
杨　萍　谢兆学　陈玉冬　夏其彪　吴兴云　姚福荣　高志民　潘行庄　童敏钧　李金海
王胜利　严玉康　王淑文　王秀兰　杨桂成　赵三宝　聂庆轶　徐武军　田　磊　侯生泉
胡宗孝　王小瑜　王国经　吴增炎　郑汝镐　汪用桓　薛万奉　秦廷楷　朱为英　肖本华
桑未心　黄苏飞　韩　琲　徐　恂　周孟华　胡芬兰　严振祥　冯容莲

讲　师
张　瑾　周　曼　陈平璋　王状珍　陈滨生　刘　敏　汤　珺　任广文　周季南　侯　丹
王　慧　袁雪飞　牟爱春　吴谢玲　彭先龙　王荣生　曹永华　陈惠昌　蒋六亨　金玲慧
张　敏　郑玲玲　易钟林　赵祖明　郎　昆　刘伊丹　董　静　孙　俐　侯咏敏　赵玲珍
郭玉燕　宋　健　徐英鹏　郑伟松　黎胜山　浦国敏　曹鸿涛　王崇毅　袁振华　俞芝娥
陈　飞　陈育君　朱　佳　白　芸　张霄汉　蔡　艳　姚　瑞　郭　萦　刘　娜　牛晓伟
吴江华　陈　娴　李晓红　倪盈盈　王仙凤　李清花　平乃彬　洪　凭

一般教师
果云霞　张　强　高　振　周佳婧　周　菁　黄芝英　蒋啸靖　程　颖　赵　红　顾　萍
易钟林　陈小德　何　颖　周　婷　黄　海　黄　蕾　张芸芸　刘　琼　方　怡　郑志强
王　腼　左田田　胡　忱　王建林　张晓宇　龙　燕　覃家宁　刘　强　韩　艳　秦　莉
鲁志芳　明秋云

2011 年

教　授

严玉康　时启亮　韩斌生　陈伟南　乔世民　蒋炳辉　陆爱勤　钱关祥　赵涵芳　张君慧
洪秀华　刘贺余

副教授

王淑文　赵家艾　万长云　王秀兰　徐武军　万笑影　王　芬　田　磊　王小瑜　侯生泉
胡宗孝　吴增炎　郑伟松　王国经　汪用桓　严晓文　徐锡璋　周明德　李明江　杨　萍
童敏钧　潘行庄　谢兆学　吴兴云　陈玉冬　夏其彪　高志民　薛万奉　胡芬兰　秦廷楷
戚世忠　洪秀华　黄苏飞　周孟华　吴妙娟　严振祥　冯容莲

讲　师

陈滨生　陈惠昌　曹永华　张　瑾　周　曼　侯　丹　袁雪飞　牟爱春　吴谢玲　蒋六亨
刘亚洪　王荣生　林谷钟　汤向玲　黄　雯　陈　鼎　王贤光　易钟林　王　慧　郑玲玲
金玲慧　张　敏　张霄汉　赵祖明　吴忆枝　孙　俐　孙　俐　刘伊丹　徐英鹏　郎　昆
宋　健　王丽民　浦国敏　侯咏敏　郭玉燕　方　怡　董　静　赵玲珍　汤　珺　周继南
袁冬琴　鲁志芳　蔡　艳　秦　莉　袁振华　刘秀红　曹鸿涛　蔡菊英　纪建岑　龙　燕
陈育君　陈　飞　朱　佳　白　芸　倪盈盈　王仙凤　郭　萦　韩　艳　姚　瑞　陈　娴
吴江华　牛晓伟　刘　娜　李清花　李晓红

一般教师

张　强　高　振　顾　萍　果云霞　赵　红　李　兰　李福刚　左田田　黄　海　张芸芸
胡　忱　郑志强　王　腼　何　颖　周　婷　周佳婧　周　菁　黄芝英　刘　敏　王银月
蒋啸靖　王建林　李庆华　张晓宇　咸慕和　王　颖　姑丽斯坦·艾麦提江　鞠晓红　施晓玮
覃家宁　明秋云　刘　强　秦　丹

2012 年

教　授
　　严玉康　时启亮　任常毅　金顺英　张玉萍　高桂革　田玉冬　马新宇　陆爱勤　钱关祥
　　赵涵芳　张君慧　洪秀华　程祖德　印润远　李为民　杨　渭　刘贺余

副教授
　　钟昌元　陈　巧　何先明　董兆明　傅学良　张　晴　顾沉珠　吕美月　王　晓　赵荣开
　　徐仁俊　徐菊红　陈　静　申丽萍　童剑平　陈崇君　黄建香　侯明勋　张连毅　江可万
　　王侃夫　黄晓宇　杨　萍　万军红　范金辉　何志民　周　华　钱素琴　郑建立　郝　霆
　　丁　浩　张道英　赵轶群　徐蓉蓉　李文静　荣德芳　徐雅琴　王　渊　吴湘济　应国虎
　　尹　莉　张　玉　石　进　黄建伟　秦啸龙　刘国梁　戚世忠　洪秀华　肖家祁　章惠英
　　黄群武　徐　云　穆红珍　徐玉麟　辛玉梅　赵　威　虞益诚　徐宏兵　沈家骅　黄苏飞
　　周孟华　吴妙娟　严振祥　宣荣明　赵夏芳　宣　安　杨伟慰　陈朝晖　卜爱萍　魏国富
　　周振春　张　莹　吴　斌　蔺学才　周玉燕

讲　师
　　曲丽娜　吴千鹏　李秋香　蔡丽安　程　卉　刘振峰　嵇　军　苏　红　刘舒叶　陈瑞芳
　　朱绪敏　王德芳　王　汉　时永刚　陆炜渊　程洪伟　朱惠茹　高　振　杨小欣　祁文英
　　王　越　王　群　黄建民　陈玉林　陈文军　张金龙　彭　波　金惠云　蒋　赢　万敬龙
　　王　巍　刘　静　何　颖　汤凯青　刘彦宏　项　浚　刘元喆　朱伟忠　倪洁诚　阮　仪
　　黄雪蓓　梁香妹　任淑琼　王翔宇　陶　琼　梁　帅　刘晓红　朱相诚　姚亚伟　敬志勇
　　袁振华　刘秀红　曹鸿涛　蔡菊英　纪建岑　吴觉敏　白　玥　金世双　刘　垚　袁　明
　　黄春梅　马体林　林士玮　肖　洋　余　竹　徐建军　龙　燕　陈育君　陈　飞　朱　佳
　　白　芸　倪盈盈　王仙凤　郭　萦　韩　艳　姚　瑞　陈　娴　吴江华　牛晓伟　刘　娜
　　李清花　李晓红　王建华　冯　静　袁健兰　水　晶　李　铮　蒙晓虹　张忠魁　陈　进

一般教师
　　李文娟　钱美妹　王荣华　甘圆圆　叶　斑　张晰旻　董　鑫　李庆华　张晓宇　咸慕和
　　王　颖　姑丽斯坦·艾麦提江　鞠晓红　施晓玮　覃家宁　明秋云　刘　强　秦　丹　王培丞

2013 年

教　授
　严玉康　李　杰　时启亮　陆爱勤　张成华　钱关祥　赵爱平　李建国　赵建琴

副教授
　周　曼　徐武军　王秀兰　王淑文　孙朝霞　陈冬林　王　芬　杨　萍　陈玉冬　童敏钧
　杨大述　夏其彪　严志桢　徐　敏　刘卫平　谢兆学　王小瑜　侯生泉　戚世忠　胡俊霞
　杨桂成　王　平　汪用桓　桑未心　刘宝裕　咸慕和　朱建平　林晓云　沈　怡　周孟华
　薛万奉　徐玉麟　胡芬兰　黄苏飞

讲　师
　侯　丹　陈　鼎　张　瑾　袁雪飞　陆亨京　牟爱春　许　原　蒋六亨　吴谢玲　谢咏梅
　汤向玲　曹永华　陈惠昌　刘亚洪　陈纪祖　顾　萍　王　慧　高　静　果云霞　张霄汉
　郑玲玲　赵祖明　李福刚　吴忆枝　易钟林　金玲慧　袁冬琴　王银月　郎　昆　张芸芸
　赵玲珍　王丽民　孙　俐　何　颖　张守明　黄　蕾　董　静　刘伊丹　宋　健　王国经
　郭玉燕　郑梅青　刘秀红　冯克勤　张　敏　王　腼　汤　珺　王建林　浦国敏　郑伟松
　关艳丽　蔡　艳　纪建岑　金雅玉　蔡菊英　周倩倩　秦　莉　覃家宁　白　芸　刘　娜
　吴江华　鲁志芳　李晓红　丁　玲　郭　紫　明秋云　王建华　王仙凤　李清花　倪盈盈
　牛晓伟　韩　艳　姚　瑞　陈　飞　龙　燕　朱　佳　施晓玮　陈育君

一般教师
　吕　薇　苏　红　黄　雯　陈　磊　赵　红　李　兰　李　锐　周　婷　黄　海　李庆华
　唐　娟　袁振华　崔红军　周　菁　黄芝英　尤怡莉　李亚威　左田田　王　颖　张晓宇
　鞠晓红　刘　强　秦　丹　唐敏丽　何思源

2014 年

教　授
　　高　峰　　严玉康　　李　杰　　时启亮　　孙业瓒　　顾惠忠　　马新宇　　陆爱勤　　钱关祥　　赵建琴
　　赵爱平　　洪秀华　　张成华

副教授
　　侯　丹　　袁雪飞　　周　曼　　徐武军　　赵荣开　　张　晴　　邹伯龙　　孙朝霞　　孙朝霞　　励　丹
　　金玲慧　　杜作阳　　杨　萍　　刘卫平　　周莹君　　谢兆学　　陈玉冬　　童敏钧　　夏其彪　　侯生泉
　　王小瑜　　徐雅琴　　胡俊霞　　戚世忠　　桑未心　　刘宝裕　　林晓云　　王　平　　黄苏飞　　周孟华
　　赵夏芳　　魏国富　　徐玉麟

讲　师
　　张　瑾　　牟爱春　　吴谢玲　　陈　鼎　　谢咏梅　　曹永华　　陆亨京　　陈惠昌　　张霄汉　　王　慧
　　果云霞　　郑玲玲　　顾　萍　　易钟林　　李福刚　　李　兰　　高　静　　赵祖明　　王银月　　袁冬琴
　　班业槐　　徐　敏　　张金龙　　郎　昆　　何　颖　　黄　海　　黄　蕾　　刘伊丹　　张芸芸　　董　静
　　孙　俐　　赵玲珍　　张守明　　王丽民　　阮　仪　　郭玉燕　　宋　健　　张　敏　　王　腘　　周　菁
　　汤　珺　　郑梅青　　江　芸　　冯克勤　　周倩倩　　蔡菊英　　咸慕和　　黄秋怡　　赵　芳　　纪建岑
　　金雅玉　　戎伟君　　蔡　艳　　左田田　　王建林　　关艳丽　　陈　飞　　龙　燕　　朱　佳　　施晓玮
　　陈育君　　白　芸　　覃家宁　　姚　瑞　　郭　萦　　刘　娜　　牛晓伟　　吴江华　　李晓红　　倪盈盈
　　王仙凤　　韩　艳　　李清花　　秦　莉　　鲁志芳　　明秋云　　唐敏丽　　丁　玲　　王建华

一般教师
　　吕　薇　　刘计育　　沈天欢　　陈　磊　　苏　红　　秦　岚　　赵　红　　李　锐　　周　婷　　程　璐
　　黄芝英　　马　丽　　李庆华　　唐　娟　　崔红军　　张晓宇　　王　颖　　鞠晓红　　夏凡林　　丁　超
　　尤怡莉　　郭一凡　　王烨飞　　李亚威　　王治方　　刘　强　　秦　丹　　何思源　　鲁　续

2015 年

教　授
　　严玉康　李　杰　高　峰　时启亮　孙业瓒　顾惠忠　钱关祥　李建国　曹新妹　赵建琴
　　赵爱平　洪秀华　杨青敏　陆爱勤　吴静芳　金顺英　张成华　卜爱萍

副教授
　　赵三宝　侯　丹　袁雪飞　周　曼　牟爱春　徐武军　赵荣开　张　晴　邹伯龙　励　丹
　　何民乐　金玲慧　杜作阳　徐阿根　杨　萍　刘卫平　周莹君　徐萌利　谢兆学　陈玉冬
　　夏其彪　孙　俐　侯生泉　王小瑜　徐雅琴　桑未心　刘宝裕　林晓云　龚政枫　胡俊霞
　　戚世忠　周孟华　王　平　黄苏飞　赵夏芳　辛玉梅　宣　安　沙立仁　魏国富　徐玉麟
　　荣德芳

讲　师
　　张　瑾　吕　薇　吴谢玲　陈　鼎　谢咏梅　陈　磊　曹永华　陆亨京　姚晋兰　张霄汉
　　王　慧　果云霞　郑玲玲　顾　萍　易钟林　李福刚　李　兰　高　静　赵祖明　何东瑾
　　王银月　袁冬琴　班业槐　徐　敏　张金龙　王桂荣　郎　昆　何　颖　黄　海　林丽敏
　　黄　蕾　刘伊丹　张芸芸　董　静　赵玲珍　张守明　阮　仪　郭玉燕　周倩倩　王建华
　　夏凡林　蔡菊英　赵　芳　纪建岑　金雅玉　张　韵　郑梅青　江　芸　杨瑞庆　王　腼
　　周　菁　张　敏　蔡　艳　左田田　王建林　关艳丽　陈　飞　龙　燕　朱　佳　施晓玮
　　陈育君　吴江华　白　芸　覃家宁　姚　瑞　郭　萦　刘　娜　牛晓伟　李晓红　倪盈盈
　　王仙凤　韩　艳　李清花　秦　莉　鲁志芳　明秋云　何思源　唐敏丽　丁　玲

一般教师
　　刘计育　沈天欢　苏　红　秦　岚　李　锐　周　婷　程　璐　王小雨　张晓宇　王　颖
　　鞠晓红　丁　超　黄秋怡　李庆华　唐　娟　崔红军　黄芝英　马　丽　郑志强　郭一凡
　　王烨飞　李亚威　杨海俊　秦　丹　鲁　续

2016 年

教　授

严玉康　　李　杰　　时启亮　　陆爱勤　　吴静芳　　钱关祥　　李建国　　曹新妹　　赵建琴　　赵爱平
洪秀华　　杨青敏　　顾惠忠　　金顺英　　张成华　　卜爱萍

副教授

赵三宝　　侯　丹　　袁雪飞　　周　曼　　牟爱春　　赵荣开　　邹柏龙　　何民乐　　周灌东　　励　丹
金玲慧　　王　慧　　胡俊霞　　杜作阳　　崔虹燕　　佘笑荷　　徐阿根　　陈崇君　　杨　萍　　刘卫平
谢兆学　　陈玉冬　　赵伯兴　　夏其彪　　彭昌华　　江可万　　桑未心　　刘宝裕　　朱建平　　林晓云
王树珍　　刘伊丹　　孙　俐　　侯生泉　　王小瑜　　徐雅琴　　周孟华　　王　平　　黄苏飞　　宣　安
沙立仁　　魏国富　　徐玉麟　　荣德芳

讲　师

张　瑾　　吕　薇　　吴谢玲　　谢咏梅　　刘计育　　陈　磊　　曹永华　　王建华　　陆亨京　　姚晋兰
张霄汉　　果云霞　　顾　萍　　李　兰　　郑梅青　　何东瑾　　李庆华　　高　静　　邹蓓虹　　王银月
袁冬琴　　班业槐　　李　锐　　周莹君　　徐萌利　　王桂荣　　刘美娜　　金惠云　　王　颖　　周倩倩
夏凡林　　蔡菊英　　赵　芳　　金雅玉　　张　韵　　范敏君　　孔卫兵　　夏美玉　　郎　昆　　何　颖
黄　海　　林丽敏　　黄　蕾　　张芸芸　　董　静　　赵玲珍　　张守明　　郭玉燕　　白　芸　　王　腼
周　菁　　张　敏　　蔡　艳　　左田田　　王建林　　张居阳　　郑玲玲　　唐燕芳　　关艳丽　　戴妮娜
李亚威　　陈　飞　　施晓玮　　陈育君　　朱　佳　　龙　燕　　杨瑞庆　　吴江华　　覃家宁　　姚　瑞
郭　紫　　刘　娜　　牛晓伟　　李晓红　　倪盈盈　　王仙凤　　韩　艳　　李清花　　秦　莉　　鲁志芳
明秋云　　何思源　　唐敏丽　　丁　玲

一般教师

邹雨枫　　沈天欢　　熊少玮　　秦　岚　　唐　娟　　崔红军　　孙　立　　吴　真　　王莹莹　　张晓宇
鞠晓红　　唐双龄　　丁　超　　黄秋怡　　周　婷　　程　璐　　王小雨　　陈　超　　黄芝英　　马　丽
王　舟　　郑志强　　袁佳瑞　　郭一凡　　王烨飞　　杨海俊　　冬　梅　　贾丽娜　　秦　丹　　鲁　续
苏　红

2017 年

教　授
时启亮　严玉康　李　杰　陆爱勤　吴静芳　金顺英　顾惠忠　钱关祥　李建国　曹新妹
赵爱平　洪秀华　杨青敏

副教授
赵荣开　邹柏龙　周灌东　励　丹　侯　丹　袁雪飞　牟爱春　杜作阳　崔虹燕　徐阿根
潘渭河　金玲慧　王　慧　胡玉婷　彭昌华　陈玉冬　夏其彪　江可万　徐宏兵　孙　俐
刘伊丹　张芸芸　徐雅琴　周孟华　王　平　瞿　斌　桑未心　刘宝裕　朱建平　章惠英
林晓云　王树珍　黄苏飞　吴江华　张居阳　宣　安　沙立仁　徐玉麟　辛玉梅　荣德芳

讲　师
秦　岚　姚晋兰　邹雨枫　陆亨京　陈惠昌　吕　薇　刘计育　曹永华　高　静　何东瑾
佘笑荷　吴　清　邹蓓虹　周莹君　刘美娜　金惠云　班业槐　王银月　袁冬琴　李　锐
王桂荣　邓时鸣　何　颖　黄　海　林丽敏　黄　蕾　董　静　赵玲珍　葛仲秋　郭玉燕
郑玲玲　王建华　戴妮娜　蔡　艳　黄　超　左田田　王建林　唐燕芳　关艳丽　李亚威
汪淑梅　王琴玲　王　颖　夏凡林　赵　芳　金雅玉　张　韵　唐建娟　范敏君　黄慧敏
瞿毓敏　周梅华　陈　飞　施晓玮　陈育君　朱　佳　龙　燕　杨瑞庆　岳宝华　秦　媛
苏小青　覃家宁　姚　瑞　郭　紫　刘　娜　牛晓伟　李晓红　倪盈盈　王仙凤　韩　艳
韩　艳　秦　莉　鲁志芳　明秋云　秦　丹　何思源　唐敏丽　丁　玲

一般教师
沈天欢　苏　红　王　双　张　戈　王莹莹　邹玉凤　李学荣　熊少玮　袁敏敏　马　丽
王　舟　付　哲　赵珊珊　张　静　周　婷　陈　超　施金妹　程　璐　王小雨　杨明骁
宁自冉　王烨飞　杨海俊　袁佳瑞　冬　梅　郑志强　贾丽娜　张晓宇　范丽莉　鞠晓红
唐双龄　丁　超　黄秋怡　鲁　续

2018 年

教　授
　　严玉康　李　杰　吴静芳　金顺英　顾惠忠　钱关祥　曹新妹　杨青敏

副教授
　　张　瑾　周　曼　赵荣开　邹柏龙　周灌东　牟爱春　励　丹　金玲慧　杜作阳　徐阿根
　　胡玉婷　胡俊霞　王　杰　杨　萍　何志民　彭昌华　陈玉冬　夏其彪　江可万　徐宏兵
　　周孟华　葛　颂　胡毓芬　刘伊丹　张芸芸　徐雅琴　孙　俐　荣德芳　黄　蕾　王　平
　　瞿　斌　蔡　艳　桑未心　章惠英　朱建平　林晓云　王树珍　周倩倩　黄群武　黄苏飞
　　吴江华　张居阳　宣　安　沙立仁　徐玉麟

讲　师
　　吴谢玲　谢咏梅　秦　岚　姚晋兰　邹雨枫　陆亨京　陈惠昌　吕　薇　刘计育　曹永华
　　张　戈　李庆华　崔红军　张霄汉　果云霞　顾　萍　高　静　何东瑾　侯延华　王云泉
　　周莹君　刘美娜　金惠云　邓时鸣　丁　玲　李万艳　张　敏　王　脁　周　菁　黄芝英
　　白　芸　唐敏丽　董　静　赵玲珍　葛仲秋　郎　昆　何　颖　黄　海　林丽敏　郭玉燕
　　刘　锜　左田田　郑玲玲　戴妮娜　黄　超　王建林　唐燕芳　关艳丽　李亚威　刘　艳
　　王烨飞　王琴玲　王　颖　夏凡林　赵　芳　金雅玉　张　韵　范敏君　唐建娟　瞿毓敏
　　周梅华　张晓宇　纪建岑　梁金生　沈天欢　朱丹萍　陈　飞　施晓玮　陈育君　张瑞杰
　　龙　燕　杨瑞庆　岳宝华　秦　媛　牛晓伟　林士玮　苏小青　覃家宁　姚　瑞　郭　萦
　　刘　娜　李晓红　倪盈盈　王仙凤　韩　艳　李清花　秦　莉　鲁志芳　明秋云　秦　丹
　　何思源　丁　玲　王建华

一般教师
　　苏　红　刘舒叶　封竹一　李　箐　邹玉凤　李学荣　熊少玮　袁敏敏　高军俊　王银月
　　王桂荣　马　丽　王　舟　付　哲　马理明　赵珊珊　张　静　周莉南　吕　娟　周　婷
　　陈　超　施金妹　程　璐　王小雨　杨明骁　宁自冉　杨海俊　袁佳瑞　冬　梅　郑志强
　　贾丽娜　谭　心　储　然　翟文娟　徐焱鑫　金　庆　肖旭丹　范丽莉　鞠晓红　唐双龄
　　丁　超　黄秋怡　黄慧敏　张夏霖　罗　盛　许天伦　马晓娜　张潇俪　鲁　续

2019 年

教　授

严玉康　李　杰　顾惠忠　金顺英　钱关祥　曹新妹　杨青敏　吴静芳

副教授

周　曼　牟爱春　张　瑾　胡俊霞　胡玉婷　赵荣开　徐阿根　邹柏龙　励　丹　周灌东
鲁　捷　杨　萍　王桂荣　徐宏兵　何允灵　陈玉冬　夏其彪　彭昌华　何志民　江可万
何　颖　黄　海　黄　蕾　刘伊丹　张芸芸　孙　俐　胡毓芬　葛　颂　荣德芳　徐雅琴
王　平　蔡　艳　左田田　关艳丽　瞿　斌　周孟华　张　静　周倩倩　桑未心　章惠英
黄群武　朱建平　林晓云　王树珍　王　杰　黄苏飞　金玲慧　吴江华　明秋云　张居阳
罗晓丹　宣　安　沙立仁　徐玉麟　江赛蓉

讲　师

吕　薇　果云霞　吴谢玲　郑梅青　何东瑾　封竹一　李庆华　谢咏梅　崔红军　高　静
刘计育　沈天欢　吴娟娟　朱丹萍　曹永华　陆亨京　秦　岚　姚晋兰　陈惠昌　刘美娜
丁　玲　王云泉　金惠云　邓时鸣　郎　昆　林丽敏　董　静　赵玲珍　郭玉燕　刘　锜
葛仲秋　马跃进　王建林　唐燕芳　戴妮娜　王烨飞　杨海俊　刘　艳　李亚威　王　胭
周　菁　张　敏　黄芝英　唐敏丽　周莉南　孙静璇　张晓宇　王琴玲　王　颖　鞠晓红
唐双龄　马　兰　赵　芳　纪建岑　金雅玉　张　韵　范敏君　唐建娟　瞿毓敏　周梅华
梁金生　王　勤　侯延华　陈　飞　施晓玮　陈育君　张瑞杰　龙　燕　杨瑞庆　岳宝华
秦　媛　张霄汉　覃家宁　姚　瑞　郭　萦　刘　娜　牛晓伟　李晓红　倪盈盈　王仙凤
韩　艳　顾　萍　李清花　秦　莉　鲁志芳　秦　丹　丁　玲　鲁　续　龚建华　苏小青
王建华　林士玮

一般教师

王　双　李　箐　罗　盛　徐　薇　王　真　刘舒叶　苏　红　张　戈　高军俊　李学荣
熊少玮　邹玉凤　李万艳　韩建斌　徐紫依　周　婷　程　璐　王小雨　陈　超　施金妹
郑志强　袁佳瑞　冬　梅　谭　心　黄　超　杨明骁　徐焱鑫　金　庆　储　然　肖旭丹
翟文娟　徐士鋆　马　丽　王　舟　马理明　付　哲　赵珊珊　吕　娟　范丽莉　丁　超
张夏霖　黄慧敏　张可卿　樊忠优　郝淑彦　李　文　黄秋怡　吕周秦　明　珠　许天伦
马晓娜　张潇俪　马　睿

2020 年

教　授
严玉康　李　杰　金顺英　顾惠忠　钱关祥　曹新妹　杨青敏　吴静芳

副教授
张　瑾　周　曼　牟爱春　周建国　胡俊霞　赵荣开　徐阿根　邹柏龙　励　丹　周灌东
鲁　捷　凤　芹　杨　萍　王桂荣　徐宏兵　何允灵　陈玉冬　夏其彪　彭昌华　何志民
江可万　周孟华　张　静　何　颖　黄　海　黄　蕾　刘伊丹　张芸芸　孙　俐　胡毓芬
葛　颂　荣德芳　徐雅琴　王　平　蔡　艳　左田田　关艳丽　瞿　斌　周倩倩　桑未心
章惠英　黄群武　朱建平　林晓云　王树珍　王　杰　江赛蓉　黄苏飞　吴江华　黄文伟
金玲慧　明秋云　张居阳　罗晓丹　宣　安　沙立仁　徐玉麟　喻家琪

讲　师
吕　薇　果云霞　吴谢玲　郑梅青　何东瑾　封竹一　李庆华　谢咏梅　吴谢玲　崔红军
高　静　吴娟娟　朱丹萍　李　箐　曹永华　陆亨京　秦　岚　姚晋兰　陈惠昌　邵　雷
高军俊　李学荣　邹玉凤　李万艳　丁　玲　王云泉　金惠云　邓时鸣　丁叶文　张　敏
白　芸　王　腼　周　菁　黄芝英　唐敏丽　付　哲　徐卫春　郎　昆　董　静　赵玲珍
郭玉燕　刘　锜　徐雅琴　王建林　唐燕芳　李亚威　戴妮娜　王烨飞　杨海俊　冬　梅
黄　超　杨明骁　刘　艳　张晓宇　王琴玲　王　颖　鞠晓红　唐双龄　黄慧敏　郝淑彦
马　兰　赵　芳　纪建岑　金雅玉　张　韵　范敏君　唐建娟　瞿毓敏　周梅华　梁金生
王　娟　王　勤　侯延华　李晓静　郝雁玲　郑　娜　章　欢　李林霞　贺一馨　杜春婷
陈　飞　施晓玮　张瑞杰　龙　燕　杨瑞庆　岳宝华　秦　媛　刘申莲　牛晓伟　张霄汉
覃家宁　姚　瑞　郭　萦　刘　娜　李晓红　倪盈盈　王仙凤　韩　艳　顾　萍　李清花
秦　莉　鲁志芳　秦　丹　丁　玲　鲁　绫　龚建华　苏小青　王建华　林士玮

一般教师
徐　薇　王　真　刘舒叶　苏　红　张　戈　熊少玮　韩建斌　徐紫依　王　舟　马理明
赵珊珊　周莉南　孙静璇　吕　娟　许砚澂　周　婷　程　璐　王小雨　陈　超　施金妹
马跃进　李　莎　郑志强　袁佳瑞　谭　心　徐焱鑫　金　庆　储　然　肖旭丹　翟文娟
徐士鎏　苏申怡　范丽莉　张夏霖　张可卿　樊忠优　李　文　黄秋怡　骆晓健　吕周秦
明　珠　李天使　谭聪聪　马　程　马晓娜　马　睿　黄　乐　刘　强　樊佳佳　钱　瑶

2021 年

教　授
　　严玉康　李　杰　顾惠忠　吴静芳　钱关祥　曹新妹　朱桂菊　杨青敏　高惠珠　蔡克非

副教授
　　张　瑾　周　曼　牟爱春　周建国　胡俊霞　徐阿根　邹柏龙　励　丹　姚晋兰　周灌东
　　鲁　捷　杨　萍　江可万　王桂荣　徐宏兵　何允灵　陈玉冬　彭昌华　何志民　霍祥龙
　　孙小波　王　静　杨延俊　林立萍　刘伊丹　郎　昆　何　颖　黄　海　黄　蕾　张芸芸
　　孙　俐　胡毓芬　葛　颂　荣德芳　徐雅琴　王　平　左田田　瞿　斌　周孟华　张　静
　　王　杰　江赛蓉　桑未心　刘宝裕　章惠英　黄群武　朱建平　林晓云　王树珍　汪　新
　　吴江华　张居阳　黄文伟　罗晓丹　金玲慧　明秋云　宣　安　辛玉梅　万福永　黄苏飞
　　喻家琪

讲　师
　　吕　薇　果云霞　吴谢玲　郑梅青　何东瑾　封竹一　李庆华　谢咏梅　崔红军　高　静
　　吴娟娟　朱丹萍　李　箐　刘舒叶　陆亨京　秦　岚　张　戈　高　菁　徐永超　李学荣
　　高军俊　邹玉凤　李万艳　丁　玲　王云泉　金惠云　邓时鸣　徐卫春　董　静　王小雨
　　陈　超　郭玉燕　刘　锜　葛仲秋　李亚威　唐燕芳　戴妮娜　王烨飞　杨海俊　冬　梅
　　黄　超　杨明骁　徐焱鑫　储　然　肖旭丹　刘　艳　张　敏　王　腼　周　菁　白　芸
　　黄芝英　唐敏丽　付　哲　吕　娟　王　勤　侯延华　李晓静　郝雁玲　李天使　郑　娜
　　章　欢　张晓宇　王琴玲　王　颖　鞠晓红　唐双龄　黄慧敏　马　兰　赵　芳　纪建岑
　　金雅玉　张　韵　范敏君　唐建娟　瞿毓敏　梁金生　王　娟　张霄汉　覃家宁　姚　瑞
　　郭　紫　牛晓伟　李晓红　倪盈盈　王仙凤　王建林　韩　艳　顾　萍　李清花　鲁志芳
　　秦　丹　丁　玲　鲁　续　龚建华　苏小青　林士玮　刘申莲　龙　燕　陈　飞　施晓玮
　　杨瑞庆　岳宝华　秦　媛　张瑞杰

一般教师
　　徐　薇　苏　红　凤　芹　邵　雷　熊少玮　韩建斌　徐紫依　丁叶文　周　婷　施金妹
　　马跃进　李　莎　袁佳瑞　谭　心　金　庆　徐士鋆　苏申怡　黄子峰　王　舟　马理明
　　赵珊珊　周莉南　孙静璇　许砚澂　周素英　刘佩玉　吕周秦　明　珠　谭聪聪　李林霞
　　贺一馨　杜春婷　钱　瑶　王学红　马旭瑞　董高莺　范丽莉　张夏霖　张可卿　樊忠优
　　郝淑彦　李　文　黄秋怡　骆晓健　马　程　马晓娜　马　睿　黄　乐　刘　强　樊佳佳
　　张子婷　孙闵欣　朱婧媛　刘亚磊

2022 年

教　授
　严玉康　李　杰　顾惠忠　吴静芳　钱关祥　曹新妹　朱桂菊　高惠珠　朱桂菊　李文利
　张玉萍

副教授
　刘伊丹　葛　颂　金玲慧　龙　燕　郎　昆　陈玉林　陆国辉　何　颖　黄　海　董兆明
　黄　蕾　牟爱春　明秋云　嵇　军　江可万　江赛蓉　桑未心　周建国　周　曼　张　瑾
　朱建平　张居阳　孙　俐　邹柏龙　左田田　徐雅琴　张芸芸　王桂荣　王　静　王侃夫
　王　腼　姚晋兰　万福永　陈　华　邓时鸣　王　杰　郝杰骏　吴　斌　杨延俊　金玉华
　蔺学才　刘　娟　刘佩玉　殷蓓琳　余恩秀　张　静　罗晓丹　马淑荣

讲　师
　高　静　白　芸　高军俊　刘振峰　鲁　续　陈　飞　顾　萍　康　春　陈海冬　陆亨京
　郭　萦　陈晓雯　果云霞　李清花　吕　娟　储　然　韩　艳　李庆华　吕　薇　李　箐
　崔红军　郝雁玲　马　兰　戴妮娜　何东瑾　何　莹　李天使　李万艳　李晓红　黄　超
　李学荣　董　静　李亚威　黄慧敏　倪盈盈　黄芝英　牛晓伟　秦　丹　封竹一　秦　媛
　付　哲　刘　强　刘舒叶　姚　瑞　王仙凤　周　菁　王小雨　施晓玮　王烨飞　袁佳瑞
　王　颖　岳宝华　覃家宁　吴谢玲　张　敏　邹玉凤　张瑞杰　唐建娟　肖旭丹　谢咏梅
　唐双龄　唐燕芳　张霄汉　张晓宇　田玉冬　徐焱鑫　王　改　许小梅　唐敏丽　杨海俊
　王莉娜　郑梅青　杨明骁　章　欢　陈　超　杜哲一　范晓岚　沈　艳　苏海霞　汪　峥
　丁　玲　王　娟　王　群　葛徐艳　耿铭慈　顾雯青　郭玉燕　侯延华　胡骁杰　王晓默
　王艳艳　王云泉　吴佳妮　吴娟娟　徐卫春　许玉婷　杨　磊　金爱萍　李　晟　李晓静
　李　杨　林士玮　尤岚岚　郑　娜　刘　艳　刘　锜　马体林　秦　敏　瞿　斌　周素英
　朱丹萍　朱耿泉　朱海红

一般教师
　金　庆　曹　颖　卢　桃　韩建斌　李　莎　马理明　马　睿　马晓娜　马旭瑞　樊忠优
　刘会娟　凤　芹　施金妹　王　舟　谭聪聪　谭　心　徐士鋆　许砚濛　熊少玮　徐紫依
　赵珊珊　阿依仙古丽　安慧璇　白　婷　曹佳凌　陈绍胜　陈演洲　褚　旖　戴丹婷　丁叶文
　丁　烨　董佳鑫　方德权　甘圆圆　邵　雷　沈　叶　盛钱杰　宋青青　苏　莎　苏申怡
　孙静璇　孙闵欣　涂　晓　王寰珺　王佳慧　耿佳雯　龚　昕　顾晨华　韩文静　胡　雪
　黄　乐　黄　颖　黄子峰　贾　慧　王文轩　王学红　王英英　吴治国　徐　威　严　赟
　杨　帆　杨贵岚　姜迎春　金佳怡　金　锟　金兆玉　孔国锋　李　彬　李林霞　李　文
　廖晨洁　尹一伊　俞旭雷　郁　晶　张可卿　张　黎　张桐桐　张伟龙　张　曦　张夏霖
　张　悦　张子婷　赵　航　赵　红　赵龙波　赵　荣　郑　婕　柳春婷　陆慧萍　陆威伦
　陆晓岚　吕周秦　马　程　马晓玲　孟禹彤　任秋雯　周黎源　周莉南　朱婧嫒　朱琼玲

上海东海职业技术学院
30年志

第八部分

历年优秀学生、奖学金获得者等

2001 年

上海市优秀毕业生

戚 芳　朱峰英　马肖颖　金 炎　陆琦萍　刘聪玲　金文杰　俞 磊　刘燕红　潘 晟
叶雯在　黄荣兴　张 静　陆 明　汤宁燕　汪 薇　李莉萍　何 颖

2002 年

上海市三好学生

周佳慧　戴莉晔　刘宇峰　张嘉蔚　陆　敏

上海市优秀学生干部

杨政一　刘泉海

2003 年

上海市优秀学生干部

罗　燕　杜佳峰

上海市三好学生

夏　骏　朱　峰　胡　婷　王帷婷　朱正一

上海市优秀毕业生

龚文荣　杨　莹　戴莉晔　陆　俊　陈怡慧　赵　橘　陈　培　杨　勇　刘　欢　周　樱
郑　岚　冯　煜　俞丽华　杨政一　杨　炜　姜玲玲　程　炜　王　婷　瞿晓亮　周　恺
凌丽萍　周煌骏　江梅花　傅建安　叶春燕　张　罗　孙　媛　朱　静　吴晓瑾　刘泉海
宋　艳　倪　骅

国家奖学金一等奖获得者

刘泉海　顾许柠

国家奖学金二等奖获得者

程　峰　汤永桃　殷　敏　陆　莹　赵　橘　蔡亦宁　朱　佳

2004 年

上海市优秀学生干部

陆 颖　徐 颖

上海市三好学生

侯 琼　蒋斯瑾　郭晨云　顾 磊　李 倩　陈紫婧

上海市优秀毕业生

陆 敏　汪帷婷　杜佳峰　王 怡　罗 燕　朱 鸣　朱正一　王丽霞　胡 婷　成 芸
倪晓倩　蒋荣耀　龚皓辉　曹 媛　胡 渝　封以吉　陈昊来　孙霄英　宋 赟　撒一鸣
戴兴凤　周丽华　彭 斐　贺贤荃　卢晓煜　沈 沂　竺振慧　周晓莉　陆国靖　吴小敏
陈宏伟　陈大海　王 玥　汤永桃　钱 鸣　王 菡　林丽敏　汪璋捷　王 珏

国家奖学金一等奖获得者

施敏霞　韦凌坤

国家奖学金二等奖获得者

顾盛凤　尹 赟　周彩燕　朱 耀　戈晓春　朱 海　龚 懿　潘晓妍

2005 年

上海市优秀学生干部

王智敏　赵佳娜

上海市三好学生

李　琦　张　春　陆艳清　高佳颖　袁正凌　蔡燕玲

上海市优秀毕业生

石　磊　王　伟　张嘉骅　田　君　金勤奋　何佳诚　朱亮亮　樊文君　江振杰　徐晓桦
尤　琦　边　颖　王　轶　李　倩　林芳华　尹　赟　徐　翔　张守振　张雯静　陈翰豪
杨继兰　袁　霞　徐晓菁　左薇平　钱丹燕　傅燕慧　陈建东　王如铁　丁周伟　杨　瑾
尹琦华　刘　浩　陆　颖　徐晟焱　储　倩　费静君　梅晓倩　胡唐蓉　罗　立　黄丽聪

国家奖学金获得者

顾旻瑞　严仲昆　张琳琳　王　晶

上海市政府助学奖学金获得者

刘锦平　庄晓君

2006 年

上海市优秀毕业生

王斯迪　陆　漪　沈炳贤　王莉娜　王燕伶　刘　辉　王　琳　汤凌玮　陈　玥　沈妍雯
奚冀周　吕　薇　毛佳怡　卢　丹　饶思铧　谢美琪　李　俊　严川洁雪　范信荣　徐　君
张　燕　徐　薇　凌　莉　王智敏　潘晓妍　何秀峰　潘健文　孙玮婕

国家奖学金获得者

李琳娜　沈　琦　周　茜　陆晓晶　霍冰蓉　顾裕香

上海市政府助学奖学金获得者

钟新萍　谢　飞　顾袁炜　陈　晨　吴芝雯　杨　静　郑　勇

2007 年

上海市高校先进集体

人文科学系　商务英语051班

上海市新长征突击队

经济管理二系　会计051班

上海市优秀毕业生

陈　琳	蔡燕玲	奚超夏	乔徐君	盛　宏	吴昱婷	王　茜	张国顺	林金成	章　杰
张晓春	陈晓雯	沈　燕	高　峰	王　欢	何佳倩	金佳红	史亚楠	马颖酾	刘　轶
王健阳	陈斯健	徐莉虹	邵　艳	顾晓红	来俊雄	李　萍	胡佳宝	许晓晨	葛丹萍
顾小艺	王文耀	李卿岚	单琳玲	李雯洁	周一弘	张　烨	陈洁莉	顾袁炜	沈万萍
王树文	周宏琪	汤　敏	徐　瑾	施丽莉	姜　嫣	林婷婷	蒋亦桦	朱　珏	徐　晶
倪雯婷	朱　玥								

国家奖学金获得者

左红林　陆晓晶　曹　颖　陆婷婷　王枝叶　张　杰　石丽黎　陈　玲

上海市奖学金获得者

张春伟　魏　伟　徐志莉　石艳瑾　徐　意　朱颖韵　任　平　张嘉益

国家励志奖学金获得者

霍冰蓉	诸芝菁	杜亚芳	郑洁霞	康思佳	俞佩豪	张叶菁	肖春艳	陶升东	姜李晨
许 慧	马婷婷	蒋佳俊	胡艳华	孙丽玲	陈 觅	陈冉怡	王 宇	郭 艺	蒋林燕
娄海萍	张玉婷	周玲玲	宋 祎	顾松松	周雨晴	殷 琴	邵慧燕	陈佳奇	张皙璐
张 鑫	周寅峰	汪 洋	王文嘉	朱明捷	陈晓雅	倪佳寅	黄艳倩	吴艳超	裘娜莎
马艳雯	沈 义	刘 晶	郑 珊	徐梦婷	毛 茅	管雯婷	徐建敏	梅明珠	张 萌
吴 琪	王静雯	林春敏	崔丽莉	郭丽瑛	徐 新	朱叶强	俞 连	张瑞丽	王 青
刘 杰	陈春梅	沙秀文	蔡丰励	张玉虹	樊佳妮	钱婵燕	邱文燕	周 茜	宋秀杰
陶 欣	沈玉兰	王玉珏	张 诚	山凌峰	张晓琼	秦 妮	方智刚	蒋文文	于 旋
顾微微	王志成	钱 锋	齐 雯	倪慧婷	李思玉	徐晓芬	乔 珍	沈 琦	徐 祯
庄燕华	徐佩鑫	袁丽霞	钟建军	沈培培	李 花	曹明洁	吴春辉	李秋燕	周佳页
王佳嫣	王晓玲	俞梅梅	朱 锋	陆 婷	巩陈燕	殷李莎	张天石	陆燕宏	孙 侃
沈 滢	李卿城	何 婷	金 菊	夏婷婷	黄晓枫	郑宇海	邓焕晨	胡田甜	邱玲宇
李 营	韩茜茜	张 峰	李 畅	李晶珺	陈侃来	丁 敏	赵明源	郑 夙	

2008 年

上海市优秀毕业生

汪　颖	陈　觅	宋　涛	张意铭	孙　晨	陈　洁	李晓燕	周春蕾	杨佳铭	周云蕾
刘　超	金午慧	蒋佳俊	孙丽玲	胡艳华	沈洁婷	陆燕华	黄晓曦	沈　贤	陆佳艳
张芝蓉	姜李晨	李燕珺	顾旭东	陈　玲	丁春华	万　静	孙丽萍	王珠萍	顾晓洁
陈　怡	唐玉清	吴晓婕	金艳萍	齐晓佳	熊　程	孙晓珠	戴晶璟	梅明珠	孙梅君
郑和武	吴　琪	印　莹	周　兆	沈红霞	熊春晓	陈　瑶	姜莉莎	马　蕾	陈超群
李佳佳	刘　钰	刘　洋	穆永玲	高　俞	王　莉	李昭阳	安文怡	盛文娟	薛　文
顾松松	徐文静	傅　玮	蒋　莹	冯　勤	费云美	张利静	胡晓敏	杜小玲	唐宇坤
陈春梅	窦丹花	庄玉慧	沙秀文	周胜芳	郑　爽	陈幸子	朱　婷	王　青	黄喜红
刘　杰	张　艳	樊佳妮	钱蝉燕	黄冬婷	高　敏	李思玉	江　山	蒋文文	乐松涛
方智刚	沈　程	徐道童	倪慧婷	钱　锋	齐　雯	丁嘉伦	于栋良	王建德	商卓赟
蔡夏坤	钟晓明	顾微微	孙家明	钱鹏晖	施林峰	陈　凯	王梦杰	沃清华	邓清清
张俊阳	吴天峰	张　平	陆文杰	薛　娇	汪学良	孙　华	丁　敏	赵明源	郑　夙
茅永洁	周　杰	晁岱风	黄军勇	苟治强	许　晨	计　妮	李　营	韩茜茜	张　峰
鲁　倩	黄　凯	张　臣	杨　晶	刘　娇	胡　颖	胡田甜	邱玲宇	张天石	费云方
刘　燕	丁　侃	秦　蔚	巩陈燕	诸琴琴	褚　洁	陆祁佳	王小团	杨一帆	毛荣钰
陆　娜	陈奋华								

国家奖学金获得者

严　伟　张　雅　姚　婷

上海市奖学金获得者

金　龙　龚　钰　张　萌　葛文雯　陈　静　曹　颖

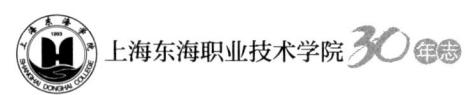

国家励志奖学金获得者

汪 颖	陈 觅	宋 涛	张意铭	孙 晨	陈 洁	李晓燕	周春蕾	杨佳铭	周云蕾
刘 超	金午慧	蒋佳俊	孙丽玲	胡艳华	沈洁婷	陆燕华	黄晓曦	沈 贤	陆佳艳
张芝蓉	姜李晨	李燕珺	顾旭东	陈 玲	丁春华	万 静	孙丽萍	王珠萍	顾晓洁
陈 怡	唐玉清	吴晓婕	金艳萍	齐晓佳	熊 程	孙晓珠	戴晶璟	梅明珠	孙梅君
郑和武	吴 琪	印 莹	周 兆	沈红霞	熊春晓	陈 瑶	姜莉莎	马 蕾	陈超群
李佳佳	刘 钰	刘 洋	穆永玲	高 俞	王 莉	李昭阳	安文怡	盛文娟	薛 文
顾松松	徐文静	傅 玮	蒋 莹	冯 勤	费云美	张利静	胡晓敏	杜小玲	唐宇坤
陈春梅	窦丹花	庄玉慧	沙秀文	周胜芳	郑 爽	陈幸子	朱 婷	王 青	黄喜红
刘 杰	张 艳	樊佳妮	钱蝉燕	黄冬婷	高 敏	李思玉	江 山	蒋文文	乐松涛
方智刚	沈 程	徐道童	倪慧婷	钱 锋	齐 雯	丁嘉伦	于栋良	王建德	商卓赟
蔡夏坤	钟晓明	顾微微	孙家明	钱鹏晖	施林峰	陈 凯	王梦杰	沃清华	邓清清
张俊阳	吴天峰	张 平	陆文杰	薛 娇	汪学良	孙 华	丁 敏	赵明源	郑 凤
茅永洁	周 杰	晁岱风	黄军勇	苟治强	许 晨	计 妮	李 营	韩茜茜	张 峰
鲁 倩	黄 凯	张 臣	杨 晶	刘 娇	胡 颖	胡田甜	邱玲宇	张天石	费云方
刘 燕	丁 侃	秦 蔚	巩陈燕	诸琴琴	褚 洁	陆祁佳	王小团	杨一帆	毛荣钰
陆 娜	陈奋华								

2009 年

上海市优秀毕业生

余均浩　徐　意　方智刚　王梦洁　顾微微　毛荣钰　朱　锋　陆　婷　张天石　严　伟
黄　媛　乔　杰　蒋佳俊　胡艳华　陈汀洲　李文婧　姜李晨　潘海云　葛文雯　胡　萍
宋　祎　周雨晴　曹　颖　孔祥雯　管雯婷　孙　佳　郑和武　吴　琪　陈瑶琴　钱莉琼
李珊珊　俞珠峰　王丽华　陈　琳　姚　婷　王志成　倪惠婷　任　平　郑宇海　计　妮
韩茜茜　诸　晨　张嘉益　李晶珺　杨钰莹　陈　婷

国家奖学金获得者

熊春晓　龚　珏　胡婧钰涵

上海市奖学金获得者

姜莉莎　刘　钰　徐心雨　陶晨烨　毛新滢　吕文君

国家励志奖学金获得者

吴　晶　孔钰鑫　柳蒋静　赵　维　柏　青　黄天瑜　陈建国　洪金燕　李　燕　高　慧
徐　帜　杨　怡　石　艳　钟媚娜　刘桢一　徐文静　傅　玮　朱王菊　王巧凤　邓婉君
蒋　莹　陆晓琴　冯　勤　费云美　张利静　胡晓敏　李　莉　陈　琳　张伟琴　沈　洁
娄丹华　施嘉赟　褚　频　谈龙娟　刘　阳　高　俞　穆永玲　王　莉　李邵阳　安文怡
盛文娟　何　欣　沈洁婷　王欣薇　黄晓曦　蒙贤媚　万　静　陈宜萍　孙　超　杨　吉
孙晓娇　陈　怡　唐玉清　吴晓婕　李晓燕　杨佳铭　周云蕾　金午慧　刘　阳　朱　陵
何　赟　曹　莉　周　佳　张春春　徐鑫慧　李丽琴　龚燕华　茅建中　徐顺萍　宋　园
陈　勤　李琳琳　高　敏　黄冬婷　胡婷婷　唐宇坤　张　艳　蔡梦娇　郑　爽　周胜芳
苏红艳　周　方　唐及人　钱杨斌　顾敏敏　张家骥　程　姚　张　芹　羌晓彤　龚薇薇

施林锋	徐道童	熊张超	顾　敏	邓清清	沈　枕	倪勤超	钱　青	蔡夏坤	黄芳辰
金卫涛	许玉婷	赵海龙	程冠英	吴　浩	陈　晨	于栋良	王建德	汪学良	王剑冬
潘江峰	徐　诚	黄逸君	虞正安	褚　洁	陆祁佳	王小团	陈李政	林　晗	丁　丽
何茂妍	夏国兴	叶家玉	王祎青	张楚楚	陈迅涛	邱　月	周梦雪	吴彰巧	黄　凯
张　臣	刘　娇	王　静	杨　晶	柴翠翠	李莞辰	晁岱风	周　杰	蒋继樑	苟治强
黄军勇	朱　芹	何冰皓	朱肖凡	徐玲玲	彭春燕	胡馨元	李　朋	赵旺婷	刘振萍
王珠萍	李华清	周苗苗							

2010 年

上海市优秀毕业生

宋依妮	陈 蕾	赵梦媛	龚 珏	唐玉清	杨佳铭	陶梦琪	周云蕾	徐心韵	朱 陵
傅 玮	徐文静	尚 茹	李嘉欢	王燕萍	熊春晓	施嘉赟	王怡伟	刘 洋	穆永玲
何柳华	安文怡	钮佳琦	顾维娜	宋丹丹	朱丽蓉	凌雨婷	陈 霞	汤子龙	钱 青
邓清清	倪勤超	谈翔鸿	查泽民	周念龙	毛新滢	何丽娜	徐凤安	毛家俊	李 颖
何虹余	杨 希	唐文彬	田 甜	王元涛	朱四维	蔡 都	邵 争	徐晓婷	

学校优秀毕业生

孙 卉	虞 震	张俊燕	卞 杰	万 静	杨 吉	陈 怡	吴晓婕	张 宜	金丽萍
晏子婧	刘 超	张嘉昱	曹幸倩	姚 虹	张 洁	沈栋鸣	卜珺嫣	胡晓敏	张利静
钱佩瑶	沈贝培	马 蕾	庄汝慧	谈龙娟	刘 钰	高 俞	沈丽妍	夏 芳	薛 文
龚 怡	孟莉莉	朱 艳	闵丹丽	蒋燕华	张菲菲	陆绮莹	任剑青	徐重童	倪 磊
熊张超	陆 艳	刘天成	张丹军	于栋良	张晓庆	金 伟	褚 洁	耿蓓雯	李 颖
王 青	王薇佳	叶家玉	何梦妮	周 斌	黄 凯	吴彰巧	张美君	陆丽彬	李 晟
毛维文	吕铭飞	苟治强	刘 慧	袁薇薇					

国家奖学金获得者

熊春晓　龚 珏　胡婧钰涵

上海市奖学金获得者

姜莉莎　刘 钰　徐心韵　陶晨烨　毛新滢　吕文君

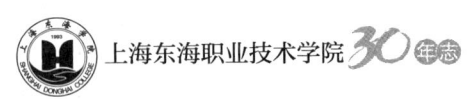

国家励志奖学金获得者

吴　晶	孔钰鑫	柳蒋静	赵　维	柏　青	黄天瑜	陈建国	洪金燕	李　燕	高　慧
徐　帜	杨　怡	石　艳	钟孋娜	刘祯一	徐文静	傅　玮	朱王菊	王巧凤	邓婉君
蒋　莹	陆晓琴	冯　勤	费云美	张利静	胡晓敏	李　莉	陈　琳	张伟琴	沈　洁
娄丹华	施嘉赟	褚　频	谈龙娟	刘　阳	高　俞	穆永玲	王　莉	李昭阳	安文怡
盛文娟	何　欣	沈洁婷	王欣薇	黄晓曦	蒙贤媚	万　静	陈宜萍	孙　超	杨　吉
孙晓娇	陈　怡	唐玉清	吴晓婕	李晓燕	杨佳铭	周云蕾	金午慧	刘　阳	朱　陵
何　赟	曹　莉	周　佳	张春春	徐鑫慧	李丽琴	龚燕华	茅建中	徐顺萍	宋　园
陈　勤	李琳琳	王珠萍	周苗苗	高　敏	黄冬婷	胡婷婷	唐宇坤	张　艳	蔡梦娇
郑　爽	周胜芳	苏红艳	周　方	唐及人	钱杨斌	顾敏敏	张家骥	程　姚	张　芹
羌晓彤	龚薇薇	施林锋	徐道童	熊张超	顾　敏	邓清清	沈　忱	倪勤超	钱　青
蔡夏珅	黄芳辰	金卫涛	许玉婷	赵海龙	程冠英	吴　浩	陈　晨	于栋良	王建德
汪学良	王剑冬	潘江峰	徐　诚	黄逸君	虞正安	褚　洁	陆祁佳	王小团	陈李政
林　晗	丁　丽	何茂妍	夏国兴	叶家玉	王祎青	张楚楚	陈迅涛	邱　月	周梦雪
吴彰巧	黄　凯	张　臣	刘　娇	王　静	杨　晶	柴翠翠	李莞辰	晁岱风	周　杰
蒋继樑	苟治强	黄军勇	朱　芹	何冰皓	朱肖凡	徐玲玲	彭春燕	胡馨元	李　朋
赵旺婷	刘振苹								

第三届"印工新生奖学金"获得者

林　泵　黄文骏　张　丹

第三届"印工特别奖学金"获得者

冯晓兰　周念龙　朱佳苗　徐文颖

2011 年

上海市优秀毕业生

董婷婷　陈建国　黄玉婷　刘新管　张翼德　马丽萍　李马莉　徐鑫慧　黄　鑫　胡佳琳
费　琼　戈慧霞　陶文艳　胡晓瑜　杨晓英　龚燕华　陈　勤　刘　伟　凌　超　周　静
李　玲　张家骥　琚　琦　陆　骏　王佳晶　范　雯　苏伟伟　林　晗　丁　丽　季舜荣
何茂妍　张佩琳　彭朦懿　徐梦轶　胡馨元　顾　颖　黄　青　许玉婷　殷　蕾　杜亮亮
李浩峰　奚晓晴　谢晓波　朱晓凡　徐东海　杨　刚　孙纪川　金晓君

学校优秀毕业生

陆晓冬　朱怡婷　叶丹燕　陶　静　华桂芳　洪金燕　徐　帜　刘丽婉　林　静　封竹一
谷　凯　张涛杰　闫　威　王燕红　陈　丽　贾娟娟　周　琴　仇佩清　朱津津　徐圭韵
徐　婕　毛建忠　刘文霞　程　琦　赵志芳　陈郁萍　焦青青　张　也　金晓青　董一飞
宋妍莹　施　帆　任晚霞　夏文伟　蔡　辰　鲁　雯　赵彦航　夏国兴　王同庚　梁　超
何千惠　吴　婵　裔　麟　徐　靓　刘思露　王梦巧　张　雷　陈　晨　刘　田　张芝亮
张翔栋　杨文东晨　滕　洁　潘江峰　宋元翔　魏琦蕾　孙　伟　马俊秀　顾　虹　杨云晨
陆奕辰

成人高等教育优秀毕业生

王建生　张　婷　孔垂刚　陶　敏　陈　峰　杨单阳

国家奖学金获得者

张晓琳　王　雪　林　筱　苏　洁

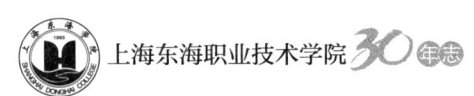

上海市奖学金获得者

於小桃　张芯悦　孙登军　周　杰

国家励志奖学金获得者

宋丽丽　冯　丽　张君莉　马霏霏　孙　娟　杨　林　杨娅娅　邢芳芳　梅　瑞　宋传兄
吴寒梅　黄赛花　马海君　刘纪廷　刘晶晶　李　琼　唐一飞　吴孙樱子　毕贝贝　朱淡明
程　婷　高璐璐　陶筱妮　钱　慧　杜　燕　薛　冰　贺兆如　田　莉　岳梦平　邓小椰
颜家蕾　李　敬　张丽萍　张小青　陈　林　王　阅　张文儒　刘玲玲　王　新　龚春晖
左倩文　刁　璐　王玉玲　沙云峰　吴海旋　杨意琴　陈媛媛　董　楠　王　琳　闫宗菊
陈丹丹　赖思佩　吴双迪　倪文君　达伍提江·柯尤木　卫　芬　熊　芬　李　悦　瞿晓旭
李小龙　徐婉倩　袁　爽　邹佳清　王　洁　朱秋雨　许　珂　黄逸斌　干凤丹　何伊娜
周　丹　斯徐儿　徐靓洁　黄萍萍　丁诗轩　马丽丽　陶　莹　蔡君华　傅　森　付登金
张元均　梅育仁　郭　周　姚丹青　魏顺康　李　闯　盛峙亭　王　可　邢华胜　陈宇峰
汪志艺　束　超　郭　军　王　刚　努尔麦麦提·伊敏　姜玉迪　蔡敬阳　倪旭赟　马　俏
朱三晴　张　炜　陆子如　周　安　仇雨晴　林　萍　乔雪纯　陈移芳　王仁珺　徐孟然
孙圣洁　王亚楠　孙彦琳　季玉瑞　王晶晶　谢思敏　黄秦洁　周明艳　顾　静　俞　洋
张敏栋　蒋　忠　钱　琴　张　靖　李云屏　李惠娟　吴颖希　高海文　赵　依　吴艺芬
黄梦琦　李珍珠　郭永芳　谈　丽　刘嘉英　刘　霞　姚梦嘉　沈珺雯　郎　静　孙飘飘
王雪琴　王静华

2012 年

上海市优秀毕业生

汪师盼	吴佳美	王意娜	袁佳丽	高靖轩	姚佳佳	房 佳	苏 洁	许盈莹	蔡 怡
杨思远	徐中兵	叶小晶	任万鹏	瞿金云	张芯悦	徐旻亮	徐志强	吴国玉	奚 翠
陈祎婷	许 妍	赵蓉蓉	张 奕	范小羽	李 卉	仝 瑶	刘宗凯	余文月	劳萍萍
任健超	杨增英	徐艳军	张 蕴	陈 健	阎骏彪	秦效泉	夏 天	王雪晴	张 丹
吴 琳	叶蓓蕾	曹 阳	沈华倩	王慧庆	苏 燕				

学校优秀毕业生

朱双双	童迷迷	王 荣	张艳华	王宁宁	周 飞	何茜茜	许梦菲	程静宇	何彩云
朱倞玮	钱多艳	肖文婷	张高洁	张 雯	裴 蕾	李娅男	李 辉	陈怡琳	郭益女
黄鲁俊	刘德琛	张 靖	郭小菁	江 鹏	何潘畅	夏其言	曾善雯	张瑞彬	梅冰怒
吴 梅	尹鑫鑫	郭灵玲	李 智	陈行洲	张佳佳	陈露丝	叶梦迪	昝烨烨	姚思迁
温璐璐	夏 惜	高俊峰	方道佳	施婷婷	李志祥	顾卓君	王 婧	王艺茭	张宝雄
顾佳玮	华苏岚	张 颖	沈 斐	王佳琳	沈豪骏	陆睿杰	赵慧婷	张斯稳	王盼盼
高梦云	刘宝林								

成人高等教育优秀毕业生

程 琳　丘丽芳　谭晓燕　陈 虹　谭佳悦　卜培明　李 燕　康 刘

国家奖学金获得者

赵思健　周 云　陶丽君

上海市奖学金获得者

吴春霞　俞霄霄　钱　丹　陈国栋

国家励志奖学金获得者

尹明明	韦　挺	黄佳俊	张　慧	李　鑫	吴　丽	程　磊	陈阳阳	谭　杰	乔晓飞
樊晨辉	李繁荣	邹丽君	刘　霞	徐佳丽	沈佳佳	钱　雯	朱　敏	许范盈	施　丹
李　丽	胡恋莲	顾清菁	陆春珍	宋冬铃	范雯雯	佘　松	戴林言	张文剑	杜林峰
曹　伟	姚丹青	金峻熙	王海伦	宋　徐	盛崎亭	周朝祥	李　阳	傅　森	付登金
何肖聪	顾　煜	卢盛斌	孙家行	陈宏膜	柯郑和	刘　劲	王家滨	阮思婷	朱三晴
王秋辉	杨　羽	周　安	张　炜	周新闻	乔雪纯	覃金静	袁　玮	殷倩文	袁春雷
刘亚静	冯晨露	薛　冰	杜　燕	贺兆如	岳梦平	田　莉	黄　露	张秀敏	施能能
周　茵	李　敬	陈婉君	张丽萍	张小青	王　阅	张文儒	顾美君	胡　梅	罗静红
周应美	黄虹宇	王琳瑶	汪秋萍	刘艳艳	黄笙露	吴先敏	颜文萍	张　萍	郑冰芝
陈依凡	夏　颖	曹　鑫	陈红羽	周　敏	杨意琴	陈媛媛	刘玲玲	王　新	黄玉帆
左倩文	马丽佳	杨　帆	张　婷	刘　娜	付　敏	刁　璐	王玉玲	吴海旋	沙云峰
肖　俊	陶书怡	蒋　燕	管凌枫	王静华	李志航	方淑雪	王贵贤	熊玥茹	江　桃
赵　聪	潘　璐	李　新	程　晨	苏龙绣	刘小玲	周解文	齐秀刚	刘晓霞	王怡琴
徐　珍	亢晗啸	陈瀛峰	李佳笑	施双娇	黄以宁	艾王骏	李小龙	张晶晶	叶　荣
黄萍萍	王文义	李升阳	王留留	朱　靖	袁　爽	王　静	龚　丹	张　星	倪　佩
陈明珠	干凤丹	何伊娜							

2013 年

上海市优秀毕业生

宋媛媛　张晖晖　朱淡明　俞晓龙　刘晶晶　梁　治　杨怡菲　李　貌　俞霄霄　常杉杉
凌青霞　赵思健　王　聪　杨　野　孙健俊　黄玉婷　杨斯豪　周　云　沈昱聪　高　珊
吴双迪　殷於浩　丁　芳　王　洁　唐子渊　莫佳梅　陈　超　钱呈磊　魏　斌　章亚骏
李　闯　马丽丽　郑李莉　陈国栋　顾剑峰　王　洁　徐嗣婧　周亚弘　顾泽华　李　进
杨春燕　陶丽君　黄梦琦　马璐珈　朱　宏　吴　迪

学校优秀毕业生

陈怡静　徐美君　杨　洋　陶筱妮　杨红英　潘晓瑜　卞　骏　张君莉　顾丹烨　韩　笑
施敏敏　郑　睿　蒋颖颖　梁丹妮　宛慧琴　吴起颖　周小琴　马海君　顾陈城　吴俊强
刘纪廷　吴孙樱子　闫宗菊　唐致成　陈丹丹　姚　圣　朱莉蓉　高　洁　朱秋雨　王　强
袁佳妮　万佳艺　张　忱　陈宇峰　张雁巍　龚　坤　张剑卿　曹金鑫　许涛涛　祁文豪
徐昳如　朱　杰　冯依娜　洪家希　王雪琴　姜雷骏　周倩文　曹雯珏　李莹玉　许先芬
华　熙　钟一翔　陈瑜洁　沈　佳　刘倩雯　吴　涛　高海文　李惠娟　唐　潍　赵　依
吴艺芬　杨　洁

成人高等教育优秀毕业生

刘荣富　张　聪　黄佳伟　张倩文　何　青　戴雯雅　陈静雯

国家奖学金获得者

刘嘉英　俞晓婧　吴青松

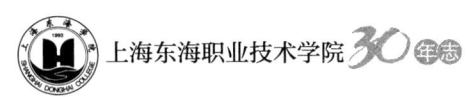

上海市奖学金获得者

李赟滟　王骏闻　吴　飞　李诗雨

国家励志奖学金获得者

冯 淏	张丽莉	付 敏	苟利利	周 敬	刘骨志	陶书怡	庞文娟	郭美玲	顾美君
罗静红	刘艳艳	黄笙露	徐 慧	颜文萍	郑冰芝	周 敏	唐万芬	梅雪娇	洪璐媛
徐 美	李阿慧	曹春燕	李娅雯	葛 俊	朱慧馨	李 娜	施佳佳	陆 晶	何 锋
胡 可	方淑雪	王贵贤	江 桃	赵 聪	潘 璐	吴娇娇	郑溢涵	付宏波	李志航
陆洲晟	瞿依蕾	徐晓玲	李升阳	王留留	董瑶瑶	李海青	尹良缘	王 静	汪晓薇
龚 丹	张 星	陈 辰	王海伦	宋 徐	陈梦迪	李 杰	杜林峰	徐 帅	胡宗余
郭志伟	顾 煜	孙家行	张兆林	张晨昕	邓 静	袁 玮	冯晨露	周明君	周照宝
王 琳	陈 虹	刘俊雪	徐 珍	亢晗啸	陈瀛峰	郑世蓉	廖君燕	张莉颖	李溪宁
施双娇	郑冰丹	吴 丽	陈 玉	王 恒	鲁美娜	苏丹妮	侯丽娟	梁夏秋	杨 阳
樊晨辉	施 丹	李 丽	胡恋莲	陆春珍	范雯雯	张 璐	胡 培	殷思三	周晓蕴
金降仙	简浩芳								

2014 年

上海市优秀毕业生

朱晓文　汪　璐　许姝珏　张　娜　沈　莉　孙　婷　俞晓婧　陈贝妮　王　阅　邓沙沙
杨意琴　王　新　刘玲玲　黄玉帆　夏婷婷　葛　玲　倪文君　李诗雨　姚　栋　徐馨怡
艾王骏　韩　冬　叶　荣　蔡　纯　王　冬　王倩怡　历　晶　王剑锐　周朝祥　黄丹春
苗健伟　张嘉辰　李　君　蒋　涵　吴周艳　高晟豪　马博闻　沈圣爱　吴　飞　刘晴晴
陈少鹏　林　萍　陈　思　钱　雯　周　怡　刘嘉英

学校优秀毕业生

范康华　梁雅倩　贺兆如　黄　楠　李雪琴　田　莉　石彩珍　周　茵　马佳丽　周　敏
张小青　崔蓝月　张文儒　盛晓雯　孟佳飞　旷　杰　张立志　李　晓　杨　晨　方致远
吴海旋　沙云峰　戴林灵　周梦玥　陈　昕　李青媛　郁　雯　李小龙　翁倩慧　袁　爽
汤诗画　蔡　琦　黄萍萍　陈喆宇　付登金　梅育仁　戴林言　卢　笛　姚丹青　顾昀峰
盛峙亭　马逸俊　汤宇杰　陈冠君　邹奚超　陈　晨　毛万洋　韦　挺　程　磊　张嫣婷
丁　静　徐　霄　王维燕　黄巧玲　郁　潇　汪　璐　刘诗怡　朱　敏　李繁荣　刘　霞
李赟滟

成人高等教育优秀毕业生

李　毅　倪雯雯　陈冰茹　吴海敏　卫　君　徐建悦　黄　逸　范晶燕

国家奖学金获得者

眭文怡　祁丽娟　徐晓彤

上海市奖学金获得者

林晓丹　许　悦　柯郑和　乔晓飞

国家励志奖学金获得者

冯　淏	张丽莉	付　敏	苟利利	周　敬	刘骨志	陶书怡	庞文娟	郭美玲	顾美君
罗静红	刘艳艳	黄笙露	徐　慧	颜文萍	郑冰芝	周　敏	唐万芬	梅雪娇	洪璐媛
徐　美	李阿慧	曹春燕	李娅雯	葛　俊	朱慧馨	李　娜	施佳佳	陆　晶	何　锋
胡　可	方淑雪	王贵贤	江　桃	赵　聪	潘　璐	吴娇娇	郑溢涵	付宏波	李志航
陆洲晟	瞿依蕾	徐晓玲	李升阳	王留留	董瑶瑶	李海青	尹良缘	王　静	汪晓薇
龚　丹	张　星	陈　辰	王海伦	宋　徐	陈梦迪	李　杰	杜林峰	徐　帅	胡宗余
郭志伟	顾　煜	孙家行	张兆林	张晨昕	邓　静	袁　玮	冯晨露	周明君	周照宝
王　琳	陈　虹	刘俊雪	徐　珍	亢晗啸	陈瀛峰	郑世蓉	廖君燕	张莉颖	李溪宁
施双娇	郑冰丹	吴　丽	陈　玉	王　恒	鲁美娜	苏丹妮	侯丽娟	梁夏秋	杨　阳
樊晨辉	施　丹	李　丽	胡恋莲	陆春珍	范雯雯	张　璐	胡　培	殷思三	周晓蕴
金降仙	简浩芳	宋李李	焦怡涵	孙睿倩					

2015 年

上海市优秀毕业生

黄浚轩	孙　思	庞文娟	汪秋萍	姜晓明	戴昕橙	郑冰芝	许　悦	唐万芬	俞春晓
孟　蕾	殷　玥	秦　懿	何　锋	王薇薇	纪惠佳	蒋京华	王语星	王　静	周雨菁
许晟龙	柯郑和	孙家行	薛　成	张圳华	肖若洪	石盼盼	陈　静	苏晓凌	徐晓彤
戴　卿	祁丽娟	赵　强	戴晓晴	张君怡	常小雪	乔晓飞	袁　玮	冯晨露	蔡文渊

学校优秀毕业生

董阳阳	罗静红	宋康丽	林梦盈	蒋　燕	颜文萍	董弘渊	曹　鑫	刘　喻	曹利君
滕梦媛	谭世豪	徐唯希	朱　麟	付　敏	周依玲	庄桑桑	李　新	丁鑫瑜	任　萍
叶可心	张　星	王　琴	练琪琦	季舒婕	杨　珂	张文超	胡泽伟	王家滨	顾　煜
黄圣杰	杨　娜	许　辉	宋　徐	王海伦	费　诗	周巧玲	刘苗苗	陆春珍	徐　媛
孙睿倩	陈瀛峰	刘晓霞	陆文俊	陈家贤	张冷艳	陆鑫琳	潘　岚	魏罗顺	徐鑫智
王梓丞	许家慧	杨　涛							

成人高等教育优秀毕业生

杜海滨　黄晓慧　李　敏　刘　瑶　陈辉辉　徐　飞　顾利华　朱菁慧

国家奖学金获得者

眭文怡　祁丽娟　徐晓彤

上海市奖学金获得者

林晓丹　许悦　柯郑和　乔晓飞

国家励志奖学金获得者

苟利利	王　阳	孙泽伟	吴伊婷	王玙璠	周　敬	刘骨志	刘思雨	葛艳玲	冯　静
郭文慧	郭美玲	吴蓓蕾	杨婷婷	黄天瑞	杨涛涛	徐　美	郑亚蕊	李阿慧	樊　涛
葛　俊	吴清平	施佳佳	陈　言	邵　庆	陈怡馨	王　倩	王　毅	仇丽丽	许士亮
余庆伟	张　欣	葛志东	王　利	邱　旋	韩　雪	田　甜	杨　晨	陶雨佳	王　佳
胡　可	陆蕴哲	郑泽天	陈梦琪	郑溢涵	付宏波	张蝶蝶	戴安娜	石　佳	罗小馀
郑玲玲	韦丽英	王　雄	陆洲晟	孙浩然	赵　记	瞿依蕾	章丽华	左元昭	仲世琦
董瑶瑶	朱庆林	李海青	尹良缘	施琳梅	龚张燕	高梦婷	盛碧倩	王　曦	徐　能
陈雪莫	唐欣蕊	汤月婷	周　珊	陈梦迪	李　杰	千佟裕	胡宗余	朱古力	蔡航杰
王博民	顾丽婷	张　亮	孙　涛	章志杰	周康华	杨　倩	陈　斌	温培锋	张帅超
张晨昕	罗天云	张　冰	邓　静	蔡成伟	孙美娜	周照宝	刘雨莎	刘思瑶	刘　超
胡　凯	周禹君	周子雯	郑世蓉	洪怡鑫	裴文豹	杨　杰	廖君燕	张莉颖	李溪宁
牛飞龙	兰理想	王　恒	宋李李	赵　须	何　阳	侯丽娟	张松涛	张慧闲	蔡曼丽
许振航	蒲玉亚	梁夏秋	杨　阳	印乐韵	曹晓凤	谢媛媛	殷思三	周晓蕴	金降仙
徐荟芸	李　雪	简浩芳	阿衣飘飘	王　楠	吴信娜	李洪霞	赵丽丽	陈　娜	文春霞
王　洁	辛诗卉	汪苏琴							

2016 年

上海市优秀毕业生

葛　俊	耿利洁	徐嘉涵	张力文	陈梦琪	李勤瑜	吴蓓蕾	薛赵捷	王　燕	鸦志强
朱蓓蓉	沈哲浩	张　丽	王梦佳	刘　璿	陈泉芳	陈卓尧	叶彩明	余　晶	杨婷立
周照宝	韩梦雅	夏一鸣	周禹君	张　亮	顾丽婷	陈梦迪	胥　捷	胡宗余	张帅超
王兆伟	郑爱琪	李海青	钟思雯	陈怡凡	胡　翮	朱　瑶	徐雪芬	黄　佳	郑　岑
顾　洁	宋李李	李春亭	梁　宸	田斌峰	胡德翔	刘诗意			

学校优秀毕业生

张棵鑫	陆晨燕	邵　庆	李　娜	施佳佳	高　凡	秦晓粟	孙瑞昕	张佳洁	张方方
金苗燕	王冰欣	褚　旖	钱信泽	孙泽伟	王　阳	李传贵	林玉萍	潘俊泽	张佳瑜
王朦朦	王丽君	陈小强	刘雨莎	牟　霄	贾思杰	丁美姣	王　婷	黄　燕	陆雯婷
李丁懿	周丽英	李　杰	干佟裕	项奕然	戴申华	周　超	杨　光	张晨昕	丁珏妮
朱　宏	林玉蜓	钟　炜	包伊雯	胡善凯	陈雪莫	陈洁如	胡　培	李文喆	瞿蔚彧
沈海伦	温金子	徐佳彤	沈郑琪	俞佳琳	吴奇辉	李思云	郑子豪	陆佳宁	李溪宁
吴　雯	姚宗志								

中国大学生自强之星

杨嘉雯

国家奖学金获得者

陈　勇　蒋　婷　张文炜

上海市奖学金获得者

余庆伟　金伟鑫　张　冰　葛珺瑶

国家励志奖学金获得者

刘思雨　周　莎　葛艳玲　陈泳吉　高如意　郭文慧　马莉萍　高　丽　郑风豪　曾亦欣
吴运芝　肖红叶　陈宏媛　白　丽　陈青青　陈怡馨　王　倩　胡晚秋　高雅楠　仇丽丽
许士亮　葛志东　陈　霜　王　利　张　琦　窦亚婷　田　甜　杨　晨　唐　密　金　敏
张洪静　王　敏　吕艳艳　凌　婷　张　璐　樊　丽　崔青青　居艳艳　邢思兰　丁学梅
帕力扎提·阿力木　古丽米热·吾斯曼　乎思都孜·阿德克　范昌青　王梦弟　王　曦
徐　能　范庆夫　赵明轩　何　玲　阿尔成　汤月婷　周　珊　岳　媛　朱帼丹娃　马勇智
卢博文　徐　宁　徐　磊　安　泽　朱泽平　倪纪萍　朱赶涌　黄国明　任传祥　刘　兵
朱豪杰　孙　涛　章志杰　温培锋　陈金梅　马全成　杨　君　罗天云　王燕强　余志强
瞿　豪　彭旭辉　洪怡鑫　杨　杰　刘　畅　吴宏真　王　昊　田子亨　唐　凡　郭婷婷
杜玉乾　王安冉　刘　行　牛飞龙　兰理想　迟晶晶　张慧闲　张　钰　张　君　蔡曼丽
许振航　文赛君　蔡慧慧　宋　惠　纪晓昱　赵　瑞　仇晚晴　姚佳雯　印乐韵　李慧敏
谭明艳　乔东亮　李　娜　罗英之　李洪霞　赵丽丽　陈　娜　张梦阳　王　洁　傅姝佳
高韵雯　王佳宁　辛诗卉　温静静　沈迎春　陆　漪　张雨娇　穆克蕊　胡丽霞　倪爱娟
张慧翔　何　垚　石　芸　柯志强　白晓曈　陈金燕　赵　钒　杨凤梅　胡　凯　汤成成
王荣贵　孙慧敏　陈碧婵　张嘉维　王江波　赵义博　张蝶蝶　戴安娜　石　佳　段敬丽
周泓谍　罗小馀　满孜拉·依曼哈吉　韦丽英　王　雄　谭梦思　赵　记　李　梅　黄芙蓉
王挺强　舒　芸　孟　寒　张娟娟

高职学生"劲牌阳光奖学金"获得者

阿依仙古丽

第一学期内职班奖学金获得者

牛国艳　马玉玲　马　燕　米娜尔　艾米乃　马维雪　扬起帆　袁美琪　刘　亮　张梦雨
张红俊　冀新芳　刘　雪　刘　俊　朱诗宇　卢晓虎　李　斌　王　杰　崔海力者
吾兰·扎依拉别克　阿孜古丽·艾海提　巴哈提别克·赛力汗　乎思都孜·阿德克
阿尔成·阿山　古丽加娜提·阿合朱勒台　姑力努尔·艾力　热艳古力·吐尔逊
满孜拉·依曼哈吉　俄尔尼沙·吐尔逊　努尔帕逊·买买江　阿斯古丽·吐尔逊
喀迪尔·图拉克

第二学期内职班奖学金获得者

刘 亮　何 萍　马维雪　艾米乃　冀新芳　谢炎峰　朱花蕤　马勇智　朱弘鑫　赵 博
张翊超　李 静　马建明　阿娜尔·努尔巴哈提　阿孜古丽·艾海提　穆萨江·喀迪尔
俄尔尼沙·吐尔逊　满孜拉·依曼哈吉　阿尔成·阿山　伊尔木哈买提·迪力木拉提
喀迪尔·图拉克

2017 年

上海市优秀大学生

阿依仙古丽

上海市优秀毕业生

高雅楠	郑依蕾	金伟鑫	吴佳明	王东博	陈霜	郑静	马佳晨	江婷婷	周韵文
蒋璐	陈勇	胡佳鑫	林捷航	项一凡	王逸清	杨婷	陆金祎	张文炜	朱春芹
吴琴	陈艳宁	张娟娟	秦超	兰明星	王英旭	迟晶晶	张慧闲	刘晓雨	钱祎
印乐韵	徐同彦	徐宁	蔡天扬	董经纬	杨君	张冰	孙涛	杨兵	武柯柯
王曦	徐雁理	郑耀达	卞杰	周文庆	汤月婷	杨杰	顾顺顺	牛飞龙	徐晶晶
蒋婷	李洪霞	徐婷婷	张梦阳	傅姝佳	王佳宁	辛诗卉			

学校优秀毕业生

许士亮	王菲儿	余庆伟	张欣	陆嫔燚	冯佳琦	陈紫薇	徐政昕	余佳伟	杨晨
孙雨	刘笑宇	余珺娴	莫嘉欣	曹嘉雯	邵志劼	庞晓晨	孙佳雯	瞿丹菁	冯奕
沈弘亚	范昌青	蒋晓凤	顾雨潇	夏瑶琪	陆俊君	王博民	陈泽毓	陆家杰	王一帆
张昊晨	鲍江涛	章志杰	温培锋	陆岚	张晓迪	初铭鑫	鲍健	张梦雨	袁晓茜
刘念	陈浩	许越	徐嘉敏	张家栋	徐能	杨金同	李芝淼	刘丹丹	张怡雯
柏云飞	洪怡鑫	夏晓炜	沈懿	黄蓉	张洪军	陈文静	钱傅佳	石欣怡	姚超伟
费晓敏	翁绘脂	蔡露露	王乙伊	陈文彬	张妍怡	孙彦彬	张子聿	王雄	朱璐莹
徐佳吟	傅轶超	张丽馨	黄依文	刘星宇	周志栋	王荣贵	徐鹏涛	赵记	唐炯

国家奖学金获得者

张如意　阿依仙古丽　周泓谍

上海市奖学金获得者

沈言兆　朱晨希　秦　瑜　陆　漪

国家励志奖学金获得者

柴倩男　马　林　李　恒　方　洲　刘　亮　史冰冰　曾亦欣　马莉萍　赛　玲　郭俊伟
陈宏媛　肖红叶　吴洋洋　阿娜尔·努尔巴哈提　马　凯　徐　威　蔡英杰　杨璐琦　王梦婷
王瑞强　谭玉婷　吴艺斐　任衍武　阿孜古丽·艾海提　曾雪琳　马　燕　凌　婷　牛国艳
杨　青　岳　帅　梁丽萍　于海慧　古丽米热·吾斯曼艾米乃　丁　蓉　毕瑞芳　梁锟玉
居艳艳　丁学梅　崔青青　郑巧变　帕力扎提·阿力木　邹　进　张　璐　岳　媛
古丽加娜提·阿合朱勒台　何　玲　朱花蕤　钱宏斌　李海伟　唐艳飞　杨　晨　张雨婷
范庆夫　赵明轩　巴哈提别克·赛力汗　马云龙　乎思都孜·阿德克　阿尔成·阿山　任传祥
朱帼丹娃　倪纪萍　彭旭辉　杨　茜　瞿　豪　马志龙　俞　彬　李　斌　黄国明　杨昇华
张　衡　郭福帅　朱赶涌　朱　衡　胡亚新　安　泽　刘　款　陈金梅　李哲为　黄凯超
卢博文　马沁圆　王祖鸣　李子猛　曹　程　黎　伟　喀迪尔·图拉克　吴宏真　袁佳慧
钱天翔　阿斯古丽·吐尔逊　石岩松　郭婷婷　乔东亮　杨　阳　尹伶鹭　吕乔伊　蒋艺伟
马新丽　赵　瑞　李慧敏　仇晚晴　李　虹　王春雨　朱雨晴　王　宁　王松松　王继泽
吴伟伟　林百惠　童潇月　曹　丹　韩国强　左文倩　葛珺瑶　王景辉　汤亦葭　杨华瑜
李　娜　秦光媛　李　挺　曾富娟　夏媛媛　薛　晖　张倩倩　周　燕　杨成敏　徐　珊
张　璐　郑　铭　胡　悦　李　静　项淑唯　姚琪琦　张雨娇　金媛妃　温静静　张嘉维
姬小雪　胡小梅　俄尔尼沙·吐尔逊　闫紫寒　海吾拉·玉山　尧思贤　孙慧敏　姬欣茹
谢海燕　李慧珍　黄芙蓉　孟　寒　段敬丽　石　芸　李　梅　王国辉　柯志强　何　垚
陈碧婵　舒　芸　刘　强　徐田田　陈瑞海　梁钶辉　满孜拉·依曼哈吉　王雄杰
麦尔丹江·麦麦提吐逊　王振宇　李苗苗

第一学期内职班奖学金获得者

海吾拉·玉山　王梦笛　麦力艳　燕婷婷　侯雅文　马　凯　金银祥　杨起帆　崔海力者
克然·胡安德克　周　强　李玉伟　马学军　张志伟　姚天娇　马　娟　薛　瑞　张梦雨
买尔孜亚·努尔旦　李　静　张红俊　马维雪　穆萨江·喀迪尔　艾米乃　冀新芳　王家乐
白阿丹　寇飞龙

第二学期内职班奖学金获得者

张梦雨　汗克孜·玉苏甫　李　静　张红俊　马志龙　陈　晨　赵　博　郑新宇　马俊杰

李　斌　伊尔木哈买提·迪力木拉提　张志皓　孙　伟　李梦祥　邱胜强　祖白达·艾合买提
燕婷婷　任畅畅　黄玉磊　喀迪尔·图拉克　朱诗宇　马　燕　艾米乃　薛　瑞　冀新芳
海吾拉·玉山　王梦笛

2018 年

上海市优秀毕业生

朱晨希	马莉萍	沈言兆	赵 旻	郑风豪	肖红叶	张 璐	张静如	盛佳安	孙晓琪
张梦琦	包翌旸	张如意	童 莹	周泓谍	陈徐君	胡珅豪	刘 强	黄芙蓉	徐韵涵
季彦博	周莉莉	冯奕斐	吴紫云	陈佳雷	朱佳怡	陈金梅	彭旭辉	盛钱杰	倪纪萍
任传祥	陆旻玘	齐 倩	余天超	马裘超	岳 媛	阿依仙古丽	何 玲	温静静	陈子珺
陆 漪	张雨娇	秦 瑜	杜佳怡	张 琳	仇晚晴	乔东亮	李慧敏	王 琲	邓 芸
吴宏真	张 悦	石岩松	袁佳慧	李开发	郭婷婷				

学校优秀毕业生

顾欣妮	蒋梦迪	开 月	李歆芝	凌 涛	徐爱玲	倪 杨	凌 婷	叶 芬	顾中皓
李 赟	徐诸妍	王心如	居艳艳	卢佳琳	胡凯中	陈璐诚	梁锟玉	范心怡	王琪珺
赵瀚凌	朱警周	贺小芳	肖祥龙	谭湛宏	周美倩	刘尚培	沈 勇	周遵敬	秦凯铭
姬欣茹	唐勇杰	陆一豪	王 波	瞿 豪	陈 佳	金小康	陈佳武	张宇韬	邹瑾翔
黄国明	赵钱杰	严佳妮	毛甜甜	于 璐	张 倩	马云龙	周思汗	陈旗忠	潘 恒
邓雅南	成立平	孙丹媛	金媛妃	沈迎春	穆克蕊	姚琪琦	杜张琦	韦学妮	万珊珊
赵 瑞	那吉顺	杨 琦	周倩芸	王 萌	蔡慧慧	宋 惠	马沁圆	刘欢欢	王 莹
徐玮玉	于兆霖	庄紫薇	孙雨洁						

国家奖学金获得者

徐诗韵　张云靖　张 雯

上海市奖学金获得者

程　方　刘　晨　何恺琳　马成龙

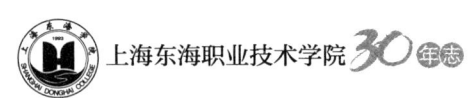

国家励志奖学金获得者

马泽鹏　袁美琪　敬悦敏　李　恒　吴艺斐　徐　威　吴伊玲　于海慧　艾米乃　谭玉婷
崔海力者　郭婉磊　王箐雯　周　强　何　萍　许佳琪　李文琪　康嘉怡　吴洋洋　张　莉
李时荣　古里扎提·巴合江　甘　霖　王梦婷　瞿忠祺　郭俊伟　印　元　东金波　蔡英杰
王瑞强　马　燕　阿孜古丽·艾海提　王文斌　毕敏清　杨璐琦　李玉伟　李　金　许国庆
朱婷婷　付杏摇　谢应洪　王　宁　顾佳雯　杨冰艳　麦力艳　尚　婕　刘方涵　周　慧
李海伟　侯雅文　燕婷婷　祖白达·艾合买提　万雅婷　顾恒斌　张立峻　王　峣　陈　晨
伊尔木哈买提·迪力木拉提　寇飞龙　李　斌　杨　璐　黑扎提·木拉提　杨　茜　苏　童
胡增祥　白阿丹　毛月华　周仁杰　张　衡　何风庆　地力夏提江·阿布都拉　刘　款
海拉提·包拉提　王家乐　马志龙　黄凯超　许振江　胡炳框　马俊解　东野广璐　黎　伟
蔡茵伦　黄小山　吴佳奇　阿斯古丽·吐尔逊　喀迪尔·图拉克　袁依依　张丹娜　钱天翔
程　威　杨黔凤　赵　梦　王春雨　马新丽　蒋艺伟　李子轩　陈琪爽　牛志慧　岳雨萱
顾　涛　桑　苏　韩国强　段永红　耿　洁　黄家琪　房新凯　蔡玲颜　刘佳玲　李　虹
王景辉　吕乔伊　曹　丹　肖玲玲　赵　迪　王　宁　李铭扬　苏　玉　陈红杏　李　娜
耿洋洋　周欣媛　范卫婷　张倩倩　周佳晨　曾富娟　涂章颖　秦光媛　朱依戈　李　霞
周　燕　王晴晴　李　静　李　挺　杨华瑜　杨苹榕　张梦雨　胡　悦　徐淑婕　甘自玲
姜鹏利　朱进娇　俞嘉铭　安子琪　李梦宇　章新华　匡晓一　赵　静　罗珍妮　颜杏杏
莫茜雅　邱亚如　冀新芳　王　敏　曹文丽　俄尔尼沙·吐尔逊　麦尔丹江·麦麦提吐逊
程淑珊　钟　宁　方天赐　姚　晨　李苗苗　王雄杰　宋爱民　谢海燕　闫紫寒　丁　草
海吾拉·玉山

第一学期内职班奖学金获得者

张梦雨　李　静　张红俊　马志龙　陈　晨　赵　博　郑新宇　马俊杰　李　斌　张志皓
孙　伟　李梦祥　燕婷婷　任畅畅　黄玉磊　朱诗宇　马　燕　艾米乃　薛　瑞　冀新芳
汗克孜·玉苏甫　祖白达·艾合买提　喀迪尔·图拉克　海吾拉·玉山
伊尔木哈买提·迪力木拉

第二学期内职班奖学金获得者

王梦笛　麦力艳　燕婷婷　侯雅文　马　凯　金银祥　杨起帆　周　强　李玉伟　马学军
张志伟　姚天娇　马　娟　张梦雨　李　静　张红俊　艾米乃　马维雪　冀新芳　海吾拉·玉山
克然·胡安德克　买尔孜亚·努尔旦　穆萨江·喀迪尔　崔海力者

2019 年

上海市优秀毕业生

贺烨如　金　丹　张云靖　蒋依润　陶星岚　庄慧文　赵欣悦　施　瑾　张　娟　李晓雯
程　琳　徐诗韵　古里扎提·巴合江　顾书欣　杨甦乔　姜　楠　邓　旭　钟　华　李　凤
杨雪梅　冀新芳　王　敏　陈　晨　马志龙　李　斌　伊尔木哈买提·迪力木拉提　唐　顺
刘　款　张　衡　杨　茜　张　雯　李海伟　胡　钰　王辰捷　翁慧怡　丁　涛　何恺琳
李　挺　丁晨曦　秦光媛　吴丹青　胡　悦　杨华瑜　周　燕　汤亦葭　雒英群　秦青松
刘艺伟　刘芷萦　赵慧敏　朱星颖　杨　阳　周欣悦　毕雪莲　李　玥　顾思敏　陈　皓
东野广璐　陈　煜　闵　成　冯明玉　吕晓彤　刘子铖

学校优秀毕业生

姚　茹　张陈昊　何　萍　许佳琪　康嘉怡　梁伟宸　吴程蕊　徐晓艳　翟文豪　王瑞强
仇淑媛　余红利　顾苇鸿　郭俊伟　李　恒　周子旋　付杏摇　杨卫莹　李　琳　方天赐
王振宇　周世杰　许鑫妍　阮丹峰　金晨浩　张月阳　张欢欢　朱文欢　丁三亚　谭　琪
童　心　郑新宇　宋　磊　顾冬辉　陈佳明　李正雄　张　鑫　张珉旻　王　宁　胡舒敏
杨冰艳　杨　晨　刘方涵　邵怡青　吴诗瑶　张哲伟　李　娜　泮丹琦　叶梦佳　董　婧
陈婷婷　左佳琦　张　蕾　李　静　缪琼瑶　张　璐　吴　傲　魏星欣　耿　洁　施鸣慧
乔凯慧　王春雨　李铭扬　陈　恩　徐梦晴　刘　旭　韩国强　赵玉民　李　虹　马新丽
孙佳皓　倪芳蓉　朱成皓　王沁锋　董晓敏　周盛源　胡稼伟　喀迪尔·图拉克　黎　伟
时岚鑫　王思毅

国家奖学金获得者

盛　菲　吴雨晨　周　格　马成龙　孙佳辉　汤怡婷　万心瑶　王治民　沈佳莹

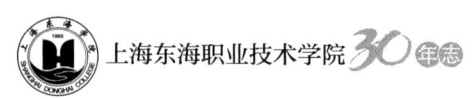

上海市奖学金获得者

古丽比娅·加帕拉吉　张二曼　房新凯　刘潘梁

国家励志奖学金获得者

努尔曼·沙肯　吴　琪　任畅畅　侯雅文　冯云龙　杨　柳　马建兰　虎吐孜·古木西
沈思明　麦力艳　刘　帅　马梓轩　马玉兰　陈亚琦　黄晓龙　木丽杜尔·赛依提　段永红
哈斯特尔·阿曼太　祖力皮喀尔·吐尔干江　迪拉热·努然洪　杨　瑞　马晓玲
海拉提·包拉提　刘　浩　李青松　伊达亚提·努尔买买提　杨佳兴　王阳子卓
阿力木江·克然木　周少鹏　谢江川　敬悦敏　颜杏杏　吐尔逊娜依·玉苏甫江　袁秀琴
周　强　白　胜　王　欢　申永龙　锁小燕　孙陈红　地力夏提江·阿布都拉
祖白达·艾合买提　马乾惠子　王梓豪　张克花　喜晓蓉　王　嵘　李娅彤　王金柱　杨启慧
吴伊玲　陈　慧　杨苹榕　马彦洋　毛月华　方少明　董　宇　方艳玲　赵文琪　曹清淦
叶世玉　杜少岩　郭坤梅　胡增祥　苏子裕　程　佳　余壮壮　汪　云　苏锐培　李　金
牛志慧　李　辉　宁国昌　狄晶晶　毛　宁　崔慧哲　桑　雨　付文晶　刘林悦　刘金超
郭方敏　伊鑫如　卢小凤　赵　蕊　康晓阳　李　雪　于晓凤　张晓晗　马昭让　孙　羽
张　超　许佳雯　黄　洁　顾　涛　丁明哲　刘　芹　张晓琳　赵　悦　张娴菁　白林梦
潘建多　岳雨萱　甘　霖　戚　敏　赵明哲　胡　磊　邹　馨　章新华　刘　娟　俞癸峰
胡炳框　曹文丽　谭胜男　张雯怡　吕敬国　刘　璇　李子轩　裘　凯　陈震祺　朱子豪
张　莉　林芝莹　秦海凌　王蓉蓉　许国庆　江　澳　潘丹丹　杨　璐　江远航　尚　婕
李　瑞　邸亚如　李文琪　瞿忠祺　安子琪　肖玲玲　耿洋洋　张　艳　谢晓彤　胡建军
李梦宇　肖子耀　陈艳卿　马俊解　项淑乙　涂章颖　罗珍妮　冯萌萌　莫茜雅　史董佳
杨　妍　柯　杨　周倩倩　吴　葳　周佳晨　邱蒙蒙　徐淑婕　王文斌　陈慧桢　葛　岩
沙　杨　李　飞　沈雅婷　朱　月　张佳铭　沈星依　龚佳瑜　周欣媛　蔡玲颜　张文超
王印豪　杨晓红　张陆晴　庄佳伟　郭婉磊　李　霞　王伊宁　高　磊　印　元　朱凯昕
林雨欣　东金波　苏雪莲　孙　蓉　霍霄雨　刘丽媛　赵　静　朱依戈　康雅茹

第一学期内职班奖学金获得者

周少鹏　马乾惠子　妥丽娜　古　芳　李文艳　李雪岩　马　海　邱胜强　陈昊天　苏　童
马　龙　马晓玲　刘　浩　张　璐　吕　灿　刘晶晶　王梦笛　张　娟　沈思明　李　丹
卡吾沙尔·思力克

第二学期内职班奖学金获得者

候啸玉　周少鹏　段永红　古　芳　李文艳　马万军　马乾惠子　黄晓龙　妥丽娜　修可晨
罗晓鹏　张志皓　李保虎　马　龙　苏　童　刘皓男　高　锐　葛　健　周富强　陈　伟
周世龙　刘晶晶　张　璐　刘　浩　沈思明　卡吾沙尔·思力克

2020 年

上海市优秀毕业生

刘潘梁　刘丽媛　许国庆　郭婉磊　周　格　盛　菲　陈沁楠　姜宇珺　平俊杰　沈佳莹
何雨璐　赵越晨　孙佳辉　吴诗逸　李梦宇　马成龙　匡晓一　汪　进　白林梦　樊思佳
涂章颖　谢婉君　张　艳　傅懿涵　赵月萍　周欣媛　徐　超　陆荥鋆　宫诗期　吴雨晨
董　月　许世家　路梦洁　王雨彤　皮子新　陆　烨　仇颖超　吴　葳　古丽比娅·加帕拉吉
万心瑶　王雅群　夏昊康　高诗怡　马天寅　张　颖　陈　斌　周彦楷　白阿丹　杨　璐
海拉提·包拉提　苏　童　祝庆莹　孔微薇　刘原旭　裴　凯　彭伊吉　马俊解　王治民
金伊杰

学校优秀毕业生

汤　茗　杨　沁　王利利　徐　震　金晓婉　段小涵　陆杰李　许伟健　薛　瑞　王佳佳
姚　丽　顾泽峰　许俊杰　赵　晟　施毅珺　郑　瑞　李　丹　陈苗苗　张二曼　季怡珺
王蓉蓉　费　丹　赵紫卉　李文琪　温瑾竹　潘　颖　张明敏　潘建多　周偲佳　陈金晶
陈　茜　何玉婷　耿洋洋　周佳晨　许星毅　卫晓莉　江丰亦　赵　悦　张雨桐　顾　涛
朱俊翔　武若涵　李青松　赵雪莹　朱晨昊　盛　夏　蒋丽萍　肖　帅　王云涛　庞慧涵
牛志慧　蒋骐安　杨宝权　秦梓豪　张钦玮　刘文婧　祖白达·艾合买提　周佳园　林　昆
盛　裕　张志杰　张嘉明　程柏钧　朱焱康　王梦杰　陈泽坤　李远彪　刘　婷　高　磊
金恺颖　唐芬芬　金　田　潘祝强　阮欣怡　张　妮　张思羽　贾奕雯　卫芹怡　陈宣伊

中国大学生自强之星

曹清淦

国家奖学金获得者

褚靓婧　陈慧莹　桂欣冉　陈逸游　朱　佳　郭　宸　陈恺迪　张亦扬

上海市奖学金获得者

花　静　徐　颖　葛雅丽　苗晚秋

国家励志奖学金获得者

吴　琪　吴小叶　苏子裕　吕　灿　袁秀琴　马玉兰　虎吐孜·古木西　董嘉俊　金　菁
刘　娟　奚怡婷　刘　超　马彦林　刘晨阳　王一诺　刘文想　吴建飞　苏　雅　苏友梅
杨荣荣　杨玉兰　马　婷　沈星宇　石露莎　刘杰文　于乐天　陆佳滢　王金柱　陈佳艺
曹清淦　陈　慧　方艳玲　刘佳萍　潘丹丹　王白雪　陈震祺　任玉宇　刘星宇　吴　迪
梁　仟　吐尔逊娜依·玉苏甫江　巩译泽　努尔曼·沙肯　刘思琦　杜少岩　杨佳兴　谢晓彤
沈思明　马　静　苏占红　王光俊　张克花　高晓梅　马梓轩　杨　瑞　陈　凤
加衣达尔·努尔哈布勒　高婷婷　潘真懿　沙　杨　李　瑞　刘　晨　郭继新　吴书旭
徐茂超　何志伟　韩擒龙　江远航　胡洛溥　依木然江·艾买尔江　陈　伟　狄　枭
哈斯特尔·阿曼太　李勇皓　申永龙　王梓豪　谢江川　祖力皮喀尔·吐尔干江　摆伟杰
马　军　白　胜　刘　帅　吕敬国　俞癸峰　郭子钰　闵　慧　矣发俊
阿不都沙地克·吾布力艾山　吴华崇　狄晶晶　陈亚琦　杨　清　孙周斌　王　欢　王静静
陈浩男　阿伊谢·吾拉音　邓志坤　郝梦雨　林雨欣　吴羽依　王超云　郭福燕　马朦朦
叶　翔　金明寿　谢小军　朱　超　管月晖　康晓阳　马乾惠　伊鑫如　黄晓龙　李娅彤
王艳茹　王　昊　吴多星　朱义建　张晓晗　崔慧哲　刘　芹　孙陈红　王雅玉　马昭让
刘婧媛　陈　静　孔乐琪　马永才　李文慧　王馨雨　邢柯佟　孙理想　石天聪　李　雯
徐晶鑫　吴　桐　陆艳婉　马建兰　锁小燕　徐萍萍　于美玉　耿志晨　李骍锐　冯萌萌
冯云龙　朱子豪　施嘉敏　孙　蓉　伊达亚提·努尔买买提　乃孜热姆·乃吉米丁　朱文雅
唐文晴　汪晶晶　黄　雪　吴梦艺　徐思思　张　莹　王倩雯　吴佳怡　张美妡　范柏盛
孙　艳　郑　娜　张若馨　张星雨　夏尔巴提·塔力道

第一学期内职班奖学金获得者

陈亚琦　马乾惠子　修可晨　耿志晨　冯云龙　李雪岩　狄　枭　马学龙　李梦岩　白　胜
于昊凡　金　涛　马云云　张　璐　马彦林　张　娟　沈思明　刘　浩　李茂枝　董　靓
崔文青　陈　凤　段沁怡　何茂林　卡吾沙尔·思力克　乃孜热姆·乃吉米丁　署瓦克·阿依丁
加衣达尔·努尔哈布勒　阿了腾乃·吐尔地别克　迪娜尔·库尔曼艾力

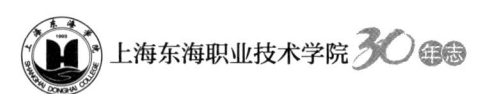

第二学期内职班奖学金获得者

孙陈红　杨　瑞　高晓梅　王来念　袁树华　段沁怡　王艳桃　谷　静　王金柱　刘　浩
吕　灿　刘　超　马彦林　刘晨阳　马　婷　沈思明　张　娟　何　龙　宋鹏昊　郭继新
陈　伟　谢江川　杭佳伟　马学龙　王梓豪　白浩东　高　锐　葛　健　马佳辉　刘皓男
许智鹏　马乾惠子　伊达亚提·努尔买买提　乃孜热姆·乃吉米丁　开迪力亚·艾力
虎吐孜·古木西

2021 年

上海市优秀毕业生

葛雅丽	朱 珂	许 诺	朱 佳	曹清淦	陈震祺	邹 馨	达梦超	吴浩东	陈恺迪
董嘉俊	奚慈榕	花 静	陆佳钰	金 菁	徐许凡	茅施玲	朱 婷	褚靓婧	冯宇佳
史董佳	丁妍佳	唐语菲	赵一粟	伊达亚提·努尔买买提		潘烁羽	吴泇冰	阳逸琪	
王知之	管月晖	余壮壮	张 迪	金璐懿	桂欣冉	李沐梓	俎千一	王德燊	袁晴晴
李书钊	周生泉	胡建军	马梓轩	田仲慧	徐佳文	白 胜	刘 帅	吕敬国	申永龙
王梓豪	朱晓天	朱倪超	张珮洋	陈皓文	郝梦雨	王 欢	王 璐	马朦朦	王关伟
陈 亮	王俞寒								

学校优秀毕业生

郭 宸	朱志凌	董婉倩	李姝澄	戎 毅	郤 颖	王 敏	陈 慧	刘佳萍	柯 杨
汪择晨	石露莎	任衍武	曹雯雯	朱陈恬	黄思妍	马玉兰	王梓涵	王 成	黄已航
王金柱	邹昀播	徐 梦	万钱婷	冯萌萌	殷 婷	刘 璇	孙徐莲	王伊宁	章雨彬
高雯琦	项淑乙	刘婧媛	张峻豪	黄 洁	赵文琪	王云飞	刘玲娟	李珂欣	王 缘
崔慧婧	董璐瑶	黄海翔	许忠意	康雅茹	李 科	张雯怡	张亦扬	李佳燕	陈逸游
李娅彤	徐 淳	罗雨晴	刘佳雪	纪皓媛	王静怡	郑超杰	马 徐	张思杰	曹旭辉
陈 伟	狄 枭	江远航	王 顺	洪 宸	李 鑫	郁 超	陈杨余	马 原	王海涛
王伟光	王逸坤	杨 阳	王欣义	江 澳	李浩男	宁国昌	吕筱昕	贺与辰	刘天华
吴华崽									

国家奖学金获得者

朱宇倩　袁传锭　苏友梅　笪蕊馨　苗晚秋　侯淙敬泽　傅越昊　姚佳兰

上海市奖学金获得者

潘雅洁　蒲文静　王鹏云　张　蕾

国家励志奖学金获得者

刘　超　地力娜尔·巴合提奴　耿苏停　刘晨阳　王一诺　施逸文　吴建飞　苏　雅　杨荣荣
杨玉兰　单　龙　马　婷　沈星宇　杨怡顺　郭星星　谢文琪　徐志民　李方晴　求尔拉毛
马占青　王亚梅　黄佳丽　毛娇娇　努尔焦丽·玛汗　陆佳滢　苏小乐　高　俊　唐思远
沈　欣　孙荣雪　从　骁　张广圳　再努尔·达吾提　刘晓龙　陈　莹　布鲁根·艾德力努尔
陆思霖　杜靓雯　梅双玲　周　静　缪子霞　摆宏阳　吴书旭　徐茂超　张镕旭　何志伟
章金妮　赵怡婷　刘　涛　陈亮宏　曾　伟　范士诚　穆世俊　王　颂　依木然江·艾买尔江
摆伟杰　马丁阴　马　军　牛　军　陈　杨　刘洪域　王静静　陈浩男　孙志扬　成国涛
黄晓龙　郭宇航　郭永春　于伟伟　周智鹏　许作贤　章丽晶　韦宗良　何语穆　谭　硕
王　飞　周培祥　陈　静　孔乐琪　马永才　李文慧　王馨雨　邢柯佟　潘琴琴　石天聪
李　雯　刘娜娜　徐晶鑫　吴　桐　李佳欣　张晓丽　胡　璇　田　溪　胡流洵　沈丙昌
孙　菁　张馨文　朱　倩　彭亚平　李骐锐　牛　斌　曲松霖　玛尔哈巴·吐尔洪　袁慧娣
庄千莨　王宇环　闫钰婷　依不拉音·吐尔逊　乃孜热姆·乃吉米丁　蒋菲菲　署瓦克·阿依
丁顾艳　李　雯　陆晶茹　唐文晴　扎西拉毛　黄　雪　李书真　吴梦艺　徐思思　张　莹
石玉洁　王倩雯　王震欣　吴佳怡　张美妨　索雅琪　杨凯崛　范妙娟　王文静　张圆红
罗娜娜　戴岚岚　顾云怡　郑　娜　张若馨　张星雨　蔡至晶　马小彦　夏尔巴提·塔力道
余佳盈　黄思羽　盛　欣　葛洪燕　赵小迪　汤露萍　俄金金巴曲培　牛珊珊
加依达尔·别尔德别克　李　晴　李芋欣　杨　岚　宋　淼　高婷婷　阿了腾乃·吐尔地别克
陈　凤　加衣达尔·努尔哈布勒　董笑晓　马婷婷　赵晓丽　陈乐洋

第一学期内职班奖学金获得者

马婷婷　赵晓丽　高智兴　郭星星　高雨宣　马占青　马芜倩　郭子钰　何文超　金　涛
马　军　阿依达娜·亚尔瓦依　加依肯·加吾达提　乃孜热姆·乃吉米丁　署瓦克·阿依丁
地力娜尔·巴合提奴　阿不都沙地克·吾不力艾山

第二学期内职班奖学金获得者

王森柱　索雅琪　高智兴　杨发舜　孙嘉豪　管智超　穆世俊　包福平　金　涛　于昊凡
刘晨阳　王一诺　郭星星　马占青　沙玉轩　郭凯旋　陈　凤　何茂林　袁树华　郭美言
宋　淼　赵晓丽　乃孜热姆·乃吉米丁　署瓦克·阿依丁　阿力亚·阿卜杜艾尼
地力娜尔·巴合提奴　伊马木玉山·阿力甫　迪娜尔·库尔曼艾力　阿依达娜·亚尔瓦依
依尔登才次克

2022 年

上海市奖学金获奖者

张　磊　刘妍彤　曲家慧　姚佳妮

中国大学生自强之星

代青依仲

国家励志奖学金获得者

黄思羽　盛　欣　葛洪燕　汤露萍　王　涵　俄金金巴曲培　李　攀　加依达尔·别尔德别克
热孜完古·吾司曼　张　蕾　章昕烨　徐金鹏　范心怡　胡家慧　房文阁
努丽菲热·阿布都艾尼　郭星星　徐志民　求尕拉毛　马占青　高　瑞　李凰溶　唐婧懿
王亚梅　黄佳丽　马　强　毛娇娇　努尔焦丽·玛汗　廖慧伊　陆　超　谢文俊　谢　雨
蒋玉婷　古力斯马依·努尔　范倩芸　蒋东静　王冬雪　路　思　顾辰玲　陈俊勇　摆宏阳
张侯宁　李俊奇　赵林浩　刘春燕　王肖肖　袁超帆　于伟伟　刘　玲　何语穆　李　悦
马　平　王钰卓　陈嘉丽　李佳欣　王宛鑫　陈　新　张晓丽　胡　璇　田　溪　马梦婷
王海燕　蔡明洲　董　跃　胡流洵　沈丙昌　周鹏举　孙　菁　孙　珂　魏梓因　闫维慧
张馨文　朱　倩　彭亚平　韩国辉　李施霓　霍艳春　夏斯崎　于　闯　牛　斌　彭堂多
曲松霖　邓雅婷　袁慧娣　胡明奇　庄千茛　王宇环　闫钰婷　季　浩　闫　政
依不拉音·吐尔逊　张其超　叶施杰　杨凯嵋　范妙娟　王文静　罗娜娜　应佳利　章心檬
南昱蓉　李晓璐　陈　闯　宓新娟　安　雨　何正敏　李　晴　杨　岚　马婷婷　赵晓丽
孙　雅　王润润　魏　敬　梁　鑫　贾一恒　蔡雨欣　海　彤　赛威尔妮萨·艾则孜　刘于琳
于米提·库尔班　吕方嘉楠　张雯喆　张　锦　张东林　文艺浩　易万青　祖力凯尔江·图尔荪
买尔哈巴·牙森　陈罗欣　徐　婕　许馨月　陈亮宏　孙雪健　夏文豪　曾　伟
艾孜买提·阿布都吉力力　柯占鹏　刘洪域　马　飞　马文卓　尹普凡　范凌睿　范士诚
穆世俊　王　颂　夏恩光　谢　宸　卡迪尔·吾甫尔江

第二学期内职班奖学金推荐名单

白金汉　高智兴　张　琪　苗天润　杨文林　杨振杰　王海纳　宋　淼　马婷婷　赵云云
吴沐坤　林金永　王　正　玛哈江·赛力江　伊马木玉山·阿力甫　阿依达娜·亚尔瓦依

上海东海职业技术学院 30年志

附录

历届毕业生名单

1995 届

国际金融与贸易

沈 弢	杨晞昶	汤 灏	郑伟光	焦轶勤	江一峰	朱 俊	杨立军	黄然中	宋 坚	郑卫红	钟志炜
陆 英	朱争颖	许传瑾	潘磊磊	王丛笑	崔 贞	许鲜艳	李晓燕	李 珏	李仲裔	应梦圆	吴 珺
王志云	金 雷	蒋 健	林晓峰	卢 栋	方文军	陈晓岗	徐茂图	徐万祥	徐鹏翔	林雪梅	张哲秀
朱晓梅	陈晓凌	陈 慧	刘 洪	凌 晔	夏月飞	胡盛文	梅雪梅	潘国尧	马翠萍

涉外会计

朱金伟　祝建光　吴永财　何　锋　许卫群　吴志辉　邹志勇　吴跃军　朱　恩　顾建群　方兴光　蔡勤静
朱燕弘　范　轶　方慧芳　童美如　陈晓红　颜玲玲　张丽敏　郑碧芳　陈昀晓　洪永仙　陈司南　潘　霞
吴航萍

1996 届

国际金融与贸易

邵国民	陈嘉烨	王玉刚	陈继贤	严　峰	樊　蓉	魏　敏	孙晨牧	苏章樱	李　莉	刘　玲	施　勇
刘雅静	徐君明	戴　怡	张　寅	许　彦	吕　琼	张跃光	朱为峰	王　清	赵　明	蒋丽忠	董绛克
魏　玮	李　斌	董　峰	梅首钧	顾　杰	陈　渊	金　烁	秦芝华	张沈理	孙　燕	沈侃源	陆肖辉
柳晓峰	周　琼	邹兴龙	邱抒洁	倪　虹	崔　瑛	孙丽萍	王　蕾	狄春英	徐云栋	冯　岚	徐晓敏

涉外会计

蔺　妍	胡智文	胡赛雅	黄莉莉	刘　沅	荣　嵘	鞠建英	郑春丽	童佳旎	赵海萍	朱洁华	章小红
张丽莉	曹琦磊	吴丽娜	李　旭	沈　莺	顾　勤	方　菁	罗群英	阮仙花	黄　潇	严霞英	叶丽云
何疆红	张立刚	张洪亮	吴东泉	邹　亮	许澍臻	叶学平	徐渊春	许立峰	邵　亮	钱景良	周勇华
李江林	蒋克雯	李　军	谭磊华	陈军英	张　彦	陈艳红	何巧飞	陆　琴	陆萍萍	方　萍	张　英
顾　琴	李　静	吕　莉	樊　慧	郭　珺	郭　恒	易　蕾	江　琼	吴　毅	史　静	诸葛赛萍	刘　明
周　琼	朱红平	陆建军	申屠其敏	冯　岚	胡文广	顾斌峰	王育栋				

计算机应用

李　锋	张晓芬	王毅栋	俞伟民	赵伟志	李　明	马　朝	倪建伟	罗会林	尉祝平	郑余咏	李德海
沈泽颖	施　锋										

1998 届

国际贸易（学历文凭考）

丁慧妮	韩　华	李　凌	魏　哲	王　琼	纪家超	厉　晶	蔡淑君	郑文萍	宋齐燕	林　瑶	叶　薇
徐　璟	奚臻杰	王　莹	解玉梅	吴　锦	顾宇欣	罗　杰	王鸣亮	施朝晖	周盛隆	黄　磊	王　略
赵　勇	陈　亮	薛云飞	顾汇佳	刘卓钰	郁　萍	许　缜	李　洁	周　赟	朱　娴	唐　红	张　颖
王毓彦	杨　桦	孙　奕	邵　琳	蔡　蔚	王　琳	周　琦	曹　菡	陈晓军	丁　琦	宋　乐	李国斌
徐　龙	田建军	钟　华	宋　梁	胡旭滨	连　赢	徐　峥	王谷昕	王虹钧	周伟其	成　晨	朱悦佳
张　雯	李　稼	陈　琳	李　毓	朱玮婷	章玉静	石　裕	林　磊	胡皓伟	陈　芳	陶文渊	杨玉宇
周　琪	赵志坚	章志宇	翁祖卿	徐国嵘	劳峻辉	金　焰					

涉外会计（学历文凭考）

邵海珍	施静芳	王慧群	宋卫华	张晓音	顾慧莉	刘　薇	施奕琦	汤　怡	夏　敏	李　健	黄　琼
蔡军芳	夏紫琦	杨衍衍	陶长红	殷洁蓉	范赟杰	张　敏	李海欧	张实欣	陈治国	励　峰	冯　敏
曹敏凌	罗　穗	黄　艳	陈　怡	岑　山	范静楠	李　虹	李　爽	谢蓓莉	袁笑琳	虞　翎	顾晓洁
黄　蓉	朱　芸	庄擎天	李韵雯	杨　莹	吕菊仙	张　泓	朱晓燕	杨炜宁	吴慧红	徐旭东	吕　俊
石　猛	宋昊翔	顾学熠	方　杰								

注：由于学制由 2 年调整为 3 年，因此 1997 年无应届毕业生。

1999 届

国际贸易(学历文凭考)

戴洁莹　姜志静　宋　晔　张　静　秦　磊　陈　曦　龚诚瑶　钱　隽　顾志英　刘　霖　俞　瑛　刘　燕
张　婷　徐　芳　姚春宇　张培莉　符　蕾　连　夏　程　欣　周　锋　须伯熹　徐申华　景智喆　胡诚艺
陈晓海　张伟卿　张盛华　李　涛　虞宏程　周俊杰　丁晓华　孙　俊　董永辉　封智强　韩　枫　王　晨
何剑雄　程　晨　潘海滨　周雅文　张丛林　杨昕华　顾　瑜　姚　池　杨文君　汪薇薇　杨芸华　周　艳
李　华　廖玲玲　陈丹丹　周文英　黄佩华　严　洁　徐　伟　唐　捷　黄兆玮　邵妍箐　张　虹　鲁文杰
翁育峰　查　昊　戴　炳　陆　烨　杨　刚　陆　炜　夏宁宁　黄晨征　孙　翔　张云翔　谌晓林　周　泓
夏　俊　顾海容　谈　朔　王　洋　王　瑾　谢　敏　苏李洁　朱晓雯　强妙燕　樊　荣　程　丹　徐晓燕
邱梅蓉　何璟瑾　李晓春　沈雪莉　孙　瑾　邱佩华　吴晓岚　范婷筠　郭　予　许　志　陶青云　韩　凌
汪千里　傅　捷　张　骏　王华伟　梅毓华　江斯才　肖　敏　陈　国　吴　旭　王　引　蔡海荣　马　骏
俞佳骏　戚海山　陆　游

国际会计(学历文凭考)

丁俊凤　胡　莺　蔡蓓玲　张　莉　沈　燕　张柳华　王莉莉　杜小静　孟　培　张建琴　王琳玲　陈　瑛
周　蓓　竺礼达　夏　峰　黄海琛　金刘英　朱恩东　杨凡凡　罗　亮　王迪安　郑　晨　付知微　蔡　铭
王　伟　金　妍　胡　伟　朱晓燕　鲍玲红　翁晓波　韩莉敏　杜燕岷　曾　清　钟　纪　陈碧莲　陈　瑜
奚鑫慧　钱歆颖　陈　谊　梁颜菲　沈　怡　梅　琪　李　明　徐　强　王新宇　顾　峻　毛雪安　杨驰华
杨咏天　毛颖澜　陈邑峰　盛　挺　张　翊　沙赛娟　沈　静　戎　艳　沈军妹　陈乐燕　李　健　陈桔群
陈家珊　花　怡　殷　倩　生晓燕　肖　青　印好洁　卢　芳　沈　琳　周　霞　李燕敏　潘　颖　俞晓芬
周　颖　周　璟　陈一峰　曾　森　郁　晓　张圣鹰　金　权　林　科　范建高

计算机及其应用(学历文凭考)

龚少峰　陈轶斌　陈冀旻　樊哲锋　俞立华　魏　泉　孙　庆　俞峥嵘　陈　雷　陈　斐　梁　轶　蔡丽萍
康莉艳　黄　芳

2000 届

国际贸易（学历文凭考）

孙 霞	王文磊	黄慧萍	吴译荩	曹杨琴	唐雪骏	鲍敏珏	李 琴	李 芸	滕 婷	闵 洁	汤振弋
朱 蔚	徐晓琳	张 荟	杨 欣	赵 怡	蔡慧健	胡琪君	卢 敏	何琳頠	钱琮贤	孙新蕾	鲍 英
王 剑	高 恺	李子焱	江 瑜	姚 弌	胡子豪	范剑锋	顾旭峰	陈慧栋	潘 祺	顾松桥	龚宇飞
钟剑峰	张 骁	寿唯佳	王 芸	周晓燕	马 俊	凌 谊	徐爱萍	方 滢	施 铮	尚 菲	杨 敏
忻丽雯	过俊敏	蒋蕴文	唐 憨	徐 琦	赵婷婷	孙莉丽	程 莉	张莉莉	杨 薇	姚敏娟	王娟庆
吴 妍	王 桦	周坚新	魏 凡	俞志刚	顾 文	张冬平	甘 祺	罗旭栋	钟景辉	吕 毅	李 斐
陆巨成	叶 巍	陆 征	王嘉雍	唐伟涛	俞 莹	翁维华	钮小平	王 燕	尹 颖	丁 黎	费佳青
陈芳莉	吴丽华	曹慧敏	李民芳	陈 爽	薛嫣雯	姚洁华	陶佩敏	季媚春	何 挺	沈友祯	陆彩君
朱瑜华	王凌华	吴 洁	张文良	邓 钢	朱维卿	夏国栋	黄 凯	顾益军	肖 骏	施 晨	黄国奇
周 斌	王 峰	樊 征									

国际会计（学历文凭考）

陆双双	张 丽	孙 茵	汪烨枫	沈 澈	周 琳	丁雪梅	杨 燕	陶嫣妍	张 洁	陆 旻	徐羚苓
陆 岚	盛莉萍	许黎园	胡 玥	廖黎明	龚艳华	吴佳麟	蔡卫凤	张黎静	俞奕璟	朱洁渊	庄梅芳
冯 洁	顾丽华	周之瑾	杨绮波	陈平平	刘 洋	陈宇征	李春晖	路 蕾	王 洁	吴颖沁	奚炜玮
张 敏	张 梁	徐 骏	沈 毅	金维琦	王 耘	邵 加	陆叶峰	唐 骅	邹春云	陈忠琴	蔡佳川
张 薇	丁 霖	蔡 怡	罗 青	孙 楠	朱佳萍	姜 驰	姚琪芸	王 菲	夏 萌	薛 斐	乔 萍
吴炜婷	李 臻	张心怡	张 苏	秦 燕	黄 隽	黄慧骅	施 霞	庄 燕	魏 瑾	吴洁洋	吴晓蕊
毛竹韵	朱 未	徐 燕	韩 芸	庄 丽	王薇霞	闻彬彬	马艳梅	阮 欢	黄海潮	朱 玺	吕沁文
胡 彬	罗君依	陈 晨	李 骥	余 扬							

计算机及其应用（学历文凭考）

徐冬梅	袁 霞	徐 洁	陈晓玲	闵彩萍	尉文斐	谢 冰	姜英琪	陈婕慧	肖 锐	周一玲	韩 霞
朱淑华	董晓懿	陈妹华	蒋建丰	邓 骏	沈建军	李思南	周 敏	施芸辉	钟俊晔	崔宇扬	张 楠
王一鸣	陆 洲	邵 华	马燕明	郑 科	樊宇君	傅晓东	许 涵	姜奕欣	张 华	吴伟军	张 婷
童 赟	黄 莹	孙建华	张含智	居 赟	周雷群	丁 旭	黄玉敏	吴 漪	俞佳宜	尤 蕾	杨 赟
王慧丽	余晓洁	李喆歆	蔡晓丽	沈榕艳	俞海超	刘斌斌	胡炯超	李晓栋	董 青	陈正弘	高 炜
刘 斌	张静铀	廖智峰	杨 毅	丁 睿	陈宏君	谢丁涛	张柳赟	陶 维	张 波	陈海晟	李 昂
王 磊	陈 静	张 舸	吴 萍	李烨卿	徐 慧	沈轶君	蔡 敏	郑翠华	汪 烨	王 晨	关晓萍
姜 怡	杜晓华	徐洲洲	孙士峰	王臻安	尹星煜	李 俊	周震宇	葛毅峰	叶尧澄	姚 剑	陆春雷
李 卓	王 鑫	李 鹏	沈康明	陈吉翔	盛军伟	徐 旻	陈 亮	裘午丰	唐晓琳		

2001 届

法律(学历文凭考)

鲍音音 李世凤 钱 怡 于 莉 王 瑛 潘雅芳 马丽君 彭 英 朱俊杰 许 芸 潘 安 卢佳音
陈 颖 姚 瑾 傅 嘉 钱翌隽 沙 琳 陆 敏 王鸿艳 王 祺 张碧玫 方家南 施奇磊 朱克勤
张 弘 王 博 丁 亮 潘 晟 丁迎黎 陈 辉 孙 悦 徐弘刚 曾 磊 徐 晔 宋元春 姚卓人
张大卫 周 蓁 王 静 丁 叶 钱宇瑾 陈 敏 卜周莉 余美伊 龚丽华 袁 铮 叶 雯 于 璐
祝 琳 唐慧华 杨 骅 张 静 陈 默 崔晓波 许 晶 孟 蒂 张 晔 杨 琨 殷 炯 徐春海
徐倍歆 赵 华 周旋律 翁秉晨 潘夷波 陈佳峰 吴 昊 孙 辉 刘汉明 滕海明 苏 峥 王 蔚
范 莉 吕江阳 张玉萍 朱 怡 张晓燕 董 敏 朱 慧 郎霞晴 戴明洁 干晓燕 孔慧敏 洪颖哲
王羽晨 陈肖俊 王 珏 沈 悦 丁 烨 施东华 时春强 王 璠 沈张炯 周 宇 李 翔 余 超
王 华 韩登登 黄荣兴 于骅尧 奚志华

房地产经济管理(学历文凭考)

丁 炜 周 莉 吴 洁 寿逸轩 王 旭 曹海燕 徐婉琦 陆志萍 曹 雯 姚 莉 杨苏春 龚 勋
黄代荣 周 力 余 涢 朱 亮 钱智华 华德胜 姜 轶 华寒青 黄晓平 普应余 沈 炯 石 靖
王雯睿 吴 洁 姚静轶 丁 彦 宋燕华 郎一鸣 叶 岚 武溶文 许嘉莹 李莉萍 束玉树 章 影
黄英姿 孙 伟 梅克亮 金建敏 张 琦 凌 翔 高 海 周 斌 娄 焕 魏颖浩 瞿 琨 卢海东
吴 坚 何晖卿 万宇桥 方 磊 张 伟 黄 炜 季 力 李 欣 王 聪

国际贸易(学历文凭考)

戚 芳 张 燕 吴 昱 潘晓芬 陈雁南 董晓燕 余 蓓 颜珏珏 蒋艳翡 陈 洁 李 烨 朱伶俐
戚蔚碧 倪岭岭 徐晓莹 杨蓓莉 朱晓菁 诸彩虹 卫 婷 张卫丽 张 雯 王如樱 张露丹 顾陈励
陈 成 阮 滨 庄哲旻 叶 政 陈 俊 吴奚云 屠燕蓉 叶 欣 吴晓岚 姚 慧 朱峰英 宗烨雯
褚丽芳 包 利 吴效效 凌 佳 陆赟华 奚 春 杨文凝 顾晓峰 沙 菲 陶莳娟 王文敏 袁 慧
周存丽 陈丽丽 金宇梅 郁清泠 许 雁 何春雨 胡谷情 余 佳 魏佐君 徐 海 王 勇 袁 军
胡凯南 张 炜 周阎峰 谢晓栋 周惠芬 蒋蓓琳 马肖颖 冯丽莉 施雅敏 奚彬峰 程正才 何 峥
金 燕 袁惠芹 陈 薇 徐 娴 曹 荭 曹 敏 施竹君 陈 兰 陈 佳 周 萍 郭 颖 郑凌之
戴 明 蔡晓鸣 蓝文峒 潘旭冬 唐明浩 沈医波 薛 明 鲍敏跃 许文钏 陆思旅 赵忆秋 蒋 莺
王 轶 刘晓萍 杨春兰 王梅蓉 钱敏敏 李 丹 钱丽敏 原晓劼 庄 蓓 徐 霓 曹 晶 王丽俊
叶徐虹 倪霞红 龚孝君 丁 莹 蒋佩琴 刘 韵 朱 玲 胡洁丽 王 凌 朱梅琴 戴世骥 赵士佳
王 勇 金 炎 黄 渊 侯宁宁 梅一朵

涉外会计(学历文凭考)

秦 珂 陆琦萍 蔡瑞萍 王苏娜 谢 怡 陆晓青 陈洁玉 王 慧 杨凤菊 李 静 周丽芬 葛丽华
王甄博 赵 屹 邢力勤 袁敏慧 吴 芬 叶月红 陈玉华 王秀文 瞿 琳 蒋钟华 王 健 任 林
周刘靖 冯 琪 郁 臻 张维一 施冬伟 刘 斌 钱 雷 李未佳 茅怡峰 谢如一 潘昕彦 秦 琰
周晓芳 侯雯斓 钮 凤 陈琦雯 卢丽萍 卢 雯 金丽萍 黄 孆 朱霞敏 徐瑞雯 谢颖绯 张芳芳
邓竹君 毛嘉敏 苏凤飞 姜海燕 王冬梅 唐 旻 严 浩 陈 继 罗 瑜 陆醒夫 李晨晖 黄恩一
陈 新 陈 斌 赵 峰 储乐益 张 蕾 徐蓓玲 刘聪玲 虞梓芸 苏婉雯 马莉莉 陶 然 李英敏

俞鸿义　岑倩琳　黄　辉　徐轶华　郑湘伟　朱艳萍　时觅佳　昝景梅　顾　敏　缪丽华　黄燕琼　王　丹
计　蔚　陶　华　仲佳枚　沈蓉敏　方　玮　陈　静　胡　菲　高淑英　许　磊　戴朝飞　王　华　陈　冬
王奇松　金　鑫　何春峰　徐嘉晨　徐　冬

计算机及其应用(学历文凭考)

倪静嫣　陈秋文　季　焱　郭爱洁　苏佳莺　黄文娟　胡　珺　沈　英　应　瑛　陈　琳　潘　莉　孙　烨
袁　元　刘　威　沈　健　马　侃　盛国俊　柯　悦　钱浩亮　盛　鑫　邬文纲　张家祺　武徐鸣　马驷骏
计晓峰　金文杰　薛小峰　还俊杰　沈　懿　李云杰　姚　晋　顾　晖　张　剑　丁惠成　高　峰　吴燕清
杨志浩　陆伟明　唐佳良　金　迪　朱　芸　张　雯　袁　玮　章　炜　韩忠妹　宋丽娜　田雯珺　方　圆
万莉莉　陶　晨　庄　严　夏承天　徐　锴　俞　磊　马建雄　董　叶　张剑峰　周之威　张　弥　沙大崴
霍韵辉　陈　平　方　晨　叶　凌　方宗源　姜　政　蓝　天　王　烈　杨　晗　黄卫军　胡　俊　丁　昱
浦晓峰　鲍纪伟　吴慧敏　陆建慧　凌之桦　杜轶敏　蔡伟君　沈家军　单晓生　谢　笛　张　冬　陈　颖
张卫安　习家苏　陈　怡　陈玉华　吴利花　刘燕红　王　晴　顾懿君　林　林　金雅雯　赵　越　王　磊
方　轩　孙叙宏　秦　刚　郑　杰　顾　易　王一凡　王　强　王　昱　孟洁卿　裘一恒　周　宇　郑　捷
孙　超　赵志强　刘　晶　许　敏　万斌峰　夏　赟　丁　毅　张新义　沈　懿　臧青青　凤　吉　贺　毅
郭　琦　缪敏敏　余波平　燕　翔

商务英语(学历文凭考)

李新怡　顾玉蓝　徐韵钧　唐　慧　金　颖　姜静华　巴　都　黄　洁　冯　玫　徐蓓蕾　吴慧琼　韩　蕾
胡　玮　张　静　李　申　沈燕红　黄汝芳　杨珮珏　贾　晴　王怡岚　顾　晓　康　安　石　岚　吴佳佳
连　婷　拓跋振宇　赵　霞　周　祎　刘　平　陆贤莉　张　莉　章　悦　倪　玮　任轶璐　陈　蕾　吕　睿
王伟清　胡　彬　居　毅　姜杰华　朱　梁　孙鸣敏　沈　翔　盛娟娟　陈玉晴　余　琼　黄　琦　邱晓璁
傅　蓉　罗文琦　彭屹如　夏恺瑜　尹　凤　朱雅芳　周靓艳　金　怡　刘　屹　史婷婷　黄　轶　钱颖竹
陈瑟涵　蒋　莺　宋晓鹰　杨　洁　郭　慧　杨　怡　郑　淼　刘　路　王婷婷　李　薇　朱玉蓉　刘　燕
金　琰　盛　雷　常　亮　王禄逸　陆　明　奚顺君　潘　刚　李燮明　陆　峰　谢一鸣　刘佳悦　刘婷婷
汤宁燕　张　丽　孙　敏　沈　萍　李　迪　龚丽娜　胡嘉荣　林静雯　徐　敏　曹　鑫　吴　笛　赵翠华
朱隽文　蔡　爽　阎方其　黄　薇　朱明晖　徐　洁　干　净　陈少英　朱　艳　丁　洁　徐艳蓉　叶　涛
陆　熠　是　斐　周　霖　王　蔚　周　佳　顾　霞　钱　明　张　静　赵　敏　王国新　郁海康　朱天一
尹　志　钱　华　朱　胤　范国栋　刘　军　魏一鸣　秦恺萍　吴　艳　陈　敏　袁晨曦　王　姬　汪金花
黄　燕　朱春燕　肖怡雯　陈　莉　沈燕萍　陆绍英　徐　雯　沈文珏　何龚一　赵佳立　汪　薇　童　蕙
杨书真　张　瑜　丁　晴　赵　怡　童　蕾　钟　晴　沈子丹　邬海瑛　庄维佳　朱　瑛　盛正贤　徐樑菁
俞　琼　黄海莹　孙　杰　马　骅　张伟忠　陆　赟　徐　磊　姚玮玮　徐　杰　王　璐　胡海丰

装潢美术(学历文凭考)

李成俭　柳友娟　蔡　慧　汪　行　邓歆颖　熊　琦　吴　丹　王晓芬　周　蔚　王　策　曹争艳　张旋凯
潘晓红　沈伟安　陈　骁　郭　峰　杨志伟　吴慧萍　何　颖　张　嫣　宋晓瑾　赵黎珺　陆　瑛　谭　春
孙　玮　蔡文瑾　李宏宜　曹俊斌　殷　颖　凌　宇　董国森　顾　昱　刘　栋　黄一平　胡骁敏　郑毅清
谭晓明　许　峰

2002 届

国际贸易专业

罗 君	王 莹	张凤流	李 佳	杨丽青	王 薇	戴 玮	顾柳燕	朱晓勤	王 韵	孙 琳	陈维圆
张 璘	潘佳晖	黄 崟	陈婷婷	袁 艳	徐 静	徐颖莹	周婷婷	陶 艺	潘 丹	吴柳佳	沈 燕
陈 希	詹 海	张百聪	顾琳琳	张启东	陈 昕	朱伟涛	陶燕斌	山 刚	徐睿敏	王 姬	苏 蓓
印 莹	邹玮娜	王 颖	陈琪琦	蔡巍波	沃晶晶	姜 薇	沈宇捷	姚静峰	高 慧	严晓琼	朱 琦
沈 敏	秦亮亮	陈 吉	叶琳娜	夏 琳	范 音	谢立言	张 瑾	季 成	郭 冰	刘 巍	朱 伟
赵 飞	高 健	江海洋	张 斌	陈晓航	张 震	张 伟	朱冬樱	金 燕	李锦文	严娟娟	胡丹燕
诸秀兰	孙 静	罗 红	徐蓓菲	佘正娜	唐玉凤	邵佩玉	祝祯祯	陈黎霞	周晓怡	骆 莹	蔡 琼
龚 花	庄 苗	窦丽裳	石燕娟	张奕文	陈凌霞	刘 玉	顾 菁	侯 艳	朱 辰	刘文彦	尤 忻
王正中	徐骏杰	王 怡	李秉文	金 伟	钱 晋	商彦峰	沈 琦	毛雯卿	倪海斌	朱 春	

国际贸易（学历文凭考）

金彩霞	黄华胤	谭 旻	吴 娟	孙 羽	李 华	沈蒋海	康凤燕	赵 静	金 薇	沈珺奕	曹 琼
陈美丽	吴燕飞	吉文婷	黄 翔	郑皆欢							

国际货运与报关

顾晓露	许 春	李 卓	顾燕丽	钱维君	张思齐	王丽娜	金美花	刘爱金	徐春燕	余苗丹	邵 蓉
王燕婷	丁 玲	徐静怡	沈 怡	王瑞嬿	张 璐	陆永梅	刘颖盈	赵蕴蕾	周 玮	李 孝	董婷婷
刘媛媛	管丽君	张靖兰	徐翠琴	杜颖姣	胡 娟	叶俊翔	江 强	孙 健	余心宜	王 吉	周志文
陈 晨	王怡晶	王 斌	夏鸣峰	陈海鹰	陈鸣杰	李兆竞	张毓豪	俞 慧	郁晓萍	乐晓真	倪 酩
王 英	郑 炜	陈海漪	顾 颢	张淑卿	谷 青	陆燕雯	蒋海燕	刘 渝	徐芳琼	孙玉华	夏敏怡
万 力	张惠芬	李 英	王 彀	徐 樑	钱 敏	许晓雯	顾逢冠	胥晓玮	朱轶琳	胡怡卉	倪 英
张丽英	周 舟	顾卓珺	万 蓉	王 昊	王 乐	陶维盛	曹 迪	宗 晔	曹宇亮	张欣亮	徐 玮
陈佳平	丁睿楠	姜煜青	左肇申	顾 译	赵丽萍	金 萍	王 娉	李吟风	赵永红	柏静琰	范 莉
范柳佳	胡冰如	任怡亭	吴 为	房玲珏	朱 盈	孙文珺	邱丹红	严海燕	蒋圆美	黄 慧	朱 菁
张宝琪	董秀华	史 静	冯 洁	马丽华	陆锦花	孙 珺	鲍 放	李 贝	金隽殊	杨奕奕	陈申君
邱文洁	曹丹锋	高 祺	林 青	谢凌凌	邵 辉	傅玉峰	吴 焘	刘郁丰	朱俊杰	胡 嵘	施维骐

商务英语

顾 玫	胡 静	梁文静	徐 彦	吴洁茹	黄 景	张黎霞	陆 怡	张晓蕾	林 斐	水 樑	陈连华
任佳薇	王玮琳	邬毅琦	章 蕾	朱 佳	俞翠华	江晓华	高 俊	孙春霞	邢 斌	施冰莲	马 佳
李 俊	顾唯艳	王莉萍	陈 莉	郑 菲	李 君	杨振晔	张 弘	袁秋月	陈 磊	吴燕芬	张 颖
薛建敏	方海强	金 悦	费浩江	章文溢	周 旭	郭跃琦	华 婷	张闻婕	曹 英	林 颖	陈 聪
曹晓虹	宋 梅	刘 晨	李 俊	黄 一	赵春贤	胡群丽	谢 虹	顾 斐	钟莉霞	彭丹艳	史慧敏
毛嬿萍	王锦添	俞维维	陈媛媛	侯 璐	徐 洁	潘谷叶	陈祯昉	朱碧云	陈芝芳	张颖燕	宋婉茹
沈 滢	金利娜	王蕾蕾	庄 婷	陈晓燕	武爱洁	陈立成	王 宇	陈 靓	虞嘉博	王轶君	黄 远
肖珂乐	朱志兰	王 晶	庄爱鹰	陈 丽	王 萍	励 娇	黄 艳	王玉婷	陈媛莉	杨 彦	赵 瑾
商 静	彭 蓉	陈妍妮	魏爱霞	邹 啸	俞莉雯	马 煜	奚 琴	陶 瑾	蔡雪音	袁晓玲	丁 倩

唐 捷　朱 婷　范丽萍　姚晓燕　汪燕红　张丽芬　陈 琳　张 怡　马亚明　王 冰　曹 青　杨晓斌
李 斌

计算机技术及应用
金 燕　夏琦玮　丁轶群　郑 瑜　谭文娟　袁爱萍　张 璎　张 博　周彦姝　蔡春芳　白 璐　冯 懿
严爱华　张 薇　邹鸣旭　陶 顺　李继斌　陈 敏　施 伟　慎 勇　蔡旭飞　赵 健　张忠伟　金 晶
施 幸　盛 琪　郑寒冰　陈 伟　李敏涛　余 翔　曹 丹　徐 峰　顾征宇　唐海军　陶慧丰　嵇 俊
蔡伯承　周轶杰　穆 璟　李 尉　陆 帅　张淑婷　王 琼　张 静　杨小酉　张泉红　马 威　奚静雪
陶 晶　严蓓琤　倪 炜　赵丽安　印 丽　吴琦玮　顾晨毅　成柯博　张泰鸣　胡 平　王 凯　洪 源
张 琦　杜灏昉　邬晓鸣　徐 荣　陆荣华　杜 捷　吴 晶　徐 尧　顾华杰　茅勇杰　李沛欣　董君卓
沈 铭　顾 冰　谢晓博　唐 敏

计算机信息管理
袁璐玉　陆 燕　沈春华　奚佳蕊　张晓岚　陈 洁　叶 鑫　郝 颖　张 怡　汪 芸　龚庆贤　顾情燕
潘黎雯　罗雪莲　李巾杰　毛 曼　徐 捷　姚 洁　邱 敏　扬 瑜　胡轶群　沈 杰　赵 申　唐 强
沈 聪　焦 宁　冯琦峻　谢 辉　贺 睿　赵 亮　姜 彬　管一峰　费 华　万云峰　朱黎萍　王 骏
胡海璐　赵元元　陈珏斓　仇懿倩　梁 萍　蔡磊磊　汪 慧　刘 莺　凌晨欢　龚雪娟　许笑蓉　胡洁琼
王漪蓉　张慧芝　李 静　王 燕　高 弘　邵秀红　谢 芬　陈庆昌　陆 燕　王 霞　石紫虹　孙凌燕
汪舒婷　潘 亮　朱海松　何一鸣　付 海　夏亦周　刘 亮　谢维君　王 骎　周 毅　董耀宗　倪 俊
张 斌　倪 锋　杨煜春　朱伟峰　王臻怡　励晓华　潘静娴　陈燕芬　杨 静　马 丽　高晓萍　凌 飞
杨雯云　孙海英　陆晓清　张 菁　顾蓓蓓　马玉婷　徐 婷　叶 陶　陈燕萍　周 敏　朱 频　吴晓磊
石慧琼　张 怡　姚陆平　祝 捷　姚 巍　黄 凯　陈逸清　胡晓雷　吴爱滨　陈 亮　马十驾　李晨光
陈 晓　朱 力　王 亮　周宏亮　杨晓春

计算机信息管理（学历文凭考）
胡 音　沈旭霞　朱桂兰　范 玉　唐 荣　倪 晔　杨 任　曹 伟　曹 涛　顾申琳　徐文俊　杨 俊
周晔君　吴春辉　徐倍强　边震岷　孙 权　邓志华　陈 晔　王嘉宏　徐明笋

机电一体化
夏纯洁　刘 珊　黄蓉岳　徐 潇　闵 娅　杨 萍　陆 伟　王 良　严昌健　杨恋东　董 梁　沈春辉
沈 衡　陈 浩　宣正飞　顾健君　李 骏　冯 斌　严 伟　傅 承

房屋建筑
闵金花　毛海燕　苏 婷　莫一婷　张 珍　王佳芳　陈 琦　顾丽娜　沈 洁　黄凌鸿　陈 峰　丁韫华
唐海卿　盛伟俊　周兴龙　韩 鹏　陆云海　杨 青　祁 彧

装潢艺术设计
高煜秀　胡 玲　叶 绿　朱月婴　张伊丽　李 薇　秦 静　乔晓青　吕志艳　张夏燕　张婷婷　蒋莉莉
陆黎杰　匡丽萍　沈憨劼　沈 浩　何 江　卫 峰　缪 诚　孙 继　严 恺　叶 伟　庄子稷　沈 柯
钱海斌　潘娇琦　朱 炜　胡 炜　陈斯炜　张 畅　庄 丽　何秀英　赵 莹　顾美德　顾婵萍　裘 洁
李静君　陆叶一　沈 晔　周兴娟　屠建群　宋玲莉　张晓林　吴颖颖　李 莉　唐 燕　李琳芳　马 涛
蔡鹿炜　王 刚　沈 瑞　朱彦培　盛 开　卫 勇　曹晓杰　徐 亮　张源浩　王 亮　杨 勇　蒯 杉
孙一艳　沈莹瑾　徐 娟　戴娜佳　沈亚妮　和翼飞　吴海瑛　褚文佳　胡 念　曹一秋　席嘉璐　马莉莉
秦 黎　魏 洁　吴冬卫　倪晓峰　赵耀晨　张颖频　沈 霄　王 珏　刘小多　潘 宁　李 田　李 军
王 卿　朱哲瑜　袁 凯　张 弛　张 帆

影视表演
罗璐宁　周 蕾　袁 燕　李婷婷　孙 洁　徐潇惜　周 敏　孙 玥　郑 晨　陈 曦　戴妍珺　施晓卿
丁蓉蓉　陆 蕾　王 歆　章怡梦　严 婧　王 政　金 佳　魏 巍　毛 剑　顾 赟　王 磊　骆 琦
陈屹赟　蔡文郁　万文君　武薇莎

物业管理
杨 华　时 萍　董婷婷　陆 瑾　庄晓虹　周 薇　张 睿　朱晓蕾　沈 洁　刘杜叶　杨杰州　马丽萍
孙 莉　张 萍　王胜余　黄 佳　朱莉莉　陈云红　朱云海　陈晓华　杜士辉　胡一鸣　周 睿　顾 青

陈　谦　陆华伟　王　齐　褚卫群

法律

陈　佳　金　雯　黄兰英　黄怡梦　王　杰　夏秋凤　丁逸文　秦　燕　薛丽花　周　韵　唐丽娜　李中蓓
叶　苏　曹　红　邱　健　张艺华　徐海铭　孙静言　朱静茹　李　璐　孙　佳　邓莉莎　徐慧佼　柏琦文
袁丹花　陈　曦　叶　磊　管佩洁　陈　力　顾酉伦　徐　凌　李　钢　肖胤胄　潘华平　唐　源　茅　辉
孙纪林　洪　悦　吴　佳　胡鸿杰　吕晨海　刘　巍　陈晓春　翟晋闻　宋　萌　姚　珺　黄洁琼　季　婷
朱　妍　陈　瑜　汪汝钰　宗晓洁　陈秀芬　刘丽娜　赵原原　殷　萍　张　静　陆玲芳　沈丽敏　李　冰
姚婷婷　佟　倩　吴　云　朱玲玲　姜静芬　王珮珺　陈　贤　蒋冬梅　张　婕　滕维蓉　黄伟燕　罗　婷
吴玲玲　陆慧丽　黄　莹　苏　旻　钱晓娟　朱利萍　沈　燕　赵　君　庄　华　夏　登　俞　洁　汪　耀
秦晓波　胡　臻　鲍振宇　陆文庠　杨伊莎　张　峻　汤　飞　马　骏

会计

高　静　寿弘懿　王　楠　仲　吟　方　楠　翁　琦　李申扬　张旭照　肖　斐　王　佼　吕敏娟　张靖敏
时　媛　马叶凤　黄巧英　丁蓓蕾　沈轶华　蔡畅昶　苏　静　刘世丹　王薇宁　胡　洁　窦有文　孙　榕
周　彦　丁　琳　林　颖　丁　燕　蒋　丽　冯　菲　张珍媚　张　雯　赵敏华　严菲菲　彭　靖　陈敏珠
陈培露　徐品超　钱豪杰　王怡然　李　沁　刘婕敏

2003 届

国际贸易

蒋莹	冯郁	戴冕	冯蕾	蒋曼华	卓慧静	赵燏	干丽琴	张静	傅皓渊	项晓萍	黄薇
顾筱薇	张晓玲	徐素彦	张嘉蔚	顾玉婷	何晓墨	陈筱卿	张子夜	陆妍	袁维栋	钱蓉蓉	施慧
钱蓓	瞿璐赟	沈璐萍	翁凝之	包昱	徐志春	徐智敏	朱红军	赵俊弌	苏敏晶	陈幸安	马仲亮
虞鸣非	高思良	施斌	孙乾	黄伟	孟晶	陈盛	尤晓杰	成剑勇	刘佳	张弘	李蓓赟
张蕾	李瑶芸	陈怡慧	徐伊蔚	张燕	沈硕文	张晓红	陆秋华	马菡洁	张颖瑛	金艳	田彦
仇怡琳	陈暑	徐小凤	潘燕	高云玉	倪轶	严英	庄盈	艾申	戴婵娟	杨莹	夏凉雨
徐鹏	宋斌	蔡梦嘉	华新	范陈辉	季蔡军	戚凤雄	吴智华	杨国骏	凌海	刘欣	李晓强
虞泰尉	宣峰	左峰	施飞	范黎萍	朱辉	戴莉晔	陈晓晔	秦志弘	甘露	冯旻	汤静
戎臻佳	项慧琼	陈洁	陆欢	顾颖	赵一	杨静	王海燕	王芸	李之敏	刘婷婷	周琴
黄颖	王莲英	蔡凌丽	周燕芹	黄怡雯	张敏	潘晓清	焦莲花	陈星意	郭海玲	张玉瑛	赖纹雯
胡俊	林雄健	蒋威	黄磊	杜俊	陆俊	刘俊	庄明华	宋菲	余歆琦	周轶群	曹奕
肖玮	袁佩刚	窦彦	陈亮	万丽丽	张洁	朱莹	肖君	盛颖敏	陈台姬	石春美	陈烨
姚佳雯	孙以聿	马莉莉	盛妹	乐雯	孙英华	徐力未	陈雯雯	冷沂	杨莹	孙佳奕	王蓓
顾勤琴	虞正	谈燕华	黄倩娴	钱雯	顾静洁	单燕	杨晓晴	徐黎黎	陶一	薛怡琼	龚文荣
胡慧	邵明	瞿峰	王肖琳	黄威	丁鼎	陆豪	曹李立	高兴	施洋	尤晓俊	陆晓峰
寿俊玮	李海栋										

报关与国际货运

陈立浩	刘惠	张陆瑛	俞音	张斯奕	程惠婷	王琦慧	石培春	蔡阳	汪晶晶	张燕	方晓云
奚雯婧	王丽娜	倪苏	沈谧	沈爱丽	周小珍	闵春花	顾健	黄维	朱虹	朱英	王文华
徐婕	王洁	吴婷婷	倪晓敏	周赟	王为雅	陈培	刘媛媛	包士元	李冬春	陆铭勇	高桦
张晓峰	曹敏毅	卢昀	王瑜	吴璟哲	陈华	黄达珺	乔惠卿	于继	胡鸣春	杨勇	顾佶
谭蓉	黄炜	高蓉	琴妍	徐敏芝	蒋燕	施雯	沈燕倩	周世英	刘伟佳	龚丹丹	王顺媛
葛楠	郑川	毛颖蕾	陆琴	陈敏	腾萌娟	陈斌	龚赟	梅晶	刘欢	何燕	丁赟
沈菲菲	窦亚男	王勤	印丽莉	刘丽梅	张艳	宋靖波	马佳琪	张逸	梅一波	刘杰	方杰
陈剡	庄铧	黄晓炎	张毅君	姚隽	陈斌	丁冬	毛翼	李滨斌	巢文晶	阏振宇	郭成栋
庄一鸣	辛佳诞	王玮瑜	王壬一	鲁娴婷	陆莺莺	金莉莉	倪婧	叶玲志	顾叶敏	唐韵	曹虹
杨晓颖	李晔	张婷婷	沈佳婧	冯戌华	姚丹	耿晓燕	曹静	钱春芳	花卉	马琼	史淳洁
周樱	奚祝娟	王敏琴	汤晓燕	洪玉琼	柯晓艳	陈莹	纪颖欣	石婧	宋书文	吴云超	李佳明
张若其	陈晨	蔡俊	丁宁	王志顺	陆燕	陆莹	漏晓岚	张磊	金怡桦	施烨烨	赵娴
陈董琦	张莉萍	高洁莹	许娅萍	周雯倩	王恋亲	邹静	朱芸	陈敏莉	樊晶磊	余秋窈	郑岚
徐晔	黄云裳	童梅蓉	朱慧慧	姚晓英	施慧丽	戴凤琴	朱理文	郁丽婷	周维莹	刘一鸣	陆忠
陈凌勇	孙东明	杨国华	沈文林	顾超	顾清毅	陈磊	叶晓伟	徐赟	李嘉麒	叶樑	卢身政
孙彦君	顾春宇	季苏锋	薛韬	陈莉	王竹蓉	吴逸婷	蒋晓红	沈铁	应洁	朱雯倩	李殷洁
叶红	谈雯馨	杨燕妮	苏骊骏	周坚	徐铮	张恺	徐立莎	钱静静	冯煜	黄扶桑	陈芳

盛莹	朱乃昕	吴燕	潘萍萍	陈蓓莉	叶卉	劳雅婷	顾燕雯	倪华健	宋家磊	朱健	姚俞
张骏逸	汪嘉瑜	刘宇峰	朱荣	冯青	沈渊	王稼琪	葛屹东	焦斌	颜宙	夏君	张译
马嬿嬿	程方										

会计

李倩	许洁雯	蒋毓莹	蔡嘉莉	沈慧	陶婧倩	叶红	吴珺	孙怡华	徐洁	虞舒娜	娄佳
沈蓓蕾	吴兰	陆美	钱晶晶	王名礼	陆晨纯	王迅敏	黄仁莹	管海萍	邱珮艳	季倩琼	张书平
陈洁	徐世音	徐毓蓓	姚霞华	朱静	褚愔雯	王蕾	赵颖	刘丹丹	管怿莹	周晓蕾	朱美丽
俞辰婳	朱岸	钱晓青	黄静	施冬梅	邓娴	林佳	蔡鑫	郝峥	郭宇豪	项晨杰	贺捷
李明浩	戴斐	夏轶旻	於昊俊	杨维晨	黄磊	蔡志青	陈佳露				

商务英语

俞丽华	姚烨	黄凤颖	夏敏	石怡	徐雪飞	刘丽娜	李茸溢	朱晓燕	钱惠青	黄丽娟	黄伟
戴晓虹	杨静娴	王琴	秦贞	励黎	薛欢	张丽娜	邬宇文	戎文博	周琛	施婷婷	沈薇薇
杨晔	马雪薇	管俊莺	赵雪丽	冯菁	刘华	严克萍	孙孝玲	汪怡	邹立群	严娜	尹歆璐
江晓峰	凤强	茅佳荣	张育伟	徐杰	陆凌	黄洵	陈凯	许海峰	徐晓明	李俐	杨政一
陈颖	远帆	陶佳瑛	张小霞	杨玮	朱奕	俞品芳	庄燕婷	龚彩凤	李园园	帅恩德	王珺
徐洁慧	褚芸	朱婷婷	胡左玮	范毅菁	倪晓晔	许忆铭	吴佳毅	徐妮	颜敏	戴晓蕾	练愫莺
吴佳弘	马晓怡	崔晓琦	苏小鸥	任晓芳	唐书文	刘琼	吴向雯	李胤	黄燕	朱振华	施峰云
杨玉峰	张巍巍	周翊	施亮	居振华	袁满	姜薇	顾敏丽	顾丽莉	王惠芳	顾敏慧	朱亦欢
顾瑜	卫乐怡	陈佩静	盛昀	顾丹妮	刘燕	黄敏	夏长秀	朱瑛	张岚	姜玲玲	陈顺
陈潇婷	沙金	黄佳烨	林正权	曹怡	钱薇	马雅雯	钟频	陆晓贤	徐美君	陶萍	潘静
姚佳音	李君	马晔	张婷	王熠琳	赵静秋	葛蓓	秦珏莉	朱雪华	郑萍	龚欢欢	黄凯明
戴学磊	周巍	马勇	张虞	沈远	钱晶卉	王健	陈天韵	李菁	裔婷婷	刘琼	袁颖
胡捷琴	郑苑	魏春媛	金怡	郑亮	吴亦	朱蟾秋	沈鸿	朱丹晔	张静群	朱莹	廖晶
杨琨	朱佳	顾莉萍	沈美珠	李洁	何琼	张洁莹	徐晓红	李舒文	陈晓莹	马静娴	叶诗好
高璇	沈慧	李燕敏	孙蓓蓓	赵毅刚	胡剑彧	高吉	高志浩	蔡俊	高晔	张明	郑印
程炜	徐洁	谢晶									

法律

周冰	高菲	沈苗	张辉	魏依滨	李卿	施艳妍	丁灵敏	沈青	李莉	桂滨	杨柳
张延	钱昳丽	姜玲燕	陆婷	陆燕萍	邢静	张晓奕	陈琪	叶春燕	万君	杜萃平	王颖胤
丁铃	施海泉	陈国奇	王诚	徐远	张一鸣	张一波	柳宁浩	倪震	魏拾勇	许啸旻	戴婵青
王婵娟	陈漱一	金桂枝	陈雯瑾	朱映春	胡晓燕	赵佩瑛	钱莉	范本帼	林漪芳	张罗	徐璐佳
陈晓霞	陆晓华	朱雯	马骁	孙媛	郭玮	富骥任	廖春浩	祁少椿	何坚	胡春佳	罗春涛
曹欣	丁德峰	沈远	袁敏	万珣							

计算机应用技术

章建树	俞芳	金希	瞿洁	江梅花	冷汤玲	张睿	黄峰	卢宇	倪志峰	袁凯	周震国
王宇林	林洪炜	黄亚丁	薛晔飞	严文超	芮屹	张耀	唐伟	何毅	余常睿	秦超	周煌骏
张迪君	谈君秋	何旭敏	袁杭音	王维	沈悦兵	曹敏慎	郁达菲	盛栋	徐礼鸣	陈梁	赵斐骊
黄永亮	孙家华	孙瑜	方凯	郑莉	张迪思	赵悦丹	卫士	刘静漪	姚逾奇	盛明	金晓琴
张晓倩	王君轶	谭政	张伟	徐雁	沈东平	杨永涛	宋樑	田志伟	张百闻	曹彬彬	彭浩东
赵敏华	沈懿	盛潇君	金焱	倪晶	张蔡文	方仲鹤	余健	蔡晓昕	付建安	阮俊睿	诸慧
孙忠平	章荣毅	孙欢	奚建军	孙斌	黄磊	郁斌	孟曦	孙勇	王斌	黄元超	陆中一
颜祺斌											

计算机与信息管理

杨秋月	王婷	陆寒晔	陆蓉	郁雯	周佳慧	邹云	顾佩蓓	杜丽华	张桦	陈婷	邵靖娴
刘娱	许敏	金郁	李佳	汪清清	郑蓓雯	张燕	孙洁	夏炜	龚亮	赵斌	叶茂
孙仪德	邱渊	赵峰	吴建荣	范辉颋	冯佳宇	邵勇	孙伟捷	黄儒海	叶明琰	张黎	何李斌

陈　炼	顾春辉	凌　云	蒋志慧	陆　烨	张维佳	郭　杰	潘静涛	胡雪松	谢　黎	陈许凤	许丽丽
朱慧娜	张静维	张丽鹦	王礼华	周琦婵	李娴宁	龚　霞	夏晓妍	汪　璐	朱　琳	蔡丽萍	陶　颖
陈慧艳	李育容	王晓波	徐　雯	李珏雯	钱　麟	陆　晶	陈　宏	瞿晓亮	周　超	施　敏	张晓鸣
陈　驰	周　杰	张　玲	祝赟延	何　韬	郑　珏	毛静伟	李　巍	孙　恽	黄　华	陶　磊	金　杰
孙杲怡	徐开丰	姜　钰	甄　营	张雯涛	周鹏驹	刘　蔚	狄　蕾	虞燕萍	周爱丽	孙寰敏	沈　洁
丁　玥	赵绮蓉	陈　妍	袁思佳	郑　赟	沈　婕	庄　菁	奚芸婷	俞　萍	丁晓敏	狄文华	张睿炜
吴　迪	唐　贤	卢伟强	计　晨	戴颖杰	赵李君	沈润波	刘思宇	胡　超	吴　荣	倪晔斌	唐晓杰
刘晓诚	金　凯	周　恺	赵　晖	俞人杰	徐　亮	余　振	房　晨	朱君毅	殷　译	陈善中	茅晓鸣
陆　慧	吴爱滨	王娉莲	朱丽凤	卓祈恩	凌丽萍	虞　庆	陆静燕	陆　一	孙辉燕	顾晓喻	唐媛媛
钱军燕	张金怡	胡海英	黄晶晶	李　瑾	陆丽丽	钱　瑛	武文斌	宓　贞	孙婷婷	严秀君	高一鸣
李俊泓	寿飞飞	冯　伟	徐培德	张云峰	汪　洋	卓宗根	任俊琦	胡世荣	王　迅	蒋　俊	张元琦
任　云	郭瑞铭	傅　朕	张　巍	吴向裕	费　强	毛　曦	宋　涛	秦燕妮			

装潢艺术设计

朱俊杰	孟　莹	吴　佳	陈　赟	张君艳	印晓烨	秦晓蔷	周亚勤	夏晓婷	陈　艳	张　婷	吴晓瑾
周洁士	寿轶琼	林　岚	陈　燕	黄　蓓	汤丽敏	徐莉娅	王　乔	张　靓	臧晓燕	李　莎	吴晶晶
邱玮琼	刘泉海	陆永强	嵇　炜	刘慧珅	孙宏强	蒋鸿亮	李　彬	赖恒英	孙　睿	陈　林	俞佳妮
唐璆琰	马海媛	沈丽娜	宋　艳	夏曼琳	张　雯	姚　玮	蒋玉玲	钱曼莉	李贞琪	曹　鹭	印　瑛
羌　健	沈丹萍	张　瑜	郑　巍	周　方	王　慧	张永佳	张　瑞	杨秋霞	朱海波	朱　赟	叶　飞
周　轶	蔡泽洲	应人杰	姜　云	许嘉翀	王　吉	徐　勉	顾啸炯				

影视表演

| 邹　琳 | 马娴颖 | 崔俊琳 | 胡清颖 | 王　婕 | 王　腼 | 张　雯 | 奚　佳 | 吴　莹 | 俞　瑛 | 许　莉 | 倪　骅 |
| 唐　迪 | 王　翌 | 崔海祁 | 王振杰 | 夏凯峰 | 胡　晨 | 顾晓斌 | 陈　炅 | | | | |

2004 届

报关与国际货运

金 婕	查琳娜	王帏婷	刘 怿	周 颖	陆 敏	陈丽萍	孟燕琳	俞 晔	徐佳维	王艳兰	苏 婕
陈 娟	石闻雯	徐佩芬	明 敏	毕慧琦	边 翔	王晓丽	吴燕芳	柴一迪	刘孝佳	王丽萍	詹淑清
周音音	周 雯	陆晓倩	胡秀芸	周 乐	陈佳希	彭冰清	沈晓燕	张婷玉	黄 蔚	沈志强	姬园丁
萧 俊	洪 俊	任跃宏	朱 烨	蔡安国	顾一鸣	乐 骏	王维舟	王 丰	何嘉砚	陆 乐	杨顾盛
陈宇靖	周 笋	王诞晔	陈吉元	陆 杨	杜佳峰	刘 操	金 武	薛海嵊	范子君	张晓桓	包士元
童俪珺	魏艳珺	龚 捷	顾悦峰	王丹芬	徐 莉	柯伦娜	王颖菁	高金婧	金丽娜	袁晓珏	袁雯娜
王 怡	陈颖雯	浦欣彦	杨 颖	高 畅	周 怡	徐 琰	周敏莹	王娴静	屠 哲	李敏婕	李 丹
黄晓鸣	朱 峰	刘雅艳	卓艳燕	刘 丹	李益瑾	吴佳琳	汤兆哲	钱欣怡	许迎海	马军华	严宏翔
王晓刚	姜 淳	王屹玮	费芸荪	郑 超	王宗祯	胡华亮	杨天幼	常 沁	曹俊杰	赵正贞	华逸佳
陈宇堃	赵亚鸣	陈凌漱	戴翱峰	金晓春	虞 波	李 亮	陈一清	朱炜刚	胡晓骏	蔡 斌	孙兰庭
邹 斐	冯 琪	徐 斌	叶蔚绚	孙文黎	黄小燕	沈珏蓉	戈丽华	张 扬	李文倩	叶盈盈	周迎花
陆婷婷	金 谷	李吉纳	冯慰惠	谢琴清	王 冠	余越森	陈 结	杨 娟	蔡 怡	胡 淼	陈 旦
查晓雯	赵 璟	翁蓓奕	孙文君	黄乐臻	彭永博	罗 燕	唐凤凌	张 琼	冯正圆	赵志翔	张 健
姚怿懿	黄 恺	刘 超	王欢蓉	张 骞	王骞礼	周 旻	蔡华敏	李颖佳	陈 健	徐 光	黄震宇
高仕民	谢鸿云	刘震宙	熊 烈	蒋 栩	朱煜祥	余 峰	张佳辰	贺宪锋	朱 鸣	吴豪亮	汪显智
倪介圭	夏丽丽	沈彦琳	成 芸	曹晓燕	董 璟	王晨赟	徐森艳	傅 琳	乐志花	孙佳屏	陈 珏
王丽佳	何 艳	杨玲玲	李 璇	田 娟	张文妮	吴昱烨	宋建莺	徐一玲	蒋玉婷	周 璐	黄 瑾
李 珏	张佳维	陈 婷	包莉莉	钱晏晗	朱永春	肖 晨	皋德利	赵 亮	陈 荣	伍林琪	孙伟斌
彭一也	钱嘉旻	陈佳颖	施 勇	朱正一	蔡忠华	朱晓磊	原 霖	张之皓	刘一峰	颜平嵘	张 磊
徐新杰	杜生强	陶晓东	俞 镭	陆佳琪	陈刚君	吴振庆	黄 强	杨 铭	祁余清	王 瑜	杨晓雯
盛家玺	韦 佳	于亦艺	郑丽华	叶李凌	周 晔	李晓晶	胡晶晶	蔡 琪	王丽霞	吴 玲	陈文艳
江祖芳	倪晓倩	瞿伟惠	陈霞勋	查敏华	茅丰蓓	胡晓昳	孙蓉涯	戴家瑶	施幸健	徐 珺	戴 惟
申 洲	朱 怡	周蕴钰	傅 薇	郑苗芳	赵 青	宓晓璐	刘曹波	丁雯娟	李 蒙	钱 佶	顾凯东
韩 捷	李 宁	於松泉	刘唯歆	虞凌耀	张凯文	冯庭华	张烨丞	王 卿	范叶飞	曹 杨	宋 昊
朱 烨	陈道吉	潘晓俊	孙 忆	谷 隽	毛宇刚	肖舜清	丁安强	翟 笛	武 翔	孙凯元	吴佳怡
侯欣渊	郑 姗	曹佩俊	乔 祺	何静燕	徐 佳	陆佳译	孙漪文	洪 燕	褚忠妹	陶 晔	刘 晔
张 莹	徐晓燕	张奕婷	慎克菲	陈 颖	徐 洁	张斌明	王 婷	吴 芳	茅亦凤	周 妍	王 菲
薛文珏	沈燕华	陈慧宏	蒋丽秀	王中玮	张 琪	沈陆益	胡 婷	任 颖	彭 程	李 莉	华 立
应 炜	钟靖宇	王玉麟	俞佳敏	蒋荣耀	陈明华	宋 晓	王剑欣	顾成达	沈 晔	严 明	付 强
江乐康	何金琳	刘弘毅	牛文卿	顾嘉卿	俞凯译	刘子浩	童 威	朱 菲	刘 琪		

律师事务

李 季	鲍 祎	张 琦	陈 懿	吴贞叶	陈秋妹	奚 祯	彭 斐	沈英华	王 玲	宋青青	胡雯彬
邹雯怡	沈晓燕	姜 燕	孙 懿	徐金花	严小玲	潘文漪	赵 娜	张晓颖	顾吉琼	龚悦雯	谭佳菁
祝旭君	沈微兰	黄蓓蒂	徐超娟	胡李君	秦 莉	郑晓莉	胡璁旖	薛笑微	谢玉瑾	王 瑛	丁 晶

时燕萍　徐珺珏　左　艺　梁　波　丁　丁　王　佳　祝延杰　申　权　赵天白　王智豪　金　鑫　邓　晟
沈晓琪　周　游　周　镭　仇愈乐　盛闻天　管　弦　李祯琦　丁　雷　郭　洪　贺贤荃　李　军　孙　烨
李中杰　丁　佳

国际商务

李　蓓　钱　妍　吴慧琼　高　欢　李　雯　徐　莹　朱　燕　陆雅俊　姜京京　陈静霞　万蔚晶　马　瑛
梁　艳　王　超　王　妮　朱　波　沈一菲　黄中玺　孙璐希　钱小可　何洁华　陈　燕　张晓雯　何晓菁
胡　婷　高蓁蓁　韩慧萍　庄　敏　沈　婕　宓刘佳　王卓为　顾海鸥　姚嘉彦　朱文川　倪焱华　张佳逢
张　敏　周　斌　龚皓辉　蔡　辉　袁麟华　俞杨敏　张若愚　江　海　王　懿　夏匡时　顾　清　李雪松
张　闽　陆　军　应佳捷　周步君　姚茜莉　薛念慈　曹　媛　赵文娟　陆佳妮　陈伟玲　张　艳　吴峰峰
朱梦佳　金赟轶　陈　莲　董懿云　司惠子　张才莲　蔡秀萍　金　燕　朱逸敏　李喜凤　王　懿　樊　婷
华　怡　徐　珊　马蓓荔　武文艳　宋　燕　石　进　朱钦云　张　颢　汪　杨　徐晨新　陈　诚　张浩波
尚　博　尤云涛　罗鼎盛　张承恩　林志闻　徐　佶　俞谦乐　陈国华　张　丹　黄　健　陈臻俊　陆　轶
黄佳华　汪嘉敏　诸冬海　杨　晔　王钰钦　张　宇　黄　烨　李珊珊　曹琳彦　张　瑛　陆烨炜　董　艳
吴佳英　赵娟青　叶丹婷　胡　燕　孙　薇　谢　蕾　陈　岚　张雯懿　顾　频　王　玲　顾红青　赵　莹
杨玥敏　陈　奕　朱晓逸　杨潇梦　方玥霆　傅　炜　唐骏如　陈莎莎　周　健　庄晓华　房雯倩　陈　佳
朱　铭　曾智凌　殷　鹏　毛　君　贺敏杰　承志杰　杨　欢　张晶晶　周　钢　岑　奋　徐中元　吕庆昱
乔　波　任　斌　黄晓曦　胡　渝　陈晓彬　潘　磊　杨　喆　封以吉　董伟君　顾　柳　张　婷　陆晓君
屠颖频　孙　燕　陆　慧　周立惠　王伟萍　周剑英　范文艳　胡　娜　陆丽华　陈哲闻　唐　琼　毛蓓莉
黄　萌　龚月仙　吴婧婧　袁海宁　顾云瑾　祝嘉敏　施晓颖　梁蓓蕾　崔瑾瑜　徐雪敏　丁俞国　徐　唯
蔡　羽　沈一冰　徐伟琦　李伟梁　缪一之　虞晨力　秦　俊　张维光　张俊杰　卢　苇　陆正晖　何振华
杨建伟　金镠镠　刘　栋　陈海平　张　杰

环境艺术设计

徐燕婷　王琛佳　陆　离　秦艳华　李晓莺　吉郁莉　朱颖静　沈　萍　徐　瑛　须佳凤　路世骞　夏　骏
周　麟　陈剑刚　陈晓磊　孙　杰　储嘉越　郭　磊　胡忠林　曹　勇　李　俊　盛　春　成　稼　卞一清
王　琼　沈贞婷　陈一琪　蔡亦宁　缪丽珏　刘赟卿　秦　瑜　林丽敏　丁竹巍　火冬华　黄　海　庄圣毅
任璋捷　杨晓明　戎乙凡　姜大威　顾安琦

会计

蒋　颖　顾许柠　俞　昕　方　伟　陈　雯　邱煜芳　孙菡珠　柯雪晶　金婷婷　钱　珊　周晓珺　陈蓓琳
龚黎俐　何　琳　朱　莹　戴兴凤　孙　艳　张雯婧　徐　悦　顾思佳　施文璐　胡晓梅　尉　洁　秦丽华
夏　倩　王燕平　王　珏　鲍慧琼　曹晴晴　汤宇婕　蔡秋菊　孙　琪　穆　佳　许　旭　朱侃奇　凌继荣
庄均乐　黄　磊　郑　巍　邵　翔　丁　华　周　丽　周琦璘　杨琦琰　张　瑛　周丽华　朱源琳　徐蓓蕾
郑蜜佳　徐洁华　毛羽佳　马颖琪　李斐璐　吴晓燕　朱瑜丽　张　琳　朱昀琳　袁　元　沈　岚　胡　珏
钱琳慧　张依娜　王旭敏　曹　萍　王　岚　方　方　柴旭琴　盛芝痕　王佳莹　欧阳兰君　严　宁　潘敏婷
李　媛　陈　晔　杭　伟　陶　云　沈　晔　李正毅

机电一体化

王　莉　夏　天　卢建勇　张建荣　宋伟俊　陆文超　汤永桃　冯　健　韩　亮　李英雄　薛程飞　顾智韬
杨青汕　陈莉勇　吴　峻　俞文磊　潘剑峰　王　桦　朱慧杰　贾哲青　彭倬筠　李佳平　曹　波　桑　烨
章文杰　陶　波　陆黎敏

计算机技术及应用

吴小敏　谢　芳　陆　瑶　杨鸣飞　陆　佳　李　骏　翁　杰　叶　琛　张昕睿　吴晓祺　张　泉　朱　军
胡晨昊　许睿豪　陈奋楠　徐瑞睿　胡　彬　陈已丰　冯佳科　龚　磊　金　洁　潘耀祖　徐　旻　周智勇
梁家烨　孙云川　沈佳唯　王学铭　赵　亮　赵　剑　黄　震　朱光明　包自强　吴剑峰　戴相伦　汤　斌
忻文杰　徐朱平　王　赟　潘文甦　金　亮　陈文耀　张海燕　王文彦　陶　佩　潘栋良　吴晓冬　杨　俊
董　俊　陆国清　陈　峰　黄　诚　王　景　唐健江　王　赟　张　波　龚　骏　周　越　徐　宁　傅晓煜
惠　伟　宋　昕　张涛云　黄晓峰　洪天祥　罗　楠　吕轶辉　费　凡　钱　尉　沈　浩　羊　顿　濮　珠
胡　俊　熊子亮　孔振华　陆振华　洪　洁　吴　骏　徐晨俊　曾俊杰　朱　明　李　杨　阮　超　王　睿

沈隽榭　朱春刚　杨永涛　倪　晶　宋文婷

计算机信息与管理（网络）

竺振慧　朱婧娟　张　郁　顾凌凌　唐　琳　徐圣爱　顾玉玲　曹伟萍　杨燕燕　赵　莉　徐佳盈　高晓萍
沈爱花　罗　苏　沈　萍　李　晨　杨国华　徐丽卿　陈维恩　倪炯俊　曹　韬　唐　明　汪斐煜　周　赟
陈　健　冯　航　陈　坤　傅嘉卿　万佳伟　余　健　施乐亦　吴　楠　朱晓玮　王明俊　陆　凯　罗　旋
王玉琦　沈世勇　袁　峰　肖　飞　唐　弦　蔡国梁　张　宇　陆　益　周　炜　张衡远　顾　磊　杨　林
胥圣涛　孙　磊　丁耀祖　吴伟怡　罗佳樑　刘　俊　孙仪德　沈　沂　李　宁　张　一　匡　玲　郁盈盈
顾劲南　蔡小燕　周　燕　季月菊　孙微笑　凌　烨　贺加妮　周晓莉　沈玉飞　陈　童　张希翊　周佳捷
张承贤　曹　玺　顾　欣　葛剑平　方忠晔　蔡　靓　李正伟　张伟博　彭　波　胡　觅　林　珏　胡俊奇
薛　俊　陆　开　傅麟佶　顾鹏程　夏斌贤　俞海发　王志栋　金　鑫　毛　俊　洪　微　宋恩辉　顾文杰
吴晓闻　程超杰　姚凯明　秦君实　叶树葳　李伟嘉　胡　超　周　洁　贺晓奕　周春晓　朱璘珺　吴储娜
徐似彤　吴　骏　杨　杰　徐宇峰　杨　捷　姚志豪　高　达　陈　栋　乔俊君　朱其琛　左其康　钟　良
吴　俊　徐日勇　沈立宇　陈勇刚　刘　仁　朱　锋　陈大海　陈　路　孙安琪　杨元澄　薛明宝　吴春伟
吴青瑞　孙　军　陈宏伟　孙　丹　张　杰　梅　靓　毛　启　华　忠　吴明时

商务英语

陆佳琰　宋殿凤　王蓉敏　谭　瑛　翁佳露　张佳芸　李　虹　钱玲玉　谢炜泓　刘文婧　阮　元　黄肖培
张　莺　顾　雁　翁丽华　邵　蕾　沈艳慧　陈莉莉　沈贝娜　翁喜红　汪　倩　唐晓燕　洪　亮　杜洁慧
张　婷　王雪磊　吴晓沪　袁　欣　王盛慧　徐　虹　唐怡静　汤清清　许　欣　居　莉　徐　培　俞　婷
曹　莹　郑　瑜　陈昊来　冯　樑　陆　杨　李晓波　管康博　孔德卿　张笑瑜　舒令刚　奚嘉克　王宝珍
邓怡秋　杨　菁　蔡　慧　张　怡　李　莹　严文静　朱雯婷　丁曼拎　宁晓红　徐　龄　周皓勤　樊晓莺
郑　文　李　佳　徐雯佳　吴凌凡　梁　怡　赵宏霞　沈斯维　孙宵英　曹　悦　周王林　邵　晶　陆　嫺
李　亥　金　立　黄佳晶　徐　莹　郭玲燕　秦　烨　陈　燕　杨　莹　杨　焱　顾瑞瑞　王　燚　撒一鸣
吴肖琛　刘　炎　高　亮　张　权　孙　喆　马静娴　施汪旗　陈　琪　王琦君　宗　赟　刘　婷　杨　莹
吴　萍　包善芬　李　芳　凌小畏　李　蓉　曹　夏　蒋雯漪　周梅迎　姜勤芳　陈　瑶　樊　婷　王佳怡
沈茵珏　杨　珣　胡文君　陈吉妍　成佳妮　张雯赟　宓丹艺　季怡璐　孙紫千　朱蓓蓓　李　黎　王莉洁
芮佩英　徐莉莉　刘志健　殷　敏　何家琪　马行始　徐　斌　陈　楹　刘家晔　胡　杰　张　屹　林　艳

物业管理

沈思佳　张谊琼　赵　莉　朱佳音　朱春美　颜慧玉　严　婉　陈泊静　王　玥　王玲玲　陆凤燕　施　琦
山岚岚　刘　娱　陈　珏　吴彩丽　秦　妍　陈方珺　冯　珺　朱宇峰　蔡仲耀　施　岷　戴文祺　唐军磊
付连佳　吴亦飞　顾赟彬　谢伟卿　伍佳俊　邹小鑫　蔡一帆　顾林海

新闻与大众传播

张　怡　倪丹嫣　卢晓煜　顾　艳　朱静雯　胡芸琦　汤　璇　黄奕彬　商　婷　孙　蓉　刘承怡　杨　莹
李云珠　郭　雯　仇裕琴　程丽娟　张　蓉　冷雯霞　吴芳芳　茅明舫　陶婷钰　孙　隽　钱云谧　曹　凤
唐承恩　程　峰　徐凌钦　朱钜林　杨凌峰　高　远　刘　侃

影视表演艺术

吴素瑾　孙　娅　吴　滢　陈山山　翁丽萍　陈　佳　李颐华　黄　焰　孙　倩　张　潇　高莉萍　庄　静
马婧婧　吴　敏　虞诚雯　罗静文　朱佳杰　陈立佳　忻莉莉　胡丹凤　吴　萍　顾　磊　程　刚　缪珏琛
李正翔　刘　俊　王　珏　廉海强　张　静

装潢艺术设计

支旭英　蔡艳媛　郑　敏　马乐乐　朱　洁　平碧华　马文俊　贝　丽　沈慧敏　俞中文　沈祎鹏　马莉莉
顾玉琳　冯　佳　钱　锜　蒋　霄　钱　鸣　朱祎铧　徐晶晶　洪　凯　马伟峰　贺　钧　谢安东　姚一峰
吴建凤　汪　菡　范黎敏　徐　蓉　朱　燕　程　洁　沈爱丽　王萧菁　王　玥　姚　娜　龚莉娃　王靓靓
徐　君　沈纯磊　金　晖　朱志鹏　周幸夷　曹　阳　沈晓中　葛绪华　沈玉庭　赵　祎　张　欢　龚玲健
林　敏　胡雯洁　侯燕萍　田瑛莹　王森森　朱莉华　张　妍　吴　洁　杨　瑛　张善敏　王　萍　王　沁
鲁　昀　唐　君　许　欣　瞿航华　宋佑乐　秦　超　钱　罕　张杰瑾

2005 届

国际贸易

王岱桦	赵淑萍	施迎昀	陈芳	李黎	钟晓黎	丁琦	侯清萍	钱燕慧	徐春芳	钱瑶	王琦
陈燕婷	许晓雪	吴雅华	盛蓓珠	余蓓晴	辛丽琪	吴玲莉	钮书意	奚文婧	吴斯佳	金慧	陆萍
屠哲瑜	朱颖	宋明	严玮赟	宋剑	陆敏杰	张晓天	陆黎	陈超	步祺隽	张健	赵琦
马振腾	严正心	庞雪峰	沈琦	郑斌	石磊	范定吉	缪玮	许震宇	刘杰	赵良	姜维
钱晓春	周喆成	黄坚	高颖	周月华	曾彬彬	倪晨萍	朱婧艳	王雯莉	陆祺	王莉娟	张晖
张文娟	褚华君	徐旻怡	曾艳萍	吴茜	徐秀文	陈玲	杨燕飞	宋丽红	周淑瑛	肖芳	沈胤
郁红霞	秦秋凤	施敏霞	张燕	王伟	邵园芸	陈琪	黄俊娥	顾佳琦	樊应瑛	高慧	李鹏
郭旻灏	马冈涛	李正仁	赵建亮	倪迪	胡晓渊	许菁	李淞	濮俊卿	王川	周琦	王溢豪
陈东歆	黄佳昊	孟煜明	孙焕庭	陆平	郑俊振	张嘉骅	刘闻佳	周轶斌	潘晓强	沈磊	沈暹明

会计

陆泱	黄皎	俞舜	陆敏伟	凌梁	费晓凤	姚莲莉	朱瑛	陈敏	吴倩	王艳芬	任薇薇
江筱俊	李群	许卫丽	周蓓	魏晨	朱瑞华	马朕	吴艳	徐晶	徐冰	范尹华	沈夏娟
郁佳丽	刘琪	王赟	胡美丽	史佩莹	孙洁	金诗瑾	顾明芳	刘赵娜	张歆	高文萍	黄仁君
沈菲	李全	吴俊	倪洲昱	杜超	王轶	赵灵骏	崔旭宇	汪俊	卢宁	刘俊玮	冯强
张俊杰	金花	刘悦	周震芸	顾伟伟	沈晓敏	李晓芸	袁媛	傅磊	周慧	郑敏	屠希红
何雪飞	陈黎	徐玲	仇彦涵	唐玲娜	诸燕	陈洁怡	黄红	王燕	李倩	毛雪瑾	李嘉贤
李晓雯	马婵静	蔡全	夏燕	吴文琦	黄雯佳	王妍	许芬	陈蕾	郑嘉杰	陈旭初	周福明
胡振兴	陈尧斌	龚志赟	顾冬明	潘郁伟	沈绿村	海臻华	陶勇	盛昊	冯君	董梁才	

报关与国际货运

汤丽娜	冯丽珍	张玮	尤琦	张云亮	盛沛瑶	田君	黄欣	俞华	李晨晓	谢慧	徐颖
陈菲菲	何臻	王蒙艳	黄玲玲	赵秋艳	徐静	沈敏	吉燕萍	马雯婧	鲁珺	李旭莺	钱逸靖
季晨	许韫	金勤奋	金玉丽	王花	金玉娟	蒋婧晶	李鹰	陈健璐	陆冠雄	马鑫宇	蔡正豪
吴晓辉	严琛	吴骏璐	董宁	孙彬	谈文杰	谢亮	杜晓晨	还玺	王晶	姚凯	张叶
吴歆璟	王雅靓	方莉	肖岚	沈岚	陶翌琳	陆音	陆允婷	黄彦婷	胡佩红	洪波静	詹静
杨惠	刘晓熠	佘开迪	曹单熠	沈韦华	姜翌雯	倪捷	张晓媛	陆嫣俐	叶顺君	蒋亦为	王丽红
李娜	陈琳芳	冯瑞芝	马丹	周煜婷	管晓婷	方毅	姚祺	杨继荣	张栋杰	朱尤佳	钟辉
王翔	周佳成	刘琛	殷文灏	周双海	季浩	朱釜	丁吉	祝峰	王成祺	沈顺垚	朱亮亮
何晔晔	张盈宾	何佳诚	丁靓	卫思思	沈颖	蔡蓓芬	朱黎黎	陆鹿	孙婷	王慧萍	黄瑜琦
李磊	鲁盈盈	边卉	张集颖	赵娉婷	凌燕	鲁佳莹	王芳	杨华	李凌	沈晓	施燕萍
孙瑛	吴育	顾吉	沈欣	章艳	宋晓敏	丁碧波	黄雯菲	乔亮	孙晶琼	管春良	葛平
杨一鸣	张世进	贺元昕	朱忠	奚梁	徐俊	袁嘉铭	姜奇	薛晶	高俊杰	侯晶琨	朱晔
蔡博文	樊文君	蒋建华	顾问	陈旭	焦媚	张丽韵	乌瑾芳	张晓梅	金佳	金元华	常雅婷
奚晓鑫	李卫	刘称忻	苏存娣	王琼	郑海霞	徐颖	俞勤波	沈圆	陶玮颖	万晓力	徐芝
顾盛凤	朱瑛	钱佳	吴灵芝	董琳	鲁晓虹	宋冬花	宋晓芳	张丽娟	王奕	李子章	赵冬磊

朱　亮　梅天思　徐慰卿　毕　炜　夏家杰　袁晓利　丁加俊　罗页鸣　朱丹峰　陈　亮　汪振杰　徐　忠
王祎斌　李　琛　邹文敬　冀陈斌　洪　骏　金容与　童自巍　俞　辉　王昉蕾　齐菊伟　王雯婷　陈　卉
蒋晓黎　刘丹妮　洪　宵　蒋华颖　徐晓铧　张　艳　苏　艳　王行思　储文嘉　雍佳琦　柏　静　劳才英
周　嫔　龚燕丽　黄蓓蕾　邱　倩　徐丽瑾　徐婵洁　张　易　李　佳　顾恺艳　计宇涛　丁晓俊　金晓俊
瞿　磊　林惠泉　徐　骏　朱　斌　陆　勇　刘　佳　姜凌俊　于　达　胡福祥　罗　亮　卞　斌　佘旭栋
吴佳庆　周　华　顾晓伟　姜晓菲　许　峰　陈峥轶　董　鹤　胡晓东　李　烨　王巍峰　王国荣　柏岚岚
刘　彬　赵金丽　程文颖　陆云霞　彭丹丹　庄丽敏　黄　婧　金　瑜　陆菲菲　徐　欢　孙　洁　陈斯婧
张　慧　王　健　杨亦薇　郑　燕　袁丽娜　边　颖　李露洁　汤优美　左育欣　葛　俊　佟　辰　彭　波
何预卿　许佳祺　董清平　俞盛耀　顾侍君　陈昊国　曹涵旻　潘　松　周　春　杨炯达　姚　欢

电子商务
许晓菁　金　晶　李　洁　王恺文　沈丽英　张沁怡　蔡　磊　沈丹维　陆翠翠　孙秋兰　葛琳玲　蒋　璐
张小燕　吴小娟　王　颂　薛　毅　卢　云　瞿妍妍　王　珍　王　青　雷　悦　徐　音　茅菊琼　王园卿
施晓红　左薇平　张　丽　施　仁　曹佳俊　韩晓杰　朱　军　徐　侃　沈雪峰　张　琪　孙　曦　丁　盈
李杰民　杨　勇　沈　晖　庄　琦　朱佳冬　张志浩　杨双成　朱敏俊　盛　焱　许旦平　孟　飞　陈　光
孙琛莹　陈　伟　钱秋月　傅燕慧　张倩莹　刘　彦　周　霁　周佳胤　顾晓慧　徐　雪　李　黎　王　琼
贝　贝　吴晓玲　屠玲玲　徐　华　钱月燕　范智伟　徐　伟　孙汤勇　顾燕荣　李　峰　顾佳骏　吴鸣雷
朱文秉　唐韵佳　王　巍　王器泓　滕韵恺　邓荣华　徐国华　邢宏斌　沈晓峰　杜轶杰　盛如兵　张天羽
孙　强　孙　通　江李军　朱陈钢　徐　侃　王　振　刘霆锋　陆　伟　沈晓飞

物流管理
彭雯婷　王佳敏　梁　俊　沈雪锋　王　启　张蔚洁　黄玉婷　邵晓雯　顾姣娥　高　仙　朱　凤　蔡怡隽
戴巍箐　向晓莉　俞　红　戚小丹　马莉娟　曹晓菁　蒋懿雯　曹佳丽　蒋婕妤　陆静玉　龚　钰　陈　娇
徐文渊　林芳华　张　鹰　吴　琼　陈藻庆　杨　菲　岳丛源　张麒麟　唐　杰　孙逸鑫　邢　剑　刘　震
周　炎　张　华　潘留晶　李佳维　徐韩斌　储沈平　须子攸　章尚葆　黄　超　杨　潇　周志凯　钟纯正
冯智恺　葛胜胜　李　阳　夏　鸣　李　响　孙奉彬　孔祥天　骆玥玮　马静凤　倪文慧　郑毓莹　陈　洁
朱雅瑾　张维维　金　玲　周　玥　邱　晋　曹　莉　花魏魏　周翌青　裴　辉　汤春霞　周　婷　卫伊丽
须琴君　杜雁华　马莉莉　陈　婷　吴晓怡　包颖靓　尹　赟　方艳琳　俞晓庆　沈晓靖　施晔凤　胡　驯
潘　强　郭　峰　单　学　费群威　车　鸣　虞小福　黄　杰　曹再鸣　徐思铭　徐　巍　康　晔　俞　震
雷文韬　肖天章　潘晓旭　张　琪　汪　洋　王　冰　陆俊峰　周恒哲　杨祎俊　孙　俊　夏佳鹰　徐　涛
陈尤超　胡　军　王俊杰　郑　辉　康丽华　叶冯霄　冯晓晶　尹　瑛　丁　丽　张雅敏　滕菲菲　钟　颖
高蓓文　贺雯琦　梁　颖　沈黎芸　汪　炳　徐菊芳　郝安琍　王少云　于　辉　周勤浩　邹立群　李　臻
姜海峰　孙其辉　夏前青　周长丰　徐　翔　李　明　沈　毅　金　昕　陈凌霄　崔　伟　张继范　周俊君
李　华　陆弘毅　王　波　王　洁　邢梦达　王燕庆　陆　由　朱　君　张希瑜　郜　翔　黄诚赟　陆一民
徐佳杰　徐一丰　李成飞　郑　斌　瞿　翔　吴　涛　方　正　陈芸莹　曹婉秋　姚　华　徐黎君　周慧琴
陈玫瑰　邓晓琼　魏　颖　王　方　周佳惠　陈　祎　夏慧萍　傅佳英　陆雯静　俞　虹　蔡　燕　叶佳妮
姚　艺　陈晓琴　陶桂兰　张鼎斐　高俊峰　贺佳祺　陆文勇　佟明智　杨　凯　唐杰飞　张伟峰　夏敏华
蔡　良　王荣海　朱凌铭　顾君军　汤　军　陈长林　陆　翔　仲志卿　陈思捷　吴筱康　张守振　曾春晖
丁辞冬　顾良军　章芝悦　张　彬　裴　毅　陈天健

计算机应用技术
费宇峰　马奕超　苗　晔　王祺鸣　朱付君　陆晓磊　王黎俊　洪一昊　傅维恩　戴群峰　朱春峰　刘晓亮
沈　伟　毛伟强　朱照君　康志洁　张海龙　缪　懿　周　立　海志翔　张　剑　金　川　刘晓岑　殷汗青
李　冰　殷仁杰　华　嘉　蒋　群　王仁杰　姜君杰　雷　帅　张启旻　蔡震宇　汤文青　谢丹华　徐　勤
宋悦冬　蒋彦锴　邱　捷　谢　飞　谈晓春　王如轶　丁志君　黄伟心　曹　杰　何嘉晟

计算机与信息管理
杨韩兰　夏世雷　吴　骁　于纬业　董晶晶　谢欢辉　濮夏峰　朱　敏　陈培莉　盛晓霞　朱　蓓　王　琦
赵娴琴　陈　妍　陈　川　王佳杰　顾　磊　何之泉　吴毅斌　肖　罡　吴晓俊　徐　浩　倪　勇　胡晓亮
陈建东　王晓琦　黄旭轮　王　顺

网络技术与信息处理
魏烽烽　孙燕华　沈　翠　陈　盛　林　亮　顾　珏　徐　进　金　力　夏佳毅　倪良君　丁周伟　齐　文
潘栋辉　王　平　陈双春　郑颖敏　庄　衍　王　鼎　包文军　顾伟亮　傅　涛　成　杰　陈鹏翔　陶　亮
朱志卿　臧　铭

法律
赵佳佳　陈春燕　王　珺　许春晖　刘　琪　姜伟慧　赵梅玲　陆　颖　杨丽霞　侯　琼　范宇欢　蒋文婕
张　程　程　梅　吴嬑嬕　丁巧莉　宋　宏　陈　洁　顾水珍　庄　倩　徐祯蔚　曹晓烨　胡素馨　郑馨玥
叶　晔　周晓婷　张　吟　徐晟焱　吴　琴　张　雪　薛　霞　金晓莉　马　赟　段巧琴　蔡　慧　杨　晨
顾　艳　徐春艳　徐劼成　潘家亮　沈天鸣　姜志康　朱　丹　朱　臻　哈景宁　包靖伟　杨伟平　陈樑华
李海原　陈蔚柏　唐振华　刘学铭　陈　承　汤　豪　彭　嫱　陈吉妮　李雪菁　唐敏慧　王迎春　仇知洁
刘　菁　施颖颖　范镓钰　沈晓音　储　倩　冯　玲　徐　琳　居　新　吴　珍　吴佳旻　韩文隽　陆　妮
李志萍　曹雪瑾　蔡燕琼　栾　琳　秦敏颖　费克勤　王雪琴　沈燕君　陆敏磊　许雪莲　陆海芳　颜莉娜
陈惠霞　朱鸣天　谢　俊　沈玉婷　李　钧　沈燕可　朱正敏　李　鑫　江浩瀚　任吉祺　胡　谭　钱　恺
李　震　周智钦　狄臻恺　王　言　杨　诚

商务英语
顾黄玲　袁　骏　陈宇翔　杨　涛　蔡钧强　沈文萍　吴晓燕　刘佳君　秦　君　赵　珺　武晓卿　徐瑞玉
陈建华　杨　芸　孙　霞　张　丽　李　泠　毕　瑜　唐晓勤　周文君　陆　婷　李晓辉　钱晓琴　曹　青
刘　欣　朱佳芸　赵国兰　张　莹　陆　允　王海伦　王烨辉　王　波　陈紫婧　程翰豪　谢彬彬　孙　健
张云琦　顾施华　张翠英　周佳倩　龚　艳　匡佳苓　张　婧　杨　雁　徐佳妮　李轶靓　王文佳　曹蓓雯
邵睿瑾　童瑞峰　吴琳琳　卢文婧　唐欢欢　於旭赟　王丽黎　杨　希　汪　赟　李　隽　顾　燕　林　祎
钱佳丽　宋　琰　王　瑛　倪晓婧　戚文娟　俞莲惠　李敏为　张晓勤　张月红　张　琰　范筱颖　任　嬿
钱梭君　杨维兰　陈轶卿　徐　燕　林　洁　王凌之　成文婕　曹慧芳　李　叶　徐惠励　张　颖　周燕华
施佳萍　田　寒　王蓓妮　陈　洁　黄蓓君　潘嘉蓉　肖轶君　姚燕婷　袁　莉　张　虹　施晓妹　李俊青
袁　霞　胡　伟　薛文璨　李　娜　司　芸　黄　婷　徐　燕　於　梦　包丽丽　汪敏豪

装潢艺术设计
肖珏蓓　沈　洁　黄丽雯　陈弘毅　图　雅　陈美婷　周　静　费静君　朱淑娟　梅　美　王　斐　蒋丽黎
黄丽聪　姜　容　赵雨霏　祝莹莹　吴　芸　金　晶　李　君　刘亚庆　俞郭杰　郁佳琦　唐奇玮　朱晨韵
杨文辉　沈　波　周　森　蒋　洪　姜天安　郑赵春　李　玮　苏　喆　蔡　伟　朱　祺　祝　磊　梅晓倩
吴　敏　李秋玲　高柳瑾　焦宇梅　周华超　张雅琴　沈美玉　陆　燕　侯佳莹　张　帆　沈雯瑛　诸恋黎
孙轶露　顾晓磊　韩　萍　王佳佳　李煜文　黄晓蓉　王丽菊　肖晨瑞　费　庆　陈　林　项贝恺　周叔佳
翁隽凌　曹之瞻　张　斌　朱　亮　邱翔鹰　陈小生　朱　岩

影视表演
宋新锋　朱　蕾　李梦婕　彭　博　王耀琦　陈　希　吕群琼　黄洁琪　吕晓林　陈丽娜　赵燕凤　吴雪佳
庄日莹　汤旖旎　竺　琦　金　盈　金　琼　周雯瑾　徐佩慧　王怡菁　宋雅娜　唐英英　刘　浩　薛　㑊
池伟光

环境艺术设计
曹　鸣　张安育　薛碧君　殷振刚　李　俊　陈　婷　罗莉萍　陈　晔　郑碧珩　徐丹萍　沈翊州　虞　芳
郭　洁　李樱娜　胡唐蓉　任　芳　唐璐婷　王舒凡　杨　阳　蒋　岚　蔡晓静　范　露　吴剑峰　王志毅
江　炜　张　慧　林　荣　严　靖　楼耀斌　胡大勇　邢　烨　沈晓铭　许　超　杨旭伟　沈一鸣　范文灏
贾文俊　胡臻宇　王春伟　庄　严　阮正瑶　李　瑛　郭晨云　张冠一　江丽萍　王维卫　陈宵燕　刘　莎
陈　如　方　静　王丽华　华晨艳　朱燕锋　毛洁青　李张君　罗　立　杨　睿　胡燕珠　郑　佳　吴　杰
忻耀丹　徐　炜　郭　华　曹　辉　陈莉卿　徐冰心　方昌隆　胡　忞　姜　嵘　石　平　杨文昊　薛唯一
蒋海清　洪伯涛　龚震宾　杨　森　董纪宏

新闻与大众传播
华镜园　吴文峤　张乐荣　沈斌璐　包黎俊　严　婷　金　燕　朱　凤　杨　颖　朱　弘　林　怡　赵　斌

冯　丽　　蒋斯瑾　　戚颖春　　王丽琴　　杨　瑾　　周彩燕　　余子婴　　虞　斐　　包秋丽　　张　雪　　陆　叶　　刘艳美
徐艳丽　　唐诗韵　　计添凤　　黄　靓　　管丽俊　　石莹妮　　梁　燕　　董　倩　　顾薇薇　　张文婷　　武雯静　　尹琦华
吴正铨　　张　鸣　　王文斌　　王　亮　　王若宇　　杨　程　　朱　玮

2006 届

法律

黄 凤	张玲雯	杨 佳	孙程一	刘 莹	程 婷	郭文婷	王峥贤	周蓓雯	尤大敏	徐 文	张 春
汤晓燕	叶翠华	凌 莉	项 一	杨姚萍	张 炜	黄小燕	姚晓燕	丁佳琪	华慧馨	郝 旻	夏梦娜
黄 鑫	刘雯旎	叶润青	马 莺	张丽君	徐 晶	杨圣琪	张 帆	薛 伟	贾宗诚	韦凌坤	蒋龄俊
刘奎章

服装设计

| 池 静 | 刘月云 | 陈燕嵘 | 孙毓敏 | 张 珺 | 姜慰璐 | 卢 丹 | 郑 韵 | 季欢欢 | 叶春佳 | 李 瑾 | 叶菲菲 |
| 朱莉华 | 童晓筱 | 朱 颖 | 高佳敏 | 夏 佳 | 孙 晨 | 刘 容 |

国际航运业务管理

曹怡萍	蒋颖萍	康春慧	胡 玥	吕 娜	张慧君	俞 倩	徐莉莉	徐月凤	曲好玥	范 晔	王婉菁
陈小雪	王燕伶	潘 云	顾晨婕	孙晓芳	庞 琳	夏 燕	赵春燕	杨佳妮	冯 晖	陈雅雯	曹翠萍
金莉娜	方 瑜	杨 奕	周韵丽	汪 宇	徐 昆	金晓茵	侯 靖	张 明	孙智骏	吴永辉	沈 署
葛元凯	于昕嘉	杨洪钰	宋其雍	沈 奇	王 琰	钱 磊	周大明	周 华	向 上	江 舟	沈智慧
张育庆	梅舒敏	侯晓明	卢佳华	朱文超	苏 洁	姚 宏	何 珉	诸鸣杰	刘德全	邱艺华	王 颖
杨秋瑾	赵亚婕	潘玉红	金 艳	尤 蕙	刘智莹	金 晶	马 莹	徐 君	陆婧婧	董晏芸	陈燕萍
邱志琳	王颖洁	张萍萍	宋涛琴	刘雅敏	高 红	张 英	王文静	王慧洁	张 莉	蔡妍春	黄一媛
张曦雯	万洁琳	王晓芳	李晓雯	袁 婷	张 茜	武普晨	李时唯	汪真曦	许士超	严峥梁	洪志伟
范文达	吴子彦	杨 晔	刘 辉	舒晓峰	李长亮	惠祺麟	蔡瀚卿	陈如意	王一帆	蔡文俊	缪俊斐
马啸炜	徐 荣	徐栋梁	李建欣	沈海龙	胡 炜	浦剑宇

国际货运与报关

吴中旎	蔡莉娜	陈 晨	李 琦	缪 颖	冯 瑜	许 莺	岳 瑛	龚 懿	杨紫煊	倪宇霞	钱 清
解智慧	姚 瑶	潘莹莹	丁军英	程莉莎	陈 劼	韩 婷	王 琳	周玉绮	俞婷婷	戚秀秀	蒋霞霞
李慧萍	陈晓晴	蒋戴萍	何军英	孙婷婷	秦智杰	汪闻达	王 刚	张子靖	陈继刚	江嗣敏	全轶浩
张 靖	孙朝彬	徐殷瑞	陆 晨	沈庄恋	叶晨骏	卫宇华	唐叶波	曹 健	唐维烨	申舒康	张 荔
易天祥	邹谢彬	李佳豪	朱敏瑾	潘丽莉	袁正凌	王敏达	汤佳莉	杨 婧	管佩新	朱导军	张 珺
杨 琼	章 程	盛丹红	杨 奕	顾佳石	杨 方	徐 菁	张 佳	李宇芸	杨荻雯	林怡静	孙 洁
黄菲菲	吕 倩	孔蓉吉	孙佳丽	范柳柳	沈春艳	朱 婕	沈振涛	汤凌玮	彭 超	曹秉坤	朱 剑
孙维卿	张智越	范嘉奇	侯维岳	王智康	俞晓明	吕憬豪	季 俊	张立铭	张仲侃	曹曹峰	许彬霖
朱良元	李 亮	匡达盛	严敏华	赵 禛	陈 婕	徐婉钧	詹祎华	陈 玥	陆 琪	曹张炜	陈 丽
潘王燕	林 静	张 勉	沈 洁	陈依琳	李 丽	林晓菁	陈宏颖	朱佳诗	李 珍	陈秋月	吴静音
徐慧倩	黄 蕾	顾佳佳	谢佳红	冯 绮	王逸芸	陈子君	陈 玲	苏丽娜	陆晓燕	杜国平	高隽磊
周翼俊	陈 岑	计 桢	吕智超	周韦浩	纪兆海	康仕忠	冯九融	张云鹭	王 峰	仇华俊	沈 波
郭伟雄	励 杰	陆 洋	陈剑能	李 军	黄 勇	龚 金	龚剑峰	梁莉莎	赵佳娜	汤翠华	霍佳颖
沈妍雯	王晓瑾	冯 丽	陆薇菁	孙晓琴	任紫君	朱晓玲	张懿莹	徐 峰	方诗依	程涵智	庄 璐
杨俪珏	陈 忆	陶晓君	李 洁	丁 梅	朱 虹	刘莉俊	张 艳	林 雯	曹颖琳	徐 嬿	龚琳玲

邵　晨　　余莉莉　　孙　璇　　郑　东　　陆中杰　　王泉华　　章沈利　　邱佳鼎　　陈　捷　　邬晨捷　　戴雄飞　　蒋　华
李敏华　　何　斌　　徐　君　　姚秋炜　　俞程里　　宋　赢　　周凌霄　　施　伟　　周　吴　　陆维佳　　姚春华　　黄弘毅
宗　敏　　奚冀周　　吴文佳　　许晶晶　　金燕华　　陈　怿　　梁　烨　　胡思佳　　程　嫣　　朱佳瑛　　周　琳　　陈　蓓
陈时雯　　刘　莉　　胡晓莉　　王纯纯　　华　芸　　林晓蓉　　李璀贤　　周佳艳　　刘建婷　　乐迎春　　张湘君　　韩　艳
屠立雯　　李永平　　陈　晨　　庄国栋　　贺　杰　　张泉春　　曹　琦　　罗佳辰　　陈　育　　李　皞　　何玮琦　　沈敏勇
崔智星　　蒋　涛　　张琦峰　　沈　靓　　樊　卿　　蒋史娅　　周　甜

国际贸易

高菊慧　　李剑频　　王斯迪　　纪婧蕾　　朱文婷　　陈　莎　　李　琦　　杨晶艳　　汤晓琳　　余　倩　　王丽苹　　倪　丹
冯慧敏　　何　琪　　孙　晶　　王　渊　　徐晨璐　　王雅萍　　洪嘉瑜　　施冰梅　　吴　颖　　励　琪　　杨基忻　　周　宏
许晨波　　浦　杰　　叶　翔　　丛天一　　俞玉峰　　吴佳杰　　潘　平　　唐金浩　　柏李民　　杨殷培　　张　杭　　黄凯峰
邵子杰　　王　宁　　于烈钢　　凌晓刚　　孔万荣　　胡霄潇　　蔡　磊　　赵旭初　　沈　俭　　钱天虹　　刘祥熙　　陈　蓉
沈余慧　　姚　晶　　张　蕊　　金琬文　　唐闻琦　　刘纤纤　　汪怡之　　唐程婷　　张舒秋　　陆　婷　　孙燕华　　鲁　蔚
顾　凝　　周　洁　　张月琴　　罗晓雯　　张　静　　蒋晶晶　　金　瑜　　茅以蕾　　戴梦娜　　屠　洁　　门丽君　　蔡礼泉
毛惠惠　　王　峰　　江　宇　　金　俊　　魏文杰　　张靖军　　陈烨文　　顾　博　　张尔钦　　孙周元　　刘　勇　　陆　颖
查　琦　　凌　晨　　李嘉玮　　陆挺昊　　俞　卿　　张　磊　　沈　浩　　徐　昉　　赵佳栋　　叶佳毅　　赵　基　　沈敏锋
沈　安　　费奇龙　　侯晓晨　　薛智慧

环境艺术设计

周　婷　　汤俏华　　李　晶　　张　颖　　刘　洁　　王　茜　　连春赟　　徐晓华　　陈　洁　　李怡敏　　黎　迎　　徐迪颖
吕笑虹　　贾　瑾　　李　琳　　曹佳倩　　饶思桦　　石秀琼　　徐黎华　　秦　怡　　陆　燕　　祁雅萍　　高佳颖　　瞿珮莉
沈　佳　　臧叶雯　　胡　佳　　成剑峰　　李云松　　李　相　　朱大江　　马陈醇　　沈伟峰　　黄旭东　　姚叶然　　戎　吉
忻佳晋　　沈　伟　　赵超毅　　韩兆祥　　吴子杰　　吴子敬　　郭　巍　　庄　峥　　戴　荔　　黄珍珍　　唐静兰　　丰丽君
苗　莹　　苏　洁　　王小丹　　戈晓青　　张　蕾　　侯　燕　　王雁娜　　姚晓华　　顾丽华　　翟　煜　　杨思蒙　　金子幸
忻园园　　卞晓玲　　张　嘉　　何菲菲　　谢美琪　　张俊芬　　吴燕红　　李晶烨　　吴一媚　　陆继良　　徐　俊　　马天骏
倪春雨　　楼　明　　刘日明　　毛　堃　　沙海杰　　叶晒骏　　裴兆翔　　朱　亨　　丁　礼　　张问遂　　朱忠华　　殷皓珺
李　驰　　朱倍彧　　王任飞　　朱冠群　　朱金乾　　洪　飞　　武　彪　　李　岳　　章　雯　　沈秋萍　　尹燕华　　李英子
万　昀　　王嘉佳　　赵颖颖　　姜琳琳　　贺　静　　沈思吟　　谢　颖　　梁娇妮　　刘　莉　　李慧妮　　章郑添　　郑　颖
张　贞　　楼叶婷　　张云斐　　曹　瑾　　张　萍　　余佳音　　张　玲　　顾培娜　　吴　静　　薛晓雷　　陈佳君　　任翰晟
祝　凯　　李　俊　　吴　伟　　张　劼　　杨　鑫　　董皓霖　　陈汉林　　许伟杰　　陆家祺　　曹文亮　　马海亮　　陈　磊
胡定喆　　王　健　　严川洁雪　沈丽芸　　张露露　　孙励竹　　陈嘉韵　　盛好骅　　徐　婕　　张　燕　　王　玲　　张仕卿
邹冬青　　陈雯婷　　金　敏　　及玉婷　　黄茗瑶　　王珏敏　　郑丽琴　　田　媛　　严　珺　　余培琴　　卜妮娜　　李秀敏
单　燕　　褚贞莉　　余晓莹　　凌　臣　　薛晟旸　　朱　炜　　张震华　　潘伟阳　　胡侃文　　张　俊　　郑宣捷　　戚传亮
陆力达　　南　平　　秦　毅　　严子俊　　沈希伟　　马子栋　　俞临冰　　徐猛飞　　胡　俊　　周晓元　　范　露　　张　慧
林　荣　　胡大勇

会计

吕　薇　　杜晓霞　　邹　文　　毛佳怡　　王功美　　何　莞　　林溢华　　张旭瑶　　陈佳彦　　王月琳　　陆　叶　　阮修闻
耿　南　　徐　忻　　孙　昕　　金铁群　　刘祎雯　　沈　妮　　方　芳　　程吟秋　　章晓鹰　　胥　琛　　陈玉玺　　谷晓琴
葛丽莎　　张　敏　　朱　音　　周懿雯　　邱飞菲　　刘丽娟　　夏佳颖　　姜　兰　　李　钰　　俞慕一　　王　雯　　杨　佳
高志虹　　管晨茜　　李　琼　　李慧燕　　徐思吟　　陈梅苹　　郭　奕　　俞文艳　　许凤琳　　戚丽君　　秦晓慧　　顾丹燕
钟　鸣　　茅华敏　　葛任望　　黄希平　　顾旭东　　陈华晨　　潘炜刚　　周永兴　　张立岚　　王志炯　　项建武

机电一体化技术

邢益君　　赵　亮　　李　敏　　贺　挺　　马彦杰　　许文杰　　杨　捷　　沈幸平　　吴华俊　　何秀峰　　李　超　　周　杰
陈　军　　杨　毅　　李志伟　　张翼翔　　龚华敏　　费国俊　　朱　浩　　张大钧　　陈　香　　火胤琦　　赵　林　　王许良
朱　耀　　姚世寅　　金莉福　　王晓君　　李雪桦　　郑　超　　陆　意　　张　毅　　陈　科　　李　平　　刘锦平　　陈可友
梁磊荣　　张　辉　　李素珍

计算机信息管理

曹　艳　　沈　怡　　杨亦雯　　潘健文　　吕　品　　王　杰　　李晓弘　　黄家荣　　王知越　　陆毅荟　　陆玮明　　夏伟伟

杨 一　吴春光　马国萍　孙 强　吴 坚　朱 翟

计算机应用技术

高 茜　陈星佳　李向耿　徐 伟　施瀚天　程士杰　董璐卿　李 骞　项 南　谈晓春

商务英语

唐文君　唐贤敏　王智敏　陆艳清　徐霞君　顾 晶　董艳丽　杨晓玮　鲁晓蕾　杨肖燕　龚 婕　潘文玲
陈丽雯　周 寻　王佳颖　翁珍妮　黄 婷　潘 婕　王 琴　陆园园　潘知冰　张艳铭　叶曼婧　尤 佳
蔡晓丽　俞玉英　徐 洁　潘晓妍　桑 逸　祝佳妮　王晓雯　叶 菁　刘 琳　徐 洋　江 芸　陆 蕾
吴 艳　王薇红　周本孺　陈燕萍　叶晓春　龚 晶　陆秋枫　水 俊　陈晶凯　陈俊彦　邹剑晨　柏 林
张宇坤　季宗伟　庄世杰　汪 晨　滕静珠

网络技术与信息处理

李艳艳　吴小慧　孙玮婕　陈春展　吴杰舜　陈生泼　张 瑜　金贵培　胡耀忠　吴路生　赵玮琦　殷晨飞
邹佳奇　朱豪杰　陈俊杰　傅 涛　林 亮

物流管理

陆 漪　顾群英　颜廷燕　曹 青　徐玲玲　丁青青　黄 菁　赵 琰　朱佳岑　韩若芦　姜 蓉　赵静芝
魏迟申　孙丽梅　沈炳贤　梁学祺　罗海剑　许鹏飞　叶盛晨　魏福渊　唐沁渊　朱维嘉　周 勇　杨 毅
沈 栋　潘博君　侯鼎岚　阮文玮　何文峰　罗 琦　李 斌　严文超　周彦昊　张臻平　陈 煜　姚春峰
张 旭　李 拓　程积慧　俞中杰　傅佳俊　潘皓亮　王 赟　王志浩　施悦梅　张怡蓉　汤 洁　凤 磊
许芸萍　瞿燕燕　翁晶敏　孙晓鹰　王莉娜　沈 婷　孙 吉　顾毅萍　张 慧　曹 梅　刘致远　王仁俊
孙善新　史宗杰　何玉成　楼欢华　都 凌　杨蔚星　敖一鸣　江晟烨　张怡贤　蒋晨青　金文杰　储士超
耿承恺　袁佳琦　孔丁翔　王耀华　陈玉成　谢洪彬　陆 鸣　邱 凯　刘 翔　吴佳亮　余栋昊

新闻与大众传播

毛婷婷　顾超韧　徐雯怡　沈 丹　顾 艳　沈 佳　薛慧瑾　陆斯婷　李 莹　陈定裳　汪丹凤　武 昊
张云芸　张筱玲　丁 洁　沈 琴　张湜旻　徐路华　魏圣吟　顾陈鸣　杜德基　易正刚　钱 旻　杨 程

影视表演

徐 薇　周 佶　盛晓凤　黄 桦　吴枫岚　叶蓓丽　朱雯靖　陈雪芬　董炎华　陈 芳　潘莉红　杨宇伦
叶婷婷　倪 佳　王 珏　胡佳君　姜 琳　汪妹妹　杜 璟　方肖华　邵 靓　竺 圆　杨丽萍　姜英珠
吴佳珺　王立军　朱海滨　张振华　吴鸿杰　徐 欢　施瑞隽　阎 栋　洪少卿　张 良　龚 斌　唐 雷

装潢艺术设计

王 秋　张 岚　沈喜凤　瞿嘉益　严莉梅　张泓怡　黄琳玲　刘晓燕　吴晓艳　吴登芹　郭文雯　范信荣
康嘉瑞　范 虹　周利华　陈晓斌　张 玮　张郁城　吴晓明　周培中　顾 杰　付嘉宁　陈蒲阳　陈嘉佳
陈晓芳　吕欣欢　龚鹰翘　孙志华　邢亚萍　徐 君　李 莺　刘伟伟　王 迎　郭佳春　许晓燕　王慧芳
叶浩波　黄爱洋　王 辉　沈苹亮　王文栋　孙 梁　刘家栋　王汉钦　高卢嘉　王家樑　顾洁晶　钟陈梅
陈爱丽　郭瑛伊　王 崇　田晓倩　李 蕾　朱懿琳　张 燕　李莉佳　梁园倩　邱珺蔚　张 颖　赵嘉莉
沈碧君　陈华瑛　卫海峰　陈梦迪　薛 旸　许 涛　李擎樑　徐 明　张 煜　朱亦卉　杨 迎　王 磊
李邱杰

2007 届

报关与国际货运

潘佳隽	沈　红	计川霞	蔡蓓侦	马颖靠	乔　曦	李　丹	沈思思	陈　莺	徐莉萍	包学勤	王碧婵
丁　虹	刘　轶	曹　玮	何佳婷	倪蓉蓉	洪宇钦	蒋春佳	王　青	王卓君	韩　敏	周维薇	潘毓菁
李佳琪	高　云	万弓轶	周君毅	许华保	汤跃军	何　寻	王彬寅	王志俊	毛虤栋	唐　寅	谢　竞
沈闻捷	陈康捷	陈　佳	胡彦栋	李斯琦	高　涵	顾　伟	孙　坚	阙虎年	王　晨	李万彪	张玮玮
周　雍	蒋　云	金慧忠	袁珺吉	张琳琳	王玉玲	白丽萍	何菲菲	钟新萍	徐金晶	王　雯	李　妍
杨　青	徐雯霜	何俊玮	黄　鸽	马王丽	袁芝雯	陆文君	王　蕾	姜君文	卫　丹	李佳琳	张璐媛
王　琳	吴　虹	马海珏	薛　琰	傅佳倩	黄司健	王　佳	陆洁春	管文洁	李伟斌	江　慧	戴震栋
张　炜	王健阳	庄鄞良	黄廷君	王　琪	侯　斌	苏文强	徐智敏	陈　卫	蒋劭毅	沈耀辉	谢晓磊
吴觉非	张　祎	倪俊杰	李天宇	吴顺吉	曹德俊	朱　俊	杨俊杰	王　钧	黄琦琦	吴婷娟	黄燕飞
刘　颖	唐寅珅	张　雯	蓝　珺	陆　亭	施　钦	蒋　燕	王　琼	袁　瑶	钱晓星	徐丽君	王立晨
徐志瑛	沈　怡	于佳英	翟慧蓉	张瑜卿	王丽娜	赵　明	李　敏	陆怡燕	沈文婷	殷　洁	陈斯健
陈　诚	陈敏晖	李劲楠	尚文毅	刘　伟	曹伟君	唐沈吉	陈　彬	陈　磊	石　彬	奚　敏	周惠鑫
鲁晓骏	何　劼	刘园宣	钱仲璘	谢　舒	陆建伟	周文君	迟海涛	王凯宇	于潇彬	叶夏莹	王　艳
李　洁	杨玮炯	郁　莲	王馥妍	俞　玲	朱　丽	聂　萍	张梨华	徐莉虹	陈乐乐	张莉婷	俞慧音
欧阳菲	廉　洁	郑　昀	吴　倩	周　婧	蒋丽娜	丁燕璐	赵毅玲	唐秋萍	周　颖	吴　玲	姚丽华
汤佳烨	费成灵	陈思行	徐荣荣	朱恩昊	钱文凯	浦一希	李　琪	陈　斌	金东华	范围广	顾嘉琳
黄明强	史凌云	杨言斌	陈靖洁	钱希峰	袁晓俊	孙明达	袁伟盛	刘文娟	郁　丽	夏元喆	邵　艳
张　婷	金　燕	金迪青	金韦纳	陆淑婷	王沈佳	岑　颖	王　瑾	丁　玲	乔丽丽	王　贞	费　加
莫　瑕	刘佳洋	曹晓漪	张　娟	袁　佳	杜　娟	李海玲	安　琦	王　数	谭　俊	李祖荣	殷　渊
金善超	徐　亮	吴园杰	钱锦旻	张文豪	严　励	刘士杰	应文康	尤　俊	王欣源	张文彬	王　辉
毛世瀛	陈　邦	陈臻毓	方　愉	范敏捷	宋　江	黄海珍	邹　婕	王璐婷	赵　珏	陈　敏	顾晓红
王铁珏	刘肖雅	高　晨	许佳燕	夏海英	杨　蕾	汪雅琴	苏碧岚	章茵维	张秋琳	薛蔚苇	丁　麒
王珠丽	王蕾寅	施　颖	刘望莺	李芸茹	费凌燕	符玲斐	吴正成	吴晓康	刘静彪	戴　钦	黄　威
许菁玮	来俊雄	谢寅晶	谢　倩	陆光喆	沈晓晨	杨　诚	骆聿文	梁　晨	刘　崧	金健钦	唐麒麟
王　烨	钮建君	李四龙	陆振旅	李坤杨	成莉莉	王维娜	李　萍	陈　洁	陶运婕	毛玉琪	居晓颖
应佳燕	王靖忆	臧　菁	王慧婷	杨　洁	范　黎	胡佳韵	龚静芬	俞惠英	陆　炎	王亦弘	沈玉婷
周　佳	吴雯贤	王琴文	陈祎清	田彦雯	王敏雁	姚佳慧	史祖慰	刘毅敏	孔明敏	刘天玮	单鹏堃
包卓君	张宏彬	邵文浩	陈　凯	沙　捷	顾君惠	徐黎晶	关　昊	周毅勇	金　韧	汪　健	沈　谌
张智俊	张人杰	张耀荣	周　磊	赵庆慧	封琳姗	唐小婷	怀　丽	孙晓燕	朱　颖	杨　明	马　丽
贡敏琪	施　虹	费晓雯	周　莹	宋冬梅	叶小菲	顾晟妍	丁　雯	娄香平	张　璟	卢晓白	杨晓雯
陈嘉怡	刘　丽	褚凤芳	常雯娴	周　源	毛雯捃	董超君	李淑珍	周家荣	周啸敏	沈　超	周甫星
蒋綮晨	朱　俊	钱润馨	周望期	颜斌华	杨琪麟	孙　超	庞　力	刘程诚	胡佳宝	徐　俊	吴文俊
朱佳俊	张　明	史文平	倪荣营	顾小艺	许晓晨	潘燕萍	张一茜	王洁琼	葛丹萍	朱佳莹	王　燕
许　梅	吴越人	包倩娴	韩　艳	王凌燕	朱　洁	朱春辉	陶苑骋	彭雯珺	陈雯岚	周丹萍	沈丽娜

徐 艳	范 蓉	张秋燕	薛知叡	马 艳	沈思思	王 斌	马亚军	仇 磊	黄寅锋	沈晓夫	朱培敏
刘永丰	富 巍	陈俊伟	张成一	项寅骅	周火金	李浩栋	韩佳瑜	陈应虎	赵 凯	苏晓晨	顾叶东
陈 林	柳学民	董汶彬	仇国梁	顾晶津	吴颖杰	陈 薇	张 芸	孙谌熠	陈晓蕾	季 超	马 佳
宗晓轩	王 婷	陈 菲	朱晏征	蔡小凤	竺 燕	费小舟	张茜之	董 玲	包燕敏	彭音印	王晓懿
曹云菲	庄佳莹	崔晓霞	姜晓怡	李卫虎	何佳铮	王文耀	盛亮亮	胡 菁	沈 屹	王 刚	钱 程
孙 辉	徐佳胤	张卓剑	严正斐	叶 鑫	赵 磊	焦峥杰	郑 臣	杨正沅	宋 翔	顾晟昊	赵 华
余似斌	王春海	董佳鑫	钟佳丹	陈 赟	祝鲁婷	任 璕	周 弘	冯 赟	朱轶萍	陈妍彬	李懿婷
王文静	唐亮琴	王怡璟	严燊玥	何晓慧	陶 佳	陈 琳	高 燕	蒋 琰	孔 怡	吴洁琼	徐雅鹃
祝晓磊	顾佳琼	蔡菊华	贡晓丹	陆凤婷	李卿岚	徐 斌	熊海楠	黄寅晨	陶生甫	华文超	方俊杰
范本权	刘 珺	陈天烨	周云峰	李 泉	何 义	胡彦中	曹 寅	张令明	于 露	潘晓慧	张 鼎
陈 韦	周佳园	单琳玲	戴 婷	王丽君	丁丽卿	黄 莺	沈嘉超	刘洪琤	王晓颖	赵 青	张 蕊
胡敏霞	曾 珍	罗佳敏	庞筱辰	王 玥	李 琴	孙 雅	陈 静	韩晓清	张 燕	顾晨婷	张寅炯
朱依闻	张昊筠	韩 健	周筱顺	付 晶	杨寅彧	计 骅	李元鋆	沈定超	李征宇	李君平	朱 浩
谢 玮	顾俊杰	吴维聪	朱 磊	李 洁	戚斌杰	沈锡珺	张 叶	诸巍晨	张宗凯	陈明涛	张 侃

表演艺术

龚菊花	谢 琳	黄晓薇	孙少华	陈 虹	郭 婧	杨 琳	徐 晶	张梦菲	郭 烨	金正婕	韩 懿
李 婕	李秋红	周倜凤	孟慧丽	陈 露	陆 怡	彭春梅	俞丽娅	岳 洋	杜芳芳	胡澍芃	陈晓露
吴舒舒	顾 杰	杨丞武	乔佳奇	刘昌盛	汪 磊	陈 晨	孙 俊	郭 凯	贺 鹏	何 为	杨 懿
徐 甜	周 娴	许敏华	许 乔	赵 晶	张旻琪	施 展	谢思杰	潘 琦			

服装设计

徐云鹤	金蓉璐	金 莹	邹琲君	马伶俐	朱 杨	陈 瑛	徐 英	朱 珏	祁圣君	朱敏丽	高升宇
吴贞怡	陆珍妮	陈斌佳	顾佳燕	金 璐	曹 玲	庞慧娟	徐文丽	吉 喆	江荣华	韩 雪	张 彦

国际航运业务管理

卞丽敏	沈 诚	张 勤	朱静斐	傅 静	董 敏	吴慧中	黄琳佳	顾旻瑞	施佳玮	卢丽萍	邵依婷
陆 溢	解苏菲	朱 芳	孙 燕	杨勤文	陈 琳	徐洁珍	徐 燕	汤丽雯	张 浩	徐睿超	侍文骏
孙 奇	郑桂明	俞啸天	陆凌凯	童俊堂	厉晓兵	徐欣煜	黄澧泉	肖冰峰	荣 升	赵 匀	沈光楣
张飞斌	王 喆	章怡俊	杨方逸	徐 飞	赵建静	杨 帆	茅橙冰	江泽伟	方 毅	顾 晨	许懿程
张 敏	王 琦	吴皓卿	陈忠国	蔡燕玲	朱丽雅	陆佳艳	吴 颖	张 莹	吴 铧	嵇晓静	陈晓蓓
赵 晴	刘 静	许 燕	张 茜	陆婷婷	朱蕾英	蒯捷芸	金 霞	徐茜茜	张青艳	杨一琼	王 盈
林柏中	蔡 杰	陆林桢	严仕镕	朱云龙	刘 杰	朱晓亮	朱圣杰	金秉新	蒋陈杰	伍子亮	王 俊
张思峰	郑鸣峰	顾伟春	陈中武	翁宇翔	徐培炯	周泽炜	符 俊	杨 峰	陈临智	高 犇	朱世丹
朱 超	冯志强	何业俊	陈骏峰	乔徐君	朱 莹	杨 𬀩	吴 晶	吕佳嫣	陆智慧	郭文婷	黄 慧
姜艺珺	陈 伊	胡 烨	黄婷玉	祁汇倩	曹 瑾	徐 敏	王秋佩	余梦醒	张唐伟	周 珺	俞 超
杨 超	马斯琦	祝 青	吴治海	郑良鸣	潘耀光	齐铭峰	朱烨敏	王俊祯	黄 磊	奚超夏	钟 骅
陈一奇	楼 斌	姜冬文	王 凌	乔 彬	吴 钧	张菁斐	徐 俊	董空亮	茅晓飞	任 晓	方 晨
庄 玮	杜立忠	丁剑平	张 军	罗良根							

国际商务

郁 佳	韦 瑛	范 青	王佳莹	陈 莹	蔡婧妮	虞维蕾	劳思思	鲍 潋	盖秀丽	邬仁英	江 悦
邹 文	吴海虹	沈炜祎	王彦婷	朱 敏	陈 璐	董伟慈	郭叶珏	林 珊	吴 彦	卞雯芳	宦晓丽
燕江浦	姚佳蓉	金爱丽	赵文君	毛晓霞	陈 乐	沈月琴	王 英	蒋文卿	曹 骞	李德贤	王嘉威
张晓能	邵 斌	丁淼奇	林金成	徐 斌	缪陈琛	李嘉君	邵 敏	周晓文	张 岚	李 凌	祝 瑛
葛冰琳	张婷婷	倪绮绘	陆俞萍	李钰瑾	刘唯一	宦馥琳	刘思琪	邢 颖	唐丹丽	宋梦璐	周丽洁
韩 婕	姬 莹	焦 慧	王 珏	徐晓燕	朱雯霏	程 洁	丁 琴	吴晨琦	江琰燕	马佳芬	刘 雯
石佳敏	刘 敏	王 际	殷齐斌	谈 杰	林 行	杨华栋	王薪凯	苏成勇	朱佳育	章 杰	王 赟
金 晶	毛伟敏	季峰峰	杨圣保	周 陈	金 明	李传辉	徐 珺	宋铁凡	孙丽华	许 静	曹王鑫
陈晓雯	周 烨	蔡 君	周慧敏	汪 吉	周 静	张 洁	陈 洁	张晓春	周卓华	沈 莹	沈 艳

王晓雯	顾　静	徐晓丹	刘章玥	韩　彦	沈怡蔚	沈　雯	张　艳	朱怡雯	高　燕	侯赛君	吴咏冰
宋　琳	张佳媛	陈文隽	朱　琳	司熠雯	王　芝	彭筱赟	朱　宏	吕　弘	王嘉璐	申　铿	黄晓君
李华韬	徐寅捷	李　斌	严俊杰	薛宗元	陈　斌	谌晓良	刘锦敏	李光耀	周　啸	严仲昆	张晶辉
朱国栋	施云鹏

环境艺术设计

梁宁宁	许静晶	徐周丽	姜　嫣	宋佳弋	黄淑文	陆　奕	杨　婷	徐颖杰	周玉蓉	王晓燕	毛静婷
翁志佳	张　荧	费晓怡	徐佳庆	祝　琼	邓燕青	周　启	顾均益	吴　寅	沈伟一	倪飞翰	叶俊曦
唐盛亮	沈　亮	丁　杰	邬其骧	樊荣昌	王莲杰	朱建江	吕王平	秦　虹	马静燕	徐燕妮	宋燕萍
谢和飞	陈佳元	赵姝丽	林婷婷	陈　吟	舒亭瑜	钱　侃	王瑶枫	高凤燕	徐晓桦	张慧雯	王　琼
袁玉婷	柴莉莉	施燕青	吴雯彬	施婷婷	周　怡	郭　炜	朱文斌	何　盛	邵　林	胡寅樑	沈　晔
周佳君	吴旭祥	夏　蔚	甘胜斌	孙　健	王　骐	俞秋菊	赵磊磊	顾晓琳	洪珍卉	金玉兰	顾晓菲
金　萍	张　怿	翁怡婷	晏　颖	杨婷娴	徐　悦	焦艳文	李　卿	徐　琼	蒋亦桦	吴志凤	吴虹彦
陈燕雯	李烈靖	滕　艳	归丽燕	计　虹	马金伟	王　晶	马　杰	马时安	吴文俊	徐志傲	顾明吉
徐　宁	方　铭	顾芸芸	施　晔	闫向飞

会计

姜玉婷	宋昉韵	许　敏	李　玲	李秋瑾	程　乐	黄陈丽	瞿春花	沈　燕	周丽莉	邓　倩	周燕云
甘怡萍	周元超	朱毅君	张晓军	许　雯	陆佳颖	徐美琪	王　微	陈伟丽	严　薇	吴晓英	项琪雯
李　宁	刘雯萍	王　悦	马琳健	王　靖	褚　艳	周君洁	刘雅敏	王礼慧	孙嬴斐	黄雪浩	刘志强
高　峰	金　瓒	郭德民	乔李珺	王乐晨	李嘉辰	沈英豪	刘文添	张韶烨	姜　捷	程　婷	史婷婷
唐　青	张　欢	张　莉	乔莉萍	王　欢	陈喆颖	何佳倩	邹　菁	吴瑞佳	李　丽	应慧慧	孙徐婧
柴卓珺	黄彦君	郭　莹	施丽娜	朱寅莹	姚珏珏	赵迪伊	陈洁沁	许英巧	施黎敏	王晓睿	宋静萍
许　萍	郑　立	顾俊杰	程佳璐	李　宇	徐晓栋	徐志强	荣　立	夏　敏	宋文晟	陈松杰	赵龙华
李　敏	张　斌	吴晨汇	霍敏君	杨　慧	徐　婧	董婉华	施砚绮	张蕴茜	蔡理乙	张敏君	徐颖婕
丁　颖	陶　金	丁　岚	张莲莲	何云洁	阎莉莉	侯俊君	张晓盈	杨晶君	郑黎霞	王伟伟	张竹清
黄　媛	陈聪闻	吴佳琴	沈祎超	史亚楠	金佳贤	金佳红	刘怡敏	施倩倩	杨　婷	徐宇俊	王　珣
陈思达	孙敏捷	顾　风	张　斌	程烨臻	沈琦钦	姚金焰	施文斌	杨　帅

机电一体化技术

张丽梅	吕桂振	蔡　亮	张　晖	吕　寅	徐　冰	沈　波	李　辉	许　庆	连　镁	吕　军	凌　麟
薛大寅	孙寅俊	史晓桦	顾春龙	李孟杰	朱殷浩	林　枫	冯俊悦	庄　川	邵　凯	吴　彬	杨　旸
曹　赟	嵇　尧	高　玮	倪　正	唐桓琪	王树文	王皓麟	张　寅	孙佳炜	张　阳	李剑峤	黄　晶
王海山	孙　敏	侯逸雷	谭　隽	陈玮佳	周　达	苏　豪	陆　勇	毕纯达	朱毅卿	顾　昕	乔　珊
倪晓春	徐文杰	周宏琪	高　强	陈　灵	陆颖祺	曹文彬	盛　枫	潘晓磊	侯佳俊	吴翊捷	周佳俊
金峥一	奚明明	袁　彬	郑　觉	陈　靖	谢　飞	龚凯健	董思捷	冯　杰	沈　鑫	吴仁玥	嵇　慧
王健赟	蔡　磊	岑建一	金恒君	李　鑫	汤　敏	沈　磊	薛晓林	范　斌	王陈华	潘　奇	杜英鸿
杨天华	陈　旋	汤睿菲	朱旭东	陈晓鹭	黄　远	李欣文	彭华君	蒋耀杰	沈　钱	谈震杰	黄智君
胡冬强	赵逸君

计算机信息管理

| 王　薇 | 张祝蓉 | 王苏黎 | 黄雯婷 | 陈煌寅 | 沈炜俊 | 姚　斌 | 朱浩鑫 | 吴　奕 | 卢胤珺 | 戚　猛 | 陆成俊 |
| 桂勇杰 | 王　超 | 陆　毅 | 周博恺 | 傅飞烨 | 沙静海 | 徐　磊 | 潘尧翔 | 卫孝华 | 倪中园 | 丁纯君 | 张　宇 |

计算机应用技术

| 马雯君 | 马　莉 | 顾袁炜 | 钱　斌 | 沈吉善 | 施东豪 | 胡　军 | 步晓华 | 邱　彬 | 周佳栋 | 苏宏民 | 沈润杰 |
| 何泓斌 | 尹　俊 | 张天军 | 张国庆 | 黄仕元 | 顾黎荣 | 朱耕砚 | 郁文彬 |

建筑工程技术

| 袁　洁 | 沈万萍 | 瞿泽英 | 赵　俐 | 沈银柳 | 严开源 | 罗林俊 | 唐　凯 | 诸凌风 | 李寅初 | 沈　茗 | 黄永亮 |
| 顾惠青 | 何逸斐 | 王　俊 | 陆惠峰 | 邓容峰 | 卞　诤 | 施　洋 | 谢意平 | 朱晓波 |

空中乘务

刘靖宇　邵婷华　冯璐艳　钱晓燕　孙慧玲　张　瑜　金　叶　成妙宇　仇秋瑾　彭莉婷　蒋缤纷　马佳菲
钱薇薇　江潇昀　金妙奇　刘丽娜　韩汝婷　黄　轶　张丽娜　王　叶　陈　文　李　俪　陈安莱　孙　婕
张　洁　朱　音　陈怡雯　陈慧娴　贡　晨　朱雯琦　牛凤梅　张智寅　马　燕　赵明春　朱　玥　王毅杰
费天明　俞　骏　孙　悦　文先念　毛文博　浦嘉麟　余昌荣　张伟锋

律师事务

张晓雨　李　菁　徐　烨　郑　莹　杜一琳　朱蓓蕾　吴　琨　黄辰淳　张颖莹　李　婧　陆圆媛　周一弘
张爱梅　徐清清　张丽婷　薛　添　张晓燕　钱俊俊　俞蔚菁　周立琦　张佳乐　宋　煜　王　赟　魏　莹
施彩凤　王　倩　李燕琳　丁静雯　滕　晟　印佳杰　董晟杰　王铮卿　陈　佳　王晓敏　阮　杰　徐紫东
蔡浩天　冯　喆　冯寅祺　陆毅超　吴一鸣　王潇俊　张文亮　郑　喆

商务英语

鲍琼迪　张　烨　韩雅臻　周豪英　何晓怡　吴斯斯　黄倪萍　高怡琳　李　莉　侯晟楠　傅嬿雯　郭　蓉
郭燕华　刘佳磊　吴晓芸　王　婧　祝宜炜　房　欣　吴　慧　刘晓静　冯宏瑾　孙晓霞　李超群　夏春兰
沈　璐　朱　姝　邹雯婷　沈　飀　董　慧　郭泉礼　杨　辉　张薇薇　蒋威蔚　闻忆依　邵丽韵　李　响
谢志嘉　赵谢晖　于剑敏　季国兴　金　良　周祺璐　胡天文　徐跃峰　王勍啸　徐建萍　龚铭波　周　圆
侯佳鸣　杨　静　陈姿伊　潘　轶　成斐斐　李　君　金　岚　忻　佳　任伯燕　金天虹　贾　晶　孙俊弘
黄　静　洪蓓蕾　陈　颖　周　信　王　静　陈凌琦　何　敏　金　萍　辛　蕾　孟　瑾　朱丽莎　蒋妍妍
凌丽萍　刘婧娜　宋翌翎　陈洁莉　顾　欢　马瑜露　沈晓俊　刘晨斌　韩　冰　陈　然　王兆庆　梁元思
朱巍铧　高文俊　陆　维　宓　磊

物流管理

诸轶凡　张　蕾　章　娟　徐丽萍　龚　煜　唐　寅　范　洁　徐文静　潘　莉　胡　晔　周雯捷　郑　吉
孙菊芳　顾　丽　徐明艳　杨　怡　蒋美芳　沈　蕾　李晓雯　王琼倩　明　良　赵彬峥　范享梅　沈山倩
夏　奕　张洁惠　郭　晟　李　雷　徐　斌　丁文宇　盛　宏　高奕诚　余　波　袁　华　唐旭阳　张之立
陆康源　董　云　谭玉仁　魏　巍　王辛国　张恺华　孙　旻　吴嘉云　许　臻　孙　伟　牟逸明　谢　俊
顾骏卿　张盛杰　张益峰　吴昱婷　王玮烨　俞　倩　顾殷岚　杨紫瑄　杨艳丽　阮颖君　顾青梅　李婷婷
康晓蕾　朱卓珺　胡旻昊　赵雪妮　李　骊　朱晓娟　徐兰兰　赵祯怡　吴　萍　王陈丹　曹　晶　丁延君
凌卓君　李容容　王孝嘉　陈佳赟　徐　彪　杨　毅　钱赟波　吴思优　傅　杰　高　峰　赵　柱　黄　钟
李晓冬　吴永晟　陆佳炜　李　翔　张凯杰　王　琦　吴　晶　徐　麟　张人吉　李鹏飞　陈　东　周怡文
孟繁斌　何辉东　王　茜　李真味　郭晓莉　陈　婷　郁慧杰　徐丹凤　周　静　季晓月　鲁丽娜　许丽敏
赵　佳　庄晓君　施　佳　邱　琳　吴　迪　郁懿琳　胡德雯　沈　宁　滕　娟　吴佳丽　施　滗　姜瑾娜
符　真　蔡　荣　费春华　张国顺　许特力　唐辰冰　张福天　米治国　宋雯俊　梁　亮　杨春意　黄逸斌
诸寅凯　张　磊　张　亮　沈世震　胡智渊　李洋洋　蒋宏坤　杨　晨　李　磊　顾　文　赵毅卿　蔡一峰
陆春刚　王　杰　俞汪超

新闻与传播

周　浩　李雯洁　刘慧懿　朱悦文　许雯倩　顾金凤　夏轶洲　鲁　琳　陈慧珏　李瑜婷　金艳莉　顾思纯
张　巍　陆　婷　李颖翀　顾艳琼　查捷俐　虞　佳　陆　菲　覃　静　虞佳丽　刘　榕　张佳瑞　姚　瑶
傅　娜　李佳辉　张　欣　曹　煜　邵汉成　孙彦嵩　王晓敏　顾伟超　李　珉　陶　亮　孙　嘉　蒋圣乐
任云飞　谭　坤　葛　俊　徐　铼　杜尚巍　成　瑜

影视动画

陈雯翀　黄旭霞　汪婷怡　吴　琳　韦思甜　邱雅君　康燕燕　江　婕　倪雯婷　贾　磊　赵燕婷　凌　琳
梁爱雯　孔凤婷　杨若帆　石小娟　郭慧娟　庄晓蕾　王秋俊　汤振宇　刘　侃　张　聪　沈颖奇　廖文彬
徐文超　林信楔　周　君　徐世荫　陆　晶　顾一波　孙一蒙　钱　正　李　臻　周驰宇　杨　凡

装潢艺术设计

徐　瑾　吴　梅　吴芝雯　倪丽丽　乔昉莹　沈晓燕　裴　阳　寿晓欣　张　艳　曹　玥　敖　蕾　程怡雯
孙佳菲　管晨岑　马郁琦　奚晓青　庞晓东　黄　勇　陈维超　顾列峰　沈耀宗　陈　健　仲　磊　陆　伟

徐　波　姚　玮　蒋炎虎　沈　金　王小宾　顾思佳　赵　璟　洪　亮　杨　晓　陶　红　王　丹　印　雯
毛媛媛　马叶娟　褚惠萍　施丽莉　邵雯佳　朱　莉　丁媛媛　陈　玲　吴文文　张季伟　袁宏凯　倪　佶
杨　烨　宋一卿　钱欢欢　倪　丹　王小董　杨　捷　周梦禅　刘翰翔　梅文杰　郁　晗　倪潘军

2008 届

报关与国际货运

沈 烨	邵慧燕	徐佳艺	张晓婉	樊 佳	唐 凤	蒋 莱	顾 钦	张玥婕	龚 敏	倪雪姣	叶里青
孙 莉	严 林	李莲珠	陆晓伶	汪 洁	姚 萍	霍延子	邵京鸣	张 丽	赵 倩	何敏华	李美琼
陈 超	蒋小菁	张黎娟	宋燕青	董晓寅	干骏漪	吴晓婷	诸婷婷	周 兰	周 黎	马思佳	张文俊
郁诗旻	姚 舜	姜 寅	沈 彪	邵 晖	陈佳奇	孙中明	丁 佳	吴旭阳	符 君	李星涵	张志诚
刘 维	陆 遥	沈 明	赵 怡	朱佳欢	林中奎	徐 晨	纪 猛	袁金鑫	陶键巍	倪炜琳	张 萍
张瑜雯	孟玉红	周卫堃	董 莹	沈 婧	陈文佳	李 欢	李 琰	陈 洁	顾燕芳	辛剑萍	王玮瑜
邬佳妍	钱晨佳	陈佳翼	邱雯敏	张暂璐	陆晓晶	马珏瑾	王 静	裴 悦	沈晓兰	沈 洁	吕晓燕
连 娜	陈艳迪	杜晓静	卞静默	陶 静	姚 叶	赵 娜	顾青青	张 鑫	周寅峰	郝 伟	汤永翔
郁裕华	宦伟庆	沈 强	张慧栋	顾健敏	王 炜	杨 艇	郑易乐	陆振宇	陈凯祺	陈伟青	庄伟健
毛道俊	孙琦炜	王驰钧	周世峰	陈伟刚	茅春霖	汪 洋	韩卓韵	沈 赟	徐雯婧	舒 皓	彭翠华
李越珍	石 莹	邱冬英	金 科	沈虎俞	吴艳明	李婷婷	丁蓉琳	皋翠娥	陈婷婷	李婧雯	项金婷
陆轶琼	俞琳琰	俞 英	蔡 虹	彭 颖	吴 婷	葛 弘	龚 佳	张 艳	徐佳磊	戴 新	周云燕
赵燕华	施佳丽	奚 佳	倪丽夏	王婷婷	朱 杰	唐 君	王 堃	李 伟	曾 辉	朱懿雍	王文嘉
蔡 飞	吴 寅	陶晓君	黄涵君	王有峰	朱明捷	徐富荣	顾 涛	陈 勤	朱 奇	刘斌彬	沈伟强
李仲哲	史俞霖	姚一林	程天瑜	季 琦	宋曹蕾	陈晓雅	薛秋莎	袁还莲	徐 燕	傅玲莉	王 颖
陆海霞	柴蕊姣	陆逸菁	应曹华	施晨艳	吴 菁	刘 颖	朱晶晶	严婷婷	黄懿秀	叶文静	孙 嘉
吴佳宜	苏婷婷	曹靖飞	尹晶晶	叶 婷	顾颖斐	翁爱娜	蔡丽云	朱晓冬	徐 聪	方 莲	阮磊琼
占美玲	邬虞虎	陆恒挺	徐 帆	倪佳寅	王吉明	谈雯雯	李 超	汪嘉霖	冯佳浩	席云飞	陆 挺
肖 辉	徐 斌	赵克佳	陈茹冰	陈尧文	冯 斌	周文皓	陈 超	周震宇	黄观星	章 磊	李 建
黄艳倩	汪丽华	徐志莉	何艳萍	张涵子	黄 蕊	王 佳	吴艳超	陈海敏	陈 玮	王 丽	徐 萍
洪佳彤	鲍辰琳	陈培华	陈彩凤	王 萍	范玉婷	盛佳迪	陈 琳	韩 雯	漆之薇	成雯雅	吴晓燕
陆彩凤	姚 婷	朱玉琼	邱 静	唐若君	叶李君	杨美元	王怡珏	王 徇	裘娜莎	徐寅超	陈云成
许文俊	张懿慈	王鼎元	顾文骏	陆 建	朱文卿	赵军华	沈华枫	杨伟华	刘 伟	俞 刚	沈琪俊
纪魏斌	杨琛晖	谢 欢	施寅清	唐为嵘	钱 华	王俊钧	康云超	马艳雯	黄征宇	王婉莉	钱智敏
孙旦娜	高 悦	薛梦蝶	陈汝佳	黄丹丹	邱 洁	程晓莉	陈斯琬	刘灏懿	王晓佳	何丽君	孙 莉
顾佳乐	郑 颖	沈翼倩	张 洁	龚康昱	张雪娣	陈雯雯	王丹凤	杨丹凤	蔡敏洁	沈 义	刘 晶
董云琳	张翠兰	陈文婷	王佳丽	曹香丹	王世尧	沈恺亮	潘 炯	蔡佳园	沈 强	高逸宁	徐骏尧
童 榕	李 源	乔海良	翁煜道	顾晓俊	汤 浩	马文韬	鲍晓胤	金 鑫	陈褒翔	张 犇	何少生
吕 悦	殷 俊	王熙辰	陈坚磊	龚 文							

表演艺术

陈 艳	夏婷婷	石丽黎	王汝玉	顾月颖	李悦琳	章文君	黄晓枫	陈晓遥	范佳丽	李 欣	韩爱庆
夏超群	徐逸慧	陈 颖	俞 晶	江月萍	徐慧锋	陈若谷	韩文杰	刘 剑	方玥骋	张 斌	王 烨
沈超庭	江佳顺	关甲鸣	俞 璐	金文凯	卢 凯	侯炜英	严鼎鼎				

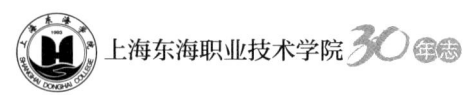

法律事务

陈姝婧	仇唯一	周 洁	吉 灵	朱晓莹	张丽韵	杨蓓蕾	黄文嘉	石艳瑾	沈 莹	何丽丽	吴 易
郑 思	赵余萍	李冬妮	沈菊华	俞柳燕	宋艳萍	颜雯怡	袁 萍	钱晓玲	陶君佳	罗 琦	方留君
卫 霞	张燕妮	祁律成	姚 霆	曹迪生	邢 衍	胡 俊	尹敏生	周 喆	王 玓	施文杰	李家杰
王 吉	刘 琦	顾中伟	何 杰	朱叶强	倪佶安	孙 寅	吕林喆				

服装设计

程文婕	李 砾	侯 婧	高蓓姬	郭媛媛	王益雯	王娅璐	李 花	徐颖雯	许 辰	孙紫羿	倪燕莉
朱颖韵	夏 波	袁轶群	吴晓燕	程 瑜	王 靖	黄莹莉	张 韵	石炜炜	左 佑	俞婉楠	陈一鹓
李 玲	高祺斌	徐昊炜									

国际航运业务管理

殷 弘	顾裕香	王晴怡	康思佳	何佳映	陈明佳	徐小琴	吴珏颖	张胡玉	陈 婷	王 波	严 凤
王 莹	杨 燕	单 敏	王 威	刘 超	虞蓓瑶	竺常德	俞佩豪	杜 君	王 晖	庄 寅	严 翔
童寅杰	蒋国强	张 岑	蒋佳佳	汤诚淳	陈佳慧	李孔融	王 飞	郁申黎	吴佳怡	姜燕华	严 珺
许丽莎	吴 萍	杨昭崡	康 琼	朱 慧	徐晓莉	丁雯珺	张 敏	陈佼姣	叶靓菁	秦丽萍	张叶菁
童琼娜	孙金晶	陈 玲	高文瑾	夏伟卿	陈煜玮	赵 刚	施曹洁	俞乐鸣	于寅昕	张春伟	赵鹏程
王宇谢	刘晓晟	闻国梁	杨伟骏	韩 飞							

国际商务

陈 洁	王晓玲	黄卓君	高润玉	杨晓君	霍冰蓉	孙 倩	张晓洁	花 蕊	洪 玮	朱雯霏	诸芝菁
邹霞飞	陈宏燕	倪君超	方 健	周 莹	李枕红	陈小翠	张渝笛	曹韫婷	陈星欣	陈舒超	沙 靓
余香君	刘雯雯	袁振美	陶希岚	杨 君	夏 寅	宋家明	戴俊乐	夏晓晴	韩 琦	何明骏	赵涛石
张 忆	张铭栋	施 伟	沈若虚	张 琪	郑洁霞	康燕红	张 懿	刘 虹	华婉婷	王 文	瞿 琳
蒋佩华	黄丽雯	樊宇菲	顾春萍	霍丽珍	夷雯婷	胡晓玲	赵 雯	姚 佳	袁非瑕	韩婷晨	卢 婕
杜亚芳	黄璐璐	蔡 莹	翁文云	周梦梦	左红林	陈莉莉	金鸿燕	吕培玲	唐晓瑜	姚一鸣	马佳俊
从 霖	孙 堃	李志超	罗宁舟	陈 诚	季启明	李 璞	高云佳	刘 君	刘世杰	王 研	林男强

环境艺术设计

张林宁	张耀之	王艺芬	李雯怡	唐 茵	顾萍萍	叶怡倩	朱盛燕	金映映	魏 佳	陆 婷	何佳敏
卢怡劼	石慧敏	张亦然	计晓青	李家斌	曾 翔	徐佩鑫	瞿佳华	李 桢	陶燕军	叶 耘	赵 晟
李伟奇	潘 鑫	朱 炜	朱兆洲	吴寅佳	夏丽婷	陈 霞	赵 静	钱英姿	蔡如忆	冯嘉璐	戚 怡
孙 苓	黄 剑	袁丽霞	沈晓婷	杨 蓓	蔡舒薇	金 笛	金 峰	张圣成	黄纬骏	唐 珏	卫 超
樊韵声	张 玮	石雅辉	陆 强	倪 骏	钟建军	何 斌	唐晓俊	荫 悦	鲁雯婷	马懋婕	李文君
朱顾艳	孙 婷	高 倩	赵燕萍	黄陆奕	张 舜	干玲玲	洪嬿骅	沈培培	吕丽韫	杨雯怡	储佳琦
孙 梦	唐云皎	沈蓉梁	唐 峰	缪佳伟	汪 寅	龚晟祯	黄旭冬	徐 超	金志翔	李寅骏	赵 辉
张佳春	汪丽红	冯佳慧	顾 晨	杨 艳	顾俊岚	赵晓俪	邹敏佳	王 皓	金鑫逸	陈 颖	王玲玲
董婷婷	郁 清	何倩甌	吴 芸	马豫鹤	余 超	夏 琰	黄 凯	陈凌云	尤佳俊	闻 鑫	高 铭
钱 俊	乔春欢	陈 磊	王一飞	马 玸	金 莎	乔玉琪	王 玮	董晓兰	徐婷婷	顾蓓艳	曹 雅
陆利莲	李 禧	张仲银	朱慧良	程晓明	曹励书	陈喆尧	吴晓栋	刘爱晨	金佳平		

会计

陈婷婷	魏 伟	金 虹	冯华奕	叶 琳	孟素卉	刘倩影	郭 艺	杨 琛	陈 韵	叶丽玲	平旦青
汪钱浈	蒋倩莲	李佳靖	陈 洁	赵 琴	沈旻妍	蒋林燕	奚 洁	张晓燕	赵 薇	张顺洁	邵球霞
石雯雯	潘嘉妮	娄海萍	邓静雯	许静怡	郑 婧	赵艳红	周燕雯	王莉莉	张晓君	许 洁	陆佳娜
朱慧琴	季佳慧	张晶晶	孙羽定	郑 磊	陈 熙	叶文杰	林 森	管尧律	赵佳欢	曹 诚	蒋禹禹
陈 冰	陈 平	张 雨	于寅曜	王韵琳	陆丽蓉	武 婧	宋圆圆	黄 菁	项晓婷	倪惠玲	袁成燕
王 婷	张 婷	李琳娜	诸 宁	孙莉萍	邱 倩	虞晓倩	潘寅霜	张玉婷	周玲玲	顾晓清	任慧箐
张惠凤	唐佳春	徐燕雯	曹春燕	燕 岚	毛益春	费丽丽	徐娴静	曹欣尉	曹晓燕	陈 敏	李 黎
宋 洁	杨丽丽	钱金霞	王晓雯	谢丽美	吴 娉	肖 潇	宋春花	管敏佳	曹忆楠	夏 添	杨豪杰
李卓如	颜圣洁	叶 赟	黄叶敏	吴双杰	盛 欢	郑 健	刘弼峰	陈啸虎			

机电一体化技术
石 俪　陈莉娜　蒋燕君　宋秀杰　顾 斌　陆姚华　赵海波　陶 欣　倪 浩　谢佳伟　姚玮晨　杭志杰
洪瑞卿　陈 磊　胡洲平　周士寓　乔晓勇　吴 超　潘 杰　杨 阳　陈 宇　施国兴　王范勇　周逸伟
周 晨　蔡智慧　钱晓峰　马 杰　曹 峻　赵 杰　蒋斌碧　钱飞宇　昝 林　曹小东　周 鑫

计算机网络技术
邱雯燕　丁 维　邬佳林　王丽瑜　吴晓芸　刘寅斌　倪中翔　陈 斌　马 涛　王子牧　牛树杰　宋烨峰

计算机信息管理
黄艳英　张警玲　吴燕芳　朱 佳　徐佳珺　李 娜　裴 倩　胡佳明　金晓俊　何纪伟

计算机应用技术
韩灵君　陶晓枫　钱真磊　王晓荣　储赵波　管昌功　李 明　金晓磊　朱 平　陈 纯　孙环俊　张 佳
余光达

建筑工程技术
蒋 颖　金 英　沈丹蓉　周 茜　王晓佳　康春海　刘 毅　王朱亮　张颞鹤　胡 辉　陆 彪　刘 捷
钱 锋　高 升　薛 伟　李 嘉

空中乘务
袁佳露　陈珮妤　钱 敏　耿晓晨　吴晋昱　叶洁明　陶 纯　王 璐　陈菲婷　刘晓馨　闵 莹　李 洁
冷 雯　李 越　戚晓瑛　王 晶　孙琴琴　孙和平　瞿幸妍　陈晓菁　李颀骎　王 琪　吴 彬　蔡雯静
周 维　李慧媛　钱露雯　徐 莹　刘娟娟　黄晓鸣　丁 波　董书宇　任诚诚　殷霄飞　顾文斌　施文菁
陈寅艳　杜文欢　黄燕炯　张 琼　仇佳颖　李婷婷　卫晓莉　马炎婷　翟晓妍　沈 晓　邱 雯　孙 佳
刘 倩　刘 丽　李玥莓　戴冉朦　王晶晶　张 洁　李 佳　陈彦苑　金 丹　袁文娟　张 昱　王 婧
朱 懋　姚澄澄　刘 虹　周莉娜　王海萍　朱轶文　金谢菲　刘佳菁　崔文佳　时 恒　张婷婷　陈 佳
史明月　王 璐　郎碧玉　王伟英　钱 君　肖寅迪　祁国伟　叶永青　邓焕晨　乔俊杰　陈云青　单 晔
龚雅琪　潘 虹　黄夏燕　施静之　丁 伟　张 蕾　雷 扬　董清亲　杜欣欣　杨 婷　郦 莹　刘佩雷
陈 洁　陈 瑛　俞竹青　徐毓敏　丁 瑾　陈 玲　顾庆懿　季文佳　吴 莹　陈 岑　王晓寅　夏璐萍
施 艳　奚 颖　蔡一婷　戴 露　喻 丹　毛 茂　沈 佳　丁 凯　曹 炯　赵 骅　陈约翰　徐亦昊
薛 冲　杨 诚　尹钟男　范 露　王佳华

汽车运用与维修
王梦杰　张继峰　孟 开　朱叶佳　杨啸初　陶庚宁　陆正函　赵英奇　陈世家　陈 磊　杨辉辉　曹 聪
郑逸君　卞林俊　张 诚　吴振华　陆 艳　苏旭霁　毕赟云　王 琳　陈旻杰　顾轶天　朱正元　张叶栋
沈叶锋　邵 鹏　王晓雄　黄世俊　沈俊杰　董剑梁　吴鹏飞　黄锋特　徐于云　朱正福　山凌峰　朱立青
周 昊　陶 磊　杨 成　薛晓俊　卢 磊　盛冲聪　朱晓君　阮建华　王健晨　周光懿　张晋晟

人物形象设计
胡 怡　刘 茜　王丽君　张 吟　朱燕平　唐雪洁　韩钰莹　裴倚天　蒋彩燕　朱元元　赵雅静　陈 越
孙 玲　庄勤勤　俞梅珍　何 婷　魏 晔　郝宵斐　陈秋婷　沈 兰　陈 晨　何 叶　罗佩芝　诸雯婷
闵 菊　朱逸敏　薛燕婷　尹 满　王 茜　奚浩川　徐余晶　沈祯岭　孙嗣聪　赵 桢　陆 炜

商务英语
竺 烨　陆妮佳　郭丽瑛　张麦岐　吴意欣　王溪苑　徐 洁　何 雯　单雅琴　黄欣琳　颜峥瑛　张丽莎
曹 祎　胡晓雯　吴 洁　张晓灵　陈 琳　陆婷婷　周引萍　朱晓凡　张俪琛　杨慧琴　张生珺　崔丽莉
张 欢　周婷婷　季嘉妮　邓馥荔　朱蓓菁　吕 彬　赵 丽　沈慧婷　张 恕　雷春燕　黄 纯　邓 鋆
庄彧辰　孙佳寅　叶亚仪　李鑫维　曾兆寅　韩 齐　倪佳峰　徐 新　朱佳卿　李旻磊　吴 忠　陈凌霄

数控技术
王枝叶　王玉珏　沈玉兰　汤文懿　张丽君　方 芳　包雯浩　张 力　陆 超　王若川　施晓斌　葛建斌
褚佳旻　孙凤磊　朱文辉　周 寅　毛静亮　刘宏斌　冯 辉　唐晓晨　严豪杰　徐 晨　顾卫峰　徐华荣
陆 捷　吴 刚　张春辉　李 雯　黄彦青　徐 杰　俞晓伟　王 璐　王佳玮　钱 裕　金 雨　冉宪清
顾晓炜　夏泽超　黄鑫健　李 杨　廖 锋　陆晓军　章 寅　倪叶健　罗 锋　傅培康　龚爱华　刁东俊
杜建伟　陈 竹　俞文皓　韩 旻　陶 俊　孔令佶　金珠峰　冉晴岚　陈铭泉

物流管理

王佳慧	曹晓雯	居 理	石 慧	张珏颖	汪怡蓉	徐 佳	尚林娜	刘兴然	杨丽莉	张 蓉	黄莉晨
叶 怡	张玉萍	李鼎婷	高晓娟	宋 洁	盛 翠	刘 佳	姚彩凤	严文婕	陈 婕	强 芳	翟蕴蕴
肖春艳	顾 超	王 铖	魏吉晨	陈 亮	黄 维	屠宏杰	束 钰	程嘉俊	杨 光	王 晟	郭一峰
丁伟林	朱文武	张 杰	陶升东	谈圣东	严佳胤	张 明	张 华	孔 嵩	弓少光	郑 勇	黄 勋

新闻与传播

俞 连	陆 瑛	李佳玲	季美娜	唐凌斐	孙 善	陆黎敏	张瑞丽	陈 燕	韩晨佳	梁晨花	吴菲菲
顾卓靖	沈 佳	许宝杰	曹 勤	刘 莎	陆雅稚	徐芳远	杨 洁	吴凌燕	盛燕燕	孔慧芳	薛文楚
王 璐	李佳丽	董 洁	陈一格	承丽婷	马晴雯	李龙圆	谈峥骅	林志豪	王顺武		

影视动画

周 丹	席俪绯	唐晓丽	王慧珠	张小莉	卜 冉	王 慧	陈 琼	邵银妹	倪 俊	俞蓓丽	周 芸
朱雯烨	刘佳妮	姜晓萍	陆燕宏	张 伶	赵雯静	智 慧	陆 冰	朱黎勇	刘 华	钟 成	张轶捷
金 旭	吴伟晨	王 盛	丁晓威	成佳杰	曹 峥	王俊熠	陈 靖	韩 剑	周 强	钱俊杰	谢 磊
商忠铭	苏 航	王伟良	周东巍	叶 菁	孟 燕	顾清芬	刘婷婷	邵祯祎	李 婷	沈 滢	周天慧
袁仲雯	韩 丽	沈静文	徐莉娜	杨夏艳	戴俐瑾	李 静	詹艳艳	沈昱南	李晓波	朱甚亮	张晨辰
张 啸	王程诚	朱夏斌	戚勇敏	徐 行	陈 勇	王家凌	孙 侃	潘 笠	韩晔超	陆俊捷	吴 俊
张家琪	夏鸣雷	池天士	许善松	刘翔宇	蒋杰奇						

应用艺术设计(室内设计)

李晓丹	周佳颖	曹明洁	陈礼君	吴春辉	孙 倩	王 颖	唐利丽	汪 焱	王胡媛赧	王 淋	韦 佳
许俪婷	毛文杰	何璟璟	陆丹青	张 弘	汤晓冬	何良俊	倪佳琦	殷 铧	秦健寅	王 洁	包佳颖
黄 雯	王佳虹	张 杰	张金晶	陆 赟	曾丽萍	牟佩娟	徐兰鹰	瞿 荣	江 滢	吕玮婷	顾佳怡
沈凌君	施 浩	施伟贤	杨宇宁	路忠华	陈 诚	王宇诗	余维亭	严 杰	姚春军		

装潢艺术设计

蔡雯雯	骆仕英	乔 珍	沈 琦	扈昱璀	俞嫣然	赵俪颖	李灵芝	王思绮	赵璐璐	陈 飞	郭兰兰
唐燕芳	吴沁英	顾屹丰	周 璟	程诗园	张惠娟	严丹凤	马吉玲	乐晨晨	陈依舟	汤一鸣	许智瀛
董毅麟	盛 恺	孟 维	韩惠清	袁荣华	孙 瑶	刘裔敏	诸晓俊	陈静坤	冯晴静	郑 炜	陈秋洁
毕丽君	周颖璐	周 青	徐 祯	王 佳	张 梁	殷 勤	方 歆	唐秉怡	金伟伟	龚晓雯	朱海婴
赵 燕	毕丽萍	周 苓	江淑英	尹 芝	杜 珠	陶 磊	邢 磊	张 磊	孔令豪	陈云翔	王春辉
郑经伟	冯静强	钱 佳	费国彬	施缪晶	曾培培	庄燕华	邵 芳	吴正雯	沈 佳	张怡倩	陈蓉琼
蔡妍沁	蒋晓静	黄丽娜	陈施缘	曹 怡	朱婷婷	徐 烨	夏善双	石 磊	陈晓雯	范 燕	高莉娜
李 慧	时文俊	简维平	钱文嘉	周 荃	马 超	金土君	锁圣珺	汪祝兵	黄林祥	张溢佳	陆寅华
陈 啸											

2009 届

报关与国际货运

王春海	肖 辉	康云超	金 鑫	郑 珊	金艳萍	齐晓佳	陈心怡	徐梦婷	陆怡蔚	王星婷	孙 璐
曹 颖	朱淑怡	胡冬妮	吴艳艳	张佳妮	龚佳璐	陆晓燕	徐佩颖	许璐莎	陆凌云	徐 静	汪 洁
孙丹凤	杨 蕾	孔祥雯	钱 丽	诸丁婷	夏慧婷	何晓琳	侣 慧	沈丹萍	田 岑	罗晓棠	田慧佳
周 佳	赵海峰	陈 欢	俞 成	黄洪涛	桑紫华	奚炜敏	毛旭东	秦 康	张雨辰	肖云飞	谭佳维
陈 赟	张 磊	丁晓明	杨林杰	黄稷昶	何 升	高 伟	赵宗敏	雷 翔	孙 嘉	高逸宁	缪亚娟
毛 茅	熊 程	张小琳	马美丽	潘莉萍	曹 静	是 昊	戴娜娜	姚 烨	梅佳韵	郝琼莎	王 嫣
朱 洁	王晓玲	陆 晨	周 勤	管雯婷	孙晓珠	高燕虹	戴晶璟	沈兰兰	顾慧琳	徐建敏	薛婷梅
孙霄燕	陈周莉	沃婷君	潘 虹	周 蕾	孙 佳	叶飞飞	杨蓓璐	曹 叶	胡佳蓉	沈文君	何 瑀
张文婷	王友群	杨聪聪	夏 凉	余啸磊	沈智玮	郭辰浩	赵震平	洪晓骁	杨 松	姜纯德	杨毅君
朱海军	孙 飞	霍 捷	严衍鹏	汪少磊	方 超	费 捷	马文韬	胡贝贝	杜燕萍	梅明珠	严晓菁
孙 博	张 萌	杨亚迪	何钰文	孔叶巧	王秋艳	王洪玲	臧 颖	张 静	周 祁	刘 佳	潘蔚燕
王巍巍	黄 怡	金 萍	孙银丽	顾 泱	浦 敏	施玉姣	汪霞英	张 裕	杨晓婷	孙梅君	顾思文
王红心	陈 姝	杨巧玲	俞佳莉	杜伟芳	钱 晶	唐慧静	许 欢	顾燕婷	董水鱼	郑和武	郭 成
赵智华	王涵健	刘雪彬	王 玮	徐 涛	裴栋伟	王 超	范泷磊	张 圆	陈林杰	李竹雨	廖国维
胡之瑄	吴琛阅	汪舟舟	左文龙	陆 敏	周文皓	顾韵夏	陆诗云	吴 琪	邬虹艳	陈瑶琴	顾 雯
马婷婷	徐佳黎	顾 菁	单世钰	沈夏辰	刘 影	王静雯	程丽庆	夏馨怡	陆益凤	鲍煜华	林春敏
曹利芳	严晓晶	印 莹	陈 玮	徐佳衣	何宁英	陈 燕	杨 颖	陈建花	杨纯纯	孙 娟	孙佳凤
陈思雯	余学燕	徐雪婷	沈莹荧	蒋福莲	陆 烨	滕狄刚	周 兆	徐 力	路佳俊	朱瀚涛	张 杰
何文俊	顾龙平	宗 毅	赵 靓	曹 毅	孙俊波	丁 磊	潘延卿	方万安	丁捷敏	蒋全骅	张 浩
冯 恺	王夏斌	徐沪冬									

表演艺术

张 乐	孙 霞	李 珺	柴珑婷	杨爱琳	陆佳艺	陈之琳	黄轶群	刘筱琴	陈德青	陈 怡	周如华
丁 蕾	程 瑶	任 平	周 建	蔡恒熙	李卿城	陈思超	王陆超	冯申杰	徐 峰	汤毅伟	吉文豪
许 丰	朱志超	杨梦倩	鲁 璐	陆 森	方 杰	李华晔	许 骊	杨晓婷	侯炜英	严鼎鼎	黄燕炯

法律事务

顾波渊	柳 静	江燕青	刘俊斐	耿佳佳	王 璐	沈 忆	戴 芬	周晓艳	沈 佳	陈春梅	姬佳妮
苏珊珊	施婕旸	宋佳晨	窦丹花	苏诚晨	陈 琳	黄瑜玲	丁 璐	陈慧婷	朱蓓蓓	谷 昀	叶 蓓
薛丽娜	姚瑜婷	尉晓寅	洪斐斐	倪嫱薇	曹 煜	许 赟	金韵迪	季浩亮	叶晓多	赵 庆	高然翔
沈 宸	周寅东	吴丹斋	范泽华	林子彦	张 健	周 寅					

房地产经营与估价

葛文雯	陈天婕	李思玉	刘 佳	刘 天	顾璐怡	韩维婷	谭晓倩	康晓青	洪 蓉	曹维丽	黄炜杰
王敏龙	张 毅	陈小清	盛 乐	庄 煜	黄仲彬	王仕超	章 樑	汤金杰	戴 怡	傅 翔	张 涛

服装设计

张天石	姚丹丽	李 静	曹维娜	严慧芳	陈蔚慧	杨晓燕	陈逸舟	王薇薇	倪 佳	袁 颖	石 昊

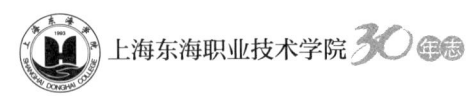

国际航运业务管理

汪洋　汪颖　梁艳　程怡　陈冉怡　徐瑧　李晓婷　胡晨飞　吴呈　蒋莹　黄静　李金莲
陈觅　唐燕　叶靓靓　孟丽颖　夏君艳　陆怡佳　沈音　朱晓婷　陈晓艳　李竺丽　石晓蓉　张汝萍
周云　戴青青　宋涛　沈麟曦　周敏杰　范力　许林峰　包天益　陈俊杰　杨宸　陈汀洲　张意铭
杜振海　任杰　吴昊　陈世超　钟诚　殷明　周诗砚　祁雯　孙晨　李雯婧　陈洁　吴静怡
费雯莉　叶菁　颜碧莹　侯超　高晓晖　王亚梅　沈凝露　唐琪蔚　徐佳佳　罗李华　姜佐勤　李杨
薛彬琳　彭丽玺　王翼玲　王佳　周旭婷　金蓓莉　巫德俊　王进伟　王辰玛　王宇　韩郑颖　杨晓俊
王彬　吕斌　吴杰　张奚　陈健　柴毅超　俞圣杰　钱宏

国际商务

沙靓　张雅　钱露　王萍　瞿洁　徐懿　金晓珏　徐颖雯　倪慧娴　陈瑜　叶青　宋叶萍
徐晓君　张文姬　张蔚岚　王艳婷　吴琰　盛佳辰　闫洁　谈澄澄　严惠佳　陈银璐　刘俊　陈佳伦
周侃　薛佩鹏　蒋佳俊　范浩　邬家琪　江志军　陶禹　周晟　尹艳艳　孙丽玲　罗艳　胡艳华
方芸　蔡晓卿　孙晓波　徐怡菁　杨慧娟　王雯　孙佳宜　吴慧雯　戚雅璟　谢寅吟　倪慧　孙微
龚英　杨晨妍　王燕萍　耿桦　毕晓霞　陆英　高菲　胡宝　王文寅　倪佳菲　王擘　孙青
刘峰　张伟欣　倪君

环境艺术设计

朱炜　应心瑶　邵澄　李秋燕　虞晶文　顾佳佳　金萍　钱雯　杨英　陈丽娜　严伟　谈丽萍
俞晓翠　刘瑜　杨旻雯　赵其阳　费云方　张自雯　董易　曹丹华　朱晓敏　顾琦峰　盛晓臻　李振华
马钧斌　陈天祺　应子瑶　李琼　周佳页　金梦媛　陶雅　张燕佳　殷昊　杨文　金丹　曹华
黄媛　金颖　岑莉园　吴佳伲　季春燕　刘燕　王浩　王钟江　乐晨　金佳明　糜骧　苏良
黄成　刘学诚　冯方　陈俊强　尹昊　王兴宇　杨佳磊　葛晓莉　周玲　李晓雯　曾晨辰　王文婷
王琢　赵玉婷　王思嘉　陆星杰　彭华诚　顾嘉龙　庄晓龙　戴恩　施君　陈骏　刘亚卿　顾翔

会计

夏敏　张晓君　周晓君　胡萍　宋祎　董明宇　庞燕芬　袁雯霏　陈吉　高婷　葛萍　沈燕
沈茜　洪蓓丽　刘倩　顾松松　卢倩云　吴心怡　张莉　朱晓琳　汤莉　俞佳妮　王晨　罗佳
赵静　龚文君　王蕾　沈丽丽　倪佳文　黄琦　缪健华　谢丹　谢小莺　钱鑫龙　丁麟虎　王志超
潘晓璟　朱俊君　池夏萍　金超　尉云琦　崔孙文　吴小艳　元鸯　高倩倩　蔡璐　弓思雯　陆雯丽
龚幸洁　张奕　李艳　阮艳艳　陈佳璐　戎佳雯　徐云　吴海燕　朱鸣菲　周雨晴　陈璐　徐炜琳
黄佳雯　刘倩　陆云　周妍　马丹　朱小燕　冯雯雯　徐韩　尹珊珊　殷琴　朱澜　黄琳
王丽勤　陈洁琼　施慧丽　周之翰　杨彬路　季超　倪辰颉　李思源　严晓冬　鲍嘉悦　陈晨　陶俊瑜

机电一体化技术

周晖　周逸伟　陈洁　徐嘉忆　郑雷　徐益峰　洪孝龙　孙斌　蒋文文　沈小杰　蔡亮　徐意
孙海军　顾峥嵘　芦俊惠　鄂自强　陈帆　练勤文　乐松涛　裴龙　曹晶晶　俞思敏　夏翊超　谢辰
林振宇　吕臻斐　周一枫　张旻　金彪　盛丽云　邢耀廷　顾超　胡晨乾　方智刚　王兆峰　张鑫
施超　陈辰　吴亮　董晨帆　杨伟祺　陶洁　李晶　徐何康　许斌　王雪敏　乔玮　朱嘉毅
周疏　沈韶秋　王恺　徐靖　曹昳　陆文卿

机电一体化技术（航空机电设备维修）

李晶珺　张嘉益　戎宸　孙升捷　孙华　王恺　丁敏　金诗明　陈侃来　沈晨昊　俞一菁　林慧俊
刘瑞栋　施炎佳　程序　顾璇欢　申博　曾之超　陆辰捷　周博今　赵明源　黄维　徐勇　周斌
龚啸辰　张鑫圣　王潮　王韬　徐毅巍　朱祺龙　张宸　吉伟　郑凤　范冬青　曹国庆　沈晓辉
严嵘　茅永洁　吴俭　李海刚　邬扬捷　华诗章　尤哲伟　李纯翔　徐辰杰　朱含晨　夏晨

计算机网络技术

陆毅　孙佳琦　刘依婷　倪慧婷　严亦秋　陶存伊　余超　范秉臣　钱锋　戚龙璋　王威淇　李辉
王乐群　卞伟国　庄瑜　狄亮　张晓凯　刘世渊　潘建宗　魏琛　董劼宁　李竞　尚振昊　赵瑾
施扬　沈佳荣　王兴　魏巍　陆文聪　杨千一　戈明虬　陈治中　沈崇文　翁俊杰

计算机应用技术
齐 雯　李 莹　温雯婕　张 沁　平春燕　谢晓青　谢 青　鲍 琼　胡丽丹　吴 瀚　韩 盛　周绍杰
张 毅　杨 勇　张佳雄　魏 俊　戴杨君　冯祖冕　凌玮康　王 威　王 良　林玮玮　宋烨峰

建筑工程技术
徐晓芬　杨晓凤　黄丽玉　沈梦霞　蒋佳丽　唐志刚　张 群　余均浩　许 亮　封 磊　朱张慧　楼佳云
李静华　刘夏泉　顾超峰　戴世源　商卓赟　马一栋　钱 杰　袁蔚彬　李翔浩　陈晓丹　王佳凯　周 超
干浩杰　邵正宜　陈鎏瀛　王乃宵

空中乘务
王 倩　王 梦　郭树楠　朱 琳　杨 柳　许 晨　赵 彩　李文文　孟 杨　闻冰润　王茜茜　林 澂
张佳垚　黄梦嫣　李 帅　刘晓诚　赵 燕　余吉菲　陈 妮　孙愉逸　计 妮　姚 瑶　龚沁蕊　任晓琳
李 倩　肖玉青　刘冰雪　李可佳　行 墨　蒋慧蕴　郑 洁　虞忆心　田兆源　李 营　张 鑫　冯 京
李思敏　成 昊　陶 磊　陆 烨　张 敏　宋丹青　姚 雪　尚婷婷　施晓婷　陈佳丽　张 乐　吴 玥
周丽娜　王 茜　冯 露　王逸姣　张 颖　林娇娆　全秋玥　韩茜茜　沈 倩　周 雯　陈一婷　曹雅雯
耿 耿　朱凤月　朱 芸　梁 田　陆 樱　严 婵　夏佳韵　夏娅婷　王玉洁　陆 璐　曹 芸　王 璟
赵 楠　李 凯　顾智强　张 峰　潘圣冬　冯 吉　施俊皓　周海妮　徐婷逸　成 颖　张凤凤　朱玮玲
马肖萌　董 青　郭培丹　诸 晨　丁 佳　马小倩　李天虹　杨 青　鲁 倩　戚 珺　黄炜辰　季 樱
孙烨婷　陈凌玉　蒋佳璐　丁丹凤　庄晓俐　李燕萍　高婷婷　詹雪蓉　李 雪　薛 斐　肖 晓　张 俐
沈丹虹　唐蓓洁　徐越华　贾 羽　李 畅　赵 晨　江晓明　马一鸣　田 野　施文菁　陈寅艳　杜文欢
王佳华

民航商务
杨钰莹　胡田甜　林凤娇　何玉婷　柳 婕　邓 玥　黄鑫鑫　唐丽云　阚丽晶　胡晓卿　智 艳　周怡凡
郁燕萍　李妮佳　周嘉盈　朱 君　俞 梦　薛红红　沈晓旭　朱 敏　奚 钰　任秋艳　陆 依　王 冬
王奖君　王黎伟　刘富凯　李 健　王俊杰　陆 佳　张 琳　闫梦雅　孙祎瑕　张旻娇　陈 婷　左珉烨
高轶平　陈丽君　赵 晨　张越琦　邱玲宇　徐 俊　邢 飞　何霄君　唐蓓娴　方 静　袁云婷　丁洁羚
俞倩倩　孙 弘　夏佳颖　任怡珺　朱 慧　侯明晖　杨世俊　陈继贤　兰 天　王 剑　姚 波

汽车运用与维修
顾慧烨　龚 荻　顾微微　于 旋　谢 杰　王寅华　王正基　张慧彬　宋 文　孙家明　钱鹏晖　高佳运
金 龙　徐 琛　徐正辰　陈佳明　徐 舟　唐 铮　陈俊杰　沈国斌　欧君琦　陈季龙　李智铭　杨懿卿
姜华俊　蔡 琦　林宇龙　吴鸣鸣　赵 峰　沈佩丽　徐晟超　缪国华　吴 杰　顾宙萤　卞辰舜　陈 翔
胡 杰　庄富豪　徐寒醒　冯 璟　彭晓通　顾增玖　吴远程　王 斌　袁明皓　徐诚铭　张 磊　章健明
徐健敏　孙 倩

人物形象设计
朱 晓　陈 越　沈 兰　朱 玮　金 菊　沈文妍　陈 君　陈晓霞　顾佳璐　张 艳　海 静　仇 瑾
唐安妮　邱晶晶　袁 青　朱静莉　潘东辉　刘 靖

商务日语
罗丹旎　潘妍怡　陆皎娇　庄玉慧　俞珠峰　顾亦杰　高 静　吴佳英　沙秀文　杨 萍　朱昀晞　周琴菲
姚晓迪　朱虞平　邱 蕾　王 婧　盛 夏　吴佳秋　刘天毓　杨丽夏　叶 婷　金紫佳　陈 琪　蔡佳奇
许乐平　王佳俊　吴 超　曹敏佳　施 赟　杨 伟　冯伟东　金啸奕　陆云翔　王 妍　刘 夏　夏萌遥
陈杨珍　王盼娜　唐晓雯　蔡丰励　徐莉娅　张玉虹　李晓燕　钱 洁　曹飘飘　朱园婷　柏丽颖　陈 佳
王丽华　丁 馨　杨琳凤　胡闻捷　周 圆　唐丽敏　陈 鸿　张旭良　夏宏俊　王晓瑞　徐 璐　包晓伟
王 庆　汤 菲　庄徼熵　梅 慧　戴逢源　王 耀　林月英

商务英语
章 源　曾一喧　赵 琪　董丽莉　王 青　顾杨薇　陈 静　宋 艳　顾 音　周 维　王熠雯　盛春欢
孙一萍　杨夏萍　钱莉琼　李珊珊　郭文卓　史磊鑫　俞仙霞　黄喜红　鲁晓燕　刘 杰　沈 晶　杨 哲
邓雄升　张华钧　王炜栋　秦晨炜　阮如雷　盛 宇　顾 青　陈耀华

数控技术

杨 剑	秦 妮	周臣斌	田 俊	储文晶	李健祺	陈文斌	张 平	陆文杰	谷 焱	冯程枭	高盛龙
张霄旭	施 伟	倪培培	孙文磊	刘华杰	夏 雪	张晓琼	邓 勇	唐国军	竺成坚	徐翊钧	张仕鑫
屠惠惠	张敏捷	李 超	尤人杰	周建华	黄 远	吴玉辰	王梦杰	陈 伟	沈建华	沈旭祥	林 辰
曹 炯	周乐申	傅佳敏	张 杰	张 骏	施 辉	曹曾强	陈文杰	林嘉斌	顾晶佳	陆 敏	包仁杰

物流管理

宋 洁	陈 婕	许 慧	张芝蓉	韩 越	姜李晨	胡晓晴	万慧婷	姚 蕾	张 琳	张佩华	李燕珺
李 锋	朱 佳	姚琼华	杨 君	李嘉祥	谢晶晶	张 涛	贺 吉	丁 铭	马 焜	谭欣严	陆龙文
王佳林	吴 冰	顾忠华	顾旭东	张 伟	陈 蓓	邬沧萍	陈 杰	姚 芸	孙 莹	潘海云	马婷婷
李剑蓉	乔吉婷	陈 玲	何金霞	丁春华	季纯吉	吴晓燕	吴佳妮	杜盛楠	倪晓庆	张春霞	叶 敏
吴文俊	薛 晨	梅文蔚	黄佳辰	王逸平	陆 慧	王 健	袁文杰	王建军	周长江	张宇文	吴 亮
顾 春	朱文博	邹 阳	徐仁强	蔡智慧							

新闻与传播

陈嘉妍	谈峥骅	林志豪	顾华艳	姚 婷	徐 婷	何玉萍	张小芳	董丽慧	付 兰	汪 钰	吕 阳
严佳敏	王 洁	樊佳妮	陈海玲	钱婵燕	沈 佳	倪 芸	陈秋敏	张 萍	徐誉鑫	卞育敏	周 倩
刘洁旬	汤 怡	钱文君	吴耀弘	陆寒冰	范 斌	郭仕超	张舒奕	张 喆	张丹青	朱豪洵	何昊良
周震宇	黄春龙	姚晓辉	姚 强	沈正壬	朱伟军	戴鹏程	朱 鋆				

印刷技术

孙 岚	林 菁	姜 喆	王淑琳	于嫄媛	薛 娇	仲 倩	盛佳怡	鲍文纯	沈慧康	张宇磊	莫浩咏
孟宇峰	王志成	杨 艳	潘 鹤	张 亮	郑 辰	解逸圣	顾亦非	张一凡	严 健	芦晓冬	宋高春

影视动画

周 丹	郑宇海	钟 成	朱琼莲	陈嘉琳	陈 蓉	周 洁	寿玉红	蔡玥婵	陆 艳	顾艳燕	周 佳
李思嘉	卢伟宏	朱晓光	沈志成	陈 磊	尤露铭	陈琦霖	李 俊	许伟明	周 峰	张 超	彭 兴
金 斌	乔 峥	隆文杰	高嘉祺	范晟赟	赵钱荣	马晓伟	厉 凯	李 俊	朱 斌	方 超	任 桦
卓成彬											

应用艺术设计

虞 璐

应用艺术设计（室内设计）

胡睿如	张 懿	钱 颖	王佳嫣	吴海虹	姚 瑶	刘 怡	蒋炜婷	张燕萍	沈 宬	周 峰	翁世杰
吴逍煜	卞坚榕	周宏辉	丁 侃	俞晨皓	马弗君	胡胤怡					

应用艺术设计（展览与商业空间设计）

李雅洁	顾丹芳	顾燕青	刘 盈	郭 颖	费菁菁	叶丽丽	赵 伟	严 洁	徐 菁	丁 珲	王 蕾
杨珍珠	赵 良	冯毅君	徐 玥	苏昕昊	杜亦申	毛益灵	郑 刚	陈 勇	傅佳龙	陶晨岗	胡逸皓
顾逸文	唐一雄	吴时宽	张千佑	喻爱青	乔 杰	胡宏斌	曹俊义	钱觅莉	沈 婷	孙 蓓	周巧燕
陆莲俊	陈晓懿	康 英	殷李莎	诸琴琴	包 懿	金殷胤	吴 颖	张 瑶	姚书培	吴 博	郁应翔
吴健明	赵 晨	黄 平	许晨祥								

应用艺术设计（展览与商业空间设计）

郭安怡	秦 蔚	巩陈燕	陶瑛瑛	范瑞芬	赵玮娜	包洁漩	施全芳	经 莉	卫宝玉	王 燕	邱 茹

装潢艺术设计

盛昕月	袁密密	陈 琳	孙晓菁	戴瑰超	黄 蕾	朱欢平	杨 艳	王晓玲	周 春	宦宗毅	杨一帆
毛荣钰	张锦元	唐 伟	庄一超	张 辉	周金鑫	洪怡青	陈 寅	陆盈璎	吴佳玮	俞梅梅	许佳莹
庄婷婷	夏 亭	王茂霞	王 樱	曹 静	朱 捷	蔡 君	周懿诚	朱 锋	康 庆	林耀祥	周恺迪
陈 醇	王 桦	何朝廷	严剑斌	陈 俊	周玉婷	陆 婷	庞艳菁	陆 娜	朱雯婷	顾乐燕	张 旎
沈 铭	孙佳燕	金生磊	梁俊峰	王沈辉	薛 轶	汤 程	夏东生	蔡 琨	沈闻恺	赵云龙	陈 磊
郑 航	葛维舟										

2010 届

报关与国际货运

李 莉	董素培	郁菁菁	王晓晶	周 萍	张伟琴	王 艳	郭燕婷	汤林林	何 欣	奚 嫥	钱佩瑶
陶 辰	池文洁	吴晓英	沈 洁	姚春红	倪佳燕	施 赛	张 丽	李 静	沈丽婷	钱佳敏	杨筱雯
沈红霞	陈 琳	熊春晓	陈 瑶	王盼盼	沈贝培	施嘉浩	王 宇	董文超	吴培辰	黄 栋	杨和俊
梁敏敏	凌晓辉	林烨俊	周 伟	金 晶	陆 翔	祁翼飞	沐 昊	戴辉芬	陈一鸣	周腾跃	李文露
苏梦佳	丁 毅	黄森娜	汤 悦	管雯霏	黄云彩	娄丹华	徐 懿	王佳园	黄雯漪	李敏燕	周蓓菁
钱晓莉	叶慧玲	张兰兰	王琦雯	朱莉静	赵懿梦	桑燕美	吴文秀	谢 晶	赵晨枫	封超超	戈嘉琪
陈春燕	周晓娟	吴 琼	鲍静霞	姜莉莎	马 蕾	杜爽爽	潘雪芳	陈超群	施嘉赟	余 维	康 敏
吴 沁	范佳俊	夏 峰	杨智仁	路 涛	江 杰	黄健俊	王怡伟	王 坤	孙俊杰	庄汝慧	许 磊
宣佳麒	沈昊贤	吴宸玮	巢鹏飞	尹晓娜	唐文博	朱晓雯	李佳佳	朱 静	韩 芸	钱莉娜	陈 静
张 敏	杨佳妮	谢 静	夏丹丹	陆 叶	俞雅菲	袁 昇	顾庆晶	吴丽君	褚 频	张 佳	唐秋萍
王珍妮	施 晶	顾剑莹	陆 雯	顾 琴	谈龙娟	刘 钰	郭 莹	罗 格	赵 斌	刘 洋	杨国彬
刘 阳	王嘉炜	陆乾彬	张成龙	郁君晨	闵宾宾	颜世超	姚继俊	王一川	顾嘉伟	吴逸波	王崇新
戴鸣杰	查士君	周 杰	王长林	刘 敏	李帅军	陈伟光	江腾飞	李 曦	穆永玲	高 俞	秦孝春
朱嫣冰	王 莉	陈祎欣	徐 俊	王 燕	王迟秋	吴 妍	马 兰	张雯晶	祝红梅	何柳华	沈 珺
许晓奕	杨小云	陈 颖	余赛卿	杨 群	陈 婷	刘 萍	袁 玫	姜 立	张翠红	邢凯华	沈丽妍
张德融	周 麟	高 杨	许 诚	李良超	李仪荻	陶立民	洪元超	马俊逸	章 翔	李昭阳	赵晓伟
徐荣雄	陈 波	朱易君	施奇超	吕 赟	蒋 涛	许 炜	邓 磊	刘斌彬	金 玲	陈 波	安文怡
蒋 艳	茅文雁	田静莉	韩文娟	任 露	马晓玉	张晓琳	叶希云	黄 玲	田文婷	刘玉立	陈 婷
朱丽娜	王梦嘉	余祯怡	徐沁园	吕婷婷	李宛婧	徐晓敏	盛文娟	楼维佳	夏 芳	王 媛	王小梅
奚 辉	徐昊天	陈 瑶	薛 文	李怡清	费晓翔	高 明	李 龙	金 璟	查 理	钱军龙	郁 超
王峥嵘	沈 辉	夏非非	孟 磊	贺 俊	黄志刚	邱燕华	江圣佳	邱吉松	赵厉擎	李开明	张欢霞

表演艺术

单佳利	许 莹	应凡恋	李佳燕	许晨佳	叶家玉	黄梦蝶	虞嘉楠	朱 叶	周 洁	贾鸣敏	张 鹂
李 颖	顾庆祺	杨 开	尤健力	马豪庆	卫连啸	刘 纬	包世杰	郭锦龙	季 翔	朱盛瑜	汤晨烨
张颖芝	石 尧	李诗臻	李 㛃	吕圣善	姚倩璐	冷 媚	吴佳晴	孙吴栋	贺 琳	范 芸	倪燕娜
刘 哲	庄元屹	桂文磊	吴辰蕾	全 欢	周 莉	陆 乐	左佳菁	谭雅丽	姚华晴	范星铭	纪文佳

法律事务

田 瑞	许 洁	范 珏	陶晨烨	田 媛	胡晓璐	周 菁	王一舒	凌雨婷	张 吉	徐锦雯	孙 以
胡婷婷	许韵迪	崔 璐	刘怡婷	潘 静	蒋燕华	管 全	朱晓萍	姚蓉蓉	黄为夷	张慧慧	杜小玲
赵 苹	朱晓蓓	付秋艳	郭瑛霞	顾燕萍	杜玮雯	唐宇坤	刘烁宇	李世文	严 俊	向运辉	范燕青

房地产经营与估价

| 朱 陵 | 宗 笈 | 吴程燕 | 陈 燕 | 曹 丽 | 傅佳妮 | 张怡菲 | 王旻昊 | 连 晶 | 顾 烽 | 倪 俊 | 田 骏 |
| 陆霄霖 | 陈 煜 | 张嘉昱 | 胡云飞 | 金 磊 | 祁杨辉 | 邹晓亮 | 刘 伟 | 江 山 | 刘 阳 | 邵 鹏 |

服装设计

| 唐洁羽 | 周 雯 | 汤晓珺 | 唐 莉 | 戴丽丽 | 李 颖 | 何丽娜 | 凌濛黛 | 张海勤 | 忻 欢 | 刘 佳 | 丁 凤 |
| 王罗晶 | 沈 洁 | 林坚信 | 沈 轩 | 沈宇博 | 朱 吉 | 夏俊艺 | | | | | |

国际航运业务管理

王皆一	李晓燕	柴婉丽	王梦皎	何卉敏	周 婷	张丽艳	金丽萍	周春蕾	钱秋蕙	魏 娜	沈 昱
葛鲁靖	汪佳露	苏培园	黄艳君	邢癸敏	樊忠怡	俞 靖	葛 琳	吴晓芸	陈雨婕	吉丽萍	黄 琰
顾丹萍	钱雯婷	徐 薇	陶梦琪	高臻阳	张 宜	林大翔	张 奕	倪少博	杨佳铭	陆 彬	潘 杰
沈 朝	王盼杰	徐昌伟	刘 毅	沈 杰	邹智勇	周一凡	杨旭刚	杨佳恒	陈 俊	徐心韵	张 晋
何凤莉	李倩倩	刘莎莎	王佳琰	王悦桦	周云蕾	吴佳艳	杨晓瑾	程 弋	孔丽婷	李 靓	郦 芳
徐晨璐	吴莲莲	胡 萍	任赟婷	卫彬彬	袁 凤	马义铭	马艳艳	魏 娜	邱海梅	罗丽娜	晏子婧
何丽媛	俞世俊	孙黄豪	范秋野	刘 超	唐方圆	钱 昊	孙浩卿	郑 澔	万晓敏	苏 鑫	李思济
高 敏	沙云亮	吴启军	陈 郁	朱建强	宋立宙	俞建军	徐 磊	徐赋生	柴 泽	汤晓峰	缪之杰
王 超	郑静涛	胡逸君	江雅萍	吴伟俊	金午慧						

国际商务

金 晶	宋依妮	孙慧靓	陈 叶	王怡倩	张滢欢	蔡 纯	丁丽芳	沈洁婷	陈 怿	胡正婕	顾文婷
张希扬	夏 虹	陆燕华	孙 卉	朱晨晨	李凡芸	谢 洁	张 敏	沈佳颖	吴菲苓	黄燕萍	杨育敏
陈晓丹	王欣薇	陈丽萍	王春瑛	王 琪	杨龙梅	徐 丽	陈惠英	陈 琳	支良雁	赵 健	张 磊
郎夏萌	蒋 杰	孙耀辉	陈 震	柴行友	王含冰	张 逸	陈 成	虞 震	刘志刚	黄 敏	许 颖
李春妍	张俊燕	王长婷	顾懿毅	谈婉萍	陈 蕾	周晓燕	陈 鹰	顾佳君	杨 蕾	叶 菲	魏倩文
王怡雯	李星欣	陈 欣	沈 贤	张 钰	严婷婷	庞倩莹	陆佳艳	陈似鸳	周怡琼	叶雯琳	卢萍萍
倪露超	杨艳华	任颖婷	高也惠	黄 蓝	姚欢欢	陈 燕	蒙贤媚	王 维	周 骏	卞 杰	周耀煜
李嘉琦	余 龙	李 良	盛嘉彦	沈文毅	范佳才	颜勇捷	吴陆斌	陈佳威	王 晖	于 亮	阮 元
贺慧蕾	陈 雷	黄晓曦									

航空机电设备维修

孙 翔	干迎奥	周 杰	傅佳玮	孙 冬	徐晓栋	李维磊	吴霄龙	李莞辰	赵雯俊	钱顺龙	杨 刚
郑又皓	胡熠晨	沈冰冰	陆 超	晁岱风	魏 峰	沈成杰	朱四维	何 弦	朱 聪	蔡 都	杨晓锋
韦 宁	林叶青	陈凯龙	卢英翔	王 赟	许伟凌	王嘉杰	汤利君	蒋继樑	李慧樑	周玥明	陈 聪
庞晓波	朱洪宇	郭宇亭	王枭涵	吕铭飞	朱佳煜	朱一波	纪春楠	章炳捷	黄军勇	沈慧青	张靖基
沈 超	毕晓峰	林佳裔	王 立	瞿荣贤	张 旭	徐琼佳	沈佳辉	赵树杰	钟意龙	李 鑫	黄君洲
朱青鹤	王 升	苟治强	陈 伟	都世杰	虞思昊	王枫骏	黄骏晨	邵 争	商钟亮	朱骋翔	吴文彬
陈 飞	王月龙	朱恒林	韩朝巍	周嘉杰							

环境艺术设计

朱兆洲	张 玮	毛新滢	徐玉萍	张 莉	诸 凤	李 叶	范玉洁	罗贤红	印冠霖	姚 丽	冯冶曼
朱蓓雯	张 琼	刘嘉能	朱 艇	顾 敏	赵 晨	丁 玲	高 杨	王 芳	曹丽姣	陈龙娟	刘燕君
李冰雯	王 青	姚 晟	黄逸君	朱小军	王益峰	孙 晨	王顺俊	金辰骏	张毅峰	陈智勇	赵佳生
陈莉颖	袁 雯	顾佳烨									

会计

陈奋华	高 杰	徐文静	季玉婷	孙馨怡	戴 嫣	康 雪	叶凤丽	朱碧玮	邵纯悦	曹幸倩	沈爱丽
吴 辰	傅 玮	郁晓露	王叶菲	张雯静	朱 迪	朱王菊	朱文琴	刘燕萍	李 丽	吴 培	肖 悦
薛 青	任 媛	林辰瑶	陶秀玲	火嘉玮	张 琴	钟姗娜	毛丽颖	周雯静	翁 媚	肖亮洁	冯 俏
史颖怡	刘绍梦	张钱硕	郭一飞	姚 虹	戈 成	刘祯一	许 杰	徐 超	蔡魏一	范 明	施佳琪
钱 琳	巢晟麟	林露露	王巧凤	黄佳忞	尚 茹	张晓晔	邓婉君	张若涵	凌思佳	夏 蔚	王黎雅
周梦媛	夏 玲	尤丹雯	王 玮	谈 韵	蒋 莹	张 洁	陈 琳	朱文俊	包陈瑛	王依超	姬钰蕾
庄春燕	陈婷雯	吴晶晶	陆拯蒙	周枭慧	焦梦云	陆晓琴	罗 婕	杨天玲	陈 璐	王晓丽	张 萍
冯 勤	周 莉	曹 薇	孙 佳	何晓晨	沈 雅	周 芸	沈吉龙	杨琦伟	马 冀	陈 超	李嘉欢
殷 磊	陆宏伟	陈 慧	童 诚	周 源	沈栋鸣	汪 沛	何莉雅	顾颖斌	赵思旻	戴雯玉	周小晶

韩思瑶　侯佳俪　徐　瑾　王　倩　蔡　璐　徐　佳　卜珺嫣　马雯怡　吴佳颖　潘夏颖　杨珍珍　林　悦
王娇月　王　超　丁晓颖　施　莹　陈　艳　王心怡　费云美　金　婕　储文迅　张利静　徐梅麟　张翰璘
沈伊昵　李　懿　王燕萍　杨玲玲　刘君怡　周雅萍　吴莉娜　洪汝佳　蒋玲玲　汪茜茜　翁菁菁　田欣蕊
胡晓敏　李　洵　胡文龙　许　超　温嘉宝　施卓群　陆佳君　杨　扬　沈圆超　蒋　译　姚呈聪　刘晨韵
朱　萍　周之靖　曹　冲　苏一磊

机电一体化技术
　　　　沈　程　龙　滨　徐道童　邢　航　吴梦斌　徐晓云　倪　磊　姜东梁　倪俊健　黄卿竹　陈玉新　张佳元
孟春华　罗　夏　陈　凯　朱闻君　石晓勇　潘　琼　赵　磊　余崎峰　曹春磊　颜新俊　蒋　波　杨　鸣
姚宇浩　李晓龙　严燕彬　顾立辉　张　迪　陆旭东　周　杰　顾冠晨　徐　豪　周　彪　钱　青　陆龙麟
张惠宏　严晓东　徐剑荣　孙未其　辛　巍　顾　政　周佳敏　朱奇斌　周　祺　龚宏波

计算机网络技术
　　　　邵春艳　操　越　丁嘉伦　沈思维　叶　青　陈　黎　唐凯凯　汤　佳　贺　捷　于栋良　钱忠良　金　龙
陈思奇　吴云鹏　王建德　张　徐　郁春捷　安成孝　凌文武　顾海敏　徐佳磊　盛雪峰

计算机应用技术
　　　　周　钢　张晓庆　范　洁　余丽莉　查泽民　杨　淇　钱　严　刘一超　李　涛　沈　建　张　浩　瞿轶超
钱利良　李强胜　吴　诚　徐光琦　陈　翔　李嘉森　张佳衍　王佳捷　蒋　磊　楼小铁　卢宇平　王　韵
周　杰

建筑工程技术
　　　　郑晶晶　唐　静　郁晔冬　梁　丹　戴志萍　傅文宇　吴周旅　张　帝　冯驰瑶　蒋一锋　吴晟赟　谈翔鸿
顾华挺　卫　巍　蔡夏珅　吴　浩　周立君　张丹军　钟晓明　申屠楠　陈冬冬　郑　飞　孔祥华　季骊杰

空中乘务
　　　　吴彰巧　沈颖菲　吴菲菲　王艳燕　林　俐　高雍璐　杨　希　曹雯卉　王　玥　王　霞　叶　雯　耿佳雯
邱　月　周梦雪　李海莲　黄哲轶　张靖婕　戴梦璇　吴松霖　杨　帆　王　晓　王　璐　汪潇琼　李　娇
陈　晨　王　那　张莹莹　孙玉乐　王　婷　潘昌松　黄　凯　吴志刚　周恩巍　黄文斌　朱后波　陆　超
朱　顿　张怡龙　张　臣　丁小雅　刘霁月　杨　晶　朱柔锴　陆丽彬　邹冰倩　李　蓓　柴翠翠　何佳轩
宋　歌　赵　莹　姚　丽　张　璐　陈淑姝　陆美珏　丰丽佳　张思梦　胡珊珊　陈　宸　王　虹　刘　璐
刘　娇　张美君　陈金言　曹葭思　徐　佳　朱东明　孙　洁　余　宏　刘　倩　赵莹颖　李　馨　许志龙
钟天成　张　岩　唐文彬　王　洋　梁　平　奚嘉波　李轶瑞　任琬宁　顾梦捷　胡　颖　毛维文　郑　燕
李　晟　任秋月　钱梦婷　张怡敏　季茹燕　梅丽雯　徐　娅　蔡唯唯　胡　燕　黄　璇　王慧玲　陈之倩
季文颖　顾萌佳　陈敏华　曹　洁　岳梦姣　王　婷　田　甜　仲　洁　赵婷婷　朱文娟　黄雯雯　杨　冬
姚　静　刘璇璇　于东棋　王　琪　王　烁　王元涛　朱文佳　季德龙　王　磊　胡圣奇　徐立晶　姚　峰
张　隽　施莉莉　刘益炜　虞　哲　冯君蕊　黄晓卿　潘冠华　顾　勍　汤振艳　徐晶晶　缪静娴　吕　玺
王　静　倪天凤

民航商务
　　　　韩　婧　夏怡雯　孙晓露　袁薇薇　袁　菲　庄　苓　黄欢乐　李　鸣　严皓月　白羽轩　陈　琳　陈　莉
朱　瑛　黄丽莉　彭剑梅　孙梦莹　樊　杰　徐晓婷　金　雯　陈天娇　王　晶　朱雯靓　施　蕾　王天恩
陈晓婷　杨　丽　刘　慧　吕文君　郑思思　刘文青　钱　雯　傅宇浩　汤淳风　张　庆　金乃青　黄　滨
王　敏　周梦恬　秦佳辰　张　月

汽车运用与维修
　　　　施林锋　李　超　汤子龙　庄静俊　王松涛　陈　伟　张佳慰　任剑青　孙丹华　毛思敏　刘鸿鹏　朱晓波
施　东　倪荣荣　张　骞　李超英　刘文俊　徐海标　蒋水平　戴伟靖　刘　伟　孟俊华　张玉仁　邵敏峰
徐　军　生健明　张越良　陈　凯　胥宝权　李　晨　刘新辉　郑　璐　金　胜

人物形象设计（影视化妆造型方向）
　　　　何梦妮　孙　倩　朱　磊　周　蔚　杨莞沁　李　祎　王珈佳　李蓓蓓　陶冬令　宣奕岑　杨晓雯　郝亦捷
金　梅　徐　晶　张书豪

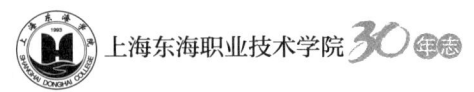

商务日语

管喆	唐颖	何瑾慧	祝凌	顾佳萍	朱艳	郑媛媛	葛玉兰	金夏梅	孟莉莉	俞梦姗	张昕园
曹芸	陈婕	袁培	谢圣洁	任晨莹	孙佳君	孙虹	杨艳美	石漪雯	范燕	郑爽	沈晶晶
陈幸子	周胜芳	张文豪	王天辰	倪晨良	周晓锋	黄慧	瞿佳	陆赛华	陆文龙	陈辉	陈琛
束佳欣	李敏倩	朱丽蓉	崔尔洁	宋丹丹	陆蓓蓓	闵丹丽	苏红艳	庄丽	史晓雁	宋丹士	李燕
孙佳璠	邹燕	钱蓓丽	高玉亭	吴雯莹	郑怡娜	孙玉彦	孙丽琴	余幼佳	朱利智	朱婷	李韵
陈琳	周已夏	朱政平	支重光	陈晓祺	金明	任宏宇	杨嗣峥	沙乾	张坚文	朱亮	

商务英语

钮佳琦 龚怡 朱乐乐 蔡梦娇 黄萍萍 吴巧明 邹俐 朱佳英 刘燕婷 卫竹青 龚薇薇 宋佳雯
董霞琴 康瑾 金容 蒋懿 黄申迪 严孝怡 居文雯 周婷 瞿慧慧 沈祯 马培红 潘雯婷
瞿晶晶 张璐莹 王艳 尚博 许燕婧 应佼娜 杜佳 胡婧钰涵 顾维娜 周泰 张辰 黄巍
倪佳伟 何静 李鸣 邵哲夫 张艳

数控技术

花晓燕 黄玮丽 陆纯程 丁小杰 顾冲晖 张晓银 顾敏 孙淇 熊张超 平维峰 顾嘉伟 沃清华
陆卫飞 陆佳佳 徐聪 秦烨 张声超 戴陈龙 王磊 钱文彬 徐晨 陶晓丹 朱晓飞 赵斌
邓清清 戚晓峰 陶秀明 赵耀平 马为俊 朱兴华 陈磊 熊立科 陆艳 陈巍 周伟军 张俊阳
倪勤超 缪炯 张力人 顾鸣杰 丁浩 佘赵进 王志勇 吴祝知 徐敏 陆徐 刘天成 丁锋
金彬 翁迪 王绍元 陆佳 陈志海 何丹露 盛伟兵 王晨成 刘伟 吴天峰 谭万杰 金君
杜辰超 沈文强 沈忱 范钧 陈晨 何伟 沈飞宇

物流管理

赵梦媛 金丽姝 杨雯 万静 张怡 莫艳丽 龚珏 周霞 孙丽萍 陈宜萍 宋贝妮 王秀芝
王瑾 赵吉宁 陈霞 徐辉红 王珠萍 顾晓洁 缪宁馨 夏琛 张洁 赵嫩寒 薛欣 沈衍俊
孙超 刘君 吴伟亮 张晨辉 钱寅 陆敏俊 黄克望 曹文超 王成 胡吉 张玮君 高凯
鲍华杰 周子旻 博毅 王晗亿 聂鹏峻 王蕫斌 杨吉 董超 王超 张明 吴倩倩 孙晓娇
张童翔宇 陈怡 胡雯珺 黄瑛 束懿婷 王馥瑾 肖迪 唐玉清 徐洁 朱楠 许佳妮 王丽霞
许世超 范琴 周君君 李莉雯 孙庆 成玲 黄平萍 吴晓婕 郑聪 赵烨旭 朱凯华 闻海涛
孙佳林 沈忱 范涛 蒋斌 项方骏 周琦 朱格 李炜 尚养鑫 许思帆 宋杰 达理
孙超 茅晓晨 吴超 许宏轩 黄旭锋 杨骏 王翔 申亮亮 王玉涛 李德心 秦焱 王佳玲
王婉音

新闻与传播

陈静华 陆绮莹 刘晓晨 梁倩卉 朱倩 黄冬婷 翟丽婷 沈珺琳 高敏 孙韦 王雯慧 李霞
罗亚敏 李晓菲 蔡璐璐 陈霞 黄伟廉 田佳妮 张忱颖 金晓君 王悦 徐燕凤 王蓝白 周嘉琪
徐海云 朱方英 许魏 张粟迪 张菲菲 吕敏杰 杨喆鑫 顾庆 张蒙承 傅君斌 崔世吉 韩彬
李侠 王平 王博

印刷技术(图文信息处理方向)

施丞哲 顾文溢 扈觅 汤雀屏 冯晓兰 朱佳苗 陈若慈 徐文颖 俞培欣 苏雯雯 邢敏 齐祺
卜国骅 刘斌 叶钦 龚兵 陈一梁 金伟 徐炯 顾鑫 孙龙祥 史名洋 洪文玮 袁涛涛
周念龙 汪学良 潘多亨 陈浙慈

影视动画

阙峥琰 王唯 李萌 张月 周斌 茹芸 苏畅 何佩文 黄珏 董雯婷 朱珈吟 梁辰
刘梦碟 蒋洁青 卢晓 顾晨 卢超 王祐青 何剑峰 范琛晟 徐辰亮 赵俊文 张鹏 何虹余
汤宇翔

应用艺术设计(室内设计方向)

潘嘉杰 向瑜琦 方希嘉 杜怡婷 魏菲 陆俐娜 包佳燕 黄水英 张驰 邵辰鸣 李志刚 陆佳亮
周文军 李林军

应用艺术设计（展览与商业空间设计）
　　倪　狄　　袁　洋　　陆琳琳　　王怡青　　沈　青　　刘晓君　　陆佳怡　　金筱蔚　　包　芳　　杜　鹃　　裴　婷　　张丹晨
　　张文怡　　刘雯菁　　于莉雯　　刘燕华　　蒋忆湄　　缪　莉　　耿蓓雯　　王海燕　　李　尤　　褚　洁　　金雅琪　　吕雪茹
　　官娅男　　洪赤阳　　张蕴侃　　毛家俊　　陈　陶　　周　斌　　张佳栋　　沈　君　　黄治超　　吴靖毅　　姜莹海　　苏家裔
　　江晓春　　陆祁佳　　王小团　　陈嘉楠　　王海洋　　夏付序

装潢艺术设计
　　虞志强　　杨佳琦　　曹　琳　　虞正安　　甘　露　　瞿佳凤　　徐　红　　胡樱芝　　陆　叶　　王薇佳　　徐凤安　　李秀琼
　　李　莉　　周　敏　　张倩倩　　魏雯懿　　陆婷婷　　张　鑫　　邵小龙　　李志强　　康华峰　　许晓华　　徐倩倩

2011 届

报关与国际货运

邢力静　顾　韵　陆蓓丽　韩伶丽　钱晨燕　程诗莹　叶丹燕　赵蓓蕾　孙丽雯　华　好　朱怡婷　宣　艳
董金璟　彭雯妃　杨雯芸　吴莉莉　蒋　英　冯　晓　严　英　王　珉　金　琳　张海燕　梅　瑛　王欣雯
左佳清　何　丹　严俊鹏　林承佶　朱　超　谈　波　陈　镔　钱佳驹　张晓雷　陆晓冬　李盛亮　刘蛟元
张　强　杜毅珉　张　胜　何逍天　何城峰　陈　俊　凌　晨　仇　星　周　杨　任奕晓　徐宾蔓　杨　丽
王　凯　胡雯婷　吴梦影　周婷婷　杨悦蓉　陈　慧　兰　烨　许文婕　王　华　储　钰　沈　影　苏倩倩
王慧佳　王松然　李　晶　黄玉婷　胡晓芳　倪佳黎　顾晓雨　王　慧　陆敏蕊　沈　磊　王妍莉　陆妙娜
陶　静　袁佳琦　黄晓叶　尹慧兴　杨佳杰　张　越　陆燕庆　孟建树　陈哲力　赵　春　吕稼菁　姚佶赟
许　栋　皇甫旭初　江嘉明　陈　鑫　徐　鑫　许惠峰　汤　捷　马　亮　董婷婷　王　飞　周盛云　陈建国
梁宇新　凌延平　陈　雯　许　洁　陈　懿　汤　奕　周　岚　许　洁　张森森　柳嘉贤　李　燕　谢秋琼
彭晓芬　周　晶　邹丽华　孙爱玲　申佳瑜　张菊英　康　俊　张慈英　张　雯　袁　梦　谢　芸　阙金湖
钟潇莉　张　晶　许　琳　田浩然　王　倩　王　玲　简菊玲　洪金燕　姜伟超　沈　杰　周骏云　徐　翔
姜天鸿　虞　亮　陈　龙　山金翔　黄帅帅　崔文杰　陆弘毅　陆忆雷　金　哲　沈爱伟　田俊杰　陈璐妮
华桂芳　包　杰　刘新官　迟明扬　王珊珊　田莹莹　冯佳华　赵梦菁　杨晓宇　房天云　周　娴　蔡静雯
严金程　陈雅璐　高　慧　严凯珺　刘丽婉　徐　帜　梁晓婷　倪　君　戴苏文　孙　佳　孙　奇　李　慧
陆盈辰　陈　颖　金腾骏　王　浩　黄运奇　朱　纯　王　翔　张翼德　高　翔　黄志强　顾文强　金宇磊
陆俊杰　刘业熙　赵　亮　茅家隆　何　汉　张绣云　何梦梦　顾婷婷　徐　阳　谢文君　张　琳　汤　怡
赵　斌　陈思磊　孙　衡

表演艺术（影视表演）

刘维琦　朱桑姜　徐梦轶　李兆祯　胡　艳　李　静　朱晓懿　王晓彤　金小龙　李卫紫　黄　辉　蔡旭东
王非琦　戴　迪　裔　麟　严　益　李　静　梁　吟　邹春燕　俞云钱　赵国卿　缪　琪　胡神韵　彭春燕
徐玲玲　周　峯　刘雯佳　戚秋晨　李　娜　王　燕　蒋琳娜　郭　虹　陈芳苑

电气自动化技术

韩　俊　励晨莹　黄柳燕　黄　青　石之宇　沈　瑜　徐晓波　沈通行　陈倍量　陈泽泽　汤恩亮　陈超阳
陈　辉　张玉斌　莫晨欢　张　雷　魏　庭　喻远亮　张　猛　黄芳辰　杨东昇　吕成林　赵百骞　刘俊阳
吴　昊　周佳辉　崇小平　金卫涛

法律事务

郭妍菲　黄佳倩　张　航　焦青青　严佳怡　通凯丽　陈　纯　濮玉莹　杨音音　顾园倩　李婷玉　毛静华
张伊娜　朱　灵　张　琳　闵佳佳　唐丽娜　龚大为　龚明辉　顾嘉勇　陈　凯　虞　季　严华巍　何玺昊
费　杨　毕景龙　徐锦杰　钱杨斌　包乐骏　叶　勇　李　玲　华蓉蓉　顾晓江

服装设计

王少君　马文卓　赵依雯　李超翼　杨君涛　王珺婷　沈　凤　张　顺　黄　景　徐林燕　阮洁颖　唐颖智
朱顺洁　丁　晶　张　筠　王嘉莹　吴逸凡　王中杰　梁　超　杨元敏　杨　毅　任哲欣　游成城　赵　逸
王　璐　周慧慧　唐新意　陈　娇　何茂妍　龙孟樱娇　季晓娇　夏国兴　王同庚

国际航运业务管理

周嘉玲 杨雯瑾 沈园园 谢　颖 刘智晶 邱　萍 王　韵 王雪琴 李　敏 李华清 陆曼漫 胡文琪
秦毅敏 王依蓓 刘晓雯 施晓芬 胡轶政 周卫伟 谷　凯 陆俊慧 郝　运 陈一凡 瞿斐豪 诸　军
王　珺 周正午 张涛杰 石可凡 张　晟 王骞辰 冯铁超 周　鼎 周逸君 郁盛杰 潘智俊 陈宏磊
吴诚诚 张　翔 李丽琴 徐鑫慧 叶　欣

国际金融

黄瑜祺 李维慧 王晓怡 丁香剑兰 王汉斯 钟樱芝 薛　翠 钱　蓉 徐　靓 赵婷婷 高　健 林玥清
陆蕴雯 徐嫣弘 康　馨 汪娇蕾 陈蕴韵 王雍玮 葛秀慧 竺雯婷 王　琦 刘妍婕 夏木珍 姚　辰
蒋　超 刘思露 葛爱娉 周　勋 武蕴皓 韩　霏 成　龙 杨云峰 秦甲天 张　琦 陆康生 林瀚逊
沈　斐 金　毅 余思鸣 季圣豪 吴　炯 胡馨元 夏晶晶 王　倩 赵旺婷 马　清 黎卓欣 李　朋
刘振苹 金建东 马骏凯 张珂瑞 张宏志 张思远 张　迪 张　亮 胡蔼蝶 郭　浩

国际经济与贸易（国际采购管理）

杜碧文 杨　佩 季马莉 林　静 沈　颖 封竹一 石　艳 杨　怡 刘珠瑛 张　莹 马丽萍 沈佳艳
林瑛莹 程　颖 郑　磊 沈　菁 金晓钰 蔡培芳 吴彤彤 陈慧娜 张瑞英 张志瀚 李　伟 陆　安
蔡咏骏 吴　骏 徐嘉磊 蔡　飞 阮林骅 姜　崧 周　成 张睿轩 郑　唯 郑佳丽 孙佳维 高　婷
钱一旻 林冰姿 陈　超 李雯琦 宣杭敏 孙守信 郑柯立 王二科 詹异麟 赵　响 王　鼎 张　凯
李球爽 周明辉 费昕侃 马家兴 葛　君 刘逸晨 陈　辰 丁海孝 曹　琨

国际商务

黄　浩 金春兰 黄丽洁 胡　捷 何　赟 曹　莉 茅　静 程　琦 黄捷雯 周苗苗 朱　叶 梁　俊
陈小丽 邢罗芳 徐　依 葛丽莉 潘蓉蓉 朱佩佩 刘　伟 凌　超 唐　强 沈　恺 金成豪 陈尚明
施佳军 陈　捷 汪子羿 项　敏 张　钱 王业希 黄文骏 吕凤芳 刘韵律 卢　君 符洺赫 马国峰
胡益欣 梁梦菁 余芸志 韩小欢 冀庞翔 郭　骏 徐　彦 何丹燕 赵志芳 周　佳 沈叶霞 王　菊
瞿惠俐 张春春 陈郁萍 朱红瑞 赵雅君 钱　欣 周　静 王　蕾 程　晏 范　静 顾　倩 金丽鑫
沈丽洁 程　超 王飞龙 徐　越 张　浩 陈宜淑 陆勇杰 朱栋哲 王顺荣 顾舜骅 刘剑川 王　铮
顾忠忠 朱萍萍 柳　玲 侯晓娟 宋煜姝 林国强 廖启涛 金　晓 季　晨 顾　蓓

航空机电设备维修

王辰杰 张　正 冯　旻 孙纪川 茹　皓 方凌寒 徐　航 王骋杰 韩之庆 宋铧一 袁诗意 干翌晨
杨云晨 王少翔 吴俊烨 杜顺淼 陈晓冬 李　真 周　杰 王小龙 李云汀 邵安康 顾朱浩 瞿东诚
周　怡 李　骏 蔡卓杰 陈彦西 包培良 秦一骏 谢臻鑫 张云聪 周　毅 俞旭骏 陆顺忠 徐韵杰
吴佳康 邵　骎 康　杰 万　骋 韩剑轶 毛　樑 李元鹤 高宇峰 朱小龙 郑介伟 孙宇骅 包乐文
彭冬雷 沈昭晶 陈　斌 朱维宁 方　赟 陈东杰 何伟巍 陆奕辰 王　聪 金晓君 李林波 何佳俊
周　阳 顾刘嘉

环境艺术设计

蔡　辰 王嘉麟 周丽娜 蒋玉华 沈燕妮 王　博 李雯倩 徐佳利 姚　一 蔡李娜 瞿桂章 张亮亮
高　明 张　露 沈烨婷 张雪琴 何佳璐 张晟舰 陈莹露 周冰鲁 林　晗 张亿祺 赵彦航 顾佳园
邱时敏 陆　莹 夏　叶 李佳佳 丁　丽 王婉懿 张　菁 罗佳英 王　维 乔益涛 谢洪鸣 李逸斐
陈　健 鲁　雯 苏慧倩 王慧智 邓　珺 沈逸雯 陆婷婷 周贤云 董黛眉

会计

胡佳琳 汪梦佳 朱　芬 郑　瑜 朱　雯 余纯渝 王雨倩 程　澄 赵寒梅 肖天韵 韦芸丹 姜笑影
黄　鑫 朱迎节 王　欣 吴佳珺 柳蒋静 李佳琳 马慧青 叶　怡 周洁芳 张燕芬 胡旭佳 钱安妮
朱佳韵 缪佳峰 余晓君 于　龙 顾　俊 朱益军 蔡高翔 吴　晶 陈美芬 王燕红 楼潇文 夏晨芳
孔钰鑫 吴倩然 卢妙怡 邵丽丽 陈巧霜 陆　璐 黄园园 吴华桦 闫　威 马霄航 蔡昕昕 陈德连
杜立江 柴　杰 骆耀昀 金　潇 胡晓燕 王玉英 费　琼 戈慧霞 余　绮 瞿晓雯 徐阳鸣 翁婷婷
张　辉 朱　芹 孙惠英 周怡然 邢军秋 应　茵 胡娜妮 李　冰 黄佳芸 徐燕娜 殷妍雯 沈　虹
唐晓琳 项静翠 于　卉 朱　雯 琚　凡 黎　欣 张　渊 于梦野 赵一龙 沈觐超 孙　腠 李冬杰
余　芳 胡　蝶 贾娟娟 林蓝虹 陈　丽 靳　丹 杨　敏 肖婷婷 龚思源 李苗苗 徐小丽 柯一平

林晓晴	黄 萱	张凯诚	王 洁	龚晓虹	杨艳芳	杨凌静	杜虹洁	余珊珊	许 魏	姚莉娜	赵 维
胡佳凤	蔡紫莹	黄 卉	仇佩清	奚 莉	朱佳莉	徐 婷	张 阳	濮君君	李佳玮	陆 莹	戴雅滨
龚 波	严晓敏	秦 怡	奚雷红	吕复生	曹立华	骆 鑫	王 夏	张 毅	周 聪	孙艺霖	忻言文
王慈玮	刘轶祺	周 琴	任冯蛟	赵园芬	张祖芬	颜莉莉	陈 琼	朱露雅	涂艳萍	黄云龙	胡晓瑜
徐三军	陶文艳	张 茜	徐如韬	李月梅	徐圭韵	王 燕	周 颖	杨晓英	徐 颖	王莉莉	蒋 莉
柏 青	杨华芸	陈佳艺	王 丽	朱 燕	曾燕雯	严小菁	朱义仁	龚 轶	朱津津	华梦婕	顾珍妮
张 婷	陶文丽	王锦舟	高佳欣	席 雯	李文婧	黄天瑜	谢智君	朱 琳	蒋 玮	郭佳丽	韦 唯
吕凌艳	冯晓云	俞靖琳	沈佳妮	何主恩	全爱骏	张黎青	李文骏	徐海涛	张 沈	王 浩	马骏捷
吴 赟											

机电一体化技术

许玉婷	刘 田	管孙健	张翔栋	唐军伟	陈译文	苏联平	王 杰	张 磊	贾玉成	郁 蒙	王扬阳
潘燕强	薛云鹏	陈天宇	梅 骋	李冰影	周 伫	黄早荃	顾俊杰	傅艺群	金 鑫	凌佳伟	诸伟绩
陈 洁	徐 飞	胡忠华	吴文杰	徐 彬	叶斯杰	赵海龙	王曹年	孟 升	顾正帅	张芝亮	

计算机网络技术

高子范	潘江峰	陈军莉	周仲凯	王剑冬	孟 晨	张佳玮	施晓文	昌佩俊	钟弥隽	杨 琛	

计算机应用技术

陶 然	顾颖莹	李 瑾	张一峰	朱永骏	崔 渐	陈 强	曹冠英	崔力佳	陈振华	舒敏睿	王一皓
袁向豪	秦婉璐	章剑峰	钟 民	谢晓波	肖雪萍	陈 龙	王敏捷	章丹枫	胡 骏		

空中乘务

陈 茜	金雅琼	杜 佳	陈思晗	李彩薇	刘婷婷	关振亚	吴荣荣	高 杨	何冰皓	徐翠华	张 婵
朱思佳	叶玲智	赵 婷	方梦影	刘益凡	王成成	乔 峤	宋 琳	吴黎明	郭 婷	赵紫伊	刘博雅
朱肖凡	曹奕璐	朱加慧	闻诗雨	刘 炜	魏琦蕾	吕 静	顾恙芸	华颖英	朱恺荃	朱子健	张志翔
朱梦凡	王 震	蒋 硕	王 瑜	徐智骏	姜晓筠	徐良晨	卫敏明	宋元翔	陈晓君	杨 雪	朱海梅
顾 徇	张骁骁	刘 雅	王丽莎	马俊秀	谭心怡	高 琦	沈 沁	戴 欢	王 丹	王 悦	孙 伟
金 婧	李梦洁	司 忆	王 慧	于 洋	刘 然	王媛婷	孙 韵	陈婷婷	嵇思慧	徐 悦	娄小燕
杨雪琼	张莉娜	周晟骊	于丽韵	朱桦妍	赵 成	余沛文	黄念楠	徐东海	沈 欣	徐琨鹏	张 宇
严 格	谢龙昇	吴 昊	胡 翙	陆 逸	季春妍						

民航商务

朱 芹	吴 盈	张佳薇	朱忆雯	薛依鸣	张 诚	郑 琦	金译芊	胡晓晴	梁 婷	柯 丹	孙 莹
蒋静文	阙叶吟	薛文婷	顾 虹	秦 宜	叶 琴	陈 晨	杨 刚	李 磊	邢 涛	徐佩佩	陈志远
颜斐文	周 轶	陈 俊									

汽车运用与维修

陈 晨	李浩峰	郭 成	乔佳伟	段培舜	周正瑞	陶旭冬	邱金晖	周 瑜	严宏臣	郭 峰	张晨炜
王 策	唐航凯	吴 懿	何 川	曹 悦	王 燚	夏沈斌	阮 剑	孙少华	王文君	胡 啸	王 明
林元龙	陆子文	胡 起	杜彬彬								

人物形象设计（影视化妆）

吴 婵	季佳玮	佟 颖	张楚楚	许 佳	薛媛媛	许 婧	朱 燕	彭朦懿	俞楚逸	孟 娜	谢 琛
须雯婷	康欢欢	陈 筠	陈雅萍	阮玉婷	谢 燕	郭可可	陈迅涛	陈岷昕	朱佳杰	史 冰	

商务日语

宋妍莹	张 励	王艳青	袁冬萍	贾 雯	毛婷婷	顾海燕	狄彩云	羌晓彤	刘 蕾	杨 丽	樊 玲
金 月	范雯佳	奚冰倩	王欣昱	张 燕	王 琪	吴李娜	吴雯娣	俞陈丽	吴令旸	吴 涛	薛之铭
薛君伟	陆 骏	施 帆	曹 锋	李 洋	周 杨	干逢锡	周云霞	徐 冀	徐 汐	冯明勇	李 奇
叶 耕											

商务英语

顾敏敏	张家骥	唐茜璐	张 也	江敏捷	范雯妮	徐嘉宇	王人璇	陆 旖	韩 丽	薛远园	徐 珎
储诗卉	康莉丽	谢菲菲	尚劼沁	张 骏	冯佳栋	董巳杰	沈云涛	万祥松	杨一帆	许 敏	陈巧芸

陈 琦	方成园	崔苏岩	董娴慧	肖瑶娟	金晓青	何白雪	刘荣麟	张曙瑛	翟佳羽	周倩雯	孙冰清
智晓枫	张雅琼	鲁艳艳	张佳琳	李春燕	张 芹	钱 桑	吴 丽	王治平	姚 远	蔡 晨	赵靖瑜
董一飞	程骏超	黄少华	刘菁晶	徐 烨	琚 琦	程 姚	王懿萍	赵 倩	孟 丽	何 洁	徐婧媛
彭慧慧	陆 静	周斐璐									

数控技术

殷 蕾	陈 鋆	王慕涛	陆定坤	郭玮钦	王健欢	谢 成	徐建成	石豪杰	朱 筠	钱文俊	贾元坤
夏 晨	蒋李巍	周健超	姜耀骏	倪 骏	来 骏	孟仙云	吉 鸣	徐人杰	姜凌俊	周恺宸	沈钰周
雍 毅	查耀磊	程冠英	王建青	肖 斌	李海峰	乔金杰	瞿丹凤	季佳骏	吴晨强	王尤成	张敏晨
汤晨冬	唐杭吉	章 鑫	管政凯	张 玮	蒋晓明	马 驶	沈佳骏	殳燕舟	陶 宏	张昕泽	韦扬浩
桂湧恺	徐 炜	刘智俊	姜 垄	胡 真	刘凌超	王大锋	吴 浩	杜亮亮	李国建	徐宏伟	杨文东

投资与理财

顾 颖	冯菲菲	王 莹	季晓璐	方丽莉	王梦巧	濮笑临	蒋 誉	蒋兆敢	杨云逸	季晓冬	丁 玄
赵 亮	许顺民	裘 勇	孙伯辰	龚云骋	葛龙翔	金伟麟	陆珺炜	张 剑	张俊杰	孙毅坤	潘 笛
郭漪韦	黄 娟	朱燕芳	堵秋华	郝尚安							

物流管理

王漪清	李 琳	龚燕华	陈思佳	金彩红	周 婷	秦晓兰	靳亚文	徐 婕	谈晓婷	陈艳燕	吴娉婷
郁雪峰	李燕丹	袁 森	季 雷	李 备	宗佳骏	曹凌君	陶文俊	张晓磊	朱伟军	王毅骏	茅建忠
沈夏宁	周国强	吴佳华	许辰良	戴百祥	蒋安毅	宋 琦	江 楠	陈 星	徐顺萍	吴杰宇	彭 谦
唐昌伟	潘 婷	林民恩	周 超	罗 珺	裴 雯	陈 勤	朱慧霞	丁星星	江 烨	李琳琳	陶晓丹
陈 璐	张蕾蕾	范 融	王丽燕	陆 敏	黄家丽	陈 晨	高海刚	张嘉琪	周 赣	曹 明	黄鹤临
韩 骏	严卫冲	吴城冬	王晨蛟	吴 琪	施赟盛	傅 杰	孙伟杰	王 磊	李丽萍	刘文霞	卢 路
刘 亚	陈雅欣	宋 园	嵇 莺								

新闻与传播

沈 婕	徐 黎	马飞菲	任梦圆	吴万婷	杨 沁	赵至颖	金 叶	丁洁琼	钱恒立	彭元媛	王佳晶
王贞菁	汝晶晶	任晚霞	马立薇	施琰婕	蒋伟君	郭纯澄	潘 倩	钱 琼	周 方	钟 萍	张煜蕾
徐 琼	李蔚婕	郭 瑾	俞亦叶	张尉青	曹 健	唐及人	杨辰怵	娄宾宇	宋 捷	张春怡	陈独飞
王小茗	黄晓雯										

印刷技术（图文信息处理方向）

| 陈小磊 | 徐 诚 | 顾 娟 | 周子龙 | 胡培军 | 赵 泳 | 肖思伟 | 林 翔 | 奚晓晴 | 李 方 | 滕 洁 | 杨晓艳 |
| 刘 晔 | 马 迪 | 魏俊杰 | 朱 栋 | 章春琪 | 吕 丽 | 杨 庚 | 彭海波 | | | | |

影视动画

何千惠	金海燕	陈 晨	洪 乐	张 彧	熊怡雯	高沈欢	张佩琳	张祎雯	吴佳程	徐佳鸿	孙 燕
钟 杰	徐 超	曹 恺	曹铸埙	陈 倪	陶晶晶	胡伊俊	盛文卿	陈璎珞	严晓龙	黄健健	刘世军
屈 洋	张菘桓	卢 源	蓝振宁	胡佳卫	束超翔						

应用艺术设计（室内设计）

高 蓓	施 森	陈筱旭	赵玉洁	郑 琳	戴路易	张倩云	沈燕燕	张 婷	屠新娟	沈梦娇	朱佳媚
梁薇玥	唐秋霞	张莉莉	金蝶尔	周园园	蔡姣姣	陈璐颖	成 琳	季舜荣	陈 泽	顾 越	谢 臻
刁嘉麒	娄 超	陈肖蟒	杨佳伟	周 晨	戚泂岑	冯艺辉	苏 瑞				

应用艺术设计（展览与商业空间设计）

刘海霞	陆婕好	周 琳	韦亚坤	朱 恒	吴乔晔	樊 榕	沈茂意	朱 莹	王安妮	马骏超	袁蓓芸
朱旭冉	邓 昕	曹燕菁	朱佩蓉	陈金娟	孙 斌	姚 斌	朱 玥	俞佳俊	陶宇杰	吴俊文	王 俊
曹 圣	朱晨辉	蒋 涛	陈李政	苏伟伟	刘 佳						

装潢艺术设计

滕有涵	夏文伟	卢 叶	杨顾洁	王琳洁	蒲晓霞	龚晓岚	袁婷婷	顾雯洁	孙 双	宋蔼珏	李佳颖
范 雯	张玲玲	朱实耀	陶 骏	顾彦昕	尚亨元	沈嘉骏	金丹萍	张一骏	邓中博	竺志翔	徐啸天
丁佳运	阳晓波	许 翌	唐俊杰	丁凫丹	王 璐	唐 颖					

2012 届

报关与国际货运

吴丹　唐丽玉　苏洁　刘莉霞　崔之泓　张佳　陶静　朱昕蓉　童燕倩　俞思聪　成瑶　叶玲娜
朱同昕　张晓华　蒋大海　赵聪　施展　徐柳毅　林志成　孙云涛　潘俊文　丁梦　沈晨杰　陆亚运
贡溢豪　蒋晓宇　居顺　马骏杰　朱倞玮　雷伟　陈超骏　叶徐骏　沈冬磊　王承　张天文　王彦
钱多艳　俞婷媛　许盈莹　毛倩倩　孙晓莉　许蒙蒙　柳亚然　厉沛沛　胡恬　周颖　褚燕兰　李静
肖文婷　耿燕　张高洁　魏倩茹　胡彦　陈莹　张大攀　林森　孙茂清　王海斌　于杰超　朱岑
张亮　高光辉　范廷龙　罗艺池　戴文庆　叶俊　耿陆帆　高烈鸣　张立　李勤　董永杰　陈昂
黄佳宝　陈丹丹　夏添　李文丽　张雯　范睛文　匡林林　张颖　裘莉　王宇薇　匡珑依　蔡怡
马丽倩　陆悦　孙千甯　马亦静　张玉菲　张凤　张慰毅　潘天宝　吴维　易佳阳　顾旸　姚晔
李旸　杨剑赟　陶寒冰　张志宏　李俊　奚笠　金鑫　陈旖玮　瞿乙梁　周昱奇　卞长欢　季愈
龚峰　李梦超　江敏　章荣健　裴蕾　凌薇　刘芳君　杨思远　杨灿灿　洪红虹　洪佳丽　黄卉
徐霞　茅丹华　乔艳丽　王晓丹　冯嘉璐　罗佳琦　刘亦惟　潘洪　陈传伟　赵广乐　王辉丛　唐升杰
孙禄祥　朱雷　乔佳斌　蔡佳悦　杜岳峰　赵骏　施李明　王臻铮　刘成斌　杨凯　应华俊　薛玮俊
王杰　柏志松　王海涛　许玥　张恒超

表演艺术

韩是锦　沈云佳　王琳　温璐璐　朱奕颖　沈蕾　钟淑明　韦倩倩　郑雯雯　邬晓婷　陶然　王凯俐
童铭璐　汪梦怡　徐佳妮　成苏东　杨洋　姜成君　金宇浩　苗播　王成康　李潇钦　任健超　孙铤
孟志伟　都晓钰　袁昊　俞祺巍　徐峰　华钦　孙茜　王跃

电气自动化技术

马龙　张云　郝旭强　路耀天　樊冰　夏天　檀思远　钟声宇　宋金鑫　顾卓君　韦涛　吴晓宇
范晓波　郭晓巍　何涛涛　杨晓君　彭晓俊　张利顺　陈安　李永俊　傅毅　王文涛　杨骏捷

法律事务

吴国玉　孔丹　曹益娟　付婷　王娜　余婷　黄超妍　陈曦　沈迪　唐丽娜　李文君　金晶晶
杨健潇　张志鹏　陈逸凡　赵云　王与力　夏其言　李函啸　方宇冬　陈康　魏思佳　吕明杰　金峰
刘俊鑫　孙岭松　叶兴　沈子叶　浦哲骅　肖骐　胡文翔　张骏晨　焦赵磊　曹洁　郁亮　阙晓娜
曾善雯

服装设计

杨媛珺　劳萍萍　张晓婷　韩梅馨　刘昕雅　孙燕　王悦斐　张镏菁　崔敏敏　王婷婷　傅丽婷　姜晓宁
林丽莉　诸葛常英　刘伶艺　冯雪凝　黄晔华　王馨珠　戴虹　钱文婷　蔡晓燕　昝烨烨　王雅雯　曾俐雯
徐倩　周骏　王文骏　龚超　李俊　沈旻超　张豪　闵鸣　孙歆皓

国际航运业务管理

尹小静　黄烨　洪丹丹　黄栎燕　马姝　何倩雯　姚倩　康潇维　潘佩丽　金晓莉　刘谊荣　唐奇伟
伍登　吴登江　顾贤逸　金界翔　黄鲁骏　胡健　彭宇斯　周旭峰　何凌峰　汪晨旭　朱响明　缪淳宇
江智韬　李骏　田骏　张勇　马斌斌　王依凡　陈晓　管彬　刘红娜　何婉玲　梅颖　窦靖淇
张春花　耿贞贞　徐旻亮　方婕　倪洁　叶佩瑛　薛颖　张璨　鲍和　刘德琛　刘奎祥　张翔

张青华 杨竑佳 薛 辉 倪佳春 丁 坤 张 涛 李 骅 邵 骏 邢 澄 陶宇捷 赵成良 朱佳俊
徐 烨 徐玮杰

国际金融
张斯稳 王慧庆 王丹丹 马于源 任超群 王娅婷 陈瑞文 陈晓雯 朱 颖 李 莉 李雯倩 黄梦茜
陈元磊 范馨予 张梦娜 蔡晓怡 陈妍庆 张 颖 王颖燕 周 琤 刘丽佳 陆彩凤 叶 超 杨文卿
刘晓波 徐学成 廖博男 王盼盼 邬 林 戴 伟 蒋鑫鑫 张培文 凌志宏 励 垫 文 彬 潘雨晨
方宇庆 倪 恺 陆泓飞 李 超 吴燕驰 张凌峰 赵佳玮 龚一骅

国际经济与贸易（国际采购管理）
胡亚爽 李京京 崔春雪 李晓炜 王慢慢 王 燕 金 璇 张 靖 瞿金云 陈 敏 徐 骊 邱佳龄
龚志卓 朱小梦 陈若轩 田 野 唐 仁 呆 峰 袁 骈 杨王瀚 顾滢杰 成 松 杨雨枫 刘 璐
邢永毅 孙娅露 张芯悦 王心灵 黄颖欣 李成蓉 沙古金史 沈丹仪 孙宇骏 房宸宇 孙雅梨 袁佳莹
钱艳佳 钟广弟 陈海强 陈 洋 程 观 孔华东 颜驰裕 吴程琳 张伟涛 王志跃 李 晶 马骏杰
居学成 忻亚澄 李永涛 殷 骏 吴 昇 蔡冬明 傅建军 钱 坤

国际商务
陈思凯 贲镜臣 王灵敏 李莹莹 林晓露 何紫芸 肖满燕 王 晶 杨钰馨 鲍丹丹 孟繁旭 李 欢
相娅燕 刘殷莹 钱慕豪 周宇菁 赵丽婧 胡文娟 俞晓帆 宗之珏 薛文渊 沈春娇 俞沈梦 黄喜丹
纪晔莺 江 鹏 沈鹏远 朱 良 孙登军 何潘畅 徐家鹏 周海东 陈 军 翁文超 吕乐俊 胡 煜
董致远 佘文洋 金小樵 张佳伟 庄理哲 黄嘉骏 徐志强 陈俊杰 金霖骁 胥 超 王子喆 陶应儒
陈 超 李艳艳

航空机电设备维修
陈 城 盛吉祥 王志强 马 杰 胡晓阳 及 祥 姜逸伦 施霖雨 范程超 张肇旭 王凯达 沈豪骏
顾晓俊 徐乃炎 唐 棋 陈书文 范少骏 宗佳琦 陈 灿 景科和合 薛佳骏 马 超 吕逸尘 杨昱煜
陈赛帅 胡梦飞 倪 杰 蔡奇栋 陆亚威 景仁傑 张旭栋 李 华 徐鸿文 吕骏祥 贾浩然 周逸伦
吴云涛 何常青 陆睿杰 任霂尧 骆敬恺 刘晓伟 曹 阳

环境艺术设计
赵佳丽 杨珺宁 程 诚 蔡章妍 魏梦婷 袁微微 张佳佳 苏 晓 祝 瑾 姚文倩 陈露丝 杨 莉
王筱音 季琛瑾 葛基芸 胡银芳 蒋丽娜 孙俪芸 郁秀凤 王梦露 唐 蕊 权金哲 叶梦迪 汪懿峰
黄 聪 张 章 孙 嘉 吴诚吉 陈 淳 蔡伟烨 黄旭晖 倪佳杰 匡 正 顾 超 邱 俊 成家骅
孟韧刚 陈 辉

会计
王 博 顾佳骏 钟姣红 王梦燕 陈秀蓉 朱双双 李 丽 丁梦婷 张赛赛 高媛媛 郑一丹 袁明颖
黄雯如 张芸燕 杨 颖 徐娇艳 徐丽莎 叶欢欢 林梦怡 付吴连 陈琛琛 王单纯 罗翩然 戴 琰
程湘君 周莉雅 黄珺骋 王叶倩 汪师盼 朱文琴 鲁史嗣 侯陆婷 陈近宜 王伊琳 陆芳亚 陶昕莹
刘雨菁 肖 勇 李陈拓 童 亮 骆英俊 冯陈晟 丁潜源 陈搏坤 龚鼎雪 李 洋 乔骁涛 夏嘉义
江 怀 赵 丽 言 薇 杨丹萍 夏 琪 严婉清 胡明姿 胡晓蕾 郑嫣如 叶文娟 赵 珍 陈 泳
郑婷婷 郑 菲 周婉萍 陈 芬 田丽媛 张园青 林姗姗 童迷迷 李 越 陈 喆 王 榕 金佳颖
吴佳美 陈莉侨 俞婷婷 郭小菁 曹璐文 王 莹 沈 洁 刘 菲 马 凌 徐翊莉 张士荣 王 荣
张少华 张森升 胡旭波 王亦乐 祝晨洋 王 杰 罗天钦 朱文骏 李 悦 冯子赢 朱 诚 刘妙春
吴娅婷 李 洁 李敏琦 尚明珠 王意娜 尹琳娜 姚冬梅 李 静 许亚会 胡亚蓓 刘 静 孙琼琼
殷 红 倪凤春 尚晶晶 王 赟 张小霞 金怡辰 袁佳丽 张 慧 赵维维 王宁宁 归颖越 张 群
任 佳 陆思佳 朱韵韵 李小凤 沈燕丽 罗露帅 吴静娴 周 莹 刘碧盈 董 磊 常建雨 曹天阳
高骏健 徐一枫 杨玉灵 唐 煜 张屹嵌 汪云逸 戎越顺 谢嘉豪 唐一昊 王庭星 康 强 童宇星
杨陈渝 姚 红 陈泳丹 张艳华 吴 欢 张 燕 唐萍萍 宋 文 杨婷婷 黄丽青 李宏业 高靖轩
罗 青 陈笑非 刘 丹 聂雅娇 王婧菲 刘 芳 杨 扬 李志俐 白宜冉 甘佳妮 杨 阳 陆丹华
花 赢 潘文婷 吴雯婧 朱双颖 沈寒萍 夏林漉 何茜茜 周 琪 杨 政 焦如文 黄思艇 徐 洋
周 飞 陆 洋 王萧晨 黄天宇 卞庆庆 徐志昊 吉宏喆 李佳骏 顾骏超 吕 昭 贲文斌 熊秋香

赖正飘　陈　钰　朱晓慧　林媛媛　娜　仁　孟倩倩　秦　悦　李　雯　韦红羽　程静宇　张兰兰　刘奕瑄
杨　双　王　媛　罗　璇　刘静思　陈梦阳　姚佳佳　贾睿婧　褚晓芸　王　敏　曹丽萍　王筱琳　朱晓菁
沈停云　宗　忆　王任超　卜元贞　金祎雯　张伟军　秦天宇　程　凯　朱洲洋　王记明　康　明　贾玉麟
赵修远　陈　斌　丁盛峰　李　骏　顾凯翔　邵　芒　王　茹　张景圣　许梦菲　季敏敏　王瑞琳　余欣宁
余素素　付爱召　林英霞　潘　彤

会计（税务专门化）
谢玉姣　周　青　刘　静　房　佳　罗梦婷　李江南　高小芳　王潇芳　赵笑阳　郭晓琼　王晨晨　刘徐晶
文晓菲　黄智芬　邓巧丽　郭　霁　燕　睿　童　琳　夏白雪　姜珊珊　何彩云　严　珺　黄倩云　徐倩雯
夏博文　陈佳莹　江伟丽　严　英　薛诗婕　赖君洁　顾翠翠　陈喜婷　韩玉璐　梁晓羚　杨善文　郑树强
蔡兴樑　刘骏飞　於　亮　张　佳　戴梦君　王志刚

机电一体化技术
方　波　郝天然　周　杰　黄伟超　夏　鹏　徐　智　李志祥　沙桂晶　陈剑斌　翟海平　苏天秀　王　悦
杨怡骏　王　彦　周　到　俞　浩　李凯恩　沈　晨　周源飞　宋　航　梅嘉骏　张立波　周　骏　潘维锋
季　嘉　顾　帅　潘佳海　陈冠杰　顾赛刚　沈凯伦　黄　盛　朱　可　许赟政　王　昊　桂晓冬　葛　健
李佳欢　陈旭超　范贾骋　何　叶　秦效泉　唐　勇　魏　玮

计算机应用技术
王雪晴　范子文　蔡光莹　李汶霖　褚轶润　施明华　张　圆　徐杰枫　王陈思行　魏译成　马　涛　孙晓春
何胜杰　夏　云　沈　涛　赵伟文　叶翰圣　朱文杰　童袁陶　李锦波　张　灏　周彦俊　钮　昱　顾佳玮
缪　骏　方慈纯　刘存毅　张　昊

建筑工程技术
施婷婷　高亚楠　胡可沁　张　蕴　陈泰洲　徐　慧　倪其伟　冯　元　韩　剑　李　伟　刁文奇　胡　浠
陈　祺　陈　辉　俞治中　金　涛　金挺挺　于周才　赵家骏　翟思恒　戴　永　陈骥驰　沈　涛　吴旻哲
倪飞飞　朱升君　俞嘉骏　刘　强　施　益　郑　成　陈志豪　程复超　张君祺　倪骁龙　唐晓晨　吴伟忠
张曦影　李志强　朱云川　王佳奇　叶维涛　秦　骏　王鲁敏　仇泽丞　唐　勇　王艳秋　陈海军　黄　华
陈　淦　胡燕青　林志伟　林泽中　李伟达

空中乘务
沈怡然　王　玢　苏静雅　郑晴月　陈　红　刘　锐　胡　敏　田云丽　宋　怡　汤晓星　朱　旎　徐辰毓
吴佳妮　钱雨婷　郭玉雯　牛　蕾　黄梦婷　王依依　姜宜萍　王恺霓　吴　琳　杨晓龙　张思佳　刘　洋
史　卉　钱泽清　沈肖飞　周梦婷　郑梦妮　沈　斐　李　群　李　浩　李云浩　许　可　吕桂庆　王建晖
张　颖　郑　伟　谢金洋　薛思铧　尹　强　王　骏　蒋　杰　赵舒伟　陶晓晶　黄张晖

旅游管理
林　娜　陆　枫　陈宏民　万　晨　沈华倩　赵慧婷　葛娴静　赵吴玠　王雯婷　顾钱君　樊慧超　王思悦
赵春玲　冯江林　张翰文　朱嘉骐　凌哲冰　陈琪琳　张宗瑜

民航商务
李　冉　旷菁菁　王嘉路　唐娟芳　吴　君　李梦娜　周　琛　胡敏雅　徐　佳　孙冰清　张　颖　余诗吟
莫晶晶　路　君　鄢文洁　胡师嘉　王亦静　左佳妮　饶文婷　叶蓓蕾　叶晓菁　张晓琳　陆骏艳　许一帆
袁倩曼　陈　丹　姚嘉莉　王佳琳　王光帅　方凯祺　褚兴尧　陈名琦　徐骏杰　翁宇杨　丁大为　周佳平
王国祺　唐兴耀

汽车运用与维修
林　文　张伟铭　梁　斌　韩兴佳　高俊峰　徐艳军　方道佳　曹弘锦　朱剑啸　史井雨　全普兴　吴定强
张圣成　蔡佳耘　张君龙　刘　飚　梁广烨　杨成杰　李　翔　张华俊　范　双　朱俞峰　樊建坤　奚飞翔
焦云星　潘小平　高天翔　黄志骅　孙起鸣　濮伟峰　徐　亮　钱银俊　郭重玖　徐嵩嵩

人物形象设计（影视化妆）
杨增英　林妍慧　钟雪芳　王　珊　戚一晟　刘维娜　张丛璐　姜晶晶　龚　玮　陈小洁　夏　惜　陈　熙
陆晓蔚　姜智敏　郭亚欢　张雯婷　李　悦　唐圣婷　时　越　陈艳萍　金文文　沈　颖　俞丽娜　陈　磊
郭梦蓉

商务日语
尹鑫鑫　温米豆　郑雅娟　冯溪娟　虞慧卉　赵蓉蓉　陈梦莲　王　兰　彭文萍　姚梦莎　王　华　钟春红
黄　纯　施嘉豪　孟晓昱　周晓晨　周武斌　王佳辉　曹琛彬　朱雪峰　李青伟　秦　臻　蒋晓欢　李　洁
张苏慧　王　昉　吴敏瑶　蔡怡骏　刘亚慧　张　奕　费思帆　宋晓玲　曹佳玉　郭灵玲　王　俊　陈仕宇
董志浩　徐忠伟　霍俊磊　李晓宾　裘雪源　王剑峰　惠佳文　程良笑　陆宏斌　王　婧　沈启凡

商务英语
姚嘉赟　张明明　王　雪　肖　婷　刘　莉　刘　颖　邓　璇　魏志蓉　谭燕燕　钱金晶　罗倩文　冯莉莉
徐雨婷　陈祎婷　张悦晴　何毅斐　梅冰怒　周　宇　王飞帆　何君飞　沈　聿　柯友淳　师学伟　陈　晨
汤　坤　王　萌　胡建容　李馥贝　武雅楠　朱雅敏　裴　萌　陈瑜芳　王　晖　吴　梅　顾婷婷　陆　晴
韦　佳　陈　颖　顾红萍　黄佳晶　陈　凯　王煜骋　徐俊雄　耿兴琪　许　斌　陆佳音　吕宁平　韬
高　杰　许　妍　吴　禅　陈茹萍

数控技术
张　娜　王　婧　王佳玲　郭冰寒　周程达　杨晓东　徐伟杰　华　捷　陈凯军　林涛涛　张　君　王　冰
吴晓旭　徐凌昊　黄春雄　陈　健　刘轶清　陈汝峰　徐佳鑫　徐晓骏　茅伟俊　金　晶　毕德昱　王艺荬
田　园　李清云珠　周兴亮　杨　锐　阎骏彪　陈爱祥　史　超　张　浩　程　亮　张宝雄　邵凌波　刘小青
宋　伟　马殷豪　刘　杰　卢　霆　屠　欢　顾若愚　冷佳僮　张　辉　王宇韬　夏明旭　沈　杰

投资与理财
郑春茂　卢燕燕　李静怡　何　楠　高梦云　周铁颖　李　百　苏　燕　陈梦圆　于丽嘉　周兰兰　邸　雪
王雯雪　刘　欢　祎　晨　胡佳敏　卫丽娜　戈　青　黄　涛　陈　实　李宪鸥　李昊然　何　雨　刘宝林
胡瀚文　张　冲　陈　通　杜　鹏　詹通达　严卫超　陈　钢　方能安　余子龙　梁策源　张仙刚　黄张毅
张亦骎　陈年佳　顾兆伟　徐天尊　樊旭东　张　梁　董嘉鸣　杜　毅　王成波　沈　辉　丁　晟

物流管理
杨　妃　何丽朝　汪秋秀　王梦悦　余梦思　李娅男　李倩倩　陆莉园　史林露　马一旦　徐潘潘　史君超
周伟涛　徐中兵　韦龙生　周　浩　崔剑宇　李　辉　王凤杰　刘　毅　洪建飞　章涛焘　赵　栋　钱　骏
费　吉　朱宏杰　袁建林　熊建强　孙莲君　胡文骏　徐千宸　俞纯正阳　李晨浩　张骏骥　韦宾宾　楼书畅
梁　金　孙逸佳　叶小晶　鲁　启　李昭君　宋佳楠　徐　婉　刘淑然　陈美月　陈怡琳　郭益女　叶妮赟
姜文宇　黄艺彬　张崇彬　李　存　林　亨　房　琪　胡幼秧　杨　瑞　任万鹏　王　立　陈　俊　黄　炳
沈燕冬　徐舜君　朱长虹　戴仲杰　沈卓敏　吴　斌　印钟伟　朱海峰　顾英斌　冯海健　杨思骅　吴文彬
周徐炯　周　骏　成海锟　朱婷婷

新闻与传播
吕润婷　王川川　白　玲　蒲　媛　康　琪　郑嫣妮　杨晓佳　章梦妮　奚　翠　陈梦如　顾佳艳　杜　雯
曹　颖　赵越群　刘怡红　张　妮　杨晶晶　倪　勤　赵列宁　陈嘉辉　王一阳　周继澄　张静波　张瑞彬
王宇梵　刁克俭　袁　震　施钰庆　戴韶峰　俞云鹏　王蓉波

印刷技术（图文信息处理）
林　筱　华苏岚　杨晓燕　曹　惠　傅丽燕　丁　仙　郑螺号　李　鑫　黄文骏　张　丹　顾　程　周　波
徐　菁　林　泵　王　玥　薛　健　李嘉伟　曹莹涛

影视动画
黄丹懿　曹璐怡　曹　笛　万　利　胡碧祥　许枫泽　陈孟东　宋凯明　吴　晨　陶海峰　王　辉　陈慧杰
夏　楠　姚思迁　陈　凯　胡丹冰　尤　其　赵立群　赵思云　李西文　朱晨安　周　赟　黄焱明

应用艺术设计（室内设计）
唐一帆　李文倩　俞琪敏　王胡君　周莹莹　李媛媛　陈　铭　颜娅雯　余文月　杨俞玲　陆佳颖　张晓娟
赵晔琪　陈黎俊　李妮娅　殷　莹　王　楚　戴怡雯　杨国强　潘运飞　张天顺　黄　浩　沈春晖　薛文君
徐晓明　周经纬　钱　程　陈行洲　杨广文　吴飞翔　蔡超斌　范佳苑

应用艺术设计（展览与商业空间设计）
李会子　詹旖旎　李　智　陈　陈　戴毓帆　吴　婷　穆宴佳　朱　静　路　燕　何　山　沈诚俊　刘宗凯
郑初阳　张　哲　叶凌骅　王顾文　火晓俊　高云帆　杨晓俊　高　峰　周晓磊

装潢艺术设计(平面设计)

朱晓强　刘　琦　范小羽　李　卉　朱晨欢　叶惠羚　夏　晨　徐艳倩　仝　瑶　杨　樱　郭莎莉　沈婷婷
汪晓珺　王　雪　严　丹　黄冬妹　卢立琴　倪佳颖　郭　璐　褚丹婷　陆　慧　谢思源　杨海仁　张志彬
邱继亮　孙佩杰　张子慕　翁勤剑　丁延杰　潘　旻　蒋澄冰　曹佳琪　郁敏骋

2013 届

报关与国际货运

朱晟华　吴春霞　李　琼　郑妍君　曹智芳　叶玲青　赵　颖　石　雨　黄婉婉　刘颖欣　宋媛媛　吴孙樱子
陶雨婷　王莉君　陈怡静　蒋丽丽　周竟静　王涵礼　陈谢莉　周夏妮　施佳园　魏咏熠　唐一飞　沈毅民
徐湧涛　黄延琦　赵　悦　张隽炜　张　磊　葛祥君　高　原　张　翔　李佳伟　张俊杰　顾曹玺　陈敏杰
龚琪巍　李子毅　顾　杰　张晖晖　唐润华　张光元　杨　森　戴懿骎　陆琛元　时　威　姜逸慧　毕贝贝
汪　佳　徐美君　叶莎莎　陈静婷　顾振亚　顾冰洁　杨千议　侯　苏　吴　婷　沈　艳　孙伊文　周敏慧
郝晓雯　何　琦　戴梦怡　徐玉婷　俞碧莹　徐嘉瑶　夏龙翔　潘　亮　周知渊　吴新捷　严庄俊　杨　洋
王文强　陈　寅　郑昀晨　朱淡明　王　晨　尹　松　张毅杰　蒋逸超　刘二光　杨　帆　陶嘉捷　张　齐
刘晓明　夏培倚　朱仁良　缪心城　曹　阳　史文杰　何圣凯　朱晟佶

表演艺术

徐昳如　赵　辉　杨婷婷　黄佳骊　秦圣华　陆培倩　马丽丽　方玄烨　张启中　寇世昊　尹俊杰　孙维渊
吴政阳

电气自动化技术

王越民　董佳琦　王　璐　汪志艺　何银龙　刘文建　胡　伟　张　成　陈　超　邱苗立　顾　伟　胡亚新
陈宇峰　刘　涛　屠晨浩　林佳伟　蔡靖骅　陈凯林　陈方元　高天泽　余　涛　吴春杰　陆家衡　王佳唯
李智明　黄　亮　沈嘉文　张作为　朱　超　俞佩卫　曹　阳　杨　帆　舒懋豪　丁　浩　秦　刚

服装设计

沈嘉琦　陈玲俐　郭湿墨　金雅如　陈倩倩　潘凯丽　徐慧丽　陈　思　徐婉倩　黄　静　高　洁　林　婧
陈　骏　王海舟　李伯禹　郑　翔　潘　磊　梁　猛　胡立泽　刘　刚　顾晓莺　蒋　祎

国际航运业务管理

沈正婷　林　婧　胡小梅　王萍芳　张　清　冯雨晨　顾陈城　吴寒梅　黄赛花　洪慧佳　周妍雯　钱　瑾
姚　红　张申婕　花　卉　曾维敬　李豪东　吴俊强　万　飞　龚嘉威　杨斯豪　陈　玮　卓一俊　马海君
庞为梁　周　超　吴佳鹏　王哲龙　范晨栋　陈金鑫　丁黎炜　唐伟锋　陈晓杨　任宇捷　周　杰　丁雨晨
王　磊　夏鑫煜　张子洁　徐嘉荣　蔡承丞　潘晓旭　眭家彬　徐晓敏　王　宇　唐懿超　黄奇誉　刘　承
施竟成

国际金融

李　进　姜玉迪　陈瑜洁　吕嘉嘉　吴丽娜　冯　婕　张雅娜　姜晓卿　金　晓　刘晶静　田　芸　吕宗尧
罗建国　陶希裕　苏　新　王　华　蔡华杰　陈　仲　孙　涛　朱梓文　蔡敬阳　杨志丹　吕莹莹　李晓曼
唐　彤　沈　佳　黄茜茜　杨春燕　鞠柳琴　吴羚洁　唐雯佳　强　乐　王邱萍　徐韵隽　陈　哲　王　成
贾杰斌　倪旭赟　陈思宇　周乐成　王泽武　贾洗凡　吕嘉皓　陈　凯　陈文文　张渠成　忻容天　王晨伟
周定超

国际经济与贸易（国际采购管理）

朱　勇　陈　锟　梁嘉文　陈小兰　张　媚　汪　芳　糜　雪　吴肖琳　吴雯君　宋溪影　夏晓蓓　梁萍萍
刘青君　沈舒妍　张晓芬　张烨珺　高　伟　石金宝　刘纪廷　吴清垃　陈　泽　胡　震　张文扬　陈文卿
徐　亮　施　聪　周　勇　孙　杨　侯皓亮　吴云翔　吴洪斌　瞿佳南　刘启超　徐君吉　龚利杰　陆祺昌

王　雷　徐文雯　王　潇　黄晓辉　刘晶晶

国际商务

王春棉　董　楠　胡　迪　王　琳　罗朝辉　朱文霞　王雪颖　周　云　陆珠燕　钱　丹　闫宗菊　韩隽尧
徐凌云　黄　佳　陈崇功　杨　刚　唐致成　游锦丰　耿　威　李　枫　史　伟　邱佳喜　王　斌　周　峰
徐　健　仇　伟　时杨骏　丁文浩　杨　雄　甘晨翔　李冰莹　秦力华　吴　超　游晓晨　莫枭雄　张海青
高　璐　张凤玲　麻桂萍　汤长俊　陈　婵　薛梦琦　陈丹丹　张王昊　杨晓惠　葛　楚　沈昱聪　陈柳艳
陈星颖　徐　莹　奚慧婷　黄志珏　姚洁璐　谈　欣　吴赛君　张　超　项　楠　董　浩　赵慈洁　姜云峰
祝俊杰　李　怿　俞剑云　周　骏　盛佳骏　范宁成

航空机电设备维修

张博文　严绍熊　赵　恒　华　熙　唐杰成　徐梦君　顾泽华　陈嘉骏　邬志昊　顾佳祺　顾力智　钟一翔
王俊杰　周徐磊　叶　麒　王旭胤　钱国俊　方　杰　杭润凯　邹　玚　吴　恒　谭梦豪　刘炜冬　易惟卿
杨　帆　吴凯东　黄　辉　徐振炜　马煜超　诸啸侠　杜嘉晖　黄　磊　唐佳俊　杜嘉文　范志成　沈宇杨
姚峥康　王敏吉　李　越　韩春辉　葛　庆　盛　乐　吴晨彦　张　琪　潘宵汉　费忠杰

护理

於小桃　李　燕　艾慧慧　付亚飞　曹璇君　吴颖希　李惠娟　叶　媛　杨　旭　刘　燕　梅叶红　葛丹丹
汤　蕾　李云屏　梁丽燕　张燕燕　倪妮子　瞿丽丽　王雯晶　朱舒婷　颜灵玲　高海文　吴伊莲　张　慧
王祎萍　汤俊智　沈亚静　袁思欣　张佳彬　王春璐　王　琦　屠菁玮　李　丽　王佳慧　唐　潍　康黎洁
陈潇妤　张　瑶　党颖颖　方恺昱　汪　慧　李　珂　雒春艳　马　丫　马银曼　唐慧芮　姜燕平　高玉琴
张雅芬　王卉丹　陈　琳　吴　婷　雷汶碧　王丽铭　杨凯璇　虞雪晖　薛婧婧　阮梦滢　洪佳庆　杨　旸
李中越　赵　依　郑　夏　马佳壹　张卓君　诸　珠　姜　悦　陈　玲　张燕华　张佳丽　谢丹燕　杨佳芸
曹　蕾　王薇勤　朱亚婷　胡玥箐　项佳魏　王慧萍　张　灿　吴艺芬　陈雪琴　马　瑞　洪雅雯　穆瑞瑞
张海利　谢涵珊　胡智弟　徐娇娇　薛艳丽　丁　欢　焦　爽　黄丽丽　邓琪萍　牟萧怜　陈熹力　吴　佩
朱　宏　李巧丽　钱依凤　宋诗韵　马璐珈　陈静慧　林雪芹　蒋晨艳　陈　柳　刘　莉　张晶晶　傅　媛
唐雯雯　何丹凤　朱　婷　黄维磊　沈仲怡　黄梦琦　褚　琳　李珍珠　刘　健　费　易　郭永芳　张亚会
杨旖旎　刘文文　张艺瑾　赵凤丹　韩梦玉　魏潇雪　陈　莉　周巧玲　夏　雪　李　欢　陈　燕　蔡淑萍
董叶涵　卓雅倩　吴　迪　孙怡慧　尹罗梅　张逸珺　顾莉莉　夏　莹　钱　怡　汤玲玲　胡　艺　曹艳霞
邢　佳　高佳妮　钱　虹　周菲艳　袁晓丽　丁　莉　楼　玺　杨　洁　谈　丽　周晓旭　沈伟鸿　陈　冲

环境艺术设计

曹人珺　江珉薇　张亚萍　陈　燕　朱美玲　方晓燕　朱　琳　徐双双　梁靖宇　黄　秦　俞亚蕾　卫　芬
倪　柳　施　玮　倪虹仙　熊　芬　方　欣　李　悦　李洋妹　赵静熙　潘嘉鸿　吴　磊　邵黎彬　罗　晋
董　旭　孙文浩　江明德　张　顺　范春杰　朱　超　孙　阳　徐亦凡　朱　君　周　杰　殷於浩　杨佳伟
丁兴容　张　超　沈培勇　宣玉祥　倪森杨　魏嘉诚　孔　立　瞿晓旭　华　越　王晓刚　零　斐　黄　蓉
马思宜　邱倩瑶　章　爽　黄新悦

会计

卢　易　蔡青霖　刘　馨　章莹芳　黎　茂　叶梦婷　王亚欣　管兴子　戚　琦　满飞艳　范玲玲　俞超群
项扬君　潘晓瑜　徐秋霞　张天宇　包雪丽　王　琴　徐　舟　徐文静　邱亚楠　范佳楠　强佳莉　罗雯芸
张　健　韩　敬　许　全　朱守李　钱　权　陈玉明　钟　诚　罗文韬　孙星辰　王　雷　陈诗炜　王　飞
卞　骏　邹佳辰　潘麒麟　郑期弘　王　洋　阮嘉晨　李天远　郭一楠　肖　帆　柴三山　宋丽丽　王想想
李程程　王珏琼　章进深　徐梦琪　胡伟伟　曾　希　梁　敏　张昌立　余丽莎　王肖媛　陈少玲　冯　丽
张君莉　温　馨　沈红苏　熊佳朦　田文潇　李诗怡　钱　婷　林梦瑶　杨怡菲　顾丹烨　李晓晓　沈　笛
马霏霏　叶　菁　朱　灵　杜　清　陆施晴　王小霞　汪　洋　周　亚　杨　威　汪　靖　王哲成　曾　瑞
江华健　朱魁星　袁　涛　孙　玮　金　聪　吴晟明　俞彦卿　李垒垒　李　貌　刘珊珊　余　慧　朱锦云
姚舒虹　黄诗悦　徐　辉　任哲兵　罗　玥　邵　亭　程安琦　俞霄霄　汤　瑶　李阿瑜　沈　霁　杨　林
吴义梅　常杉杉　张婷婷　戚慧美　李泽琦　吴越佳　梅晶莹　魏颖娜　韩　笑　苗　慧　徐　晶　何　迪
帅小丽　孙　娟　朱梦琳　竺文怡　房雯瑾　施敏敏　徐雨晴　岑安琪　凌青霞　王　磊　汤成龙　肖志豪
徐　君　杨家玮　周　健　徐　杰　余陆欢　王灵杰　张　驰　斯　洋　赵书祥　易芳芳　张紫琰　叶彩萍

杨佳丽 吴 璇 陆薇怡 薛雄飞 庄军欢 孙赵骏 陆 枫 吴礼冬 项云云 陆雨婷 陈 欢 罗 辉
王 晨 徐佳晟 韩 澄 郑 睿 汪 静 杨娅娅 李海鸥 杨 萍 丁 燕 彭志敏 金若南 王海菱
张 婷 林淑霞 蒋海鑫 王 聪 朱玲叶 沈贤群 丁洁琼 王 莉 贾旭芸 董彦佳 朱 苗 乐雅雯
王 珏 任蓉蓉 蒋颖颖 路 安 苏 冲 汪立武 陈 鑫 李宇坤 陈得利 王尚睿 雷文涛 刘哲宇
赵思健 高麒晟 余 洋 沈 戈 张轶诚 陈志伟 王博奇 张鹏程 葛骏驰 乔舟灵 魏斯靖 陶云鹏
徐 敏 高岩青 刘 伟 杜俊毅 文 捷 王 蓉 孙一洲 何继书 周 静 蔡竹沁 梅 霞 汪旭东
杨明郦 谭华涛 叶延凯 周 雪 梁丹妮 傅文文 宛慧琴 柴 燕 刘亚庆 吴 蔚 莫茜茜 贾馨莲
胡蕾雷 邢芳芳 曹冰韵 周 佳 张倩妮 丁倩雯 王熙熙 秦 云 周 莹 尹靖雯 韩 婕 杨 野
王君君 章 琴 宫韵婷 沈桂琴 董高力 沈晔帆 孙 杰 张思卿 孙健俊 徐凌祎 金 磊 潘杰克
庄卫东 陆 琰 张 捷 郑家杰

会计(税务专门化)
吕园园 朱 姝 金 瑶 张唯唯 程 蒙 任 丽 姚 勤 张莉莉 汪宇瞳 刘 浩 朱云峰 张文俊
黄玉婷 李 骏 叶芷婷 吴起颖 周小琴 华予卉 周琳虹 龚晓倩 宋传兄 陈 超 董宸哲 李士波
常尧尧 王艳萍 肖小青 金 彦 肖林霞 朱 勇 孙绍城 蒋珏卿 陈家欢 宋熙贤 孙仲玮 宋远芹
林永慧 陈 超 梅 瑞 傅黎明 李玥瑶 杨 婷 王佩军 刘 骏 李伟杰 孙建辉 张子琪 杨文国

机电一体化技术
陈慧超 贺朝俊 周 戈 刘寅杰 徐益润 黄高雷 陈振宇 王秋瑜 魏 斌 殷承斐 陆赛俊 洪 侃
吴周庆 诸晓晖 范陆明 徐维吉 丁著涵 刘 骅 陆晓鹏 王毓赟 张 伟 刘 帅 田伟勇 袁俊磊
王 涛 陈佳豪 刘 超 陈 坚 张剑卿 周晓峰 金 鑫 王 炯 夏佳彬 包燕伟 夏 天 李明阳
王 刚 任志勇 许涛涛 郑 翔 曹晨程 潘博浩 乔峰峰 魏向辉 张 超 曹金鑫 束 超 刘 东

计算机应用技术
罗佳峰 赵 烽 黄贤峰 杨天宁 陈晓一 华心远 陈时祥 张 晶 沈 灏 沈柘宇 陈国栋 姜雷骏
戴 懿 智 超 曹海波 周灵杰 钱心禹 金 鑫 钱政伟 翁德胜 陈晓晓 胡峰亭 姜筱雨 李瑾捷
王 未 李 晟 朱玮胤 朱 青 朱绍玮 李勇君 叶骁磊 顾林超 陈继侃 张少伟 沈 剑 陆 超

计算机应用技术(图情档方向)
孙飘飘 王雪琴 王佳文 邵嘉龄 陈冰洁 顾玉祥 戴 玮 邵恒亮 张俊文 陈文杰 谢 园 吴 骏
姚 凯 朱佳伟 吴轩医 张晓彤 张宗凯

空中乘务
季玉瑞 王 洁 李燕波 王亚楠 孙圣洁 赵 艺 徐孟然 王馨怡 王任珺 柴 菁 蒋佳瑜 穆玲童
于淑馨 邵媛媛 王羚君玫 康 莉 戴晓琳 邵梦纯 葛丽媛 徐美洁 何雨涵 尹梦薇 徐雯莹 周倩文
郑琪文 陈申婕 戚美园 田雯晶 于 洁 刘佳敏 李 晔 曹雯珏 俞 婧 孙彦琳 李嘉悦 周 旸
奚肖芬 张丽芳 张文静 谢雁雁 孔垂圣 陈泳伸 王成刚 胡恺为 张嘉祺 宋 超 郑潇俊 罗贤文
贺宗炜 徐钟旸 韩 力 沈逸峰 陆俊杰 陈绪贝 刘 莹

旅游管理
胡方圆 周明艳 顾 静 陈春轶 李美玲 周亚弘 俞 洋 张 羡 龙紫恒 符之文 孙 菲 李殷骏
李 阳 金乾卿 魏 成 季思泽 吴雪春 陆施超 梁小林 邓 皓 沈 杰 施 健 雷鑫荣 董智威
商 超 王 沪

民航商务
高 晟 金 娜 谢思敏 王晶晶 黄秦洁 周 婷 夏 天 俞 彦 张碧瑕 李莹玉 周 颖 陈佳洁
陆文卿 徐嗣婧 刘玫麟 谭春芸 许先芬 黄梦宁 顾佳琪 丰国庆 黄龙成 葛 涛 金俊辉 马晓琪
张思捷 马臻巍 徐方真 施惟天 胡昱林

汽车运用与维修
赵嘉玲 朱 凯 李 闯 谢泽川 韩东廷 朱杭灿 董 渊 章渊彬 吴翔飞 柴 力 祁文豪 孙昌杰
王哲仑 郑天宇 蔡俊豪 胡文清 沈欣俊 章辰佳 郭健敏 张晓波 王文杰 王令栋 叶思安 许 扬
周益能 江海洋

人物形象设计（影视化妆）
蒋雯涵　骆逸伦　刘立莹　洪家希　梁乐听　叶初阳　杨　力　郑李莉　陶　纯　张倩雯　张文婕　邹佳清
潘怡雯　刘菲菲　顾丹萍　王丽萍　李佳卉　顾珈珺　殷　琼　陈　琴　吴燕燕　沈　玲　薛亚萍　林雷达

商务日语
邬燕芝　朱雪显　王夏莹　陈明琦　张　颖　金玉丽　王戎彧　李　婕　王　怡　王欣怡　朱莉蓉　刘志瑞
余俊逸　姚　凯　吴一鸣　吴征宇　丁　一　张熙文　王　磊　吴双迪　茅晟喆　张俊杰　何俊捷

商务英语
龚飞飞　张　璐　秦冬香　陈　怡　高　珊　项媖媖　王　珂　赖思佩　应晓莹　姚　圣　朱昱琦　陈冬妹
徐　逸　徐燕婷　金　烨　麦莹虹　况玮迪　陈艳雯　任思丝　浦　恒　周阳斌　蒋　宁　沈朱悦　吴　顺
杨云翔　陆陶杰　张晨辉　董　雷　朱邵斌　何王毅　张鸿斌　夏文磊　王瑜骏

数控技术
杨　哲　尹　健　吴士杰　王凌羽　殳尹人　高　磊　邢华胜　何　皓　张雁巍　钱呈磊　徐　星　顾　君
乔　璞　刘　祥　张　帆　马保鹏　朱　柯　杨志超　罗成斌　薛　宇　童安东　杨永遥　周志祥　印晓祺
徐海锋　周刘生　陈　阳　丘仲文　倪　伟　周启榕　叶　翔　何立成　王思远　张登骏　陈谷华　徐晓峰
褚家辉　昂　阳　王佳俊　张　浩　沈晓磊　罗彦廷　王志成　陈　佳　吴小骏　陈　鼎　石刘斌　胡钟彤
杨思浩　诸亮亮　孙文俊　郭　军　龚　坤　朱　辉　张恩基　夏映辰　章亚骏　王　超　黄云峰

投资与理财
王遥骋　陈移芳　胡荟泉　张　丽　张习习　陶丽君　刘倩雯　张　杰　孙佩稚　何佳璐　陈建宇　杨　文
黄海林　郑振强　吴栋梁　屠关斌　刘柯驿　龚晓锋　水润业　徐申申　李　琪　徐高乐　郁　超　徐焰青
张　珺　吴　涛　刘兆春　卢国平　范斌斌　毛　恺　牟鑫童　马　俏　汤瑞峰　张佳琳　关　隽　李佳卉
包云龙　顾欣怡　孙海川　周成君

物流管理
罗艺玫　蔡雯雯　陈洪司　程　婷　陶筱妮　高璐璐　刘　虹　陆　倩　蒋紫凤　钱　慧　高　倩　方　敏
蒋连红　袁　洋　俞晓龙　王东旭　彭舜人　尹方舟　马　力　寿昭君　严永赛　朱　骥　朱宗泉　蒋利君
裴惠勇　许　多　许　哲　王佳玮　高　翱　周树威　陈　娣　文世婷　杨漫漫　向晓阳　任淑婷　杨红英
李雪莲　张　琪　庄晶晶　潘铖嫄　应梦荻　杜　春　张朱瑛　张　鹏　梁　治　王　峰　迟　晨　陆佳军
李义辉　卞林海　周聪宇　尚志宇　高朝旭　刘　涛　丁　晖　许少钦　王晓东　张雷善　王　帅　张　杨
姚哲辉　彭雪晨　富勇勇　陈　申　周敏慧　余　剑　黄　鹤

艺术设计（平面设计）
董佳雯　蒋惠雯　朱梦婷　徐静怡　王　洁　奚　雯　陈　玲　石　蕾　张婉灵　曹雪枫　陈惠靓　丁　芳
傅雨玮　朱秋雨　许　珂　陈　薇　顾新阳　王　强　杨佳伟　茅智豪　杭沁毅　黄逸斌　诸时俊　杨　斌
冯俊杰　周　豪　胡一位　贺擎梦　姜烛光　张　明　周　其

艺术设计（室内设计）
顾　晶　万佳艺　朱佳莉　周文君　费婷婷　沈佳丹　宋添宁　周　丹　张嘉玲　陆琪美　李寅蕾　沈　玲
王心雨　斯徐儿　徐靓洁　蒋冰静　黄　泽　施凌云　张　浩　余伟冬　龚鼎文　张　忱　顾佳明　邵佳俊
顾蓓星　徐凌云　薛　杰　沈　昱　冷如宾

艺术设计（展览与商业空间设计）
陈　藜　张心怡　袁佳妮　盛　青　李　静　金芳丽　钟　怡　张　敏　全晓敏　赵　虹　莫佳梅　徐　菁
崔艺琼　徐　洁　苏　珊　唐子渊　王　磊　陶旭冬　王昕元　闵能杰　王祺一　王诗海　龙海洋　张勤玮
徐春辉　杨　斌

印刷技术（图文信息处理）
刘　洋　王　帅　陈剑飞　周英健　李　灏　陈凯谦　朱　峰　陈李泓　顾俊松　冯潘卉　陈佳伟　朱伟杰
顾剑峰　吴孜超　朱佳楠　朱　政　杨琪玮　黄　浩

影视动画
高俊音　陶　莹　冯依娜　孙　娜　沈燕丽　王　琼　蔡君华　朱静雯　徐嘉雯　吴慧羚　陈　皓　苟元强

马佳斌　梅　朔　王焕智　杨一乐　沈　彪　何　凡　钟　星　徐业升　赵　超　唐　力　常　骏　康晨阳
李　超　陆允超　曹　伟　张庆凯　虞悦文　朱　杰　樊宇超　纪凯强　唐佳俊　李宏飞　魏　韦　叶　彬
高　智

2014 届

报关与国际货运

傅俊义	刘玲玲	曾安妮	徐嘉慧	梁 丹	吕俊梅	王 新	孙 鑫	范琴琴	陆燕萍	朱文洁	朱 莉
朱凤晓	曹欣宜	龚春晖	姚晓青	齐 忆	杨梦娴	朱 颖	邱叶雯	袁雪莱	张 莹	王雯雯	姚 璐
嵇中杰	宋志杰	赵陈成	徐志远	徐晶亮	王灏枫	夏世超	王侃凯	蔡传龙	沈张轶	徐翼鹏	刘 威
蒋豪煜	郁 陈	陈泓皓	何 成	徐志纬	胡 超	许 多	旷 杰	桑晨阳	吴 倩	徐佳庆	李怡宽
倪埼波	陈佳奇	韦小红	陈佳佳	黄玉帆	左倩文	杨颖萍	朱 悦	朱佳欣	潘 雯	张雅各	赵任燕
龚文瑾	陈 琳	程 蓉	夏康宁	严 莉	钱芳芳	李 晓	沈晓雯	黄栩栩	卢旻程	成为嘉	李振辉
钱登辉	庄家杰	刘加桦	陈树杰	张 颢	王福凯	孔晓辉	王云超	朱嘉骏	李 阳	陆 越	宗俊杰
吴 铭	解海涛	徐 宁	吴 非	沈佳琪	王学丹	陈 成	王 劼	黄碧元	赵 峰	孙 畅	王 泽
朱磊沁	张立志										

电气自动化技术

乔海强	焦海童	温国祯	黄 伟	杜汪洋	傅 森	张展华	施宇祺	张意志	左 睿	耿祯博	王浩宸
付登金	倪成江	张 啸	钱一顺	苏佳伟	朱汉涛	卢爱民	魏佳俊	韩 峰	顾 晨	何肖聪	张苏平
施一帆	俞侃臣	赵志豪	吴 卫	陈 乾	张 波	郑 强	汤嘉诚	毛 威			

服装设计

高 锋	邱思蓓	王倩怡	欧晓璇	袁 莉	袁 爽	龚秀华	安 冬	丁诗云	张 纯	甘玉玲	葛怡沁
曾金晶	陆 芸	曹 雯	吴瑶祎	王玉特	宋 杨	傅文杰	薛文韬	贺 东	赵正阳	马 君	陆俊成
黄伊杰	张晶晶	完瑛超	金蓓丽	黄解盛							

国际航运业务管理

林尤豪　金岩欣　金知航

国际金融

徐 霄	俞欣阳	杨 批	王秋辉	李 杨	杨 羽	陈显越	周 安	陈佳宁	张 欣	蔡佩钦	潘雅雯
刘晴晴	宋婷婷	汤玉萍	陈嘉仪	陆子如	冯晨晨	周伟填	陈少鹏	陈志强	王俊杰	朱陈成	郭祎东
侯明轩	钱 晶	胡佳乐	徐赫赫	孙 鸣	张 炜	林靖康	周新闻	黄子宇	戴 君	华振	柏雨晨
许 听	朱康华	杨雨衡	叶迎翔	汪磊磊	俞大伟	阮家东	王景欣	伊萨克江·图合提		喀迪尔·艾合麦提	
吾布力阿西木·阿力木		斯地克·依敏		林 萍	郑方霞	李珑珑	乔雪纯	李岩颖	栾 琳	黄诗敏	江秋娴
徐丹丹	贾 佳	仇雨晴	孙 媛	涂洁文	顾芸芸	朱 蕾	殷敏佶	丁 静	林 森	晏 伟	宫 泽
吴荣林	罗晨铭	张一波	邢宏伟	朱焕杰	曹 飞	丁 凯	戴惠俊	张古月	李黄青	俞顺鹏	陈 伟
唐俊卿	陈 栋	陈恺东	刘智勇	吴冠昊	江 超	赵秦熙	任 侣	吴 飞			

国际经济与贸易（国际采购管理）

曹 欢	邓沙沙	杨意琴	陈媛媛	丁慧颖	赖 莎	于 静	傅乐毅	陈姬依	许晓嫣	石 榴	朱雨露
王 怡	顾海燕	杨 帆	王士新	孔令浩	林翔宏	刘 洋	袁如超	卫奕骏	吴膨成	罗志游	金耀庭
王佳明	黄益淳	傅 浩	陈 彬	薄朋朋	阙民宗	于晓强	张 杰	赖杨华			

国际商务

任向炜

国际商务（国际贸易）

刘　敏　　黄　依　　管凌枫　　齐小玉　　吴轶懿　　吴青松　　杨丽虹　　陈莎莎　　顾俊霞　　蒋艳静　　戴林灵　　朱　烨
倪文君　　何以扬　　李佳妮　　徐洁绒　　盛晓婷　　方泽伟　　施　建　　陈仕奇　　葛嘉文　　施　浩　　陈奔豪　　李俊彦
程盛书　　郑柳飞　　周梦玥　　杨晓君　　杨　磊　　袁彦圣　　陈仲赟　　林言德　　石　杰　　布阿依谢姆·斯迪克
阿依夏木·吐尔逊　　努尔麦麦提·图尔荪　　阿不都合力力·吐鲁甫　　达伍提江·柯尤木

国际商务（商务秘书）

张　玮　　芦美卉　　陈　昕　　李诗雨　　刘一诗　　王静华　　周小红　　曹蕙瑜　　杨晓燕　　陈　莹　　戴文婷　　李培琳
陈　婕　　顾红燕　　肖　毅　　冯　晗　　魏鸿杰　　王　诗　　叶耀圣　　陈　峰　　王艺钢　　王义林　　庞超君　　陆智诚
张一帆　　王世卿　　金　周　　吴　健　　周生锋　　陈佳昱　　陈奕豪　　周海勇　　顾　崴　　郁天明　　胡凯伦

航空机电设备维修

郭富豪　　乔毓敏　　姜文奇　　卢　杰　　马博闻　　康嘉伟　　张　浩　　余　涛　　陈　晨　　范一鸣　　宋愈磊　　田　圣
曹　晨　　叶海盛　　陈源浩　　曹　旭　　朱启明　　唐叶鑫　　汤　强　　蒋　忠　　蔡维中　　康佳杰　　高敏君　　毕永庆
张嘉杰　　刘涵清　　彭程斐　　张敏栋　　谢鹏程　　茆荣昌　　万晨鸣　　徐陶然　　奚　欢　　殷为业　　陆伟杰　　罗佳诚
徐雪原　　赵　斌　　章　勇

护理

李繁荣　　邹丽君　　王　慧　　赵琳芳　　刘明月　　段秋月　　李　钱　　刘嘉英　　夏凯丽　　琚翠萍　　郭艺惠　　张月明
周　怡　　吴　佩　　黄　琳　　陈　颖　　宓　慧　　张　娇　　周敏敏　　王思惠　　朱晓婷　　沈　静　　管双霜　　蒋　丽
徐佳莹　　方杨敏　　朱海燕　　吴眯眯　　李梦洁　　俞炯莹　　郑　静　　王燕梅　　黄　超　　姚雨鑫　　陈　芳　　许金艳
殷成成　　何　琳　　罗雅琴　　王婷婷　　陈　婷　　刘　霞　　朱文青　　傅佳蕾　　张晓燕　　唐佳玲　　陶文璐　　吴文越
薛佳妮　　李赟滟　　朱　怡　　陆　佳　　贺　敏　　宋菁玲　　姚梦嘉　　黄慧丹　　盛　晴　　杨　晨　　童巧巧　　陈泓汐
朱小兰　　翁小燕　　徐佳丽　　杨梦婷　　周玲娅　　何　洁　　徐蹦蹦　　谈　娟　　马圆圆　　姜童童　　彭佳芬　　蔡晓芹
沈佳欢　　叶辉萍　　周立娱　　林　浡　　姜　玲　　金春艳　　刘展妍　　吴慧丽　　刘　桢　　朱瑜涵　　诸　瑜　　沈佳佳
肖秀秀　　沈珺雯　　王严萍　　郎　静　　王佳佳　　胡丹红　　叶明明　　章安娜　　姜　好　　付贝贝　　崔雪静　　钱　雯
徐丹茸　　李　琳　　金润哲　　朱　敏　　张　颖　　陈　思　　周骁宵　　张惠花　　江　霞　　刘秀梅　　叶婷婷　　赵　珊
王　雅　　许范盈　　姚　杰　　沈　慧　　任　可　　张怡玮　　周艺飞　　刘诗怡　　倪晓燕　　郭佳丽　　沈金婷　　汤丽婷
王玲玲　　顾诗辰　　梁佳英　　张　丽　　丁　姣　　吴夏夏　　孜维迪古丽·托合提　　约日古丽·图尔荪　　米日古·阿西木
热孜宛古丽·巴柯　　布阿吉尔·麦麦提　　阿依夏木·阿布拉　　肉山古力·吐尔洪　　买热哈巴·玉苏甫
努尔扎代姆·玉苏普

环境艺术设计

马玉佩　　旷晓璐　　焦紫妍　　吴丽敏　　金遐龄　　潘　泳　　娄雅珺　　姚佳丽　　王　艳　　华　妍　　杜伟芳　　施　敏
张秋妹　　姜剑英　　张君怡　　宋非凡　　丁　怡　　李　震　　汤　昊　　艾王骏　　李小龙　　严　庆　　姚　超　　金　杰
顾陈俊　　施亦睿　　高　坛　　顾嘉毅　　邹　晨　　干耀祖　　彭宋军　　陆星辰　　蒋彬海　　翁倩慧　　陈　璇　　李　莎
陈　怡　　王　菲　　吴　婷　　张春霞　　卫倩雯　　顾金悦　　高　洁　　万甜甜　　金　芳　　顾玲丹　　李昳燚　　刘一雯
何　芸　　叶　荣　　王宇豪　　罗书剑　　黄夏玥　　蔡宇波　　马　臻　　黄春予　　华俊杰　　金　杰　　茆文清　　韩　冬
胡云帆　　钟　凯　　江　飙　　林　益　　郑铈泷　　徐瑞泽

环境艺术设计（室内设计）

石　磊　　赵　莉　　黄萍萍　　胡　晅　　姜　琦　　杜立思　　谷　雨　　徐　凡　　陈姗姗　　胡丽娜　　吴艳婷　　瞿莉莉
许艳鹤　　陈喆宇　　沈士雯　　徐勤燕　　金　雪　　朱峻泽　　蒋　东　　胡家伟　　杨　可　　毕楚琦　　钱程远　　沈比德
苏　勤　　周乾捷　　周振宇　　陈　晨　　刘　宾　　俞　捷　　陆　晨　　金　晶　　冯臻楠

会计

全婉虹　　张真真　　王甜甜　　余金容　　石　越　　李月明　　万　敏　　牛晓洁　　倪　鸿　　李鹏燕　　孙玉荨　　施　雯
蒋　艳　　张　璟　　王嘉旻　　梁依靓　　冯圣婷　　陆　晨　　薛　冰　　范康华　　陈袁丽　　张嘉雯　　严思佳　　黄丽媛
李　莉　　成　静　　李嫣妮　　王欣瑶　　汪艳婷　　俞瑗媛　　杜　燕　　梁雅倩　　朱晓文　　吴佳顺　　汪　涛　　杨一帆
朱瑜畅　　唐　毅　　丁金垚　　华　欢　　王宗叶　　陈园园　　侯　燕　　赖玉萍　　杨　杨　　汪　璐　　贺兆如　　黄　楠
方苒苒　　黄婷婷　　季颖婷　　奚婷婷　　叶晓迪　　许姝珏　　潘翠平　　牧文隽　　黄锦蓉　　王辛逸　　吴　雯　　蒋晓玲
姚　鑫　　蔡雪怡　　殷郡悦　　谢蕊伊　　王雨虹　　孔佳瑶　　仲云峰　　钟　灵　　曹　健　　郑荻凡　　黄俊发　　黄锦通

何海军	张李成	彭灵俊	邵敏锋	费斐	乔博楷	张梦杰	徐秋文	周琪	郑佳炜	曾夏祎	万亚洲
储丹锋	高翔	布祖拉·阿卜杜喀迪尔		热孜瓦尼古丽·阿布杜卡地		阿力吞古·艾沙		姑扎力·努尔买提			
张师瑀	程丽鑫	石彩珍	李雪琴	张娜	岳梦平	乔悦	王丹	田莉	朱玉玲	陈欢	洪思璐
黄旖旎	吴倩	陈璐	杨杰林	张佳敏	马丽娅	石洁	姜玉婷	张云	张思叶	管黎敏	赵晨盛
吴燕娜	徐睿	余如雨	戴敏妍	任婷洋	沈文怡	陶海辉	姚征宇	储志鹏	严云杰	鹿鹏飞	王圣
杜自豪	陈晨	张宇鹏	丁圣来	张健	汪子桢	周权超	郝晓琴	麦合木提江·托合提		斯迪克江·艾麦提	
阿卜拉·图尔荪		伊马木尼亚孜·司马义		何欢	柴宣宣	颜家蕾	黄露	吴静磬	胡俊琪	叶紫微	李卉卉
邓小椰	张秀敏	王亭婷	施能能	沈莉	赵越	许雯	卢佳丽	许琛琳	谢美星	钱峥钰	蒲万婷
陈一飞	都基清	郑豫宁	梁青	周茵	宋楠意	王敏	张柳青	马燕珊	赵妃瑛	李烨	钱怡吉
张晓辉	张德霖	熊金华	刘旭	江川	唐荣飞	薛鸣	陈佳欢	白礼嘉	钱志伟	黄佳俊	刘朋
方人杰	胡高飞	张森	谭云	包榕	胡芳霏	汪梦涵	赵丹	李敬	徐小嬿	景曼	陈扬
周敏	孙婷	姚嘉琪	孙悦	忻韵	马佳丽	金秋依	刘佳怡	黄凤彩	丁晓雯	李丽	俞燕
罗珠莲	李娜	刘雯婷	马艳雯	励晨悦	江宁	周秀萍	江源	何慧琴	俞晗	沈佳燕	程强
黄敬愉	刘伟奇	任超	顾黎明	舒昊	翁东喆	陆晓瑞	周宇星	陈天伦	葛明健	赵成佳	王尚桢
周德龙	凌波	孟超然	张佳杰	周星驰	楼赟	黄小灿	邓燕矫	尤晓彬	陈婉君	杨琴	陈林
崔蓝月	刘雪芹	仲昕蕊	秦臻	唐红	王凤越	俞佳	俞晓婧	吴晓雯	唐嘉璘	孙洁茹	姚颂
张丽萍	诸雯倩	吴婷婷	钱雨晓	王明月	王月华	陈纯	龚祎婷	沈馨	王梦滢	方晓玉	吴珍珍
陈贝妮	倪燕超	王贝露	张小青	古慧	刘亚辉	江悠扬	曹盖	刘杰	马俊辉	吴雨翔	吕文静
樊正阳	王昕	马继旭	沈文雄	毛碧青	陈晓阳	张于蓉	陈星弘	胡振华	陆雁波	林群	吴苹苹
王阅	叶晶晶	张文儒	王智敏	江朱剑	陈淑婷	牟雪瑞	盛晓雯	刘倩	徐进	王凯雯	金枭
黄忠满	邹叶亚	戴珊珊	吴志敏	李梦莹	金冰莉	郭亦顿	张宇婷	张菁	管镱	蔡蔚蔚	金徐炜
汤玮洁	邱宇	王斯斯	谢恩溢	孟佳飞	何友君	池丽余	蒋心宇	张鹏阳	陈玺	蔡明月	孟凡一
夏利鑫	戈叶童	季睿	蒋俊捷	毛文豪	朱恒敬	陈伟	梁志豪	吴建伟	黄嘉良		

会计（税务专门化）

胡琦

机电一体化技术

龚轶路	唐晟昱	吴肖帅	莫启鸿	郭周	洪凯东	梅育仁	王志佳	苏家成	王石俊	张健超	何梁丰
朱英杰	钟俊伟	蒋衡	陈曹杰	赵铭杰	蒋晓磊	佘松	沈天豪	李寒光	赵翔	李嘉伦	李伟显
朱鑫晨	顾雪峰	马晓斐	孙屹峰	鲁冰	李栋鸣	黄家维	戴林言	徐聪	沈悦	张欣靖	王经涛
蔡天翔	侯宵赟	何伟	严伟	曹晓栋	邵洋	林书弘	王骏闻	顾昀峰	王尚君	陈皓	应俊
潘捷	庄晨浩	范志豪	张杰伟	翟超	陈佳豪	许雪君	陈烨	刘博	顾辰一	俞波	邵思杰
王剑锐	杨敏	毕慕荣	金唯一	姚瑞杰	张元均	何江川					

计算机应用技术

姚林林	陆辰漪	夏添	岳冰剑	朱晓敏	徐栋	殷嘉清	高鑫	马逸俊	张嘉辰	张嘉奇	徐佳赟
花成	杜后龙	杨晓峰	骆晓俊	胡嘉焱	周解文	罗荫	陈璐峰	齐秀刚	卫建	汤宇杰	吴利敏
袁文斌	顾俊	潘佳浩	徐佳琛	王云鹏	李君	高壮壮	杨一平	聂大敏	陆超	陆晨超	余怀明
徐文冰	王音知	郭志俊	何英杰	张建军	高辰						

空中乘务

尹明明	韦挺	尹密	单晓丽	周思梦	张佳薇	耿娇	闫申	林晓菌	王诗芸	孙佳旻	魏婷婷
沈圣爱	周易	徐思伊	沈勤	沈汝蓉	周圣云	黄烨	谢雯颖	黄丽蓉	朱佳妮	陈梦茜	徐欢
赵悦琳	颜佳	黄婧	张佩君	韦君君	毛万洋	肖竹含	程泽凡	马仁杰	赵来	张逸云	安俊霆
陈煜舒	王旭磊	陈曦阳	严青	王津	吴强	宗俊杰	曹哲顺	钟海	陈一夫	黄佳俊	

民航商务

张靖	程磊	周婷	张晟楠	高梦婕	庄匀昕	王幸慧	朱瑜倩	钱琴	顾洁	薛宇	吉幸婷
滕伊宁	祁黛琳	徐嘉玲	陈梦晴	盛玉婷	朱梦怡	范舒婷	沈佩	马晓雨	张嫣婷	吴倩	陈阳阳
马兴越	朱振杰	王盈一	张慧华	金凯	于姚兴	钱正翱	周杰	周超	谭杰	王朝辉	董翔

汽车运用与维修
李　峣　冉　川　陈　鹏　余震天　裴中彪　张　悦　王聪磊　游　超　盛峙亭　杨青峰　厉林强　王　晨
朱　旦　庄　晨　魏加宝　周朝祥　王　可　陆维奕　吴家伟　王祺超　马　岷　张维库　孙沛东　陆　璇
纪嘉维　李佳辉　杨　杰　陈　森　吴潮杰　厉　晶　沈冬浩　王佳唯　黄成谨　沈捷开　缪林烨　张奕麾
朱沈佳　金　琦　王　越　方佳冬　李　阳　刘　刚　艾合麦提·阿吾提　迪力夏提·阿布力米提

商务日语
张婷婷　王　婧　黄　铭　张忆婷　张　悦　陆天怡　康思怡　翁轶冰　秦姝婷　郁　雯　孟义多　范佳慧
汤嘉懿　林　莉　赵　秀　朱　佳　徐靖韬　何　飞　丁　琪　徐惟文　顾逸道　施亦飞　舒　超　殷晓东
姚　栋

商务英语
于　淼　阎丽雅　金梦婷　朱晨滢　严　凌　李青媛　严媛婷　王亚君　俞方琳　俞思婷　张芸芸　徐馨怡
郑之易　周　逸　张　莹　范佳青　李　凡　张嘉妮　陆伊玲　徐清玉　徐　悦　陆文婷　周莉莉　金佩露
陈慧诗　张肖肖　李蓓洁　周　英　张　涛　周喆鑫　李秋繁　曹佳杰　钱圣文　柳　驿　孙吟波

数控技术
邵晨健　张恺文　杨智刚　苏　曼　李俊杰　杨旭峰　许云佳　焦东伟　苗健伟　李　林　顾佳晨　王　越
杨瑾雨　张学罕　孙中原　姚丹青　邱伟杰　张子杰　卢　笛　杨昕琰　徐培林　魏顺康　吴思松　沈雨晨
唐金辉　黄丹春　金峻熙　郁　捷　瞿　晋　李　杰　宋智昊　滕佳俊　陈毅凡　张　晓　温虞昊　蔡顺杰
沈伟豪　沈佳能　胡文豪

投资与理财
阮思婷　朱三晴　冯佳贝　周怡婷　沈文妍　王裔婷　刘佳玲　胡博雯　梁婉倩　陈　霖　王田丰　朱晓东
刘　霄　张智骏　杨鸣辉　潘雄峰　何　为　蔡　勇　周劼晖　顾亦昊　陈启迪　缪志强　胡杰奇　黄巧玲
张若楠　龚　宇　陈琦俊　王维燕　曹　丽　郁　潇　蒋筱慧　汪　璐　荣　虎　金鹏程　刘泽轩　徐亦文
骆幸助　王鸿磊　火沐和　颜旺鑫　傅　天　李恩奇　郑嘉平　沙雨帆　冯　夏　尤家豪　陈致辉　瞿文辉
廖孙武　郑霖杰　曹　犇　张伟龙

物流管理
王文轩　刁　璐　孙彩霞　王玉玲　卜　凡　姜　盼　栾肖肖　范嘉艺　夏婷婷　杨　晨　顾丽圆　顾婷婷
邹　芳　胡申菊　吴洪昊　沈正盼　石宇翔　潘布达　田言成　张　睿　王美燚　许文君　张　晨　祁进凯
周达成　王　亚　苗　晨　张翰文　孙晓杰　胡大伟　邵　臻　沈楚杨　李嘉巍　陆烨斌　王毅涛　冯佳伟
李栋成　唐任翔　吕亚斌　孙佳玮　夏仁宁　瞿家骏　侯海威　曹树廉　张　衡　冯凯旋　杨　洋　方致远
周佳丽　刘田敏子　袁家欢　吴海旋　朱杜梅　徐梦匀　诸颖婷　田舒倩　凌　纯　陈瑞雪　葛　玲　陆梦婷
李　敖　沙云峰　潘万利　程　鹏　陈　健　黄嘉晟　赖梓峰　许博文　杜　立　刘天强　陈子宏　钱家豪
林思周　施迎春　龚自勤　汪诗奇　唐业勇　威　啸

艺术设计（平面设计）
赵　婧　汤诗画　蔡　纯　蒋冬冬　冯伊琪　张　丽　姚　谊　张佳雯　于凤丹　邵　萍　周孖炏　左心蕾
周晓琴　金　丹　朱佳娣　严方圆　何伊娜　盛志杰　陈佳伟　周文煜　沈介峰　沈佩奇　顾宏清　周　轶
杜一鸣　许佳唯　陈家腾

艺术设计（室内设计）
杨　茜

艺术设计（展览与商业空间设计）
陈　盛　陆徐欣　易梦圆　谢双萍　李　秋　李　萍　丁诗轩　吴　静　张敏婕　蔡　琦　徐梦娇　庄　莹
陆佳丽　万玲燕　李凯莉　姚　雨　王　冬　马天逸　施　添　陈　辉　郑晓东　刘　熙　顾宏伟　杜炎傧
张世杰　陈煌杰　陈　勇　张　仁　曾　铭

印刷技术（图文信息处理）
黄小红　裴　芸　蒋　涵　林　艳　王　月　宋海东　范智伟　王明君　陈冠君　翟继强　郑智杰　颜　璐

影视动画
胡晓曦　赵昕媛　曹可馨　徐春景　许忆蕾　陆虞芩　刘琳娜　陈　雯　宋嘉玲　吴周艳　陆家杰　吴千惠

周濛霏 徐月华 张　楠 殷超蓉 杨　悦 朱　奕 陈佳囡 洪雨奇 巢鑫权 潘　登 王　顺 穆彦骏
邹奚超 黄　辉 杨俊杰 高基伟 庄恺骏 周晓峰 周　懿 翁皓楠 谢　浩 陈　奥 褚佳伟 钱　成
金佳伟 计义杰 朱　超 翁学灿 朱震威 陈柯言 李　越

2015 届

报关与国际货运

胡贤鹏	凌 静	朱晓沁	杨晓琳	殷梦娇	张岑洁	计婷婷	马丽佳	叶云霞	周依玲	王 佳	俞春晓
齐梦尘	陈剑佩	姚佳依	周纯洁	金琼瑶	张 欢	陈艳婷	吴钰铃	林晓丹	毛亦精	王 雪	卢贝贝
于 晨	李晓雪	唐 棪	王亮波	杨佳伟	沈昊天	王佳能	潘 梁	戴天宇	蔡豪杰	沈洪远	牛旭智
陆 鑫	曹家奇	冯喜华	沈琦一	谢石丰鸹	张 伟	潘亚龙	陈 飞	冯 淏	景泽伟	卫聆怡	杨 帆
张丽莉	张 婷	王 芳	黄依婷	殷 玥	孟 蕾	马诗怡	郭丽娜	张珊珊	蔡宵悦	王 丰	何晓雨
韩 赟	宋 程	赵晶莹	丁陆莹	陈俊玲	阮贵艳	胡玲珊	周婷婷	郑梦蝶	陈芳媛	杨婉茹	刘 娜
杨雯超	李晓东	俞超超	陈添顺	汤家乐	蒋晓俊	王凯华	严 铮	周筱敏	沈 杰	朱毅伟	吴佳辉
李时杰	陈家骏	秦 懿	付 敏	沈严立	王自军						

财务管理

刘芸薇	陈 雅	周慧丽	张璟懿	卢嘉奕	陈怡雯	钮佳庆	董 蕾	罗董丽	余 佳	薛梦娇	林羽喆
季锦娟	黄慧玲	黄璐依	金玲丽	陈易丽	张众余	沈佳妮	林梦盈	高 盼	徐思雨	尹佳琦	陶书怡
孙 思	庞文娟	蒋 燕	林育华	徐荷琴	朱誉佶	康晨迪	张悦卿	苏剑文	龚 杰	许 浩	周亦华
冯嘉磊	赵晓斌	吴 彬	宋雪炭	周彻宇	王春成	蔡 炜					

电气自动化技术

顾 煜	张志炜	陆 超	李 奕	陈振宇	卢盛斌	吴俊超	柳剑文	沈海东	张金伟	瞿佳祺	朱艺超
孙匡睿	赵驰杰	周云超	顾赛锋	谭炎屹	姚瑞卿	吕浩榕	荆 凯	施林鹏	孙家行	陈宏膜	陶 生
吴 于	柯郑和	肖 超	刘 劲	张 博	雷南伟	王家滨	陈 浩				

电视节目制作

祁丽娟	刘丽君	施双娇	王潋姗	周 易	黄 颖	汤明延	陈羽珅	王靓娴	黄以宁	夏彐梅	张杰妮
钱丽芸	潘秦豫	朱颖婷	沈 瑶	杨玉婷	曾丽蓉	翁妙燕	胡静怡	张娟娟	孙鸣时	程兆誉	杨 诚
马逸超	王 斌	蒋春远	沈子斌	杨 桢	王姚杰	郑悦晨	陈施浩	陆文俊			

电子出版技术

慕婷婷	杨文杰	朱祯杰	丁嘉豪	刘忠杰	姬中翔	赵 强	李佳笑	乔 齐

服装设计

王 静	朱盛尹	翁路东	秦 妮	汪晓薇	余 莎	周 妮	陆紫艺	夏晓琳	何嘉燕	龚 丹	李 靓
金 璐	徐 莹	卢伊梦	何 玲	毛 馨	彭韵霓	沈东亚	张 星	莫亚婷	王亚茹	范 慧	陈 辉
陈元达	翟维峰	孟祥鑫	王嘉林	黄逸晨	杨铁柱	何 越	何宇轩				

国际金融

赵铖霖	曹骐成	肖恒波	陈梦婷	徐依依	沈丹萍	李倩颖	秦 丹	陈玲玲	尹逸菲	赖艳琳	董海素
覃金静	袁 玮	殷倩文	陈珠嘉	张能杰	狄卫琦	沈 焕	黄国良	颜佳玮	唐 师	苗 松	项 强
王少博	孙 寅	王梓丞	韩少文	徐鑫智	刘彦青	张静茹	枭 睿	张飘飘	朱亦惟	许家慧	高 桦
袁春雷	杨沁瑶	罗小燕	何 娜	陈林榆	许艺鸿	刘亚静	冯晨露	柏 雪	陈 赟	郭 操	章 鑫
金斐杰	金佳杰	朱霖龙	赵 杰	赵岳雷	迟金来	李 杨	吴文龙	张 超	黄立鹏	汪若尘	陈宇航
付俊豪											

国际经济与贸易
凌旗阳　纪惠佳　李周馨　徐美娟　方淑雪　李　香　丁鑫瑜　黄佳莹　王贵贤　熊玥茹　邹方鸣　水明悦
朱琳琳　任　萍　汪娜琴妮　江　桃　陈雅芳　赵　聪　潘　璐　施　楠　赵珍妮　赵函萱　沈御年　潘东欣
沈一帆　沙　鹏　朱少秋　傅宝柱　郭俊熙　彭新翔　陈振日　台雪广　葛晰闻　李超群　王亚栋　庄桑桑
沈　集　王启奋　朱　煜　吕政成　陈煜昇　麻鼎宇　李　新　骆柄江

国际商务
许哲浩　时秀皎　王薇薇　王佳忆　陈秋婷　周　奷　任菲菲　郭宇婷　张　驰　刘　均　周清文　印佳燕
何梦琰　俞菲菲　郭超男　陈　巍　徐毛毛　王　娴　张瑞珊　刘　磊　徐懿龙　孙　扬　张敏杰　陈明翰
董沅泉　张天烨　李志航　黄世海　许祖宏　汤锦波　马小波　蒋　康　邹悦朋　孙　奥　赵逸飞　姜云柯
唐亚伟　沈冬冬　段小帅　傅昕晖　林嘉俊　李　亢　丁　超　朱刚锋　蔡丰屹　张雨寒　钱鹏飞　王　浩

航空机电设备维修
谭鸿翔　周汤洁　高晟豪　叶　宁　张旭栋　吴晓楠　陶渊杰　顾家豪　乔晓飞　周思源　蔡　铭　宋　彬
朱恺喆　张　胤　王尧飏　贺　越　周　超　魏罗顺　施晨栋　樊晨辉　蔡宇龙　毕晓烨　顾　悦　蔡家彦
顾礼祯　益程浩　顾炜松　周　潇　查　东　彭文军

护理
石盼盼　朱　丹　唐　艳　金嫣然　赵　佳　沈倩云　吴小璐　施　丹　侯梦赟　范怡雯　屠碧婷　印佳妮
苏欣怡　龚晓宇　阳小利　卢箫玉　周巧玲　吴文佳　黄婉莹　冯雪晴　孟澜兰　叶　群　韩铃铃　郑　燕
费　诗　李蒙蒙　邬园燕　李怡楠　姚圆圆　葛奕彤　付　翱　王晶晶　胡帅奕　蔡真男　孙　健　曹玮健
陆　倩　李文瑾　陈　辉　黄贝妮　黄　欢　田　蓉　陈　静　周燕丽　俞艳萍　吴秋艳　唐晓雯　程珍妮
顾周婷　杨雨雯　陈欢欢　陈雪冰　黎欢欢　王莹莹　吴丽颖　张超君　张玥君　陈嘉媛　詹乐萍　刘苗苗
吕　争　叶小燕　黄　蕾　李　丽　董　青　闵　艳　胡恋莲　赵紫燕　牛　丹　李春艳　林青青　韩　晶
尹珏旋　杨春华　傅　莹　徐　媛　徐　欣　邱晔晨　苏　颖　梅　燕　杨凯莉　姚燕萍　顾清菁　顾晓玲
高静洁　王文婷　陶　佳　杜莲玉　韦瑶瑶　雷　欢　杨栅栅　陆春珍　陆菲菲　蔡伟凤　马己丁　刘艳红
缪一新　苏晓凌　翟盼盼　李　静　毛晓薇　陈瑜超　郑灵静　刘超前　程正鹜　羊　燊　陈　鑫　冯　涛
倪昕怡　王梦萍　蒋丹晴　徐凌玲　徐晓彤　庄怡蕾　宋冬铃　范雯雯　吴晓婷　张　婷　孙睿倩　郭静洁
吴康佳　罗茂妮　曾令琳　李护丹　陈焕珊　蒋晨曦　周　霞　张　静　冯　俐　傅凯瑜　张　璐　虞　桑
胡奕君　邵娇娇　范晓璐　徐灵灵　周梦婕　郑彬彬　欧尔森　杨露露　彭晓雨　邓　婷　王露宇　张　茹
李先兰

环境艺术设计
何乔羽　王文义　汤　樱　朱静艳　何　婷　陶慧兰　张晨艳　尤笑婷　王　琴　石传叶　孙佳敏　施文君
浦晓菲　宋智杰　叶　涛　郑　涛　张一鸣　曹东晖　翟太坤　赵　超　周昌健　黄　卓　方　勋　濮晓峰
陶　运　康丽川　章　娣　胡　群　李　霞　李升阳　刘明慧　邓晓云　管佳运　朱霞吟　闵舟奕　黄佳丽
潘燕妮　王　慧　练琪琦　唐鹏程　万皓俊　徐丁丁　陈　程　柏玉桦　傅　宁　陈骏翔　陈天宇　杨伟杰
陈　俊　许树勇　秦彬瑜　王留留　全　姣

环境艺术设计（室内设计）
高春霞　季舒婕　王　琳　赵慧琦　赵　毅　戴亚桧　朱　蕾　孙嘉玲　朱佳煜　范佳瑶　奚艳婷　谢丹妮
杨　珂　周雨菁　金　晶　蔡其燃　朱　靖　于晓云　孙若薇　龚逸杰　牛敏俊　陈　帅　许晟龙　陈屹秋
何嘉骏　张仲儒　宋家伟　张海杰　林佳琪　陈晓栋　朱时杰　冉承旭　陆海航　蒋苏阳　林盛君　陈　健
张文超　强兴家

会计
徐　慧　陈　捷　樊希文　杨潇帆　盛敏慧　姚莉妹　周胜怡　曹　阳　杨张燕　李梦玮　魏伟芳　姜晓明
李佳佳　程学梅　卢晨莹　颜文萍　边　雪　臧素雅　陈可怡　王　丹　夏　梦　张　萍　吴玉花　王　娜
毋　潇　张晓桐　郭　佳　郑　涛　俞辰易　戴昕橙　董弘渊　张里东　沈　斌　吴俊辉　虞　欢　解正迪
季予峥　伍玉博　蒋春翔　叶文光　肖　瑞　齐葆彤　张　彬　成　信　张　峰　蒋家欢　丁晨斌　张涵隽
吴　迪　李晨玲　唐雨佳　沈艳婷　沈秋宜　张烨萍　林婧昊　吴一菲　王　肆　葛韵亮　马苑琪　宋晨晨
郑冰芝　刘钦文　陈依凡　吴　慧　邱荟芸　夏　颖　曹　鑫　李　姿　张　馨　龚　珺　曹敏怡　殷佳慧

罗亦玲	陈红羽	王维荣	刘 喻	杨 晶	王月清	王 祺	周 敏	李震东	郑露彬	陈海丰	归维浩
杨高俊	鲜文亮	沈凯伦	王利民	窦 锐	蒋 琪	龙广天	倪恩中	王彦枭	邹克阳	林明校	徐 婷
秦 妮	陈 莹	朱辰琳	张莉莉	盛海薇	蒋红璟	陈超群	周榆娉	赵 文	曹利君	纪聪聪	滕梦媛
何 湾	杨 茜	国书雅	赵晓文	吕思沁	尚 瑶	许 悦	罗宁宁	黄怡琳	唐万芬	武小靖	梅雪娇
李 超	徐 佳	吴笑添	朱圣佶	俞 靖	姚 协	宋张焱	陆超君	许恺航	吴 雍	郝 超	薛金海
殷凯伦	杜 尧	刘钟哲	林嘉伦	王益民	李 孟						

会计(国际会计)

黄虹宇	伊 一	唐晓童	卜啸清	归 琴	胡佳敏	赵婷婷	张佳佳	施 莹	李永萍	蒯 乐	薛煜雯
万俊婕	黄嘉菲	于文凤	薛 雯	顾冬东	潘鑫玥	卫佳妮	倪佳慧	田雯婕	马丽萍	树 雁	王琳瑶
汪秋萍	盛雨磊	宋康丽	张晓雯	程 颖	李丹红	舒璐瑶	刘艳艳	黄笙露	徐 赛	陈佳灵	向 欢
包佳茹	陆卓炯	顾洁群	刘 倩	李泉瑶	盛 嵩	吴先敏	祝 韬	张劲豪	潘 超	葛晓东	潘雄飞
袁友鹏	蒋天宇	郑 伟									

会计(税务专门化)

项诗斯	眭文怡	杨俊成	陈凯伦	顾美君	吴晓颖	胡梦姣	凌贝贝	奚晶晶	陆丽凤	陆燕瑛	于 倩
李嘉惠	陆佳燕	沈佳旎	胡 梅	罗静红	曾文幸	周应美	郭沁心	刘 芮	周君程	施佳媛	黄 群
赵 芳	汤夏艳	董恒利	董阳阳	朱成浩	吴文浩	王凌辉	诸文韬	夏 阳	路 杨	高晓诚	施 巍
陈 龙	曾勇飘	黄浚轩	方浩然	李 鑫	唐超祥	罗皓南	王 璐				

机电一体化技术

吕 昕	殷佳麒	杜华强	杨 娜	张文剑	陈 峥	施 匁	王伟杰	王海庆	金 杰	沈 健	姚森鑫
钱 皓	曹建波	吕天承	冯 涛	黄嘉晨	施 挺	顾 杰	陆方雨	吴东海	高 嵩	黄圣杰	丁晓伟
张时伟	沈怡豪	吴智文	朱仕诚	高宏炜	陶瑜清	薛 成	唐 斐	张 梁	陆元凯	吴佳伟	盛锦飚
李铭慧	江鸣豪	顾晨曦	万佳伟	郭文杰	黄佳睿	唐英卿	黄鸿雄	赵 宙	姜丁豪	严 跃	王厚泉
杜林峰	顾博嘉	张圳华	邢炜炜	周庭威	王天青	曹 伟	孙晔佶	谢亨尔	张 鑫	褚一晨	沈 磊
陈 磊	李嘉铭	赵德强	符传能	顾 琳							

计算机应用技术

陆 帅	白宇恒	陈世琛	刘晓霞	王怡琴	孙佩佩	金诚洁	刘 丽	周炳艳	李燕蕾	陈欣雨	徐 珍
丁玲燕	朱祯豪	陈起迪	张陶遂	张清如	杨 纯	颜正卿	亢晗啸	赵 诚	孙 超	王姿俊	钱 毅
施晨鸿	董 琦	叶文豪	李 俊	屠佳鸣	戴 超	罗源盛	周凯歌	江 衍	张 伟	齐 超	陈瀛峰
程健晖	薛一帆	钱 程	张 立	张伟杰	储子竣	夏 杨	卢宇波				

空中乘务

毕海瑞	周彭鑫	俞若敏	张君怡	张洁莹	侯铭倩	杨 唯	顾 燕	瞿璋瑛	费乃欣	沈瞿怡	朱佳雯
钱圣洁	谭文娇	董晓丹	张 慧	何梦瑶	吴雅丽	王雪莹	张冷艳	陆鑫琳	卫驿恋	朱佳仪	田 馨
胡 悦	董礼宸	谢光伟	常作彪	沈肇奂	吕昭赋	李 鑫	殷韵仪	祝诗怡	朱美玲	沈嘉妮	常小雪
余 菲	丁依雯	张静怡	孙 洁	班若楠	吴 丽	杨梦凡	陈 玉	潘 岚	邵佳华	金羽维	王玲君
邹靖怡	蔡静雯	益 蕾	吴可菲	郑冰丹	祝方颖	万兆曼	章业程	蔡易君	蒋泓彦	陈俊杰	陆 谊
鲍 敬	倪玮勐	王 珏	戴晓晴	黄飞杨	仲 华						

汽车运用与维修

杨海涛	张浩然	石家伟	陆 乐	李晨阳	张 越	庞皓文	顾思涵	倪星宇	戚冬迪	陈 超	徐久杰
秦恺文	汪 飞	赵思捷	龚旭文	李旭峰	唐 斌	陈效伟	吴梦琦	沈 建	章 腾	肖若洪	李建波
许 辉	张佳乐	沈 量	瞿蓓峰								

商务日语

邱裕乔	吴梦晓	戴静怡	周金媛	洪佳静	冯依蕊	钟洁琼	徐家欢	邵伊莎	王语星	林英樱	黄陈凯
朱胜昊	杨旭东	汤 程	赵医星	孙雨辰	平曼克	郭宏伟	蒋逸龙	蒋加好			

商务英语

胡曹田	陆家宁	陈佳琦	王悦青	赵 玲	姚婉婧	刘 清	唐玉锐	周潇然	徐杨敏	程 晨	徐燕杰
卫吴燕	陈娇妍	翁昳昕	吴鸣飞	苏龙绣	刘小玲	倪秧秧	叶可心	魏 琪	蒋京华	赵 祯	

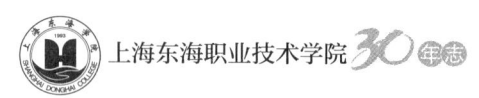

数控技术

宋嘉玮	吴　峰	宋晓明	陈奕伟	沈一冰	彭晶亦	王海伦	宋　徐	黄　杰	吕佳良	张　琰	顾旭晖
沈冬明	祝晓冬	张　峰	王杰文	汤云磊	方　斌	孙佳伟	张金舟	周佳滨	杨　铭	钟　麟	於家欢
杨佳欢	顾祺炜	赵冬欢	陈泽昊	张　夏	戚晓龙	沈嘉玮	周连笑	张天晟	宋诞阳	孙晓毅	张雨剑
徐　浩	沈　琪	朱　靖	晋　国	李　孟	汪亚东	苏　尘	雷澄瑞				

投资与理财

刘　凯	王　琳	俞菁菁	王雪婕	陈茜茜	张　雯	陈子谦	张　艳	黄　怡	周逸楠	周　雯	巩加文
刘生慧	于瑞雪	周华健	吴晓东	朱　磊	陆晨昊	顾嘉凌	叶佳炜	周　栋	张　昕	陈少钦	封　杰
骆家晖	王　灏	郭奕雄	杨　涛	张卫华	黄昌标	蔡文渊	吴帮辉	冯狄柯	徐龙辉	杨　猛	向梓维

物流管理

王雯雯	陆　晶	董丹丹	俞杭琦	沈　潇	张明月	金晓艳	韩佩桦	秦颖婷	叶雯雯	谈诗怡	高青雯
程茹婷	徐唯希	戴　骞	陆晓俊	尹家俊	王佳威	夏文辉	朱　麟	朱澄华	刘　立	刘祺超	张治勇
胡佳斌	贾杰雄	何　锋	杨　亮	俞　锋	曾宝棋	李恒路	袁天宸	毕如强	肖　遥	顾蒙蒙	赵　瀛
刘　益	肖　俊	李　奕	侯伯强	朱晨佳	刘申豪	黄　强	谭世豪				

艺术设计（平面设计）

朱海萍	樊嘉男	周佳佳	林　琴	陈　澄	杨申莹	周杨帆	施　晖	张俊楠	刘文强	李清舟	徐佳伟
曹明翰	沈唯安	郑存杰	王震宇	钱　超	谈自成	陈少坤	徐啸鸣	王俊雄			

艺术设计（展览与商业空间设计）

李梦祎	倪　佩	陈明珠	胡煜婷	李静思	陈思思	姚骅娜	奚冰倩	彭菲儿	乔嘉玲	奚忆雯	陈慰怡
沈嘉崴	陈梦杰	范赟豪	黄俊杰	张佳豪	张学海	胡泽伟					

影视动画

张菲雯	徐希茜	黄倩雯	王诗韵	钱佳怡	陈家贤	季佳丽	房昕晨	汤　冲	夏嘉伟	张嘉辉	戴　卿
胡俊杰	曹　杰	陈羽菲	张玮伟	蒋国超	裴　超	吴思汉	钟　诚				

2016 届

报关与国际货运
张　丽　　闵　靖　　苟利利　　胡丹妮　　王　阳　　杜雨君　　董怡然　　张梦锦　　高　宇　　周　珊　　陆宇越　　王圣洁
朱蓓蓉　　钱心怡　　吴艳婷　　胡凯丽　　桂海迪　　周　洁　　顾翠平　　陆颖姿　　冯汝健　　李　宁　　沈哲浩　　倪　桑
席牧峰　　张　晨　　武星源　　陈　炜　　孙泽伟　　黄　韬　　张亦弛　　黄　皓　　何剑斌　　孙怡凯　　蔡喆君　　李承德
朱　俊　　王亘炜　　谢王俊　　朱嘉磊　　陈亚南　　吴伊婷　　冯琪欣　　高　菲　　陆枫枫　　林玉萍　　张慧洁　　张事奇
王瑞雯　　王玛璠　　康菲尔　　徐　宁　　孙诗怡　　陆肖涵　　顾芯瑜　　张　欢　　郑佳颖　　陈楚楚　　金　叶　　蔡梦羽
郑志慧　　李传贵　　周　敬　　潘俊泽　　蒋静皓　　沈天宇　　顾晓勇　　何家豪　　叶　菲　　顾佳艺　　张　凯　　毛佳伟
沈志豪　　张　青　　朱怡晨　　汪　飞　　汤佳浩　　沈　易　　黄　博　　韩　杰　　薛　源　　李苏云　　姚益峰　　朱砚婷
单　雯　　赵隽懿　　王梦佳　　周　奕　　叶　倩　　张雨蓉　　顾　芸　　杨靖怡　　张晏宁　　康　萍　　闵　嘉　　李舒城
胡俊飞　　陈时昌　　陆俊杰　　方佳军　　储国栋　　杨剑宁　　施志泓　　刘骨志　　黄宇琦　　叶晨达　　宋丹君　　包晓涛
包伟伟　　王晓鸣　　夏敬伟　　吴使侃　　马　洁

财务管理
赵慧慧　　唐雨菁　　朱佳婧　　孙莹莹　　褚　旖　　杜婷婷　　俞晨倩　　顾晓云　　龚莹莹　　陈佳蓓　　万祖韵　　熊婷婷
沈晓敏　　刘佳琳　　金爱峰　　谢一帆　　叶慧玥　　吴晓丹　　郭美玲　　丁乙倩　　缪婕琼　　丁诗晨　　杨凤燕　　王　涛
武　哲　　钱信泽　　倪加政　　夏　晨　　鸦志强　　殷　培　　谭胥亮　　韦文韬　　王　杰　　代少军　　钱鑫淼　　丁士铠
陶　一　　谢海翔　　王笑天　　张　杰　　裴彬彬　　陈少杰　　孙　瓒　　李　衡　　罗晓炯　　王　杰

电气自动化技术
吴振华　　周晟栋　　顾丽婷　　沈从余　　王澔旸　　李　悦　　沈　玮　　费雨枫　　陶万芝　　王晓明　　张兆林　　殷誉峰
孙扬宜　　张　磊　　曹　阳　　洪　洋　　翁靖皓　　张　亮　　苏博鸿　　王兆伟　　刘　杰　　龚陈龙　　丁　俊　　顾雪伟
徐立君　　郑海秋　　柏诗晔

电视节目制作
顾晨敏　　廖蔓菲　　阮若琳　　刘澍廷　　张祎璟　　刘祯琳　　吴　雯　　毛佳萍　　王　超　　张晓凤　　卫铭晨　　陈　倩
梁　宸　　魏绍伟　　廖　恒　　杨　海　　戴祎杰　　许嘉琪　　牛　群　　王　晨　　孙金涛　　余　钦　　施竣捷　　毕　展
秦彦磊　　朱嘉炜　　赵泽熙　　袁志屹

服装设计
张斯涵　　冯靖之　　陈雪莫　　徐珍丽　　沈佳莹　　朱　懿　　许多多　　成　佳　　张涵文　　吴艳萍　　徐文捷　　夏　婧
王晓燕　　张晓来　　杨思韵　　陈静怡　　孙悦人　　孙慧泽　　马林雪　　薛江朕　　黄立成　　刘均恒　　张孜裴　　周　凯

国际金融
沈一磊　　刘威辰　　王丽天　　孙美娜　　谢　静　　蔡　怡　　周明君　　王艾琳　　蒋寒蓉　　谈惠华　　顾　炜　　张圣佳
王丽君　　徐　静　　张　倩　　冯晨璐　　柳　笛　　陈　敏　　周照宝　　胡绍凯　　吴榆杰　　万嘉敏　　钱一鸣　　许锦文
刘鼎永　　李　涵　　陈梦帆　　王鑫豪　　何　敏　　陈俊杰　　黄飞扬　　龚德斐　　石升梦　　陈国娟　　李　奥　　陈夏花
冯淑凌　　杨　玲　　刘雨莎　　蔡　艺　　李　琪　　周　怡　　王琳琳　　经珊珊　　艾晨艳　　杨书婷　　潘　虹　　杨钰雯
杨伯特　　冯俊霖　　梁　誉　　陈小强　　陈王立　　陈家盛　　陈启耀　　张巨铮　　侯一凡　　沈　鹏　　韩庆元　　柏友唐
肖天成

国际经济与贸易

吴娇娇	刘亚琳	张芷瑶	杨婷立	胡淑聪	竹洁娜	楼璐璐	邱蕊翔	翁佳佳	杜方方	郑溢涵	李丁懿
赵艳丽	郑薇薇	马俊林	冯怡静	周 平	周丽英	张奇凡	黄德伟	付宏波	罗宇聪	林政宇	陈曦君
陈家琪	周 琲	刘世宇	刘 欢	沈立成	朱 杰	周 冲	许能广	张震宇	高宇轩	张方园	王鑫磊
顾佳宇	陈 超	吴鹏程	林朝晖	陈珉焘	夏 峰	许 盛	章 渊				

国际经济与贸易（国际采购管理）

蔡志恒

国际商务

王铠铮	李政哲	徐振东	金 健	叶彩明	孟淅淅	周 纯	牛晨曦	罗紫嫣	王 婷	蒋雯琪	顾燕君
马丽婕	费玉婷	陈友龙	欧阳鑫超	钱明炜	许晨晨	周世军	柯鹏越	张思明	黄朝刚	卢 晗	李汉韬
顾 超	王毓杰	封圆平	陈涵青	翁尚铭	顾佳明	沈 昱	翁潇诚				

航空机电设备维修

周 伟	洪 林	朱明杰	丁 伟	赵文杰	李 琦	施沈天	尹 毓	徐 爽	顾鑫毅	张 亮	马 辉
彭 涛	徐博文	张 超	孙志豪	徐成功	俞嘉琦	张 平	郑子豪	王佳成			

护理

王子宜	许 婷	钦炜蜜	蒋梦瑶	陈蒙蒙	李 丹	蔡鸿玲	周 盈	洪志娟	陈 雯	屠淑鎏	高列忆
徐月玲	刘国英	罗丹妮	沈郑琪	张凯晴	吴莹子	杨思思	郑盈盈	王雯郁	李彬彬	王子君	祝经毅
胡 培	江艳雯	曹晓凤	沈佳怡	吴玲玲	俞诗卉	朱 丹	柳心月	褚玮怡	周 燕	周雨薇	黄雯颖
袁晓燕	陈佳妮	瞿蔚彧	陈怡凡	龚静雯	蔡梦迪	张 怡	金珠琳	孙露燕	乔 雯	陈民群	高尔皇
李梦琦	赵 程	司丽霞	张弋喆	李一玉	万民尊	江佩益	吴颖莺	施 珍	陈洁如	胡 翮	刘苗兰
王 莹	叶成莹	张 瑜	陈怡如	陈 宁	李姣姣	周婉尔	孟 想	蒋 倩	许琳娜	王娟娟	孟小明
吴 怡	胡琼莹	张诗怡	陈晓庆	沈嘉颖	沈黄娟	林妍君	胡晓怡	吴 婷	黄阿庆	郁夏萍	谢媛媛
沈春莲	陈 瑜	池春依	林玉洁	张 培	施奕萍	唐思嘉	张君怡	周诗懿	谢 怡	沈 旖	王佳怡
邹佳瑶	肖 潇	高 乐	张 青	王天颖	童家文	邓梦玲	芦 芳	张钰萱	陈 丽	徐春燕	朱 瑶
陈思思	沈思佳	黄红玲	王璐璐	殷思三	褚婷婷	李 淋	黄梦莹	赵汝芳	周晓蕴	金降仙	潘佳女
寿碧如	宣佳佳	陈思思	温金子	徐荟芸	李文喆	刘 玲	吴佳兰	徐佳晶	郑 岑	姚 婧	顾晶晶
沈依雯	陆佳琪	胡诗依	陈叶秋	严紫依	施 怡	陈佳意	朱 谊	王 佳	许慧姗	周 慧	冯梦媛
沈海伦	糜峥妍	费文怡	朱鑫宇	李志宽	夏俊浩	刘 悦	胡梦杰	邓安娜	陈晶津	罗娇娇	王青荣
孔洋洋	陈小兰	林巧娟	汤维维	杜洁轶	杨蕾蕾	周怡璇	郑佳佳	陈丽丽	王诗佳	陈小青	吴婷婷
徐佳彤	张静雯	李 雪	陈文颖	吕佳玲	沈玉萍	郑梦婷	钱晓霞	简浩芳	王 璐	包莉莉	钱晨莹
童 蕾	朱莞婷	黄 蕾	何文君	赵芯逸	朱慧婷	江 玲	何玉玲	阿衣飘飘	汤 纯	许成婕	夏霁雯
徐雪芬	刘海伦	袁 媛	王春妙	岳旖旎	黄 佳	李慧菁	芮 潇	张晓晖	王 琴		

环境艺术设计

叶俊琦	徐熠栋	汤海双	张颖婷	倪诗薇	顾依萍	屠嘉妮	王 瑶	王 娟	徐嘉镁	王瑞玥	代玲玲
楼聪颖	丁雯阳	姚哲剑	蒋 圣	姜 俊	王哲成	于 鸣	严浚豪	胡正宇	刘争佳	冯 凯	王敏超
钟 炜	陆 飑	唐宏飞	林国政	朱永衡	许 翔	何宏程	张 姜	沈超杰	赵 雄		

环境艺术设计（室内设计）

张 祎	王煜婷	邵 珺	董瑶瑶	金书静	荆含娜	包伊雯	潘文娟	丁 妮	徐沁怡	黄伟娜	朱庆林
李海青	李 宁	毕启慧	顾顺冲	王思寒	沈夕成	周联彬	朱晨杰	俞伟伦	管俊杰	肖育斌	李子扬
韦 勇	黄 熙	郑 翔	徐 炜	姜 韬	徐 晴	陈文婷	陆晓凤	方依依	张田缘	史一辰	钟思雯
唐怡婧	伍雅美	尹良缘	刘 兰	吕婷婷	夏俊男	沈毅杰	张铮超	刘 辉	顾燕新	徐佳斐	朱逸伟
郎仁毅	陈项怿	梅 亮	陈翔宇	余 沛	施琳梅	龚张燕	高梦婷	曹尹韵	冯 燕	沈朱倩	陈 勤
金福医	龚碧杨	盛碧倩	陈婷婷	张英芝	董 靓	杨 岚	唐瑞雪	周彬彬	戴旺君	李 栋	成查斌
崔泽伟	杨晓春	李 洋	谢 澎	胡善凯	张丽莲						

会计

朱思雨	洪璐媛	曹乔燕	周陈荣	郑珊珊	李勤瑜	王洁烨	叶蕾蕾	张阳秀	冯 红	叶 婷	潘圣峣

吴佳桢	孙瑞昕	陆颖婷	张佳洁	吴蓓蕾	杨婷婷	王　益	方佳伦	杨婷婷	张　艳	夏晨晨	张茹艳
苏佳琰	陆雅洁	陈　妍	张雨婷	谢亦雯	傅彩玲	李天豪	叶李斌	叶　希	刘　靖	吴　俊	陆申豪
姚亦涛	周俊杰	高　俊	顾晓冬	王　岩	王旭峰	宋瀚林	陆诗嘉	黄天瑞	杨涛涛	张方方	翟　曼
徐　美	王　丹	宋宗咪	张　倩	金苗燕	徐一帆	江　盈	顾杨杨	柳思宇	江娟娟	钱轶琳	虞志群
陈少鑫	周燕玲	杨晶晶	申永灿	徐胜男	王　慧	夏文艳	陈诗韵	王　霞	祁　晶	陈　晨	宋文奇
黄创斌	张书豪	曹　旸	辛佩玄	李　良	武浩楠	钱　敏	周子瀛	张至宇	李依锦	吕　梁	薛赵捷
陈江明	沈陈磊	王金亮	吴璇雯	吴星佳	张秋琳	马嘉仪	符庆珊	严文慧	黄思棋	李阿慧	骆烟霞
张嘉慧	范想想	骆亚妮	曹春燕	李双园	周玲玲	王　燕	樊　玉	徐孝慈	宋静静	吴依依	付　楠
王冰欣	朱　鑫	刘嘉云	陈旖旎	陈立豪	黄伟宝	樊　涛	张　政	朱绍冬	顾谭君	丁　渝	陈　晨
谢云峰	林伟康	夏正宏	刘润民	缪龚超	陆一鑫	施启扬	丁　鼎	蒙玉平	任莹莹	唐佳玮	苏鸿雁
贺　滢	王　玲	李娅雯	白　倩	朱思毓	王文娟	李　燕	冯　燕	宋玉玲	张会芳	欧阳林	舒子津
姜潞婷	孔彦珺	张晓蕾	骆思宇	王玉佳	钟馥蔓	江珮颖	朱　悦	王嘉琪	孙奕诗	潘莉莉	徐晓莹
张　晶	张思逸	葛　俊	许岑婧	张棵鑫	郭慧达	程斐易	崔思航	徐长幸	肖森庭	王熠玮	张玉浩
贾先柱	丁　刚	马浩杰	周思宇	周　健	吉　星	徐靖涛	黄鸣雷	鲁　帆	钱思伟	施永禄	陈佳璐
邱琼艳	沈晓倩	丁蓉佳	罗益妹	吴清平	张力文	夏　璇	王珊珊	朱　楠	李立群	孙雨佳	饶浩雯
孙梦莹	郑文茵	方怡雯	顾偲倩	沈　蕾	吴梦玲	慕晓莉	袁旖丽	杜佳燕	韩　蓉	田稼箐	唐丽婷
侯　倩	熊昱颉	於雯澜	朱慧馨	沈　嘉	李治萍	王　莹	彭燕凌	陆晨燕	周　叶	郑志凯	王健兆
陈绍飞	施佳炜	盛立峰	陶郅忻	马智伦	余维承	陈　曦	赵　越	孙志鹏			

会计（国际会计）

郑亚蕊	李　娜	耿利洁	晏朝霞	何宝儿	施佳佳	陈　言	付　娟	胡　洋	周智欣	李攀婷	郑蓝婷
陈　聪	马莎莎	徐嘉涵	叶　婧	李佩倩	潘雅婷	石妍彦	龚　蕊	周　蕾	王芝旖	夏甜甜	高　凡
徐佳玲	石念芸	石静鑫	俞　叶	邵　庆	张　露	龚佳琦	葛雯婷	常璐瑶	胡佳雯	朱　瑶	彭秀丽
江珏韵	庄　丽	胡德翔	郑裕民	冯翼鹏	陈泳良	颜之喆	杨振中	裴震昊	张圣浩	王亚栋	邹潮臻
王　超	吴　昕	许卓旻	顾成晓								

机电一体化技术

周威松	邱思婷	吴斐权	周陆斌	沈志军	黄轶炜	梁　平	程　杰	陈　标	韩　志	林　慨	郭　磊
倪　皓	陈思源	王　翔	华　焱	项奕然	干佟裕	徐　帅	赵　庆	胥　捷	敖　果	冯庆龙	戚萌萌
潘翔宇	张　政	陈嘉伦	朱　敏	丁佳超	秦　灏	周铭皓	邬昊炜	徐之杰	蔡逸凡	郁佳辉	周　楠
曹铭宇	王宝琦	何　方	苏　彬	李亭苇	蒋建伟	陈　慧	蒋志晨	韩　飞	叶　涛	费晓聪	周　超
蒋鑫逸	赵亦淳	吴　正	胡宗余	刘波涛	董瑞新	郭昱昊	陈佳琦	王自强	冯　涛	任振宇	倪少飞
沈逸枫	刘　玥	顾　城	杨浩文	卫仁杰	方　龙	马忠骏	储斌斌	陈　辉	陈奇奇	赵　康	丁吉康
袁　毅	戴申华	王玉璟	郁亮亮	朱轶杰	陈志伟	潘　超	詹海涛	陈　冬	徐嘉琪	陈　赟	唐云轩
朱　剑	潘亮然	张泽宇	孙　辉								

计算机应用技术

王东亚	吴晓莹	郑世蓉	周　婷	陆佳宁	马　芬	孟　迪	黎颖明	陈前顺	金鸣卓	曹　宁	金　鹏
陈文正	周　童	李文成	蔡守鹏	唐　于	田斌峰	王　帅	沈佳松	张云飞	张中原	顾　鑫	姚宗志
黄鸿飞	朱俊杰	刘博宽	秦　磊	郁伟良	韦　洋	周　祺	彭　康				

金融管理与实务

牟　霄	丁芊妍	邓　静	曹可平	贾思杰	吕卓雯	刘　婷	夏雯佳	诸　怡	徐沈慧	王茹婷	宁　迪
张年久	夏一鸣	杜恺瑀	容惠聪	王宏坤	莫龙管	黄盛俊	阮胡斌	陈弘法	李琪爽	孙尚尚	章文广
吴　越	唐文斌	郑蛟龙	张佳欢	金天旭	邢　政	朱文嫣					

空中乘务

王　恒	顾　洁	宋李李	戴佳健	冯淑瑞	崔　艺	沈丽沁	严晓雯	赵玉婷	韩艳杰	江　丽	陈亚新
周华倩	张晓彤	崔瑞莲	徐　艳	徐　蕾	俞佳琳	王竹君	高　彬	梁苗苗	焦怡涵	陈世正	姚晓杰
李春亭	王建朝	聂　涛	赵　须	刘　峥	孙中梁	辛怡乐	吴诗羽	鲁美娜	毛蓓菁	郝怡沁	朱　懿
徐　莹	苏丹妮	赵振媛	饶　闽	徐梦琪	李晨蕊	孙燕妮	冯珊珊	潘婷婷	何　阳	何　欢	陆　叶

王丽婷　沈蕴兰　侯丽娟　陈　懿　陈梦轩　李思云　陈飞宇　朱倩雯　沈应音　张松涛　张海俊　李　宁
时文硕　吴一磊　郭　潇　路　延

民航商务

陆　娴　盛佳怡　王梦涵　梁夏秋　杨　阳　陈　江　陈贝懿　鲍晨菲　王怡菁　顾晨怡　胡丹妮　吴奇辉
潘霓霏　肖婷婷　吕梦婷　刘　莹　李月晴　杨思瑞　华　鹏　吴宜杰　殷鉴禹

汽车运用与维修

李世杰　黄　最　沈文皓　朱佳祥　杨意萍　王龚峰　杨　光　李煜炜　曾　睿　陶思远　吕　敏　丁家君
王　磊　李家明　蒋歆杰　赵　洋　张帅超　张晨昕　董　平　吴　浩　李之超　沈　昊　李　森　郁　超
陆敏伟　王永成　金　琦　李祎超　邵戍荣

人力资源管理

朱敏菁　陈梦琪　陈鹏娜　喻沁怡　秦晓粟　蒋洪艳　江海星　陈　玲　丁怡旻　孙宏倩　张梦瑶　王　妍
庞　磊　韩志敬　张起帆　俞正卿　施宏杰　于　翔　金　磊　陈家骏　朱世豪　苏俊杰　邹　礼　于震宇
曾　镭　高思哲　任　迪　钱俊杰

商务日语

邵佳平　丁美姣　项玮玮　张晓芸　陆奕慈　王晓悦　严　微　潘佳晶　沈海芸　徐冯明珠　徐璐璐　曾文娜
朱　闻　陈卓尧　左元昭　武嘉伟　富家俊　童晓璐　徐晓玲

商务英语

孙耀霆　樊　一　瞿依蕾　苏里娴　朱伟珊　朴荟瑾　章丽华　李　吉　陈泉芳　李倩雯　张　婧　陆雯婷
李梦倩　宋　琳　张嘉丽　唐晨丽　林　璐　姜碧君　李　霞　金　裕　谭嘉城　葛世豪　邢浩赣　姚　远
张镇涛　钱飞远　徐晨倚　瞿广鹏　余家铭　张　跃　管晨帆

市场开发与营销

付广琴　李　艳　杨　洋　刘婷婷　余　晶　黄　燕　吴艳磊　奚　美　万紫含　陆洲晟　范航程　梁子濠
王　琪　徐浩杰　张乔生　金陈杰　程平易　熊英杰　成晓宇　李华发　许嘉麒

数控技术

陈梦迪　蔡曦龙　俞则东　薛程凯　沈盛峰　顾　超　张志斌　杨　勤　熊禄禄　陈凯磊　徐鹤杨　赵振淋
张钱播　黄华玮　宋　恝　钱佳平　张　磊　李　杰　张彦祺　严鑫鋆　郭许杰　陈治杰　费　韬　王磬炀
王立朴　朱文迪　朱　培　吴维尼　褚俊杰　戴夏菲　韩嘉翼　赵章宪　刘仁杰　费思捷　李建成　夏小董
潘旭峰　沈　巍　戴　竣　计颢枫　周　杨

投资与理财

王　旭　张大亨　吴佳欢　郑梓祈　魏　然　邓义菊　韩梦雅　周文琳　陈　虹　刘俊雪　钱　平　宫意菲
夏亚丽　周禹君　姚　劼　张　毅　石　鹏　李　强　王方旭　范天俊　金连荣　盛悟谛　张　君　杨　洪

物流管理

张　超　陈　祺　丁　立　孙悦康　刘　倩　许铫铫　刘艳梅　张佳瑜　吴　文　汪　悦　王朦朦　杨佳妮
陈媛媛　沈艳芸　仇如莹　龚诗雯　盛倩倩　王　佳　潘　婕　瞿夏怡　杨　菁　薛赛妍　谢怡洁　朱晓琳
张懿卿　俞鹏飞　宋力涛　张勤峰　钟陈康　杨耀东　杨　晨　胡　海　沈世鹏　陆　祎　刘　瑨　王裔敏
赵恒昱　肖澄雨　严闵军　徐朱立　俞佳琦　徐　鑫　钱家祺　戴文恺　包晨峰　赵　洋　钱嘉麟　王　剑
胡　可　王佳男

艺术设计（平面设计）

万佩卿　陈宗敏　胡佳妮　周子然　吴佳佳　陈伟婷　龚偲颖　周佳玲　沈　艳　唐欣蕊　于丽远　王佳凤
刘婷婷　凌佳红　沈燕红　柴　莹　吴慧慧　丁珏妮　董露茜　卫依静　盛爱玉　娄香香　尹俊彦　朱　宏
张　婷　俞金慧　蒋叶超　陈蔚昂　刘　正　侯凯文　宋　健　陈　贤　夏敏康　程俊杰　全　权

艺术设计（展览与商业空间设计）

朱雅雯　沈思文　杨　娜　姜天亮　金依淳　林玉蜓　郑爱琪　陈媛媛　朱雨溪　陈　岚　周心怡　张佳艺
顾杨怡　吴晓霞　林　健　陈柯瑜　吴中智　殷天纮　俞佳杰　曹李豪　潘佳伟　潘佳聪　徐　鑫　沈伟凯
邹浩然　池希杨　倪　坤

影视动画

仲怡婷　廖君燕　郑　丽　毛再红　高　欣　刘诗意　蒋欣悦　王佳赟　张莉颖　李文艳　龚一唯　李溪宁
胡德翔　钱　昊　刘致君　段小强　季梓均建　王吉卿　王　凯　韦偲屹　黄艺辉　赵峻晖　倪佳伟　顾文杰
沈一杰　孙炜豪　王永康　吴圣杰　杨徐军　姜　勇　周天华

2017 届

报关与国际货运

王樱雪　王佳玮　周君怡　储程依妮　莫嘉欣　刘思雨　吴彦龄　任虹洁　周　莎　王彦允　魏佳妮　金丽莉
宋　媛　夏晨芸　徐志娴　葛艳玲　张　笑　陈泳吉　阮　梦　曹嘉雯　张佩雯　葛惺媛　叶　玲　高如意
刘昱菲　刘翔宇　周豪杰　朱家豪　盛　杰　张　健　李传康　陈晓琦　金鑫杰　周博雍　宣佳骅　陈逸明
柴闰捷　邵志劼　李　越　朱枫旭　徐正伟　付晨乐　昌宇航　陈　勇　纪烈真　刘思宏　胡佳鑫　殷　英
沈旻丽　张宇钎　林捷航　庞晓晨　朱何博　马燕茹　缪迎春　冯　静　郭文慧　王佳雯　林依茗　戴禛媛
朱梦娇　周晓烨　蒋雪雯　黎梦丹　朱玉婷　施怡雯　宋　佳　徐贵也　王玥珑　顾　俊　梁健超　徐镇涛
黄玺霖　乔　奇　葛凌峰　于　洋　项一凡　俞嘉琪　毛文杰　方晓林　程　磊　蒋梦宇　缪泽华　许成伟
陈　琦　朱　超　秦逸心　叶增辉　计小帆　蔡　挺　李佳伟　魏　鑫　邓　婷　王丽雯　徐佳丽　王栋楠
李佳雯　周鸿穗　孙佳雯　王映婕　朱　岚　朱品申　时　晨　张　悦　刘志杰　马丁芯　孙慧雯　瞿丹菁
张艺伟　贾　静　张蕾婷　李　音　汪红易　王　燕　张　姝　姜之颖　傅月静　邹　月　王孟园　陆鼎豪
张　杰　李冠良　谭　刚　胡彦文　龚佳原　王俊杰　任常远　毕敬豪　张　浩　王逸清　杨亦超　丁　涛
吴赟超　张国庆　于伟华　印　大　徐　超　奚晨超　郑宇悦

电气自动化技术

陈　凯　董嘉熙　顾　爵　李宏杰　李钰玮　凌佩德　欧露杰　钱旻杰　孙　涛　孙志磊　王启明　杨　兵
袁　力　张志豪　章志杰　赵　磊　郑　栋　周嘉辉　周康华　朱志杰

电视节目制作

陈雪薇　陈雁翎　郭怡鋆　胡　玲　黄佳怡　黄　蓉　刘琦玥　陆丹凤　吕俏冰　裴　虹　沈　彤　唐　莹
陶春燕　万清娴　王　楠　吴云集　张　岚　赵玉俊　褚　艳　曹　瑜　陈　哲　陈志成　邓文斌　高俊峰
顾　杰　韩柏轩　黄吉吉　李嘉豪　刘　洋　楼俊杰　陆金昊　梅志毅　牛飞龙　孙晨煜　王凯杰　徐春晨
张洪军　张伊杰　赵智捷　钟啸天　朱历非　朱振超　兰理想

服装设计

张铭华　孙心意　黄节节　高　静　何诗思　何晓阳　洪佳佳　季雨薇　兰　婷　李晓欣　李依然　刘丹丹
陆梦璇　宁　静　沈淑雅　施卓琳　宋菲菲　孙　昱　徐嘉燕　叶佳钰　张　茹　张怡雯　释如意　黄佳欣
万志俊　徐奚伟　徐雁理　章寿兴　周传豪

国际金融

奚　婷　陈　诺　王金鑫　刘思瑶　张丽馨　楚泽田　曹晨阳　李　青　白晓曈　刘宝玲　范静怡　黄依文
王兆涛　付　铭　徐振北　刘　超　虞哲成　黄秋霆　张　浔　郭崇桢　屈　亨　韩　菲　彭逸东　孙家栋
刘星宇　金宇星　何一欣　陈裕际琨　程展超　胡　瑞　张凯月　孟蓉蓉　陈金燕　祁艳荣　李珍珍　赵　钒
屠巧红　李欣璐　杨凤梅　李方正　汪思倩　孙青青　潘梦昕　施燚泽　张　姚　王婉莹　邱　敏　乔　丹
胡　凯　冯家轩　陈艳宁　王毓秀　杨智程　孟凡博　姜剑锋　王俊晰　周圆长明　蒋伟杰　许　昇　陶佳杰
周志栋　王巍玮　汤成成　陈　缤　王荣贵

国际经济与贸易

骆光中　赵义博　张晓杰　江爱媒　陈敏儿　林丽春　齐苓宏　羊顺球　张丽珊　张蝶蝶　曹舒闻　朱璐莹
吴　琴　刘梦蝶　段　帆　周星星　徐佳吟　夏　静　韦姊妙　黄思婷　戴安娜　石　佳　左婉君　臧唐伊

何佳宁 郁珺磊 张　晶 艾琪皓 张金鑫 吴　涛 李梦想 孙震楠 陈子涵 余振伟 李泽金 昂泽万
陆尧杰 夏琦博 潘铭铭 傅轶超 郑鹏鹏 焦文杰 阎晴元 李　根

国际商务

陶海强 张瑞鹏 曹永芳 陈　婷 程　洁 冯文婷 龚沁儿 郭吴倩 何宇雪 雷　蕾 李　慧 罗小徐
冒佳怡 王敏健 夏　思 朱春芹 方　晨 韦丽英 张琦帆 高微微 冯少杰 郭　艾 胡威龙 黎承万
倪鑫涛 孙浩宁 孙　毅 孙志恒 张　进 吕明七 李圣驰 卓丁艺 姬春冬 洪会晋 王　雄 马欧洋
周　雷

护理

鲍文颖 陈静怡 陈文静 程　琳 顾　敏 顾天轶 胡雪颖 李蔚婕 吕丽君 罗英之 马静静 倪袁静
史学莹 宋燕娜 苏诗怡 孙思远 谭　玲 王丽君 王　楠 王雅芊 吴文婷 吴信娜 吴　颖 奚　萍
徐晶晶 徐丽萍 徐　芹 徐　漪 羊庆香 姚丽云 郁　芸 翟韩纯悦 张　开 成宇欣 陈锦丽 陈　琰
龚双晔 何　欢 蒋　婷 李洪霞 刘　容 楼珂君 潘　蕾 戚苗苗 钱傅佳 任宝黎 戎曙轶 史园曦
孙杨丹 谭雯雯 唐雯菁 王淼鑫 王　巧 王思琪 徐婷婷 杨晨慧 俞灿芳 袁盼洁 张臻淳 赵丽丽
周雯钰 周　颜 朱季怡 朱　婧 蔡佳梅 陈　娜 陈文文 褚项颖 冯成成 顾佳晨 洪　叶 华晓雯
纪春瑶 李健翠 李　娜 林　严 陆歆怡 陆亦昀 潘美婷 施刘敏 热则宛姑丽·阿力普 石欣怡 苏晓晨
孙怡雯 田梦鸽 王　怡 文春霞 文何燕 严梦婷 尹以雪 俞恬鑫 张梦阳 郑彤彤 朱　敏 俞银钏
姚超伟 黄　燕 李　明 蔡雪婷 陈沁悦 陈馨璐 陈艳秋 陈　芸 戴安诺 丁倪卿 方旖旎 费晓敏
顾佳妮 嵇　雯 陆媚佳 陆思文 沈超婷 陶小依 汪梦婷 王　洁 吴宇婷 项　极 项晓晓 许　萍
虞丽洁 张美霞 张梦杰 张梦甜 张诗羽 郑莉丹 周佳业 周　露 朱　怡 唐　骏 顾盛斌 曹怿妍
陈天韵 陈　颖 顾冬文 黄晨晨 季菊妹 金雯怡 金　艺 廖艺芝 刘淑婷 罗梦月 沈妮娜 沈雯依
唐伟婷 王晨明 王　宇 翁绘脂 徐炯虹 薛静忆 严靖雯 严懿飞 颜　嘉 张　懿 郑伊雯 钟成佳
周靓瑛 周夏春 周雪莹 顾季军 周佳伟 张小琴 蔡露露 董唯洁 杜　雯 傅姝佳 高韵雯 顾芸芸
李　菁 李　晔 林晶晶 刘许慧 毛巧婉 邵　琪 沈书柳 孙　莉 孙雅雯 唐　霏 唐佳依 王佳宁
王乙伊 翁美恒 夏　琪 项云霞 辛诗卉 徐温娴 徐宇妍 许　倩 张凯云 章小芬 朱文文 朱悦琪
卓伊双 黄爱迪 陈　锴 陈冰清 陈佳雯 陈雯雯 陈伊露 方金慧 蒋鸿燕 蒋晓霞 蒋玉梅 金慧莹
李晨琳 李佳媛 刘欣梓 陆怡伊 罗子情 倪佳琪 潘　碧 沈　洁 司徒梦婷 谈怡瑾 陶慧雯 田　娇
王　倩 王　怡 吴怡宁 夏　娅 徐　伟 叶吻雨 俞嘉竹 袁　慧 张燕燕 黄达楚 张洋洋 白玉兰
曹佳丽 陈文彬 方燕雯 傅施宇 古丽柯孜·阿卜来提 顾　洁 何晗笑 姜晓晓 阚　珂 李燕妮 刘思思
陆培文 骆　晓 庙路璐 沈贤幸 沈钰霏 孙倩莹 汪蓓婧 汪苏琴 王啊会 王立姣 王亚萍 吴莹莹
谢　瑜 杨　悦 姚　瑶 张妍怡 赵　纯 郑少惠 朱雯烨 卢　涵 伏晓新

环境艺术设计

钱晶晶 季梦芸 桑晓敏 杨淑婷 于佳卉 周　洁 石　蔚 朱　雯 王幸玉 戚佳丽 李婉婷 缪　婕
吴婷婷 王雨霏 徐　昕 蒋劲草 金胜豪 王嘉玙 许志玮 许　越 薛承龙 薛克瑞 凌　弘 孙　坚
张志唯 许智康 顾赵豪 陈广源 马英杰 朱炜祎 刘雅妍 李沈琴 倪海丽 张梦婷 张　璋 许翠霞
陈安然 徐素苗 万　豆 于　梦 徐嘉敏 喻慧玥 顾宁宁 冯露露 王之怡 俞敏清 胡晓宇 陈俊易
俞界军 孙志江 张家栋 沈佳栋 施张挺 侯雨青 朱寰宇 朱逸晨 费　郁 孙嘉辰 陈启洲

环境艺术设计（室内设计）

陈　迪 王冰冰 许方媛 刘晓阳 徐依婷 劳文静 张倩雯 沈许雯 武柯柯 顾佳敏 杨晓蕾 邹雨晨
王　曦 徐　能 马瑜婷 杨伟健 张自豪 吴嘉诺 方天择 周　凯 费　程 姚　翔 胡健乐 杨金同
顾家玮 赵史杰 张泽鑫 朱忠辉 唐毅凡 吴烨杰 施　伟 张　鑫 蒋启龙 李　铭 方毅铭 江　缘
何　静 李芝森 朱怡捷 陈嘉怡 王卓玛 徐　婷 潘莹莹 杨钰敏 郑慧祺 庄怡珺 费梦玲 陈佳琳
夏　洁 陈温静 王思佳 张仁杰 蔡冲聪 龚陈诚 徐文彬 奚　杰 李吴磊 赵师淳 程　涛 周文康
孟祥玉 李申映 张可扬 胡雪峰 王　涛 束文彬 樊喆轩 乐宸曦 王心安

会计

王龙申 陆　杰 王兴乐 陈　乾 陈怡馨 王　倩 梅秀春 尚春雨 胡晚秋 高雅楠 王　毅 刘丹文
陈　放 孙芳薇 陶晓荧 舒　捷 仇丽丽 刘兆静 沈　诞 陈　赟 王　瑛 陆文静 陈莎莎 盛心怡

王佳熠	王炜琼	陆思薇	李项	郁冬裕	夏洁	钱丽莉	杜彦存	熊高斌	程路	许士亮	柴圣楠
陆锦炀	张逸骏	周旻安	蔡祎琦	方国旭	钱逸云	田君文	张佳豪	张立	张琦	沈佳豪	李欧
杜夏青	王译萱	李文成	秦诗旖	王菲儿	李子晗	余庆伟	张丹	汪晶	郑鑫语	刘薇	郑依蕾
杨亚杰	张欣	谭雨甜	唐雯珺	陆嫔燚	冯佳琦	王晓洁	倪嘉慧	王路蔚	赵佳慧	王丹语	童佳
陈懿	钱静	胡道娟	葛志东	张迪沁	吴家真	金佳妮	潘嘉怡	叶婷	谢凡	许超	谢宗岳
任辉	方骏	吴嘉文	季捷	曹明阳	陶泽南	毛成旺	黄文然	崔浩栋	许信烨	金伟鑫	毕红雨
吕中泽	翁璇	金唯倩	陈佳	甘霖娜	张悦	吴佳明	覃键霞	阮银佳	陈悦琼	盛佳琦	王东博
王玉莹	费悦蕾	顾晓静	杨佳宇	肖蝶	贺嘉怡	邵汤珺	吴菲	吴怡雯	袁时枫	吴丽君	桂亦君
刘怡婷	金佳怡	孙佳玲	卞天瑜	袁静怡	陈志杰	曹一顺	徐恺	王俊杰	高亦凡	陆唯一	王锦宁
纪龙龙	黄嘉伟	吕文杰	蔡文浩	孙博仁	钱侯俊	许多	王嘉豪	刘浩	陈逸轩	李敏达	陆健伟
陆薇	陈霞	王健萍	沈怡	朱玉	陈紫薇	廖永燕	左罗慧美	何晓雪	刘欢	陈霜	胡建
王利	李睿	陈慧敏	张琦	汤璟琛	方禹夏	毛君怡	戴轶	徐珺怡	范蕾	黄荣	辛瑜
冯雪薇	查忆菁	余凡	王宁静	陈蕾	马诗乐	叶萌	陈霞	陈颖	黄诗云	赵雅君	沈家琦
李铭鹏	张信龙	胡军	杨坤	汤佳峰	王宁	陶渊卿	徐政昕	杜佳俊	杨亦杰	孙鸿灏	陈臻昕
徐慧	彭丽萍	窦亚婷	邱旋	金丹丽	郑静	陈晓青	高雨佳	韩雪	独清清	吕丰华	张天芸
田甜	张雨帆	蒯世佳	刘霄玮	马佳晨	金宙吉	马雨薇	梁炎	王思怡	秦晴	蒋春瑶	黄春梅
孙思佳	金铭怿	吉文琪	袁佳雯	宋翠翠	沈超	余佳伟	方杰	朱峰	何雷	贾春磊	金佳皓
曹诚涛	沈一鸣	黄江杰	顾万钧	廖旭阳	顾峥远	瞿振彦	吴俊希	叶超	杜丽萍	向宸	杨晨
程晓笑	吴攸阳	姚蕾	金姚姚	陈慧余	郑庆转	郝曼丽	曹子夜	孙雨	刘笑宇	李红梅	庞晓梦
余珺娴	王茜	杨子秋	孟雨	尹若同	赵宝珠	代欣玲	黄孟桥	乔智卉	江婷婷	陈杨瑾	姜潇潇
陆文雅	张蕾	张逸雯	沈慧莹	李佳怡	刘桃	尹楚楚	潘晨	刘静哲	陈婷婷	沈诗韵	陶雨佳
金鹏玲	蒋慧	孙颖晨	李秀烨	龙宇	张傲星	张腾飞	陆嘉励	周炎	殷君	蔡绍奇	王震宇
翁玮敏	陈志超	王彦冰	丁超	王雯洁	唐密	李雪凌	李攀雯	应来利	金敏	张洪静	郑美娟
王敏	周韵文	张笑燕	程斐容	邵晓磊	姚晨越	楚婕	韩怡莹	蒋璐	来东莹	李铃	李媛媛
吕艳艳	沈雯彦	孙懿婷	唐怡	吴文姬	徐倩雯	姚逸文	张思思	庄静雯	林立	金磊	胡宇浩
黄旭斌	李润杰	张一博	赵志浩	姚立冬	周锦涛	丁雪斐	何佳林	任子佳			

机电一体化技术

戚俊益	邓诗煜	徐宁	严俊杰	乔奔	杨葛戎	柴树强	张万强	景鹏城	张浩天	程佳浩	顾雨潇
华俊涛	瞿佳诚	鲁金一	金凯熙	严凯文	徐家宝	朱古力	曹一帆	何文轩	姚嘉伦	徐至麟	唐李君
史长鑫	于天禹	黄恺宁	吴之豪	陆超	房子健	褚涛涛	钱文超	王磊	朱捷	姚佳伟	唐振涛
马海涛	何夏冬	乔健	蔡少波	徐浩天	万澄阳	王逸雨	诸俊杰	胡鑫	朱豪杰	夏瑶琪	秦志豪
陈诺	钱天华	王刚	范陈浩	蔡航杰	俞铁城	陈思宇	汤思宇	洪晟祺	胡凡	王铭洲	陈蕾
徐磊	蔡天扬	黄宇哲	金浩	魏兆君	朱辉	顾加成	杨辰	陆佳唯	陈玮	刘佳宝	陈超
陈秋野	范俊军	翟大健	邱捷	张家麟	蒋以伦	王智晶	毛佳浩	张蒙	陆俊君	俞家乐	林申琦
赵佳磊	范利成	赵航	陈东文	李博闻	杨泽松	杨庆	严坤	姚驰皓	季江波	喻龙山	董经纬
王鑫彬	奚佳伟	朱爱聪	王超诚	李怡峰	陆英杰	陆志超	唐嘉伟	丁佳辉	季攀	王天禹	王博民
吴平	王维康	刘宇翔	彭望龙	王友亮	卫佳骏	蔡一波	陈泽毓	朱志杰	翁天奕	吴敏俊	张凡
洪嘉源	赵宇航	李煜	陈洲	叶康							

计算机应用技术

王渊文	韩博文	柯莉莎	李伟	梁晓宇	阿布地热西提·米吉	陈东懿	陈桦烨	陈君旸	千文海	高升	高威
顾滔	洪怡鑫	洪志超	李啸磊	李宇飞	林建炳	林锦彬	刘万选	刘一鸣	裴文豹	石雷	孙良东
田博	田鑫	吴智健	夏晓炜	徐磊	杨杰	姚鸣程	应嘉琛	俞嘉玮	张超毅	张纯	张焱
张益毅	赵君沂	郑皓杰	郑乐文	朱嘉俊	朱文骏	金俊佑	努尔伊力·赛麦尔	麦麦提·艾海提	杨龙彪		

金融管理与实务

刘唯琼	程思思	付小欢	忽永晔	胡丽霞	林娇依	唐炯	辛婧	姚莹莹	于艳琴	邹如霜	倪爱娟

刘 丹　刘 璇　蔡成伟　蔡建达　陈一凡　高 超　何晓宇　胡润泽　黄志权　兰 滨　林琼森　马 科
王 传　王英旭　严明睿　姚 尧　郁思程　曾君斌　张嘉穗　汤舒媛　郭 雯　罗 佳　张慧翔　梁鑫宝

空中乘务
郝晨彤　郑海棠　朱盈洁　陈 淼　迟晶晶　朱 敏　纪玉铭　陈晓迪　李喻青　李 漫　初铭鑫　陈淑雅
丁雅男　高浩然　朱雨晨　仝婧欣　王 捷　邵俊岩　杜 佳　王明辉　汤安欣　凌 超　王芳芳　王梦雪
朱宇欢　陈佳惠　项蓓蓓　王 馨　丁丽娜　孙琦郁　赵 鑫　鲍 健　周文全　郑翔友　王贺鹏　唐 昊
段永祥　苏 荣　叶剑挺　戴人杰　杨佳峰　姜钱东　何鑫磊　朱 剑　黄梦竹　王 萍　袁倩倩　徐 扬
张慧闲　张梦雨　孙宜君　常秋瑞　王丽萍　岳晗舒怡　张 钰　赵婷婷　杨夫霞　李珊珊　陈灵静　陈丽娜
王思文　赵晓钰　朱 琳　秦善娜　韩文娟　付媛媛　刘 倩　杜 袆　胡宇晴　王文婷　黄 晨　潘 琳
孙琰婷　施 泱　黄 月　倪 倩　袁晓茜　陈佳雯　沈丹妮　沈 玮　徐 亮　刘浩钰　宋丰宇　孟 凯
李庆民　黄士坤　薛如春　吕 骁　谷宇翔　李 峰　李金欣　费蒙超　伍 晨　唐 丽　张家赢　刘晓雨
杨 琴　贾惜渌　胡凯悦　李凤娟　张 君　刘惠美　肖琬钰　张国莘　于 森　檀 琪　王 潇　陈娇娇
刘 念　贾子菲　潘雅宁　秦玫荟　李晓漪　蔡曼丽　杨翠文　薛文艳　周思卿　徐佳玉　陈媛媛　袁婷婷
钱 袆　俞 娇　施祥云　邱嘉怡　潘 艳　张韦婷　周 婷　钱新慧　吴雅芳　陈 浩　万首皞　施元成
孙玉景　张聪聪　许振航　薛 林　祁子昊　顾志豪　方思杰　何顺阳　古健聪

民航商务
蔡秋霞　蔡依静　曹静文　陈 楠　戴志颖　邓 琪　高伟伟　贺一鸣　胡梦颖　刘梦雨　陆 岚　罗 娜
潘海燕　孙佳佳　王 瑞　王怡妮　王 宇　吴思佳　徐嘉琪　徐苗君　杨静雯　杨 夏　姚佳雯　姚文怡
印乐韵　张晓迪　周 洁　周予晴　廖逸婕　薛 晴　范 铭　贾 宸　李嘉豪　李 享　刘嘉敏　乔伟豪
汪天伦　王荣恺　徐 斌　徐同彦　许唯一　张凌波　邓坤宇　李虹皓　周新刚　胡 晨　杜成龙

汽车技术服务与营销
李亨基　陆 依　杨 倩　张晨晨　蔡成笑　陈 斌　陈杨帆　储伟强　胡 耀　黄 杰　黄 雷　李根涛
栾金钊　潘闻波　秦国强　温培锋　吴仲杰　邢志浩　余 磊　张 勤　张诗悦　钟家玉　朱王蝶

汽车运用与维修
叶 春　徐晓凯　杨 君　鲍江涛　陈洪民　陈翔宇　陈宇华　戴嘉伟　顾潇峰　关 敬　侯志扬　黄昭龙
雷弘毅　李晨安　林 轩　刘文宇　柳 超　罗天云　邵斌豪　沈维铭　宋佳烨　谭 鑫　王佳杰　王宇豪
韦春华　魏君豪　徐家豪　许 健　杨天祺　张 冰　张 剑　张军苗　张 黎　张胜胜　朱凌成　王思伟
张易全　李凯伦

人力资源管理
仇佳慧　范昌青　范先丽　葛圣芸　顾小奕　郭 敏　蒋晓凤　金琪婷　瞿艺婷　彭嘉鎣　钱佳婧　沈嘉玲
施敏佳　孙 燕　孙阳阳　王凯蓉　王梦弟　翁佳敏　吴梦菲　徐楚婷　徐佳雯　郁 珏　张 敏　张 倩
张鑫姬　周旭艳　朱晨洁　黄俊杰　罗佳杰　罗文毅　沈方圆　吴 罡　杨 力　袁亦乐　张杨名　秦梦绮

商务日语
范 逸　韩思婕　金诗晨　李 敏　林 莉　汤 丹　文 婷　徐 露　诸冰琰　陈 燕　仲世琦　沈钦燕
匡卓星　秦 超　严立坤　张可一　张中一　周志杰

商务英语
彭文希　陈 淳　陈 琳　范丽君　何梦璐　金天轶　瞿佳莹　刘艾嘉　钱 程　邱玮琳　沈诗婷　沈午晔
台晓旭　唐文婷　童亦茹　王 霏　王斯嘉　王潇颖　吴溪元　吴燕华　邢晓慧　张娟娟　周佳玉　庄宝明
付海非　邵竞如　黄宇杰　江钟元　康乐文　徐 冉　周超平

市场开发与营销
吴启昕　程忆慧　何 欢　何秋萍　兰明星　蒲柳廷　施严娇　石轶慧　时磊磊　谭梦思　童 飞　王明辉
王一丹　王雨婷　王誉锦　郑彩敏　贝圣杰　程 翔　方 哲　葛其俊　耿梦雷　管文豪　郭秋宇　韩桢畴
胡宇豪　廖正概　罗泽轩　孙浩然　田 冲　王 新　吴龙建　徐 铭　徐鹏涛　薛建树　虞晨健　张文博
赵 记　朱 晴　杨萌萌　程 意　宋成原

数控技术
吴添宇　包嘉鑫　蔡俊杰　陈佳舜　陈 江　陈俊宇　陈 墨　陈彦宁　费杨浩　封 满　高 聪　顾天涵

何 灏	洪悦祺	李 磊	李 奇	林 鹏	刘 韬	陆家杰	陆锦逸	陆瑞峰	茅宇华	潘波涛	潘敏杰
秦蔡磊	宋宇迪	陶仁越	王 衍	王一帆	王宇晨	卫 松	吴新宇	袁安东	张晨玮	张诚伟	张 豪
张昊晨	张健豪	张 堃	张 韬	张霄宇							

投资与理财

陆金祎	蔡俊涛	缪志杰	陈鑫懂	方媛媛	卢颖修	陆文静	吴 倩	吴 琼	周子雯	朱思怡	张文炜
陈 斌	陈天阳	方梓洋	高 远	郭建军	黄铖皓	黄思庆	金 威	李萧皓	吕永伟	潘智豪	石 闽
孙彦彬	王昊天	王 韬	徐佳文	徐林乾	叶 晓	翟 祥	张子聿	李 和	王江波		

物流管理

曹源敏	东芳红	冯 奕	金虹霞	李菲菲	裘雪雯	施 文	杨 婷	张诗韵	崔俊杰	冯 铭	顾铭源
郭文斌	侯天嘉	刘晨磊	刘以宁	刘 震	陆蕴哲	彭 亮	沈泽雷	孙连杰	夏克奇	张志华	郑泽天
邹佳禄	陈 婕	方成静	龚 妮	雷 兴	刘 易	沈弘亚	吴思琪	叶 彦	张伊蕾	褚建华	单 传
顾 俊	顾文涛	侯 帅	林晟威	刘慎浩	刘 瑜	陆 磊	倪跃敏	钱俊豪	沈思捷	徐逸尘	张 泽
赵旭东	周晨旭	祝君杰	刘国军								

艺术设计（平面设计）

赵 宁	董芸青	方小雨	邹雪飞	李渊聪	周旻月	沈颖佳	张玉琦	殷婷杰	龚清波	陈思慧	张 悦
杨储亦	王亚琦	施文杰	吴宇捷	潘 元	杨克毅	王 怡	徐智豪	尹天鹏	钱 叶	夏天润	胡世奇
郑耀达	柏云飞	李佳锋	顾晨阳	卞 杰	张 冯	张浩程	唐 朋				

艺术设计（展览与商业空间设计）

周文庆	张倩雯	汤月婷	李国钰	石晓倩	徐子悦	孙 莹	周晓燕	彭梦媛	王雨晴	杜 薇	陈安丹
施华鋆	马海燕	周 珊	陈婉迪	章 迪	周雨男	闻 磊	刘家祺	汤培峥	顾海冬	茅明辉	张 充
宋欣伟	柳向锋	张旭东	施金磊	王 超	应泽昊						

影视动画

张智俊	张 涛	范馨忆	付 灿	顾蓓苡	管 菁	黄 燕	嵇 婷	金嘉雯	康晓晨	倪 妙	倪鑫佳
庞欣怡	徐 菁	杨 婕	张佳瑶	朱丽桦	裘新月	苏佳彬	张家宁	傅嘉伟	顾尚飞	顾顺顺	黄海旭
姜奉磊	梅晨昊	沈 懿	石浩吉	孙铭言	唐 凡	王佳栋	邬思远	吴嘉超	徐偲杰	张乐斌	张旭洋
庄哲轩	李 杰	庞雨轩									

2018 届

投资与理财

陈睿凡	耿雪艳	汪明彦	常建玮	陈欣慧	郝　梦	刘金卓	朱　旻	王　祥	刘开来	褚路易	吴鑫涛
胡鑫垚	蔡季宏	陈铭毅	陈震麟	岳皓川	龚文强	毛亦飞	朱　峰	周　琨	李天罡	齐佳伟	史九恒
潘　杰	阿地里·热合曼	陈　涛	陈　浩	龙思宇	孙昊哲	姬欣茹	朱炜倩	刁冬冬			

国际金融

王百通	郭梦影	许菁菁	孙慧敏	边钰超	周美倩	杨艳琳	周　颖	陈欣怡	徐韵涵	陈碧婵	毛　越
柴铭泽	姜树阳	桑荣振	王钰航	艾志祥	张海玉	查汪丙	刘尚培	吴南樟	范朕纲	徐峥嵘	周若愚
刘　信	陶赟时	范亮骏	任子玮	崔　磊	张嘉维	邢　杰	曹　君	石　佳	黄子豪	赵英杰	姬小雪
胡小梅	梁海美	张佳旦	周莉莉	邱金萍	崔　月	张圆圆	吴　静	袁雅萌	林苏彤	俞竺青	陈怡雯
陆　敏	曹冬雷	周亚兰	冯嘉琪	任思佳	凌晔沁	颜伟莹	徐文庆	徐佳杰	刘海龙	张　豪	孙武警
周遵敬	肖跃军	陈瀚宇	于同飞	蒋林海	赵逸浩	杨　伊	李佩文	吴泽宇	任家峰	徐志豪	周　东
禚云星	樊一丁	徐苏文	王冰川	姚佳炜	季彦博	吴榆杰					

金融管理与实务

陈圣武	朱碧芸	李慧珍	陈卉垚	唐　叶	何　垚	王　悦	赵艺盈	袁叶西子	何依岩	吴紫云	王茜蓉
康佳萍	石　芸	陈偲利	王　雨	邵安娴	许　诺	张珺雯	杨怡韵	蔡佳玲	陈金保	刘清辉	沈泽文
李义博	刘传友	罗　雯	冯奕斐	沈　阳	浦颐铭	祁　麟	柯志强	徐　航	张　款	田　韬	陶欢磊
黄　杰	刘俊飞	马来江	沈洛鸣	秦凯铭	曾麟惠	赵家豪	刘　佩	陈佳欢	李佳薇	尧思贤	

国际商务

王金亮	符　超	冯清远	邓雨晴	李　琳	吴　敏	涂宝珠	唐姜纯子	刘　丹	李　馨	范心怡	王　璐
汪　耀	王　鑫	王琪珺	伍文中	张　欣	邬　晨	李九霄	黄　超	李天阳	马振雄	顾吴昊	孙　凯
李立峰											

国际经济与贸易

金雯洁	吕　丹	梁依慧	李熠芯	戴嘉怡	段敬丽	张　帆	俞丹妮	缪妍琪	方俊偲	汪丽君	周泓谍
肖韩雨晴	杨婷婷	李欣欣	管　彤	贺小芳	满孜拉·依曼哈吉	李　婷	吕存建	李灵敏	鲁嘉俊	黄宗源	
肖祥龙	沈文轩	吴文泽	杨栋凯	石立雄	陈其勋	江伟佳	苏宇辉	郑浩宇	沈剑瀚	黄志斌	刘　威
皮秀堃	王丛瑞	张　健	朱　光	金璐杰	李少杰						

电子商务

朱佚旻	马可欣	谭洁雯	郑梦瑶	夏潘莉	陈梦雅	蔡　煊	覃蓝莉	蒋晓莹	房雯婷	徐文强	张冬洁
周　信	朱警周	庄文磊	潘　勃	张德麟	徐鑫磊	钱嘉豪	曹　瑞	宋正伟	彭　骁	赵瀚凌	何　帆
贾乐寒	白　斌	殷琦杰	张佳颖	董　敏	杜扬帆	陈利圻	舒　芸	李　敏	乔　洋	孟　寒	肖　迎
黎晶鑫	刘　悦	张雨慧	史　寒	黄作文	刘子健	张昌龙	赵　坤	叶英杰	黄　艇	沈　聪	陈徐君
郭成杰	严英男	潘伦吉	胡子宇	卫浩文	浦中杰	张明航	陈　晨	胡珅豪	陈文震	严圣杰	张振宇
陈泽灏	徐逸恺	俞嘉禾									

市场开发与营销

吴鑫珑	徐田田	李　梅	孙霁虹	黄芙蓉	蔡　诚	张　震	林　征	郑利申	李学辉	陈志力	王志豪

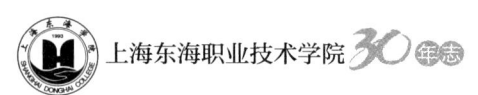

程 曦	刘 强	宋沅明	侯广超	蔡雨生	黄 尧	张之凡	马 奔	刘开展	崔舒杰	郭 战	陈亚东
谭湛宏	林志昂	程文杰	朱一澄	徐雨舟	沈永辉	王挺强	杨旭晨				

会计

吴庆东	林浩晨	刘玉妮	顾陆婷	潘俏旭	王 琳	鲁一凡	李靖雯	熊嘉敏	成舒晗	葛斯齐	刘作玲
倪 杨	刘 静	李 青	徐聪聪	高依舟	朱定雯	毕瑞芳	何辛依	丁 蓉	朱海燕	相金晶	凌 婷
张 璐	朱伦斐	周 璐	高凌昕	尹运帏	黄杰成	吴恩浩	李 毅	陆卿阳	周 磊	李炜涛	俞旭雷
瞿诸豪	傅嘉杰	蒋汶烨	陈洋慧文	胡艺蓝	靖添贺	李 盟	郑嘉纯	黄 昊	周悦清	吴璐怡	叶 芬
陈 朦	吴梦玥	邹海荣	翟鑫玉	盛佳安	洪慧雅	包海奕	颜爱雨	张静如	袁晓菲	许婷婷	黄佩怡
王梦雅	陈雨梦	王雪梅	吾兰·扎依拉别克	谈安琦	钱薇雨	牛国艳	蒋文靓	张 珍	叶 慧	马玉玲	
张晨彦	钱晓颖	高世杰	段永世	朱佳苇	王小旭	陆 勇	沈俊仁	俞 宏	蔡亚楠	唐紫敬	肖旭阳
古丽米热·吾斯曼	张 岩	李晓松	杨兴江	黄 熠	蔡晨安	李 洁	李梦瑶	黄 帆	邹 进	周紫荆	
蔡金梦	朱新怡	顾迪静	饶敏捷	张同越	罗 菁	樊 丽	袁丽容	林 颖	周雁妮	刘赟健	孙圣洁
黄烨琳	陶晓燕	王竹梅	肖可彤	孙晓琪	张雨婷	袁 菲	崔青青	居晓妍	黄文婧	潘卓栋	顾中皓
张君佑	王子文	申 鑫	李佳诚	刘泽宇	马文青	魏晓雅	雷慕杰	许471博	薛 军	陆 晨	殷润申
蒋雪慧	高 玲	解文君	戴若晨	蔡鸥翔	卜菁文	张梦琦	孟雨薇	龚宋瑜	李慧慧	俞 昊	李 赟
蔡 玥	郑巧变	欧阳晓慧	方 瑶	卜佳莹	刘娅萍	吴晨琳	应贺婷	徐诸妍	陆晓青	蔡杰安	吴静雯
戴梦琪	陆伊凝	刘浩然	奚梵鳢	黄怡斐	谢人豪	江圣明	王若宇	裴 磊	邓浩民	陆智凯	肖炯伟
韦文杰	王一超	严文琴	俞力樱	居艳艳	宋超郡	王亿晶	俞雯雯	许苗苗	王心如	孙 晨	王 敏
朱轶雯	胡婷婷	李伊凡	黄琬淳	薛依颖	王易吉明	邢思兰	李 殊	张婧艺	陈爱真	舒小芹	王秀琼
李临雪	戴柳柳	石玉靓	陆思洁	蔡怡婷	丁学梅	张 菲	张 捷	陆 琳	夏榕梅	姚莉婕	宋仕鹏
张曳群	吴 涛	谈欣皓	包塑旸	黄圣文	刘博杰	朱永梁	姚承佳	陈彦炀	杨惠清	郑灵灵	马思敏
许高雅	陆皓怡	卢佳琳	华樱芝	王 星	李周雅云	张慧菁	帕力扎提·阿力木	朱 晨	李庆霞	曹 洁	
杨 莉	杨 青	葛雯静	张亦懿	张如意	陆香玲	钱诗沁	季雯漪	孙孝芳	施金龙	滕 力	胡凯中
周冬杰	顾 杰	杨广广	施卫彬	李昕昶	江子灵	乐 天	冯一鸣	许菩贤	王舒磊	车浩杰	李禹江
王 璨	戴云飞	刘昊生	黄嘉豪	唐斌炜	唐毅吉						

报关与国际货运

高 雅	梁丽萍	叶文迪	蒋玉竹	鲁大凯	程锦锦	夏 天	沈晓婷	朱晨希	马丽萍	吕仕月	高 丽
陈黄佳	王园园	帕提古力·麦麦提	许珺洁	海馨玥	柳禹铭	陈元彬	蒋宗锟	郑风豪	徐俊林	蒋卫宏	
许晓威	李隽君	朱文杰	胡晨杰	陆明晖	吴学光	魏 来	王羽豪	郑志源	周超然	刘 赟	唐明元
许超凡	王晰阳	买尼瓦尔·哈里木拉提	曾亦欣	史冰冰	徐 圆	王婉伊	王梦婷	顾欣妮	颜 珺	蒋梦迪	
吴艺君	赛 玲	尹璐琰	谢依辰	阿娜尔·努尔巴哈提	季思含	孙怀玉	南亚州	谢 刚	唐思程	李梦童	
盛玉腾	褚栋坡	潘子航	金 凯	林 煜	沈言兆	白 松	孙 超	施文豪	朱秋远	石思嘉	黄 安
张佳伟	黄士钦	丁泓森	徐锦铭	张智健	徐 涛	张冬杰	张 一	钱佳晨	徐俊文	史宇磊	夏婧乐
吴运芝	肖红叶	开 月	张 敏	杭思琪	宋 莹	陆雨露	陈晔雯	顾华英	张凯悦	庞抒兰	沈潘佳
李 婕	赵 旻	陈宏嫒	李 怡	丛志宏	颜 中	王国军	王征宇	韩星月	王天宸	朱国豪	王伟杰
赵海彦	沈 强	王毅磊	妥天宇	戚逸旻	张凯鑫	谢一闻	徐永洁	胡 真	王启鹏	陈青青	

人力资源管理

王智伟	李佳健	康雯怡	童 莹	廖小霞	孙思佳	夏 天	陈绮苇	秦巾韬	秦 倩	单玓璇	傅黎玮
蔡云婷	徐文静	徐爱童	陆心儿	熊 静	张怡萍	施 颖	梁锟玉	黄怡婷	高小枫	陈舒婷	王月华
文 虹	袁 洁	刘 云	陈璐诚	倪亚凯	刘智超	徐星燎	竺欣瑜	周 晌	丁子珊	窦天鹏	万鑫宇

物流管理

王俊晨	刁晓明	王文豪	孙文隽	陈施青	董 雨	张庆超	陶 敏	徐沁依	周嘉丽	沈 叶	王雨晴
万里红	徐爱玲	李歆芝	张雯岚	李 栋	汪 恒	孙晨哲	顾宇海	孙智明	吴 辉	梁文豪	谢丽忠
韩 雷	凌 涛	徐宇旸	张 越	朱嘉浩	边伦阳	王铭威	宋翔宇	吴毅康	钱李龙	徐伟亮	

空中乘务

钱文娟	蒲大为	葛珺瑶	文赛君	刘 宇	刘倩梅	赵元萍	刘子佳	陈欣茹	孟小涵	赵 娜	杨一凡

周晓文	陈丹丹	李 赛	徐 曼	吕雨格	刘妍欣	解 悦	于子航	颜晓晴	甲雨欣	申丽娟	李 雪
李昀珂	沈 敏	吕晓婷	韦学妮	徐淑怡	朱昭婵	赵雨薇	孙明智	孙睦家	韩承啸	胡 越	朱元顺
吴毅杰	于家辉	杨 嵘	李贝尔	苏 萌	王 萌	蔡慧慧	邓 芸	张银平	宋 惠	张 冰	李雪娇
任 怡	宫 悦	纪晓昱	舒玉颜	张 哲	付晓萌	刘 洁	朱晓冉	牛欣彤	吴佳航	祝旖旎	张蓓君
廖梦云	王霏霏	黎承安	孟 吉	杜子谦	李云奇	王国鹏	尚凯超	宁乐秋	张佳伟	沈 涛	宋文杰
黄松骋	付 莹	王 琲	李红艳	王震震	李 翔	王婧怡	廖雨佳	王吕萍	彭璐莹	魏 京	居 宏
张 琳	栾晓旭	赵紫薇	段晓妍	汪晨晨	薛雅洁	裴 洋	李 梦	李颖璐	郭永宁	万珊珊	范维亚
赵昌卿	戴子怡	宋晓燕	张 静	盛佳雯	陈 燕	王小璇	吴灏天	刘宇航	陈佳宁	袁 松	姜 义
高 步	穆国栋	闫海祥	黄佳俊	陈 磊	杨 梅	孟 鑫	昃小茜	陈佳艺	赵 瑞	周 到	曾天伟
仇晚晴	应景梦	那吉顺	栾文佩	王 甜	彭晓满	杨 琦	宋志斌	单雪婷	赵 雪	杜浩然	唐喜迎
温佳丽	张柯鑫	王夏丹	王玮琪	程 莹	张新平	王莹莹	李抒霓	刘斯加	张佳言	杨嘉歆	金慧婷
侯珏婷	刘 洋	李婧婕	徐灵杰	李 余	钟伟亮	夏博洋	杨庆峰	陈宝刚	梁兴虎	王郁聪	

民航商务

葛明雪	牛得民	朱雨欣	翁永青	李慧敏	李 雯	吴 珊	谭明艳	李晓阳	沙倩卉	沈胶宁	任旭霞
黄 菊	许胡敏	罗静雯	杨晓梦	乔东亮	周倩芸	李 娜	赵永晓	王笑天	王悦悦	卢 爽	龚施帆
潘紫怡	张 远	朱伊丹	王雪瑶	许燚馨	管佳丽	顾佳敏	陈靖慧	彭雪莉	王海腾	饶敏聪	袁伟民
张明治	阎洪达	董 俊	杨 涵	宋昊泽	金 超	蔡海鑫	彭 昊	刘 邓	彭志伟	孙晓军	坚文琛
付 卓	施 哲	戴超杰	薛华文	谷家明	曹孙俊毅	董玥敏	郭俊杰	李文思	张骐御	梁夏秋	

计算机应用技术

李桦君	陈勇如	张 悦	刘 畅	曹春蓉	邵丹芸	顾君瑜	陈靖凡	胡俊杰	王 亨	王 超	芦超超
吴宏真	段森强	吴炫升	李子猛	胡泽旭	金佳杰	杨瑞康	陆鸿斌	姚嘉炜	邱云飞	祝圆圆	潘 晨
万子杰	杨国强	方 向	梁延任	何 勤	谢东辉	曹军军	田子亨	刘传浩	王胤皓	姚欢珂	何文杰
郑 晖	王 超	陈凌韬	倪泽元	马嘉亮	陆骏杰	朱奇涛	李愚吉	金镠杰	吴嘉尧	陶 醉	顾 俊
徐张延	李素雯	刘佳威	王建刚	刘志军							

影视动画

冯思聪	周晨杰	王宇晨	赵 茹	陈夏莹	许黄菁	朱贝珺	董银翠	郭婷婷	陈佳雯	王思文	李怡雯
马旻玥	张赛楠	周 晶	诸玲静	赵一方	杜玉乾	汤佳庆	王佳俊	孙 瀚	陈家乐	潘诗森	袁方豪
徐思远	孙宇星	沈健楠	顾承宗	许益杰	曹远明	孔振国	许唯豪	滕宏伟	吕赟舟	胡天皓	柯家焕
盛瑜豪	林嘉兢	盛灏铧	赵方钰	周思佳	陆叶平	王安冉	凌珺瑶	丁仪影	莫诗娅	邱 天	韩 沁
王 莹	陆菁菁	刘 行	卫佩玲	吴玲林	陈秋思	袁庄峥	金亦蕾	张瑞雨	柳港辉	朱思齐	鲁 天
戚伟超	孙伟东	陶文强	黄 雷	于兆霖	秦 志	杨孙东	章泽敏	王志伟	骆 铖	李 阳	邹 阳
石岩松	李开发	陆小奇	洪 远	姚佳晓	徐天恺	曹 程	姜玉坤				

电视节目制作

王蠡涛	秦 雨	袁佳慧	吴美怡	刘欢欢	沈亮吟	冯菁菁	吴瀛倩	庄紫薇	贝 婴	张 颖	马沁圆
张友本	陆嘉诚	卜天欢	胡晨毅	陈飞扬	樊子宇	施哲明	吕 可	祝佳胜	钱 熹	陈景超	徐艺峰
缪翊杰	甘 远	宋丹娜	肖雅怡	孙雨洁	代梦芸	张佳琳	朱静花	费 瑶	张晓莉	徐佳龄	徐玮玉
李嘉雯	杜晓颖	王宇翔	胡泽元	沈 皓	史 羽	庄一雷	王佳磊	屠一鸣	汤 巍	程熙全	张 诚
吴文聪	吴邵梁	曹 磊									

环境艺术设计

齐 倩	周思汗	王文静	陈文静	王梦雨	高梦瑶	杜 慧	钱嘉乐	殷欣钰	王 玲	吴嘉玲	张 婧
周奎颖	宋 暖	邓 诚	张家旺	王 犇	潘玉正	刘冲冲	顾晨磊	刘经纬	柳明淏	崔铭君	丁俊洁
顾子涵	冯立超	陈佳乐	胡铸岭	周 彬	俞江豪	马梓宁	王 鑫	张伟成	吴 超	张恬怿	李香颖
刘晓畅	曹闻捷	魏 苇	林 琳	钱晓慧	孙佳昀	陆诗怡	何亚辉	余天超	张虎虎	郑 翔	邢于思
杨 铮	范庆夫	李茂林	马裘超	卞文俊	赵明轩	蒋周天	王 帅	乔佳晨	唐佳豪	陆宇轩	沈汪杰
王润之	陈 鑫	张家伟	陈旗忠	蔡雨薇	吴泳红	邢 婧	陈伟莲	莫奕雯	卢佳敏	潘 恒	王 丽
陆媛莉	朱梦婷	汤 沁	黎芝麟	谢淑婷	陈 敏	汪开娜	杨亦雯	陈晓妍	邓浩玮	朱凯毅	汪 锐

张金宝　陈飞宇　黄哲祥　王邦印　黄　超　姚　远　郭亚军　徐志鸿　徐　涛　金　尧　周绍炯　徐晨杰
张元曳

服装设计

黄怡珺　黄子怡　于　璐　陈晴晴　徐宇雯　程晴晴　高成玉　朱静怡　朱　越　王　来　龚雨晴　林文芸
曾安琪　丁苗苗　张　倩　钱华伦　裘斯阳　饶海涛　王轶超　张伟杰　邵　俊　崔雪梦　胡文怡　徐国玲
肖　雅　游新英　叶佳妮　阿依仙古丽　何　玲　朱花蕤　王丽君　热艳古力·吐尔逊　美合日古丽·吐拉甫
阿孜古丽·马克木　姑力努尔·艾力　阿尔成·阿山　古丽加娜提·阿合朱勒台　巴哈提别克·赛力汗　张海燕
乎思都孜·阿德克　朱嘉俊　李子寅　张佳亮　韦一鸣　陈卓越　马云龙

艺术设计

钟君微　严佳妮　周　珊　吴一帆　周莘怡　刘雪纯　岳　媛　宁晨露　颜　鑫　刘嘉宝　汪　莹　姜瑜婷
姜颖颖　梁颖婷　王　英　姚一鸣　周韵琪　徐昳莲　龚祖元　傅康城　叶振锋　朱良余　潘鹏宇　孙涛涛
郑　琦　牟迁斌　童吉豪　朱一帆　朱嘉玮　田　野　武思远　杜晓康　卢　屹　丁思源　贺泽潇　朱皓楠
毛甜甜　许　添　张　昕　张楚楚　来欣怡　陈　榆　吴小惠　潘狄果儿　朱　芸　陈一迪　李　娜　邵丹婷
沈　悦　蒋　琰　王宁玲　朱玉婷　季晓思　王剑洋　徐佳诚　徐梓轩　何家骏　秦亚昊　茆家裔　沈　鑫
吴星剑　熊　鑫　高俊超　张　苑

机电一体化技术

韩玖龙　冯　骏　于慕衡　顾宇峰　徐志豪　孙　涛　章　聪　闻曹锦　陈佳宇　陈　钰　张　戈　阮凯伦
黄俊杰　诸兢业　马翊新　王汉卿　朱梦杰　马世超　奚智勇　彭玮昕　顾　晨　宋玉文　吴晓欢　马子昊
安　泽　居马西·拜赛克　朱文强　张文涛　金小康　曹佳圆　干佳俊　高　骏　匡圣杰　范章文　王秋实
徐宝平　张志钱　徐叶敏　程　晨　潘沁涛　朱泽平　付介山　储浩卿　陆开炜　冯　祎　盛钱杰　金鹏程
姜翊成　顾晨炜　高圣杰　张振华　朱财栋　徐　君　陈佳武　李贤兴　沈林锋　陆勇齐　叶　磊　王腾杰
张宇韬　沈毅伟　张　夏　李赟斐　余皥强　朱戴伟　万鑫辉　刘晨杰　龚俞涛　戴何斌　谷君辉　顾　斌
丁于涛　施佳伟　刘沛轩　杨昇华　郭志伟　倪纪萍　邱　毅　盛宇峰　殷泽旭　陈　翔　朱延昌　朱赶涌
邹瑾翔　祝越鹏　黄国明　任传祥　王　杰　刘　兵　刘家辉　许　辰　常　晨　刘仁贵　胥　迪　汤　游
蔡志伟　邵煜凯　沈逸杰　王彬彬　沈嘉玮　汤若冰　严春纯　周品羿　俞罗刚　沈　源　李　尊　徐居易
俞　力　杨旭辉　王　辉　沈佳杰　阿迪力·阿布都维　范　俊　孙立文　严　翔　徐　豪　褚一旭　张振宇
吴欣骏　朱弘鑫　陆旻玘　田锴铭　程文浩　庄　力　周晋涛　赵钱杰　俞　佳　金一凡　施嘉伟　陆　杰
甘承钰　王　苧　唐嘉伟　吴文彬　严逸凡　高　雄　孙　宏　李　源　杨恺轩　李清诗　曹登翔　章小光
闵震林　祝晓冬　陈曹吉　樊易欣　程修文　喻阳阳　徐　帅

数控技术

葛家兴　吕佩琳　朱帼丹娃　陈德瀑　邢　军　朱佳怡　唐毅铭　陆一豪　谢泽坤　俞　越　吴雨贤　肖　磊
郑　珉　唐董皓　卢旭吉　柳华煜　狄乐申　张贤喆　李旭峰　王　雷　吴　超　顾晓航　赵嘉晔　张　程
沙　鑫　王　俊　张瑞尧　王念念　王晓磊　王　杰　唐勇杰　刘　淳　忻舒君　施　欢　王镒郯　唐费雷
马勇智　陆晓晨　葛钦文　陈佳雷　张胡旻　金路刚　毛家仁　周译阳　孙　浩　唐昀玮　莫晨园　殷悦燊
邹召川　马忠海　卢博文　张旭锋　陆佳程　李　鑫　邹建华　范小杨　潘旭峰

汽车运用与维修

邵屹杰　周育霖　胡　俊　方晋浩　段传运　王燕强　谈犇峰　余志强　蔡熊熊　徐展宏　于　江　苏怡铭
曹旭中　吉方军　胡　凯　瞿　豪　郭　彤　陈　旭　陆　羿　王乐杰　潘思伟　丁伟金　吴敏敏　王　波
任　奇　尹维康　张嘉钦　冯赟杰　王贝迪　卢舒亮　摆世强　范军圆　柴春豪　陈　鑫　彭旭辉　滕鸣捷
邹一鸣　庄琳华　陶瑜斐　张　宇　刘浩林

汽车技术服务与营销

饶晓琼　陈金梅　卞霞飞　罗　琴　沈晶晶　金雪妮　张璐璐　费佳凤　胡英铭　徐　港　严　田　黄　磊
吴　彬　杨宏伟　陈　佳　李　昊　孟冬浩　阮伟杰　马全成　柴海宣

护理

金超能　王操琴　金丽溁　章芷颖　唐筱娜　唐丽丽　翁恩霖　应思赟　舒小枚　张秀秀　吴姣利　邓雅南
章静娴　沈　樱　孙　倩　朱一云　周静怡　吕佳丽　郑子怡　王唯奕　王　嘉　张含之　沈梦圆　陆君燕

周　怡	张夏雨	徐嘉敏	陈丽婕	龚毓敏	桑小艺	吕诗苇	祝　燚	沈若瑶	徐菲菲	王　颖	吴双媚
杨诗师	周　瑜	刘吴婷	何玉兰	李盈盈	王晨萍	高星尔	成立平	韩慧宁	潘嘉祝	朱传杨	宗子敬
陈　剑	甘　微	聂垚蕾	张玲玲	沈聪儿	陈　盼	朱晓慧	陈佳佳	朱叶维	孙丹媛	金丽丽	沈佳佳
陈双双	温静静	朱晓娟	朱奕雯	王娜娜	贾蕾雅	王倩文	张依雯	邵菲嫣	陈子珺	于玉茹	徐鑫瑜
许倩文	马晓燕	陆新悦	严　涵	刘　菁	陈　媛	沈迎春	夏怡颉	周诗敏	陆　漪	李子优	孙　旭
邹斯斯	康嘉雯	陈靖雯	陈锦萍	耿静雯	张　雪	何涛涛	魏宇格	谭　姗	顾　俞	朱　颖	蔡欢榵
应　承	张　飞	贺晨炜	黄建安	赵艺雯	沈胤馨	蒋杨颖	张婷婷	孙晔婷	陈文琴	王卓宇	吴晔静
沈邹颖	庄嘉敏	姜野宁	刘欣雨	王传雪	桂琳琳	张丽娜	张雨娇	穆克蕊	高莉彤	成　洁	温秋旭
张晓帆	徐　欣	吉　珺	陈萌悦	杨越薇	毛静怡	褚　敏	叶燕霞	龚羽帆	李晨园	秦　瑜	张依之
高慧楠	张　菲	孙怡雯	刘　菁	张　苗	郑　雯	张海燕	胡桂红	彭佳馨	陈雨晨	朱晓琳	张艳雯
严依莲	冯　柯	何施玮	吕宸佟	王舒鹏	钟方兴	潘昱安	钱思雯	秦施诗	方馨慧	杨　悦	陈　妍
徐美佳	边飞虹	王　菁	蔡仔佳	杨丽燕	王茹影	黄　娟	蒋沁衍	赵梦瑶	陈　晶	谈萌婷	王嫣婷
钟　怡	徐思洁	张超越	王晴雯	黄怡冬	郑佳雯	季文丽	宋奕青	袁　鸣	朱亚红	蒋　单	余碧菁
姚慧聪	周梦倩	陈亚芳	姚琪琦	杜张琦	朱　勤	杜佳怡	陆炜婕	王莉娜	王　宁	王　玥	林秋静
程洁仪	周嘉蓉	吴侃颐	徐依婕	卢　潇	吴佳蓓	谢艳虹	张铭瑛	吴凯莉	郭戴金	金　鑫	

2019 届

报关与国际货运

陈美林　陈婷娴　丁吴霞　方　媛　甘　甜　顾苇鸿　韩子萱　黄欣怡　李晓雯　陆靖宜　盆浩鑫　渠萌萌
谭玉婷　徐　松　徐　威　袁美琪　张欣怡　周雨欣　戴俊毅　方　洲　龚立博　谷　靖　郭俊伟　金　涛
刘之彦　马　凯　倪洽晟　唐海睿　唐　政　王智诚　徐成杰　徐高峰　徐也吟　杨起帆　张继文　张逸杰
周　毅　郭奕姗　白　丽　诸　聪　陈　怡　程　琳　崔海力者　黄顾萍　李丹婷　刘丹妮　陆　韦　施倩格
徐诗韵　于海慧　周　泉　朱立旻　朱婷婷　陈泽范　董伯亨　高靖宇　顾明笈　郭家豪　黄秋鹿　黄延博
李　恒　毛润文　潘　舜　彭兆蔚　邱虓宇　唐佳豪　王君杰　王唯先　魏榕辰　徐亦剑　姚　丰　张　亮
张　泽　朱泽逸　刘　鑫　王振宇　孟　郊　程嘉敏　冯　丽　赵婉莹　古里扎提·巴合江　黄佳慧　沈彩萍
王红莲　王　怡　魏与顾　俞晨洁　郑　慧　蔡健鑫　陈　涛　陈彦辉　程　方　干宇昊　高　伟　顾　涛
郭佳晖　何智超　姜建勋　金耀成　克然·胡安德克　李龙衡　刘佳龙　刘　亮　陆靖浩　陆　晴　冉于潇
盛羿憋　宋易霖　武宏懿　徐成浩　徐昱虓　许　鑫　叶尔曼·木哈亚提　张　宁　张玮豪　周潘亮　周子旋

电气自动化技术

周康华

电子商务

何春宇　陈宇泱　程淑珊　韩俞杰　冀新芳　祁青霞　钱润雪　时英娅　王彬楠　王　敏　肖　俊　张欢欢
张笑笑　张　雨　陈瑞海　方　伟　李明泽　李永俊　梁钶辉　刘思杰　邱毅俊　申　闯　宋远见　孙丽伟
王小水　王子建　吴克铎　谢炎峰　阎家驹　叶迎回　翟明皓　詹美佳　张国强　张文扬　张　宇　周涛涛
朱倚天　王舒雅　吴志洁　王一丹　王紫阳

服装与服饰设计

李晓飞　程姝婷　费佳延　劳金爱　邵蕾蕾　孙静然　王　宁　吴　迪　徐丹丹　徐燕翎　杨慧颖　张婧怡
曹益东　陈寒健　崔嘉寅　沈磊成　王　波　王慧宇　许文超　薛凌涛　和田玲佳　胡　钰　姜之璇　金方月
林　涓　刘桂芬　刘　婷　王　佳　王琦萱　徐妮娜　杨冰艳　杨婉娇　郑秋琪　周姚姚　钱宏斌　桑昇杰
商世杰　周　庆　郑惠文

服装与服饰设计（中高职贯通）

卞志莲　陈天成　陈　艳　陈玉盈　仇冬霞　方音璇　傅怡婷　高　瑞　高艳红　顾欣怡　韩诗婷　胡舒敏
金雨丝　李　佳　李为为　潘　媛　邱仁任　孙海燕　王辰捷　王美玲　徐魏星　杨家瑶　姚夏婷　张海楠
张万珍　赵慧慧　邹　欣　张　鑫

广播影视节目制作

胡诗遥　黄佳怡　黄甄非　蒋　莹　李　婧　陆佳依　倪芳蓉　盛柳莎　孙丹艺　姚怪文　余慧慧　虞雪婷
张丹娜　陈　君　戈超越　顾晨阳　胡贝贝　惠家龙　贾　飞　李天欢　林醒尘　刘　猛　陆汉青　沈云驰
唐熠杰　汪　辉　王沁锋　王子君　叶浩丛　张　杰　朱成皓　朱志祥　徐　越　何　琴　黄玲童　金小红
李晓寅　马欣怡　钱思敏　徐颖颖　杨　柳　杨黔凤　董晓敏　封悦玮　顾嘉晖　顾思源　蒋鹏坤　李　根
刘嘉辉　刘子铖　潘泓远　钱天翔　钱炜一　沈宇昊　孙韵迪　许智铭　张　晖　郑霆钧　周盛源　朱彦丞

国际金融

黄天罡　周浩然　沈　勇　王　瑛　边　玉　陈沛君　俄尔尼沙·吐尔逊　葛海霞　何兰兰　姜　楠　李悦祺

林　倩　宋诗岚　孙燕婷　王卢禽　许金楠　杨雪梅　姚敏晓　尤梦冉　袁文洁　张　婷　张　瑜　章嘉瑜
钟灵灵　陈嘉伟　陈屹淏　戴　炜　范　昊　费志文　傅哲宇　耿德胜　韩　伟　胡鸣宇　金文超　李晨白
梁智伟　林　锋　刘　晟　阮丹峰　申多多　谈逸帆　王　棒　王振宇　吴　伟　吴雨涛　曾文杰　张传润
赵光阳　朱晨雨　夏依旦·西日扎提　刘芷廷　古丽巴努·库尔班　周思恒　姚奕晖　丁梓岚　李　凤　李
琳　李苗苗　潘莉莉　孙懿菁　王　婧　王香银　王旭君　熊心岳　杨琪瑞　臧紫卉　张　洁　赵贵芳　李星君
阿布杜热合木·阿布都艾尼　成熙玺　顾韩兵　顾生辉　管一成　郭轩瑜　李　想　林　航　刘明宇　沈仕蛟
施云凯　石耀成　宋爱民　苏　远　孙晓康　陶俊杰　王　晨　王雄杰　徐志伟　杨甦乔　张智超　赵虎行
郑　钱　钟跃伟　周峻驰　周世杰　董小玉　李维鑫　李　俊　谢诗婕　麦尔丹江·麦麦提吐逊

国际经济与贸易
周凯斌　陈婉华　费晓敏　潘　婷　施佳盈　宋雅婷　宋玉佳　王　丽　王娜娜　谢宸韵　许笑笑　叶　贝
叶紫燕　伊　宁　张月阳　朱文欢　蔡杭明　陈伟虎　丁　鑫　方　正　葛李杰　海吾拉·玉山　胡　瀚
黄进源　金晨浩　李　凡　李思进　刘佳东　马善铮　宁天宇　沈　鳌　宋广皓　童威杰　王柄韬　王玉龙
许式敏　余嘉奇　张恒博　张文昊　章佳炜　沈俊毅

国际商务
陈友龙　夏　思　黎承万

护理
陈诗如　陈幸子　董欣依　费南楠　冯湘颖　葛青青　何恺琳　胡丹莺　华冬钦　黄小霞　李　娜　李翘楚
李　挺　刘鲍瑾　马梦莎　倪欢庆　泮丹琦　齐润思　钱　玲　沈永宁　童素玮　王舒佳　夏玉婷　项淑唯
徐银霏　许倩倩　杨御霜　叶梦佳　余闻琪　张可歆　郑渺渺　周嘉怡　周晓乐　朱依婷　黄　群　南高峰
鲍康乐　曹昕妍　陈璐璐　陈　旖　陈至珺　成思怡　丁晨曦　董　婧　顾丹红　胡佩依　嵇皓玮　金紫薇
乐元和　林美好　林淑琦　刘燕玲　沈佳佳　施　燕　唐诗怡　王晴晴　吴怡莹　吴颖慧　吴玉莲　夏媛媛
谢雯怡　姚佳忆　俞怡雯　曾富娟　张梦雨　赵莉莉　邹怡静　包奕恒　顾　炼　吉亦祥　李　论　钱家辉
徐文杰　杨子文　何悦萌　唐旭鹏　陈碧瑶　陈婷婷　狄慧娟　付香回　顾精晶　何丽华　胡甜甜　黄昱菀
蒋敏慧　柯雅婷　李菁苓　李　茜　陆嘉琪　邱　雯　沈　洁　盛　瑜　施依莉　孙紫鋆　唐思宇　唐怡芸
王红慧　夏　蓉　徐　雯　叶　琪　叶周颖　袁柳柳　赵　淇　赵　文　左佳琦　丁宇捷　冯　宇　沈天宇
唐佳乐　尤晓锋　俞书隽　叶盼盼　鲍雪绒　曹奕帆　陈岸采锦　陈　巧　丁嘉怡　董小芳　范佳仪　顾晓燕
关胜华　汗克孜·玉苏甫　蒋琦韦　李洁茹　李思尧　刘　洋　刘　易　陆经玲　施征美　宋佳秋　孙妍雯
王慧婷　王玲莉　王豫捷　肖春雷　邢子宁　徐赢月　严　旻　严诗雨　杨　晨　殷珺婕　张春枭　张　蕾
张懿昀　赵昕云　郑冰叶　巩　鑫　季嘉玮　姜乐乐　刘清骋　秦光媛　吴奕恺　陈佳懿　丁晓芬　范峙羽
顾心悦　胡　欢　蒋昕怡　李　静　陆沁慧　买尔孜亚·努尔旦　缪青秀　缪琼瑶　钮邻霖　乔　阳　邵杉杉
沈　悦　盛维依　汤文艳　王　静　奚烨妍　肖韫菲　许易珠　薛　晖　杨　珏　杨晓艺　叶凯琳　殷逸纯
张士瑜　郑　铭　周　席　朱家雨　朱依珊　李海峰　林君豪　孙立文　周　傅　周　涛　郭　瑶　陈颜华
戴玉垠　龚帅华　黄灵斐　金　雨　李文娣　刘佩婷　邵文静　沈倩莹　宋詹雅　孙程琼　汤　蔓　吴丹青
吴思佳　吴依丹　熊佳乐　徐　菁　徐　珊　薛秋丽　杨瑞婷　杨之慧　俞昕赟　张红俊　张　蕾　张彦婷
张钰文　张云妮　郑梦婕　周　佳　周雨帆　朱　珠　蔡宸文　蔡庆霖　毛灵宏　沈文豪　夏志飞　杨斯超
张翊杰　包梦梦　曹淑琪　陈丹丹　陈冬梅　陈歆忆　戴倩洁　丁萍萍　龚梦妮　胡逸婷　胡　悦　潘佳莹
潘嘉怡　戚鹭梦　钱容若　陶诗琪　王冬悦　吴　傲　吴　倩　徐佳艳　徐佳盈　徐巧叶　杨成敏　杨华瑜
杨木榄　杨霞君　俞晓凡　张倩倩　张煜玮　周玫辰　周　燕　周燕雯　金晓桐　刘嘉琦　陆文杰　汤　进
滕晓龙　周雨辰　陈淑婷　陈晓丽　胡景雯　胡娟华　胡雪吟　黄丽雯　金佳雯　李　爽　李思影　李昕迪
林世鹏　刘慧君　陆　纯　陆瑜佳　罗旭菁　邵　欢　孙梦洁　孙　婷　汤亦葭　汪嘉颖　王依雯　魏星欣
吴丹蝶　吴哲茹　徐　迪　徐淑琳　严玉婷　张　璐　张　文　陈　磊　王诣辉　徐壹鸣　余庆春

环境艺术设计
陈孙婷　丁依晨　李诗佳　刘方涵　邵怡青　沈诗琪　翁慧怡　夏　倩　杨　恬　张纪哲　张思琪　曹艺耀
陈德超　龚震霆　金季鑫　陆俊哲　钱思远　王一剑　卫　涛　吴明杰　谢俊翔　杨　涛　赵元章　郑贤煜
熊　瑛　丁慧辉　冯祎庆　顾莉婷　胡芷菲　贾传珍　梁雯沁　刘姝涵　刘　智　唐小莉　吴琳玲　吴诗瑶
吴姝婕　徐妙苗　杨　婷　姚雨琦　张　雅　朱玉婷　陈　童　李嘉辉　连志诚　沈晨阳　沈旭东　唐弘斌

杨嘉欢	张哲伟	赵　钟	朱毅恒	仇佳丽	凤　燕	孔笑颜	蓝晓睿	李戚美	潘嘉怡	吴米雪	吴千纤
周　慧	周筱薇	诸嫣婷	曹　超	丁　涛	洪　楠	黄后湛	季　易	潘文烺	阮亮锋	沈智远	卫嘉昊
吴文韬	杨　晨	虞伟晨	张嘉斌	张峻源	章一寒	周国豪	吕　夏				

会计

陈勃宇	柴倩男	崔慧敏	戴何倩	冯青萍	冯晓璇	高振霞	龚毅婕	归桢怡	贺烨如	秦梦琪	孙佳怡
陶玲琳	王吉婷	王相杰	杨佳延	杨　妹	姚　茹	叶晓萍	张陈昊	张舒婷	仲文君	曹嘉伟	曹祉祺
陈积财	范轶卿	方昊杰	黄　越	姜　伟	瞿郅辉	李　旻	刘义朋	钱　程	乔　楠	孙思宇	王佳宁
王天舒	王永杰	王志鹏	于海洋	张承机	余祖辉	黄佳妮	刘金橦	陈碧蕾	陈淑月	陈小敏	戴洛凡
顾冰倩	郭梦瑶	何春燕	何　萍	金　丹	金韩薇	陆佳怡	沈　嫔	沈晓倩	孙　楠	孙　雯	王　洁
王吴薇	韦　奕	吴梦雨	徐　婷	许佳琪	叶　亚	张佳馨	张晓娜	赵铁佳	庄媛媛	陈思瑜	方义裴
顾骆峰	管骏超	何　浩	蒋润钦	林佳夫	陆佳棋	陆啸伦	宁泽力	欧阳璐	阮舒诚	孙鑫杰	徐天吉
杨嘉寅	俞培毅	张云靖	张子龙	许　秦	毕敏清	葛　畅	蒋依润	金　玲	康嘉怡	康　琦	李慧娜
潘皓洁	邵　洁	孙梦迪	孙喆佳	王　婕	王　静	王箐雯	吴洋洋	许灵洁	姚梦川	张佳颖	张雪珺
赵如怡	周珺悦	陈佳俊	陈如礼	陈亿鑫	房辰易	顾宇东	贾博文	李强强	梁伟宸	刘　浩	陆湘平
马　林	牛科钧	唐　冰	王　杨	杨世佳	赵　磊	周　诚	熊楚天	朱梓玉	王　彤	阮嘉敏	王欣萌
陈依琳	黄怡欢	解　莹	罗佳莹	马　燕	沈丽晨	唐晓雅	陶星岚	王梦婷	吴程蕊	吴珺瑛	夏晶晶
张易梅	周　静	周艺婷	朱晓洁	朱　一	庄慧文	傅毅铭	何泽东	黄　笑	李祥安	马纯乐	缪天乐
倪虓飞	苏东宇	汪彦平	王东山	王俊捷	徐熠臻	杨建杰	杨诗宇	杨晓杰	俞　衡	支宸皓	朱翔飞
钱嘉伟	王顾轩	董书岩	冯佳玮	陈海飞	陈若梦	成王羽	杜琳洁	冯好艳	姜心涵	李嘉仪	李茜雨
刘贝妮	米娜尔	王美铃	徐晓艳	严晓涵	杨璐琦	杨烨宇	赵欣悦	周雯靓	蔡英杰	戴艺伟	董志诚
范佳豪	冯一帆	顾海强	洪　涛	胡　元	李志豪	梅志成	沈伟伦	穆萨江·喀迪尔	王　豪	吴轶杰
叶晨威	袁煜坤	翟文豪	张霖源	赵丹阳	朱嘉俊	沈家民	唐　杰	郭逸然	艾米乃	陈　彦	董绮梦
方许君	胡欣宇	姜　雪	金依薇	浦鑫嵋	施　瑾	王　萌	沃聪颖	严雨婷	杨凯悦	曾雪琳	张　悦
朱姗姗	蔡　帅	陈思嘉	戴奕飞	高天元	高姚杰	黄国亮	林子伦	刘士剑	苏马平	隋晔秦	王瑞强
吴智平	谢恒嘉	谢泽魏	徐靖翾	许子帆	叶昊昕	袁　晨	张　超	张冠华	周　港	周玛涵	朱佳明
刘　欢	牛虹凯	江紫怡	仇淑媛	阿孜古丽·艾海提	戴兆祯	丁文华	董乐乐	何　欢	纪　霞	姜顺清
金倩雯	刘义婷	马维雪	牛雨婧	沈　玥	滕广青	王　宁	王　倩	王　喜	王忠丽	吴翠雯	徐　敏
徐伊琳	杨　沁	杨　映	余红利	张　娟	郑容容	朱　琳	李栋韬	李宇杰	陆志超	商逸凌	王泳超
翁之杰	许俊恺	闫　韬	杨一斐	朱绍冬	窦亚婷						

机电一体化技术

叶尔克布兰·努尔旦别克	王昀涛	包家伟	曹　俊	陈　晨	陈昊阳	陈佳珏	陈志远	陈子昂	褚昱东
丁三亚	伏大凯	郭　涛	郭志磊	何若飞	何世韫	黄超彬	金志毅	李　阳	林先雯	刘樾枫	卢昊贴
马志龙	聂正曜	钱敏卿	钱　洋	钱　银	邵　阳	沈佳晨	谭　琪	唐良豪	翁曙晖	吴　斌	谢　涛
薛　肖	杨　林	叶溥心	殷　祺	俞忍成	赵　博	郑昱航	朱　礼	梁昊鹏	张　昱	岑天豪	陈代旺
郭福帅	黄家辉	贾颖超	李　斌	李　健	李星宇	李哲为	马俊超	马俊杰	马云喆	孟　源	倪中意
浦嘉炜	邱嘉涛	饶力豪	任　俊	沈腱峰	施雨晨	史立浩	童　心	汪　浩	王道义	王一鸣	王卓人
吴超逸	谢思成	徐敬淳	徐宇勇	杨　帆	余　杰	张诚杰	张立峻	郑新宇	钟思卿	周唯恺	曹　杨
魏雨欣	曹嘉宸	陈　超	陈　洋	高　琦	顾凤杰	顾桐哲	吉纯淳	刘浩阳	刘　奇	马飞宇	潘佶憨
施　杨	宋家威	宋　磊	田世佳	王　涛	吴晓宇	夏舒陪	姚　玮	姚逸飞	伊尔木哈买提·迪力木拉提
余卫平	俞　彬	张锋锋	张　炎	张琰星	张雨伦	张泽奇	赵诚心	周　竟	周立伟	周釜川	朱　衡
朱家豪	朱天浩	朱昕昱	庄　海	胡亚新	于　晨	赵礼欢	蔡志俊	曹可汗	丁国勇	杜佳杰	顾冬辉
韩泽宇	黄泽宇	蒋董宇	金亿杰	瞿　杰	瞿潘成	柯家威	李思琦	李颜浩	凌裕卿	卢孙文轩	陆凯健
闵天豪	沈俊豪	孙宇杰	汤文镔	唐　顺	唐臻明	万子涵	王　融	王思成	王　旭	王祎杰	吴欣伟
谢　辰	严　懿	叶梓悦	余冬晖	张佳程	张　磊	张泽遥	张　峥	赵寅杰	周　聪	周俊杰	朱　威
朱一鸣	朱　玥	卓旭朝									

计算机应用技术

陈文勤 高金美 徐星星 杨嘉雯 安志伟 曹 俊 陈华鲁 邓文杰 东野广璐 洪 浩 胡稼伟 胡良清
喀迪尔·图拉克 雷松彬 黎 伟 李晓航 梁如意 陆淦鼎 吕正阳 马建明 马毅杰 倪皓骏 任皓天
石尚志 史 晖 唐 晨 唐南昊 田言义 汪 镔 王家豪 王思毅 奚珈玮 杨浩浩 叶俊杰 余先鑫
俞喆赟 俞中达 曾亚军 张海港 张佳浩 张永罡 赵福临 仲伟超 周仕豪 周泽申 朱诗宇 吴 洁
阿斯古丽·吐尔逊 杨 震 于之萌 张小杰 季浩宇 吴欣洋 刘开锐 罗良玺 陈 煜 冯 婷 沈佳佳
颜雯婷 张浩冉 周天虹 祝梦瑶 陈 玮 丁琪润 董晓陆 何丁悦 黄 杨 柯力文 蓝 笛 李嘉航
李 鑫 骆东东 毛烨鸣 闵 成 倪森杰 沈文欣 时岚鑫 谈仕杰 汪星羽 王嘉诚 王 涛 王一凡
王祖鸣 徐向升 徐子斌 徐梓迪 杨 淞 姚秉文 张程新 张沈帆 张晓聪 赵唯一 周泽煜 朱思远
廖 杨 伊 翔

金融管理

张建韦 田宇鹏 徐海洋 邱欣露 蔡瑶佳 邓 旭 封又文 关之怡 黄怡卿 鞠彤雯 林薇薇 刘冬方
潘丽萍 王燕燕 徐礼琴 徐雅婷 许鑫妍 姚 晨 钟 华 钟 宁 左 纯 陈仕凯 方天赐 顾宏亮
何旭峰 李润君 李旭阳 李志昂 李梓旭 刘 洋 陆俊杰 罗智栋 潘之恒 彭道兵 钱佳琪 盛 豪
孙 亿 滕李彬 田雨润 王国辉 王宏平 王 玮 王轩轩 吴多晟 徐文杰 冯子涵 肖 洁 吴振枭
杨志豪 姚家彰 杨俊伟

金融管理与实务

马仲英

空中乘务

陈孟莹 陈晓东 程 西 程 洋 甘淑珍 姜青桐 李铭扬 李昭慧 廖俊霞 刘 晨 刘华静 刘雯雯
雒英群 缪佳叶 秦青松 任秋蓉 邵诗涵 沈柳柳 沈湘洁 石舒宁 汤萌萌 唐晓彤 王冬青 王佳莹
王 宁 王 平 王 婷 王艺霖 魏肖容 吴 帆 肖文英 于珊珊 于文红 章 嘉 赵 迪 周 倩
陈 恩 崔 晨 秦文安 王成豪 王 涛 王 震 王子若 许子玮 闫 鑫 袁润威 谭智鸿 陈红杏
程梦晗 褚 悦 崔皓月 单丹萍 付献平 顾怡菁 黄倩芸 蒋楠楠 李佳旭 李思佳 李心悦 李 馨
李媛媛 梁 琦 刘诗仪 陆 玥 鹿云清 路淑娜 孟 茹 闵 莉 乔淑娟 苏 玉 田淑珂 王 欣
闻佳煜 武莹鑫 徐 佳 徐梦晴 徐颖雪 于丰凡 蔡名诚 曹学超 崔俊成 董继政 韩 梁 胡 海
黄诗帆 康茗宁 刘 旭 刘艺伟 汤超凡 万晓辉 王景辉 王 锟 魏 凯 张同乐 朱明宇 耿 洁
刘梦雪然 刘馨瑶 刘芷萦 柳欣悦 施鸣慧 汤 蕾 田一婷 王一丹 吴佳琪 杨皓月 张学菲 赵小涵
朱雨晴 敖 宇 巴晨宇 单锦涛 何佳欢 贺昕鹏 侯伟民 黄 川 李嘉文 李松霖 李晓晨 李子阳
刘 辉 刘正哲 卢 良 马振涛 牛玉安 彭鸿杰 王 超 王光耀 王洪楚 王继泽 王 硕 王天鹤
王 旭 王瑛琦 王子豪 肖佳林 尹逸伦 赵潇逸 刘兴源 陈 宇 崔冰倩 范东慧 付雪婷 侯敬茹
贾雯惠 贾艺璇 刘天雪 吕梦琪 乔凯慧 邱 钰 任美丽 孙国霏 孙 韬 王陈妍 王丹旭 王晓晨
王欣语 王莹月 吴心慧 项一真 杨 蕊 袁潄潄 张晓语 张 琰 赵慧敏 赵 爽 赵紫璇 钟 芳
朱星颖 毕洪铭 常宇昊 范浩凯 郭 京 李科达 卢 洋 宋旺林 王春雨 王清凡 王寅杰 吴沧海
徐俊逸 徐韶强 徐煜铭 玄 迪 姚宝龙 何 健 段茹洁 傅学勋 胡佳润 姜姗姗 李佩瑶 吕 梦
吕乔伊 倪西燕 亓 晓 唐佳鑫 王君君 修博娅 杨 阳 尹伶鹭 禹文卿 郁玲玲 郁诗洁 张晨翼
张晶晶 张竞文 张 婷 张越群 张运佳 左文倩 褚 琦 丛 玮 龚传钧 韩国强 李百平 刘川淇
刘 宁 刘泰兴 毛向磊 汤 宁 韦鸿斌 谢德智 袁 泽 张继林 张淞垚 张 涛 张星宇 赵搏远
赵玉民 宗 阳 谢晨映 陈迦南 陈菁钰 崔 颖 范云格 耿一行 洪玥瑶 姜慧慧 李 虹 李 娜
李文杰 刘晓依 马紫微 孟苗苗 彭文婷 齐 妍 孙 珂 童潇月 王慧聆 王 松 王艳茹 魏仙茹
邢紫微 杨焙潆 杨宇鑫 张 静 赵 海 赵梦圆 周 婕 周欣悦 邹昕晔 白泽鹏 崔金龙 韩国庆
桑星豪 王宏伟 王维高 王 哲 王梓赫 吴高楠 吴国强 杨昊罡 翟巍然 张 浩 张锦明 张 坤
张淞禹 赵志伟 周雨坤 朱黎彬 朱晓宇

民航运输（民航商务）

毕雪莲 曹 丹 付晨晨 李 宁 林百惠 刘 欢 刘 雪 卢宏欣 努尔帕逊·买买江 王志慧 杨 莉
张潇予 朱卿萱 付子豪 高国彬 顾恒超 姜添栩 李俊栋 潘克诚 刘 俊 陆 凯 徐义哲 张翰炜

张嘉华	钟裕华	周霖霏	朱喆	石蕊	王雅琪	陈瑜	韩梦婷	蒋艺伟	李丰羽	李亚聪	李 玥
马新丽	沈思聪	王诗瑶	吴伟伟	杨莹	张琦	陈嘉俊	何放	黄嘉晨	贾鸣	李翔宇	刘 卓
施 维	孙 宾	王志文	席浩然	薛瑞鑫	杨一帆	张 正	朱佳友				

汽车技术服务与营销

贾云达　许泽弘

汽车运用与维修

虎慧玉

汽车运用与维修技术

董雯	蔡晨亮	陈佳明	陈家伦	陈天良	陈郁斐	董伟	董啸晨	范颖涛	哈依那尔·努尔木哈买提		
胡森森	黄广磊	黄凯超	江维龙	姜昊君	金方波	李开龙	李路超	李正雄	刘嘉豪	刘款	卢晓虎
陆树良	马林	马那提汗·对山	马文欣	马学智	孟德儿	沈嘉旋	热扎衣丁·热夏提	沈子成	史立宇		
宋凯	陶磊	王培	魏茂江	提力瓦迪·加克斯力克	魏尧	魏韵彬	吴方波	徐青	徐文轩	姚易成	
殷祯飞	张衡	张立辰	张廷辉	张贤斌	赵登辉	张鑫					

商务英语

台晓旭

市场开发与营销

田 冲　薛建树

市场营销

佟泽昆	丁辰浩	杨昌望	赵培浩	李佳怡	姚成宇	马跃	丁草	关杏茹	金秋妹	刘慧	沈姝焱
孙钰晨	谢海燕	闫紫寒	周嘉靖	耿嘉伟	胡凌远	蒋晓	刘传	刘会钦	王伟	吴彤鍾	徐韵恺
尹楠	赵子钜	郑红涛	周海华	周世彬	李永发	付跃辉	张欣雨	胡豫鑫			

数控技术

陆曦	朱理遥	陈飞	陈佳建	陈建功	陈亮	陈玮康	胡鹏	胡宇成	黄诚园	金勇	刘辉
彭俊豪	钱晓豪	宋家麀	谭尚文	汪研	王坤	王徐雯	杨茜	杨裕斌	余国金	张健杨	张珉旻
张永俊	周文涛	朱思宇	侯梦圆	陆佳俊								

物流管理

钱晓东	周晓鹏	唐大鹏	张锋	朱正强	陈晓雯	付杏摇	高慧玲	顾书欣	金叶	李洁	陆侯芸
吕家谊	王恬恬	吴安安	吴佳怡	吴艺斐	杨卫莹	张佳佳	张世佳	周佳吉	朱小迪	车俊俊	陈胜尧
董俊杰	杜俊超	高强	龚铧	龚奕	顾鸿羽	黄俊杰	金田尧	刘依杰	陆佳伟	陆杨亮	宋嘉伟
陶立恒	王佳明	王子楷	吴昊	尹华琪	俞天	俞子亿	张晨	张志鹏	赵玉龙		

艺术设计

鲍佳美	顾佳蕊	蒋怡	李琦童	李诗奕	李雯	陆佳菲	陆怡婷	彭佳莹	施文	唐艳飞	王佳桢
吴慧祎	徐诗怡	杨晨	杨雯	曾蓉萍	张晶凤	张雯	张雨婷	赵雅婷	朱倩	朱倩倩	陈思俞
陈宇浩	范嘉琪	冯道	蓝天	邱成	吴成昊	武家展	蒋哲俊	厉瑞清	陈晓巧	陈怡雯	陈智颖
方雪兰	顾奕雯	金菁	李含琼	李盼盼	刘晗	刘珺	刘丽雯	陆燕萍	沈艺铭	施嘉清	王美雪
魏岱汝	魏秋燕	杨凡	张萌芸	张怡凡	朱漪澜	陈灵聪	李海伟	孙延捷	张知聪		

艺术设计(平面设计)

王孜豪　吴宇捷

影视动画

蔡茵伦	常婷	冯明玉	高吴敏	凌菁	刘诗卉	刘炘月	刘艳馨	马钱文	钱归华	任赟	谈馨悦
王乐意	王思晶	王懿雯	肖萌	袁依依	岳诗宁	张婕	赵欣怡	陈旭峰	戴亮	顾扬帆	郭怡杰
何嘉文	黄小山	姜一帆	李锜烽	刘伟	闵嘉玮	倪凯	石雷	王郅昱	吴佳洛	吴全欢	邢志豪
徐浩东	徐强	杨凯麟	张强	张志寅	周泽宇	朱新森	祝澄轩	曹君艳	陈悦婷	陈芷琼	顾聆玮
郭俐文	杭婕	胡皖玲	黄伊静	李淑蓉	陆懿怡	吕晓彤	钮思宜	钱欣宇	孙贝迩	王思懿	王悦
王子瑜	吴越	俞蕾	张浠浠	赵小萱	朱佳怡	陈安南	丁嘉豪	何佳财	季家豪	任家汉	沈凌冰
沈逸凡	施剑林	孙佳皓	陶振扬	王亦周	吴俊杰	谢璐辉	徐子毅	姚旭峰	张佳斌	张金琪	张学星

周舜韬　陆豪威　董　青

影视动画(中高职贯通)

顾思敏　黄佳君　金珈琪　李惠民　王希燃　项圆圆　徐嘉仪　徐唯一　赵　格　庄婧雅　陈韩峰　陈　皓
鄂添鼎　樊家杰　葛轶盟　谷楷茗　金靖成　林思聪　骆伟杰　马骏骅　沈辰辰　孙俊杰　唐隆辉　王钦育
王晟祺　吴佳奇　奚晓帆　谢仁杰　邢　钧　徐之阳　许正鑫　俞智勇　张斌杰　张　啸　祝俊卿　邹　伟

2020 届

报关与国际货运

曹如意　顾艾婧　罗逸芸　马圣婷　王　琦　徐昱洁　杨　婉　张慧蕊　张嘉怡　钟玉琪　蔡庆玮　陈伟浩
葛宇霆　刘耿屹　梅荣鑫　平俊杰　秦文杰　沈宋悦　沈逸新　徐恩洋　薛红俊　薛一凡　张超伟　张泓卿
张仕源　章　芮　朱寰烨　倪志杰　公甜甜　韩小羽　何佳雯　扈芸婷　贾　睿　蒋叶茵　经惟懿　钮程燕
沈佳莹　唐艳颖　王蓉蓉　王　妍　王紫倩　吴伊玲　项雅菁　邢思敏　张　莉　张瑞颖　张苏豫　周圣洁
周晓筠　陈世国　陈　涛　陈至杰　董轶哲　段　誉　江天宇　郦　杉　林立松　娄佳骏　陆伟涛　马　岩
潘崇涛　乔嘉宇　秦自强　孙俊鸿　唐操荣　王　渤　王宇聪　吾兰·邓木拉提　徐喆远　印　元　余阿丹
郑朝自　周　强　周雄俊　尹煜泓　赵紫卉　孙逸楠　刘世龙　陆胤澄　卜显娜　蔡　妍　陈俞冰　崇国莉
方清羽　费　丹　何雨璐　黄佳莹　姜　丽　李童童　蔡玉清　刘金超　陆　颖　秦依鸣　沈晓莹　谈　薇
翁天云　夏慧菁　徐正婷　张金朔　张诗晗　陈一鸣　仇逸君　方嘉麟　方剑波　顾正宇　胡君浩文　贾子龙
金　涛　李玉伟　陆雨青　马学军　浦孙亮　钱佳鑫　谭　棋　田玉山　王洪发　魏　涛　颜　云　于新栋
俞天宇　张　浩　张志伟　赵越晨　周　钦　周伟扬　许晓威

报关与国际货运（中高职贯通）

陈沁楠　陈　鑫　戴芬妮　董心怡　季怡珺　姜宇珺　蒋涵欣　蒋依静　陆歆宇　罗怡薇　罗怡莹　史　意
姚弘颖　张二曼　李申幸　刘赟辉　完红腾　吴文祺　吴业飞　徐　安　许吟昊　杨奕磊　姚宸宇　张俊辰
张鹏宇　张玙豪

电子商务

游勇平　梁云鹏　邱诺望　邸亚如　何紫雯　蒋晓雯　李梦宇　刘雪纯　齐　雯　尚　菲　王金月　王梦笛
徐巧巧　许　芳　颜杏杏　张黄净　艾启明　陈锾豪　陈　旭　陈奕恺　黄　宾　黄欧维　黄腾达　孔智俊
李宗强　林财伟　刘　翔　刘泽天　刘子介　吕昌昊　马成龙　彭超群　苏　林　孙　立　孙缘渊　王嘉能
徐　辽　徐敏瑞　杨彬杰　尤　戈　余思康　张晨昊　赵胤君　周京华　亚夏尔江·麦麦提敏

服装与服饰设计

张学杨　陈美蓉　古丽比娅·加帕拉吉　侯雅文　李　婷　罗结霞　马珍珍　麦力艳　牛浩玉　潘崔颖　钱嘉怡
钱政岚　任畅畅　燕婷婷　杨　柳　姚利玮　袁馨韵　张慧怡　赵雅茹　祖白达·艾合买提
阿卜杜萨拉·阿卜杜热合曼　艾则买提·阿山　戴荣欣　付志浩　顾恒斌　刘　行　倪大洋　沈嘉琪　汤愉嘉
屈月新

服装与服饰设计（中高职贯通）

陈雯怡　蒋晨晨　刘　欢　刘文婧　闵嘉钰　倪　萱　邱雨馨　宋雨娇　唐龙翔　陶焱玥　吴雨菁　奚鹰丽
张　婕　张婉琳　赵文瑄　周嘉婕　周　瑾　祝莹莹　沈赜号　王　磊　王源哲　张佳豪

广播影视节目制作

田汉君　吕思邈　王旭东　李嘉雯　蔡慧婷　曹梓婷　葛陈怡　顾怡雯　黄佳雯　李尹晴　刘　悦　弭　晓
彭慧玲　沈卓琦　施馨慧　宋文瑾　苏鑫玉　谭平平　卫芹怡　吴静雯　羊　婕　杨蓉蓉　于佳莹　张娜娜
张盈颖　赵　梦　钟丽文　陈　将　陈王逸　程　威　高昌浩　何佳俊　江　祎　林啸翰　娄承浩　毛俊杰
潘天利　阮　昊　孙启文　唐懿晨　王治民　吴　昊　夏宇飞　谢春慧　徐梓峰　俞文豪　张佳骏

国际金融

唐栋豪　杨智琦　江　枫　胡　靖　蔡永欣　丁明哲　冯　倩　郭月儿　刘盛盛　刘心如　奚倩茹　肖雨霞
杨诗瑜　姚　丽　张　寒　赵　静　朱沁怡　陈　琛　陈佳豪　陈　松　费昊天　高　天　葛　岩　李　伟
李　毓　娄志鑫　马小成　沈振宇　孙瑞泽　汪　进　王　瑞　王意鑫　王政豪　吴沁融　许俊杰　余振浩
曾晨杰　周　皓　林子新　鲍喆豪　张沪晨　顾泽峰　宋佳乐　陈苏霖　白林梦　顾　铮　蒋诗怡　罗　丽
罗珍妮　莫茜雅　施毅珺　夏冰妍　项　芝　许　凤　杨心如　钟　翊　陈虎生　程德怀　崔志康　胡文俊
黄文见　黄　志　季　赟　金伟康　卢竞禹　欧鼎盛　潘玉龙　唐崔健　童金琳　闻泽辉　吴晨晨　杨　超
张国辉　张　亮　赵　晟　郑奚云　周千翔　任健瑞　黄善弘

国际经济与贸易

陈智超　袁麒翔　安子琪　包东如　曹文丽　陈苗苗　陈　燕　高建梦　郭雅昕　何　宵　匡晓一　李　丹
林碧涵　蔺雪杨　刘佳妮　刘　阅　倪伟秀　沈诗忆　盛依雯　石　依　王乙童　温瑾竹　谢文静　谢小芳
周诞妮　周　玥　曹　阳　陈　顺　冯　毅　付　梁　黄家乐　金腾飞　金骁玙　厉家豪　林乾坤　刘嘉诚
刘学峰　马金波　毛涵伟　牛永强　彭　铄　齐　珂　王儒博　魏振宇　徐宏伟　徐泽天　徐梓超　袁文冠
臧　阳　曾璇昆　张宇豪　王馥茜　张　毅

护理

艾衍楠　白苏贞　鲍　佳　蔡　蕾　陈贝贝　陈佳琪　陈　倩　陈欣怡　陈铁婕　樊思佳　方丹忆　方　婷
傅烨婷　甘自玲　葛思宇　顾梦婷　顾诗芸　顾依宁　纪盼盼　蒋　艳　李　静　李　婷　林　倩　刘欣澜
罗雨洁　倪朱琳　潘　颖　乔琦雯　沈婷婷　沈　妍　唐文琪　涂章颖　王丽玲　王汝云　吴文婷　夏晗文
杨燕妮　姚思佳　尹思懿　张明敏　张淑婷　张思晴　张依婷　赵　丹　赵予雯　郑　羽　周慧琳　朱　纳
朱欣怡　朱云秀　王荣勋　叶　鑫　曾　添　张维炼　张子起　周江涛　王国荣　季婷婷　刘慧敏　白　云
陈丽燕　陈梦媛　陈洋荟　陈铁晴　丁芳芳　范杨阳　高　勤　葛红薇　顾思敏　管美玲　黄迪尔　姜鹏利
姜怡兰　金晔多　刘　静　潘建多　乔伊娜　施炫好　王梦媛　王思嘉　王易宁　吴小玲　项钰铖　谢婉君
邢路彬　严　懿　杨佳雯　杨苹榕　杨智仪　余秀靖　张思乐　张文怡　张晓莹　张　艳　张　怡　张梓跞
章文菁　钟淇淇　周偲佳　周　瑾　朱嘉敏　朱　婧　朱文怡　朱星月　朱媛媛　庄怡雯　何思远　金一鑫
李伟浩　李殷达　厉　强　毛志炜　沈浩然　王　彪　王思哲　张俊豪　曹　婕　孟立诚　陈金晶　陈　茜
陈淑婧　陈欣微　戴宛芸　邓慧云　杜景雯　范卫婷　傅懿涵　顾梦云　何玉婷　胡晴雯　胡炜洁　黄佳雯
蒋晨彧　金家蕾　金诗怡　金烨蕾　李　霞　李钰洁　林馨儿　刘佳慧　刘诗瑜　刘　燕　刘　奕　麻露丹
马　迪　马嫣帆　钱洁茹　乔金巧　邱蒙蒙　屈亦丹　沈舒怡　束紫莺　王俊霞　王　薇　王　炜　吴新新
夏　琳　徐霄莹　颜逸敏　杨诗伊　杨依帆　张海兰　张　玲　张梦莹　祝怡君　曹孝成　陈　帆　陈雨杭
程嘉栋　倪俊杰　沈晨豪　汪玮琪　王宇琦　徐非凡　俞亿冰　邹群燕　钟雪锋　陈　帆　陈　洁　程　颖
董　凡　范晶娣　方　雪　凤思嘉　戈　勤　耿洋洋　胡敏捷　黄丽霞　黄伶俐　黄一星　瞿欣怡　李悦丹
刘陆佳　刘　霞　满忠姗　彭芳玲　祁　雯　钱盈盈　乔丹婷　沈　蕾　沈雯琴　孙乐怡　孙伊能　滕易雯
王淑敏　王鑫华　王紫坤　吴佳纳　吴于悦　谢欣洪　徐晨婷　徐　晋　徐宁苒　杨　宁　杨怡婷　杨钰玲
詹金金　张　萍　张娴菁　张雨晔　张　越　赵　蕊　赵赛明　赵月萍　周佳晨　周心如　周欣媛　朱依戈
朱　月　祝晓菲　丁颢哲　唐铭杰　王家兴　幸峻琳　朱犇昱　诸振杰　白诗雅　蔡易之　陈田田　陈煜华
何佳钰　廖　佳　刘珍妮　陆新婷　欧海燕　钱加芃　钱旺澰　沈燕华　沈懿婷　孙奕奕　陶禹彤　王美娟
王思园　王　影　卫　蓉　卫晓莉　徐　超　徐淑婕　许星毅　姚歆怡　雍轩逸　俞卢妮　占清清　张昕宇
张　颖　赵欣畅　郑季婷　薄思操　陈佳吉　陈逸文　李嘉楠　李俊杰　钱超杰　任　健　邵明辉　杨晨旭

环境艺术设计

何曼曼　何沈芸　林玥汝　陆　兰　马丽秋　沈诗嘉　万心瑶　王雅群　吴雨婷　喻子晨　张晨雨　郑智晶
丁康平　金　怡　李昕阳　刘　臻　秦梓豪　王珞帆　翁成夏琰　吴可成　项文杰　杨宝权　张宇安　朱意剑
杨陆浩　马双鹤　梁亚楠　陈婷婷　方佳惠　何雨薇　李　婷　陆好诗　万雅婷　王雅雯　相燕婷　徐晶瑾
薛佳芸　于　靓　段振国　范　楷　耿　涛　李　明　唐徐磊　王俊杰　王廷宇　吴德欣　杨天淳　刘欣源
曹闻卿　陈梦涵　龚纪蓓　黄诗佳　陆韵宇　潘怡雯　王怡雯　项　婷　徐嘉颖　尤佳玮　张汝怡　赵燕君
耿　越　呼德辉　蒋骐安　金孜成　王俊伟　王　梓　谢应洪　邢　强　张淳锋　张钦玮　张文超

环境艺术设计(室内设计)

吴屹捷

会计

陈安淇	代思祺	东金波	蒋 烨	李 金	林钶嫄	陆思懿	马佳枚	马 娟	汤 茗	王嘉怡	王 兰
王利利	王心荷	杨晨颖	杨 敏	杨 沁	张雅乐	张莹颖	张 瑜	周心韵	措 杰	费 超	顾俊晖
何欢欢	林晓滨	刘潘梁	陆春雷	陆明明	苏梦梦	徐 扬	翟广澳	张毅俊	张源斌	彭露瑶	陈浩旻
王晓恒	肖 琨	崔婷婷	何佳馨	蒋伊萱	李鑫颖	刘海平	刘丽媛	吕金晶	罗美薇	马宵敏	潘纪临
孙华雪	童欣茹	王慧敏	王丽瑾	吴曼戈	杨 晴	叶依莎	张 妍	张易琪	张蕴琦	赵延彤	钟诗琪
朱苏苏	瞿瑞江	林明钊	王啸宇	徐夷峰	徐 震	姚斯昊	张 径	张 琨	木拉丁·帕尔哈提		王晓强
朱 兵	王文斌	马天杭	陈奕君	蔡晓莉	陈诗琪	胡沁灵	金晓婉	瞿忠祺	李 艳	李 知	林欣瑜
马紫琳	潘静雯	乔 玮	汤怡婷	陶素雯	王飞儿	王 梅	薛雅芸	严玉婷	欧阳旭	杨诗颖	杨 娴
姚天娇	于 静	葛瑞聪	李 超	楼 宸	慕安东	佟天鸣	汪佳伟	吴谦鑫	许国庆	杨智豪	张雨昊
钟一洋	甘 霖	郑鹏佐	毕 冉	张思甜	陈 敏	段小涵	龚佳瑜	郭婉磊	嵇翔兰	姜 劼	蒋雨霖
金兰琪	康颖琪	李庆婷	钱晶晶	邵晓愉	沈星依	唐单丹	王孝芳	王怡闻	奚茗霞	张 喆	郑小凤
周 菲	周天宇	周雨琪	黄 睿	刘 磊	陆杰李	王珈琪	杨一鸣	余 辉	袁 超	张刘洋	孙宁安
陈蓓婕	顾佳婷	何 丹	洪嘉琪	江 南	蒋怡雯	李芳芳	李佳倩	李时荣	李 艳	陆娴菲	邱思佳
盛 菲	盛凯燕	孙文婷	王华丽	夏璐琪	徐羽鑫	袁雪琴	张 倩	周 格	陈志杰	顾 聪	江 浩
姜文政	李 浩	刘 波	刘俊宏	马泽鹏	许伟健	叶林强	周 叶	陈 云	张采诗	胡沄楚	曹 薇
陈玉玲	何 悦	黄芷吟	金诗苑	刘艳丽	欧阳婷	齐珊珊	孙馨语	唐梓瑜	万嘉秀	王佳佳	吴佳雯
吴姗姗	项曼嘉	邢 璐	熊雨圳	薛 瑞	阳 诗	张佳雯	张金哲	张译誉	赵 玉	陈华鑫	郭长顺
贺 立	梁 浩	陆逸成	王 程	翁悠朗	张文浩	周 祥	敬悦敏				

会计(税务专门化)

徐 彤

机电一体化技术

毕剑君	蔡林杰	常 畅	程均军	董浩然	董世伟	冯启运	高泽阳	顾忆恒	何步步	黄嘉豪	瞿 峥
李富滨	罗晓鹏	马天寅	宓智豪	平伟超	沈 飞	苏梅逸	王俊伟	王文进	王武剑	王印豪	吴志善
谢笑丘	许振江	严浩东	叶函泽	余世涛	张博文	张瀚文	张家辉	张 颖	张雨杰	张展恺	钟顺聪
朱奕清	蔡 斌	曹俊伟	陈 斌	范思扬	甘 醇	葛 瑞	哈 涛	何风庆	胡宁杰	黄思威	康 超
李永杰	马嘉硕	马骏瑶	茅俊杰	邵 越	沈玮锋	施芃宇	苏宇杰	孙 伟	王宇杰	魏博阳	温 明
熊嘉伟	徐文勤	杨 啸	殷凯杰	张 浩	张 权	张志皓	周佳园	翟智凡	柯 兴	林 昆	侯书登
王海亮	陈佳超	陈佳铁	陈 杰	方家皓	谷文杰	郭 舒	韩晨茜	江鑫华	焦 磊	金佳琦	金夏烨
孔 申	李琛彦	林成楠	刘骐锐	钱 华	邱卓涛	盛伟来	盛 裕	田宇辉	王子健	卫圣豪	项思齐
徐冬雷	徐文恺	游 锐	于文坛	张嘉明	张志杰	张子奇	周 磊	周子轩	周仁杰	马冬烨	张永康
干 正	赵一帆	钱珞琳	白阿丹	陈广秋	陈伟成	陈振杰	邓志强	高佳聪	高 雄	顾光晨	胡洪影
蒋 赟	寇飞龙	李金爽	刘季凡	刘文浩	邱梓峰	施浩然	王家伟	王 峻	吴清剑	夏悦文	徐继超
徐逸晨	余 洋	张陆晨	章匡盛	周润东	周彦楷	周依凯	刘国升	蔡俊杰	陈子单	程柏钧	高文龙
顾嘉豪	何 鑫	华叶飞	黄 斌	金隽贤	李邵辉	刘玉成	鲁俊杰	陆 杨	吕钲泽	任展锋	寿林军
谭骐键	汤 程	唐振元	王梦杰	王志超	吴怡杰	夏仁杰	徐志伟	袁家乐	张金凡	张 忍	赵荣胜
智 聪	周志杰	朱焱康	塔布斯·达吾列提哈孜		吴克强	安 泽					

计算机应用技术

朱其凡	盛雅婷	叶红波	单春艳	冯 婷	刘原旭	翟皓琰	钟文杰	陈 欢	陈 凯	高欣宇	胡智锋
黄玉磊	姜树东	李慎伟	刘华裕	刘 愈	倪伟超	潘正亮	裴 凯	王 翔	王星星	王亦炜	吴启涵
吴亚中	夏 辉	夏 玮	肖 涛	徐 凯	杨 俊	杨 康	易江鹏	张舒洋	赵轩浩	周鑫森	朱之傲
黄学文	王 昊	刁 妮	季杨洋	秦一臻	唐芬芬	杨雨晴	曾芷靖	陈治翰	程 然	顾乐其	胡炳框
金 田	金廷基	柯泓森	李康太	陆冠龙	马俊解	潘祝强	彭伊吉	邱祺强	涂津源	王东昇	王 毅
向 红	徐晓斌	徐逸文	杨尚松	裔惟云	张 军	张英杰	周梓庆	李盎然	程旭威	王义超	张浩宇

黄婧文　阮欣怡　许　涵　张　妮　张思羽　柴文琪　陈熙铭　程　超　董向阳　金泽明　李瀚宇　李庆鑫
刘　森　刘毅殁　罗　涛　潘冯庆　盛彦凯　陶　艺　王光郡　王钟懋　吴思涵　吴泽勇　徐晨瑜　徐卫昌
徐子杰　杨瑞钦　姚仕崴　殷伟杰　余邦泓　张　斌　章焕涛　钟观青　朱　坤　朱庆照　付籽豪

金融管理
瞿天宇　林波宇　林昊男　马晓宇　单芊芊　刘新新　戚盈盈　王惠阳　徐　婕　阳冰颖　杨雪妹　赵苏雅
朱进娇　邹璧蔚　陈伟陆　郭学理　胡　磊　蒋泽华　李志豪　钱云飞　施政伟　石天成　王皓楠　王君豪
王钧钧　王阳子卓　吴　错　修誉宁　杨程伟　俞嘉铭　张翊晨　章新华　赵金鹏　郑　瑞　周　冲　朱俊杰
丁　阳　李鹏辉　马文振　徐子航　木拉地力·木合塔尔　木尼热·阿布都热依木　伊木然·艾司克尔　杨子薇

空中乘务
陈琪爽　陈　曦　巩子惠　顾　慧　郭慧敏　姜欣妤　金　韵　柯　芮　李紫玥　梁　爽　吕文燕　潘　潘
钱扣文　任　菁　盛　夏　宋建颖　孙佳宇　唐　琦　文　婉　徐雅琦　岳雨萱　张立婷　张　然　张文琦
赵雪莹　钟子颖　蔡君豪　陈　超　戚俊杰　齐龙峰　沈佳峰　唐添杰　王　磊　吴汉宸　项俊杰　闫新浡
朱晨昊　朱海飞　曹　丹　付凤娇　高欣鑫　郭坤梅　韩　乐　韩　笑　侯雅新　蒋丽萍　解雅萌　李金凤
李小诗　李　啸　李欣月　李子轩　刘　岩　刘雨晴　刘　越　陆荣鋆　孟婉颖　綦跃敏　秦晓洁　孙宋钰
王伶敏　王婷婷　肖　帅　杨柳青　张晓榕　马思洲　钱陆锋　王俊良　吴　浩　翟振跃　郑宝泽　左　睿
陈梦园　单靖涵　傅蕾琳　宫诗期　郭方敏　郭　蕊　李　洁　李凯莹　刘嘉欣　孟　赛　庞慧涵　沈葭蓉
孙心毅　王小涵　王　阳　王　莹　瑛雨露　王云涛　闫晗笑　殷唯宜　袁乐辰　翟佳慧　张琳娜　蔡俊杰
洪伟杰　李　聪　李禹昂　刘春光　柳雅文　娄　凯　乔吴伟　史铭生　田雨松　王铭哲　肖运涛　徐凌琪
杨镇州　张　涵　赵　跃　艾绪敏　包海雯　陈佳妮　郭　颖　李盼盼　李文戈　李欣雨　牛志慧　亓铭铭
秦海凌　沈雅婷　苏祎晴　吴冰冰　吴满雪　吴晓娟　吴雨晨　杨晓红　杨晓玉　姚梦琪　姚紫萁　张凤岐
周慧蓉　朱梦宇　曹英健　丁　港　姜在志　李　瑞　刘明奇　吕高鹏　罗雨轩　马绍凯　孟志成　钱家乐
宋　勇　孙蓟钧　孙礼奇　王昱博　王志毅　渊祥乐　赵舶言　察海青　梅芝健　霍霄雨　董龙景　付文晶
邰浩然　华丽程　金子扬　李　洋　刘佳玲　路梦洁　孟晓甜　孙　静　汪　云　王文扬　吴　宵　仪晓然
殷依梵　张　静　张　娟　张　芃　张欣蕾　张艳冬　张　喆　赵　悦　甄　晴　周玉浩　房新凯　耿浩文
胡鲁宁　黄　耀　江丰亦　李奇玮　倪嘉宇　吴怀彬　吴逸凡　徐子琛　闫云松　殷振捷　于德翔　袁　野
张　航　张加明　赵裕华　陈晓梦　崔逸雯　地拉热木·艾克拜尔　窦赛娅　付昕彤　高一含　郭梦鸽　蒋　瑶
李思瑶　李昱琪　梁玉蕾　刘蔓婷　刘婉欣　孟丹妮　钱梦琦　桑　苏　桑雨婷　苏锐培　王雨彤　邢高宁
于皓玥　翟玲玲　张叶凡　张雨桐　张志远　赵　惠　赵思梦　曹运杰　陈事吉　冯存正　郝俸麟　李　杨
刘慧杰　尼传宇　盛绍琨　孙详凯　汪　旭　王瑞宇　于　皓　赵文睿　赵子豪　周嗣皓　邹俊博　柴紫旭
韩　帅　黄家琪　黄倩雯　贾文杰　贾欣哲　姜　可　李明玉　林嘉琪　刘　冉　皮子新　戚　敏　秦　洁
任思雨　孙　腾　王诗音　王钰瑶　吴妍瑾　许雨丹　张　迪　张　鑫　张紫迪　赵珍月　钟　雯　周思婷
邹纯月　成永传　刁政钧　董　宇　顾　涛　国得统　贾志浩　秦　哲　孙章钊　夏　凡　谢鹤灵　张岱峰
张志豪　赵世豪　朱俊翔　王陈无恙　陈梦迪　段永红　李　灿　李明雪　刘盈盈　刘月滢　陆　烨　罗　佳
孟　清　米菲儿　田肖晗　田雪红　王　菲　武若涵　夏怡清　尹伊凡　张　超　张镜节　张婉鹭　张雪宁
张　炎　赵明哲　仲文攀　朱梦玲　朱燕婷　朱寅君　陈加合　仇颖超　崔　亮　潘达铭　王常宇　王鎏慧
徐靖宸　于浩森　展庆贺　张　涵　毛孝文

民航商务
张鑫栋

民航运输
蔡玲颜　常惠雯　董　月　古　芳　李文艳　李　雪　沈　颖　唐秋玉　王泳奇　喜晓蓉　肖玲玲　徐小越
许世家　杨丛先　张舒婷　张筱晗　郑　倩　丁浩然　丁相喆　董志昕　于　雨　焦　荣　梁玉林　陆东麒
陆帅杰　牛亚坤　盛仕露　孙　硕　王承昊　王思儒　王卓欢　张　航　赵衡衡　赵乾宏　龚翼丰　戴佳妮
黄晓雨　贾泽翀　姜晓娟　李吉琪　路　茜　吕艺斐　王嘉越　吴　葳　薛雨昕　杨瀚菁　张　琪　邹文嫣
黄一鸣　金冠宇　李青松　凌梓峰　刘升辉　陆钰佶　马万军　彭志启　任奕阳　王君豪　徐海峰　张　涵

汽车运用与维修技术
郭　淳　艾再尔·艾克拜尔　蔡兴杰　常　远　陈鲁浩　杜逸陶　黄思扬　海拉提·包拉提　李梦祥　李任御

林晓瑜	刘 阳	马 海	钱佳伟	邱胜强	屈晓伟	沈博凡	沈一凡	宋晓春	汤昊杰	田玉尧	王家乐
王志伟	余 敏	俞 涛	张凌云	周海峰	周双宇	朱健辉	刘 婷	伊力扎提·吐尔送托乎提		李俊杰
巴特德尔格	陈昊天	戴学雷	地力夏提江·阿布都拉		黑扎提·木拉		计玮鑫	符绩子	傅佳晨	瞿 凯
李保虎	刘 伟	马鸿飞	马 龙	孟 祥	赛麦提·帕拉提		邵政嘉	石忠铭	苏 童	汤序源	王佳毅
王嘉羽	王志旸	翁佳超	于志诚	张思聪	张 益	周宏城	唐梓毅				

人力资源管理
　　孙 和

市场开发与营销
　　梁鸣岐　李卓政

市场营销
　　杨丰源

数控技术

赵瑞杨	周晓茜	朱成文	蔡 晨	曹 康	陈博涛	陈 杰	陈演洲	陈泽坤	陈子祥	戴天凤	何国梁
何嘉铭	侯翔宇	黄天伟	瞿俊杰	李远彪	林嘉豪	刘 畅	鲁昱晟	倪晨曦	潘 亮	钱 皓	钱文斌
钱中亮	沈帅帅	施若琪	施毅铭	王家俊	王菁涛	王沛安	王一凡	王 乙	王昭栋	徐皓辰	徐文杰
徐杨阳	杨 璐	杨 勇	张超熠	宗宇威	毛月华						

投资与理财
　　杜卓儒

物流管理

蒋醒醒	李文琪	凌嫣婷	陆 韵	马龙凤	盛依宁	吴春慧	吴诗逸	徐舒淇	陈 晨	陈德峰	陈 霄
高 政	李佳航	李 猛	潘华兵	钱 军	邱吴嵩	苏俊辉	童皓嘉	王浩宇	王冶珺	奚家文	肖德明
徐晨昊	徐鹏飞	薛屹欣	薛禛彦	袁笠聪	曾繁欣	张 磊	张庆宁	张振东	赵智伟	周立泽	孙佳辉
房政昊	沈 伟										

艺术设计

沈 昊	陈怡叶	高诗怡	孔祥苾	郎佳怡	李宛庭	茅珺瑶	钱诗琦	尚 婕	沈知慧	文 媛	翁郑婕
吴慰嘉	徐智敏	张 晨	张春燕	张欣瑜	杭 顺	何啸成	江 俊	刘红豪	马俊杰	施明旭	孙浩林
王 超	王力宇	魏怡杰	夏昊康	俞昊天	曾刘海	张丞铭	张俞凉	张宇涛			

影视动画

阮小龙	黄心雯	侯梦佳	贾奕雯	李瑶琳	鲁炫峤	沈雯燕	施宇婷	王林林	姚海晨	俞佳吟	张婧雯
张昕妍	周颖婷	曹欣悦	陈 斌	陈笑晗	陈宇翔	狄俊杰	甘恢同	顾佳豪	黄玮俊	金伊杰	冷易嵘
梁 栋	林威威	刘 潇	毛家明	潘盛峰	任健杰	沈辰阳	唐佳诚	吴昕懿	邢杰荣	杨俊杰	叶文杰
张伟丰	赵春祺	周屹昊	朱欣毅	李博骁	窦 旭	吕 伟	陈宣伊	冯雪雁	金倩倩	李 慧	李佳婧
刘慧婷	陆佳琦	濮慧燕	沈燕丽	沈紫怡	张 琳	张 倩	周晓琦	朱珈怡	柏 璠	陈熹恒	陈宇星
陈志远	丁 樑	胡沈飞	蒋宇翔	刘 聪	刘 洋	聂小光	汤欣渝	王政喻	吴梦捷	杨文辉	杨 屹
郁鸿杰	章柏楠	钟唯一	邹逸辰	许婉婷							

影视动画（中高职贯通）

王熠璇	姜译文	吴敏杰	丁喆频	傅 蕾	顾 玥	姜锦盈	孔微薇	李嫘嫘	林嘉敏	倪蜀雯	潘袁梦
宋佳丹	宋紫云	孙 悦	王维洁	王 欣	杨依涟	张 惜	张逸旻	祝庆莹	祝 馨	曹鸿力	陈泓霖
陈雨翔	陈智艺	丁志龙	樊闻煊	高 磊	龚嘉豪	何 乐	陆书恒	乔 植	沈嘉俊	万施豪	王弈达
王宇啸	张云泽	周剑铭									

2021 届

报关与国际货运
岳　帅　　金银祥　　杨宏翔　　黄　毅　　褚歆怡　　顾静婷　　韩可欣　　蒋梦吟　　梁康怡　　卢君婷　　马晓玲　　沈丹妮
万琦雯　　王金柱　　徐　诺　　徐许凡　　杨雨蕾　　尤天娇　　张圣婷　　赵力洁　　朱　迪　　朱佳欢　　陈　傲　　程宇翔
高　陈　　黄已航　　李　彬　　凌奕阳　　罗德昭　　王　涛　　徐　喆　　张俊贤　　张圣元　　赵歆辉　　赵　伟　　刘迎禧
陈菀萱　　陈欣蕊　　谷　静　　韩丹凤　　吴妍菲　　杨　帆　　杨婷婷　　曾　珍　　张佳怡　　张　悦　　周倚雯　　曹其仂
代智远　　高　俊　　顾炎天　　戎　毅　　沈俊杰　　王文哲　　王　鑫　　王　真　　徐彦栋　　杨金睿　　张佳威

报关与国际货运（中高职贯通）
陈佳艺　　葛雅丽　　顾妍婷　　李晨妍　　吕悦旖　　钱泓辰　　陶敏君　　吴亿烨　　徐　颖　　许　诺　　姚奕敏　　姚钰婷
应佳怡　　袁诗怡　　赵佳妮　　赵浥尘　　朱　珂　　朱志凌　　顾飞洋　　郭　宸　　黄敏珈　　康家宜　　李家麒　　彭　浩
王家辉　　徐亦龙　　叶邵炜珽　　张耀庭　　朱翙荣　　陈圣钰　　陈　妍　　董婉倩　　高崟溁　　倪思玥　　秦莹莹　　沙旖雯
沈祎琳　　邰雨琪　　肖　昀　　郁晓敏　　袁佳怡　　张宁怡　　张馨悦　　章诗怡　　朱佳怡　　费阳毅　　乐　杨　　刘黄晨
钮　琪　　沈嘉宜　　沈俊杰　　吴　瑞　　姚心远　　赵煜珵　　周逸飞

电子商务
盛能捷　　李晓龙　　赵申瑜　　陈　明　　陈文清　　达梦超　　郭元源　　胡　倩　　金唯嘉　　刘　静　　刘俊玲　　罗　烨
任韵婕　　沈　洁　　孙思远　　孙　怡　　王丹凤　　吴诗懿　　谢晓彤　　徐天悦　　张　娟　　张梦境　　张钰林　　竺焱焱
陈纪尧　　戴屹川　　邓嘉康　　范志高　　符佳程　　侯　翔　　金　秋　　李澳东　　李柯睿　　陆梓豪　　阮　涛　　沈思明
孙宁澄　　汤　晶　　王勇涛　　吴登杰　　徐品泉　　严浩迪　　严宇乐　　尹天恺　　虞自强　　张　磊

服装与服饰设计
陈紫依　　郭文婧　　李　想　　凌佳滢　　刘艺聪　　闵成萍　　那皮扎·塞力克　　田仲慧　　王静怡　　王盼盼　　苑雯婷
张克花　　郑　婷　　宗晴晴　　裴振国　　乔竟洋　　王幸国　　熊凯丰　　曹静怡　　迪丽努尔·热阿合木　　董奕纤
高晓梅　　马梓轩　　沈倩怡　　王昭月　　徐苏婷　　杨　瑞　　张　航　　夏文成　　杨浩楠　　杨烜宇

服装与服饰设计（中高职贯通）
鲍姿云　　陈悦婷　　董怡婕　　费龚敏　　付晓萱　　高婧蕾　　顾惟依　　郭佳依　　江晓婕　　金佳雯　　李依翎　　马　徐
倪天娇　　施怡雯　　唐萌睿　　王　敏　　吴　洁　　吴湘婷　　伍淑娴　　夏紫怡　　徐佳文　　许　妍　　晏　妮　　袁智来
张天宇　　郑怡飞　　张瑜扬

工业机器人技术
白浩东　　白　胜　　陈俊彬　　高　锐　　葛　健　　金礼民　　李梦岩　　刘皓男　　刘鸿铭　　刘　帅　　吕敬国　　马佳辉
平恒基　　邱源豪　　屈得亮　　沙懿隆　　唐自清　　王　顺　　王志文　　吴越东　　叶鑫伟　　殷佳濠　　俞癸峰　　张辰麟
张康康　　张盛杰　　张维欣　　艾尼卡尔·艾克巴尔　　潘泽博　　莫晓奇　　王纪龙　　张俊鹏

广播影视节目制作
陈泯铮　　高佳艺　　郭妍珺　　胡义君　　李怡涵　　林雨铮　　孟纤雪　　潘苏婷　　乔　杨　　宋延珑　　王燕雯　　瓮晓雨
吴　晓　　薛　睿　　应　霞　　张　晓　　周梦瑶　　邹欣芸　　郭福燕　　江　澳　　蒋秉澄　　毛家辉　　王　乙　　杨文杰
张万庆　　赵铨叙　　周正凯　　周　洲　　陈　杰　　孙灯宇　　孙　楚　　王　裕　　陈怡婷　　林怡菲　　刘佳希　　马朦朦
秦慧琳　　孙顺楠　　唐蕙心　　王澜豫　　王　璐　　杨丹怡　　俞文吉　　郁晓宇　　张　敏　　郑　钰　　顾添悦　　何祯凯
焦俊辉　　缪佳杭　　王文轩　　项宇昊　　徐士尧　　杨鸿宣　　叶世玉　　叶　翔　　赵苑序

国际金融

戴可欣	符亚霞	江蕙良	赖博文	刘 蕾	陆思怡	马晓琪	卻 颖	王 敏	王玉琪	郑 悦	钟婉凌
钟 臻	朱嘉豪	朱 佳	曹清淦	陈江峰	范俊岭	胡江涛	金王亦	刘海龙	陆嘉玮	沈汝北	王俊逸
王跃晨	吴鑫磊	肖子耀	叶超越	叶泽湖	于世聪	张仪辉	章圣锋	赵汉青	陈 慧	董 雯	方艳玲
顾文怡	顾 幸	刘佳萍	刘歆怡	卢倩琳	潘丹丹	王白雪	王琳莉	姚 霞	朱莲娜	陈海涛	陈震祺
杜云玮	谷一凡	黄 坤	黄 颖	江俊皓	孔令炜	孔卓然	李 康	陆 铖	潘 超	任玉宇	王辰威
王乐诚	王亦恺	夏 雨	杨晨曦	杨俊杰	姚 炜	印泽辉	张泽裕	周亦清			

国际经济与贸易

陈 乐	陈沁妍	费晓雯	孟 涵	沈雨萱	沈周雯	盛怡露	石露莎	滕 昕	万霜洁	吴佳彤	张楚茹
张千慧	邹 馨	岑明俊	孔维明	刘杰文	帕日曼夏·艾山秀	秦盛豪	石 磊	王晓雨	王植煌	殷浩煊	
于乐天	朱正奇	萨尔达江·阿卜杜克尤木		魏德恩							

护理

陈荷静	陈 婕	储亚萍	董筱璇	范佳婧	范金天	冯萌萌	傅锦丽	尕藏切忠	顾佳敏	胡姝菁	胡雨佳
贾梦婷	李晨瑜	李佳雯	李艳玲	厉柯男	刘佳倩	刘 璇	陆陈妍	陆 敏	茅施玲	阮伊宁	石依依
时晓倩	宋静静	孙 静	孙静贤	索南措	汤涵羽	王语楠	王子怡	邬祺雯	吴 琼	项淑乙	徐梦梦
薛沁怡	杨佳音	杨 妍	游胜悦	俞瑞泓	翟怡文	张诗宇	张鑫成	张 洋	张荧荧	郑彬彬	周明慧
朱嘉琪	朱 琦	庄婧燕	邹昀播	陈 波	何晓宇	胡国栋	黄一杰	黄奕磊	季佳伟	金津浩	李志巍
陆沈程	倪曜辰	秦 啸	吴承键	杨 爽	蔡琪琦	蔡逸文	岑罗鑫	陈心如	陈欣怡	杜 婧	方韵佳
龚圣贤	顾熠雯	顾宇凡	胡佳琳	华熠妃	季佳丽	孔维佳	雷星云	李 悦	郦心如	林彬彬	刘佳宁
刘 洁	刘想想	陆梦霞	陆宇婷	毛淳灏	潘颖楠	阮雯洁	沈如意	沈思敏	沈 悦	孙祎婷	唐芯怡
王楚雁	王晓君	吴雨蝶	吴钰滢	奚梅佳	夏歆瑜	徐芸雯	严 妍	杨 虹	杨慧敏	杨佳雯	杨怡莹
郁诗婷	郁 文	张凯丽	张 莹	张 悦	郑灵宇	周 恋	周倩倩	周业红	朱 珍	冯云龙	黄 安
金子伟	李超怡	毛佳俊	孙泽军	吴文杰	叶李晨	袁同祥	郑逸男	朱思浩	朱子豪	唐钰华	陈慧桢
陈佳仪	陈依尔	陈缘虹	褚靓婧	褚娟熠	丁妍佳	樊晨阳	冯宇佳	谷秋晴	顾诗雯	张瑜婕	计昕瑜
金司齐	瞿诗燕	李 菁	梁清媛	刘 琦	陆思瑶	莫妮卡	邵梓蕴	施嘉敏	寿文佳	孙 蓉	孙徐连
唐千惠	唐双莹	王佳佳	王怡婷	王忆芳	吴诗意	徐嘉璐	徐雯卿	叶梦娇	张 妍	张 怡	张怡婷
张赵芳	朱黄佳	朱泽卉	朱芷欣	车路宽	陈家乐	陈坚杰	陈俊杰	陈泽坤	费 弢	戈奕文	顾高彦
郭璟烨	黄思铠	盛 鑫	苏奕尧	苏泽霖	魏元杰	杨 珩	张家麒	张少鹏	褚银丹	余星辰	张雨慧
蔡梦柯	付书琪	胡纯菲	黄 怡	姜潘婷	李 菁	李佩玲	梁安琪	吕卓营	罗红妮	史董佳	寿琳露
孙心怡	唐怡蝶	王苏杭	夏小迪	杨佳秀	殷 婷	余佳颖	余诗蕾	张 宁	张 绮	章雨彬	郑澄玥
郑 婷	朱 婷	陈逸帆	丁 浩	李文豪	吴 鸿	赵容剑	朱海波	朱荫昊	陈 佳	陈 沁	范海霞
高雯琦	黄意蕊	杨诗晗	李 瑾	李 思	柳叶明	吕佩倩	潘靖雯	史昕旻	唐语菲	万钱婷	王丹霞
王伊宁	王之薇	吴霖婕	吴宇佳	严诗宇	伊达亚提·努尔买买提	郁春燕	张乐宜	杨晶燕	张诗雨	赵诗红	
赵云磊	郑茹心	朱敏怡	朱义丹	卓钰涵	陈家乐	何煜凡	黄逸程	齐玮瑶	秦 壮	王天柱	吴越敏
俞佳祎	周 炜										

环境艺术设计

王光俊	张博文	祝顺杰	李 杰	蔡之恩	陈雨晴	杜佩佩	郭慧佳	姜弈凡	祁 虹	孙佳敏	童婧琦
王馨晔	杨 虹	赵诗怡	成易龙	黄 沈	李佳乐	李晓龙	刘 浪	尚阿飞	王 阳	徐景阳	杨 越
曾澳君	曾元阔	周生泉	祝思劼	顾玮琪	许之凌	龚 玲	姜媚为	李思婕	罗雨晴	苏 童	王灵聪
许 瑶	薛 瑾	余惟怡	张 釜	赵玥雯	陈鸿飞	陈 杰	陈 邵	崔梓扬	居梦祥	申 展	盛宇钊
史家乐	吴 越	徐 淳	杨博凡	袁 梦	吴 怡	杨 方	何佳晨	孙雨晨	尹懋祥	陈驿缘	杜依雯
黄静慧	黄卓越	刘佳雪	邵于洁	徐雨然	许 瑶	姚 瑶	张芙蓉	张泽祺	包凌云	陈嘉俊	陈子豪
胡建军	黄龙飞	梁东升	刘传熙	沈佳珺	沈佳伦	王江博	王 滕	韦新宇	吴夏阳	俞俊霖	郑润嘉

会计

任衍武	蔡吕澳	曹雯雯	车晨悦	陈恺迪	董庆裕	范晶晶	葛方宙	何晨静	江佳怡	林雨欣	刘芳燕
倪筱昀	浦欣怡	宋芝雨	孙高洁	唐 婷	吴 琪	吴小叶	徐丽菲	徐文清	徐雪荷	杨紫怡	张 萌

张焉英	郑金蕾	朱怡雯	朱莹莹	陈丁骏	陈氢科	陈渺渺	陈 欣	顾鹏程	李福爱	刘 浩	密 群
阙睿杰	任新宇	苏子裕	周逸煊	沈 祎	苗成浩	邹涵彬	刘淑鹏	郭勇鑫	胡欣峰	周 炜	曹昕怡
高美琪	顾佩玲	韩 路	黄思妍	江欣悦	林芝莹	陆佳钰	吕 灿	欧阳芝硕	史逸文	汤幸千	王 一
吴婧忻	陶 胥源	杨凤辰	杨启慧	殷育晨	於一欣	袁秀琴	张 璐	赵锦淑	朱陈恬	乐江福	
裴洪斌	宋徐欢	王彬珲	王嘉诚	夏存韬	张文浩	张子威	李凌峰	梁墨吟	王梓涵	吴汭昕	张国栋
符育珲	张 凯	蔡尹萍	樊天赐	顾许颖	黄天蓉	吉嘉莉	蒋 萌	蓝丽颖	雷雅乔	林 宁	刘洛瑄
刘喜梅	马玉兰	乔莉婷	施文杨	孙珂昕	谭胜男	王 颖	吴思香	吴怡婷	徐逸凡	姚欣羽	郁渊湣
张 芹	赵佳惠	周小艳	邹 媛	曹宇轩	韩振龙	黄家浩	霍元昊	刘亚地	任世豪	孙明荃	王 成
叶子程	陈 佳	陈逸雯	胡雅飞	虎吐孜·古木西		黄歆然	火婧瑶	李 娅	林雯菁	刘贝贝	刘晶晶
楼佳慧	卢宇琼	陆欢妍	陆慧琳	毛科艳	蒲 艳	史敏丽	王蓓奕	王静怡	王艳雯	薛辛辛	杨蕙宁
俞 庆	张艺婕	褚 岩	戴心平	董嘉俊	胡锦润	刘冬宵	罗玉虎	石昊晟	王海杰	王嘉杰	王嘉雷
王鹏博	郑鸿儒	朱毅学	高晓羽	顾诗雯	郭姝涵	何雨欣	贺潘容	花 静	金 菁	李美慧	李 怡
刘冰叶	刘 娟	刘逸雯	陆慧如	毛佳奕	任怡冰	沈耀楠	王振懿	吴玥优	奚慈榕	奚怡婷	姚 絮
尹龚慧	张静懿	张晓敏	周艾玲	周 洁	周 蓉	朱安岭	朱盈佳	蔡蓝田	邱嘉琪		

机电一体化

唐泽豪	张晨	盛 凯	陈旭东	丁佳琳	赵孝珍	陈禾嘉	陈纪儒	代金龙	戴新成	顾晨阳	顾逸俊
顾宇彬	归皓俊	洪辰洋	洪 宸	胡嘉诚	化一君	李辰岳	李欣宇	李雪岩	马 原	秦海峰	秦黎辉
邱大伟	任宇豪	沈佳琪	沈静波	沈永祥	宋宁宸	唐也璐	王 磊	王小萌	吴文浩	杨牧之	姚 云
袁义政	张哲鹏	周世龙	朱绍青	朱渝禧	潘真懿	阿卜杜萨拉木·海比尔		周振飞	曾 钢	冒轶凡	施 元
唐吉荣	王誉涵	邱文卿	曹逸飞	陈小年	陈杨余	戴 鹏	杜昊骏	费云宾	顾伟豪	何 龙	金予瞻
李诗杰	鲁雨晨	陆 平	陆许浩	钱星宇	沙 杨	宋鹏昊	孙成龙	汤天毅	汤臻宁	陶 然	王 滨
王泽坤	吴毅凡	许达名	杨 宇	姚忠义	郁 超	张 健	张生成	张吴彬	张杨帆	张泽宇	赵文进
郑 涛	周 涛	朱慧超	朱逸晨	张 兵	左敬轩	宋鼎超	陈鉴海	程世豪	狄尧文	董佳乐	方子铭
顾文杰	金 天	李吉阳	李 瑞	李 鑫	连 最	刘 晨	刘世晨	沈心阳	万昀涛	汪文康	王海琛
王诗雨	王士龙	夏一青	叶文龙	俞俊涛	张 俞	郑开源	钟毅诚	周远帆	朱凯昕	朱倪超	朱晓天
朱玉华	庄佳伟										

机电一体化（中高职贯通）

刘亦涵	曹继翔	戴永和	柯家乐	刘德海	栾宇君	钱 辰	寿龙浩	王宁宏	谢嘉恒	俞尧继	张诗杰
庄子健	崔海欣	凌芸伊伊	郭煜文	姜正辉	刘锦杰	马俊豪	唐宇杰	王逸哲	徐成浩	张逸龙	张驭旸
周 洲	尤雨卿	包雨轩	陈茜芸	季赟卿	刘 鑫	马岚岚	孙梦娜	王佳馨	朱荩恒	张雯雯	陈沁仪
方俊杰	顾宇轩	胡允奕	蒋梦龙	瞿凯宁	卢渊浩	司徒浩霖	王卫文	杨霶鋆	杨雨陈	印宏杰	袁润泽
张成铭	张思杰	朱嘉祺									

计算机应用技术

孙 源	吴华崽	叶 菁	黄申义	狄晶晶	李泽冉	刘泓菱	毛淑玲	徐 英	余 晨	俞珑倩	蔡俊杰
曹 森	陈 亮	陈欣伟	褚佳浩	胡志江	黄璐泽斌	黄文鑫	孔子安	李建锋	刘 畅	刘金铭	刘 钊
沈清霆	宋勇勇	苏 童	汤志敏	唐伊凡	王唯凯	王 鑫	王旭阳	王 宇	徐沈华	薛凡杰	严宜忠
杨智宸	俞益敏	朱宇航	严子奇	蔡岳峰	程子豪	许海东	陈亚琦	程胜楠	刘兆欣	欧阳慧馨	盛悦悦
谢天瑶	杨 清	蔡家杰	陈 骋	陈 旸	陈志豪	胡承伯	李家亮	李 宁	李颂文	李祝庆	林福明
林 钧	刘天华	刘 肖	牛奕杰	羌智豪	沈云逸	孙家骏	陶辰轶	万朋强	汪家乐	王关伟	王思怡
辛方圆	徐露阳	严 飞	叶 峰	易子涵	张嘉豪	张 涛	赵佳俊	赵竟阔	郑一洲	周少鹏	庄天岑
朱晨炜	贾继祥	武增文	苏钟文	候啸玉	胡泽雨	李林洁	刘琪琪	沈 洁	吴 月	喻丹彤	蔡禧鹏
陈博今	丁一帆	高 威	顾辰镭	黄烨清	李浩男	李云龙	林子洋	刘 柯	刘敏皓	罗嘉鑫	宁国昌
潘安迪	黄一帆	孙周斌	王 欢	王英杰	谢智鸿	徐锦豪	姚辉泽	叶兴龙	张文文	张 宇	郑 敏
周戴捷	周泽岳	李 志	孙会杰	徐 成	魏世豪						

金融管理

| 蒋文奇 | 迪丽热巴·地力夏提 | | 巩译泽 | 柯 杨 | 徐 娇 | 袁 媛 | 朱 妍 | 黎宗恒 | 努尔曼·沙肯 | | 钱 成 |

秦 驰　邱佳龙　汪择晨　刘思琦　阿曼妮萨·阿木提　杨俊杰　开吾沙尔·艾斯卡尔　易梦婕
依尔帕尼·艾尼完尔　杜少岩　苏比努尔·阿布力海提　林智明　杨佳兴

空中乘务

王琢雯	曹思婕	陈 运	单文帅	傅佳雯	高千慈	郭天娇	姜 波	康晓阳	李嘉萱	李 娟	李沐梓
李怡然	李园园	刘林悦	刘紫芝	马乾惠子	马源源	孟豪冉	潘小雪	任 娜	史恩超	宋百玲	王靖汶
王可怡	王晓燕	桂欣冉	许忠意	薛博文	伊鑫如	张晓琳	张雨寒	赵慧颖	范 冰	盖国瑞	华洲洲
姜沛宇	李致远	李宗亿	刘子龙	吕 鹏	王玉昊	吴昊晨	杨宇昂	张闻新	庄具宝	曹冰旗	陈 茜
陈 阳	丁光涵	董珂闻	杜若冰	郭泽慧	韩 娇	康雅茹	李 琪	李文轩	李欣颖	李 炎	梁映雪
马文聪	马熠涵	孙龙雪	王嘉妍	王依琳	吴嘉雯	吴晓燕	吴舟竟	武鸿秀	尤 莹	郁 文	臧玉姣
张 倩	张茹真	张 婷	张雯怡	张晓艺	张蕴琳	张芷涵	朱 琳	邹 玲	俎千一	侯旭龙	郑新亚
李传哲	李 科	刘 俊	刘亮正	马 驰	王凯旭	王 宁	张倡银	张家琪	曹艺霆	陈思琪	程怡嘉
崔慧娴	崔天玥	高雪莹	郭 瑶	韩雨晴	孔晨曦	孔梦瑶	李成文	李 丹	李可欣	李 欣	李烨竹
刘亚宁	刘语轩	吕 尚	宋雅玲	田俊杰	王炜烨	魏心怡	吴金叶	吴慕娇	杨 楠	袁晴晴	张安然
张若男	张 彤	张亦扬	赵昕昱	周晨晨	冯宝发	付庚辰	高 昂	郭晋旭	黄晓龙	李思同	梁 伟
陶顾璇	王德燚	杨哲懿	袁 潇	翟彬鑫	张丞瑜	张津铭	张子浩	商灵玉	白云灿	白 金	陈逸游
杜涵淑	高梦婷	顾文婕	韩春晓	何懿琳	胡兴茹	江 雨	姜 珊	李佳燕	李雯斐	李娅彤	刘浩滢
刘淑琴	明 杨	唐嘉琪	妥丽娜	王 娅	肖子涵	杨梦婷	姚成艺	于晓凤	张 倩	张少杰	张诗雨
赵 菁	赵兰逸	赵 特	赵 薇	赵雪颜	崔汉磊	郭春晖	郭天宇	何澳华	黄雨鑫	李 辉	李书钊
孙文科	王海瑞	王昕罡	修可晨	赵嘉亮	管月晖	杨家昱	白艳文	曹晓晴	陈艳卿	拱思森	黄家乐
姬晨宇	蒋 莹	卡吾沙尔·思力克	李嘉诚	李文星	刘露遥	刘雯琪	庞凯文	秦 媛	孙芳欣	屠天添
王含月	王 淇	王 倩	王艳茹	王 洋	魏如雪	谢钰婷	于明磊	张超凡	张文露	赵格苹	赵文琪
赵雨晴	顾佳阳	李才辉	李 森	刘国栋	沈柳霖	苏永辉	王思宇	王天祥	王云飞	杨尚瑜	张斐凡
张豪杰	赵志广	蔡亦晟	邓梦琪	董奕奕	贾珊珊	李淑婷	李 扬	刘玲娟	刘雅安	苗 进	阮凌燕
沈允迪	王美懿	王诗淋	王思敏	王思懿	王 鑫	王迎迎	吴融融	徐 鑫	许 倩	闫依晨	杨 楠
于 樱	张 迪	张家鑫	张 洁	郑紫薇	朱乐盈	包嘉俊	陈泽楷	崔政凯	邓博洋	樊涛宇	高 骁
胡保刚	胡秀锦	李树磊	田超帆	王大霖	王 昊	王佳兴	王艳坤	吴多星	肖 剑	余壮壮	赵田飞
周世纪	朱义建	蔡梦婷	常 圆	褚佳慧	董佳雯	高文宇	郭淑敏	韩丛遥	韩 玉	黄嘉妮	金璐懿
李珂欣	栗溪沐	刘淑娴	刘孜茹	潘思婕	石宇含	史晓瑜	孙盼盼	孙倩婷	孙雨晴	王纯洁	王 琳
王 鹏	王文秀	王 缘	许 鑫	杨慧敏	张 琪	张晓晗	张雨茜	赵瑞慧	程继琪	戴云龙	段其郁
刘耀阳	时浩轩	王 琨	王 伟	肖天泽	许浩瑜	杨弘炜	杨君彬	张浩堃	程 佳	陈雪儿	崔慧婧
崔慧哲	董璐瑶	房怡珂	顾依嘉	郭玉珂	胡聪颖	荆凯迪	李琛琛	刘 芹	刘新颖	骆娇娇	倪赛瑕
孙陈红	孙梦雨	王雅玉	温 楠	辛晓彤	许佳雯	郑思琪	诸鑫鑫	常佰成	董广振	付 强	黄海翔
姜凯恒	刘伟光	吕贯宏	马昭让	盛宇琛	王博源	王伟嵩	杨广旭	臧嘉鑫	张 桂	张洛铜	陈 蕾
陈若彤	陈云欣	崔雪梅	董佳怡	董沛欣	顾佳雯	姜 珊	阔紫龙	李坤尧	李 洋	刘佳欣	刘婧媛
刘欣佳	鲁亿好	陆页伊	吕 鑫	石靓雯	苏雪莲	王尉懿	王鑫琦	王 奕	王映绮	王知之	杨 卉
杨毅婧	仰思勉	张百惠	张 玲	张明慧	张文童	朱玮薇	包伟洺	段志伟	李海明	李昊海	李 贺
林 泓	林靖翔	林 旺	刘海东	孙艺鑫	孙 羽	阳逸琪	应文昊	张王越	甄小奇		

民航运输（民航商务）

孟安康	王俊罡	陈 贺	迪拉热·努然洪	黄斯琦	刘冀璇	陆艳婉	马建兰	潘烁羽	任芷悦	孙 艺
汪 静	吴迦冰	向雨熙	徐海亭	徐梦琦	杨雨慈	俞 颖	张 洁	张卫杰	张玉鑫	步云飞	曹伊宸
杜星翰	冯宇祥	金恒煊	马凯伦	马彦洋	钱柏辰	任志勇	王海浩	王海云	王启航	王天豪	张程铭
张峻豪	张 凯	丁泽亮	洪世欣	曹伊菲	顾吉芸	顾晓红	韩佳莹	黄 洁	李 雪	木丽杜尔·赛依提
乔 杉	锁小燕	汪佳媛	王慧瑶	王 婷	徐萍萍	叶 凡	于美玉	张洪英	郑 千	周 佳	傅晓栋
顾天昊	黄熠嘉	李德龙	李 帅	刘 琦	宁鹏龙	芮 超	田俊辉	王传胜	王广源	王鑫宇	肖亚萌
张 帆	张稼恒	赵鸿斌	周裕涵	赵一粟	高家琛	杨 懿	刘海洋	李一帆			

汽车运用与维修技术
　　张义邹略　阿力木江·克然木　曹旭辉　陈君谊　陈伟狄枭　周　涛　哈斯特尔·阿曼太　韩成云　杭佳伟
　　胡佳晨　居怡豪　李勇皓　刘思谊　罗　晨　罗　魁　罗文龙　马　龙　马学龙　倪嘉骏　申永龙　沈韦珑
　　王璐玮　王遥程　王梓豪　夏　鑫　谢江川　杨勇敢　姚峥伟　张宏斌　张磊杰　张韶程　张文腾　张阳阳
　　赵海鹏　周　辰　周富强　朱辰骅　祖力皮喀尔·吐尔干江

市场营销
　　吴　卓　杨伟光

数控技术
　　蒋晓毅　王烨谈尧　陈胡悦　蔡家璐　曹　阳　陈　邵　陈夏峻　顾　晨　郭　文　胡恩奇　黄佳明　黄朋超
　　吉　喆　贾文龙　江远航　姜一龙　柯友国　李焕春　李晓宇　李尧阳　刘　浩　罗天福　乔佳铧　沈方俊
　　沈懿豪　王晨晨　王　影　王智豪　尉家烨　吴思懿　肖　杨　郁如宏　张鑫辰　赵炳金　赵育林

物流管理
　　杨　煜　潘彦佳　吴浩东　陈贝佳　胡思怡　沈诗漫　苏蓉倩　谢雯琦　吐尔逊娜依·玉苏甫江　徐　晶　朱依依
　　诸袁依　姜学文　李　飞　刘乐奇　刘仲军　钱　蕾　张瀚珺　张玉甲　赵慈安　钟瑜维　周家辉　诸段海

艺术设计(多媒体广告设计)
　　王笑怡　曹依依　褚　懿　邓天羽　纪皓媛　李善霞　吕汶华　彭尔悦　綦佳辉　沈亚婷　施镁铃　谢琲宁
　　熊　楠　潘勇强　宋子擎　徐李超　徐龙飞　张佳铭　郑超杰

影视动画
　　王晓祎　邓啸宇　沈　帆　蔡辰轩　付　赫　郝梦雨　计思琪　林雨欣　王思怡　徐雯静　许星怡　殷　瑞
　　张　慧　张怡雯　曹俊跃　冯宇涛　傅斌斌　郭涛涛　黄泓鑫　纪云韬　李伟堂　刘尔泰　刘灏宇　吕林耀
　　缪大禹　戚佳政　史文成　孙逸苇　陶佳羿　滕子康　王海涛　王剑峰　王镜添　奚龙辉　夏　杨　谢　柱
　　于志悦　於祝佳　张欣荣　曾崇哲　王培龙　杨　阳　许祎玮　陈俊驰　董稚妃　郝悦名　邱贝迪　盛文逸
　　孙晨露　童翠翠　万宇杰　王欣义　吴羽依　谢珮瑄　张　洁　张陆晴　张珮洋　常世龙　陈皓文　董　弢
　　段　楠　李凯承　李　强　李祯祥　林　烨　冉　晨　孙　锴　王明正　王伟光　王伟杰　王逸坤　谢昊栋
　　张皓杰　张嘉琦　周　磊　周冠廷

影视动画(中高职贯通)
　　金恺颖　钱熠玮　陈菁菁　陈霜仪　储静雯　戴忻怡　杜圣佑　贺与辰　胡依然　李　佳　刘佳馨　刘　颖
　　吕筱昕　钱婉婷　秦　雨　邵逸成　王超云　翁嘉怡　薛　雯　周海瑜　周贞怡　朱凯文　陈超轶　范嘉欣
　　高　峰　华鹏宇　黄郁聪　江　洋　蒋中南　刘浚奕　刘牧尧　马许豪　孙佳铭　汤徐斌　王俞寒　吴运程
　　徐从安　张泽恺

2022 届

报关与国际货运

高薇娜 曹慕杰 龙自力 闫朋 余洋 郑一舟 顾菁怡 曾涛 陈丽雯 成紫芸 笪蕊馨 杜依沙
冯智婕 傅君霞 葛斯绮 顾佳欣 顾盈莹 侯悦 李晨露 刘琪 刘艺婷 沈菁华 沈钱兰 苏小乐
田铭 王佳妮 王莹莹 吴佳雯 肖幸琪 徐宇欣 姚璐 余宛育 周珺妮 崔鑫宇 高俊 韩兵
金凌 康文栋 刘旭琦 龙振翼 乔博文 沈熠辉 覃晓龙 唐盛宇 唐思远 唐泽松 汪亦天 王勇
徐逸飞 薛鑫悦 杨君存 张凌鹏 张信杰 朱涵哲 阿力亚·阿卜杜艾尼 章健 诸兆洲

报关与国际货运（中高职贯通）

贾亦玮 胡婷婷 赵瑾 夏仕哲 程思琪 范琦婧 郭思怡 何雨婷 江月垠 蓝淇馨 凌晓雅 刘忠晴
潘雅洁 阮依林 沈欣 沈馨怡 苏进怡 孙颖婕 王佳 俞静婷 张黄怡 张佳彦 章佳怡 朱天雯
毕年懿 葛浩宇 黄志杰 严郡驰 翟建勋 张翔天 周苏晨 陈芸菲 储靖宜 范怡雯 高天云 侯佳琛
华文丽 李淑琦 李馨苧 刘畅 马玉安 蒲文静 沈淑琪 宋雅宁 孙佳琳 唐韵之 伍依依 徐馨
俞梦音 张梦瑰 张严妮 支婷婷 朱幸怡 管俊威 胡健文 孙世宇 谢俊飞 姚睿智 俞帅 张亦骋
张子逸

电子商务

戴均益丞 丁晨昊 陈丝嘉 杜靓雯 顾晶晶 何佳铭 胡艺馨 金赵薇 李林 卢欣雨 陆芸 沈衍菲
王清逸 王文婷 吴民南 项佳诺 张欣宇 代旭 韩智涛 何子杨 黄志杰 刘嘉玮 刘金昊 刘时强
刘忠聪 马鑫 沈季珑 史睿喆 双浩 孙泽成 王龙 王宇浩 王振宇 杨诚 杨靖 张子洋
赵明强 朱志恒 马静 缪子霞 苏占红 阿克力江·阿不都维力 安外尔·艾则孜 张晓文 邵志薇

服装与服饰设计

江敏琪 阿了腾乃·吐尔地别克 陈凤 崔文青 迪娜尔·库尔曼艾力 董靓 段沁怡 韩娟 何茂林
花蓉 加衣达尔·努尔哈布勒 开迪力亚·艾力 李茂枝 苏比努尔·亚森 王靖怡 阿克卓力·加勒哈斯别克
阿扎玛特·吐尔汗别克 袁树华 丁芸澜 董笑晓 樊蕴斐 葛婧懿 葛怡辰 何晓婷 孔滢 吕安平 沈可
宿亚琪 王贝贝 徐海琳 曾凡蓉 张絮 周静怡 陆顺奕 罗嘉宇 张一帆 赵泽桐 邹顺利 王来念

服装与服饰设计（中高职贯通）

刘子怡 张颖 陈照龙 杜黄婉婷 季园园 李庆怡 梁媛 林予沁 刘佳媛 刘婷 卢紫玲 陆蓓依
陆圣鑫 罗语馨 茅彦青 王沁琳 王艳姿 韦芊芊 吴慧妍 吴乐 吴怡 吴莜 夏懿凡 肖锌玉
徐欣如 杨丹 姚奕欣 尹亦文 周怡菁 朱雨叶 诸庄月

工业机器人技术

戴颖莹 郭子钰 闵慧 张谦怡 阿不都沙地克·吾布力艾山 阿尔帕提江·艾尼玩尔 陈杨 顾紫轩
何文超 胡泽辉 解梓咏 李瑞昕 李耀辉 陆旻煜 沈晨阳 宋宗宇 孙凯真 汤景淇 唐家晖 王春龙
王宏宇 王嘉文 许文浩 许智鹏 尤浩宇 喻方雨 矣发俊 魏梓健

广播影视节目制作

杨世博 王磊 周美妤 陈欣圆 江进花 李景 林昱杉 汪姬 谢娟 严涵馨 达吾然·阿布都力提甫
董旭阳 杜佳骏 顾傲 何珺仪 洪峰 刘怀远 饶恩丞 沈朋缘 沈毅豪 盛嘉玮 王迟俊 王鸿宇
徐宝荣 许珉之 杨志澳 叶力那尔·库里马哈孜 张可佳 郑闻杰 钟永琰 陈亦娇 杜佳怡 谷倩

侯月玲　金明寿　李　想　沈沛瑶　陶昕雨　吴　婷　杨宇霞　张树文　赵　琦　曹家仁　邓善金　李奕霖
刘　庆　裴憬琦　孙子轩　陶东方　王书杰　杨俊杰　余成龙　张浙萌　赵裕隆

国际金融

陈晓辉　黄登辉　黄凯锐　钱　靖　甘文杰　方志承　陈妍君　孙荣雪　金子雅　乐于菁　凌晴晴　鲁　悦
梅雅雯　聂丹莉　王佳淇　王艳桃　席晓莹　袁意诚　詹昳昳　张　溁　郑恩英　朱锦欣　邹　婧　陈泓达
陈柯润　程祥飞　从　骁　邓能鹏　费　凡　郭基财　侯淙敬泽　景如龙　李壮壮　刘鸿伟　刘星宇　刘重鸣
滕俊鸿　吴　迪　徐　威　杨岚贺　张广圳　张　一　赵汉滨　再努尔·达吾提　乃比·艾买提　赵浩杰
卡热买吐拉·巴图尔夏　加娜尔·热普凯提　白合提尔·阿不拉　张　浩　刘晓龙　陈　莹　刁　微
郭西子　乔伟凡　魏　鑫　夏　悦　易嘉禾　喻郑唯爱　周绮文　周雅怡　曹亚淳　陈天磊　陈怡然　丁子雯
黄安楠　李宗霖　梁　仟　林宇杰　林志鹏　刘　绅　陆攀宇　马君可　强新远　申　澳　王立帆　王志东
王子旭　谢传帅　谢丰百　谢修为　严子杰　杨　航　杨子龙　袁家栋　张　潫　张书元　张　越　周思远
王　豫　林诗静　侯豫霖　叶嘉翔　王河棚　埃博·哈那特

国际经济与贸易

周思佳　马义波　黎凌志　曹鑫露　徐一轩　方盈盈　何雨瞳　李冰冰　胡小惠　朱玉龙　周天乐　朱欣怡
班熙睿　蔡冬宇　贾　杰　蒋文杰　李一飞　陆文海　罗　彧　王睿凡　王　寅　王昱杰　吴晴枫　袁　伟
张圆顺　陈睿思　陆佳滢　文沛升　张永超　朱雪尧　朱鹏辉

护理

屠诗雯　黄星宇　蒋一舟　陈慧莹　费缤娴　江　涵　章子郁　周诗雨　邵华灿　孙振宇　白丽楠　陈子娴
范小天　葛　洁　顾周怡　何　畅　何佳雯　黄　静　黄卓佳　李玉林　梁凤怡　刘雨欣　卢美婷　乔　依
沈思司　苏洛莹　唐诗怡　王晶颖　王　清　闻　静　奚忆玲　夏丰颖　谢汝亿　徐　蕾　徐鸣阳　薛榆璐
叶倩瑶　叶思苗　张婧瑜　章　媛　赵乙萍　郑思雨　朱怡婷　陈超煜　胡恩奇　李俊豪　唐梓桓　卫肇杰
吴轶铭　张明浩　张帅军　张煜成　张泽宇　陈灵璇　陈诗莲　陈思敏　陈思怡　陈　谣　丁　一　樊雨晨
冯玉婷　龚诗迦　顾思琦　顾小艳　郭楚楚　郭欣宇　何佳怡　洪依琳　胡　婷　李黄滢　林璐依　刘佳琪
刘梦淇　陆隽焱　陆一佳　麻皓彤　孟佳妮　乃孜热姆·乃吉米丁　钱晓霞　任漪淇　沈淑婷　沈晓雯　施
云　王虹婷　王佳娟　王梦婕　徐佳琦　徐　越　许佳奕　张梦晗　张　悦　高祎程　龚章毅　黄郭佳　李孔彪
潘梓俊　王　浩　俞　沈　钟　鑫　陈诗苗　程思易　丁星雨　杜铭敏　范佳玲　高　珊　葛一雯　龚　席
何晶晶　何静薇　黄晓辉　黄一丹　蒋菲菲　金雨欣　李诺言　陆新瑜　吕艺宁　孟问月　闵依娇　钱荟兰
钱懿莹　沈诗凝　署瓦克·阿依丁　王　艳　王哲怡　吴晨慧　徐雯佳　徐晓喜　姚　倩　叶梦瑶　游天璐
于　芳　张培佳　张甜甜　张怡柔　周旖旎　朱文雅　李照卿　沈君浩　宋君俊　严振宇　杨添森　章铭峰
张　君　陈麒好　陈　雨　崔炆钰　董慧微　顾　艳　黄　曼　黄虔虔　黄郑佳　蒋佳燕　金　巧　瞿佳颖
李佳文　李　雯　刘可欣　刘梦婷　陆晶茹　施许颖　孙易蔓　唐文晴　汪晶晶　王昕霞　魏　昕　吴　玥
夏丽平　谢佳微　辛冰心　徐　玫　徐欣燕　叶心雨　尹海琳　俞慧慧　俞悦睿　张聪聪　张思思　陈建龙
陈新龙　刘　超　唐宇佳　王家鑫　王森柱　叶宇晨　于佳琦　阿布都卡依木·阿布都热西提　吕玮琦　陈慧瑶
陈巧丽　丁　立　方　取　龚逸皓　顾洁茹　顾怡轩　何梦婷　胡晓霄　姜雨霏　柯栩栩　卢佳琪　罗　滢
骆林凌　庞　琪　钱杨逸　尚英鑫　沈　婷　史孝艳　舒可宜　唐　喆　陶婧珺　王晴玥　吴佳君　吴　燕
吴沂珂　项靖贻　薛轶文　严佳玲　杨忆文　俞子怡　张星宇　张　瑜　章　婧　周婕娇　庄鑫彤　何佳智
刘乾昌　缪鑫泽　秦　凯　肖文鑫　张天恩　扎西拉毛　白玛拉毛　陈　晔　方雅婷　傅晶晶　顾　怡　顾亦欣
黄　雪　郎淑雯　李书真　刘慧淇　马依卉　潘安琪　裘伊宁　屈家怡　沈慧琳　谭　硕　汤依馨　屠晗雯
王佳宇　王　喆　王钟婕　卫思云　吴妲颖　吴梦艺　吴欣怡　吴知音　项铭祎　项韵婷　徐思思　袁一婷
张文萱　张　莹　章子怡　郑　淇　周璐维　陈人杰　陈圣凯　丁伟伦　陆智远　吴皓斐　叶　强　张星雨
周子涵　周子豪　陈佳瑶　程　星　褚泱阳　何忻宇　花雨浓　黄静雯　黄雨馨　江佳怡　蒋晨昕　刘梦洁
陆思维　潘　琦　阮高辰　沈逸宁　石昕雨　王婷森　吴百惠　夏梦婷　谢琳阳　徐陈娴　薛雅文　杨梦晓
叶　琪　于加妮　余晨洁　余美田　俞家雯　张　菁　张忆芸　章椴宜　赵一菡　周潞菡　祝李阳　陈昊宇
刘　鑫　戎嘉豪　茹异程　屠子聪　王邵樑　翁俊超　徐　晟　徐一鹏　余翊冲　包佳玲　陈轩鸣　崔名敏
高方敩懿　何诗梦　胡　淼　雷欣宇　李兰芳　陆雯婷　苗　芹　潘飞燕　邱佳瑜　施蕴雯　石玉洁　王　辉
王倩雯　王晓芸　王震欣　吴佳怡　吴　颖　姚莉莉　叶安琪　应煊颖　郁佳妮　张美妨　薄圳韬　范柏盛

龚　仑　黄嘉恒　李　浩　倪　好　王迦勒　王可为　严童心　叶和斌　张羽哲　周超宇

环境艺术设计

刘铭忆　费诗妍　钱仲伟　胡倩倩　黄天娇　李　想　梁钟峥　刘先婷　吕　婷　吕妍嘉　孟　月　黄若萱
王希颜　王馨悦　徐思佳　姚星星　俞欣蕊　丁一鸣　杜亿豪　范晓峰　高阿康　顾孜岩　黎兆瑞　王　磊
吴　琰　杨　浩　杨旼涛　张　扬　周世杰　孙宇西　艾梦倩　方姝滢　方泽妍　顾忆莹　韩紫嫣　刘　慧
刘雪亚　马心玥　施　宇　殷乐怡　詹涵靖　章佳音　周好研　顾剑叶　金永强　李思颖　李文润　陆逸凡
陆征宇　马　驰　王　毅　辛思千　邢霖坤　周宇涛　周瓒豪

会计

肖悠鹏　李晓燕　沈颖棋　韩　琪　石玉奇　叶铖偲　郎嘉琪　蔡佳爱　高思宁　胡隆萍　胡婷婷　李佳琪
刘敏洁　刘欣蕊　刘妍辰　邵灿灿　沈琳红　宋怡琳　汤晨玥　王依婷　王紫婷　卫岑瑛　魏苑苑　徐佳丽娜
张乐莉　张若囡　张馨媛　章羽欣　赵　鑫　周　颖　毕昊宇　陈　龙　陈依迪　冯　骞　江士衡　马　弛
马彦林　陶文楷　王蔚然　薛汕桂　杨国玉　虞　洋　张嘉辰　朱国豪　阿力木江·吐尔洪　康扎提·哈力买买提
赵玉明　刘金锋　穆罕默德·塔伊尔　崔晓澜　地力娜尔·巴合提奴　甘玉洁　耿丽娜　耿苏停　谷　璇
劳雯静　李若兰　李文嘉　林小梦　刘晨阳　刘若涵　陆　远　沈佳雯　汤　梦　汪如意　王一诺　夏　睿
徐　明　张李雯　赵依雯　朱颖佳　陈佳杰　程　越　海梦欣　刘文想　刘宇峰　潘宗杰　沈峻杰　施逸文
孙龙威　吴　磊　殷龙晖　张博轩　周浩南　熊远东　夏迪耶·艾克木　木丽德尔·吉恩斯别克　木拉提江·托合提
穆以轩　桑吉措姆　陈佳怡　程乐瑶　戴佳文　高师仪　葛歆怡　侯依依　刘新雨　柳雪婷　陆惠麟　马欣怡
邱欣怡　沈安然　沈菲菲　宋晓芸　苏　雅　苏友梅　唐亦颖　徐蓓悦　徐丁洁　徐慧玲　杨荣荣　杨玉兰
叶柯坊　赵之妍　白泽鹏　陈爱男　单　龙　顾佳峻　李博涵　李修青　梁　旭　孙益彰　许　弘　闫家硕
张俊杰　朱亦涵　曼都娃　艾克拉木江·尔肯　热娜古丽·阿布都克然木　陈亚楠　陈一华　高　兴
顾晓晨　何　倩　黄若男　金欣雨　陆怡婷　马　婷　潘　悦　任静霞　唐梦露　王泓予　王莹莹　吴金穗
吴雯燕　谢婷婷　谢竹雨　杨　旸　叶涵菲　张　艳　赵丁瑶　朱婧悦　葛　超　顾　吉　蒋俊彦　倪旭栋
欧阳开　潘　号　阙玉宽　汪天奕　夏　严　徐晓栋　杨怡顺　张　通　本措卓玛　刘守江　苏比努尔·阿卜力克木
阿迪力·衣明尼亚孜　布尔哈尼丁·阿布都沙塔尔

会计(中高职贯通)

崔小天　高朱雨　顾思逸　侯思婷　黄敏睿　孔沛涵　冷春霞　刘冰燕　马雯静　潘兆媛　孙　晨　王佳怡
王琼怡　夏紫怡　姚佳琳　张思琦　周　乐　陈　杰　陈禹弛　侯文隽　金凌浩　罗　辰

机电一体化

陈　建　施添翼　胡增祥　吴康伟　曹　郁　柴贝宇　陈拥军　崔郅尧　顾心云　韩金凯　胡景辉　胡文滔
黄　俊　黄　昕　蒋　俊　瞿纪卿　李天龙　李韵泽　凌子豪　潘　涛　宋嘉祥　苏俊晖　王　超　王　涛
王致远　谢迎曹　徐　涛　杨发舜　杨加绅　杨绪凯　杨震华　姚　新　叶发徽　於震洋　张晨程　季翔飞
赵明明　库尔班江·玛合木提　蒋恒悦　唐嘉铭　鲍　翔　陈劲乔　范毅伟　郭继新　哈哈尔·托力洪　韩智伟
江　辉　金　路　李陈祎　李世伟　练梦瑶　凌夏天　刘嘉伟　彭　耿　施胜科　史新乐　汤　涛　吴书旭
徐　俊　徐茂超　徐　涛　许士杰　杨敏华　于中龙　张　辰　张德超　张浩宇　张加龙　张俊杰　张镕旭
张远文　张子豪　钟　浩　周昌浩　麦麦提艾力·艾则孜　陈雯斌　希尔艾力·穆合塔尔　顾轶恺　赵雪峰
陈家伟　付海洋　龚剑俊　韩　盛　何志伟　胡嘉欣　胡　浪　开色尔·卡力　雷　晋　李　颖　刘文剑
刘　哲　陆一凡　陆懿晨　梅景豪　余浩楠　施翱翔　施袁乐　孙嘉豪　孙凯靓　王　超　王晨煜　魏文彬
奚志晖　谢施隆　徐浩杰　张齐云　张　雨　张泽宇　张峥嵘　郑郭天　郑　悦　周瑜宸　朱晓东　朱益宽
朱震宇　汤泽南　程　豪　王　皓　卞婴赟　洪丹丹　曹榕隆　陈　龙　冯兴澳　冯永康　冯宇涵　顾顺健
顾　问　顾笑言　韩擒龙　黄新宇　姜轶凡　蒋欣煜　李世豪　李忠臣　马泽鸿　闵玮皓　钮思成　盛　伟
施瑞坤　宋腾蛟　唐天顺　汪　鹜　王天宇　王伊涛　吴亦晨　夏培鑫　徐世杰　杨鸿华　杨盛斌　应童飞
赵堂强　周俊海　周显进　朱玮迪

机电一体化(中高职贯通)

胡　斐　王　杰　高浔乾　华心宇　任奕豪　孙奕顾　朱君皓　朱　哲　陈吴烨　杜星仪　沈　琳　孙雯菁
王红珠　吴依玲　吴韵瑶　张旭文　章金妮　赵怡婷　朱莹健　蔡昱辉　邓　磊　丁佳杰　高皓歆　何金晖
侯嘉骏　黄宇帆　金陆乐　刘　涛　陆　易　马丁恺　倪旭奇　潘汜杰　沈　赟　宋嘉铭　唐祎凡　陶思宇

王呈杰　吴润庆　肖乐天　邢有为　徐诚霖　徐俊辉　许辰杰　杨　阳　曾雨捷　张炅旻

计算机应用技术
陈凯伦　何青山　刘　灿　张乐鑫　李皓翔　邱志翔　张书培　王迦震　黄　玥　李　颖　王佳琪　王静静
张　迪　左萍萍　陈　超　陈浩男　陈天天　龚毅超　郭宸羿　李修政　李旭东　饶　昊　任　豪　孙泽乾
孙志扬　王轲轩　王雁骏　王毅超　吴逸宁　谢馥阳　徐安杰　徐　斌　徐　清　俞智吉　张陶俊　郑　武
周　灏　周诗宏　邹佳俊　热米拉·肉孜　阿伊谢·吾拉音　拜合提亚·乌斯曼　买买提江·阿力木　卢梦颖
孙　妍　滕　媛　王淑娴　吴思雯　俞佳仪　陈建豪　陈　鸣　成国涛　邓志坤　丁凯恒　顾　问　何程佳
纪文杰　解为傲　黎圣龙　刘晟哲　刘　帅　柳凯胜　沈昊天　王广冬　王郭子帅　向　禹　徐俊杰　徐展雄
薛天秀　张嘉澍　赵一鸣　赵　元　周子君　朱雨晨　祝浩博　缪磊静　盛怡婷　木尔孜艳·艾尼瓦　郭宇航
黄　婷　宋莉莉　王　娜　常　斌　陈晓阳　戴逸炜　高　腾　高宇道　胡博远　蒋劭嘉　陆俊贤　毛佳伟
彭松松　沈佶凡　沈琪玮　吴家乐　吴　涛　吴宇浩　夏霆超　徐　龙　许明浩　殷浩翔　殷文龙　张沈俊
张沈宇　周昱丞　祝伟鹏　哈丽米热·阿不地力木　帕哈尔丁·热合木吐拉　阿迪拉·米吉提　谢里扎提·买买提

金融管理
汪　磊　谢　好

空中乘务
陈　颖　崔晨曦　高　珊　关雅茹　郭柯欣　李溪樱　罗　菁　潘琴琴　戚馨文　秦千千　曲文欣　沈　轩
盛　森　唐　堂　王雨萌　王芷诺　杨雨晴　于倩卉　张舒琪　赵心如　赵依依　杜欣阳　李国庆　李明泽
刘兆鹏　浦　凡　任少华　石天聪　孙天宇　王恩泽　王龙杰　王志远　吴泽宇　张文博　张译夫　张志浩
白潇睿　陈增征　丁紫微　郭芳芳　郭玮悦　韩佳颐　何　叶　姜晓瑜　李昊楠　李晓如　廖婵娟　刘　璇
刘　钰　吕静怡　栾明慧　彭雅欣　唐可欣　王心怡　徐义茹　闫嘉雯　杨美怡　杨梦琪　袁静茹　张培培
班佳傲　陈浩冉　杜侠勇　李龙欣　李　源　罗荣添　宁鑫龙　齐承祥　神利超　石航宇　孙文明　唐润宇
王海龙　王俊杰　修琪明　杨淳清　张智淞　张子豪　郑天昊　陈淑婷　陈昕园　冯小佳　冯　云　付佳炜
胡雪莹　姜天一　李　雯　刘瀚璐　刘娜娜　潘美裕　彭　雯　宋怡文　苏雪艳　佟嘉曦　王传奇　王玫玫
王　欣　王逸潇　王雨歌　吴诗曼　辛　颖　徐芳怡　徐晶鑫　徐　彤　闫欣月　尹　悦　赵畅畅　祝婉莹
毕德鑫　陈昭燃　范　振　郭之韵　胡津瑞　姬程博　李国嘉　李明泽　刘世纪　王思豪　杨坤靖　姚欣杰
张　弓　张凯封　张　冉　白媛铭　陈　倩　陈思秀　楚雨轩　崔鑫琪　董晓雯　费佳静　纪玉露　孔千一
李　婕　刘　婧　刘　森　鹿　芸　吕柯影　沈紫嫣　宋昀蔚　佟　鑫　王佳琪　王子怡　魏恩慧　吴　桐
夏溢焓　肖　宏　肖　雯　邢恬甜　徐萌萌　徐梦迪　杨子越　袁亚琪　朱凯翊　张　娇　张靖童　赵　璐
周　茜　周　仪　白秀卿　蔡天帆　陈凯欣　陈彦赟　李登春　刘元浩　卢薪元　张　杨

民航运输(民航商务)
纪凯睿　李冬雪　潘连政　杨智浩　刘业健　杨璐畅　朱仟凤　诸勇杰　陈佳怡　马千千　张思源　成晓孜
龚默晗　何慧珍　胡伊心　孟珈莹　王恒宇　王颖斐　夏　丽　庄　迪　曹　竣　高煜阳　郭宝松　韩云飞
阿不都卡马力·阿不都热西提　季　龙　加依肯·加吾达提　刘欣洋　陆宇翱　穆铎文　翁程荣　徐海峰
颜志辉　张　杰　张欣宇　赵峻锋　赵小龙　周　晨　周尔豪　相　博　胡赵俊　腾格斯　柴海琳　顾培莉
李慧莹　刘　琴　邱嘉惠　吴玮璇　许佳雯　杨思怡　杨　雪　姚丽雯　郑铭智　褚瑾杰　崔浩泽　方　超
耿志晨　韩照洋　何优涛　黄　贺　李骋锐　李兴旺　刘旭星　阮正杰　孙　嵩　万耀翔　汪　清　王金鹏
吴诞辉　吴守富　肖学望　徐　泽　罗少坤　赵　晨　邹雨祥　张俊凯　毛俊文　杨铠阔

汽车运用与维修技术
肖雪峰　阿不都尼加提·阿布都海尼　摆伟杰　包福平　包萧炀　陈启明　单　昶　丁　玮　金　涛　李志皓
马丁阴　马　军　马云云　马忠龙　牛　军　潘晨韵　戚嘉伟　钱　斌　王寒斌　王鹏云　徐俊杰　杨思文
于昊凡　张浩然　张　辉　张　磊　张文涛　赵　琦　周　伟　朱全明　阿布都哈力克·吐尔逊
尼格买提·努尔买买提　孜力亚尔·玉素甫江　黄　伟　唐文涛

数控技术
张　蕾　顾智杰　洪　钧　姜雨可　李顺豪　卢彦辉　罗　辰　秦鹏飞　宋陈涛　夏迪娅·艾买提　吴　波
谢嘉豪　颜巳予　杨文俊　余晨晨　俞张磊　胡洛溥　艾克拜尔·巴拉提　巴哈迪尔·巴吐尔
胡西百合提·阿布都合力　依木然江·艾买尔江　艾科热木·克热木　买尔旦·克热木　木萨·吾布力

赛尔比亚·赛福丁　沙依拉提·木合亚提

物流管理

刘奚　张佳驹　郭淼　布鲁根·艾德力努尔　但佳慧　陆琬懿　毛施雯　钱怡玲　王昕漪　蔡尘逸　陈铭
陈振楠　陈智仁　方旭旭　顾思皓　顾杨鑫　顾智恒　刘志文　莫少君　阙歆羿　邵盛杰　王兴林　杨奕豪
张伟博　张文轩　周梁　艾克拜尔·图尔贡

艺术设计（多媒体广告设计）

范伊晴　顾佳雯　金伟琳　孙维佳　陈乐洋　高婷婷　顾佳洁　韩玥　何雅琴　季静怡　柯珍娜　牛珊珊
潘姿君　乔婉婷　史旖旎　邬馨怡　严梓青　张奕然　周至　顾良一　蒋嘉威　邵臻翔　宋嘉俊　杨鑫
杨哲斌　陈佩缘　夏小依

影视动画

邹光耀　鲍晨尧　陈莹　冯子芮　高晨雨　李宝怡　梁爽　刘君兰　裘嘉滢　史庭虹　王逸菡　许多
姚佳敏　詹雅婷　章维　褚少奕　方宇　黄林滨　金俊彦　廖智清　刘昊颖　陆家明　陆扬　潘成达
孙沛欣　魏昊天　杨唯一　叶博杰　易展鹏　尤李杰　张浩楠　窦星月　方倩　龚慧敏　胡晶晶　蒋诗琦
刘馨遥　苏比努尔·阿曼塔依　唐紫信　吴臻銎　阎茹玉　杨珏　应可心　张佳慧　赵英含　周润宝
毕墨　常广法　单佳霁　顾益帆　胡明伟　金铭鹤　陆喆灏　陆致远　渠怀社　生薛健　王晓阳　邢云凯
赵子龙　朱逸涛　张书正　白杨　顾心韵　胡嘉怡　蒋亚星　马利文　秦慧超　孙雨婷　吴瑛洁　许瑞晶
杨蓓婕　张力尹　张婷　郑天艺　周凤铃　曹文君　高子龙　韩金龙　黄少非　姜晓东　蒋艺轩　焦润杰
李煜昕　刘纪宝　钮刘玮　吴昊天　杨烨浚　张天哲　张远　郑葳

影视动画（中高职贯通）

姚语桐　陈歆怡　陈芸　褚楚　顾馨　洪伊娜　李慧娴　倪炜炫　欧阳翠茵　潘静怡　沈伊妮　施静瑶
宋霞　徐安琪　杨阳　张姿瑾　章丽晶　赵诗妍　郑昕洁　陈家琪　陈炫宇　姜翀赟　李嘉骏　李文卓
刘佳杰　刘轩　沈骏　唐骁　庹盛冉　王磊　王振　韦宗良　许丰　杨文韬　张子凯　章震霆
周星浩　朱承硕　朱嘉琦

大数据技术与应用

李安如　卢彦霖　苗晚秋　施玥　王一琳　吴诗怡　陈宜东　丁宇超　何东霖　胡乘博　黄加威　季宇晨
孔涵　李衡　刘法治　陆世捷　罗皓　罗前超　毛振辉　钱天泽　谭豪　王智鹏　王子睿　谢小军
闫长庆　杨世琦　张聿飚　张振腾　张直弘　张梓程　钟励　周游　朱超　朱赟

学前教育

陈诺　陈婷　崔慧瑾　戴新月　董雨馨　范楚薇　顾恩祺　顾云怡　黄双怡　黄艳丽　金温其　李婧安
李芮瑶　李筱悠　栾淑昀　潘逸　钱佳懿　谭诗雯　汤佳敏　王嘉琳　王靓　王楠　王攀　吴佳媛
夏婷　项雪梅　谢琳熠　胥婷　严佳怡　张伊宁　赵静仪　周怡　程浩然　胡君宇　黄辉　王翔宇
倪天娇　陈飞杨　陈思怡　陈思雨　陈妤潇　丁思琼　龚雪翎　何丽君　胡文蕾　金思怡　瞿孙静雯　孔一雪
陆欣怡　牛雯睿　钱诗芸　秦秀慧　沈艳　施丽琴　孙圣竹　孙艳　汤欣怡　汪贝卓　王依婷　卫艳
吴思蕾　吴婷婷　吴阳　徐佳怡　徐清　严馨悦　杨方莹　印婕好　应瑾莹　张佳悦　赵若含　郑娜
周崔鸣　周鑫怡　蔡世源　陈琰清　王礼鹏　周钰雯　陈偲晔　陈嘉玥　陈瑞祥　陈婷婷　董雯雯　杜梦蝶
凤沈懿　辜良倩　顾文玥　蒋洪丽　蒋文倩　陆佳颖　陆树　马翠霞　马嘉雯　孟诗琪　潘晴莉　乔嘉怡
阮嘉怡　沈艺芸　宋清漪　王乙霏　徐佳怡　殷心怡　应楚君　张蝶歆　张蕾　张若馨　张星雨　朱晓莉
朱艺　李佳欢　相茂祺　余家盈　刘爽　乃翡萨·麦曼提吐尔孙　马延君　王诗佳　薛玉华　郁心怡
蔡文婧　曹嘉莉　陈静瑶　陈淼　陈歆　戴釜滢　葛滢　顾婉琳　黄慧婷　黄若岚　黄雨婷　金丹宁
黎想　妮尕热·马合木提　邵美芯　沈莉君　沈张琦　时文慧　唐雨诗　王小柔　魏诗音　夏予晨　叶嘉玉
余江明　张海燕　章妮　钟孟怡　周启艺　朱珈瑶　朱焱　李志宇　鲁辰彦　陆林杰　汪宇杰　吴贞
詹嘉豪　宗守业　张紫颖　柏晨悦　蔡至晶　陈婷　邓丽　丁钰　董佳雯　傅越昊　韩佳妮　韩赟芸
胡诗涵　黄思莹　金萍　廖雨菁　龙正淑　陆静怡　陆星星　马小彦　秦天英　邱爱美　芮思雨　沈欢
孙琰玫　汤鑫　唐欣怡　唐馨怡　田惠祯　童春花　王敬溶　王天心　吴雨晴　徐欣悦　许慧颖　薛天一
印雯悠　张意雯　张瑜　周芳贤　曹品文　蒋一豪　潘歆翱　徐文豪　虞镇滔　周易　迪丽拜尔·阿斯卡尔
董燕红　杜弋瑶　高一笑　胡静　黄璐怡　黄伊雯　蒋晔　金佳颖　蒯学艳　李美慧　陆忆萱　陆雨佳

潘诗雯	乔沁昀	沈蓉军	沈文捷	盛晓娇	汪盈盈	王俞欢	王周安	文雨佳	吴妮娜	夏尔巴提·塔力道
邢诗意	姚懿洋	叶纪颖	俞梦婷	张方舟	张黎婷	周志昕	徐小宾	姚林康	刘 旭	郑诗圆 刘雨琪
王靖宜	陆孟妍	陈倩倩	邓皖婷	顾斯斯	顾晓悦	黄璐瑶	江洁玉	刘 璐	柳茜茜	陆贝儿 陆 尧
罗佳妮	马 菲	马誉溢	毛晨露	倪婧雯	钱珏辰	乔 越	全晓敏	沈卫铭	施伊菁	王 洁 魏玉炎
吴敏敏	吴熙倩	夏建婷	徐璐瑶	徐怡雯	闫晓雨	姚佳兰	余佳盈	张佳雯	张天娇	郑泓莉 朱佳妮
宗怡琳	邹蒙蒙	谢俊杰	赵怡然	陈安妮	陈贝宁	陈 静	陈罗忆	陈 茗	陈诗颖	陈页宏 陈 怡
陈 艺	陈雨欣	戴悦逸	顾 意	何子怡	潘思婕	沈嘉逸	王轲菲	王 怡	王缘缘	吴 珏 吴韵玲
谢沁宇	徐海霞	薛思静	余晴云	虞佳雯	张佳惠	张 奇	张雯瑞	张雪雯	张屹寒	张卓颖 赵嘉颖
周 荃	周 瑶	朱佳丽	朱刘雅	杜旻滈	顾张驰	吴俊言	徐嘉麟	徐 进	许浩铮	

后 记

  《上海东海职业技术学院30年志》（以下简称《校志》）的编撰工作历时两年有余，终于在2022年年底完稿。

  本志内容的来源包括创办人的个人记录、校档案室的留存资料、校办公会议记录、校报摘录、校园网主页新闻稿、专题报道摘编，以及部分相关处室提供的数据资料。在《校志》的编写过程中，得到了党政办、教务处、人事处、学生处、科技发展处、财务处、资产与实训室管理处、档案室、后勤保卫处等部门的大力支持和帮助，在此一并表示真诚感谢。《校志》编写和修改任务的顺利完成是集体力量的结晶，更是"通力合作　团结进取"——东海精神的充分体现。

  由于建校初期校舍搬迁频繁，以致文案散失较多；更兼初创时期人手紧缺，经验不足，有些资料无专人保管，所以些许缺失现已无法追补。《校志》时间跨度为30年，缘于上述原因以及编撰过程中的疏漏，不可避免地存在缺失、遗漏甚至错误的地方，对此表示歉意。

  特此说明。

2023年4月15日

图书在版编目(CIP)数据

上海东海职业技术学院 30 年志/曹助我总主编;上海东海职业技术学院编. —上海:复旦大学出版社, 2023.8
ISBN 978-7-309-16833-4

Ⅰ.①上… Ⅱ.①曹…②上… Ⅲ.①上海东海职业技术学院-校史 Ⅳ.①G719.285.1

中国国家版本馆 CIP 数据核字(2023)第 076936 号

上海东海职业技术学院 30 年志
曹助我　总主编
上海东海职业技术学院　编
责任编辑/陆俊杰

复旦大学出版社有限公司出版发行
上海市国权路 579 号　邮编:200433
网址: fupnet@fudanpress.com　http://www.fudanpress.com
门市零售: 86-21-65102580　团体订购: 86-21-65104505
出版部电话: 86-21-65642845
上海盛通时代印刷有限公司

开本 889×1194　1/16　印张 38.75　字数 1145 千
2023 年 8 月第 1 版
2023 年 8 月第 1 版第 1 次印刷

ISBN 978-7-309-16833-4/G·2496
定价: 198.00 元

如有印装质量问题,请向复旦大学出版社有限公司出版部调换。
版权所有　　侵权必究